KB059160

〈사진 1〉 사회적 결집: 여성참정권 운동가 에밀리 데이비슨의 죽음

〈사진 2〉 토머스 홉스의 《리바이어던》

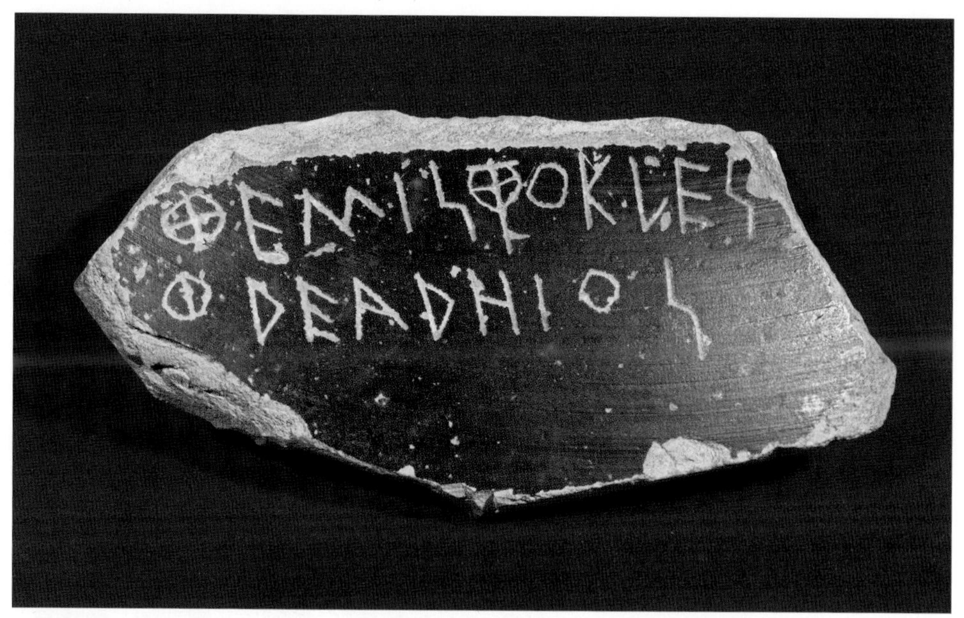

〈**사진 3**〉 엘리트층을 통제하는 규범들: 테미스토클레스의 도편추방

〈**사진 4**〉 엘리트층에 반대하는 규범들: 티브족의 점쟁이

〈**사진 5**〉 부재의 리바이어던: 레바논에 쌓인 쓰레기 더미

〈**사진 6**〉 권력의지로 창설한 하와이의 해군

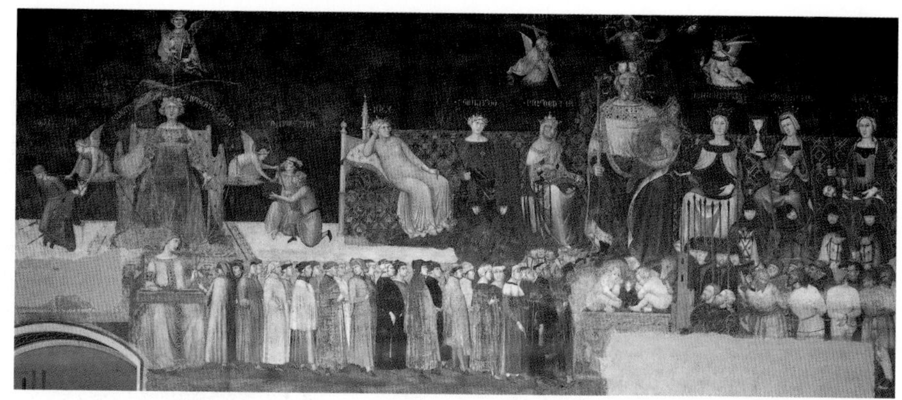

〈**사진 7**〉 족쇄 찬 리바이어던: '선정의 알레고리'

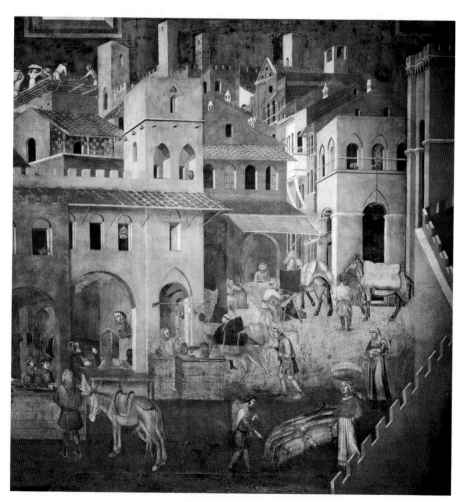

〈**사진 8**〉 족쇄 찬 리바이어던이 낳은 결과: '선정의 효과'

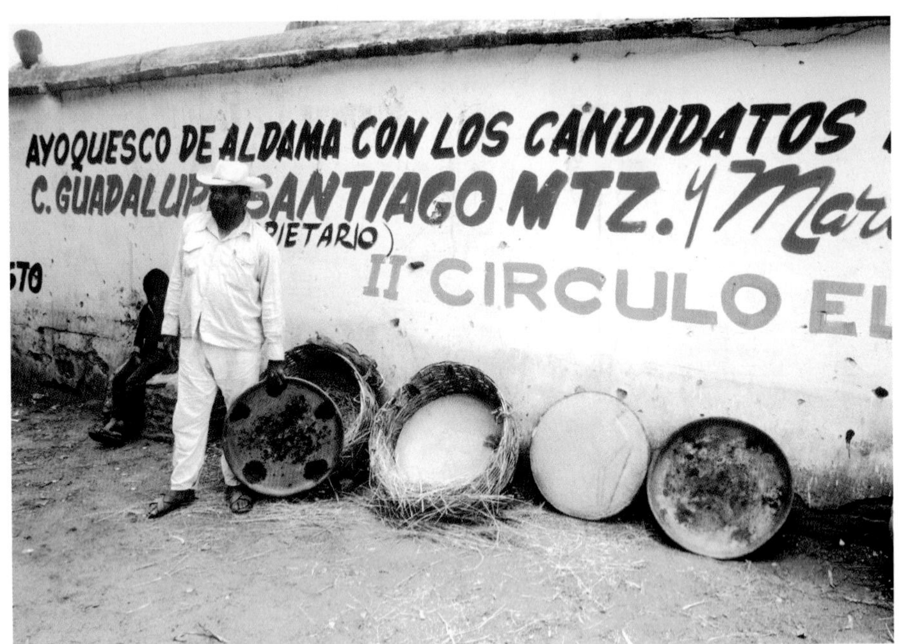

〈**사진 9**〉 족쇄 찬 리바이어던이 낳은 또 하나의 결과: 토르티야의 발명

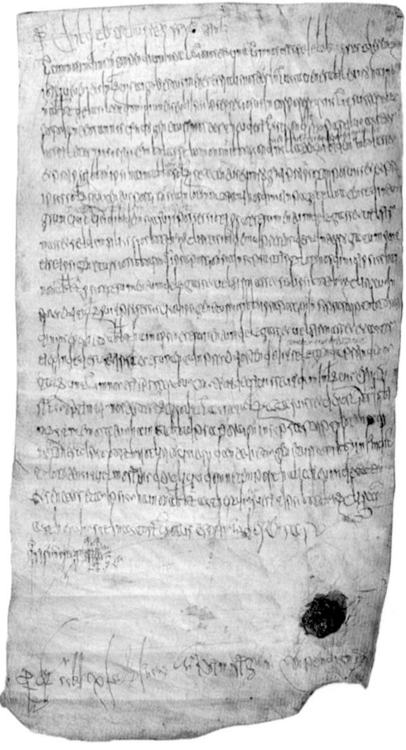

〈**사진 10**〉 족쇄 찬 리바이어던의 아래로부터 만들어진 법: 살리카법

〈**사진 11**〉 베이유 태피스트리

〈**사진 12**〉 규범의 우리 부수기

〈사진 13〉 실패한 실험: 경도 계산을 위한 갈릴레오의 첼라토네

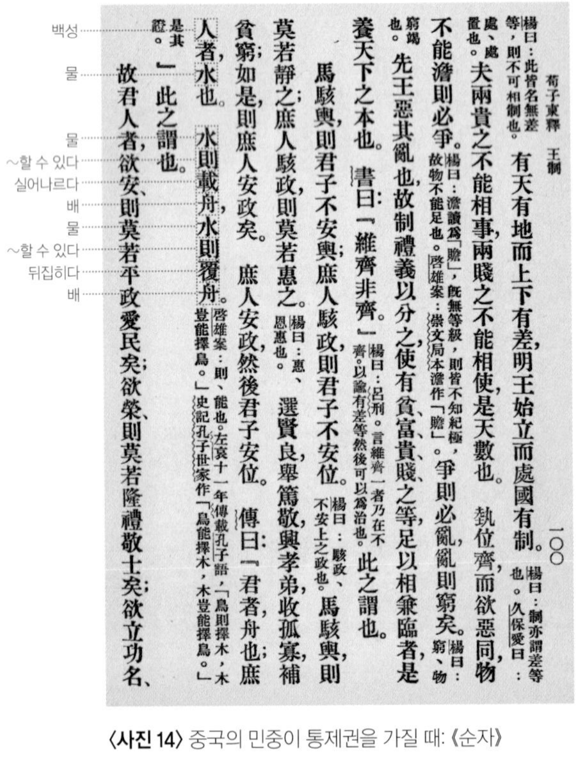

荀子柬釋　王制　一〇〇

楊曰：此皆名無差等，則不可相制也。有天有地而上下有差，明王始立而處國有制。楊曰：制亦謂差等也。久保愛曰：處、處置也。夫兩貴之不能相事，兩賤之不能相使，是天數也。埶位齊，而欲惡同，物不能澹則必爭。楊曰：澹讀爲「贍」，既無等級，則皆不知紀極，故物不能足也。啓雄案：崇文局本澹作「贍」。爭則必亂，亂則窮矣。楊曰：窮、物窮竭也。先王惡其亂也，故制禮義以分之，使有貧、富、貴、賤之等，足以相兼臨者，是養天下之本也。書曰：『維齊非齊。』楊曰：呂刑。言維齊一者乃在不齊。以諭有差等然後可以爲治也。此之謂也。

馬駭輿，則君子不安輿；庶人駭政，則君子不安位。楊曰：駭政、不安上之政也。馬駭輿，則莫若靜之；庶人駭政，則莫若惠之。楊曰：惠、恩惠也。選賢良，舉篤敬，興孝弟，收孤寡，補貧窮；如是，則庶人安政矣。庶人安政，然後君子安位。傳曰：『君者，舟也；庶人者，水也。水則載舟，水則覆舟。』啓雄案：則、能也。左哀十一年傳載孔子語，「鳥則擇木，木豈能擇鳥。」史記孔子世家作「鳥能擇木，木豈能擇鳥。」是其證。此之謂也。

故君人者，欲安，則莫若平政愛民矣；欲榮，則莫若隆禮敬士矣；欲立功名、

〈사진 14〉 중국의 민중이 통제권을 가질 때: 《순자》

〈**사신 15**〉 녹재석 리바이어던의 감시: 톈안먼광장

〈**사진 16**〉 규범의 우리에 갇히다: 달리트가 맨손으로 하는 청소

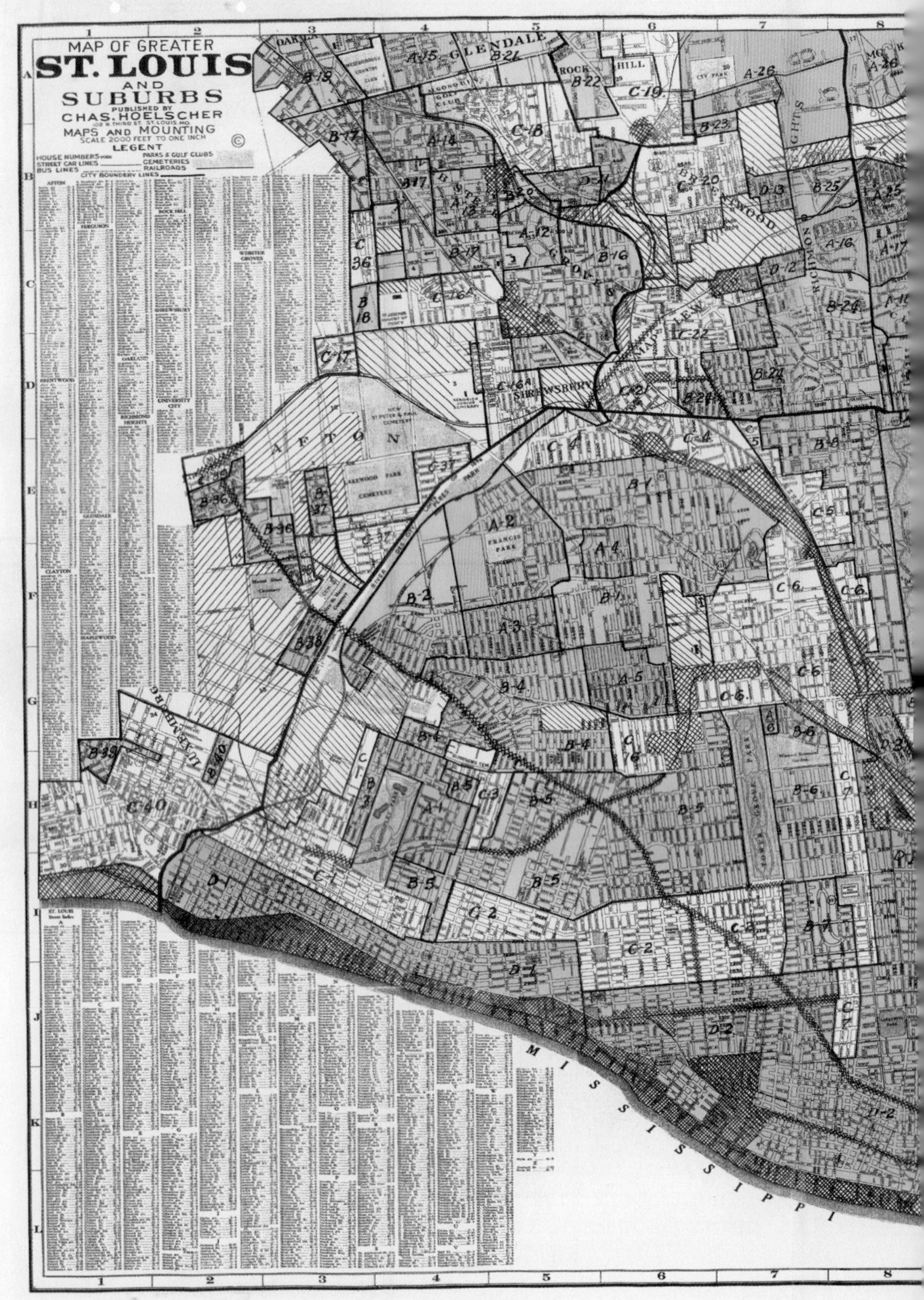

〈**사진 17**〉 세인트루이스의 '빨간 선 긋기'(경계지구 지정)

RESIDENTIAL SECURITY MAP
— LEGEND —
A FIRST GRADE
B SECOND GRADE
C THIRD GRADE
D FOURTH GRADE
UNDEVELOPED
BUSINESS & INDUSTRIAL
PREPARED BY:-
DIVISION OF RESEARCH & STATISTICS
WITH THE COOPERATION OF THE
APPRAISAL DEPARTMENT
HOME OWNERS' LOAN CORPORATION MAY 15, 1937.
NORWOOD Country Club
MEMORIAL PARK CEMETERY
CALVARY CEMETERY
BELLEFONTAINE CEMETERY
O'FALLON PARK
ST. PETERS CEMETERY
VALHALLA CEMETERY
LAKE CHARLES CEMETERY
OAK GROVE CEMETERY
LAUREL HILL CEMETERY
COUNTY STREET INDEX

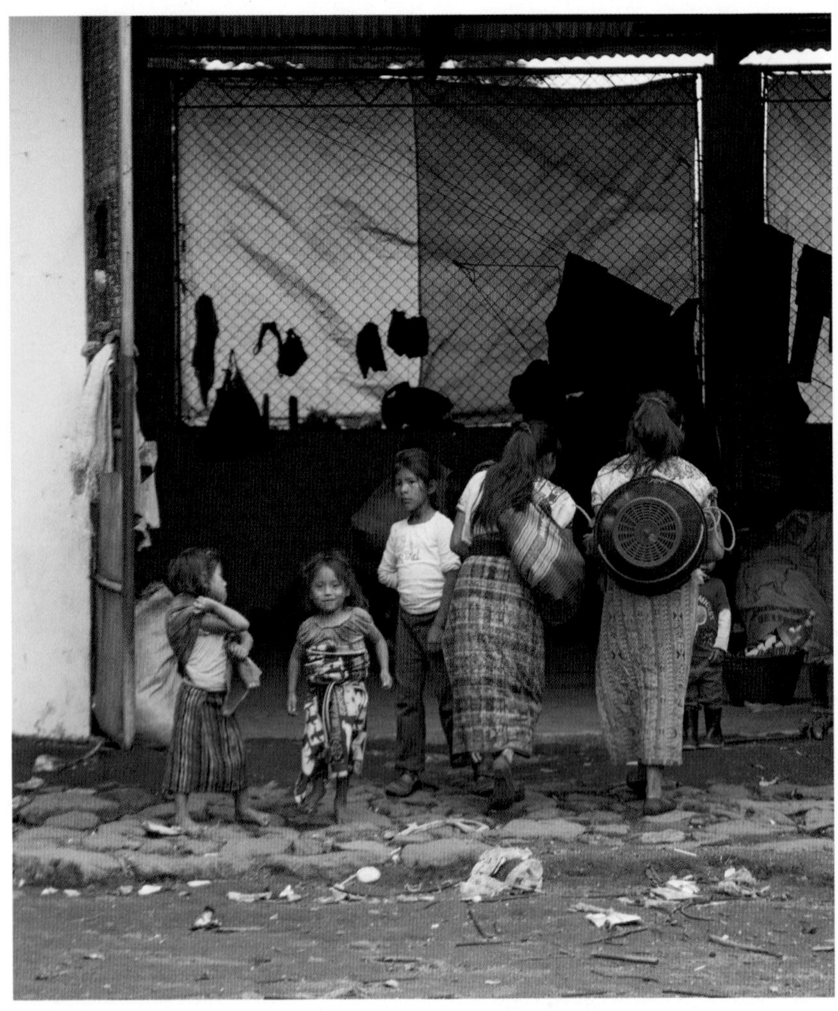

〈**사진 18**〉 독재적 리바이어던의 경제학: 과테말라의 커피 노동자

〈**사진 19**〉 라틴아메리카의 카스트제도

〈**사진 20**〉 나지드지방의 이크완

〈**사진 21**〉 종교를 이용하는 사담 후세인

〈**사진 22**〉 제로섬 레드 퀸: 볼로냐의 탑

〈**사진 23**〉 회랑 안으로 들어가는 남아프리카 방식: 스프링복스팀 주장 피에나르에게 럭비 월드컵을 수여하는 만델라

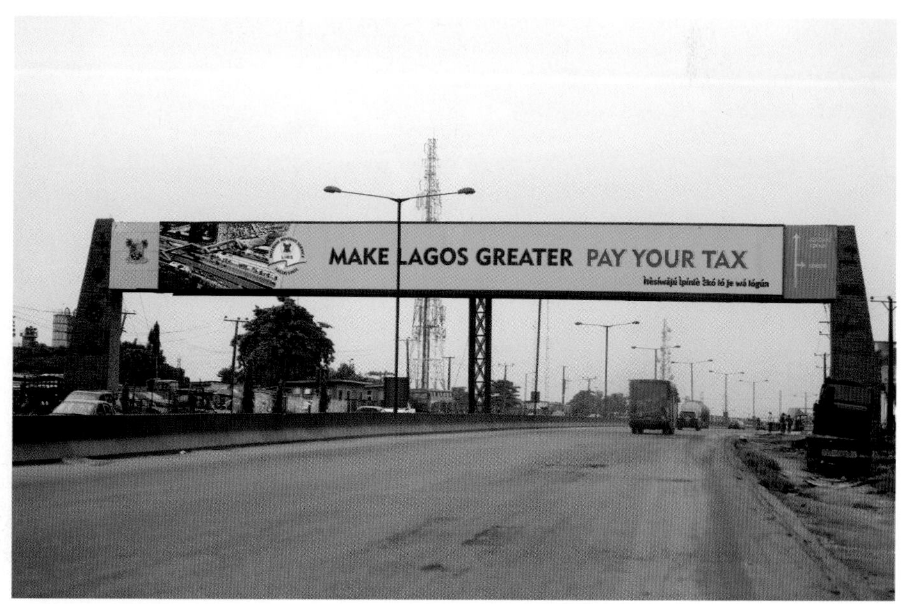

〈**사진 24**〉 회랑 안으로 들어가는 라고스 방식: 세금을 내자!

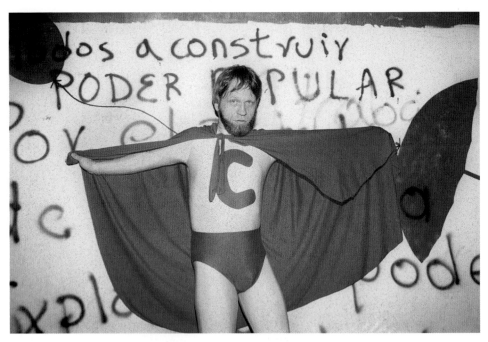

〈**사진 25**〉 회랑 안으로 들어가는 보고타 방식: 슈퍼시민 모쿠스

〈**사진 26**〉 국제체제: 세계보건기구 '홍보대사' 무가베

좁은 회랑

The Narrow Corridor:
States, Societies, and the Fate of Liberty
by Daron Acemoglu and James A. Robinson

국가,
사회
그리고
자유의 운명

좁은 회랑

대런 애쓰모글루,
제임스 A. 로빈슨 지음
장경덕 옮김

THE NARROW CORRIDOR

SIGONGSA

일러두기

- 사진 자료는 본문과 별도로 수록하였습니다.
- 옮긴이 주는 각주로 표기하였습니다. 단 '참고문헌에 관하여'의 경우 본문 내에 별도로 옮긴이 주임을 표시하였습니다.
- 국내에 출간된 도서의 경우 한국어판 제목을 따랐으며, 서지정보를 함께 표기하였습니다.
- 인명과 지명은 외래어표기법을 따르되 원어 발음을 고려하여 표기하였습니다.
- 참고문헌과 자료의 출처와 관련한 정보는 정확성을 위해 원문으로 표기하였습니다.

아르다와 아라스에게,

내가 줘야 할 것에는 훨씬 못 미칠지라도.

-대런 애쓰모글루

아드리안과 툴리오를 위하여.

나에게는 과거, 너희들에게는 미래를.

-제임스 A. 로빈슨

국가의 실패를 넘어 자유와 번영으로 가는 길

우리는 국가라는 리바이어던Leviathan과 살아간다. 17세기 중엽 정치철학자 토머스 홉스Thomas Hobbes는 만인에 대한 만인의 투쟁이 벌어지는 전쟁 상태를 벗어나려면 이 거대한 바다 괴물에 의지할 수밖에 없다고 설파했다. 모두를 두려워하는 것보다는 하나의 강력한 리바이어던을 두려워하는 것이 낫다는 것이다. 하지만 그걸로 충분한가? 대런 애쓰모글루Daron Acemoglu MIT 경제학 교수와 제임스A. 로빈슨James A. Robinson 시카고대 정치학 교수는 절대 그렇지 않다고 답한다. 두 석학은《좁은 회랑: 국가, 사회, 그리고 자유의 운명The Narrow Corridor: States, Societies, And the Fate of Liberty》에서 국가는 강해야 하지만 이 거대한 리바이어던에 반드시 족쇄를 채워야 한다고 강조한다.

인간은 누구나 자유를 열망한다. 폭력과 지배는 그 위협만으로도 자유를 억압한다. 궁핍하고 불안정한 처지에 몰린 사람은 결코 자유롭지 못하다. 이 순간에도 지구촌 곳곳에서 누군가는 자유를 얻으려 목숨까지 건다. 하지만 역사적으로 자유는 희귀했다. 그것은 국가와 지배계층이 부여하는 것이 아니며 국가를 무너뜨려야 얻을 수 있는 것도 아니다. 우리는 국가와 사회가 끊임없이 경쟁과 협력을 통해 서로의 역량을 키워줄 때만 자유를 얻을 수 있다. 사회는 갈수록 강해지는 리바이어던에 족쇄를 채움으로써 국가의 독재도, 국가의 부재도 아닌 자유와 번영의 길로 나아갈 수 있다. 그 길은 쉽게 들어갈 수 없고 언제든 밀려날 수 있는 좁은 회랑이다.

국가와 사회의 끊임없는 경주를 보라

두 사람의 전작 《국가는 왜 실패하는가Why Nations Fail》는 더불어 잘 사는 길을 제시하는 신新국부론이었다. 모두를 끌어안을 수 있는 포용적인 정치와 경제 제도를 가진 국가는 발전하고 번영하지만, 착취적인 제도를 고수하는 국가는 빈곤과 정체의 늪에 빠진다는 논지였다. 《좁은 회랑》은 왜 어떤 나라는 자유를 누리고 다른 나라는 독재로 치닫거나 무정부 상태에 빠지는지를 탐구하는 21세기의 신新자유론이다. 저자들은 민주정과 공화정을 선보였던 고대 아테네와 중세 이탈리아 도시국가부터 뿌리 깊은 독재체제의 역사를 가진 중국과 이슬람 세계, 국가 부재와 독재 사이를 오간 아프리카와 라틴아메리카, 새로운 도전과 포퓰리즘으로 비틀거리는 오늘날의 미국 민주주의에 이르기까지 동서고금을 넘나들며 자유의 생멸과 부침을 꿰뚫어 보는 통찰력을 선사한다.

이 장대한 자유론의 뼈대는 국가와 사회의 동학動學이다. 저자들은 먼저 홉스의 사상에 대한 비판적 성찰로 독자를 이끈다. 리바이어던은 만인에 대한 만인의 투쟁을 멈추게 한다. 그러나 히틀러의 독일이나 마오쩌둥의 중국에서 보듯이 통제받지 않는 국가는 흔히 독재적 리바이어던Despotic Leviathan의 무서운 얼굴을 쳐든다. 물론 어떤 정치적 위계도 아예 싹을 잘라버리는 아프리카 티브족 사회처럼 부재의 리바이어던Absent Leviathan이 폭력을 통제하기도 한다. 하지만 콩고의 '헌법 15조'라는 농담처럼 모든 문제를 각자 알아서 해결하라는 식의 부재의 리바이어던은 자유를 증진할 수 없다. 남아메리카와 아프리카의 종이 리바이어던Paper Leviathan은 독재적 리바이어던과 부재의 리바이어던의 단점만 결합한 체제다. 브라질의 전 대통령 제툴리우 바르가스처럼 "친구들에게는 모든 것을, 적들에게는 법을"이라고 말하는 체제에서 자유는 창출될 수 없다.

그러므로 진정한 자유를 위해서는 결집된 사회가 국가와 엘리트층을 통제하는 족쇄 찬 리바이어던Shackled Leviathan의 체제로 가야 한다. 공포와 억압을 초래하는 독재 국가와 폭력과 무법 상태를 부르는 국가 부재의 사이에 자유로 가는 좁은 회랑이 끼어 있다. 이 회랑에서 국가와 사회는 섬세한 균형을 이룬다. 그것이 문이 아니라 회랑인 것은 자유를 얻어가는 일이 한 차례의 통과 의례가 아니라 역동적인 과정이기 때문이다. 회랑이 좁은 것은 그만큼 진입하기 어렵고 이탈하기 쉽다는 뜻이다. 루이스 캐럴의 소설 《거울 나라의 앨리스》에 나오는 레드 퀸Red Queen의 달리기처럼 국가와 사회는 같은 속도로 달려야 균형을 유지할 수 있다.

자유로 가는 여정은 늘 국가와 사회 간 힘의 균형에 따라 갈라졌다. 역사와 지리조건, 문화유산이 비슷한 코스타리카와 과테말라는 지난 150년 동안 완전히 다른 길을 걸었다. 코스타리카는 소규모 자작농 기반의 커피 경제와 함께 족쇄 찬 리바이어던의 길로 갔다. 과테말라는 커피 대농장의 강압적 노동을 통해 자유를 억압하는 길로 나아갔다. 유럽에서는 일찍이 로마제국의 효과적인 국가기관과 게르만족의 참여적인 정치체제가 가위의 두 날처럼 합쳐지며 힘의 균형이 이뤄졌다. 미국의 리바이어던이 창조한 자유는 헌법의 영리한 설계 못지않게 사회의 결집에 힘입은 것이었다. 헌법과 권리장전은 엘리트의 선물이 아니었다. 결집된 사회가 없었다면 헌법상 권리 보호는 공허한 약속에 지나지 않았을 것이다.

중국의 통치 모형은 춘추전국시대 이후 지금까지 상앙의 법가法家와 공자의 유가儒家 사상 사이를 오갔다. 무엇보다 질서를 중시하는 법가 모형에서는 통치자가 국가와 법의 무게로 사회를 억압했다. 유가는 덕이 있는 통치자가 백성의 신뢰를 얻어야 한다고 가르쳤으나 보통사람들이 국가와 황제에 맞설 대항력이 될 수 없다는 독재의 기본 신조에서 벗어나지 못했다. 독재의 본질은 제국과 공산주의 시대의 연속성을 만들어냈다. 마오쩌둥과 덩샤오핑의 교체기는 당·송과 명·청 교체기와 비슷하다.

1090년 당시 중국의 생활 수준은 세계 최고였다. 잉글랜드보다 16퍼센트 높은 수준이었다. 하지만 독재적 성장의 열매는 결국 고갈된다. 14세기 아랍의 학자 이븐 할둔이 표현했듯이 독재적 성장은 '누에가 실을 내고 결국 자신이 지은 고치 안에서 최후를 맞는 것처럼' 끝나게 된다. 저자들은 중국의 성장이 몇 년 안에 흐지부지 끝나버리지는 않겠지만 독재적 성장의 다른 사례처럼 중국도 치명적 도전에 직면하게 되리라고 본다.

리바이어던에 어떻게 족쇄를 채울 것인가

역사에 대한 깊은 통찰은 오늘날 각국의 위기 대응에 대한 경고로 이어진다. 한 세기 전 대공황이 닥쳤을 때 서방의 대응 방식은 정반대로 갈렸다. 독일 바이마르공화국 붕괴에서 보듯이 국가와 사회가 어떤 타협도 없이 상대를 무너뜨리려고 싸우는 제로섬zero-sum 레드 퀸의 방식이 있었다. 스웨덴처럼 국가가 개입과 역량을 확대하는 동안 사회 역시 역량을 키우면서 국가를 통제하기 위해 더 잘 조직화한 방식도 있었다. 저자들은 온갖 위기가 중첩된 오늘날 서방의 대응 방식은 스웨덴보다 바이마르 시대 독일 사례에 가깝다고 본다. 엘리트층은 우위를 지키려고 싸우고 불안정한 사람들은 독재자들의 유혹에 넘어가고 있다. 번영은 공유되지 않는다. 양극화와 비타협이 이 시대의 질서가 되고 있다.

포퓰리즘은 다시 회랑 안의 정치를 부식시키고 있다. 나치 정권의 부상에서 보듯이 아래로부터 이뤄지는 상향식 운동이라는 특징과 민중을 대변한다는 주장에도 불구하고 포퓰리스트들의 집권은 결국 독재로 이어지기 쉽다. 미국처럼 오랜 민주주의 역사를 가진 나라에서는 그런 일들이 결코 일어날 수 없다는 주장도 있다. 그에 대해 저자들은 이렇게 되묻는다. 그런 일은 바이마르공화국에서도 일어날 수 없었던 것 아닌가?

자유주의 경제학자 프리드리히 폰 하이에크Friedrich von Hayek는 독재적 리바이어던을 막으려면 사회가 국가 권력에 효과적으로 맞서는 길밖에 없다고 봤다. 하지만 저자들이 보기에 국가의 지나친 확장이 '노예의 길'로 치달을 수 있다는 하이에크는 두 가지 실수를 저질렀다. 하이에크는 국가와 사회가 함께 역량을 키우면서 회랑 안에 머물 수 있는 레드 퀸의 동학을 이해하지 못했다. 또 국가가 사회안전망을 확대하면서 갈수록 복잡해지는 경제를 효과적으로 규율하는 새로운 역할을 맡아야 할 필요성을 보지 못했다.

이 책의 가장 중요한 화두는 국가의 실패를 넘어 자유와 번영으로 나아가는 길이다. 사회는 족쇄 찬 리바이어던과 새로운 정책들을 뒷받침하기 위해 타협하면서 광범위한 연합을 구축해야 한다. 정치가 지나치게 양극화되면 타협과 연합은 극히 어려워진다. 너무 늦기 전에 공통의 기반을 찾아야 한다. 구체적인 정책의 개혁보다 더 중요한 것은 사회의 결집력이다. 저자들은 국가와 강력한 엘리트층을 견제할 연합에 새로운 활력을 불어넣어야 한다고 주장한다. 역사는 예정된 것이 아니라 선택과 노력에 따라 얼마든지 달라질 수 있다.

책은 사변적인 추론에 의존하지 않는다. 풍부하고 생생한 역사적 경험들이 수많은 지류가 큰 강물로 합쳐지듯 체계적인 서사를 이룬다. 저자들은 국가와 사회, 자유의 운명이라는 무거운 화두를 던지면서도 독자들을 흥미롭고 유익한 지적 탐사의 길로 이끌어준다. 자유와 번영으로 가려면 활력있는 사회와 효과적인 국가가 균형을 이뤄야 한다는《좁은 회랑》의 메시지는 오늘날 한국 사회에도 깊은 울림을 줄 것이다. 우리는 누구나 자유를 말하지만 저마다 다른 자유를 말하고 있다. 자유를 얻는 방법론도 극명하게 엇갈리고 있다. 불평등과 양극화는 타협과 결집을 어렵게 하고 있다. 그럴수록 더 큰 자유를 위한 영감을 줄 이 책의 통찰이 더욱 빛난다.

매일경제신문
장경덕 논설실장

| 차례 |

한국의 독자들에게

세계가 코로나19 팬데믹에 비틀거리고 있다. 이처럼 절박한 위기의 순간, 극심한 공포에 사로잡힌 대부분의 사람들은 안전판과 보호막을 찾으며 더 강력한 정부에 의지하려 한다. 어쨌든 우리에게는 이 사태를 헤쳐 나가도록 도와줄 조정기능과 리더십, 그리고 공공서비스가 필요하다. 제1장에서 만나볼 철학자 토머스 홉스Thomas Hobbes가 바로 그런 관점에서 생각했다. 홉스는 1640년대 잉글랜드 내전이 격화할 때 쓴 책에서 사람들은 안전과 번영으로 이끌어줄 리바이어던Leviathan과 같은 전능한 국가에 '자신들의 의지를 맡겨야 한다'고 주장했다.

중국의 시민들은 그들의 의지를 통치자들에게 위임한 것으로 여겨지곤 하는데, 토머스 홉스라면 중국의 국가기관들을 지지했을 것이다. 실제로 팬데믹이 닥쳤을 때 중국 도시의 상공은 드론들로 가득했다. 사회적 거리 두기를 지켜야 하는 사람들이 집 밖으로 나오지 않도록 확실히 봉쇄하기 위한 조치였다. 그리고 휴대폰 소지자가 돌아다녀도 괜찮을 만큼 건강한 사람일 때 녹색 화면이 뜨도록 하는 애플리케이션도 등장했다. 만약 붉은색 화면이 나타나면 어떻게 될까? 휴대폰은 소지자가 건강하지 않다는 것을 어떻게 판단했을까? 소지자의 체온을 쟀을까? 다른 요인들도 색깔에 영향을 미칠 수 있을까? 드론이 하는 일은 사회적 거리 두기를 감시하는 것뿐일까?

사람들이 공중을 떠다니는 드론들을 좋아하지 않을지라도 중국의 코로나

19에 대한 대응은 세계의 다른 어떤 나라들보다는 나아 보인다. 가장 충격적인 일이 벌어지고 있는 곳은 미국이다. 도널드 트럼프 대통령이 이끄는 정부는 처음에는 위기를 부인했고 이후 갈팡질팡하다 다시 위기를 부인하는 쪽으로 돌아서고 있다. 트럼프는 절실하게 필요한 의료장비 제조에 민간부문을 끌어들이려 했는데 2020년 3월 27일에는 몹시 화를 내며 이런 트윗을 날렸다. '늘 그렇듯이 제너럴모터스라는 회사는 제대로 하는 일이 없는 것 같다. 이 사람들은 우리에게 절실한 인공호흡기 4만 개를 '대단히 신속히' 만들어주겠다고 했다. 그래놓고 이제는 4월 말에 6,000개만 줄 수 있다고 하고 최고가를 원한다. … "P"를 발동한다.' P는 냉전시대의 국방물자생산법Defense Production Act을 말한다. P는 대통령이 긴급히 필요한 물자를 만들라고 기업에 명령할 수 있는 권한을 부여한다. 이런 대응 방식은 중국과 유사하다. 미국은 과연 이런 방향으로 나아가야 할까? 다른 길은 없을까? 우리는 드론에 압도당하지 않으면서 팬데믹에 강력히 대응할 수 있는 정부의 리더십과 조정 능력을 확보할 수 있을까?

그에 대한 답은 미국과 똑같이 2020년 1월 20일에 공식적으로 코로나19 첫 확진자가 나왔던 한국에서 찾아볼 수 있다. 미국과 한국의 유사점은 최초 확진자의 발생일 뿐이다. 한국 정부는 초기 대응 과정에서 어느 정도 비판을 받았지만, 대단히 효과적인 감염자 추적시스템을 가동하면서 '검사와 추적, 격리'에 집중할 수 있었다. 3월 5일까지 한국은 미국과 영국, 프랑스, 일본, 이탈리아의 검사 인원을 합친 것보다 많은 14만 5,000여명을 검사했다. 4월 총선 당시 투표장에 간 한 남성이 바이러스에 감염된 사실이 발견됐을 때는 그와 접촉했을 수도 있는 1,000명 이상의 신원이 48시간 안에 밝혀졌고 그 중 일부는 면접조사를 받았다. 이들은 모두 자가 격리 조치를 받았다. 한국은 또 감염자들이 어디를 들렀고, 어떤 교통수단을 이용했으며, 당시 마스크를 썼는지 여부를 알려주는 정보를 널리 전파했다. 그러나 트럼프 대통령은 7월 12일에야 처음으로 마스크를 썼고 마스크를 쓴 것 자체가 전국적인 뉴스거리가 됐다.

우리가 한국어판 서문을 쓰고 있는 지금까지 미국에서는 코로나19로 인한 사망자가 14만 3,000여명에 이르렀지만, 한국의 사망자는 296명에 불과하다. 인구 대비 사망률은 미국이 한국보다 75배나 높다. 중국의 사망률은 한국과 얼추 같지만 두 나라 사이에는 결정적인 차이가 있다. 중국의 낮은 사망률은 한국 정부가 얻은 시민들의 동의와 적극적인 협조 및 신뢰 없이 이룬 것이다. 이 차이는 중요한 의미를 지닌다.

이 책은 우리가 팬데믹에 대한 세계 각국의 대응방식이 실제로 각기 다르게 일어날 것이라 예상하는 이유를 설명한다. 사회를 가혹하게 통제하는 중국의 전략에서 얻는 이점뿐 아니라 그에 따른 비용도 분명히 밝힌다(영어로 '가혹한draconian'이라는 표현은 제2장에서 만날 아테네의 통치자 드라콘Draco의 이름에서 유래했다). 책은 또 각국의 대응이 크게 다른 결과를 낳으리라고 보는 이유도 설명한다. 우리가 책에서 언급하지 않은 나라들에서도 엄청난 편차가 나타난다. 이번 위기가 시작됐을 때 한국은 1만 개의 인공호흡기를 확보하고 있었으나 인구가 1,200만 명인 남수단에는 인공호흡기가 2개밖에 없었다.

물론 우리는 코로나19 팬데믹을 염두하고 이 책을 쓰진 않았다. 그러나 만약 우리가 이 책의 주요 개념들을 예시하기 위한 하나의 시나리오를 구상했다면 팬데믹보다 더 적합한 시나리오는 생각할 수 없었을 것이다. 왜냐면 각국 정부가 서로 다른 방식으로 팬데믹에 대응한 까닭은 모두 이 책의 핵심 주제와 밀접하게 관련 있기 때문이다. 국가와 사회가 상호작용하면서 서로를 통제하는 방식이 우리의 국가 역량과 정부 정책들, 우리의 회복력과 번영,

안전, 그리고 궁극적으로 자유의 정도를 결정한다는 것이 이 책의 주제다.

각국 정부는 팬데믹에 대응하는 것 말고도 하는 일이 많다. 중국의 전략은 우리가 '독재적 리바이어던Despotic Leviathan'이라고 부르는 국가의 완벽한 본보기다. 이런 유형의 국가는 정의를 실현하고 혁신을 장려하며 자유를 실험하고 보호하는 일에 있어선 제대로 작동하기 힘들다. 바이러스 확산을 막기 위해 사람들의 행동을 통제할 수 있는 국가의 '견제 받지 않는 권력'은 사람들이 저항할 때 그들을 단속하고 투옥하며 억압하고 심지어 살해할 수도 있다. 현재 중국의 일부 지역, 특히 신장에서 국가가 벌이고 있는 일이다.

독재체제가 팬데믹에 가장 잘 대응할 수 있는 체제인지도 분명치 않다. 물론 미국 정부는 팬데믹의 위험을 무시했고 머뭇거리며 서투르게 대응했지만, 중국은 팬데믹 초기 단계에서 지극히 중요한 정보를 적극적으로 은폐했고 이제 과학적 연구와 바이러스 관련 정보의 전파를 통제하고 때때로 제한하고 있다. 우한의 코로나19 사망자 수는 사후 집계에서 어느 날 하루 만에 50퍼센트나 늘어났다. 그렇다면 우리는 진짜로 정확한 정보를 알 수 있을까. 중국 정부가 적극적으로 정보를 검열하고 있으므로 아마도 알 수 없을 것이다. 혹시 중국 당국조차 정확한 정보를 모르는 게 아닐까? 이 역시 불분명하다. 왜냐면 사람들은 국가를 믿을 수 없고 국가가 두려울 때, 정확한 정보를 제공하지 않기 때문이다. 드론과 애플리케이션이 시민들의 관점에서 보는 신뢰와 협력, 그리고 정당성을 대체할 수 있을까? 사람들을 자의적으로 가둬놓고 그들을 검열한다면 그 국가는 얼마나 효과적으로 작동할 수 있을까?

독재가 가장 효과적인 전략이 아니라는 증거는 한국에서 찾을 수 있다. 사망률은 중국과 비슷할지 몰라도 한국은 중국과 달리 엄청나게 넓은 지역을 봉쇄하지 않고도 낮은 사망률을 기록했다(중국은 시민들의 협력에 의존할 수 없어서 넓은 지역을 봉쇄해야 했다). 그 결과 지금까지 중국의 경제 위축 효과는 네 배나 컸다.

한국은 우리에게 중국의 독재체제와 트럼프 행정부의 혼란스러운 대응 외에 다른 선택지가 있다는 걸 보여준다. 우리는 두 가지 악惡 중 한 가지를 받아들일 필요가 없다. 제15장에서 만나볼 프리드리히 폰 하이에크Friedrich von Hayek는 1929년 대공황과 제2차 세계대전 이후 국가와 사회의 재건 기간에 이 문제에 대해 다뤘다. 하이에크는 우리가 국가에 지나치게 많은 권력을 주면서 너무 많은 것을 요구하면 국가는 필연적으로 중국의 독재적 리바이어던과 같이 될 것이라고 걱정했다. 우리는 하이에크의 염려가 타당한 이유를 설명할 것이다(어차피 국가의 유전자 안에는 사회를 지배하려는 속성이 내포돼 있으며, 일단 리바이어던에게 준 권력을 되찾기란 어려운 일이다). 그러나 하이에크의 비관주의는 빗나간 생각이다. 왜냐면 제대로 기능하는 국가기관들이 부재하는 체제와 그들이 사회를 지배하는 독재적인 체제 사이에는 하나의 '좁은 회랑'이 끼어 있기 때문이다. 좁은 회랑에서 사회와 국가는 적극적으로 균형을 이룬다. 사회는 국가 권력을 감시하며, 필요하면 국가와 경쟁하고 다투면서 때때로 국가와 협력한다. 가장 심화된 형태의 국가 역량이 개발되는 곳은 바로 이 회랑 안이며(바로 이곳에서 사회는 국가를 신뢰할 수 있고 정보와 책임을 국가와 공유할 수 있기 때문이다), 국가의 권력 및 역량이 성장하고 더불어 적극적인 정치 참여를 통해 사회가 성장하는 곳도 바로 이 회랑 안이다. 실제로 제2차 세계대전 후 서방 대부분 국가에서 그런 일이 일어났고 그래서 국가의 순전한 독재에 대한 하이에크의 공포는 현실이 되지 않았다. 우리는 한국이 경제에 끼칠 부정적 영향을 최소화하면서 이처럼 효과적으로 코로나19를 억제할 수 있었던 이유도 바로 회랑 안에 있었기 때문임을 보게 될 것이다. 또한 우리는 회랑이 왜 '좁은지', 그리고 왜 회랑 안에서의 삶이 불안정한지, 왜 시민들이 부단히 경계하고 조직화하고 적극적으로 정치에 참여하며 열심히 노력해야 하는지 설명할 것이다.

팬데믹은 우리가 6개월 전에 상상할 수 있었던 것과 다른 방식으로 세계를 변화시킬까? 그럴 수도 있다(하지만 팬데믹이 닥치기 전에도 중대한 변화들은 이미 예정돼 있었다. 치솟는 불평등, 지속적인 빈곤, 세계화와 이민자에 대한 불만, 그리고 포퓰리즘과 민족주의의 발호를 보라). 그러나 우리가 맞이할 미래의 운명은 정해져 있지 않다. 기반이 무너지는 공공 의료체계와 우리의 모든 움직임을 감시하는 드론들 사이에서 차악을 택해야만 하는 것도 아니다. 서로 다른 미래들은 어떤 모습인지, 그리고 우리들의 미래에 어떻게 영향을 미칠 수 있는지가 이 책이 답하고자 하는 질문이다.

2020년 7월

대런 애쓰모글루 · 제임스A. 로빈슨

자유

이 책의 주제는 **자유**liberty다. 인간 사회가 어떻게, 그리고 왜 자유를 성취하거나 성취하지 못했는지 이야기한다. 그에 따른 영향, 특히 자유의 성취 여부가 번영에 미치는 영향도 살펴본다. 자유의 정의定義는 영국 철학자 존 로크John Locke의 견해를 따른다. 로크는 사람들이 다음과 같이 할 수 있을 때 자유를 누린다고 주장했다.

> 다른 사람의 허락을 구하거나 그의 뜻에 얽매이지 않아도 되며 … 전적으로 자기 뜻과 스스로 알맞다고 생각하는 대로 행동하고 자신의 소유물과 신체를 사용할 때.

이런 의미에서 자유는 모든 인간의 기본적인 열망이다. 로크는 이렇게 강조했다.

> 누구도 다른 사람의 생명이나 건강, 자유, 또는 소유물에 해를 끼쳐선 안 된다.

그러나 역사적으로 자유가 희귀했다는 건 확실하며 이는 오늘날에도 마찬가지다. 해마다 중동과 아프리카, 아시아, 중미 지역에서 수백만 명이 목숨을 잃거나 불구가 될 위험을 감수하며 고향을 버리고 탈출하는데, 이는 더 높은 소득이나 물질적으로 더 편안한 생활을 추구하기 때문이 아니라 자신과 가족들을 폭력과 공포로부터 보호하기 위해서다.

철학자들은 지금까지 자유를 다양하게 정의해왔다. 하지만 로크가 알아본 것처럼 가장 근본적인 차원에서 자유는 사람들이 폭력과 위협, 여타 비하적인 대우에서 벗어나는 데서 출발해야 한다. 사람들은 부당한 처벌이나 가혹한 사회적 제재의 위협을 받지 않으면서 자유롭게 자신의 삶을 선택하고 이를 실행할 수단을 가질 수 있어야 한다.

세상의 모든 악행

2011년 1월 시리아 다마스쿠스의 구시가에 있는 하리카 시장에서 바샤르 알-아사드Bashar al-Assad 독재정권에 항의하는 자발적인 시위가 일어났다. 그 후 얼마 안 돼 남부 도시 다라에서 어떤 아이들이 벽에 '국민은 정권 붕괴를 바란다'고 썼다. 아이들은 체포돼 고문을 당했다. 군중이 아이들의 석방을 요구하며 모여들었고, 경찰이 그중 두 사람을 죽였다. 대규모 시위가 벌어졌고 이내 전국으로 번졌다. 실제로 많은 이들이 정권이 붕괴되길 바라는 것으로 드러났다. 곧 내전이 일어났다. 시리아 대부분 지역에서 국가의 군사와 치안 기능은 곧바로 사라졌다. 하지만 시리아 사람들은 끝내 자유를 얻지 못했다. 대신 내전과 통제할 수 없는 폭력과 맞닥뜨렸다.

라타키아의 미디어 관리자인 아담은 이후에 일어난 일을 기억한다.

> "우리는 선물을 기대했는데 세상의 모든 악행을 다 당했지요."

알레포 출신의 극작가 후세인은 이렇게 요약했다.

"우리는 이 어둠의 집단들이 시리아로 들어오리라고는 전혀 예상하지 못했어요. 그들은 이제 상황을 완전히 장악해버렸어요."

이 '어둠의 집단들' 가운데 단연 두각을 드러낸 것은 이른바 이슬람 국가Islamic State였다. 당시 ISIS로 알려진 이 집단은 새로운 '이슬람 왕조'를 세우려는 목적을 가지고 있었다. ISIS는 2014년 시리아의 주요 도시 락까를 장악했다. 시리아 국경 너머 이라크에서는 팔루자와 라마디 그리고 150만 명이 거주하는 역사적인 도시 모술을 점령했다. ISIS와 다른 여러 무장 세력들은 시리아와 이라크 정부가 무너지면서 생긴 **무국가**stateless 사회의 빈자리를 상상도 할 수 없는 잔인함으로 채웠다. 구타와 참수, 신체 절단은 흔한 일이 됐다. 자유시리아군의 전사인 아부 피라스는 시리아의 '뉴 노멀new normal'을 이렇게 묘사했다.

"누군가가 자연사했다는 이야기를 들어본 지 너무 오래됐습니다. 처음에는 한두 명이 살해됐지요. 그러다 피살자가 스무 명으로 늘었어요. 그리고 다시 쉰 명으로 늘었어요. 이제 그런 일은 일상이 됐습니다. 쉰 명이 목숨을 잃으면 우리는 '다행이야, 쉰 명밖에 안 죽었으니!'라고 생각했어요. 저는 포격이나 총격 소리를 안 들으면 잠을 못 자요. 뭔가 빠진 것 같다니까요."

알레포의 물리치료사인 아민은 이렇게 회상했다.

"다른 친구 한 명이 자기 여자친구에게 전화해서 말했어요. '자기야, 내 전화로는 잠깐 통화가 안 될 거야. 내가 아민 전화로 연락할게.' 얼마 후 그녀가 제게 전화해 그 친구에 관해 묻기에 저는 그가 살해됐다고 말해줬지요. 그녀는 울었고 친구들은 제게 '왜 그걸 말했냐'고 했어요. 그래서 제가 그랬지요. '왜냐면 그게 사실이니까. 이게 일상이야. 그는 죽었다고.' … 제가 휴대폰을 열어서 연락처를 봤더니 아직 살아 있는 사람은 한두 명뿐이었어요. 사람들이 그랬지요. '누가 죽으면 연락처를 지우지 말고 그냥 그 사람 이름을 순교자라고 바꿔 놓으라고.' … 그래서 내 연락처를 쭉 봤더니 전부 순교자, 순교자, 순교자였어요."

시리아의 국가 붕괴는 엄청난 규모의 인도주의적 재앙을 초래했다. 전쟁 전 약 1,800만 명이던 시리아 인구 중 목숨을 잃은 이들이 50만 명에 이르는 것으로 추정된다. 600만 명 이상이 국내에서 살던 곳을 떠나야 했고 500만 명은 국외로 도망쳐 현재 난민으로 살고 있다.

길가메시 문제

시리아의 국가 붕괴로 일어난 참화는 놀라운 일이 아니다. 철학자와 사회과학자들은 오래전부터 분쟁을 해결하고 법을 집행하며 폭력을 억제하려면 국가가 필요하다고 주장해왔다. 로크는 이렇게 요약했다.

법이 없는 곳에는 자유도 없다.

그러나 시리아 사람들은 외려 약간의 자유를 얻기 위해 아사드 독재정권을 상대로 시위를 벌여야 했다. 아담은 비통한 심정으로 그 일을 회상했다.

"우리는 부패와 범죄 행위, 사람을 해치는 악행을 뿌리 뽑으려고 뛰쳐나가 시위를 했지요. 그런데 역설적으로 훨씬 더 많은 사람이 다치는 결과를 낳고 말았어요."

아담 같은 시리아인들은 인간 사회 특유의 문제와 씨름하고 있었다. 이 문제는 오래전부터 전해진 문자 기록 중 하나로 4,200년 전 수메르인들이 점토판에 써놓은 길가메시Gilgamesh 서사시의 주제다. 길가메시는 오늘날 이라크의 남쪽 유프라테스강과 연결돼 있었으나 지금은 말라버린 운하에 접해있던, 아마도 세계 최초의 도시였을 우루크의 왕이었다. 이 서사시는 길가메시가 상업으로 번창했으며 주민들에게 공공서비스를 제공하는 놀라운 도시를 창조했다는 사실을 알려준다.

햇볕 받은 구리처럼 빛나는 성곽을 보라. 돌계단을 오르고 … 우루크의 성벽 위를 걷고, 도시를 둘러싼 길을 돌고, 웅장한 토대를 살펴보고, 쌓여 있는 벽돌을 뜯어보고, 얼마나 능숙하게 지었는지 생각하면서, 성곽이 에워싼 땅, 장엄한 왕궁과 사원, 상점과 시장, 가옥, 대중을 위한 광장을 보라.

하지만 이 도시에는 문제도 있었다.

그 누가 길가메시 같으랴? … 그는 자신이 소유한 도시를 우쭐대며 돌아다니네. 거들먹거리며, 고개를 높이 쳐들고, 들소처럼 주민들을 짓밟으며. 그는 왕이고, 원하는 건 무엇이든 하며, 아버지에게서 아들을 빼앗아 짓뭉개버리고, 어머니에게서 딸을 빼앗아 취하고 … 누구도 그에게 감히 맞서지 못하네.

통제할 수 없다는 점에서 길가메시는 시리아의 아사드와 닮았다. 절망한 사람들은 수메르의 신전에서 가장 높은 자리에 있는 아누Anu를 찾아 '하늘을 향해 울부짖었다.' 그들은 이렇게 탄원했다.

천상의 아버지시여, 길가메시는 … 모든 한계를 넘었습니다. 사람들은 그의 폭정으로 고통받고 있습니다. … 당신의 왕이 이렇게 다스리도록 바라십니까? 양치기가 자기 양 떼를 짓밟아도 되는 것입니까?

아누는 이 문제에 관심을 두고 창조의 어머니 아루루Aruru에게 부탁했다.

길가메시를 복제한 또 하나의 인간, 힘과 용기가 그와 같고 난폭한 마음도 그에 맞먹는 남자를 만들어라. 새로운 영웅을 만들어 그 둘이 서로 완벽하게 균형을 이뤄서 우루크에 평화가 오도록 하라.

아누는 그렇게 우리가 **'길가메시 문제'**라고 일컫는 문제의 해법을 생각해 냈다. 해법은 **국가**state의 권위와 힘을 통제함으로써 국가의 단점이 아닌 장점을 취하도록 하는 것이었다.

아누가 생각한 것은 도플갱어식 해법으로, 오늘날 '견제와 균형check and balance'이라고 부르는 개념과 비슷하다. 길가메시를 복제해 만든 엔키두Enkidu가 자신의 짝인 길가메시를 저지하는 방식이었다. 미국 정부의 체제를 만든 건국의 아버지 중 한 명인 제임스 매디슨James Madison은 그 해법에 동조했을 것이다. 4,000년 후 그는 '야심이 야심에 대항하도록 해야 한다'는 원리에 따라 헌법이 설계돼야 한다고 주장한다.

길가메시가 자신을 복제한 인간과 처음 맞닥뜨린 건 어떤 새 신부를 강탈하려 할 때였다. 엔키두는 문간을 막아섰다. 둘은 싸웠고 길가메시가 결국 이겼지만, 맞설 자가 없었던 그의 독재적인 권력은 이제 사라졌다. 이로써 우루크에 자유의 씨앗이 싹텄을까?

불행히도 아니었다. 대개 하늘에서 뚝 떨어진 견제와 균형은 작동하지 않기 마련인데, 우루크에서도 마찬가지였다. 길가메시와 엔키두는 곧 함께 일을 꾸미기 시작했다. 서사시는 이렇게 전한다.

> 그들은 껴안고 입을 맞췄네. 형제처럼 손을 잡았네. 나란히 걸었네. 그들은 진정한 친구가 되었네.

그 후 둘은 레바논의 거대한 삼나무 숲을 지키는 괴물 훔바바를 죽이려고 공모했다. 신들이 그들을 벌하려고 '하늘의 황소'를 보냈을 때 둘은 힘을 합쳐 황소를 죽였다. 견제와 균형과 더불어 자유에 대한 희망도 사라져버렸다.

도플갱어를 통해 국가에 견제와 균형의 제약을 가하더라도 자유가 실현되지 않는다면, 자유는 대체 어떻게 해야 생기는가? 일단 아사드 정권에서는 생기지 않을 것이다. 자유는 국가체제가 무너진 시리아의 무정부 상태anarchy에서는 생길 수 없다는 게 확실하다.

우리의 답은 간단하다. 자유를 누리려면 국가와 법이 필요하다. 하지만 자유는 국가나 국가를 통제하는 엘리트층the elite이 주는 것이 아니다. 보통 사람들과 사회가 얻어내는 것이다. 사회는 국가가 2011년 이전 시리아에서 아사드 정권이 그랬던 것처럼 자유를 억압하기보다는 보통 사람들의 자유를 보호하고 촉진할 수 있도록 국가를 통제할 필요가 있다. 자유를 얻으려면 결집된 사회가 정치에 참여하고, 필요하면 항의하고, 가능하면 투표로 정권을 내려놓게 할 수 있어야 한다.

자유로 가는 좁은 회랑

우리는 이 책에서 자유가 싹트고 번성하려면 **국가와 사회**가 둘 다 강해야 한다고 주장한다. 폭력을 억제하고, 법을 집행하며, 사람들이 스스로 선택한 것을 추구할 역량을 갖고 살아가는 데 꼭 필요한 공공서비스를 제공하려면 강력한 국가가 필요하다.

강력한 국가를 통제하고 제약하려면 강력하고 결집된 사회가 필요하다. 도플갱어 해법과 견제와 균형으로는 길가메시 문제를 풀 수 없다. 사회가 국가를 경계하지 않으면 헌법과 권리 보장의 값어치는 그것이 적힌 종이값에 지나지 않기 때문이다.

독재국가가 불러오는 공포와 억압 그리고 국가의 부재로 나타나는 폭력과 무법 상태 사이에 자유로 가는 **좁은 회랑**narrow corridor to liberty이 끼어 있다. 바로 이 회랑에서 국가와 사회는 서로 균형을 맞춘다. 균형은 혁명처럼 순식간에 이뤄지지 않는다. 균형을 맞춘다는 건 국가와 사회가 하루하루 끊임없이 싸워간다는 뜻이다. 이 싸움에는 혜택이 따른다. 회랑 안에서 국가와 사회는 단지 경쟁만 하는 것이 아니라 협력도 한다. 협력은 사회가 바라는 것들을 국가가 더 잘 제공할 수 있도록 국가의 역량을 키워주고, 이 역량을 감시할 사회적 결집을 촉진한다.

그것이 문門이 아니라 회랑인 까닭은 자유를 성취하는 일이 하나의 과정이기 때문이다. 폭력을 억제하고, 법을 제정하고 집행하며, 국가가 시민들에게 서비스를 제공하기까지 우리는 회랑 안에서 먼 길을 가야 한다. 그것이 하나의 과정인 이유는, 국가와 엘리트층은 사회가 채운 족쇄와 더불어 살아가는 법을 배워야 하고, 사회의 여러 부문들은 서로 간의 차이에도 불구하고 함께 일하는 법을 터득해야 하기 때문이다.

회랑이 좁은 이유는 이 일이 결코 쉽지 않기 때문이다. 거대한 관료조직과 강력한 군대, 법을 해석할 자유를 가진 국가를 어떻게 통제할 수 있는가? 갈수록 복잡해지는 세계에서 더 많은 책임을 져야 할 국가가 온순하게 통제를 받도록 어떻게 보장할 수 있는가? 분열된 사회가 어떻게 서로 등을 돌리지 않고 계속해서 함께 일하도록 할 수 있는가? 이 모든 것들이 갑자기 제로섬zero-sum 경쟁으로 바뀌는 것을 어떻게 막을 수 있는가? 결코 쉽지 않다. 바로 그 때문에 회랑은 좁고, 사회는 회랑 안으로 들어가거나 빠져나오면서 광범위한 충격파를 일으킨다.

우리는 이 중 어떤 것도 설계해서 만들어낼 수 없다. 마음대로 하도록 맡겼는데 진정으로 자유를 설계해서 만들려고 시도할 지도자는 그리 많지 않을 것이다. 국가와 엘리트가 너무나 강력하고 사회가 온순하다면 지도자들이 뭣하러 민중에게 자유와 권리를 주겠는가? 준다고 해도 그들이 계속 약속을 지킬 거라고 믿을 수 있는가?

우리는 길가메시의 시대부터 우리 시대까지 쭉 이어진 여성 해방의 역사에서 자유의 기원을 찾을 수 있다. 길가메시 서사시에서 '모든 여자의 처녀막은 … 그가 소유한다'고 했던 것과 같은 상황에서 (어쨌든 일부 지역에서는) 여성들이 각종 권리를 갖는 지금 같은 상황으로 사회가 어떻게 바뀌어왔는가? 설마 그 권리들을 남성이 부여했겠는가? 한 가지 예를 들어보자. 아랍에미리트연방에는 2015년 이 나라 부통령이자 총리이면서 두바이의 통치자인 셰이크 무함마드 빈 라시드 알 막툼Sheikh Mohammed bin Rashid Al Maktoum이 만든 양성균형위원회Gender Balance Council가 있다.

이 위원회는 해마다 '최우수 양성균형 지원 정부 기관', '최우수 양성균형 지원 연방 기구', '최우수 양성균형 계획' 같은 명목으로 양성평등을 위한 상을 나눠 준다. 셰이크 막툼 본인이 시상한 2018년 수상자들에게는 공통점이 있었다. 모두 남성이라는 점이었다! 아랍에미리트연방이 내놓은 해법은 사회의 참여 없이 셰이크 막툼이 설계하고 사회에 던져준 점이 문제였다.

보다 성공적으로 여성의 권리를 신장시킨 역사와 대조해보자. 예컨대 권리가 주어진 것이 아니라 얻어낸 것이었던 영국의 역사를 보자. 영국에서는 여성들이 하나의 사회운동을 조직해 여성참정권 운동가suffragette들이 됐다. 이들은 1903년에 여성들만 참여해 설립한 영국여성사회정치연합British Women's Social and Political Union에서 배출됐다. 이들은 남성들이 '최우수 양성 균형 계획'에 대한 상을 주기를 기다리지 않았다. 그들은 결집했고 직접적인 행동과 더불어 시민 불복종 운동에 참여했다. 당시 재무장관이자 후일 총리가 된 데이비드 로이드 조지David Lloyd George의 여름 별장을 폭파하기도 했다. 그들은 국회의사당 바깥 난간에 자신의 몸을 사슬로 묶는 시위도 했다. 그들은 납세를 거부했고, 투옥됐을 때에는 단식 투쟁을 해 당국이 강제로 음식을 먹여야 했다.

에밀리 데이비슨Emily Davison은 여성참정권 운동으로 저명한 인물이다. 데이비슨은 1913년 6월 4일 엡솜의 유명한 더비 경마장에서 조지 5세 국왕 소유의 말 앤머가 달리던 트랙으로 뛰어들었다. 보도에 따르면 그녀는 자주색, 흰색, 녹색을 배열한 여성참정권 운동가들을 상징하는 깃발을 든 채 앤머에 부딪혔다. 이 책에 실은 〈사진 1〉에서 보듯, 말은 쓰러지며 그녀를 덮쳤다. 데이비슨은 부상 당했고 나흘 후 사망했다. 그리고 5년이 지나 여성들은 의원들을 뽑는 선거에서 투표를 할 수 있었다. 영국에서 여성들은 어떤 (남성)지도자들의 통 큰 시혜로 권리를 얻지 않았다. 권리 획득은 여성들이 자신들을 조직화하고 역량을 강화한 결과였다.

여성 해방은 독특하거나 예외적인 사례가 아니다. 자유를 얻어내는 일은 결집하여 국가와 엘리트에 맞서는 사회의 능력에 항상 달려 있다.

제1장

역사는 어떻게 끝나는가?

무정부 상태가 오는가?

1989년 프랜시스 후쿠야마Francis Fukuyama는 모든 나라가 미국식 정치, 경제 제도로 수렴하는 '역사의 종언'을 예견했다. 그는 이를 '경제적, 정치적 자유주의liberalism의 태연한 승리'라고 표현했다. 그로부터 꼭 5년 후 로버트 캐플런Robert Kaplan은 「다가오는 무정부 상태The Coming Anarchy」라는 기고문에서 근본적으로 다른 그림을 그렸다. 그는 무정부 상태의 혼란스러운 무법과 폭력의 특성을 설명하기 위해서는 어쩔 수 없이 서아프리카에서 이야기를 시작해야 한다고 느꼈다.

> 서아프리카는 [무정부 상태]의 상징이 되고 있다. … 질병과 인구과잉, 이유 없는 범죄, 자원 부족, 난민 이주, 갈수록 붕괴되는 국민국가nation-state와 국경, 갈수록 강해지는 사병과 경비 회사, 국제 마약 카르텔의 힘은 이제 서아프리카라는 프리즘을 통해 가장 뚜렷이 드러난다. 보통 논의하기 아주 싫지만, 우리 문명이 곧 직면할 현안들을 이야기함에 있어 서아프리카는 적절한 도입부다. 지금부터 몇십 년 후 정치적으로 지구가 어떤 모습이 될지 다시 그려보려면 … 나는 서아프리카에서 이야기를 시작해야 한다고 본다.

2018년 유발 노아 하라리Yuval Noah Harari는 「기술은 왜 압제에 유리한가

Why Technology Favors Tyranny」라는 기고문에서 미래에 대한 또 다른 예측을 했다. 그는 인공지능의 발전은 정부가 우리를 감시하고 통제하며, 심지어 우리가 상호작용하고 소통하고 생각하는 방식까지 지시하는 '디지털 독재'의 부상을 예고한다고 주장했다.

역사의 종언이 실제로 이루어지더라도, 후쿠야마가 상상했던 것과는 아주 다른 방식이 될 수 있다. 도대체 역사가 어떻게 끝난다는 것일까? 후쿠야마가 제시한 민주주의의 비전, 아니면 무정부 상태, 혹은 디지털 독재의 승리로 끝날 것인가? 중국에서 인터넷과 미디어, 보통 사람들의 삶에 대한 통제가 갈수록 심해지는 것을 보면 우리가 디지털 독재로 나아가고 있는 것 같지만 중동과 아프리카의 최근 역사는 무정부 상태라는 미래가 그리 멀리 있지 않다는 걸 깨닫게 해준다.

우리는 이 모든 것들을 체계적인 방식으로 생각할 필요가 있다. 캐플런의 제안대로 아프리카에서 이야기를 시작해보자.

헌법 제15조 국가

서아프리카 해안을 따라 계속해서 동쪽으로 가다 보면 기니만이 남쪽으로 방향을 틀어 중앙아프리카로 향한다. 배로 적도기니와 가봉, 브라자빌 콩고[1]의 푸앵트-누아르를 지나면 흔히 무정부 상태의 전형으로 꼽히는 나라 콩고민주공화국으로 들어갈 수 있는 콩고강 하구에 이른다. 콩고 사람들이 하는 농담이 하나 있다. 이 나라가 1960년 벨기에로부터 독립한 후 지금까지 여섯 차례 헌법이 제정됐지만, 그때마다 제15조는 똑같았다. 19세기 프

1 콩고공화국을 콩고민주공화국과 구별해 부르는 이름

랑스 총리 샤를-모리스 탈레랑Charles-Maurice Talleyrand은 헌법이 "짧고 모호해야 한다"고 말했다. 콩고 헌법의 제15조는 그 격언에 꼭 맞다. 짧고 모호하다. 단순히 '*알아서 해결하라Débrouillez-vous*'는 것이다.

보통 헌법이라면 시민과 국가의 책임, 의무 그리고 권리를 정리해놓은 문서라고 생각한다. 국가는 마땅히 시민 간 분쟁을 해결하고, 그들을 보호하며, 교육과 보건 그리고 개인들이 스스로 적절히 마련하지 못하는 기반시설 같은 핵심적인 공공서비스를 제공해야 한다. 헌법이라면 '알아서 해결하라고' 해서는 안 된다.

사실 '헌법 제15조'는 농담이다. 콩고 헌법에 그런 조항은 없다. 하지만 적절한 농담이다. 콩고인들은 적어도 1960년 독립 이후 스스로 문제를 해결해 왔다. 그 전에는 사정이 더 나빴다. 콩고인들의 국가는 어떤 문제에 대해서든 마땅히 해야 할 일을 하지 못했고, 이 나라의 광범위한 지역에서 부재했다. 이 나라 대부분 지역에서 법원과 도로, 의료기관, 학교는 기능을 거의 상실한 상태다. 살인과 절도, 강요, 협박은 흔한 일이다. 이미 비참한 상태였던 대다수 콩코인들의 삶은 1998년부터 2003년까지 콩고에 휘몰아친 아프리카 대전Great War of Africa**2**기간에 진짜 지옥으로 굴러떨어졌다. 500만 명이 목숨을 잃은 걸로 추정된다. 사람들은 살해당하거나 병으로 죽거나 굶어 죽었다.

평화기에도 콩고의 국가는 실제 헌법 조항들을 지키지 못했다. 헌법 제16조는 다음과 같다.

> 모든 개인은 법과 공공질서, 타인의 권리, 공중도덕을 존중할 때 생명과 신체

---

2 제2차 콩고 전쟁

의 보존, 인격의 자유로운 계발에 대한 권리를 갖는다.

하지만 이 나라 동쪽 키부 지역 대부분은 여전히 시민들을 수탈하고 괴롭히고 살해하면서 광물 자원을 약탈하는 반군집단과 군벌들이 통제한다.

그렇다면 실제 콩고 헌법 제15조는 어떤 내용일까? 그 조항은 '공권력을 가진 기관들은 성폭력을 뿌리 뽑을 책임을 지며…'라는 말로 시작한다. 그러나 2010년 유엔의 한 관계자는 이 나라를 '세계의 강간 수도'로 묘사했다.

콩고인들은 스스로 삶을 꾸려가야 한다. '알아서 해결하라'는 말을 새기면서 말이다.

지배를 뚫고 가는 여정

이 격언은 콩고인들에게만 적용되는 말이 아니다. 다시 기니만으로 되돌아가 보면 미래에 대한 캐플런의 암울한 시각을 가장 압축적으로 보여주는 듯한 곳, 나이지리아의 경제 수도 라고스에 다다른다. 캐플런은 이곳을 "범죄와 오염, 인구 과밀 탓에 제3세계 도시의 기능장애를 전형적으로 보여주는" 도시로 묘사했다.

캐플런이 썼듯이 1994년 나이지리아는 사니 아바차Sani Abacha 장군을 대통령으로 내세운 군부의 통제 아래 있었다. 아바차는 중립적으로 분쟁을 해결하거나 나이지리아 국민을 보호하는 것이 자기 일이라 생각하지 않았다. 대신 반대자들을 죽이고 이 나라의 자연자원을 몰수하는 데 몰두했다. 그가 훔친 자산은 적어도 35억 달러에 이르는 것으로 추산된다.

그보다 한 해 전 노벨상 작가인 월레 소잉카Wole Soyinka가 이웃 베냉공화국의 경제 수도 코토누에서 육상으로 국경을 건너 라고스로 돌아왔다. 〈지도

1〉을 참고하라. 그는 "코토누와 나이지리아의 경계로 접근하는 길에서 첫눈에 사정을 알 수 있었다. 우리는 국경을 건널 수 없거나 건너기를 꺼리며 국경 바로 앞까지 길을 따라 길게 줄지어 서 있는 차들을 지나쳐 몇 마일을 갔다"고 회상했다. 과감히 국경을 건넌 사람들은 "심지어 첫 번째 검문소까지 가는 데에도 통행료를 내야 했고 차량이 손상되거나 지갑이 얇아진 채로 한 시간 안에 돌아왔다."

소잉카는 그에 굴하지 않고 나이지리아로 가는 국경을 넘어 자신을 수도로 데려다줄 사람을 찾았는데, 기껏 들은 말은 "*오가 월레, 에코 오 다 오Oga Wole, eko o da o*." 즉 '월레 선생님, 라고스는 좋지 않습니다'라는 말이었다. 한 택시 운전자가 앞으로 나서더니 붕대를 감은 손으로 역시 붕대를 감은 자신

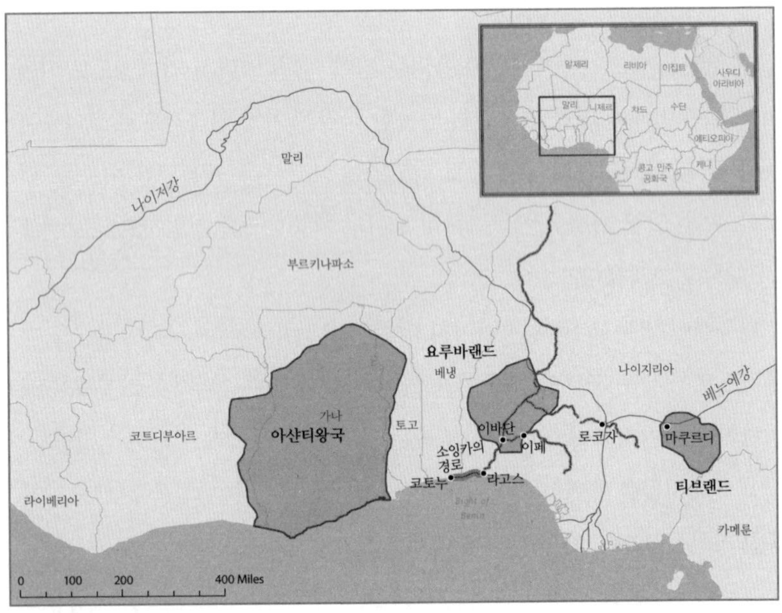

〈지도 1〉 서아프리카: 역사적인 아샨티왕국, 요루바랜드, 티브랜드, 그리고 코토누에서 라고스로 이어지는 월레 소잉카의 이동 경로

의 머리를 가리켰다. 그리고는 자신이 어떤 대접을 받았는지 이야기를 늘어놓았다. 그가 차를 전속력으로 후진하는데도 피에 굶주린 무리가 쫓아왔다는 것이다.

"선생님 … 제가 이미 후진하고 있는데도 폭도들이 제 차 앞 유리를 깨더라니까요. 하느님도 날 못 살리겠더라고요. … *에코 티 다루*(*Eko ti daru*, 라고스는 난리예요)."

마침내 소잉카는 자신을 라고스로 데려다줄 택시를 찾았다. 하지만 운전자는 내키지 않았는지 "길이 아–주 아–주 나쁘다"고 했다. 소잉카는 "그렇게 해서 내 평생 가장 악몽 같은 여행이 시작됐다"고 말했다. 그의 이야기를 들어보자.

검문소는 빈 석유통과 폐타이어, 바퀴 허브, 가판대, 목재 토막과 나뭇가지, 큰 돌로 만들어졌다. … 용병인 깡패들이 검문소를 장악하고 있었다. … 어떤 검문소에는 통행료가 있었다. 돈을 내면 통과였다. 하지만 그 안전 조치는 다음번 바리케이드까지만 유효했다.

때때로 차에서 연료 1갤런이나 그 이상을 뽑아내서 통행료로 내면 다음 바리케이드까지 가는 것이 허락된다. … 어떤 차들은 발사형 무기와 곤봉, 심지어 주먹으로 두들겨 맞으며 지나갔다. 다른 차들은 영화 〈쥬라기 공원〉 세트장에서 바로 나온 것 같았다. 누가 그걸 봤다면 틀림없이 차체에 이상한 이빨 자국들이 있다고 했을 것이다.

라고스 근처에 다다르자 상황은 더 나빠졌다.

정상적인 상황이라면 라고스 도심까지 들어가는 데 두 시간이 걸린다. 지금은 이미 다섯 시간이나 지났는데 우리는 약 52킬로미터밖에 가지 못했다. 나는 점점 더 불안해졌다. 우리가 라고스에 가까워질수록 공기 속의 긴장감이 손에 잡힐 것 같았다. 검문소는 더 자주 나타났고, 파손된 차들도 더 자주 보였다. 이건 최악인데, 시체도 더 자주 보였다.

버려진 시체는 라고스에서 생소한 광경이 아니다. 고위 경관 한 명이 실종됐을 때 경찰은 시신을 찾으려고 다리 아래 강물을 수색했다. 여섯 시간 동안 스물세 구의 시신을 찾은 후 그들은 수색을 중단했다. 그들이 찾는 시신은 없었다.

나이지리아 군부가 이 나라를 약탈하는 동안 라고스 사람들은 많은 일을 스스로 알아서 해야 했다. 도시는 범죄로 고통받았고 국제공항은 하도 제 기능을 못 해서 다른 나라들은 자국 항공기가 그곳을 날지 못하도록 했다. '지역 깡패area boys'라고 불리는 패거리들이 사업가들을 먹잇감으로 삼아 돈을 갈취하고 심지어 살해했다. 그러나 사람들이 피해야 하는 위험은 지역 깡패들만이 아니었다. 거리는 이상한 시체뿐만 아니라 쓰레기와 쥐로 뒤덮였다. 1999년 한 BBC 기자는 "이 도시는 … 쓰레기 산 아래로 사라지고 있다"고 전했다. 일반 시민에게 공급되는 전기나 상수도는 없었다. 불을 밝히려면 개인적으로 발전기를 사야 했다. 혹은 초를 사거나. 라고스 사람들의 삶이 악몽과 같은 이유는 단지 쥐가 들끓고 쓰레기로 뒤덮인 거리에 살면서 보도 위의 시체를 보기 때문만은 아니다. 그들은 끊임없이 공포에 떨며 살았다. 라고스 중심가에서 지역 깡패들과 사는 것은 장난이 아니었다. 그들이 오늘 당신을 봐줬다고 해서 내일도 괴롭히지 않을 거라고 장담할 수 없다. 당신이 대담하게도 그들이 이 도시에서 하는 일에 불평하거나 그들이 요구하는 굴종적인 태도를 보이지 않을 때는 특히 그렇다. 이런 공포와 불안, 불확실성은 실제 폭력만큼이나 심신을 쇠약하게 만든다. 정치철학자 필립 페팃Philip Pettit이 소개한 용어를 쓰자면 그런 것은 당신을 다른 인간집단에 '**지배**dominance' 당하게 하기 때문이다.

페팃은 그의 저서《신공화주의: 비지배 자유와 공화주의 정부Republicanism: A Theory of Freedom and Government》(필립 페팃 저, 곽준현 역, 나남, 2012)에서 성취감을 주고 품위 있는 삶의 기본적인 신조는 비지배non-dominance, 즉 지배와 공포, 극단적인 불안에서 벗어나는 것이라고 주장했다. 페팃에 따르면 다음과 같은 경우는 용납할 수 없다.

> 어떤 사람이 다른 사람에게 휘둘리며 살아야 할 때, 다시 말해 다른 사람이 멋대로 강요할 수 있는 불행에 상처받기 쉬운 상태로 살아가야 할 때.

다음과 같은 경우 이러한 지배를 경험한다.

> 남편이 마음대로 아내를 때릴 수 있고 아내가 배상을 받을 가능성이 전혀 없을 때 그런 자신의 처지를 깨달은 아내, 감히 고용주에게 맞서 불만을 제기하지 못하고 고용주가 멋대로 저지를 수 있는 … 여러 가지 학대에 취약한 종업원, 혹은 극심한 궁핍과 파멸을 피하려면 대금업자나 은행 직원의 호의에 매달려야 하는 채무자.

페팃은 폭력이나 학대의 위협은 실제 폭력과 학대만큼 나쁠 수 있다는 점을 인정했다. 분명 다른 사람의 바람이나 명령에 따르면 폭력을 피할 수 있다. 하지만 그렇게 폭력을 피하는 대신 원하지 않는 일을 하거나 늘 위협을 받는 대상이 돼야 한다. 경제학자들의 표현을 쓰자면 그 폭력은 '균형 경로를 벗어난off the equilibrium path3' 것일 수 있지만 그렇다고 그 위협이 당신의 행동에 영향을 미치지 않는다거나 실제 폭력을 당하는 것만큼 나쁜 결과를 초래하지 않는다는 뜻은 아니다. 페팃은 이렇게 밝혔다.

> 그런 사람들은 비록 다른 누군가가 팔을 쳐들고 위협을 가하지 않더라도 그 존재가 드리운 그늘 속에서 산다. 그들은 다른 사람이 어떻게 반응할지 모르는 불확실성 속에 살며 늘 다른 이의 기분을 살피면서 눈을 크게 뜨고 경계해야 한다. 그들은 다른 사람에게 당당히 맞서지 못하고, 심지어 어쩔 수 없이 다른 이에게 아첨하며 알랑거리거나 환심을 사려고 그를 치켜세워야 하는 처지가 된다.

그러나 지배는 단지 비인간적인 힘이나 폭력의 위협에서만 비롯되지는 않는다. 불평등한 권력 관계는 어떤 경우든 일종의 지배관계를 만들어낸다. 위협하거나 관습과 같은 다른 사회적 수단으로 강제하든 하지 않든 상관없다. 불평등한 권력 관계에서는 자의적인 영향력에 휘둘리기 쉽고, 다른 사람의 변덕스러운 의지나 별난 판단에 상황이 좌우되기 쉽기 때문이다.

지배를 받는 사람은 자유롭게 선택할 수 없으므로 우리는 로크의 개념을 가다듬어서 '자유'를 지배가 없는 상태로 정의한다. 자유, 혹은 페팃의 용어로 비지배는 이러하다.

> 어떤 형태의 종속 관계에서도 해방되는 것, 그런 의존 관계에서 풀려나는 것을

---

3 게임이론에서 균형전략equilibrium strategy에 따르는 게임을 할 때 확실히 이용할 수 없는 정보집합information set을 가리켜 균형 경로에서 벗어났다고 표현한다.

의미한다. 그러자면 누구도 다른 이들에게 멋대로 간섭할 힘을 갖지 않는다는 인식을 공유하면서 동료 시민들과 대등하게 마주 보며 설 수 있어야 한다.

결정적으로 중요한 것은, 자유가 단지 자신의 행동을 마음대로 선택한다는 추상적인 개념이 아니라 그런 선택을 실행할 수 있는 능력을 의미한다는 점이다. 어떤 개인이나 집단, 혹은 조직이 당신을 협박하거나 뭔가를 강제할 힘을 갖고 있을 때, 혹은 당신을 복종시키려고 사회적 관계에 영향력을 행사할 수 있을 때 당신은 선택을 실행할 능력이 없는 것이다. 실행 능력은 실제 강제력을 행사하거나 그렇게 하겠다고 위협하는 방식으로 분쟁이 해결될 때는 존재하지 않는다. 마찬가지로, 굳어진 관습에 따라 강요된 불평등한 권력 관계로 분쟁이 해결될 때도 당신에게는 선택을 실행할 능력이 없다. 자유가 무성하게 자라나게 하려면 어디서 비롯된 것이든 지배를 끝내야 한다.

라고스에서 자유는 찾아볼 수 없었다. 분쟁은 더 힘이 세고 무장이 잘 된 쪽에 유리하게 해결됐다. 그곳에서는 폭력과 절도와 살인이 일어났다. 기반 시설은 가는 곳마다 무너지고 있었다. 지배는 어디에나 있었다. 그곳은 무정부 상태로 변해가고 있는 게 아니었다. 이미 무정부 상태였다.

전쟁과 리바이어던

1990년대의 라고스는 안전하고 편안하게 살아가는 우리의 눈에 비정상으로 보일지 모른다. 하지만 인류가 살아온 역사에서 불안과 지배는 피할 수 없는 삶의 현실이었다. 심지어 약 1만 년 전 농업이 도입되고 정주생활이 시작된 후에도 인간은 '무국가'의 사회에서 살았다. 이 사회들 중 일부는 아마존과 아프리카의 외딴 지역에서 살아남은, 때로 '소규모 사회small-scale society'로도 불리는 수렵·채집 집단과 닮았다. 하지만 아프가니스탄 남부와 동부, 파키스탄 북서부 대부분을 차지하는 약 5,000만 명의 인종집단인 파슈툰Pashtun족처럼 다른 집단들은 훨씬 규모가 컸고 농업과 목축에 종사했다. 고고학적, 인류학적 증거는 이 중 여러 사회가 1990년대 라고스 주민들이 날마다 겪었던 것보다 훨씬 더 충격적인 생존 방식에 갇혀 있었다는 것을 보여준다.

가장 뚜렷한 역사적 증거는 고고학자들이 형체가 손상된 유골을 보고 추정한 전쟁 통의 죽음과 살인에서 발견된다. 어떤 인류학자들은 아직 남아 있는 무국가 사회에서 이를 직접 관찰했다. 1978년 인류학자 캐럴 엠버Carol Ember는 수렵·채집 사회에서 전쟁의 빈도가 매우 높았다는 사실을 체계적으로 밝혀냈다. 이 사실은 그녀처럼 '평화로운 야만인들'을 상상하던 학자들에게 충격이었다. 엠버는 그녀가 연구한 사회 중 3분의 2에서 적어도 한 해 걸러 한 번은 일어날 정도로 전쟁이 빈번했단 걸 발견했다. 그들 중 단 10퍼센트만 전쟁을 하지 않았다. 스티븐 핑커Steven Pinker는 로런스 킬리Lawrence Keeley의 연구를 바탕으로 지난 200년에 걸쳐 인류학자들이 연구한 27개의 무국가 사회에서 증거를 수집했다. 그는 폭력으로 인한 사망자를 10만 명당 500명 이상으로 추산했는데, 이 사망률은 살인으로 인한 사망자가 10만 명당 5명인 오늘날 미국의 100배가 넘고, 10만 명당 0.5명인 노르웨이의 1,000배 이상이다. 전근대 사회에서 발견한 고고학적 증거는 높은 수준의 폭력이 존재했다는 주장과 일치한다.

우리는 이 숫자들의 의미를 받아들이기 전에 잠시 생각해봐야 한다. 사망률이 10만 명당 500명, 즉 0.5퍼센트일 때 이 사회의 일반적인 주민이 50년 안에 살해당할 가능성은 약 25퍼센트다. 당신이 아는 사람 중 4분의 1이 일생을 보내는 동안 폭력적으로 살해당한다는 뜻이다. 이처럼 요란한 사회적 폭력으로 인해 따라오는 불확실성과 공포는 상상도 하기 어렵다.

이러한 죽음과 살육의 대부분은 경쟁관계에 있는 부족이나 집단 사이에 일어나는 전쟁으로 발생했지만, 단지 집단 간 전쟁만이 끊임없는 폭력의 원인은 아니었다. 예컨대 뉴기니 게부시족의 사망률은 그보다 높은데, 이 부족이 외부와 접촉하기 전인 1940년대와 1950년대에는 10만 명당 사망자가 거의 700명에 달했다. 대부분의 살인은 평화롭고 정상적인 시기에 벌어졌다. 해마다 100명당 거의 한 명 꼴로 사람들이 살해당하는 시기를 평화롭다고 할 수 있다면 말이다! 사망률이 그토록 높았던 이유는 모든 죽음은 주술행위로 인해 일어난다는 믿음과 관련 있다. 그래서 비폭력적인 죽음이 발생해도 이 죽음에 책임이 있는 사람에 대한 인간 사냥이 시작됐던 것이다.

무국가 사회에서의 삶이 불안한 이유가 살인뿐만은 아니다. 무국가 사회의 출생 시 기대수명은 21세부터 37세까지로 매우 짧았다. 지난 200년보다 앞선 시대를 봤을 때 우리 조상들에게 이처럼 짧은 생은 이상한 일이 아니었다. 그러므로 우리 선조 중 다수는 라고스의 주민들과 똑같이, 저명한 정치철학자 토머스 홉스Thomas Hobbes가 그의 책 《리바이어던Leviathan》(토머스 홉스 저, 최공웅·최진원 역, 동서문화사, 2016)에서 다음과 같이 묘사한 삶을 살았다.

> 끊임없는 공포, 폭력적 죽음의 위험. 그리고 고독하고, 가난하고, 끔찍하고, 잔인하며, 짧은 인간의 삶.

이는 홉스가 또 다른 악몽 같은 시기인 1640년대 잉글랜드의 내전 기간에 책을 집필하며 '전쟁Warre[4]' 상태라고 묘사한 것으로, 모두가 모두에게 대항

---

4 전쟁war의 옛말

하는 '만인에 대한 만인의' 투쟁이 벌어지는 상황이었다. 캐플런이라면 이런 상황을 '무정부 상태'라고 표현했을 것이다.

전쟁에 관한 홉스의 날카로운 묘사는 무정부 상태에서의 삶이 왜 절망적이라는 말로도 부족할 만큼 암울한지 분명히 보여준다. 홉스는 인간 본성에 관한 기본적인 가정에서 출발해, 분쟁은 인간의 어떤 상호작용에서도 고질적으로 발생한다고 주장했다. '누구든 두 사람이 같은 것을 원하는데 둘 다 같이 누릴 수 없다면 그들은 적이 된다. … 그리고 서로 상대를 파괴하거나 굴복시키려고 애쓴다.' 이러한 분쟁을 해결할 방법이 없는 세계는 행복하지 않을 것이다. 그 이유는 다음과 같다.

> 그래서 다음과 같은 일이 일어난다. 즉 침입자가 한 사람의 힘 외에 더는 두려워할 것이 없는 상황에서는, 누군가가 농사를 짓고 안락한 거처를 마련해놓으면 다른 사람들이 몰려와서 힘을 합쳐 그의 노동의 열매뿐만 아니라 생명이나 자유까지 빼앗을 가능성을 예상할 수 있다.

놀랍게도 홉스는 지배에 관한 주장을 편 페팃보다 앞서, 폭력은 단지 그 위협만으로도 파괴적일 수 있다고 지적했다. 예컨대 누군가가 어두워진 뒤 집에 머무르며 이동과 교류를 자제함으로써 실제 폭력을 피할 수 있다고 하더라도, 폭력의 위협은 유해하다는 말이다. 홉스에 따르면 전쟁 상태의 본질은 '실제 투쟁에 있는 것이 아니라 투쟁이 벌어질 수 있는 성향, 언제든 투쟁이 벌어지지 않는다는 보장이 없는 성향에 있다.' 그러므로 전쟁 상태의 가능성은 사람들의 삶에 엄청난 영향을 미친다. 예를 들어 전쟁 가능성이 있으면 사람들은 '여행을 떠날 때는 무장을 하고, 여럿이 같이 가려 한다. 자기 전에는 꼭 문을 닫아걸고, 집에 있을 때도 금고에 자물쇠를 채워둔다.' 이 모든 것이 월레 소잉카에게는 익숙한 일이다. 라고스에서 그는 호신용 글록 권총을 옆구리에 매지 않고는 어디도 가지 않았다.

홉스는 또한 인간이 기본적인 편의와 경제적 기회를 원한다는 점을 알았다. 그는 '인간을 평화로 향하게 하는 정념은 죽음에 대한 공포, 편안한 삶을 위해 필요한 것들에 대한 욕구, 그런 것들을 자신의 노력으로 얻을 수 있다는 희망'이라고 썼다. 하지만 이런 것들은 전쟁 상태에서 자연스럽게 나오지 않는다. 실제로 전쟁 상태에서 경제적 유인은 파괴될 것이다.

> 그런 상황에서는 보상이 불확실하므로 사람들은 열심히 일할 필요가 없다. 따라서 토지를 경작하거나, 항해하거나, 바닷길로 수입할 수 있는 상품들을 사용하거나, 편리한 건물을 짓거나, 무거운 물건을 옮길 기계를 만들거나 지표地表에 관한 지식을 쌓지도 않는다.

그러므로 사람들은 당연히 무정부 상태에서 벗어날 방법을 모색하고, '자신에 대한 제약'을 부과해 '인간의 자연스러운 열정의 … 필연적인 결과인 비참한 전쟁 상태에서 스스로 벗어날' 방법을 찾을 것이다. 홉스는 전쟁의 개념을 소개할 때 이런 일이 일어날 수 있단 걸 예견했다. 그는 '모두를 두려워하게 할 공통의 권력이 없는 상태에서 사람들이 살 때' 전쟁 상태가 나타난다는 것을 관찰했기 때문이다. 홉스는 **코먼웰스**common-wealth 또는 **국가**state라고 불리는 이 공통의 권력에 '거대한 **리바이어던**leviathan'이라는 이름을 붙여주었다. 이 세 가지 용어는 서로 바꿔 쓸 수 있는 말이었다. 다시 말해 전쟁에 대한 해법은 콩고나 나이지리아, 혹은 무법 상태의 무국가 사회가 갖지 못한 일종의 중앙집권적인 권력을 창출하는 것이었다. 홉스는 국가가 강력해야 한다는 점을 강조하려고 성경의 욥기에 묘사된 거대한 바다 괴물 리바이어던의 이미지를 차용했다. 이 책에 실은 〈사진 2〉에서 보듯이 그의 책 표지에는 욥기에서 따온 다음의 인용문과 함께 리바이어던을 묘사한 에칭화[5]가 실려 있다.

"지상에 더 힘센 자가 없으니 누가 그와 겨루랴." – 욥기 41장 24절

인용문에는 홉스가 하고자 했던 말이 잘 드러난다.

홉스는 가장 강력한 리바이어던이 두려운 존재라는 사실을 알고 있었다. 그러나 모두를 두려워하는 것보다는 하나의 강력한 리바이어던을 두려워하는 편이 낫다. 리바이어던은 만인에 대한 만인의 투쟁을 멈추게 할 것이며, 사람들이 '서로 파괴하거나 굴복시키려고 애를 쓰지' 않고, 쓰레기와 '지역 깡패'들을 깨끗이 없애며, 전기가 공급되도록 보장할 것이다.

좋은 이야기다. 하지만 구체적으로 어떻게 그러한 리바이어던에 다다를 수 있단 말인가? 홉스는 두 가지 길을 제시했다. 첫 번째는 그가 '설립에 의한 코먼웰스Common-wealth by Institution'라고 부르는 것으로, '여러 사람이 합의하고 각각 계약을 맺어' 국가를 만들어내고, 그가 '그들의 의지를 그의 의지에, 그들의 판단을 그의 판단에 맡기는' 것이라고 표현했듯이 권력과 권한을 국가에 위임하는 길이다. 따라서 일종의 원대한 '사회계약Covenant'으로 리바이어던의 창조에 합의하는 것이다. 두 번째 길은 그가 '획득에 의한 코먼웰스Common-wealth by Acquisition'라고 부른 것인데, 홉스는 전쟁 상태에서는 '적들을 자기 뜻에 복종시킬' 누군가가 출현할 수 있다는 사실을 알았기 때문에 리바이어던을 '강제로 얻어내는' 방법을 제시했다. 중요한 것은 어떤

5 금속판을 산으로 부식시키는 기법으로 찍어내는 그림

길을 택하든 '주권의 권리와 결과는 모두 같다'는 점이었다. 홉스는 사회가 리바이어던을 얻는 방식과 상관없이 전쟁의 종식이라는 같은 결과를 불러온다 믿었다.

이런 결론이 놀랍게 들릴 수도 있겠지만, 이 같은 홉스의 논리는 국가를 지배하는 세 가지 방법, 즉 군주정monarchy과 귀족정aristocracy, 민주정democracy에 관한 논의를 통해 드러났다. 이 셋은 매우 다른 의사결정 제도처럼 보이지만 홉스는 '세 가지 코먼웰스의 차이는 권력의 차이가 아니라 편리함의 차이에 있다'고 주장했다. 모든 측면을 고려할 때 군주정에 편리하고 실용적인 이점이 있을 수 있지만, 중요한 점은 리바이어던이 어떻게 지배되든 제 할 일을 하리라는 것이다. 리바이어던은 전쟁을 멈추게 하고 '끊임없는 공포와 폭력적인 죽음의 위험'을 없애주며, 사람들이 더는 '고독하고 가난하고 끔찍하며 잔인하고 짧은 삶'을 살지 않도록 보장할 것이다. 홉스는 모든 국가는 '평화와 정의의 수호'라는 목적을 가지며 이것이 '모든 코먼웰스를 설립하는 목적'이라고 주장했다. 어쨌든 충분히 압도적인 권력이라면 그것이 어떻게 생겨났든 간에 힘은 곧 정의라고 보는 것이다.

홉스의 걸작이 현대 사회과학에 미친 영향은 아무리 높이 평가해도 지나치지 않다. 우리의 이야기는 국가와 헌법에 관한 이론을 세우는 데 있어서 홉스의 선례를 따라 국가와 헌법이 어떻게 문제를 해결하는지, 어떻게 행동을 제약하는지, 어떻게 사회에서 권력을 재분배하는지 논의하며 출발한다. 우리는 사회가 어떻게 해서 신이 부여해준 법칙이 아니라 기본적인 인간의 동기에 따라 작동하는지 그리고 어떻게 그 동기를 만들어갈 수 있는지 단서를 찾으려 한다. 그러나 홉스는 오늘날 사회과학에 미친 영향보다 국가에 대한 우리의 인식에 더욱 심원한 영향을 미쳤다. 우리는 군주정이든, 귀족정이든, 민주정이든 상관없이 국가와 그 대표자들을 존중한다. 심지어 군사 쿠데타나 내전이 일어나도 새 정부의 대표자들은 전용기를 타고 다니며 유엔에 어엿한 자리를 차지하고, 국제사회는 그들이 법을 집행하고, 분쟁을 해결하고, 자국의 시민들을 보호할 것으로 기대한다. 국제사회는 그들에게 공식적으로 존중받을 자격을 부여한다. 정확히 홉스가 예견한 것처럼 권력의 기원과 유래가 무엇이든 통치자들은 리바이어던을 축약해 보여주면서 정당성을 갖는다.

인간에게 전쟁 상태를 피하는 것이 무엇보다 긴요하다는 홉스의 주장은 옳다. 일단 국가가 형성되고, 폭력 수단을 독점하며 법을 집행하기 시작하면 온갖 살인이 줄어들 것이라는 그의 예상도 정확하다. 리바이어던은 '만인에 대한 만인의' 투쟁을 통제했다. 오늘날 서유럽과 북유럽 국가에서 인구 10만 명당 살인에 의한 사망자는 한 명이 될까 말까다. 공공서비스는 효과적이고 효율적이며 풍부하게 제공된다. 사람들은 인류 역사상 그 어느 때보다 자유에 더 가까이 다가섰다.

하지만 홉스가 제대로 이해하지 못한 측면도 많다. 우선 첫째로 무국가 사회도 폭력을 통제하고 분쟁을 억누르는 데 상당한 능력이 있는 것으로 드러났다. 물론 우리는 무국가 사회가 그다지 많은 자유를 실현하지 않는다는 점도 살펴보겠지만 말이다. 두 번째는 홉스는 국가가 실현할 자유에 관해 지나치게 낙관적이었다는 점이다. 확실히 홉스는, 그리고 덧붙이자면 국제사회도, 한 가지 결정적인 문제에서 틀렸다. 힘이 곧 정의는 아니며, 권력은 확실히 자유를 향해 나아가지 않는다. 국가의 속박 아래에서의 삶 역시 끔찍하고 잔인하고 짧을 수 있다.

두 번째 문제부터 살펴보자.

충격과 공포

나이지리아의 경우에 단순히 국가가 라고스의 무정부 상태를 예방하고 싶어 하지 않았다고 할 수는 없다. 또한 콩고민주공화국의 경우에 국가가 법을 집행하지 않고 반군이 사람들을 죽이도록 내버려두는 것이 최선이라는 결정을 했다고 할 수만은 없다. 그들은 문제를 처리할 역량이 부족했다. 한 국가의 역량이란 국가의 목표들을 이룰 수 있는 능력을 말한다. 목표에는 법을 집행하고, 분쟁을 해결하고, 경제활동을 규제하면서 세금을 걷고, 기반시설이나 공공서비스를 제공하는 일이 포함된다. 국가의 목표에는 전쟁을 벌이는 것도 포함된다. 국가 역량의 수준은 어느 정도까지는 각종 제도가 어떻게 체계화됐느냐에 달려 있지만, 그보다 더 중요한 것은 관료조직이다. 국가의 계획을 실행하려면 관료와 국가 공무원들이 필요하고, 그들이 임무를 수행할 동기와 수단이 있어야 한다. 이러한 통찰을 처음으로 명확히 설명한 사람은 독일 사회학자 막스 베버Max Weber인데, 그는 19세기와 20세기에 독일에서 국가의 중추를 이룬 프로이센의 관료조직에서 영감을 얻었다.

—

1938년 독일 관료조직에는 한 가지 문제가 불거진다. 권력을 잡은 국가사회주의독일노동자당(나치)은 최근 독일이 병합한 오스트리아에서 유대인을 모두 내쫓기로 한다. 곧바로 관료조직의 병목현상이 나타났다. 일이 제대로 처리돼야 했으므로, 모든 유대인들은 이 나라를 떠나려면 수많은 서류와 문서를 모아야 했다. 지나치게 많은 시간을 잡아먹는 일이었다. 나치의 준군사조직인 친위대Schutzstaffel, SS에서 IV-B-4 데스크를 차지하고 있던 아돌프 아이히만Adolf Eichmann이 이 문제를 처리하는 책임을 맡았다. 아이히만은 오늘날 세계은행이 '원스톱 일 처리'라고 할 만한 아이디어를 생각해냈다. 그는 재무부 관료와 소득세 담당자, 경찰, 유대인 지도자를 포함해 관련 부처 담당자들의 모든 업무를 통합한 일종의 조립라인 체제를 개발했다. 또한 유대인들이 출국에 필요한 비자를 살 수 있도록 유대인 실무자들을 해외로 보내서 유대인 단체들에 기금을 요청하도록 했다. 한나 아렌트Hannah Arendt는 그녀의 책《예루살렘의 아이히만Eichmann in Jerusalem》(한나 아렌트 저, 김선욱 역, 한길사, 2006)에서 이렇게 썼다.

> 한쪽 끝에서 아직 얼마간의 재산이나 공장, 가게, 혹은 은행 계좌를 가지고 있는 유대인을 들여보내면 그는 그 건물을 통과하며 이 창구에서 저 창구로, 이 사무실에서 저 사무실로 옮겨다니다 다른 쪽 끝에서 돈 한 푼 없고 모든 권리를 잃어버린 채 '귀하는 2주 내로 출국해야 하며 위반 시 강제수용소로 송치된다'고 적힌 여권 하나만 들고 나온다.

원스톱 방식으로 일을 처리한 결과 8개월 만에 4만 5,000명의 유대인이 오스트리아를 떠났다. 아이히만은 *무장친위대 중령Obersturmbannführer* 계급으로 승진했으며, 나중에 '최종 해결책Final Solution[6]'을 위한 수송업무 조정역을 맡아 대량 학살을 원활히 하기 위해 여러 관료적 병목 문제를 푸는 일을 했다.

바로 여기서 강력하고 능력 있는 국가와 관료조직이 작동하는 리바이어던을 볼 수 있다. 하지만 이 리바이어던은 자신의 능력을 분쟁이나 전쟁을 멈추기 위해 쓴 것이 아니라 유대인을 괴롭히고 그들의 재산을 강탈하고 학살하

6 나치가 유대인을 체계적으로 절멸시키려 했던 계획

는 데 썼다. 프로이센의 관료제도와 직업군인의 전통을 바탕으로 세운 독일 제3제국German Third Reich7은 확실히 홉스의 정의에 맞는 리바이어던으로 꼽을 수 있다. 정확히 홉스가 바란 것처럼 독일인들은 '그들의 의지를 모두 그의 의지에, 그들의 판단을 그의 판단에 맡겼다.' 적어도 그들 중 상당수는 그랬다. 실제로 독일 철학자 마르틴 하이데거Martin Heidegger는 학생들에게 "오직 총통만이 현재와 미래 독일의 현실이자 법"이라고 말했다. 독일에서 국가는 히틀러의 지지자에게뿐만 아니라 모든 국민에게 두려움을 불러일으켰다.

나치의 갈색 셔츠를 입은 준군사조직 돌격대Sturmabteilung, SA와 친위대, 게슈타포Gestapo8가 거리를 돌아다니면서 두려움은 공포로 바뀌었다. 독일인들은 언제 누가 세차게 문을 두드리고 군홧발로 거실에 들이닥칠지 몰라 식은땀을 흘리며 밤을 보냈다. 군인들이 사람들을 심문하려고 지하실로 끌고 가거나 전사할 게 확실한 동부전선으로 보내려고 징집해갈 터였다. 독일의 리바이어던은 나이지리아나 콩고의 무정부 상태보다 훨씬 더 무서운 존재였다. 리바이어던은 엄청난 숫자의 독일인들, 즉 사회민주주의자와 공산주의자, 정치적 반대자, 동성애자, 여호와의 증인 신자들을 투옥하고 고문하고 죽였다. 독일의 리바이어던은 다수의 독일 시민을 포함한 600만 명의 유대인과 20만 명의 집시를 학살했다. 어떤 추산에 따르면 폴란드와 러시아에서 학살당한 슬라브인들은 1,000만 명을 넘는다.

독일인들과 독일이 점령한 지역의 시민들이 히틀러 통치 아래서 겪은 일은 홉스가 말한 전쟁이 아니었다. 오히려 국가가 자국 시민들을 상대로 한

---

7 나치는 962~806년 신성로마제국을 제1제국, 1871~1918년 독일제국을 제2제국, 1933~1945년 나치 지배체제를 제3제국으로 일컬었다.

8 비밀경찰

전쟁이었다. 그것은 지배였고 살인이었다. 홉스가 리바이어던에게 바랐던 것과 같지 않았다.

노동을 통한 재교육

너무나 강력한 국가가 공포를 불러일으키는 사례는 나치 국가처럼 끔찍한 예외에만 국한되지 않는다. 공포는 그보다 훨씬 더 일반적이다. 1950년대의 중국은 많은 유럽 좌파들에게 여전히 멋진 나라였다. 마오쩌둥毛澤東 사상을 이야기하는 것이 프랑스의 카페에서 유행이 됐으며, 최신 트렌드를 따르는 서점들이 '작은 빨간 책Little Red Book[9]'을 선택했다. 어쨌든 중국 공산당은 일본의 식민주의와 서방의 제국주의가 씌운 멍에를 벗어던졌고 잿더미에서 역량 있는 사회주의 국가를 건설하느라 바빴다.

1959년 11월 1일 광샨光山현의 공산당 서기 장푸홍Zhang Fuhong은 집단 구타를 당했다. 마롱샨이라는 남자가 앞장서 그를 발로 차기 시작했다. 다른 이들도 그에게 달려들어 주먹질과 발길질을 했다. 그는 피투성이가 되도록 맞았다. 머리카락은 군데군데 뜯겨 나가고 제복은 너덜너덜하게 찢어졌으며, 그는 간신히 걸을 수 있는 상태로 버려졌다. 공격은 그 후로도 되풀이됐고, 11월 15일에는 발로 차이고 주먹으로 맞고 남은 머리가 뜯겨 나가는 동안 그는 그저 건물 바닥에 누워 있을 수밖에 없었다. 집으로 끌려왔을 때 그는 신체 기능에 대한 통제력을 잃었고 더는 먹거나 마실 수도 없었다. 다음 날 그는 또다시 폭행 당했고, 그는 물을 달라고 했지만 아무도 그의 말을 들어주지 않았다. 11월 19일, 그는 결국 사망했다.

---

9 샤오홍수小紅書, 서방에서 흔히 쓰는《마오 주석 어록》의 별칭

이 비참한 이야기는 양지성Yang Jisheng이 그의 책 《묘비Tombstone》를 통해 들려준 것이다. 양지성은 그해 초 아버지가 굶어 죽어가고 있다는 전갈을 받고 기숙사에서 집으로 급히 불려 갔던 일을 회상했다. 그는 완리灣里에 있는 집에 도착했을 때 봤던 광경을 이렇게 묘사했다.

우리 집 앞의 느릅나무는 껍질 없이 몸통만 남았고 뿌리까지 파헤치고 잘라내 땅속에는 울퉁불퉁한 구덩이만 남아 있는 상태였다. 연못은 말라버렸다. 이웃 사람들은 맛이 고약한 연체동물들을 찾으려고 물을 빼고 바닥을 훑었다고 했는데, 과거에는 그런 것들을 한 번도 먹은 적이 없었다. 개 짖는 소리도 들리지 않았고 돌아다니는 닭도 보이지 않았다. … 완리는 마치 유령의 도시 같았다. 집으로 들어가자마자 나는 극심한 궁핍을 알아챘다. 집에는 쌀이 한 톨도 없었고 먹을 수 있는 것은 아무것도 보이지 않았으며, 심지어 물통도 비어 있었다. … 아버지는 침대 위에 반쯤 기대고 누워 있었는데, 눈은 움푹 들어가고 생기가 없었다. 얼굴은 몹시 여위고 살갗은 주름지고 흐늘흐늘했다. … 나는 가져간 쌀로 죽을 끓였다. … 하지만 아버지는 더는 삼킬 수가 없었다. 사흘 후 그는 세상을 떠났다.

양지성의 아버지는 1950년대 후반 중국에 닥친 대기근 때 죽었는데 당시 중국에서 굶어 죽은 이들은 4,500만 명에 이를 것이다. 양지성은 이렇게 전했다.

굶주림은 질긴 고통이었다. 사람들은 들풀을 모두 먹어치웠고, 나무껍질까지 벗겨 먹었으며 새똥과 쥐, 솜으로도 배를 채웠다. 고령토가 나는 들에서는 굶주린 사람들이 그 흙을 파내서 씹었다. 다른 마을에서 피난처를 찾아왔다 굶어 죽은 희생자들의 시신, 심지어 자기 가족 중 죽은 이들의 몸은 절망적인 사람들의 먹을거리가 됐다.

식인행위는 광범위하게 퍼졌다.

이 시기 중국인들의 삶은 악몽 같았다. 하지만 독일 제3제국 때와 마찬가지로 그 악몽은 리바이어던의 부재 탓에 초래된 것이 아니었다. 민중이 겪은 고초는 국가가 계획하고 집행한 것이었다. 장푸홍은 그가 속한 공산당 동지들에게 맞아 죽었고 마룽샨은 그 현의 당서기였다. 장푸홍의 범죄혐의는 '우경右傾10'과 '타락 분자'였다. 그가 퍼져가는 기근에 대한 해법을 말하며 선동하려 했다는 뜻이었다. 중국에서는 심지어 기근을 언급만 해도 '대풍작을 부정하는 자'라는 꼬리표가 붙었고, 맞아 죽는다는 말의 완곡한 표현인 '투쟁struggle'의 대상이 될 수 있었다.

광산현의 다른 지역에 있는 화이디안槐店 인민공사에서는 1959년 9월부터 1960년 6월까지 인구의 3분의 1인 1만 2,134명이 죽었다. 대부분 굶어 죽었다. 하지만 모두가 굶주림으로 죽은 것은 아니었다. 총 3,528명이 공산당 간부들에게 구타를 당했는데, 그중 636명이 죽고 141명은 평생 불구가 됐으며 14명은 스스로 목숨을 끊었다.

화이디안에서 사람들이 그토록 많이 죽은 이유는 단순하다. 1959년 가을에 수확한 곡물은 595만 5,000킬로그램으로 그렇게 적은 수준이 아니었다. 그러나 공산당은 농민들에게서 600만 킬로그램을 조달하기로 결정했다. 따라서 화이디안에서 거둬들인 곡물은 전부 다른 여러 도시와 공산당으로 보내졌다. 농민들은 나무껍질과 연체동물을 먹었고, 늘 굶주렸다.

이러한 경험들은 1958년 마오쩌둥 주석이 국가 역량을 활용해 중국을 시골의 농업사회에서 현대적인 도시의 산업사회로 극적으로 탈바꿈시키려는 목표를 갖고 시작한 '대약진운동大躍進運動, Great leap forward'과 '현대화' 프

10 우익 사상으로 기운 것

로그램에 따른 것이었다. 이 프로그램은 공업부문을 지원하고 기계설비에 투자하기 위해 농민들에게 무거운 세금을 부과했다. 결과적으로 단지 인도적인 재앙에 그치지 않는 엄청난 규모의 경제적 비극이 초래됐다. 모두 리바이어던이 계획하고 집행한 일이었다. 양지셩의 충격적인 책은 '개인에게서 모든 것을 빼앗을 수 있는' 권력을 가진 리바이어던이 어떻게 화이디안 집단농장에서 생산한 곡물을 전부 징발하는 것과 같은 조치들을 실행했는지, 어떻게 '투쟁'과 폭력으로 그런 조치들을 집행했는지 예리하게 묘사한다. 그런 조치들을 실행하는 한 가지 수법은 요리와 식사를 국가가 운영하는 '공용 주방'으로 집중시켜 '누구든 명령에 복종하지 않는 이의 음식을 빼앗아버릴 수 있도록' 만드는 것이었다. 그렇게 했더니 '마을 사람들은 자신의 생존수단에 대한 통제력을 잃어버렸다.' 체제에 반대하는 이는 누구든 '분쇄됐으며' 그 결과 모두가 '폭군 아니면 노예'로 바뀌었다. 사람들은 살아남으려면 '그들이 가장 소중히 여기는 것들을 다른 이들이 짓밟아도 참고 그들이 가장 혐오했던 것들에 대해 아첨하고' '교묘하게 남을 이용하고 기만하는' 데 참여함으로써 체제에 대한 충성심을 증명해야 했다. 완전한 지배에 다름 없었다.

홉스는 '사람들이 모두를 두려워하게 하는 공통의 권력이 없는 상태에서 살아갈 때' 그 삶은 '고독하고 가난하고 끔찍하고 잔인하고 짧다'고 주장했다. 하지만 양지셩의 이야기는 '모두가 마오 주석 앞에서 두려움과 공포를 느낄 때'에도 대다수 사람들의 끔찍하고 잔인하고 짧은 삶의 고통이 누그러지지 않고 더 큰 고통으로 바뀌었음을 보여준다.

공산당이 고안한 또 다른 통치 수단은 '노동을 통한 재교육[11]' 제도다. 이

11 중국 용어로는 노동교양勞動敎養

문구를 처음으로 쓴 문서는 1955년에 발표된 「숨은 반혁명분자의 완전한 숙청을 위한 지시」였다. 이듬해 재교육 제도가 만들어졌고 전국에 걸쳐 수용소가 설치됐다. 수용소는 다양한 형태의 '투쟁'을 완벽하게 숙달했다. 예를 들어 3년간의 노동을 통한 재교육을 선고받았던 뤄홍산Luo Hongshan은 이렇게 회상했다.

> 우리는 매일 아침 네 시나 다섯 시에 일어나 여섯 시 반에 일을 하러 갔으며 … 저녁 일곱 시나 여덟 시까지 줄곧 일했다. 너무 어두워 아무것도 볼 수 없을 때에야 일이 끝났다. 정말이지 시간이 어떻게 가는지 알 수 없었다. 구타는 다반사였고 어떤 수용자들은 구타당해 죽기까지 했다. 나는 1호 중간작업반에서 맞아 죽은 일고여덟 명의 수용자들을 안다. 학대를 참을 수 없어 스스로 목을 매거나 자살하는 사람들을 빼고도 그렇다. … 그들은 골프채나 나무 방망이, 곡괭이자루, 가죽 벨트를 휘두른다. … 그들은 내 갈비뼈 여섯 대를 부러뜨렸고 오늘 나는 머리부터 발끝까지 상처투성이다. … '비행기 타기', '오토바이 타기' … '한밤중에 발끝으로 서 있기' 같은 별의별 고문을 가하는 건 흔한 일이다. 이는 모두 체벌 형태를 가리키는 이름이다. 그들은 우리에게 똥을 먹고 오줌을 마시게 하고는 그걸 요우티아오油条**12**를 먹고 와인을 마신다고 말할 것이다. 그들은 정말로 잔혹하다.

뤄홍산이 체포된 시기는 대약진운동 기간이 아니라 중국이 이미 존중받는 국제사회의 일원이자 경제 강국이 된 2001년 3월이었다. 실제로 노동을 통한 재교육은 1979년 이후 덩샤오핑鄧小平이 확대했다. 중국의 40년에 걸친 전설적인 경제성장의 설계자인 그는 재교육을 자신의 '경제 개혁' 프로그램에 유

---

12 기름에 튀긴 길쭉한 밀가루빵

용한 보완책이라고 보았다. 2012년에는 약 350곳의 재교육 캠프에 16만 명이 수용돼 있었다. 재교육 대상자들은 캠프에 어떤 법적 절차도 없이 4년까지 수용될 수 있었다. 재교육 캠프는 구치소와 함께 지방에 점점이 퍼져 있는 온갖 불법적 흑감옥黑監獄을 포함하는 광범위한 강제노동 수용소의 일부일 뿐이며, 최근에 급속히 늘어난 '지역사회 교정矯正 제도'로 보완되고 있다. 2014년 5월 이 제도를 통해 '교정'을 받는 이들의 수만 70만 9,000명이었다.

투쟁은 계속되고 있다. 2013년 10월 시진핑習近平 주석은 '펑차오楓橋 경험'을 찬양하기로 하고 공산당 간부들에게 이를 모범삼아 따르라고 촉구했다. 펑차오는 저장성에 있는 한 지역이다. 이곳은 1963년 마오쩌둥의 '4청운동四淸運動13'을 실행하면서 실제로 아무도 체포하지 않았는데 대신 사람들이 이웃을 공개적으로 감시하고 신고하며 '재교육'을 돕도록 유도했다. 정확한 숫자는 여전히 알려지지 않았지만 수십만 명, 어쩌면 수백만 명의 중국인들이 살해당한 중국 문화대혁명文化大革命의 서막이었다.

독일 제3제국과 마찬가지로 중국에서도 리바이어던은 분쟁을 해결하고 일을 성사시키는 역량을 가지고 있다. 그러나 이 리바이어던은 자유를 촉진하기 위해서가 아니라 노골적인 억압과 지배를 하기 위해 능력을 이용한다. 이 리바이어던은 전쟁을 끝내기는 하지만 전쟁을 대체할 또 다른 악몽을 불러올 뿐이다.

야누스의 얼굴을 한 리바이어던

홉스의 논지에서 발견되는 첫 번째 결함은 리바이어던이 하나의 얼굴을

13 사상, 정치, 조직, 경제를 정화하자는 운동

하고 있다는 생각이다. 실제 현실에서 국가는 야누스Janus[14]의 얼굴을 하고 있다. 한쪽 얼굴은 홉스가 상상한 국가다. 그 얼굴은 전쟁을 예방하고, 국민을 보호하고, 분쟁을 공정하게 해결하고, 공공서비스와 각종 시설 그리고 경제적 기회를 제공하는 쪽이다. 또한 경제적 번영의 기초를 세운다. 다른 쪽은 전제적이고 무서운 얼굴이다. 이 얼굴은 시민들을 침묵시키고, 그들의 바람에 무심하다. 또 시민들을 지배하고, 투옥하고, 불구로 만들고, 살해한다. 이 얼굴은 시민들이 가꾼 노동의 열매를 훔치고 다른 이들도 그렇게 도둑질하도록 돕는다.

제3제국 통치하의 독일인들이나 공산당 치하의 중국인들처럼 어떤 사회는 리바이어던의 무서운 얼굴을 본다. 그들은 지배를 겪는데, 이 경우에는 국가 그리고 국가 권력을 통제하는 이들에게 지배당한다. 우리는 그런 사회가 함께 살아가는 리바이어던을 '**독재적 리바이어던**Despotic Leviathan'으로 일컫는다. 독재적 리바이어던의 결정적인 특징은 시민들을 억압하고 살해하는 것이 아니라, 보통 사람들과 사회가 국가 권력과 역량을 어떻게 사용할지에 관해 말할 수단을 제공하지 않는다는 점이다. 중국이 독재적인 것은 국가가 시민들을 재교육 캠프에 보내기 때문이 아니다. 중국의 국가는 캠프에 보낼 능력이 있기에 사람들을 캠프에 보낸다. 이 같은 능력을 가질 수 있는 것은 국가가 독재적이어서 사회의 제약을 받지 않고 사회에 책임을 질 필요도 없기 때문이다.

그래서 우리는 머리말에서 이야기한 길가메시 문제로 돌아간다. 독재적 리바이어던은 강력한 국가를 만들지만, 그 힘을 사회를 지배하는 데 쓰며 때로는 노골적인 억압을 통해 사회를 지배한다. 과연 대안은 무엇인가? 이 질

---

14 로마신화에 나오는 문門의 수호신으로 얼굴이 두 개다.

문에 답하기 전에 홉스의 이야기가 드러낸 다른 문제, 즉 무국가 상태는 곧 폭력을 의미한다는 가정으로 돌아가보자.

규범의 우리

인류 역사는 전쟁의 사례로 가득 차 있지만, 국가 없이 폭력을 통제해낸 (부재의 리바이어던 아래에 있는)사회도 많다. 그런 사회는 콩고 우림의 음부티 피그미족부터 가나와 코트디부아르의 아칸족 같은 서아프리카의 몇몇 대규모 농업사회에 이르기까지 많다. 1850년대 가나에 있던 영국 행정가 브로디 크뤽생크Brodie Cruickshank는 이렇게 전했다.

> 이곳의 크고 작은 길들은 상품을 운송함에 있어 유럽 최고 문명국들의 가장 붐비는 도로만큼 안전해지고 어떤 방해로부터도 자유로워졌다.

홉스의 예상대로겠지만 전쟁을 피하자 상업이 번창했다. 크뤽생크는 이렇게 전했다. "어떤 자신감에 찬 상인이 사업차 이 땅 구석구석을 찾아가지 않은 곳이 없다. 마을마다 주민들의 관심을 끌고 욕망을 자극하려고 맨체스터의 무명과 중국 비단으로 장식한 줄을 집 벽에 걸거나 시장통의 나무에 둘렀다."

분쟁을 해결하지 못하고 어떤 형태로든 사법제도를 확립하지 못하는 사회에서는 그토록 활기찬 사업을 일구지 못한다. 실제로 19세기 후반 프랑스 상인 조제프 마리 보나Joseph-Marie Bonnat는 이 점을 주목했다.

> 그 작은 마을에서 하루를 시작하는 몇 시간은 재판을 하는 데 썼다.

아칸족은 어떻게 재판을 집행했을까? 그들은 여러 세대에 걸쳐 진화한 (사회적) 규범norm, 즉 관습과 전통, 의식, 수용될 수 있고 기대되는 행동 양식을 활용했다.

보나는 사람들이 협의를 하기 위해 어떤 과정을 거쳤는지 설명했다. 연장자들은 "일을 하지 않는 마을 사람들을 동반"했다. 그들은 "그늘이 넓은 나무 아래로 가서 앉고, 노예들은 주인이 앉을 의자를 들고 따랐다. 항상 거주민 중 다수가 모이는 가운데 참석자들은 토론을 듣고 소송 당사자 중 한쪽 편을 들었다. 대부분의 경우에 문제는 우호적으로 정리돼 잘못한 이는 대가를 치른다. 대가는 보통 그 자리에 온 이들에게 야자 술을 돌리는 것이다. 사안이 심각하면 양 한 마리와 일정량의 금가루를 내놓는 벌이 따랐다."

공동체는 당사자들의 주장을 듣고 규범을 활용해 잘잘못을 따졌다. 그런 다음 바로 그 규범에 따라 잘못한 쪽이 확실히 단념하고 대가를 치르거나 다른 형태로 배상하도록 했다. 홉스는 막강한 리바이어던을 정의의 원천으로 봤지만, 대부분 사회는 아칸족과 그다지 다르지 않았다. 규범은 다른 사람들의 눈으로 볼 때 무엇이 옳고 무엇이 그른지, 어떤 식의 행동을 피하고 억제할지, 언제 개인과 가족을 추방하고 다른 이들의 지원을 끊을지 결정했다. 규범은 또한 사람들이 결속하고 자신들의 행동을 조정하는 데 결정적인 역할을 함으로써 그들이 다른 공동체 그리고 같은 공동체 내에서 심각한 범죄를 저지른 사람들을 상대로 강제력을 행사할 수 있도록 했다.

규범은 독재적 리바이어던의 후원 아래서도 중요한 역할을 하지만(독일인들 모두가 제3제국에 정통성이 없다고 생각하고 협력을 멈추고 그에 대항해 조직화했다면 제국이 살아남을 수 있었겠는가?), 리바이어던이 없을 때 규범은 사회가 전쟁을 피할 유일한 길이기 때문에 결정적으로 중요하다.

그러나 자유와 관련된 문제는 다양한 측면이 있다. 행동을 조정하고 분쟁을 해결하며 정의에 대한 공유된 인식을 형성하도록 진화된 이들 규범이 동시에 일종의 우리cage도 만들어낸다. 사람들의 역량을 줄인다는 점에서는 매한가지인 또 다른 지배를 강요하는 것이다. 이는 모든 사회에 들어맞는 말이지만, 중앙집권적인 권력이 없고 오로지 규범에만 의존하는 사회에서 우리는 더 단단하고 숨 막히는 제약일 수 있다.

아칸족의 나라 이야기로 돌아가 또 다른 영국 관리인 로버트 래트레이Robert Rattray 대위의 설명을 들어보면 **규범의 우리**cage of norms가 어떻게 출현하고 어떻게 자유를 제약하는지 이해할 수 있다. 1924년 래트레이는 지금의 가나가 된 골드코스트 영국 식민지의 일부이자 아칸제국에서 가장 큰 나라인 아샨티Asante에 대한 인류학 연구부의 첫 책임자가 됐다. 그의 일은 아샨티 사회와 정치, 그리고 종교를 연구하는 것이었다. 그는 아샨티 속담 하나를 이렇게 옮겼다.

> 병아리가 홀로 떨어지면 매가 채 간다.

래트레이는 이 속담이 엄청난 불안과 잠재적인 폭력으로 형성된 아샨티 사회조직의 결정적인 측면을 잘 포착했다고 봤다. 식민지 시대 이전의 아프리카에서 가장 강력한 국가를 발전시킨 아샨티는 중앙집권적 정치 권력이 나타나기 전 시대부터 유래된 기초적인 사회구조 위에 세워졌다. 효과적인 국가기관도 없이 어떻게 '매'를 피할 수 있었을까? 아샨티 사회에서는 폭력에 대한 취약성과 폭력을 행사할 수 있는 이들에 대한 노출을 줄이는 각종 규범이 진화했다. 하지만 동시에 규범은 우리를 만들었다. 매로부터 보호를 받으려면 자유를 포기하고 다른 병아리들과 함께 서 있어야 한다.

무국가 사회에서도 누군가는 다른 이들보다 더 큰 영향력, 더 많은 부와 더 나은 연줄, 더 높은 권위를 가진다. 아프리카에서 그런 사람들은 흔히 추장들이거나 때로는 친족집단에서 가장 연장자인 원로들이다. 만약 매를 피하고 싶다면 그들의 보호가 필요하고 자기를 변호해줄 다수의 사람들이 필요하므로 친족집단이나 혈통을 따라야 했다. 보호를 받는 사람은 대신 그들의 지배를 받아들였고, 그것이 바로 아칸족의 규범에 반영된 현상유지 체제가 됐다. 래트레이의 표현대로 보호를 받는 사람은 '자발적 예속voluntary servitude'을 받아들인 것이다.

> 자발적 예속의 상태는 문자 그대로 모든 아샨티 사람들이 물려받은 유산이었다. 그것은 실제로 그 사회체제에 없어서는 안 될 기초를 형성했다. 서아프리카에서 '자유'라고 부를 만한 것을 가지려다 훨씬 더 극단적인 성격의 비자발적 속박을 받게 될 위험을 무릅쓴 이들은 다름 아닌 주인이 없는 사람들이었다.

래트레이가 '훨씬 더 극단적인 성격의' 비자발적 속박이라고 한 것은 노예 상태를 의미했다. 따라서 누구든 자발적 예속의 사슬에서 스스로 벗어나려 하면 '매'에 포획되기 십상이다. 여기서 매는 그를 노예로 팔아버릴 노예상인이다. 실제로 아프리카에서는 다른 사람들을 사로잡아 노예로 팔려는 집단 간에 숱한 전쟁이 벌어졌다. 노예 거래에 걸려든 아프리카 사람들의 경험을 묘사한 생생한 이야기가 많다. 그중 하나는 선교사인 두걸드 캠벨Dugald Campbell이 영어로 옮긴 고이의 이야기다. 19세기가 끝나갈 때 고이는 지금의 콩고민주공화국 남쪽인 루바족의 치크위바 추장의 땅에 살았다. 그는 어렸을 때 아버지를 여의고 어머니 밑에서 누이, 남동생과 함께 자랐다.

> 어느 날 전쟁 중인 한 패거리가 나타나 구호를 외치고 고함을 지르며 진입로를

따라 들어왔다. 그들은 마을을 공격하고 몇 명의 여성을 죽였다. 젊은 여성을 붙잡았고, 우리 같은 소년들을 추격해 사로잡아 모두 함께 묶었다. 우리는 수도首都로 실려 가 노예상인에게 팔렸고 그는 우리 발에 나무로 된 족쇄를 채웠다.

그들은 고이를 해안으로 데려갔다. "우리 집에서부터 그렇게 질질 끌려갔고 그때 헤어진 엄마는 다시는 못 봤어요. 우리는 '붉은 도로'를 따라 바다까지 실려 갔지요." 도로가 '붉은' 것은 길을 따라 흘린 피 때문이었다. 그때 고이는 굶주림과 끊임없는 폭력으로 너무나 약하고 여위어 부려먹을 수도 없었다.

그들은 형체만 남은 해골처럼 말라빠지고 더는 움직이지 못하게 된 나를 다시 마을로 데려와 매물로 내놓았다. 염소 한 마리나 닭 한 마리를 주고 날 사려는 사람은 아무도 없었다. … 마침내 선교사 중 '모나레'라는 분이 값이 5펜스쯤 되는 색깔 있는 손수건을 주고 나를 샀고 나는 풀려나서 자유로운 몸이 됐다. 어쨌든 그들은 내게 그렇게 말했지만 나는 그 말을 믿지 않았다. 왜냐면 나는 자유가 무슨 뜻인지 이해할 수 없었고 나는 이제 백인의 노예라고 생각했기 때문이다. 나는 어차피 다시 붙잡혀서 팔릴 테니 풀려나고 싶지 않았다.

노예상인의 위협과 규범의 우리가 어우러져 가지각색의 부자유를 만들어냈다. 한편에는 고이가 겪은 극단적인 노예 상태가 있었다. 다른 한편에는 매를 피하려면 받아들여야 하는 의무와 책임이 있었다. 친족집단이나 사회에 소속되면 보호를 받을 수 있었지만, 그렇다고 지배에서 풀려나지는 못했다는 뜻이다. 여성이라면 신부값[15]에 거래되거나 결혼으로 교환될 수 있었

15 결혼을 위해 신랑 측이 신부 측에 주는 재산

다. 추장, 연장자 그리고 일반적으로 남성이 지배하는 가부장적 사회에서 예속과 학대는 여성들의 운명에 더 보편적으로 있었음은 말할 것도 없다.

이 가지각색의 부자유에는 여러 가지 다른 형태의 관계가 있다. 그중 하나는 역시 캠벨이 기록한 것으로, 지배의 문제로 가득 찬 브와니크와의 이야기에서 볼 수 있다. 브와니크와도 루바족의 여성이다. 그녀의 아버지는 열 명 남짓의 아내를 두었다. 가장 지위가 높은 아내는 그 지역의 유력한 추장인 카툼바의 딸이었다. 브와니크와는 그녀가 사망했을 때를 기억했다.

> 루바족의 관습에 따라 그[브와니크와의 아버지]에게 사망세가 부과됐다. 그는 아내의 죽음에 대한 보상으로 노예 세 명을 내라는 명령을 받았다. … 아버지는 두 명밖에 조달할 수 없었다.
>
> 세 명을 채우려면 그의 네 딸 중 한 명을 건네줘야 했고, 내가 선택됐다. … 나를 건네주고 헤어질 때 그는 내 주인에게 "내 어린 딸에게 친절하게 대해주시오. 다른 누구에게도 팔지 마시오. 내가 이 아이를 되찾으러 오겠소"라고 말했다. 아버지가 나를 되찾을 수 없었으므로 나는 노예로 남았다.

브와니크와의 지위는 볼모나 담보물 같은 것으로, 아프리카에서 흔히 있는 또 다른 예속 관계를 보여준다. 누군가를 볼모로 내준다는 것은 특정한 목적을 위해 다른 사람에게 볼모를 건네준다는 것을 뜻했다. 흔히 융자나 채무를 상환하거나 의무를 갈음하려는 목적이었다. 하지만 브와니크와는 그의 아버지가 여분의 노예가 없었기 때문에 건네준 경우였다. 그가 노예를 조달했더라면 브와니크와를 되찾아갔을 것이다. 볼모는 노예와는 달랐다. 볼모는 자동으로 팔리는 상황은 아니었고, 볼모로 잡힌 상황은 일시적인 것으로 인식됐다. 그러나 브와니크와가 깨달았듯이 볼모는 서서히 노예로 바뀌었다. 1805년과 1806년 시에라리온을 방문한 F. B. 스필즈버리F. B. Spilsbury는 이렇게 설명했다.

> 왕이나 다른 어떤 사람이 공장이나 노예선에 가서 물품을 조달하고 그때 값을 치르지 못하면 자신의 아내나 누이, 혹은 자식의 목에 명찰을 달아 볼모로 보낸다. 그러면 아이들은 교환될 때까지 노예들 사이에서 뛰어다닌다.

피보호자도 조건이 그다지 다르지 않다. 사람들은 자녀를 더 영향력 있는 집안에 피보호자로 보내 그 집에서 기르도록 하곤 했다. 그러면 자녀들과 영원히 헤어지게 된다는 것을, 그리고 자녀들을 보호자들에게 굴종하는 관계로 몰아넣는다는 것을 의미한다는 걸 알았지만 이는 자녀들을 안전하게 보호하는 하나의 방법이었다.

이런 이야기는 사람들이 일상적으로 볼모가 되거나 담보로 잡힐 대상으로 취급받았음을 보여준다. 상황은 대개 지배관계로 귀결된다. 사람들은 추장과 연장자와 보호자들에게 복종해야 했고, 여자라면 남편에게 복종해야 했다. 그들은 사회의 관습을 엄밀히 따라야 했다. 지배당한다는 것에 대한 페팃의 정의를 기억한다면 이것이 그 정의에 잘 맞는다는 것을 알 수 있다. 페팃은 지배당하는 것을 '다른 사람의 그늘에서 … 늘 그들의 기분을 살피며 경계해야 하고 … 아첨하며 알랑거리거나 환심을 사기 위해 비위를 맞추도록 강요받으며 사는 것'으로 정의했다.

그렇다면 이러한 굴종적인 사회적 지위는 어떻게 나타났는가? 그리고 어떻게 정당화됐는가? 그에 대한 답은 역시 규범에서 찾을 수 있다. 이러한 관계는 사회가 받아들이고, 무엇이 적당하고 옳은지에 관한 믿음으로 뒷받침되는 관습으로 진화했다. 사람들은 볼모로 잡힐 수 있었고 피보호자는 자유를 포기해야 했다. 아내는 남편에게 복종해야 했다. 사람들은 정해진 사회적 역할을 철저히 따라야 했다. 왜 그럴까? 그들이 그렇게 하기를 모두가 기대했기 때문이다. 하지만 더 깊이 들여다보자. 이 규범들은 완전히 자의적이지는 않았다. 규범은 누군가가 선택하는 것이 아니고 오랫동안 이어지는 관행과 집단적 믿음에서 진화하는 것이지만, 사회에서 혹은 적어도 사회의 일부 사람들에게 유용한 역할을 한다면 더 널리 받아들여질 가능성이 커진다. 아칸족 사회에서는 자유를 제약하는 규범과 불평등한 권력 관계가 전쟁에 대한 취약성을 줄여주었기 때문에 사람들이 그 규범에 동의했다. 만약 누군가가 중요한 사람의 피보호자나 볼모라면 '매'가 간섭할 가능성은 줄어들고, 사로잡혀 노예가 될 가능성도 줄어든다. 래트레이가 기록한 또 다른 아샨티 속담은 그들의 상황을 훨씬 더 간명하게 요약했다. "너에게 주인이 없으면 짐승이 너를 잡을 것이다."

자유롭다는 것은 매가 득실대는 곳에서 병아리가 되는 일이며, 야수의 먹잇감이 되는 것과 다름없었다. 그보다는 자발적 예속을 위해 정착하고 자유를 내놓는 편이 더 나았다.

—

규범의 우리는 단지 전쟁을 예방하는 데 그치지 않는다. 일단 전통과 관습이 깊숙이 배어들면 삶의 여러 측면을 규제하기 시작한다. 그러면 규범은 사회에서 좀 더 영향력 있는 사람들에게 유리하게 작용하기 시작하고 다른 이들은 그만큼 불리해진다. 설사 규범이 몇 세기에 걸쳐 진화했더라도 이처럼 더 힘센 개인들이 규범을 해석하고 강요하게 된다. 그들이 자신들에게 유리하게 기울어진 씨름판을 만들어 지역사회나 집안에서 자신들의 권력을 더 많이 확보하지 않을 이유가 있겠는가?

일부 모계집단을 제외하고 아프리카의 여러 무국가 사회의 규범은 남성들이 맨 위에 있고 여성들이 바닥에 있는 계급구조를 만들어냈다. 이런 계급구조는 중동과 일부 아시아 지역, 예를 들어 앞서 이야기한 파슈툰족 사이에 남아있는 관습에서 훨씬 더 뚜렷하다. 파슈툰족의 삶은 파슈툰왈리Pashtunwali라고 부르는 그들 조상의 관습에 따라 철저히 규제를 받는다. 파슈툰왈리의 법체계와 지배구조는 아량과 환대에 강조점을 많이 두지만 동시에 숨 막힐 듯한 규범의 우리를 만들어낸다. 그중 한 가지는 온갖 행위들에 대한 복수復讐를 재가하는 것이다. 가장 보편적인 파슈툰왈리 편찬본 가운데 하나는 이런 말로 시작된다.

> 파슈툰인은 눈에는 눈, 이에는 이, 그리고 피에는 피의 … 원칙을 믿고 그에 따라 행동하리라. 그는 대가나 결과와 상관없이 모욕은 모욕으로 씻어내고 적절한 행동으로 불명예를 씻어냄으로써 명예를 입증하리라.

전쟁을 예방하려고 아량과 환대를 많이 베풀더라도 전쟁은 늘 가까이 있다. 전쟁은 모든 사람의 자유에 예상할 수 있는 영향을 미친다. 하지만 그에 따르는 짐은 여성이 더 많이 진다. 파슈툰족의 규범은 여성을 아버지와 남자 형제, 그리고 남편에 복종시킬 뿐만 아니라 그녀의 모든 행동을 제약한다. 성인 여성은 일을 갖지 않고 대부분 집 안에 머문다. 밖에 나갈 때 그들은 부르카로 머리부터 발끝까지 완전히 감싸고 남성 친척과 동반해야 한다. 혼외 관계에 대한 벌은 가혹하다. 여성의 예속은 규범의 우리가 만들어낸 부자유의 또 다른 측면이다.

홉스를 넘어

우리는 대체로 홉스가 그렸던 것과는 상당히 다른 그림을 보고 있다. 리바이어던이 없는 사회에서 발생하는 문제는 '만인 대 만인'의 통제 불가능한 폭력만이 아니다. 규범의 우리는 걷잡을 수 없는 폭력만큼이나 문제다. 규범의 우리는 일련의 완고한 기대 그리고 결코 더 가벼이 볼 수 없는 또 다른 형태의 지배를 부를 불평등한 사회적 관계를 만들어낸다.

어쩌면 중앙집권적이고 강력한 국가는 우리가 자유를 성취하도록 도와줄 수 있지 않을까? 하지만 우리는 그런 국가들이 독재적으로 행동하며 시민들을 억압하고, 자유를 북돋기보다는 짓밟을 가능성이 크다는 점을 살펴봤다.

그렇다면 우리는 여러 유형의 지배 가운데 하나를 선택할 수밖에 없는가? 전쟁이나 규범의 우리, 독재국가의 속박이라는 덫 가운데 어느 하나에 걸려 있어야 하는가? 자유가 저절로 출현하거나 이뤄진 적은 없었고, 인류 역사에서 자유를 성취하기는 쉽지 않았다. 하지만 인간의 여러 영역에서 자유를 확보할 여지가 있으며, 자유의 달성은 무엇보다 국가와 국가기관들이 어떻게 출현하느냐에 달려 있다. 다만 국가는 홉스의 상상과는 확실히 달라야 한다. 막강한 힘을 갖고 제멋대로 날뛰는 바다 괴물이 아니라 족쇄를 찬 국가여야 한다. 우리에게는 법을 집행하고, 폭력을 통제하고, 분쟁을 해결하며, 공공서비스를 제공할 역량을 갖고 있으면서도 잘 조직된 사회에 길들여져 제어가 가능한 국가가 필요하다.

텍사스인들에게 족쇄 채우기

미국 와이오밍주는 미국 동부와 서부를 연결할 철도 건설을 요청하는

1862년 퍼시픽철도법에 따라 만들어졌다. 캘리포니아주 새크라멘토에서 동쪽으로 향하는 센트럴퍼시픽 철도와 연결되도록 미주리강에서부터 유니온퍼시픽 철도가 건설됐다. 1876년 이 철도는 당시 다코타 준주Dakota Territory의 한 카운티에 불과했으나 나중에 와이오밍주가 된 지역에 이르렀다. 1867년 7월에는 이미 정착민들이 도착하고 있었고 유니온퍼시픽의 수석 엔지니어인 그렌빌 M. 닷지Grenville M. Dodge 장군이 그 주의 수도가 될 샤이엔에서 도시 건설을 위한 측량을 시작했다. 그곳은 잘 정리된 구역과 크고 작은 도로를 갖춘 4제곱마일 규모의 도시가 될 터였다. 유니온퍼시픽은 정부가 철도 건설을 실현하기 위한 유인책으로 공여한 광대한 토지를 얻었는데, 닷지가 측량한 지 사흘 만에 그 땅을 팔아치우기 시작했다. 첫 매각에서는 150달러에 팔렸다. 당시 샤이엔은 대부분이 천막집인 도시였지만 8월 7일 한 상점에서 열린 주민 회의에서는 시 헌장을 제정하기 위한 위원회도 구성했다. 9월 19일에는 이 도시의 첫 신문으로 3주마다 발행되는 〈샤이엔 리더Cheyenne Leader〉라는 타블로이드 신문이 창간됐다. 12월이 되자 이 신문은 독자들에게 '목을 조르고 금품을 빼앗는 강도 사건의 빈번한 발생'으로 밤에는 호신용 총을 휴대하라고 조언했다. 이듬해 10월 13일 편집장은 말했다.

권총은 사람 수만큼이나 많다. 사람들은 이제 함께 사는 주민의 목숨을 빼앗는 것을 아무렇지도 않게 여긴다.

이때는 샤이엔이 미국 개척지 특유의 문제들을 풀기 위한 자경재판vigilante justice**16**에 의존했다. 1868년 1월 세 남자가 절도범으로 체포됐다가 보석으

16 법적 권위가 부여되지 않은 자경단이 즉석에서 하는 재판

로 풀려났다. 다음 날 아침 그들은 한데 묶인 채 '900달러 절도 … 500달러 회수 … 차후엔 나무에 매달 것. 자경위원회를 잊지 말 것'이라는 팻말과 함께 발견됐다. 그다음 날 자경단은 세 명의 '악한'을 붙잡아 목을 매달았다.

시골 목장지대의 상황은 훨씬 나빴다. 1879년 에번스턴의 에드워드 W. 스미스Edward W. Smith가 미국 공공토지위원회에 이야기한 것처럼 '정착지에서 떨어진 곳에서는 엽총이 유일한 법'이었다. 목축이 퍼져나가면서 목장주와 정주 농가 간 분쟁도 늘었고, 목축업자들의 대응은 존슨 카운티 목장 전쟁Johnson County Range War으로 이어졌다. 1892년 4월 5일 화요일에 여섯 량의 열차가 25명의 텍사스 총잡이와 그들과 합류한 24명의 지역 주민을 싣고 샤이엔에서 북쪽으로 달려갔다. 그 남자들은 상대편을 죽일 작정으로 만든 '70인의 사망자 명단'을 갖고 있었다.

우리에게는 1890년대 샤이엔 인구 중 피살된 사람들의 비율에 관한 정보가 없지만, 캘리포니아주 벤턴의 광산촌 자료는 그 비율이 10만 명당 2만 4,000명이라는 믿을 수 없을 만큼 높은 수준에 이르렀을 가능성을 시사한다! 더 그럴듯한 사망률을 따져보자면 캘리포니아 골드러시 기간의 10만 명당 83명이나 와이어트 어프Wyatt Earp[17] 시대 닷지시의 10만 명당 100명에 더 가까웠을 것이다.

그 정도라면 소잉카가 장전된 글록 권총을 가지고 라고스에 가려고 할 때만큼이나 나쁜 상황으로 보인다. 하지만 와이오밍에서는 상황이 아주 다르게 전개됐다(제14장에서 설명하겠지만 사실 라고스에서도 캐플런의 예상과는 상황이 다르게 흘러갔다). 그곳에선 무정부 상태와 공포는 약화되고 폭력은 억제됐다. 실제로 그 텍사스 남자들은 곧 그들이 도착한다는 연락을 받고 버팔

---

17 1848~1929년, 영화 〈OK목장의 결투〉에 등장하는 개척 시대 보안관을 말한다.

로에서 출동한 보안관들에게 포위돼 TA 목장에 숨었다. 사흘간 포위 공격이 이어진 끝에 윌리엄 헨리 해리슨William Henry Harrison 대통령이 보낸 기병대가 와서 텍사스 남자들과 공모자 모두에게 쇠고랑을 채웠다. 오늘날 와이오밍은 공포와 폭력, 지배로부터 벗어나 충분히 자유를 누린다. 이곳의 피살자 비율은 10만 명당 1.9명으로 미국에서 양호한 지역들 중 하나다.

와이오밍은 또 사람들이 규범의 우리에서 벗어나도록 돕는 데에도 상당히 성과가 좋았다. 여성의 예속 문제를 보자. 최악의 시기에도 와이오밍의 여성들은 아프가니스탄과 파키스탄의 파슈툰족이나 아프리카 여러 지역의 여성들과 같은 제약에 직면하지 않았다. 그러나 세계의 다른 모든 지역과 마찬가지로 이곳 여성들도 19세기 초반에는 혼인 시 불평등한 지위와 사회 규범과 관습 때문에 매우 제한된 힘을 가지고, 공적인 문제에 참여하지 못했으며, 행동에 있어 숱한 제약을 견뎌야 했다. 여성들이 투표권을 갖게 되면서 상황이 바뀌기 시작했다. 세계 최초로 1869년에 여성에게 참정권을 부여한 곳은 다름 아닌 와이오밍이었으며, 그래서 이곳은 '평등의 주Equality State'라는 별명을 얻었다. 와이오밍의 관습과 규범이 세계의 다른 지역보다 여성에게 유리했기 때문에 그런 건 아니었다. 그보다는 여성들이 이 신생 주로 이주하는 것을 더 매력적으로 생각하게 만들려고, 다른 한편으로는 주의 지위를 갖는 데 필요한 인구 요건을 맞출 수 있도록 충분한 유권자를 확보하려고, 또 한편으로는 일단 아프리카계 미국인들이 완전한 시민권과 투표권을 얻기 시작하자 그 과정에서 여성들을 배제하는 것은 예전만큼 받아들여지기가 쉽지 않아 보였기 때문에 이 주의 입법부가 여성들에게 투표권을 준 것이다. 일단 국가가 깡패들에게 쇠고랑을 채우고 법을 집행할 능력을 갖추면 흔히 규범의 우리가 무너지기 시작하는데, 다음 장에서는 규범의 우리가 무너지는 여러 가지 이유를 살펴볼 것이다.

족쇄 찬 리바이어던

와이오밍에서 전쟁을 억제하고 규범의 우리를 부수기 시작한 리바이어던은 우리가 지금까지 이야기한 것들과는 다른 유형의 야수다. 아주 초기의 역사를 제외하면 미국에서 리바이어던이 부재한 적은 없었다. 국가는 텍사스인들에게 족쇄를 채울 수 있었다. 그 이후에는 그런 역량을 크게 늘여 국가가 수많은 분쟁을 공정하게 해결하고, 복잡한 일련의 법을 집행하며, 시민들이 요구하고 누리는 공공서비스를 제공할 수 있게 됐다. 이 국가는 (가끔은 비대하고 비효율적일지라도) 크고 효과적인 관료조직과 시민들이 무엇에 관심을 두고 있는지 알 수 있는 엄청난 양의 정보를 갖고 있다. 이 국가는 세계에서 가장 강력한 군대를 보유하고 있다. 하지만 그 군사력과 정보를 (대부분의) 시민들을 억압하고 착취하는 데 쓰지 않는다. 국가는 시민들의 바람과 필요에 반응하며, 모두를 위해, 특히 가장 불우한 시민들을 위해 규범의 우리를 느슨하게 풀도록 개입할 수 있다. 그것은 자유를 창출하는 국가다.

이 국가는 사회에 책임을 지는데, 단지 국가가 시민의 권리를 특히 강조하는 미국 헌법과 권리장전Bill of Rights에 구속되기 때문이 아니라 국가가 한도를 넘어설 때 불만을 제기하고 시위하고 심지어 봉기하는 사람들에게 구속되기 때문이다. 대통령과 입법자들은 선출되며, 그들이 통치하는 사회가 그들이 하는 일을 좋아하지 않을 때는 흔히 그 자리에서 쫓겨난다. 관료들은 평가와 감독의 대상이 된다. 국가는 힘이 세지만, 사회와 공존하며 사회의 요구를 듣는다. 사회는 국가를 경계하면서 기꺼이 정치에 개입하고 권력을 다툰다. 그런 국가가 바로 우리가 '**족쇄 찬 리바이어던**Shackled Leviathan'이라고 말하는 것이다. 리바이어던은 텍사스 총잡이들이 일반 시민에게 해를 끼치지 못하게 쇠고랑을 채울 수 있듯이, 스스로 보통 사람들과 규범, 제도에 의해, 요컨대 사회에 의해 족쇄를 찰 수 있다.

족쇄를 찬 리바이어던이 야누스의 얼굴을 하고 있지 않다는 말은 아니다. 족쇄 찬 리바이어던 역시 야누스의 얼굴을 하고 있으며, 억압과 지배는 독재적 리바이어던의 유전자인 만큼 족쇄 찬 리바이어던의 유전자이기도 하다. 하지만 족쇄는 리바이어던이 무서운 얼굴을 쳐들지 못하게 막아준다. 그 족쇄가 어떻게 나타나는지, 왜 일부 사회만 그런 족쇄를 만들어내는지가 이 책의 중요한 주제다.

역사의 종언이 아니라 다양성이다

인류 역사에서 자유는 희소했다. 법을 집행하고 분쟁을 평화롭게 해결하고 강자에 대항해 약자를 보호할, 중앙에 집중된 권력을 전혀 발전시키지 못한 사회가 많았다. 그런 사회는 흔히 사람들에게 규범의 우리를 강요했는데, 이 역시 자유에는 끔찍하게 나쁜 영향을 미쳤다. 어디든 리바이어던이 나타난 곳에서는 좀처럼 자유가 향상되지 않았다. 리바이어던이 법을 집행하고 어떤 면에서는 평화를 유지했더라도 흔히 독재적이었고, 그래서 사회의 요구에 잘 반응하지 않았으며, 시민의 자유를 촉진하는 역할을 거의 하지 못했다. 오직 족쇄를 찬 국가들만 자유를 보호하는 데 힘을 썼다. 또한 족쇄 찬 리바이어던은 광범위한 경제적 기회와 유인을 만들어내고 지속적인 경제적 번영을 촉진한다는 면에서도 특이했다. 그러나 족쇄 찬 리바이어던은 역사에서 느지막이 등장했으며, 그런 리바이어던이 부상할 때는 줄곧 경쟁과 논란이 벌어졌다.

우리는 이제 이 이야기를 시작하면서 던졌던 물음에 대한 한 가지 답의 실마리들을 보고 있다. 우리의 역사가 거침없이 자유가 확대되는 가운데 끝을 향해 나아가고 있다는 것은 답이 아니다. 무정부 상태가 전 세계로 걷잡을 수 없이 번지리라는 것도 아니다. 디지털 독재든 그냥 옛날식의 독재든 세계의 모든 나라가 독재에 굴복하리라는 것도 아니다. 이 모든 일들이 가능한 일들이며, 이 중 어느 한 가지로 수렴되기보다는 다양한 결과가 나타날 것이다. 그러나 어렴풋하게나마 희망은 보인다. 인간은 분쟁을 해결하고, 독재를 삼가며, 규범의 우리를 느슨하게 함으로써 자유를 촉진할 수 있는, 족쇄 찬 리바이어던을 만들어낼 수 있기 때문이다. 실제로 인류의 진보는 상당 부분 그런 국가를 건설하는 사회의 능력에 달려 있다. 하지만 족쇄 찬 리바이어던을 만들어내고 지키며 통제하는 데에는 노력이 필요하며, 위험과 불안정이 따르기 마련인 그 일은 언제나 현재진행형이다.

이 책의 개관

이 장에서 우리는 리바이어던을 부재하는 것, 독재적인 것, 족쇄를 찬 것 등 세 가지로 구분해 소개했다. 다음 장에서는 우리 이론의 핵심으로, 국가와 사회의 관계가 시간이 흐르면서 어떻게 진화했는지를 밝힌다. 우리는 강력한 국가의 출현이 왜 대개 저항을 불러일으키는지(사람들이 독재를 두려워하기 때문이다), 사회는 아샨티의 사례에서 본 것처럼 전쟁의 가능성을 줄일 뿐만 아니라 국가 권력에 대항하고 국가를 통제하기 위해 어떻게 규범을 활용하는지 설명한다. 우리는 사회가 정치에 개입하면서 권력 균형이 이뤄지는 좁은 회랑에 어떻게 족쇄 찬 리바이어던이 나타나는지 밝히는 데 초점을 맞추고, 그리스의 도시국가 아테네의 초기 역사와 미국이라는 공화국의 건국 과정을 통해 족쇄 찬 리바이어던의 출현 가능성을 살펴볼 것이다. 또한 서로 다른 역사의 흐름이 부재의 리바이어던과 독재적 리바이어던, 족쇄 찬 리바이어던을 만들어냈음을 강조하면서 우리의 이론이 갖는 함의를 밝힌다. 더 나아가 우리 이론에서 국가의 역량을 가장 많이 그리고 가장 깊이 발전시키는 유형은 독재적인 리바이어던이 아니라 족쇄를 찬 리바이어던임을 보여준다.

제3장에서는 부재하는 리바이어던이 불안정한 이유와 '권력의지will to power', 즉 사회를 변화시키고 정치적, 경제적 권력을 더 많이 축적하려는 주역들의 욕망 앞에서 정치적 위계에 굴복하는 이유를 설명한다. 우리는 무국가 사회에서 벗어나는 이러한 이행이 어떻게 자유 측면에서 엇갈리는 영향을 미치는지 살펴본다. 한편으로는 이러한 이행을 통해 질서가 확보되고 규범의 우리에 따른 제약이 (특히 그 이행에 방해가 될 때는) 완화될 수 있지만 다른 한편으로 무소불위의 독재를 부른다. 제4장에서는 부재하거나 독재적인 리바이어던이 시민의 경제적, 사회적 삶에 미치는 영향을 살펴본다. 이 장에서는 홉스가 말한 전쟁이 벌어지는 무정부 상태나 규범의 우리가 만들어낸 비좁은 공간보다는 독재적 리바이어던 아래서 경제적 번영이 이뤄질 가능성이 큰 이유를 설명한다. 그러나 독재적 리바이어던이 만들어낸 번영은 제한적이고 불평등이 심하다는 점도 함께 살펴볼 것이다.

제5장에서는 부재하거나 독재적인 리바이어던 아래서 경제가 작동하는 방식을 회랑 안의 삶과 대조해본다. 우리는 족쇄 찬 리바이어던이 아주 다른 유형의 경제적 유인과 기회를 만들어내고 훨씬 더 높은 수준의 실험과 사회적 이동성을 허용한다는 사실을 보게 될 것이다. 이런 생각을 독자에게 전달하기 위해 우리는 이탈리아 도시국가와 고대 아메리카의 사포텍Zapotec 문명에 초점을 맞추고, 족쇄 찬 리바이어던과 관련해 유럽에서만 발견되는 독특한 면은 전혀 없다는 점을 부각한다. 하지만 마지막 논점에도 불구하고 우리가 볼 수 있는 족쇄 찬 리바이어던의 본보기는 대부분 유럽의 사례다. 왜 그럴까?

제6장에서는 유럽의 몇몇 나라들이 어떻게 역량을 갖추고도 여전히 족쇄

를 차고 있는 국가뿐만 아니라 광범위한 참여가 이뤄지는 사회도 건설할 수 있었는지 설명한다. 우리는 중세 초기에 유럽의 여러 지역을 회랑으로 이끌었던 요인들에 초점을 맞추고 답을 찾는다. 당시는 서로마제국이 무너진 후 독일 부족들, 특히 프랑크족이 로마가 지배하던 땅으로 침입해온 시기였다. 우리는 독일 부족들의 상향식이고 참여형인 제도와 규범에 로마제국의 중앙집권화된 관료와 법적 전통이 결합하면서 국가와 사회의 독특한 권력 균형이 이뤄졌고, 족쇄 찬 리바이어던의 부상이 가능했다고 주장한다. 이 결합이 중요하다는 점을 강조라도 하듯이, 유럽에서도 로마의 전통이나 독일 부족들의 상향식 정치가 없는 (아이슬란드나 비잔티움 같은) 지역에서는 아주 다른 유형의 국가가 나타났다. 다음으로 우리는 자유와 족쇄 찬 리바이어던의 적지 않은 부침을 겪고 여러 번 회랑 밖으로 방향을 틀었던 여정을 추적한다.

제7장에서는 유럽의 경험을 중국의 역사와 대조한다. 둘 사이의 역사적인 유사성에도 불구하고 중국에서는 일찍이 강력한 국가가 발전하면서 사회 결집과 정치 참여의 가능성이 완전히 제거됐다. 국가에 대한 대항력이 없는 중국의 발전 경로는 독재적 리바이어던의 경로를 밀접하게 따라간다. 우리는 중국의 역사와 오늘날의 맥락을 살펴보며 이런 유형의 국가와 사회의 관계가 경제에 미치는 영향을 추적한다. 또한 중국에서 족쇄 찬 리바이어던이 곧 나타날 수 있을지 논의한다.

제8장에서는 인도로 옮겨 간다. 중국과 달리 인도는 민중의 참여와 국가의 책임성을 보여주는 오랜 역사를 갖고 있다. 하지만 인도에서 자유가 더 성공적으로 뿌리내리지는 못했다. 우리는 그 이유를 강력한 규범의 우리에서 찾으며, 특히 이 문제가 카스트제도caste system에서 전형적으로 드러난다고 주장한다. 카스트제도에 따른 사회적 관계는 자유를 억제했을 뿐만 아니라 사회가 효과적으로 권력을 다투고 국가를 감시할 수 없도록 했다. 카스트

제도 때문에 사회는 분열됐고 국가는 역량을 갖추지 못했다. 갈라진 사회가 결집하지 못하고 무기력하게 남아 있다 보니 국가는 역량 부족에도 불구하고 책임을 지지 않는다.

제9장은 다시 유럽의 경험으로 돌아가지만, 이번에는 왜 유럽의 어떤 지역은 회랑으로 들어가는 길을 찾아 그곳에 머물렀고 다른 지역은 그러지 못했는지 탐구한다. 이 물음에 답하는 과정에서 우리는 이 책의 중심이 되는 또 하나의 생각을 발전시킨다. 바로 구조적 요인들이 국가와 사회의 관계에 미치는 영향이 조건에 따라 달라진다는 것이다. 우리는 경제적 조건과 인구 충격, 전쟁 같은 다양한 구조적 요인들이 국가와 경제의 발전에 미치는 영향은 국가와 사회의 효과적인 균형에 달려 있다고 강조한다. 따라서 구조적 요인들에 관해 끌어낼 수 있는 명백한 결론은 없다. 우리는 왜 비슷한 조건에서 출발하고 비슷한 국제관계 문제에 직면했는데도 스위스는 족쇄 찬 리바이어던을 발전시키고 프로이센은 독재적 리바이어던의 지배 아래 들어갔는지 논의함으로써 이런 생각을 설명한다. 우리는 이 사례들을 국가가 분쟁을 해결하거나 경제활동을 조직하는 데 그다지 역할을 하지 않는 몬테네그로의 경우와 비교해본다. 그리고 왜 19세기 경제적 세계화의 시대를 맞은 코스타리카와 과테말라가 극명하게 다른 길로 갈라졌는지, 왜 소련 붕괴 후 각국이 다양한 정치적 경로를 걷게 됐는지 설명하는 데 같은 개념을 적용한다.

제10장은 미국에서 리바이어던이 발전한 이야기다. 우리는 미국이 족쇄 찬 리바이어던을 만들어냈지만, 이는 파우스트의 거래Faustian Bargain[18]에 바

---

18 독일의 문호 괴테의 희곡 《파우스트Faust》(요한 볼프강 폰 괴테 저, 정서웅 역, 민음사, 1999)에서 세상의 모든 지식을 섭렵하고서도 심한 환멸을 느끼는 파우스트 박사는 악마 메피스토펠레스의 제안을 받아들여 쾌락적 삶을 얻는 대신 영혼을 넘겨주는 계약을 맺는다.

탕을 둔 것임을 강조한다. 당시 연방주의자Federalist들은 약한 연방정부를 유지하는 헌법을 받아들였는데, 독재를 걱정하는 사회를 달래면서 노예와 자산을 잃을까 염려하는 남부의 노예 소유주들을 안심시키기 위한 것이었다. 이 타협은 효과가 있었고 미국은 지금도 회랑 안에 있다. 그러나 이로 인해 미국의 리바이어던은 불균형적으로 발전했다. 미국이 국제적인 '바다 괴물'이 된 것은 틀림없지만 몇몇 중요한 영역에서 미국은 여전히 제한적인 역량만을 갖고 있다. 이는 미국의 리바이어던이 자국 시민을 폭력으로부터 보호하는 데 무력하거나 내키지 않아 하는 데서 가장 뚜렷이 드러난다. 불균형적인 발전 탓에 미국의 리바이어던은 경제성장의 이득을 공평하게 얻도록 보장하기 위한 경제정책을 만족스럽게 수립하지 못했다. 우리는 고르지 못한 국가 발전이 어떻게 사회의 권력과 역량이 뒤틀린 모습으로 진화하도록 했는지, 그리고 역설적으로 그것이 어떻게 국가 권력이 (국가 안보와 같은) 일부 영역에서는 견제받지 않고 책임지지 않는 방식으로 진화할 수 있는 여지를 만들었는지 살펴볼 것이다.

제11장은 독재적으로 행동할지 몰라도 독재적 리바이어던의 역량은 결여된 여러 개발도상국의 국가를 살펴본다. 우리는 어떻게 해서 이 '**종이 리바이어던**Paper Leviathan'들이 생겨났는지, 그리고 왜 그들이 역량을 키우려는 시도를 거의 하지 않는지 설명한다. 대부분 경우에 종이 리바이어던들은 사회가 결집하고 그로 인해 사회에 대한 자신들의 통제가 불안정해지는 것을 두려워하기 때문이라는 것이 우리의 답이다. 종이 리바이어던들의 기원 중 하나는 식민국가의 간접적인 통치에서 찾을 수 있는데, 간접 통치는 일견 현대적인 행정체계를 수립하고서도 그 지역의 엘리트층이 사회의 참여가 거의 없는 가운데 별다른 제약을 받지 않고 지배하도록 힘을 키워줬다.

제12장은 중동으로 눈을 돌린다. 국가건설자들은 흔히 사회의 모양을 만

들어갈 자신들의 능력을 제한하는 규범의 우리를 느슨하게 풀겠지만, 우리를 강화하거나 심지어 재구축하는 것이 독재국가에 도움이 된다는 점을 알게 되는 상황도 있다. 우리는 이런 경향이 어떻게 중동 정치의 특성이 됐는지 설명하고, 독재자가 되려는 이들에게 우리를 강화하는 것이 매력적인 전략이 되는 역사적, 사회적 환경과 그러한 발전 경로가 자유와 폭력, 사회 불안에 주는 시사점을 밝힌다.

제13장에서는 국가와 사회의 경주가 각자 살아남기 위해 상대를 꺾고 무너뜨리려 하는 '제로섬' 게임이 될 때 족쇄 찬 리바이어던이 어떻게 통제를 벗어날 수 있는지 논의한다. 우리는 각 기관이 분쟁을 공정하게 해결하지 못하고 어떤 부문에서는 대중의 신뢰를 잃을 때 통제를 벗어날 가능성이 어떻게 커지는지 강조해 설명한다. 또한 우리는 이러한 동학을 설명하고 이런 유형의 제로섬 경쟁이 벌어지기 쉽게 하는 구조적 요인들을 밝히기 위해 독일 바이마르공화국과 1970년대 칠레 민주주의, 이탈리아 코무네[19]들이 무너진 과정을 살펴본다. 마지막으로 이러한 요인들을 현대의 포퓰리스트populist[20] 운동과 관련지어 본다.

제14장은 사회가 어떻게 회랑 안으로 들어가며, 그러한 움직임을 촉진하기 위해 할 수 있는 일이 무엇인지 논의한다. 우리는 회랑을 더 넓게 만들어 진입하기 쉽도록 만들어주는 것들을 집중적으로 분석하면서 몇 가지 중요한 구조적 요인들을 강조한다. 또 그 이행 과정에서 광범위한 연합이 할 수 있는 역할을 설명하고, 몇몇 실패 사례뿐만 아니라 성공 사례도 논의한다.

---

19 원문은 프랑스어에서 나온 코뮌commune을 썼으나 여기서는 이탈리아어로 자치도시를 의미하는 코무네comune로 옮긴다.

20 대중주의자

제15장에서 우리는 회랑 안에서 국가가 직면하는 도전으로 화제를 돌린다. 우리의 주요 주장은 세계가 변화함에 따라 국가는 확장하고 새로운 책임을 맡아야 하지만, 사회는 그로 인해 회랑 밖으로 튕겨 나가지 않도록 더 역량을 키우고 경계해야 한다는 것이다. 새로운 연합은 국가가 계속 족쇄를 차고서도 더 큰 역량을 갖도록 하는 데 긴요하다. 그 가능성은 스웨덴이 어떻게 대공황이 부른 경제적, 사회적 위기에 대응했는지 그리고 이는 어떻게 사회민주주의의 출현으로 이어졌는지 살펴보면 알 수 있다. 이는 우리가 불평등과 실업, 더딘 경제성장부터 복잡한 안보 위협에 이르기까지 여러 가지 새로운 도전에 직면하고 있는 오늘날의 상황과 다르지 않다. 우리에게는 더 많은 역량을 개발하고 새로운 책임을 지는 국가가 필요하지만, 우리가 계속해서 국가에 족쇄를 채우고, 사회를 결집하고, 우리의 자유를 보호하는 새로운 방법을 찾을 수 있을 때만 유효하다.

제2장

레드 퀸

테세우스의 여섯 가지 고난

기원전 1200년경, 1,000년 동안 그리스 세계를 지배했던 청동기 문명이 무너지면서 이른바 그리스 암흑기Greek Dark Age가 도래했다. 청동기 시대 그리스 사회는 중앙의 궁에 사는 족장이나 왕 또는 선문자 BLinear B라는 문자 체계를 쓰고 세금을 거두고 경제활동을 규제하는 행정관료가 운영했다. 암흑기에 이 모든 것이 사라졌다. 아테네의 신화적인 지배자 테세우스Theseus의 전설은 이 새로운 시대의 혼란을 주제主題로 다룬다. 그리스 학자 플루타르코스Plutarch가 그의 공적에 관한 훌륭한 기술 가운데 하나를 썼는데, 이 학자는 삶의 대부분을 델파이의 신탁을 전하는 두 승려 중 한 명으로 살았다.

아테네의 왕 아이게우스Aegeus의 사생아인 테세우스는 펠로폰네소스의 북동쪽 트로이젠에서 자랐다. 테세우스가 정당한 왕좌를 요구하려면 육지나 바닷길을 이용해 아테네로 돌아와야 했다. 테세우스는 육로를 택했지만, 플루타르코스는 이렇게 기록했다.

> 그 길은 강도나 악한의 위험이 없는 안전한 곳은 한 곳도 없었으므로 육로로 아테네까지 여행하기는 어려웠다.

여행 중 테세우스는 잇달아 나타나는 악당들과 싸워야 했다. 처음 맞닥뜨린 페리페테스Periphetes는 아테네로 가는 길목에서 강도질하고 청동 곤봉으로 사람들을 때려죽이곤 했다. 플루타르코스는 테세우스가 어떻게 페리페테스와 맞붙어서 빼앗은 곤봉을 페리페테스 본인에게 사용했는지 자세히 이야기한다. 테세우스는 그런 다음 소나무 두 그루 사이에 묶이거나, 거대한 야생 돼지인 '크롬미온의 암돼지'에 갉아 먹히거나, 벼랑 끝에서 바다로 던져지거나, 죽을 때까지 씨름하는 것을 포함해 다른 여러 가지 불쾌한 결말을 용케 피한다. 그는 마지막으로 '잡아 늘이는 자' 프로크루스테스Procrustes를 이긴다. 프로크루스테스는 사람들을 자신의 침대 크기에 맞춰 팔다리를 잘라버리는 자로 악명이 높았다. 아테네에서 왕좌를 요구하기 위한 테세우스의 원정은 당시 질서를 유지할 어떤 국가기관도 없는 그리스의 무법 상태를 생생하게 보여준다. 플루타르코스는 이렇게 썼다.

> 그래서 테세우스는 … 사악한 자들을 응징하러 갔으며, 그들이 다른 사람들에게 가한 것과 똑같은 폭력을 안겨주었고, 그들이 저지른 불의와 같은 처벌을 내렸다.

말하자면 테세우스의 전략은 바로 '눈에는 눈, 이에는 이'였다. 마하트마 간디Mahatma Gandhi는 "눈에는 눈으로 대하면 세상 전부 눈이 멀게 된다"고 말했는데, 아테네인들이 바로 그렇게 살았다.

그러나 아테네의 왕들은 오래가지 못했다. 암흑기가 끝날 무렵에 이 도시는 부유한 가문을 대표하는 최고 집정관들인 아르콘Archon집단이 지배했다. 이 엘리트들은 권력을 잡으려고 끊임없이 경쟁했으며, 이 과정에서 때때로 기원전 632년 킬론Cylon이 일으킨 것과 같은 쿠데타가 이어졌다. 지배계층은 이 도시에서 분쟁을 해결할 더 질서 있는 방법을 개발해야 한다는 것을 인식했다. 하지만 그 방법은 예상치 못하게 꼬이고 방향이 바뀌는, 느리고 불안정한 길이 될 터였다.

첫 시도는 킬론 집권 후 10여 년이 지난 기원전 621년 드라콘Draco이라는 법률가가 아테네 최초의 성문법 제정을 맡았을 때 이뤄졌다. 법률을 성문화하기까지 그토록 오래 걸린 이유는 청동기 시대 그리스의 선문자 B가 사라진 것과 관련이 크다. 아테네 사람들은 페니키아Phoenicia에서 빌려 온 완전히 다른 문자를 가지고 문자체계를 재발명해야 했다. 그리스의 철학자 아리스토텔레스가 《아테네 헌법Athenian Constitutions》에서 '드라콘 헌법'이라고 부른 그 법은 일련의 성문법으로 이뤄졌는데 그중 단 하나만 보존됐다. 우리는 이 법을 어기면 그에 대한 처벌로 보통 사형이 내려진 것을 잘 안다(현대의 '가혹한draconian'이라는 표현은 그의 이름에서 유래했다). 드라콘의 법률 중 보존돼온 한 조각은 살인에 관한 것인데, 드라콘 법률이 오늘날 우리가 '헌법'을 지칭할 때 의미하는 바와는 상당히 다르단 걸 보여준다. 드라콘의 법률은 대체로 고질적인 무법 상태와 피 흘리는 복수, 폭력의 덫에 걸린 사회를 다뤘기 때문이다. 그 조각에는 이렇게 규정돼 있다.

> 그리고 누구라도 사전에 계획하지 않고 사람을 죽이면 그는 추방될 것이다.
>
> 피살자의 아버지나 형제, 아들이 있으면 그들 모두의 동의하에 화해가 이뤄질 것이며, 그렇지 않으면 화해에 반대하는 뜻대로 할 것이다. 피살자의 아버지나 형제, 아들이 없으면 사촌과 친척들 모두 기꺼이 동의할 때 화해가 이뤄질 것이며, 그렇지 않으면 반대자의 뜻대로 할 것이다….
>
> 광장에서 사촌과 친척들이 참석해 살인자에 대해 선언할 것이다. 사촌과 사촌의 아들과 처남과 장인, 씨족phratry 구성원들이 공소에 참여할 것이다.

이 조각은 고의가 아닌 살인에 관해 규정한다. 살인을 한 사람은 추방돼 처벌을 기다려야 했다. 살해당한 사람의 확장된 친족이 전원일치로 화해에 동의하면 일은 거기서 끝나지만, 그렇지 않으면 확장된 일가가 살인자에 대한 '공소에 참여할 것'이다. '씨족'이라는 말은 확장된 친족집단을 가리킨다. 그러나 앞으로 살펴보겠지만 그 씨족의 영향력은 곧 줄어들게 된다.

이 모든 것은 우리가 부재의 리바이어던과 살아가는 다른 사회들에서 관찰되는 것들과 비슷해 보인다. 사실 드라콘의 법률과 알바니아의 '카눈*Kanun*'처럼 중앙에 집중된 권력이 없는 사회가 만든 다른 비공식 법률 사이에는 비슷한 점이 많다. 15세기의 레커 두카그이니Lekë Dukagjini가 수집한 카눈은 알바니아 산맥 지역에서 사람들의 행동을 다스리던 규범들을 모은 것이다(카눈은 20세기 초까지 성문화되지 않았다). 중앙집권적인 국가가 없는 상황에서 알바니아의 규칙과 규범은 드라콘의 살인에 관한 법과 똑같이 확장된 가족과 씨족들이 집행했다. 카눈은 범죄에 대한 보복으로서 피의 복수를 대단히 중요하게 다뤘다. 이는 살인을 다루는 첫 조항에서 생생하게 드러난다. 첫 조항은 피의 복수에 관한 말로 시작한다.

> 매복은 알바니아의 산맥이나 평원의 은밀한 곳에 자리를 잡고 피의 복수에서 적이나 죽이려는 사람을 가만히 기다리는 것이다(사람을 막아서기, 가만히 숨어서 기다리기, 누군가를 잡을 함정 파기).

카눈의 첫 번째 원칙은 바로 '피는 손가락을 따라간다'는 것이다. 그 말인즉슨 이런 의미다.

> 알바니아 산악 지역의 오래된 카눈에 따르면 살인자, 다시 말해 방아쇠를 당기

고 총을 발사하거나 다른 무기로 사람을 공격한 사람만이 피의 복수를 당한다.

나중의 카눈은 피의 복수를 살인자 집안의 모든 남성, 심지어 요람 속의 아기에게까지 확대했다. 살인자의 사촌과 가까운 조카들은 살인 후 24시간 내에 피의 복수를 당한다. 그다음에 비난의 대상은 확대된 친족으로 퍼져나간다. 우발적인 살인에 관해 카눈은 '이런 유형의 살인에서, 살인자는 그 사건이 명백해질 때까지 집을 떠나 숨어 있어야 한다'고 규정한다. 알바니아에서는 20세기까지 아무도 이 규범들을 명확히 규정하거나 성문화하려고 시도하지 않았다는 점만 빼면 정확히 드라콘의 법률과 같다.

솔론의 족쇄들

드라콘이 법을 제정한 후 30년도 안 돼 아테네에서는 족쇄 찬 리바이어던을 만들어가는 과정이 시작됐다. 일상적인 분쟁과 엘리트층 간의 권력 투쟁을 통제하는 문제는 계속 진행형이었다. 여기에 사회가 나아갈 방향을 놓고 엘리트층과 시민들 사이에 벌어지는 분쟁이 더해졌다. 아리스토텔레스는 드라콘 시대라 할 법한 이 무렵에 "상류층과 시민들 사이에 오랫동안 이어진 불화"가 있었다고 밝혔다. 플루타르코스는 이렇게 표현했다.

> 이 나라에 서로 다른 지형地形이 있는 만큼 사람들이 서로 다른 정치적 당파를 이루면서 오랫동안 정치적 분쟁이 이어졌다. 가장 민주적인 당파인 '언덕의 사람들[1]'과 과두정치 성향이 가장 강한 '평원의 사람들', 세 번째로 그 중간의 혼합형

1 언덕의 사람들, 평원의 사람들, 해안의 사람들은 각각 산지당, 평지당, 해안당을 지칭

체제를 선호하는 '해안의 사람들'이 있었다.

요컨대 의견 불일치는 엘리트층과 보통 사람들 사이의 권력 균형 문제 그리고 국가를 민주적으로 통제해야 하느냐, 아니면 (가장 부유하고 힘 있는 소수의 가문이 주도한다는 의미에서) 과두정치로 통제해야 하느냐에 관한 문제였다. 상인이자 널리 존경받던 군사령관인 솔론Solon이 아테네의 진로를 정하는 데 결정적인 역할을 했다.

솔론은 기원전 594년부터 1년간 아르콘이 됐다. 플루타르코스가 썼듯이 '부유한 사람들은 그의 부富를 보고 그를 받아들일 만하다고 보았고 가난한 사람들은 그의 정직성을 보고 그렇게 생각했다.' 그때까지 아르콘의 자리는 엘리트층이 독점했었지만, 엘리트층과 시민들 사이의 싸움이 후자 쪽으로 약간 기울면서 대중의 압력을 통해 솔론이 그 역할을 맡았을 가능성이 크다. 출중한 개혁가로 밝혀진 그는 시민들에 대한 엘리트층과 국가의 권력을 제한하는 동시에 분쟁을 해결할 국가의 역량도 키우기 위해 아테네의 제도를 개편했다. 그의 저술 가운데 보존된 한 조각에서 솔론은 자신의 제도적 설계가 부유한 사람들과 가난한 사람들 사이의 권력 균형을 만들어내려는 것이라고 밝혔다.

> 나는 사람들에게 부족하거나 넘치지 않을 만큼의 마땅히 받아야 할 특전을 주었다. 부유하고 힘을 가져 부러움을 사는 이들에게 해를 끼치지 않으려고 매우 조심했다. 나는 두 당파 주위를 강한 방패로 둘러치고 서서 어느 쪽도 부당하게 승리하도록 허용하지 않았다.

솔론의 개혁은 엘리트층에 맞선 민중의 힘을 키워주되 동시에 엘리트층에게 그들의 이해利害가 근본적으로 위협받지 않으리라는 확신을 심어주려는 시도였다.

솔론이 아르콘이 됐을 때 아테네의 기본적인 정치기구는 두 회의체, 즉 모든 남성 시민들에게 열려 있는 에클레시아Ekklesia2와 주된 행정·사법기구인 아레오파고스Areopagus로 이뤄져 있었다. 아레오파고스는 전직 아르콘들로 구성됐고 엘리트층의 통제 아래 있었다. 많은 아테네 사람들이 이 시기에 더 가난해지고 민회에서도 배제됐는데, 빚을 갚기 위한 노역과 종살이의 덫에 빠져 시민으로서 권리를 잃었기 때문이다. 아리스토텔레스는 "솔론의 시대 이전에 모든 대부는 채무자인 사람을 담보로 이뤄졌다"고 지적했다. 이는 아테네판 규범의 우리였으며, 경제 상황이 나빠짐에 따라 사람들은 언제까지나 빚을 진 채 담보물로 매여 살았다. 솔론은 아테네에서 정치적 균형을 이루려면 일반 시민이 정치에 참여해야 한다는 것을 이해했지만, 이들이 노예 상태일 때는 불가능한 일이었다. 시민권을 잃으면 결코 정치에 참여할 수 없었다. 아리스토텔레스의 말대로 "다수 민중은 … 정부의 어떤 면에 대해서도 사실상 아무런 지분이 없었다." 그래서 솔론은 더 많은 정치 참여를 보장하기 위해 모든 채무 담보 계약을 무효로 만들었고, 채무자 자신을 담보로 이용하는 차입을 금지하는 법을 통과시켰다. 그는 또 아테네 시민을 노예로 삼는 것을 불법화했다. 사람을 담보로 잡는 일은 더는 없었다. 솔론은 이 부분에서 규범의 우리를 깨고 아테네 사람들을 일거에 해방시켰다.

하지만 사람들이 경제적으로 엘리트층에 예속될 때 채무 노예를 금지하는 것만으로는 충분치 않았다. 아테네 사람들이 더 적극적인 시민이 되도록 하려면 더 많은 자유를 주어야 했고, 그래야 그들이 다시 자유를 더 많이 얻

---

2 민회

을 수 있었다. 이를 위해 솔론은 시민들이 경제적 기회에 더 쉽게 접근할 수 있도록 개선하는 방법을 찾았다. 그는 들판의 경계를 나타내는 표지를 뽑아버림으로써 토지 개혁을 단행했다. 표지에는 그 땅에서 농사를 짓는 소작인들이 소출의 6분의 1을 내야 하는 의무를 기록했다. 표지들을 없애버림으로써 솔론은 사실상 지주들로부터 소작인들을 풀어주었고, 지주 소유의 땅을 소작인들에게 주고 아테네를 둘러싼 아티카 지역을 소농들의 땅으로 전환했다. 솔론은 이와 함께 아티카 내의 이주 제한을 없앴다. 이런 조치들로 민회에 참여할 수 있는 시민들이 크게 늘었다. 기존의 권력 균형은 일거에 재편됐다.

또한 솔론은 아르콘을 뽑는 절차를 개편하고, 정치적 대표성을 높이기 위해 아르콘의 숫자를 아홉 명으로 늘렸다. 하지만 그는 엘리트층도 계속 만족시켜야 했으므로, 이를 위해 전체 인구를 토지에서 얻는 소득에 따라 네 계급으로 나누고 상위 두 계급의 남성들만 아르콘이 될 수 있도록 했다(아르콘은 아테네의 전통적인 네 '부족'이 지명한 사람들의 명단에서 추첨으로 뽑혔다). 남성은 아르콘으로 단 한 번만 1년 동안 일할 수 있었는데, 그 후에도 아레오파고스에서 일할 수 있었다. 따라서 엘리트층은 계속해서 아르콘 회의와 아레오파고스를 통제할 수 있었지만, 이제 아레오파고스를 (엘리트) 사회의 더 광범위한 하위집단에 개방하고 서로 다른 이해의 균형을 맞출 수 있게 하는 명문 규정이 마련됐다. 솔론은 또한 400명이 참여하는 불레Boule라는 새로운 평의회를 만들어 주된 집행위원회 구실을 하도록 하고 아레오파고스는 주로 사법적인 역할을 하도록 재편했다. 아르콘 선출에서 그런 것처럼 아테네의 전통적인 네 부족은 평의회에서도 똑같은 대표성을 가졌다.

엘리트층과 시민들 사이에 균형을 확보하고 나서 솔론은 국가건설에 임하기 시작했다. 결정적인 단계는 사법 개혁이었다. 솔론은 먼저 드라콘의 법률을 한 가지만 빼고 모두 폐지했다. 그가 공포한 법률은 아주 달랐다. 그중 한 조각에는 이렇게 기록되어 있다.

> 살인에 관한 드라콘의 법은 명문銘文 '작성자*anagraphei*'들이 *바실레우스basileus*와 평의회 의장으로부터 그 법률을 받아 돌기둥에 새겨서 주랑 앞에 세울 것이다. *폴레타이poletai*[3]가 법에 따라 계약을 체결하고 *헬레노타미아이hellenotamiai*[4]가 돈을 줄 것이다.

솔론이 폐지하지 않은 단 하나의 법률에서도 그는 바실레우스의 역할을 폴레타이와 헬레노타미아이의 일로 대체해버렸다. 호메로스Homeros의 서사시 《일리아드Iliad》와 《오디세이Odyssey》에 흔히 등장하는 바실레우스는 암흑기 족장의 한 유형인 '빅 맨big man' 쯤으로 해석할 수 있다. 《오디세이》에는 오디세우스가 트로이 전쟁 후 10년간 항해하면서 세운 공적이 열거되는데, 그가 바로 바실레우스였다. 그와 달리 폴레타이와 헬레노타미아이는 집정관이나 국가 관리들이었다. 그러므로 솔론은 법을 집행할 관료화된 국가기관들을 두는 근본적인 변화를 도입한 것이다.

이 과정에서 나타난 가장 뚜렷한 특징은 솔론이 평범한 아테네 사람들의 정치적 입지를 강화할수록 국가기관들을 건설하는 일이 더 잘 진전됐다는 점이다. 그리고 기관들이 모양을 갖춰갈수록 이 기관들에 대한 민중의 통제를 확립하는 일도 더 진전됐다. 그래서 일단 민회가 다시 힘을 갖게 되자 확실히 민중의 참여가 더 늘어났다. 그는 이 목표를 이루기 위해 의회와 정치

---

3 공공 계약과 압류 자산 매각 담당관

4 재무·회계 담당관

기구의 대표성을 높이는 개혁만 단행한 것이 아니었다. 그는 인신 담보를 끝낸 것처럼 제도와 규범들도 개혁으로 변화를 끌어냈는데, 이는 사회의 성격을 바꿔 집단으로 행동하면서 엘리트층과 국가를 통제하는 사회의 역량을 키워줬다.

아리스토텔레스는 평범한 아테네 시민들의 역량을 강화한 것이 솔론의 개혁에서 가장 중요한 측면이라는 데 동의하면서, 특히 인신 담보를 끝내고, 분쟁 해결 수단을 개선하고, 사법제도를 이용할 수 있게 해준 것을 중요하게 꼽았다. 그의 말을 들어보자.

> 이 세 가지는 인민들에게 매우 유리한 솔론 헌법의 특징으로 보인다. 그중 첫째이자 가장 대단한 것으로, 사람의 몸을 담보로 한 대부를 금지한 것, 둘째, 부당한 대우를 받은 이를 위해 자발적으로 나서서 처벌을 요구할 수 있게 한 것, 셋째, 인민들의 힘을 가장 강화해줬다고들 하는 조치로, 법정에 호소할 수 있도록 한 것을 꼽을 수 있다.

여기서 아리스토텔레스는 일종의 '법 앞의 평등'이 존재했음을 강조하고 있는데, 이러한 사회에서는 법이 모두에게 적용되며 일반 시민들이 재판을 받으러 법정에 찾아갈 수 있다. 평의회의 정치적 대표성과 아레오파고스의 구성에서 가장 가난한 이들은 배제됐지만, 누구든 소송을 제기하고 그에 대한 답을 들을 수 있었고, 같은 법이 엘리트층과 보통 시민들에게 똑같이 적용됐다.

솔론이 엘리트층에 대한 민중의 통제를 제도화한 방식 중 가장 흥미로운 것은 오만법Hubris Law이었다. 보존된 법조문 조각에는 이렇게 적혀 있다.

> 누구든 아동(물론 고용인이 그런 경우라도)이나 남성, 혹은 여성에게 오만하게 굴면, 혹은 그들에게 어떤 불법 행위라도 저지르면, 상대가 노예든 아니든 상관없이 '공개 소송을 당할 수 있는 *오만의 죄graphai hubreos*'를 짓는 것이다.

이 법은 오만한 행동, 수치를 주고 위협할 목적이 있는 행동에 대응해 '공개 소송을 당할 수 있는 오만의 죄'를 신설했다. 사람들은 놀랍게도 그들과 똑같이 보호받아야 할 노예를 상대로 오만한 행동을 했다는 혐의를 받을 수 있었고, 가끔 그 법을 되풀이해 어긴 사람들이 처형을 당하기도 했다. 오만법은 아테네 사람들이 엘리트층을 통제할 뿐만 아니라 힘센 개인들의 지배에서 벗어나 자유를 누릴 수 있도록 해줬다.

솔론은 채무자의 인신 담보를 금지하고 자유를 잃은 볼모의 지위를 끝냄으로써 시민들에 대한 엘리트층의 지배를 약화시키는 동시에 민주정치의 조건을 갖추기 시작했다. 그러나 이 시대 아테네의 엘리트층이 지닌 권력에는 훨씬 많은 것들이 내포되어 있었다. 그들은 훨씬 더 부유해졌고, 국가의 역량이 조금이라도 늘어나면 그에 맞춰 사회적 역량을 강화하지 않는 한 엘리트층은 추가로 억압과 통제 수단을 얻게 되고, 엘리트층의 정치적 지배력도 커질 터였다. 그러므로 엘리트층에 맞선 시민들의 힘을 키워주는 것이 극히 중요했다. 오만법이 기존의 규범을 성문화하고 강화함으로써 이루고자 했던 목표가 바로 그것이었다.

솔론의 오만법은 회랑 안의 삶이 지닌 더 일반적인 측면을 드러낸다. 자유를 창출하려면 기존의 규범에 바탕을 두고 그 규범과 더불어 작동해야 할 제도의 개혁이 필요하다. 동시에 그 규범 중 자유를 저해하는 측면을 수정하거나 심지어 제거할 필요가 있으며, 기존 규범의 유지와 수정 또는 제거 사이에 미묘한 균형이 이뤄져야 한다. 확실히 쉽지 않은 일이지만 솔론의 개혁은 이 두 목표를 이루는 데 필요한 돌파구를 마련했다. 드라콘 시대 전에는 각종 규칙과 법률이 성문화되지 않았고 가족과 친족집단이 법을 집행하면서 주로 사회적 배제와 추방의 방식을 이용했다. 솔론은 오만법에서 보듯이 이런 규범들을 성문화하고 강화함으로써 그 규범들을 바탕으로 제도를 구축했지만, 그 과정에서 오만한 행동이 아테네 사회에서 용인되기 훨씬 더 어려워지게 하는 식으로 기존의 규범들을 바꿔놓았다. 우리는 제도적 변화와 기존의 규범들 사이의 여러 복잡한 줄타기 사례를 통해, 제도와 규범 사이의 적절한 균형을 맞추지 못하면 자유가 증진될 가능성이 얼마나 줄어드는지 살펴볼 것이다. 솔론은 적절한 균형을 맞췄다.

레드 퀸 효과

한편으로 국가를 통제하고 일반 시민을 지배하는 엘리트층의 힘을 제한하면서 다른 한편으로 국가의 역량을 확대하는 솔론의 방식은 고대 문명의 고유한 특성이 아니다. 그것은 족쇄 찬 리바이어던의 본질이다. 리바이어던은 사회가 기꺼이 협력하려 할 때는 더 큰 역량을 갖추고 훨씬 더 강력해질 수 있지만, 협력이 이뤄지려면 사람들이 바다 괴물을 통제할 수 있다는 사실을 신뢰해야 한다. 솔론은 그 신뢰를 구축했다.

그러나 신뢰와 협력만으로는 충분치 않다. 자유 그리고 궁극적으로 국가의 역량은 국가와 사회 사이의 힘의 균형에 달려 있다. 국가와 엘리트층이 지나치게 강력해지면 우리는 독재적 리바이어던을 부르게 된다. 그들이 뒤처지면 우리는 부재의 리바이어던과 만나게 된다. 그러므로 우리에게는 둘이 함께 달리면서 어느 쪽도 우위를 차지하지 않는 국가와 사회가 필요하다. 이는 루이스 캐럴Lewis Carroll이 《거울 나라의 앨리스Through the Looking-

Glass, and What Alice Found There》(루이스 캐럴 저, 시공주니어 편집부, 시공주니어, 2019)에서 묘사한 레드 퀸Red Queen 효과와 다르지 않다. 책에서 앨리스는 레드 퀸을 만나 경주를 한다. '앨리스는 나중에 곰곰이 다시 생각해봤지만, 처음에 어떻게 달리기 시작했는지 도무지 이해할 수 없었다.' 하지만 그녀는 둘 다 열심히 달리고 있는 것처럼 보여도 주위는 달라지지 않는다는 것을 알아챘다. '주위의 나무나 다른 것들의 자리는 전혀 바뀌지 않는 것 같았다. 그들이 아무리 빨리 달려도 아무것도 지나칠 수 없는 듯했다.' 마침내 레드 퀸이 멈추라고 말했다.

> 앨리스는 깜짝 놀라 주위를 둘러봤다. "왜 우리가 쭉 이 나무 아래 있었던 것 같지요? 모든 게 그대로네요!"
>
> "그럴 수밖에." 레드 퀸이 말했다. "아니면 뭘 생각한 거야?"
>
> "글쎄요, 우리나라에서는요." 여전히 조금 헐떡이며 앨리스가 말했다. "우리가 달린 것처럼 그렇게 오래 빨리 달리면 보통 다른 곳에 가 있게 되거든요."
>
> "느린 나라구먼!" 레드 퀸이 말했다. "자, 보라고, **여기**서는 같은 자리에 계속 있으려면 **네가** 있는 힘껏 달려야 해!"

레드 퀸 효과 Red Queen effect는 국가와 사회가 둘 사이의 균형을 유지하기 위해 빠르게 달리듯이 단지 자신의 자리를 유지하기 위해 계속해서 달려야 하는 상황을 가리킨다. 캐럴의 이야기 속에서 모든 달리기는 헛된 일이었다. 하지만 리바이어던에 맞선 사회의 싸움은 그렇지 않다. 사회가 게을러져서 확대되는 국가의 권력을 따라갈 수 있을 만큼 충분히 빨리 달리지 않으면, 족쇄 찬 리바이어던은 금세 독재적인 리바이어던으로 바뀐다. 사회는 리바이어던을 견제하며 잡아두기 위해 경쟁해야 하며, 리바이어던의 역량이 커지고 강해질수록 사회도 더 강해져야 하고 더 철저히 국가를 경계해야 한다. 리바이어던 역시 가공할 만한 새로운 도전에 직면해 역량을 키우고 자율성을 유지할 수 있도록 계속해서 달려야 하며, 이는 분쟁을 해결하고 공정하게 법을 집행하는 것뿐만 아니라 규범의 우리를 깨기 위해서도 꼭 필요한 일이다. 이 모두가 성가신 일 같지만 정말 필요한 일이란 걸 앞으로 살펴볼 것이다. (힘든 달리기를 생각해보라!) 성가신 일이더라도 우리는 인류의 진보와 자유를 위해 레드 퀸 효과를 만들어내야 한다. 다만 레드 퀸 효과는 국가와 사회의 권력 관계에서 어느 때는 한쪽이, 그다음에는 다른 쪽이 앞서감에 따라 둘의 균형에 많은 변동을 초래하며 발생한다.

레드 퀸 효과를 작동시킨 솔론의 방식은 이처럼 광범위한 문제들을 잘 보여준다. 그의 개혁은 민중의 참여를 위한 제도적 기초를 세웠을 뿐만 아니라, 자유를 직접적으로 제약하고 회랑 안에서 필요한 정치 참여를 가로막는 규범의 우리를 완화하는 데 도움을 줬다. 아테네에서 규범의 우리는 이 장 뒷부분에 나오는 티브Tiv족 사회를 포함해 앞으로 살펴볼 다른 여러 사회의 우리만큼 갑갑하지 않았다. 그렇지만 그 규범의 우리는 여전히 레드 퀸의 길을 가로막을 만큼 억압적이었다. 규범의 우리 일부를 무너뜨림으로써 솔론은 근본적으로 사회를 바꾸고 막 모습을 드러낸 족쇄 찬 리바이어던을 지지할 수 있는 다른 형태의 정치체제를 만들기 시작했다.

도편추방을 해야 한다면 어떻게 할 것인가?

솔론은 불과 1년 동안 (그러나 바쁘게!) 아르콘으로 일한 다음 자신의 법을 이리저리 바꾸고 싶은 유혹을 피하려고 10년간 밖으로 떠돌았다. 그는 자신의 법을 100년 동안 바꾸지 말아야 한다고 밝혔다. 하지만 상황은 그의 뜻대로 흘러가지 않았다. 엘리트층과 사회의 싸움이 되풀이됐다.

솔론은 계속해서 엘리트층이 만족하도록, 혹은 불만스럽지 않게 하면서 아테네를 더 큰 역량을 가진 국가로 이끌어가고 민중의 통제를 제도화하려고 노력했다. 그러나 불만이 나오지 않을 만큼 충분히 만족한다는 게 과연 가능한 일일까? 얼마 안가 아테네에서는 분쟁이 발생했고 사실상 독재자로서 때로는 무력으로, 때로는 민중의 지지로 권력을 잡는 일련의 참주僭主들이 나타났다. 하지만 솔론의 개혁들은 사람들에게 인기가 있었고 정당성을 얻었기에 모든 아테네 사람들, 심지어 혹독한 참주들도 적어도 그 개혁들을 존중해야 했고 그러면서 개혁을 심화시켰다.

솔론의 뒤를 이어 처음으로 참주가 된 페이시스트라토스Peisistratos는 교활한 수법으로 아테네 정치기구들을 뒤집어엎은 것으로 유명하다. 한번은 계획적으로 제 몸에 상처를 내서 시민들을 속여 무장한 호위병을 데려올 수 있도록 허락을 받은 다음에 그들을 앞세워 아테네를 장악했다. 또 한번은 권좌에서 밀려났다가 아테나Athena[5]로 분장한 위엄 있는 여성과 함께 전차를 타고 돌아와 자신이 아테네를 통치하도록 신의 선택을 받은 것처럼 사람들을 속였다. 하지만 페이시스트라토스는 일단 권력을 잡자 솔론의 유산을 완전히 거부하지 않고 계속해서 국가의 역량을 키웠다. 그는 아테네에서 기념비적인 건설공사를 수행했으며, 아테네와 아티카의 시골 지역을 통합하기 위한 일련의 조치를 단행했다. 지방 순회 재판관과 아테네를 중심으로 한 도로체계, 판아테나이아 대축제뿐만 아니라 아테네에서 시골 신전으로 가는 행진도 그가 단행한 혁신이었다. 종교 축제는 솔론이 취한 다른 조치 중 일부를 직접 물려받은 것인데, 그는 지역사회의 공동 축제를 선호해 엘리트층의

---

5 평화를 수호하는 여신

사적인 축제를 제한하려 했다. 페이시스트라토스는 또한 첫 아테네 화폐를 주조했다.

레드 퀸 효과가 작동한다는 것은 바로 이런 것이다. 솔론은 본격적으로 이 역동적인 길을 가기 시작했고, 페이시스트라토스는 비록 빙 돌아갔기는 해도 그 길을 따랐다. 참주들은 권력을 잡을 때는 국가와 엘리트층에 힘을 실어줬다. 하지만 사회와 데모스demos[6]를 지배할 수는 없었으며 그들의 지지를 얻으려고 경쟁했다. 페이시스트라토스에 이어 그의 아들들인 히피아스Hippias와 히파르코스Hipparchus가, 그다음에는 경쟁 도시 스파르타의 지원을 받은 이사고라스Isagoras가 집권했으나 평민들이 반격에 나섰다. 기원전 508년 대규모 민중 봉기로 클레이스테네스Cleisthenes가 갑자기 권력을 잡게 됐다. 클레이스테네스는 개혁을 통해 다시 국가와 사회를 모두 강화하려고 했다. 그는 더 나아가 80년도 더 전에 솔론이 이루려고 했던 세 가지, 즉 엘리트층에 맞선 사회의 대항력을 강화하고, 국가의 역량을 확대하며, 규범의 우리를 느슨하게 한다는 목표에서 진전을 이뤘다.

국가건설부터 살펴보자. 클레이스테네스는 정교한 조세체계를 개발해 외국인 거주자들metics에게 인두세를 거두고, 부유층에 직접세를 부과해 축제와 전함 준비에 필요한 비용을 대도록 하고, 특히 피레우스항에서 각종 관세와 통행세, 부과금을 걷고, 아티카의 은광에 세금을 부과했다. 그가 아르콘으로 재임하는 중에 국가는 일련의 공공서비스를 제공하기 시작해 치안과 화폐 주조뿐만 아니라 장벽과 도로, 다리, 감옥과 같은 기반시설, 고아와 장애인 구제도 수행했다. 그에 못지않게 놀라운 일은 일종의 국가 관료제도가 출현한 것이었다. 아리스토텔레스는 아리스티데스Aristides 재임기인 기원전

---

6 '민중the people'을 의미

480~470년경 아티카에서 700명, 국외에서 500명, 부두에 추가로 500명, 아크로폴리스에 50명의 수비대가 국가를 위해 일했다고 주장했다.

또한 솔론이 건설한 국가보다 훨씬 더 민주적으로 통제됐다. 클레이스테네스는 이러한 민주적 통제를 실현하려면 규범의 우리를 더 약화시키고 부족 중심의 정치 권력 기반에서 벗어나야 한다는 것을 알았다. 그래서 대담한 조치를 통해 네 부족이 솔론의 400인 평의회를 차지하고 있던 체제를 없애고, 아테네 영웅들의 이름을 딴 10개의 새 부족이 추첨으로 선정한 사람들로 구성된 새로운 500인 평의회로 대체했다. 각 부족은 평의회에 50명씩 대표를 보낸다. 각 파벌은 트리티스(trittys, 부족의 '3분의 1')로 불리는 세 개의 작은 단위로 나뉘며, 이 각각의 단위는 다시 데메deme로 불리는 지역 정치 단위들로 세분됐다. 〈지도 2〉에서 보듯이 아티카에는 139개의 데메가 흩어져 있었다. 지역 단위의 체제가 만들어진 것 자체만으로도 국가건설 과정에 있어 중요한 진전이었으며, 이는 기존의 친족 기반 정체성의 잔재를 사실상 완전히 제거했다. 아리스토텔레스는 이 개혁의 효과를 이렇게 요약했다. "클레이스테네스는 각 데메에 사는 사람들을 동료 지역구민으로 만들어서, 새로운 시민들이 아버지의 이름으로 신원을 밝히지 않고 자신의 데메 이름으로 지칭하도록 만들었다."

엘리트층에 맞선 아테네 시민들의 정치 권력을 더 확대하기 위해 클레이스테네스는 솔론의 시대에 있었던 기관들의 구성원 자격에 대한 계급 제한을 없앴다. 평의회는 이제 30세 이상 모든 남성 시민들에게 개방됐고, 각 평의원은 1년 동안만, 그리고 평생 두 번까지만 참여할 수 있었기 때문에 대부분 아테네 남성들은 일생의 어느 시점에 평의원이 될 수 있었다. 평의회의 의장은 무작위로 선정하고 24시간만 활동하도록 해서 대부분 아테네 시민들이 어느 시점에는 그 역할을 맡을 수 있도록 했다. 아리스토텔레스는 이

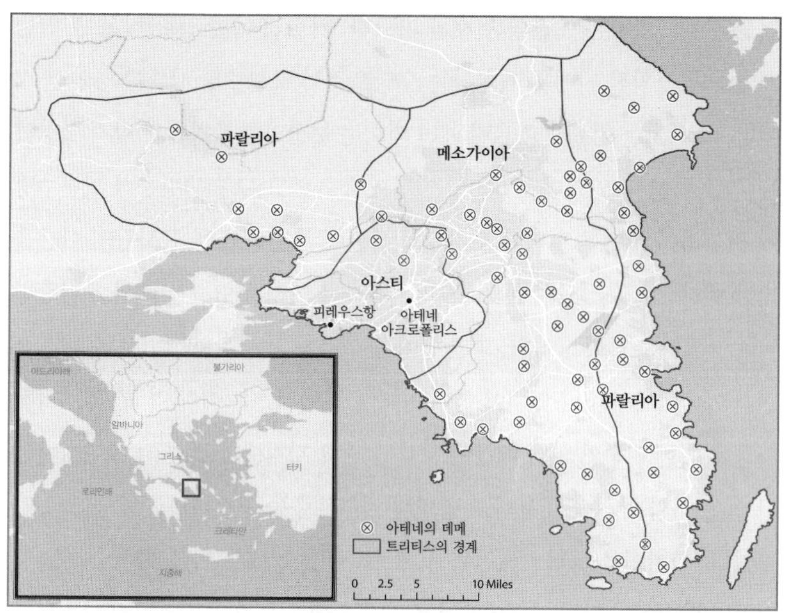

〈지도 2〉 아테네의 데메

모든 것을 이렇게 요약했다.

> 민중이 국사에 대한 통제력을 갖게 됐다.

평의회는 재정 지출에 대한 권한을 가졌고 정책을 집행할 행정관들로 구성된 일련의 위원회를 두었다. 위원회에 속할 위원은 제비뽑기로 선정하고 임기는 1년이었지만 전문성을 갖추고 국가 행정의 실무자로 활동하는 노예들의 도움을 받았다.

클레이스테네스는 규범의 우리를 완화하는 싸움을 계속하면서도 아테네 시민들의 정치 권력을 강화하는 데 도움이 될 기존 규범들에 바탕을 두고 그것들을 제도화하는 솔론의 전례를 따랐다. 가장 주목할 만한 일은 힘 있는 개인들의 정치적 지배를 제한하는 수단으로서 도편추방 제도를 공인한 것이다. 이 새로운 법률에 따르면 매년 의회는 누군가를 추방할지 말지 결정하는 투표를 할 수 있었다. 6,000명 이상이 투표하고 그중 과반수가 도편추방에 찬성하면 시민들은 각자 도자기의 파편에 추방하고 싶은 사람의 이름을 써야 했다. 이 사금파리는 '오스트라콘ostrakon'이라 불렸고 그래서 도편추방ostracism이라는 말이 생겼다. 파편에 이름이 가장 많이 적힌 사람은 추방돼 10년간 아테네에서 떠나 있어야 했다. 아리스토텔레스는 이 법이 "권력을 가진 자들에 대한 민중의 의심 때문에 통과됐다"고 지적했다. 솔론의 오만법처럼 이 법은 사회 규범을 이용하고 변형해 엘리트층을 통제하려는 수단으로 만들었다. 심지어 살라미스해전에서 페르시아를 상대로 아테네의 승리를 이끌었던 명장이자 당시 아테네에서 가장 영향력 있는 인물이었던 테미스토클레스Themistocles도 기원전 476년경 어느 시점에 도편추방을 당했다. 당시 그는 페르시아가 아니라 스파르타를 진정한 적으로 삼아 집중하고 싶어 했고 사람들은 그의 힘이 지나치게 세지는 것을 걱정하기 시작했다. 테미스토클레스의 이름이 적힌 오스트라콘을 보여주는 〈사진 3〉을 참조하라. 도편추방은 드물게 이용돼서 이 제도가 본격적으로 시행된 180년 동안 15명만 추방됐지만, 추방시킬 수 있다는 위협을 가하는 것만으로도 시민들이 엘리트층을 통제하는 강력한 수단이 됐다.

아테네 헌법의 진화는 클레이스테네스 시대에 멈추지 않았다. 아리스토텔레스에 따르면 그는 11개의 아테네 헌법 중 여섯 번째 헌법을 제정했을 뿐이다(레드 퀸 효과가 번잡한 것이라고 우리가 말했던가?). 아테네는 시민의 역량을 키우고 국가를 더 강력하게 만드는 방향으로 꾸준히 나아갔다. 이 과정에서 엘리트층과 사회는 서로 다른 방향으로 나아가려 했고 오랫동안 싸움을 벌이지 않은 적이 없었다. 그것이 바로 레드 퀸의 속성이었다.

이 기간에 아테네는 점진적으로 (그리고 여러 차례 진보와 퇴보를 거듭하며) 세계 최초의 족쇄 찬 리바이어던 중 하나를 만들었다. 시민들이 효과적으로 통제하는 강력하고 역량 있는 국가를 건설한 것이다. 아테네 사람들은 레드 퀸 효과 덕분에 그런 성취를 이뤘다. 국가는 사회를 지배할 수 없었지만 사회도 국가를 지배할 수 없었고, 어느 한쪽의 진보는 다른 쪽의 저항에 부딪히고 혁신을 자극했으며, 사회의 족쇄는 국가의 활동 범위와 역량을 새로운 영역으로 확대할 수 있게 해줬다. 이 과정에서 사회는 또한 국가가 민중의 통제 아래 남아 있으면서 역량을 더욱 깊이 발전시킬 수 있도록 협력했다. 이 모든 것에서 레드 퀸이 규범의 우리를 무너뜨리는 방식이 결정적으로 중요했다. 리바이어던에 족쇄를 채우려면 사회는 협력하고, 집단을 조직하고, 정치에 계속 참여할 필요가 있다. 이런 일은 사회의 내부가 볼모와 주인으로 갈라지고, 씨족, 부족, 혹은 친족집단들로 나뉘면 일어나기 힘들다. 솔론과 클레이스테네스의 개혁들은 이처럼 대립적인 정체성을 점진적으로 제거했고 더 광범위한 협력의 축을 만들기 위한 공간을 조성했다. 이는 우리가 족쇄 찬 리바이어던의 창조 과정에서 매번 반복해서 확인하게 될 특성이다.

누락된 권리들

미국의 리바이어던이 족쇄를 차게 된 과정은 우리가 제1장에서 논의하기 시작한 이야기로, 아테네와 비슷한 점이 많다. 미국 건국의 아버지로 불리는 조지 워싱턴George Washington과 제임스 매디슨, 알렉산더 해밀턴Alexander Hamilton 같은 이들이 만든 미국 헌법은 견제와 균형의 원리를 도입하고 미국의 미래 세대에 자유를 선사하는 것으로서 제도 설계의 빛나는 사례로 널리 인정받고 있다. 이는 어느 정도 진실이지만 이게 다는 아니다. 이 이야기에서 더 중요한 부분은 민중의 역량 강화에 관한 지점이다. 역량이 커진 민중이 어떻게 미국의 기관들을 제약하고 수정했으며 레드 퀸 효과의 기폭제가 됐는지 논의하는 것이 이 이야기의 더 큰 부분을 차지한다.

권리right의 문제부터 살펴보자. 우리는 건국의 아버지들과 그들이 제정한 헌법 덕분에 권리를 보호받는다. 그렇지 않은가? 사실 그렇기도 하고 아니기도 하다. 새로운 국가의 첫 법률로 1777~1778년에 채택된 연합규약Articles of Confederation을 대체한 그 헌법은 분명히 어떤 기본적인 권리를 담고 있었다. 하지만 그 권리들은 1787년 여름 필라델피아에서 작성돼 많은 찬사를 받는 문서에는 담기지 않았다. 건국의 아버지들은 지금 우리가 미국의 제도와 사회에 필수적이라고 생각하는 다양한 기본권들을 별생각 없이 무시해 버렸다. 그렇게 헌법이 만들어지고 나서야 12개의 헌법 수정조항을 모은 권리장전이 나왔고, 그중 10개는 초대 의회에서 통과되고 각 주 의회가 비준했다. 여기에는 권리장전 제6조도 포함됐다.

> 부당한 수색과 압수를 당하지 않고 신체, 가택, 서류 및 재산의 안전을 보장받는 인민의 권리를 침해해서는 안 되며, 체포와 압수 영장은 선서나 증언으로 뒷받침되는 정당한 이유를 제시하지 않고는, 특히 수색할 장소와 체포될 사람이나 압수할 물품을 기재하지 않고는 발급해서는 안 된다.

제8조는 이렇게 선언한다.

> 모든 형사 소추에서 피고는 범죄를 저지른 주, 그리고 법률로 미리 지정된 구역의 공정한 배심에 의한 신속하고 공개적인 재판을 받고 사건의 성격과 이유에

관한 통고를 받을 권리, 자신에게 불리한 증인과 대질을 받을 권리, 자신에게 유리한 증언을 얻기 위해 필수적인 절차를 거치고 자신의 방어를 위해 변호인의 도움을 받을 권리가 있다.

모두 매우 기본적인 권리들로 보인다. 그렇다면 건국의 아버지들은 왜 그 권리들을 간과했을까? 이유는 아주 간단한데, 미국 리바이어던의 족쇄가 어디서 유래했는지 그리고 이러한 족쇄들은 왜 자동으로 나타나거나 쉽게 출현하지 않는지 이해하는 데에도 도움이 된다.

매디슨과 해밀턴 그리고 연방주의자들로 알려진 그들의 협력자들은 사람들의 권리를 강화할 목적으로 연합규약을 대체하고 싶어 한 것은 아니었다. 오히려 그들이 기초한 헌법은 주 입법기관들이 채택한, 연방주의자들이 보기에는 위험할 만큼 파괴적인 정책들을 통제하기 위해 설계된 것이었다. 예를 들어 주 입법기관들은 자체적으로 화폐를 발행하고, 상거래에 과세하고, 부채를 탕감하며, 국가채무 상환을 거부할 수 있었다. 더욱이 각계각층의 사람들이 모두 스스로 통치하고, 조직하고, 항의하고, 자신들의 이익을 밀어붙이기 위해 주 의회에 진출할 수 있다는 생각을 하게 되면서 상당한 혼란이 일어났고 대중 동원이 이뤄졌다. 이런 상황에서 헌법은 동시에 두 가지 다른 문제를 다루기 위해 설계됐다. 첫째는 모든 주에 걸쳐 법률과 국방, 경제 정책을 통합하기 위해 연방국가를 설립하는 문제였다. 둘째는 영국을 상대로 한 독립전쟁으로 풀려난, 민주주의에 대한 강렬한 본능이라는 요정을 다시 병 속에 집어넣는 문제였다. 헌법의 의도는 정치 권력을 중앙에 집중시키고 중앙정부가 재정정책을 맡고, 대중정치와 각 주의 자율적인 권력이 부를 혼란을 통제함으로써 이 두 가지 목표를 달성하는 것이었다.

연방주의자들은 우리가 '국가건설자state builder'라고 부르는 이들이었다.

홉스는 분명히 계약Covenant이나 획득Acquisition이라는 두 가지 경로를 통해 리바이어던에 이를 수 있다고 했지만, 일반적으로 국가건설은 국가를 처음 설립하거나 신생 국가의 힘을 키우는 건국자들, 즉 솔론이나 클레이스테네스, 미국 연방주의자들 같은 개인이나 집단이 선봉에서 이끌기 마련이다. 연방주의자들은 홉스가 인정할 만한 (하지만 연합규약은 허용하지 않은) 리바이어던을 만들어내려는 비전을 품었다.

연방주의자들은 또한 우리가 길가메시 문제라고 부른 고민을 잘 알고 있었다. 그들은 연방국가에 너무 많은 권력을 줄 때 생길 위험성을 이해하고 있었다. 일단 너무 강력해진 국가가 무서운 얼굴을 드러내며 사회를 잡아먹기 시작할 가능성이 있었다.

매디슨은 대중에게 헌법을 비준해달라고 촉구하기 위해 해밀턴, 존 제이John Jay와 함께 쓴 일련의 소책자 「연방주의자 논고Federalist Papers」의 유명한 구절을 통해 이렇게 밝혔다.

> '사람 위의 사람'이 관리하는 정부를 구성하는 데 있어 가장 큰 어려움이 바로 여기에 있다. 즉 먼저 정부가 통치 대상을 통제할 수 있도록 해야 하며, 그다음에 정부가 자신을 통제할 수 있도록 해야 한다.

매디슨의 말 가운데 오늘날 가장 주목받는 부분은 정부가 자신을 통제할 필요가 있다는 발언이다. 하지만 그가 먼저 강조한 부분, 즉 정부가 '통치를 받는 이들을 통제하는' 것이 결정적으로 중요하다는 부분은 보통 사람들의 관여를 제한하려는 연방주의자들의 두 번째 목표를 분명히 드러낸다. 당시 많은 독자가 이 점을 인식하고 경계심을 가졌는데, 이는 특히 필라델피아에서 작성된 문서에 사람들의 권리에 관한 명확한 선언이 없었기 때문이었다.

그럴 만도 했다. 1787년 헌법 초안이 작성된 직후 매디슨은 토머스 제퍼슨Thomas Jefferson에게 보낸 개인적인 서신에서 이렇게 밝혔다.

> *분할해서 통치하라Divide et impera*는 것은 전제정치라는 비난을 받을 만한 원칙이지만 어떤 조건 아래서는 공화국을 공정한 원칙에 따라 통치할 수 있는 유일한 정책이지요.

'분할해서 통치하라'는 것은 민주주의를 통제하는 전략이었다. 매디슨은 "일반정부general government의 영역을 확장하고 주 정부를 더 효과적으로 제한할 … 필요가 있다"고 강조했다. 연방정부를 뜻하는 '일반정부'는 상원의원과 대통령의 간접선거 같은 장치를 통해 덜 민주적인 형태가 됐다. '주 정부를 더 효과적으로' 제한할 필요가 있다는 주장은 1780년대의 사회 혼란에 근거를 두었는데, 매디슨은 당시 농민과 채무자들의 폭동과 봉기가 미국 독립 계획을 위험에 빠트릴 수 있다고 생각했다. 사실 연방주의자들이 그 헌법을 선호한 중요한 이유 하나는 헌법에 따라 정부가 상비군을 전투에 배치하기 위한 세수를 얻을 수 있다는 것이었다. 그렇게 함으로써 헌법 전문에서 표현한 것처럼 '국내의 안녕을 보장'할 수 있을 터였다. 실제로 헌법이 비준된 직후 연방정부 자금을 댄 조지 워싱턴의 군대가 처음으로 한 행동은 조세저항 봉기인 위스키 반란Whiskey Rebellion을 진압하러 수도에서 서쪽으로 행군하는 것이었다.

매디슨과 연방주의자들의 국가건설 계획은 미국 사회에서 숱한 반대를 낳았다. 권리장전의 보호를 받지 못할 때 사람들은 더 강력한 국가와 국가를 통제하는 정치인들이 무슨 짓을 할 지 몰라 두려워했다. 심지어 미국에서도 리바이어던의 무서운 얼굴은 수면 아래 깊지 않은 곳에 숨어 있었다. 몇몇 주의 대표자 회의는 개인의 권리 보호를 명시하지 않은 헌법의 비준을 거부했다. 매디슨 자신도 출신지인 버지니아주의 대표자 회의가 헌법을 승인하도록 설득하려고 권리장전의 필요성을 인정해야만 했다. 그는 이어서 권리장전 찬성파로 버지니아 의회에 진출하려고 출마했고, 1789년 8월에는 의회에서 "사람들의 마음을 달래야 한다"는 이유를 들어 권리장전의 필요성을 옹호했다(그러나 우리는 이 장의 조금 뒤에서, 그리고 다시 제10장에서, 여기에는 더 사악한 의도가 깔려 있었음을 보게 될 것이다. 매디슨과 그의 협력자들은 결국 남부의 엘리트층이 헌법을 수용하도록 하기 위해 노예제도를 승인했다. 이는 권리장전이 노예를 보호하지도 않고 주 정부의 권력 남용에 적용되지도 않도록 보장하는 것이었다).

연합규약에서 헌법으로 이행하는 과정은 족쇄 찬 리바이어던이 출현하는 데 필수적인 요소들을 보여준다. 우선 국가가 '만인에 대한 만인의' 투쟁을 멈추고, 사회의 분쟁 해결을 돕고, 사람들을 지배로부터 보호하고, 공공서비스를 제공할 수 있도록(그리고 어느 정도 국가 자신의 이익도 챙길 수 있도록) 하려면 미국의 국가건설자들처럼 강력한 국가를 요구하는 일단의 개인이나 사회집단이 있어야 한다. 이 국가건설자 집단의 역할, 그들의 비전과 그런 노력을 지지할 올바른 연합을 형성하는 능력, 그들의 힘 그 자체는 극히 중요하다. 미국이라는 연방국가가 설립되는 데에는 연방주의자들이 이러한 역할을 했다. 그들은 진정한 리바이어던을 만들어내려고 했으며, 그것이 신생 국가의 안보, 통합, 경제적 성공을 위해 절대적으로 중요하므로 세금을 걷고 화폐를 발행할 독점권을 갖고 연방 차원의 교역정책을 수립할 수 있는 훨씬 더 강력한 중앙정부가 필요하다는 점을 이해하고 있었다. 게다가 연방주의자들은 그런 국가건설 계획을 추진하기에 충분한 영향력을 지니고 있었다. 그들 자신이 이미 확고히 자리 잡은 정치인으로서 상당한 권위를 갖고 있었다. 그들은 또한 조지 워싱턴을 비롯해 존경받는 독립전쟁 지도자들과 연합함으로써 더 큰 영향력을 얻었다. 언론과 설득력 있는 소책자 〈연방주의자 논고〉를 통해 여론에 영향을 미치는 데에도 능수능란했다.

족쇄 찬 리바이어던의 두 번째 축인 사회적 결집societal mobilization은 레드 퀸 효과의 핵심이기 때문에 훨씬 더 중요하다. 우리는 사회적 결집을 전반적인 면에서 사회(특히 비엘리트층)의 정치 참여를 뜻하는 말로 쓴다. 사회적 결집은 반란과 항의, 청원, 결사를 통해 엘리트층에 가하는 전반적인 압력을 포함한 제도화되지 않은 형태와 선거나 회의체를 통하는 제도화된 형태를 모두 취한다. 제도화되지 않은 힘과 제도화된 권력은 시너지 효과를 발휘하며 서로 지원한다.

독재는 사회가 국가의 정책과 행동에 영향을 미치지 못할 때 나타난다. 헌법이 민주적 선거와 협의를 명시할 수 있지만, 이러한 법령은 사회가 결집하고 정치에 적극적으로 개입하지 않는 한 리바이어던이 호응하고, 책임을 지고, 제약을 받도록 하는 데 충분치 않다. 따라서 헌법이 영향력을 미치는 범위는 보통 사람들이 필요하다면 제도화되지 않은 수단을 써서라도 헌법을 수호하고 그들에게 약속된 것을 요구할 수 있는 능력에 달려 있다. 헌법 조항들은 결국 사회의 영향력에 더 높은 예측 가능성과 일관성을 부여하고, 사회가 계속해서 정치에 참여할 수 있는 권리를 담고 있다는 두 가지 면에서 중요하다.

사회의 힘은 정치에 참여하고, 사회의 뜻에 반하는 변화를 막고, 중요한 사회·정치적인 결정에 원하는 바를 반영하기 위한 '집단적 행동collective action'의 문제를 풀 수 있는 능력에 따라 갈린다. 집단적 행동의 문제란, 설사 하나의 집단이 정치적 행동에 참여하기 위해 조직화하는 것이 그들의 이익에 부합하더라도 집단의 각 구성원은 '무임승차'를 할 수도 있고, 집단의 이익을 보호하는 데 필요한 노력을 하지 않고 계속해서 자기 일만 챙길 수도 있으며, 심지어 무슨 일이 벌어지고 있는지도 모르는 상태에 있을 수도 있다는 사실을 일컫는다. 사회가 영향력을 발휘하는 방식 중 제도화되지 않은 방식들은 집단적 행동의 문제를 풀 수 있는 믿을 만한 수단을 제공하지 않기 때문에 예측할 수 없다. 반면 제도화된 힘은 더 체계적이고 예측 가능한 방식이 될 수 있다. 그렇기 때문에 헌법은 사회가 더 일관성 있는 방식으로 영향력을 행사할 수 있도록 해준다고 할 수 있다. 헌법의 기초를 세우기까지 몇 년 동안 미국 사회가 이 두 가지 힘의 원천을 모두 가지고 있었다는 사실은 대단히 중요하다.

제도화되지 않은 힘은 영국을 상대로 한 전쟁 중 민중이 벌인 투쟁에 뿌리를 두고 있다. 1787년, 그 결집의 본질을 포착한 토머스 제퍼슨은 이렇게 썼다.

> 신은 우리가 20년 동안 그런 반란을 겪지 않고 지내기를 허락하지 않으신다. … 통치자들이 때때로 민중이 저항정신을 유지하고 있다는 경고를 듣지 않는다면 어떤 나라가 자유를 보존할 수 있겠는가? 그들이 무기를 들게 하라.

또한 미국 사회는 연합규약 덕분에, 예컨대 주 의회에서 연방헌법 비준을 거부함으로써 연방주의자들의 국가건설 계획을 막을 수 있는 제도적 수단을 가지고 있었다. 헌법에 따르면 주 의회는 행정부와 연방정부 권력에 대한 효과적인 억제력을 지속적으로 보유했으므로 헌법을 비준한다고 해서 이런 제도적 제약들이 사라지는 것은 아니었다.

민중이 얼마나 강력히 결집하느냐, 그리고 사회가 얼마나 광범위하게 조직되느냐 하는 사안은 영국의 정책에 대한 민중의 분노가 불을 지핀 독립전쟁에서 이미 핵심적인 문제였다. 이러한 문제들은 반세기 후에 미국을 여행한 프랑스의 젊은 지성 알렉시스 드 토크빌Alexis de Tocqueville의 관심을 끈 미국 사회의 특성과 같은 맥락에서 살펴볼 수 있다. 그의 명저 《미국의 민주주의Democracy in America》(알렉시스 드 토크빌 저, 은은기 역, 계명대학교 출판부, 2011)에서 토크빌은 다음과 같은 견해를 밝혔다.

> 세계에서 미국만큼 결사의 원칙principle of association을 서로 다른 여러 목적에 성공적으로 이용하거나 아낌없이 적용한 나라는 없다.

실제로 미국은 '참여자들의 국가nation of joiners'였고, 토크빌은 '거주민들이 엄청나게 많은 사람의 분투가 필요한 공통 목표를 제시하고, 그들이 자발적으로 그 목표를 추구하도록 하는 … 최고의 기술'에 놀라워했다. 민중이 강하게 결집하는 이 전통은 미국 사회의 역량을 키워줬고 어떤 유형의 리바이어던을 만들 것이냐 하는 문제에 영향을 끼쳤다. 그리고 설사 해밀턴과 매디슨, 그들과 연합한 이들이 더 독재적인 국가를 건설하기를 원했더라도 사회가 따르지 않았을 것이다. 그래서 연방주의자들은 자신들의 국가건설 계획이 리바이어던에게 '의지를 일임'해야 할 사람들의 마음에 들도록 권리장전과, 자기들의 권력에 대한 다른 견제장치를 도입해야 한다는 요구를 받아들였다. 그들이 이 모든 권리장전과 견제장치를 간절히 원한 건 아니었다. 사실 해밀턴은 이런 "민주주의의 과잉"을 헐뜯었으며, 대통령과 상원의원의 종신 재직을 제안하기도 했다. 연방주의자들은 리바이어던을 자기들이 통제할 것으로 생각했으므로 그런 발상을 할 만도 했다.

족쇄 찬 리바이어던의 두 번째 핵심적인 축인 사회적 결집은 당초 미국이 독재의 길로 들어서는 것을 막아줬을 뿐만 아니라 권력 균형이 이뤄지도록 함으로써 시간이 흐르면서 국가가 더 강력해질 때도 계속해서 족쇄를 차고 있도록 보장했다(우리는 그것이 너무나 성공적이어서 그 후 2세기 동안, 특히나 모든 시민을 보호하고 평등한 기회를 제공하는 역할 면에서 국가의 능력을 제약했을 가능성도 살펴볼 것이다). 1789년 미국에서 국가는 우리가 사는 현대의 국가보다 훨씬 약했고 오늘날과 비교하자면 거의 초보적인 수준이었다. 당시 국가는 작은 관료조직을 가지고 불과 몇 가지 공공서비스만 제공했다. 그때 국가는 독점을 규제하거나 사회안전망을 제공할 꿈조차 꾸지 못했다. 시민 모두를 동등하게 보지 않아서 당시 여성과 노예를 비롯한 많은 미국인을 옭아매던 규범의 우리를 느슨하게 하는 일에는 높은 우선순위를 두지 않았던 것도 명백하다. 오늘날 우리는 분쟁 해결과 규제, 사회안전망, 공공서비스 제공, 온갖 위협에 직면하는 개인의 자유 보호라는 면에서 국가에 훨씬 더 많은 것을 기대한다. 이런 것들이 제공될 수 있는 건 레드 퀸의 영향 덕분이다. 만약 당시 미국 사회가 할 수 있는 일이 국가가 해야 할 일에 대해 강경한 제한을 두는 것뿐이었다면 우리는 현재 국가로부터 많은 혜택을 받지 못했을 것이다(그리고 비타협적인 태도들 중 몇 가지는 겪지 않아도 됐을 것이다). 그러나 미국의 국가는 지난 230년에 걸쳐 명백히 진화했고 사회에서 맡는 역할을 바꿨으며 능력도 키워왔다. 그 과정에서 국가는 시민의 바람과 요구에 더 호응하게 됐다. 이렇게 진전할 수 있었던 건 국가의 힘이 더 강해지더라도 발목에 채운 족쇄 때문에 국가가 완전히 책임을 저버리거나 무서운 얼굴을 드러내지 않으리라고 사회가, 어느 정도 신중한 태도로, 국가를 믿을 수 있었기 때문이다. 사회가 국가와 협력하는 방안을 고려할 수 있다는 것도 족쇄를 차고 있는 국가의 특성이다. 하지만 18세기 말 미국 사회가 확실한 보증이 없는 한 매디슨과 해밀턴을 완전히 신뢰하지 않았던 것과 마찬가지로, 사회는 일반적으로 국가의 역량과 영역을 확대하려고 애쓰는 이들을 완전히 믿지 않았다. 사회는 국가를 통제하는 자신의 능력을 키울 수 있을 때만 국가가 영역을 확대할 수 있도록 허용했다.

그 후 19세기 미국에서 국가와 사회의 관계 발전은 우리가 아테네에서 본 것과 똑같이 레드 퀸 특유의 혼란스럽고 예측할 수 없는 방식으로 전개됐다. 중앙집권적인 국가가 더 강력해지고 사람들의 삶에 더 깊이 개입함에 따라 사회는 국가에 대한 통제권을 재확인하려고 했다. 강해지는 사회의 결집에 대응하고자 엘리트층과 국가기관들은 사회로부터 통제력을 빼앗으려고 시도했다. 미국 정치의 여러 측면에서 이런 역학을 볼 수 있지만, 국가와 사회 사이의 가장 큰 갈등은 노예제도를 둘러싼 북부와 남부 주 사이의 긴장으로 생긴 것이었다. 그 갈등은 헌법 제정 과정에서 여러 혐오스러운 타협을 강요했다. 이로 인해 1861년 에이브러햄 링컨Abraham Lincoln 대통령 취임 후 당시 34개였던 주 가운데 남부 7개 주가 연방 탈퇴를 선언하고 남부연방Confederate States of America을 형성하면서 19세기 가장 치명적이었던 분쟁이 터졌다. 정부는 남부 주의 연방 탈퇴를 인정하지 않았고 1861년 4월 12일 북부 동맹과 남부연방 사이에 남북전쟁Civil War이 발발했다. 4년 동안 이어진 전쟁으로 많은 교통체계와 기반시설, 남부의 경제가 파괴됐고 무려 75만 명이나 생명을 잃었다. 전쟁이 끝나면서 노예가 해방되고(수정헌법 제13조), 그들의 시민권이 인정되고(수정헌법 제14조), 그들의 투표권이 인정됨(수정헌법 제15조)에 따라 권력 균형은 엘리트층, 특히 남부의 엘리트층에 불리한 쪽으로 크게 기울었다. 하지만 그것으로 일련의 반동이 끝나지는 않았다. 1877년까지 이어진 재건시대에 해방된 노예들은 역량이 강화되면서 경제와 정치체제에 통합됐다(그리고 그들은 활기차게 정치에 참여해 대거 투표하고 의원으로 당선됐다). 하지만 그 후 북군이 남부를 떠난 다음 복원시대Redemption period**7**에

7 남북전쟁 후 남부인들이 재건보다 백인 우월주의 체제의 회복을 요구한 시대

그들은 다시 선거권을 빼앗기고, 임금이 낮은 농업부문에 갇혀 살면서, 지역사회에서 법을 집행하는 관리와 쿠 클럭스 클랜Ku Klux Klan**8** 단원의 손으로 저지른 살인과 사적 제재를 포함한 온갖 공식적이고 비공식적인 억압을 당했다. 1950년대 시민권 운동이 시작될 때까지 권력의 추는 엘리트층에 불리하고 남부의 가장 나쁜 처지에 있는 사람들에게 유리한 쪽으로 다시 돌아오지 않았다. (그리고 물론 미국은 진화하는 자유에 관한 한 '역사의 종언'이라고 할 만한 상황 근처에도 가지 못했다.)

일반적으로 미국의 헌법이 우리의 권리를 보호해주는 것처럼 묘사되지만 대부분의 미국인이 권리를 보호받게 된 과정을 보면 그렇게 아름답게 묘사할 만한 것은 전혀 없었다. 그리고 우리의 권리는 1787년 필라델피아에서 기초한 문서만큼이나 사회의 결집 덕분에 보호받는 것이다. 그것이 바로 레드 퀸의 속성이다.

추장? 추장이 뭔데?

정리하자면 레드 퀸 효과는 아름답지 않다. 나중에 살펴보겠지만 레드 퀸의 모든 경주는 위험으로 가득 차 있다. 하지만 레드 퀸 효과가 나타나면 아테네와 미국 사람들이 누린 것과 같은 자유의 조건들이 만들어진다. 그렇다면 왜 많은 사회가 부재의 리바이어던 체제에 머물러 있는가? 왜 중앙에 집중된 권위를 만들어내고 그것에 족쇄를 채우려고 시도하지 않는가? 왜 레드 퀸 효과를 이끌어내지 않는가?

사회과학자들은 일반적으로 권위가 중앙으로 집중되지 않는 까닭을 높은

8 일명 KKK단으로 백인 우월주의를 표방하는 극우단체

인구 밀도나 안정된 농업, 혹은 교역 기반과 같이 국가건설을 가치 있는 일로 만들어줄 몇몇 핵심적인 조건들의 부재에서 찾는다. 어떤 사회는 국가를 창조하는 데 필수적인 방법론적 지식을 갖지 못해서 부재의 리바이어던 체제에 머물러 있다는 주장도 많이 나왔다. 이런 견해에 따르면 국가제도를 구축하는 것은 주로 그에 맞는 전문가들과 제도적 청사진을 결합하는 '공학적인' 문제다. 어떤 상황에서는 이런 것들이 모두 의미가 있지만, 또 다른 요소가 더 중요할 때가 많다. 야누스 같은 리바이어던의 무서운 얼굴을 피하려는 욕구 말이다. 사람들이 리바이어던을 두려워하면 권력의 축적을 막고 국가 출범에 필요한 정치·사회적인 위계질서에 저항할 것이다.

우리는 나이지리아의 역사에서 그런 두려움이 리바이어던의 부상을 막은 명백한 사례를 찾아볼 수 있다. 라고스와 연안석호에서 내륙으로 향하면 요루바족의 고향인 요루바랜드에 들어선다. A1 도로를 따라 북쪽으로 가면 먼저 이바단이 나오고 동쪽으로 방향을 틀어 A122 도로를 따라가면 전통적으로 요루바 추장들의 정신적 고향인 이페Ife를 지나며, 그다음에는 A123 도로를 경유해 로코자에 이른다. 제1장의 〈지도 1〉에서 이 도시들을 볼 수 있다. 니제르강과 베누에강이 합류하는 지점에 자리 잡은 로코자는 1914년 프레더릭 러거드Frederick Lugard 경이 식민지 나이지리아의 첫 수도로 정한 곳이다. 아마도 그의 부인이 될 플로라 쇼Flora Shaw가 새로 생길 나라의 이름을 지은 곳이 여기였을 것이다. 동쪽으로 더 가면 A233 도로는 베누에강 아래쪽으로 내려간다. 다시 강으로 돌아와 마쿠르디에 이르면 드디어 티브랜드에 들어온 것이다.

티브족은 친족 관계를 중심으로 조직된 하나의 인종집단으로, 나이지리아가 식민지화됐을 때 이들의 국가는 없었다. 그렇지만 그들은 경계가 명확하고 확장되기도 하는 넓은 영토와 별개의 언어, 문화, 역사를 가진 통일성 있는 집단을 이뤘다. 우리는 1940년대 중반부터 그들을 연구했던 부부 인류학자인 폴과 로라 보해넌Paul and Laura Bohannan 덕분에 티브족에 관해 꽤 많이 알고 있다. 그들과 다른 연구자들의 설명에 따르면, 티브족 사회는 명백히 아테네와 마찬가지로, 힘센 개인들이 지나치게 지배적인 위치에서 다른 모든 사람을 쥐고 흔드는 것을 가장 염려했다. 그러나 티브족이 이 문제를 다루는 방식은 아주 달랐다. 그들은 권력을 의심하고 권력을 구축하는 자들에 맞서 기꺼이 행동에 나서도록 하는 규범을 이용했다. 이런 규범들은 어떤 정치적 위계의 출현도 막았다. 때문에 티브족의 경우 추장들이 있어도 그들이 다른 사람들에 대해 확고한 권위를 가지기 어려웠다. 추장들의 주된 역할은 분쟁 해결 과정에서 중재와 조정에 나서고 제1장에 나온 아샨티족 연장자들의 사례에서 본 것처럼 협력을 지원하는 일이었다. 어떤 지배자나 거물이 자신의 의지를 강요할 수 있을 만큼 권위를 확립할 가능성은 전혀 없었다.

티브족이 어떻게 정치적 위계를 억제했는지 이해하기 위해 러거드 경의 연구로 돌아가보자. 러거드는 '간접 통치indirect rule'로 알려지게 된 개념을 완성하고 싶어 했는데, 간접 통치는 지역의 유력자와 토착 정치 권력의 도움을 받아 식민지를 경영하는 방식이다. 하지만 토착 권력이 전혀 없을 때는 어떻게 간접 통치 방식으로 나라를 이끌어갈 수 있을까? 러거드가 자신을 추장에게 데려가달라고 요청했을 때 티브족은 이렇게 대답했다. "추장? 추장이 뭔데?" 1890년대 영국의 행정력이 확산될 때 남부 나이지리아에서는 이미 간접 통치체제가 발전했다. 이때 행정당국은 '위임 추장warrant chief'이란 걸 고안했는데, 영국인들이 토착민 중 유력한 집안에 위임장을 줘서 추장으로 만들었기 때문에 그렇게 불렀다. 1914년 이후 러거드는 더욱 야심을 내보였다. 그는 이렇게 주장했다. "추장이 없을 때 … 이보우Ibo족이라고도 하는 이그보우Igbo족이나 … 티브족처럼 매우 느슨하게 결합된 공동체가 진보하기 위한 첫째 조건은 진취적인 추장들 아래 일정 규모의 공동체 단위들을 만들어내는 것이다."

그렇다면 '진취적인 추장들'은 정확히 어떤 사람들인가? 러거드와 식민지 관리들은 추장을 결정해야 했다. 러거드는 진취적인 추장들이 명령을 집행하고, 세금을 걷고, 티브랜드에 도로와 철도를 건설할 노동력을 조직하기를 원했다. 티브족에게 진정한 추장들이 없다면 그가 만들어내려고 했다. 그래서 1914년부터 티브족에게 새로운 위임 추장 제도를 시행하면서 이러한 추장들을 창조했다.

하지만 티브족은 그 제도를 채택하지 않았고 러거드의 계획을 그다지 좋아하지 않았다. 곧바로 분란이 싹트기 시작했다. 문제는 1929년 이그보우랜드와 가까운 또 다른 무국가 사회인 이그보우족의 '느슨하게 결합된 공동체'의 땅에서 터졌다. 1939년 여름이 되자 티브랜드에서 사회와 경제활동은 대부분 멈춰버렸다. 문제는 니암부아Nyambua라는 종교집단에서 터져 나왔는데, 이는 당시 남작이 돼 잉글랜드에서 평화로운 은퇴생활을 즐기던 러거드와 그의 위임 추장들에 대한 티브족의 복수라고 해도 좋을 것이다. 니암부아의 우두머리인 코크와Kokwa라는 남자는 사람들에게 *음바차브mbatsav*, 즉 '주술사'로부터 사람들을 보호해준다는 부적을 팔았다. 음바차브는 티브 말에서 '힘'을 뜻하는 *차브tsav*에서 파생된 것으로 여기서 말하는 힘은 특히 다른 사람들에 대한 권력을 의미했다. 차브는 사람의 심장에서 자라는 물질이며 사람이 죽으면 가슴을 열어서 확인할 수 있다. 차브를 가진 사람은 자기가 원하는 일을 다른 사람이 하도록 시킬 수 있으며 주물呪物로 그들을 죽일 수도 있다. 결정적으로 중요한 점은 자연적으로 차브를 가지고 있는 사람들도 있지만, 식인행위를 통해 차브를 늘릴 수도 있다는 것이다. 폴 보해넌은 이렇게 밝혔다.

인육을 섭취하면 차브는 커지며, 이는 물론 그 힘이 세진다는 뜻이다. 그러므로 가장 힘센 남자들은, 아무리 존경받고 선호되는 이들이라도 결코 전적으로 믿을 수 없다. 그들은 차브의 남자들인데, 무슨 짓을 할지 어떻게 알겠는가?

차브를 가진 사람들은 하나의 단체, 음바차브에 속한다. 음바차브란 말에는 두 가지 의미가 있다. 힘센 사람들(음바차브는 차브의 복수형), 그리고 앞서 보았듯이 일단의 주술사들을 뜻한다. 주술사들은 무덤을 약탈하거나 시체를 먹는 사악한 짓들을 저지를 수 있다. 재미있게도 이 단어는 중의적이다. 만약 영어에서 '정치인politician'이라는 말이 '공직에 선출되기 위해 경쟁하거나 공직자들을 통제하는 사람들'이라는 뜻과 '사악한 목적을 위해 조직된 일단의 주술사들'이라는 의미를 함께 가지고 있다고 상상해보라(사실, 그런 상상은 그리 어이없는 생각이 아니다).

니암부아에 입문한 사람들은 가죽으로 된 마술지팡이와 파리채를 받았다. 파리채는 식인행위로 만들어진 차브를 알아보게 해주는 도구였다. 폴 보해넌이 찍은, 파리채를 가진 티브족 점쟁이가 나온 〈사진 4〉를 참고하기 바란다. 1939년에 이들은 파리채로 위임 추장들을 가리키며 주술사라는 혐의를 씌웠는데, 이 혐의는 추장들로부터 영국인들에게 받은 모든 권위와 힘을 빼앗았다. 그렇다면 티브족이 영국인들에게 대항해 싸움을 벌였는가? 그렇게 볼 수도 있고 아니라고 볼 수도 있다. 이 문제를 더 깊이 들여다보면 그 운동은 단순히 반영국적인 성질이 아니었음을 알 수 있다. 그것은 반권위적이었다. 당시 티브족의 원로인 아키가Akiga는 식민지 관리 루퍼트 이스트Rupert East에게 이렇게 말했다.

이 땅이 [차브로 인해] 그 많은 어리석은 살인으로 못 쓰게 됐을 때 티브족은 음바차브를 극복하기 위한 강력한 조치들을 취했소. 이 큰 운동은 조상들의 시대부터 오늘날에 이르기까지 오랜 기간에 걸쳐 펼쳐진 것이오.

사실 니암부아의 종교의식은 티브족의 현상現狀을 유지하도록 진화한 일련의 규범 중 일부였으며, 현상유지란 누구라도 지나치게 강력해지지 못하게 막는 것을 의미했다. 1930년대에 위임 추장들은 위험하리만큼 힘을 키우고 있었지만, 과거에도 그와 비슷하게 제 분수 이상으로 힘이 세진 이들이 있었다. 보해넌은 이렇게 지적했다.

지나치게 많은 권력을 얻은 남자들은 … 주술사라는 혐의를 받고 격하됐다. 니암부아는 권력을 불신하는 티브족이 친족 관계와 평등주의 원칙에 바탕을 둔 더 훌륭한 정치제도가 보존될 수 있도록 정치적 행동에 나서면서 일어난 일련의 정규적인 운동의 하나였다.

여기서 정말로 중요한 대목은 '권력을 불신하는'이라는 문구인데, 이는 힘센 자들의 오만에 대해 심각하게 생각하고 강력한 개인들을 추방했던 아테네 사람들을 연상시킨다. 우리는 지금까지 국가의 권력이나 역량에 대해 이야기했다. 하지만 국가 자체는 통치자와 정치인들, 관료들, 정치적으로 영향력을 지닌 행위자들, 다시 말해 '정치적 엘리트'라고 부를만한 일단의 대리인들이 통제한다. 우리는 정치적 엘리트나 통치자, 국가건설자처럼 누군가가 다른 사람들에게 권력을 행사하고, 명령을 내리고, 분쟁에서 누가 옳고 누가 그른지 결정하는 정치적 위계 없이는 리바이어던을 보유할 수 없다. 권력에 대한 불신은 이 정치적 위계에 대한 두려움을 낳는다. 티브족의 규범들은 분쟁을 규율하고 통제하는 데 그치지 않는다. 사회적, 정치적 위계도 엄격하게 제한한다. 정치적 위계에 재갈을 물리는 것은 국가의 권력을 구속하는 것을 의미하므로, 주술사란 혐의를 내리는 것과 같은 일부 규범을 이행하는 과정에서는 국가건설도 멈추게 된다.

미끄러운 비탈

티브족 사회는 리바이어던의 무서운 얼굴과 리바이어던이 활동을 시작하면서 초래할 지배를 두려워했다. 또한 티브족 사회에는 정치적 위계의 출현을 막는 강력한 규범들이 있어서, 티브족은 결국 부재의 리바이어던과 살게 됐다. 하지만 여기에는 수수께끼가 하나 있다. 사회가 그토록 강력하고 국가와 엘리트층이 그토록 약하다면 티브족은 왜 리바이어던을 겁냈을까? 그들은 왜 레드 퀸 효과를 창출하고 족쇄 찬 리바이어던을 만들어낼 동학의 혜택을 받을 수 없었을까? 그들은 왜 솔론과 클레이스테네스, 그리스의 제도를 바꾼 다른 혁신가들, 혹은 미국 건국의 아버지들이 창안한 것과 같은 정치적 위계를 통제하기 위한 해법들을 개발하지 못했을까?

그에 대한 답은 정치적 위계가 출현하지 못하게 막는 규범들의 속성과 관련 있다. 그 속성은 또한 족쇄 찬 리바이어던의 조건들을 만들기 어렵다는 점과 서로 다른 유형의 사회가 갖는 힘의 한계들을 명확히 보여준다. 일반적인 사회적 결집이나 제도화된 형태의 정치 권력과는 달리 여러 의식과 주술 관행, 위계에 반대하는 일반적인 신념에 의존하는 티브족의 규범들은 쉽게 '확장' 할 수 없는 것들이었다. 티브족의 규범들은 일단 사회 내의 한 집단이 충분히 강력해지고 나머지 사람들에게 권력을 행사하게 되면 유용해질 만한 유형의 제도나 규범이 아니었다. 그러므로 티브족은 정치적 불평등이 나타나려 하면 아예 그 싹을 잘라버리는 능력이 있었지만, 그렇다고 국가건설 과정이 진행되었을 때 이를 통제할 역량까지 갖춘 것은 아니었다. 때문에 티브족에게는 어떤 국가건설 시도도 하나의 미끄러운 비탈처럼 돼서 일단 그 길을 따라 내려갔을 때 결국 뜻하지 않았던 어딘가로 미끄러져 가게 될 수 있었다.

이 문제를 더 잘 이해하려면, 티브족이 정치적 위계를 통제하기 위해 활용할 수 있었던 사회적 수단과 아테네와 미국 사람들이 국가건설 노력에 참여하면서 쓸 수 있었던 수단을 대조해보는 것도 유용하다.

미국인들은 극성스러운 리바이어던과 싸우기 위해 병기창에 적어도 두 가지 강력한 무기를 갖추고 있었다. 첫째, 영향력을 보유하고 있는 주 의회를 쉽게 무시할 수 없었고 연방국가는 선거와 사법부의 통제를 받았으므로 미국인들은 리바이어던을 통제할 제도화된 권력을 보유하고 있었다. 둘째, 미국 사회는 티브족 사회가 결코 할 수 없는 방식으로 결집했다. 미국은 여러 측면에서 일종의 소규모 자작농으로 이뤄진 사회로 경제적인 기회뿐만 아니라 정치적인 소망도 키워줬다. 미국 사회는 독재적인 권력을 받아들이려 하지 않고 (영국인들이 깨닫게 된 것처럼) 언제든 권력에 맞서서 들고 일어날 수 있도록 하는 규범을 갖고 있었다. 그래서 미국인들은 설사 중앙집권적인 국가가 10년 전이었다면 바람직했을 듯한 수준보다 훨씬 더 큰 권력을 얻어서 걱정스럽다 하더라도 여전히 그 국가가 독재적인 리바이어던으로 바뀌지 못하게 막을 수 있다고 생각했다.

아테네 사람들도 비슷한 무기들을 활용해 미국인들과 같은 효과를 얻었다. 아테네인들은 엘리트층의 지배와 그들의 특권을 제어할 의지를 가진 사회와 더불어 암흑기를 벗어났다. 이들의 경제구조는 사회적 결집을 원활하게 해줬다. 솔론의 개혁 후 아테네인들은 미국 식민지 13개 주처럼 소농 사회가 돼서 그에 따라 생기는 모든 결집력을 지니게 됐다. 게다가 그 무렵 그리스 사회는 군사 기술의 변화 덕분에 더욱 자신감에 차 있었다. 청동기 시대에는 무기를 청동으로 만들었지만, 기원전 8세기에 이르자 철이 청동을 밀어냈다. 청동으로 만든 무기들은 비싸서 자연히 엘리트층이 무기를 독점했다. 반면에 철제 무기는 훨씬 싸서 고고학자 V. 고든 차일드V. Gordon Childe의 말을 빌리면 '전투가 민주화됐다.' 그에 따라 유명한 장갑보병hoplite들이 나타난 것은 특기할 만한데, 그렇게 중무장한 그리스 시민 병사들은 다른 도시국가와 페르시아인들뿐만 아니라 극성스러운 엘리트층과도 싸울 수 있었다. 그래서 권력의 균형은 엘리트층에 맞선 아테네 사회에 유리한 쪽으로 더 기울었다. 이 모든 사회적 결집은 솔론과 클레이스테네스, 그 뒤를 이은 다른 지도자들이 제도화한 것이며, 제도화로 인해 엘리트층이 권력을 빼앗고 재빨리 지배력을 회복하기는 훨씬 더 어려워졌다. 그 결과 아테네 사람들은 티브족과 같이 엘리트층의 지배력이 지나치게 강해질까 걱정하면서도 도편추방 제도와 철제 갑옷, 여러 회의체를 통해 그들을 제어할 수 있다고 믿었다. 그들의 생각이 완전히 틀린 것은 아니었다.

티브족은 그렇지 않았다. 티브족 사회의 규범이 발하는 권력은 모든 유형의 정치적 위계를 반대하는 쪽으로 향했다. 그런 규범들은 앞서 이야기한 '집단적 행동의 문제'를 해결하면서 사람들이 지나치게 지배적이고 강력해지려는 개인들을 다시 끌어내리기 위해 조직화하는 데 도움을 주었다. 따라서 티브족의 규범들은 무국가 상태의 현상을 유지하는 효과적인 방식이었다. 하지만 일단 움직이기 시작한 리바이어던에 족쇄를 채우는 것처럼 다른 목적을 위해 집단행동을 조직하는 데에는 그다지 도움이 되지 못했다. 이는 티브족 사회가 다른 여러 무국가 사회처럼 일단의 혈족이 한데 모여 더 큰 씨족이 되는 방식으로 조직된 탓이기도 했다. 아테네에도 씨족집단들이 있었지만, 그들은 더 유동적이었고 강력한 혈연관계에 바탕을 두지 않았다. 또 클레이스테네스가 씨족의 정치적 역할을 가차 없이 축소해버렸다. 아테네와 달리 티브족 사회에서는 가장 낮은 단위의 집단이 타르tar로 알려진 확장된 가족 공동체였으며, 타르에서 권위를 지닌 이가 있다면 그는 연장자인 남성이었다. 사회는 친족 관계를 통해 수직적으로 조직됐고, 그곳에서 살아가는 사람들에게는 엄밀히 규율된, 미리 정해진 역할이 주어졌다. 사람들이 결집하고 정치 권력을 감시할 수 있는 결사체를 자유롭게 만들고 가입할 기회는 거의 없었다. 게다가 위계질서가 나타나고 존중을 받게 되는 순간 바로 모든 불평등이 주술에 따른 것이라는 기존의 믿음은 무너지기 시작할 터였다. 친족 관계는 사회가 집단적인 결정에 참여하고 협의할 수 있는 토대를 마련해주지 않을 것이다.

게다가 친족 관계에 바탕을 둔 사회에서는 정치적 위계가 어느 한 씨족이 다른 씨족들을 지배하는 형태로 결국 모든 반대자를 짓밟는 독재적인 리바이어던에 길을 내주게 될 가능성이 매우 컸다. 이는 정말로 미끄러운 비탈이다. 차라리 리바이어던을 부재 상태로 두는 것이 낫다.

판독할 수 없는 상태로 남아 있기

역사 속의 여러 사회와 현존하는 몇몇 무국가 사회는 티브족 사회를 닮았다. 그들은 국가나 본격적인 정치적 위계 없이 살아갈 뿐만 아니라 무슨 수를 써서라도 위계가 출현하지 못하도록 열심히 막았다. 그렇게 하기 위한 수단은 흔히 주술과 같이 여러 세대에 걸쳐 진화한 규범과 신념들이다. 하지만 그런 것들이 현대의 국가에 얼마나 의미 있을까? 현존하는 195개국**9**에는 모두 국가와 법률이 있으며, 법원과 치안력으로 법을 집행한다. 이 국가들에게

9 유엔 회원국 기준을 말한다.

국가 부재 사회의 리바이어던이 과연 조금이라도 유의미한 것일까? 그에 대한 답은 '의미가 있다'는 것이다. 국가는 분명히 존재하더라도 극히 약할 수도 있으며, 수많은 나라가 티브족처럼 규범에 따라 운영되고, 파푸아뉴기니의 게부시Gebusi족처럼 툭하면 폭력 사태에 빠져들면서 무국가 사회와 같은 상황에 머물러 있다. 더욱 놀랍게도 어떤 국가는 현대적인 겉모습과 달리 티브족처럼 미끄러운 비탈을 겁내기 때문에 이름뿐인 부재의 리바이어던처럼 행동하며 기본적인 국가기관들을 설립하기를 꺼리기도 한다. 레바논이라는 현대 국가가 한 예다.

미국 헌법은 하원의 대표성이 각 주의 인구에 비례해야 한다고 명시한다. 그에 따라 인구를 산정하기 위해 헌법 비준 후 3년 안에 인구 총조사를 해야 했고 10년마다 숫자를 갱신해야 했다. 첫 인구 총조사는 1790년에 실시했고 그 후 10년마다 열심히 갱신했다. 인구 총조사가 좋은 착상인 이유는 입법기관에 공정하게 의석을 배분하기 위해 필요한 제도라는 점 말고도 여러 가지가 있다. 인구 조사는 정부가 사람들이 어디에 있고, 어디서 왔고, 어떻게 살고 있고, 얼마나 교육을 받았는지, 어쩌면 그들의 소득과 부가 얼마나 되는지도 알아내는 데 도움을 준다. 이는 국가가 여러 서비스를 제공하고 수입을 얻고 세금을 걷는 데 중요하다. 정치학자 제임스 스콧James Scott의 말을 빌리면 인구 조사로 사회는 국가에 '판독될 수 있으며legible', 사회를 이해하고, 규제하고, 과세하고, 필요하면 뭔가를 강요할 수 있도록 해주는 정보를 얻는다. 이러한 활동은 국가가 존립하고 기능하는 데 너무나도 중요하므로 어떤 국가든 사회를 판독할 수 있기를 바랄 것이다. 국민도 그런 판독 가능성이 없으면 국가의 서비스를 받지 못하거나 적절한 대표성을 갖지 못할 터이므로 어느 정도 판독되기를 원할 것이다. 독자들은 이제 이 주장의 결함을 발견할 수 있을 것이다. 이때 사회가 국가를 믿지 않는다면 어떻게 될까? 사회가 국가가 판독 능력을 악용할 것을 걱정한다면 어떻게 되는가? 사회가 미끄러운 비탈을 겁내면 어떻게 되는가? 레바논 사람들이 걱정하는 문제는 바로 이것이다.

레바논은 제1차 세계대전까지 오스만제국에 속했고, 그 후 1943년 독립할 때까지 한동안 프랑스 식민지였다. 독립 후 레바논은 한 번도 인구 총조사를 하지 않았다. 1943년 합의된 국민협약National Pact의 기초가 된 인구 조사가 1932년에 한 차례 있었지만, 그 후에는 전혀 없었다. 1932년 인구 총조사에서는 기독교인이 전체 인구의 51퍼센트를 차지해 레바논의 시아파와 수니파, 드루즈파 무슬림 사회보다 근소하게 우세한 것으로 밝혀졌다. 다음 페이지의 〈지도 3〉을 참조하라. 국민협약은 다양한 집단 간 권력을 배분함으로써 이런 인구 지형을 인정했다. 예를 들어 대통령은 언제나 마론파 기독교인이 돼야 하고, 총리는 수니파 무슬림, 국회의장은 시아파 무슬림에게 돌아가야 했다. 권력 분점은 거기서 멈추지 않았다. 국회 부의장과 부총리는 언제나 그리스 정교를 믿는 기독교인들 몫이고, 군 참모총장은 드루즈파 무슬림이 돼야 했다. 국회 의석은 6대 5의 비율로 기독교도가 무슬림에 우세하게 고정됐다. 이 비율 안에서 서로 다른 공동체들이 1932년 인구 총조사에서 나온 인구 비중에 따라 대표성을 가졌다.

예상대로 이 협약은 결국 믿을 수 없을 만큼 허약한 국가를 낳았다. 부재하는 리바이어던 아래에서 예상할 수 있는 것과 같이 이 나라에서 권력은 국가가 아니라 개별적인 지역사회에 있다. 이 국가는 보건이나 전력 같은 공공서비스를 제공하지 않지만, 지역사회는 제공한다. 국가는 폭력을 통제하거나 법을 집행하지도 않는다. 시아파 무슬림 단체인 헤즈볼라Hezbollah는 자체적으로 사설 군대를 보유하고 있고, 베카밸리의 여러 무장 세력들도 그렇다. 각 지역사회는 자체적인 텔레비전 방송국과 축구팀을 가지고 있다. 예를 들어 베이루트에는 시아파의 알-아헤드팀과 수니파의 알-안사르팀이 있다. 사

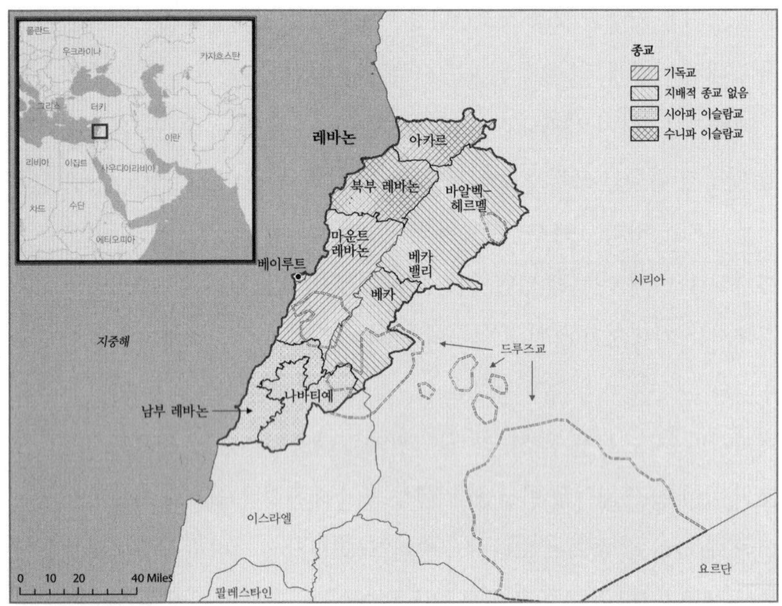

〈지도 3〉 레바논의 지역사회

파 스포팅 클럽은 드루즈파, 레이싱 베이루트는 정교회 기독교도, 히크메는 마론파 기독교도의 팀이다.

레바논의 치열한 권력 분점으로 모든 공동체가 다른 이들이 뭘 하고 있는지 감시할 수 있게 됐다. 그에 따라 모든 집단이 무엇이든 다른 누군가가 원하는 것에 대한 거부권을 가지게 됐고, 이는 정부의 끔찍한 교착상태로 이어졌다. 교착상태로 의사결정이 불가능해지면서 뻔히 예상되는 결과가 초래됐다. 특히 공공서비스에서 문제가 생겼다. 2015년 7월 나메Naameh에 있는 주요 쓰레기 매립지가 폐쇄됐다. 정부는 대안이 없었고, 쓰레기는 베이루트에 쌓이기 시작했다. 즉각 행동에 돌입해야 할 정부는 아무 일도 하지 않았다. 쓰레기는 계속해서 쌓여갔다. 이 책에 실린 〈사진 5〉에서 베이루트에 쌓이고 있는 쓰레기를 볼 수 있다.

사실 레바논 정부는 평소에도 아무 일도 하지 않았다. 국회는 거의 10년째 예산에 관한 의결을 하지 않아서 내각이 알아서 지출하도록 내버려뒀다. 2013년 나지브 미카티Najib Mikati 총리가 사임한 후에는 정치인들이 새 정부 구성에 합의하기까지 1년이 걸렸다. 급할 이유가 전혀 없다는 듯이, 국회의원 선거가 있었던 2009년과 2014년 사이에 쓰레기 매립지가 가득 차는 동안 128명의 의원은 모두 스물한 차례, 한 해 네 차례가량 모였다. 2013년에 의원들은 단 두 차례 만나 두 개의 법안을 통과시켰다. 그중 하나는 자기들이 계속 권력을 잡고 있기 위해 임기를 18개월 더 늘리는 것이었다. 해가 가고 또 가도 같은 전략을 되풀이해 다음 선거는 2018년 5월에 가서야 실시됐다. 그러는 동안 이웃 시리아의 내전으로 레바논 인구의 약 20퍼센트에 해당하는 100만 명의 난민이 쏟아져 들어옴에 따라 이 나라는 가장 치명적인 위협에 직면하고 있었다. 4년 임기로 선출된 국회는 이 나라가 직면한 극히 중대한 문제에 대해 어떤 행동도 취하기를 꺼리면서 결국 9년 동안이나 '눌러앉아' 있었다. 앉아 있었던 시간은 물론 생각하기 나름이다. 국회의원들이 간신히 2018년 선거를 계획하는 법을 통과시킨 후 한 언론매체가 그 일을 기념하는 최고의 트윗을 뽑는 경연을 열었다. 제출된 트윗 중 하나는 이랬다. '**의원님들, 잘하셨습니다. 여러분은 한 시간 동안 해야 할 과업을 완수하셨습니다.** 여러분은 이제 영원한 휴가로 돌아갈 수 있습니다.' 의원들이 쓰레기 문제를 다루려고 서두를 필요는 전혀 없었다.

상황이 너무 나빠지자 사람들은 단체를 조직해 시위를 벌이고, 자칭 '유스팅크YouStink[10]'라는 운동을 시작해 더 근본적인 변화를 요구하기 위한 계기

10 '당신은 악취가 난다'는 뜻이다.

로 쓰레기 문제를 활용했다. 그러나 그 시절 레바논에는 서로를 의심하는 풍조가 있었다. 어떤 조직이든 하나의 조직을 만들면 즉각 '다른 공동체가 세력을 키우려는 수단으로 이용하려는 의도'라는 의심을 샀다. 2015년 8월 25일 유스팅크 운동에 낙담한 사람이 페이스북에 올린 글을 보자.

> #유스팅크 운동이 시작된 후 우리는 하나의 운동조직으로서 우리에게 가해진 비난에 대해 꾹꾹 눌러 참으려고 애를 써왔다. … 우리 운동은 출범 후 알-무스타크발(Al-Mustaqbal, '미래 운동')과 한패라는 혐의와 기독교도의 권리에 반대한다는 비난을 (타이야르 웹사이트에서) 받아왔다. 우리는 그다음에 '3월 8일 연합the 8th of March bloc'과 한패라는 혐의와 함께 (엘-마츠누크 장관El-Machnouk**11**과 정부에 따르면) 알-무스타크발에 반대한다는 비난을 받았다. 이 운동의 구성원 개인들에 관해 말하자면, 그들은 뇌물을 받고, 왈리드 줌블랏Walid Jumblat**12**과 외국 대사관들, 아말 운동Amal Movement, 헤즈볼라와 한패라는 혐의를 받았다. … 예나 지금이나 이런 비난의 주된 목적은 독립적이고 비종파적인 대안을 갖는다는 생각을 왜곡하고 반박하는 것이기 때문에 누구도 그 비난을 안전하게 피하지 못했다.

이 글은 우리가 흔히 부재하는 리바이어던 아래서 보는, 사회가 내부적으로 분열하고 집단으로 행동하지 못하며 실제로 정치에 영향력을 미치려 하면 누구든, 어떤 집단이든 깊이 의심을 받는 실례를 잘 보여준다.

레바논 국회의 행태는 그들이 어떤 일이라도 하기를 공동체가 바라지 않

11 2014년 레바논 내무장관에 지명된 나지드 엘-마츠누크

12 레바논 드루즈인들의 정치 지도자

는다는 사실을 반영한다. 레바논 중부 출신의 기독교계 의원인 가싼 무케이버Ghassan Moukheiber는 이렇게 밝혔다.

> 그들은 국회와 같은 기관들이 너무 자주 만나는 것도, 이 나라를 운영하고자 그들과 경쟁하는 것도 좋아하지 않지요.

레바논에서 국가는 국민이 올바른 공학적 설계를 해내지 못했기 때문에 허약한 것이 아니다. 사실 상당히 현대적인 대학체제를 갖춘 이 나라 사람들은 중동 지역에서 가장 교육을 많이 받은 편이다. 많은 레바논 사람들이 세계 최고의 고등교육기관에 유학하고 있다. 그들이 역량 있는 국가를 건설하는 방법을 모르는 것이 아니다. 그보다는 공동체들이 미끄러운 비탈을 두려워하기 때문에 국가가 허약하게 설계된 것이다. 의원들은 자기들이 일을 많이 할 필요가 없다는 것을 아는데, 의사당에 왜 나타나겠는가? 누가 선출될지 정말로 관심 있는 사람은 아무도 없으므로 의원들은 선거를 늦추기로 의결할 수 있다. 이런 문제는 앞서 본 쓰레기 사태처럼 때때로 사회에 끔찍한 결과를 초래하며 뭔가 변화를 만들어내기는 어렵다. 누구도 의회에 권력을 주고 싶어 하지 않고, 사람들은 의회를 불신하며, 사회적 행동주의 또한 싫어한다. 누구를 믿어야 할지 도무지 판단할 수 없기 때문이다.

레바논은 무국가 사회가 아니다. 이 나라는 유엔에 한자리를 차지하며 전 세계에 대사를 두고 인구가 600만 명에 이르는 현대 국가다. 그러나 티브족과 마찬가지로 레바논의 권력은 다른 곳에 있다. 레바논은 부재하는 리바이어던이다. 요르단에서 팔레스타인 난민이 쏟아져 들어와 불안을 초래하자 1975년부터 1989년까지 레바논은 서로 다른 공동체 간 극심한 내전에 빠져들었다. 1989년 분쟁을 끝낸 타이프협정Taif Agreement은 국민협약을 한 차례 조정해 국회 의석을 기독교도와 무슬림이 50대 50으로 나누고 시아파의 대표성을 늘리도록 했다. 그러나 이는 대통령의 권력을 약화시켰다.

50대 50의 의석 배분은 1943년 협약에서 채택한 6대 5의 비율보다 공동체들을 더 잘 대표하는가? 어쩌면 그럴 수도 있지만, 누구도 다른 공동체들의 인구를 알지 못하고 진짜로 알고 싶어 하지도 않는다. 사회는 국가가 다른 이들에게 포획될까 두려워하며 판독 불능 상태로 남아있기를 바라며, 그 가능성을 확실히 제거하려고 리바이어던이 계속 졸고 있도록 한다. 그러는 동안 쓰레기는 쌓이기만 한다.

좁은 회랑

이 책은 자유를 이야기한다. 자유의 모습은 서로 다른 유형의 리바이어던과 리바이어던의 진화에 달려 있다. 다시 말해 사회가 유능한 국가 없이 살아가는지, 독재적인 국가를 받아들이는지, 혹은 족쇄 찬 리바이어던이 출현하고 자유가 점차 번창하도록 길을 열어주는 힘의 균형을 이뤄내는지에 달려 있다.

사회가 그 의지를 리바이어던에 일임한다는 홉스의 생각은 대부분의 사회과학과 현대 세계질서에서 당연하게 여겨진다. 하지만 그와 달리 리바이어던은 언제나 전적으로 환영받지는 못하며, 과장하지 않고 말하건대 그 진로는 험난하다는 것이 우리 이론의 밑바탕에 깔려 있는 생각이다. 여러 사례에서 보듯이 사회는 리바이어던의 지배에 저항할 것이며, 티브족과 레바논 사람들이 여전히 그렇듯 성공적으로 저항할 것이다. 이 저항의 결과는 **부자유**illiberty다.

사회의 저항이 무너질 때 우리는 결국 홉스가 상상한 바다 괴물을 많이 닮은 독재적인 리바이어던을 만나게 된다. 독재적인 리바이어던은 만인 대 만인의 투쟁을 예방한다. 그러나 그 치하에 있는 이들의 삶이 부재하는 리바이어던 아래에서 겪는 '끔찍하고, 잔인하고, 짧은' 삶보다 풍요롭다고 무조건 보장할 순 없다. 국민이 리바이어던에게 진정으로 '그들의 의지를 일임'하지도 않는다. 베를린장벽이 무너지기 전 거리에서 '노동자의 혁명가 Internationale'를 부르던 동유럽 사람들이 진정으로 그들의 의지를 소비에트 러시아에 일임하지 않았던 것과 마찬가지다. 의지를 일임했든 안 했든, 시민들에게 미치는 영향은 다를 수 있겠지만 여전히 자유는 없다.

부재의 리바이어던 혹은 독재적 리바이어던과 아주 다른 유형인 족쇄 찬 리바이어던은 국가 권력과 그것을 통제하는 사회의 역량 사이에 균형이 이뤄질 때 나타난다. 족쇄 찬 리바이어던은 분쟁을 공정하게 해결하고, 공공서비스와 경제적 기회를 제공하고, 지배를 막으면서 자유의 기본적인 토대를 구축할 수 있다. 이것은 또한 사람들이 국가의 권력을 통제할 수 있다고 믿으면서 신뢰하고, 협력하며, 국가의 역량을 키울 수 있도록 허용하는 리바이어던이다. 더불어 사회에서 엄격하게 행동을 규제하는 다양한 규범의 우리를 무너뜨림으로써 자유를 증진하는 리바이어던이다. 그러나 근본적인 의미에서 홉스가 말한 리바이어던은 아니다. 이 리바이어던의 결정적인 특성은 족쇄다. 족쇄 찬 리바이어던은 홉스의 바다 괴물처럼 사회에 대한 지배력을 갖지 않는다. 또한 사람들이 정치적 의사결정에 영향을 미치려고 할 때 그들을 무시하거나 침묵시킬 능력을 보유하지 않는다. 족쇄 찬 리바이어던은 사회의 위에 서지 않고 사회와 나란히 선다.

〈도표 1〉은 이런 생각을 요약한 것으로, 우리 이론에서 어떤 힘들이 서로 다른 유형의 국가를 만들어가는지를 보여준다. 그 개요를 강조하기 위해 우리는 사안을 단순화하고 모든 것을 두 가지 변수로 축약한다. 첫 번째는 한

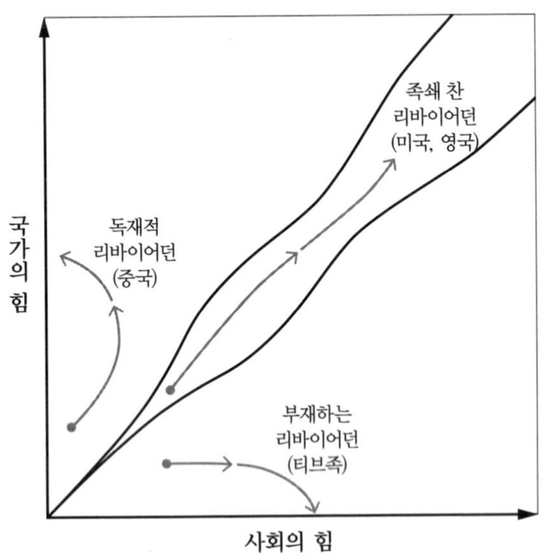

〈도표 1〉 독재적 리바이어던, 부재하는 리바이어던, 족쇄 찬 리바이어던의 진화

사회가 특히 집단으로 행동하고, 그 행동을 조정하고, 정치적 위계를 제약할 때 규범과 관습, 제도 면에서 얼마나 강력한지 나타내는 변수다. 가로축에 표시한 이 변수는 따라서 사회의 전체적인 결집과 제도적인 권력 그리고 티브족처럼 규범을 통해 위계를 통제하는 능력을 종합한 것이다. 두 번째는 국가의 권력이다. 이 변수는 세로축에 표시하며 역시나 정치·경제적 엘리트의 권력, 그리고 국가기관들의 역량과 권력을 포함한 몇 가지 측면을 종합한 것이다. 물론 사회 내의 여러 갈등을 무시하는 것은 문제를 엄청나게 단순화시킬 수 있고, 마찬가지로 엘리트층 내부의 갈등 그리고 엘리트와 국가기관 간 갈등을 무시하는 것도 문제일 수 있다. 그러나 이런 단순화를 통해 우리 이론의 몇 가지 핵심적인 요소와 새로운 시사점을 강조할 수 있다. 이 책 뒷부분에서 우리는 이러한 단순화를 넘어 더 풍부한 사례들을 논의할 것이다.

〈도표 1〉에서 좌표가 원점에 가까운 어느 지점에서 출발하는, 강력한 국가나 사회가 없는 가장 전근대적인 정체政體들을 생각해보자. 그래프의 왼편 바닥 부근에서 퍼져나가는 화살표들은 시간의 흐름에 따라 국가, 사회 그리고 그들의 관계가 어떤 경로로 발전하는지 보여주는 서로 갈라진 궤적을 남긴다. 여기서 볼 수 있는 한 가지 전형적인 경로는 우리가 논의한 티브족이나 레바논의 사례에 가까운데, 사회가 국가보다 더 강력한 지점에서 시작하며 강력한 중앙집권적 국가기관의 출현을 좌절시킬 수 있는 길이다. 국가와 엘리트층은 정치적 위계에 반대하는 사회 규범에 비해 너무나 허약하므로 이 경로로 가면 결국 리바이어던이 대체로 부재하는 상황에 이르게 된다. 미끄러운 비탈에 대한 두려움이 암시하는 것은, 가능하다면 사회는 엘리트층을 무력화하면서 정치적 위계를 무너뜨리려 하고, 그에 따라 국가와 유사한 실체의 힘은 더욱 쇠퇴하며 부재하는 리바이어던이 더욱 확고히 자리 잡으리라는 것이다. 사회의 힘이 국가보다 더 크다는 사실은 이 경우에 왜 규범의 우리가 그토록 효과적인지 설명해준다. 분쟁을 해결하고 규율하는 제도적인 수단이 없는 상황에서 규범은 온갖 기능을 떠맡지만, 그 과정에서 자체적으로 사회적 불평등과 개인에 대한 다양한 형태의 숨 막히는 제약을 만들어내기도 한다.

다른 한편에는 사회적 권력보다 국가와 엘리트의 권력이 더 큰 지점에서 출발해 독재적인 리바이어던의 출현에 유리한 지형으로 가는 화살표를 볼 수 있다. 우리가 앞서 이야기한 중국의 사례에 가까운 경로다. 여기서 화살표들은 더욱 높은 수준의 국가 권력을 향해 나아간다. 그러는 동안 사회가 국가의 상대가 되지 않는다는 것을 알게 되면서 사회의 힘은 잠식당한다. 독재적인 리바이어던이 족쇄를 차지 않기 위해 사회를 무력화하려고 노력하면서 이런 경향은 더욱 악화한다. 그 결과 시간이 지나면서 독재적인 리바이어던은 온순한 사회에 비해 압도적으로 강력해지고, 힘의 균형이 무너지며 리바이어던이 족쇄를 찰 가능성은 더욱 낮아진다.

그러나 이 도표는 유능한 국가가 유능한 사회와 어울릴 수 있다는 사실도 보여준다. 이런 일은 그래프 중간의 '좁은 회랑'에서 일어나는데, 이곳에서 우리는 족쇄 찬 리바이어던의 출현을 볼 수 있다. 레드 퀸 효과가 작용하고, 국가와 사회의 싸움이 양쪽을 다 강화하는 데 이바지하며, 기적적으로 국가와 사회 사이의 힘이 균형을 유지하는 데 도움을 줄 수 있는 곳은 정확히 이 회랑 안이다.

사실 국가와 사회의 경주를 의미하는 레드 퀸은 양쪽의 역량을 키워주는 것 이상의 효과를 낸다. 레드 퀸은 제도의 성격을 바꾸며, 리바이어던이 시민들에게 더 책임감 있게 호응하도록 해준다. 이 과정에서 레드 퀸은 민중의 삶도 바꾸는데, 이는 단지 민중에 대한 국가와 엘리트의 지배력을 제거하기 때문이 아니라 규범의 우리를 느슨하게 하거나 무너뜨려서 개인의 자유를 증진하고 민중이 정치에 더 효과적으로 참여할 수 있게 해주기 때문이다. 따라서 정치, 경제, 사회적으로 방해받지 않는 진정한 자유가 출현하고 진화하는 곳은 오직 이 회랑 안쪽 뿐이다. 회랑 밖에서는 리바이어던의 부재나 독재로 자유가 구속된다.

하지만 레드 퀸 효과의 불안정한 특성을 인식하는 것도 중요하다. 그 모든 작용과 반작용의 과정에서 한쪽이 다른 쪽을 앞서나가면서 둘 모두를 회랑 밖으로 잡아챌 수 있다. 또한 레드 퀸 효과가 나타나려면, 국가와 사회 간 그리고 엘리트와 비엘리트 간 경쟁이 상대를 파괴하고 상대가 가진 것을 강탈하려고 하는 순전한 제로섬 게임이 아니어야 한다. 그러므로 그 모든 경쟁에서 어느 정도 타협의 여지를 두고 모든 작용 다음에는 반작용이 있으리라는 점을 이해하는 것이 매우 중요하다. 우리는 제13장에서 양극화polarization 과정은 때때로 레드 퀸 효과를 제로섬 사건으로 바꿔놓아서 그 과정을 통제하기가 훨씬 더 어려워질 수 있다는 점을 살펴볼 것이다.

이 도표에서 또 하나 주목할 만한 특징은 국가와 사회 둘 다 매우 허약한 왼쪽 바닥의 구석에는 회랑이 없다는 점이다. 이는 우리가 이야기한 티브족의 중요한 측면을 표현해준다. 티브족은 일단 정치적 위계가 나타나면 그것을 통제할 수 있는 규범과 기관을 갖고 있지 않고, 바로 그 때문에 정치적 위계의 싹만 보여도 그렇게 열심히 짓밟아버린다는 점을 기억하자. 이때 선택은 족쇄 찬 리바이어던이냐, 부재하는 리바이어던이냐가 아니라 독재국가냐, 아예 국가가 없는 것이냐 하는 것이다. 이는 국가와 사회가 모두 허약한 수많은 사례에 적용되는 일반적인 특징으로, 싸움을 벌이는 양쪽 다 어느 정도 기초적인 능력이 강화되고, 권력의 균형을 위한 기본적인 제도의 선행 조건들이 갖춰진 후에야 회랑 안으로 들어갈 가능성이 있다는 점을 분명히 보여준다.

푸딩의 증명

이론은 세계에 관해 생각하는 새로운 방식을 제공할 때 가장 유용하다. 우리가 방금 제시한 이론에서 끌어낼 수 있는 몇 가지 통찰을 생각해보자. 제1장에서 우리는 세계가 어디로 향하고 있는지 물음을 던지면서 출발했다. 세계는 어떤 경쟁자도 없이 한가롭게 서구 민주주의의 한 형태로 나아가는가? 무정부 상태로 가는가? 아니면 디지털 독재로 가는가? 우리 이론의 관점에서 보면 이런 가능성은 각각 〈도표 1〉에서 묘사한 경로들 중 하나와 닮았다. 하지만 우리 이론이 분명히 말해주는 것은 모든 나라가 똑같은 경로를 따라갈 것이라고 가정해서는 안 된다는 점이다. 우리는 수렴이 아니라 다양성을 예상해야 한다. 더욱이 어떤 나라가 한 경로에서 다른 경로로 물 흐르듯 옮겨 갈 수 있는 것처럼 생각해서는 안 된다. 거기에는 많은 '경로의존성path dependence'이 있다. 일단 독재적인 리바이어던의 궤도에 들어서면, 국가와 기관들을 통제하는 엘리트층은 더 강해지고 국가를 견제해야 할 사회와 규범은 더욱 약해진다. 중국을 보자. 여러 정책 당국자와 논평가들은 줄곧 중국이 더 부유해지고 세계 경제 질서에 더 깊숙이 통합되면서 서구 민주주의와 더 비슷해질 것으로 예측해왔다. 하지만 〈도표 1〉에서 보듯 독재적인 리바이어던의 경로는 시간이 흘러도 회랑 쪽으로 수렴하지 않는다. 제7장에서 보겠지만 중국에는 사회에 대한 국가의 지배를 형성한 역사, 그리고 사회가 국가에 도전하고 국가를 제약할 수 없도록 지도자들과 엘리트층이 사회를 해치기 위한 특수한 조치들을 취함으로써 이 같은 국가와 사회의 관계를 재현한 역사가 많이 있다. 이런 역사로 인해 회랑 안으로 들어가는 것이 훨씬 어려워진다.

그러나 역사가 중요하게 작용한다고 해서 역사가 운명이 되는 것은 아니다. 여기서 우리 이론의 두 번째 중요한 시사점을 끌어낼 수 있다. 사회에는 많은 행위성agency이 있다. 지도자들과 엘리트층, 정치적 기업가들이 집단행동을 촉진하고 사회의 궤도를 바꾸기 위한 새로운 연합을 형성할 수 있다는 뜻이다. 바로 그 때문에 경로의존성과 더불어 이따금 한 가지 경로에서 다른 경로로 옮겨 가는 변이가 공존한다. 국가와 사회의 균형은 취약해서 사회가 경계를 멈추거나 국가가 자신의 능력이 쇠퇴하도록 허용하면 균형이 쉽게 무너질 수 있기에, 특히 회랑 안에서는 경로의존성과 변이의 공존을 볼 수 있다.

그와 관련된 세 번째 시사점은 자유의 속성에 관한 것이다. 서구 제도의 끊임없는 부상과 헌법 설계의 장점을 강조하는 시각과 대조적으로, 우리 이론에서는 자유가 쉽게 설계할 수 없는 혼란스러운 과정을 거쳐 나타난다. 자유는 공학적으로 만들어낼 수 없으며, 자유의 운명은 영리한 견제와 균형의 체제만으론 보장할 수 없다. 체제가 효과를 내도록 하려면 사회의 결집과 경계, 적극성이 필요하다. 우리에게는 그 모든 종류의 '달리기'가 필요한 것이다!

머리말에서 보았듯이 우루크의 길가메시를 그의 도플갱어인 엔키두를 통한 견제와 균형으로 억제하는 전략은 먹히지 않았음을 상기하자. 다른 경우도 대부분 마찬가지다. 심지어 흔히 헌법이 도입한 견제와 균형을 자유를 받쳐주는 기둥이라고 강조하는 미국도 예외가 아니다. 1787년 제임스 매디슨과 그의 협력자들은 필라델피아에 몰려와 헌법의 기초가 된 버지니아 안 Virginia Plan으로 제헌의회의 의제를 장악했다. 그러나 사회 혹은 그중 일부가 연방주의자들을 완전히 신뢰하지 않고 자유를 더 강력히 보호하기를 바랐기 때문에 새 나라의 제도는 버지니아 안과 다르게 구축됐다. 우리가 보았듯이 매디슨은 권리장전을 제정하도록 양보해야 했다. 미국이라는 공화국을 건설할 때 권리 보호를 확고히 한 것은 사회의 개입과 적극성 덕분이었다.

우리 이론의 네 번째 시사점은 회랑으로 들어가는 문이 많이 있고 그 안에는 아주 다양한 사회가 있다는 것이다. 한 나라가 회랑으로 들어갈 수 있는 모든 길을 생각해보라. 실제로 자유를 위한 조건들은, 분쟁과 폭력을 통제하는 데 관여하고 규범의 우리를 무너뜨리고 권력과 국가기관의 독재에 족쇄를 채우는 것을 포함해 다양한 측면을 지니는 하나의 과정으로부터 만들어진다. 국가가 회랑 안으로 들어가는 순간 자유가 바로 나타나지 않고 시간이 흐르면서 점진적으로 진화해나가는 것은 그 때문이다. 어떤 나라들은 폭력을 완전히 통제하지 못한 채 오랫동안 회랑 안에서 움직이고, 또 어떤 나라들은 규범의 우리를 느슨하게 푸는 일에 있어 제한적으로 진전을 이루고, 어떤 나라들은 독재와 싸우고 국가가 사회의 목소리를 듣게 하려고 노력 중일 것이다. 한 사회가 어떻게 회랑 안으로 진입할지 결정하는 역사적 조건과 그를 위한 연합은 회랑 안에서 이뤄지는 특별한 타협에도 영향을 미친다. 이는 보통 중대한 결과를 낳고 그 파장은 길게 이어진다.

이는 미국 헌법에서 잘 볼 수 있다. 헌법 비준에 필요했던 연방주의자들의 양보는 권리장전 제정뿐만이 아니었다. 노예제도와 자기들의 자산을 어떻게든 보존하기로 작정한 남부 엘리트층 입장에서 각 주의 권리에 관한 문제는 일종의 리트머스 시험이었다. 때문에 건국자들은 권리장전을 연방의 입법에만 반영하고 각 주의 입법에는 적용하지 않도록 하는 데 동의했다. 이 '원칙'은 각 주가 미국의 흑인들을 상대로 온갖 권력 남용을 제멋대로 할 수 있게 허용했다. 헌법 자체에도 어떤 주가 의회의 의석수를 결정할 때 노예는 자유 시민의 5분의 3만 쳐주도록 허용한다는 조항을 넣음으로써 전체 인구의 큰 몫을 차지하는 사람들의 자유를 중대하게 침해하는 내용을 담았다. 차별은 헌법 구조 안으로 직조돼 들어갔을 뿐만 아니라 뿌리 깊은 규범에 의해 미국의 여러 지역에서 생겨났다. 미국이 회랑으로 들어가고 회랑 안에서 앞으로 나아가는 방식을 보면 연방정부가 이런 차별적인 규범들과 남부의 제도적 토대를 약화시키려고 시도하지 않았음을 알 수 있다. 미국의 흑인에 대한 심한 차별과 지배는 남북전쟁과 1865년 노예제도 폐지 후에도 오래 계속됐다.

이 차별적인 규범 중 터무니없는 사례 중 하나는 '일몰 타운sundown town'의 존재다. 일몰 타운은 해가 진 후 흑인들이 (그리고 이따금 멕시코인과 유대인들 또한) 들어갈 수 없는 지역이었다. 자동차의 나라인 미국에서 사람들은 '66번 국도'를 달리며 쾌감을 느낀다.[13] 그러나 모두가 쾌감을 맛보는 것은

---

13 66번 국도는 시카고와 LA를 잇는 대륙횡단 국도로 냇 킹 콜의 노래 '66번 국도'에서는 '66번 국도를 신나게 달리세요'라는 후렴이 반복된다.

아니다. 1930년 66번 국도가 지나는 89개 카운티 중 44곳에 '일몰 타운'이 있었다. 그곳을 지나다 뭘 먹거나 볼일을 보고 싶은데 식당과 화장실이 백인 전용이라면 어떻게 되겠는가? 심지어 코카콜라 자판기에도 '백인 고객 전용'으로 표시돼 있다. 그런 상황에 직면한 흑인 운전자의 당혹감을 상상해보라. 차별은 너무나 심해서 1936년 뉴욕 할렘 지역에서 우체국 일을 하던 아프리카계 미국인 빅터 그린Victor Green은 일종의 의무감으로 《흑인 운전자 그린북The Negro Motorist Green-Book》을 발행했다. 흑인 운전자들에게 해가 진 후 어디에 들어갈 수 있는지, 혹은 어디에서 화장실에 갈 수 있는지 상세하게 알려주는 책자였다(마지막 판 발행일은 1966년으로 나와 있다). 그러므로 미국의 경험은 사회가 회랑 안으로 들어가는 과정을 보여주는 의미심장한 사례다. 우리는 제10장에서 이런 것들이 자유의 확장뿐만 아니라 수많은 정책과 사회적 선택에도 영향을 주며 세계적으로도 광범위하게 파장을 미친다는 점을 살펴볼 것이다.

우리 이론의 다섯 번째 놀라운 시사점은 국가 역량의 발전에 관한 것이다. 〈도표 1〉에서 회랑 안의 화살표는 독재적인 리바이어던이 이루는 것보다 더 높은 수준의 국가 역량을 향해 나아가고 있다. 국가가 더 큰 역량을 갖도록 밀어주는 것이 바로 국가와 사회의 경쟁이기 때문이다. 이런 생각은 사회과학과 정책 토론에서 받아들여진, 국가의 역량을 키우려면 경찰력과 강력한 군대를 완전히 통제할 필요가 있으며 특히 강력한 지도자들이 결정적인 역할을 한다는 주장과 부딪친다. 바로 이런 믿음 때문에 많은 이들이 중국은 공산당 지배에 대한 도전이 없어서 국가가 대단히 큰 역량을 보유할 수 있으므로 이 나라가 다른 개발도상국들, 그리고 어쩌면 선진국들에도 훌륭한 역할 모델이 될 수 있다고 주장한다. 그러나 깊이 들여다보면 중국의 리바이어던은 독재적이기는 하지만 미국이나 스칸디나비아 국가들 같은 족쇄 찬 리바이어던보다 오히려 역량이 더 작다는 걸 알 수 있다. 이는 중국에 국가를 압박하거나, 국가와 협력하거나, 국가 권력과 경쟁하는 강건한 사회가 없기 때문이다. 국가와 사회의 권력 균형이 없으면 레드 퀸 효과는 나타나지 않고 결국 리바이어던의 역량은 줄어든다.

중국에서 국가의 역량에 어떤 한계가 있는지 알아보려면 더도 말고 이 나라의 교육체계만 보면 된다. 교육을 우선하는 국가가 많은 이유가 단지 교육받은 노동력이 있어야 성공하기 때문만은 아니다. 교육을 중시하는 또 다른 이유는 교육이 시민들에게 올바른 신념을 가르치는 효과적인 방법이기 때문이기도 하다. 그러므로 사람들은 상당한 역량을 가진 국가라면 비용을 감당할 수 있고, 질적 수준이 높고, 실력주의에 바탕을 둔 교육을 하고, 그 목표를 위해 공무원들을 동원할 수 있을 것으로 기대한다. 그러나 현실은 조금 다르다. 중국의 교육체계에서는 칠판에 가까운 앞자리나 반장 자리를 포함해 모든 것이 거래 대상이다.

자오화Zhao Hua는 베이징의 한 초등학교에 딸을 입학시키러 갔을 때 그 지역 교육위원회 관리들을 만났는데 그들은 이미 학부모들이 각각 얼마나 돈을 낼 수 있는지 적어놓은 명단을 갖고 있었다. 관리들은 학교가 아니라 은행에서 시간을 보냈고, 자오는 입학 허가를 받으려고 4,800달러 상당의 돈을 예치해야 했다. 그 학교는 무료로 운영되는 곳이므로 이 돈은 정부가 2005년 이후 다섯 차례 금지한 불법 '수수료'다. 금지조치를 다섯 차례나 취해야 했다는 사실은 불법의 실상을 잘 보여준다. 베이징의 또 다른 명문 고등학교에서는 학부모가 4,800달러를 학교에 기부할 때마다 학생들이 가산점을 받는다. 자녀를 베이징의 명문 인민대학과 연계된 곳 같은 일류 학교에 보내고 싶다면 뇌물액수는 13만 달러까지 오른다. 또한 교사들은 선물을, 그것도 많은 선물을 기대한다. 중국 뉴스매체는 이제 많은 교사들이 명품 시계와 비싼 차tea, 기프트 카드, 심지어 휴가여행 패키지까지 받기를 원한다고 전한다. 더 적극적인 교사들은 은행 계좌에 딸려 1년 내내 충전되는 직불카드를 선호한다. 기업가인 베이징의 한 여성은 〈뉴욕타임스New York Times〉와 인터뷰하면서 이렇게 요약했다. "만약 다른 학부모들은 좋은 선물을 주는데 당신만 주지 않으면 교사들이 당신 아이에 관심을 덜 기울일 거라고 걱정해야 하지요."

공무원들이 어떻게 이 지경까지 부패할 수 있을까? 중국은 세계 최초로 실력주의를 바탕으로 한 국가 관료제를 시행한 나라가 아닌가? 사실 그렇다고 할 수도 있고 아니라고 할 수도 있다. 제7장에서 보겠지만, 중국에는 복잡하고 유능한 관료제의 긴 역사가 있으나, 많은 직위를 정치적으로 연줄이 있는 이들에게 주거나 가장 높은 금액을 제시한 이들에게 팔아버리는 식으로 부패가 만연한 긴 역사 또한 있다. 그런 역사는 오늘날에도 계속된다. 2015년 3,671명의 공산당 관리들을 대상으로 한 설문조사에서 응답자의 3분의 2가 실력이 아니라 '정치적인 충성'도 관직을 얻는 데 굉장히 중요한 기준이라고 생각하는 것으로 나타났다. 어떤 관리가 일단 주변을 충성파들로 채우고 나면 그다음에는 기업인과 시민들을 완전히 벗겨 먹는 일을 시작할 수 있다. 그는 또 관직을 팔아서 고분고분한 부하들을 둘 수 있다. 정치학자 페이민신裴敏新은 2001년부터 2013년까지 부패 혐의가 유죄로 밝혀진 공산당 간부들의 재판 사례 50건을 추려서 분석했다. 이들은 평균 41개 직위를 돈을 받고 팔았다. 먹이사슬의 밑바닥에는 현 책임자들인 안후이성安徽省 우허현五河縣의 장귀위Zhang Guiyi와 수셰신Xu Shexin의 사례가 있었다. 장귀위는 평균 1만 2,000위안, 고작 1,500달러에 11개 직위를 팔았다. 수셰신은 평균 2,000달러가 넘는 값에 58개 직위를 팔았다. 하지만 이 먹이사슬의 위쪽으로 올라가면, 예컨대 주州 단위에서는 훨씬 더 높은 금액에 관직이 팔렸는데 어떤 관리들은 한 자리당 6만 달러 넘게 받기도 했다. 페이민신의 표본에서 부패한 관리들은 관직을 팔아서 평균적으로 약 17만 달러를 챙겼다.

장귀위나 수셰신 같은 사람들은 피라미일 뿐이다. 2011년 철도청장 류지준Liu Zhijun이 체포됐을 때 그의 혐의에는 본인 명의의 아파트 350채와 현금 1억 달러 이상을 보유한 것도 포함됐다. 이는 주로 중국의 고속철도체계가 더할 나위 없는 뇌물 수수의 기회를 던져주었기 때문이다. 중국 경제 성장의 다른 측면에서도 마찬가지다. 류지준의 위신은 추락했지만, 대부분은 그렇지 않다. 2012년 중국에서 가장 부유한 1,000명 중 160명은 중국 공산당대회의 대의원들이었다. 그들의 순자산은 2,210억 달러로, 1인당 소득이 중국의 7배인 미국의 입법·사법·행정부 최고위직 660명의 자산을 모두 합친 금액의 약 20배였다. 그리 놀랄만한 일들은 아니다. 관료조직이든 교육체계든 부패를 통제하려면 사회의 협력이 필요하다. 국가는 사람들이 정직하게 재산을 신고하리라고 믿을 수 있어야 하며, 사람들은 정보를 공유하기 위해 목숨을 걸어도 좋을 만큼 국가기관들을 신뢰할 수 있어야 한다. 독재적인 리바이어던이 무섭게 지켜보고 있는 가운데서는 그런 일이 일어나지 않는다.

어떤 사람은 이것이 주로 부패의 문제라고 생각할 것이다. 과연 중국이 높은 수준의 국가 역량을 보유해도 부패가 용인될 수 있을까? 그런 해석은 중국에서 국가가 부패를 억제하는 정책을 끈질기게 (단지 약간의 성공만 거두면서) 시도했다는 사실뿐만 아니라 심지어 부패 문제를 차치하고 일상적인 국가 기능조차 중국의 리바이어던으로서는 쉽게 수행할 수 없는 일이라는 사실에도 부합하지 않는다. 우리가 레바논 이야기를 하면서 언급했듯이 사회를 판독할 수 있는 능력을 갖추는 것은 어떤 품위 있는 국가에서도 일차적인 목표다. 경제를 판독할 수 있는 능력은 더욱 중요하다. 실제로 중국에서 공산당의 지배를 정당화하는 데 경제성장이 결정적인 역할을 한다는 점을 고려하면, 경제활동을 이해하고 정확히 측정하는 것은 핵심적인 목표가 돼야 한다. 하지만 부패를 통제하는 것과 마찬가지로 경제를 판독할 수 있으려면 사회의 협력이 필요하다. 사회가 협력을 유보할 때 문제가 발생한다. 기업들은 비공식적인 지하 경제에서 피난처를 찾을 것인가? 개인들은 신뢰할 수 없는 국가에 정보를 주지 않고 유보할 것인가? 관료들은 출세하려고 데이터를 조작할 것인가? 이 세 가지 물음에 대한 답은 모두 '그렇다'는 것이다. 특히 중국에서는 그렇다. 바로 그 때문에 중국의 국민소득 통계는 아무도 믿지 않는 듯하다. 심지어 리커창李克强 총리도 그 자리에 오르기 전에 중국의 국민소득 숫자를 "인위적이고 조작되고 믿을 수 없는" 것이라 묘사했다. 그는 공식 통계를 피하고 경기가 어떤지 더 잘 가늠하는 지표로 전력 소비와 철도 화물 운송량, 그리고 은행 대출을 살펴보자고 제안했다. 중국에서 경제를 판독할 수 있는 국가의 역량은 그 정도에 지나지 않는다.

리바이어던에 족쇄 채우기: 신뢰하되 검증하라

족쇄 찬 리바이어던은 우리가 간절히 꿈꾸는 국가, 신뢰할 수 있는 국가와 정확히 일치하는 것처럼 보인다. 그러나 실제로 족쇄 찬 리바이어던이라 할지라도 무한정 신뢰해서는 안 된다. 어쨌든 리바이어던은 족쇄를 찼든 안 찼든 야누스의 얼굴을 하고 있으며 독재의 유전자를 갖고 있기 때문이다.

리바이어던과 함께 살아가는 일은 어렵다. 리바이어던은 시간이 지나면서 더 강력해지는 경향이 있어서 특히 그렇다. 리바이어던은 하나의 대리인으로 이뤄지지 않는다. 우리가 리바이어던을 언급할 때는 보통 통치자들, 정치인들, 리바이어던을 통제하는 지도자들을 비롯한 정치적 엘리트층을 가리키는데, 때로는 리바이어던에 불균형적으로 큰 영향을 미치는 경제적 엘리트층을 가리킨다. 리바이어던을 위해 일하는 사람들을 비롯해 이들 엘리트층의 대다수는 리바이어던의 힘이 확대되는 쪽에 이해관계를 갖고 있다. 우리에게 공공서비스를 제공하려고, 혹은 우리가 독점이나 약탈적 대출 관행에 지배당하지 않도록 경제활동을 규제하려고 지칠 줄 모르고 일하는 관료들을 생각해보자. 그들이 자신의 권력과 권위를 확대하고 싶어 하지 않겠는가? 리바이어던을 조종하는 정치인들을 생각해보자. 정치인들이 자신들의 바다 괴물이 더욱 유능하고 지배적인 존재가 되기를 바라지 않겠는가? 게다가 우리의 삶이 복잡해질수록 분쟁 해결과 규제, 공공서비스, 그리고 우리의 자유를 보호하는 일의 필요성은 더 커진다. 그러나 리바이어던이 유능해질수록 그것을 통제하기는 더 어려워진다. 그러므로 사회는 더 강력해져야 한다. 보통 사람들, 우리 모두, 그리고 우리의 조직과 단체들이 더 강력해져야 한다는 말이다. 레드 퀸 효과는 바로 이럴 때 작동한다.

한편 레드 퀸에는 그 이상의 의미가 있다. 우리가 봤듯이, 강력한 사회와 협력하면 국가의 역량은 크게 확대될 수 있다. 사회는 일단 족쇄를 찬 리바이어던에게는 많은 자유를 주고 활동 범위를 확대하도록 허용해서 국가가 자신의 역량을 시민들이 바라고 시민들에게 필요한 일을 하는 데 쓰도록 해줄 수 있다. 이는 '신뢰하되 검증하라trust and verify'는 전략으로, 국가를 신뢰하여 국가가 더 많은 권력을 얻도록 허용하지만 동시에 국가에 대한 통제를 늘리는 전략이다. 미국과 서유럽에서 어느 정도 효과를 냈듯이 전략이 먹히면 국가와 사회 둘 다 더 강력해지고, 어느 쪽도 다른 쪽을 지배할 수 없는 균형 잡힌 방식으로 확장되는 과정이 계속된다. 이 섬세한 균형이 이뤄지면 족쇄 찬 리바이어던은 전쟁을 끝낼 뿐만 아니라, 시민 참여의 꽃을 피우고, 기관들의 역량을 키우고, 규범의 우리를 부수고, 경제적 번영을 이루기 위한 정치·사회적 발전의 수단이 될 수 있다. 단, 우리가 계속해서 리바이어던에 족쇄를 채울 수 있을 때만 그렇다. 그리고 혼란스러운 레드 퀸 효과가 통제를 벗어나지 않도록 막을 수 있을 때만 그렇다. 결코 쉬운 일이 아니다.

족쇄 찬 리바이어던 이야기로 돌아가기 전에 국가는 어떻게, 그리고 왜 출현하는지, 그들은 사회에서 어떻게 분쟁을 다루는지, 그리고 부재하는 리바이어던 아래의 사회에서 어떻게 경제 상황을 바꾸는지 이해할 필요가 있다. 다음 장은 그 이야기로 시작한다.

제3장

권력의지

The Narrow Corridor

예언자의 부상

무함마드Muhammad는 서기 570년경 메카Mecca의 상인 집안에서 태어났다. 숙부 손에 자란 그는 당시 활발한 교역의 중심지였던 도시 메카에서 성장했다. 메카라는 이름의 유래는 카아바Kaaba와 관련 있는 것으로 보인다. 카아바는 밀도 높은 검은색 화강암으로 된 입방체 건축물로 이슬람 시대 전 이 지역의 신을 모신 성스러운 곳이었고 나중에 이슬람의 가장 중요한 성전이 됐다. 연중 특정 시기에 이르면 사람들은 메카로 순례를 왔고, 상업활동을 하기 좋은 환경이 만들어졌다. 그렇게 메카에 새로 생겨난 상업지구는 곧 넓게 퍼져나가 아라비아반도와 다마스쿠스, 비잔틴, 페르시아제국 사이에서 더 널리 중개 기능을 담당하게 됐다.

메카와 그곳에서 북쪽으로 250마일 떨어진 이웃 도시 메디나Medina(〈지도 4〉를 보라.)에 정착한 사람들은 사막의 유목민들로, 그들에게 정주생활은 새로운 삶이었다. 그 사회에는 국가와 중앙에 집중된 권력이 없었고, 다른 무국가 사회처럼 그들도 씨족으로 알려진 친족집단들을 중심으로 조직됐다. 무함마드의 씨족은 쿠레이시Quraysh 부족의 일부인 하심Hashim가였다. 카아바를 둘러싼 새 도시의 삶에 적응하기는 쉽지 않았다. 씨족들은 낙타와 염소 떼와 함께 드넓은 사막의 수백 마일을 가로지르며 이동하는 데 익숙했다. 이주 생활에는 분쟁들이 잠재돼 있었다. 물웅덩이나 가축 떼에게 먹일 좋은 목

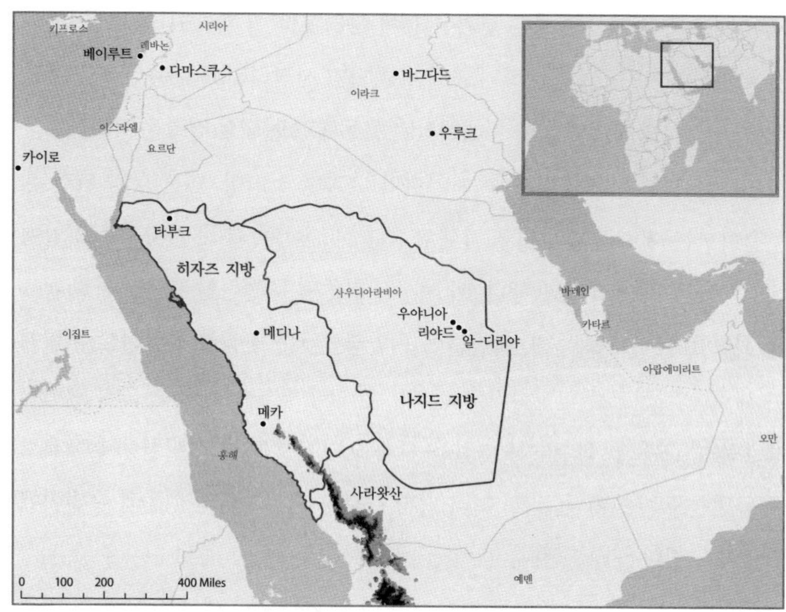

〈지도 4〉 아라비아반도: 이슬람의 기원과 사우디 국가, 그리고 역사적 도시 우루크

초지에 접근하는 문제, 혹은 날마다 수도 없이 벌어지는 다툼과 관련된 것들이었다. 대다수 분쟁들은 유목민 부족들의 규범과 전통을 통해 처리됐다. 이 방식이 효과가 없을 때, 특히 서로 다른 집단 간 분쟁이 벌어졌을 경우에는 그냥 인구가 드문 반도 안에서 각자 제 갈 길을 가면 그만이었다.

이런 전략으로 분쟁을 해결할 수 없을 때는 보복과 불화가 따랐다. 분쟁 해결의 기본 원칙은 눈에는 눈, 이에는 이로 대응하는 것이었지만 어떤 경우에는 눈 대신 100마리의 낙타를 넘겨주는 것으로 분쟁 해결 방식이 진화하기도 했다.

카아바 주변에서의 삶은 더 복잡해졌다. 서로 다른 씨족 사람들이 도시에 정착하면서 온갖 분쟁이 더 잦아졌기 때문만은 아니었다. 순례자들이 찾아오며 새로운 경제적 기회가 생기고 그에 따라 교역이 확대되면서 개인주의를 부추겼다. 또 규범의 우리가 조금 완화되기 시작하자 새로운 분쟁들이 발생했으며, 사막에서의 삶을 지배해왔던 공동체의 연대와 결속은 사라졌다.

이러한 사회적 맥락에서 한 예언자가 나타난 것이다. 마흔 살쯤 됐을 때 무함마드는 예지력을 갖기 시작했고, 나중에 계시를 통해 천사 가브리엘이 예지력을 주었단 걸 알게 됐다. 이 계시는 나중에 무슬림의 경전인 쿠란Quran의 서막을 이루게 되는데, 사람들에게 알라Allah를 진정한 유일신으로 섬기는 새로운 일신교를 인정하라고 권하는 경구의 형식을 취했다. 그들은 단지 새로운 종교뿐만 아니라 하심 같은 씨족을 넘어서는 새로운 공동체와 새로운 규범들도 제안했다. 또한 여러 가지 새로운 개인주의적 행동과 돈벌이에 집중하는 경향을 비판했다.

무함마드는 새로운 종교를 전도하고 다른 이들에게 새로운 신에 대한 충성을 서약하라고 권하기 시작했다. 첫 개종자는 아내 카디자Khadija와 무함마드의 가까운 친척들과 친구들이었다. 613년이 되었을 때 그는 도시의 넓은 지역까지 전도를 하고 있었다. 그러나 전도가 모두에게 환영받지는 못했다. 교역에 참여하는 다른 씨족들은 무함마드가 자신들의 행동과 종교적 신념을 공격하는 데 분개했고, 그가 당시 중앙집권적인 정부가 없었던 메카에서 정치적 권력을 얻고자 노력하고 있다고 우려했다. 무함마드의 추종자들은 점차 늘어났고, 긴장감은 점점 더 고조됐다. 622년 그는 일단의 추종자들과 함께 메디나로 도망쳤다. 이것이 그 유명한 헤지라Hegira, '이주'였다.

메카에서 쌓이고 있던 무함마드에 대한 적개심뿐만 아니라 메디나로 와서 자기들의 문제 해결을 도와달라는 그곳 시민들의 청원도 이주를 재촉했다. 메디나도 메카처럼 정주생활의 진통을 겪고 있었다. 그러나 메카와 달리 메디나는 교역의 중심지가 아니라 생산성이 아주 높은 농업에 특화한 오아시스였다. 오아시스의 각 지역에는 아우스Aws와 하즈라지Khazraj 두 부족의 각기 다른 씨족들이 정착해왔다. 그곳에는 세 유대인 씨족들도 있었다. 씨족들은 작은 성채를 건설해 본거지로 삼았다. 씨족들 사이에선 618년 부아스Bu'ath 전투에서 정점에 이른 분쟁이 끊임없이 일어났다. 이곳의 삶은 홉스가 말한 전쟁 상태를 닮기 시작했다.

메디나의 일부 주민들은 중립적인 외부인이자 새로운 종교의 권위를 가진 무함마드가 분쟁의 조정자가 될 수 있고 이 도시에 평화와 질서를 가져다주리라고 생각했다. 622년 6월 그들 중 75명이 메카로 가서 무함마드에게 메디나로 와달라고 요청했다. 그들은 자진해서 무함마드와 새 종교를 보호하겠다고 약속했다. 무함마드는 동의했다. 그와 메디나 사람들 사이의 합의는 메디나헌장Constitution of Medina으로 알려진 문서에 기록돼 있다. 헌장은 이렇게 선언했다. '무엇이든 너희가 의견을 달리하는 것이 있으면 신과 무함마드에게 물어볼 일이다.' 무함마드는 사실상 개인 간, 씨족 간 분쟁에서 재판관의 역할을 맡을 것이었다. 하지만 그에게 법을 집행할 권력과 사람들이 그가 명한 것을 실행하도록 할 힘이 없다면 그가 어떻게 재판관이 될 수 있겠는가? 메디나헌장의 신에 대한 언급은 무함마드가 단지 한 명의 개인으로 오지 않았음을 분명히 했다. 그는 예언자로 왔으며, 합의사항에는 메디나 사람들이 그의 가르침과 계시를 받아들여야 한다는 것도 들어 있었다. 실제 메디나헌장은 이렇게 시작했다.

> 자비롭고 인정 많은 신의 이름으로!
>
> 이는 예언자 무함마드가 그의 신도와 쿠레이시 부족과 야스리브Yathrib[1] 무슬

1 메디나의 옛 이름

> 림, 그들을 좇고 그들에게 딸린 사람들, 그들과 함께 성전聖戰에 나서는 사람들 가운데서 쓴 것이다. 이들은 다른 사람들과 구별되는 하나의 공동체다.

이는 메디나 사람들(야스리브 사람들)에게 어쩌면 자신들이 새로운 헌장으로 교섭한 것보다 더 많은 것을 얻고 있다는 신호를 주었을 것이다. 메디나헌장은 단지 무함마드를 재판관으로 올려준 것만이 아니었다. 헌장은 친족이나 씨족이 아니라 종교에, 그리고 새로 생긴 중앙집권적인 예언자의 권위에 바탕을 둔 새로운 유형의 사회를 인정해줬다. 이로써 무국가 상태는 끝났다. 처음에 무함마드는 어떤 공식적인 지위나 집행 권한도 갖지 않았지만, 이 대단치 않은 토대 위에서 곧 앞으로 나아가기 시작했다. '그들과 함께 성전에 나서는 사람들'이라고 한 헌장의 도입부 문단에서 그의 접근방식이 뚜렷이 드러났을 것이다. 아니, 성전이라니? 헤지라의 다음 해인 623년이 되자 무함마드는 그가 메카에서 데려온, '이주자들Emigrants'로 불리는 사람들을 조직해 메카에서 교역하는 대상隊商들을 습격하기 시작했다. 그런 습격에 가담하는 것은 아라비아 부족들 사이에서 이례적인 일이 아니었지만, 이제 새로운 의미를 가지기 시작했다. 단지 한 부족이 다른 부족을 습격하는 것이 아니라 무슬림이 비신자들을 치는 것이었다. 624년이 되자 이주자들뿐만 아니라 이슬람으로 개종한 메디나 사람들을 일컫는 '협력자들Helpers'들도 습격에 가담하기 시작했다. 그해 3월 이주자들과 협력자들이 함께 그들에 대항해 파병된 대규모 메카 군을 바드르Badr 전투에서 물리쳤다.

바드르 전투와 그 후 우후드Uhud 전투로 무함마드의 명망은 더 높아졌고 메디나에 대한 통제력도 강해졌다. 그는 계속해서 불충이 드러난 씨족들, 특히 유대인들을 제거했고, 자신의 종교적 권위를 결혼과 상속 관행을 바꾸는 등 지역사회를 개혁하는 데 이용하기 시작했다.

무함마드는 처음에 분쟁을 해결하라는 제한적인 위임을 받고 초청을 받았는지 모르지만, 이제 기존의 씨족들이 통제하기 힘든 새로운 국가를 건설하고 있었다. 그의 힘은 갈수록 커졌다. 사막의 유목민족들이 무함마드의 성공을 전해 듣고 메디나로 와서 충성을 맹세한 것도 그의 힘을 키워주었다. 이주자들이 단행한 습격으로 생긴 전리품도 힘을 키워준 또 다른 요인이었다. 무함마드는 전리품 중 5분의 1을 받았다. 무함마드는 또한 그들에게 '신의 공동체'에 내야 할 헌금(사실상 세금)을 마련하라고 요구했고, 유대인들과 기독교인들에게는 추가로 보호비 명목의 세금을 물렸다. 무함마드가 여러 전투에 동원한 기병들의 말 숫자에서 권력과 부가 늘어난 것을 뚜렷이 확인할 수 있다. 624년 바드르 전투 때 그는 두 필의 말을 보유했다. 630년에는 1만 필의 말을 전투에 배치할 수 있었다.

무함마드는 628년에 더욱 커진 권위를 이용해 이주자들과 협력자들로 꾸린 대규모 포교단을 이끌고 순례에 참여한다고 주장하며 메카로 갔다. 당연히 불안해진 메카 주민들은 도시 밖에서 그들을 막았고, 이듬해 무함마드와 그의 추종자들이 순례를 올 수 있도록 도시를 비워주는 조건을 놓고 협상을 했다. 협상이 타결되기를 기다리는 동안 무함마드는 자기 사람들을 모두 어느 나무 밑으로 불러 모아 자기에게 충성을 맹세하도록 했다. '기쁨의 서약Pledge of Good Pleasure'으로 알려진 이 맹세는 메디나에 국가를 세우는 여정에서 한 걸음 더 나아간 것이었다. 홉스가 상상한 것처럼 리바이어던은 자신의 의지에 사람들이 따르게 할 필요가 있었다. 무함마드가 명하는 것은 무엇이든 하기로 동의한 메디나 사람들이 바로 그 경우였다. 무함마드는 여전히 공식적인 입법 혹은 행정상의 직위를 갖지 않았지만 사실상 새 국가의 통치자였다.

무함마드의 대단한 권위는 그가 죽기 불과 2년 전인 630년에 일어난 사건에서 잘 드러난다. 무함마드는 국가의 영역을 확장하고 더 많은 사람을 새 종교로 개종시키는 일을 시작했다. 이 목표를 이루기 위해 그는 군대를 보내 북쪽 타부크의 도시를 치기로 했고, 메디나의 무슬림이 모두 하나의 종교적 의무로서 이 습격에 참여해야 한다고 주장했다. 그는 이제 군 통수권자가 됐다.

—

무함마드의 새로운 이슬람 국가 창설에 관한 이야기는 이 장의 몇 가지 핵심 개념들을 요약해준다. 그가 예언자로 부상하기 전에 아라비아에는 진정한 국가가 없고 부족들만 있었다. 메카와 메디나처럼 도시화가 이뤄졌던 지역에도 진정으로 중앙집권적인 정부가 없었다. 이는 폭력과 불안을 비롯한 여러 가지 문제들을 낳았다. 그들이 아라비아 사막의 드넓은 황무지에서 살 때는 모든 부족이 살아갈 풍부한 공간이 있었지만, 메디나의 비좁은 오아시스나 메카의 신성한 카아바 주변에서는 서로가 함께 살아갈 방법을 찾아야 했다. 중앙집권적인 권위를 만들어내는 것은 분명 하나의 탈출구였다. 그러나 다른 씨족이나 부족에 통제력을 넘겨주지 않고 어떻게 중앙집권적인 권위를 만들 수 있는가?

바로 그때 무함마드가 천사 가브리엘이 준 계시를 가지고 나타났고, 메디나 사람들은 그의 가르침에서 곤경에서 벗어날 해법을 찾았다. 그들은 씨족들과 부족들 간 분쟁을 해결해달라며 무함마드를 불러왔다. 그는 평화를 실현하는 데 성공함으로써 확실히 메디나에 사는 사람들에게 훌륭한 서비스를 제공했다. 그러나 거기서 그치지 않았다. 무함마드와 이주자들은 처음에는 소수집단이었을지 몰라도 갈수록 숫자가 늘어났고, 다른 사람들이 그 집단에 합류하고 재정적으로 기여하면서 더 강력해지고 부유해졌다. 이렇게 해서 아라비아에서 정치적 위계가 생겨났다. 628년이 되자 기쁨의 서약을 받은 무함마드의 권위는 메디나에서 누구도 공격할 수 없을 정도로 강력해졌다. 무함마드는 2년 후 타부크를 공격하면서 오아시스 전 주민에게 북진을 명했다.

메디나 사람들은 8년 동안 먼 길을 걸어왔다. 그들은 분쟁 해결을 도울 더 중앙집권적인 권위를 받아들였지만, 그렇게 하는 도중에 국가를 형성하는 길에 들어섰고 미끄러운 비탈에 올라탔다. 그들은 그 길에서 벗어난 적이 없다. 무함마드는 국가건설 계획에 관여했다. 권력을 자신과 추종자들의 손에 집중시키고, 그 과정에서 분쟁 해결 방식뿐만 아니라 사회의 전반적인 조직과 규범, 관습을 바꾸는 것도 목표로 삼았다. 그는 훌륭하게 성공했다. 10년도 채 안 돼 그는 강력한 이슬람 국가와 중동 전역에 걸친 거대한 제국 그리고 인상적인 새 문명의 씨앗을 만들어냈다.

당신의 경쟁우위는 무엇인가?

이슬람의 탄생은 그 전에 없었던 정치적 위계와 일종의 중앙집권적 권위를 구축한 것으로, 인류학자들이 말하는 '초기국가 형성pristine state formation'의 한 예다. 또한 국가 형성과 관련된 핵심적인 문제와 어려움을 잘 보여주기도 한다.

가장 중요한 것은 우리가 이미 앞 장에서 강조한 미끄러운 비탈의 문제다. 많은 무국가 사회에서 중앙집중적인 권위가 쉽게 출현하지 못한 까닭은 이들 사회가 관습과 규범들을 단지 분쟁을 해결하기 위해서가 아니라, 누구든 지나치게 힘이 강력해지는 것을 막기 위해 발전시켰기 때문이다. 한 개인이나 집단이 일단 분쟁에 대한 심판 역할을 하면서 중요한 위협들에 맞서 안전을 확보할 수 있는 충분한 힘을 기르고 나면, 더욱더 강력해진 그들이 삶의 모든 면에 대해 다른 이들에게 명령하기 시작하는 것을 막기 어려워진다. 메디나에서 바로 그런 일이 일어났다. 메디나 사람들은 국가 권력이나 카리스마 있는 강력한 지도자에게 전적으로 복종하지 않고도 국가가 없어서 생기는 결함들을 없애줄 어떤 체계를 구축할 수 있으리라고 생각했다. 그러나 그들은 실패했다. 중앙에 집중된 권력이 없는 채로 시작한 다른 사회들도 미끄러운 비탈에서 리바이어던의 지배를 받는 쪽으로 굴러떨어지면서 바라던 체제 구축에 실패했다.

그렇다면 그런 사회가 개발한 규범과 다른 통제장치들은 왜 때때로 국가건설자들을 억제하는 데 실패하는가? 우선 독일 철학자 프리드리히 니체Friedrich Nietzsche가 말한 '권력의지will to power'를 이유로 들 수 있다. 설사 규범에 반하더라도 다른 사람들에 대한 권력과 권위를 확대하려는 남자들(그리고 때때로 여자들)과 집단의 욕망이 있다는 뜻이다. 그런 까닭에 심지어 가장 조화롭게 보이는 무국가 사회에서도 더 많은 권력과 더 많은 부, 다른 이들을 지배하는 더 큰 능력을 얻고 싶어 하는 거들먹거리는 개인들이 있을 것이다. 또 사회를 기존 방식과는 다르게 새로 조직할 수 있는 비전이 있다고 생각하며 더 큰 권력을 손에 넣고 싶어 하며 개인과 집단들도 있을 것이다. 이처럼 거들먹거리는 이들이 목표를 이룰 수 있는 길은 지배적인 규범들과 그 사회의 다른 구성원들의 행동에 막히겠지만, 개중에 성공하는 이들도 있을 것이다.

국가건설자가 되려는 이들이 어떤 '경쟁우위edge', 즉 앞길의 걸림돌을 넘을 수 있게 해주는 특별한 뭔가를 가지고 있다고 하자. 그들은 자신들을 억제할 규범을 무력화하면서 성공할 가능성이 크다. 무함마드의 경쟁우위는 종교에서 나왔다. 그에게는 분쟁을 해결하는 역할을 하는 데 정당한 권위를 부여하고 추종자들에게 큰 영향력을 행사할 수 있게 해주는 종교적 이념이 있었으며, 새로운 공동체를 창설하기 위해 그 영향력을 이용했다. 종교적 이념은 일단 영향력을 발휘하기 시작하자 중앙집권화로 가는 멈추지 않는 추진력을 만들어냈다.

또 하나의 강력한 경쟁우위는 조직적인 요소로, 지도자가 더 강한 통솔력이나 군사력을 발휘하기 위해 새로운 연합이나 더 효과적인 조직을 형성하는 능력에서 나온다. 그 가능성은 남아프리카 줄루Zulu족의 국가 형성에서 잘 드러나는데, 이는 바로 다음에 살펴볼 것이다. 그다음에 논의할 또 다른 가능성은 기술적인 경쟁우위다. 적들이 활용할 수 없는 총이라는 군사 기술에 크게 의존해 국가건설 계획을 실현한 하와이의 카메하메하Kamehameha 왕의 성공이 좋은 예다. 이 모든 사례에서 개인적인 카리스마와 정당성을 부여하는 다른 원천, 예컨대 혈통이나 모범적 혹은 영웅적인 과거의 행동, 또는 단순히 개성의 힘도 도움이 된다.

초기국가 형성의 여러 사례에서 볼 수 있는 중요한 특징 중 마지막으로 꼽을 수 있는 것은 무함마드의 부상이 잘 보여주는 것처럼 정치적 위계가 출현하면서 사회의 재조직화가 이뤄진다는 점이다. 제2장에서 보았듯이 중앙에 집중된 권위가 없는 사회는 일반적으로 분쟁을 규제하고 통제하는 복잡한 규범에 따라 조직된다. 사실 규범은 삶의 모든 측면을 통제한다. 일단 국가 형성 과정이 진행되면 국가건설자들에게는 이런 규범들을 파괴하거나 최소한 그 규범이 자신들의 목표에 봉사하도록 변형할 유인이 생기게 된다. 이는 그들이 반드시 규범의 우리를 느슨하게 해서 자유를 촉진하고 싶어 하기 때문은 아니며, 그보다는 정치적 위계를 억제하고 제한하는 규범들이 더 큰 권력을 잡는 데 방해가 되기 때문이다. 무함마드의 경우 메디나와 메카에서 지배적이던 친족 관계를 대체하는 것이 중요한 목표였는데, 그의 종교적 가르침이 친족보다 새로운 공동체를 우선하였기에 그 목표를 성공적으로 이룰 수 있었다. 다음에 살펴볼 샤카Shaka의 경우에 공략해야 할 목표물은 주술사들의 권위였다.

물소의 뿔

영국 장교 호러스 스미스-도리언Horace Smith-Dorrien은 회고록에서 1879년 1월 22일의 사건들을 이렇게 기억했다.

> 오전 12시께 줄루족은 … 다시 큰 무리를 지어 나타나 매우 대담하게 언덕 너머 벌판으로 내려왔고, 우리는 한동안 상당히 분주하게 포와 소총 사격을 했다. … 상황이 어떻게 돌아가고 있는지 정확히 파악하기는 어려웠지만, 발포는 격렬했다. 이제 줄루족이 위력적이라는 게 분명해졌는데, 왜냐면 그들이 벌판을 가로질러 남동쪽으로, 야영지 바로 뒤쪽을 향해 ('뿔'을 앞세운 것과 같은 대형으로) 뻗어 나가는 것을 분명히 볼 수 있었기 때문이다.

스미스-도리언은 지금은 남아프리카의 콰줄루-나탈 지방의 일부인 줄루랜드에 파견된 첼름스퍼드경卿 프레더릭 테시어Frederic Thesiger 휘하 원정대의 일원이었다. 〈지도 5〉를 보라. 첼름스퍼드의 부대는 확장하는 식민제국의 전위로 당시 세츠와요Cetshwayo 왕이 통치하던 독립적인 줄루 국가를 제거하는 목표를 세웠다. 영국의 침략에 대한 왕의 반응은 간단했다. 그는 자신의 군대에 이렇게 명령했다.

> 천천히 행군해, 새벽에 공격하고 붉은 제복의 병사들을 싹 쓸어버려라.

1월 22일 줄루 병사들은 명령을 실행했다. 첼름스퍼드는 부대를 나누는 실수를 저질렀다. 대부분 제24보병연대 소속인 약 1,300명의 병사와 두 문의 대포를 이산들와나 암벽에 인접해 주둔하도록 남겨두었다. 자신만만했지만 준비는 허술했던 붉은 제복의 병사들은 지난 60년 동안 남아프리카에서 빼앗은 땅을 합쳐 거대한 국가를 세운 2만 명의 줄루 전사들과 맞닥뜨렸다. 줄루 국가는 너무나 방대해서 이미 그들이 일으킨 충격파가 오늘날의 보츠와나와 레소토, 모잠비크, 스와질란드, 잠비아, 짐바브웨 전역으로 퍼져나갔다. 〈지도 5〉를 보라.

스미스-도리언은 이렇게 기록했다.

> 전진하는 줄루군의 대형은 … 놀라운 광경이었는데, 줄줄이 약간 넓게 벌려 서

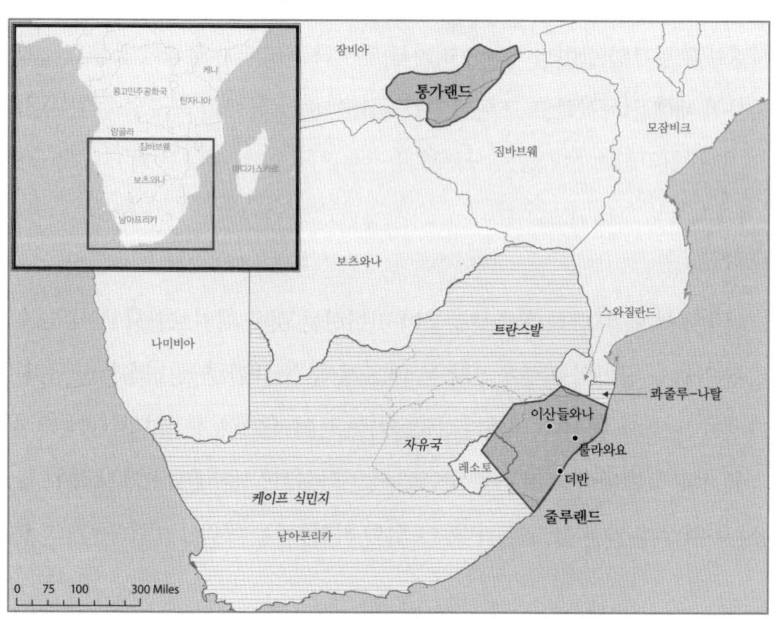

〈지도 5〉 남아프리카: 줄루족과 통가족의 땅, 그리고 남아프리카의 네 식민지

서[2] 한 줄 뒤에 또 한 줄이 오면서 발포했으며, 그들 중 일부가 화기를 소지했는데 모두 앞쪽에 들고 있었다. 그때 로켓 포대는 분명 우리 전방 1마일밖에 안 되는 곳에서 발포하다 갑자기 중지했고, 이내 우리는 던퍼드 부대의 남은 병사들이 대부분 바수토 조랑말을 타고 우리 위치의 오른쪽으로 질주해 돌아오는 것을 보았다. 실제로 무슨 일이 일어났는지 우리는 결코 정확히 알지 못하리라고 본다. 그 땅은 여러 '협곡'과 교차하는 지점이었는데, 러셀은 그의 로켓 포대와 함께 그곳에 갇혔고 아무도 탈출해서 그 이야기를 들려주지 못했다. 나는 나중에 용감한 지휘관인 던퍼드가 실제로 주둔지에 이르러 거기서 싸우다 쓰러졌다고 들었다.

그날이 끝날 때 영국군은 궤멸했다. 스미스-도리언은 그의 검푸른 장교 제복 덕분에 도망칠 수 있었다. 줄루 병사들은 검은 옷을 입은 사람은 민간인들이고, 어쩌면 성직자들일 수 있으니 죽이지 말라는 명령을 받았다. 다른 사람들은 일부만 살아남아 아프리카 식민지화 과정에서 영국이 당한 최악의 군사적 패배를 목격하고 그 이야기를 들려줬다.

—

전투에서 매우 침착하게 줄루군이 전진하는 것을 지켜보면서 스미스-도리언은 줄루 국가의 역량을 키우는 데 도움을 준 대단한 전술적 혁신 중 한 가지인 '물소의 뿔'을 목격했다. 물소의 뿔은 이 국가의 창건자인 샤카 줄루 Shaka Zulu가 만들어낸 전투 대형인데, 그에 따르면 대형은 네 가지 주된 요소, 즉 가운데 있는 물소의 가슴, 그 뒤의 허리, 적을 에워쌀 양쪽 두 개의 뿔

2 산개대형散開隊形을 말한다.

로 이뤄진다. 스미스-도리언은 또한 샤카의 다른 몇 가지 혁신이 작동하는 것을 봤다. 샤카가 전통 의식을 치르는 집회를 열어서 무장시키면 바로 조직되는 훈련된 부대, 그리고 예전에 선택했던 *아세가이assegai*라는 던지는 창을 *이클와iklwa*라는 찌르는 짧은 창으로 바꾼 것이 대표적인 혁신이었다.

무법의 악한

샤카는 1787년경 당시 줄루족 족장의 사생아로 태어났다. 그 시기 줄루는 남아프리카의 남부에 흩어져 있던 여러 종족 가운데 하나로 작은 족장사회였다. 샤카의 어머니는 사생아인 아들 때문에 쫓겨나다시피 해 이웃의 음테트와족에 몸을 맡겼다. 1800년 음테트와족에는 딩기스와요Dingiswayo라는 새로운 족장이 등장했다. 딩기스와요는 훗날 샤카가 이어서 하게 될 몇 가지 개혁을 앞서 시행했고 줄루족을 포함해 주변의 30개 집단을 정복하면서 대단히 성공적으로 군비 증강과 영토 확장을 시작했다. 음테트와 군에 징집된 젊은 샤카는 가장 유능한 전사가 됐고, 곧 용맹함과 악랄함으로 이름을 날렸다. 딩기스와요는 패배한 적들을 관대하게 대하려고 애썼다. 하지만 샤카는 아니었다. 보통 패배한 적들을 모두 학살하는 쪽을 선호했다. 덕분에 샤카는 '무법의 악한'이라는 별명을 얻었다. 샤카는 계속 진급했고 마침내 군의 수장이 됐다. 1816년 샤카의 아버지가 죽자 딩기스와요는 샤카가 줄루족의 새 족장이 되도록 확실히 지원했다.

샤카는 즉시 줄루 사회의 재조직에 착수해 그가 정복한 지역의 사람들을 새로운 사회체제에 편입했다. 그는 먼저 모든 성인 남자들을 소집해 그의 첫 물소 대형의 가슴과 허리, 양쪽 뿔이 될 네 부대로 나눠 편성했다. 이때 소집에 응해 나타난 이들은 약 400명에 지나지 않았던 것으로 보인다. 샤카는 대장장이들에게 벼리라고 시킨 이클와 창과 새로운 형태의 전투용 방패를 주고 그들을 훈련시켰다. 그는 그들이 더 빨리 움직일 수 있게 샌들을 벗어 던지고 맨발로 걷도록 했다. 그렇게 처음으로 만만찮은 군사력으로 작전 준비를 마치고 주변 지역을 정복하기 시작했다. 첫 번째 목표인 엘랑게니족은 바로 굴복해 그의 지배에 통합됐다. 다음 상대인 부텔레지족은 선전했지만 학살당했다. 1년 안에 샤카의 군대는 2,000명으로 불어났다. 이듬해가 되자 딩기스와요가 죽고 샤카가 스스로 음테트와의 왕에 올랐다. 그는 무자비한 전술로 부족들을 하나하나 제압했다. 대부분의 부족이 확장하는 줄루 국가로 통합됐다. 어느 구전 역사는 이렇게 전한다.

> 부텔레지, 아마쿵게베, 임부예니, 아마쿠누, 마졸라, 술루, 시카카네족은 모두 아주 가까이 있었는데 … 챠카Tshaka[3]는 이 부족들을 공격해 몰살했다. 그는 밤에 그들에게 슬그머니 다가갔다. 그가 몰살한 다른 부족은 아마음바타, 가사, 쿠말로, 흘루비, 콰베, 두베, 란제니, 템부, 준구, 마코바족이다.

'몰살killed off'이라는 표현은 상황에 따라 다른 뜻을 갖는다. 부텔레지족처럼 어떤 경우에는 몰살이라는 표현이 문자 그대로 실제 일어난 일을 묘사하는 것으로 보인다. 그러나 다른 경우에는 단순히 정복된 부족이 확장하는 줄루 국가에 편입된 것을 의미한다고 볼 수 있다. 또 다른 부족들은 더 멀리 떨어져 있었지만 스스로 줄루족에게 조공을 바치겠다고 선언하고 가축과 젊은 여성을 '세금'으로 냈다. 1819년까지 샤카는 줄루족의 영토를 약 100제곱마일에서 1만 1,500제곱마일로 확장했고, 그의 군대는 2만 명에 이르렀다.

---

3 샤카의 다른 발음

샤카는 불라와요에 새 수도를 건설했으며 이는 〈지도 5〉에 표시돼 있다. 우리는 오늘날 더반이 된 포트 나탈에서 온 일단의 영국 상인이 1824년 그곳을 방문했을 때 직접 보고 묘사한 기록을 가지고 있다. 일행 중 한 명인 헨리 플린Henry Flynn은 이런 기록을 남겼다.

> 거대한 소 우리에 들어가면서 우리는 그 안에 약 8만 명의 원주민이 전투 복장을 하고 정렬해 있는 것을 보았다. … 샤카가 그때 손으로 봉을 들어 오른쪽 왼쪽을 치고 족장들 사이에서 튀어나온 후, 전 군중이 자기 위치에서 흩어져 여러 연대를 형성했다. 이들 중 일부는 강과 주변 언덕으로 달려갔고, 그러는 동안 남은 이들은 스스로 원형을 이뤄 샤카를 중심에 두고 춤을 추기 시작했다. 그것은 흥분되는 광경이었으며, '야만인들'로 불리는 민족이 그토록 잘 훈련될 수 있으리라고는 상상할 수 없었던 우리에게는 놀라운 광경이었다. 그다음에는 여성 장교들이 이끄는 여성 부대 8,000명 내지 1만 명이 각자 가느다란 봉을 손에 들고 훈련장의 가운데로 들어왔다. 그들이 합류해서 춤을 추었고, 춤은 약 두 시간 동안 이어졌다.

샤카는 기존의 규범을 바꾸는 과정도 시작했다. 샤카의 국가는 친족이나 씨족 대신 두 개의 새로운 축을 기초로 삼았다. 하나는 나이였다. 아프리카의 여러 지역을 비롯한 다른 곳에서는 소년과 소녀들이 일정한 나이에 이르면 그 사회의 비밀스러운 전통에 입회하게 되며, 이 과정은 보통 할례나 난절亂切과 함께 진행된다. 여기에는 오랜 기간 황야에 머무는 것이나 다양한 형태의 시련들을 겪게 하는 것이 포함된다. 어떤 아프리카 사회에서는 이러한 입회가 아예 제도화돼 있다. 일단의 소년들이, 이따금 소녀들이 입회하면 그들은 평생 소속될 '연령집단age set' 혹은 '연령등급age grade'이라는 무리 안에 들어갔다.

동아프리카의 여러 지역에서는 모든 사람이 친족이나 국가가 아니라 이러한 연속적인 연령등급을 중심으로 조직됐다. 각 등급은 구성원들의 나이에 따라 서로 다른 기능을 수행했는데, 예를 들어 젊은 남성은 사람들과 가축을 보호하는 전사가 된다. 나이가 들어서 새 집단이 전사의 자리를 채우면 그들은 결혼하고, 농사와 같은 경제활동으로 역할이 바뀐다. 남아프리카에서 줄루족과 다른 관련된 부족들 사이에서 이러한 사회구조는 비록 초보적인 형태일지라도 이미 존재했다. 샤카는 그들을 데려와 무장시켰다. 그는 각 연령등급을 부대로 전환해 분리된 병영에서 함께 살도록 했다. 그는 정복한 부족의 젊은이들을 모집하기 시작했다. 이런 부대들은 가족적 유대를 무너뜨리고 사람들을 새 국가로 통합시키는 하나의 방법을 제공했다. 줄루의 새로운 정체성을 창조하는 데 연령집단이 한 역할은 움코시의 연례 추수감사제에서 있었던 대화에서 드러난다. 이때는 누구든 족장에게 어떤 질문이라도 할 수 있었는데, 한 건방진 병사가 샤카에게 "왜 외부인들이 줄루족 머리 꼭대기까지 진급하느냐"고 물었다. 그에 대해 샤카는 "누구라도 줄루 군에 합류하면 줄루인이 된다. 이후의 승진은 순전히 실력에 달렸으며 그가 어떤 길로 걸어왔는지는 상관없다"고 받아넘겼다고 한다.

두 개의 새로운 축 가운데 다른 하나는 지리였다. 샤카는 영토를 여러 주로 나누고 이제부터 자기 뜻에 따라 복무해야 한다는 점을 분명히 하면서 기존의 족장들을 그 자리에 남겨두거나, 아니면 충성스러운 군인을 총독으로 앉혔다.

그 과정에서 샤카는 여러 기능을 자기 손에 집중시켰다. 그 전에는 움코시의 추수감사제가 개별 족장들이 의식을 행하는 가운데 널리 거행됐다. 이제는 샤카만 연례 의식을 주재했다. 샤카는 또한 중앙집권적인 법원을 만들었다. 족장들이 분쟁에 대해 판결하고 지역 문제를 해결할 수 있었지만, 최종적인 항소는 불라와요의 샤카에게 할 수 있었다.

샤카가 체제를 유지하는 주된 방식은 조공을 받아 지지자들에게 나눠주는 것이었다. 주변 부족들을 정복하거나 제압하면서 그는 엄청난 숫자의 소와 여성들을 요구했다. 그는 복무에 대한 보상으로 부대에 가축을 수여하고, 여성들도 연령집단별 부대로 조직하고 그들을 격리해 그가 허락할 때까지는 남성들이 결혼하거나 성관계를 맺지 못하게 금했다.

물론 샤카의 국가는 현대 국가들과 같은 방식으로 관료화된 나라는 아니었다. 샤카는 조언자들을 두고 있었지만, 국가는 군과 그가 임명한 족장들이 운영했고, 문자가 없었으므로 법률과 규칙들은 구술 형태였다. 관료화됐든 아니든 샤카의 국가건설 계획에는 정치적 위계를 출현시키고 자신의 권위를 가로막는 규범의 우리를 부분적으로 파괴하는 일이 필요했다. 규범의 우리를 차지하는 한 기둥은, 우리가 제2장에서 봤던 티브족의 규범과 같이 분수에 맞지 않게 지나치게 강해진 사람을 깎아내리는 데 이용된 복잡하고 초자연적 믿음이었다.

샤카가 줄루족의 족장이 되고 오래 지나지 않았을 때 그가 어떤 흉조에 대처해야 했던 유명한 사건이 하나 있었다. 망치머리 두루미 한 마리가 샤카의 소 우리 위로 날아왔다. 그때 호저**4** 한 마리가 어슬렁거리며 우리 안으로 들어갔다. 그다음에는 까마귀 한 마리가 울타리에 앉아 사람의 말을 하기 시작했다. 이런 흉조들 때문에 일단의 퇴마사들이 소집됐는데, 그들을 이끄는 노벨라Nobela라는 여성은 팀원들이 지닌 누 꼬리로 사람들을 치면서 마녀인지 아닌지 확인해주었다. 티브족이 파리채를 쓰는 방식과 크게 다르지 않았다. 티브족과 닮은 점은 그게 다가 아니다. 줄루족 사람들은 줄을 지어 섰고

---

4 등에 가시가 많은 쥐목 동물

노벨라와 동료들은 흉조를 불러온 마녀들을 '탐지하기' 시작했다. 그들은 부유한 사람들을 골라냈다. 그중 어떤 사람은 검약한 생활로 부유해진 자였다. 다른 사람은 가축의 분뇨를 자기 땅에 거름으로 줘서 이웃보다 훨씬 풍성한 생산물을 수확했다. 또 다른 사람은 훌륭한 가축 사육자로서, 최고의 황소를 고르고 가축들을 정성껏 보살펴 그 숫자를 크게 불렸다. 하지만 부자들을 끌어내리는 것만으로는 충분하지 않았다. 노벨라는 정치적으로 강력한 이들도 겨냥했다. 그는 샤카가 신뢰하는 부관 중 음들라카Mdlaka와 음고보지Mgobozi 두 명을 마녀로 '탐지하는' 일부터 시작했다. 샤카는 이런 움직임을 예상하고 그 둘에게 자기 뒤에 서 있다가 마녀라는 혐의를 받으면 보호를 요청하라고 명했다. 목격자의 이야기를 들어보자.

> 하이에나의 악마 같은 웃음을 흉내 내 섬뜩하게 깔깔거리며 다섯 명 모두 동시에 뛰어올랐다. 노벨라는 번개 같은 속도로 누 꼬리를 오른쪽, 왼쪽으로 치고 음들라카와 음고보지의 어깨 위로 뛰어올랐고, 그러는 동안 그녀의 직속 조수들 또한 그녀 앞에 있는 남자를 치고 그의 머리 위로 높이 도약했다.

하지만 샤카는 이를 참지 않았다. 어쨌든 그는 줄루랜드에서 자신의 적나라한 권력의지를 실행하려는 가장 강력한 인물이었다. 다음에는 그가 마녀로 탐지될지도 모를 일이었다. 그는 음들라카와 음고보지의 보호를 허락하고, 노벨라가 그들을 마녀라고 잘못 지목한 죄를 물어 그 벌로 퇴마사 중 두 명이 죽어야 한다고 판결했다. 샤카는 그들에게 점치는 뼈를 던져 죽어야 할 두 명을 선택하도록 했다. 그러자 퇴마사들은 공황상태에 빠졌고, 샤카에게 자신들을 보호해달라고 애걸했다. 샤카는 "더는 나를 속이지 말라. 그러는 날에는 너희가 어디서도 피난처를 찾지 못하리라"라며 조건을 걸고 동의했다. 그날 이후 어떤 경우든 마녀를 '탐지'하려면 샤카의 승인을 받아야 했다. 그는 퇴마사들의 권력을 무너뜨렸다. 그는 또한 기우사5들을 모두 내쫓았다. 이런 일들은 모두 국가를 창설하는 작업에 들어갔다. 규범의 우리에서 그의 길을 막는 것은 무엇이든 해체돼야 했다.

샤카가 확립한 제도가 얼마나 오래 살아남는지 가장 잘 보여주는 것은 현재 줄루족의 인구다. 줄루족은 1816년 2,000명쯤이었던 하나의 씨족에서 출발해 이제 남아프리카에서 스스로 줄루인이라고 밝히는 사람이 전체 인구 5,700만 명 중 1,000만 명 내지 1,100만 명이나 되고 이들이 콰줄루-나탈 지방에서 지배적인 인구가 될 만큼 불어났다. '줄루'족은 당초 단 한 사람의 자손들이었지만, 이제 최초의 줄루족과는 유전적으로 전혀 관련이 없는 수백만 명을 포함한 거대한 사회가 됐다.

붉은 입의 총

인류는 수천 년 동안 아시아에서부터 거대한 띠 형태의 폴리네시아 제도까지 퍼져나갔다. 마지막으로 인류가 이주한 곳 중에는 대략 서기 800년경에 이주한 하와이제도가 있다. 폴리네시아의 섬들은 모두 같은 문화와 종교, 언어, 기술, 정치와 경제 제도를 가지고 출발했으나 서로 다른 혁신이 일어나고 정착되면서 점차 분화했다. 폴리네시아 선조들의 사회는 고고학자와 역사를 연구하는 민족지학자들이 재현했듯이 우리가 샤카 이전 시대의 줄루랜드에서 보았던 친족 기반 사회의 형태와 그다지 다르지 않았다. 그들은 친족 관계를 중심으로 조직된 소규모 족장사회였고, 늘 그렇듯이 한 묶음의 규

5 비를 부르는 주술사

범이 분쟁을 관리하고 실력자가 되려는 이들을 막도록 진화했다.

제임스 쿡James Cook 선장이 외부자로서는 처음으로 하와이제도를 우연히 발견한 1778년 1월 전에, 이미 이 전통적인 체제는 무너지기 시작했다. 그때쯤 이 섬들은 이미 초기적인 국가 형성 단계를 넘어 서로 경쟁하는 세 개의 원시국가proto-state[6]를 중심으로 조직됐다. 땅은 사유재산으로 보유되지 않았고 땅에 대한 이용과 통제권은 친족집단과 혈통에 귀속됐지만, 족장들은 이미 모든 토지에 대한 소유권을 주장했다. 타로taro와 사고sago를 비롯한 주요 작물을 기르던 사람들은 족장들이 공물과 노역의 대가로 그들에게 접근권을 주어야만 토지를 이용할 수 있었다. 19세기 초 처음으로 서양식 교육을 받고 문해력을 갖추게 된 하와이 사람 중 한 명인 역사학자 데이비드 말로David Malo는 이렇게 기록했다.

> 보통 사람들의 삶은 족장들에게 종속됐다. 과중한 과업을 강요받고, 무거운 짐을 지고, 억눌리고, 어떤 경우에는 심지어 죽음에 이르기도 했다. 그 사람들의 삶은 인내해야 하는 환자의 삶이며, 족장들의 호의를 사기 위해 그들에게 굴복하는 삶이었다. … 그러나 족장들은 다름 아닌 보통 사람들에게서 음식과 남녀의 의복, 가옥과 다른 많은 재화를 구했다. 족장들이 전쟁에 나갈 때는 일부 평민들도 그들과 한편에서 싸우려고 나갔다. … 땅에서 그 모든 일을 하는 이들은 바로 그 *마카이나나makaainana*들이었다. 하지만 그들이 땅에서 생산한 모든 것이 족장들에게 돌아갔다. 그리고 누군가를 토지에서 쫓아내고 그에게서 소유물을 빼앗을 권력은 족장에게 있었다.

---

6 원형국가라고도 한다.

마카이나나는 사회의 거대한 집단인 보통 사람들을 말한다.

당시 하와이의 세 원시국가는 오아후, 마우이 그리고 족장 칼라니오푸우 Kalaniʻōpuʻu가 지배하던 하와이제도의 '큰 섬' 하와이섬에 있었다. 〈지도 6〉을 보라. 쿡은 처음에 오아후에 딸린 카우아이섬을 방문했다. 그는 그해 말에 추가 탐사와 지도 작성을 위해 디스커버리호와 레졸루션호 두 척을 이끌고 돌아왔다. 그는 마우이에 상륙했고, 동쪽으로 이동한 뒤 당시 그 섬을 장악하려고 전투를 벌이던 칼라니오푸우와 만났다. 칼라니오푸우는 그의 조카이자 군 지휘자 중 한 명인 카메하메하와 함께 쿡의 배에 올랐다. 쿡은 그다음에 하와이섬으로 출항해서 서쪽 해안에 닻을 내렸다. 그곳에서 쿡은 다시 칼라니오푸우와 카메하메하를 만났는데, 둘은 처음으로 본 물건에 깜짝 놀라게 된다. 그것은 총과 같은 화기火器의 위력이었다. 이 책에 실은 〈사진 6〉은 쿡 선장을 따라간 미술가 존 웨버John Webber의 그림으로, 칼라니오푸우가 전투선들을 이끌고 도착하는 모습을 보여준다. 이 배들은 2월 14일 쿡이 전날 밤 기함에서 도난된 작은 배를 되찾으려고 상륙부대를 이끌다 죽었을 때 나타났다.

디스커버리호와 레졸루션호가 떠난 뒤 늙어가는 칼라니오푸우는 왕국을 두 아들 중 한 명에게 물려주기로 하고 카메하메하에게는 전쟁의 신을 모시는 대단히 명예로운 일을 맡겼다. 두 젊은이의 사이는 급속히 틀어졌다. 그들은 결국 1782년 싸움터에서 만났고 카메하메하가 승리했다. 그 후 잇달아 투쟁이 벌어지는 가운데 칼라니오푸우의 형제 중 한 명이 하와이섬 동쪽에서 독립 국가를 선포했고, 칼라니오푸우의 아들 중 다른 한 명은 남쪽에서 독립을 선포했다. 이제 누가 큰 섬을 통제하느냐를 놓고 세 사람이 싸움을 벌였다.

승패는 카메하메하가 얻은 경쟁우위에 따라 결정될 터였다. 그는 이미 화

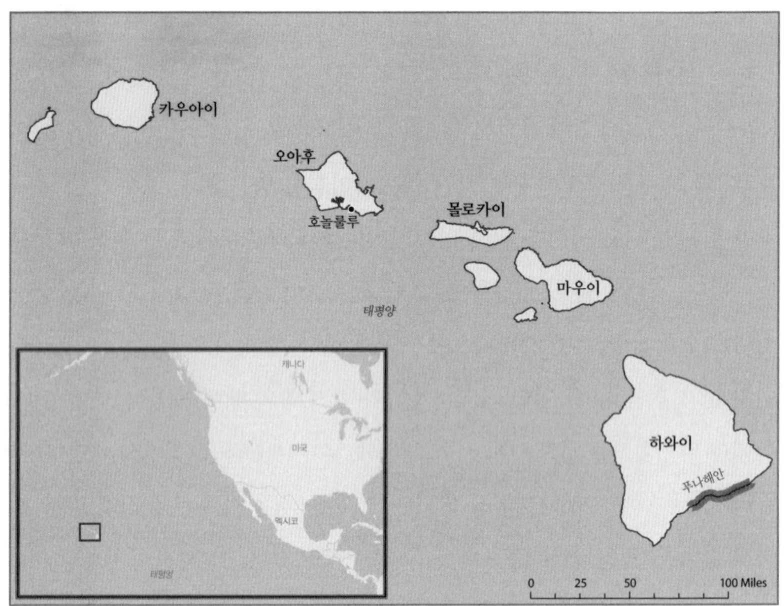

〈지도 6〉 하와이 제도와 푸나해안

약 무기의 위력을 보았다. 이때부터 하와이의 족장들은 모두 교역을 통해 화약 무기를 얻으려고 애썼다. 그러나 무기를 얻더라도 사용법을 아는 것은 또 다른 문제였다. 다른 경쟁자보다 카메하메하에게 먼저 도움의 손길을 내민 이는 아이작 데이비스Isaac Davis였다. 데이비스는 1790년 초 하와이를 방문한 범선 페어아메리칸호의 선원이었다. 이 배는 서쪽 해안 가까운 곳에 멈춰 섰는데 그 전에 이 섬을 찾아왔던 배에 원한을 품고 있던 이 지역 족장의 공격을 받았다. 그 공격에서 혼자 살아남은 데이비스는 카메하메하의 보호를 받게 됐다. 그러는 동안 또 다른 배 엘리너호가 쿡이 죽은 바로 그곳에 닻을 내렸다. 그 배의 갑판장은 존 영John Young이라는 영국인이었다. 그는 해안에 상륙해 카메하메하의 부하에게 억류됐다. 데이비스와 영은 대접을 잘 받았고 신뢰받는 자문가가 됐다. 게다가 그들은 화기를 관리하고 사용할 줄 알았다. 카메하메하는 이제 경쟁우위를 가졌다.

카메하메하는 데이비스와 영에게 화기를 맡기고 마우이를 침공했고, 그런 다음에는 하와이섬에 대한 몇 차례 공격을 성공적으로 막아냈다. 그 과정에서 '붉은 입의 총'으로 알려진 유명한 승리를 기록했는데, 이는 지역민들이 새로운 화약 무기에서 나오는 불과 연기에 대한 두려움을 표현하면서 쓴 이름이다. 카메하메하는 곧 하와이섬에서 막강한 통제력을 확보했다. 그는 지배력을 굳히고 자신의 새 국가기관들을 발전시키며 그다음 몇 해를 보냈다. 1795년 그는 데이비스와 영을 데리고 거대한 전투 함대를 이끌어 마우이를 제압하고 마침내 오아후를 점령했다. 카메하메하의 군대를 멈춰 세운 거친 바다와 질병 덕분에 점령을 당하지 않았던 서쪽 끝의 섬 카우아이가 1810년에 드디어 정복되면서 사상 처음으로 하와이제도 전역의 통일이 완성됐다. 카메하메하는 멀리 떨어진 섬들로 이뤄진 거대한 국가를 다스릴 일단의 새로운 정치적 기구를 만들어내기 시작했다. 그는 섬마다 총독을 뒀는데, 영은 바로 그 '큰 섬'의 총독에 임명됐다.

금기 깨기

무함마드와 샤카는 자신들의 사회에 있는 규범의 우리를 부분적으로 무너뜨려야 했다. 규범들 중 다수가 정치 권력의 출현과 행사를 제한했기 때문이다. 예를 들어 무함마드는 친족 기반의 관계들을 무너뜨리기 위해 싸웠고, 샤카는 자신과 경쟁하는 권력의 원천을 약화시키려고 친족 관계와 초자연적 믿음을 바꿔놓았다. 그와 비슷하게 카메하메하와 그의 추종자들은 자신들에게 방해가 되는 규범의 우리를 깨야 했을 것이다.

폴리네시아 사회의 규범에서 중심적인 것은 쿡 선장이 처음 기록한 후에 영어로는 터부(taboo, 금기)로 알려지게 된 *타푸tapu* 규정들이다. 타푸는 폴리네시아 전역에 공통적인 관습이었고, 하와이에서는 *카푸kapu*로 진화했다. 영어에서 '터부'는 금지된 것, 한계를 넘은 것을 뜻한다. 하와이 최초의 위대한 민족지학자 에드워드 핸디Edward Handy의 말을 들어보자.

> 폴리네시아에서 하나의 낱말로서 타푸[카푸]는 근본적인 의미에서 주로 형용사로 쓰였으며, a 신성한 것이어서 그 자체를 위해 보통 사람과 부패한 이들에게서 떼어놓아야 하며, b 부패한 것이어서 보통 사람과 신성한 이들에게 위험하므로 모두를 위해 그들에게서 떼어놓아야 하고, 그 때문에 실제로 위험하고, 그래서 제한되고, 금지되고, 보류된다는 뜻이었다.

본질적으로 타푸는 금지나 제한을 의미했다. 폴리네시아 사회에는 금지되는 것들이 수두룩했다. 타푸는 마나mana를 보호해야 하므로 너무나 중요했다. 마나는 인간세계에서 초자연적인 힘이 나타나는 것을 뜻한다. 핸디는 이렇게 밝혔다.

> 마나는 개인들에게서, 권력과 힘, 명성, 신망, 기술, 역동적인 개성, 지력에서 드러나며, 사물에서, 효험에서, '행운'에서, 다시 말해 성취에서 드러난다.

그렇다면 정확히 어떻게 마나를 보호했을까? 여러 가지 제한 중 특기할 만한 것은 남성과 여성이 함께 식사할 수 없도록 하는 '식사 터부'였다. 남녀의 음식은 각기 다른 솥으로 요리해야 했고 돼지고기와 특정 어종의 물고기, 바나나 같은 특정 음식은 여성이 먹지 못하게 했다. 통제되는 것은 식사뿐만

이 아니었다. 의복과 삶의 다른 여러 측면에서도 그랬다. 가장 유명한 것은 족장이 나타나면 평민들은 즉시 상의를 벗어 던지고 땅에 엎드려야 하는 '부복俯伏 터부'였다. 19세기 하와이 역사학자 케펠리노Kepelino는 이렇게 기록했다.

> 족장의 부복 타푸에 관해 말하자면, 족장이 행차하려고 하면 이를 알리는 사람이 앞서가며 족장의 타푸를 포고하며 "타푸! 부복하라!" 하는 식으로 외친다. 이어서 족장과 그를 따르는 타푸 수장들이 모두 깃털 외투와 투구로 대단히 화려하게 치장하고 지나가면 길에서 모두가 엎드린다.

앞서 규범의 우리에 관한 논의 때 암시한 것과 똑같이, 폴리네시아에서 널리 퍼진 규범들은 부분적으로 그 사회의 기존 권력에 따라 형성됐으므로 반드시 모두를 평등하게 취급하지는 않았다. 족장들은 보통 사람들보다 훨씬 더 많은 마나를 가지고 있었으므로 부복을 요구한 것이다. 또한 하와이에서 타푸를 카푸로 바꾼 것이 바로 족장들의 이런 권력이었다. 족장들은 신과 자신들의 마나만 보호한 것이 아니었다. 사람들은 그들을 신의 직접적인 후예로 여겼고, 카푸는 그런 지배를 소중히 간직하기 위한 것이었다. 마나의 뿌리는 티브족의 차브와 그다지 다르지 않다. 차브는 마나처럼 인생에서 서로 다른 결과를, 다시 말해 왜 어떤 사람들은 다른 이들보다 더 성공적이거나 다른 식으로 행동하는지를 설명하는 데 도움이 됐다. 그러나 차브와 관련된 규범을 보면, 대단히 성공한 사람은 본래 재능이 있거나 단순히 마녀이기 때문에 그렇게 된 것이었다. 그러나 마나와 관련된 규범에서는, 성공이 신의 선택에서 오는 것이었다. 이러한 커다란 차이에도 카푸 체제는 여전히 엘리트층이 할 수 있는 일을 제한하는 무수한 규제와 제약들로 둘러싸여 있었다.

하와이에서 이미 정치적 위계가 형성되기 시작했지만, 카메하메하 치하에서 이뤄질 것에 비하면 아직 한참 먼 상태였다.

정치적 위계를 제한하는 규범을 무너뜨리는 일은 카메하메하의 통치 아래 시작됐다. 그는 아들 리호리호Liholiho를 후계자로 지명했고, 리호리호는 새로 만들어진 왕위를 1819년 아버지가 죽은 후에 물려받으면서 카메하메하왕 2세로 등극하고 카푸 체계를 폐지하기로 했다. 그는 자신의 권력으로 그전의 어떤 족장들도 하지 못한 일을 할 수 있다는 자신감을 느꼈다. 그래서 남녀가 다 함께 식사하지 못하게 하는 금지를 풀어버렸다. 왕위에 오른 후 얼마 되지 않아 그는 잔치를 열었다. 어떤 목격자는 이렇게 회상했다.

> 빈객들이 자리에 앉고 식사를 시작하자 왕은 마치 무슨 말이 오가는지 확인이라도 하듯이 두세 차례 각 상을 돌아다녔다. 그런 다음 갑자기, 비밀리에 미리 알려준 이들 외에는 누구에게도 어떤 예고도 없이 본인이 여성들의 상에 있는 의자에 앉아 게걸스럽게, 하지만 확실히 매우 혼란스러운 기색으로 음식을 먹기 시작했다. 손님들은 그 행동에 깜짝 놀라 손뼉을 치며 "*아이 노아Ai Noa*"[7]라고 외쳤다. 식사 터부가 깨졌다는 말이었다.

고난의 시절

우리는 지금까지 그전에는 전혀 없거나 거의 없던 정치적 위계가 출현한 사례에 초점을 맞췄다. 권력의지가 어떻게 정치적 위계의 출현에 대한 저항을 무너뜨리고 사회를 미끄러운 비탈로 이끌 수 있는지 보여주는 사례는 먼

---

7 하와이 말로 '자유로운 식사'를 뜻한다.

과거에서만 찾아볼 수 있는 것이 아니다. 권력의지가 낳는 결과는 국가기관들이 존재해도 사회에 대한 통제력을 발휘할 수 없는 1990년대 초 조지아와 같은 현대의 사례에서도 찾아볼 수 있다.

1980년대 말 소련은 무너지는 중이었다. 조지아뿐만 아니라 에스토니아와 라트비아, 리투아니아를 포함해 옛 소련의 여러 공화국에서 독립을 이루려는 움직임이 일고 있었다. 1990년 조지아에서 처음으로 진정한 다당제 선거가 실시됐다. '원탁회의-자유 조지아Round Table-Free Georgia'라는 연합이 조지아 공산당에 맞서 3분의 2에 달하는 표를 얻었다. 1991년 5월 조지아는 소련으로부터의 독립을 선언했고, 원탁회의의 지도자 즈뱌드 감사후르디아Zviad Gamsakhurdia가 85퍼센트를 득표해 대통령에 당선됐다. 그는 국가 운영 방식에 관한 어떤 진정한 합의도 없이 비전을 놓고 서로 싸우는 분열된 나라를 넘겨받았다. 여러 소수집단은 조지아 민족에 지배를 당할까 걱정했고 분리 독립을 거론하기 시작했다. 1992년 1월 감사후르디아는 나라에서 도망쳤고, 수도 트빌리시는 대부분 두 군벌, 즉 므크헤드리오니Mkhedrioni라는 준군사 조직의 우두머리 자바 이오셀랴니Dzhaba Ioseliani와 국가수비대 수장인 텡기즈 키토바니Tengiz Kitovani의 손에 들어갔다. 어느 시점에는 티빌리시에서만 열두 개나 되는 민병대와 ('흰 독수리'와 '숲속의 형제단' 같은 다채로운 이름의) 무장 세력이 있었다. 그 시점에 조지아에는 말하자면 일종의 국가가 있었지만, 사정은 전쟁 상태나 별 차이가 없었다.

감사후르리아가 해고한 전 총리 텡기즈 시구아Tengiz Segura는 어찌어찌해서 그 자리에 복귀했다. 감사후르디아는 또 하나의 무장 세력인 즈뱌디스트Zviadist를 조직했다. 실질적인 국가가 없는 가운데 수도는 파상적인 폭력과 약탈, 범죄, 강간에 시달렸다. 국가는 스스로 독립을 선언한 남오세티아와 압하지아 지역에 대한 통제력을 잃었고, 아자라와 삼츠헤-자바헤티 같은 곳은 완전한 자치 지역으로 남아 있었다. 결국 내전이 시작됐다. 조지아 사람들은 이를 고난의 시절Time of Troubles이라고 불렀다.

1993년 봄 군벌들은 혼돈에서 벗어날 길을 찾으려고 애쓰고 있었다. 이오셀랴니와 키토바니는 조지아의 남은 지역을 점령했지만, 분쟁은 만연했고 그들은 질서를 되찾는 일에서 아무런 진전도 이루지 못하고 있었다. 그에 못지않게 중요한 문제로, 그들은 정당성을 확보하고 해외 원조와 자원에 접근하기 위해 국제사회에 보여줄 존경할 만한 얼굴이 필요했다. 그들은 예두아르트 셰바르드나제Eduard Shevardnadze를 대통령에 올리는 구상을 했다. 조지아에서 출생한 셰바르드나제는 미하일 고르바초프Mikhail Gorbachev의 외교장관으로 1990년 사임할 때까지 6년 동안 일했다. 1992년 셰바르드나제는 조지아 국회의장이 됐다. 여러 인맥과 엄청난 국제 활동 경험을 가진 그는 새 국가의 이상적인 얼굴이 될 것이 분명했다. 군벌들의 구상은 간단했다. 셰바르드나제가 국가원수가 되고 그들은 막후에서 영향력을 행사하겠다는 속셈이었다. 그들은 셰바르드나제를 당초 이오셀랴니와 키토바니를 포함한 4인이 참여해 오로지 총의로 움직이는 국가평의회 임시의장에 앉혔다. 군벌들은 그런 식으로 셰바르드나제의 행동에 대한 거부권을 가졌다. 셰바르드나제는 키토바니를 국방장관에, 이오셀랴니를 군의 자율 조직인 긴급대응부대 사령관에 앉혔다. 이오셀랴니의 인맥 중 한 명은 내무장관이 됐고, 셰바르드나제는 정기적으로 그들 모두와 함께 나타났다. 하지만 그다음에 미끄러운 비탈이 시작됐다.

국가평의회를 창설한 법령은 기존 회원 3분의 2가 지지하면 새 회원을 받아들일 수 있도록 했다. 셰바르드나제는 평의회를 확대하기 시작했는데, 이 조치는 해로울 게 전혀 없어 보였다. 평의회는 곧 군벌과 정치 엘리트들이 들어와 훨씬 더 큰 기구로 발전했고, 그렇게 확대된 기구는 셰바르드나제가 관리하기 쉬워졌다. 그다음에 셰바르드나제는 키토바니와 이오셀랴니에게 충성하던 민병대 출신 인사들이 자신에게 충성하도록 돌려놓으려고 그들을 국가기구의 공식 직위로 승진시키기 시작했다. 그는 국경수비대와 특수 긴급대응부대, 트빌리시구조단, 정부 호위대, 내무부 직속 부대, 특수 알파부대, CIA에서 훈련받은 대통령 경호대와 같이 권한과 관할 지역이 겹치는 새로운 군부대의 조직망을 만들어냈다. 내무부의 경우에는 1995년에 3만 명이 일하고 있었는데 민병대 출신이 많았다. 민병대 출신들이 비공식적으로 세금을 거두고 뇌물을 짜내는 데 가담할 수 있는 백지수표를 받게 되면서 엄청난 부패가 만연했다. 하지만 그들은 무사했다.

조지아 군벌들은 자신들의 정권이 국제적으로 존중받고 그래서 원조와 지원을 받을 수 있도록 하려고 셰바르드나제를 권좌에 앉혔으며, 바로 그 때문에 셰바르드나제의 장악력은 세졌다. 실제로 국제적 지원은 셰바르드나제를 통해 이뤄졌다. 국제사회에서 진정으로 인정받으려면 시장경제를 유지해야 하며, 시장경제는 곧 민영화와 규제를 의미했다. 그런 것들은 모두 셰바르드나제가 갈수록 늘어나는 자신의 충성파들에게 보상을 해주기 위해 조작할 수 있었다. 실제로 셰바르드나제는 엄청나게 정교한 '분할 통치'의 거대한 판을 짜는 데 열중했다. 1994년 9월 그는 므크헤드리오니를 이용해 키토바니를 체포하고 이듬해에는 이 기구가 바로 그들의 지도자인 이오셀랴니에게 등을 돌리도록 할 만큼 권력을 강화했다. 셰바르드나제는 마침내 자신을 겨냥했던 실패한 암살 시도를 구실 삼아 그전에는 가장 비공식적인 형태였던 자신의 권력을 굳히기 위해 새 헌법을 통과시켰다. 조지아에서 국가는 다시 부상했고, 그 과정을 통제하는 데 중요하게 여겨졌던 군벌들은 미끄러운 비탈로 굴러떨어졌다.

왜 권력의지에 족쇄를 채우지 못하나?

우리는 리바이어던을 억제하는 규범들을 제거하려는 권력의지의 몇몇 사례를 살펴봤다. 무함마드와 셰바르드나제는 외부자로서 내부 갈등을 해결하도록 불려왔다. 그들은 역할을 훌륭하게 수행하고, 더 나은 질서와 평화 그리고 분쟁을 해결할 더 강한 권력을 구현했다. 그러나 그들은 애초에 동맹자들이 협상할 때 원했던 것보다 훨씬 더 통제하기 어려운 사람들로 밝혀졌다. 샤카는 줄루족의 족장 자리에 등극한 것을 계기로 훨씬 더 강력한 군대를 창설하고 국가 권력과 자신의 권위를 확장하는 데 시동을 걸었으며, 그 과정에서 국가건설 노력을 제약하는 규범들을 거세해버렸다. 카메하메하는 화약 기술을 이용해 경쟁자들을 제압하고 하와이에서 그 전까지 한 번도 존재하지 않았던 통일된 형태의 강력한 국가를 건설하는 데 성공했다.

우리는 이 사례들 중 어느 경우에도 족쇄 찬 리바이어던으로 이행하는 것을 보지 못했으며, 마찬가지로 부재의 리바이어던 아래 살다 정치적 위계가 출현하는 것을 경험한 다른 수많은 사회에서도 족쇄 찬 리바이어던으로 이동한 사례는 찾기 어렵다. 또 자유를 창조하기 위해 규범의 우리를 무너뜨리는 사례도 보지 못했다. 규범의 우리를 부수는 이유는 더 큰 정치적 위계를 실현하는데 방해가 되는 걸림돌을 제거하기 위해서였다. 물론 우리가 제2장에서 본 암흑기의 아테네는 하나의 예외로, 그들은 갈등을 해소하고, 불화를 억제하고, 공공서비스를 제공할 수 있도록 국가의 역량을 키우면서 동시에 그에 대한 사회의 통제력을 강화하고 지배적인 규범들을 바꾸는 데 성공했다. 그렇다면 왜 다른 사회는 아테네처럼 하지 못했을까? 그에 대한 답은 한 사회가 국가건설 과정을 시작할 때 있었던 규범과 제도의 특성과 관련이 있다. 무국가 사회는 경쟁우위를 가진 카리스마적 지도자의 권력의지에 압도

되고 마는 경우가 많다. 이런 지도자들은 족쇄 찬 리바이어던을 창설하거나, 자유를 촉진하거나, 엘리트층과 시민들 간 권력의 불균형을 바로잡는 것이 아니라 사회에 대한 자신의 권력과 지배를 확대하려는 동기로 움직인다. 이런 관점에서 볼 때 아테네의 솔론은 예외적인 경우였다. 그는 부유한 가문과 엘리트층의 지나친 영향력을 억제하기 위해 권력을 잡았고, 따라서 리바이어던에 채울 족쇄를 만드는 건 그의 임무였다. 우리가 살펴본 다른 국가건설자들은 그렇지 않았다.

그러나 솔론 시대의 아테네와 다른 사회들을 구분 짓는 훨씬 더 근본적인 차이는 아테네 사회가 이미 정치 권력의 배분과 분쟁 해결을 규제할 어떤 공식적인 제도를 개발했었다는 점이다. 완벽하지는 않아도 그런 제도는 솔론과 그 뒤를 이은 클레이스테네스를 비롯한 다른 지도자들이 민중의 정치 참여를 늘리고 사회와 정치의 위계를 억제하는 기존의 규범을 강화할 수 있도록 토대를 제공했다. 그들은 이를 바탕으로 힘센 개인들이 지나치게 시건방지게 굴지 못하게 오만법과 도편추방법을 제정할 수 있었다(그리고 동시에 기존 규범 중 족쇄 찬 리바이어던의 발전을 막는 측면들을 약화시킬 수 있었다). 티브족이나 메디나, 메카, 줄루족 혹은 카메하메하 시대의 하와이에는 그런 제도들이 전혀 없었다. 그 대신 이런 사회들은 족쇄 찬 리바이어던에게 불리한 방법을 썼다. 실력자가 되려는 자들이 권좌에 오르는 것을 막으려고 이 사회들이 이용한 방법은 분쟁을 규제하고 정치적 위계의 출현을 저지하는, 주술과 같은 규범이나 친족 기반 관계 혹은 카푸 체계의 복합적인 수단 들이었다. 그러나 일단 권력의지가 규범들을 무력화해버리고 나면 새롭게 부상한 국가 권력에 효과적인 대항력으로 남아 있는 것들은 많지 않았다. 국가건설자들은 또한 우리가 살펴본 것처럼 자신들의 의제를 추구하기 위해 재빨리 규범들을 바꿔버렸다. 우리의 개념적 틀을 요약한 제2장의 〈도표 1〉로 돌아가보면 이런 상황은 국가와 사회가 둘 다 허약한 왼쪽 바닥 부근에 해당한다는 것을 알 수 있다. 이때 일단 진행되기 시작한 국가건설 과정을 억제할 수 있는 사회의 규범과 제도가 없으면 회랑으로 진입할 수도 없다. 그러므로 권력의지에 직면한 사회는 독재적 리바이어던으로 가는 것밖에는 달리 길이 없다.

하지만 이런 상황이 전적으로 나쁘지만은 않다. 우리가 이야기한 사례 중 어떤 경우에는 리바이어던이 큰 포부를 갖고 분쟁 해결 방식을 개선하고, 질서를 확립하고, 때때로 규범의 우리가 지닌 가장 치명적인 면을 파괴하기도 했다. 설사 그것이 더 강력한 위계질서를 만들어내고 무국가 사회의 잠재적인 공포와 폭력을 새롭게 형성된 독재적 리바이어던의 지배로 대체했을지라도 말이다. 그에 따른 경제적 효과 역시 나쁘지 않다. 다음 장에서 부재의 리바이어던 아래 규범의 우리에 갇힌 경제의 특성을 살펴보고 이를 독재적 리바이어던 아래의 신흥 경제와 비교해보면 알 수 있듯이, 독재적 리바이어던은 자원 배분을 개선하고 원시적인 형태의 경제성장을 가능하게 하기 때문이다.

제4장

회랑 밖의 경제

곳간의 유령

1972년 인류학자 엘리자베스 콜슨Elizabeth Colson은 영국이 정복하기 전에는 무국가 상태였던 잠비아 남부 사람들로 이뤄진 그웸베 통가Gwembe Tonga족 사이에서 현지 연구를 하고 있었다. 제3장의 〈지도 5〉를 참고하라. 그녀가 농가에서 정보를 수집하고 있을 때 한 여성이 들어와 그 집에 사는 주부에게 곡식을 부탁했다. 두 여성은 같은 씨족 구성원들이었지만 꽤 멀리 떨어져 살았고 서로 어렴풋이 아는 사이일 뿐이었다. 부탁을 받은 주부는 곳간으로 가서 방문한 여성의 바구니가 넘칠 때까지 곡식을 퍼주었고, 방문자는 만족하며 떠났다.

씨족이나 친족 혹은 다른 유형의 집단 내에서 이런 식으로 관대하게 먹을 것을 나누는 전통은 여러 무국가 사회에서 공통적으로 발견된다. 대부분의 인류학자와 경제학자들은 이를 협력과 호혜주의를 보여주는 뿌리 깊은 관습과 규범으로 해석했다. 이 규범에는 명백한 경제 논리가 깔려있다. 오늘 내가 같은 씨족의 누군가를 도우면 내일 내게 도움이 필요할 때 그들이 나를 도울 것이라는 논리다. 콜슨도 처음에는 그 주부가 과시라도 하듯이 그처럼 후하게 베푼 행동을 그런 식으로 해석했다.

그러나 콜슨은 그 마을의 한 젊은 남성이 집에서 온 불안한 편지를 받는 것을 본 다음에야 실상은 상당히 다르다는 사실을 이해했다. 그녀는 현장 수

첩에 이렇게 기록했다. "어느 날 저녁 그의 곳간 근처에 불빛이 보였고, 그의 아내들과 동생은 나중에 유령들이 곡식에 오줌을 눈 증거를 발견했는데, 통가족은 그것이 틀림없이 어떤 마법사가 보냈을 때 유령들이 하는 행동이라고 믿는다." 그 남성과 가족들을 죽이는 것이 마법사의 목적인 듯했다. 그는 "한 해 전부터 야망을 품고 일찍 일하러 가고 늦게까지 너른 들에서 농작물을 심었는데 이제 그 야망이 그에게 미움의 수확만을 안겨주고 있다"며 슬퍼했다. 그 자리에 있던, 앞선 이야기에 등장한 주부는 무슨 일이 일어나고 있는지 즉시 알아차렸다. 콜슨은 계속해서 설명했다. "그녀는 틀림없이 누군가가 그의 농가를 방문해 곳간들을 확인했을 것이라고 생각했다. 그녀는 누구든 그의 곳간들을 지켜보며 서 있거나, 먹을 것을 부탁하거나, 아니면 그 모든 먹을거리에 관해 어떤 의견이라도 이야기한 적 있는지 그에게 물었다." 그 주부는 이렇게 결론 내렸다.

그들을 내치는 행동은 위험합니다. 며칠 전에 찾아온 여자에게 제가 곡식을 주는 걸 보셨잖아요. 그 여자가 곡식을 부탁했을 때 제가 과연 거절할 수 있었을까요? 그녀가 아무 짓도 안 할 거라고 어떻게 장담할 수 있겠어요? 나는 줄 수밖에 없어요.

곡식을 주지 않으면 마법과 폭력을 당할 위험이 있었다. 그녀가 곡식을 줄 수밖에 없었던 까닭은 관대함이라는 어떤 추상적인 개념이 아니라 두려움, 다시 말해 그녀가 규범을 깨트리면 뒤따를 징벌과 폭력에 대한 공포때문이었다.

이런 유형의 위협은 통가 사회에 고유한 것으로 심지어 그 씨족들에게 체화된 것이었다. 예를 들어 이웃에 있는 플래토 통가Plateau Tonga족에는 열네 개의 씨족이 있는데 각 씨족과 관련된 '토템totem'[1], 즉 먹어서는 안 될 동물들이 있다. 바얌바 씨족의 토템은 하이에나와 코뿔소, 돼지, 개미, 물고기다. 이 씨족의 구성원들은 이 동물 중 어떤 것도 먹을 수 없다. 바텐다 씨족에게는 코끼리와 양, 하마가 토템이다. 식용이 금지된 다른 동물 중에는 반사카 씨족의 표범과 바푸무 씨족의 개구리, 반탄가 씨족의 흰독수리도 포함된다. 식용금지의 유래에 관한 통가의 전설에 따르면, 오래전 표범을 식용하는 어떤 집단이 있었는데 풍부한 먹을거리를 가진 것을 질시한 다른 사람들이 그 집단을 저주했고, 그에 따라 그들은 특정한 먹을거리에 거부반응을 갖게 됐다고 한다. 저주받은 사람들의 후손들이 씨족이 됐다.

그러므로 통가족 사이에서 환대와 관대의 규범들이 생겨나고 지켜진 것은 어떤 도덕적 책임이 있거나 사람들이 그로부터 얻을 경제적 이득을 의식했기 때문이 아니었다. 규범에서 벗어난 이들에게 가해지는 폭력과 마법, 사회적 추방은 말할 것도 없고 그보다 덜 폭력적인 보복까지 두려워했기 때문이었다. 그들은 국가가 없는 사회에 살았으므로 그들을 보호하거나 분쟁을 해결해줄 수 있는 경찰이나 정부 관리 들이 없었다. 그러나 분쟁을 예방하고 억제하는 여러 규범 덕분에 그들이 고질적인 폭력에 시달리지는 않았다. 요컨대 방문자가 왔고, 주부는 후했고, 그래서 어떤 잠재적 갈등도 피할 수 있었다.

부지런히 일할 필요 없다

홉스는 중앙에 집중된 권위가 없으면 사회는 전쟁 상태에 직면하리라 생각했다. 또한 우리가 제1장에서 봤듯이 전쟁 상태는 경제적 유인을 파괴할 것으

1 신성하게 여기는 동식물이나 자연물

로 예상하면서 '그런 상황에서는 보상이 불확실하므로 사람들은 열심히 일할 필요가 없다'고 썼다. 현대 경제학의 표현을 쓰자면 분쟁과 불확실성은 개인들이 투자의 과실과 그들이 생산하거나 채집하거나 혹은 사냥한 것들에 대한 확실한 재산권을 가질 수 없어서 경제활동이 저해된다는 것을 의미한다.

전쟁 상태의 경제적 영향에 대한 감을 잡을 수 있게 잠시 콩고민주공화국 이야기로 돌아가보자. 제1장 도입부에서 우리는 이 나라 동부, 특히 키부 지역은 민병대와 무장 세력이 사람들을 괴롭히는 곳이라고 언급했다. 실제로 키부 지역에서는 홉스가 흔히 암시하는 것처럼 개인들 사이에서뿐만 아니라 집단 간에도 전쟁이 벌어진다. 그런 집단 중 하나는 고마시에 근거지를 둔 RCD-고마RCD-Goma다. 이 집단은 '민주주의를 위한 콩고인 대회(프랑스어로 'Rassemblement Congolais pour la Démocratie'이며, 약자를 RCD로 쓴다)'의 한 분파로 1996년부터 2003년까지 벌어진, 제1차 콩고전쟁과 아프리카 대전으로도 불린 제2차 콩고전쟁에 뿌리를 두고 있다. 마침내 평화협정이 체결됐지만 RCD-고마는 다른 여러 집단과 함께 계속 싸우면서 지역 주민들을 공포로 몰아넣었다. 2004년 12월 RCD-고마의 한 부대는 북키부의 도시 니아비온도로 접근했다. 이 도시는 또 다른 민병대 마이-마이의 일원들이 보호하고 있었다. RCD는 12월 19일 공격을 개시했다. 그들은 사로잡은 마이-마이 전사들을 꽁꽁 묶어 산 채로 태웠다. 처음에는 사람들이 이른 아침 안개 속에서 들판과 숲으로 도망칠 수 있었으므로 민간인 희생이 적었다. 그러나 RCD는 그들을 끝까지 추적했다. 며칠 안 돼 191명이 무참히 살해당했다. 열다섯 살밖에 안 된 윌리는 국제앰네스티Amnesty International의 조사원에게 이렇게 말했다.

"군인들은 차를 타고 오거나 걸어오면서 사람들을 죽이고 약탈했어요. 제복을 입은 사람들도 있었고 민간인 복장인 사람들도 있었어요. … 주민들은 곧장 숲으로 도망쳤지요. 저는 엄마와 이웃 사람들, 다른 친척들을 포함해 열다섯 명과 함께 있었어요. 군인들이 우리를 찾아내서는 땅바닥에 엎드리게 했고, 거기서 우리는 개머리판으로 맞았지요. [지방자치단체장인] 바로키Baroki도 우리와 함께 있었어요. 군인들이 와서 그를 데리고 가는 걸 제가 봤어요. 그러고 나서 저는 나중에, 일주일 후인 12월 25일에 바로키의 시체를 봤어요. 그는 머리에 총알을 맞았어요. 묶인 채 매질을 당했어요. 시체는 땅바닥에 누워 있었어요."

여덟 살밖에 안 된 어린 소녀들이 강간을 당했고, 2만 5,000명이 살던 곳에서 쫓겨났다. 주민의 재산은 파괴되고 집은 불타서 무너졌다. 니아비온도는 철저히 약탈당했다. 심지어 지붕 위의 기와까지 도둑맞았다.

이는 전쟁 상태가 인간에게 미치는 명백하고 비통한 결과를 보여준다. 전쟁 상태가 경제에 미치는 영향 역시 명백하다. 키부 지역 경제는 황폐화됐고 콩고의 다른 지역 대부분도 마찬가지였다. 전쟁은 비참한 가난을 불러왔다. 콩고의 1인당 소득은 이 나라가 독립한 1960년 당시 소득의 약 40퍼센트 수준이다. 세계 최빈국에 속하는 이 나라의 1인당 소득은 약 400달러로 미국 소득 수준의 1퍼센트도 안 된다. 기대수명은 미국보다 20년 짧다. 콩고민주공화국 상황을 보면 홉스는 옳았다. 인간의 삶은 실제로 '가난하고, 끔찍하고, 잔인하고, 짧다.' 여성의 상황은 그보다 더 나쁘다.

하지만 통가족은 키부 지역 주민들이나 홉스가 묘사한 것처럼 무국가 상태에서 투쟁하는 사람들처럼 보이지는 않는다. 그들에게는 협력과 환대, 관대함을 중시하는 규범이 있다. 통가 사회는 인류가 '협력하는 종'이라는 주장을 뒷받침하는 사례라고 할 수 있다. 그러나 이미 제1장에서 봤듯이 사람들이 그것을 위해 치러야 하는 대가가 규범의 우리에 내재해 있다. 하지만 이제 우리는 규범의 틀이 사회적 선택뿐만 아니라 경제생활도 제약한다는 점을 이해하게 됐다.

열심히 일했던 젊은이가 그의 성공을 질시하는 사람들 때문에 유령과 마법사들에게 곳간을 공격 당할 수밖에 없었던 사례에서 분명히 알 수 있다. 이 규범들이 경제적 유인에 미치는 역효과는 이런 종류의 공격에 국한되지 않는다. 역효과는 재산권 행사도 방해하며, 비록 홉스가 예상한 것만큼 뚜렷한 형태를 취하지는 않더라도 마찬가지로 무국가 사회의 경제를 괴롭힌다. 예를 들어 당신이 열심히 투자하고 생산을 늘렸다고 해보자. 확실한 재산권을 갖고 있으면 당신은 늘어난 생산물을 즐기면서 마음대로 쓸 수 있을 것이다. 당신이 진심으로 우러나오는 관대함을 베풀고 그로부터 즐거움을 얻는다면 그것 역시 일종의 보상이라 할 수 있다. 하지만 규범의 우리에 제약을 받는 다른 여러 경제와 같이, 통가 사회에서 당신은 생산물을 나눠주기를 즐겨서가 아니라 규범을 어기면 당할지도 모르는 사회적 보복, 심하게는 폭력이 두렵기 때문에 생산물을 나눠준다. 이는 당신이 창출한 추가 소득을 넘겨주는 것이기 때문에 설사 자발적인 행동으로 보이고 관대한 관습으로 표현된다고 하더라도 사실상 당신이 확실한 재산권을 가질 수 없다는 의미다. 그에 따른 결과는 홉스가 주목한 것과 별 차이가 없다. 그런 사회에서는 '열심히 일할 필요가 없다.'

통가 사회가 항상 기아에 시달린다는 사실을 보면 이 점은 자명하다. 기아와 구걸은 끊임없이 이어진다. 콜슨은 통가 사람들이 얼마나 위태로운 처지에 처했는지 지적했다.

> 어떤 집에서 보유한 식량이 완전히 바닥나거나 그럴 지경이 되면 먼저 가까이 사는 친척이나 친구 들에게서 식량을 얻으려고 한다. 어린이와 장애인은 아직 식

량이 남아 있는 지역의 친척들에게 보낸다. 남자들은 집에 머물러 있어야 하는 가족들에게 식량을 조금이라도 더 남겨주기 위해 일하러 나가지만, 집에 있는 이들이 배를 곯는 동안 자기는 음식을 먹는다는 생각에 마음이 편치 않다. 지역의 식량 재고가 소진될 때 사람들은 먼 곳에 사는 친척 집을 찾아 몇 마일을 걸어간다. 그들은 흔히 고원지대로 가는데 그곳에서는 그들이 나타나면 구경꾼들이 마치 메뚜기 떼가 내려앉는 것처럼 열광적으로 모여든다.

경제학의 창시자인 애덤 스미스Adam Smith는 인간이 지닌 '교역하고, 교환하고, 거래하는' 성향을 강조했다. 통가랜드에서는 교역하고 교환하고 거래하는 것보다 구걸하는 성향이 더 널리 퍼져 있었다. 콜슨은 '이 계곡에는 내부의 거래를 조직하는 중개인이나 시장이 없었다'며 '보편적으로 받아들이는 교환의 매개도 없었다'고 지적했다.

일종의 교환거래가 있지만 대부분 의무적인 것으로, 거래 상대방 사이에 존재하는 제도화된 관계에 따른 것이다. 한쪽은 받을 권리가 있고 다른 쪽은 줄 의무가 있다.

그 결과 겨우 먹고살 정도의 농업에서 벗어나지 못하고 온갖 경제적 후퇴와 불운에 취약한 사회가 형성됐다. 기술은 정체되고 퇴보했다. 식민지 이전까지 통가 사회는 도자기를 만들거나 물건을 옮기는 데 바퀴를 이용하지 않았다. 이 지역 경제의 주축인 농사는 땅이 기름지지 않아서가 아니라 쟁기 대신 막대기로 땅을 파는 작업을 했기 때문에 비생산적이었던 것이다.

이미 살펴봤듯이 통가 사회에서 규범의 우리는 홉스가 관찰했던 것과 다른 기원을 갖는 것이 아니다. 그런 규범이 여러 곳에서 발전한 까닭은 평등주의가 분명한 정치적 논리를 갖고 있다는 점에서도 찾을 수 있다. 평등주의 규범들은 현재 상태를 유지한다. 평등주의 규범들이 약하거나 존재하지 않으면 계급구조가 출현하고, 미끄러운 비탈이 나타나며, 무국가 상태가 끝난다. 그러므로 아직도 남아 있는 무국가 사회는 보통 평등주의 규범들이 강하고 뿌리 깊다. 이런 규범들은 갈등을 억제하는 데에도 도움을 준다. 갈등이 폭력과 오랜 불화의 형태로 터져 나올 위험이 있다면 치밀하게 짜놓은 경제적 각본에 따라 행동하는 것이 낫다. 새로운 경제활동과 새로운 기회, 새로운 불평등은 새로운 갈등을 낳을 테고, 새로운 갈등은 기존의 규범들로 다루기가 훨씬 더 어렵다. 따라서 전쟁 상태에 빠져들 위험을 지지 않는 편이 낫다. 현상에 머무르는 게 좋다는 뜻이다.

우리에 갇힌 경제

이는 우리가 티브족 사회에서 매우 익숙하게 봤던 상황이다. 제2장에서 다룬 내용을 상기해보자. 티브족은 절대 미끄러운 비탈로 들어서지 않도록 보장하기 위한 일련의 규범을 발전시켰다. 누구든 다른 사람들에게 권력을 행사하기 위해 힘을 축적하려 하면 바로 마녀라는 혐의를 씌워 제자리에 돌려놓았다. 그들이 만들어낸 규범의 우리도 경제적으로 같은 기능을 해서 사실상 '우리에 갇힌' 경제를 형성했다.

티브족은 친족과 혈통에 바탕을 둔 사회였다. 우리가 앞에서 살펴본 것처럼, 티브족 말로 한 조상을 둔 후손들이 차지한 영토를 타르라고 하는데 한 타르 내에서 전통적인 티브 사회에는 찾아보기 어려운 권위를 조금이나마 행사할 사람이 있다면 공동체의 연장자들이었다. 그들은 타르 내 사람들이 겨우 가족의 생계를 꾸려갈 수 있을 만큼의 토지를 배분했다. 생계를 유지할 만큼은 주었지만, 그보다 훨씬 더 많이 준 것은 아니었다. 인류학자 폴과 로라 보해넌이 지적한 것처럼, 어떤 사람이 "그의 여러 아내와 자식들에게 필요한 것보다 훨씬 더 많은 얌을 심어서 소출을 팔아 이웃의 다른 사람들보다 더 많은 돈과 물건을 얻고 싶어 하면 그는 배척당할 가능성이 크다."

티브랜드에는 노동력을 사고팔 수 있는 시장이 없었고, 토지와 자본을 거래할 시장도 없었다. 농업 생산에 이용할 수 있는 것은 가족이나 타르의 노동력밖에 없었다. 남녀 모두 농사를 지었지만, 그들은 각자 특정 작물을 재배했고 여자들만 주식인 얌을 생산했다. 남편들은 아내가 농사를 짓도록 땅을 제공해야 했지만, 그들의 생산물에 대한 당연한 권리를 주장할 수는 없었다. 이렇게 생산한 물건들을 내놓을 시장은 있었다. 하지만 보해넌 부부는 이렇게 말했다.

> "티브족 시장의 가장 뚜렷한 특징은 그 시장이 극히 제한적이고, 사회의 다른 영역들을 좀처럼 침범하지 않는다는 점이다."

실제로 티브족에게는 자유로운 시장이 없었고, 시장은 우리에 갇혀 있었다. 다시 말해 거래를 원활히 하려는 것이 아니라 미끄러운 비탈을 피하려고 구축된 시장이었다.

상품 거래가 엄격하게 제한돼 있었다는 사실만 봐도 그 점을 명백히 알 수 있다. 경제는 서로 다른 영역들로 나뉘었다. 사람들은 한 가지 영역 안에서 거래할 수 있었고 여러 영역에 걸쳐 거래할 수는 없었다. 가장 융통성 있는 영역은 식료품과 생활필수품 시장이었는데, 여기서는 닭과 염소, 양, 가정용품, 회반죽, 맷돌, 호리병박, 항아리, 바구니 같은 다른 수공 제품들이 거래됐다. 이 품목들을 생산하는 데 쓰이는 원자재도 여기에 포함됐다. 이런 것들은 정기적으로 열리는 지역 시장에서 거래됐으며, 가격은 융통성 있게 흥정할 수 있었다. 시장의 거래는 이미 화폐를 이용하는 체제에 적응했다. 그러나 이 영역은 시장에서 거래될 수 없는 위풍재威風財, prestige goods**2**와는 완전히 분리된 채로 남아 있었다. 위풍재에는 소와 말, '투군두*tugundu*'라는 특수한 형태의 흰 직물이 포함됐다. 전에는 노예도 위풍재 범주에 들어갔다. 이 영역에서는 화폐가 쓰이지 않았지만 서로 다른 두 물품 사이에는 교환을 가능케 하는 등가성이 있었다. 예를 들어 역사적으로 노예의 값은 암소와 놋쇠 막대로 매겼고, 암소 가격은 놋쇠 막대와 투군두 천으로 정했다.

우리가 제2장에서 만난 티브족의 연장자 아키가는 다양한 위풍재들이 거래되는 구체적인 방식을 언급했다. "놋쇠 막대 하나는 투군두 천 한 단으로 살 수 있었소. 그 시절에는 투군두 다섯 단이 황소 한 마리에 상당했지. 암소는 투군두 열 단 값이 나갔소. 놋쇠 막대 하나 값은 대략 투군두 천 한 단과 같았으니까 놋쇠 막대기 다섯 개면 황소 하나 값이었지."

현대적으로 보이는 거래가 이뤄지는 경우 거래의 조건은 엄격하게 고정돼 변하지 않았다. 위풍재들이 이런 식으로 교환될 수 있더라도 이는 그 품목들이 사거나 팔린다는 의미는 아니었는데, 보해넌 부부는 그에 관해 "티브족은 암소나 말을 시장에서 사지 않는다"고 밝혔다.

그렇다면 위풍재는 어떻게 손에 넣는가? 생필품에서 위풍재로 옮겨 가는 것은 보해넌 부부가 '전화轉化, conversion'라고 표현한 과정이다. 티브족은 생필품은 열심히 일해서 얻는 성과일 수 있지만, 위풍재는 그렇지 않다고 인식했다. 그것을 얻으려면 "열심히 하는 것을 넘어 '용기'가 필요했다." 상향 전화는 자기가 가지고 있던 위풍재를 내놓아야 하는 누군가가 기꺼이 하향 전

---

2 소비를 통해 신분과 위세를 보일 수 있는 재화

화하려 할 때 가능한 일이다. 그러나 "그들은 누군가가 전화하는 것을 막으려고 애썼다. 왜냐면 그런 사람은 두려움과 존경을 동시에 받았기 때문이다. 그가 친척들의 과도한 요구에도 버틸 만큼 강하다면 … 그는 특별한 잠재력과 사악한 재능(차브)을 가진 사람으로 두려움을 산다."

바로 여기서 우리는 다시 차브 이야기로 돌아온다! 티브족의 규범들은 경제를 우리에 가두고, 생산요소 시장의 근거를 없애버리고, 혈통을 생산의 주된 동인으로 삼았다. 그 대신 서로 다른 친족집단 간 균형을 이루고, 미끄러운 비탈을 피하며, 그들의 현상을 훨씬 더 지속성 있는 상태로 유지했다.

통가족의 강요된 관대함과 같이 티브족의 규범의 우리에 갇힌 경제는 명백히 해로운 영향을 미친다. 시장은 효율적으로 경제를 조직하고 번영시키는 데 결정적으로 중요하다. 그러나 티브족은 시장이 그 구실을 하도록 허용하지 않았다. 거래가 일어나는 경우 상대가격은 흔히 고정됐다. 그 결과 통가족과 같이 극심한 빈곤을 야기했다. 티브족의 제도는 땅을 파는 꼬챙이와 음식 조리 기구 같은 단순한 도구 형태를 제외하면 자본축적의 유인을 거의 창출하지 못했다. 실제로 저축을 하는 것조차 잘못된 차브를 가졌다는 혐의를 받게 될 수 있다 보니, 자본축적은 보복에 대한 두려움 때문에 굉장히 위험한 일로 치부됐다. 그 결과 영국이 티브랜드를 정복하던 시기에 이곳 사람들의 소득은 겨우 살아남을 수 있는 수준에 불과했고 기대수명은 약 30년에 그쳤다.

이븐 할둔과 독재의 주기

통가족과 티브족에 관한 이야기는 무국가 상태가 경제에 미치는 영향에 관한 홉스의 분석이 정확히 맞아떨어지지는 않았다는 것을 시사한다. 이 사회들은 모든 경제적 유인을 파괴하는 빈번한 폭력과 분쟁에 빠져들지 않았다.

물론 콩고의 키부 지역을 보면 중앙에 집중된 권력이 없을 때 사회가 그런 분쟁에서 벗어나지 못하는 사례는 수두룩하다는 사실을 상기할 수 있지만 말이다. 어쨌든 갈등을 억제하려고 만든 이 사회의 규범들은 결국 극히 왜곡된 유인을 창출했으므로 홉스의 결론은 완전히 빗나가지는 않은 것으로 드러났다.

독재적 리바이어던은 안전과 예측 가능성, 질서를 만들어낼 터이므로 더 나은 경제적 유인을 낳으리라는 홉스의 생각 또한 옳을까? 이것 역시 홉스의 주장은 부분적으로만 맞는데, 독재적 리바이어던이 만들어낸 경제의 양면성을 이해하려면 무엇보다 아랍의 위대한 학자 이븐 할둔Ibn Khaldun의 이야기부터 풀어나가는 것이 좋다. 서기 1332년 튀니스에서 태어난 할둔의 조상은 예멘을 통해 무함마드까지 거슬러 올라간다. 할둔은 몽골의 정복자인 '절름발이 티무르Tamerlane**3**'와 만난 것을 포함해 놀라운 삶을 살았다. 그의 가장 저명한 학문적 업적은 '교훈의 책'인 《성찰의 서Kitab al-Ibar》이며, 그 첫 권으로 '*무카디마Muqaddimah*'라고 하는 《역사서설》(이븐 할둔 저, 김호동 역, 까치, 2003)은 독재국가가 경제에 미치는 영향을 이해하는 데 특히 유용하다.

할둔의 《역사서설》은 풍부한 사상을 담고 있다. 이 책은 아라비아반도에서 국가의 출현이 경제에 미친 영향을 추적할 뿐만 아니라 그가 사회의 두 가지 근본적인 갈등이라고 보는 것들에 바탕을 두고 정치제도의 동학動學에 관한 이론을 제시한다. 그 첫째는 유목 생활을 하는 사막과 정주하는 도시 사회 간의 갈등이다.

둘째는 지배자들과 피지배자들 간 갈등이다. 할둔은 사막의 모질고 주변적인 삶이 만들어낸 사회 유형을 고려할 때 첫 번째 갈등은 사막 사람들에게 유리한 쪽으로 기울 가능성이 크다고 주장했다. 사막의 사회는 그가 *아사비*

3 서양에서 부르는 티무르Timour의 별칭

야*asabiyyah*라고 부르는 특징을 나타냈다. 아사비야는 사회적 결속이나 집단 의식group feeling**4**이라고 할 수 있다. 아사비야는 이제는 익숙한 개념이 됐다. 그것은 무국가 사회의 규범이 만든 우리의 일부였지만, 할둔은 이 규범에 새로운 관점을 도입했다. 지금까지 우리가 보기에 아사비야는 유목 사회에서 분쟁을 규제하고 정치적 평등을 보존하는 데 도움을 주는 것이었다. 할둔은 아사비야가 또한 유목 사회가 능숙하게 이웃의 정주민을 정복하도록 도움을 준다고 지적했다.

우리는 제3장에서 이슬람이 어떻게 국가를 건설하기 위해 노력하는 무함마드에게 경쟁우위가 될 수 있었는지 봤다. 이 과정에서 무함마드가 의지한 베두인Bedouin 부족은 아사비야를 많이 갖고 있었고, 이는 그와 추종자들이 이슬람 국가를 거대한 제국으로 확장하는 데 두 번째 경쟁우위를 제공했다. 할둔의 설명에 의하면 이 우위는 사막의 경제적 고난뿐만 아니라 사막의 거친 환경에서 서로 도움을 주도록 진화한 친족 관계의 치밀한 연결망에서 생겨났다. 사막은 언제나 정주 세계를 정복하고 새로운 국가와 왕조를 형성하도록 예정되어 있었다.

그러나 할둔은 사막 사람들이 '문명의 땅civilized land'을 정복하고 스스로 힘의 우위를 차지하는 데 아사비야가 도움을 줬지만, 그 권력에 내재하는 동학은 필연적으로 아사비야의 부식을 초래하고 결국 베두인족과 같은 집단이 세운 국가의 붕괴로 이어졌다고 주장했다. 그런 다음에 사막에서 새로운 집단이 무너진 국가를 대체하면서 순환주기 전체가 다시 시작된다는 것이었다. 할둔의 말을 들어보자.

---

4 'group consciousness'라고도 하며, 한 집단의 구성원들이 다른 구성원과 어울리며 공동의 목표를 위해 함께 행동하고자 하는 욕구를 뜻한다.

> 한 왕조가 생존하는 기간은 보통 세 세대를 넘지 않는다. 첫 세대는 사막인의 자질과 사막인의 강인함, 사막인의 야만성을 유지하고 … 그들 사이에 집단의식의 힘이 보존되지만 … 두 번째 세대에서는 사막인의 태도가 정주 문화로 바뀌고 … 모두가 영광을 공유하는 국가에서 한 사람이 스스로 모든 영광을 주장하는 국가로 바뀌며 … 사람들은 굽실거림과 복종에 익숙해지고 … 세 번째 세대는 … 이미 사막에서 살던 때를 완전히 잊어버렸고 … 사막인들은 힘에 지배되기 때문에 집단의식을 … 잃어버렸으며 … 새로 나타난 누군가가 사막인들에게 뭔가를 요구하면 그를 물리칠 수 없다.

할둔의 통찰력 있는 분석은 또한 지배자와 피지배자 간 갈등이 어떻게 작용하는지 잘 보여준다. 사막을 떠나 도시로 들어온 후 '한 사람이 스스로 모든 영광을 주장하고', 그러는 동안 대다수 사람은 '굽실거림과 복종에 익숙해진다.' 할둔은 새 왕조가 약 120년 동안 존속한다고 봤다.

—

이런 정치적 동학과 그 경제적 영향을 더 자세히 파고들기 전에 앞 장에서 남겨둔 역사로 되돌아가서 무함마드가 죽은 후 어떤 일이 벌어졌는지 역사를 따라가보는 것도 좋겠다. 무함마드가 시동을 건 아랍 정복은 개인적으로 그와 가까운 관계에서 권위를 얻은, 칼리프Caliph로 불리는 네 명의 지도자가 이어갔다. 그들은 아부 바크르Abu Bakr와 우마르Umar, 우스만Uthman 그리고 무함마드의 사촌이자 사위로 661년에 암살당한 알리Ali였다. 알리는 새롭게 부상한 국가를 어떻게 통치해야 하느냐를 둘러싼 다툼이 끝나는 시점에 살해됐다. 우스만은 이 신생국가에 대한 중앙의 통제를 공격적으로 확대하려다 반란군 병사들에게 살해당했다. 알리의 승계자로는 우스만의 사촌이자 시리아 총독인 무아위야Muawiya가 도전했다. 이는 오랜 내전으로 이어졌고, 전쟁은 알리가 죽고 무아위야가 칼리프로 선포되면서 끝났다. 그가 세운 우마이야Umayyad왕조는 750년 무함마드의 숙부 압바스Abbas의 이름을 딴 압바시야Abbasid왕조로 대체될 때까지 약 100년 가까이 통치했다. 우마이야왕조가 부상할 때 이란과 이라크, 시리아, 이집트가 정복됐고, 711년에 최종적으로 완성된 북아프리카의 병합이 깊숙이 진행되고 있었다. 8세기 중반까지 스페인의 대부분 지역이 정복되고 아시아 안쪽의 넓은 지역이 제국의 영토로 추가됐다.

정복한 땅에서 우마이야왕조는 처음에 그들이 대체한 (시리아와 팔레스타인, 이스라엘, 이집트의) 비잔틴제국과 (이라크와 이란의) 사산Sassanid제국의 기존 제도 위에 아랍 전사계급의 지배체제를 겹쳐놓았다. 칼리프 압드 알-말리크Abd al-Malik가 권좌에 오른 685년에 가서야 우마이야왕조는 새 수도 다마스쿠스를 기반으로 더 뚜렷한 국가체계를 세우기 시작했다. 그러나 엄밀히 우마이야왕조는 실질적인 중앙집권적 국가를 건설한 적이 없었고, 그 뒤를 이은 압바시야왕조도 마찬가지였다. 그들의 군대는 넓은 지역을 차지하며 엄청나게 효과적임을 입증했지만, 점령을 넘어 진정한 지배체제로 전환하고 점령지 사람들의 충성을 얻는 일은 훨씬 더 어려웠다. 우마이야와 압바시야 왕조들은 그 후 제국의 지방을 다스리고, 세금을 걷고, 질서를 유지하기 위해 점점 더 지역 엘리트층에 의존했다. 엘리트층의 지지를 받기 위해 그들은 '징세 도급tax farming[5]' 제도를 도입해 일정한 금액을 받고 세금을 거둘 수 있는 권리를 팔았다. 일단 다마스쿠스 정권이 준 징세권과 그다음에

---

5 문자 그대로는 '세금 농사'

권력을 잡은 압바시야왕조의 바그다드 정권이 준 징세권을 갖게 되면 엘리트층은 지역사회에 어떤 세금이든 맘대로 부과할 백지수표를 쥐는 셈이었다. 이로 인해 징벌적으로 높은 세율의 과세와 엘리트층의 토지 축적이 함께 이뤄졌던 것으로 보인다. 엘리트층은 그들이 부과한 세금을 낼 형편이 안 되는 사람들에게서 토지를 넘겨받았기 때문이다. 제국의 이런 정치체제는 결국 자멸을 불러왔다. 지역의 엘리트층은 자기들을 세습 총독으로 지명해달라고 요구했고 질서를 유지하기 위해 자체 군대를 모집했다. 곧 바그다드는 그들에 대한 통제력을 잃었다. 제국은 분열되면서 945년 마침내 붕괴했다.

할둔에게는 이 모든 일들이 전혀 놀랍지 않았다. 그는 권력의지에 대한 확고한 믿음을 가지고 이렇게 지적했다.

> 인간에게는 모든 사회조직에서 구성원들이 서로 싸우지 않도록 억제하는 영향력과 중재자로 행동할 누군가가 필요하다. 집단의식에서 그 사람은, 그래야 할 필요가 있으므로, 다른 이들에 대한 우월적 지위를 가져야 한다. 그러지 않으면 억제력을 행사하는 힘이 발휘되지 않을 수 있다.

무함마드가 메디나에서 그랬던 것처럼 그런 역할을 하는 사람이 집단의 인정을 받으면 지도자가 되며, "지도자의 지위는 그가 우두머리라는 뜻이고, 다른 사람들이 그에게 복종하지만 그가 자신의 지배를 받아들이도록 강요할 권력을 갖는다는 뜻은 아니다." 그러나 할둔은 일단 그런 지도자가 나타나기만 하면 곧바로 사회를 미끄러운 비탈로 끌고 갈 가능성이 크다는 점을 이해했다. 실제로 "집단의식을 공유하는 어떤 사람이 영수의 지위에 올라 다른 이들이 그에게 복종하게 되고, 그가 우월적 지위와 무력 사용으로 가는 길이 열려 있음을 발견하면 그는 그 길을 따른다." 이렇듯 집단의식은 모두가 동등하게 갖는 것이 아니므로 그 의식은 가차 없이 "우월적 지위와 무력에 의한 지배력을 의미하는" 왕의 권력을 낳게 되는 경향이 있다.

그러나 일단 권력을 잡으면 새로운 왕조의 통치자들은 "그들의 권력을 유지하는 데 많은 집단의식이 필요하지 않을 것이다. 정권에 복종하는 것은 마치 신성한 힘이 드러낸 바꿀 수도 반대할 수도 없는 계시를 따르는 것과 같다." 그러므로 할둔은 그의 세대 이론에 따라 한 왕조의 통치자들은 그들의 집권을 도와줬던 사람들을 멀리하고 그들의 제국 안에 있는 새로운 집단들과 관계를 형성하기 시작한다고 주장했다. 이는 일단 새로운 땅을 정복하고 난 후 제국을 창설하는 과정의 본질적인 부분이었다. 이런 땅은 이미 누군가가 차지하고 있었고 흔히 엘리트와 유력자들이 통제했으므로 새 왕조는 그들과 어떤 협정을 맺고 충성을 얻어내거나, 아니면 끊임없는 반란에 직면해야 했다. 그 왕조의 성격이 바뀌고 아사비야가 부식되면서 폭정이 나타났다. 할둔의 표현에 따르면 "아랍의 집단의식이 사라지고, 아랍 인종이 소멸하고, 아랍주의Arabism가 완전히 파괴되면서 칼리프 국가는 정체성을 잃었다. 정부 형태는 순전히 왕권으로 다스리는 단순한 형태였다. 그 결과도 단순했다.

> 종교의 억제력은 약화됐다. 정부와 집단의 억제력이 필요했다. …
>
> 왕의 권력은 우월적 지위와 강제력을 요구한다. … 그러므로 통치자의 결정은 일반적으로 옳은 길에서 벗어날 것이다. 통치자는 보통 자신의 의도와 요구에 따르라고 백성들에게 강요하고 그에 따르는 것은 백성들의 능력을 벗어난 일일 터이므로 통치자의 결정은 그의 통제 아래 있는 백성의 현실적인 문제에 대해 파괴적인 영향을 미칠 것이다. … 불복종은 쉽게 드러나며 곤경과 유혈을 초래한다.

여기서 할둔은 새로운 왕조의 창건이 지니는 경제적인 함의를 암시한다.

왕조의 초기에 집단의식의 힘과 '종교의 억제력'이 작동할 때는 경제적 번영의 잠재력이 있었다. 그러나 나중에는 '왕권'이 스스로 공고해지고 경제정책은 '백성의 현실적인 문제에 대해 파괴적'인 것으로 바뀌었다. 우리가 다음에 논의할 과세 문제는 할둔의 세대 이론이 갖는 경제적 함의를 무엇보다 잘 보여준다.

이븐 할둔, 래퍼곡선을 발견하다

> 왕조의 초창기 과세에서는 소액을 부과해 많은 세수를 올렸다는 것을 알아야 한다. 왕조 말기의 과세는 거액을 부과해 적은 세수를 올렸다.

할둔은 1980년대 초 미국 대통령 로널드 레이건Ronald Reagan이 널리 퍼트린 경제적 신조인 레이거노믹스Reaganomics를 미리 내다보기라도 한 듯이 이렇게 말했다. 레이거노믹스의 기초 가운데 하나는 워싱턴 D.C.의 투콘티넨츠 레스토랑에서 경제학자 아서 래퍼Arthur Laffer가 냅킨 위에 처음으로 밑그림을 그린 것이다. 래퍼는 공화당의 떠오르는 별이었던 도널드 럼즈펠드Donald Rumsfeld와 딕 체니Dick Cheney, 저널리스트 주드 와니스키Jude Wanniski에게 그가 재정정책의 기본적인 원칙이라고 여기는 것을 설명하려 애쓰고 있었다. 그 그림은 정부가 부과한 세율과 세수 총액 간의 관계를 혹처럼 생긴 그래프로 그린 것이었다. 세율이 낮을 때, 세율을 올리면 정부가 모두의 소득에서 더 큰 몫을 가져가게 된다는 단순한 원리로 세수가 늘어나는 경향을 보인다. 그러나 세율이 너무 높아지면 열심히 일하고 노력하며 투자해서 창출한 소득을 정부가 가져가기 때문에 그 모든 활동을 할 유인이 억눌려 없어지게 된다. 그 결과 세율이 징벌적으로 높아지면 경제활동뿐만 아니라 세

수도 줄어들기 시작한다. 이는 세율이 100퍼센트에 근접해서 추가 소득을 전부 정부가 가져가고 소득을 창출할 유인이 거의 사라지는 극단적인 경우를 보면 확실히 알 수 있다. 이 경우에는 세율이 극히 높아도 세수는 전혀 없을 것이다. 와니스키는 이런 관계를 나타내는 혹 모양의 그래프에, 밑그림을 그린 이에게 경의를 표하는 차원에서 래퍼곡선Laffer curve이라는 이름을 붙였다. 럼즈펠드와 체니를 흥분시킨 래퍼곡선의 시사점은 사람들이 더 낮은 세율이 만들어낸 더 강력한 유인에 반응함에 따라 세율을 내리면서도 세수를 늘릴 수 있다는 것이었다. 이는 역사상 가장 엄청난 윈윈win-win 상황으로, 곧바로 레이건 대통령의 경제정책에 반영됐다.

물론 레이건이 대통령이 될 당시의 미국처럼 실제 세율이 100퍼센트에 상당히 못 미치는 현실에서 과연 세율 인하가 세수를 늘려줄지는 의심해볼 여지가 있다.

중동에서 경제적 동학에 관해 할둔이 한 분석은 더 탄탄한 경험적 기반을 두었는데, 그의 래퍼곡선 개념은 래퍼가 럼즈펠드와 체니에게 설명한 것과는 조금 달랐다. 그것은 세대 이론에 바탕을 두었다. 우선 새로운 왕조는 아직 아사비야가 남아 있어서 "자선세와 토지세, 인두세처럼 종교 법률이 규정하는 세금만 부과한다." 이는 경제에 유익한 효과를 내는데, 왜냐면 "백성에게 물리는 세액과 부과금이 적을 때 그들은 일할 의욕과 욕구를 갖게 되기 때문이다. 이때 경작사업cultural enterprise들이 성장하고 증가한다. … 경작사업이 성장할 때 … 개별 세액의 총합인 세수는 증가한다."

여기서 할둔은 낮은 세율이 그가 '경작사업'이라고 표현한 경제활동을 자극하고, 이는 래퍼곡선이 예상하는 것처럼 세수 확대로 이어진다고 지적했다. 아랍 정복의 결과로 정확히 이런 일이 일어났음을 보여주는 증거가 있다. 우마이야왕조는 무함마드의 가르침에서 나온 공통의 법률체계를 가지고 광범위한 지역을 하나의 언어와 하나의 종교, 하나의 정부체계 아래 통합했다. 이 거대국가가 경제에 미친 영향 중 중요하게 꼽을 수 있는 것은 교역과 상업 활동 확대였다. 어쨌든 무함마드의 뿌리는 상인이었다. 지리학자 알무카다시al-Muqaddasi는 10세기에 바그다드와 지금의 이란 북동부인 호라산-트란스옥사니아 사이에 거래된 물품 목록을 수집했다. 목록은 나이사부르에서 가져온 '팔찌, 고급 털실로 만든 모직 의류와 쇠뿐만 아니라 비단이나 무늬 없는 비싼 천으로 만든 면사포와 터번을 포함한 의류와 피복 열한 개 품목'에서 시작해 하라트에서 온 '옷감, 저급 비단 문직紋織, 호박단, 건포도, 당밀, 철강, 피스타치오, 과자' 그리고 사마르칸트에서 온 '은색 직물(심군, simgun), 사마르칸트 특산품, 큰 구리 그릇, 장식 잔, 천막, 등자鐙子, 말 머리 굴레와 고삐'까지 몇 쪽에 걸쳐 계속된다. 이 교역에는 거대한 규모의 여행이 수반되는데, 그중 가장 인상적인 장면은 아마 해마다 메카로 가는 순례인 하지hadj일 것이다. 제국 전역에서 신도 수십만 명이 모여드는 순례는 신앙뿐만 아니라 교역 측면에서도 엄청난 기회였다.

칼리파체제의 부상에 따른 경제적 이득을 보여주는 또 다른 증거 하나는 농업혁명이었다. 한편으로 그것은 교역이 늘어나면서 이전보다 훨씬 큰 시장을 창출한 결과였다. 아랍 정복 후 그전에는 이 지역에서 자라지 않았던 온갖 농작물이 지역 전체로 퍼져나갔다. 쌀과 수수, 경질 밀, 사탕수수, 면화, 수박, 가지, 시금치, 아티초크, 신 오렌지, 레몬, 라임, 바나나, 플랜틴[6], 망고, 코코야자와 같은 작물들이다. 이런 작물 중 여러 종은 열대지방에서 자라다 보니 더 선선하고 마른 지역에 심었을 때 기르기가 쉽지 않았고, 농업의 중대한 재편이 필요했다. 그전에는 겨울철에 작물을 재배해 봄에 수확

6 요리용 바나나

했다. 땅은 더운 여름 몇 달 동안 묵혀 두었다. 그러나 열대지방에서 온 새 작물은 여름에 무성하게 자라서, 생산 체제가 재구축되고 밀집화됐다. 중동에서 아랍 정복이 이뤄지기 전에 비잔틴의 관습은 2년마다 한 번씩 작물을 심는 것이었다. 이제는 예컨대 겨울에 밀을 키운 다음 여름까지 수수나 면화, 혹은 쌀을 기르는 것처럼 한 해 두 차례 작물을 재배했다. 이 모든 혁신을 기록한 아랍 농사 편람은 제국 전역에 모범 관행을 전파하는 데 도움을 줬다.

이처럼 생산력이 강화되면서 비료와 관개도 필요해졌다. 아랍이 정복한 지역에서는 이미 다양한 형태의 관개시설이 작동하고 있었지만, 비잔틴과 페르시아 사산제국이 있던 곳에서는 곳곳에서 관개시설이 붕괴되고 있었다. 아랍인들은 시설들을 수리하고, 새로운 형태의 둑, 지하수를 길어 먼 곳까지 끌어가는 지하수로, 강과 운하, 샘, 저수지에서 물을 긷는 다양한 수차를 비롯해 새로운 공공 기반시설을 대대적으로 건설했다. 기반시설 투자는 새로운 기술에 바탕을 둔 것이 아니라 기존의 기술적 노하우를 채택하고 효율적으로 이용한 것이었다. 그런데도 이는 경제적 측면에서 생산능력을 크게 늘려주었다.

무함마드의 정치적 지도력을 바탕으로 부상한 국가는 새롭게 만든 관개시설을 구축하고 유지하는 데 결정적인 역할을 했다. 국가는 민간의 개인들에게도 보완적인 투자를 하라고 장려했다. 이처럼 관개시설 투자가 늘어난 이유는 단지 칼리파체제와 더불어 정치적 안정성이 비교적 높아졌기 때문만은 아니었다. 메디나가 오아시스였는 데다 분쟁을 해결하는 역할을 맡은 무함마드가 물과 관개를 둘러싼 갈등을 다루면서 투자를 촉진하는 법률체계의 기초를 이루는 일련의 선례를 만든 덕분이기도 했다. 특히 중요한 지점은 그런 판결을 통해 물에 대한 권리를 부족이나 씨족 집단에 부여하지 않고 개인에게 주었다는 사실이었다. 이런 판결은 투자 유인을 개선하고 개인 간 분쟁을 누그러뜨렸다. 다른 법률들을 통해서는 최초로 개간해 경작하게 된 땅에 대해서는 명백한 사적 소유권을 부여하고, 생산물에 대한 세금을 10분의 1로 제한함으로써, 직접적으로 생산을 장려했다.

그러나 이런 초기의 혜택은 곧 그런 조치로 창출된 탄력적인 세수와 더불어 증발해버렸다. 할둔은 이런 초기의 경제발전은 지속될 수 없다는 점을 분명히 했다.

> 왕조가 계속 집권하고 통치자들이 대대로 서로를 따를 때 … 베두인족이 지닌 중용과 절제의 자질은 사라진다. 폭정을 하고 정주 문화에 물든 왕의 권력이 … 모습을 드러내고 … 백성들, 농업 노동자와 농민, 다른 모든 납세자에게 물리는 개별적인 부과금과 세액이 늘어나며 … 관세를 상업용 물품에 매기고 도시 관문에서 물리며 … 결국 각종 세금이 백성들을 무겁게 내리누르고 그들에게 과중한 짐을 지우고 … 그 결과 백성들이 소득과 이득을 지출 및 세금과 비교할 때 이윤을 거의 내지 못한다는 것을 알게 되고 모든 희망을 잃기 때문에 경작사업에 대한 백성들의 관심이 사라져버린다. 그러면서 대다수가 경작활동을 꺼리게 된다. 그 결과 세수 총액은 줄어든다.

세수가 감소함에 따라 "통치자는 새로운 종류의 세금을 고안해야 한다. 그는 상업에 세금을 부과한다. 그는 시장에서 결정된 가격과 도시 관문을 지나는 온갖 수입품에 특정한 금액의 세금을 매기고 … 사업은 줄어들고 … 이런 상황은 왕조가 해체될 때까지 점점 더 나빠진다. 이런 일은 대부분 압바시야와 우바이드-파티마Ubaydid-Fatimid왕조의 말기에 동쪽 여러 도시에서 벌어졌다." 파티마왕조는 무함마드의 딸 파티마Fatima의 이름을 딴 세 번째 칼리프 국가로, 10세기 초부터 12세기 말까지 북아프리카를 지배했다.

기존의 증거는 할둔의 설명을 뒷받침한다. 토지에 대한 세율은 아랍 정복 후 가차 없이 높아진 것으로 보이지만 세수는 줄었다. 예를 들어 이라크의 세수는 정복 후 1,280만 디나르에서 우마이야왕조 말에 830만 디나르, 819년에 500만 디나르, 870년에 300만 디나르 조금 넘는 수준으로 감소했다. 이집트와 메소포타미아의 자료도 같은 이야기를 들려준다.

한 가지 공통적인 대응 방식은 통치자가 "(자신의)세수를 늘리기를 바라며 직접 상업과 농업에 나서는" 것이었다. 하지만 할둔은 그것이 그 사회의 민중에 대단히 해로울 수 있다는 사실을 알았다. 왜냐면 "그토록 더 많은 돈을 가진 통치자가 백성들과 경쟁하면, 그들 중 누구도 더는 원하는 물건을 얻기가 어렵고, 모두가 걱정하고 불행하다고 느낄 터이기 때문이다. 더욱이 통치자가 많은 농업 생산물과 이용 가능한 상품을 전용할 수 있고… 그는 무력을 사용하거나 최대한 싼값에 물건들을 다 매집함으로써 그렇게 할 수 있다. 게다가 감히 그와 경쟁해서 더 높이 값을 부르는 이는 아무도 없을 것이다. 그러므로 그는 판매자가 값을 내리도록 강요할 수 있게 될 것이다." 다른 한편으로 그 통치자가 상품을 팔 때는 모두가 비싼 값을 치르도록 강요한다. 따라서 통치자와의 경쟁은 "농민이 농업을 포기하고 상인이 사업에서 퇴출당하는" 상황을 만들어낸다.

우마이야와 압바시야왕조의 국가가 해체됨에 따라 징세 도급의 영향이 커진 데다 실효성 있는 관료적 운영체계를 구축할 수 없었던 무능력이 겹쳐서 기반시설은 퇴락하고, 농민들이 지방 엘리트층에 휘둘렸기 때문에 투자는 줄어들었다. 실제로 평범한 농민들은 먹고살 길이 전혀 없다는 생각에 땅을 버리고 소읍과 도시로 이주해간 것으로 보인다. 엘리트층이 경제에 개입하면서 정확히 할둔이 지적했던 파장이 나타났다.

할둔은 자신의 이론이 압바시야왕조의 붕괴를 어떻게 설명하는지 명백히 밝혔다.

알무타심al-Mutasim과 그의 아들 알와티크al-Wathiq가 통치하던 시기에 이르자 아랍의 집단의식은 파괴됐다. 그들은 그 후 페르시아와 터키, 다일람, 셀주크, 다른 종속국들의 도움을 받아 정부에 대한 지배력을 유지하려고 애썼다. 그다음 (비아랍국인) 페르시아와 종속국들이 제국의 여러 지방을 지배할 권력을 얻었다. 왕조의 영향력은 갈수록 줄어들어 더는 바그다드 일대 이상 확장하지 못했다.

야누스의 얼굴을 한 독재적 성장

할둔의 이론은 독재적인 국가체제가 경제에 미치는 영향을 훌륭하게 묘사한다. 이는 할둔이 가정한 대로 좋은 것 다음에는 나쁜 것이 오는 식의 순환주기가 어떤 '역사적 법칙'이어서가 아니라, 그것이 독재체제하의 경제가 항상 구현하는 좋은 점과 나쁜 점을 둘 다 강조하기 때문이다.

국가는 질서와 안정, 평화를 증진한다는 측면에서 여러 혜택을 제공할 수 있다. 국가는 경제의 거래 과정에서 불가피하게 나타나는 분쟁에 대해 투명성과 예측 가능성을 부여하는 법을 집행할 수 있다. 또 시장과 교역을 확대하는 데 도움을 준다. 국가 그리고 국가에 대한 통제력을 가진 국가건설자들은 또한 래퍼곡선을 이야기할 때와 같은 논리로 재산권을 보호해야 자신들에게 이익이 된다는 점을 알게 될 것이다. 재산권과 국가 정책에 대한 예측 가능성이 없으면 마치 모두가 100퍼센트 가까운 세율에 직면하는 것과 같다. 세율이 그처럼 높으면 사람들이 생산하고 일하고 거래하고 투자할 유인을 잃어버리게 되고, 그 결과 국가가 얻을 세수는 대부분 사라질 것이다. 전혀 바람직한 결과가 아니다. 따라서 세율을 낮게 유지하는 것이 낫다. 그렇게 되면 경제활동은 번창할 수 있고, 그에 따른 혜택은 독재적 리바이어던뿐만 아니라 사회 전체에 돌아간다. 국가건설자들이 공공서비스와 기반시설 그리고 생산성과 경제의 활동성을 높여줄 교육까지 제공하는 것이 그들의 이익에 부합한다고 보는 이유도 같은 논리로 설명할 수 있다.

이런 것들은 모두 독재적인 리바이어던이 전쟁 상태나 규범의 우리보다 더 나은 경제적 기회와 유인을 창출할 수 있음을 시사한다. 독재적 리바이어던은 사회를 조직하고, 법체계를 구축하고, 직접 경제성장을 자극하기 위해 투자도 할 수 있다. 이것이 바로 우리가 말하는 '독재적 성장despotic growth'의 요체다.

이슬람 국가의 역사는 이런 유형의 성장을 명확히 보여준다. 그 전에 메디나를 지배했던 서로 적대하는 씨족들과 달리 분쟁을 해결하고 법을 집행하는 무함마드의 능력은 경제활동을 자극했다. 무함마드의 국가가 분쟁이 확대되는 것을 막고 그가 아라비아 부족들을 통일한 후 약탈을 멈추게 하면서 메디나 사람들의 재산권은 더 안전해졌다. 같은 요인들이 교역도 촉진했다. 우리가 조금 전에 살펴본 것처럼 이 원시국가는 둑과 지하수로, 다른 관개시설을 비롯한 새로운 공공 기반시설 투자를 기획했다. 그 결과 농업 생산성이 크게 높아졌다. 대체로 무함마드가 오기 전에 메디나가 가고 있는 방향과는 전혀 다른 길이었다.

그러나 리바이어던이 야누스의 얼굴을 한 것과 같이 독재적 성장도 두 얼굴을 가졌다. 할둔은 이 점 역시 매우 명민하게 이해했다. 그는 민중의 통제나 국가의 책임성을 확보할 기제가 없는 독재국가의 경우 틀림없이 점점 더 많은 정치적 권력을 손에 넣게 돼 있다는 사실을 알았다. 더 많은 권력을 잡을수록 경제적 혜택의 독점은 더 심해지고 국가가 보호해야 할 재산권을 침해하려는 유혹은 더 커져서, 이런 국가는 래퍼곡선을 따라 세율이 너무 높고 몰수 위험이 너무 커져 시민들의 생계뿐만 아니라 국가의 세수까지 타격을 받기 시작하는 지경까지 전락해간다. 할둔은 사실 국가가 사회를 배반하는 이 단계에 필연적으로 이르게 된다고 봤다. 독재적 성장의 열매는 결국 고갈될 뿐만 아니라 리바이어던의 무서운 얼굴이 예상될 때는 독재적 성장으로 창출된 혜택이 훨씬 더 빨리 줄어든다는 뜻이었다. 할둔은 그 의미를 시적 언어로 표현했다.

누에가 실을 내고 이후 결국 자신이 지은 고치 안에서 최후를 맞는 것처럼.

독재적 성장이 제한적인 수준에 그치리라고 보는 두 번째 이유 역시 근본적이다. 우리가 전작 《국가는 왜 실패하는가Why Nations Fail》(대런 애쓰모글루·제임스A. 로빈슨 저, 최완규 역, 시공사, 2012)에서 강조했듯이 지속적인 경제성장을 이루려면 안전한 재산권과 교역, 투자뿐만 아니라 혁신과 끊임없는 생산성 향상이 필요하며 후자가 더 중요하다. 이런 것들은 독재적 리바이어던이 매섭게 지켜보는 가운데서는 이루기가 훨씬 더 어렵다. 혁신에는 창조성이 필요하며, 창조성에는 개인들이 두려움 없이 행동하고, 실험하고, 설사 다른 이들이 좋아하지 않더라도 자기 뜻에 따라 스스로 진로를 결정할 수 있는 자유가 필요하다. 이런 자유는 독재체제 아래서는 지속하기 어렵다. 한 집단이 나머지 사회를 지배할 때 기회는 모두에게 열려 있지 않고, 자유가 없는 사회에서는 다른 경로와 실험에 대한 관용도 부족하다.

실제로 이런 이유로 우리는 전작에서 여기서 독재적 성장이라고 부르는 것과 매우 유사한 '착취적 성장extractive growth'은 제한적인 수준에 그치며 장기적이고 지속적인 번영의 토대가 될 가능성이 매우 낮다고 주장했다. 우리는 이처럼 제한적인 착취적 성장의 특성을 몇 가지 예를 들어 보여주었으며,

기적적인 성장을 이룬 소련의 부상과 몰락이 가장 단순한 사례였다. 소련은 제조업에 이어 우주개발 경쟁과 군사 기술에 대대적으로 투자하면서 자원을 쏟아붓는 방식으로 경제를 조직할 수 있었다. 하지만 경제가 정체되고 붕괴하는 것을 막기 위한 충분한 혁신과 생산성 향상을 이뤄낼 수 없었다. 소련의 사례는 제도와 사회 중 어느 것에서도 제약을 받지 않는 지배자가 성장을 뒷받침하는 것이 자신의 이익에 도움이 된다고 생각할 때 착취적 성장이 이뤄진다는 사실을 잘 보여준다. 하지만 그렇더라도 그 지배자는 혁신을 조직하거나 명령할 수 없을 것이다. 그는 사람들의 창조성을 가장 잘 활용하기 위해 기회를 폭넓게 배분하는 기반을 확보할 수도 없을 것이다. 민중의 통제나 사회의 적극적인 참여, 혹은 진정한 자유가 전혀 없는 가운데 독재적 리바이어던이 만들어낸 성장의 경우도 마찬가지다.

쪼개진 노에 관한 법

카메하메하는 하와이제도를 통일할 당시 독재적 성장이 국가건설자들에게 주는 혜택을 잘 이해하고 있었다. 그가 정복을 모두 마친 다음에 처음으로 통과시킨 법은 '쪼개진 노에 관한 법Law of the Splintered Paddle'이었다. 법조문은 이렇다.

> 오, 나의 백성이여, 너희 신들에 경배하라.
> 고귀하거나 비천한 사람 모두 [그 권리를] 똑같이 존중하고,
> 반드시 우리의 노인과 우리의 부녀자와 우리의 자녀가
> 위해의 두려움 없이 길가에 누워 잘 수 있도록 하라.
> 불복하면 죽으리라.

이 법은 하와이 역사에서 너무나 중요하다고 여겨져서 1978년에는 주 헌법 제9조, 제10항으로 들어갔다. 그 조문은 이렇다.

> 공공 안전. 카메하메하 1세가 공포한 쪼개진 노에 관한 법, 마말라-호에 카나와이mamala-hoe kanawai는 모든 노인과 여성, 아동이 길가에 안전하게 누울 수 있도록 하라는 것으로서, 공공 안전에 관한 주 정부의 관심을 보여주는 독특하고 현존하는 표상이 될 것이다.
>
> 주 정부는 사람과 재산에 대한 범죄로부터 주민들을 안전하게 보호하기 위한 권한을 보유할 것이다.

법의 본래 취지는 이 신생 주가 사람이나 재산에 대한 부당한 공격을 용인하지 않으리라는 의지를 보여주는 것이었다. 법의 이름은 카메하메하가 젊은 전사로서 하와이섬 남동쪽에 있는 푸나해안을 습격했을 때, 어획물을 빼앗으려고 어부들을 공격하려 했던 사건과 관련이 있다. 제3장의 〈지도 6〉을 보라. 카누에서 뛰어내려 해안에 오른 카메하메하는 용암으로 생긴 갈라진 바위 틈에 발이 끼었는데 어부 중 한 명이 용감하게 다가와 들고 있던 노로 그를 쳤고 그 충격에 노가 쪼개졌다. 법률 이름은 카메하메하가 후에 그런 공격은 잘못이었음을 깨닫고 그런 행동을 뿌리 뽑으려 한다는 취지를 표현했음을 가리킨다.

그는 하와이 토착민과 그들의 재산뿐만 아니라 외국인에 대한 부당한 공격도 염려했다. 그는 하와이제도에서 자신의 새 왕국이 번영할 수 있는지는 외부세계와의 교역 관계를 확대할 수 있느냐에 달려 있음을 깨달았다. 여러 섬을 통일하는 시기에 외국 배를 위한 보급품의 활발한 거래가 이뤄졌지만, 거래를 위협하는 적대행위가 잇달았다. 하와이 사람들은 특히 외국 배의 닻을 훔치기를 좋아했다. 제3장에서 우리는 쿡 선장의 죽음으로 이어진 연쇄적인 사건들이 애초에 쿡의 기함에 있던 소정의 도난에서 시작됐다는 이야기를 했다. 일찍이 1793년에 카메하메하는 이 섬에 온 탐험가 조지 밴쿠버George Vancouver의 원정대에 참가한 미스터 벨Mr. Bell에게 분명히 선언했다.

> 그는 자신이 있는 케알라케쿠아로 오는 가장 약한 선박을 절대 방해하거나 교란하지 않고, 반대로 방문자들이 섬사람들과 함께 편안하게 머물도록 자신이 할 수 있는 모든 일을 다하겠다는 가장 엄숙한 결단을 내렸다.

카메하메하는 매우 진지하게 대외적인 교역과 독재적 성장에 활력을 불어넣었다. 그는 곧 이 섬들로 오는 외국인들이 조심스러워하며 교역을 꺼리는 문제를 극복할 수 있었다. 경제적으로 상당한 잠재적인 이득이 따라왔다. 카메하메하는 그 기회를 적절히 이용했다. 카메하메하는 보통 사람들이 외국인과의 거래에 참여하지 못하게 중단시키는 새로운 카푸 규정을 도입함으로써 대외교역을 독점했다. 확실한 시장 독점을 통해 외국인과 거래할 때 조건을 선택할 수 있었고, 외국 배의 보급에 필요한 물품에 높은 가격을 매겼다. 보급품 거래는 수지맞는 거래였지만, 카메하메하는 곧 백단향白檀香을 수출하면 그보다 더 큰 이익을 얻을 수 있다는 것을 깨달았다. 1812년에 그는 보스턴에서 온 배의 선장들인 윈십 형제[7]와 W. H. 데이비스W. H. Davis를 상대로 계약을 맺어 하와이의 백단향 수출 독점권을 가졌다. 그 협정은 10년간 유효했고 카메하메하는 전체 이익의 4분의 1을 가져갔다. 이븐 할둔이라면 이런 제도로는 오랫동안 번영을 이어가지 못하리라고 지적했을 것이다.

---

7 조너선Jonathan Winship과 프랜시스Francis Winship

실제로 그랬는데, 정확히 할둔이 예상했을 법한 결과를 낳았다.

섬 안으로 들어가는 상어

스웨덴 사람인 아브라함 포르난더Abraham Fornander는, 하와이 역사를 연구한 위대한 학자 중 한 명이다. 1838년 하와이제도에 도착한 그는 현지 언어를 배웠고, 하와이 여성과 결혼했으며, 지역사회에 대한 열정을 키웠다. 포르난더는 1887년에 사망했고, 그의 원고는 마침내 1920년대에 비숍박물관에 의해 출간됐다. 포르난더는 노랫말 하나를 기록했다.

> 뭍으로 가는 상어는 우리 족장,
> 땅을 전부 삼킬 수 있는 아주 힘센 상어라네.
> 아가미가 아주 붉은 상어는 바로 그 족장,
> 그의 목은 숨도 안 막히고 섬을 삼킬 수 있다네.

가사에서는 카메하메하 시대 이전 하와이의 족장들을 '뭍으로 가는 상어'에 비유했다. 그것은 약탈자에 대한 적절한 비유였다.

독재적 성장의 다른 사례와 꼭 같이 국가가 창설된 카메하메하 치하의 하와이도 곧 그 전에 족장들이 밟았던 길을 따라갔다. 상어가 뭍으로 간 것이다. 이 과정은 현지에서 하와이 사회를 연구한 1세대 역사학자 중 한 명인 새뮤얼 카마카우Samuel Kamakau가 요약했다. 우리는 제3장에서 데이비드 말로의 기록과 그의 논거를 이야기했는데, 카마카우도 말로처럼 여러 사건을 직접 목격하거나 목격자들을 인터뷰해서 기록했다. 그의 기술은 카메하메하가 이룬 국가건설의 유익한 측면들을 이야기하지만 엄청나게 부정적인 면에 대해서도 직설적으로 말한다.

> 이 나라 전체적으로 보면 한 사람이 통치하는 국가로 통일되면서 혜택을 봤지만, 카메하메하 아래의 족장과 지주 들 대부분은 평민들을 억압하고 그들의 토지를 빼앗고, 그래서 땅을 소유했던 사람들이 노예가 되도록 강요했다. … 크고 작은 모든 소작지에 세금이 부과되고 끊임없이 추가됐으며, 수많은 지주와 그 아랫사람들이 공물을 요구했으며 … 이 땅의 통일은 과도한 과세를 불러왔다. … "조막만 한 땅 한 뙈기에도 세금이 붙는다"는 말은 … 흔히 듣는 속담이었다.

상어의 전진은, 카메하메하 아래의 족장들과 그의 후계자들이 재빨리 행동을 개시했기 때문에 상어들의 전진이라고 하는 것이 맞겠지만, 1846년에 카메하메하 3세가 토지에 대한 권리를 합리화하고 재분배하려고 시도할 때 작성돼 지금까지 보존된 일단의 문서에 생생하게 묘사돼 있다. 하와이 사람 한 명과 외국인 두 명이 참여한 3인 위원회는 재산권을 공인받는 데 적용할 일련의 '원칙'을 확립했다. 이 원칙들은 '정부를 대표하는 왕은 전에는 이 땅의 유일한 소유자였으며 … 여전히 그렇게 간주해야 한다'고 기록했다. 물론 우리가 이미 살펴본 것처럼 왕이 서구적인 의미에서 토지를 '소유했다'는 것은 사실이 아니었다. 그런데도 문서는 계속해서 이렇게 기록했다.

> 카메하메하 1세가 이 섬들을 정복했을 때 그는 전임자들의 선례를 따라 그의 전사인 상급 족장들에게 토지를 나눠주었지만, 일부는 자신이 보유하면서 그의 직속 하인들이나 종자들이 경작하거나 관리하도록 했다.
>
> 상급 족장은 각자 자신의 토지를 다시 쪼개서 그보다 지위가 낮은 족장들이나 아래 계급의 사람들에게 나눠줬고, 그들은 받은 토지를 다시 그리고 또다시 나눴

다. 그 땅은 왕으로부터 넷, 다섯 혹은 여섯 사람 손을 거쳐 신분이 가장 낮은 소작인에게 내려갔다. 이처럼 여러 단계에 있는 사람들이 모두 토지 또는 그 생산물에 대한 권리를 가진 것으로 간주했다.

모든 사람이 … 왕이 자의적으로 평가해 부과하는 토지세를 내야 할 뿐만 아니라 왕이 가장 높은 계급부터 아래로 내려가는 각 단계의 모든 이들에 대해 재량으로 요구하는 용역까지 의무적으로 제공해야 했다. 그들은 또한 해마다 내는 세금에 더해 토지의 생산물 일부를 의무적으로 내야 했다. 그들은 항시 복종할 의무가 있었다.

이런 표현은 중요한 의미가 있다. 마카이나나, 즉 보통 사람들만이 아니라 이제 '가장 높은 계급부터 아래로 내려가며' 모두가 공물과 용역을 제공할 의무가 있었다. 역시 주목할 만한 것은 '그가 재량으로 요구하는 용역'에 대한 언급이다. 왕의 토지에서는 강제노동이 광범위하게 이용됐다. 이 섬들과 자주 교류한 러시안-아메리칸 컴퍼니의 F. I. 쉬멀린F. I. Shemelin은 '왕은 그들의 노동에 대해 대가를 전혀 치르지 않았을 뿐만 아니라 심지어 그들에게 먹을 것도 주지 않았다'고 기록했다. 카마카우는 백단향을 자르는 사람들이 '풀잎과 양치류 줄기'를 먹어야 하는 처지로 내몰렸다고 기록했다.

강제노동은 카메하메하가 죽은 후 1820년대에 백단향에 대한 수요가 늘어나면서 특히 중요해졌다. 그 나무는 대개 사람들이 사는 농장에서 멀리 떨어진 험한 산악지대의 비탈에서 자랐고, 왕과 족장들은 수백 명, 심지어 수천 명의 남자를 강제로 끌어모아 대규모 벌목 부대를 조직하기 시작했다. 그들은 백단향을 찾아서 자르고 해안으로 운반해야 했는데, 이는 몇 주가 걸리는 일이었다. 1822년 영국 선교사 타이어먼Tyerman과 베닛Bennet은 2,000명의 남자가 하와이섬 카일루아에 있는 왕의 창고로 백단향을 옮기는 모습을 봤다. 그들은 노임도 먹을 것도 받지 못했고, 아무거나 그 땅에서 나는 것을 먹고 살아야 했다. 강제노동과 그에 따른 혼란으로 곧 농업 생산은 급격하게 감소하고 기아에 가까운 상태가 계속됐다. 당시 한 방문자는 이렇게 기록했다.

> 이 섬에서 식량이 이처럼 부족한 것은 지난 몇 달 동안 사람들이 백단향 벌목에 동원됐고, 물론 토지 경작을 제쳐두었기 때문이다.

오아후섬 북쪽의 콕스Cox라는 족장의 행태는 특히 상세히 기록돼 있다. 1820년대 초 그는 이 섬 북부 고지대의 아나훌루강 계곡을 둘러싼 숲에서 백단향을 잘라내는 오랜 작업을 조직했다. 무역상인 길버트 매시슨Gilbert Mathison은 이 사업의 규모와 강제노동의 강도를 직접 목격했다. 그는 이렇게 기록했다.

> 콕스는 자기 사람 몇백 명에게 정해진 날까지 백단향을 베러 숲으로 가라고 명령했다. 모두가 복종했지만 한 사람은 그 명령을 거부할 만큼 어리석으면서도 배짱이 있었다. 그 때문에 바로 그날 그 사람의 집은 불에 타 내려앉았다. 그래도 그는 백단향을 베러 가기를 거부했다. 그다음 순서는 재산을 빼앗기고 아내와 식구들과 함께 집에서 내쫓기는 것이었다.

매시슨이 지켜본 바대로 콕스가 영지를 운영하는 방식은 카메하메하가 죽은 후 그의 국가가 얼마나 착취적이었는지 보여준다. 예를 들어 콕스에게서 땅을 받은 한 미국 선원은 어떤 식으로든 그 땅을 개량하기를 꺼렸는데, 땅이 좋아지면 콕스의 눈길을 끌게 되고 결국 콕스가 모든 것을 제멋대로 전용할 테니 그럴 필요가 없다고 밝혔다. 어떤 주민은 1824년 제임스 엘리James Ely 목사에게 이렇게 전했다.

> 우리는 좌절감에 빠져 있어요. 우리에게는 노동할 동기가 없고, 우리가 일하지 못하게 방해하는 것들이 많습니다. 진취적으로 일하면 족장들의 주목을 받고 우리가 얻은 재산은 그들에게 빼앗기게 되지요. 돼지나 양, 염소, 혹은 닭을 키우면 족장들 맘대로 가져가버려요. 우리가 더 적극적으로 일할수록 더 억압받게 됩니다.

1820년대 말 백단향을 거둬들이기 위한 강제노동이 강화되면서 왕을 위해 의무적으로 일해야 하는 날이 매주 하루에서 사흘로 늘어났다. 1830년대 백단향 숲은 고갈됐지만 이제 왕과 족장들은 강제노동을 농업에 이용하기 시작했다. 1840년대 선교사인 윌리엄 로버츠William Roberts에 따르면 농민들은 평균적으로 이 모든 의무적인 노역에 더해 모든 생산물의 무려 3분의 2를 왕과 족장들에게 바쳐야 했다.

이 착취적인 체제는 카메하메하 2세 왕이 1848년 토지 분할Great Mahele을 통해 위에서 언급한 것처럼 급진적인 토지 재분배를 시행하기로 했을 때 절정에 달했다. 재분배 결과 이 섬의 토지 중 24퍼센트를 왕이 사유재산으로 가져갔다. 그다음 36퍼센트는 정부가 가져가 사실상 왕의 것이 됐다. 그다음 39퍼센트는 252명의 족장에게 돌아가, 나머지 사람들 몫의 땅은 1퍼센트도 안 됐다.

포르난더가 기록한 노랫말처럼 '상어'들은 이때 토지를 먹어치우며 내륙 깊숙이 들어갔다.

다른 이들을 집어삼키는 새

줄루족의 국가가 경제에 미치는 영향도 비슷했다. 나중에 콰줄루-나탈이 된 이 지역의 여러 소규모 족장체제는 1820년대에 옥수수와 기장, 목축에 의존했다. 교역은 많지 않았고, 아프리카의 노예무역은 아직 이 지역까지 뚫고 들어오지 않았다. 식민지 이전 아프리카 사회 대부분이 그랬듯이 줄루족 사회에서도 가족과 소규모 혈족이 일정한 지역에서 농사를 짓거나 방목할 수 있는 토지 사용권을 가졌다. 가축과 곡물은 모두 가족들이 사적으로 소유했다. 줄루족의 경제는 체체파리 때문에 소가 귀했던 티브랜드와 여러모로 달랐지만, 규범의 우리에 갇힌 경제라는 점에서는 비슷했다. 예컨대 소는 위풍재여서 매우 특별하고 이례적인 상황에서만 팔 수 있었다.

줄루족의 국가건설 과정에서 샤카는 경제를 재조직해, 걸림돌이 되는 규범의 우리 일부를 무너뜨렸다. 그는 토지가 모두 자신에게 귀속된다고 선언해 초기의 현상유지 체제에서 급격히 이탈했다. 구전하는 역사는 이렇게 전한다.

> 줄루랜드의 땅은 이 모든 지역을 통일한 챠카[8] 소유다. 챠카는 어떤 족장의 땅을 정복하고 나서 맘에 드는 누군가에게 자신(챠카)이 지정하는 곳이라면 어디든 가서 지을 것을 지으라고 허락했다. 챠카는 사람들에게 땅을 하사하곤 했고, 어떤 사람은 이미 다른 사람들이 살고 있던 땅이라 해도 챠카의 허락을 받아 차지할 수 있었다.

8 샤카

땅뿐만이 아니라 가축도 샤카 소유였다. 그러나 줄루족의 경제는 여전히 매우 단순한 형태였다. 샤카 본인이 무기 생산, 특히 자신의 군대에 보급할 창과 방패 생산을 독점했지만, 제조업은 거의 없었다. 인류학자 맥스 글러크먼Max Gluckman은 이런 사회에서 불평등이 나타날 여지는 제한적이라고 강조하며 이렇게 밝혔다.

> 줄루족 족장 한 명이 먹을 수 있는 옥수수죽은 한정돼 있다.

그렇다 해도 샤카의 지배 아래 국가가 형성되면서 그와 동시에 불평등이 크게 확대됐고, 샤카와 그의 친척 그리고 왕족을 이루는 핵심적인 줄루 씨족 구성원들이 새로운 체제의 주된 수혜자들이었다. 비록 그가 먹을 수 있는 죽은 한정돼 있다 해도 샤카는 권력을 완전히 독점하면서 부족 사람들에 대해 막강한 지배력을 확보할 수 있는 권력이 있었고 실제로 그렇게 했다. 그는 땅과 가축에 대한 재산권을 주장할 수 있었을 뿐만 아니라 사회를 통제하기 위해 여성과 결혼에 대한 통제력을 이용했다. 샤카는 또한 해안 지역에 자리 잡고 있던 유럽인들을 상대로 한, 급증하는 교역을 독점했다. 그는 유럽인들을 상대로 한 교역은 모두 반드시 자신의 손을 거쳐 가도록 하고 그들에게 팔 값비싼 상아를 매점했다.

그러나 샤카 치하에서 착취만 계속된 것은 아니다. 일단 줄루족의 국가 탄생으로 이어진 전쟁이 잠잠해지자 샤카는 하와이의 카메하메하처럼 분쟁을 해결하는 법체계와 중앙집권적 기구들을 확립해 사람들을 도와주면서 경제적 유인도 개선했다. 구전 역사에 따르면 당초 딩기스와요가 영토 확장 계획을 서둘렀던 것은 소규모 씨족과 족장사회들 간에 끊임없이 발생하는 분쟁과 갈등을 멈추고자 했기 때문이다. 실제로 그 사회들이 일단 샤카의 국가로 통합되자 상당한 수준의 질서가 확립됐고 샤카 치하의 평화는 확실히 사람들을 주변 족장사회의 약탈과 공격 위협으로부터 보호해줬다. 왕국 내 범죄도 크게 줄어들었던 것으로 보인다. 샤카가 부상하기 전에 아주 흔했던 가축 절도는 그가 범법자들에게 준 가혹한 형벌 때문에 거의 사라졌다.

우리가 보여준 다른 사례와 마찬가지로 줄루랜드의 질서는 독재적 성장을 낳았고, 이는 사회에 어느 정도 혜택을 줬지만, 샤카와 측근들에게도 큰 이득을 줬다.

장미혁명의 경제학

공산주의가 붕괴한 후 조지아가 제멋대로 굴러가던 시기에 이 나라의 민간 운송서비스 부문에서 노다지가 나왔다. 예를 들어 미니버스 *마슈루트카 maschrutka* 사업은 엄격한 규제를 받던 그 전보다 엄청나게 더 매력적이고 유연해서 호황을 맞았다. 하지만 우리가 제3장에서 집권 과정을 이야기한 예두아르트 셰바르드나제 정부는 곧 자기들도 규제를 강력히 시행할 수 있다는 걸 보여줬다.

모든 마슈루트카 운전사들은 '매일' 음주를 하지 않았고 혈압이 너무 높지 않다는 것을 확인하는 건강진단을 받아야 했다. 건강 확인서를 제시하지 않으면 면허를 잃을 위험이 있었다. 셰바르드나제가 집권하기까지 수도 트빌리시 전역에 걸쳐 사람들을 실어 나르던 수백 대, 어쩌면 수천 대의 마슈루트카가 있었다. 셰바르드나제 정부가 세세하게 간섭한 대상은 택시 운전사들만이 아니었다. 조지아 정부는 길가의 작은 가게들도 일정한 건축 계획에 따르도록 했다. 마슈루트카 운전사들처럼 길거리 상인들도 한 해 두 차례 면허를 갱신해야 했다. 이런 규제들은 빙산의 일각일 뿐이었다. 예컨대 주유소는 도로에서 일정한 거리를 두고 떨어져 있어야 했다.

셰바르드나제의 국가는 그런 조치들을 실행할 수 있는 상당한 역량을 축적했던 게 틀림없다. 어떤 의미에서는 그랬다. 하지만 그 조치들이 말 그대로 실행된다는 뜻은 아니었다. 사실 그와 같은 수천 건의 규제들은 결코 실행할 의도로 만든 것이 아니었다. 누구도 정말로 마슈루트카 운전사들이 매일 건강검진을 받으리라고 실제로 기대하지 않았고, 그들은 실제로 검진을 받지도 않았다. 그러나 조지아의 국가는 그런 규정을 둠으로써 즉각 마슈루트카 운전사들을 전부 기소할 수도 있는 구실을 만들어냈다. 운전사들은 기소를 피하려면 뇌물을 줘야 했다. 영세 상인들도 마찬가지였다. 주유소도 사정은 같았다.

조지아 사람들에게서 자원과 뇌물을 짜내기 위한 셰바르드나제의 노골적인 행동에는 할둔의 세대 이론과 뭔가 조금 다른 점이 있었다. 할둔의 세대 이론에 따르면 독재체제는 처음에 어느 정도 성장에 불을 지피고 그다음에 착취를 강화하리라고 예상할 수 있으며, 칼리프 국가와 하와이, 줄루랜드에서 일어난 일들은 이런 패턴에 부합하는 것으로 보인다. 그러나 셰바르드나제의 국가는 그 첫 단계를 건너뛰고 바로 도둑질을 시작하는 단계로 뛰어들었다. 왜 그랬을까?

이 물음에 답하려면 먼저 마슈루트카 운전사들을 대상으로 한 조치는 경제 원리가 아니라 정치 논리를 따르는 더 체계적인 정책(그것을 정책이라고 할 수 있다면)의 일환임을 알아야 한다. 그것은 바로 경제적 혼란을 불러일으킴으로써 권력을 유지하려는 정책이었다.

셰바르드나제는 대체로 그런 식으로 행동했는데, 그는 우리가 이 장과 제3장에서 만났던 다른 국가건설자들보다 권력 기반 면에서 훨씬 더 약한 위치에 있었기 때문이다. 그는 군벌들을 속여 넘긴 다음에도 조지아 내 여러 지역의 실력자들과 맞서야 했다. 셰바르드나제는 역량 있는 국가를 건설하기보다 권력을 장악하는 쪽을 택했고, 부로 아니면 최소한 뇌물로 힘센 이해관계자들을 회유하고 끌어들이는 방식으로 권력을 잡으려고 했다. 개발도상국에서 부패는 흔한 것이므로 마슈루트카 운전사들이 국가 관리들에게 뇌물을 주는 것은 이례적인 일이 아니었다. 그러나 조지아에서 벌어진 일은 이런 유형의 부패와는 성격이 조금 달랐다. 셰바르드나제는 운전사들이 반드시 법을 어기게끔 제도를 만들었고, 그에 따라 경찰은 손쉽게 뇌물이라는 열매를 따 먹을 수 있었다. 법규 위반을 불가피하게 만들어 부패를 부추기는 체제를 구축한 것이다.

그렇게 한 의도는 주로 사회가 계속 법을 어기면서 죄를 짓도록 하고 그런 사회를 통제하기 위해서였다. 그런 사회에서는 누구든 뇌물을 줘서 당장은 법의 집행을 피할 수 있더라도 국가가 언제든 그를 뒤쫓을 수 있다. 이런 책략을 쓰면 국가의 관리들이라는 강력한 잠재력을 가진 또 하나의 집단도 통제할 수 있었다. 뇌물을 받는 것은 불법이므로 국가가 원하면 그들도 뒤쫓을 수 있기 때문이다.

셰바르드나제는 우리가 이처럼 '하위층의 부패'라고 부를 만한 것들을 똑같이 미로 같은 '고위층의 부패'와 결합했다. 지위가 높은 엘리트층과 국회의원들, 고급 공무원들은 비슷한 책략에 빨려 들어갔다. 셰바르드나제는 국제 원조기구에서 정부로 유입되는 소득을 주로 그들과 나눠 가졌으므로 그들에게 이 정권의 지분을 준 셈이었다. 하지만 그들은 셰바르드나제가 권좌에 머무를 때만 그와 같은 소득을 얻을 수 있었다. 그래서 셰바르드나제와 힘을 합쳤다. 셰바르드나제는 여러 가지 방법을 썼는데, 이 나라의 공산주의 역사 덕분에 그는 그 책략을 실행하는 데 엄청나게 유리한 위치에 있었다. 조지아 정부는 이 나라 경제의 생산부문을 대부분 소유했다. 이름뿐인 민영화 시도는 있었지만, 그가 집권하기 전에 실질적으로 이뤄진 것은 없었다. 그래서 셰바르드나제는 자신이 협력하고 싶어 하는 실력자들에게 선별한 자산을 싸게 파는 러시아식 민영화에 열중했다. 제10장에서 이 민영화가 어떻게 작동했는지 살펴볼 것이다. 셰바르드나제는 이런 협력자들과의 거래를 매듭짓기 위해 보통 협력자들을 그들이 소유하는 기업의 규제를 담당하는 장관으로 앉혔다. 그는 이런 식으로 일련의 독점 기업들을 만들어냈다. 지배구조의 밑바닥에서와 똑같이 윗부분에서도 각종 규제가 그의 정치적 전략의 일환이었다. 예컨대 조지아 정부는 모든 자동차가 특정 유형의 소화기를 갖춰야 한다고 규정하는 법을 통과시켰는데, 바로 내무부 장관의 한 친척이 독점 수입하는 소화기였다.

셰바르드나제의 가족도 그런 일에 열을 올렸다. 국민 대다수가 반복되는 정전으로 힘들어하는 가운데 대통령 가족 소유의 두 민간 기업이 정부가 생산한 전기를 은밀히 팔아서 한 해 3,000만 달러의 짭짤한 이익을 챙겼다. 수입과 수출 규제가 많아서 밀수가 매우 수지맞는 일이었고 실제로도 대규모로 이뤄졌다. 2003년 의회의 한 위원회는 이 나라에서 소비되는 밀가루의 90퍼센트, 휘발유의 40퍼센트, 담배의 40퍼센트가 밀수된 것으로 추정했다. 그에 따라 엄청난 액수의 뇌물이 오갔지만, 다수의 정부 관리를 포함한 엘리트층이 불법 거래에 연루돼 있었으므로 밀수는 마슈루트카 운전사들의 건강검진 규정이나 교통경찰의 경우와 마찬가지로 국가가 원하면 언제든 그들의 뒤를 쫓을 수 있도록 풍부한 공격 수단을 제공했다. 불법을 부추기는 것은 모두 전략의 일환이었다.

셰바르드나제가 내각의 각료를 얼마나 널리 협력과 부패의 수단으로 이용했는지 가리키는 하나의 지표로서, 그가 집권하고 8년이 지난 2000년에 가서야 비로소 자신의 정당 출신 인사를 장관에 임명했다는 사실을 들 수 있다. 그 사람이 바로 법무장관이 된 미하일 사카슈빌리Mikheil Saakashvili였다는 사실은 의미심장하다. 사카슈빌리는 협력을 거부해 곧바로 해임됐지만, 그 후 2003년 11월 셰바르드나제를 권좌에서 끌어내린 장미혁명Rose Revolution의 지도자 중 한 명이 됐다.

셰바르드나제는 확실히 경제에 부정적인 영향을 미쳤다. 그렇게 된 것은 단순히 그 모든 독점과 규제가 생산활동의 유인과 기회를 창출하는 시장의 능력을 떨어트렸기 때문만은 아니었다. 셰바르드나제가 모든 일을 광범위한 재량을 갖고 예측할 수 없게 관리했기 때문이기도 하다. 경제적 무질서는 모두를 불안정한 상태로 잡아두기 위해서였다. 누군가가 오늘은 괜찮은 독점권을 가진 장관이라 하더라도 내일은 셰바르드나제가 마음을 바꿔 그 모든 것을 빼앗아버릴 수도 있었다. 사람들이 대통령에게 너무나 많이 의존해서 충성을 다할 수밖에 없도록 하려는 게 그의 구상이었다. 그것은 참으로 효과적이어서 셰바르드나제는 거의 10년 동안 권좌에 머무를 수 있었다. 그러나 그에 따른 모호성과 예측 불가능성 때문에 투자를 꺼리게 하는 엄청난 반유인이 생겨났다. 그 직접적인 영향으로 조지아 경제에서는 독재적인 성장조차 이뤄지지 않았다.

셰바르드나제가 재빨리 개발하고 완성한 정치적 전략은 조지아에서만 볼 수 있는 일탈이 아니었다. 우리가 봤듯이 독재체제는 사람들이 침묵하게 하고 사회가 정치적, 사회적, 경제적 결정에 참여하지 못하게 방해하는, 다시 말해 독재적인 권력을 행사할 수 있게 하는 체제를 뜻한다. 그러나 이는 독재자가 반드시 자기 자리를 안전하게 지킬 수 있다는 뜻은 아니다. 다른 이들도 아무런 제약도 없는 강력한 국가를 통제해서 얻을 정치적, 경제적 이득에 유혹을 느낄 수 있기 때문이다. 권력 상실의 위협에 압박감을 느끼는 통치자는 효율성이 높은 경제가 아니라 협조적인 경쟁자와 힘을 합치고 비협조적인 이들을 쓰러트릴 수 있는 경제를 구축한다. 이것이 바로 셰바르드나제가 그토록 짧은 시간에 이룬 성과였다.

우리는 셰바르드나제에게서 독재적 성장의 가장 나쁜 면모를 목격한다. 그렇더라도 이 일화와 다른 독재적 성장의 사례들에서 발견되는 공통점을 이해하는 것이 중요하다. 독재적 성장은 통치자와 그 측근의 이익에 부합하는 경우에만 지속할 수 있으며 바로 그런 사실 때문에 취약하다. 조지아의 문제는 처음부터 셰바르드나제가 우선시하는 것이 성장이 아니었다는 데 있었다. 그는 사회를 약화시키고, 부패구조를 만들어내며, 조지아의 다른 실력자들을 매수하는 데 지나치게 몰두해 예상대로 이 나라의 번영에 끔찍한 악영향을 미쳤다.

우리에 갇힌 독재체제의 경제학

회랑 밖 경제의 성적표는 확실히 엇갈린다. 리바이어던 없이 살아가면 그 상황은 비참하다. 우선 홉스가 예견한 '만인에 대한 만인의' 끝없는 투쟁이 벌어지고 형편없는 유인체계 탓에 '열심히 일할 이유'를 찾을 수 없는 상황에 이르게 된다. 사회가 규범과 관습을 내세워 분쟁을 단속하고 폭력을 억제하면 경제는 규범의 우리에 갇히는 경향이 있다. 그런 경제는 규범에 제약을 받으며, 가난을 넘는 데 아무 도움이 안 되는 온통 뒤틀린 경제적 유인으로 가득 차 있다.

홉스는 독재체제가 이런 결과를 개선할 수 있다고 생각했다. 전쟁 상태나 규범의 우리에 갇힌 경제와 비교할 때 독재적인 리바이어던에게는 명백한 이점이 있다. 국가는 독재적일지 몰라도 분쟁을 예방하고, 갈등을 해소하고, 경제적인 거래를 돕는 법을 집행하고, 공공 기반시설에 투자하며, 경제활동을 활성화하도록 도울 수 있다. 국가는 규범을 바탕으로 경제활동을 어렵게 하는 제약들을 완화할 수도 있다. 칼리프 국가는 그런 체제가 어떻게 질서를 세우고 생산성을 높이는 투자를 수행하거나 촉진해서 엄청난 경제적 잠재력을 실현할 수 있는지 보여줬다. 그것이 최선의 독재적 성장이다. 그러나 독재적 성장은 본래 취약하고 제한적이다. 독재적 리바이어던은 할둔이 예상한 것처럼 사회에서 수입을 더 많이 짜내고, 값진 자원을 더 많이 독점하며, 제멋대로 행동하려는 유혹을 끊임없이 받을 터이기 때문이다. 또한 국가 권력은 셰바르드나제가 그랬던 것처럼 단지 독재자 자리를 노리는 도전을 피하거나 무력화하는 엄청나게 비효율적인 체제를 만들어내기 때문이다. 독재적 성장은 지속적인 경제성장을 뒷받침하는 데에도 한계가 있다. 독재적 성장은 사회의 가장 생산적인 측면, 다시 말해 자유롭게 기능하며, 광범위한 기회와 경제활동의 유인을 만들어내고, 투자와 실험 그리고 혁신을 끌어낼 수 있는 능력을 활성화하거나 배양하지 않기 때문이다. 그래서 우리는 자유 그리고 족쇄 찬 리바이어던이 출현하기를 기다려야 한다.

제5장

선정의 알레고리

캄포광장의 프레스코화

이탈리아 시에나의 한가운데 있는 조개 모양의 유명한 캄포광장에 들어서면 푸블리코궁전이 올려다보인다. 시에나 정부가 쓰기 위해 지은 궁전인데 1297년에 건축되기 시작됐다. 이 정부에서 가장 영향력 있는 기구는 아홉 명의 콘술consul[1]들로 구성됐다. 이 '9인위원회The Nine'는 궁전의 살라 데이 노베Sala dei Nove, 즉 9인의 살롱으로 불리는 방에서 만났다. 그 방에는 광장의 반대쪽으로만 창이 있었다. 다른 쪽 벽에는 9인위원회의 의뢰로 1338년 2월부터 1339년 5월까지 암브로조 로렌체티Ambrogio Lorenzetti가 그린 세 폭의 놀라운 프레스코화가 있었다. 빛을 등지고 서면 맨 먼저 시야에 들어오는 그림은 창의 반대편에 있는 '선정善政의 알레고리Allegory of Good Government'다. 그림은 이 책에 실은 〈사진 7〉에서 볼 수 있다.

이 복잡한 미술품의 세부적인 형상 중에서 가장 먼저 눈길을 사로잡는 것은 오른쪽에 앉아있는 통치자 혹은 왕으로 보이는 인물이다. 그를 둘러싸고 있는 인물들은 기본적인 미덕을 예술적으로 표현한 것이다. 왼쪽에 평화와 용기, 신중, 오른쪽에 관대와 절제, 정의가 있다. 그럼 그는 정의롭고 관대한 통치자일까? '선정의 알레고리'에서 특정 통치자를 두드러지게 그렸다는 사

1 집정관

실이 이상한데, 1338년 시에나에는 통치자라 할 만한 사람이 없었고 9인위원회가 그런 인물을 승인했을 리 만무하기 때문이다. 이 수수께끼는 분명히 통치자로 보이는 그가 시에나를 상징하는 색깔인 검은색과 흰색 옷을 입고 있다는 점을 보면 풀린다. 그의 발밑에는 시에나의 다른 상징인 늑대와 쌍둥이가 있는데, 이는 로마의 건국 신화에서 늑대의 젖을 먹는 쌍둥이 아기 로물루스와 레무스의 이미지를 가져다 쓴 것이었다. 통치자의 머리 위를 올려다보면 머리글자 C.S.C.V.가 보인다. 이는 라틴어로 '*코무네 세나룸 키비타스 비르기니스Commune Senarum Civitas Virginis*'의 머리글자를 딴 것으로 '시에나 코무네, 성모 마리아의 도시'로 옮길 수 있다. 시에나는 1260년 그들이 피렌체를 패배시킨 몬타페르티 전투 직전에 성모 마리아를 수호성인으로 모셨다. 즉 프레스코화의 통치자는 시에나의 코무네를 대표하는 것으로 볼 수 있다.

이 프레스코화에서 우리는 '권력의지' 그리고 그 의지가 미칠 영향과는 아주 다른 것을 보고 있다. 통치자들은 배경에 있고 사회를 표현하는 코무네는 전면에 나섰다. 시에나 시민들은 또한 '좋은 정부'를 강조함으로써 이런 형태의 조직에 특별한 의미를 부여하고 있다는 점을 표현했다. 시에나를 포함해 당시 이탈리아 전역에서 급속히 형성되던 코무네에서 특이한 점은 훨씬 더 높은 수준의 자유였다. 그 자유는 번영의 길을 닦아주는 광범위한 유인과 기회가 있는, 매우 특별한 경제체제를 뒷받침했다.

—

코무네의 개념은 9세기 말과 10세기 이탈리아에서 점진적으로 나타난 것으로 보인다. 당시 북부 이탈리아 전역에서 시민들이 지배세력인 주교와 교회, 그리고 영주의 권위에 도전하고 그것을 무너뜨리기 시작했다. 〈지도 7〉

을 보라. 그 지역에서 시민들은 공화주의적 자치정부의 다양한 체제를 만들어내기 시작했다. 우리는 이러한 초기 상황을 완전히 그려낼 수 없고 단편적으로만 묘사할 수 있다. 예를 들어 우리는 891년 모데나에서 주교에 맞선 '민중의 모반'에 관한 기록을 볼 수 있다. 같은 시기의 토리노와 924년 크레모나에서 비슷한 일이 있었다고 한다. 997년 트레비소에서는 주교가 '모든 지도적인 남자들과 판관들, 트레비소 사람들 모두의 동의'를 얻어야만 행동할 수 있었다. 1038년 브레시아의 주교는 지명된 154명과 '브레시아에 사는 다른 자유민들'의 여러 요구를 들어줬다. 여기서 교회와 관련된 증거자료가 더 많은 이유는 교회가 기록을 더 잘 남겼기 때문일 것이다. 그러나 세속적인 세계의 권위도 도전을 받았다는 것은 확실해보인다.

이 새로운 정부 형태의 결정적인 특징은 대중이 일정 기간 도시를 운영할 콘술을 선출한다는 점이다. 1085년 피사에는 민회popular assembly에서 선출된 콘술이 열두 명 있었다. 시에나에서는 조금 늦은 1125년에 그 제도가 시행됐다. 그사이 북부와 중부 이탈리아 전역에 걸쳐 코무네가 출현했다. 1097년 밀라노, 1099년 제노바, 1112년 파비아, 1117년 베르가모, 1123년 볼로냐에 코무네가 생겼다. 코무네 도시들은 형식적으로는 신성로마제국에 속했지만 1183년 프리드리히 바르바로사Frederick Barbarossa**2** 황제가 서명한 콘스탄츠강화Peace of Constance 조약에 따라 사실상 자치권이 인정됐다. 조약은 코무네에 요새를 구축할 권리도 부여했는데, 아마 그렇게 할 수밖에 없었을 것이다.

바르바로사는 그다지 달가워하지 않았지만, 코무네가 자유를 얻기 위해 시도하는 일의 의미를 이해했다. 바르바로사의 숙부인 프라이징의 오

---

2 프리드리히 1세의 별명으로 '바르바로사'는 붉은 수염이라는 뜻이다.

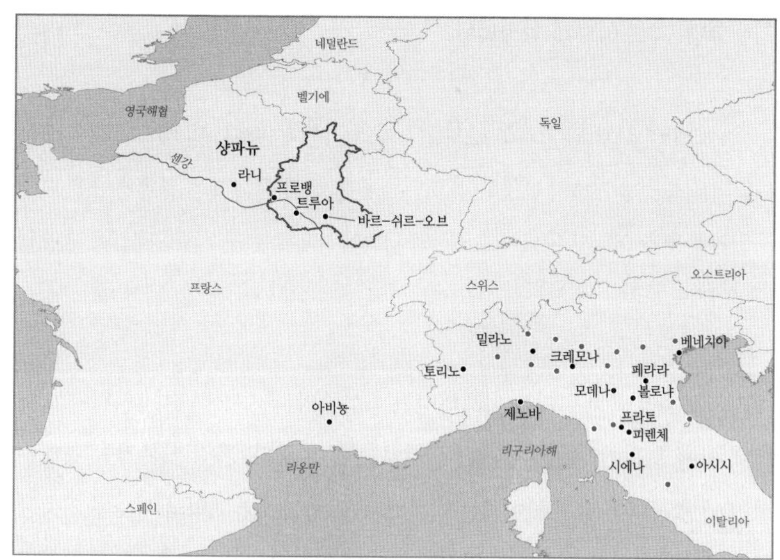

〈지도 7〉 이탈리아 코무네와 샹파뉴 박람회

토Otto of Freising 주교는《프리드리히 바르바로사의 업적The Deeds of Frederick Barbarossa》에서 코무네들을 다루는 바르바로사의 어려움을 이렇게 기술했다.

> 자신들의 도시를 운영하고 … 공공의 일을 수행하는 데 … 그들은 통치자가 아니라 콘술들의 뜻에 따라 운영할 … 자유를 열망한다. 그리고 오만한 행동을 억누르기 위해 전술한 콘술들은 각 계층에서 … 선출한다. 또 그들이 권력욕 때문에 도가 지나친 행동을 하지 않도록 … 거의 매년 교체한다. 그 결과 사실상 전 영토를 이 도시들이 나눠서 차지하고 있으므로 … 주변의 모든 영토에서 도시의 권위를 인정하지 않는 귀족이나 실력자는 여간해서는 찾아볼 수 없다.

오토 주교는 또한 코무네의 정치적 자치가 경제적 번영과 맞물려 있음을 이해했다. 그는 이렇게 설명했다.

> 왜냐하면 자치 덕분에 이 도시들은 부와 영향력 면에서 이 세계의 다른 모든 나라를 훨씬 능가하기 때문이다. 이는 전술한 바와 같이 그들 특유의 근면에 힘입었을 뿐만 아니라 보통 알프스산맥 너머에 머무르는 군주들(황제들)의 부재 덕분이기도 하다.

자치정부의 작동 원리를 이해하려면 공화주의적인 시에나가 9인위원회 시대에 어떤 모습이었는지 자세히 살펴보는 것이 좋다. 가장 기본적인 형태는 성인 남성 시민이 모두 참여하는 민회였다. 민회는 로렌체티의 시대에 위축된 상태였지만 여전히 시에나의 정치체제 내에 있었고, 예컨대 새로운 행정장관인 포데스타Podestà가 취임할 때처럼 특별한 경우에 모였다. 14세기 중반에 민회의 역할은 종을 울리면 소집됐기 때문에 '타종 평의회Council of the Bell'로 불린 평의회에 넘어갔다. 평의회는 남성 시민 300명으로 구성됐는데, 시에나의 *테르초terzo*3라는 행정구역 세 곳에서 각각 100명씩 1년 임기로 선출했다. 이 기구의 선거인들은 9인위원회의 콘술들과 포데스타, 재정관Chamberlain과 '조달관provisor4'으로 불리는 네 명의 주요 재정 담당 관리들을 포함한 국가 행정관료, 국가가 임명한 재판관들이었다. 정부의 주요 기능은 포데스타와 9인위원회가 수행했고, 조직화한 특정 이해관계자들, 특히 유력한 상인조합과 오래된 귀족 가문들을 대변하는 다른 소수의 집정관집단들이 있었다.

---

3 3분의 1을 뜻하며 복수형은 테르치terzi

4 당시 시에나에는 직접세를 담당하는 비케르나Biccherna라는 기구가 있었고 재정관과 6개월 임기의 조달관 네 명이 이 기구를 운영했다.

포데스타는 대부분의 이탈리아 코무네에 공통적으로 있는 흥미로운 기관이다. 이 직함은 '힘'을 뜻하는 라틴어 *포테스타스potestas*에서 유래했다. 그 자리는 코무네의 서로 다른 가문과 당파로부터 독립성을 유지할 수 있도록 시에나의 바깥에서 온 사람이 채워야 했다. 그의 의무 중에는 재판과 타종 평의회를 소집하고 주재하는 일이 포함됐다. 포데스타는 홀로 일하지 않았다. 의무를 완수하는 데 필요한 다른 관리들을 채용했다. 예를 들어 1295년에 베르나르드 데 베라노Bernard de Verano는 자신의 출신지에서 데려온 재판관 일곱 명과 기사 세 명, 서기 두 명, 종자 여섯 명, 경찰 60명과 함께 시에나로 왔다. 그는 처음에 6개월 임기로 임명됐지만, 1340년대에는 포데스타의 임기가 1년으로 늘어났고, 임기를 마친 후 바로 다시 그 자리에 앉을 수는 없었다. 차기 포데스타는 9인 위원회가 제안한 네 명의 후보 중에서 9인위원회의 아홉 명으로 구성된 평의회와 포데스타 선출 목적으로 선정된 60명, 상인조합의 콘술들과 기사들이 선출했다.

포데스타는 시민들에게서 선물을 받을 수 없었고, 심지어 그들과 식사하는 것조차 허용되지 않았다. 하루 넘게 도시를 떠나 여행할 수 없었고, 각 포데스타는 번갈아 가며 다른 테르초에 거주해야 했다. 임기가 끝나면 포데스타는 그의 재임 중 품행을 조사하는 2주일 동안 시에나에 남아 있어야 했다. 조사 후에는 흔히 포데스타에게 무거운 벌금이 부과됐다.

9인위원회는 시간이 지나면서 이제 우리가 1292년 이후에 나타난 것으로 알고 있는 형태로 진화했다. 1236년부터 1271년까지 '24인위원회'가 있었고, 그다음에 '36인위원회'가 따랐다. 13세기 중 시에나 시민들은 또 15인, 9인, 18인, 6인으로 구성된 기구를 운영하기도 했다. 각 테르초는 같은 대표성을 가져야 했으므로 이 숫자들은 언제나 3으로 나눌 수 있어야 했다. 로렌체티의 프레스코화를 의뢰한 9인위원회는 전임자 아홉 명과 포데스타, 상인

조합의 콘술들, 카피타노 델 포폴로(Capitano del Popolo, 원래 포폴로, 즉 인민 people을 대표하기 위해 둔 또 다른 행정직)가 참석하는 회의에서 선정했다. 어떤 사람이 2개월 동안 9인위원회에서 일했다면 그다음에는 20개월의 공백을 가진 후에야 다시 그 일을 할 수 있었다.

9인위원회가 해야 하는 일은 그들의 취임선서에 요약돼 있다. 그들은 시에나 코무네의 '진정한 평화와 화합'을 지키겠다는 서약을 해야 했는데, 평화와 화합은 자유의 결정적인 측면과 같고, 국가기관 자체의 지배로부터 코무네를 보호하는 것과도 관련이 있다. 실제로 선서는 아주 구체적인 표현으로 리바이어던의 힘을 제약할 족쇄가 자유에 결정적으로 중요하다는 점을 인정했다. 이 경우 9인위원회가 족쇄를 대표하며, 위원회의 구성원들이 확실히 해야 할 일은 이렇게 요약됐다.

> 위원회에 복종하는 시민들과 그 밖의 인민들에게 법을 집행하고 재판을 하되 그들이 성직자나 관리들로부터 차별을 받지 않도록 해야 한다. 그것을 원하는 각 개인을 위해 코무네의 법규와 포고가 준수되도록 해야 한다.

하지만 그것뿐만이 아니다. 9인위원회는 경제적 번영에 대한 책임도 맡았다. 이는 경제적 번영을 창출하는 데 있어 족쇄 찬 리바이어던이 맡는 역할에 관한 우리의 논의와 맥을 같이한다.

> 위원회는 시에나의 도시를 확대하고 성장시키며 보존해야 한다.

북부와 중부 이탈리아의 다른 코무네 10여 곳과 비교할 때, 시에나의 기관들이 이루려고 하는 바를 그토록 효과적으로 표현한 아름다운 프레스코화를 빼면 이 도시에 특별한 것은 전혀 없었다. 일부 도시에서는 9인위원회 시대의 시에나처럼 당초 코무네를 만들어냈던 민중의 자극이 부유한 가문의 역할이 지나치게 큰 과두체제oligarchic system로 흡수되고 말았다. 다른 곳에서는 더 강력한 민회가 이런 과두체제의 이해에 맞서 효과적인 대항력으로 작용했다. 하지만 이 코무네들은 대부분 결정적으로 시에나와 비슷한 특징을 보였다. 선출된 콘술 혹은 권력 행사에 엄격한 제한을 받는 행정관들이 이끌어가는 공화정체共和政體였다. 민회나 다른 평의회 같은 대의기구는 국가 권력과 9인위원회 같은 집행기구에 족쇄로 작용했다. 이 대의기구들은 어떤 귀족이나 성직자의 권위에도 의존하지 않았다. 이들은 새로 부상하는 국가 권력에 맞설 힘을 가진 강력한 사회가 뒷받침하는 자치기구였다. 여행가였던 투델라의 베냐민Benjamin of Tudela은 1165년쯤 제노바와 루카, 피사를 거쳐 가면서 이런 상황에 깊은 인상을 받았다. 그는 이렇게 지적했다.

> 그들은 자기들을 다스릴 왕이나 제후를 두지 않고 오로지 스스로 임명한 판관들만 두었다.

'선정의 알레고리'에서 바로 이런 것을 볼 수 있다. 우리는 여섯 가지 미덕이 어떻게 오른쪽에 앉아 있는 통치자를 둘러싸고 있는지 이야기했다. 흥미롭게도 여섯 미덕의 상징 중 왼쪽 끝에 있는 이는 평화인데, 그녀는 프레스코화 정중앙에 앉아 있다. 철학자 퀜틴 스키너Quentin Skinner는 이 프레스코화를 이야기하면서 평화가 "우리 공동의 삶에서 중심에 있다"고 말했다. 평화의 왼쪽에는 또 하나의 위엄 있는 형상으로 그려진 여성이 있다. 그녀가 저울을 들고 있어서 정의를 상징한다는 것을 알 수 있다. 저울에서 두 가닥의 줄이 내려와 그림의 다른 쪽으로 지나가는데, 이전에 시에나에서 콘술로 일했던 24인을 표현한 스물네 명을 거쳐 통치자에게로 간다. 화합이라는 뜻의 콘코르디아Concordia라고 이름 붙인, 무릎에 목수의 대패를 가지고 앉아 있는 인물이 24인에게 그 줄을 준다. 대패는 거친 모서리를 매끈하게 다듬어 표면을 평평하게 만드는 데 쓰는 것으로, 아마도 '법의 지배rule of law', 즉 시에나에서는 법이 모두에게 공평하게 적용돼야 한다는 의미일 것이다.

사회를 대표하는 24인이 밧줄을 잡고 있을 뿐 밧줄에 매여 있지 않은 점은 중요한 의미가 있다. 법규는 사회가 부여한 것이지, 사회에 부여된 것이 아님을 의미하는 것 같다. 특히 두 줄은 그림의 다른 쪽 통치자에 이르러 그의 손목을 묶고 있는데, 정의에서 나온 줄이 리바이어던에 족쇄를 채운 것이다. 실제로도 9인을 통제하는 다양한 유형의 '밧줄'이 있었다. 두 달밖에 안 되는 매우 제한적인 임기뿐만 아니라 포데스타처럼 언제나 시에나 밖에서 오는 *마조르 신다코maggior sindaco*[5]로 불리는 관리가 어떤 헌법 개정안에 대해서도 반대할 수 있도록 한 것도 그런 제약이었다. 마조르 신다코가 반대한 조치를 통과시키려면 적어도 200명의 평의원이 참석하고 4분의 3이 찬성하는 압도적 다수가 필요했다.

법규와 기관 들뿐만 아니라 여러 규범도 9인위원회와 다른 정치적 실력자들로부터 코무네를 보호하는 데 활용됐다. 예를 들어 이탈리아 코무네에서는 오만법을 생각해낸 아테네의 사례를 모방한 것처럼 지나치게 거들먹거리는 정치인들에 대해 문자 그대로 오명을 쓰게 할 수도 있었다. 밀라노에서 1141년부터 1180년까지 열네 차례나 콘술을 역임한 현지인 지라르도 카가피스토Girardo Cagapisto의 경우를 보자. 그의 이름은 '똥'을 뜻하는 카가caga 또는 카카caca로 시작된다. 카가피스토란 말은 이탈리아 파스타 소스

---

5 주로 집행기구를 견제하는 감사원장 역할을 했다.

에 빗댄 말로 '똥 페스토pesto'라는 뜻이었다. 정치인들의 이름에 '똥'이 들어간 다른 사례로는 그레고리오Gregorio와 굴리엘모 카카이나르카Guglielmo Cacainarca 형제가 있는데, 이들의 성은 '궤짝 안에 똥을 싼다'는 의미였다. 그와 비슷하게 1140년부터 1144년까지 재임한 콘술 아르데리코 카가이노사Arderico Cagainosa의 이름은 '바지 속에 똥을 싼다'로 옮길 수 있다. 저명한 정치인 가문의 다른 이름으로는 '교회 안에 똥을 싼다'는 뜻의 카카인바실리카Cacainbasilica, '개구리를 내지르다'라는 의미의 카카라나Cacarana, '천천히 똥을 싼다'는 뜻의 카갈렌티Cagalenti, 심지어 '독이 든 똥'이라는 뜻의 카가토시치Cagatosici도 포함된다. 지나치게 힘이 세지거나 행실이 나쁘면 성에 '똥'이 들어갈 위험이 있었다.

이 프레스코화의 몇 가지 다른 특징도 주목할 만하다. 통치자의 발치 조금 오른쪽에는 두 명의 귀족이 갑옷 차림으로 무릎을 꿇고 있다. 그들은 역시 '정의'에 묶여 있는 귀족에 대한 코무네의 권위를 의미한다. 그들 뒤에는 창을 든 일단의 병사들이 있는데, 이들은 9인위원회가 1302년 시에나 지방을 순찰하려고 모집한 특수부대를 나타내는 것으로 보인다.

이런 것들은 모두 공포로부터의 자유(평화가 있으므로), 폭력으로부터의 자유(정의가 있으므로), 지배로부터의 자유(국가와 엘리트층이 법과 민중의 명령에 제약을 받고 있으므로)와 꼭 맞는 것으로 보인다. 벽 아래에는 이런 말이 적혀 있다.

> 이 성스러운 미덕[정의]이 다스릴 때마다
>
> 그녀[6]는 수많은 영혼을 화합으로 이끄네.

---

6 정의를 의인화하여 표현

그리고 이들이 그런 목적으로 모여
주인을 위한 공동의 선ben comun을 행하네.
국가를 운영하기 위해 선택을 하는 이는
그의 주위에 서 있는 미덕의
빛나는 얼굴에서
결코 눈을 돌리지 않는다네.
그래서 그는 승리와 더불어
세금과 공물, 영주의 지위를 얻고
그래서 전쟁 없이
시민들에게 모든 성과가 따른다네.
유용하고 필요하며 유쾌한 성과가.

이 글에서 중요한 말재간을 볼 수 있다. 공동선common good은 코무네와 관련이 있다. 통치자는 정의에 묶여 있고 실제로 정의와 통치자를 함께 묶어주는 이들은 바로 시민이기 때문에 코무네의 정치 형태는 공동선에 봉사한다. 따라서 프레스코화는 코무네에서 사회에 의한 통치가 이뤄지기 때문에 코무네가 공동선에 봉사한다는 점을 표현한다.

선정의 효과

제2장에서 우리는 강력한 국가가 사람들을 폭력과 지배로부터 보호할 뿐만 아니라 공공서비스도 제공할 수 있다는 점을 강조했다. 우리는 시에나에서 국가가 이처럼 결정적인 역할을 한 사례를 봤다. 포데스타가 데려온 사람들은 그곳에서 법을 집행하고, 분쟁을 해결하고, 공증과 그 밖의 사업서비스

를 제공했다. 게다가 1275년 첫 여섯 달 동안 코무네의 지출을 기록한 장부에는 시에나에 이곳 사람들이 연 사무실이 약 860개에 이르렀다는 사실을 말해준다. 여기에는 야간 순찰대 171명과 통행료·관세 감독관 114명, 각 구역의 행정관리 103명, 세액 평가 담당관 90명이 포함된다. 또한 도량형 감독관과 곡물 및 소금 판매 감독관, 교도관과 사형 집행인, 나팔수, 공공건물을 관리하는 벽돌공, 샘 관리인 들도 있었다. 이 도시에는 또한 선술집을 감독하고 욕설을 예방하는 여섯 명의 '선도원'이 있었고 야생 당나귀와 돼지, 나병 환자를 도시 밖으로 내보내는 임무를 맡은 또 다른 여섯 명이 있었다. 거리에서 털실을 잣는 것은 허용되지 않았으며, 시 당국은 다른 여러 규제를 부과했다. 예를 들어 도시 성벽 안에 새 건물을 지을 때는 언제나 건축허가를 받아야 했고, 시는 심지어 벽돌과 기와까지 통일된 규격으로 만들어야 한다고 규정했다. 다른 코무네에서도 이처럼 관직과 규제가 급속히 늘어난 것을 볼 수 있다.

코무네는 세금을 걷는 일에도 매우 유능해졌다. 어쨌든 누군가는 이 모든 관료를 위한 비용을 대야 했다. 그들은 세수를 공공서비스를 제공하는 데에도 썼다. 도량형을 표준화하는 것을 비롯해 어떤 일들은 앞서 열거한 행정 직책으로 알 수 있지만 그 밖에도 소방, 안정적인 화폐 주조와 통화체계, 도로와 다리의 건설과 관리를 담당하는 부서들이 있었다. 1292년 시에나는 한 명의 '도로 심사관'을 두었는데, 그는 곧 세 명의 도로 총감독관들로 대체됐다. 사람들이 편안하게 여행할 수 있도록 '주요 도로 순찰관'을 임명하기도 했지만, 이 직책은 9인위원회가 지방의 질서 확립을 위한 더 정교한 체계를 구축한 후에는 존속되지 않았다. 시에나 상인들이 어디에 있든 그들의 재산과 인권을 안전하게 보호하기 위해 시는 또한 시에나 사람의 권리를 침해한 다른 정체의 상인과 시민을 상대로 보복할 수 있도록 '배상 조치'를 취하기도 했다.

시에나에서 제공한 이런 공공서비스와 자유에 대한 지지는 당시 북부와 중부 이탈리아 밖에서는 찾아볼 수 없었다. 하지만 시에나에서 국가가 촉진한 것은 그게 전부가 아니다. 이 국가는 광범위한 유인과 경제적 기회도 제공했다.

그 점을 살펴보려면 9인의 살롱 오른쪽 벽으로 시선을 돌려, 로렌체티가 그려놓은 또 하나의 거대한 프레스코화를 봐야 한다. '선정의 효과The Effects of Good Government'라는 그림이다. 이 책에 실린 〈사진 8〉을 참고하라. 이 프레스코화는 도시와 시골 생활의 전경을 묘사한다. 그림 왼쪽은 사람이 많은 도시를 보여준다. 앞쪽에서는 일단의 여성들이 춤을 추고 있지만, 가장 놀라운 것은 번창하는 경제활동이다. 춤추는 여성들 오른쪽에서는 가게 주인 한 명이 말고삐를 잡은 한 남자와 신발을 놓고 흥정을 하고 있다. 그들 오른쪽에서는 한 사제가 설교하고 있고, 어떤 여성이 올리브유 또는 포도주가 담겨 있을지도 모를 항아리들을 팔려고 진열대에 늘어놓고 있다. 어떤 남자는 노새에 땔감 나무를 싣고 지나간다. 다른 이들은 베틀 위에서 직물을 짜고, 양 떼를 돌보고 있다. 바구니를 머리에 인 여성과 새를 품은 다른 여성은 아마 시장에 가는 길일 것이다. 마지막으로, 뒤쪽 멀리에서는 물건을 실은 말 두 필이 지나간다. 프레스코화 위쪽에서는 일꾼들이 스카이라인을 장식하는 여러 멋진 탑들에 더해 또 다른 건축 작업을 하느라 바쁘다.

프레스코화 오른쪽 절반은 시골 지역에서 나타나는 선정의 효과에 초점을 맞추는데, 여기서도 족쇄 찬 리바이어던과 그것이 만들어낸 자유가 경제에 미치는 영향을 분명히 목격할 수 있다. 시골을 묘사한 그림 위쪽에는 안전을 상징하는 여성이 번영과 자유를 직접 연결하는 내용의 두루마리를 들고 있다.

두려움 없이, 모두가 자유롭게 걸어 다니게 하라.

그리고 모두 씨 뿌리며 일하게 하라.

이 여성7이 죄지은 자의 힘을 모두 빼앗았으므로,

그러한 코무네를 그녀가 계속해서 다스리리라.

프레스코화는 이런 생각과 일치하는 장면을 묘사한다. 앞쪽에서는 농부들이 풍성한 밀밭 앞에서 열심히 일하고 있다. 사냥을 가는 일행이 도시의 성문을 나가 포장된 길로 가고, 반대 방향으로는 상인들이 상품과 돼지를 팔러 간다. 배경에는 다른 사람들이 씨를 뿌리고 수확하고 타작을 하고 있다. 잘 가꾼 들과 집 들이 있는 가운데 모든 것이 평화롭고 번창한다.

교훈은 분명하다. 좋은 정부의 여러 혜택 가운데는 경제적 번영이 있다. 과연 그럴까, 아니면 로렌체티가 그저 지어낸 것일까? 자치적인 정부와 경제 발전은 진정으로 연결돼 있을까?

성 프란체스코는 어떻게 그 이름을 얻었나

중세의 가장 유명한 성인 중 한 명인 아시시의 성 프란체스코Saint Francis of Assisi의 삶은 이 물음에 어떤 답을 준다. 동물과 자연을 사랑하기로 유명한 프란체스코는 기독교 신앙에서 가장 위대한 이미지 중 하나인 크리스마스의 예수 탄생 장면을 후세에 남겼다.8 이름에 들어간 '아시시'는 1182년경 그가

---

7 의인화한 안전

8 성 프란체스코는 예수가 탄생한 베들레헴의 말구유를 보고 와서 1223년 그레치오 성당에 예수 탄생 장면을 재현했다.

태어난 이탈리아 중부의 코무네 이름에서 따왔다. 프란체스코라는 이름은 더 수수께끼 같다. 프란체스코가 태어났을 때 그는 조반니 디 피에트로 디 베르나르도네Giovanni di Pietro di Bernardone로 불렸다. 그렇다면 프란체스코라는 이름은 어디에서 유래했을까?

프란체스코의 아버지 피에트로 디 베르나르도네는 부유한 비단 상인으로, 조반니가 태어났을 때 프랑스에서 사업을 하고 있었다. 피에트로는 프로방스 출신으로 프란체스코의 어머니인 피카 드 불레몽Pica de Bourlemont이라는 여인과 결혼한 상태였다. 아시시로 돌아올 때 피에트로는 아마도 프랑스에 대한 사랑의 표시로 아들을 프란체스코('프랑스인')로 부르는 습관을 들였다.

그 사랑은 프랑스에서 하는 피에트로의 사업과 관련 있어 보인다. 프란체스코가 태어나기 불과 8년 전인 1174년 이탈리아 상인들은 북부 프랑스에서 열리는 '샹파뉴 연시年市[9]'에 처음으로 참가했다. 〈지도 7〉을 보라. 이 연시들은 샹파뉴 지방의 네 도시, 바르 쉬르 오브, 라니, 프로방스, 트루아에서 한 해 여섯 차례 열렸다. 각 연시는 보통 6주씩 이어졌고, 그다음에는 상인들이 다음 지역으로 옮겨 갈 수 있도록 휴지기를 뒀다. 그에 따라 샹파뉴 연시는 거의 연중 내내 열리는 시장으로 바뀌었다.

샹파뉴를 흡인력 있는 교역의 중심으로 만들어준 몇 가지 특별한 요인이 있었다. 하나는 지리적 위치였다. 이곳은 프랑스 전역의 상인들이 모이는 장소가 됐고, 이어서 플랑드르와 저지대[10]의 신흥도시 상인들을 끌어들이기 시작했다. 샹파뉴의 가장 중요한 이점은 교역이 대단히 원활하게 이뤄지도

9 1년에 몇 차례 열리는 큰 시장으로 전시회나 박람회의 시초

10 지금의 벨기에, 네덜란드, 룩셈부르크 지역

록 해주는 경제제도에서 비롯됐다. 우선 샹파뉴의 백작들은 무엇이 이로운지를 알아봤다. 1148년 환전상 베즐레Vézelay가 프로방스 연시로 가는 길에 강도를 당했을 때 티보 2세Thibault II는 프랑스의 섭정에게 서신을 보내 그 환전상에게 보상하라고 요구했다. "그런 손해를 끼치고도 무사히 넘어간다면 내 연시는 폐허가 되고 말 것이므로 본인은 그런 일이 일어나는 것을 용납할 수 없습니다." 티보 백작은 세금을 부과할 수 있다는 점 때문에 연시를 좋아했다. 상인들이 없으면 세금도 없는 법이다. 1170년 이 지역 백작들은 매력적인 제도적 환경을 조성하기 위해 시장에서 치안과 규제, 사법적 권한을 행사하는 '연시 감독관'들을 임명하기 시작했다. 피에트로 디 베르나르도네를 포함해 이탈리아인들이 알프스를 넘어 연시에 오는 모험을 마다하지 않도록 유인한 것은 바로 이 혁신이었을 가능성이 크다. 그러나 이런 백작들만 도움이 된 것은 아니었다. 샹파뉴의 도시 중 프로방스와 바르 쉬르 오브, 트루아 세 곳은 코무네와 같은 자치의 특권을 갖고 있어서 이 기간에 지방법원을 운영할 권한이 있었다. 이 법원들은 계약이 지켜지도록 강제하고 거래상의 분쟁을 중재했다.

이와 같은 초기의 제도적 혁신들은 기본적인 질서와 안전, 분쟁 해결을 비롯한 사법 서비스를 제공하는 데 집중했다. 이탈리아인들이 연시에 더 많이 참가하면서 혁신들은 이탈리아까지 뻗어나갔다. 1242년부터 1243년까지 일단의 이탈리아 상인들이 샹파뉴 연시에 오는 길에 피아첸차 사람들에게 납치와 강도를 당했다. 샹파뉴 백작이 묵과할 수 없는 일이었다. 그는 피아첸차 당국에 피해자들이 마땅한 보상을 받지 못하면 피아첸차 상인은 누구도 샹파뉴에서 거래하지 못하게 하겠다고 으름장을 놓았다. 질서와 분쟁의 문제들을 해결한 다음 이 지역 당국들은 더 적극적으로 나서 도로를 개량하고 센강과 트루아 사이에 운하를 건설하기 시작했다.

상파뉴 연시는 이른바 중세의 상업혁명commercial revolution 가운데 가장 유명한 사례 중 하나다. 이탈리아의 여러 코무네는 그 혁명의 한가운데에 있었다. 그것은 우연이 아니었다. 코무네의 정부체제는 5세기 말 서로마제국 붕괴에 따른 침체를 겪은 후 교역과 경제활동이 되살아날 수 있도록 해주는 법과 경제 제도를 만들어냈다. 이탈리아는 이 번영의 혜택을 받기에 유리한 위치에 있었다. 남쪽에는 비잔틴제국, 동쪽에는 우리가 제4장에서 만나봤던 새로운 무슬림 국가들이 있어서 동방의 향신료와 수많은 사치품이 공급됐다. 북쪽에는 잉글랜드와 플랑드르가 있었다. 잉글랜드는 최고급 양모를, 플랑드르는 가장 인기 있는 직물을 생산했다. 거대한 교역이 이뤄질 무대가 마련됐다. 양모와 사치스러운 옷감, 향신료가 주인공이었다. 노르만 왕들이 지배한 12세기 중반까지 남부 이탈리아와 스페인도 좋은 위치에 있었지만 자치정부를 갖지는 못했다. 그래서 어느 쪽도 자치적인 북부와 중부 이탈리아 같은 방식으로 교역을 끌어오지 못했다. 이는 코무네가 어떻게 교역에 필요한 제도 발전을 촉진했는지와 관련이 있다.

이 문제는 교역에서 극히 중요한 금융 부분의 혁신을 살펴보면 명백해진다. 여러 분야에서 이탈리아 코무네는 혁신을 선도했다. 코무네의 경제활동이 유럽 전역으로 확대되면서 모든 교역 장소에 기지가 설치됐다. 더욱 중요한 점은 코무네가 중세의 상업을 조직하는 주된 방식이 된 환어음bill of exchange을 발명했다는 사실이다. 피렌체의 직물 제조업자가 잉글랜드 노퍽 지방의 고급 양모를 사고 싶어 한다고 하자. 그는 이탈리아 두카트화 몇 자루를 가지고 잉글랜드로 가서, 런던의 누군가를 만나 그 돈을 파운드화로 바꾸고, 양모를 사서, 그것을 배로 실어 올 수 있다. 하지만 그 대신에 환어음을 이용할 수도 있다. 일반적으로 그런 어음 거래에는 네 명의 이해 당사자가 있다. 여기서는 피렌체의 직물 제조업자 송금인remitter, 피렌체에 있는 송금인의 은행인 어음 발행인drawer, 피렌체 은행과 거래하는 런던의 은행인 지급인drawee, 피렌체의 직물 제조업자가 거래를 원하는 런던의 양모 상인인 수취인payee이 있다. 피렌체에서는 송금인이 발행인에게 두카트화를 주고 어음을 산다. 그런 다음에 그 어음을 런던의 수취인에게 보내고, 수취인은 그 어음을 지급인에게 가지고 가서 잉글랜드 파운드화로 바꾼다. 그런 다음 수취인은 양모를 배에 실어 피렌체로 보낸다. 피렌체에서 두카트화로 산 어음은 런던에서 지급될 파운드화 금액을 특정한다.

피렌체의 은행은 런던에 지점을 낼 필요도 없다. 단지 어음 거래를 해줄 또 다른 은행과 거래만 할 수 있으면 됐다. 국제적인 은행과 환어음이 출현하면서 국제 상거래는 대단히 원활해졌다. 환어음에는 일종의 대부貸付가 내포돼 있다. 직물 제조업자는 양모를 받을 때까지 기다려야 하고 사실상 런던의 양모 상인에게 돈을 빌려준 셈이다. 이는 '이자' 지급으로 보상을 받는데, 설사 그것이 꼭 이자라고 불리지 않고 환율 차이를 통해 이뤄지더라도 효과는 마찬가지다. 예를 들어 직물 제조업자는 런던에서 100파운드어치의 양모를 사고 싶어 하고, 피렌체의 환율로는 그를 위해 1000두카트를 내야 한다고 하자. 그렇다면 런던에서 그 어음을 파운드로 바꿀 때 더 낮은 환율이 적용된다. 혁신적인 이탈리아인들은 곧 새로운 신용수단으로 '가공거래dry exchange[11]'를 만들어냈는데, 이때는 상품의 이동은 무의미해지고 다른 환율이 사전에 정해졌다.

가공거래의 개념은 별 재미 없는 것으로 들린다. 하지만 당시는 이자를 받기 위한 대부가 고리대금으로 여겨지고 중세 유럽의 규범과 관습, 신념이 여

11 흔히 고리대금을 위장하기 위해 실물 거래 없이 환 거래를 하는 것으로 환율 조정을 통해 사실상 이자를 주고받는 효과를 낸다.

러 경제활동을 억제하고 심지어 금지하기도 하던 시기였기 때문에 그런 거래는 예리한 혁신이었다.

누가복음을 보면 예수는 "대가 없이 빌리고 빌려주며, 아무것도 바라지 말라"고 했다. 그런 까닭에 교회의 신조는 대부에 이자를 물리는 것을 죄로 치부하는 고리대금으로 해석됐다. 이는 효과적인 금융체계의 발전에 중대한 걸림돌이었다. 사람들이 자본과 부를 소유한 사람과 그러지 않은 사람으로 나뉘는 건 자연스럽다. 하지만 자본과 부를 소유하지 않은 사람들이 사업 아이디어나 투자 기회를 가지고 있을 수도 있다. 제대로 돌아가는 금융체계는 돈을 가진 사람들이 사업 구상을 가진 이들에게 신용을 제공할 수 있도록 해준다. 이자는 그런 거래가 이뤄지도록 장려하기 위한 대가이며, 대부자가 다른 기회를 제쳐두고 투자한 대가, 돈을 돌려받지 못할 위험을 감수하는 데 대한 보상이다. 대부 이자를 받는 것이 죄가 된다는 이유로 그것을 막으면 금융체계 발전은 멈춘다. 이탈리아에서 일어난 상업혁명 중 한 가지는 고리대금이라거나 죄악을 저질렀다는 비난을 받을 위험을 지지 않고도 돈을 빌려주고 신용을 제공할 수 있는 가공거래 같은 혁신을 이용하는 것이었다. 교회는 여전히 고리대금은 죄악이라고 주장했지만, 이런 혁신들에 힘입어 규범의 우리에서 한 가지 중요한 측면이 느슨해지면서 투자와 상거래가 크게 발전할 길이 열렸다. 규범의 우리를 우회하겠다는 생각을 한 이들은 혁신적인 이탈리아인들뿐만이 아니었다. 회랑 안의 삶이 진화하면서 사회적, 경제적 자유에 대한 제약을 유지하기는 더 힘들어졌다. 심지어 교회도 그 틀을 조금 느슨하게 풀기 시작했다. 예를 들어 성 토마스 아퀴나스Saint Thomas Aquinas는 어떤 상황에서는 채무자가 채권자에서 '보상'을 할 수 있도록 허용했고, 이는 이자에 상당하는 것을 지급하는 행위를 정당화하는 유연한 태도로 드러났다. 규범의 우리를 완화한 것은 또한 이탈리아인들에게 경제적 비교우위의 중요한 원천이 됐으며, 그에 따라 유럽 전역에서 이탈리아인들이 금융 중개자 역할을 하기 시작했다. 이 모든 일에 이탈리아의 제도적 환경은 결정적으로 중요했다. 다른 곳에서는 그와 같은 활동이 그다지 환영 받지 못했다. 예컨대 1394년 아라곤의 왕은 바르셀로나의 이탈리아 상인 모두를 고리대금업을 했다는 이유로 재판에 넘기겠다고 위협했다.

이탈리아인들은 다른 여러 혁신도 선도했다. 그들은 상업보험을 고안해 제3자가 무역에 따른 위험을 짊어질 수 있도록 했다. 또한 무역을 원활하게 해주는 여러 가지 다른 형태의 계약을 발전시켰다. 그중 하나는 두 사람이 일시적인 동업 관계를 맺는 코멘다commenda로, 이 계약에서 한 사람은 무역을 위한 자본을 대고 다른 사람은 그 임무를 수행했다. 임무가 끝나면 두 동업자가 수익을 나눠 가졌다. 코멘다는 고리대금 관련 법을 피할 수 있는 또 다른 방식이었다. 이탈리아인들은 주식회사joint stock company의 선구자로 오랫동안 살아남은 여러 조직 형태도 창안했는데, 이런 회사는 실제 사업에 적극적으로 참여하지 않는 사람들이 자본을 대고 배당의 형태로 이익을 얻을 수 있도록 해줬다. 서면으로 재산권을 규정하는 법적 문서와 공증인 사용을 새롭게 강조한 것 역시 중요하다. 1280년대 밀라노와 볼로냐 같은 도시에는 주민 1,000명당 25명의 공증인이 있었다.

이 모든 거래에는 선진 회계 관행이 필요했다. 1202년 피사 출신의 이탈리아인 레오나르도 피보나치Leonardo Fibonacci가 아라비아 숫자체계를 채택함으로써 회계를 혁명적으로 발전시킨 것은 우연이 아니었다. 이로써 금융 관련 셈법은 훨씬 더 간단해졌다. 14세기 중반이 되자 이탈리아에서 처음으로 복식부기가 등장했다. 상업혁명은 눈부신 경제성장과 더불어 진행됐고 금융부문 바깥에서도 혁신을 자극했다. 우리는 이 시대의 국민소득 계정을 산출할 만큼 충분한 자료를 갖고 있지 않지만 도시화 수준, 즉 인구 5,000명

이상의 도시에 사는 사람들의 비중을 통해 경제발전을 추정할 수 있다. 서유럽의 도시화 수준은 상업혁명이 시작된 시기인 800년 약 3퍼센트에서 1300년 6퍼센트로 두 배가 됐다. 상업혁명에 깊이 참여한 곳에서는 도시화가 훨씬 더 빨리 진행됐다. 이탈리아 전체를 보면 도시화 수준은 같은 기간 4퍼센트에서 14퍼센트로 높아졌다. 그러나 이는 상업과 코무네의 번영을 경험하지 못한 남부 이탈리아를 포함하는 수치다. 북부 이탈리아의 도시화 수준은 틀림없이 훨씬 더 높았을 테고, 토스카나에서는 25퍼센트에 이른 것으로 추정된다. 플랑드르와 저지대 국가에서는 약 3퍼센트였던 도시인구 비중이 1300년 12퍼센트로 높아졌고, 1400년에는 놀랍게도 23퍼센트에 이르렀다.

시야를 더 넓혀 유럽의 상대적인 인구 규모를 살펴보면 도시 지역 코무네의 역동성을 잘 이해할 수 있다. 1050년에는 이탈리아 코무네 중 인구가 1만 5,000명에 불과했던 피렌체 한 곳만 유럽의 30대 도시에 들어갔다. 1200년 피렌체 인구는 네 배로 늘어 6만 명에 이르렀고, 유럽 30대 도시에는 볼로냐와 크레모나, 페라라, 제노바, 파비아, 베네치아가 합류했다. 1300년에는 이탈리아의 코무네가 유럽에서 가장 큰 30개 도시 중 3분의 1이나 차지했으며, 가장 붐비는 도시는 인구 11만 명의 베네치아였고, 각각 10만 명의 인구를 가진 제노바와 밀라노가 그 뒤를 이었다. 이 시기에 시에나 인구는 5만 명이었다. 파리와 무슬림 시대 스페인의 수도로서 도시화가 크게 진전된 그라나다만 인구가 베네치아와 제노바, 밀라노보다 많았다.

경제성장의 또 다른 신호는 경제활동의 결정적인 투입요소인 교육과 노동력의 기술 수준에서 찾아볼 수 있다. 이 시기에 북부 이탈리아에서 교육과 기술 수준은 극적으로 높아진 것으로 보인다. 예를 들어 조반니 빌라니Giovanni Villani가 쓴 14세기 피렌체 역사 《신연대기New Chronicles》는 14세기 초 피렌체에서 약 8,000~1만 명의 소년과 소녀가 기초적인 교육을 받고 또 다른 550~600명이 그보다 높은 수준의 교육을 받았으며, 그 밖의 1,000~2,000명이 상업적 기술을 전수하기 위해 설립한 학교에 다닌 것으로 추산했다. 이것이 일반적인 상황이었다면 당시 피렌체 인구의 절반이나 되는 사람들이 어떤 형태든 정식 학교에 다녔을 수 있다. 광범위한 인구 조사인 1427년 피렌체 카타스토Catasto[12]는 성인 남성 10명 중 7명은 읽고 쓸 줄 알았다는 사실을 보여주는데, 당시로서는 놀랄 만큼 높은 교육수준이었다. 1587년 베네치아에서는 전체 소년 중 33퍼센트가 문해력을 가졌다고 추정된다.

문해력과 경제발전의 확산은 서적 생산 자료에도 나타난다. 9세기에는 서유럽에서 생산된 20만 2,000권의 책 가운데 10퍼센트만 이탈리아에서 나왔다. 14세기에는 이탈리아가 유럽 최대 출판국이 돼 유럽 전체에서 펴낸 274만 7,000권 가운데 32퍼센트를 차지했다. 이탈리아는 또한 유럽 어느 지역보다 많은 대학을 세워서 14세기 전체 유럽 대학의 39퍼센트를 차지했다.

우리는 이 시기에 과학기술도 광범위하게 발전했다는 걸 알 수 있다. 그중에는 선미의 방향타가 널리 보급되면서 선박 설계가 개선된 것처럼 상업혁명에 결정적으로 중요했던 기술들도 있었다. 그전에는 로마 시대 이후 계속돼 온 것처럼 노로 배의 방향을 잡는 식이어서 효율성이 훨씬 떨어졌다. 역시 이탈리아에서 나온 것으로는 최초의 안경, 루카에서 비단을 생산하기 위해 세운 최초의 기계화된 방직공장, 조반니 데 돈디Giovanni de Dondi가 1360년대에 만든 기계식 시계가 있는데, 그가 남긴 기록을 보면 시계는 그 전에도 이미 상당히 오랫동안 존재했던 것이 분명하다.

---

12 이탈리아어로 카타스토catasto는 토지대장과 등기소를 뜻한다.

카나리아제도의 첫 고양이

코무네의 놀라운 성취 가운데 하나는 높은 수준의 사회적 이동성이었다. 프란체스코 디 마르코 다티니Francesco di Marco Datini의 사례가 유명하다. 그의 고향인 토스카나 지방의 프라토 코무네에서 전해진 이야기는 그가 처음에 어떻게 상업적으로 성공할 수 있었는지 설명해준다.

전해오는 이야기에 따르면, 토스카나의 대담한 무역상들이 먼 섬들로 항해하던 시기에 프라토의 한 상인이 멀리 떨어져 있는 카나리아라는 섬에 갔다. 그러자 섬의 왕이 만찬에 그를 초대했다.

그때 상인이 냅킨을 놓아둔 식탁을 보니 자리마다 그의 팔 만한 길이의 봉이 하나씩 놓여 있었는데, 용도가 무엇인지 헤아릴 수가 없었다. 그런데 그들이 식탁에 앉고 요리가 들어오자 그때부터 음식 냄새가 퍼지면서 엄청난 수의 쥐 떼가 모여들었고, 손님들이 음식을 먹으려면 부득이 그 곤봉으로 쥐들을 쫓아야 했다. … 밤에 자기 배로 돌아갔던 상인은 다음 날 고양이 한 마리를 숨겨 데리고 왔다. 그리고 요리가 나왔을 때 쥐들이 다시 나타났다. 상인은 소매에서 고양이를 풀어놓았고, 고양이는 재빠르게 스물다섯에서 서른 마리의 쥐를 죽였고 다른 쥐들은 도망쳤다.

"이 동물은 신묘하구나!" 왕이 외쳤다. 그러자 상인이 대답했다. "전하, 저에게 너무나 큰 호의를 베풀어주셨으니 이 고양이를 전하께 드리는 것으로 보답할 수밖에 없습니다." 왕은 감사히 선물을 받았고, 상인이 섬을 떠나기 전에 사람을 다시 보내 그에게 4,000스쿠도[13] 상당의 보석을 선물했다. 이듬해 상인이 다시 그

---

13 이탈리아 은화

섬에 왔을 때는 수고양이 한 마리를 데려왔고, 이번에는 6,000스쿠도를 받았다. 프라토의 상인은 부자가 돼서 고향에 돌아왔다. 그의 이름은 프란체스코 디 마르코 다티니였다.

다티니가 이렇게 부자가 됐다는 얘기는 허구일 수도 있다. 사실 그가 카나리아제도에 갔다는 기록은 없다. 우리가 아는 바는 1335년께 그가 가난한 선술집 주인의 아들로 태어났다는 사실이다. 그가 불과 열세 살일 때 흑사병(가래톳 페스트)이 이탈리아를 덮쳤고, 두 명의 형제뿐 아니라 어머니와 아버지도 세상을 떴다. 그와 동생 스테파노Stefano만 살아남았는데, 부모에게 물려받은 것은 거의 없고 집 한 채와 조그만 땅뙈기, 47플로린뿐이었다.

아버지가 죽고 1년쯤 지나서 다티니는 피렌체로 옮겨 가 어떤 가게 주인의 도제로 들어갔고, 프랑스 남부 아비뇽의 번창하는 도시에 관한 이야기를 듣기 시작했다. 1309년부터 1376년까지 교황은 잇단 분쟁 때문에 로마 대신 아비뇽에 살았고, 그곳에 있는 교황청 덕분에 활기찬 시장이 형성돼 이탈리아 무역업자들이 번창했다. 사치품 교역과 은행업은 대부분 이 도시에서 자기네 구역을 이뤄서 사는 약 600가구의 이탈리아인들이 지배했다. 열다섯 살 생일이 얼마 안 지났을 때 다티니는 프라토에서 작은 땅뙈기를 팔아 얼마간의 자금을 마련한 후 그곳을 떠났다. 1361년 스물여섯 살 때 그는 토스카나 출신의 토로 디 베르토Toro di Berto, 니콜로 디 베르나르도Niccolò di Bernardo 두 사람과 동업을 하고 있었다. 처음에는 주로 갑옷을 취급했고, 분쟁을 벌이는 양측에 갑옷을 팔며 장사를 잘했던 것으로 보인다. 예를 들어 그의 장부를 보면 1368년에 프랑스의 군사령관 베르트랑 뒤 게클랭Bertrand du Guesclin에게 64리브르 상당의 병기를 팔았고, 같은 해에 바로 그 게클랭의 공격으로부터 스스로를 지키려는 퐁트 자치정부에 다양한 무기를 팔았다는 기록이 있다. 그에 앞서 1363년 다티니는 금화 941플로린에 더해 '고객의 신용'에 대한 영업권조로 300플로린을 더 주고 산 자신의 첫 점포를 갖게 됐다. 1367년 그는 토로 디 베르토와 각자 금화 2500플로린씩을 더 투자하면서 합작 관계를 갱신했고, 그들은 이제 세 곳에 점포를 갖게 됐다. 1376년 그는 소금을 거래하기 시작했으며 은 제품과 미술품 거래뿐만 아니라 독자적인 환전사업에도 손을 댔다. 그는 포도주를 파는 선술집과 포목점을 열었으며, 교역을 위해 자기 사람들을 나폴리처럼 먼 곳으로 두루 내보냈다. 이 시점에 아비뇽에 있는 그의 본점은 피렌체의 은제 허리띠와 결혼식 금반지, 피혁, 카탈루냐산 안장과 노새의 마구, 이탈리아 전역에서 온 가정용품, 제노바산 아마포, 크레모나산 퍼스티언fustian 면직물, 루카의 독특한 직물인 주황색 *첸다도zendado*를 갖추고 있었다. 그즈음 피렌체에 있는 그의 상점은 제조업의 활기찬 중심지로 부상했고, 흰색과 푸른색 또는 염색하지 않은 양모 직물, 재봉용 실과 비단 휘장, 휘장용 고리, 식탁보, 냅킨, 큰 목욕 수건, 신부의 혼수품으로 쓰이는 손으로 채색한 금고와 보석함을 갖춰놓았다.

1382년 아비뇽에서 돌아왔을 때 그는 프라토와 피렌체에 본점을 두고 피사와 제노바, 바르셀로나, 발렌시아, 마요르카, 이비자에 지점을 둔 사업체를 설립했다. 이들 상점 간에 루마니아와 흑해에서 온 철과 납, 백반, 노예, 향신료, 사우샘프턴과 런던에서 온 잉글랜드 양모, 사르데냐와 시칠리아에서 온 밀, 튀니스와 코르도바에서 온 가죽, 베네치아에서 온 비단, 말라가에서 온 건포도와 무화과, 발렌시아에서 온 아몬드와 대추야자, 마르세유에서 온 사과와 정어리, 가에타에서 온 올리브유, 이비자에서 온 소금, 마요르카에서 온 스페인 양모, 카탈루냐에서 온 오렌지와 올리브유, 포도주가 오갔다. 그의 사업 관련 문서는 라틴어와 프랑스어, 이탈리아어, 영어, 플랑드르어, 카탈루냐어, 프로방스어, 그리스어, 아랍어, 히브리어로 쓰였다. 그는 단순히 교역만 하지 않고 피렌체에서 직물 제조업을 시작해 영국과 스페인산 양모를 사서 옷감 완제품을 만들어 수출했다.

프란체스코 디 마르코 다티니는 이탈리아의 여러 코무네가 만들어낸 광범위한 제도적 환경을 빼고는 어떤 배경이나 연줄 혹은 자본도 없이, 그리고 인맥이나 독점 혹은 정부 지원의 이점도 없이 부자가 됐다.

물론 엘리트가 지배하는 낡은 질서에 의존하면서 이러한 발전을 당혹스럽게 바라보는 이들이 많이 있었다. 프란체스코 디 마르코 다티니는 그들이 두려워하는 사회적 상향 이동성을 대표하는 인물이었다. 프리드리히 바르바로사 황제의 숙부인 오토 주교가 제노바 사람들에 관해 언급하면서 바로 그 점을 불평했다.

> 다른 지역 사람들이라면 마치 역병을 피하듯이 낮은 신분의 젊은이들과 저급한 기계를 다루는 일꾼들이 더 존경받고 명예로운 것을 추구하지 못하도록 막았을 테지만, 제노바 사람들은 그들에게 기사의 허리띠와 같은 명예를 주며 높이 평가하는 것을 마다하지 않는다.

오토 주교는 위계질서와 그 위계를 지탱하는 규범이 침식되는 현상에 대해 불평한 것이다. 하지만 그런 규범들은 다티니처럼 재능을 가진 '이름 없는 사람들'이 상위 계층에 오르는 것을 막기 때문에 그런 제약들을 완화하는 것은 경제 발전에 극히 중요하다. 혁신은 결정적으로 그와 같은 재능을 키워주고 이름 없는 사람들이 스스로 진로를 그리며 자신의 구상을 실험할 수 있도록 허용하느냐에 달려 있다.

프란체스코 디 마르코 다티니는 이 시대의 상향 이동성을 보여준 유명한 사례이지만 유일한 사례는 아니다. 1369년의 피사에 관한 한 추정치는 이 항구를 이용하는 피렌체 지역 회사 106개 중 51개가 '새로운 사람' 소유였다는 사실을 말해준다. 이탈리아 밖의 사례로는 나중에 성 고드릭Saint Godric으로 바뀐 핀클의 고드릭Godric of Finchale이 있다. 고드릭은 1065년경 노퍽의 월폴에 사는 가난한 부모에게서 태어났다. 그의 전기를 쓴 더럼의 레지널드Reginald of Durham는 '그의 아버지 이름은 에일워드Ailward였고 어머니는 에드워너Edwenna였다. 둘 다 신분과 부가 보잘것없었다'고 전한다. 고드릭은 노퍽에서 신분과 부가 보잘것없는 젊은이에게 당연했을 '농사꾼'의 길을 가지 않기로 했다. 대신 상인이 되기로 했다. 자본이 없는 그는 열심히 일해 밑바닥에서 위로 올라가야 했고, 그래서 돌아다니며 물건을 파는 '행상인'의 방식을 배우기 시작했으며, '그는 행상인의 삶의 방식을 따르기 시작해 처음에는 작은 거래와 값싼 물품에서 어떻게 이득을 얻는지 배우고, 그다음에는 아직 젊은 나이임에도 훨씬 더 비싼 물건을 사고팔아 이익을 남기는 쪽으로 생각이 조금씩 발전했다.' 성 고드릭은 점차 더 야심 찬 모험사업을 벌이기에 충분한 자본을 축적했다. 레지널드에 따르면 '그는 더 대담한 길을 택해 배편으로 연안 지역을 자주 오가고 주변에 있는 외국 땅으로 나갔다. 그렇게 뱃길로 스코틀랜드와 잉글랜드 사이를 자주 오가면서 여러 가지 상품을 거래했고, 그 과정에서 세속적인 지혜를 많이 배웠다. … 그는 지극한 정성과 노고를 쏟아 마침내 세속적인 이득 면에서 많은 열매를 맺었다.' 고드릭은 16년 동안 성공적으로 교역과 상업 활동을 한 후 모든 재산을 나눠주고 수도사가 되기로 했다.

아시시 이야기로 돌아가보면, 우리는 성 프란체스코의 아버지가 프랑스에서 성공적인 상인이었지만 여전히 그다지 내세울 것이 없는 집안 출신이었다는 점을 언급했다. 말년에 성 프란체스코는 본인이 세운 프란체스코회의 종교적 형제들에게 자신을 '쓸모없는 농사꾼이자 날품팔이'라고 불러서

창피를 주라고 부탁하고는, 그에 대해 "맞소, 그것이 바로 피에트로 디 베르나르도네의 아들이 들어 마땅한 말이오"라고 대답했다. 피에트로는 프란체스코 디 마르코 다티니와 고드릭처럼 시골의 변변찮은 집안에서 나서 아시시에서, 그 후 프랑스에서 재산을 모았을 가능성이 크다.

회랑 안의 경제

무국가 사회의 경제, 그리고 제4장에서 살펴본 독재체제하의 경제와 비교할 때 우리는 중세 말 이탈리아 코무네에서 뭔가 아주 다른 점을 목격한다. 이 코무네의 시민들을 위한 더 확고한 안전과 자유 그리고 사람들을 억압하면서 못살게 굴지 않고 공공서비스를 제공하는 국가뿐만 아니라 족쇄 찬 리바이어던이 창출한 전혀 다른 일련의 경제적 기회와 유인을 볼 수 있다.

번영과 경제성장은 몇 가지 기본적인 원리에서 시작된다. 그 원리에는 사람들이 투자하고, 실험하며, 혁신할 유인도 포함된다. 국가가 없으면 대개 그런 유인도 존재하지 않는다. 왜냐면 분쟁을 심판할 법이 없고 다툼이 벌어졌을 때 재산권을 보호해주지 않기 때문이거나, 혹은 무국가 상태의 공백을 메우기 위해 출현한 규범들이 경제적 유인으로 인해 사회의 가장 본질적인 것들이 동요하지 않도록 그 유인을 왜곡하면서 경제활동을 억제하기 때문이다. 그 결과 모든 투자의 과실은 도둑맞고 낭비되거나 흩어져버릴 가능성이 크다. 독재적 리바이어던은 재산권을 집행하고 투자를 보호할 수 있지만, 흔히 무거운 세금을 물리거나 리바이어던 자신을 위해 자원을 독점하는 데 훨씬 더 많은 관심을 기울인다. 따라서 독재적 리바이어던이 만들어내는 경제적 유인은 보통 부재의 리바이어던 아래 있을 때보다 약간 더 나은 수준일 뿐이다.

번영과 경제성장이 확고한 재산권에 의해서만 좌우되는 건 아니다. 번영과 성장을 위해서는 광범위한 경제적 기회가 절대적으로 중요하다. 우리는 때때로 그 기회들을 당연히 주어진 것으로 여기지만, 우리가 제4장에서 봤듯이 경제는 당연하게 조직되지 않으며 그런 적도 없었다. 리바이어던이 부재할 때 규범의 우리는 흔히 모두의 경제적 기회가 쪼그라든다는 의미를 내포한다. 독재적 리바이어던 아래서 통치자와 그의 측근들은 재산권을 확고히 지킬 수 있을지 몰라도(사실 지나치게 확고해서 그들은 어떤 분쟁에서도 이긴다) 보통 사람들은 그렇지 않다. 이런 식으로 경제적 기회가 불평등하게 배분되면 경제성장을 충분히 뒷받침할 수 없다. 누구든 혁신이나 가치 있는 투자를 위한 좋은 구상이 있다면 그것을 실행할 수 있도록 기회는 사회 안에서 널리, 공평하게 배분돼야 한다. 이는 자유의 중요한 면이지만 때때로 간과된다. 누군가가 다른 이들에게 휘두르는 압도적인 경제력이나, 규범들이 부과하는 숨 막힐 듯한 제약들에서 지배가 시작된다는 점을 기억하라. 따라서 경제적 영역의 자유를 위해서는 운동장을 평평하게 만들고 이런 제약들을 없앨 필요가 있다. 우리가 이탈리아 코무네의 사회적 이동성에서 본 것은 바로 그 점이다. 프란체스코 디 마르코 다티니와 성 프란체스코의 아버지 같은 헤아릴 수 없이 많은 이들이 투자하고, 사업을 일으키고, 새로운 구상을 실험하고, 혁신하며, '열등한 지위'에서 벗어나 부유한 상인들이 될 수 있도록 코무네가 창출한 자유와 경제적 기회의 혜택을 받았다. 이 상향식 실험과 그에 따른 사회적 이동성은 자유가 맺은 경제적 과실이다.

이 기회와 유인들은 또한 공정한 분쟁 해결과 법 집행체계로 뒷받침해야 한다. '선정의 알레고리'에서 강조한 정의를 보라. 그러자면 다시 국가와 정치적 엘리트층이 법 집행에 간섭하면서 자기네에게 유리하게 몰아갈 만큼 충분히 강력해지지 않도록 해야 한다. 프레스코화의 밧줄을 보라. 여기에서 우리는 경제적 번영의 기반을 마련하는 데 족쇄 찬 리바이어던이 할 결정적인 역할을 볼 수 있다. 리바이어던에 족쇄를 채우지 않으면 어떻게 법이 국가와 정치적으로 힘 있는 사람들에게 확실히 적용되도록 할 수 있겠는가? 때때로 '법의 지배'라고 부르는 것 역시 리바이어던의 발목에 채운 족쇄에 달려 있다. 그리고 이들 족쇄는 단지 헌법과 서약으로만 만들어지지 않는다. 프레스코화가 강조하듯이 사회가 쥐고 있는 밧줄이 있어야 이것을 만들 수 있다.

일반적으로 광범위한 기회와 유인, 공정한 분쟁 해결에 대한 추상적인 약속도 충분하지 않다. 핵심적인 기반시설을 갖추지 못하거나 몇몇 사람들만 사업이나 직업의 성공에 필요한 지식과 기술에 접근할 수 있다면 기회는 여전히 불평등하게 배분된다. 그러므로 공공서비스는 더 나은 도로와 운하, 학교, 규제의 혜택에 접근할 수 있는 시민들의 삶을 개선할 뿐만 아니라 광범위한 기회를 뒷받침하기 때문에 절대적으로 필요하다. 족쇄 찬 리바이어던을 확립할 수 있는 능력 덕분에 이탈리아의 여러 코무네가 이룬 성과가 바로 이것이며, 동시에 '선정의 알레고리'가 그토록 훌륭하게 설명한 내용도 이것이다.

—

우리의 전작 《국가는 왜 실패하는가》를 읽어본 독자는 우리가 방금 설명한 것과 그 책에서 발전시킨 개념적인 틀 사이에 고도의 유사성을 발견할 것이다. 우리는 적어도 이전과 지금의 사고에서 일관성을 완전히 잃어버리지는 않았다. 그 책에서 우리는 사람들이 투자하고 혁신하며, 생산성을 높이는 활동에 참여하도록 광범위한 기회와 유인을 제공하는 제도를 '포용적 경제제도inclusive economic institutions'로 일컬었다. 또한 포용적 경제제도는 사회의 작은 부문이 권력을 독점하는 것을 막고 국가가 법을 집행할 수 있도록 해주는 '포용적 정치제도inclusive political institutions'로 뒷받침될 때만 장기적으로 존속할 수 있다고 강조했다. 우리는 새로운 혁신과 기술, 조직은 지속적인 경제성장에 필수적인데도 우리가 '정치의 창조적 파괴political creative destruction'라고 표현한 것처럼 기존 질서를 흔들 수 있으므로 흔히 저항에 부딪힐 것이라고 강조했다. 실력자들이 새로운 기술을 차단하고, 그러면서 경제발전의 가능성을 뭉개버리는 사태를 막을 가장 확실한 방법은 그 누구도, 그 무엇도 그토록 센 힘을 갖지 않도록 보장하는 것이다.

이런 관점에서 보면 이 책의 개념적 틀은 《국가는 왜 실패하는가》에서 제시한 틀을 더 확장한다. 족쇄 찬 리바이어던은 단지 포용적 경제제도에 필요한 포용적 정치제도를 정점으로 끌어올린다고 실현되지는 않는다. 족쇄 찬 리바이어던을 실현하는 것은 또한 레드 퀸 효과, 즉 사회가 국가 및 정치적 엘리트와 겨루고 그들을 제한하고 견제하는 능력에 달려 있다. 그에 관한 논의는 사회가 조직화하고, 정치에 참여하고, 필요하면 국가와 엘리트에 반항하도록 돕는 규범들의 핵심적인 역할에 초점을 맞춘다. 그러나 중요한 것은 그 족쇄만이 아니다. 법을 집행하고, 분쟁을 해결하고, 공공서비스를 제공하며, 경제적 기회와 유인을 창출할 경제제도를 뒷받침하는 리바이어던의 능력 역시 중요하다. 따라서 국가를 통제하는 사회의 능력과 국가의 역량이 맞수를 이루는 한, 국가의 역량도 똑같이 중요하다. 이 책에서 다루는 또 하나 새로운 내용은 우리가 규범의 우리를 완화해야 할 필요성을 강조한다는 점이다. 이는 우리가 제4장에서 논의한 문제다. 규범과 전통, 관습을 바탕으로 한 여러 제약이 어떻게 경제적 유인을 약화시키고 기회를 사라지게 만드는지, 활기찬 경제성장을 이루려면 왜 제약을 느슨하게 풀어야 하는지 증명하는 내용이었다. 사람들이 규범들을 우회할 길을 찾고 가장 제약이 심한 규범들은 제품에 적합성을 잃기 시작하면서 제약이 어느 정도는 저절로 완화될 수 있다. 그러나 우리가 이미 제2장에서 그리스에 관해 이야기하면서 살펴봤듯이, 그런 제약을 완화하면 족쇄 찬 리바이어던으로부터 강력한 추진력을 얻을 수 있다. 이는 자유의 조건을 만들어내고 사회의 정치 참여에 대한 걸림돌을 없애는, 역량 있는 국가의 또 다른 중요한 역할을 분명히 보여준다. 결정적으로 중요한 것은, 심지어 규범의 다른 측면(특히 사회의 조직화와 엘리트층에 대항해 행동에 나설 의지)이 리바이어던을 계속 견제하더라도 역량 있는 국가는 역할을 수행할 수 있다는 점이다. 여기서 우리가 제2장에 나오는 아테네의 사례에서 본 국가 역량과 규범들 사이의 다면적인 상호작용을 다시금 볼 수 있다.

악정惡政의 효과

우리는 앞서 두 벽에 있는 살라 데이 노베의 그림이 주는 의미를 생각해봤으므로 이제 왼쪽으로 눈을 돌려 마지막 면의 그림을 뜯어보자. 거기에 있는 '악정의 알레고리Allegory of Bad Government'는 나쁜 정부가 경제에 미치는 영향을 잘 보여준다.

이 프레스코화는 다른 그림들보다 보존 상태가 좋지 않지만 전달하려는 뜻은 분명하다. 그림은 '폭정'이라고 부르는(우리라면 '독재'라고 불렀을) 엄니가 나오고 뿔이 달린 인물이 압도한다. 우리는 그의 발치에 정의가 묶여 있는 모습을 볼 수 있다. 위에서 날아다니는 것은 '관대'나 '용기' 같은 미덕이 아니라 '허영', '반역', '잔학', '사기', '폭동'이다. 맨 오른쪽에 칼을 쳐든 '전쟁'이 있다. '전쟁' 옆에는 '분열'이 있는데, 그는 대패 대신 물건을 자를 목수의 톱을 들고 있어서 공동체를 갈라놓고 전쟁을 부르는 것은 분열임을 시사한다. 프레스코화는 배경에 '폭정'이 경제에 미치는 영향을 생생하게 포착한다. 벽의 왼쪽을 보면 도시는 황폐하다. 돌무더기가 바닥에 흩어져 있고, 집들은 벽과 발코니에 구멍이 뚫린 채 관리가 안 돼 있다. 누군가 살인을 저지르고 있다. 교역이나 상업의 흔적은 찾아볼 수 없다. 나쁜 정부가 시골에 황폐와 빈곤을 초래하는 악영향도 뚜렷하다. 어떤 군대가 버려진 들판을 가로질러 간다. 집들은 불타고 나무는 말랐다. 독재적 리바이어던의 경제적 영향에 대한 극적인 묘사를 통해 나쁜 정부를 비난하는 통찰력을 볼 수 있다.

토르티야는 어떻게 발명됐나

족쇄 찬 리바이어던과 그것이 창출한 경제적 기회와 유인은 유럽의 사례에 국한되지 않는다. 또 다른 역사적 사례는 기원전 500년경 고대 멕시코의 와하카 계곡에서 나타났다. 이 시기에 와하카에서 무슨 일이 일어났는지 이해하기 위해 오늘날 멕시코의 주식, 토르티야tortilla부터 이야기해보자.

인간이 옥수수 재배를 시작한 건 아메리카대륙의 오랜 경제발전 역사에서 획기적인 순간이었다. 멕시코에서 옥수수 재배는 기원전 5000년경 혹은 그보다 빨리 시작됐을 것으로 보인다. 옥수수를 먹는 방법은 여러 가지가 있었다. 옥수수를 구워서 속대에 붙은 낟알을 먹을 수 있는데, 오늘날 멕시코에서 어느 도시의 거리를 가든 맛볼 수 있는 별미다. 아니면 옥수수를 으깨서 죽을 만들 수도 있다. 다른 방법은 기원전 500년경 와하카에서 출현한 것으로 옥수수를 토르티야로 만드는 것이다. 토르티야를 만들려면 옥수수 낟알을 갈아 가루를 만들고, 물과 소금을 섞어 반죽한다. 그리고 멕시코인들이 코말*comal*이라고 부르는 둥근 도기 접시 위에 놓고 요리한다. 와하카의 몇 가지 현대적인 코말을 이 책에 실은 〈사진 9〉에서 볼 수 있다. 고고학자들이 당시 와하카 계곡에서 최초의 코말이 나타났다는 사실을 발견했으므로 우리는 토르티야가 기원전 500년쯤 발명됐다는 것을 알 수 있다.

옥수수를 토르티야로 만들려면 단순히 속대에 붙은 낱알을 굽는 것보다 훨씬 더 많이 작업해야 한다. 그러나 토르티야는 옥수수 운반을 원활하게 해주는 이점이 있었다. 토르티야를 만들면 속대에서 먹을 수 있는 부분만 갖고 나머지 부분은 버릴 수 있다. 와하카 계곡에 사는, 사포텍Zapotec 민족으로 알려진 사람들은 왜 갑자기 옥수수를 운반해야 했을까?

그에 대한 답은 이 계곡의 정치 역사와 관련이 있다. 기원전 1000년으로 거슬러 올라가면 와하카 계곡 전체의 인구는 약 2,000명이었다. 그곳에서 최초의 진정한 도시 지역인 산 호세 모고테의 인구는 이미 1,000명에 이르렀다. 산 호세는 곧 새로 생긴 도시 중심지, 특히 그 계곡의 동쪽 줄기 틀라콜룰라에 있는 예구이 그리고 남쪽 줄기 바예 그란데에 있는 산 마르틴 틸카헤테와 경쟁을 해야 했다. 어떤 고고학자들은 이 세 곳을 경쟁하는 추장사회라고 밝혔지만, 그들은 공통적인 문화를 많이 갖고 있다. 모두 번개와 지진, 재규어인were-jaguar**14**의 상징을 활용했고, 오늘날 우리가 사포텍어로 부르는 것에서 파생된 언어를 썼다. 사포텍이라는 말은 멕시코 중부의 지배적인 언어인 나우아틀Nahuatl어에서 왔는데, 사포테sapote라는 과일 이름을 따서 '사포테가 나는 곳의 사람들'이라는 의미로 쓰였던 것으로 보인다. 이 세 중심도시 사이에 현대의 와하카시가 있는 지점에는 사람이 갈 수 없는 땅이 있었다. 계곡 바닥에서 400미터나 솟은 몬테 알반이라는 산이 바로 여기에 있다.

---

14 고대 멕시코 올메카Olmec 문명에서 숭배한 재규어와 인간을 합친 형상으로 다산과 비를 상징한다.

몬테 알반은 자연적인 수원이 없는 매우 황량한 지대로, 계곡에 있는 가장 좋은 농지에서 멀리 떨어져 있었다. 기원전 500년에도 그곳에는 사람이 살지 않았다. 그리고 얼마 지나지 않아 산 호세 모고테와 예구이, 산 마르틴 틸카헤테 세 지역사회는 함께 모여 그 산 위에 도시를 건설했고 인구는 곧 7,000명에 이르렀다. 이 도시는 정착지의 위계질서와 행정 중심지를 통해 계곡 전역을 통합하는 새로운 국가의 수도였다. 건물은 대부분의 고고학자들이 '몬테 알반 1기 초'로 부르는 초기 시대에 지은 것으로, 지금은 나중에 지은 건축물 아래 묻혀있다. 발굴 작업을 통해 도시의 최초 중앙광장을 둘러싸고 서로 다른 세 구역이 있었다는 분명한 증거를 찾을 수 있었다. 세 공동체의 사람들이 서로 다른 구역으로 이주했을 가능성이 커 보인다. 빗물을 모으기 위한 저수장을 파기 전인 이 시기에는 정착지에 필요한 물을 모두 사람이 산 위로 직접 길어 올려야 했고 옥수수도 사람이 날라야 했다. 바로 이때 토르티야가 등장한다. 산허리를 깎아 만든 계단식 농지가 조금 있었지만 그것으로는 7,000명, 혹은 1기 말의 몬테 알반에 거주하게 된 1만 7,000명의 식량을 대기에는 한참 부족했다. 그러므로 물처럼 식량도 고갯길로 끌어 올려야 했고, 토르티야 덕분에 그 일이 수월해졌다.

산 호세 모고테와 예구이, 산 마르틴 틸카헤테 시민들이 몬테 알반을 건설한 것은 우리가 이미 제3장에서 논의한 대로 그 전에 존재하지 않았던 국가를 설립하는 초기국가 형성의 또 하나의 사례다. 하지만 이는 전형적인 초기국가 형성과는 달랐다. 샤카가 줄루랜드에서 한 일이나 나일강 유역에서 고대 이집트 문명이 출현할 때에 본 것과는 달리 카리스마적인 지도자나 강력한 정치적 엘리트집단이 나머지 사회에 지배를 강요하지 않았다. 그보다는 이미 강력해진 사회가 국가와 엘리트층이 할 수 있는 일을 제한할 역량을 갖추고 있는 상황에서 국가를 건설한 아테네나 미국의 사례와 몇 가지 비슷한 점이 눈길을 끈다. 예를 들어 필라델피아에서 제헌의회가 열리고 헌법이 비준된 다음 미국 연방정부가 수도를 정해야 했다는 사실을 상기해보자. 처음에 의회는 뉴욕에서 열렸지만 영구적인 수도의 위치를 놓고 북부와 남부 여러 주 사이에 경쟁이 벌어졌다. 여러 대안이 논의됐다. 뉴욕 사람들은 정부가 뉴욕에 남기를 원했지만, 남부 사람들은 남쪽에 더 가까워지기를 바랐다. 초대 대통령 조지 워싱턴은 마운트 버넌의 자기 집에서 상류 쪽으로 조금 더 간 포토맥강 가의 중립지대에 수도를 정하는 타협안을 선호했다. 1790년 그는 제임스 매디슨과 알렉산더 해밀턴, 토머스 제퍼슨이 이룬 타협 덕분에 자기 뜻대로 할 수 있었다. 남부의 주들은 그동안 새로 창설된 연방국가가 주정부들이 쌓아놓은 부채를 모두 인수해 상환할 수 있도록 허용하는 법안을 막아왔다. 해밀턴에게는 부채 인수 여부는 중앙집권적인 재정체계와 차입능력을 지닌 새로운 국가가 건설되는 일에 있어 긴요한 문제였다. 남부의 주들은 포토맥강 가에 있는, 워싱턴이 정하는 곳을 수도로 하는 것에 합의하는 대신 연방정부가 주의 부채를 인수할 수 있도록 허용한다는 데 동의했다. 그래서 워싱턴 D.C.는 북부와 남부 주들의 양대 진영 사이에 있는 저개발 상태의 중립지대에 건설됐다.

우리에게는 몬테 알반의 역사에 관한 어떠한 문자 기록도 없지만, 그곳에서 일어난 일과 미국의 경험 사이에는 유사점이 많아 보인다. 꼭 매디슨과 해밀턴처럼 산 호세 모고테와 예구이, 산 마르틴 틸카헤테의 시민들 혹은 적어도 엘리트층은 더 효과적인 중앙집권 국가를 창설함으로써 생기는 이점을 인정했을 것이다. 고고학적 증거는 바로 그런 일이 일어났음을 암시한다. 몬테 알반을 건설한 후 분쟁이 줄어들어 불탄 집 그리고 진흙 반죽이나 다른 물질이 까맣게 탄 채 표면에 남아 있는 흔적이 감소했다. 이곳의 흔적은 국가 건설 기간을 거치면서 교역 또한 크게 확대됐음을 보여준다. 바예 그란데 지역의 한 유적지는 가로 55미터 세로 38미터의 넓고 개방적이며 접근하기 쉬운 단이 특징을 이룬다. 이는 사원이 아니며, 가장자리에 커다란 돌들이 있다. 거기에는 실패한 도기, 쪼 각암과 규암 무더기, 규암 채취장, 무엇을 갈거나 두드리는 데 쓴 것 같은 닳은 돌, 종이를 만들기 위해 나무껍질 두드리는 데 쓰는 도구처럼 생산의 전문화를 보여주는 흔적이 있다. 그곳이 시장이었던 게 확실해보인다.

그럼 몬테 알반에서 어떤 유형의 정치제도가 더 확실한 평화와 경제적 전문화를 뒷받침했을까? 일반적으로 우리는 오래전에 사라진 정체의 힘센 왕들의 이름과 형상, 값진 물건들로 가득 찬 그들의 무덤 같은 고고학적 증거로 정치제도를 알아낸다. 그러나 사포텍 문명의 경우 그중 어떤 것도 찾아볼 수 없다. 초기의 왕들이 누구였는지, 심지어 그들에게 왕이나 왕조가 있었는지조차 알 길이 전혀 없다. 왕들이 있었더라도 우리는 그들의 이름을 알 수 없다. 정성 들여 만든 무덤이나 조각 또는 왕궁도 없다. 그곳에는 개인화한 권력이 없었던 것으로 보인다. 몬테 알반을 건설한 후 중심적인 역할을 한 사포텍의 종교는 코히코Cojico 숭배였다. 코히코는 '번개-구름-비'를 표현한 사포텍의 조상彫像이었지만, 어떤 개인도 이 형상을 점유하거나 끌어들여서 이용하지 않았다. 그곳에는 '신격화된 왕들'이 없었다. 이는 콜럼버스 이전 시대의 멕시코에서 이례적인 경우는 아니었다. 멕시코시티 북동쪽의 거대한 도시 테오티우아칸은 한창때 인구가 20만 명에 이르렀지만, 역시 이름 있는 왕들이나 왕족의 무덤 혹은 왕궁이 없었다. 지배계층으로 보이는 인물을 벽에 그려놓았을 때도 그들은 언제나 가면을 하고 있다. 마치 그곳에는 통치자와 엘리트집단의 지배에 맞서는 법과 규범들이 있는 것처럼, 다시 말해 마치 리바이어던에 단단히 족쇄를 채워놓은 것처럼 테오티우아칸에서는 권력을 과시하는 일이 없었다. 우리는 비록 몬테 알반이나 테오티우아칸에 어떤 유형의 정부가 있었는지 알지 못해도 정복의 시대 멕시코에는 평의회가 집단으로 지배하는 국가가 많았다는 사실은 분명히 안다. 충실한 기록이 남아 있는 사례로는 콜럼버스 이전 시대의 틀락스칼라Tlaxcala인데, 14세기 중반부터 스페인 정복자들이 올 때까지 이 국가는 민중이 참여하는 발전된 공화주의 제도를 구축했다. 고고학적 증거는 사포텍 문명도 비슷한 방식으로 다스렸을 가능성을 보여준다. 그러므로 몬테 알반에서 출현한 국가가 비슷하게 족쇄를 찼다고 추정하는 것이 합리적이다.

우리는 또 몬테 알반에서 편제된 제도가 경제에 긍정적인 영향을 깊이 미쳤다는 것을 알 수 있다. 우리는 이미 그 제도가 평화를 촉진하고 시장을 번창시켰으며, 교역을 늘리는 중요한 계기가 됐다는 증거가 있다고 밝혔다. 우선 그 전과는 달리 사람들은 큰 구덩이를 파 식량을 저장하는 일을 그만뒀는데, 아마도 식량을 시장에서 바로 살 수 있어서 저장해둘 필요성이 줄었기 때문일 것이다. 우리는 또한 집을 짓는 수준이 뚜렷이 향상되었음을 볼 수 있다. 기원전 500년 이전에는 집을 욋가지와 진흙 반죽으로 짓는 경향이 있었고, 돌이나 흙벽돌로 지은 집은 거의 없었다. 기원전 500년 이후에는 후자의 형태로 짓는 것이 보통이었다. 가장 극적인 면은, 국가가 형성된 후 이 계곡의 인구가 크게 늘었다는 점이다. 우리가 본 것처럼 기원전 1000년경 이 계곡은 약 2,000명을 수용했고, 인구는 1기 초까지 그 수준에서 정체됐다. 몬테 알반이 건설되면서 그곳 거주자가 7,000명으로 늘었고, 계곡 전체의 인구는 1만 4,000명으로 늘어난 것으로 보인다. 그 후 몬테 알반의 인구는 1만 7,000명으로 증가했고, 계곡 전체 인구는 5만 명을 넘었다. 몬테 알반이 급속히 성장했지만 산 호세 모고테와 예구이, 산 마르틴 틸카헤테의 인구가 줄어든 것 같지는 않다. 그러므로 어떤 사람들은 이들 지역에서 몬테 알반으로 옮겨 갔겠지만, 그 지역 인구는 곧 다시 채워지고 수도는 시골에서 도시로

가는 이주로 큰 혜택을 본 것이 틀림없다. 출산율도 뚜렷이 높아지고 계곡 바깥에서 새 국가로 들어오는 이주자도 있었을 것이다. 그 밖에도 도기 생산이 늘어나고, 새로운 형태의 자기가 도입되고, 농사가 눈에 띄게 밀집화하는 경제적 변화가 나타났다. 경작지는 확대되고 처음으로 관개시설에 대한 투자가 이뤄졌다. 모든 증거가 농업 생산성과 소비가 증대됐음을 가리킨다.

—

우리는 이 장에서 권력의지가 낳은 국가와는 아주 다르고, 물론 정치적 위계질서가 약하거나 그런 위계가 본래 없는 무국가 사회와도 아주 다른 유형의 국가를 목격했다. 우리는 또한 제2장에서 예상했듯이 초기의 족쇄 찬 리바이어던이 어떻게 훨씬 더 높은 수준의 자유를 창출하고, 어떻게 전혀 다른 일련의 경제적 기회와 유인을 만들어내 번영을 향한 강력한 힘을 분출시키는지 살펴봤다.

하지만 국가와 사회 간의 관계가 이처럼 큰 차이를 보이는 까닭은 무엇일까? 이것이 다음 장에서 다룰 질문이다.

제6장

유럽의 가위

유럽, 회랑 안으로 들어가다

최근 세계 역사를 형성해온 족쇄 찬 리바이어던이 지속적으로 발전한 지역은 유럽, 특히 서부와 북부 유럽이었다. 아테네의 족쇄 찬 리바이어던은 마케도니아제국이 확장할 때 무너져버렸다. 그와 비슷하게 사포텍 문명의 국가는 스페인인들이 와하카 계곡을 정복할 때 회랑 밖으로 이탈해 사라져버렸다. 앞으로 살펴보겠지만, 유럽에서 역량도 있고 사회의 제약도 받는 국가의 발전은 점진적이고 고통스러운 역사적 과정이었다. 국가 발전의 초기 단계에 살았던 사람들은 자신들의 자유와 정치, 경제를 바꿔놓을 역사적 과정의 시작임을 인식하지 못했을 것이다. 하지만 국가가 진화하면서 자유가 실현되기 시작했고, 국가기관의 본질이 바뀌었으며, 인류 사회가 그 전에는 경험하지 못했던 새로운 번영의 시대로 나아갔다. 왜 이 모든 일이 유럽에서 일어났을까?

그 답은 명확하지 않다. 역사를 돌이켜보면, 유럽의 부상에 관해 명쾌한 설명은 아무것도 없었다. 농경은 유럽이 아니라 중동과 비옥한 초승달지대 Fertile Crescent**1**, 그다음에는 중국에서 시작됐다. 농경은 중동에서 이주해 온

---

1 중동의 티그리스, 유프라테스강 유역과 터키 남동부, 나일강 유역을 잇는 초승달 모양의 지대로 농경의 발상지

사람들의 식민활동을 통해 유럽에 전파됐고, 영국에 다다른 건 기원전 약 4000년경이었다. 이는 레반트 지역에서 농경체제가 확립된 후 5000년 넘게 지난 때였다. 마찬가지로 최초의 소읍과 도시들은 유럽이 아니라 오늘날 이라크의 티그리스강과 유프라테스강 유역에서 출현했다. 우리가 살펴본 것처럼 길가메시 문제는 처음에 억스브리지Uxbridge**2**가 아니라 우루크에서 생겼다. 고대의 모든 위대한 제국들과 비교하면 서부와 북부 유럽은 기껏해야 주변부였다. 로마인들은 지중해 주변에 발전된 문명을 건설했지만, 그들이 야만인으로 본 게르만족과 맞서기 위해 오늘날 독일의 일부가 된 지역으로 원정을 갔을 때를 제외하면(물론 현대의 프랑스인 갈리아와 영국 일부를 정복하기는 했지만) 서부와 북부 유럽에 거의 관심을 기울이지 않았다. 유럽은 역사적으로 한참 지나서야 세계무대에 등장했다.

그래도 제5장에서 이야기했듯이 11세기에 이르자 유럽의 일부 지역은 공화주의 정부를 발전시키면서 경제적으로 엄청난 활황을 경험했다. 유럽은 어떻게 그런 단계에 이르렀을까? 정부와 사회, 경제 면에서 혁명은 어떻게 일어났으며, 18세기와 19세기에 전례 없이 자유가 증진되고 기술과 경제가 눈부시게 발전할 수 있는 길을 어떻게 닦았을까? 유럽에 유리하게 작용한 점은 무엇이었을까?

이 물음들에 대한 답은 1500년 전 중앙에 집중된 권력과 (불행히도 여성은 제외한) 보통 사람의 힘 사이에 뜻밖의 균형이 이뤄진 일련의 독특한 역사적 사건들에서 찾을 수 있다. 바로 이 균형이 유럽을 회랑 안으로 밀어 넣어 국가와 사회가 끊임없이 경쟁하도록 하는 레드 퀸 효과를 작동시켰다. 균형은 두 가지 요인이 어우러져 발생했다. 첫째는, 5세기 말에 의회assembly와 합의

---

2 런던 서부의 교외 지역

에 따르는 의사결정의 규범을 중심에 두고 민주적으로 조직된 부족사회들이 유럽을 장악한 것이다. 둘째는, 로마제국과 기독교 교회로부터 흡수한 국가 기관들과 정치적 위계질서의 핵심 요소들을 물려받은 것이다. 로마의 국가와 교회는 5세기 말 서로마제국이 무너진 다음에도 계속해서 중앙집권적인 영향력을 미쳤다. 우리는 이 두 가지 요소를 가위의 양날로 생각할 수 있다. 둘 중 어느 쪽도 혼자서는 유럽을 새로운 경로로 이끌 수 없었을 것이다. 하지만 두 날을 쓸 수 있게 사북을 박으면 유럽의 가위는 족쇄 찬 리바이어던이 부상하면서 경제적 유인과 기회를 창출할 수 있는 체제를 만들어낼 수 있게 된다.

장발의 왕과 의회 정치

유럽이 이 모든 일을 해낼 수 있었던 연유에 대해 감을 잡기 위해 882년 프랑스 랭스의 대주교 힝크마르Hincmar의 기록에 나오는 의회에 대한 묘사를 보자. 《왕궁의 통치에 대하여On the Governance of the Palace》라는 힝크마르의 책은 서프랑크의 왕으로 즉위하는 카를로만 2세Carloman II를 위해 쓴 책이다. 카를로만이 왕위에 오를 때 이미 쪼개진 상태였던 프랑스는 원래 거의 2세기 가깝게 로마인들에게 맞서고 때로 그들과 함께 싸웠던 게르만족의 일파인 프랑크인들이 창건한 왕국이었다. 이 나라는 서로마제국 붕괴의 수혜국 중 하나로 로마제국 이후 유럽의 정치 발전에서 결정적인 역할을 하게 된다.

카를로만은 8세기 초 샤를 마르텔Charles Martel이 창건하고 그의 손자 샤를마뉴Charlemagne가 크게 확장한 카롤링거 왕조Carolingian dynasty의 일원이었다. 814년에 죽을 때까지 샤를마뉴는 프랑스와 벨기에, 네덜란드, 독일, 스

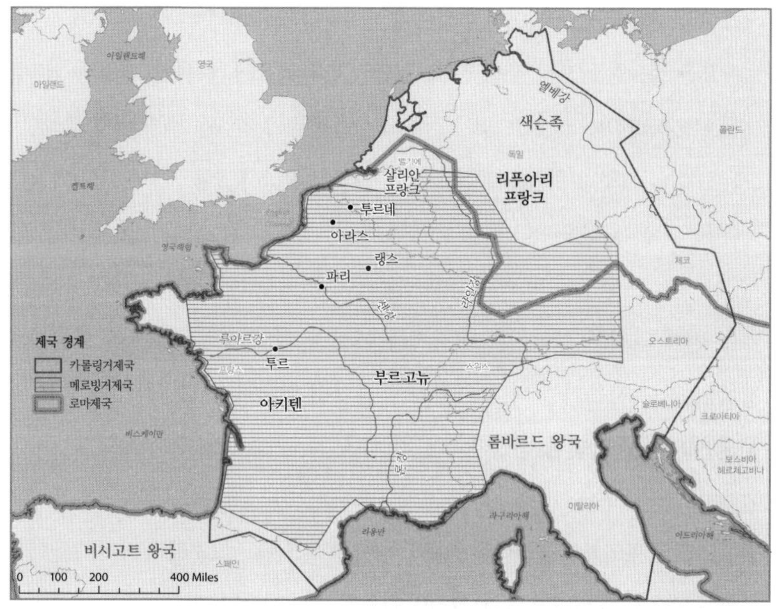

〈**지도 8**〉 프랑크족의 제국들: 메로빙거와 카롤링거제국, 그리고 로마제국의 경계

위스, 오스트리아, 이탈리아 북부를 한 나라로 통일했다. 〈지도 8〉을 참고하라. 힝크마르는 샤를마뉴 시대의 인물로 당시 국가 통치 방식을 직접 목격한 아달하르두스Adalhardus를 인용해 그동안 이 왕국이 어떻게 통치돼왔는지 하나하나 이야기하면서 카를로만에게 그의 왕국을 다스리는 법을 가르쳤다. 놀랍게도 왕이 아무런 제약 없이 자기가 바라는 대로 실행하는 통치가 아니라 민중이 참여하는 의회에 바탕을 둔 통치였다. 힝크마르는 이렇게 지적했다.

> 그때는 한 해 두 차례 넘게 총회를 열지 않는 관습을 따랐다. 첫 의회는 그해의 남은 기간 왕국 전체의 정세를 결정했다. 당장 왕국에 닥친 가장 큰 위기만 제외

하고 어떤 일이 있어도 이미 확정된 것은 바꿀 수 없었다.

모든 중요한 남자들은, 성직자와 일반인 모두 총회에 참석했다. 중요한 남자들은 토의에 참여하러 왔고, 낮은 신분의 사람들은 그 결정을 듣기 위해 참석했는데 이따금 그것과 관련해 토의도 하고, 강요가 아니라 그들 자신의 이해와 동의에 따라 결정을 승인했다.

두 번째 의회의 참석자는 더 광범위했지만, 두 의회 다 '중요한 사람들과 왕국의 원로 자문가들'의 평의회가 핵심적인 역할을 했고, '왕에게 물을 질문을 제의하고 답변을 받았다.'

그리고 평의회에 틀어박힌 이들이 원할 때마다 왕은 그들에게 가서 그들이 바라는 만큼 함께 남아 있었다. 그러면 그들은 가장 친절한 태도로, 왕에게 개별 사안들을 어떻게 결정했는지 말해줬다. 그들은 이쪽 편과 저쪽 편에 서서 의견을 달리하거나, 논쟁하거나, 우호적인 경쟁을 하면서 토론한 결과를 솔직하게 전달했다.

'평의회에 들어간' 프랑크족의 엘리트들은 또한 '예를 들어 그들이 질문을 던지고 싶을 때는 … 외부인들을 소환'할 수 있었고, 왕은 이 기회를 활용해 '왕국의 모든 지역에서 온 사람들을 접견해 그들이 고려할 만한 정보를 가지고 왔는지 알아봤다.' 실제로 의회에 오기 전에 각 참석자는 '자기 사람들뿐만 아니라 낯선 사람들에게서 그리고 친구들과 적들 모두에게서 무엇이든 의미 있는 정보를 모으려고 했다.'

힝크마르의 묘사는 놀라울 만큼 참여적인 정부의 모습이었다. 그것은 게르만 부족 의회 정치의 요체였다. 샤를마뉴와 그 후의 카를로만은 이 의회들의 결정에 따라 행동하고, (남성)사회의 다양한 부문에 걸쳐 바람을 들으며, 중요한 결정에 대해 일정 수준의 총의를 확보해야 했다. 의회에 참석할 수 있는 사람 수는 분명 제한적이었지만, 샤를마뉴는 결정 사항을 더 낮은 수준의 회의에 전달할 사자들을 배치해 왕국 전체가 알도록 했다. 이런 참여가 유럽의 가위를 구성하는 첫 번째 날이다.

이런 의회의 뿌리는 프랑크족의 조직 방식에서 나왔다. 그에 대한 가장 훌륭한 설명은 타키투스Tacitus가 서기 98년에 쓴 책 《게르마니아The Germania》에서 찾아볼 수 있다. 타키투스는 로마의 정치인이자 공직자, 역사가였는데, 그의 책은 로마에 몇 차례 비참한 군사적 패배를 안겨주고 그들과는 너무나 달라 보이는 관습과 제도를 가진 게르만족에 대해 로마인들이 품고 있던 호기심을 반영했다. 이 호기심을 충족시키려고 타키투스는 게르만 민족의 조직과 문화에 대해 민족지학에 가까운 설명을 제시한다. 그는 게르만족의 정치체제를 이렇게 묘사했다.

> 덜 중요한 문제는 족장들만 논의한다. 중요한 현안은 공동체 전체가 토론한다. 그러나 보통 사람들이 결정할 때도 족장들이 미리 그 주제를 검토한다. … 의회는 또한 고발된 범죄를 심리할 수 있으며 특히 극형을 받을 위험이 있는 혐의에 대해서는 그렇다. … 같은 의회들이 여러 공직 중에서 특히 지역과 마을에서 법을 집행할 재판관들을 선출한다. 각 재판관은 그에게 조언하고 그의 결정에 무게를 더하기 위해 보통 사람들 가운데 선정한 보좌역 100명의 도움을 받는다.

힝크마르의 설명을 들으면, 정치 엘리트가 만나서 의제를 설정하는 의회와 대중이 참여하는 의회라는 두 가지 유형이 병존한다는 사실을 바로 알 수 있다. 이 의회들은 청년들에게 방패와 창을 줘서 그들을 시민으로 공인하는 것을 포함해 다른 여러 임무를 맡았다. 의회들의 지도자에 관해서는 이렇게 기술했다.

> 그들은 고귀한 태생을 보고 왕을 선택하고 용맹을 보고 사령관을 선택한다. 왕의 권력조차 절대적이거나 자의적이지 않다.

갈리아를 정복할 때 잠깐 라인강을 건넜던 율리우스 카이사르Julius Caesar도 게르만족이 전시에는 의회에서 지도자들을 선출하지만, 평화기에는 제한된 권력을 가진 족장들을 빼고는 지도자를 뽑지 않는 것을 봤다. 왕의 부재는 어떤 저자들에게 아주 짜증스러운 대목이었다. 우리는 프랑크족의 기원과 정치발전에 관해 6세기 말 투르의 그레고리우스Gregory of Tours가 쓴《프랑크족의 역사History of the Franks》에서 주로 정보를 얻을 수 있다. 그레고리우스는 오래전에 사라져버린 술피키우스Sulpicius**3**의 책을 인용해 그가 "프랑크족의 왕다운 지도자들"을 언급했다고 밝히고는, 짜증스럽게 "그가 왕답다는 뜻으로 '레갈regales'이라는 표현을 썼을 때 왕이라는 뜻인지, 아니면 단순히 왕과 같은 기능을 발휘했다는 뜻인지 명확하지 않다"고 덧붙였다. 그의 화를 더 돋운 것은, 결국 술피키우스가 프랑크족의 왕에 관해 말하고 있는 듯할 때 "그는 잊어버리고 왕의 이름이 무엇인지 말하지 않았다." 정말이었다.

타키투스가 분명히 언급하지는 않았지만, 나중에 프랑크족이 된 사람들은 민중이 참여하는 의회들을 정치조직의 중심적인 부분으로 물려받았다. 우리는 프랑크족이 250년과 275년에 알라마니족을 포함한 다른 게르만 부족들과 함께 로마제국의 갈리아 지방을 습격했을 때 그들에 관해 처음으로

---

3 술피치오

듣게 된다. 프랑크족은 브루크테리, 암프시바리, 차마비, 차투아리 같은 다른 게르만 민족들이 융합되면서 나타났고 집단 정체성은 나중에 형성하거나 발명한 것으로 보인다. 그들의 기원을 밝히는 고고학적 증거는 거의 없지만, 로마의 기록에서 그들이 4세기에 라인강 주변에 정착했고 5세기 초 로마제국을 위해 싸운 것을 알 수 있다. 〈지도 8〉을 보라. 400~450년 라인강 하류에서 로마제국의 군사적인 경계는 무너졌고 프랑크족이 그 땅을 차지했다. 5세기 중반까지 그들은 프랑스의 서쪽 멀리 아라스와 투르네까지 퍼져나갔고, 여전히 별개의 왕국들로 이뤄져 있었다. 투르네에 기반을 둔 왕국은 450~480년 처음에는 클로디오Chlodio, 나중에는 그의 아들로 거의 300년 동안 지속된 메로빙거 왕조Merovingian dynasty를 세운 메로베크Merovech 치하에서 영향력을 키웠다. 클로디오와 메로베크는 어느 정도 신화적인 인물이다.

실제로 클로디오의 아내가 수영하러 갔다 키노타우르스라는 바다 괴물을 만나 메로베크를 수태했다는 전설이 왕조의 초자연적인 정통성을 부여했다. 프랑크족은 메로베크의 손자로 481년 왕위에 오른 클로비스Clovis 치세에 더 확실히 역사의 중심에 등장했다. 클로비스는 프랑크족 국가의 실질적인 창건자로, 왕국을 확장해 511년에 죽을 때까지 거의 프랑스 전역을 통일했다.

프랑크족의 왕들은 머리카락을 아주 좋아했다. 머리카락을 길게 길렀다는 뜻이다. 소년들에게 머리카락을 길게 기르는 것은 사내다움의 표시였고, 그렇게 기른 머리가 너무나 소중했으므로 소년의 장발을 부모의 동의 없이 자르는 행위는 그를 죽이는 것과 같은 범죄로 여겼다. 그레고리우스는 다음과 같은 사건을 기록했다.

힐데베르트Childebert[4]와 로타르Lothar는 아르카디우스Arcadius를 … 한 손에는 가위, 다른 손에는 노출된 [칼집에서 뽑은] 칼을 들려 여왕에게 보냈다. 여왕의 어전에서 그는 가위와 칼을 내보였다. "자애로우신 여왕 폐하, 저의 주인이신 폐하의 아드님들이 폐하의 결정을 구합니다. 왕자님들에게 어떻게 해야 하는지요? 그분들이 머리를 짧게 자르고 살기를 바라십니까? 아니면 차라리 그들이 죽는 것을 보시겠습니까?" … 여왕은 이렇게 답했다. "그들이 왕위에 오르지 못한다면 나는 머리를 짧게 자르고 있는 것보다는 차라리 죽는 것을 보리라."

장발의 왕들과 강력하고 적극적인 사회의 의회 정치는 메로빙거와 카롤링거 그리고 그들과 관련된 다른 유럽 사회들을 회랑 안으로 밀어 넣는 가위의 첫 번째 날이었다. 다른 쪽 날은 로마제국에서 나왔다.

가위의 다른 쪽 날

로마공화국은 루키우스 타르퀴니우스 수페르부스Lucius Tarquinius Superbus 왕이 타도된 후 기원전 509년에 수립됐다. 기원전 2세기까지 공화국은 부유한 귀족 가문들과 갈수록 늘어나는 로마 시민들 간 뿌리 깊은 갈등을 다뤄야 했다. 실제로 공화국은 기원전 49년 율리우스 카이사르가 스스로 독재자임을 선언했을 때 무너졌지만, 그다음에 출현한 국가인 로마제국은 일련의 내전을 거쳐 기원전 27년 옥타비아누스Octavian가 '아우구스투스Augustus[5]'에 즉위한 다음에야 모양을 갖췄다.

4 쉴드베르

5 로마제국 초대 황제 옥타비아누스에게 원로원이 부여한 칭호로 '존엄한 자'라는 뜻

이 시기에 제도화된 국가에 걸림돌이 되는 것은 거의 없었다. 로마는 원로원과 군대가 통치해왔고 엘리트 계층의 노예와 종복들을 제외하면 관료는 얼마 되지 않았다. 아우구스투스 시대에 시작된 더 체계적인 중앙 행정부가 한편으로 로마 주민들에게 식량을 공급하고 군대에 보급품을 대기 위해 발전했지만, 제국의 실질적인 관료 행정은 3세기 후반에 가서야 발전했다. 로마의 국가는 제국 후기에 급여를 받는 정규직 공무원들을 적어도 3만 1,000명 고용했지만, 우리에게 정확한 정보가 없는 지방 인력이 제외됐으므로 공무원 숫자는 실제보다 훨씬 적게 표시됐을 가능성이 높다. 행정의 기초단위는 속주province였는데, 디오클레티아누스Diocletian 황제의 치세가 끝날 무렵인 서기 305년에는 114개 속주가 있었다. 각각의 속주는 보통 총독이 그를 위해 일할 100명의 공무원을 거느리고 다스렸으며, 조세와 사법이 그의 주된 책무였다. 여러 속주가 모이면 관구diocese라는 더 큰 행정단위가 됐다. 관구는 로마의 관리 비카리우스vicarius**6**가 다스리며, 그 위에는 (영국과 스페인을 포함한) 갈리아, (아프리카와 발칸반도 서쪽도 관할하는) 이탈리아, (그리스, 크레타, 발칸의 나머지 지역인) 일리리쿰, 동쪽의 비잔티움에 한 명씩 모두 네 명의 치안 장관praetorian prefect이 있었다. 이 장관들은 최대 2,000명에 이르는 대규모 참모조직을 두었다. 공무원들을 시험을 통해 채용하지 않았지만, 438년 테오도시우스Theodosius 황제와 529년 유스티니아누스Justinian 황제가 공포한 로마제국 후기의 대법전은 공적과 연공에 따른 승진의 원칙을 언급한다.

이 관료제도가 어떻게 운용됐는지 가장 잘 보여주는 기록은 비잔티움의 동부 지역 치안 장관을 위해 일한 요안네스 리두스(John Lydus, '리디아 사람')

6 비카르vicar, 치안 장관의 차관vice-prefect 또는 부장관deputy-prefect 격

가 남긴 것이다. 요안네스는 리디아에 있는 소읍으로 지금의 터키 알라셰히르 지역인 필라델피아에서 왔다. 같은 필라델피아 출신인 치안 장관 조티쿠스Zoticus가 그를 공무원으로 채용한 것이다. 동부 지역 치안 장관의 조직은 두 부서로 나뉘었는데 한쪽은 행정과 사법을, 다른 한쪽은 재정을 담당했다. 요안네스는 전자에 배정됐고 그의 책 《로마 국가의 관료On the Magistracies of the Roman State》는 이 행정부의 고위 관리들을 열거한다. 수석행정관princeps officii, 부관cornicularius, 보좌관adiutor, 형사 담당관commentariensis, 민사 담당관ab actis, 재정 담당관cura epistularum, 우편 담당관regendarius 등이다. 실제로 384년에 제정되고 유스티니아누스 법전에서 개정된 법률은 연공서열에 따라 18개 집단으로 나뉘는 443개 직위를 둔 이 관료조직의 모형을 제시한다.

속기국速記, Scrinium exceptorum:

관료조직 전체의 최고 책임자인 페르펙티시무스perefectissimus[7] 2급 관리 한 명.

속기국 전체의 최고 책임자인 페르펙티시무스 3급 관리 한 명.

관료조직 전체의 제2, 제3부책임자인 두케나리우스ducenarius급 관리 두 명.

과세 기록 부서 책임자인 켄테나리우스centenarius급 관리 한 명.

비서관 두 명.

서기관 1급 36명.

그리고 이런 식으로 계속해서 19개 집단의 관리들이 나온다. 요안네스는 511년 중간 계급의 속기사로 출발했다.

---

7 페르펙티시무스는 '가장 완벽한'이라는 뜻의 칭호, 두케나리우스는 2개 백인대(百人隊) 지휘관, 켄테나리우스는 백인대 지휘관

관료조직은 요안네스가 기술한 것처럼 일련의 복잡한 '관습과 형식과 언어'에 따라 운영됐고, 구성원들은 군대에서 유래한 제복 형태의 '독특한 예복'을 입었다. 그들은 규제와 절차 그리고 '등기와 권리 및 의무'를 다뤄야 했다. 요안네스는 관료집단이 '보통 사람들'과는 분리된 정체성과 소속감을 지녔다는 점을 꼭 지적하고 싶어 했다. 언어와 글쓰기는 특히 중요했다. 예를 들어 황제와 가장 밀접하게 관련된 궁내 관료들만 문자 그대로 '천상의 글 litterae caelestes'을 쓰도록 허용됐다. 그것은 제한적으로 쓸 수 있는 특수한 형태의 서체로, 위조가 너무 어려워 위조 방지를 돕는 데 쓰였다. 요안네스는 관료들이 따라야 할 다양한 절차들을 하나하나 이야기했다. 예를 들어 장관의 재판정에 오는 모든 서류는 두 번 요약해야 했다. 한 번은 *세크레타리우스secretarius*[8]라는 관료의 책임이었고, 다른 한 번은 사법부의 최고위 관료인 *페르소날리움personalium*이 썼다. 요안네스는 그런 절차가 예컨대 위조나 분실을 막아줌으로써 정부가 잘 가동되도록 하는 데 매우 중요하다고 확신했다. 그는 이렇게 언급했다. '나 자신이 그런 일을 겪어서 잘 기억한다. 어떤 청문회가 열렸는데 그 발언록을 어디서도 찾을 수 없었다. 하지만 그런 상황이 알려지고 페르소날리움이 재판관 앞에 불려 오자 그 사건은 완전히 복원됐다.'

요안네스가 설명한 것은 정교한 법체계 안에서 명료한 규칙에 따라 작동하는 광범위한 관료조직이다. 물론 관료조직은 개인적인 영향을 받지 않을 수 없고, 정확히 규칙이 정한 대로 움직이지도 않는다. 요안네스 자신도 전적으로 실력을 바탕으로 일자리를 얻은 것이 아니라 필라델피아 인맥인 조티쿠스의 도움을 받았다. 더욱이 고위직 가운데 다수가 엘리트층, 원로원 계

---

8 서기관

급 사람들의 몫으로 정해져 있었고, 어느 정도 부패도 분명히 있었다. 이런 결함에도 로마인들은 정교한 구조와 지역 조직을 갖춘 관료제 국가를 수립했다. 이런 세속의 기관은 프랑크족이 로마와 교류하게 된 시기에 이미 정치 제도와 통합돼 있던 교회의 위계 구조에 상응하는 것이었다.

가위의 두 날을 합치기

프랑크족의 초기 역사는 게르만 부족들의 상향식 정치의 전통과 로마인들의 국가기관을 결합하려고 애쓰는 과정이었다. 클로비스가 왕위에 오를 때 두 날이 어떻게 합쳐질지는 명확하지 않았다.

프랑크족에게 안정된 정치적 위계질서를 확립하기란 쉽지 않았다. 그레고리우스는 한 일화를 회상한다. 한번은 습격으로 빼앗은 독특한 물병에 완전히 반한 클로비스가 그의 부하들에게 부탁했다. "나의 건장한 약탈자들이여, 그대들에게 말하노니 지금 이 자리에서 동의한다면 통상적인 내 몫보다 많더라도 그 물병을 나에게 주게." 그러자 부하 중 한 명이 도끼로 그 물병을 반으로 쪼개는 것으로 답을 대신하고 이렇게 선언했다. "당신의 공평한 몫이 아니면 이 노획물 중 아무것도 가질 수 없소!" 클로비스는 바로 그 병사에게 앙갚음했지만, 이 일화는 이 전사집단의 평등주의적이고 비非위계적인 기풍을 잘 보여주며, 그것은 프랑크족 의회 정치의 토대 중 하나였다. 또한 권력을 집중시키는 데 중대한 걸림돌이었다.

프랑크족이 로마제국의 마지막 하위 속주인 수아송**9**을 정복한 것은 국가 건설 과정에서 내디딘 큰 걸음이었다. 클로비스는 로마제국의 기관들을 접

9 프랑스 북부 지방에 있다.

수하고 로마의 행정가들을 고용한 것으로 보인다. 그런 다음 가위의 두 날을 가까이 모으는 노련한 행보로, 기독교를 채택했다. 클로비스는 단순히 자신만 개종하지 않고 자신의 군대가 한꺼번에 개종하도록 했다. 그때부터 그는 메로빙거 왕조를 위해 자신이 통솔하는 교회의 위계질서에 호소할 수 있었다. 그런 다음 더 나아가 자신이 황제라고 선언했다. 투르의 도시에서 열린 경축식은 확실히 로마풍이었다. 그레고리우스의 묘사를 보자.

> 생마르탱 교회 안에서 그는 자주색 튜닉과 군사용 망토를 입고 서서 스스로 왕관을 썼다. 그는 말을 타고 밖으로 나와 그곳에 있는 사람들에게 손수 금화와 은화를 뿌렸다. … 그날부터 그는 콘술 혹은 아우구스투스로 불렸다.

게르만족 전사집단의 지도자들은 자주색 옷을 입거나 스스로 아우구스투스라고 부르지 않았지만, 클로비스는 그렇게 했다. 그렇게 하면서 그는 게르만 부족들의 의회와 상향식 규범들이라는 날과 로마제국의 중앙집권적 국가 모델이라는 날을 합치고 있었다. 두 날의 합은 예상보다 효과가 컸다. 클로비스가 로마와 기독교 교회에서 얻은 관료조직의 청사진은 그와 전혀 다른 게르만 부족들의 정치와 규범 속에 스며들었다. 두 날의 결합으로 메로빙거 왕조는 회랑의 입구에 이르렀다.

자주색 옷을 입는 것과 별개로, 주변 지역에 둘러싸인 도시city를 의미하는 *키비타스civitas*라는 로마 시대의 기초적인 행정단위가 존속되는 데서도 로마의 유산을 볼 수 있다. 메로빙거 왕조에서 키비타스를 책임지는 고위 관리를 *코메스comes*라고 불렀는데, 이는 문자 그대로는 '동반자companion'를 의미하며 흔히 '주백州伯, count'으로 번역된다. 이는 후기 로마제국의 코미테스 *키비타티스comites civitatis*라는 직위를 따온 것으로, 법적 분쟁을 해결하고, 법령을 집행하며, 군대를 통솔하는 임무는 로마의 모델을 밀접하게 따랐던 것으로 보인다. 코메스 아래의 하급 관리들은 역시 로마에서 유래한 켄테나리centenarii로 불렸고, 100명을 뜻하는 켄테나이centenae라는 행정단위를 관리했다. 그 100명의 기원은 지도자를 선출하는 전사들의 집단으로 이뤄진 게르만족 전쟁 부대였을 가능성이 크지만, 로마의 지방에서 그랬던 것처럼 전사들의 선출된 지도자는 프랑크족 국가의 관리가 됐다.

클로비스의 결정적인 조치 하나는 새로운 법전인 살리카법Salic Law을 공포한 것이었다. 지금껏 보존된 이 법전의 메로빙거 시대 판본 〈사진 10〉이 이 책에 실려 있다. 클로비스는 살리 프랑크족Salian Franks에 속했는데, 이 부족은 동쪽으로 더 멀리 떨어져 있던 또 다른 집단인 리푸아리 프랑크족Ripuarian Franks과는 구별되었다. 살리카법은 국가가 없는 프랑크족의 행동을 다스리던 기존의 규범과 관습 들을 공인했다. 규범에는 불화를 규제하는 정교한 규칙들도 포함되어 있었다. 클로비스는 그것들을 성문화하고 궁극적으로 그의 새로운 중앙집권 국가의 통제 아래로 끌어오고 싶어 했다. 이런 관점에서 보면 살리카법의 첫 번째 조항이 의미심장하다. 그 조항은 "누구든 왕의 법에 따라 팅그Thing에 소환됐는데도 나오지 않으면 그는 15솔리두스**10**에 해당하는 600데나리우스**11**를 선고받을 것이다"라고 규정했다. 여기서 '팅그'는 의회를 뜻하는 고어다. 클로비스가 처음에 해야 했던 일은 사람들이 확실히 팅그에 나오도록 하는 것이었다. 살리카법의 공식화와 관련해 보존된 서문 중 한 대목은 특히 많은 시사점을 던져준다.

---

10 금화

11 은화

신의 도움으로 프랑크 부족과 그들의 귀족은 기쁘게도 평화에 대한 부족민의 열망을 보존하기 위해 모든 싸움의 확대를 금하는 데 동의했다. … 그러므로 수많은 부족민 중에서 선정한 네 사람이 앞에 나섰으니, 그 이름은 비소가스트, 아로가스트, 잘레가스트, 비도가스트다. 그들은 라인강 너머 보템, 잘렘, 비도헴의 농장에서 왔다. 그들은 합법적인 세 의회에 모여 사건들의 원인과 내용을 신중히 논의하고 각각의 사건에 대해 다음과 같이 판결했다.

그러므로 살리카법은 클로비스가 도입했지만, 그가 사회에 부과한 것은 아니었다. 그 법은 심지어 클로비스가 제정하지도 않았으며 네 명의 입법자와 세 의회가 만들었다.

입법자인 비소가스트, 아로가스트, 잘레가스트, 비도가스트는 잦은 '싸움'을 포함해 모든 일상적인 문제들을 다뤄야 했다. 그래서 이 법에서 '제17조. 상해에 관하여'는 이렇게 규정한다.

1. 누구라도 다른 사람을 죽이려고 했는데 공격이 빗나갔다면, 그런 사실이 입증된 자에게 2,500데나리우스를 선고한다.
2. 누구라도 다른 사람을 독화살로 맞히려고 했는데 그 화살이 스쳐 갔다면, 그런 사실이 입증된 자에게 2,500데나리우스를 선고한다.
3. 누구라도 다른 사람의 머리를 뇌가 드러날 정도로 가격하고 위쪽에 있는 세 개의 뼈가 튀어나왔다면, 그자에게 1,200데나리우스를 선고한다.
4. 그러나 갈비뼈 사이나 배를 찔러 상처가 드러나고 내장까지 이르렀다면, 그자에게 1,200데나리우스를 선고한다.
5. 누구라도 어떤 사람을 때려서 바닥에 피가 떨어지고 그 사실이 입증된다면, 그자에게 600데나리우스를 선고한다.

6. 자유민이 다른 자유민을 주먹으로 때렸는데 피가 흐르지 않았다면, 그자에게 가격 한 번마다, 최고 세 번까지, 각각 120데나리우스를 선고한다.

이 법은 불화를 일으키는 다른 행위들, 특히 모욕 문제를 다뤘는데 어떤 사람을 여우나 토끼로 부르는 비방은 불법이었다. 또한 프랑크족과 로마인들의 관계도 규정했는데, 누가 주도권을 가졌는지 분명히 했다. 예를 들어 '제14조. 폭행과 절도에 관하여'는 이렇게 규정했다.

1. 누구라도 자유민을 폭행하거나 약탈한 사실이 입증되면, 그자에게 63솔리두스에 해당하는 2,500데나리우스를 선고한다.
2. 로마인이 살리 프랑크족을 약탈하면 위와 같은 법을 적용한다.
3. 그러나 프랑크족이 로마인을 약탈하면 그자에게 35솔리두스를 선고한다.

로마인들이 프랑크족을 약탈하는 것은 반대의 경우보다 훨씬 나쁜 의미를 지녔다. 로마인들과 프랑크족을 다르게 대우했던 것을 보면 프랑크족에게 법은 있었지만, 법이 모두에게 똑같이 적용된다는 개념과 관행을 의미하는 '법 앞의 평등'은 없었음을 보여준다. 족쇄 찬 리바이어던 아래서 가장 중요한 법 앞의 평등은 레드 퀸 효과가 작동하기 시작하면서 점진적으로 나타났을 뿐이다.

살리카법은 로마법을 닮지 않았다. 살리카법은 처음에 고대 아테네의 드라콘이, 그리고 그 후 솔론이 시도했던 기존의 규범들을 성문화하고, 규정하고, 강화한 것에 훨씬 더 가깝다. 하지만 그 과정에서 국가의 소관 아래 분쟁이 해결되는 결과도 초래했다. 그러나 6세기 말까지 입법은 테오도시우스법전의 요소들을 도입하면서 확실히 로마법으로 기울었다. 살리카법은 로마의 국가 구조를 프랑크족의 규범 및 정치 제도와 융합하는 일에 있어 한 걸음 나아간 것이었다.

살리카법을 공식화한 방식이 중요한 의미를 지니는 까닭은 샤를마뉴 치세에 이르면 명백해진다. 그는 800년 크리스마스 날 로마에서 스스로 황제에 오름으로써 로마와의 관계 정립을 정점으로 끌어올렸다. 그래도 여전히 샤를마뉴는 자국 사람들과의 관계에 관한 한 로마 황제처럼 행동하지 않았다. 클로비스의 치세에 족쇄를 채웠던 것과 같은 의회와 관습, 기대가 샤를마뉴에게도 제약이 됐다. 789년 레겐스부르크에서 발표한 두 건의 칙령은 국가의 대리인들이 권력을 잘못 쓰고 있음을 시사했고, 왕은 민중에게서 '그들의 법이 지켜지지 않는다'는 불만을 들었다. 여기서 '그들의 법'이 강조된 것은 매우 중요하다. 이 법은 왕이 아닌 민중의 법이었고, 법을 집행하는 것은 왕의 일이었다. 실제로 '주백이나 미수스missus12, 혹은 다른 누구든 법을 집행하는 일을 했으면 국왕 폐하께 아뢰어야 하는데, 왜냐면 폐하는 그런 일을 가장 올바르게 처리하기를 바라시기 때문'이었다. 여기서 미수스는 속주들과 중앙의 왕실을 연결하는 왕의 대리인들, 즉 '파견된 순찰사'들을 일컫는다.

그럼 자유는 어떻게 됐을까? 클로비스와 샤를마뉴가 회랑 안으로 들어간 국가를 이끌었지만 그들의 제국에서 자유가 번창했다는 신호를 많이 찾지는 못할 것이다. 그 시기는 폭력에서 벗어나 안전하다고 느끼는 이들이 거의 없는 혼란기였다. 클로비스의 추종자들은 전사들이었고, 프랑크족에게 군사적인 규범들은 강력했다. 이는 의회가 프랑크족 젊은이에게 창과 방패를 선물함으로써 시민으로 공인한 사실에서도 알 수 있다. 프랑크족은 또한 여

---

12 샤를마뉴 치세에 지방에 왕명을 전하고 동태를 살펴 보고하도록 파견한 순찰사

전히 규범의 우리 안에 확고히 머물러 있어서 관습과 전통, 관행들이 민중의 경제적, 사회적 행동을 심각하게 제약했다. 이는 특히 그 사회에 뚜렷한 사회적 계급뿐만 아니라 여러 종교적, 문화적 금기들이 있었기 때문이다. 노예를 부리는 것은 여전히 흔했고 남자들과 여자들은 자발적으로 예속 상태에 들어갔다. 이는 우리가 제1장에 나오는 아프리카 사회에서 본 것과 다르지 않으며, 솔론의 개혁 이후 아테네에서 사라진 문제였다. 당시 프랑크족 국가에서는 재판 과정에서 자백을 끌어내려고 고문을 하는 것이 예사였다. 우리가 살리카법전에서 발췌해 보여준 것처럼 오랜 불화는 고질적이었다. 그래도 이 사회들은 회랑 안에 발판을 마련하면서 이 모든 것들을 점차 바꿔나가는 과정에 접어들었다.

갈라진 왕국

프랑크족이 서유럽을 통일하려고 노력하는 동안 영국해협 건너편에는 심각하게 분열된 왕국이 있었다. 서로마제국은 영국에서 가장 철저히 무너졌다. 화폐와 글쓰기, 바퀴가 사라졌고 도시들은 버려졌다. 한때 로마제국의 거점도시였던 요크는 5세기에 습지대로 돌아갔다. 이 시기의 고고학적 증거로 높이 자라는 풀과 갈대에 살았을 딱정벌레의 화석들을 볼 수 있고, 우리는 도시를 접수한 들쥐와 물쥐, 뒤쥐, 거품벌레의 유해를 발견할 수 있다. 새로 온 것은 그들만이 아니었다. 유럽 대륙, 특히 8세기의 역사가 베너러블 비드Venerable Bede가 '앵글족, 색슨족, 주트족'이라고 밝힌 독일과 남부 스칸디나비아 민족들도 이 섬들에 이주해 왔다. 그때까지 이 민족들은 로마제국 시대 브리튼 민족과 아일랜드, 스코틀랜드에서 온 켈트족 같은 타 이주자들과 더불어 경쟁 관계에 있는 일단의 불안정한 정체를 형성했는데, 그중 다수는 켄트처럼 현재 영국 카운티의 이름으로만 기억된다. 그렇지만 이 정체들은 점차 연합했다. 796년 머시아왕국의 오파Offa 왕이 죽었을 때 네 왕국, 즉 남쪽의 웨식스, 동쪽의 이스트 앵글리아, 이 나라의 중앙에 걸쳐 있는 머시아, 북쪽의 노섬브리아만 남았다. 〈지도 9〉를 보라.

871년 스물두 살의 앨프레드Alfred가 그의 형 애설레드Æthelred에 이어 웨식스의 왕이 됐다. 이 승계는 아마도 앵글로색슨족의 의회 위탄witan에서 합의됐을 것이다. 대수도원장인 엔셤의 앨프릭Ælfric of Eynsham의 말을 들어보자.

> 누구도 스스로 왕이 될 수 없지만, 사람들은 맘에 드는 왕을 고를 수 있는 선택권을 가지고 있다. 그러나 그가 왕으로 받들어지면 백성에 대해 지배력을 갖는다.

이 시기의 위탄에 대해 현존하는 최고의 묘사는 수도사인 램지의 바이어트퍼스Byrhtferth of Ramsey가 기술한 것이다. 그는 973년 바스에서 거행된 에드거Edgar 왕('평화왕')의 두 번째 대관식을 이렇게 묘사한다.

> 그때는 관습에 따라 대주교들과 다른 모든 고귀한 주교들, 영광스러운 대수도원장들과 신앙심 깊은 대수녀원장들, 모든 올더먼ealdorman**13**, 지방행정관들, 재판관들이 … 모두 의회에 참석하는 성스러운 철이었다. 왕의 칙령에 따라 '해 뜨는 동쪽에서, 서쪽에서, 북쪽에서, 바다에서' 이 모든 사람이 그의 앞에 모여야 했다. 그의 왕국에서 온 이 장엄하고 영광스러운 무리는 그를 폐하거나, 그를 교수

13 앵글로색슨족의 잉글랜드에서 왕의 임명에 따라 관할 주의 법과 질서를 유지하고 전투를 이끌던 지방 관리

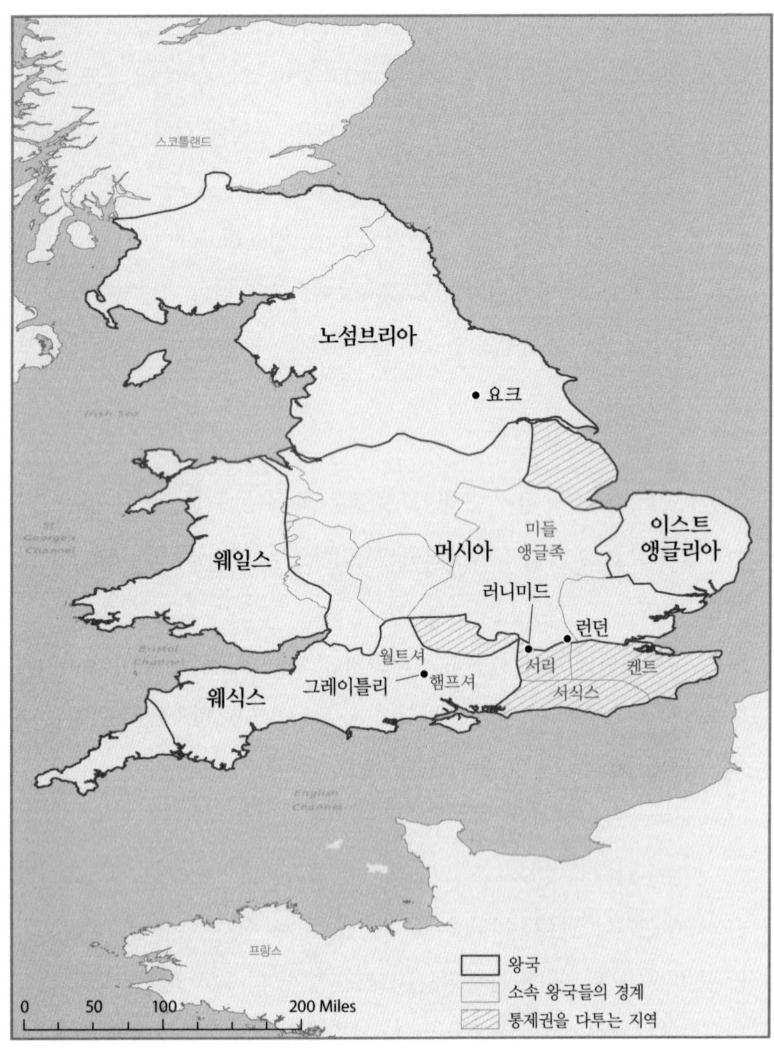

〈지도 9〉 분열된 영국: 9세기의 왕국들

형 같은 방식으로 사형시킬 결정을 내리려고 이렇게 모인 것이 아니라 … 덕망 있는 주교들이 그를 신의 가호를 빌고 성유를 부으며 축성하는 … 전적으로 타당한 이유로 왔다.

이 놀라운 이야기는 보통 주shire를 다스리도록 왕이 임명한 고위 관리인 올더먼들과 그 부하인 지방행정관들로 이뤄진 의회가 에드거에게 왕관을 씌울 뿐만 아니라 그를 폐할 수도 있었음을 분명히 하고 있다. 당시 왕은 이렇게 서약했다.

> 나는 먼저 하느님의 교회와 모든 기독교인이 내 권능 아래서 언제나 진정한 평화를 유지하도록 하겠노라. 나는 또한 모든 신분의 사람들에게 절도와 모든 형태의 불의를 금할 것을 서약하노라. 셋째, 나는 모든 판결에서 정의와 자비가 실현되도록 하겠노라.

서약 직후 던스턴Dunstan 주교가 그의 머리에 왕관을 씌워줬다.

왕관은 왕의 권위를 보여주는 로마식 상징으로 게르만족에게서 영국으로 수입되었다. 하지만 그보다 더 중요한 점은 색슨족이 위탄의 바탕을 이룬 게르만족의 의회를 도입한 것이었다. 《잉글랜드인들의 성스러운 역사Ecclesiastical History of the English People》에서 비드는 이렇게 전한다.

> 옛 색슨족에게는 왕이 없었고, 몇몇 영주들이 민족을 지배하고 있었다. 전쟁이 닥칠 때마다 이들은 공정하게 제비뽑기를 해서 당첨된 사람을 모두가 따르고 복종했지만, 전쟁이 끝나는 즉시 영주들은 평등한 지위로 돌아갔다.

그런 직접적인 영향력과는 별개로 앵글로색슨족 지도자들은 유럽을 여행하며 그들이 접한 제도적 모형들을 자유롭게 차용했다. 앨프레드는 카롤링거 왕조의 자문역 생베르탱[14]의 그림발도Grimbald of Saint-Bertin도 썼다. 램지의 바이어트퍼스는 965년에 열린 또 다른 의회를 언급했는데, 이때도 "모든 자치도시와 소읍과 시, 영지에서 온 모든 중요한 지도자들과 저명한 올더먼들 그리고 강력한 호족들"에 더해 "헤아릴 수 없이 많은 백성들"이 참석했다.

왕위에 오른 앨프레드는 정말 바빴다. 865년 이후 영국 제도는 앨프레드가 연보를 모아서 만든 《앵글로색슨 연대기Anglo-Saxon Chronicle》에서 "이교도 대군Great Heathen Army"이라고 일컬은 군대가 점령하고 있었다. 이교도 군대는 단순히 이 섬들을 약탈하러 온 것이 아니라 정복하러 왔던 스칸디나비아인, 특히 데인Dane인들의 거대한 세력이었다. 앨프레드는 이미 네 왕국을 휘젓고 다니는 그들과 몇 차례 싸운 적이 있었다. 앨프레드 군은 그때 잇따라 패배를 맛봤고 앨프레드는 데인족이 물러나도록 대가를 치렀을 가능성이 크다. 878년이 되자 세 왕국이 정복당하고 웨식스만 홀로 포위당한 채 버텼다. 그러나 여름이 되자 앨프레드는 군대를 재편성해 지금의 윌트셔인 에들링턴에서 덴마크 왕 구트룸Guthrum이 지휘하는 이교도 대군의 절반을 무너뜨리며 통렬한 패배를 안겼다. 〈지도 9〉를 보라. 이 승리로 앨프레드가 구트룸과 평화조약을 맺게 됐고, 그에 따라 데인인들은 대략 예전의 이스트 앵글리아와 노섬브리아 왕국, 머시아왕국 동부에 걸친 (데인인들의 법이 적용되는) 데인법Danelaw 지대로 물러났다. 이 비교적 평화로운 시기에 앨프레드는 왕국을 재편하고 조세와 군사제도를 합리화함으로써 국가건설 과정에 또 한 걸음을 내디딜 수 있었다. 그의 후계자인 아들 에드워드(Edward, '선대왕')와 세 손자, 애설스탠Æthelstan과 에드먼드Edmund, 에드레드Eadred는 점진적으로 스

14 수도원

칸디나비아인들의 왕국을 정복해갔다. 에드레드는 마침내 954년 요크의 마지막 스칸디나비아 왕 에릭 블러드액스Eric Bloodaxe**15**을 쫓아내고 잉글랜드를 통일했다.

이 시기부터 우리는 의회의 성격과 행동에 관한 상세한 자료를 얻을 수 있다. 우리는 992년 데인족과 싸우기 위한 군사적 원정과 뒤이은 조약은 '왕과 그의 모든 의원들(위탄)'이 결정한 것임을 알 수 있다. 《앵글로색슨 연대기》는 어떻게 해서 '모든 의원(위탄)이 어전에 불려 온' 뒤에 방어 조치들이 논의됐는지 기록한다. 그러나 위탄은 방어나 군사 문제들만 논의하지 않았다. 이 기구는 법률도 제정했다. 애설스탠의 재위 기간에 만든 주요 법조문은 '이 모든 것은 그레이틀리에서 울프헬름Wulfhelm 대주교가 애설스탠 왕이 소집한 모든 귀족, 의원들과 함께 참석한 가운데 열린 대大의회에서 제정했다'고 적시했다. 899~1022년에 나온 22개 법전 가운데 19개에 비슷한 조항들이 들어있다. 바이어트퍼스가 '헤아릴 수 없이 많은 백성'이라고 했지만, 프랑크족의 왕국과 똑같이 그런 회의에 참석할 수 있는 사람은 비교적 소수였다. 그러나 프랑크족의 왕국에서처럼 앵글로색슨족은 더 광범위하게 협의하고 의사결정을 분산하려고 시도했다. 우리는 에드거의 재위 기간에 '이 문제에 관해 여러 문서를 작성해 올더먼 앨프히어Ælfhere와 애설와인Æthelwine 모두에게 보내고, 그러면 그들이 다시 가난한 자와 부자 모두가 이 조치를 알 수 있도록 그 문서를 전 지역으로 보낸다'는 것을 알 수 있다. 이 의회들은 그들이 도와서 공식화하고 시행한 법률과 더불어 회랑의 특징적인 두 가지 핵심 제도, 즉 잉글랜드 의회와 왕들이 법의 통제를 받는다는 개념의 기초를 형성했다.

앨프레드 왕의 법전은 드라콘의 보존된 법조문 파편과 클로비스의 살리카

---

15 '피 도끼 에릭'은 에이리크 1세Eirik I, 에이리크 하랄손Eirik Haraldsson의 별명이다.

법을 연상케 한다. 그것은 한편으로는 갈등과 분쟁이 폭력으로 해결되는 무국가 사회에서 중앙집권적인 국가로 이행하는 것을 보여준다. 다른 한편으로 그것은 기존의 규범들을 거부하는 게 아니라 규범과 함께 작동할 수 있도록 규범을 강화하려는 것이었다. 그래서 오랜 불화가 생기고 확대되는 것을 막기 위해 처벌을 제도화하는 데 노력을 기울였다. 법조문은 이렇게 시작한다.

> 그리하여 나, 웨스트 색슨의 앨프레드 왕은 이것들을 나의 의원들 모두에게 보였으며, 그들은 모두가 그에 동의함을 선언했노라.

여기서도 위탄의 역할이 언급됐다. 이 법의 핵심적인 개념은 몸값wergeld**16** 이다. 몸값은 어떤 사람이 살해당했을 때 그의 생명을 평가한 금액이다. 몸값은 혈투를 멈추게 했다. 예를 들어 앨프레드의 법 제10조는 '누구든 몸값이 1,200실링인 다른 남자의 아내와 누워 있었으면 그 남편에게 배상금으로 120실링을 내야 한다. 몸값이 600실링인 남편에게는 배상금으로 100실링을 내야 한다. 평민에게는 배상금으로 40실링을 내야 한다'고 규정한다. 그러므로 올더먼처럼 신분이 높은 사람일수록 몸값도 높아지며, 이런 지위는 다른 법령 위반을 다룰 때도 영향을 미쳤다. 알바니아의 카눈에서와 같이, 사적 보복에 바탕을 둔 사회에서 누군가가 잘못을 저지르면 그의 친척도 보복의 대상이 되며 잘못에 대한 집단 책임을 진다. 이 법 제30조는 '누구든 부계 친척이 없는 자가 싸움을 해서 다른 사람을 죽이면, 그의 모계 친척이 있는 경우 그들이 몸값의 3분의 1을 내고, 그의 친구들이 3분의 1을 내야 한

---

16 사망배상금 또는 속죄금

다. 나머지 3분의 1을 내지 못하면 그가 개인적으로 책임을 져야 한다'고 규정한다.

다른 조항들은 어떻게 보복 없이 특정 분쟁들을 다룰지 개요를 밝혔다.

우리는 또한 누구든 그의 주인이 공격당하면 복수를 당할 만한 책임을 지지 않고 주인을 위해 싸울 수 있음을 선언한다.

이런 규정도 있다.

누구든 다른 이[남자]가 그의 혼인한 아내와 함께 문이 닫힌 방에서 한 이불 아래 있는 것을 발견하면 복수를 당할 만한 책임을 지지 않고 싸울 수 있다.

이 법전은 또한 손가락과 발가락, 눈, 털 등 신체의 다른 부분을 다치거나 잃은 데 대한 특정 금액의 벌금을 상세히 규정했다.

하지만 카눈과의 유사성보다 차이가 더 두드러진다. 앨프레드의 법전은 단지 분쟁 해결을 위한 기존의 규범들을 성문화하고 합리화하는 데 그치지 않았다. 이 법전은 또한 규범들을 새롭게 출현한 국가의 권위 아래로 가져왔다. 알바니아의 카눈은 성문화되지 않았고, 20세기 초까지 기록조차 돼있지 않았다는 사실을 기억하자. 이는 적어도 두 가지 면에서 중요하다. 첫째, 앨프레드 법전은 국가의 권위가 없는 상황에서 행해지는 사적 보복과 국가 관리하에 착수하는 분쟁 해결 과정을 확실히 구분한다. 일단 왕의 법전이 온갖 분쟁을 어떻게 해결해야 하는지 규정하면 다음 단계는 국가가 그 해결절차를 실행하는 것이며, 결국 앨프레드 이후에 바로 그런 일이 일어났다. 둘째, 그 법전은 기존의 제도와 규범들의 족쇄를 찬 지도자로서 앨프레드가 자기의 법을 사회에 강요하기보다는 사회와 함께 협력했으며 의회가 기존 규범들을 합리화했음을 우리에게 상기시킨다. 이 모든 것이 현대의 영국 즉위식의 바탕이 된 바스의 대관식에서 에드거가 했던 서약을 보면 분명히 드러난다. 에드거는 정의와 자비로 판결하겠다고 약속했다. 족쇄 찬 왕들이 사회와 협력하는 것은 또한 앨프레드 사후 잉글랜드, 특히 애설레드('미비未備 왕')와 크누트Cnut, 에드워드('참회왕') 재위 기간의 결정적인 순간에도 명백히 볼 수 있다. 애설레드는 데인족의 손에 일련의 군사적 패배를 당하고 프랑스의 노르망디로 피신했다. 그는 *'잉글랜드에 있는 모든 의원들pa witan ealle'*에 의해 귀환했지만, 이는 위탄이 그의 법 그리고 행동과 관련해 분명하게 요구한 조건에 따른 결과였다.

그에 대해 영국 역사가 프랭크 스텐턴Frank Stenton 경은 "영국의 왕과 국민 간의, 처음으로 기록된 협정으로 헌법적으로 대단히 중요한" 순간이었다고 지적했다. 그러나 이는 과거와의 단절이 아니라 앵글로색슨과 게르만족의 정치적 규범들이 계속되는 것이었다. 실제로 위탄은 1016년 데인족의 왕 크누트를 자신들의 왕으로 받아들일 때 이것과 비슷한 헌법적인 거래를 했다. 1041년에는 역시 망명해 있던 에드워드가 노르망디에서 잉글랜드로 돌아왔을 때 '잉글랜드 전역의 호족들'이 햄프셔주 해안의 허스트곶에 상륙한 그를 만나 크누트법을 지키겠다고 맹세해야만 그를 왕으로 받아들이겠다고 말했다.

1066년 이후

1066년 잉글랜드는 노르만 군대를 이끌고 온 '정복자' 윌리엄William the Conqueror에게 침략당했고, 정복자의 군대는 서식스주의 헤이스팅스에서 벌어진 전투에서 잉글랜드군의 수장 해럴드 고드윈슨Harold Godwinson을 죽이고 결정적인 패배를 안겼다. 윌리엄은 앵글로색슨 귀족들의 토지를 몰수하고 프랑스의 카롤링거 왕조 말기 왕들이 만들어낸 봉건제도feudal system를 실행했다. 반대를 물리치기 위해 그는 참회왕 에드워드가 노르망디 망명 시절 그를 후계자로 지명했다며 자신이 잉글랜드의 정당한 왕이라고 주장했다. 이 책에 실은 베이유 태피스트리Bayeux Tapestry 〈사진 11〉은 노르만 궁전의 여인들이 1066년을 기념하기 위해 짠 것으로 에드워드가 해럴드 고드윈슨에게 노르망디로 가서 윌리엄이 자신의 후계자임을 확인해주라고 명하는 모습을 보여준다. 그래서 윌리엄이 처음으로 취한 조치 중 하나는 에드워드의 법전을 재확인하는 것이었다. 그러나 이 조치는 또한 두 정권 사이의 연속성을 보장하면서 그 정복자가 오기 전에 존재하던 족쇄들을 거듭 확인해줬다.

노르만족이 프랑스에서 채택하고 윌리엄이 잉글랜드에 수출한 봉건제의 질서는 샤를마뉴 사후 프랑크족 국가가 분열된 데 따른 결과였다. 지방 영주들의 세력에 맞서는 중앙의 국가는 약해졌고, 일련의 위계질서를 따르는 관계를 바탕으로 새로운 국가체계가 나타났다. 모든 토지는 적어도 원칙적으로는 국왕이 소유했고, 왕은 그것을 '조언과 지원', 특히 군사적 지원의 대가로 제후들에게 봉토로 주었다. 윌리엄이 1086년 새로운 왕국의 자산 목록을 만들기 위해 실시한 총조사로 '둠즈데이북Domesday Book'을 만들었을 때 잉글랜드에는 제1선의 봉신인 846명의 '직접 수봉受封자들tenants in chief**17**'이 있었다. 이들은 그다음에 봉토 재수여subinfeudation**18** 과정을 통해 '조언과 지원'이 연속적으로 이뤄지는 가운데 더 낮은 지위의 봉신들에게 토지를 나눠준다. 그래서 윌리엄이 군사적인 용역이나 금전의 형태로 지원을 받을 필요

---

17 영신領臣들이라고 한다.

18 전봉轉封이라고 한다.

가 있으면, 그는 먼저 직접 수봉자들에게 요청했고, 그들은 다시 봉토를 재수여한 이들을 찾아가는 과정이 이어졌다. 이 봉건조직으로 지배계층, 특히 영지를 받은 귀족들의 힘은 커졌지만, 보통 사람들이 정치에 참여할 수 있는 능력은 약해졌다. 예를 들어 프랑스에서 귀환하는 참회왕 에드워드를 겨냥한 것처럼 드러내놓고 국왕에게 반대하는 것은 이제 봉건제의 서약을 어기는 것으로 해석될 터이므로 불가능해졌다. 그렇다면 이 나라는 회랑 밖으로 한 걸음 벗어난 것일까? 하지만 이미 뿌리를 깊이 내린 의회들이 있는 상황에서는 사회의 정치 참여를 쉽게 무력화해버릴 수 없었다.

곧 '조언과 지원'이 요구되는 상황에서 의회의 영향력은 되살아났다. 의회의 영향력 재건은 게르만 부족들의 의회 정치처럼 평신도와 성직자가 모두 포함된 지도적인 엘리트들이, 그리고 어떤 상황에서는 사회의 훨씬 더 광범위한 부문이 국왕과 만나면서 이뤄졌다. 더욱이 봉신들이 국왕에게 조언해줄 의무는 조언할 권리와 그다지 다르지 않은 것으로 드러났는데, 특히 그 권리가 윌리엄이 집권할 때 승인된 정부의 구체제 아래서 행사된 적이 있었기 때문이다. 자유민이 협의에 참여할 수 있는 잠재적인 권리는 여전히 남아 있었다. 정복자 윌리엄의 증손자로 1154년 왕위에 오른 헨리 2세Henry II가 재위할 때에는 여러 요인이 어우러져서 새롭게 떠오르는 국가에 족쇄를 채우는 데 있어서 이런 평의회들이 훨씬 더 강력해졌다. 그들은 법률체계와 상호작용을 하는 데 있어서 특히 강력해졌다.

윌리엄의 재위 초기부터 법률은 변화하고 있었다. 클로비스와 앨프레드의 법에서 가장 주목할 만한 특징은 징역형이나 나라에 내는 벌금 같은 국가 형벌이 아니라 피해자에게 배상을 명시한다는 점이었다. 앨프레드의 법에서 누가 다른 사람을 때려서 귀가 떨어지면 그는 30실링을 내야 했다('더는 듣지 못하게 됐다면' 60실링을 내야 했다). 그러나 이는 국가에 내는 벌금이 아니었다. 그것은 그가 때려서 귀를 잃게 된 피해자에게 주는 배상금이었다. 윌리엄 치세에는 형벌이 국가에 내야 할 벌금 쪽으로 옮겨 갔다. 가장 유명한 사례는 암살murdrum 범죄로, 노르만족이 살해당했는데 그 지역사회에서 범인을 잡아서 내놓지 않으면 지역사회 전체에 벌금을 물렸다. 지역사회는 보통 100가구 또는 마을이다. 이와 관련된 제도로 10인조tithing[19]가 있었다. 10인조는 열 명이나 열두 명의 남자가 한 조를 이뤄 법을 지키기로 서약하고, 그중 어느 한 명이 범죄를 저지르면 그를 잡아서 데려올 책임을 지우는 제도였다. 특정 지역사회에서 범죄가 발생했는데도 아무도 범인으로 잡히지 않으면 지역사회 전체가 벌금을 물 수도 있었다. 이런 제도는 흔히 '프랭크플레지frankpledge[20]'로 불리며, 서약을 한 사람들은 사실상 그 지역의 법 집행자들이 됐다.

집단 책임과 처벌의 구상은 아마도 어떤 사람의 잘못에 대해 여러 사람이 포함되는 집단, 보통 확대 가족을 복수의 대상으로 정하는 복수의 규칙들에서 유래했을 것이다. 그러나 책임을 져야 할 집단으로서 친족집단과 마을이라는 지리적인 공동체 사이에는 큰 차이가 있다. 특히 그것이 규범의 우리에 미치는 영향에 있어서 차이가 크다. 사실 윌리엄은 복수할 수 있는 법적 권리를 없애버렸고, 친족집단과 씨족들이 사법제도를 제쳐두고 스스로 복수에 나서는 것을 억제하려고 줄곧 시도했다. 그 결과 친족 관계는 해체됐다. 프랑스의 봉건제도 역사가 마르크 블로크Marc Bloch는 이렇게 지적했다.

불과 얼마 전까지만 해도 방대했던 친족들은 이 시기에 조금씩 오늘날 우리의

19 10호반이라고도 한다.

20 10인조 제도

소가족에 훨씬 더 가까운 집단으로 대체되고 있었다.

그런 변화는 이름을 짓는 관행에서 나타나기 시작했다. 노르만 시대 초기에 사람들은 흔히 광범위한 친족집단이나 씨족의 이름과 연관된 이름 하나만 가졌을 것이다. 그러나 12세기가 되자 일종의 성姓을 추가하기 시작했다. 처음에는 귀족들이 시작하고 사회 전체로 퍼져나간 것으로 보이는 개인적인 결정이었다. 귀족이 아닌 사람들은 자기 직업을 나타내는 스미스Smith[21]나 베이커Baker[22], 쿠퍼Cooper[23]처럼 흔히 기능에 관한 성을 썼다. 블로크는 이 과정에서 국가가 하는 기본적인 역할을 강조하면서 이렇게 밝혔다.

> 오늘날 남성들이 흔히 어떤 연대감도 없이 일반적으로 갖는 영구적인 성은 친족 관계의 정신이 아니라 그런 정신에 가장 근본적으로 반대하는 기관, 즉 주권국가가 만들어낸 것이었다.

국가는 사회의 성격을 바꾸고 있었고, 그 과정에서 점차 사람들의 행동에 대한 무수한 제약들과 여러 의무, 사회적 계급구조를 부수고 있었다.

법의 성격은 헨리 2세가 재위하는 동안 극적으로 바뀌었다. 잉글랜드는 헨리의 전임자 스티븐Stephen이 재위할 때 잇단 분쟁과 내전에 시달렸다. 헨리는 나라를 재건할 필요가 있었고, 스코틀랜드와 웨일스, 특히 프랑스에서 잃었던 영토를 되찾기를 바랐다. 더구나 그는 성지에 십자군 국가들을 유지

---

21 대장장이

22 빵 굽는 사람

23 나무통 만드는 사람이나 술장수

하도록 돕고 싶어 했다. 이 모든 일을 하려면 돈이 필요했고, 1166년 그는 수익과 동산에 세금을 부과했다. 그때까지 왕은 자신의 토지에서 나오는 수익과 봉건제도에 따른 부과금, 사법 행위에 대한 수수료 수입으로 버텨왔다. 새로운 세금은 논란을 일으켰으며, 헨리는 대주교와 주교 그리고 자신의 프랑스 영지에서 온 실력자들이 모이는 평의회에서 '협의하고 모두의 동의를 얻어서' 그 세금을 부과했다. 이것처럼 모두에게 부과되는 세금을 물리려면 헨리는 사회의 동의를 받아야 했다.

헨리는 세금을 거두기 시작하면서 사법체계에 대해 왕의 정부가 갖는 권력을 크게 확대하는 일련의 법적 개혁도 실행했다. 가장 유명한 조치는 1176년께 제도화된 순회재판eyre을 창설한 것이었다. 이는 왕의 순회 판사들이 서로 다른 유형의 사건들을 심판할 수 있는 광범위한 권한을 갖고 각지를 도는 제도였다. 그러나 헨리의 개혁들은 또한 레드 퀸 효과를 촉발했다. 판사들이 이제 순회법정assize으로 불리는 일종의 재판소를 만들고 그들을 도울 '12인의 준법인'을 소집해야 하므로 사회는 새로운 방식으로 분쟁 해결에 참여하게 됐다. 이는 1166년 클라런던의 순회재판소에서 이미 예상되었다. 법률은 이렇게 규정했다.

> 심리는 모든 카운티에서 그리고 100호마다 이뤄질 것이며, 그 100호 중에서 법을 더 잘 지키는 12인을 통해 그리고 각 마을에서 법을 더 잘 지키는 4인을 통해, 진실을 말하겠다는 선서를 받고, 그들의 100호 또는 마을에서 강도나 살인자나 절도범으로 고발당하거나 악명이 높은 용의자가 있는지, 아니면 강도나 살인자나 절도범의 장물을 받은 사람이 있는지 조사할 것이다.

이는 10인조 제도에서 대부분 예상된 것이기는 하지만, 배심제도를 확립하는 데 중요한 의미를 지녔다. 또한 유죄를 결정하는 것보다 증거를 모으는 것을 강조하는 점도 특기할 만하다. 순회법정은 아직 '배심'에게 유죄나 무죄를 평결할 권한을 주지는 않고 정보만 제공하도록 했다. 평결을 내릴 권한은 나중에 부여됐다.

'같은 또래의 배심jury of your peers'에 의한 공판이라는 개념은 잉글랜드에서 이른바 '관습법common law' 체계가 출현하는 데 있어서 핵심적인 부분이다. 헨리 2세의 개혁에서 다른 중요한 부분은 판사들이 법을 만든다는 발상이다. 여러 사건을 판결할 때 판사들은 흔히 모호하면서도 융통성이 있는 기존의 법을 해석해야 했다. 그들의 결정이 법률을 어떻게 해석해야 하는지 보여주는 전례가 되며, 이런 판례들은 그 자체가 새로운 법의 기초가 된다. 잉글랜드에서는 이들이 나중에 법률 전문직을 갖게 되고 그들의 판례가 쌓여 불문법이 되는데, 이들이 새로운 자율성을 얻은 것은 분쟁 해결의 새로운 방식이 발전하는 데 또 하나의 중요한 진전이었다. 그것은 통치자가 자의적인 법률을 사회에 강요할 수 없도록 보장했다. 규범들이 법률 전문직의 권한을 통해 작동함으로써 통치자를 제약했기 때문이다. 그러자 레드 퀸 효과가 작동하면서 더욱 광범위한 영향을 미쳤다. 우선 법률 전문직의 권위가 높아진다는 것은 또한 법 앞의 평등을 향해 중대한 진전이 이뤄지는 가운데 법이 모두에게, 심지어 왕에게도 적용될 수 있음을 의미했다. 다른 하나는, 역량이 커진 법률 전문가들은 가장 제약이 심할 뿐더러 발전하고 있는 법의 정신과의 불일치도 가장 심한 관행들에 반하는 판결을 함으로써 규범의 우리를 완화하기 시작했다. 우리가 곧 살펴보겠지만 이런 힘은 봉건제도의 붕괴에서 가장 뚜렷이 드러났다.

법 앞의 평등 개념이 사람들의 마음속에 자리 잡은 사실은 헨리의 순회판사 중 한 사람인 리처드 피츠나이절Richard FitzNigel의 저술에서도 명백히 드러난다. 1180년 재정법원exchequer24에 관한 유명한 논문 〈재정법원에 관한 논의Dialogue Concerning the Exchequer〉에서 그는 이렇게 밝혔다.

> 삼림에는 그에 관한 법들이 있는데, 그것은 이 왕국에 공통적인 법이 아니라 왕의 자의적인 포고에 기초한 법이라고 한다. 그러므로 삼림법에 따르는 것은 절대적으로 '공정'하다고 하지 않고 삼림법에 의하면 '공정'하다고 해야 한다.

왕은 법을 제정할 수 있었다. 하지만 그것들은 '자의적'이며 '공정하지 않다!'

뒤로 물러서서 보면 이런 조치들이 예컨대 호족들이 통제하던 지방의 재판소에서 사법적 권한을 가져옴으로써 사회 대신 중앙의 국가를 강화하는 데 결정적인 역할을 했다는 것을 알 수 있다. 그러나 이런 중앙집권화 과정은 여전히 두 가지 중요한 한계를 지니고 있었다. 첫째, 헨리의 개혁들은 각종 규범의 제약을 받았고, 관습법은 지역사회의 판사가 결정한 것들은 통치자가 좋아하든 안 하든 미래의 결정에 영향을 미치는 선례들을 만든다는 의미다. 이는 법 집행이 지배적인 규범들로부터 너무 멀리 벗어날 수 없도록 보장했다. 둘째, 사회에 국가의 의지를 강요할 수 있는 법정의 능력은 매우 제한적이었다. 예를 들면 거의 모든 법적 조치와 기소를 보통 사람들이 시작했다. 순회법정에 앉은 판사들은 독립적인 조사권이 없었다. 그들은 사람들이 사건을 가져오도록 기다려야 했고, 따라서 재판을 해달라는 요구가 결정적으로 중요했다.

사회가 국가의 더 큰 역량을 끌어내도록 돕는 것은 그 역량의 실질적인 의

---

24 옛날의 잉글랜드 상급법원

미를 퇴색시키지 않았다. (보통 사회가 결정적인 역할을 하는 가운데) 법 집행과 다양한 공공서비스, 국가의 관료적 역량이 동시에 확대되면서 회랑 안에서 이뤄지는 국가건설의 본질이 뚜렷이 드러났다. 관료적 역량은 상서청chancery, 즉 국왕의 가장 중요한 자문관 중 한 명으로 '국새 보관자'인 대법관lord chancellor의 참모조직에서 보내는 서신을 밀봉하는 데 쓰이는 봉랍의 양이 얼마나 늘어났는지 추정한 숫자를 보면 알 수 있다. 1220년대 말부터 1260년대 말까지 그 봉랍의 양은 주당 3.6파운드에서 31.9파운드로 늘어났다. 이처럼 봉랍이 아홉 배로 늘어난 것은 밀봉이 필요한 서신이 아홉 배로 늘어났다는 의미이며, 이는 그 자체로 국가 사무 기록이 크게 확대된 결과였다. 국가 역량은 껑충껑충 커지고 있었다.

대헌장: 레드 퀸 효과가 나타나다

국가의 역량 강화에 대한 사회의 반발은 헨리 2세의 중앙집권화 개혁들이 단행되고 1199년 그의 아들 존John이 왕위에 오른 다음에도 계속됐다. 존 왕이 끊임없이 세금을 요구하면서 법과 규범이 부과한 제약을 깨트리려고 시도하는 데 반감을 느낀 일단의 귀족들이 반란을 일으켜 런던을 장악했다. 존 왕은 6월 10일 런던의 서쪽 템즈강 가의 러니미드Runnymede에서 평화 교섭을 하러 그들을 만났다. 이 협상 장소는 중요한 의미를 지녔다. 러니미드라는 지명은 앵글로색슨족의 *말 러니그*(runieg, '정기적인 만남')와 *미드*(mede, '초원')에서 파생된 것으로 보이며, 실제로 러니미드는 앨프레드가 재위할 때 위탄이 열렸던 장소 중 한 곳이었다. 이 회합에서 귀족들은 '귀족 조항Articles of the Barons'으로 불리게 된 내용을 제안하기 시작했다. 그들은 열흘에 걸쳐 마그나 카르타Magna Carta, 즉 대헌장Great Charter 제정을 협상했다.

마그나 카르타는 잉글랜드 정치제도의 토대가 됐다. 그것은 교회의 역할, 웨일스와 스코틀랜드 왕을 통제하기 위해 잡는 인질, 그리고 존 왕의 프랑스인 관리들(헌장은 그들을 해임해야 한다고 주장했다)을 포함해 여러 사안을 다뤘다. 그러나 핵심 조항들은 동의 없는 과세 문제와 법률과 제도로 왕을 제약하는 문제에 집중했다. 가장 중요한 것은, 마그나 카르타가 일부 반항적인 귀족들이 협상한 것이기는 해도 왕이 양보한 대상은 '왕국의 모든 자유민'이었으며, '이 나라 공동체 전부'가 그 실행에 참여하도록 요청받을 수 있었다는 점이다. 존의 과세와 '불법적인' 부담금 부과 문제와 관련해 제12항은 다음과 같이 선언한다.

> 우리 왕국에서 '군역세scutage'나 '헌금aid'은 일반적인 동의 없이는 부과할 수 없다.

'군역세'는 봉신이 군역에서 제외되는 대가로 국왕에게 내는 돈이었다. '헌금'은 봉신이 영주에 내야 하는 다른 여러 봉건 상납금을 포함한다. 하지만 헌장은 봉신이 국왕에게 내야 하는 헌금만 제한하지 않았다. 제15항은 '적정한' 것이 아닌 한 '앞으로 우리는 누구도 자유민에게 "헌금" 부과를 허용하지 않을 것'이라고 명시했다. 더욱 놀랍게도 헌장은 비자유민, 즉 농노 혹은 예속된 농민도 보호했다. 다음 항은 이렇게 규정한다.

> 누구도 군역 봉토knight's fee**25** 또는 자유롭게 보유하는 토지에 대해 의무에 없는 역무를 하도록 강요받지 않는다.

25 영주를 위한 기사 한 명을 유지하는 데 필요한 봉토

이는 농노도 노역이 늘어나지 않도록 보호받는다는 것을 의미했다. 더욱이 '농노'는 재판에 따른 벌금을 낼 때도 '영농'에 필요한 재산은 건드리지 않도록 했다. 농노는 또한 제28항에서 '치안관이나 국왕의 다른 관리가 누구에게서든 즉시 대가를 지급하지 않고 곡식이나 다른 동산을 가져갈 수 없다'고 직접적으로 규정했으므로 국왕의 관리들이 하는 자의적인 행동으로부터 보호받는다. 여기서 '누구에게서든'이라는 말이 중요하다.

마그나 카르타 곳곳에 보통 사람들이 법 집행에 참여하도록 하고 완벽하지는 않더라도 대체로 법 앞에 평등하게 설 수 있도록 뒷받침하려는 조항들이 있다. 제20항은 '그 지역의 신망 있는 사람들이 선서하고 사정査定하지 않은 경우'에는 벌금을 부과할 수 없다고 명기했고, 제18항은 이렇게 규정했다.

> 배심 재판은 … 합당한 카운티의 재판소에서만 열릴 것이다. 우리 자신이 … 한 해 네 차례 각 카운티에 두 명의 재판관을 보내, 해당 카운티에서 자체적으로 선출한 네 명의 기사와 함께 카운티 재판소에서 순회법정을 열 것이다.

제38항은 '앞으로 어떤 관리도, 그것이 진실이라는 믿을 만한 증언들을 제시하지 않고 자신의 근거 없는 주장에 따라 어떤 사람을 재판에 넘기지 않을 것'이라고 명시했으며, 그다음 항은 이렇게 규정했다.

> 어떤 자유민도 그와 동등한 이들의 적법한 판결이나 이 땅의 국법에 따르지 않고는 … 체포 또는 구금되거나, 권리 또는 재산이 박탈되거나, 법의 보호를 받지 못하거나, 추방당하거나, 어떤 식으로든 그의 지위를 빼앗기지 않을 것이다.

헌장에서 마지막으로 주목할 만한 부분은 이 규정들이 실행되도록 보장하기 위해 설정한 장치에 관한 조항이다. 이 항은 스물다섯 명의 귀족들이 평의회를 구성하도록 하고, 그들 중 네 명이 국왕이나 그의 관리들이 어떤 조항이라도 위반했음을 알게 되면 그들은 '성이나 토지, 소유물, 혹은 우리[26] 자신을 제외한 다른 어떤 것이든 … 모든 가능한 방법으로 공격'할 수 있도록 했다. 이 조항은 이어 '원하는 사람이면 누구든 이 목적을 달성하기 위해 스물다섯 명의 귀족이 명령하는 바에 복종하기로 서약할 수 있다'고 명기했으므로, 모두가 이 헌장의 실행에 나설 수 있었다.

그러나 이 감시장치는 설치된 적이 없고 귀족들과 존은 곧 전쟁에 돌입했다. 그러나 정치의 핵심 원칙을 담은 선언으로서 마그나 카르타의 효력은 그 후의 왕들과 나중에 대의회Great Council로 불리게 된 의회들이 끊임없이 재확인했다. 1225년 대의회에서 '대주교들과 주교들, 대수도원장들, 소수도원장들, 백작들, 남작들, 기사들, 자유 소작인들, 우리 왕국의 사람들 모두'에 의해 여러 세금이 공식적으로 인정받았다. 세금이 단지 통상의 엘리트집단뿐만 아니라 '기사들과 자유민들'의 동의도 받았다는 사실은 중요한 의미가 있었다. 더욱이 이 거물들과 기사들은 '그들 자신과 그들의 농노들을 위해' 결정을 내리고 있었는데, 이는 더 광범위한 공동체를 대표한다는 개념을 암시했다. 1254년 4월 이런 대의제도는 한 걸음 더 나아갔다. 처음으로 각 주에서 기사가 두 명씩 선출되면서 1918년 국민대표법Representation of the People Act이 제정될 때까지 계속된 제도가 시작됐다. 의회를 뜻하는 '팔러먼트parliament'라는 말은 1236년 11월 어떤 법률 사건에 대한 조치가 1237년 1월의 다음 회의가 열릴 때까지 연기됐을 때 처음으로 쓰였다. 1264년 반란을 일으킨 시몽 드 몽포르Simon de Montfort가 왕의 허락 없이 의회를 소집했

26 국왕과 가족

을 때 처음으로 각 자치도시에서 두 명씩 대의원들이 참석했다. 비록 몽포르는 패배했어도 그가 시작한 기구는 표준이 됐고, 그 기사들과 대의원들은 우리가 제5장에서 본 '코무네'와 같은 어원에서 온 '의원들the Commons'로 알려지기 시작했다.

기사들과 대의원들이 왕의 지방행정관에 의해 임명되는 것이 아니라 선출되기 시작한 시기도 바로 이때였다. 14세기 중반까지 의원들은 상원House of Lords**27**과 별도로 모이고 있었는데, 이는 영국 민주주의를 규정하게 된 양원제의 시작을 알렸다.

레드 퀸의 흔적은 영국 의회의 진화 과정 곳곳에 묻어 있다. 처음에는 앵글로색슨족이 이 섬으로 들여온 민중 집회에 바탕을 두었지만, 이제 의회는 더 강력한 기구가 됐다. 봉건제가 유럽의 다른 지역처럼 왕과 엘리트층의 독재를 크게 강화할 수도 있었지만, 영국에서는 봉건제의 부상에도 불구하고 의회가 힘을 키웠다. 더욱 주목할 만한 것은 이 모든 일이 국가의 역량이 커지고 있는 가운데 일어났다는 점이다. 국가의 역량이 강화된 것은 법을 제정하고 집행하는 데 국가가 더 큰 역할을 하고, 왕국의 행정체계를 재편하고, 예컨대 봉랍 사용량에서 보듯 관료의 활동 영역을 늘린 데서 확인할 수 있다. 물론 14세기의 의회는 (오로지 남성들만을 위한 것이었다는 사실을 제쳐놓더라도) 우리가 오늘날 이해하는 것과 같은 민주적인 기구가 아니었다. 의원들이 선출되기 시작한 1290년대 이후에도 선거권은 상당히 부유한 성인 남성들에게 국한됐다. 의회는 계속해서 사회의 더 귀족적이고 특권적인 계층을 위한 기구로 남아 있었다. 그래도 이 시기에 사회가 더욱 결집하고 그 힘을 제도화했다는 사실은 잉글랜드가 중대한 부침을 겪기는 해도 이미 회랑

27 하원은 'House of Commons'라고 한다.

안에 들어가 국가와 사회의 역량을 더 키우는 쪽으로 나아가고 있었다는 우리의 해석을 뒷받침한다. 그리고 이런 힘의 균형이 어떻게 이뤄졌는지 이해하려면 단순히 의회가 어떻게 힘을 키웠는지만 볼 것이 아니라 사회구조가 어떻게 바뀌었는지, 사회가 어떻게 법을 집행하고 공공서비스를 제공하는 데 결정적인 역할을 했는지, 그런 변화를 어떻게 시작했는지도 살펴봐야 한다.

중요한 변화 가운데 한 가지를 보려면 우리가 전재한 마그나 카르타의 여러 조항에 나오는 '기사들'과 '농노들'의 표현에 주목해보자. 봉건사회는 비교적 경직적이고 위계질서가 대단히 강했다. 사람들은 싸우거나 기도하거나, 아니면 노동했다. 노동하는 사람들인 예속적인 농민 혹은 농노들은 확실히 봉건사회의 맨 밑바닥에 있었고 대대로 예속상태를 벗어나지 못했다. 당시 그런 사람들을 대하는 태도는 현대에 사용하는 '악한villain'이라는 말 속에 남아 있다. 실제로 농노와 그 자손들은 특정 영주들의 땅에 매여 있으면서 여러 가지 부담금을 바쳤을 뿐만 아니라 다양한 형태의 사회적, 경제적 제약을 받고 있었다. 14세기 잉글랜드에서 그런 제약 중에는 '혼인세merchet'라는 것도 있었는데, 이는 농노가 영주의 허가 없이는 결혼할 수 없다는 의미였다. 허가는 보통 돈을 받고 해줬다. 또 하나는 '제분세millsuit'가 있는데, 농노가 재배한 밀을 영주의 방앗간에서 빻을 때 그 밀에 물리는 세금이다. '특별세tallage'는 영주의 땅을 경작하는 농노에게 주기적으로 물리는 더 임시적인 부담금이었다. 땅이 없는 농노들도 과세에서 예외가 아니었다. 그들은 '인두세chevage'를 두들겨 맞았다. 아마 그중에서도 가장 힘겨운 것은 농노들이 영주의 땅에서 연중 내내 대가 없이 노역을 제공해야 하는 부담이었을 것이다. 농노들의 자유를 질식시키는 봉건제도의 이런 관계는 14세기 후반에 무너져버렸다. 1347년부터 1352년까지 유럽 인구 중 적어도 3분의 1을 쓸어가버린 재앙적인 가래톳 페스트, 즉 흑사병이 퍼진 데 따른 결과였다. 인구가 격감하면서 심각한 노동력 부족과 시골 지역사회의 전반적인 해체 현상이 나타났다. 농노들은 노역을 떠맡으며 온갖 봉건적 규제에 복종하기를 거부하기 시작했다. 그들은 곡식을 영주의 방앗간에서 빻기를 거부했다. 혼인을 허가해달라고 간청하며 애를 쓰지도 않았다. 재판소는 낡은 법령들을 집행하기를 거부했다. 농노들이 이제 헨리 2세가 확립한 법정과 재판의 새로운 체계에 호소할 수 있게 된 것은 규범들을 수정하고 새로 만들어가는 데 국가가 하는 결정적인 역할을 뚜렷이 보여준다. 영주들은 토지에 대해 새로운 형태의 소작과 임대 계약을 제안할 수밖에 없었고, 그에 따라 농노의 신분을 바탕으로 세습된 과거의 토지 이용 조건이 1400년까지 모두 다른 조건으로 대체됐다. 봉건 질서에 따른 규범의 우리는 조금씩 해체됐다.

투덜대는 벌들

철학자이자 풍자 시인으로 네덜란드와 영국에서 살았던 버나드 맨더빌 Bernard Mandeville은 1705년에 발표한 '투덜대는 벌집The Grumbling Hive'이라는 시에서 영국 사회를 벌 떼에 비유했다. 사람들은 '사치스럽고 편하게' 살았고 국가와 사회 간에는 균형이 이뤄졌다.

> 그들은 폭정의 노예가 아니었고,
> 거친 민주주의에 지배되지도 않았네.
> 하지만 왕들은 잘못할 수가 없었다네.
> 권력은 법으로 제한됐으니.

그러나 벌들은 불만스러웠으며, '어떤 벌들도 더 나은 정부를 갖지 못하지만' 어떤 벌들도 '더 불안정하거나 덜 만족하지 않는다'는 것 역시 사실이었다. 그런데 왜 영국 사회는 '투덜대고' 있었을까? 윌트셔의 스왈로필드 마을에서 전해진 유명한 사례를 보자. 1596년 12월 이 마을의 여러 주민이 작은 헌장을 만들려고 한데 모였다. 그것은 26항의 결의로 이뤄졌다. 결의 제15항은 '참석자 모두는 매월 한 번씩 만나기로 약속한다'고 규정해 명확한 규약에 따라 정기적인 회의를 열도록 했다. 첫 결의는 다음과 같다.

> 먼저 우리 회의에서 각자 정숙한 가운데 차례차례 발언하고, 누구도 발언자를 방해하지 않기로 합의한다. 그리고 처음으로 이야기할 때는 모두가 발언함으로써 각자의 판단이 얼마나 깊이가 있는지 생각할 수 있도록 한다는 데 동의한다.

사람들은 각 참석자의 판단이 타당성이 있는 것인지 고려할 수 있도록 그들이 이야기할 때 방해하지 말고 다른 이들을 존중해야 했다. 결의 제11항은 제대로 된 회의록을 종이 책으로 만들어 보관하도록 했다.

결의의 실제 내용은 뭘까? 그것들은 제25항에서 '고의적이고 비열한' 것이라고 표현된 비행들을 통제하기 위한 사실상의 관습법이었다. 여기에는 사소한 절도와 악의적인 험담, 나무 도둑질, 자만, 반대, 거만(결의 제18항), 반항과 치안 방해(결의 제15항), 간통과 사생아 출산(결의 제8항과 제13항), 부주의한 결혼(결의 제20항), 재소자 은닉(결의 제21항), 안식일 신성모독(제22항과 제24항), 주취(결의 제23항)가 포함됐다.

스왈로필드의 주민들은 분명히 자기네 지역을 자치적인 공동체로 생각했다. 기다릴 만큼 기다리면 기소와 처벌을 진행하는 데 중앙정부의 도움을 받을 수 있을 터였다. 그러나 헨리 2세가 국가의 역량을 대대적으로 확장한 후에도 국가의 활동은 대부분 지역사회가 자발적으로 가져가서 실행했다. 예를 들면 '100호'마다 치안관이 한두 명씩 있고 보통 마을마다 하급 경관이 한 명 있었지만, 이들은 무슨 일이든 다 할 수 있어야 했다. 하급 경관은 어떤 소동이라도 통제하고 대부분의 경제적, 사회적, 군사적 규제와 의무를 집행할 책임이 있었다. 그들은 지방세를 걷고, 도로와 다리를 관리하고, 사계四季 법원quarter sessions**28**과 한 해 두 번 열리는 의회에 참석해야 했다. 현존하는 법적 기록을 보면 범죄자를 잡아서 법 집행 관리들에게 데려오는 일 중 얼마나 많은 부분이 개인들과 지역사회 몫으로 남아 있었는지 알 수 있다.

17세기 초 서식스주의 펜허스트 지역에 살던 조지 웬햄George Wenham의 사건을 보자. 그가 어느 날 아침 일어나보니 집 옆의 우리에서 돼지 한 마리가 사라졌다. 그는 근처를 찾아다니다 집에서 반 마일 떨어진 곳에 얼마 전까지 도살장으로 쓰였던 장소를 발견했다. 바닥에는 피가 흘렀고 울타리 너머로 던져버린 내장과 말발굽 자국도 보였다. 웬햄은 말발굽 자국과 핏방울을 따라갔지만, 날이 저물어 추적을 멈춰야 했다. 그 흔적들은 존 마윅John Marwick네 집이 있는 쪽으로 이어졌다. 그 시점에 웬햄은 그 지역의 하급 경관을 찾아가 마윅의 집을 수색해달라고 부탁했다. 나중에 법 집행 관리들이 개입했지만, 범죄자를 찾아내려고 뛰어다니고 심지어 붙잡는 일까지 해야 하는 이는 보통 피해자들이었다. 사람들이 법을 집행하지 않기로 하면 사법의 바퀴는 멈춰버릴 터였다.

스왈로필드 이야기로 돌아가보자. 그 결의에 동의한 사람들은 누구였는가? 그들은 밀접하게 연결된 친족들이 아니었다(잉글랜드에서는 친족집단이 이미 오래전에 그런 역할을 그만뒀다). 그들은 스왈로필드 지역의 엘리트

---

28 계절별로 한 해 네 차례 열어 작은 사건들을 다루던 법정

나 성직자도 아니었다. 그 인근에는 두 명의 대지주 새뮤얼 블랙하우스Samuel Blackhouse와 존 핍스John Phipps가 있었는데 둘 다 참석하지 않았다. 그 지역 사제도 마찬가지였다. 스왈로필드의 규약을 기초한 이들은 그들보다는 영국 역사가들이 '평범한 부류의 개인'이라고 부른 사람들로, 클래런던 조례Assize of Clarendon**29**에서 '각 마을에서 법을 더 잘 지키는 사람들'이라고 한 이들과 같았다. 그들 중 누구도 1594년 의회가 제정한 법령에 따른 세금 신고에서 스왈로필드 지역 납세자 열한 명에 낄 만큼 소득이 높지 않았다. 이들은 16세기 말까지도 지방정부를 운영한 사람들이었다. 그들은 배심원과 교구 위원, 빈민 관리위원으로서 그리고 지역 치안관의 새로운 지위에서 지방행정 업무를 하는 사람들이었다.

이 부산한 시민 참여는 학자이자 외교관으로, 잉글랜드 의회의 의원이었던 토머스 스미스Thomas Smith 경 같은 동시대 사람들의 눈길을 끌었다. 스왈로필드 규약이 제정되기 조금 전인 1583년 스미스는 엘리자베스 시대 잉글랜드 정치에 관한 가장 유명한 분석 중 하나인 《잉글랜드인들의 공화국: 잉글랜드 왕국의 정부 혹은 정책의 방식De Republica Anglorum: The Maner of Governement or Policie of the Realme of England》을 출간했다. 그는 '잉글랜드에서 우리는 통상 사람들을 신사gentlemen, 시민citizens 혹은 공민burgesses, 기능직 자유민yeoman artificers, 노동자laborers 네 부류로 나눈다'고 밝혔다. 네 번째 부류의 사람은 '날품팔이와 가난한 농부 들뿐만 아니라 자유 농지가 없는 상인 혹은 소매업자, 등본보유농copyholder**30**, 모든 기능공, 벽돌공, 석수 등이다. …

---

29 헨리 2세가 1166년 클래런던의 귀족회의에서 정한 법령으로 형사재판 절차를 증거와 조사, 심문 중심으로 바꿨으며 배심 재판으로 가는 길을 닦았다.

30 토지를 마음대로 사용하고 처분할 수 있는 자유보유농freeholder과 달리 토지에 대한 권리를 표시한 등본copy을 가졌을 때만 사용할 수 있는 농민

마을에서 그들은 보통 국가 기능과 더 밀접한 자리인 교구위원, 주류와 빵 검사원 그리고 흔히 하급 경관으로 일했다.' 심지어 노동자도 지방정부 운영에 폭넓은 역할을 했고 자유민도 '판결의 집행과 채무 불이행의 조정, 공직 선거, … 그리고 법령 제정에서 해야 할 몫'을 갖고 있었다. 민중의 법 집행에 관해 스미스는 "잉글랜드 남자들은 모두 도둑을 잡는 형사"라고 말했다.

이와 같은 사례들은 레드 퀸 효과가 시사하는 것처럼 잉글랜드의 국가 운영에 맨 밑바닥 계층이 대거 참여했음을 보여준다. 참여와 대표는 의회뿐만 아니라 모든 수준에서 여러 경로로 이뤄졌다. 1700년 잉글랜드에는 항상 성인 남성의 약 5퍼센트를 대표하는 5만 명의 교구 관리들이 있었을 것이라는 추정도 있다. 여러 사람이 자주 돌아가며 그 직책들을 맡기 때문에 그 자리를 거친 이들은 틀림없이 훨씬 더 많았을 것이다. 1800년에는 그 숫자가 10만 명에 이르렀을 가능성이 크다.

국가 운영에 대한 민중의 참여는 중대한 결과를 낳았다. 중앙정부와 국가 엘리트들로서는 지역 사람들이 원하는 바와 어긋나는 정책을 실행하기가 매우 어려워졌다. 실제로 초기의 근대 국가는 정의를 실현하고 사회 복리를 증진하겠다고 주장하며 정당성을 확보했는데, 그중 어느 것이라도 이루려면 보통 사람들의 협력에 의존해야 했다. 그러므로 기존의 규범을 완전히 무시할 수 없었다. 우리는 여기서 아테네에서와 똑같이 회랑 안의 법과 규범 간 다면적인 관계를 보고 있다. 한편으로는 각종 규범이 사회를 결집하면서 국가가 할 수 있는 일과 확장할 수 있는 범위를 제한했다. 다른 한편으로는 중앙에 권력을 집중시킨 국가와 새로운 법들이 규범의 우리 중 어떤 측면들을 점차 무너뜨렸다. 특히 법원 및 법률 전문가들의 영향력과 존재감이 커지면서 봉건질서와 그에 따른 사회적 위계질서가 약해졌고, 분쟁 해결에서 봉건제도가 하던 역할도 줄어들었다.

마지막으로, 지역사회는 단지 국가 정책의 실행 여부를 결정하는 데 그치지 않고 실행을 주도했다. 영국에서는 20세기 초 이전에도 결핍과 빈곤으로 고통받는 이들에 대한 사회안전망으로서 대단치는 않은 것이지만 여러 빈민구제법Poor Laws이 만들어졌다. 구빈법은 1597년에 처음으로 제정됐다. 하지만 그 전에도 1549년에 노리치, 1550년에 요크, 1556~1557년에 케임브리지와 콜체스터, 입스위치 지역에 그와 비슷한 여러 빈민구제 계획들이 있었다. 구빈법들은 엘리자베스 여왕이나 그 자문관들의 뜻을 받든 정책이 아니었다. 각 지역의 계획들을 국가가 채택하고 전국적으로 확대한 법이었다. 지역이 선도하고 중앙정부가 그에 따라간 다른 사례도 많이 있다. 이를테면 1555년에 제정된 법은 교구가 지방 도로 정비 작업을 조정하기 위한 감독관들을 임명하도록 규정했지만, 이미 1551년 체스터에 그런 감독관들이 있었다는 기록이 남아 있다.

그렇다면 당시 사람들은 왜 불평했을까? 사람들이 회랑 안에서 더 많은 것을 바라고, 더 많은 것을 기대하고, 국가가 더 많은 것을 해주기를 요구했기 때문이다. 동시에 그들은 국가와 경쟁하면서, 권한을 얻으려고 싸우고, 권력을 놓고 다투고 있었다.

만개한 의회

우리가 이 장에서 하는 이야기는 잉글랜드에만 국한되지 않는다. 유럽 대륙도 마찬가지다. 잉글랜드의 경우는 정치적으로 몇 가지 사소한 면에서 특이한데, 예를 들어 앵글로색슨족의 의회와 그 후에 출현하는 의회 사이의 연속성, 의회의 대표성을 조직하면서 구역을 나누는 방식, 의회가 새 왕들의 승계를 정당화하는 데 결정적인 역할을 한 것을 포함해 의회를 더욱 강화한 다양한 사건들 면에서 그렇다. 그러나 유럽의 다른 지역들도 그다지 큰 차이를 보이지는 않았고, 역시 게르만족의 의회 정치와 로마의 국가기관 간 융합을 경험했다(제9장에서 살펴보겠지만, 유럽을 더 가까이 들여다보면 역시 우리 이론이 설명해줄 수 있는 흥미로운 다양성을 많이 발견할 수 있을 테지만 말이다).

이 점을 이해하려면 마그나 카르타 이야기로 돌아가보는 것도 좋겠다. 마그나 카르타는 얼마나 독특한가? 답은 전혀 독특하지 않다는 것이다. 1356년에는, 나중에 네덜란드와 벨기에로 분할되는 브라반트Brabant공국**31**에서는 의회가 새 공작에게서 '환희의 입성Joyous Entry'이라는 헌장을 받아냈는데, 공작은 그 헌장에 따르고 실행하겠다는 서약을 해야 했다. 공작은 전쟁, 과세, 화폐 주조와 평가절하에 관해 의회의 동의를 받아야 한다는 데 합의했다. 마그나 카르타가 제정된 것과 거의 같은 시기에 유럽 전역에 걸쳐 '환희의 입성'과 비슷한 문서를 찾아볼 수 있다. 1205년 아라곤의 왕 페드로 1세Peter I가 카탈루냐에 준 헌장, 1222년 헝가리의 언드라시 2세Andrew II가 준 황금헌장(Golden Bull, 금인칙서), 1220년 독일의 프리드리히 2세Frederick II가 준 헌장이 여기에 포함된다. 이런 헌장들은 모두 같은 문제들에 초점을 맞췄으며, 특히 통치자는 세금을 물리려면 시민들과 협의하고 동의를 받아야 한다는 점을 보장했다.

'대헌장'들뿐만 아니라 의회도 유럽 전역에 걸쳐 생겨났다. 의회의 확산은 스페인에서 시작됐는데, 처음에 1188년 레온 의회Cortes of León가 생겼고 그다음에 각자 따로 의회를 가진 아라곤과 카탈루냐, 발렌시아가 합쳐 만든 아라곤연합왕국Crown of Aragon으로 퍼져나갔다. 팔러먼트와 같은 의회들은 이어서 이베리아의 나바라Navarre왕국과 포르투갈에서도 발전했다. 프랑스에

31 1190년 건국된 중세 봉건국가

서는 비록 전국적인 의회인 삼부회Estates General32의 발전은 느렸지만, 각 지역의 신분제 의회들은 만개했다. 더 동쪽의 스위스에서는 지방의 각 칸톤이 자체 의회를 두고 있다가 1291년 스위스연방으로 합쳐졌다. 북쪽으로 가면 신성로마제국을 구성하는 독일의 공국들이 일반적으로 *란트타크Landtag*로 불리는 의회를 뒀다. 서쪽에서는 나중에 벨기에와 네덜란드가 된 플랑드르, 홀란드, 브라반트가 모두 활기찬 의회를 두었다. 북쪽으로 가면 1282년부터 덴마크에, 15세기 중반부터 스웨덴에 의회가 있었다. 이 의회들은 둘 다 네덜란드의 서西프리슬란트West Friesland, 오스트리아 티롤Tyrol의 의회와 같이 농민들에게도 대표권을 주었다. 스코틀랜드는 13세기부터 의회를 뒀고, 폴란드에는 그때 있던 의회 세임Sejm이 오늘날까지 남아 있다.

이탈리아 북부에서도 물론 우리가 앞 장에서 봤던 코무네의 맥락에서 그곳 사정에 맞는 헌장과 의회가 있었다. 이것들 역시 민중의 집회에 뿌리를 두었다. 사실 이탈리아 북부는 로마제국의 국가기관들 그리고 처음에 또 다른 게르만족인 롬바르드족이 들여오고 그 후 카롤링거 왕조가 전파한 의회정치의 전통이 섞일 수 있는 완벽한 무대였다. 이는 실제로 이탈리아 북부를, 민중 집회의 역사가 없고 헌장과 의회를 발전시키지도, 번창하는 자유를 같이 경험하지도 못한 남부와 구분 지었다.

이 대륙의 중세와 근대의 초기를 돌아보면 '환희의 입성'과 의회뿐만 아니라 자신의 문제를 스스로 관리하면서 더욱 중앙집권적인 정치적 기구들을 형성하는 데 영향력을 행사하려고 계속해서 시도하는 활력 있는 공동체 생활을 발견할 수 있다. 충실한 기록이 남아 있는 사례는 독일 영토인 헤센의 경우인데, 이곳에서는 통치자가 다이어트diet로 불리는 의회를 소집했다. 이

---

32 사제·귀족·제3신분이 참여해 프랑스 혁명 때까지 이어진 신분제 의회

의회는 귀족과 엘리트뿐만 아니라 여러 소읍에서 온 대의원들로 구성됐고 과세 요구를 승인하는 공론장으로 부상했다. 잉글랜드의 의회와 달리 헤센의 의회는 법률을 입안할 권한을 갖지 않았지만, 통치자에게 불만*gravamina*33을 제기하는 절차를 통해 상당한 영향력을 행사할 수 있었다. 이런 절차는 통치자에게 '청원'하는, 유럽에서 공통적으로 볼 수 있는 더 일반적인 접근 방식으로 이어지며, 특히 영국에서 널리 행해졌다. 헤센에서는 16세기 말까지 국가가 한 해 1,000건의 청원을 받았고, 18세기 말까지는 연간 청원 건수가 4,000건으로 늘었다. 의회의 이런 불만 제기와 발의는 헤센의 입법과 정책에 큰 영향을 미쳤다. 군주의 여러 칙령에 나오는 서문은 지역에서 나오는 발의의 역할을 인정하고 의회에서 정책의 추동력이 생겼다는 사실을 기록했다. 예를 들면 1731년에는 적어도 15건의 의회 발의가 정부 정책의 자극제가 됐다는 언급이 있었다. 1764년부터 1767년까지 실제 표현 그대로 이런 '아래로부터의 발의'가 여러 정책 중에서도 10분의 1세稅와 주류 양조, 과세, 도시의 사법권, 화재보험에 영향을 미쳤다. 의회 발의에는 또 헤센의 영토 전역에 공통적인 법률이 적용되도록 해달라고 요청하고 1731년과 1754년, 1764년에 학교 교육을 개선해달라고 제안하고, 1731년과 1764년에 제조업자들을 장려하는 조치들을 요청한 것도 있었다. 의회는 또 모든 현행 법령과 법정 판결 내용 그리고 의회가 동의한 결의를 발간하는 것을 포함해 더 '열린 정부'로 가는 조치들을 요청했다.

의회에서 제기한 불만은 도시 거주민과 엘리트층의 염려를 해소해달라는 데 그치지 않았다. 주로 소작농에게 부과되는 가장 무거운 세금 형태인 군세軍稅, Kontribution에 관한 불만, 사슴과 그 밖의 야생동물 때문에 입은 피해에

33 불평과 불만을 뜻하는 라틴어 그라와멘gravamen의 복수형

대한 불만도 볼 수 있다. 전통적인 상속 관행에 간섭하는 토지 관련 법에 관해서도 끊임없이 불만이 제기됐다. 마침내 통치자가 그에 대해 동의하고 법을 철회했다. 헤센 사람들의 경험은 예외적인 사례가 아니다. 하下 오스트리아[34]와 독일 호헨로허, 뷔르템베르크에서도 비슷한 것을 볼 수 있다.

중세 유럽에서 대헌장과 의회, 민중의 정치 참여가 무리 지어 나타난 놀라운 현상의 근원은 사회의 대담성을 키워주는 동시에 국가의 역량을 강화해주는 레드 퀸의 추동력이었다. 실제로 봉랍 사용량은 잉글랜드에서만 늘어난 것이 아니었다. 서유럽 국가 전부가 더 강력한 관료조직을 갖추고 중앙에 권력을 더 집중시켰다.

사회는 단지 대표권을 요구하는 데 그치지 않고, 이탈리아의 자치도시와 같은 형태를 포함해 여러 가지 방식으로 조직화했다. 통치자에 맞서 자신들의 권한을 주장하고 정책에 영향력을 행사하려는 여러 유형의 '동맹'들도 나타났다. 그중 일부는 유명한 한자동맹Hanseatic League처럼 1240년대 이후 발트해 연안에서 뭉친 일단의 도시국가들이었다. 또 하나는 1254년 결성된 라인동맹Rhenish League으로, 모두 신성로마제국 테두리 안에 있는 소읍과 교회, 심지어 제후국들을 포함해 100곳 넘는 구성원들로 이뤄졌다. 스페인에서는 카스티야와 레온 같은 곳에 다양한 '형제단'들이 있었고, 1282년에는 카스티야의 알폰소 10세Alonso X에 맞서는 형제단 총연합Hermandad General이 결성됐다.

그러나 회랑 안의 삶은 평온한 적이 없었고, 국가의 요구와 사회의 반발 간에 평화로운 균형을 이루기는 쉽지 않았다. 그 결과 14세기에는 국가의 권력 확장이 불러온 민중 봉기가 물결처럼 일어났다. 민중은 과세에 반대해 폭

34 니더외스터라이히주

동을 일으켰고, 정부가 자신들을 함부로 대한다고 여길 때 그에 반발해 반란에 가담했다. 플랑드르 사람들은 1323~1328년 '운송세'의 재도입에 반대하며 들고 일어났다. 1358년 프랑스 북부의 농민폭동Jacquerie은 1340년대와 1350년대에 늘어난 세금에 대한 반발이기도 했다. 1360년대와 1380년대에 랑그독을 비롯한 프랑스 남부를 뒤흔들었던 투친 봉기Tuchinat도 그랬다. 1381년 잉글랜드 농민봉기는 봉건제의 제약들을 유지하려는 영주들의 시도에 더해 1377년부터 새롭게 시작된 인두세 부과에 대한 반발이었다. 흥미롭게도 이 봉기들은 민중이 영향력을 미치려는 파리나 런던 같은 정치적 중심부를 겨냥했다. 이는 민중이 비록 정치적 공동체가 작동하는 방식은 좋아하지 않더라도 자신들은 그 공동체의 일부라고 느꼈고, 그래서 정치에 영향을 미치고 일이 돌아가는 방식을 개선하려고 봉기했기 때문이다.

팅그에서 알팅그까지: 회랑 밖의 유럽

그렇다면 우리는 유럽 전역에서 족쇄 찬 리바이어던이 나타났다고 볼 수 있을까? 유럽 전역에 국가와 사회의 필수적인 균형이 이뤄진 것은 아니라는 단순한 이유에서 그렇지 않다고 볼 수 있다. 아이슬란드와 같은 일부 지역은 로마식 제도의 영향력 밖에 있다 보니 부재하는 리바이어던 아래 남아있을 가능성이 훨씬 더 컸다.

아이슬란드에는 9세기 중 어느 시점에 노르웨이에서 항해해 온 바이킹족이 정착했으며 그 전에는 사람이 살지 않았다. 이 초기의 역사에 관해 우리가 아는 것은 13세기와 14세기에 기록될 때까지 대대로 전해진 유명한 전설과 구술된 이야기에서 나왔다. 고고학과 언어학적 연구에 따르면 마지막 빙하기가 끝난 다음 기원전 3000년 이후에 스칸디나비아와 독일 북부에는 인도-유럽어를 쓰는 이주자들의 물결이 밀려온 것으로 보인다. 그들에게서 인도-유럽어의 한 분파로서 독일어와 (핀란드어를 제외하고) 모든 스칸디나비아 언어를 포함하는 게르만어가 부상했다. 타키투스가 묘사한 정치제도의 유형들은 게르만족뿐만 아니라 스칸디나비아 민족들에게도 나타나는 특성으로 보인다. 스웨덴 남부 지역이 예탈란드Götaland로 불린다는 사실은 이 지역의 정착민들과 게르만족의 또 다른 주요 분파인 고트Goths족 간의 밀접한 문화적 연결을 암시한다. 스칸디나비아인들이 보통 바이킹이나 북구인Norsemen의 모습으로 기록 역사에 더 많이 등장하는 시기에 그들의 정치 조직은 율리우스 카이사르와 타키투스가 묘사한 초기 게르만족의 정치 조직과 비슷했다. 그들은 자유민 남성이 모두 참여하는 *팅그thing*라는 의회를 열었고, 국가로 통합되지 않았으며, 족장들은 매우 제한적인 권력을 가졌다

아이슬란드의 첫 정착민들도 비슷한 제도를 두고 있었다. 우선 아이슬란드는 대략 50명이나 60명의 족장이 이끄는 집단으로 나뉘어 있었고, 서기 900년까지 팅그가 정기적으로 열렸다. 930년 아이슬란드 전역에서 모이는 의회인 알팅그Althing가 지금의 레이캬비크 동쪽에 인접한 국립공원 싱벨리르에서 설립됐다. 족장들은 알팅그의 설립에 합의했지만, 국가의 창설에는 동의하지 않았다. 그들에게는 중앙에 집중된 권위가 없었고 단지 해마다 법률의 3분의 1을 읊어야 하는 '법 낭송자'(그의 임기는 3년이었다)의 직책만 두었지만, 이것도 법이 문자로 기록된 1117년 이후에는 덜 중요해졌다. 당시 알팅그는 법적 기능만 맡았다. 그다음에 이어진 아이슬란드자유국Icelandic Free State의 시대에도 중앙집권적인 기구가 없었고 독립적인 족장들이 서로 싸우고 뭉쳤으며, 마지막에는 각자의 '영역'을 맡는 일단의 영지 체제를 만들어냈다. 팅그는 잉글랜드나 서유럽처럼 시간이 지나면서 진화하고 강력해지기보다는 점점 지도자를 뽑는 권한이 약해지고 상실됐다. 아이슬란드

는 어떤 리바이어던도 없이 끊임없는 불화로 악명이 높았다.

아이슬란드는 게르만의 족쇄를 가졌지만, 로마의 관료제와 중앙집권적인 기관들을 갖지 못했다. 이 나라의 초기 역사는 회랑 안으로 들어가는 쉬운 길은 없다는 점을 보여준다. 확실히 무국가 사회의 토의를 통해 자연스럽게 회랑 진입이라는 결과가 나오는 것은 아니며, 그런 결과는 게르만족의 문화와 관습에서 직접적으로 얻을 수 있는 것도 아니다. 팅그가 있고 없고는 상관없다. 가위의 한쪽 날만으로는 충분치 않다.

중세의 달러와 비잔틴의 리바이어던

서로마제국은 분명히 5세기에 무너졌지만, 동로마 혹은 비잔틴제국은 10세기나 더 살아남았고 때때로 번창했다. 비잔티움은 5세기까지 이미 로마의 거의 모든 제도를 구현했으므로, 유럽의 가위 중 한쪽 날은 이 강력한 제국이 충실히 표현한 셈이다. 로마제국 후기의 관료제에 대한 우리의 이야기는 사실 요안네스 리두스가 정리한 것으로, 비잔티움에서 나왔다. 당시 국가의 힘을 보여주는 한 가지 지표는 안정적이고 널리 유통되는 화폐제도를 유지하는 능력이었다. 유스티니아누스 황제 시대의 코스마스 인디코플레우스테스Cosmas Indicopleustes가 표현한 대로 비잔틴의 금화 노미스마nomisma는 "이 세상 끝에서 끝까지 어디서나 받아주는" 화폐로, "어떤 왕국도 그것에 견줄 만한 통화를 갖지 못했기 때문에 모든 사람과 모든 왕국이 그것을 보고 경탄했다." 경제사학자인 로버트 로페즈Robert Lopez는 그 화폐에 '중세의 달러'라는 이름을 붙여줬다.

비잔티움은 서로마제국이 무너진 후 더 많은 도전에 직면했는데, 특히 541~542년 유스티니아누스 역병Justinian plague이 인구를 휩쓸어버린 것과 7

세기 아랍의 정복기에 영토의 절반을 잃은 것이 큰 타격이었다. 그러나 비잔틴 국가는 통일성을 유지했으며, 유스티니아누스는 심지어 역병에도 불구하고 조세체계를 지켜냈다. 역사가 프로코피우스Procopius는 이렇게 밝혔다.

> 역병이 우리가 알고 있는 온 세상을, 특히 로마제국을 휩쓸고 농사짓는 마을 대부분을 덮쳐서 당연히 그 자리에 폐허만 남았을 때도 유스티아누스는 황폐해진 자작농에게 자비를 베풀지 않았다. 그럴 때도 그는 해마다 걷는 세금에 대한 요구를 자제하지 않았으며, 그가 개개인에게 부과한 세액뿐만 아니라 그들의 죽은 이웃이 물어야 할 세금까지 요구했다.

비잔틴 사람들은 이 조세체계를 로마에서 물려받았고, 그 제도를 메로빙거 왕조나 카롤링거 왕조보다 더 충실히 집행했다. 클로비스는 토지세를 부과할 수 없었지만, 비잔틴의 황제들은 그럴 수 있었다. 그들은 시골 지역의 땅값을 매기는 토지대장까지 갖고 30년마다 갱신했다. 세율은 해마다 토지 평가액의 약 24분의 1을 내는 것으로 정했다. 다른 세금도 많아서 가축은 물론 심지어 꿀벌에 대해서도 세금을 물렸고, 550년대에는 가구세household tax가 도입됐다. 또 도로와 다리, 요새 건설에 동원되는 다양한 형태의 부역도 있었다.

국가는 부와 생산 활동에 세금을 물릴 뿐만 아니라 스스로 생산자가 됐다. 8세기에 국가는 제국 내 최대 지주였고 그 생산물을 내다 팔았다. 국가는 광산과 채석장, 직조와 염색 작업장, 병기 공장을 소유했다. 국가는 또한 경제를 규제했다. 8세기에는 누구도 수출할 수 없는 '금수 품목' 목록이 있었다. 여기에는 곡물과 소금, 포도주, 올리브유, 생선 소스, 귀금속, 철과 무기, 고급 비단 같은 전략 상품들이 포함됐다. 국가는 공짜 음식을 제공했고, 콘스탄티노플에서는 심지어 이윤도 통제하려고 했다.

이 모든 것들이 비잔틴제국이 서쪽의 메로빙거나 카롤링거 왕조보다 더 대단한 역량을 가졌음을 말해준다. 그러나 비잔티움에는 게르만족의 참여 정치라는, 가위의 다른 쪽 날이 완전히 빠져 있었다. 그곳에는 민중 집회와 제도화된 대표성이 없었고, 그에 따른 대헌장과 의회도 없었다.

그래서 비잔티움은 우리에게 유럽에서 독재적인 리바이어던이 진화한 완벽한 사례를 보여준다. 실제로 국가 권력이 중앙에 집중된 탓에 알렉시우스 콤네노스Alexios Komnenos가 1081년 이 국가를 접수해 비잔티움에 왕조적 지배체제를 구축할 수 있었다. 콤네노스는 국가를 자신의 가족 것으로 사유화해서, 심지어 훈작체계까지 일반적으로 적용되는 것이 아니라 가족들에게 맞게 재편했다. 그는 적들에게 겁을 주고 교회의 위계질서를 통제하기 위해 국가를 이용했다. 사실 비잔틴제국의 국가 역량은 이미 쇠퇴하고 있었고, 그 시점에는 노미스마의 순금 함유량이 30퍼센트에 불과했다. 그러는 동안 콤네노스는 끝내 국가를 무너뜨릴 재앙의 씨를 뿌리고 있었다. 1082년 그는 베네치아에 처음으로 상업적 특권을 넘겨줬고 1095년에는 아나톨리아[35]에서 셀주크 튀르크족에게 빼앗겼던 영토를 되찾으려고 제1차 십자군을 이용하려 했다. 1204년 제4차 십자군이 비잔티움을 약탈했고 그 사건 후 제국은 다시는 회복하지 못했다.

회랑 안에서 나아가기

우리가 스왈로필드를 예로 들어 설명한, 튜더 왕조 말기 잉글랜드의 국가

35 지금의 터키

와 사회 간 관계는 그대로 정지해 있지 않았다. 사실 레드 퀸 효과는 스왈로필드가 단지 있던 자리에 그대로 머물러 있으려 해도 더 많은 조직적 역량을 개발하고 국가의 무서운 면모를 멀리하면서 계속해서 달려야 한다는 것을 의미했다. 17세기에 스튜어트 왕조가 '왕들의 신성한 권리'를 주장하려 했을 때 사회는 가만히 앉아서 그것을 받아들이지 않았다. 왕조와 사회의 갈등이 커지면서 잉글랜드 내전English Civil War에 이르렀고, 이는 찰스 1세Charles I의 처형과 1688년 명예혁명Glorious Revolution에 따른 제임스 2세James II의 축출로 이어졌다.

17세기는 확실히 자유를 연상하기는 어려운 시기였다. 우리가 살펴본 것처럼 홉스는 잉글랜드 내전이 불러온 혼란과 살육 때문에 어쩔 수 없이 전능한 리바이어던에 의지했다. 그러나 이 세기에 회랑 안에서 나아가는 잉글랜드 사회의 여정은 결국 자유의 전제조건을 확보하는 지점에 이르렀고, 레드 퀸 효과가 다시 나타나는 중이었다. 명예혁명은 정치제도에 여러 가지 변화를 가져왔는데, 가장 중요한 것은 이제 왕 대신 의회가 도전받지 않은 집행 권한을 갖고 주권을 행사하게 됐다는 점이었다. 물론 그것으로 다 끝나지는 않았다. 의회는 대부분 사회에 대한 독자적인 통제력을 행사하고 싶어 하는 엘리트들로 구성됐기 때문이다. 1688년 이후 그들은 잉글랜드의 국가 역량을 급속히 확대했으므로 사회에 대한 통제력을 행사할 새로운 수단들을 갖게 됐다. 그중에서 가장 특기할 만한 것은 소비세체계 덕분에 과세당국이 잉글랜드 사회의 구석구석까지 파고들 수 있게 됐다는 점이다. 소비세 징수관 같은 전문적인 국가 관리들은 전에는 잉글랜드 시골에서 찾아보기 힘들었지만 이제 갑자기 곳곳에 나타나 지방 사람들에게 상당히 위협적인 존재가 됐다. 사회는 제자리를 유지하기 위해 '더 많은 것을 걸어야' 했다. 찰스 틸리Charles Tilly는 그의 책 《영국의 민중 투쟁, 1758~1834Popular Contention in

Great Britain, 1758~1834》에서 사회가 어떻게 그 일을 했는지 소개했다.

틸리는 그가 '민중 투쟁'이라고 부르는 것, 다시 말해 보통 사람들이 정부에 영향력을 행사하려고 집단으로 조직하는 방식의 성격이 어떻게 변화했는지에 관심을 가졌다. 그는 18세기 중반에 민중 투쟁은 "전국적으로 조직된 정당과 계획보다는 지역 사람들이 지역 현안에 관해" 벌이는 것이라고 지적했다. 그러나 "1758년부터 1833년까지 영국에서 각자의 주장을 제기하는 온갖 새로운 방식들이 나타났다. … 대중 정치가 전국적인 규모로 도래했다."

완전히 새로운 형태의 집단행동이 이 시기에 나타났다. 틸리는 그중에서도 '공개집회open meeting'를 강조했는데, 이는 "일종의 시위로 … 집권자들에게 하는 특정 주장에 공개적인 지지를 표명하는 조직화한 방식이 됐다. 흔히 특수한 목적을 가진 단체나 협회, 클럽이 집회를 요청했다. 더욱이 집회는 국가적인 현안들을 계속해서 다루면서 특히 정부와 의회가 결정을 내리기 위해 작업을 진행하고 있는 문제들을 강조했다." 틸리는 이렇게 지적했다.

> 보통 사람들이 집단적인 주장을 하는 방식은 … 커다란 변화를 거쳤다. 그들은 갈수록 대규모로, 조직적인 상호작용을 했으며, [그리고] 보통 사람들과 국가의 대리인 간 직접 접촉하는 방식을 취했다.

이 모든 것을 추동한 요인은 영국에서 명예혁명 후에 국가건설 과정이 강화되기 시작했다는 것이었다. 틸리는 '국가 규모'와 '비중'이 커졌다고 주장했다.

> 그리고 그 과정에서 의회는 정치적인 결정에서 갈수록 더 많은 비중을 차지하

며 정부의 모든 수입과 지출, 인사 문제와 관련해 결정적인 역할을 했다. 이런 변화는 … 규모는 거대하고 범위는 전국적인 집단행동 쪽으로 나아가도록 촉진했다.

특히 사람들이 더는 지방의 현안들에 집중하지 않게 된 것도 중요한데, 이는 "국가가 확장함에 따라 민중 투쟁도 지역에서 전국적인 무대로, 후원자의 보호에 크게 의존하던 방식에서 자율적으로 주장을 제기하는 쪽으로 나아갔기" 때문이다. 1688년 이후 국가의 역량과 존재감이 계속해서 확대됨에 따라 잉글랜드 민중이 걸어야 하는 것도 많아졌다. 틸리는 이렇게 지적했다.

의회와 국가 관리들이 보통 사람들의 운명에 미치는 영향이 갈수록 커지면서 … 그에 따른 위협과 기회가 함께 나타났다. 그 위협과 기회는 다시 이해관계가 있는 당파들이 단체와 단체를 어울리게 하고, 선거에서 세력을 얻고, 중앙정부에 직접 청원을 하면서 새로운 유형의 방어와 공격을 시도하도록 자극했다. 국가 권력과 적들, 동맹세력들과 길고 격렬한 상호작용을 통해 일반 민중은 그들의 이해에 맞게 함께 행동하고 상대방이 자신의 주장과 대응 방식을 바꾸도록 압박하는 새로운 방식을 만들어갔다.

보통 사람들과 집권자들의 투쟁이 누적되면서 영국의 권력 구조에 커다란 변화를 불러왔다. 레드 퀸 효과가 시사하는 그대로 국가의 확장은 사회의 반발을 불러일으켰고, 이는 다시 국가건설 과정으로 되먹임됐다. 새롭게 전개된 이 모든 투쟁에 대응해 국가는 18세기 말 마침내 썩은 부분을 뿌리 뽑기 시작했다.

민중의 투쟁으로 시작된 그 과정은 19세기에 일련의 중요한 제도적 변화와 더불어 속도를 냈다. 1832년의 제1차 개혁법First Reform Act은 투표권을 성인 남성 인구의 8퍼센트에서 16퍼센트로 확대했고, 시골 지역에서 유권자를 대표하지 못하는 '부패 선거구rotten boroughs**36** 에서 훨씬 많은 인구가 몰린 산업도시로 대표성을 재배분했다. 이 과정은 1867년 제2차 개혁법Second Reform Act과 1884년 제3차 개혁법Third Reform Act으로 이어져 유권자는 성인 남성 인구의 약 60퍼센트에 이르렀다. 1918년 21세 이상의 남성들이 모두 투표권을 얻었을 때 회랑 안에서 또 한 차례의 중대한 전진이 이뤄졌다(다음에 논의하겠지만 여성의 참정권 획득은 더 늦게 실현됐다). 이 모든 중요한 개혁들은 사회의 조직화와 요구에 따라 이뤄졌다. 예를 들어 보통선거권과 유권자의 평등, 매년 열리는 의회, 보통 사람들도 의회에서 일할 수 있도록 의원들에게 지급하는 수당은 19세기 중반 차티스트운동Chartist movement의 핵심 요구사항이었다.

이처럼 엘리트에 맞선 사회의 제도화된 힘이 더 커지면서 더불어 국가의 역량도 커졌지만, 이제 국가는 사회의 요구에 상당히 잘 맞춰 나아갔다. 그를 위한 일련의 개혁 중 첫 번째인 1833년 세인트헬레나법Saint Helena Act은 동인도회사East India Company를 국가의 행정조직에 통합한 것이었다. 1854년 노스코트-트레벨리언 보고서Northcote-Trevelyan Report는 세인트헬레나법이 시작한 방식을 채택해 전문직 공무원을 실력 기준으로 뽑으라고 권고했다. 비록 그 보고서는 반대에 부딪혔지만, 주된 권고 사항들은 그 후 20년에 걸쳐 점차 이행돼 결국 경쟁시험으로 공무원을 선발하는 제도가 확립됐다. 동시에 국가는 광범위한 공공서비스를 제공하는 방향으로 나아가, 1891년 사실상 무료가 된 대중 교육 그리고 재원을 모두 재분배형 세제로 조달하는 실

---

36 유권자 감소로 대표성이 떨어지는 선거구

업보험과 연금이 도입됐다. 일련의 개혁 과정은 1942년 베버리지 보고서와 그 실행으로 정점에 이르렀다. 우리는 제15장에서 그에 대해 논의할 것이다.

다음에 부숴야 할 우리

회랑 안으로 들어간다고 해도 폭력과 보복을 일거에 끝낼 수 없는 것과 마찬가지로 규범의 우리도 모두 한꺼번에 무너뜨릴 수 없다. 자유의 진전은 오랫동안 계속되는 하나의 과정이며, 여성들처럼 그동안 체계적인 차별을 겪어왔고 사회적, 경제적 행동에 심한 제약을 받는 집단의 경우에는 특히 그렇다.

1830년대 잉글랜드에서 캐롤라인 셰리던Caroline Sheridan은 그 점을 생생한 현실로 경험했다. 1808년에 태어난 그녀는 1827년 변호사인 조지 노턴George Norton과 결혼했고 그의 성을 썼다. 캐롤라인 노턴은 재능 있는 작가이자 시인이었지만, 남편은 폭력적이었고 그녀를 학대했다. 1836년 그녀는 마침내 남편을 떠나려고 결심했다. 하지만 잉글랜드 법에 따르면 그녀가 주장할 권리는 거의 없었다. 저작권 소득은 남편에게 돌아갔다. 그녀의 재산은 남편의 것이었다. 1632년에 편집해 나온《여성의 권리와 법적 문제Lawes Resolutions of Womens Rights》는 이렇게 노골적으로 선언했다.

> 남편이 가진 것은 그 자신의 소유다. 아내가 가진 것은 그 남편의 소유다.

그녀는 어떤 권리도 가질 수 없었다. 영국의 저명한 법학자 윌리엄 블랙스톤William Blackstone은 1765년 출간한《잉글랜드 법 주해Commentaries on the Laws of England》에서 당시 관습법의 상황을 이렇게 정리했다.

> 혼인을 함으로써 남편과 아내는 법적으로 한 사람이 된다. 즉, 여성의 존재 자체 또는 법적 지위는 혼인 기간 중 정지된다.

모든 것이 남편의 통제 아래 있었고, '아내는 모든 일을 남편의 날개와 덮개의 보호 아래 수행'했다.

1838년 캐롤라인 노턴은 《유아보호법에 따른 어머니와 아동의 별거에 관한 소고The Separation of Mother and Child by the Laws of Custody of Infants Considered》라는 소책자를 냈다. 그녀는 잉글랜드 법상 아버지는 자녀를 낯선 사람에게 넘겨줄 수도 있지만, 어머니는 그에 대해 아무것도 할 수 없다고 지적했다. 그녀의 사례가 극적인 홍보 효과를 낸 덕분에 의회는 1839년 유아와 유아보호에 관한 법Infant and Custody of Infants Act을 통과시켜, 일곱 살 미만 어린이에 대해서는 어머니 쪽에 일부 발언권을 줬다. 캐롤라인 노턴은 거기서 끝내지 않았다. 1854년에는 《잉글랜드의 여성을 위한 법English Laws for Women》을 출간해 현상 유지를 위한 법의 불평등과 위선을 드러냈다. 그녀는 1년 후 《크랜워스 대법관의 결혼 및 이혼법에 관해 여왕께 보내는 서신A Letter to the Queen on Lord Chancellor Cranworth's Marriage and Divorce Bill》을 출간했다. 그녀는 이렇게 지적했다.

> 잉글랜드에서 결혼한 여성은 '법적 존재가 없습니다'. 그녀의 존재는 남편에게 흡수돼버리지요. 수년간 별거 [혹은] 유기를 하더라도 이런 지위는 바뀌지 않습니다. … 설사 그녀가 더는 남편을 만나거나 그의 소식을 듣지 못하더라도 법적으로는 여전히 '남편과 함께 있는 것'으로 의제擬制합니다.
>
> 그녀는 소유물을 전혀 가질 수 없습니다. … 그녀의 재산은 '그의' 재산이지요. …

잉글랜드에서 아내는 심지어 자신의 의복이나 장신구에 대한 법적 권리도 전혀 가질 수 없습니다. 설사 그것들이 친척이나 친구들이 선물한 것이거나 결혼 전에 산 것이라도 남편은 원하면 그것들을 가져가서 팔 수도 있습니다.

잉글랜드의 아내는 유언장을 작성할 수도 없습니다. …

잉글랜드에서 아내는 법적으로 자신이 번 것을 청구할 수도 없습니다. 손을 쓰는 노동으로 번 임금이든, 지적인 작업에 대한 보수든, 그녀가 감자밭을 매든, 아니면 학교를 운영하든 그녀의 봉급은 '남편의 것'이지요. …

잉글랜드의 아내는 남편의 집을 떠날 수도 없습니다. 그는 '부부 동거권의 회복'을 위해 그녀를 제소할 수 있을 뿐만 아니라, 그녀가 몸을 피할 수 있고 법에서 쓰는 표현대로 '그녀를 은닉할' 수 있는 곳이라면 그녀의 어떤 친구나 친척 집에도 들어가서 경찰의 도움을 받든 안 받든 그녀를 강제로 끌고 갈 수 있는 권리를 갖고 있습니다.

1857년 의회는 이혼법Matrimonial Causes Act을 통과시켜 여성들이 이혼 소송을 제기할 수 있는 법적 근거를 마련했다. 1870년에는 기혼 여성 재산법Married Women's Property Act이 제정됐다.

노턴을 비롯한 여러 사람이 1792년 메리 울스턴크래프트Mary Wollstonecraft의 저작 《여성의 권리 옹호A Vindication of the Rights of Woman》(메리 울스턴크래프트 저, 문수현 역, 책세상, 2018)에서 명백히 지적한 잉글랜드 법의 근본적으로 차별적인 성격에 초점을 맞추기 시작했다. 울스턴크래프트의 호소력 있는 저서는 여성들이 '인류의 일부가 아니라 일종의 열등한 존재로 취급된다'고 주장했다. 그녀의 책 대부분은 여성들이 자신의 개성을 옹호하고 그들을 옭아매는 속박을 벗어던질 수 있도록 행동을 촉구하는 내용이었다. 그녀는 계속해서 이렇게 주장했다. '남성의 압제를 설명하고 변명하기 위해, 미덕을 습득하는 데 있어 왜 남녀가 아주 다른 특성을 얻는 것을 목표로 삼아야 하는지 증명하려는 여러 가지 교묘한 주장이 제시돼왔다. … 우리 자신을 오로지 온순하게 길들인 짐승으로 만들어야 한다고 충고하는 그들은 얼마나 지독하게 우리를 모욕하고 있는가.'

울스턴크래프트는 이런 차별이 법률뿐만 아니라 규범과 관습에도 뿌리를 두고 있다는 것을 인식하고 남성들이 여성들에게 휘두르는 지배력과 '겉으로 드러나는 복종, 유치한 예의범절을 철저히 지키라고 요구하는 이 규범들이' 여성의 발전을 가로막는다고 지적했다. 그녀는 이렇게 말하면서 그런 규범들을 단호히 거부했다.

> 상냥함과 유순함, 스패니얼[37] 같은 사랑스러움은 … 시종일관 여성의 기본적인 미덕으로 권하는 것들이다. … 나는 동료로서 남성을 사랑한다. 하지만 그가 가진 왕과 같은 권위는 진짜든 빼앗은 것이든, 그 개인의 이성理性이 내 존경을 받지 못하는 한 내게는 미치지 않는다. 설사 내 존경을 받더라도 나는 남성이 아니라 이성에 복종하는 것이다.

여성의 자유를 요구하는 목소리는 나중에 영국 철학자 존 스튜어트 밀John Stuart Mill이라는 영향력 있는 지지자를 얻었는데, 1869년에 출간된 그의 책 《여성의 종속The Subjection of Women》(존 스튜어트 밀 저, 서병훈 역, 책세상, 2018)은 법적, 경제적, 정치적 측면에서 여성의 완전한 평등을 강력히 촉구했다. 밀은 울스턴크래프트에 동조해 여성의 종속을 노예 상태에 비유하고, "여성의 경우, 그 종속된 계층의 각 개인은 상습적인 뇌물과 협박을 함께 받

---

37 털의 결이 곱고 귀가 처진 애완견

는 상태에 있다. … 모든 여성은 가장 어릴 적부터 그들의 이상적인 특성은 남성의 그것과 정반대라는 믿음 속에서 길러진다. 자신의 의지와 절제에 따라 행동하기보다는 다른 사람의 통제에 복종하고 굴복한다"고 주장했다. 밀이 보기에도 이런 예속의 뿌리에 있는 규범들을 깨야 한다는 것이 명백했다. 그는 특히 이럴 때 그 규범을 깨야 한다고 주장했다.

> 인간은 더는 태어난 곳에서 평생 살면서 그곳에 꼼짝 못 하고 묶여 있을 필요 없이, 자유롭게 자신의 재능과 좋은 기회를 활용해 가장 바람직해 보이는 많은 것들을 이룰 수 있다.

그는 계속해서 이렇게 말했다.

> 우리는 … 백인이 아니라 흑인으로, 혹은 귀족이 아니라 평민으로 태어났다는 이유로 그렇게 해서는 안 되는 것과 마찬가지로 남성이 아니라 여성으로 태어났다는 이유로 그 사람의 지위가 평생 결정돼버리게 해서는 안 된다. 그러므로 여성의 사회적 종속은 현대의 사회제도에서 유례없는 것이며, 사회의 기본 법칙을 위반하는 단 하나의 사례다.

요컨대 여성의 억압은 자유를 심대하게 침해한다.

노턴의 승리와 밀 같은 인물의 지지는 이와 같은 규범들의 근본적인 변화가 나타나리라는 신호였다. 하지만 여성들은 여전히 투표권과 정치적 대표성을 갖지 못하고 있었다. 그리고 여전히 엄청난 경제적 차별을 겪었다. 이런 상황은 1918년 30세 이상 여성들이 투표권을 얻었을 때 바뀌기 시작했고, 1928년에는 마침내 모든 성인 여성들이 선거권을 갖게 됐다. 이런 정치적 과실들은 우리가 머리말에서 본 것처럼 여성 참정권 운동가들의 시위와 강력한 결집이 이뤄진 다음에 맺은 것이었다. 예상대로 규범과 경제의 관계는 더 느린 속도로 바뀌었다. 1970년대에 일터에서 성 평등의 법 원칙을 확립한 평등임금법Equal Pay Act은 중요한 진전이었지만, 영국과 여타 지역에서 여성들이 평등한 경제적 기회와 보상을 얻도록 하는 것은 여전히 진행형이다. 이 책에 실은 〈사진 12〉 중 한 여성이 브래지어를 꺼내 들고 있는 모습은 1960년대 여성 해방을 상징하는 행동이 됐다.

산업혁명의 기원

5세기와 6세기에 족쇄 찬 리바이어던이 나타난 것은 비록 점진적으로, 때로는 잠정적으로 일어난 일이기는 하지만 그것은 하나의 정치적, 사회적 혁명이었다. 18세기 중반 영국에서 시작된 산업혁명Industrial Revolution은 그 경제적인 결과였다. 제5장에서 살펴본 이탈리아의 코무네의 경우와 꼭 같이 산업혁명도 족쇄 찬 리바이어던이 가능케 한 자유와 기회, 유인의 산물이기 때문이다. 산업혁명이 이뤄지기까지 몇십 년 동안 여러 핵심 산업에서 기술과 생산 조직이 바뀌었다. 변화를 선도한 것은 섬유산업으로, 방적부문에서 수력 방적기water frame와 다축 방적기spinning Jenny, 뮬mule 정방기와 같은 일련의 혁신적인 기계의 형태로 돌파구가 나타나면서 생산성이 혁명적으로 높아졌다. 직조부문에서도 플라잉 셔틀flying shuttle과 다양한 형태의 동력직기power loom가 등장하면서 비슷한 혁신이 일어났다. 토머스 뉴커먼Thomas Newcomen의 대기압기관atmospheric engine과 그 후 제임스 와트James Watt의 증기기관steam engine을 시작으로 동물의 힘에 의존하지 않는 새로운 형태의 동력을 활용하게 된 것도 큰 변화였다. 증기기관은 갱도에서 물을 퍼낼 수 있도록 함으로써 광산을 훨씬 더 생산적인 곳으로 만들어줬을 뿐만 아니라 운송과 야금 분야도 바꿔놓았다. 운송산업의 풍경은 19세기의 증기기관차 그리고 17세기 말부터 시작해 주요 도시들을 연결한 운하와 새 도로 덕분에 완전히 바뀌었다. 철광석 제련 때 목탄을 코크스로 대체하고, 용광로에서 선철을 생산하며, 그 후 베세머Bessemer 공법에 따라 강철을 만들면서 더 싸고 질 높은 철강이 나왔다. 그 덕분에 기계장치나 농업을 포함한 다른 산업들도 혁명을 이루게 됐다.

영국 사회가 회랑 안에서 전진함에 따라 산업혁명의 조건들이 갖춰졌다. 중세가 끝난 후 유럽에서 경제활동의 무게중심은 네덜란드와 잉글랜드가 있는 북쪽으로 옮겨 가기 시작했다. 이는 아메리카 대륙의 발견과 그에 따른 새로운 경제적 기회들이 국가와 사회의 경주에 미친 영향과 밀접하게 관련돼 있다. 국가와 사회를 강화하는 방식으로 이런 기회들을 이용할 태세를 잘 갖춘 나라들은 제도적, 경제적으로 앞서 나갔다. 잉글랜드에서는 기존에 있던 힘의 균형이 사회에 유리하게 기울어 16세기 튜더 왕조의 국가는 무역에 대한 접근권을 독점적으로 통제할 수 없었다. 그 결과 아메리카 대륙과의 무역에 광범위한 참여가 이뤄지면서 상업적 이해관계를 지닌 역동적이고 적극적인 새 계층이 자라났다. 이들 새 집단은 경제와 사회생활에 대한 지배력을 확대하려는 스튜어트 왕들의 시도를 곱게 보지 않았고, 곧 왕들과 오랫동안 이어질 분쟁에 돌입했다. 그들이 집중적으로 요구한 것은 왕의 동맹자들이 독점하던 기회에 대한 접근권을 확대하라는 것뿐만이 아니었다. 이 계층은 자신들의 입지를 더 강화하고 엘리트를 약화시킬 광범위한 제도적 변화도 강력히 요구했다.

1688년 명예혁명은 왕권과 새 집단 간 투쟁의 결과였다. 이 혁명으로 전면적인 변화가 일어났고 레드 퀸 효과가 다시 활성화됐을 뿐만 아니라 잉글랜드의 주된 국정 운영기구로서 의회가 부상하고 잉글랜드 사회 대다수를 위한 더 큰 경제적 기회와 유인이 창출됐다. 사회의 결집은 강화되고 그 힘은 입법 과정을 통해 더 확고히 제도화됐으며, 동시에 국가의 역량도 확대됐다. 사법체계의 지형이 바뀐 것도 똑같이 중요했다. 1624년 전매 조례Statute of the Monopolies는 특허제도를 도입했는데, 이는 산업혁명의 특징을 이루는 여러 가지 혁신의 물결을 일으켰다. 그 후 1640년대 잉글랜드 내전 기간 중 국내의 독점은 완전히 무너져 경제적 기회가 더 광범위하게 배분될 수 있었다. 1701년 왕위계승법Act of Settlement이 제정되면서 명예혁명은 마침내 사법부의 독립을 이뤘으며 법 앞의 평등, 법과 계약의 공정한 집행, 재산권 보호를 향해 다시 한 번 큰 걸음을 내디뎠다. 한편 국가는 단순히 경제활동의 걸림돌을 없애고 핵심적인 공공서비스를 제공하는 데 그치지 않았다. 그와 함께 산업을 적극적으로 장려하고 지원했다(그 과정에서 다른 사람들의 자유를 침해하는 데 거리낌이 없었다. 예를 들어 국가는 잉글랜드인들의 노예무역을 지원하고 그로부터 이득을 봤으며, 항해조례Navigation Acts는 외국 선박들이 잉글랜드나 그 식민지에 상품을 실어 오는 것을 불법화해 잉글랜드 상인과 제조업자들이 무역을 독점하도록 도왔다).

이 모든 경제적, 사회적 변화는 엄청나게 많은 실험과 혁신의 활력을 폭발시켰다. 각계각층에서 수천 명이 기술을 개선하고, 두드러진 문제들을 해결하고, 사업을 일으키고, 돈을 벌기 위해 자신의 구상과 방식대로 목표를 추구하기 시작했다. 결정적으로 중요한 것은 이 실험이 중앙에 집중되지 않고 널리 분산돼 이뤄졌을 뿐만 아니라 정치 권력에 제약을 받지 않았다는 점이다. 그러므로 사람들은 각자 더 나은 혁신을 이루고, 다른 이들이 실패한 분야에서 성공하고, 그 과정에서 어쩌면 더 중요할지도 모를 완전히 새로운 문제와 아이디어의 구축을 위해 서로 다른 접근방식을 추구할 수 있었다. 우리는 증기기관처럼 산업혁명의 상징적인 기술을 개발한 몇 가지 분야에서 이런 형태의 실험이 갖는 중요성을 확인할 수 있다. 로버트 보일Robert Boyle과 데니스 파팽Denis Papin, 토머스 세이버리Thomas Savory, 토머스 뉴커먼, 존 스미턴John Smeaton, 제임스 와트 같은 혁신가와 기업가 들은 모두 증기의 힘을 이용하는 문제에 다른 방식으로 접근해 각자 자신의 방식대로 실험했고, 이 누적 과정에서 마침내 훨씬 더 효율적이고 강력한 증기엔진을 만들어냈다.

수도 없이 잘못된 출발을 하면서 여러 가지 다른 접근방식을 쓰는 실험의 성격뿐만 아니라 혁신의 돌파구를 만들어내는 데 그 실험이 하는 역할을 가장 잘 보여주는 사례는 아마도 바다 위의 배가 위치한 경도를 알아내는 방법을 탐구한 일일 것이다. 위도는 별들을 보고 계산할 수 있었지만, 경도는 더 어려웠다. 배들은 바다에서 자주 길을 잃었고, 그에 따른 문제는 1707년 10월 지브롤터에서 돌아오던 영국 함대 다섯 척 가운데 네 척이 경도를 잘못 계산해 실리 제도의 바위에 부딪혀 침몰했을 때 극명하게 드러났다. 이 사고로 선원 2,000명이 익사했다. 영국 정부는 경도위원회Board of Longitude를 설립하고 1714년 이 문제에 대한 해법을 찾도록 장려하려고 일련의 포상을 제시했다.

경도 측정 문제에 대해 알려진 해법 하나는 한 배에 두 개의 시계를 싣는 것이었다. 시계 하나는 이를테면 그리니치 표준시에 맞추고 다른 하나는 매일 바다에서 해를 보고 정오에 다시 맞출 수 있다. 그러면 그리니치의 시간과 배가 있는 곳의 시간을 알게 될 것이다. 두 가지 시간의 차이를 보고 경도를 계산하면 된다. 문제는 시계추가 바다 위에서 절망적일 만큼 엉터리로 움직이거나 금속 부품이 다른 기후 조건을 만나면 늘어나거나 줄어들어서 시간이 정확하지 않다는 데 있었다. 경도를 계산할 방법에 관해 정부에 자문하는 일을 맡은 위대한 물리학자 아이작 뉴턴Isaac Newton은 이 문제는 천문학과 별자리를 통해 풀어야 한다는 생각에 빠져 있었다. 그는 이론상 시계를 활용하는 방법이 효과가 있으리라는 데 동의했지만, 실제로 바다 위에서는 그 해법을 쓸 수 없었다. 뉴턴은 그 이유를 이렇게 설명했다.

> 배의 움직임 때문에, 또한 열기와 냉기의 변화, 습함과 건조함의 차이, 상이한 경도의 상이한 중력 때문에 그런 시계는 아직 만들지 못했다.

어쩌면 앞으로도 그런 시계는 결코 만들 수 없을 터였다.

사람들은 온갖 해법들을 실험했으며, 어떤 시도는 대단히 무모했다. 갈릴레오Galileo는 직접 첼라토네celatone라는 일종의 가면을 발명했는데, 목성을 바라보면서 그 주변의 달들과 겹치는 시간을 가지고 지구의 경도를 계산하려고 고안한 물건이었다. 이 기계를 재현한 〈사진 13〉이 이 책에 실려 있다. 다른 제안은 상처 입은 개와 '감응성 분말powder of sympathy'이라는 신비한 물질을 이용하는 것이었다. 이 가루는 상처 입은 사람이나 동물에 딸린 물건에 뿌리면 멀리서도 치유할 수 있는 능력이 있다고 알려져 있었다. 결정적으로 이 치유에는 고통이 따른다는 단점이 있었다. 상처 난 개를 계속 배에 태워 놓고 런던에서 날마다 정오에 누군가가 그 개에 동여맸던 붕대에 가루를 뿌린다는 아이디어였기 때문이다. 그 개가 짖으면 런던에서는 정오라는 것을 의미한다(이 구상은 뉴턴 자신이 연금술사로서 '허드레 금속'을 금으로 바꾸려고 일생의 많은 시간을 썼다는 사실을 상기하기 전에는 완전히 미친 짓으로 들린다). 다른 구상으로는 탁 트인 바다에 배를 여러 척 정박시켜 놓고 적당한 시간에 거대한 포를 쏴 그 소리를 들을 수 있는 선박들에 시간을 알려주자는 것도 있었다.

그러던 중 잉글랜드 북부 바로우 어폰 험버 출신으로 무학의 목수인 존 해리슨John Harrison이 마침내 돌파구를 생각해냈다. 해리슨은 뉴턴이 개요를 설명한 모든 문제와 씨름해서 이겨냈다. 해리슨은 아예 시계추를 없애버렸다. 그리고 기후에 따라 팽창하거나 수축하는 윤활유를 쓰는 대신 자체적으로 수지를 내는 유창목癒瘡木, lignum vitae이라는 열대의 단단한 목재를 썼다. 금속이 늘어나는 문제를 해결하기 위해서는 길고 가는 황동과 강철을 함께 붙여서 한쪽이 팽창하면 다른 쪽이 상쇄하도록 했다. 해리슨은 그 단계까지 곧바로 간 것이 아니었다. 잇달아 시작품을 만들면서 1761년 'H-4[38]'라는 결실을 보기까지 30년이 걸렸다. 그 과정에서 여러 가지 중요한 혁신을 이뤘는데, 예를 들면 해리슨은 오늘날에도 대부분 기계에 회전마찰을 줄이기 위해 쓰는 볼 베어링을 처음으로 사용했다. 윌리엄 호가스William Hogarth는 '레이크 삶의 경과The Rake's Progress[39]'라는 연작 그림에서 경도 문제 해법을 찾기 위한 집착과 그 과정에서 나온 모든 엉뚱한 구상들을 풍자했다. 연작의 마지막 그림은 경도 계산법을 찾다 미쳐버린 사람들로 가득한, 런던의 악명 높은 정신병원 베들럼을 묘사한다.

이처럼 북적거리는 실험은 모두 더 높은 사회적 이동성이라는 결과를 낳았다. 대단치 않은 배경을 가진 사람들이 노력해서 성공하면 그들은 돈을 벌었을 뿐만 아니라 사회적 인정도 더 많이 받았다. 수력 방적기를 발명하고 1771년 더비셔 크롬퍼드에 세계 최초의 현대식 공장을 세운 리처드 아크라이트Richard Arkwright를 보자. 아크라이트는 재단사인 아버지의 일곱 자녀 중 막내였는데, 집안이 너무 가난해서 리처드는 학교에 다닐 수 없었다. 그러나 그는 결국 기사 작위를 받고 영국 사회에서 가장 높은 지위에 올랐다. 또

---

38 해상시계

39 탕자蕩子 톰 레이크웰Tom Rakewell의 생을 여덟 폭으로 그린 연작

스코틀랜드의 중산층 집안 출신으로 와트 증기기관을 발명한 제임스 와트의 경우를 보자. 1819년 와트가 사망한 후 10년이 채 안 돼 웨스트민스터성당에 그의 조각상이 세워졌다(그곳에는 존 해리슨을 기념하는 명판도 있다). 이 성당에는 잉글랜드의 여러 왕과 왕비 그리고 18세기와 19세기 초 노예무역 폐지 운동에 앞장섰던 윌리엄 윌버포스William Wilberforce 같은 저명인사들의 묘가 있다. 어떤 규범의 우리도 이런 사람들의 실험과 성공할 수 있는 능력을 가로막지 못했다.

산업혁명은 영국에서 시작됐는데, 중세에 이탈리아의 코무네가 혁신과 경제성장을 뒷받침한 것과 같은 이유에서였다. 다시 말해 영국의 산업혁명은 족쇄 찬 리바이어던이 회랑 안에서 만개하면서 사람들에게 더 많은 자유와 경제적 기회를 창출해줬기 때문에 가능했다. 영국에서 레드 퀸 효과로 힘을 얻은 국가는 그 과정에서 더 효과적으로 바뀌고 더 큰 역량을 키웠지만, 족쇄를 벗어던지지는 않았다. 족쇄를 찬 국가의 확대된 역량은 자유의 진전을 방해하기보다는 도와줬다. 이 지점에서 영국은 유럽의 다른 지역보다 앞서갔다. 그러나 이 장에서 우리는 유럽의 여러 사회가 각자 한계를 갖고 부침을 겪으면서도 회랑 안에서 앞으로 나아간 사실을 봤다. 프랑스와 벨기에, 네덜란드, 독일의 리바이어던이 더 많은 족쇄를 차고 더 큰 역량을 얻게 되면서 국민의 자유와 경제적 기회, 유인도 확대되고 이 지역의 산업화도 확산됐다.

왜 유럽에서?

물론 유럽의 역사는 풍성하고 복잡하며 다채로워서 이 장에서 모두 다룰 수는 없다. 대신 그 역사에 관해 그리고 지난 1,500년에 걸쳐 유럽에서 나타난 일련의 제도와 정치·사회적 관행의 유래에 관해 이 책의 개념적인 틀이 어떻게 다른 해석을 제공하는지 보여주는 데 집중했다.

유럽의 유대교와 기독교 문화, 독특한 지리적 위치나 유럽 특유의 가치, 혹은 다른 무엇이든 중세보다 훨씬 오래전의 유럽에서 향후 필연적으로 정치적 발전과 경제적 주도권을 낳을 뭔가 특이한 요인을 발견하는 이론들은 아주 많다. 우리의 설명은 그런 이론들과 분명히 다르다.

유럽의 가위를 이루는 두 날, 즉 로마제국의 국가기관들 그리고 게르만족의 참여적인 규범과 제도들이 뜻밖에 힘의 균형을 만들어낸 것 말고는 초기 유럽 역사에서 족쇄 찬 리바이어던의 부상을 예정하는 것은 전혀 없었다. 국가기관과 참여적인 제도 둘 중 어느 쪽도 그 자체로 족쇄 찬 리바이어던을 낳기에는 부족했다. 비잔티움처럼 첫 번째 날만 있을 때는 전형적인 독재적 리바이어던이 나타난다. 아이슬란드처럼 두 번째 날만 있으면 정치 발전은 거의 이뤄지지 않고 국가건설도 없다. 상황과 시대가 다르고, 결정적인 시점에 다른 우발적 사건들이 벌어지고, 가위의 두 날을 합치려고 시도했던 클로비스와 샤를마뉴보다 능숙하지 못한 다른 정치적 주역들이 있었다면 두 날을 합치더라도 실제 진행된 역사와 같은 방식으로 서로 균형을 이루지 못했을 지도 모른다. 그러나 서로마제국이 무너진 후 혼란스러운 5세기와 6세기가 지나는 동안 가위의 두 날은 불안정하나마 균형을 만들어냈고, 그에 따라 유럽은 좁은 회랑 안에 자리 잡게 됐으며 그 안에서 족쇄 찬 리바이어던이 나타날 수 있었다.

유럽이 회랑 안에 자리 잡았다고 해서 곧바로 자유가 창출된 것은 아니었다. 폭력과 살인, 상해는 1000년 넘게, 때로는 매우 격렬하게 이어졌다. 그러나 회랑 안으로 들어가는 것은 독재를 제한하며 대단히 점진적으로 자유의 전제조건들을 만들어가는 과정의 출발점이다. 회랑 안에 진입한다고 족쇄 찬 리바이어던의 눈부신 부상이 보장되지는 않는다(이 점은 얼마나 커다란 충격이 와야 사회를 회랑 밖으로 밀어낼 수 있는지 논의하는 제9장과 국가와 사회의 경주가 어떻게 통제 불능으로 치닫는지 알아볼 제13장에서 다시 살펴보게 될 것이다). 그러나 전 세계 역사의 관점에서 볼 때 놀라운 점은 수많은 정체 가운데 손으로 꼽을 수 있을 만큼 소수만 확실히 회랑 안에 들어가 계속 그곳에서 진화하면서 레드 퀸 효과를 한껏 누리며 국가와 사회의 역량을 확대할 수 있었다는 것이다.

유럽이 회랑에 진입하고 그에 따라 레드 퀸의 역동성이 폭발한 것은 분명 놀랄 만했다. (설사 그것이 오랫동안 고통스럽고, 이따금 명백히 폭력적인 과정을 거쳤다 하더라도) 다름 아닌 유럽에서 가장 뚜렷하게 오늘날 우리가 인정하는 형태의 자유가 확립됐다. 또 그 자유가, 그리고 족쇄 찬 리바이어던에 따라 형성된 경제적·사회적 환경이 광범위한 경제적 기회와 유인을 만들어내고, 시장이 제 기능을 하도록 뒷받침하고, 실험과 혁신, 기술적 약진이 꽃을 피우면서 산업혁명과 지속적인 번영의 길을 닦을 수 있는 환경을 창출한 곳 역시 유럽이었다.

우리의 이론은 이런 교훈들이 유럽 너머에도 적용될 수 있다는 점을 강조한다. 만약 뭔가 독특하게 유럽에만 있는 것, 뭔가 두드러지게 유럽의 부상 과정에서만 나타나는 것이 있다면, 우리는 오늘날 똑같은 문제로 씨름하고 있는 다른 사회들을 위해 유럽의 경험을 바탕으로 한 교훈을 끌어낼 수 없을 것이다. 그러나 우리 이론은 그렇지 않다. 물론 로마의 중앙집권적 기구들 그리고 게르만족의 규범과 민중 집회는 5세기와 6세기 유럽에서 볼 수 있는 독특한 요소였다. 그러나 여기서 한 나라가 회랑 안으로 들어가려면 강력하고 중앙집권적인 국가기관들 그리고 국가 권력에 맞서 스스로를 지키면서 정치적 엘리트에 족쇄를 채울 수 있는 적극적이고 결집된 사회 간의 균형이 필요하다는 일반 원리는 더 광범위하게 적용할 수 있다. 실제로 우리는 이 책 나머지 부분에서 국가의 역량을 확대하는 동시에 시민의 자유를 옹호하는 기관들이 없는 까닭은 거의 언제나 국가와 사회 간 권력 균형의 부재에서 찾을 수 있다는 점을 살펴볼 것이다. 이 균형은 유럽의 독특한 사건이 아니며, 우리가 제5장에서 이미 봤고 앞으로 다시 보게 되는 것처럼 다른 상황, 다른 지리적 위치와 문화적 환경 아래서도 나타났다.

제7장

천명

배 뒤집기

중국의 역사는 유럽과는 아주 다르다. 자유를 훨씬 더 적게 창출하는 길을 택했다. 하지만 처음부터 그렇게 시작하진 않았다. 그 점을 이해하기 위해 기원전 8세기에 시작된, 중국 역사에서 춘추春秋 시대로 알려진 시기로 가보자. 춘추 시대는 공자孔子를 낳았는데, 그의 철학은 그 후 중국 사회와 국가제도의 주축이 돼왔다. 유교는 민중의 복리를 매우 중요시했고, 덕이 있는 통치자가 그것을 장려해야 한다고 주장했다. 공자는 이렇게 말했다.

> 덕의 힘으로 다스리는 이는 북극성과 같다. 별은 제자리에 가만히 있지만 무수한 작은 별들이 떠받든다.[1]

공자의 가장 유명한 제자인 맹자孟子는 "백성이 가장 귀하다[2]"고 했고,

---

1 爲政以德, 譬如北辰, 居其所而衆星共之. 덕으로 정치를 하는 것은 비유하자면 북극성이 제자리를 지키는데 뭇별들이 떠받들며 그 둘레를 도는 것과 같다. 《논어》 위정爲政 편. 이 장에서는 중국 고전을 영어로 옮긴 것을 다시 우리말로 번역하는 중역의 과정에서 생기는 의미와 뉘앙스 차이를 고려할 수 있도록 원전을 함께 소개한다.

2 民爲貴, 社稷次之, 君爲輕. 백성이 가장 귀하고 사직이 그다음이며 임금이 가장 가볍다. 《맹자》 진심盡心 편.

"하늘은 백성의 눈으로 보고 백성의 귀로 듣는다[3]"고 한 예전 기록을 인용했다. 이는 춘추 시대에 공통적인 견해였다. 공자는 "나라는 백성의 믿음을 잃으면 설 수 없다[4]"고 지적했다.

이런 사상들이 이 시대 정치에 적합했다는 근거는 《좌전左傳》(좌씨左氏의 주해)이라는 고대의 연대기에서 찾아볼 수 있다. 책은 수隨나라에 등용된 계량季良의 말을 인용한다. 그는 제후에게 "백성은 신의 주인입니다. 그러므로 현명한 왕들은 백성의 일을 먼저 이루고 그런 다음에 신을 섬겼습니다[5]"라고 조언했다.

왜 백성들이 '하늘의 주인'이고 '가장 귀한' 존재인가? 필시 이 시기에 사회가 충분히 잘 조직돼 정치에 어느 정도 영향력을 미칠 수 있었기 때문일 것이다. 실제로 이 시대에 중국의 정치 권력은 너무나 분열돼 있어서 심지어 학자들은 당시 경쟁하던 나라들을 '도시국가'로 부르며 그리스의 도시국가들과 비교하기도 한다. 아테네에서 정치는 수도를 중심으로 돌아갔고, 시민들은 정치적 경력과 야망을 쌓거나 무너뜨릴 수 있었다. 《좌전》은 누가 군주가 될 것이냐를 놓고 다투는 것을 포함해 내부적으로 벌어지는 권력 투쟁에 수도의 주민들이 적극적으로 영향력을 미친 사례가 적어도 스물다섯 건에 달했다는 사실을 전한다. 아테네와 다를 바 없이 정鄭나라에서도 백성들이 모여서 여러 정책과 정부의 행태를 논의하고 비판했다. 이 시대의 이름난 재상 자산子產은 이렇게 말했다고 한다.

---

3 太誓曰, 天視自我民視, 天聽自我民聽. 태서 편에서, 하늘은 우리 백성의 눈을 통해 보고 백성의 귀를 통해 듣는다고 했다. 《맹자》 만장萬章 편.

4 民無信 不立. 백성이 믿어주지 않으면 (나라는) 존립할 수 없다. 《논어》 안연顏淵 편

5 夫民 神之主也. 是以聖王先成民 而後致力於神. 백성은 신령의 주인입니다. 성왕들은 먼저 백성을 잘 살게 한 다음에 신령에게 정성을 바쳤습니다. 《춘추좌전》 환공 6년 편.

사람들은 아침과 저녁에 일을 끝내고 함께 만나 권력을 쥔 자의 좋은 점과 나쁜 점을 토론하오. 내가 그들이 좋다고 여기는 것을 실천하고 나쁘다고 여기는 것을 바로잡으면 그들이 나의 스승이오.[6]

그는 계속해서 백성들을 배제하려고 하는 것은 "강물을 막으려는 것과 같다"며 "강물이 둑을 덮치면 더 많은 사람이 다칠 것[7]"이라고 지적했다. 맹자는 그 생각에 동의하면서 이렇게 썼다.

백성들을 얻는 방법이 있다. 그들의 마음을 얻으면 백성들을 얻는 것이다. 그들의 마음을 얻는 방법이 있다. 그들이 바라는 것을 모아주고 무엇이든 그들이 싫어하는 일을 하지 않으면 된다.[8]

그 후 《순자荀子》로 알려진 철학서는 이 시기의 정치를 이렇게 요약했다.

---

6 夫人朝夕退而游焉, 以議執政之善否. 其所善者, 吾則行之. 其所惡者, 吾則改之. 是我師也. 사람들이 아침저녁으로 일을 마치고 모여 놀면서 정권을 잡은 이의 좋고 나쁨을 논할 것이오. 내가 그들이 좋아하는 것을 행하고 싫어하는 것을 고치면 그들이 바로 나의 스승이오. 《춘추좌전》 양공 31년 편.

7 然猶防川, 大決所犯, 傷人必多. 이는 개울물을 막는 것과 같소. 방죽을 크게 트면 필시 많은 사람들이 다칠 것이오. 《춘추좌전》 양공 6년 편.

8 得天下有道, 得其民, 斯得天下矣. 得其民有道, 得其心, 斯得民矣. 得其心有道, 所欲與之聚之, 所惡勿施, 爾也. 천하를 얻는 데는 길이 있으니 백성의 지지를 얻으면 바로 천하를 얻게 되고, 백성의 지지를 얻는 데는 길이 있으니 백성의 마음을 얻으면 바로 지지를 얻게 되며, 백성의 마음을 얻는 데는 길이 있으니 백성이 바라는 것을 거두어주고 그들이 싫어하는 것을 하지 않으며, 바로 이와 같이 하면 된다. 《맹자》 이루離婁 편.

임금은 배요, 백성은 물이다. 물은 배를 띄울 수 있지만, 가라앉힐 수도 있다.[9]

이 책에 실려 있는 〈사진 14〉는 《순자》에서 이 말이 나오는 쪽의 원문을 보여준다.

하늘 아래 모든 사람

춘추 시대의 지적 논쟁에 이어 정치적인 통합이 진행되면서 7웅雄 국가[10]와 몇몇 소국들이 나타났고 이들은 끊임없는 전쟁에 몰두했다. 〈지도 10〉을 보라. 이 전국 시대에는 법가法家라는 대단히 독재적인 정치철학이 새롭게 부상했다. 법가는 중국 사회를 지배하는 국가의 가장 중요한 기둥이 됐다. 상군商君으로도 불리는 상앙商鞅은 법가의 가장 영향력 있는 사상가이자 실천가였다. 중국이 전국 시대로 본격 진입한 기원전 390년에 태어난 그는 국가의 허약함이 초래하는 혼란을 뼈저리게 느꼈다. 거의 2,000년 후에 비슷한 해법을 들고나온 홉스처럼 상앙도 "백성들에게 가장 큰 혜택은 질서"라고 봤기 때문에 리바이어던의 힘을 쌓는 데서 탈출구를 찾았다. 그 과정에서 사회가 더 약해지는 것이 오히려 낫다고 생각한 상앙은 그 이유를 이렇게 밝혔다.

9 君者, 舟也, 庶人者, 水也. 水則載舟, 水則覆舟. 군주는 배요, 백성은 물이다. 물은 배를 띄우기도 하지만 배를 뒤집기도 한다. 《순자》 왕제王制 편.

10 전국戰國 시대에 패권을 다투던 일곱 강국으로, 제齊, 초楚, 연燕, 한韓, 조趙, 위魏, 진秦나라를 말한다.

백성이 약하면 국가는 강하다. 그러므로 국가는 백성들을 약화시키려고 노력한다.[11]

그는 이런 사상을 생각하고 글로 쓰는 데 머무르지 않고 현실 정치에서 실행하기에 이른다. 상앙은 자신이 태어난 위衛나라를 떠나 효공孝公의 자문관이 되고자 진秦나라로 갔다. 효공의 후원을 받은 그는 일련의 급진적인 개혁을 제안했는데, 법치의 새로운 접근법을 공식화하고[12], 토지 소유권을 재편하며, 국가의 행정체계를 개혁하기 시작하고, 더 전문적인 국가기관들을 설립하는 내용이었다. 중앙집권화 개혁들은 다음 세기까지 진나라가 경제적, 군사적 강국으로 성장할 수 있도록 해주었다. 진나라는 나아가 다른 모든 나라를 정복하고 중국 최초의 제국이자 공인된 왕조를 창건했다.

이는 상앙이 이미 젊은 시절부터 추구하던 목표였다. 상앙의 사상을 기록한 책으로 지금까지 전해지는《상군서商君書》(상앙 저, 신동준 역, 인간사랑, 2013)의 제1장을 보면 이 점을 분명히 알 수 있다. '경법更法'이라는 제목을 단 제1장은 효공과 상앙을 포함한 세 명의 자문역이 토론하는 이야기로 시작한다. 효공은 제도적 혁신은 '천하의 모든 사람'이 비난할 것이라며 걱정한다. 효공은 단지 진나라 백성들만 우려하지 않았다. 이 세상 모두를 뜻하는 '천하 사람들'의 의견을 염려했다. 그 전에 있었던 주周나라의 통치자들은 하늘의 명을 받아 다스린다는 개념을 발전시켰는데, 진의 군주는 그 전의 개념을 제 것으로 갖다 썼기 때문에 그런 식으로 생각한 것이다.

그때부터 중국의 황제들은 자신들도 '하늘의 명'을 받았다고 주장했다. 그렇

11 民弱國彊, 國彊民弱. 故有道之國, 務在弱民. 백성들이 약하면 나라는 강성해지며, 나라가 강성한 것은 백성들이 약하기 때문입니다. 그러므로 통치를 잘 하는 나라는 백성들이 (법을 잘 지키게끔) 약해지도록 힘을 씁니다.《상군서》

12 변법變法을 말한다.

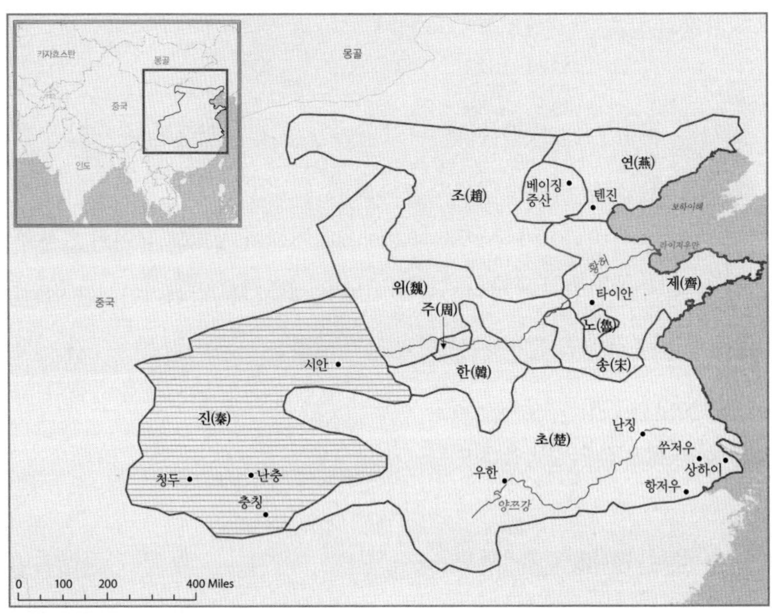

〈지도 10〉 전국 시대의 중국, 기원전 475~221년

다면 하늘이 내린 명을 직접 받은 통치자를 사회가 어떻게 속박할 수 있겠는가?

상앙은 그런 속박이 바람직하다고 생각하지 않았다. 그의 목표는 간단했다. '부유한 나라와 강력한 군대'였다. 강력한 국가만이 질서를 세우고 사회가 정치에 참여한다는 생각을 전혀 하지 못하게 보장할 수 있다. 이런 유형의 질서가 없으면 내분이 생길 테고 내분은 미리 막아야 했다. 순자는 놀랄 만큼 홉스와 같은 표현을 써서 이렇게 주장했다.

> 사람은 욕망을 갖고 태어난다. 사람이 욕망을 가졌으면서도 바라는 것을 얻지 못하면 만족할 수 있는 수단을 구하지 않을 수 없다. 구함에 기준과 한계가 없으면 그들은 서로 싸우지 않을 수 없다. 그들이 서로 싸우면 혼란이 생길 것이고, 혼

란이 생기면 그들은 곤궁해질 것이다.[13]

질서를 추구하고 그것을 이룰 수 있는 제도를 찾는 것은 당연한 일이다. 그렇다면 진나라는 어떻게 질서와 제도를 찾을 것인가? 질서를 확립하기 위한 주된 도구는 법이지만, 상앙은 우리가 제6장에서 살펴본 유럽의 경우처럼 법이 사회의 규범에서 발전하고 통치자를 제약하는 방식이어서는 안 된다고 보았다. 상앙의 시각에서는 법과 국가 권력은 모든 사람을 농부나 전사로 바꾸는 데 쓰여야 했다. 그들은 농사나 전투에 대한 보상을 받겠지만 그 일을 하지 않으면 처벌받을 것이다.

백성들이 농사를 지으면서 싸우도록 유도할 수 있다. … 이는 모두 윗사람들이 그들에게 어떻게 [작위와 녹봉을] 주느냐에 달려 있다.[14] … 일하지 않고 먹기만 하는 자들, 싸우지 않고 명예만 얻는 자들, 지위 없이 존경받는 자들, 보수 없이 부유한 자들, 직위 없이 앞장서는 자들, 이들을 '악한'이라고 부른다.[15]

---

13 人生而有欲, 欲而不得, 則不能無求. 求而無度量分界, 則不能不爭, 爭則亂, 亂則窮. 사람이 태어나면 바라는 것이 있고, 바라는 것이 있는데 얻지 못하면 구하지 않을 수 없다. 구하는 데 헤아림과 한계가 없으면 다투지 않을 수 없으며, 다투면 어지러워지고, 어지러워지면 곤궁해질 것이다.《순자》 예론禮論 편.

14 凡人主之所以勸民者, 官爵也. 國之所以興者, 農戰也. … 民見上利之從壹空出也, 則作壹. 무릇 군주가 백성을 격려하는 수단은 관직과 작위입니다. 나라가 흥하는 길은 농사를 지으며 싸우는 것입니다. … 백성이 군주가 내리는 작위와 녹봉의 상이 농전 한 가지에서만 나오는 것을 보면 그 한 가지에만 힘쓸 것입니다.《상군서》.

15 …不作而食, 不戰而榮, 無爵而尊, 無祿而富, 無官而長, 此之謂姦民. 일하지도 않고 먹으며, 싸우지도 않고 영예를 누리며, 작위도 없이 존경받으며, 녹봉도 없이 부유하며, 관직도 없이 권세를 누린다면 이들을 간사한 백성이라고 합니다.《상군서》.

다시 말해 오로지 국가만이 누가 그리고 무엇이 귀중한지 결정한다. 국가가 인정하지 않으면 그 사람은 악한이다. 백성들은 "금속공이 금속을 다루고 옹기장이가 진흙을 다루듯이" 통제해야 했다. 백성들이 농사에 확실히 집중하도록 하려면 "그들이 자신의 계획에 따라 거주지를 옮기도록 허용하지 말고" 농사가 아닌 다른 어떤 경제활동에 대해서도 벌을 주는 것이 긴요하다. 그 목표를 이루는 한 가지 방법은 농사에 대단히 구미가 당기도록 만들기 위해 시장을 조직(사실은 시장 왜곡이다)하는 것이다. 상앙은 이렇게 제안했다.

> 만약 상인들과 행상들, 기술과 솜씨가 교묘한 사람들[16]이 번창하지 못하게 막을 수 있다면, 설사 국가를 부유하게 만들고 싶어 하지 않아도 국가는 부유해질 수밖에 없다. 그래서 이런 말이 있다. "농민들이 국가를 부유하게 해주기를 원하는 이는 국내의 식료품이 비싸지게 만든다. 그리고 농사를 짓지 않는 자들에게는 여러 세금을 물리고 시장에서 얻은 이익에 대해 무거운 부담금을 매겨야 한다."[17]

농사를 짓지 않는 사람들은 '기술과 솜씨가 교묘한 사람들'이었다. 이런 생각은 중국 경제의 미래에 심대한 영향을 미쳤다. 법가 사상은 국가가 사업을 다루는 방식을 규정했고 상인들과 산업가들, 농민들은 국가를 두려워하

---

16 수공업자를 가리킨다.

17 苟能令商賈技巧之人無繁, 則欲國之無富, 不可得也. 故曰: 欲農富其國者, 境內之食必貴. 而不農之徵必多, 市利之租必重, … 만약 상인과 수공업자가 늘어나지 못하게 할 수 있다면 나라를 부유하지 않게 하려고 해도, 그것은 불가능한 일입니다. 그러므로 농업에 의존해 나라를 부유하게 만들려고 하면 국내의 식량 가격이 반드시 오르고, 농사를 짓지 않는 이들에 부과하는 요역이 반드시 늘어나고, 시장의 이윤에 대한 조세가 반드시 무거워질 것입니다. 《상군서》.

고 협력을 유보하기에 이르렀다.

법가의 모형에서는 질서가 가장 중요했고, 질서는 국가와 법의 무게로 사회를 억압하는 전능한 통치자가 이뤄냈다. 비록 공자의 모형이 법가의 가혹한 접근방식과 맞지 않고, 도덕적 교훈과 '백성의 신뢰'를 얻으라고 권하는 것이기는 해도 독재의 기본적인 신조에 대해서는 두 가지 접근방식이 일치했다. 보통 사람들은 정치에 대한 발언권이 없으며, 국가와 황제의 힘에 맞서는 대항력이 되지는 못할 것이라는 확실한 믿음이다. 통치자로 하여금 백성의 복리를 고려하게 하는 것은 오로지 통치자 자신의 도덕적 행동밖에 없다. 공자는 이렇게 말했다.

> 백성은 정사政事를 논하지 않는다.[18]

정전제의 부침, 그리고 재부상

상앙은 전제적인 국가의 건설을 꾀했고, 그가 해낸 일 덕분에 진나라는 그 후 100년에 걸쳐 전국 시대의 다른 여섯 나라를 제압하면서 혼란의 시대를 끝내고 진 제국을 세울 수 있었다. 그 후 몇 세기 동안 뒤따른 왕조들이 다른 형태를 실험하면서 국가를 조직하는 세부적인 방식은 변화했다. 이는 상앙의 모형이 경쟁자들을 제거하는 데는 효과적이었지만 새롭게 통일된 영토를 다스리는 훌륭한 본보기를 제시하지는 못했기 때문이다.

진의 첫 황제인 진시황秦始皇과 그의 주된 자문역 이사李斯가 생각해낸 국

---

18 天下有道, 則庶人不議. 천하에 도가 있으면 일반 백성들이 (정치 문제를) 논의하지 않는다. 《논어》 계씨季氏 편.

가 조직은 대단히 엄격한 통제를 하는 형태였다. 제국은 36곳, 나중에는 42곳의 군郡으로 나누고 각 군은 군수郡守와 군사령관[19], 감독관[20]이 다스리게 했다. 이 임명직들 아래에서 상앙이 옹호했던 방식 그대로 관리들의 정교한 계급구조가 장악력을 발휘하여 사회를 숨막히게 했다.

진나라 통제의 특성은 역사학자 엔노 길레Enno Giele가 발표한 진의 행정 문서에서 잘 드러난다. 이 문서들은 현縣 아래 단위의 어떤 관리자가 현령縣令에게 지역 내 한 촌락의 장과 우편 책임자를 새로 임명하도록 승인해달라는 서신을 보낸 사실을 보여준다. 요청이 접수되고 나흘 후 그는 부정적인 답장을 받았다. 요청이 거부된 것은 그 촌락이 27가구밖에 안 돼 그런 관리들을 두기에는 너무 작다고 판단됐기 때문이다. 이 문서들은 중앙에서 임명한 관리들의 복잡한 그물망을 보여주며, 관리들이 광범위한 지식(정확히 27가구라고 했다)을 가진 것은 말할 것도 없고 상당히 효율적으로 요청 사항을 처리했음을 시사한다.

진의 국가는 또한 같은 도량형과 통일된 화폐, 달력을 쓰도록 했고 한자를 표준화했다. 수도 함양(咸陽, 셴양)에서 뻗어나가는 정교한 도로체계도 건설했다. 가장 중요하고 오랫동안 살아남은 혁신 가운데 하나는 '정전제井田制[21]'인데, 이는 우물井을 뜻하는 한자에서 따온 이름으로, 전투하는 군인을 지원할 필요에 따라 토지를 아홉 구역으로 나눈 것을 시각적으로 표현한다. 정전제는 조세와 군역의 부담과 함께 토지를 공평하게 분배해야 한다는 점을 강조했다. 이는 맹자의 책에서 처음 등장하는데, 그는 이렇게 주장했다.

---

19 군위郡尉

20 감어사監御史

21 토지를 우물 정井자 모양으로 나눠 여덟 가구에 한 구역씩 경작하게 하고 가운데의 한 구역을 공동으로 경작해 그 수확물을 세로 내게 한다.

> 어진 정부는 먼저 토지를 측량하고 배분해야 한다. 경계를 올바르게 정하지 않으면 정전제에 따른 토지 구획도, 통치자의 보수 몫으로 떼어놓는 곡물의 부과액도 공평하지 않을 것이다.[22]

이 시점에 이르자 상앙의 모형에서 한 가지 결점이 뚜렷해졌다. 그토록 간섭이 많은 체제를 유지하려면 '부국富國'을 만드는 것만으로는 충분하지 않고 사회에 무거운 세금을 물려야 했다. 어쨌든 진시황이 자신의 능에 들어갈 실물 크기의 병마용兵馬俑 8,000개를 만들기 위해 동원하는 자원과 노동을 누군가는 제공해야 했다. 중과세가 낳은 결과 중 하나는 민중의 봉기였는데, 이 반란은 진시황 사후 얼마 지나지 않아 전복되는 사태로 이어졌다. 진 왕조가 고작 15년간 존속하고 단 두 명의 황제만 재위한 후였다. 그에 따른 정치적 불안정의 최종적인 승자는 정복당한 초나라楚의 농민인 유방劉邦이었는데, 그는 고조高祖라고 칭하며 새로 한漢 왕조를 세웠다[23]. 고조는 세금 징수를 중지하고 결국 농민들의 세금 부담을 수확량의 5분의 1로 줄여줬다. 또한 진의 국가가 부과한 강제 노역의 범위도 축소했다.

고조는 더욱 유교적인 방향으로 나아가고자 정책 조정을 단행했다. 그는 법가 사상을 바탕으로 나라를 세운 뒤 유가儒家 사상을 결합했다. 그 후 중국

---

22 夫仁政, 必自經界始. 經界不正, 井地不均, 穀祿不平, 是故暴君汚吏, 必慢其經界. 대개 어진 정치를 하려면 반드시 밭의 경계를 나누는 데서 시작해야 합니다. 경계가 정확하지 않으면 정전의 토지를 고르게 나눌 수 없고 곡식으로 주는 녹봉도 공평할 수 없으므로 폭군과 탐관오리는 필시 밭의 경계를 정확히 구분하는 일을 게을리할 것입니다. 《맹자》 등문공滕文公 편.

23 그의 묘호는 원래 태조太祖였지만 사마천司馬遷의 《사기史記》에서 고조라 칭한 다음부터 그렇게 불렸다.

정부와 법체계는 오늘날에 이르기까지 이들 두 철학의 융합 그리고 상앙과 공자 사이의 어느 지점을 오가는 진동으로 풀이할 수 있다. 진폭의 어느 곳에 있든 역대 정부는 세 가지 기본적인 원리에 동의했다. 첫째는 독재적 리바이어던의 가장 중요하고도 핵심적인 교리로서, 무엇이든 할 수 있는 황제의 군주적 지배 아래 백성들에게 조정에서 할 수 있는 역할이나 발언권을 주지 않아야 한다. 황제는 언제나 법 위에 있었다. 그다음으로는 재능 있는 사람들을 관리로 두고 그들이 국가를 운영하도록 해야 한다는 사상을 들 수 있는데, 이는 황제가 바라는 대로 사회를 지배하는 데 필요했다. 이것 역시 유가 철학에 뿌리를 두었으며, 유가 사상은 '배움에 뛰어난 이는 공무에 헌신해야 한다'며 '덕이 있고 재능이 있는 이들을 고취해줘야 한다'고 주장했다. 마지막 핵심 원리는 황제가 백성의 복리를 염려하고 도덕적 가르침에 따라야 한다는 것이었다. 여기에는 황제는 시민들의 경제적 번영을 촉진해야 하며, 후기 왕조들의 표현을 빌리자면 '백성들 가운데 부를 쌓아야' 한다는 가르침도 포함된다. 이 세 가지 원리는 일종의 사회계약이 돼 국가에 어떤 정당성을 부여했다. 이 조건들을 어기면 백성이 들고일어날 수 있었다.

중국 황제들이 이 세 가지 원리를 충족시키는, 제대로 작동하는 제도적 모형을 생각해내기까지는 어느 정도 시간이 걸렸다. 상앙이나 진나라 황제들이 구상했던 방식으로 사회를 미시적으로 관리하기는 어렵다고 깨달은 것이 전환점이 됐다. 사회를 미시적으로 관리하는 일은 너무나 비용이 많이 들었다. 필요한 재원을 조달하려면 현물이나 금전이든, 노역이든 무거운 세금을 부과해야 했고, 이는 황제가 백성의 복리를 염려해야 한다는 마지막 원리와 맞지 않았다. 백성이 조정에 대해, 세금이 쓰이는 방식에 대해 발언할 수 있는 길이 없을 때 고율의 과세는 불만을 초래하고 결국 반란의 기운이 끓어오르게 했다. 나중에 살펴보겠지만 반란은 그치지 않았고, 후대의 황제들은 설사 공공서비스를 제공하는 국가의 역량이 줄어들고 심지어 안정적인 법 집행조차 어려워지더라도 세금을 줄임으로써 반란과 불만을 누그러뜨리기로 했다.

이 세 가지 통치 원리를 충족할 수 있도록 권력 기구를 조직하는 것은 쉽지 않았으며 그 조직은 완벽하게 작동한 적이 없었다. 실제로 미시적 관리와 강제력을 위주로 한 상앙의 모형과, 사회에서 더 멀리 물러나 훌륭한 통치의 본보기를 만드는 데 힘써서 더 편안하게 느껴지는 공자의 전략 사이에 끊임없는 갈등이 있었다. 한나라는 세금과 노역의 부담을 줄여줬지만, 처음에는 진의 구상을 대부분 유지했다. 진나라는 광산과 삼림, 심지어 주조 시설과 작업장 같은 제조 설비를 포함해 생산적인 자산 대부분을 직접 통제하기를 고집했다. 한나라도 그랬다. 그러나 세수가 줄어든 만큼 사회에 대한 통제도 완화할 수밖에 없었고 진의 모형을 실행하는 데 있어서 점차 뒤로 물러났다.

시간이 지나면서 정전제가 거꾸로 돌아가 시골 지역에서 대지주가 등장했다. 그러나 전능한 통치자의 권력에 대한 어떤 제약도 없는 상태에서 이런 움직임은 언제든 역전될 수 있었다. 그 후 2,000년에 걸쳐 중국은 주기적으로 상앙의 모형을 재도입하려는 다양한 시도에 맞닥뜨렸는데, 가장 최근의 사례는 1949년 이후 권력을 잡은 공산주의자들이 집단농장의 형태로 자신들의 방식으로 정전제를 실행한 것이었다. 현대에 공자 모형이 구현된 것은 1978년 이후 덩샤오핑 체제 아래서 집산화集産化가 반전되고, 중국 지도자들이 공자가 말한 덕치德治의 원리에 배치되는 부패를 공격하기 시작했을 때였다. 중국에서 미래에 어떤 일이 일어날지 알아보려면 이와 같은 법가와 유가 사이의 역사적 진동을 이해하는 것이 중요하다.

진나라가 몰락한 후 경제에 대한 국가의 엄격한 통제를 다시 도입하려는 첫 시도는 기원전 141년부터 기원전 87년까지 54년 동안 통치한 한무제漢武

帝 때 있었다. 무제 때 황실은 철과 소금 독점 생산을 시작했고 산업과 상업 활동 대부분을 통제했다. 동시대의 사가 사마천司馬遷은 "온 세상의 부가 군왕을 받드는 데 탕진됐지만, 그는 여전히 만족하지 않는다"고 말했다. 무제의 개혁들은 오래가지 못했다.

그다음에 같은 일을 시도한 이는 왕망王莽이었는데, 그는 기원전 1년 한의 어린 황제의 섭정이 됐고 5년 후 그 소년이 죽자 스스로 황제를 칭했다. 왕망은 점차 사라져버린, 경제와 사회에 대한 통제력을 되살리려고 결연히 시도했다. 그는 토지가 모두 국가에 속한다고 포고하고, 여러 대지주의 사유지를 몰수했으며, 독점체제를 더 많이 창출했다. 서기 23년 그의 정책들에 반대하는 민중의 반란이 터져 나왔고, 이 반란은 황궁이 점령되고 왕망이 죽으면서 절정에 이르렀다. 그 후 정전제 모형은 다시 한 번 거꾸로 돌아갔고, 서기 30년까지는 징병제가 폐지돼 사회는 더는 농전農戰, farmer-soldier complex체제에 기반을 두지 않았다.

한 왕조는 220년에 끝나고 그 자리에 일련의 단명한 정권들이 들어섰다. 중국의 북쪽은 아시아 내륙의 유목민족이 지배했으며, 남쪽에는 한에서 파생된 다양한 세력들이 나타났다. 581년 수隋 왕조 아래 중국이 재통일되기 전에 상앙의 모형을 되살리려는 시도가 있었다. 중국 북부에서 386년부터 524년까지 존속한 북위北魏 왕조가 그렇게 했다. 485년 위나라魏는 균전제均田制**24**를 들고나왔고, 이 제도는 581년 수 왕조 건국 이후, 그다음에 618년 당唐 왕조가 정권을 넘겨받을 때도 유지됐다. 이처럼 새롭게 변형된 정전제

---

24 한나라 멸망 후 호족의 토지 사유화가 심각해지자 북위의 효문제孝文帝는 15세 이상 남녀에게 일정한 기준에 따라 고르게 토지를 배분하는 제도를 시행했으며, 이러한 균전제는 이후 약 300년 동안 수·당을 포함한 북조北朝 토지제도의 뼈대가 됐다.

의 운명을 결정한 것은 당에 반대해서 일어난 '안록산安祿山의 난'이었다. 이 반란은 수도 장안長安을 짓밟은 후 결국 763년에 진압됐지만, 수십만 명의 생명을 빼앗고 당나라를 황폐화했다. 사회를 통제하는 국가의 능력을 완전히 빼앗겼을 때 균전제는 무너지고 토지의 사유가 표준이 됐다.

960년 새로운 왕조인 송宋이 당을 대체하고, 당초 진·한 교체기에 단행한 것과 비슷한 또 다른 구조개혁이 시작됐다. 비록 주요 정책의 연속성은 있었지만, 통치의 방식은 법가에서 유가로 바뀌었다. 이 구조개혁의 한 가지 결실은 공직 진입과 관련한 제도가 이전까지 주로 행해졌던 천거를 통한 채용에서 시험 제도로 대체된 가운데, 관료적 통제가 더 확실히 강화된 것이다(또 다른 결실은 경제성장이었는데, 이 문제는 곧 논의할 것이다). 하지만 그 후에 공직부문의 실력주의는 국가의 재정적 자원이 줄어들면서 17세기에 만연한 매관매직과 계속되는 간섭 탓에 체계적으로 훼손됐다.

1127년 송 왕조 시대의 중국 북부는 아시아 내륙에서 일어나 새 왕조 금金을 형성한 여진女眞족에 정복당했다. 그 때문에 송은 남쪽으로 수도를 옮겼지만, 그 후 금과 남아 있던 송 제국 모두 원元 왕조를 세운 칸의 몽골족에게 정복당했다. 원 왕조 역시 1294년 쿠빌라이가 죽은 후 1350년대 대규모 반란의 와중에 무너지기 전까지 열 명의 황제가 더 나왔다. 그동안 원은 중국의 이전 국가 조직을 변경해서 몽골족의 위계질서를 바탕으로 개인화된 조직 모형을 적용하고, 중국인들을 세습되는 직업과 연계된 신분제로 조직했다. 노역이 도입됐고 새로운 세금도 지나치게 많이 생겼다. 장인들은 상품과 노동에 대한 수요를 충족시키기 위해 지금의 베이징인 원 제국의 수도 다두大都로 끌려 갔다.

원은 주원장朱元璋이 무너뜨렸는데, 그는 20년에 걸친 내전 끝에 1368년 명明 왕조를 창건했다. 홍무제洪武帝로 칭한 그는 명나라를 상앙 모형 쪽으로 이끌어가기 시작했다. 예컨대 그때까지 관리들을 대변했던 승상을 없앰으로써 자신의 손에 더 많은 권력을 집중시키기 위해 신속히 움직였다. 그는 관리 등용 시험 결과를 좋아하지 않았으므로 1373년 그 제도를 폐지하고 관리들을 몇 차례나 대대적으로 난폭하게 숙청했다. 홍무는 중국의 토지제도를 새로운 형태의 정전제로 되돌리려고 했다. 그가 통치한 30년 동안 홍무는 경제의 시장화를 되돌리려 애썼고, 세금도 금전이 아니라 현물로 걷는 체제로 돌아갔다. 1374년 그는 '해금海禁'이라는 칙령으로 해외무역을 금지했는데, 무역 금지는 16세기 말에 이르기까지 계속됐다(그 후에도 무역 금지는 주기적으로 반복됐다).

1380년부터 홍무는 대지주의 토지를 대거 수용하기 시작했고 그의 치세가 끝날 무렵에는 아마도 강남의 중심지, 즉 수도인 난징南京이 있는 양쯔강 삼각주 일대의 땅 절반을 국가가 차지했을 것이다. 명 왕조 내내 독재적인 국가 권력의 존재는 뚜렷이 남아 있었다. 1620년대에는 상하이 서쪽으로 50마일 떨어진 우시無錫현의 동림서원을 중심으로 동림당東林黨이 결성되면서 공자 사상에 고취된 국가 비판이 일었다. 이 집단은 대담하게도 (국가의) '스물네 가지 대죄'라는 상소문을 짓기도 했다. 천계제天啓帝는 그에 대응해 주동자 열두 명을 처형했고, 열세 번째 사람은 스스로 목숨을 끊었다. 그 밖에 수백 명이 동조자로 몰려 숙청당했다. 동림당의 지지자들은 복사複社라는 결사처럼 동림당에 영감을 얻은 다른 집단들과 더불어 계속 활동했지만 1660년대 청淸 왕조의 무자비한 탄압을 받을 수밖에 없었다. 비판은 용납되지 않았다.

송·명 교체기에 중국이 법가 모형으로 되돌아간 사실은 고삐를 매지 않은 국가는 시민들에게 자유를 가져다주지 않는다는 점을 일깨워준다. 그와 반대로, 상앙이 권했고 명이 기꺼이 따랐던 법가 모형은 일반적으로 국가에 지배의 기반을 마련해준다.

변발 자르기

명 왕조의 독재 강화는 1620년대 '홍건적紅巾賊의 난' 같은 일련의 봉기를 불러와 법가 모형의 중요한 결점들 중 하나를 뚜렷이 드러냈다. 이 왕조는 결국 내부의 반발과 아시아 내륙에서 팽창을 추구하는 또 하나의 민족으로 청 왕조를 형성한 만주족의 기회주의에 휩쓸려 사라져버렸다. 팽창하는 만주족의 힘에 대한 직접적인 기록은 베이징과 상하이의 중간쯤에 있는 탄청郯城현의 지역사에 나온다.

> 대청大淸군이 도시를 침략해 관리들을 도륙하고 향사와 서기, 일반 백성들 중 70~80퍼센트를 죽인 것은 1643년 1월 30일이었다. 그들은 도시 성벽 안팎에서 수만 명을 죽였는데, 거리와 안마당과 뒷골목에서 한데 몰려 있던 사람들은 모두 학살당하거나 상처를 입었고, 남은 사람들은 자기네끼리 짓밟혀 넘어지고, 도망친 이들 중 대부분은 다쳤다. 대청군은 1643년 2월 21일까지 우리 현의 경계에 막사를 두었다. … 그들은 22일 동안 머물렀다. 이 지역은 전부 약탈당하고, 불에 타고, 사람들이 죽거나 다쳤다. 그들은 창산파오도 파괴해 그곳에서 1만 명 넘는 남녀를 죽였다.

1644년까지 만주족은, 비록 '민심을 얻는' 데 열심인 것 같지는 않았지만, 마침내 베이징을 접수하고 중국의 마지막 왕조가 될 청을 세웠다. 그 전에 농민 반란군의 지도자인 이자성李自成이 또 하나의 왕조를 세웠으나 불과 6주간 존속했다. 그가 즉흥적으로 세운 정권은 지배계층과 환관, 상인, 대지주, 고위관리 들의 소득 수준에 따라 등급을 매겨 그들의 재산 중 20~30퍼센트를 빼앗았다. 이자성 자신은 은 7,000만 냥의 재산을 축적했다. 그는 심지어 균전제 개혁을 말하기 시작했지만, 그 후 만주군에 의해 왕좌에서 쫓겨났다.

중국에서 만주족은 몽골족처럼 외부인 입장이었고, 토착 중국인들을 통제 아래 둬야 했다. 한 가지 흥미로운 전략은 남성들은 모두 앞머리는 삭발하고 뒤쪽으로 땋은 머리를 늘어뜨리는 만주족의 머리 모양을 하도록 규정한 '변발령辮髮令[25]'이었다. 청은 이 규정을 통해 모든 중국인이 새 왕조에 순응하도록 강요할 수 있다고 생각했다. 만주족이 처음 베이징을 점령하고 3년이 지난 1647년 3월 간쑤성 총독인 창샹은 시찰 여행을 하고 있었다. 3월 4일 그는 만리장성 바로 안쪽의 융창永昌현에 이르렀다. 그 현의 학교에 다니는 학생 전원이 그를 영접하려고 모였다. 창샹의 말을 들어보자. "나는 머리 앞쪽에 머리카락을 그대로 남겨두고 있는 것 같은 한 남자를 발견했다. 아문(衙門, 현령[26]의 관저)에 도착한 다음에 나는 학생들을 모두 소집해 학업 시험을 보도록 했다. 나는 직접 문제의 그 남자에게 다가가 두건을 벗겼다. 그의 머리는 전혀 삭발하지 않은 상태였다." 지방 관리들은 창샹에게 변발령을 알리는 벽보를 분명히 붙였기 때문에 그것을 어긴 뤄코싱은 변명의 여지가 없다고 확인해줬다. 창샹은 뤄코싱을 투옥하고 황제에게 상소문을 올려 '나라를 다스리는 왕조의 법을 바로 세우기 위해' 그를 즉각 처형할 것을 요청했다. 바로 답신이 왔다. '그자를 즉결 처형하라. 그럼 지방 관리들과 그 집

---

25 체발령剃髮令이라고도 한다.

26 청대에는 현을 관리하는 행정 책임자의 명칭이 지현知縣으로 바뀌었으나 여기서는 현령으로 통칭한다.

의 가장, 촌장과 이웃 사람들은 어찌할 것인가?' 결국 뤄코싱의 삭발하지 않은 머리는 몸에서 잘려 나가 '대중에 대한 경고 차원에서' 공개적으로 전시됐다. 뤄코싱 집안의 가장은 그 마을의 촌장, 이웃 사람들과 함께 흠씬 두들겨 맞았고, 그 현의 현령은 석 달 치 보수에 해당하는 벌금을 물었다.

머리 모양에 대한 청 왕조의 염려는 통치 기간 내내 계속됐다. 1768년에는 '초혼招魂'에 대한 대중의 공포가 제국을 사로잡았다. 남자들의 변발을 자르면 그들의 혼을 빼앗을 수 있다는 소문때문에 그런 일이 빈발했다. 사로잡은 혼은 다른 사람들에게 영향력을 행사할 수 있도록 해줄 것이었다. 건륭제乾隆帝 치하의 청나라 조정은 변발 절단 행위에 강경하게 대응했다. 그들이 사건의 진상을 규명하려고 자주 쓰는 한 가지 기술은 협곤夾棍, 즉 '주릿대'로 자백을 받아내는 것이었다. 그것은 발목을 서서히 으깨는 '각곤脚棍' 혹은 다른 도구를 이용해 정강이뼈의 복합 골절을 일으키는 고문이었다.

1769년 초혼 혐의를 받은 사람 중 한 명은 하이인이라는 승려였다. 하이인은 체포될 때 짧은 길이의 머리카락을 조금 가지고 있었는데, 그는 이미 오래전에 그 머리카락을 얻었다고 주장했고, 실제로 지팡이 위에 다 보이게 묶어서 들고 다녔다. 하이인은 문초를 받았고 지방의 당국자들은 진실을 밝혀내기 위해 그를 고문했다. 하지만 승려는 굴하지 않았고 며칠 후 당국자들은 "우리가 지금 더 고문하면 그는 죽을 수도 있고, 그러면 아무것도 밝혀낼 수 없을 것"이라고 말했다. 건륭제는 공식 문서에 의견을 적을 때 쓰는 주홍색 먹물로 '옳다'고 간단히 써놓았다. 하이인은 더 버텼고 황제는 죄수가 유감스럽게도 '이미 그 계절에 유행하는 병에 걸렸고' 또한 고문에 따른 상처가 감염돼 고통을 겪고 있다는 보고를 받았다. 실제로 그 상황은 너무나 당혹스러운 것이어서 그 지역의 현령은 하이인을 체포한 후 소문이 급속히 퍼지고 있으므로 '군중의 의심을 떨쳐내려면 그를 공개적으로 처형하는 것이 낫다'

고 판단했다. 그래서 당국은 '죄인을 공개 광장에 끌고 나와 목을 베고 그 머리를 군중에게 보이려고 내걸었다.' 다른 승려인 밍유안도 비슷한 혐의를 받았다. 체포된 지 일주일도 안 돼 그는 죽었다. 건륭제는 주홍색 글씨로 '알겠다'고 적었다. 그러니까 청나라가 매우 다른 방식으로 집착을 보이긴 했지만, 프랑크족만이 머리카락에 집착한 건 아니었던 셈이다.

청나라가 새로 정복한 사람들에게 자신들이 진지하다는 신호를 보내는 방법은 변발령 집행뿐만이 아니었다. 1645년 5월 양쯔강 삼각주의 엘리트층이 새 국가에 반란을 일으켰고, 청의 장군들은 약 20만 명의 남녀와 어린이들을 학살했다. 왕슈추王秀楚가 쓴《양저우에서의 10일의 기록揚州十日記》은 비참한 목격담을 전한다. 청군이 양저우의 도시를 파괴한 후 살아남은 이들은 강제로 행군에 끌려갔다.

> 몇몇 여성들이 다가왔다. … 그들은 반쯤 벌거벗은 상태였고 종아리까지 올라오는 진창에 서 있었다. 한 여자는 어린 소녀를 안고 있었는데 어떤 군인이 아이를 잡아채서 진창에 던져버리고 여자를 끌고 갔다. 한 군인이 칼을 높이 쳐들고 무리를 이끌고, 다른 군인은 우리 뒤에서 창을 겨누며 몰아가고, 세 번째 군인은 중간에서 앞뒤로 움직이며 아무도 이탈하지 못하게 했다. 수십 명이 소나 염소 떼처럼 한데 뭉쳐 있었다. 누구든 뒤처지면 매질을 하거나 그 자리에서 죽였다. 여자들은 굵은 밧줄로 목을 묶어서 함께 엮어놓았는데 마치 진주를 여러 알 꿴 것 같았다. 그들은 한 발짝 옮길 때마다 넘어졌고 온통 진흙투성이였다. 아기들은 땅바닥 여기저기 널브러져 있었다. 말발굽이나 사람들 발길에 뗏장처럼 짓밟힌 그들의 내장이 흙바닥에 얼룩졌고, 아직 살아 있는 아이들의 울음소리가 들판을 가득 채웠다. 우리가 지나는 길의 도랑이나 연못은 모두 서로의 팔과 다리를 베고 누운 시체들이 쌓여 있었다. 그들의 피가 물속으로 흘러들어 녹색과 붉은색의

온갖 조합을 만들어냈다. 운하들 역시 시체로 가득 차 평지가 될 정도였다.

저렴한 독재

중국 내 외부자로서 청은 자신들의 치세가 그 전의 왕조들보다 더 불안정하다고 느꼈고, 징세가 자신들의 지배에 대한 반발을 부추길까 염려했다. 이는 앞서 살펴본 것처럼 한漢 왕조의 건국 때로 거슬러 올라가는 익숙한 주제였다. 1752년 마차오추의 모반은 이러한 불안이 일으킨 소동이었다. 마차오추는 후베이湖北성의 농부였는데 그가 장차 크게 될 운명이라고 확신을 심어준 한 승려의 영향을 받았다. 마차오추는 명나라 정권의 유민이 현재 '서해왕국'에 살고 명의 '젊은 군주'가 그들을 다스리고 있다고 주장하기 시작했다. 그 왕국은 명나라 장수 우산궤이吳三桂뿐만 아니라 3만 6,000명의 전사를 보유하고 있다고 소문을 냈다. 마차오추는 추종자들을 모으고, 자신이 서해왕국의 장수이며 날아다니는 신비한 기계들이 언제든 양쯔강 유역을 공격하기 위한 군대를 실어 올 것이라고 주장했다. 마차오추의 운동이 세를 얻을 때 관리들은 그의 막사 중 하나로 밝혀진 곳에서 새로 만든 칼들을 우연히 발견했다. 마차오추는 도망쳤으나 친척 중 일부는 사로잡혔다. 도주자들을 잡는 추격전이 시작되고 몇 년 동안 계속된 작전에서 수백 명의 용의자들이 체포됐지만 마차오추는 찾을 수 없었다. 사로잡힌 신도들은 사람들이 그 집단에 합류해 마차오추의 근거지 중 한 곳에 들어갈 때 "입에 피를 바르고 종이 부적을 삼켰다"며 "그들은 또 머리를 길게 기르도록 허용하고 앞머리를 밀지 않았다"고 전했다. 명백히 반청反清의 성향을 드러내는 행동이었다. 체포된 자들은 "극심한 고문"을 당했고, 자백해야만 목숨을 건질 수 있었다. 건륭제는 그에 대해 주홍색 글씨로 '불똥 하나가 초원의 불을 일으킨다'고 적었다.

청의 국가는 언제나 (그럴 만한 이유가 있어서) 반란을 걱정했지만, 그렇다고 그들이 전횡을 삼간 것은 아니다. 그들의 전횡 중에는 명의 항해 금지를 다시 강요한 것도 포함되는데, 1661년 강희제康熙帝는 무역과 노략질을 통제하려고 기본적으로 중국 남부 해안을 따라 살고 있는 주민 전부를 10마일 떨어진 내륙으로 강제로 퇴거시켰다.

반란의 위협에 대응하기 위해 청은 1713년 법가와 유가의 축에서 유가 쪽으로 한 걸음 나아가 국가의 주 수입원인 토지세를 명목 금액 기준으로 동결했다. 그때부터 누구나 1묘(畝, 전통적으로 약 0.15에이커로 친다)당 일정 금액의 돈을 세금으로 냈다. 그 세기에 땅값이 꽤 많이 올랐으므로 국가가 쓸 수 있는 세수의 실질가치는 극적으로 떨어졌다. 따라서 청의 통치 아래 공공서비스는 많이 제공될 수 없을 터였다.

실제로 굶주리는 이들을 구제하기 위한 곡창제도와 대운하를 비롯한 대규모 기반시설 건설처럼 과거에 국가가 제공했던 몇 가지 공공서비스는 서서히 사라져버렸다. 국가는 곡창에 쌓아둬야 하는 곡물을 더는 살 수 없었고 1840년까지 운하는 황폐해져 통행할 수 없었다. 1824년부터 1826년까지 황허의 수문과 배수로 관리를 제대로 하지 않고 모래가 쌓이는 것을 막는 준설을 하지 않아서 이 강의 치수체계 전반이 무너졌다. 파괴적인 홍수가 뒤따랐다.

이 시기에 중국에서 국가 조직이 어떻게 돌아갔고 왜 상업과 산업 활동을 뒷받침하거나 많은 공공서비스를 제공할 수 없었는지 이해할 필요가 있다. 정부 조직의 맨 위에는 인사, 세입, 의례, 군사, 공사 그리고 형벌을 맡는 6부[27]가 있었다. 오랫동안 쓰인 부처 이름이 흥미롭다. 형부는 그 명칭에 정의가

27 이부, 호부, 예부, 병부, 공부, 형부를 말한다.

아니라 벌을 준다는 뜻의 형刑을 썼다. 실제로 청동 그릇에 새긴, 가장 오래되었다고 알려진 법조문들은 법전이 아니라 형서刑書로 불렸는데, 이는 법에 대한 상앙의 시각과 정확히 일치한다. 현존하는 완전한 법전으로서 가장 오래된 것은 653년의 《당률唐律》이다(진나라 법전은 파편들만 남아 있다). 그것은 오랜 세월에 걸쳐 상당히 많이 수정됐으며, 청나라가 1740년 그 결정판을 냈다. 이 법전들은 중국의 법이 정의를 구현하거나 자유를 지지하기 위해서가 아니라 사회를 관리하고 규제하기 위해 존재한다는 명백한 사실을 재확인해준다. 이 법은 국가에 맞서는 피고의 권리에는 관심이 없었다. 어떤 법이라도 법 위에 있는 황제가 수정하거나 파기할 수 있었다. 재판 절차에서 피고는 무죄가 입증될 때까지 유죄임을 암시하는 취급을 당했다. 혹시라도 처벌 대상이 되는 죄를 열거할 때 뭔가를 빠트렸을 경우를 대비해 청의 형법 386조는 '하지 말아야 할 행동을 한' 사람에게 심한 태형을 집행할 수 있도록 허용했다.

앞서 봤듯이 국가가 경쟁적인 과거제도를 통해 공직자들을 선발하는 것은 중국의 명성을 높여준 요인 중 하나였다. 실력주의에 대한 열망은 진나라 시대에도 있었지만, 실력주의 선발제도는 송대에 가서야 더 체계화됐고 청대에 정점에 이르렀다. 청대에는 세 단계의 시험이 있었다. 가장 낮은 단계의 시험에서는 생원生員 자격을 얻을 수 있었다. 1700년에는 약 50만 명이 가장 낮은 단계의 자격을 갖췄다. 그들 중 자격을 얻은 수천 명이 3년마다 두 차례씩 출신 성의 수도에 모여 2박 3일 동안 시험을 봤다. 이 단계에서는 약 95퍼센트가 낙방했다. 그러나 합격에 따른 보상은 매우 컸다.

성의 시험[28]을 통과하면 영구적으로 엘리트 지위를 보장받고 주요 세금

---

28 과거의 본시험 첫 단계로 3년마다 한 차례 보는 향시鄉試

과 법적 의무가 면제됐다. 공직사회에 들어가면 황제의 윤허 없이는 체포되거나 조사받지 않고 고문을 당하지도 않았으며, 죄가 있는 경우에도 보통 사람에게 부과하는 태형이나 유배, 혹은 사형 같은 통상적인 형벌이 벌금형으로 경감될 수 있었다. 공식적인 직위를 얻을 기회도 있었다. 그러나 아직 올라가야 할 사다리가 한 계단 더 있었다. 성 단위 시험에 합격한 이들이 이듬해에 수도 베이징에 모여 회시會試를 봤다. 합격자의 자리는 300개밖에 없었고 후보 중 90퍼센트는 낙방했다. 300명의 승자는 황제가 직접 등급을 매겨[29] 최상 등급자는 중앙 부처에서 일하게끔 선발했고 최하 등급자는 현령 같은 지방의 공직을 맡겼다. 청대에는 약 1,300곳의 현縣이 있었고, 이들이 모여 180곳의 부府가 되고 이는 다시 18곳의 성省으로 합쳐졌으며, 성마다 총독이 있었다. 각 현은 청나라의 지역 행정 기능을 수행하는 현령[30]을 두고 있었다. 17세기 말 제국의 인구가 약 3억 명이었으므로 이는 한 명의 현령이 평균 23만 명가량을 맡는다는 뜻이었다. 큰 현들은 주민이 100만 명을 쉽게 넘었다. 각 현령은 그를 보좌하는 참모 조직을 갖췄지만, 이들은 국가에서 고용하지 않았다. 현령이 자신의 급료를 떼어 그들에게 보수를 주었는데, 그게 아니면 참모들은 중국 연구자들이 영어로 '쥐어짠다'고 표현하는 방식으로, 보통 사람들에게서 수탈할 수 있는 것으로 먹고살아야 했다. 사법 기능과 관련해서는 현령이 형사와 검사, 판사, 배심원을 모두 합친 역할을 담당했다. 게다가 그는 공공부문의 공사와 국방, 치안도 책임졌다.

이처럼 대단히 어려운 과거 시험은 무엇을 물었을까? 1669년 산둥山東성의 시험관은 탄청현의 응시자에게 세 구절의 의미를 깊이 생각해 설명해보

29 본시험 최종 단계로 궁중에서 보는 전시殿試

30 앞서 밝힌 대로 청대의 정확한 명칭은 지현이다.

라고 주문했다. 공자의 말씀을 담은《논어》에 '진리를 아는 사람들'에 관한 이야기가 있었는데, '공자가 이르기를 "사람은 천성이 강직하다. 사람이 강직함을 잃고도 살아 있다면 그는 요행히 죽음을 면한 것일 뿐이다[31]"라고 했다. 공자는 "진리를 아는 이들은 진리를 사랑하는 이들에게 미치지 못하며, 진리를 사랑하는 이들은 진리에 기뻐하는 이들에게 미치지 못한다[32]"고 하셨다.' 그들은 또한 성실한 사람에 관해 성찰해야 했다. '이 사람은 자신을 넘어 그 누구에게, 혹은 그 어떤 것에 의지할 수 있겠는가? 그가 지극히 정성스러운 사람이라면 그는 얼마나 성실한가! 그가 심연이라면 얼마나 깊은가! 그가 하늘이라면 얼마나 넓은가![33]' 시험 문제에는 맹자에서 인용한 구절도 하나 있었다. 학생들은 모두 낙방했다. 사실은 1646년부터 1708년까지 탄청에서 온 학생 중 단 한 명도 시험을 통과하지 못했다.

비록 시험은 응시자들이 경쟁하는 형태였지만 기술적인 지식을 시험하거나 장려하지는 않았고, 그 점에서는 관료조직을 운영하거나 나라를 통치하는 데 적합한 기술에 대해서도 마찬가지였다. 현령들은 법률을 다루기 위해 필요한 어떤 훈련도 받지 않은 채 법을 집행해야 했으며, 민간의 변호사나 법무사는 없었다. 실력주의와 어울리지 않는 여러 요소도 시험 제도에 끼

---

31 人之生也直, 罔之生也幸而免. 사람은 정직함으로 살아가는 것인데, 정직하지 않고도 살아가는 것은 요행히 (화를) 면한 것일 뿐이다.《논어》옹야雍也 편.

32 知之者 不如好之者, 好之者 不如樂之者. 아는 것은 좋아하는 것만 못하고, 좋아하는 것은 즐기는 것만 못하다.《논어》옹야雍也 편.

33 唯天下至誠, 爲能經綸天下之大經, 立天下之大本, 知天地之化育. 夫焉有所倚? 肫肫其仁! 淵淵其淵! 浩浩其天! 오직 천하의 지극한 정성만이 천하의 큰 도리를 경륜할 수 있게 해준다. 천하의 큰 근본을 세우고 천지의 생성과 육성을 아는데 대체 어디에 의지하겠는가? 정성스럽다, 그 어짊이여! 깊고 깊다, 그 연못이여! 넓고 넓다, 그 하늘이여!《중용中庸》제32장.

어들었다. 총독들의 천거로 임명된 현령들이 전체의 3분의 1이나 됐다. 가장 중요한 점은 이 모든 제도가 관리들을 마음대로 임명하고 승진시키고 강등할 수 있는 황제 한 사람의 손에 크게 좌우됐다는 사실이다. 건륭제부터가 "(고위 관리들의) 평가와 선발은 우리가 매일 마음에 두고 해야 할 일"이라고 말했다.

1680년 강희제 때부터 청은 세수 부족에 대응해 과거시험 자격증을 대량으로 팔기 시작했는데, 엘리트 집단의 구성원이 되기 위한 면허를 경매한 것이나 마찬가지였다. 1800년까지 매수한 학위를 가진 이들이 35만 명에 이른 것으로 추정됐다. 청은 관리들에게 급료를 제대로 줄 수 없었으므로 부패가 만연했으며, 화신(和珅, 허션)이 '통치'한 18세기 말 부패는 절정에 이르렀다.

1750년에 태어난 화신은 황궁 친위대의 일원에 불과했지만 1775년 건륭제의 눈길을 사로잡았다. 추측건대 황제는 그에게서 자신이 젊은 시절 사랑에 빠졌던 첩의 모습을 떠올렸던 것 같다. 황제는 곧바로 화신에게 모두 스무 가지나 되는 관직을 내렸는데, 여기에는 호부상서戶部尙書 자리도 포함됐다. 화신은 바로 거대한 부패의 고리를 구축해 그에게 잘 보여야 하는 임명직들을 끌어들였다. 그는 또한 정부 내 모든 인사의 임명에 대한 거부권을 갖게 됐다. 모든 관직에게 상납금을 요구했고 자신에게 충성스러운 사람들에게 혜택을 줬다. 화신은 중국 관료사회를 20년 동안 지배하는 과정에서 청나라의 국가 기능 전반을 체계적으로 훼손했다. 건륭제가 죽자마자 그의 아들 가경제嘉慶帝는 화신을 체포하고 자결을 명했다. 그에게는 스무 가지의 죄목이 제시됐는데, 자금성 안에서 말과 가마를 타고 간 죄도 포함됐다. 하지만 무엇보다 가장 큰 죄는 축재였다. 화신이 축적한 재산으로는 '본래 있었던 누각과 정자 20채, 새로 지은 누각 16채, 13개 구역에 730개 방이 있는 관저 본관 한 곳, 7개 구역에 360개 방이 있는 동관 한 곳, 7개 구역에 360개 방이 있는 서관 한 곳, 7개 구역에 620개 방이 있는 후이저우惠州식 새 관저 한 곳, 64개 누각과 정자가 있는 정원 한 곳, (약 12만 에이커의) 농지'가 포함됐다. 이 모든 재산에 더해 화신은 순금 5만 8,000온스와 은괴 5만 4,600개, 동전 150만 꾸러미, 엄청난 양의 비취, 인삼, 진주, 홍옥, 은제 찻술 380개, 은제 양칫물 그릇 108개를 쌓아둔 것으로 드러났다. 화신은 청나라의 급속한 쇠퇴를 상징하는 인물이 됐다. 그러나 가경제가 화신을 제거하면서도 관료사회를 더 광범위하게 숙청하지 않은 것은 주목할 만하다. 현령들과 그 아래 단계의 관리들을 조사해야 할 검열기관에 대한 진지한 개혁도 없었다. 청대에 이르러 검열기관은 베이징에만 있었고, 그토록 거대한 제국을 단속하기란 불가능했다. 국가 역량과 공공서비스는 늘 부족했다.

관료사회의 부패와 무능 그리고 청의 전횡적인 통치가 낳은 불만은 달리 표현할 공론의 장이 없었으므로 다시 반란을 부추겼다. 1796년부터 1804년까지 백련교白蓮教라는 종파가 아마도 국가 내부에서 화신의 부역자들이 부추긴 전횡과 강탈에 맞서 조직됐을 대규모 봉기를 시작했다. 1850년에는 '태평천국太平天國의 난'이 제국을 뒤흔들었는데, 이는 그 모든 부패 관행 때문에 관직을 얻지 못해 불만에 찬 과거시험 합격자들로부터 시작됐을 가능성이 있다. 이 난은 14년 동안 나라를 폐허로 만들면서 수백만 명을 죽게 하고 국가의 파산을 초래했다.

의존적 사회

독재의 결정적인 특징은 사회가 정치적 의사결정에 참여할 수단을 주지 않고 사회의 요구를 거부할 수 있다는 점이다. 진나라가 부상하면서 민중이 정부에 참여할 수 있게 해줄 모든 요소를 없애버린 중국에서 바로 그런 일이 일어났다. 참여를 위한 길은 다시는 나타나지 않았다. 중국에서 사회가 리바이어던을 통제하고 만들어갈 다른 방법을 찾을 수 있을까? 분명 반란은 사회가 활용할 수 있는 대안으로, 이 나라 황제들에게 커다란 불안감을 안겼다. 그러나 반란의 위협은 늘상 도사리는 건 아니었고 정치적 의사결정에 체계적인 영향을 미치지도 않았다. 중국 정부에 요구사항들을 분명히 밝히고 대안을 제시할 수 있는 자율적인 사회조직(종종 '시민사회'로 일컬어지는 것)들은 어떨까? 비록 중국에 민중이 참여하는 의회와 사회적 통제를 위한 다른 제도적인 수단들은 없었다 하더라도 그런 사회조직은 있었을까?

이러한 사회조직과 결집을 발견하리라고 기대할 수 있는 한 곳이 양쯔강 주변의 상업 도시로서 오늘날 우한武漢의 일부인 한커우漢口다. 18세기 말과 19세기에 한커우는 상인과 장인 들의 활기로 북적이는 대도시였다. 이 도시에서 상인조합과 다른 자발적인 단체들이 생겨나기 시작했다. 가장 영향력 있는 사업가집단은 200명가량의 소금 상인들이었는데, 그들은 '상인회장'도 뽑았다. 소금 거래에 물리는 수수료는 '저축 기금'에 넣어뒀다 굶주리는 이들을 구제하거나 사업 보호를 위한 경비대 비용으로 썼다. 다른 상인집단 단체들도 있었다. 이는 자율적인 사회조직의 시초로 볼 수도 있다.

그러나 겉모습에 속아서는 안 된다. 이 사회에는 자율성도, 지역적 연대도 거의 없었다. 상인집단들은 모두 중국 각지에서 온 이들의 '동향회同鄉會'에 뿌리를 두고 있었다. 소금 상인들은 후이저우에서 왔고 차 상인들은 광저우廣州와 닝보寧波에서 왔으며 그들은 심지어 연중 대부분을 한커우에 살지도 않았다. 차 상인조합은 상하이에 설립된 조합의 지부였다. 이 단체들은 특정 지역이나 도시 출신 집단 또는 가족들로 구성됐고, 그들은 자본이나 정보를 공유하기 위해 함께 뭉쳤으며 흔히 구분된 지구에 모여 살았다. 각기 다른 상인집단들은 서로 협력하지 않았고 한커우의 공공서비스와 조직에 투자하는 일에는 관심이 거의 없었다. 실제로 중국 각지에서 온 상인들이 함께 일하기보다는 끊임없이 싸웠다는 사실은 지역적 연대가 부족했다는 것을 보여주는 명백한 신호다. 1888년 안후이와 후난湖南 조합원들은 부두를 놓고 분쟁을 벌였고, 이 지역 현령이 안후이 상인들에게 유리한 판결을 내리자 후난 상인들은 안후이 상인들을 공격했다. 연례행사인 용선龍船 경주는 광둥 사람들과 후베이 사람들이 싸우면서 너무나 폭력적으로 변해 경주를 금지해야 했다. 그러므로 중국 상업 활동의 특성상 지역사회가 조직화하고 독자적인 정체성을 개발하기는 어려웠다.

지역 간 다툼보다 중요한 것은 이 도시의 가장 중요한 사업인 소금 거래의 특성이었다. 소금 사업은 야망을 지닌 기업가들이 사업을 키우려고 경쟁할 만한 일이 아니었다. 소금 사업은 국가가 독점했고 상인들의 세력과 부는 국가가 인가해준 결과였다. 상단의 장은 보통 제국의 관료사회에서 잘나가는 인물이 맡았다. 그는 대개 과거시험의 낮은 단계들을 통과하고 공식적인 임명을 통해 그 자리를 차지했다. 그에 따라 소금 상인들은 준정부 관리들이 됐고, 상인들의 창고와 소금 시장은 공공부문의 일부로 여겨졌다. 심지어 저축 기금도 소금 상인들이 집단으로 관리하지 않았고, 도시의 공공서비스 제공이나 소금 상인들을 위해 쓰는 경우도 드물었다. 그보다는 상인회의 장이 기금을 통제했고 친구와 친척 들을 소금 사업 관리직에 채용하는 데 썼다.

19세기에는 공인 연락선 사업국, 전신 사업국, (새로운 세금 업무를 맡는) 이금국釐金局[34]을 비롯해 새로운 형태의 사업국들이 급증한 것을 볼 수 있다. 그리고 이 사업국들의 임명직은 지방 관리들이 심사했다. 사업국이나 조합,

34 이금세稅는 상품이 중국 각 지방을 통과할 때 내는 세금이다.

혹은 조직된 상인들이 지방 관리들이나 국가 기능에 영향을 미치려 한 활동에 관한 기록이 전혀 없다는 점은 주목할 만하다. 틀림없이 막후에서 진행됐겠으나 드러내놓고 할 수는 없었는데, 이는 그런 활동이 정책 결정에 민중이 참여하는 수단으로 부상하지 않았음을 의미한다. 1863년 이후 소금 거래의 독점 구조는 재편돼서 약 600명에 이르는 상인들이 소금 거래권을 살 수 있었다. 그 이후 거래에 대한 공식적인 통제는 훨씬 더 강화됐다. 도로 정비와 소방도로 개설, 교량 건설 분야에서 다른 조합들이 활동했으나 이는 국가가 시작한 활동이었다. 1898년 한커우 상공회의소가 설립된 것도 황제의 칙령에 의해서였다.

이런 사례 중 어느 것도 제6장에서 본 것처럼 영국 스왈로필드에서 지역사회가 자체적으로 조직을 갖추기 시작하고, 새로운 공공서비스를 시작하고, 국가에 더 확대되고 개선된 운영을 요구한 경우와 같지 않았다. 유럽에서는 적어도 17세기 이후 자유 언론이 활동적이고 적극적인 사회를 조직하는 데 결정적인 역할을 했다. 언론의 역할에서도 중국에는 그와 비슷한 사례가 없다. 1870년대 〈신보申報〉가 나오기 전까지 한커우에는 널리 보급된 신문이 없었던 것으로 보인다. 하지만 신보도 상하이에서 영국인 어니스트 메이저Ernest Major가 발간했으며 한커우에 관한 뉴스를 싣기는 했어도 사회의 결집을 위한 수단을 제공한 것 같지는 않다.

그러므로 중국의 상황을 더 자세히 뜯어보면, 심지어 가장 자율적이고 적극적인 사회가 출현하리라고 예상되는 곳에서조차 국가에 복종하고 의존하는 완전히 다른 사회를 발견하게 된다.

의존적이든 아니든 간에 중국 사회는, 국가가 강력한 통제력을 발휘해 규범의 우리를 완화하고 사회적, 경제적 자유의 여지를 확대한 덕분에 그 과정에서 혜택을 봤다. 우리는 제4장에서 다른 곳의 국가건설 과정에서는 무함마드와 샤카의 경우처럼 국가건설자들이 자신들을 가로막는 숨 막힐 듯한 규범들과 친족 관계에 바탕을 둔 연합을 무너뜨렸고, 그러면서 규범의 우리를 어느 정도 완화하는 모습을 봤다. 하지만 중국의 상황에서는 국가의 독재에도 불구하고 친족집단들이 중요한 역할을 하는 것으로 보인다. 예를 들어 동향회들은 출생지 가계에 바탕을 두고 있다. 이를 포함한 친족 관계들은 사실상 국가가 사회를 관리하는 전략의 일환으로 장려하고 지원했다.

중국에서 혈통이 얼마나 중요한지 알아보자. 홍콩섬에서 중국 본토 내륙 쪽에 신계新界라는 지역이 있다. 1955년 이 지역은 아직 영국이 통치하고 있었는데, 경찰청장은 특정 성씨가 언제 한 마을에 정착했고 정착 후 몇 세대가 지났는지 알아보려고 설문지를 하나 보냈다. 그는 핑산屛山 지역 마을 34곳을 조사했다. 그중 27곳은 주민 모두가 같은 성을 쓰고 있었다. 마을 중 한 곳은 가계가 29대까지, 다른 한 곳은 28대까지 거슬러 올라가고, 오래된 가계순으로 27대 여덟 곳, 26대 한 곳, 25대 한 곳, 23대 두 곳, 22대 두 곳, 16, 15, 14대 각각 한 곳이었다. 하지만 아직 놀라기엔 이르다. 조상이 27대까지 거슬러 올라가는 마을 여덟 곳 중 일곱 곳이 탕唐이라는 같은 성을 쓰고 있었다.

그래서 탕 씨들은 다른 탕 씨들과 어울려 살 가능성이 컸다(우리 둘 중 누구도 로빈슨이나 애쓰모글루라는 친구를 두거나 우리 친척 중 누구와도 가까이 살지 않지만 말이다). 하지만 그것이 탕 씨들이 동질성을 갖게 된 주된 이유는 아니다. 그 동질성은 탕 씨들이 문중의 토지를 집단으로 소유하고 각종 의례를 통해 탕 씨 조상들을 공경하는 사당과 사찰을 갖고 있어서 생긴다. 신계와 가까운 광둥성의 한 현에서는 공산혁명 전에 전체 토지의 60퍼센트를 가계집단들이 소유했다. 광둥의 다른 현 한 곳에서는 그 비율이 30퍼센트였다. 그러므로 가계는 단지 개인들의 집단이 아니라 하나의 조합처럼 조직됐고,

이런 제도와 사당과 토지는 중국 역사 깊숙이 자리 잡고 있었다. 가계는 자체적인 규칙과 엄격한 규범을 부과했다. 그들은 분쟁과 불화를 처리했다. 그렇게 하는 것은 국가가 사회를 통제하고 분쟁을 관리하는 데 유용한 것으로 여겨졌기 때문에 중국 정부는 가계집단의 역할을 촉진하고 장려했는데, 이런 일은 특히 지방 행정관들의 기반이 허약하고, 사회를 다스리거나 분쟁을 해결하거나 혹은 기본적인 서비스를 제공하는 능력이 제한적인 상황이어서 더 필요했다. 송대 이후 중국 정부는 이런 임무를 가계집단에 위임하는 방안을 생각해냈다. 일찍이 1064년에 송은 자선을 위한 토지를 마련하도록 권장하는 칙령을 내렸으며, 이것이 문중 토지의 기초가 됐다. 그 후 가계집단은 여러 기능을 떠맡았다. 누군가가 분쟁에 말려들면 그 지역 판관보다 문중의 어른들과 만나게 될 가능성이 훨씬 컸다. 그러나 이 어른들은 자연스럽게 부상했다고 볼 수 없다. 국가가 법으로 그들의 존재를 규정한 것이다. 1726년 한 명령은 이렇게 규정했다.

> 100명 이상 모여 사는 문중이 있는 마을과 그러한 곳으로서 성벽이 있는 시골 동네에는 … 문중마다 족정(族正, 문중의 큰 어른)을 둔다.

그래서 가계집단은 지역의 국가체계에 통합됐다. 명은 송의 계획을 바탕으로 사당 건축과 가계조직의 제도화를 장려했다. 국가와 같은 서비스를 제공하는 대신 가계집단은 여러 권리와 소금 거래 독점에 참여할 기회 같은 부수입을 얻었다. 탕 씨들은 자신들의 지역 시장을 장악할 독점권을 가진 '시장의 주인'들이었으며, 그들만이 시장 가까이에 점포를 열 권리를 가졌다. 그들은 자체 경비대도 보유했다.

중국 경제의 부침

우리가 지금까지 개략적으로 살펴본 국가 전횡의 역사에는, 자유는 물론 중국 경제에 대해서도 분명한 함의가 있다. 전국 시대와 비교할 때, 질서를 유지하고 법을 집행하고 세금을 걷고 기반시설에 투자할 수 있는 중앙집권적인 국가가 출현하면서 경제활동에서도 긍정적인 효과가 많이 나타났으며, 그에 따라 독재적 성장의 기회가 확보됐다. 그러나 그런 성장은 한계가 분명했다. 우리가 이미 살펴봤듯이 농업에 정전제 모형을 적용한 것을 비롯해 사회를 단단히 규제하고 통제하려는 시도가 주기적으로 있었고, 그 결과 독재 권력은 중국인 대부분의 경제적 기회와 유인을 없애버리고 말았다. 그에 따른 경제적 고초와 불만은 경제를 엄격히 통제하려는 상앙의 구상에서 통제를 더 느슨하게 하고 세금을 낮추는 공자의 접근방식으로 바꿔가려는 운동을 촉발했다. 그렇게 통제를 완화하면서 민간의 유인이 어느 정도 살아났지만, 대신 국가는 세수를 잃었고 민간 투자를 늘리는 데 필요한 법과 질서, 혹은 공공서비스를 제공할 역량을 상실했다. 이처럼 국가가 경제에 대한 서로 다른 접근방식 사이를 왔다 갔다 하는 동안 중국 경제는 부침을 거듭했고 중국이 독재적 성장의 한계를 넘어선 적은 없었다. 역사적으로 중국 경제에는 자유도 없고 광범위한 기회도 없었으며, 유인도 거의 없었기 때문이다. 그러므로 산업혁명도 없고, 경제적 부흥도 없을 터였다.

독재적 성장의 한계를 벗어나지 못한 채 한 국면에서 다른 국면으로 전환한다는 의미는 진나라가 무너지고 한나라가 부상할 때 뚜렷이 드러난다. 그리고 그 의미는 나중에 당과 송의 교체기에 더욱 명백해진다. 그 자체로 당나라의 고압적인 통제에 대한 분명한 반작용이었던 안록산의 난은 균전제를 무너뜨렸다. 당나라는 과중한 강제 노역을 더는 강요할 수 없었고 곧 다른 형태의 예속적인 노동도 줄어들었다. 시장 규제의 그물망 역시 조금씩 사라졌다. 그때까지 상업은 지정된 시장에 국한됐었고 상인들은 심한 차별을 받았었다. 국가가 직접 모든 장거리 무역을 하며 국영농장 1,000곳을 운영했다. 이와 같은 체제 전반이 서서히 위축됐다.

이런 원상 복구 과정에서 사회가 더 유가적으로 조직화했을 뿐만 아니라 새롭고 더 광범위한 시장경제와 전횡이 덜한 형태의 성장이 이뤄졌다. 안록산의 난이 인구를 남쪽으로 밀어내면서 경제활동은 다시 양쯔강의 범람원 주변으로 집중됐다. 뒤이어 땅을 넓히는 간척과 제방 건설 투자가 늘어나고, 벼농사뿐만 아니라 이때 처음으로 일상적인 음료가 된 차 재배가 확대됐다. 이 시기에는 또한 섬세한 비단과 칠, 자기, 종이 같은 사치품을 거래하는 전국적인 시장이 나타났다. 직물을 비롯해 다른 상품들은 이제 시장을 겨냥한 생산체제로 조직됐다. 교역은 중국 내에 한정되지 않았다. 일본과 남아시아 전역을 상대로 한 해외무역이 활황을 구가했다. 송나라는 세계 최초로 지폐를 도입해 이미 늘어나고 있던 교역이 더욱 원활하게 확대될 수 있도록 했고, 일련의 새롭고 매력적인 기술 발명이 이뤄질 수 있는 환경을 조성했다. 그런 기술로는 활판 인쇄와 화약, 물시계, 나침반, 풍차, 철 제련, 다양한 천문 관측기구, 초기 형태의 물레를 들 수 있다. 광범위한 관개시설 덕분에 농업 생산성도 눈에 띄게 향상됐다. 그러나 이 기술들은 국가의 수요에 따라 국가의 통제 아래 발전한 것이다. 유명한 각종 물시계는 정부 관리들에 의해 그리고 그들을 위해 제작됐다. 농업의 혁신과 관개는 국가 차원의 계획에 따라 이뤄졌고 야금 기술 발전도 마찬가지였다.

그 원천이 무엇이든 농업 생산성 증대는 두 배로 늘어난 송대 중국의 인구를 부양하기에 충분했고, 확대된 시장과 혁신 덕분에 (우리의 믿을만한 자료에 의하면) 1090년경 중국의 생활수준은 세계에서 가장 높았다. 당시 중국은 잉글랜드보다 16퍼센트 높은 생활수준을 보였다. 송 왕조의 이 거대한 성취는 독재적 성장의 잠재력을 잘 보여준다. 특히 현대의 기준으로 볼 때 기술이 단순하고 국가가 기술 발전을 이끌어갈 수 있을 때 이룰 수 있는 독재적 성장을 보여준다. 회랑 안의 유럽이 국가와 사회가 서로 싸우는 가운데 비틀거리고 있을 때 중국은 앞서 나갈 수 있었는데, 이는 초기 단계의 족쇄 찬 리바이어던이 할 수 없는 일을 독재국가는 명령으로 할 수 있었기 때문이다.

그러나 성장은 오래가지 못했다. 독재적 성장은 결코 그럴 수 없다. 송에 이은 원 왕조는 관료조직의 실력주의를 훼손하고, 세습적인 직업체계를 도입하고, 확대되던 교역과 산업을 거꾸로 돌리고, 전반적으로 경제적 기회와 유인을 박탈했다. 이런 반전은 명이 정권을 잡으면서 완료됐는데, 명나라는 그들 방식의 정전제와 항해 금지를 도입하고, 민간이 하는 모든 사업에 커다란 불안을 초래했다. 상업과 도시화는 위축되고 혁신의 유인은 사라졌다. 중국은 유럽에 뒤지기 시작했다.

명의 황제들이 어떻게 경제 발전을 억누르는지 똑똑히 보여주는 사례는 이번에도 소금 거래에서 볼 수 있다. 정부는 독점권을 담보 삼아 변경 지역의 군대에 곡물을 수송해주는 대가로 소금 거래를 독점할 수 있도록 해주기 시작했다. 누군가가 정부 대신 곡물을 변경에 실어다 주면 소금을 생산할 수 있는 권리를 얻게 되는 것이다. 곡물이 배송되면 상인은 증명서를 발급받아 도읍인 난징에서 일정한 양의 소금을 팔 수 있도록 허가하는 또 다른 인증서와 바꿀 수 있었다. 일부 상인들은 곡물을 변경으로 실어나르는 데 특화해서 곡물 배송 증명서를 받은 후 소금을 판매하는 다른 이들에게 팔았다. 정부는 황제의 가족들과 궁의 환관들, 관료조직의 고관들에게도 소금 판매권을 줬으므로 증명서의 가격은 그에 따라 오르내렸다. 1617년 황제는 그 증명서를 폐지하기로 해서 이미 발급된 증명서를 휴지조각으로 만들었는데, 이는 사실상 그것을 가진 사람들의 재산권을 빼앗는 결정이었다. 황제는 그런 다음에 소금을 독점 거래할 수 있는 권리를 다른 몇몇 상단에 팔았다. 이는 정부가 감독하고 상인이 경영을 맡는 '관독상판官督商辦'이라는 제도를 시작한 것이었다. 그 제도는 실제로 연줄이 있는 개인들이 정부 허가 덕분에 돈을 벌도록 했다. 명이 수립한 체제는 1832년에 한 번 더 바뀌어서 이번에는 정부가 소액 투자자들을 끌어들였다. 하지만 앞서 본 것처럼 이 제도는 1863년에 한커우에서 다시 바뀌어 국가의 통제가 더 강화됐다. 소금 독점에 참여하는 사업은 위험했다.

명·청 교체기는 더 큰 혼란을 불러왔으며, 1662년에는 항해 금지가 다시 시행됐다. 국제 무역 금지는 1683년에 풀렸으나 유럽과의 교역은 엄격하게 제한됐다. 1757년 이후 유럽인들은 광저우에서만 교역할 수 있었고, 정부는 그들과 거래할 수 있는 권리를 공행公行[35]이라는 독점 사업자에게 줬다. 해외무역뿐만이 아니었다. 윈난云南의 구리 광산들은 비슷한 방식으로 독점 업체에 돌아갔다.

그래도 명·청 교체기가 지나고 경제가 어느 정도 부흥한 것으로 보인다. 청은 교역이 국가의 통제 아래 있고 지역사회의 복리에 도움이 될 것으로 여겨지면 거래를 허용했다. 청은 처음에 기본적인 공공서비스를 계속 제공했는데, 특히 기아에 대응해 '늘 정상적으로 유지되는 곡창제도'를 운영했다. 청은 또한 1683년까지 남아 있던 명조의 직업 세습제도를 없애고 1720년 이후에는 채무자의 예속적인 노동bonded labor[36]을 폐지했다. 이처럼 국가의 통제가 완화되면서 또 한 차례 국내 교역이 번성하고 인구가 늘어났다. 그러나

---

35 상인조합

36 담보노동이라고도 한다

이러한 경제 부흥은 여전히 독재적 성장의 모든 한계를 벗어나지 못했다.

여기에는 몇 가지 이유가 있었다. 가장 명백한 것은 소금 독점 거래의 경우에서 보듯이 중국에서는 국가의 자의적인 행동 탓에 재산권이 여전히 매우 불안정하고 투자나 혁신을 할 유인이 잠식됐다는 점이다. 중국에서는 확실히 리바이어던의 권력에 어떤 족쇄도 없었으므로, 전면적인 반란을 일으키지 않는 한 민중의 노동이 맺은 과실을 제국이 빼앗아도 '백성들 가운데 부를 쌓으라'는 유가의 도덕적 가르침 말고는 그 수탈을 막을 길이 전혀 없었다. 그러나 명대나 청대 초의 역사는 설사 그런 가르침을 기꺼이 따르려는 마음은 있더라도 흔히 그것을 구현하는 실행은 약했음을 보여줬다. 대단히 낙관적이고 무모한 이들이 아니라면 명·청 시대 중국의 이런 도덕적인 약속을 믿을 수 없었다.

문제는 재산권이 보장되지 않아 경제적 유인이 부족하다는 것뿐만이 아니었다. 상업 활동과 새로운 기술뿐만 아니라 최상층부에서 시작된, 사회적 이동성에 대한 전반적인 저항이 경제적 번영을 가로막았다. 경제활동, 특히 국가의 시야를 벗어난 활동이 기존 체제를 불안하게 하리라는 두려움 때문에 중국의 역대 왕조, 특히 청은 상업과 산업에 회의적이었다. 항해 금지가 주기적으로 되살아난 것은 그 때문이었다. 중국 정부 당국들이 새로운 기술에 미온적이었던 까닭도 여기에 있었다. 1870년대에 영국 회사인 자딘·메디슨사Jardine, Matheson and Co.가 중국 최초의 철도로 우송吳淞 항을 상하이와 연결하는 우송선을 건설했다. 그런데 청나라 정부는 그것을 사들여 곧바로 파괴했다. 이처럼 새로운 기술과 관행에 대한 회의적이고 적대적인 태도는 심각한 결과를 낳았다. 앞 장에서 우리는 중국과 대조적으로 유럽에서는 18세기 말부터 새로운 기술을 포용하면서 그것을 바탕으로 산업혁명과 극적인 생활수준 향상을 이룬 사실을 살펴봤다.

그보다 훨씬 더 중요한 것은 청나라가 현대적인 경제제도와 경제활동에 필요한 기반시설을 건설할 능력이나 의지가 없었다는 점이다. 청의 법전에서 민법부문은 주로 가족 문제에 초점을 맞췄고 상업 계약에 대해서는 지침을 제공하지 않았다. 대신 청은 개인들이 법의 테두리 밖에서 무슨 계약이든 체결할 수 있도록 허용했는데, 아마도 각 가문이 (다시 규범의 우리로 돌아가) 계약을 집행했을 것이다. 이는 계약과 합의를 누더기로 만들어버렸고, 유한책임limited liability[37] 같은 필수적인 요소들은 20세기 초까지 나타나지 않았다. 청나라 정부는 통일된 도량형조차 적용하지 않았다. 1874년부터 1908년까지 중국 해관에서 일한 캐나다인 H. B. 모스H. B. Morse에 따르면 도량형은 지역별로, 심지어 한 지역 안에서도 달랐고 각 거래마다 달리 적용됐다. 예를 들면 두斗는 부피의 단위지만 어느 지역에서 재느냐에 따라 176세제곱인치부터 1,800세제곱인치까지 다양했다. 척尺은 길이를 재는 단위인데 재단사인지 목수인지에 따라, 또 어느 지역 재단사인지에 따라 의미가 달라졌다. 그러므로 모스에 따르면 1척은 8.6인치부터 27.8인치까지 어느 것도 될 수 있었다. 넓이의 공통적인 단위인 묘畝도 그와 같은 다양성을 보였다. 1묘는 3,840제곱피트부터 9,964제곱피트까지 어느 것도 될 수 있었다. 지역의 상인조합과 사업단체 들은 이처럼 서로 다른 기준들을 채택하고 인정했으나 국가는 그 기준들을 체계화하는 조치를 전혀 하지 않았다.

더 일반적으로 말하자면, 청나라는 상앙과 공자 사이를 오가는 추가 공자 쪽으로 간 상태였으며, 이 나라는 세금을 거의 걷지 않고 경제활동이 번창하는 데 필요한 여러 공공서비스를 제공할 수 없었다. 청의 법체계는 너무나

---

37 주식회사의 주주들처럼 기업에 손실이 발생했을 때 자신이 투자한 금액을 넘어서는 책임을 지지 않도록 하는 제도로, 광범위한 자본 조달을 쉽게 해준다.

부적절했는데, 이는 4억 5,000만 중국인들의 분쟁과 불화를 해결하는 일을 맡은 지방 행정관의 수가 너무나 적기 때문이기도 했다. 국가가 손에 쥐고 있는 자원이 거의 없는 가운데 사법 기능뿐만 아니라 기반시설과 유명한 곡창제도도 쇠퇴하기 시작했다.

이 문제들은 모두 중국 체제의 기본적인 정치 결핍에 뿌리를 두고 있다. 청나라는 비록 무거운 세금을 물리거나 상앙의 자취를 따라가지는 않기로 했다 하더라도, 기본적으로 독재국가였다. 독재는 사회와 기업계가 예컨대 더 효과적인 계약 집행이나 더 안전하고 예측 가능한 재산권, 개선된 기반시설 또는 투자와 혁신에 대한 지원 정책을 국가에 요구하거나 정책에 영향을 미치지 못한다는 의미다.

이 역시 유럽의 경험과 극명한 대조를 이룬다. 유럽 국가들은 대부분 거의 같은 시기에 측정 단위를 표준화하고 경제 관계를 뒷받침하는 법적인 틀을 제공하는 데 핵심적인 역할을 하기 시작했다. 유럽의 시민들은 또한 정치에서 급속히 목소리를 키웠다. 예를 들어 영국인들은 투표도 하고 의회에 자기들이 원하는 법을 통과시키라는 청원도 할 수 있었고, 실제로 그런 활동을 열정적으로 했다. 중국에서 기업인들이 기대할 수 있는 것은 꼭 맞는 연줄을 찾아 국가가 주는 독점권의 혜택을 얻고 인맥에서 얻을 수 있는 안전을 누리는 것뿐이었다. 청대의 상인 가문들이 관료사회에 발판을 마련하는 데 그토록 열심이었던 까닭도 주로 여기에 있었다.

이런 압력과 책략은 청대의 가장 크고 부유한 상단인 안후이 동향회의 역사에 잘 드러난다. 한커우와 쑤저우蘇州, 양저우에 기지를 둔 안후이 상인들은 양쯔강 주변 전역에 걸쳐 소금, 직물, 차 그리고 그 밖의 다양한 품목들을 거래했다. 그러나 유력 상인들에게 나타나는 더 일반적인 경향을 잘 보여주듯 이 가문들은 사업에만 머무르는 경우는 드물었고, 대신 자녀들의 관직 시험을 준비하는 데 자원을 쏟아부었다. 이런 경향을 보여주는 예로 18~19세기의 짜오 가를 들 수 있다. 이 집안은 처음엔 소금 거래에 집중했지만 곧 사업과 교육, 관직 진출을 병행했다. 집안을 크게 일으키기 시작한 짜오시창은 소금 상인이었다. 그의 장남은 국립학교인 국자감國子監의 학생이 됐지만 다른 아들 칭천은 소금 거래업에 머물렀다. 다음 세대에서는 한 아들이 소금 거래의 길로 갔고, 칭천의 다른 모든 자손은 관직에 진입했다. 19세기 초까지 전체 확대 가족 중 하나의 가지에서만 어떤 형태로든 사업에 종사했다. 〈지도 11〉의 가계도가 보여주는 것처럼 나머지는 국립학교의 학위를 가졌고 향사와 국가 엘리트로 부상했다. 상인 집안의 이런 전환은 공통적인 현상이었다. 예를 들어 한커우에서는 안후이 상인들이 자기네 자녀와 다른 이들의 자녀가 국가시험인 과거를 준비할 수 있도록 유명한 서원을 설립했다. 이 서원이 노동자와 기업가들을 위한 교육을 했다면 경제활동에 유용했을 것이다. 그러나 교육의 초점은 유용한 지식을 전하는 것이 아니라 특권층 집안 자식들이 난해한 관직 시험을 준비하는 것이었다. 그 전략은 실패하지 않았다. 1646년부터 1802년까지 규모가 큰 소금 상인 가문들은 지방 시험[38]을 통과한 자손 208명과 더 제한적인 중앙의 시험[39]에 합격한 139명을 배출했다. 물론 시험을 통과하지 못하면 언제든 그 직위를 살 수 있었고, 이 기간에 이들 가문에서 140명이 그렇게 했다.

소금 상인들은 왜 그토록 간절히 업계를 떠나 관계로 진입하고 싶어 했을까? 소금 거래는 중국의 국가 독점 사업에서 기대할 수 있는 최대한의 수익을 안겨줬다. 그것은 청나라에 너무나 중요한 세원이었고 독점권을 가진 상

---

38 향시

39 회시

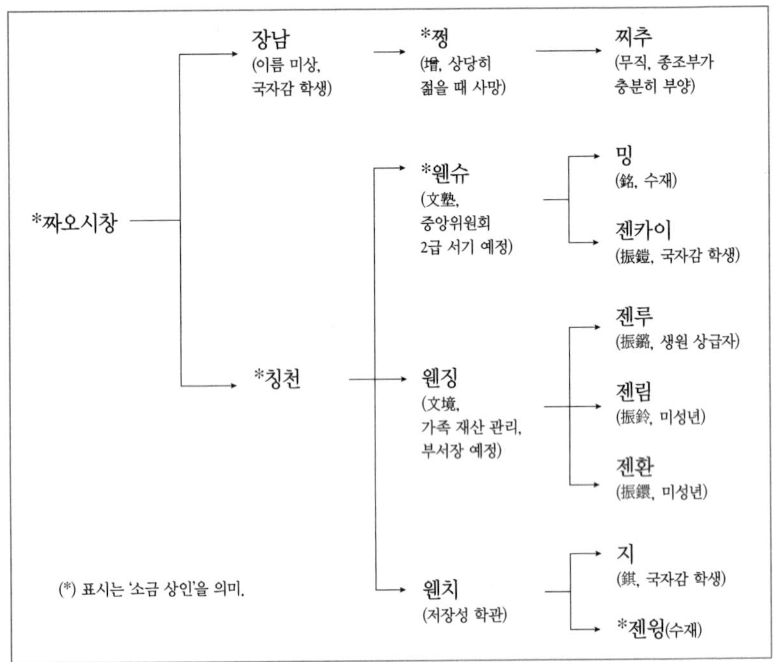

〈지도 11〉 소금 상인에서 정부 관리로: 18세기의 짜오 가

인들은 그 정당한 몫을 즐겼다. 그러므로 이 가문들이 자녀들을 관직으로 내보내려고 그토록 열심이었다는 사실에 더욱 어리둥절해진다. 이는 중국 관료사회의 일부가 되는 데 따르는 명성 때문이었을까? 진짜 이유는 조금 달랐다. 명대의 황제들에게서 보았듯이 국가는 언제든 상인들을 배신할 수 있었으므로 심지어 소금 사업 독점조차 안전하지 않았다. 그러므로 할 수 있을 때 다른 분야로 나가겠다는 건 괜찮은 생각이었다. 더욱이 가족의 일부가 제국의 관직에 있다면 안전이 더 확실해질 것이었다. 그리고 당시 오경재吳敬梓의 소설 《유림외사儒林外史》가 묘사했듯이 이 시기에 제국의 관직을 갖는 것 자체도 나쁘지 않았다. 이 소설 가운데 한 토막에서 그는 판진范進이라는

사람이 과거의 가장 낮은 단계를 통과하려고 평생을 바쳤지만 실패한 이야기를 들려준다. 54세가 된 판진은 이미 34년에 걸쳐 스무 차례 넘게 시험에 낙방했다. 새 학관은 그를 불쌍히 여겨 합격시켜 주기로 했다. 판진은 이제 성급에서 치르는 다음 단계 시험을 볼 수 있게 됐다. 하지만 그의 친척들은 믿을 수 없다는 반응을 보인다. 판진은 굴하지 않고 시험을 보지만, 그가 집에 돌아오자 가족들은 이틀 동안 굶고 있었고, 그는 한 마리밖에 없는 닭을 팔아 쌀을 사러 시장에 가야 한다. 그가 집에 있을 때 말 탄 사자들이 도착해 그가 성급 시험에 합격했다고 발표한다. 이제 그는 지도층에 진입할 수 있게 됐는데, 그 지도층 가운데 한 사람이 즉시 그를 찾아온다.

장 선생은 가마에서 내려 집으로 들어왔다. 그는 관리의 사모紗帽를 쓰고 해바라기 색깔의 도포에 금박 허리띠를 하고 검은 신발을 신었다. 그는 하인에게서 은화 한 꾸러미를 받아 들고 이렇게 말했다. "존경하는 마음의 표시로 이 은 50냥밖에는 들고 온 것이 없으니 받아주시기를 간청하오. 귀하의 명예로운 가택은 귀하의 품격에 어울리지 않고 손님이 많이 올 때 편하지 않을 것이오. 나에게 동문 옆 중심가에 안뜰 셋에 각각 방 셋이 딸린 비어 있는 집이 하나 있으니 … 부디 받아주시기 바라오."

그의 가족에게 선물이 답지했다.

그 후 여러 사람이 판진을 찾아와 땅과 가게를 선물로 주었고, 가난한 부부들이 찾아와 보호의 대가로 그를 섬겼다. 두세 달이 지나자 돈과 쌀은 말할 것도 없고 남녀 종들도 생겼다. … 그는 새집으로 이사했고, 사흘 동안 가극을 곁들인 잔치로 손님들을 즐겁게 했다.

그런 시험에 합격하면 부자가 될 뿐만 아니라 법 위로 올라가게 된다. 이는 18세기 중국의 또 다른 소설로 조설근曹雪芹이 지은 《홍루몽紅樓夢》이 잘 보여줬다. 이 책은 새로 온 현령이 살인 사건을 다루는 이야기를 들려준다. 그런데 살인자는 그 지역의 부유하고 영향력 있는 가문의 명단을 실은 《호관부護官符》에 이름을 올릴 만큼 지역사회의 실력자다. 현령은 그를 놓아줄 수밖에 없다. 누군가가 부유하거나 과거에 급제해 지역사회의 상류층이 되면 그에게는 법이 적용되지 않기 때문이다. 그는 살인을 저지르고도 처벌받지 않을 수 있다.

마르크스의 명命

오늘날 중국은 더 이상 제국이 아니다. 제국은 1912년에 무너졌고, 짧은 공화정 기간에 이어 군벌과 독재적인 국민당 정부의 통치가 이뤄졌다. 그다음에 벌어진 내전은 1949년 마오쩌둥이 이끄는 공산주의자들의 승리로 끝났다. 하늘의 명령은 더는 없을 터였다. 상앙의 법가 사상과 공자의 도덕적 가르침은 공산주의 이데올로기로 대체됐다. 과거와의 단절이다.

하지만 사실은 그렇지 않았다. 과거와의 연속성은 차이만큼이나 뚜렷했다. 하늘의 명령은 카를 마르크스Karl Marx의 명령으로 대체될 것이었다. 진나라 이후 중국이라는 국가의 결정적인 특색은 사회에 대한 국가의 압도적인 지배력에 있었다. 그 점은 바뀌지 않았다. 나라 전반에 걸쳐 당과 국가의 존재가 더 강력해져야 한다는 마오쩌둥의 고집 때문에 공산당 통치하에서 지배의 문제는 더 악화됐다. 청은 독재적인 모습을 보였지만 나라 대부분, 특히 시골 지역에서 국가는 부재 상태였다. 농민혁명의 깃발을 들고 집권한 마오쩌둥은 즉각 그러한 국가 부재 상태를 바꾸려고 했다. 제1장에서 봤듯이 대약진운동 때가 되자 당 조직과 당원들이 없는 곳이 없었다.

독재의 본질이 제국 시대와 공산주의 시대의 연속성을 만들어냈다. 독재의 본질은 사회가 조직화하지 못하고 국가의 권력 구조 바깥에서 정책 결정에 영향을 미칠 능력이 없다는 것이었다. 마오쩌둥은 공산당이 정치 참여의 유일한 매개가 되기를 바랐는데, 이는 사실상 국가와 정치 엘리트가 아무런 저항을 받지 않고 시민들을 통제한다는 의미였다. 이 점은 문화혁명 당시 때때로 나왔던, 상향식 비판을 허용하라는 요구가 폭력적으로 진압되고 말았을 때 고통스러울 만큼 분명해졌다. 공산주의 치하에서 사회를 위한 목소리는 없었다.

경제에 대한 마오쩌둥의 접근방식 역시 그 전 시대와 분명한 연속성을 드러냈으며, 그의 방식은 특히 경제활동을 엄격하게 통제하고 규제하려는 상앙의 청사진과 일치했다. 마오쩌둥의 방식은 마르크스 이데올로기로 치장하고 있어도 그 내막을 보면 제국의 시대와 다르지 않았다. 농업의 집산화는 수천 년 전 제국들이 시행하려 했던 정전제를 다시 시도하는 것이었다. 그 결과는 훨씬 더 나빴다. 농업 집산화는 대약진운동의 후원 아래 추진된 산업화와 얽히면서 3,600만 명이나 되는 사람들을 굶어 죽게 했다. 민간 기업에 대한 마오쩌둥과 공산당의 접근방식도 그들에 대해 '기술과 솜씨가 교묘하다'고 한 상앙의 생각과 다르지 않았다. 공자도 그와 비슷하게 "군자는 올바름을 알고 소인은 이익을 안다[40]"고 말했다. 상인들과 산업가들은 제국 시대에 그랬던 것과 거의 같은 취급을 받았으며, 2001년에 이르러서야 공산당원이 될 수 있었다. 또 2007년이 돼서야 사유재산을 규율하는 법이 통과돼 그

---

40 君子喩於義, 小人喩於利. 군자는 의에 밝고 소인은 이에 밝다. 유喩는 '깨우치다' '기뻐하다'는 뜻도 있다. 《논어》 이인里仁 편.

들의 자산이 더 안전해졌다.

도덕적 리더십과 성장

1976년 마오쩌둥이 죽은 뒤 상황은 달라졌다. 공산당 최상층에서 벌어진 냉혹한 권력 투쟁은 1978년 덩샤오핑이 당과 국가에 대한 지배력을 확보하면서 결판이 났다. 덩샤오핑은 경제의 급진적인 변화를 주도해 향후 중국 경제가 엄청난 호황을 맞을 토대를 마련했다. 그렇다면 우리는 이 전환을 과거와의 단절이라고 봐야 할까? 비록 1978년 이후 중국 경제와 정치에서 분명히 여러 가지 새로운 요소가 나타나긴 했지만, 동시에 놀라울 만큼 연속성이 유지됐음을 인식하는 것이 대단히 중요하다. 마오쩌둥과 덩샤오핑의 교체기는 당·송 그리고 명·청 교체기와 닮은 점이 많은데, 이 교체기에는 경제에 대한 국가의 통제력을 느슨하게 하고 시장과 민간 기업이 움직일 수 있는 여지를 허용함으로써 경제성장을 자극했었다. 이전의 교체기와 똑같이, 경제적 고난으로 웅크리고 있던 사회가 한꺼번에 폭발한 데다 엘리트층이 경제에 대한 상앙 방식의 통제를 공자 방식에 더 가까운 것으로 대체하면서 그 두 가지가 어우러져 경제적 변화가 나타났다. 우리는 전자의 경우를 1980년대 중국에서 첫 번째로 급속한 산업 발전을 경험한 지역인 상하이 남쪽에 위치한 저장성의 원저우溫州에서 볼 수 있다. 일찍이 덩샤오핑의 개혁 전인 1977년 공산당 기관지 〈인민일보人民日報〉는 '원저우에서 일어난 반혁명적인 복고의 우려스러운 사태'에 대해 개탄했다. 신문은 이렇게 썼다.

> 집산화는 사영私營 농사로 바뀌고, 암시장이 나타나고, 집산기업들이 파산하면서 지하의 공장과 노동시장으로 대체됐다.

실제로 시골 지역에서 사실상의 개혁들이 1978년 덩샤오핑이 농업을 자유화한 것보다 앞서 시작됐다. 1986년 원저우는 '현행 법규와 규제, 국가 정책들'로부터 자유롭게 벗어날 수 있는 '시험구試驗區'의 지위를 얻었다. 그때 이미 민간부문이 산업 생산의 41퍼센트(1980년에는 1퍼센트였다)를 맡고 있었다. 당은 이런 발전에 놀라 지역의 당 간부들에게 경제 문제에 대한 공산당의 지도력을 강조하라고 지시하고, 이 지역에 대한 취재 보도와 외부인의 방문을 제한했다. 원저우에서 벌어지고 있는 일을 막을 수 없다면 그 일이 널리 알려지기를 바라지 않았다. 그리고 당은 그 일을 멈추려고 시도했다. 지역의 당 간부들은 예컨대 반反부르주아 자유화 운동[41]을 통해 민간부문의 발전을 제한하려고 적극적으로 시도했다. 중국 공산당은 1988년에 가서야 종업원이 일곱 명을 넘는 민간 기업을 인정했다. 그때까지 당은 국가가 하지 않은 생산은 모두 '가계'가 한 것이라는 허구를 주장했었다. 공산당이 경제의 모든 측면을 통제하려던 입장에서 물러나자 기업가 정신이 거대하게 분출했다(국가의 통제 가운데 많은 부분이 이미 문화혁명기에 무너져 향후 통제 완화를 피할 수 없게 됐다). 1990년 원저우는 자체적인 수출가공지구를 개발하고 자체 공항을 건설했다. 원저우의 진정한 주도권은 국가가 아니라 사회에서 나왔다.

그러나 나중에 중국 경제의 방향을 규정하게 된 것은 하향식 요소다. 덩샤오핑의 비전은 공산당이 계속해서 정치 권력을 유지하도록 하는 것이었고, 공산당은 마오쩌둥 시대보다 더 도덕적인 방식으로 통치해야 했다. 사실 실력주의적인 공산당이 나라를 통치하기 위해 가장 뛰어난 인재를 활용하는 것과 과거 제국들이 중국 최고의 인재를 채용했던 것은 놀라울 만큼 비슷하

---

41 '반 자산계급 자유화 운동'이라고 한다.

다. 이 체제는 당의 지도로 시장경제가 번창하기에 충분한 여지를 만들어냈다. 어떤 면에서 이 체제는 훌륭하게 작동했다. 중국은 세계 2위 경제국으로 컸고, 1978년 이후 연평균 약 8.5퍼센트씩 놀라운 성장을 거듭하면서 세계 모든 지도자의 부러움을 샀다.

경제적 기회와 유인이 확대된 사실도 부인할 수 없다. 중국은 기업가적인 사회가 됐고, 알리바바의 마윈馬雲을 포함해 크게 성공한 중국 기업의 몇몇 창업자와 경영자들은 지방 도시의 대단치 않은 배경에서 나왔다(중국의 부유한 기업인 열 명 중 아홉 명은 지방 도시 출신이며, 한 명만 베이징, 상하이, 광저우, 선전, 충칭, 청두로 꼽히는 6대 도시에서 나왔다). 실제로 그런 기회와 유인 확대 없이는 중국이 지난 40년에 걸쳐 이룬 성취가 불가능했을 것이다. 그러나 이는 여전히 국가의 후원을 받고 국가의 변덕에 휘둘리기 쉬운 독재적인 성장이며, 공산당의 도덕적 리더십이 언제나 중국 경제를 지속적인 성장으로 이끌어 가리라는 걸 당연하게 받아들일 수는 없다. 족쇄를 채우지 않은 권력이 사적 이득을 위해 남용되고 경제성장의 잠재력을 파괴할 가능성은 늘 있다. 독재적 권력이 어떻게 사적 이득을 위해 쓰이며 유인을 훼손할 수 있는지는 2004년 베이징의 시우슈이秀水 시장을 폐쇄한 데서 잘 드러난다. 시우슈이는 1985년 정부가 교역과 시장에 대한 규제를 풀면서 자연스럽게 생겨나고 번화한 야외 시장이었다. 2004년까지 이 시장은 하루 1만~2만 명이 방문해 약 1,200만 달러씩 사고팔면서 이 도시에서 손꼽을 만큼 활기찬 소매시장 가운데 하나가 됐다. 그러나 그해 지방정부 관리들은 이 시장을 폐쇄하고 새로 지은 실내 상가로 옮기도록 했다. 신축 상가는 새로 나타난 한 사업가가 적당한 정치적 인맥을 이용해서 건축하고 관리하는 곳이었고, 이 사업가는 새 시장에서 영업할 권리를 경쟁입찰 방식으로 팔았다. 입찰가는 48만 달러까지 오르기도 했다. 사실 명나라 황제들이 소금 상인들에게 한 것과 마찬가지로 중국 정부는 오래된 노점상의 재산권을 빼앗아 완전히 다른 누군가에게 넘겨주었다. 그에 따른 이득 중 일부를 지방정부 사람들이 나눠 가졌다고 믿는다 해도 터무니없다고 할 수는 없다.

최근에 정치적 요소들이 경제활동을 가로막은 또 하나의 사례는 향진기업鄕鎭企業[42]에서 볼 수 있다. 향진기업은 1980년대의 혁신으로, 본질은 민간 기업이지만 흔히 지방정부가 소유했다. 이 체제가 굉장히 성공적이었던 까닭에 대해 경제학자들은 보통 중국의 제도가 불완전한 상황에서 기업가들이 지방정부 관리들과 연합하는 게 재산권을 지키는 한 가지 방법이었기 때문이라고 설명했다. 그러나 1990년대 중반부터 향진기업들은 쇠퇴하기 시작했고 그다음 10년 동안 완전히 사라졌다. 이는 경제가 자연스럽게 더 효율적인 체제로 전환돼서가 아니라 중앙의 정치인들이 주로 지방에 있는 향진기업들과 경쟁하기를 바라지 않는 대규모 국영기업들을 우대하기로 결정했기 때문으로 보인다. 향진기업들은 시골 지역에 집중하라는 명령을 받았고 신용 부족에 허덕였다. 그들은 정치적 결정에 따라 짓눌리고 소멸해버렸다. 이는 중국에서는 제국 시대와 똑같이 재산권은 정치적인 시혜에 크게 의존하며, 독립적인 사법부도 없고 정치적 엘리트에게도 평등하게 법을 적용하려는 어떤 시도도 없다는 더 일반적인 문제의 일면일 뿐이다. 사람들은 공산당 정치국의 도덕적 리더십, 혹은 그보다 좋은 것으로, 적당한 관리들과의 인맥이 갑자기 사라지지 않기를 바랄 수밖에 없다. 그러므로 기업가들이 재산권을 지키는 방법은 청 왕조의 사업가들과 같은 방식으로 국가 내부에 진입해 좋은 관계를 유지하며 그곳에 머물러 있는 것이다. 이는 지난 20년 동

---

42 개혁개방 이후 우리의 읍·면에 해당하는 향·진 주민들이 공동으로 생산과 판매를 하던 소규모 농촌기업

안 공산당원이 엄청나게 불어난 이유를 설명해줄 수 있다. 마윈을 포함해 많은 선도적 기업가들이 공산당 당원이다.

공산주의 국가가 늘 반란과 정치적 불안정을 걱정하는 것도 과거와 유사한 점이다. 2005년 시골의 불만이 지방을 뒤흔들었을 때 공산당은 토지세 폐지로 대응했다. 1713년 청나라가 토지세를 일정한 명목금액으로 동결했을 때와 비슷한 충격이 있었기 때문이다. 청나라의 중대한 문제는 공공서비스를 제공하기 위해 필요한 만큼 충분한 세금을 거둘 수 없다는 데 있었다. 그러나 공산주의 시대 중국 정부는 지금까지 급속한 경제성장 덕분에 그 문제를 해결하면서 엄청난 규모로 새로운 기반시설을 건설할 수 있었다. 그런데 경제성장이 둔화하면 무슨 일이 일어날까? 공산당은 지속적인 경제성장과 도덕적 리더십에 입각해 당의 정당성을 규정했다. 현 지도자인 시진핑 주석은 공자를 인용하고 자신을 북극성에 비유하기를 좋아한다. 그러나 특히 시 주석과 중국 지도부가 기대하는 존경이 사라지면 상황은 바뀔 수 있다. 당이 경제성장과 사회적 변화를 정치적 불안 요인으로 인식하게 될 가능성과 더불어 경제적 변화가 정치적 위협이 된다고 생각해 성장에 반대하는 쪽으로 돌아서게 될 가능성이 있다고 해도 그리 터무니없는 생각이 아니다. 예를 들어 1989년 톈안먼광장 시위 후 공산당 지도층이 경제 개혁과 그에 따른 사회적 변화가 민주주의 운동을 부추겼다고 비난하자 덩샤오핑의 개혁 의제가 거꾸로 돌아갈 뻔했다.

물론 사람들은 중국이 결국 성장과 질서에 대한 염려를 덜 하면서 더 자유롭고 안전한 사회로 이행하리라는 희망을 품을 수 있다. 사회과학에서 종종 '현대화 이론modernization theory'으로 일컬어지는 유명한 주장은 어떤 국가가 부유해지면 더 자유롭고 민주적인 나라가 된다고 단언한다. 그렇다면 중국에서도 그런 변화를 기대할 수 있을까? 그럴 것 같지 않다. 거의 2,500년 동안 회랑에서 떨어져 독재의 길을 따라온 여정을 고려하면 방향이 어떻게 바뀌더라도 매끄럽게 이어질 것 같지 않고, 중국에서 신속하게 '역사의 종언'이 이뤄질 것이라는 어떤 희망도 환상으로 남을 가능성이 크다는 뜻이다(다른 나라의 실례도 현대화 이론의 낙관적인 전제를 뒷받침하지 않는다).

현대화가 자동으로 자유를 가져다주지 않는다면, 독재적인 노선에 따라 조직된 경제에서도 활기찬 혁신이 확실히 이뤄지리라고 기대할 수 있을까? 중국 공산당이 만들어낸 그 모형은 자유 없이도 혁신을 일궈낼 수 있을까? 혁신에서 우위를 차지하기 위해 인공지능 같은 분야에 자원을 쏟아부을 수 있을까? 역사적인 증거를 본다면 적어도 다양하고 지속적인 혁신은 자유 없이 이뤄지기 어렵다는 점을 알 수 있다. 물론 자율적인 사회와 광범위한 기회, 유인이 없다고 해서 성장도 불가능하지는 않다. 중국은 비록 기존의 기술에 바탕을 둔 산업화와 투자를 통해 성장했지만 어쨌든 급속한 성장을 이뤘다. 송 왕조 때 중국의 경험과 초기 소련의 성공에서 볼 수 있듯이, 독재적 성장이라고 해서 혁신과 기술적 진보가 이뤄지지 않는다는 뜻은 아니다. 소련은 세계에서 가장 뛰어난 수학자와 물리학자들을 배출했을 뿐만 아니라 특히 군사 기술과 우주 경쟁을 비롯한 여러 분야에서 중요한 기술적 약진을 이뤄냈다. 심지어 북한도 경제와 사회에 대한 상앙 식 통제에도 불구하고 발전된 무기를 생산해냈다. 하지만 이 모든 사례에서 성공은 좁은 영역에서 하나의 답을 찾을 수 있는 문제well-posed problem**43**를 풀고 정부의 수요에 대응함으로써 이룬 것이었다(그리고 상당 부분 다른 곳에서 이뤄진 기존의 발전된 기술을 이전받고 복제함으로써 이룬 것이었다). 그러나 여러 분야에서 미래 성장에 필수적인, 다양하고 지속적인 혁신은 기존의 문제들을 푸는 것이 아니라

---

43 답이 존재하고 그 답이 유일하게 결정될 수 있는 '우량조건 문제'를 가리킨다.

새로운 문제들을 생각해낼 수 있느냐에 달려 있다. 그러자면 자율성과 실험이 필요하다. 누군가가 엄청난 양의 자원을 (그리고 인공지능 애플리케이션을 위한 데이터를) 제공할 수 있고, 개인들에게 열심히 일하라고 명령할 수도 있지만, 그들에게 창의적인 사람이 되라고 명령할 수는 없다. 창의성은 지속적인 혁신의 필수적인 요소이며, 결정적으로 수많은 개인이 실험하고, 그들 자신만의 남다른 방식으로 생각하고, 규칙을 깨고, 실패하고, 이따금 성공하는 데서 발휘된다.

제5장과 제6장에서 봤듯이 북적거리고 제멋대로 행동하고 사회적 이동성을 지닌 이탈리아 도시국가 사람들과 산업혁명기의 기업가들이 바로 그런 일을 할 수 있었다. 하지만 자유가 없다면 어떻게 그들의 성공을 복제할 수 있겠는가? 당신이 누군가 힘센 이에게 방해가 되거나 당이 재가한 구상과 충돌하면 어떻게 되겠는가? 규칙을 깨면 어떻게 되겠는가? 차라리 실험을 하지 않는 편이 좋을 것이다.

실제로 소련의 계획 수립자들은 70년 동안 실험과 위험 감수, 규칙 파괴를 바탕으로 한 바로 이런 유형의 혁신을 이해하지 못했고, 중국 경제도 아직 그 비밀을 풀지 못했다. 물론 특허와 대학, 새로운 기술에 자원을 쏟아붓고, 성공하면 막대한 보상을 해줄 수도 있다(소련 과학자들에게 그 보상은 살아남는 것이었다). 하지만 진정한 실험의 소란스럽고 무질서하며 반항적인 특성을 복제하지 못하면 자원과 보상만으로는 불충분하다. 회랑 밖에 있는 어떤 사회도 그 일을 해내지 못했다.

중국의 성장은 앞으로 몇 년 안에 흐지부지 끝나버릴 것 같지는 않다. 하지만 독재적 성장의 다른 사례들처럼, 중국도 대규모 실험과 혁신을 촉발하지 못하면 치명적인 도전에 직면할 수 있다. 독재적인 성장의 모든 전례와 마찬가지로 중국도 이 부분에서 성공할 것 같지 않다.

중국 특색의 자유

자유는 독재 아래서 쉽게 싹트지 못한다. 오늘날 중국에서도 똑같다. 중국과 너무나 가깝고 같은 문화적 배경을 지닌 홍콩과 대만이 자유를 강력히 요구할 수 있는 역량을 보여주는 동안 중국은 다른 방향으로 갔다. 우리가 이 책을 쓰는 동안 중국 정부는 '사회적 신용 제도social credit system'**44**를 시험하고 있다. 중국의 시민 개개인은 감시를 받고 사회적 신용점수를 받을 것이다. 감시는 모든 온라인 활동에 대해 이뤄지지만, 또한 이 책에 실은 베이징 중심부의 톈안먼광장을 찍은 〈사진 15〉가 보여주듯이 중국 정부는 전국에 걸쳐 2억 대의 얼굴 인식 카메라를 설치하고 있다. 디스토피아 소설《1984》에서 조지 오웰은 '빅 브라더가 지켜보고 있다'는 유명한 구절을 썼다. 책이 출간된 1949년 그것은 기술적으로 하나의 꿈(혹은 악몽)이었지만 이제 더는 꿈이 아니다. 사회적 신용점수가 최상급인 사람은 호텔과 공항에서 특별대우를 받고, 은행에서 더 쉽게 신용을 얻고, 명문 대학과 최고의 일자리에 특별히 접근할 수 있을 것이다. 선전 문구는 이렇게 밝혔다.

> 이 제도에 따라 신뢰할 수 있는 사람은 하늘 아래 어디든 자유롭게 다닐 수 있게 되고 신용이 없는 사람은 한 걸음도 내딛기 어려워질 것이다.

---

44 2014년 일부 지방부터 시범적으로 도입하고 있는 사회적 신용평점 시스템으로, 각 개인에 일정한 점수를 부여한 뒤 '선행'에 대해서는 가점, '악행'에 대해서는 감점을 준다. 신용등급이 높으면 전기료 감면, 취업과 대출 우대 같은 여러 혜택을 주고 등급이 낮으면 공공부문 취업이나 대출 제한, 보조금 중단부터 항공기나 고속철 탑승이나 호텔 숙박 제한에 이르기까지 각종 불이익을 준다.

하지만 얼마나 자유롭다는 말인가? 슈퍼마켓에서 술을 사보라. 그것은 나쁜 행동이며 신용점수 몇 점을 잃을 것이다. 친척이나 친구가 당국이 좋아하지 않는 일을 해도 점수는 깎일 것이다. 사귀거나 결혼할 사람도 당신의 점수에 영향을 줄 것이다. 공산당이 좋아하지 않는 결정을 내리면 사회에서 배제되고, 여행하거나, 집이나 아파트를 임차하거나, 심지어 일자리를 얻을 수도 없을 것이다. 이는 모두 규범들이 아니라 감시자로서 국가의 눈이 만들어낸 하나의 철장 같은 것이다.

사회적 신용이라는 사고가 얼마나 노골적으로 적용되고 그것이 자유에 무엇을 의미하는지는 위구르족 무슬림 수백만 명이 사는 중국 신장新疆에서 볼 수 있다. 위구르족은 기술적으로 가장 강도 높은 국가의 감시를 받을 뿐만 아니라 끊임없는 차별과 억압, 대규모 구금을 겪어왔다. 이제 그들은 집에서도 모든 말과 행동을 감시하는 '여러 빅 브라더와 시스터'를 견뎌내야 한다. 사회적 감시의 첫 번째 물결이 밀려온 것은 2014년 '인민을 방문하고, 인민에게 혜택을 주고, 인민의 마음을 모으기 위해訪民情, 惠民生, 聚民心' 공산당원 약 20만 명을 신장으로 보냈을 때였다. 비록 그들이 문화혁명기에 마오쩌둥이 도시 주민들을 지방으로 내려보냈을 때와 같은 환영을 위구르족 본인들에게서 받긴 했지만 말이다. 두 번째 물결은 2016년 감시자 11만 명을 '한 가족으로 단결結對認親하자'는 운동의 선봉으로 이곳에 보냈을 때 밀려왔는데, 그들은 가족 구성원이 투옥되거나 경찰에 피살된 가정에 배치됐다. 2017년에는 세 번째 물결로 100만 명의 요원들이 밀어닥쳤다. 아침에는 '형제와 자매들'이 공산당 지역본부 앞에서 함께 노래를 부르고 시진핑 주석의 '신新중국' 비전에 관한 학습에 열심히 참석했다.

위구르 사람들은 끊임없이 충성심을 점검하는 감시를 받았다. 그들은 중국어를 잘하는가? 메카를 향해 돗자리를 깔거나 무릎을 꿇고 기도하는 기미가 있는가? 어쩌다 '앗살라무 알라이쿰[45]' 같은 이슬람의 인사를 들었는가? 쿠란을 가지고 있는가? 라마단에는 무슨 일을 했는가?

중국 특색의 자유는 대다수 사람에게 자유가 전혀 아니다.

---

45 '신의 평화가 당신에게'

제8장

파괴된 레드 퀸

증오의 이야기

2007년 마노지Manoj와 바블리Babli는 끔찍한 실수를 저질렀다. 서로 사랑에 빠진 것이다. 그들은 인도 북서쪽 하랴나주의 작은 마을 카로란 출신이었다. 마노지는 학교를 중퇴하고 전자제품 수리점의 견습공으로 일했다. 바블리는 길 건너 그 지역 여학교에 다녔다. 두 사람은 수리점에서 만났고, 첫눈에 사랑에 빠진 건 아니었지만 곧 사랑하는 사이가 됐다. 바블리는 멀쩡한 휴대폰을 고쳐달라며 마노지에게 가져왔고, 그가 이유를 물어보자 이렇게 대답했다. "물론 휴대폰은 아무 문제 없어. 그냥 널 다시 보고 싶었을 뿐이야."

마노지와 바블리는 둘 다 같은 카스트caste 혹은 *자티jati* 출신이었다. 그들은 둘 다 반왈라 자트Banwala Jat**1** 사람들이었다. 이 자트는 인도에서 '기타후진계급Other Backward Class'으로 부르는 사람들이다. 둘이 같은 카스트에 속한다는 것 자체는 문제가 아니었다. 사실 인도의 카스트제도에는 카스트 족내혼族內婚이라는 엄격한 규칙이 있는데, 사람들이 같은 카스트 내에서 결혼해야 한다는 뜻이다. 하지만 한 카스트 안에서도 추가적인 제약들이 있는데, 마노지와 바블리의 치명적인 문제는 둘이 같은 *고트라gotra***2** 혹은 씨족 출신

1 자트는 주로 인도 서북부에 사는 인도-아리아계의 한 종족이다.

2 부계 선조가 같은 씨족

이라는 점이었다. 씨족은 하나의 친족집단이다. 인도의 법률 상으로 마노지와 바블리가 결혼을 못할 이유는 전혀 없었지만, 인도에서는 법보다 더 강력한 뭔가가 존재한다.

바블리와 마노지가 가출해서 결혼을 하려고 결심한 순간 두 사람은 카스트제도의 규칙을 어긴 게 됐다. 카스트제도는 굉장히 오래됐다. 실제로 기원전 324년경 카우틸랴Kautilya가 쓴 치국책 지도서인 《아르타샤스트라Arthashastra》에도 언급됐다. 카우틸랴는 인도 북부에 걸친 마우리아 대제국을 창건한 지배자 찬드라굽타 마우리아Chandragupta Maurya의 자문관이자 전략가였다. 카스트에 따라 각기 다른 의무와 책임을 정리한 부분에서 카우틸랴는 '호주戶主의 의무: 자신의 직업을 찾아 먹고살 것을 벌고, 같은 *바르나varna* 출신이지만 같은 고트라 출신이 아닌 여자와 결혼한다'고 규정했다.

카우틸랴가 쓴 바르나라는 말은 힌두 인구를 크게 브라만Brahman과 크샤트리아Kshatriya, 바이샤Vaishya, 수드라Shudra 네 개로 나누는 사회 계급들을 의미한다. 인도인 대부분이 이 네 개의 서로 다른 하위집단에 속하여, 신분은 부모로부터 자녀들에게 대물림된다. 카우틸랴는 각각의 바르나들이 무엇을 해야 하는지 아주 명확히 규정했다.

> 브라만의 의무는 공부하고, 가르치고, 규정된 의식을 거행하고, 다른 사람들의 의식을 집전하고, 선물을 주고받는 것이다.
>
> 크샤트리아의 의무는 공부하고, 규정된 의식을 거행하고, (직업으로서) 무기를 다루며 살고, 모든 생명을 보호하는 것이다.
>
> 바이샤의 의무는 공부하고, 규정된 의식을 거행하고, 농사짓고, 가축을 키우고, 거래하는 것이다.
>
> 수드라의 의무는 재생족(再生族, 수드라 위의 세 계급)들에게 봉사하고, (혹은) 농

업, 목축, 상거래 같은 경제활동을 하고 장인 혹은 (배우나 가수처럼) 광대의 직업을 갖는 것이다.

상위 세 계급에게만 '재생족[3]'으로서 특별한 종교의식에 참여할 자격이 주어졌다. 계급구조의 밑바닥에 수드라가 있었고, 이들은 더 높은 바르나 사람들에게 봉사하고, 광대 노릇과 같은 비천한 과업을 떠맡을 운명이었다. 수드라는 먼 옛날 인도-아리아인이 인도로 이주해 왔을 때 그들이 정복하고 사회에 통합시킨 사람들로 구성됐을 가능성이 있다. 계급구조의 최상위에는 종교의식뿐 아니라 교육에 특화한 승려 계급인 브라만이 있었다. 그다음에 주로 전사와 군인들로 이뤄진 크샤트리아가 있었고, 다음으로 상업과 제조업, 농업에 종사하는 바이샤가 있었다. 이 체제의 바깥이자 사회 계급의 맨 밑바닥에는 역사적으로 '불가촉천민' 혹은 달리트Dalit로 불렸으며, 지금은 공식적으로 지정 카스트Scheduled Castes로 일컬어지는 사람들이 있었다.

각 바르나에 속해 있는 자티들은 카스트를 구성하는 집단들이다. 카스트 제도가 자티라는 단위로 구성돼 있다고 생각하면 이해하기 쉬운데, 인도에는 약 3,000개의 자티들이 있고 각 자티는 네 개의 바르나 중 하나에 속한다. 자트는 자티 가운데 하나다. 그러므로 마노지와 바블리가 속한 반왈라 자트는 자트 자티Jat jati의 일원으로, 다시 말해 수드라에 속했으며, 더 현대적인 분류에 따르면 기타후진계급의 일부다.

이와 같은 역사적인 사회조직이 유독 인도에만 있는 것은 아니다. 앞서 살펴본 것처럼 중세 잉글랜드 역시 '위계 사회society of orders'였고, 역사가들은 흔히 사람들을 기도하는 이들과 싸우는 이들, 노동하는 이들 세 집단으로 구

3 거듭 태어난 이들이란 뜻

분했다. 대략 브라만과 크샤트리아, 바이샤 및 수드라와 일치한다. 사람들은 또한 직업명을 이름으로 썼는데, 앞으로 살펴보겠지만 직업을 정해준다는 건 인도 카스트제도의 핵심적인 부분이다. 누군가가 13세기 잉글랜드의 대장장이blacksmith였다면 그는 아마도 스미스Smith로 불렸을 것이다. 누군가가 통을 만들었다면 그는 쿠퍼Cooper였을 것이다. 그가 빵을 구웠다면 베이커Baker였을 것이다. 그리고 스미스의 아들도 아마 대장장이였을 것이다. 리처드 브리트넬Richard Britnell은 심지어 성에 관한 데이터를 활용해 중세 잉글랜드가 경제적으로 얼마나 다양했는지 측정하는 방법을 개발했다. 그는 실제 경제에 관한 데이터가 아니라 과세 기록에 나오는 사람 이름만 갖고 있었지만 두 가지는 결국 매한가지로 밝혀졌다. 사람들의 이름을 알면 어떤 직업을 갖고 어떤 경제활동을 했는지 알 수 있고, 따라서 경제가 어떻게 조직됐는지 알 수 있었다. 이런 이름들은 시간이 흘러도 살아남았지만, 제6장에서 본 것처럼 경제와 사회가 변화하면서 이름과 직업 사이에 존재하던 상관관계는 사라졌다. 이름과 직업의 관계가 끊어진 이유 중 하나는 이러한 관계가 인도에서 확립된 방식처럼 제도화된 적이 없었다는 데 있다. 특히 종교와 국가의 특성에까지 녹아든 적은 없었다.

인도 카스트의 정체성과 규범의 영속성은 거의 2,500년 전에 카우틸랴가 기록했던 규범이 오늘날에도 여전히 작용한다는 사실에서 잘 드러난다. 그렇다면 규범은 어떻게 실행되는가? 바블리의 가족이 마노지가 그녀를 납치했다고 고발했기 때문에 마노지와 바블리는 카이탈의 법정에 출두해야 했다. 두 사람은 자신들이 합법적으로 결혼했으며 납치는 일어나지 않았다는 사실을 입증해야 했다. 바블리는 오빠 수레쉬와 사촌 구르데브가 법정에 나타나서 놀랐다. 그들은 법정 심문이 열리는 것을 어떻게 알았을까? 다른 사촌 두 명도 그곳에 왔다. 마노지와 바블리는 시끄러운 일이 벌어질 걸 예상하고 변호사의 제안에 따라 법원에 경찰의 보호를 요청했다. 둘은 찬디가르에서 결혼하고 반대하는 친척들을 피해 그곳에 숨어 있었는데, 법원의 공판이 끝난 후 경찰은 둘을 차에 태워서 찬디가르로 돌아가는 버스가 있는 곳까지 데려다주었다. 두 사람은 찬디가르행 버스를 잡으려고 페호와 정류장에서 하차했다. 그 뒤를 친척들이 쫓아왔다. 경찰은 문제가 생길 낌새를 알아챈 것 같았다. 무슨 일이 벌어지지 않도록 경찰 두 명이 마노지와 바블리를 따라 버스에 올랐다. 사촌 둘도 버스에 탔다. 뒤따르는 승용차 한 대에는 더 많은 이들이 타고 있었다. 버스는 출발했지만 피플리라는 도시에 이르렀을 때 두 경관은 그곳까지가 자기네 관할이라며 자신들은 돌아가야 한다고 밝혔다. 남겨진 마노지와 바블리는 절망하며 델리행 버스에 올라탔다. 그러자 사촌들도 따라 탔다. 카르날이라는 도시 전에 있는 한 도로 요금소에서 은색 마힌드라 스콜피오 스포츠 유틸리티 차량이 갑자기 버스 앞으로 끼어들어 길을 막았다. 마노지와 바블리는 버스에서 끌려 나가 스콜피오에 태워졌다. 그 후 두 사람은 실종됐고 다시는 살아 있는 모습으로 발견되지 않았다. 나중에 두 사람의 발이 한데 묶여 절단된 채 부풀어 오른 시신이 발사만드 마이너 운하에서 발견됐다.

독자들은 마노지와 바블리가 희생자들이라고 생각할 수도 있다. 그러나 그 지역 카스트 회의는 마노지의 가족을 배척한다는 결정을 내렸다. 마을에 사는 누구도 마노지 가족들과 이야기할 수 없었고 그들에게 어떤 것도 팔 수 없었다. 누구든 규칙을 어기면 벌금으로 2만 5,000루피(약 350달러)를 물고 마을 사람들에게서 배척당할 것이었다.

규범의 우리에 갇힌 인도

인도 국가와 사회의 진화에서 규범의 우리는 큰 비중을 차지한다. 아테네와 유럽에서는 레드 퀸이 국가와 사회 양 측의 발전을 가져왔을 뿐만 아니라 그 과정에서 규범의 우리를 완화하기 시작했지만, 그동안 인도에서는 그런 일이 일어나지 않았다. 인도에서는 카스트제도가 강화되고 그 단단한 계급구조에 국가가 부차적인 존재로 밀려나면서 사회는 파편화됐고 내부적으로 대립했다. 사회는 하나로 통일된 실체였던 적이 없었고, 사회 내부의 갈등과 그에 따른 불평등이 이 나라 정치에서 주된 문제가 됐다. 국가의 역량이 확대되면서 사회가 새로운 정체성과 새로운 조직을 개발하고 더 전반적인 사안에 요구를 할 수 있게 된 18세기 말 영국의 사례에서 봤듯이, 레드 퀸은 국가와 사회의 경쟁과 협력을 통해 분열상을 고쳐나간다. 영국과 대조적으로 인도에서는 카스트제도가 부추긴 파편화와 분열 탓에 그런 일이 전혀 일어날 수 없었다. 사회는 조직화하거나 국가를 감시할 수 없었다. 비록 이 반도에도 유럽처럼 민중이 정부에 참여한 오랜 역사가 있었다 해도 사회의 정체성을 바꿔나가는 레드 퀸의 역동성은 나타나지 않았다. 그보다는 정치 참여가 카스트를 바탕으로 이뤄지고, 국가 자체가 카스트제도를 지지하고 카스트제도에 의해 보호를 받았기 때문에 카스트 기반의 정체성은 계속해서 재확인됐다. 이는 자유에 끔찍한 영향을 미쳤다.

카스트제도가 인도의 자유 결핍만 설명해주는 것은 아니다. 이 제도는 이 나라의 빈곤을 설명하는 데에도 도움이 된다. 사람들이 물려받은 신분에 따라 특정 직업에 묶여 있다는 사실은 사회적 이동성과 혁신을 촉진하는 데 엄청난 걸림돌이다. 그러나 이는 사회의 단단한 계급구조와 사회 구석구석에 미치는 지배력이 만들어낸 굉장히 불평등한 기회와 유인 중에서 눈에 보이는 빙산의 일각일 뿐이다. 인도는 1950년 1월 26일 이후 민주주의 국가였고 1990년대에 경제를 '자유화'했지만, 카스트의 지배와 온갖 제약, 분열, 위계로 가득한 규범들이 존속하였고 가장 가난한 시민들을 돕는 일이나 진정한 역량에 관심이 없는 국가를 낳았다.

이 모든 것을 더 잘 이해하기 위해 카스트 계급구조의 맨 밑바닥에 있는 달리트 이야기로 시작해보자.

파괴된 자들

달리트는 정확히 어떤 의미일까? 이 말은 카우틸랴의 책에는 나오지 않는데, 그 기원은 근래에 와서야 찾을 수 있다. 달리트는 불가촉천민으로 불리곤 했다. 인도가 1948년 독립한 후 최초의 인도 헌법을 만드는 데 이바지한 저명한 정치가 B. R. 암베드카르B. R. Ambedkar가 '달리트'라는 말을 지어냈다. 문자 그대로 '파괴된 자들'이라는 뜻이다. 그렇다면 '불가촉성'은 어디에서 유래했을까?

불가촉의 의미는 말 그대로 누군가를 접촉할 수 없다는 것이다. 더 높은 카스트에 속한 사람이 달리트 사람을 접촉하면 '오염'이 되고, 그러면 정화 의식으로만 씻어낼 수 있다. 1998년 구자라트주 암다바드 지역에서 휴먼라이츠워치Human Rights Watch**4**가 면담한 한 달리트 노동자는 이렇게 말했다.

> "우리가 일하고 있을 때 그들은 우리에게 가까이 오지 말라고 부탁해요. 구내 찻집에서 그들은 따로 컵을 쓰고, 우리더러 직접 컵을 씻고 접시를 치우도록 했

4 국제인권감시기구

지요. 우리는 사원에도 들어갈 수 없습니다. 더 높은 카스트의 수도꼭지를 이용할 수 없습니다. 물을 받으러 1킬로미터나 가야 하지요. … 우리가 정부가 준 권리를 요구하면 지방 관리들은 우리를 해고하겠다고 위협합니다. 그래서 우리는 아무 말도 안 하지요."

문제가 되는 것은 신체적인 접촉뿐만이 아니다. 어떤 달리트가 브라만을 향해 그림자를 드리우면 정화 의식이 필요할 수 있다. 달리트 계급의 사람들은 '재생족' 앞에서 신발을 신어서는 안 된다. 달리트 출신인 암베드카르는 불가촉이라는 관념을 좋아하지 않았고, 인도 헌법상 명백한 불법으로 만들었다. '불가촉천민의 폐지'에 관한 헌법 제17조는 명확한 표현으로 이렇게 규정했다.

불가촉천민을 폐지하고 그와 관련한 어떤 형태의 관행도 금지한다. 불가촉천민이라는 이유로 무엇을 하지 못하게 강제하는 것은 법률에 따라 처벌할 수 있는 불법 행위다.

그러나 오늘날 인도에는 아직도 달리트가 2억 명에 달하는 것으로 추정된다. 어째서일까?

불가촉천민에 관한 암베드카르의 가장 유명한 선언은 그가 1936년에 하려고 준비한 강연 원고에서 나왔다. 암베드카르가 강연 원고를 돌렸을 때 그것이 너무나 터무니없다고 여겨져 곧바로 초청이 취소되었고, 그는 끝내 그 선언을 발표하지 못했다. 그는 자비로 원고를 인쇄하고 '카스트의 무효화The Annihilation of Caste'라는 제목을 달았다. 암베드카르는 무엇이 문제인지 정확히 알았다. 어릴 때 그는 '접촉 가능한 이들'의 학교에 다닐 수 있었지만, 나머지 어린이들과 따로 떨어져서 그들이 앉을 마룻바닥을 오염시키지 않도록 자루 위에 앉아야 했다. 하나뿐인 수도꼭지가 더 높은 카스트 아이들이 쓰는 것이어서 그는 온종일 물을 마실 수 없었다. 암베드카르는 우선 불가촉천민의 생활이 어떤지부터 묘사한다.

> 힌두인이 다가오고 있으면 불가촉천민은 누구나 이용하는 길을 갈 수 없었습니다. 자신의 그림자가 힌두인을 오염시키면 안 되기 때문입니다. 불가촉천민은 힌두인들이 실수로 그에게 닿아 오염되는 것을 예방하기 위한 신호나 표시로 손목이나 목에 검은 줄을 둘러야 했습니다. 푸나[5]에서는 … 불가촉천민들은 자신이 밟고 온 땅을 쓸기 위한 비를 허리춤에 매달고 다녀야 했는데, 같은 땅을 걷는 힌두인이 오염되지 않도록 하기 위해서였습니다. 그곳에서 불가촉천민들은 어디를 가든 목 주위에 자기 침을 뱉을 질그릇을 매달고 다녀야 했는데, 그의 침이 땅에 떨어져 그것을 모르고 밟은 힌두인이 오염되지 않도록 하려는 조치였습니다.

그러나 암베드카르의 의제는 단지 불가촉천민을 폐지하는 것으로 그치지 않았다. 암베드카르는 카스트제도가 미칠 광범위하고 유해한 효과를 잘 알고 있었으므로 전면적으로 카스트제도를 폐지하고 싶어 했다. 그는 경제적 관점에서 카스트제도를 공격했다. 암베드카르가 볼 때 (그리고 우리가 볼 때도) 각 카스트와 바르나, 자티가 특정 직업만을 가질 수 있다는 것은 말도 안 되는 일이었다. 그는 물론 카스트제도가 '지배'에 바탕을 둔 것으로 부자유를 초래하는 강력한 원천임을 알았다. 또한 카스트제도로 인해 사회가 내부적으로 대립하고 분열하며 해체되는 것이 더 심각한 문제임을 알고 있었다.

---

5 인도 서부 마하라슈트라주 도시

그는 이렇게 썼다.

> 카스트제도는 단지 노동의 분업만을 의미하지 않습니다. 그것은 또한 노동자들의 분열을 뜻합니다. 문명사회에 노동의 분업이 필요하다는 것은 의심할 나위가 없습니다. 그러나 어떤 문명사회에서도 노동의 분업이 이토록 부자연스럽게, 노동자들의 분열을 초래하면서, 그들을 물샐틈없는 칸막이로 갈라놓지 않습니다. 카스트제도는 … 분열된 노동자들에 대해 상하로 등급을 매기는 계급구조입니다. … 이 제도는 한편으로 사람들을 별개의 공동체로 갈라놓습니다. 그리고 다른 한편으로는 이 공동체들을 사회적 지위가 높은 것과 낮은 것으로 등급을 매깁니다.

암베드카르는 다른 자리에서 또 다른 비유를 써서 카스트제도는 "여러 층이 있는데도 계단과 입구가 없는 탑과 같다"며 "이곳에서는 누구든 태어난 층에서 죽어야만 했다"고 말했다. 또 카스트제도가 만들어낸 노동의 분업은 경제적으로 비합리적이라며 그 이유를 "이 제도는 개인들에게 미리 해야 할 일을 지정해주려고 하며, 그것도 훈련받은 독창적 역량이 아니라 부모의 사회적 지위를 바탕으로 과업을 정하기 때문"이라고 밝혔다. 암베드카르가 보기에 현대의 경제를 "운명 예정설의 도그마"에 따라 구축할 수는 없으며, 그렇게 하려는 어떤 시도도 "똥 무더기 위에 궁궐을 지으려는 것"과 같았다.

암베드카르는 또 카스트제도가 자유와 정치에 미칠 지독한 악영향을 아주 명확하게 밝혔다. 카스트 사회는 근본적으로 비자유적일 뿐만 아니라 카스트로 인해 대단히 파편화되고, 조직화되지 못하고, 원시국가 사회에 머무른다고 강조했다. 그는 "카스트는 … 힌두 민족이 전혀 조직화하지 못하고 완전히 타락하게 만들었다"며 "엄밀한 의미에서 힌두 사회는 존재하지 않는다. 단지 카스트의 집합에 불과하다"고 밝혔다. 그들이 외부의 적에 대항해 단결할 때 말고는 "각 카스트는 스스로 다른 카스트로부터 분리되고 구분되려고 애쓰며 … 전형적인 힌두인은 다른 이들과의 어떤 접촉도 거부하면서 자기만의 구멍에 사는 쥐와 같다. 그러므로 힌두인들은 단지 여러 카스트를 모아놓은 것이 아니라 각자 혼자 힘으로 이기적인 목적을 위해 살아가는, 수많은 투쟁집단들이다." 카스트는 사람들의 정체성에 절대적인 영향을 미치며 바로 그 때문에 "힌두족은 사회를 형성할 수 없다." 그 이유는 기본적으로 이렇다.

> 힌두인의 … 책임은 자신이 속한 카스트에 대한 것뿐이다. 그의 충성심은 자신의 카스트에 국한된다. 미덕은 카스트의 지배를 받고 도덕은 카스트의 제약을 받는다. … 자선이 행해지기도 하지만, 카스트 내에서 시작되고 그 안에서 끝난다. 다른 사람을 동정同情하더라도 그것이 다른 카스트에 속한 사람들을 위한 것은 아니다.

카스트 사회의 비자유적인 특성을 생각해보자. 직업, 생활양식, 거주 그리고 카스트에 수반되는 다른 많은 것들에 대한 제약을 고려할 때 카스트 사회가 비자유적이란 건 분명하다. 그러나 암베드카르는 더 심층적인 문제를 지적하고자 했다. 카스트제도는 오로지 지배와 폭력의 위협으로만 유지될 수 있다는 점이다. 그는 힌두의 대서사시 '라마야나Ramayana'에서 라마 왕이 명상을 하다 발각된 수드라의 목을 베었다는 점을 지적했다. 수드라는 재생족이 아니므로 명상을 해서는 안 된다. 인도에서 가장 오래된 《마누 법전The Laws of Manu》은 강경하게, 왕이 카스트제도를 집행해야 하며 바르나 질서를 깨는 자에 대해서는 대단히 무겁게 제재해야 한다고 규정한다. 예를 들어 수드라는 고대 힌두 경전인 《베다Veda》를 암송하거나 심지어 듣기만 해도 그의 혀를 자르거나 녹인 납을 그의 귀에 들이붓는 벌을 받을 수 있다.

가장 비천한 일은 수드라가 아니라 달리트에게 돌아갔다. 그들이 해야 하는 일에는 동물 사체나 인간의 똥오줌을 치우는 것과 같이 맨손을 써서 해야 하는 청소부 일도 포함됐다. 〈사진 16〉에서 그런 일을 하는 모습을 볼 수 있다. 달리트의 다른 직업으로는 구두장이와 무두장이, 거리 청소부가 있다. 달리트의 자녀는 더 높은 카스트의 채권자에게 채무 상환을 위해 팔려갔고, 달리트의 소녀들은 사실상 제도화된 형태의 매춘인 데바다시Devadasi제도에 따라 사원에 팔렸다. 달리트의 남자와 여자, 자녀들은 농사 일꾼으로서 쥐꼬리만 한 대가를 받고 형편없는 조건에서 일했다. 휴먼라이츠워치는 정부 통계를 이용해 최소한 100만 명, 어쩌면 그보다 많은 달리트가 공중변소와 개인 화장실의 배설물을 수거하고 죽은 동물을 치우면서 맨손 청소부 일을 하고 있다고 추산했다. 이 단체가 안드라프라데시주에서 면담한 청소부 중 한 명은 이렇게 전했다.

> "변소 한 곳에 손으로 청소해야 하는 자리가 많으면 400개에 달합니다. 이건 세상에서 가장 천한 직업이고, 카스트제도에서 가장 낮은 자리에 있는 집단이 하는 일이지요."

그들이 비천한 일을 해야 하는 이유는 그보다 높은 카스트의 지배력 때문이며, 규범과 폭력의 위협은 지배를 뒷받침한다. 청소부들은 대부분 그 집단에서 그 일 말고는 할 수 있는 일이 없다는 말을 듣는다. 마디아프라데시주에서 '존엄성 회복을 위한 국민운동Rashtriya Garima Abhiyan'이라는 캠페인이 일어나면서 맨손 청소부들에게 원한다면 일을 그만둘 수 있다고 알려주자 그들 중 1만 1,000명이 즉시 그만뒀다. 하지만 그들에 대한 압력과 협박은 계속됐다. 그중 한 명은 "내가 청소를 해줬던 이들 중 한 사람이 나에게 '앞으로 내 농장에 오면 양쪽 다리를 잘라버리겠다'며 으름장을 놨다"고 전했다.

카스트제도의 특성과 그것이 만들어낸 규범의 우리는 인도 사회가 집단으로 행동할 수 있는 능력을 떨어트린다. 바로 암베드카르가 지적한 것처럼 사회는 스스로 분열된다. 레드 퀸이 파괴된 것이다.

지배하는 자들

지배하는 자들은 보통 카스트 구조에서 가장 높은 바르나인 브라만들이었다. 역사적으로, 심지어 여러 카스트가 사는 마을에서도 브라만들은 이 장의 뒷부분에서 다시 이야기할 마을 의회 '판차야트*panchayat*' 같은 지역 정치와 정치기구들을 지배했다. 틸라이 고빈단Thillai Govindan이 1903년에 출간한 자서전에는 그가 살았던 타밀나두주의 마을에서 법적 사건들을 판결하는 몇 차례의 판차야트 회의가 기록돼 있다. 한 회의에서는 참석한 스물다섯 명 중 열여덟 명이 브라만이었다. 인류학자 안드레 베테일André Béteille은 1960년대 초 같은 주에서 현지 조사를 하면서 브라만은 마을 인구 중 4분의 1에 불과했지만 전통적으로 판차야트를 완전히 지배해온 사실을 발견했다.

그러나 베테일이 그 지역사회에 관한 연구에 착수할 때 상황은 달라지기 시작했다. 이는 브라만들이 높은 교육수준을 바탕 삼아 더 높은 임금을 받는 직업을 가질 수 있고 정부 관리가 될 수도 있는 도시 지역으로 이주했기 때문이기도 하고, 민주주의 정치로 인구가 더 많은 카스트의 역량이 커졌기 때문이기도 했다. 베테일이 연구한 마을에서 그런 카스트는 수드라 자티 중 하나인 칼라스Kallas였다. 그들이 지역사회에서 가장 강력한 집단으로 부상한 이유는 단지 마을에서 수적으로 지배적인 바르나였기 때문만은 아니었다. 베테일은 다른 이유를 밝혔다.

> 칼라스는 폭력의 전통을 가졌고 그 때문에 '아디-드라비다Adi-Dravida' 사람들이 그들의 권력에 도전하기를 주저했다.

문자 그대로 '본래의 드라비다인들Original Dravidians'을 의미하는 아디-드라비다[6]라는 말은 특히 타밀나두주에서 달리트들에게 붙는 꼬리표였다. 이 용어는 20세기 초에 불가촉천민 집단인 파라이야르Paraiyar 사람들의 오명을 벗겨주기 위해 쓰이게 되었다. 파라이야르에서 영어 천민pariah이라는 말이 나왔으며 옥스퍼드 영어사전은 이 단어를 버림받은 사람, 환영받지 못하는 사람, 거부된 사람, 국외자, 배척당하는 자로 정의한다. 드라비다인들은 최초로 카스트제도를 도입한 것으로 보이는 인도-아리아인들이 이주해 오기 전에 처음부터 인도 남부에 살았던 사람들이었고, 그러므로 '본래의 드라비다인들'이라는 표현에는 파라이야르 사람들의 사회적 지위를 올려주려는 의도가 담겨 있었다.

인도의 사회학자 M. N. 스리니바스M. N. Srinivas가 마을의 '지배적 카스트dominant caste'라고 부른 집단과 달리트 사람들 사이의 적대는 일반적이며, 흔히 폭력에 빠져든다. 휴먼라이츠워치는 타밀나두주에서 달리트와 또 하나의 수드라 자티인 테바르Thevar 사람들 사이의 갈등이라는 맥락에서 이 문제를 연구했다. 그들이 면담한 한 사람은 이렇게 밝혔다.

> "테바르 사람들은 달리트들과 다투었습니다. 테바르인들도 선진적인 공동체

6 드라비다는 인도 남부나 실론섬의 비아리안계 종족이다.

가 아닙니다. 그들은 지주들이지만 그리 대단하지는 않지요. 교육에서도 앞서지 못하지만, 그래도 달리트들을 일꾼으로 부리고 있어요."

경제적인 요인으로 달리트들을 계속 통제 아래 둘 연유가 있었던 것이다. 휴먼라이츠워치는 훨씬 더 심층적인 위계와 지배의 구조를 밝혀냈다. 어떤 테바르 정치인이 휴먼라이츠워치에게 말했다. 비꼬려는 기미는 전혀 없었다.

"20~30년 전 과거에는 *하리잔*harijan7들이 '불가촉'의 관행을 즐겼습니다. 과거 여성들은 남성들에게 억압받는 것을 즐겼어요. … 대부분의 달리트 여성들은 테바르 남성들과의 관계를 즐겼지요. 테바르 공동체의 남성들이 자신들을 첩으로 삼는 것을 즐겼어요. 강제로 한 일이 아닙니다. 달리트에게 하는 어떤 일도 강제로 하지 않았지요. 그들이 반항하지 않는 것은 그 때문입니다. 그들은 반항할 여유가 없고, 일자리와 보호를 위해 우리에게 의존합니다. … 우리는 달리트 사람들 없이 살 수 없습니다. 우리는 들에 나가 일할 사람들을 원합니다. 우리는 지주들이니까요. 그들이 없으면 우리는 경작하거나 가축을 돌볼 수 없지요. 하지만 달리트 여성은 경제적 의존 때문에 테바르 남성과 관계를 맺는 것이 아닙니다. 여성은 그 관계를 원합니다. 남성은 그것을 허락합니다. 남성이 힘이 있으면 그녀는 그 지주에게 더 많은 애정을 갖게 되지요."

이 지배적인 관계는 피지배자들의 자유를 말살할 뿐만 아니라 지역의 정치기구들이 작동하는 데 독이 된다. 아마도 판차야트에는 달리트를 위해 남겨둔 자리도 있을 것이다. 이처럼 남겨둔 자리는 지배적인 카스트의 주도권

7 문자 그대로는 '신의 아들'이라는 뜻으로, 달리트를 달리 부르는 말

에 위협적이었다. 1996년 타밀나두주의 멜라발라부 마을에서 테바르를 포함해 다수파 카스트 집단은 어떤 달리트도 판차야트 의원으로 나서서는 안 된다고 주장했다. 〈타임스 오브 인디아Times of India〉 기사는 "달리트들은 농장 노동자로서 일자리를 잃고, 가축을 방목할 수 없게 되거나, 지배적인 카스트가 보유하면서 놀리고 있는 파타 토지patta land**8**의 샘에서 물을 길을 수 없게 될 것이라는 경고를 받았다"고 보도했다. 선거는 10월로 잡혀 있었지만, 협박을 받은 달리트 후보들이 모두 사퇴하는 바람에 취소되고 말았다. 이듬해 2월에 달리트 중 한 명인 무루게산Murugesan이 배짱 좋게 출마했다. 지배적인 카스트가 선거에 참여하지 않아서 그가 당선됐다. 하지만 그 후 그는 경찰의 보호를 받아야 했고, 테바르 사람들이 그를 막아서서 판차야트 건물에 들어갈 수 없었다. 무루게산은 끊임없는 협박에 시달리다 1997년 6월 피살됐다. 사건을 직접 목격한 사람의 이야기를 들어보자.

"현장에는 40명 가까이 있었습니다. 모두 테바르 사람들이었어요. 그들은 무루게산의 오른쪽 배를 찔렀습니다. 아주 긴 칼로요. 버스 밖에서 우두머리인 라마르Ramar는 테바르 사람들에게 천민들을 모두 죽여버리라고 지시했습니다. 열두 명 중 여섯 명이 그 자리에서 살해됐지요. 그들은 여섯 명 모두 버스에서 끌어내 길 위에서 길이가 6피트 넘는 낫으로 찔렀습니다. … 테바르 사람 다섯 명이 함께 무루게산을 버스 밖 길바닥으로 끌어 내려 그의 머리를 잘라낸 다음 1.5킬로미터 떨어진 샘에 버렸어요."

이 학살 후 외부의 개입으로 달리트 여성 다섯 명이 판차야트 의원으로 당

8 토지개혁으로 정부가 경작자에게 준 소규모 토지

선될 수 있었다. 그에 대응해 테바르 사람들은 달리트 일꾼들을 해고하고 다른 이들이 고용하지 못하게 막았다. 달리트 자녀들은 겁이 나서 학교에 가지 못했다. 당선된 여성 중 한 명은 휴먼라이츠워치에 이렇게 말했다.

> "사무실은 카스트 힌두caste Hindu**9** 지역에 있어요. 그들은 나를 사무실에 들여보내지 않았지요. 그래서 우리는 여기 TV 보는 방에서 회의했습니다. 그들은 여전히 우리를 협박하고 있어요. 나를 감시하고 미행합니다. … 선출된 달리트 여성들이 그곳에 가면 상위 카스트가 해코지할 거예요. 여성들이 사무실에 들어가겠다고 고집하면 그들은 여성들을 때릴 겁니다. 나를 보호하는 경찰이 한 명 있지요. 그는 총을 갖고 있지만 가방 안에 넣어뒀어요. … 모든 것이 마비됐어요."

타밀의 또 다른 마을에서 벨루다부르Veludavur라는 여성이 달리트 여성들이 겪는 고질적인 성폭력에 관해 이야기했다.

> "마을에서 테바르 사람들이 집으로 들어와 달리트 여성들과 성관계를 했습니다. 그들은 완력을 쓰고 강간을 했어요. 내 남편은 죽었고, 그래서 거기 머물렀다면 내게도 같은 일이 일어났을 겁니다. … 나는 모든 땅을 남겨두고 왔습니다. 이런 것이 바로 지배당하는 사람들의 일상적인 운명입니다."

카스트라는 우리에 갇힌 경제

아무리 달리트들이 사람들을 사회·경제적으로 갈라놓는 카스트제도의 밑

---

9 불가촉천민이 아닌 카스트에 속한 힌두인

바닥에 있다고 해도 이 오래된 사회적 위계질서가 요즘에도 사람들의 직업을 정하는 데 그토록 경직적으로 작용할 수 있다는 점은 믿기 어렵다. 누가 그 제도를 집행할 것인가? 이 제도가 인도의 법에 규정돼 있지 않다는 건 확실하다. 하지만 우리는 이미 카스트의 규제를 실행하도록 하고 심지어 그것들을 어긴 사람들을 살해하도록 부추기는 규범의 힘을 봤다. 그렇다면 이 규범들이 사람의 이름과 그들의 카스트, 그들의 직업 간에 지속적인 연관성을 만들어냈을까?

이 문제를 처음으로 체계적으로 조사한 이는 영국 식민지 시대의 행정가로 1931년 《인도 북부의 카스트제도The Caste System of Northern India》를 출간한 E. A. H. 블런트E. A. H. Blunt다. 블런트는 영국 식민지 당국의 인구 조사에서 가져온 카스트와 직업에 관한 자료를 이용해 각기 다른 자티가 자신들의 전통적인 직업을 얼마나 유지하고 있는지 추산했다. 그는 먼저 각 자티를 농업, 막노동과 마을의 머슴 일, 목축업, 학자적 직업부터 시작해 무역과 산업, 식품과 음료 거래, 심지어 거지에 이르기까지 크게 열두 가지 직업군으로 분류했다. 이 대분류는 훨씬 더 전문적인 직업들로 세분화됐다. 예를 들어 농업 안에는 꽃과 채소, 양귀비 재배와 마름water-nut 재배가 있었다. 학자적 직업들로는 천문학, 저술이 있었다. 물론 사제도 있었는데 이는 브라만들에게 돌아가는 일이었다. 블런트는 교역과 산업 안에는 각 자티마다 일대일로 대응하는 서른다섯 가지의 전문 분야가 있다고 밝혔다. 예를 들어 로하르Lohar 자티는 대장장이, 소나르Sonar 자티는 금장이, 파시Pasi 자티는 토디(toddy, 야자 술) 양조를 맡았다. 농업이 단연 가장 큰 비중을 차지해 모든 카스트의 90퍼센트가 이 범주의 직업을 가졌다. 그러나 농업은 마름 재배 같은 것도 있기는 하지만, 너무 일반적인 직업이어서 다른 분야보다 덜 흥미로웠다. 더 놀라운 것은 특수한 직업 분야에 대한 조사 결과였다. 블런트는 청소부들의 75퍼센트, 금장이들(소나르 자티)의 75퍼센트, 과자를 만드는 이들과 곡물을 볶는 사람들의 60퍼센트, 이발사와 빨래꾼의 60퍼센트, 목수와 베 짜는 사람, 기름 짜는 사람, 옹기장이의 50퍼센트가 카스트로 말미암아 자신들에게 주어진 직업을 따른다는 것을 알아냈다.

하지만 이러한 직업 분리가 서로 다른 카스트들이 자급자족을 했단 걸 의미하지는 않는다. 그들은 각기 다른 카스트가 서로 제공해야 할 용역과 호의의 조직망인 자즈마니 체계Jajmani system**10**로 연결돼 있다. 표면적으로 그것은 현물을 서로 주고받는 대규모 선물교환체계다. 하지만 어떤 사람들의 선물은 다른 이들이 제공하는 것보다 훨씬 더 값지다. 이 체계가 작동하는 원리에 대해 처음으로 상세하게 설명한 이는 1930년대 인도 북부 우타르프라데시주 갠지스강과 야무나강의 합류 지점에 가까운 카림푸르 마을에서 활동한 선교사 윌리엄 와이저William Wiser였다. 와이저는 그 후 부인 샬럿Charlotte과 함께 카림푸르 마을의 강력한 지배관계를 기록하는 민족지학을 썼다.

> 우리 마을의 지도자들은 자신의 권력을 너무나 확신해서 그것을 드러내려고 애쓰지 않았다. 무심한 방문자는 그들과 다른 농민들 간의 차이점을 딱히 발견할 수 없다. … 그들 중 한 명은 시중을 드는 카스트의 남성들과 섞여 있어도, 나머지 사람들이 조심스러운 말과 거동으로 존경과 두려움을 표한다. 시중드는 사람들은 무조건 복종하는 한 자신들에게 지시하는 손길도 온화하리라는 것을 터득했다.
>
> 그러나 그들 중 조금이라도 독립하려는 움직임이나 무관심한 태도라도 보이

10 인도의 마을 공동체에서 서로 다른 카스트에 속하는 가족들이 각자 다른 가족들에게 특정한 서비스를 제공하는 대신 물품 지급과 보호, 고용 안정이라는 대가를 받는 사회·경제적 관계를 말하나 그 관계는 일방적이고 불평등한 경우가 많았다.

면 온정적인 분위기는 억압적으로 바뀌고 … 지도자들은 생활의 모든 면에서 마을 사람들을 구속한다. 그들의 호의는 어떤 사람을 잘살게 해줄 수 있지만, 그들의 냉대는 누군가를 실패로 내몰 수도 있다.

카림푸르의 주민 754명은 161가구로 나뉜다. 브라만은 161가구 중 41가구를 차지했다. 와이저는 모두 24개 집단의 자티를 확인했는데, 그중 부류가 다른 브라만이 2개 집단, 크샤트리아가 2개 집단, 서로 다른 수드라 자티가 12개 집단, 불가촉천민으로 분류되는 8개 집단이 있었다. 와이저는 관습적으로 각 자티가 서로 간에 해줘야 할 일들이 복잡하게 얽힌 체계를 정리했다. 브라만들부터 보자. 원칙적으로 브라만들은 나머지 카스트의 필요에 따라 종교적인 의식에 참석하는 승려들이었다. 승려로 행동하는 브라만 가족 중 가장 명망 있는 이들은 다른 브라만 가족들에게만 봉사했고, 자신들은 마을 밖에서 온 더 지체 높은 가족으로부터 종교적인 봉사를 받았다. 다음 서열의 브라만 가족들은 크샤트리아와 수드라에게 필요한 종교의식에 참석했다. 마을에서 토지 대부분을 소유한 브라만들에게 다른 카스트는 용역을 빚지고 있다. 바라이Barhai 자티로 태어난 목수는 매주 두 번씩 그들의 쟁기 날을 떼어내서 날카롭게 갈아줘야 한다. 수확 철에는 낫을 날카롭게 갈고 필요할 때마다 손잡이를 바꿔줘야 한다. 달구지가 고장 나면 수리하고 그의 기술이 필요한 다른 심부름도 해야 한다. 대장장이나 이발사, 물지게꾼, 옹기장이도 그와 비슷하게 다른 사람들을 위해 해줘야 할 정해진 일이 있었다. 그 대가로 사전에 카스트에 따라 달리 정해진 삯을 받는데 보통 현물이다. 예를 들면 브라만은 계절마다 목수와 대장장이에게 쟁기 하나당 곡식 10.5파운드를 준다. 브라만이 아니라면 쟁기 하나당 곡물 14파운드를 줘야 한다. 현금으로 삯을 줄 때도 통상 그런 차이가 있다. 예컨대 브라만은 다른 카스트가 지불하는 값의 절반으로 재단사에게서 같은 옷을 받을 수 있다. 브라만은 다른 카스트보다 50퍼센트 싸게 우유를 살 수 있다. 마을 토지 중 일정 부분은 상위 카스트 몫으로 따로 챙겨뒀다. 브라만이 가장 많이 가져갔지만 목수와 청소부, 기름 짜는 사람, 재단사, 빨래꾼에게도 땅이 배분됐다. 가장 귀찮은 일은 브라만 소유의 들에서 일정액의 보상을 받고 일을 해주는 것이었다.

물론 계급구조의 맨 밑바닥에는 불가촉천민들이 있었다. 차마르Chamar 사람들 여덟 가족이 있었는데, 그들은 동물 가죽을 벗겨 피혁을 만들고, 그것으로 신발을 고치거나 바구니와 자루를 만드는 등 몇 가지 고정된 일을 가진 무두장이들이었다. 와이저는 이렇게 기록했다.

> 마을에서 그는 독립적인 한 개인이 아니라 '아무개의 차마르'로 여겨졌다. 가족생활의 사적인 일을 빼고는 그와 아들의 시간과 노동은 그의 주인 손에 매여 있었다. 그의 아내 역시 언제든 들일이나 보호자 집안의 더 힘든 일을 할 준비가 돼 있어야 했다. 보호자의 일과 관심사가 먼저였다. 차마르 사람은 조금이라도 시간이 남으면 아들과 함께 수고의 대가로 받은 땅뙈기에서 일했다. 그는 어떤 계획도 세울 수 없었고 보호자의 동의 없이는 시간이나 돈이 들어가는 일을 아무것도 할 수 없었다.

따라서 자즈마니는 사실상 카스트제도 내에 구현된 세습적인 노동 분업을 바탕으로 관례상 정해진 대가를 받고 수행해야 하는 복잡한 서비스 체계였다. 이는 제4장에서 본 것처럼 규범에 따라 규제되고 그것에 얽매이는 티브족의 경제를 떠올리게 한다. 하지만 티브족이 이 규범들을 평등, 특히 정치적 평등을 유지하기 위해 경제적 관계에 적용한 것과 달리, 인도의 카스트제도는 의도적으로 반평등주의를 구현했다. 모든 사람이 다른 모든 이들에게 봉사하는 것이 아니었다. 예를 들면 38가구의 브라만은 누구에게도 봉사하지 않으면서도 다른 이들의 봉사를 받았고, 봉사는 늘 더 높은 카스트에 유리했다. 암베드카르가 정확히 표현한 것처럼 사람들은 그들의 유인과 기회를 차단하는 '물 샐 틈 없는 칸막이'에 갇혀 있었다. 재능과 능력은 대개 잘못 배분되고 허비됐다. 인도에서는 자유뿐만 아니라 경제적 효율성도 규범의 틀이 만든 제단에 희생됐다. 이 나라가 고질적인 빈곤과 저개발로 어려움을 겪은 것은 당연했다. 동인도회사와 영국이 식민지배를 했던 150년의 시간과 그 전에 무굴제국이 패권을 잡았던 시기는 둘 다 카스트제도에 기반을 두고 그 제도를 강화한 체제였으므로 이런 문제들에 관한 어느 것도 개선되지 않았다는 점을 덧붙일 수 있다.

하지만 인도가 그토록 위계적이고 분열된 나라라면 어떻게 독립 이후 계속해서 민주적 선거제도를 유지하면서 소위 세계 최대 민주주의 국가임을 내세울 수 있게 됐을까? 이 나라의 민주주의체제는 왜 레드 퀸 효과를 불러일으키지 못했을까? 다음에 살펴보겠지만 첫 번째 물음에 대한 답은 제6장에서 논의한 게르만족의 전통과 여러모로 닮은 인도 민중의 정치 참여와 관련이 있다. 두 번째 물음에 대한 답은 암베드카르가 밝힌 것처럼 인도의 민주정치가 카스트제도에 따라 형성되도록 만든 요인들과 관련이 있다.

고대의 공화국들

문자가 쓰이기 전까지 역사는 대부분 구전으로 암송되면서 사가들이 전승했다. 구술 역사는 흔히 정부가 왕조의 전통을 보존하려고 채택했는데, 권력을 정당화하려는 목적도 일정 부분 있었다. 하지만 구술 역사는 권력의 정당화뿐만 아니라 시인이나 이야기꾼들이 오락을 위해 보존하기도 했다. 이

것이 바로 호메로스가 지은 그리스의 위대한 문학 작품으로, 트로이전쟁과 그 후의 역사를 전하는 《일리아드》와 《오디세이》의 기원이다. 이 전쟁들은 기원전 1200년경에 일어났지만, 그에 관한 이야기는 적어도 600년 후에 쓰였다. 그사이 역사는 구술로 보존됐다.

인도에도 인도판 《일리아드》와 《오디세이》가 있었는데, 주목할 만한 것은 기원전 400년부터 서기 400년 사이에 지어진 '마하바라타Mahabharata'와 '라마야나'다. 그보다 먼저 나온 것으로 우리의 목적에 더 유용한 작품은 《베다》다. 힌두교 승려인 브라만들이 구전한 네 가지 《베다》가 있는데 첫 번째 것은 일찍이 기원전 1000년에 쓰였다. 《베다》 중 하나인 《리그베다Rig Veda》는 1,000편이 넘는 노래와 시가 담겨 있다. 오랜 시간에 걸쳐, 아마도 몇 번의 큰 물결을 이루며 인도로 이주해온 인도-아리아인들의 문학으로 여겨진다. 《리그베다》는 사회와 전쟁, 정치에 관해 묘사한다. 이런 묘사는 종종 실제 역사를 말하는 것인지, 아니면 허구인지 불분명하므로 해석할 때 신중해야 한다. 그러나 우리는 당시 정치제도가 어땠는지 상당히 뚜렷하게 그린 묘사를 접할 수 있다. 당시에는 라자raja라는 왕**11**들이 있었지만 그들은 선출되거나, 아니면 최소한 선정됐으며, 그들의 권력은 *비다타vidatha*, *사바sabha*, *사미티samiti*로 불리는 의회로부터 심한 제약을 받았다. 구체적으로 이 기구들이 서로 어떻게 작동했는지는 명확하지 않다. 사바는 아마도 엘리트만 포함하는 소규모 회의체였을 것이며 사미티는 모든 성인 남성 자유민이 참여하는 대규모 집회였던 것으로 보인다. 의회의 중요성은 또 다른 《베다》인 《아타르바베다Atharva Veda》 속 구절에 잘 드러난다. 이야기 속의 한 왕은 이렇게 주장한다.

---

11 뒷부분에 설명하듯이 당시에는 부족장에 가까웠다.

프라자파티Prajapati의 두 딸 사바와 사미티가 화합하여 나를 보호하리라. 내가 만나는 모든 이가 나를 존경하고 도우리라. 오, 선조들이시여, 회의에서 내 말이 온당하기를.

오, 사바여, 우리는 그대의 이름을 알고, 그 이름은 대화를 나눈다는 것이라. 사바에 오는 모든 이들이 내 말에 동의하기를 바라노라.

여기 앉은 모든 사람 중 나는 스스로 영광과 전승을 창조하노라. 인드라Indra[12]께서 여기 모인 모든 이들 중 나를 돋보이게 하도다.

창조신 프라자파티는 숙고와 토론을 위한 기구로 표현된 여러 의회의 근원으로 여겨졌다. 이 《베다》 구절은 왕들에게 의회의 지지가 필요했다는 점을 명백히 보여준다.

실제로 라자는 타키투스가 묘사한 게르만족의 전쟁 지도자들과 굉장히 유사해보인다. 예를 들어 비다타는 전리품을 나누는 집회였던 것으로 보인다. 또한 '부족'은 인도 역사학자들이 이 시기의 사회조직을 묘사하기 위해 사용하는 용어다. 《리그베다》는 30개의 부족을 언급한다. 사회는 친족과 씨족을 바탕으로 구성됐던 것으로 보인다.

《베다》의 시대 말기로 추정되는 600년경 서로 다른 유형의 국가들이 분화되는 것을 확인할 수 있다. 인도 북부 어떤 지역에서는 족장들이 종교의 승인을 받은 왕과 세습군주로 진화했고, 브라만들이 감독하는 바르나제도는 세습군주의 권력을 정당화하는 데 핵심적인 역할을 하기 시작했다. 다른 지역에서는 의회 정치가 존속되고 강화되기도 했다. 후자에 해당하는 국가를 역사학자들은 가나-상가gana-sangha로 불렀다.

---

12 고대 인도 신화에 나오는 비의 신이자 신들의 왕

가나-상가에 관한 가장 충실한 기록은 리차비Licchavi라는 국가에 관한 기록이다. 리차비는 갠지스강 바로 북쪽 비하르주의 도시로, 지금은 바사르로 불리는 바이살리에 기반을 둔 나라였다. 〈지도 12〉를 참고하라. 당시의 기록은 "그 도시(바이살리)에는 언제나 왕국을 다스리는 7,707명의 왕(라자)들이 있고, 같은 식으로 태수와 장군, 재정관이 있다"고 밝힌다. 다른 기록은 "바이살리에 거주하는 리차비 사람들 중 7,707명의 지배층 가족"이 있으며, "그들 모두 주장과 논쟁에 열중한다"고 전한다. 역사가들은 이 숫자를 바이살리의 시민이 7,707명에 4를 곱한 값인 3만 828명임을 암시하는 것으로 해석하며, 아마도 이들 중 4분의 1이 '왕'으로서 특별한 정치적 권리를 갖고 의회를 형성했을 것으로 본다. 특별한 권리를 지닌 시민들은 전체 인구가 20만~30만 명에 달했을 리차비의 중심부에 있었다. 시민들이 총 3만 명이었다면 전체 인구에서 차지하는 비중으로 보건데 고대 아테네 혹은 포에니전쟁**13** 당시의 로마의 상황과 비슷한 비율이다. 의회는 일상적인 행정 업무 대부분을 수행할 9인위원회를 선출했고, 이들 중 한 명이 행정부의 '수석왕'으로 선출됐다. 한 번 선출되면 종신직으로 유지할 수 있었다. 한 문헌에서 붓다Buddha 본인도 리차비 사람들이 "전체가 참여하는 공개적인 집회를 자주 열었으며" 함께 모여 "사이좋게" 토론하고 "사이좋게 일어났다"고 말했다는 기록이 있다. 의사결정은 다수결 규정에 따라 이뤄졌고 *살라카-가하파카salaka-gahapaka*라고 부르는 관리처럼 특수한 일을 수행해야 하는 관리들이 선출됐다. 이 자리에 갈 수 있는 사람의 다섯 가지 자질이 명기됐다. '편파적이거나 … 악의적이거나 …어리석거나 … 두려워하며 처신하지 말아야 하고, 무엇이 표결됐고 무엇이 안 됐는지 알아야 했다.' *살라카-가하파카*라는 직책은 현대의

---

13 기원전 264~146년 로마와 카르타고 사이에서 벌어진 세 차례의 전쟁

투표용지처럼 투표 내용을 표시할 얇은 나무 조각을 뜻하는 '살라카*salaka*'에서 유래했다. 리차비는 다른 놀라운 제도들도 있었다. 그중에는 8단계에 이르렀을 것으로 보이는 사법기구도 있었는데, 고대 아테네와 똑같이 민중의 참여도가 대단히 높았고 항소법원의 계층구조를 갖추고 있었다. 우리가 당시 상황에 관해 알 수 있는 정보들 중 가장 충실한 정보는 리차비에 관한 내용들이지만, 붓다가 태어난 샤키아Sakya**14**처럼 다른 국가들도 비슷하게 공화주의적이고 민주적인 정치제도를 시행했던 것으로 보인다.

가나-상가의 중요성은 카우틸랴가 《아르타샤스트라》에서 언급한 것만 봐도 알 수 있다. 카우틸랴는 인도에서 중국 전국 시대의 상앙에 가장 가까운 인물로서, 상앙과 비슷하게 장차 통치자가 될 사람들에게 어떻게 국가를 조직할지 일련의 지침을 주는 치국책의 교범을 만들려고 했다. 이상적인 국가건설을 생각할 때 카우틸랴는 의회를 전혀 고려하지 않고 군주국가의 대단히 계층적인 체제를 마음에 두고 있었다. 하지만 이 책 중 외교정책을 다루는 부분에서 카우틸랴는 상가*sangha*라는 용어를 쓰면서 분명히 가나-상가를 고려한다. 그는 이렇게 지적했다.

> 상가는 응집된 국가들이라 적들이 (쉽게) 무너뜨릴 수 없다. 상가의 왕은 공정하게 행동하고, 자제력을 갖고, 사람들이 좋아하고 그들에게 이득이 될 일을 부지런히 추진함으로써 인민들에게서 사랑을 받는다.

더욱 놀랍게도 가나-상가들은 민중의 집단적인 동의를 얻어 정부기구들

---

14 히말라야산맥 기슭에 있었던 샤키아(샤카)족의 왕국으로, 붓다佛陀의 다른 이름인 석가모니釋迦牟尼는 이 나라 이름에서 온 것이다.

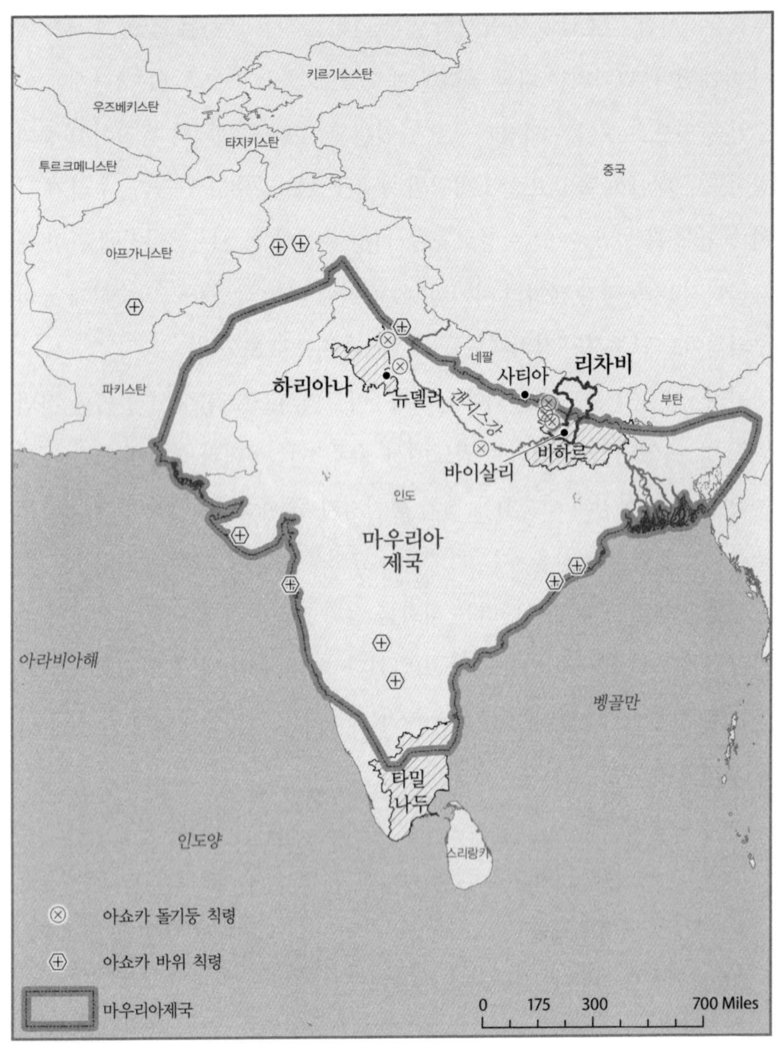

〈지도 12〉 인도의 제국과 참여형 정치의 요람들

을 설립한다는 구상을 발전시켰다. 이는 《디가 니카야Digha Nikaya》 같은 불교 저술에서 가장 잘 표현됐다. 앞서 이야기한 것처럼 붓다가 태어난 샤키아

는 가나-상가들 가운데 하나였으며, 문헌들에 따르면 이곳 사람들은 타락이 시작되기 전에 오랫동안 완벽하고 행복한 삶을 누려왔었다. 하지만 타락과 함께 피부색과 성의 차이가 따라왔고, 갑자기 먹을 것과 마실 것, 양육이 필요해졌다. 천국의 삶은 속세의 삶에 자리를 내줬다. 사람들은 가족과 재산 같은 제도를 만들어내기 시작했고, 싸움과 도둑질까지 뒤따라왔다. 그 결과 사람들은 '가장 선호되고 가장 호감을 주며 가장 매력적이고 가장 능력 있는' 통치자를 뽑으려고 모였다. 일단 뽑히고 나면 그 사람은 '그가 마땅히 분개해야 할 것에 분개하고, 마땅히 책망받아야 할 것을 책망하고, 추방당해 마땅한 사람을 추방하기로' 동의했다. 그에게 보상을 해주려고 사람들은 쌀을 주기로 합의했다. 《디가 니카야》는 그런 통치자가 선출돼 *마하삼마타mahasammata*와 *카티야khattiya*, *라자raja* 세 가지 직함을 가졌다고 기록했다. 첫째는 '인민들이 뽑은 사람'이라는 뜻이고, 둘째는 '들판의 영주', 셋째는 '*다르마dharma*'로 '사람들을 매혹하는 사람'을 뜻했다.

《디가 니카야》에 적혀 있는 다르마라는 말은 의미심장하다. 다르마에 관한 가장 오래된 기록은 기원전 600~300년 중으로 거슬러 올라가는 일단의 문헌인 다르마샤스트라Dharmashastra에서 볼 수 있다. 다르마는 사회에서 살아가는 개인의 올바른 행동을 뜻하며, '옳은 품행' 정도로 생각하면 된다. 그런 도덕적 행동을 하면 정신적인 공덕을 쌓을 수 있다는 이점이 있으며, 그것은 그 사람이 미래에 다시 태어나 좋은 삶을 살 수 있다는 길조다. 다르마는 중국의 공자가 주창한 도덕적 원칙, 즉 지배자가 백성들을 위해 도덕적으로 통치하도록 유도하는 원칙들의 인도판이다. 우리는 제7장에서 중국 황제들이 모두 공자의 원칙들을 충실히 따른다고 주장했지만, 그 원칙들이 그들의 행동을 늘 효과적으로 제약한 건 아니었음을 살펴봤다. 인도의 다르마도 마찬가지다.

일단 군주가 출현하면 그들은 새로운 권력 구조를 정당화할 수 있는 아주 다른 논리를 개발한다. 바르나제도는 이 논리에 결정적인 영향을 끼쳤다. 국가 권력의 정당화는 바르나를 바탕에 둔 사회 질서를 유지해야 할 필요성과 연계되어 있었고, 여러 문헌에서 확인할 수 있다. 이는 카우틸랴가 바르나제도에 관해 언급할 때 명백히 드러난다.

> 그 제도를 어지럽히면 각 카스트와 각자의 의무에 혼란이 생겨 세상은 끝장나고 말 것이다. 그러므로 왕은 사람들이 자신의 의무에서 벗어나는 걸 결코 허용해서는 안 된다. 누구든 자신의 의무를 받들고 언제나 아리아인의 관습을 충실히 따르며, 카스트의 규칙, 그리고 종교 생활의 분리 원칙을 지키면 분명 현세와 내세에서 행복을 누릴 것이다.

그러므로 왕은 사람들이 자신의 바르나와 카스트에 따른 의무에 충실하도록 보장하는 데 집중해야 했다. 다시 말해 바르나제도는 브라만의 의식들로 가장해 국가를 정당화했다. 이는 당시 가장 유명한 대관식이었던 *라트나하빔시ratnahavimsi*에서 분명히 드러난다. 왕은 *라트닌ratnin*[15]이라는 인물들의 집들을 돌아가며 기도를 올렸다. 라트닌 명단은 열한 명부터 열다섯 명까지, 인원은 기록마다 다르나 한 가지는 일치한다. 브라만이 명단에서 맨 먼저 나온다는 점이다. 이 의식은 권력을 잡고 있는 자가 누군지, 왕이 자신의 권위를 유지하려면 누구에게 책임을 져야 하는지 보여준다. 바르나와 국가의 이러한 관계는 인도에서 레드 퀸 효과가 작동하지 않는 또 하나의 결정적인 이유다. 국

---

15 문자 그대로는 보석함이라는 뜻이며 당시 왕권을 승인하는 데 매우 중요한 유력자들을 의미했다.

가는 바르나제도를 깨는 것이 아니라 지지하고 존중해야 했다. 다시 말해 카스트제도는 위계질서를 보존하고 사회가 국가에 도전하지 못하도록 막았다.

마우리아인들은 카우틸랴의 지도로 인도에서 전례 없는 규모의 제국을 창건했다. 〈지도 12〉를 참고하라. 이 제국이 어디까지 확장했는지 감을 잡으려면 찬드라굽타의 손자로 마우리아 황제 중 가장 유명한 아쇼카Ashoka의 이른바 바위 칙령Rock Edict의 소재지를 보면 된다. 아쇼카는 기원전 268년부터 기원전 232년까지 통치했다. 그는 사람들이 쉽게 접할 수 있도록 왕국 전역에 법률과 지도 원칙을 새긴 바위와 돌기둥을 세운 것으로 짐작된다. 거대한 바위 칙령들은 서쪽 멀리 떨어진, 지금은 아프가니스탄 땅인 칸다하르, 현대의 안드라프라데시주 하이데라바드 남쪽에 있는 예라구디, 동쪽으로 현대의 오디샤주(오리사주)에 위치한 다울리, 북쪽 멀리 떨어진 파키스탄 샤바즈가리에 새겨져 있었다. 아쇼카의 제국이 얼마나 넓었는지 알 수 있는 부분이다. 칙령의 내용을 통해서 그가 어떻게 제국을 통치했는지 알 수 있는 대목이다. 《아르타샤스트라》는 마우리아 제국이 촘촘한 관료체제를 갖추고 마을 단위까지 곧바로 통치가 침투했다고 암시하지만, 현대의 역사학자들은 실제 그랬을 가능성이 매우 낮다고 생각한다. 이 점에 관해 카우틸랴의 책은 실제로 일어났거나 실현할 수 있는 것보다는 바람직한 방향을 기술한 듯하다. 국가의 통제력 부재를 메우기 위해 아쇼카는 불교로 개종하고 통치 철학으로서 다르마를 전파했다. 칙령들은 통치 철학이 어떤 것인지 설명한다. 큰 바위 칙령 6호에서 아쇼카는 이렇게 주장한다.

> 보고자들은 백성들에게 문제가 있거든 내가 식사를 하고 있든, 후궁에 있든, 내실에 있든, 소 울타리 안에 있든, 가마에 타고 있든, 공원에 있든, 언제 어디서든 나에게 보고토록 하라. 그리고 나는 어디서든 백성들의 문제를 처리할 것이다.

또한 (장관Mahāmātra들의) 회의에서 내가 구두로 명령하는 기증이나 포고와 관련해, 혹은 장관들에게 위임한 긴급 사안과 관련해 논쟁이 벌어지거나 수정안이 제기되면, 언제 어디서든 즉시 나에게 보고토록 하라.

나는 그렇게 명령했노라. 나는 스스로 노력하고 업무를 처리하는 데 있어서 결코 만족하지 못하기 때문이니라.

여기서 아쇼카는 백성의 복리를 염려하는, 대단히 책임감 있는 통치자의 이미지를 전파하고 있다. 이 칙령의 마지막 줄이 흥미로운데, 아쇼카는 비꼬듯이 '그러나 이는 대단히 열심히 하지 않으면 이루기 어렵다'고 말했다. 실제로 열과 성의가 부족했다. 마우리아제국은 아쇼카가 죽은 지 50년도 안 돼 기원전 187년에 무너졌다.

가나-상가들은 마우리아인들이 부상할 때도 살아남아 오랫동안 존속했다. 마우리아 제국이 붕괴한 후 1000년 동안 인도 북부에서 군소 국가들이 성쇠를 거듭했지만, 13세기에 델리의 술탄이 부상하고 1526년 이후 무굴제국이 창건된 후에야 더 전제적인 국가기관들이 인도 전역에 들어섰다. 예를 들어 델리 왕조가 창건되기 전에 라자스탄을 지배한 주요 라지푸트Rajput 씨족 중 하나인 차우한족Chauhan16은 그전까지만 해도 새로운 세금을 징수하기 위해 마을 의회의 동의를 얻어야 했다. 같은 맥락에서 의회라는 뜻으로 '판차야트'라는 말이 쓰인 것을 볼 수 있는데, 앞서 살펴본 것처럼 이 말은 지금도 인도에서 지역 카스트와 정치 집회로서 의회라는 뜻으로 쓰이고 있다. 더 전제적인 기관들이 발전하기 시작했을 때도 그런 기관들은 보통 모든 지역에 침투하지 못했다. 특히 남부지역 사회를 뚫고 들어가지 못했다. 이제

---

16 차하마나족Chahamana

그 이야기로 넘어가보자.

타밀족의 땅

의회와 대의제도는 인도 북부의 전유물이 아니었다. 그런 제도는 곳곳에 있었고, 아마 반도의 남쪽에는 더 많았을 것이다. 이곳에서는 무굴인들조차 통제력을 확고히 하지 못했고, 영국 식민지 시대까지 대단히 높은 자율성이 유지됐다. 식민지배는 (1857년까지 계속된) 동인도회사에서 시작되고 이어 영국 정부가 직접 통제하면서 1947년 인도의 독립 때까지 지속됐다.

촐라Chola 왕조부터 살펴보자. 이 나라는 인도 남부의 활기찬 의회뿐만 아니라 자치적인 정체들이 자발적으로 합치는 상향식 통합으로 중앙집권적 국가를 이루는 과정을 잘 보여준다. 촐라국은 '타밀족의 땅'이라는 뜻의 타밀나두에 근거지를 두고 인도 남동부의 넓은 지역을 다스렸다. 〈지도 12〉를 살펴보라. 이 나라는 8세기나 9세기에 시작돼 13세기 말까지 존속한 것으로 추정된다. 초기의 수도는 지금의 타밀나두주 첸나이인 탄자부르였고, 후기 수도로는 칸치푸람과 마두라이가 포함됐다. 촐라국의 지역 단위 행정의 기반은 마을 의회였다. 농민들이 지배적인 마을에서는 의회를 우르*ur*라고 불렀고, 브라만들이 권력을 잡은 마을에서는 앞서 들어본 대로 사바*sabha*라고 했다. 우르에는 사바가 그랬던 것처럼 한 마을의 모든 성인 남성이 포함됐던 것으로 보인다. 하지만 사바의 구성원들이 적격자 중에서 제비뽑기로 정해졌단 것을 암시하는 증거들도 있다. 브라만이 통제하는 마을인 우타라메루르의 한 사원에는 이 기관들이 어떻게 작동하는지 아주 상세하게 기록한 놀라운 명문銘文이 있다.

모두 서른 개의 선거구가 있다. 서른 개의 각 구역에 사는 이들이 모여서 다음과 같은 자격조건을 갖춘 개인을 가려내 추첨을 할 후보군에 넣는다.

그는 세금을 내는 땅의 4분의 1 이상을 소유해야 한다. 그는 자신의 터에 지은 집에서 살아야 한다. 그의 나이는 일흔 밑이고 서른은 넘어야 한다. 그는 [《베다》의 전집에서 가져온] 만트라mantra17와 브라마나Brahmana18를 알아야 한다.

비록 그가 땅의 8분의 1밖에 못 가졌다고 해도 《베다》 하나와 네 해설서Bhashya 중 하나를 배웠으면 그의 이름도 후보자 명단에 들어간다.

그리고 동시에 후보로 고려될 수 없는 친척들의 명단을 길게 열거했다. '다른 이들의 재산을 훔친 적이 있는 사람, 금지된 요리를 먹은 사람'도 의회에 진출할 자격이 없었다. 지난 3년 동안 어느 해라도 어떤 위원회에 참석한 사람이나, 그 전에 위원회에 참석했더라도 장부를 제출한 적이 없는 사람도 배제됐다.

이런 사람들을 모두 제외하고 서른 개의 구역별로 이름을 적어 … 한 항아리에 넣는다. 표를 꺼낼 때는 젊은이든 노인이든 의회의 모든 구성원이 참석하는 총회가 소집된다.

그다음에는 누구도 절대 속임수를 못 쓰게 하기 위한 추첨의 세부 지침이 나온다. 추첨을 통해 구역마다 한 명씩 서른 명의 남성이 선정된다. 이들은 정원위원회와 수조水槽위원회, 연감위원회 같은 각종 위원회에 참석한다.

---

17 브라만교 제식의 찬가나 주문

18 브라만교 제식의 실행 규정이나 종교적 해석

정원위원회가 정확히 어떤 일을 했는지 모르지만, 수조위원회는 물탱크를 관리하고 마실 물과 관개를 위한 핵심적인 공공서비스를 조직했을 것이다. 관개는 명문에 자주 언급된다. 예를 들어 한 명문은 이렇게 기록했다.

> 브라마나 의회는 … 두 형제와 합의했다. … 형제의 마을에 있는 호수로 연결된 운하까지 물이 흐르지 않았기 때문에 의회는 자신들의 호수를 준설하고, 운하를 연결하는 노동력의 절반을 제공하고, 자기네 호수에서 흘러나오는 물이 그 운하를 통해 이웃 마을의 호수로 가도록 허용했다.

다른 마을의 한 명문은 '두 개의 조그만 운하'에 대해 이야기한다.

> 지역 브라마나 의회와 더 큰 나두nadu 의회는 회의를 열어 이웃 마을로 가는 운하의 수위를 낮추지 않으면서 주변 들판과 관련해 이들 운하에 딸린 토지의 경계를 정한다.

다른 마을들은 5부部위원회와 금위원회도 두었다.

의회를 소집할 때 이탈리아 시에나에서는 종을 쳤는데 타밀의 한 마을에서는 북을 두드렸다. 우르와 사바는 또한 세금을 걷는 일을 맡았는데, 그중 일부를 자기들이 갖고 다른 일부를 촐라 국가에 보냈다. 그들은 또 토지를 둘러싼 분쟁과 다른 법적 문제들을 해결했다. 이 부분에서 정말 흥미로운 일이 생긴다. 우르와 사바는 한데 모여서, 위에서 운하 문제에 관한 결정을 내리는 의회로 언급했던 '나두'라는 더 큰 단위로 뭉친다. 개개의 우르와 사바는 집단적 의사결정을 하는 나두에 보낼 대표들을 선출했던 것으로 보인다. 나두의 중요한 특성 한 가지는 지리적 경계가 매우 불규칙적이고 어떤 경우 규모가 아주 작았다는 점이다. 예를 들어 한 명문은 아다누르-나두Adanur-nadu의 나두에는 단 두 개의 마을만 포함됐다고 기록한다. 또 다른 명문은 바다-치루바일Vada-Chriuvayil의 나두는 네 개의 마을로 이뤄졌다고 기록한다. 반면 어떤 나두는 열한 개나 열네 개 마을로 이뤄졌다. 역사학자 Y. 숩-바라얄루Y. Sub-barayalu는 대부분 사원에 있는 수백 개의 명문을 조사해 왕국의 심장부인 카베리강 유역 일대 촐라 만달람 지역의 나두 지도를 그렸다. 지도를 보면 심지어 인구 밀도가 거의 일정했을 강 유역에서도 각 나두의 모양과 범위 간에 큰 차이가 있었음을 알 수 있다. 이는 촐라 국가 중앙정부가 영토를 정하기보다는 이전까지 자치적으로 작동했던 여러 마을이 뭉쳐서 이뤄졌기 때문이다. 촐라 국가는 다음 장에서 만나게 될 스위스 국가와 비슷하게 상향식으로 건설됐다. 이 추론은 12세기의 또 다른 명문으로 확인된다. 명문은 라자드히라자 2세Rajadhiraja II를 왕위에 앉힐 때 나두의 동의를 얻어야 했다고 강조한다.

이 지역이 오늘날 '타밀족의 땅'으로 번역되는 타밀나두로 불리게 되고, 그래서 마을이 무리를 짓는다는 의미의 바로 그 '나두'라는 말이 타밀의 더 넓은 지역을 묘사하게 된 것도 의미심장하다.

가나-상가부터 로크 사바까지

우리는 이제 인도에서 사바가 깊게 뿌리내리고 있다는 사실을 알게 됐다. 그 뿌리는 적어도 인도 북부 가나-상가 국가들의 의회가 있었던 시대까지 2,500년 넘게 거슬러 올라간다. 오늘날 인도 국회의 하원은 민중의 의회를 의미하는 로크 사바Lok Sabha로 불린다. 하지만 사바는 실질적으로 인도에서 얼마나 연속성 있게 작동했을까?

답은 상당히 실질적인 연속성을 지녔다는 것이다. 인도는 크고 이질적인 나라다. 비록 사바는 어느 곳에나 있었지만 운영되는 방식에는 틀림없이 차이가 많이 있었다. 무굴제국을 비롯한 인도 북부의 국가들은 외부인이 침입해 건설한 나라들로, 촐라 국가와 같은 상향식 혁신으로 세워진 경우는 아니다. 그러나 무굴인들은 사바와 마을 사회들을 대체하는 데 필요한 국가 관료체제를 구축하지 않았다. 그들은 토지세가 들어오는 한, 지역 자치를 기꺼이 용인했다. 세금은 주로 '징세 도급' 방식으로 거뒀다. 무굴인들은 자민다르 Zamindar로 불리는 개인에게 특정 지역 내에서 세금을 걷을 권리를 줬다. 자민다르는 보통 세금의 10퍼센트를 자기 몫으로 가져갈 수 있었다. 무굴인들은 지역의 생산과 생산성에 관한 정확한 정보를 모을 수 있는 세입 담당 관리들을 두었지만, 세금 징수를 위한 관료체계를 만들지 않았다. 그럼 자민다르는 어떻게 세금을 거뒀을까? 강제력을 지닌 무굴 이전의 엘리트를 자체적으로 활용하기도 했지만, 보통 마을의 자치기구와 협조해 세금을 거뒀다. 다른 경우에는 자민다르를 끼지 않고 무굴인들이 세금 문제에 집단 책임을 지는 마을의 자치기구들과 직접 거래했다.

이런 마을 기구들 역시 역사적으로 높은 연속성을 보였다. 그 점은 18세기 영국 동인도회사, 특히 무굴제국이 벵골과 비하르 지방의 징세권을 준 1765년 이후 이 회사의 관리들도 인정했다. 상황은 1812년 영국 의회에 제출된 유명한 「동인도회사 문제에 관한 특별위원회 제5차 보고서Fifth Report from the Select Committee on the Affairs of the East India Company」에 잘 요약돼 있다. 보고서는 1765년 이후 특히 세금 징수와 관련한 회사의 제도적 혁신에 초점을 맞췄다. 한편 인도의 마을에서 일어나는 생활상의 흥미로운 변화도 기록한다.

> 하나의 마을은 … 정치적 관점에서 볼 때 … 하나의 회사나 군구郡區와 닮았

다. 마을의 관리와 부하들의 편제는 적절히 이뤄졌는데 다음과 같다. 주민의 책임자로 마을 현안들 전반을 관리하는 *촌장potail*은 주민들의 분쟁을 해결하고, 경찰서에 출석하고, 마을 안에서 세금을 걷는 … 임무를 수행하는데, 그는 개인적인 영향력이 있고 마을 사정과 주민의 관심사를 낱낱이 알고 있어서 임무를 수행하는 데 최고의 자격을 갖추고 있다.

이어서 보고서는 각기 다른 임무를 수행하는 '수조와 수로의 감독자'를 포함한 다수의 마을 관리들을 나열하고, '이 나라 주민들은 태곳적부터 이 단순한 형태의 지방자치 정부 아래 살아왔다'고 밝힌다. 1830년대에 찰스 메트카프Charles Metcalf 경은 이렇게 썼다.

마을 공동체들은 작은 공화국들이다. 내부에서 필요한 것을 거의 전부 갖추고 대외 관계에서는 거의 독립적으로 행동한다. … 마을 공동체들의 연합은 각각 별개의 작은 국가를 이루는 것으로, 내가 보기에 인도 사람들이 그 모든 혁명과 변화를 겪으면서도 보호될 수 있었던 이유는 다른 어떤 요인들보다 그런 연합이 크게 이바지했기 때문이다.

「제5차 보고서」는 판차야트라는 용어를 쓰지 않았지만, 그 말은 얼마 후 같은 시기의 여러 자료와 식민지 문서에 등장한다. 예를 들어 헨리 섬너 메인Henry Sumner Maine이 1871년 출간한 《동서양의 마을 공동체Village Communities in the East and West》는 인도에는 선출된 관리를 둔 '마을 의회'가 있다고 언급했고, B. H. 베이든-파월B. H. Baden-Powell이 1899년 펴낸 《인도 마을 공동체의 기원과 성장The Origin and Growth of Village Communities in India》은 판차야트가 대체로 과두정치에 가깝다고 보는 것 같긴 해도 이 문제를 광범위하게 논의하고 있다. 1915년 존 마타이John Matthai는 "마을 공동체 정부의 가장 큰 특징은 판차야트라는 마을 의회며, 주민 총회나 구성원 중에서 뽑은 특별위원회를 의미한다"고 밝혔다. 실제로 1880년까지 영국 당국은 이미 마을 기구들을 활용하려고 시도했다. 그해 「인도 기아위원회 보고서Report of the Indian Famine Commission」는 이렇게 기록했다.

> 인도 대부분 지역에 어떤 마을 기구가 존재하며 이는 마을의 구호救護를 위해 … 언제든 자연스럽게 활용할 수 있는 … 기관들이다. 이 나라의 미래 발전을 위해서는 온갖 업무를 점점 더 지방기구에 맡겨야 한다는 지방자치의 원칙을 장려할 필요가 있다.

1892년에 제정된 법은 판차야트 의원들을 '어떤 식이든 편리한 방법으로' 주민들이 선출해야 한다고 명시했고, 1911년에 마드라스에서 통과된 법은 판차야트의 선거에 관해 규정하면서 공공 도로에 불을 밝히고, 공공 도로와 배수시설, 수조, 우물을 청소하며, 학교와 병원을 세우고 관리하는 일을 포함해 그들이 수행해야 할 수많은 임무를 열거했다.

마하트마 간디가 인도에 대한 이상적인 비전을 세울 때 힌두 스와라지Hindu Swaraj라고 부른 인도의 자치를 다루고 자급자족적 마을에 기반을 둔 것은 우연이 아니다. 영국 식민지 당국은 그와 같은 전통들을 활용하려고 했다. 그리고 독립 후 이런 마을 기구들은 강화됐다. 인도 헌법 제243조는 마을의 현안들을 관리할 판차야트를 민주적으로 선출할 수 있도록 투표권이 있는 성인들로 구성된 마을 의회 그람 사바Gram Sabha**19**의 설립에 관해 규정

19 주민총회

한다. 이 기관들은 1992년 판차야트통치법Panchayati Raj Act으로 더욱 강화됐는데, 이 법은 세 가지 유형의 판차야트로 계층구조를 만들고 이를 인도 정치체제 안에 제도화했다.

바르나들 사이에 존중은 없다

이렇듯 인도 민주주의의 뿌리는 깊다. 하지만 뿌리가 얼마나 깊든 간에 민주정치는 서로 대립하는 사회, 경직된 계층구조로 지리멸렬한 사회에서는 제대로 작동하지 않는다. 이런 사례는 〈지도 12〉에서 확인할 수 있는 인도 북부의 비하르주에서 볼 수 있다. 이곳에서는 지역의 민주주의가 사회의 분열을 더욱 부추기는 자극제가 됐다. 그 과정에서 국가의 역량을 키우기보다는 잠식시켰다. 레드 퀸에게 기대할 수 있는 것과 반대다. 그리고 이번에는 재생족들이 그 아래 계층을 집단으로 공격하는 것이 아니라 하위 카스트들이 상위 카스트를 무너뜨렸는데, 특히 랄루 프라사드 야다브Lalu Prasad Yadav나 그의 아내 라브리 데비Rabri Devi가 수석장관이던 1990년부터 2005년까지 그런 일이 발생했다.

비하르주는 인도에서 가난하기로 손꼽히는 주 가운데 한 곳이다. 2013년 이곳에 사는 1억 명 중 약 3분의 1이 빈곤층이었다. 그 정도면 인도에서 빈곤율이 무척 높은 편에 속한다. 대조적으로 타밀나두주는 인구의 11퍼센트, 케랄라주는 7퍼센트만이 빈곤층이었다. 성인의 문해력도 비하르주는 인도의 어떤 주보다도 낮은데, 2011년 조사에 따르면 이 주의 문해율은 64퍼센트에 불과해 94퍼센트인 케랄라주보다 훨씬 낮았다. 비하르주에서는 국가의 역량이 허물어지면서 빈곤과 문맹이 고질병이 됐다. 2000년에 분리될 때까지 비하르주의 일부였던 이웃 자르칸드주는 교사들의 무단결근이 놀라운 수준이다. 학교에 있어야 할 교사의 40퍼센트는 어디에서도 찾을 수 없다. 비하르주의 상황도 비슷하다.

비하르의 주정부는 역량이 너무나 부족해 실제로 중앙정부가 주기로 돼 있는 교부금조차 받아 가지 못한다. 인도의 주들은 전체 수입 중 많은 부분을 중앙정부에 의존하는데, 교부금을 받으려면 신청을 하고 몇 가지 관료적인 절차를 마쳐야 한다. 그러자면 물론 (약간의) 역량이 필요하다. 제때 신청서를 작성하고, 가용 재원을 찾아다니고, 예산을 짜고, 지출계획을 승인할 수 있어야 한다. 그러나 비하르주에 배정된 막대한 금액이 전혀 배분되거나 지출되지 않는다. 예를 들어 비하르주에 가장 절실히 필요한 초등교육 향상을 위한 '모두를 위한 교육 운동Sarva Shiksha Abhiyan'이라는 유명한 프로그램을 보자. 이 프로그램을 위해 2001년부터 2007년까지 비하르주에 520억 루피가 배정됐지만, 실제 지출된 돈은 절반인 260억 루피에 불과했다. 이와 함께 2002년부터 2006년까지 이 주에 국가균형개발계획Rashtriya Sam Vikas Yojana 프로그램에 따라 400억 루피가 배분됐다. 낙후지역에 물리적, 사회적 기반시설을 갖추기 위한 각종 투자의 재원으로 쓸 수 있는 돈이었다. 비하르주 정부는 400억 루피 중 100억 루피만 확보할 수 있었고 그나마 그중 62퍼센트만 쓰였다. 시골 도로를 개선하기 위한 대표적인 프로그램인 지방도로건설 프로젝트Gram Sadak Yojana**20** 사례는 사정이 더 나빴다. 여기서도 비하르주는 배분된 돈의 25퍼센트만 쓸 수 있었다. 동시에 중앙정부의 통합아동발달서비스계획Integrated Child Development Service Scheme**21** 아래 승인된 394개 사

20 오지 마을을 전천후로 연결하는 도로 건설 계획

21 어린이와 어머니에게 식품, 취학 전 교육, 기초 보건의료 서비스를 통합적으로 제공하는 프로그램

업 중 절반은 아예 시작도 하지 못했다. 비하르주는 중앙정부로부터 받을 수 있는 것보다 언제나 적은 금액을 청구하고, 그럭저럭 받아낸 것도 턱없이 적게 쓴다.

문제는 모두 비하르 지방정부의 비효율적인 구조 탓이다. 비하르주의 정부는 터무니없이 중앙집권적이다. 250만 루피(2000년대 중반 기준 미화로 5만 5,000달러)를 넘는 지출 결정은 모두 주 정부 내각의 승인을 받아야 했다. 이는 정부 예산 지출의 엄청난 지연을 초래했다. 주 정부가 델리에서 받은 자금의 1차분 가운데 60퍼센트를 써야 2차, 3차분이 나오는데 지출 지연으로 인해 1차분 이상을 요청하거나 사용하지 못하는 경우가 많았다. 2005년 세계은행 보고서를 보자.

> 기존의 공무원 규정은 채용과 배치, 승진, 제재, 그리고 보상에 대한 실력주의를 상정한다. 그러나 이 정부의 체제는 임시적이고 불투명하며 실력주의에 반하는 방식으로 작동한다. 업무 환경과 관련한 (여성 직원들이 직면하는 것을 포함한) 문제들과 기반시설, 편의시설, 지역적인 긴장 관계, 그리고 체납된 봉급이 직원들의 사기에 영향을 미친다. … 각 지역 행정관들은 권력이 중앙에 집중되고, 상관들로부터 지원과 이해를 얻지 못하고, 하급 직원의 부정과 비효율에 관해 보고해도 반응을 보이지 않아 불만인 것으로 보인다.

이 평가는 주 정부 기관들의 완전한 실패를 암시하지만, 이게 다가 아니다. 문제는 이 체계가 '임시적이고, 불투명하며, 실력주의에 반하는 방식으로 작동'하는 것만이 아니다. 실제로 기관을 작동시킬 사람이 없는 경우가 많다는 게 문제였다. 1990년대 주 정부 공직의 상당 부분은 공석이었다. 엔지니어도 극심하게 부족했다. 자격 있는 사람들이 없었기 때문이 아니라 부처 인사위원회가 회의를 열지 않고, 열어도 인사안이 승인되지 않았기 때문이다. 덕분에 두 주요 기술부처인 도로건설국과 지방공사국 엔지니어 최고 책임자 들의 자리는 오랫동안 비어 있었다. 이 두 부서의 수석엔지니어 15석과 엔지니어 감독관 91석 중 81석도 마찬가지로 비어 있었다. 관료조직의 아래쪽으로 가면 간부급 엔지니어와 보조 엔지니어, 초급 엔지니어 6,393석 중 1,305석이 공석이었다. 필요한 인사를 임명하지 못하는 문제는 고질적이었다. 2006년 비하르 주 정부가 공개한 한 문서는 공석 문제와 중앙정부 자금을 이용하지 못하는 자신들의 무능함을 연관 지어 설명했다.

> 도로건설국과 지방공사국의 모든 직급에서 기술직 인력이 극심하게 부족한 상황이 지속됐다. 신규 임용 단계에서 어느 정도 규모 있는 채용은 없었고 진급은 이뤄지지 않았다. 도로건설국의 품질관리부는 장비와 화학 물품, 인력 부족 때문에 제 기능을 발휘하지 못하고 있다. 건설기획부 역시 기능하지 못하고 있다. 기술 행정은 총체적으로 붕괴되고 있다. 이는 업무 수행뿐만 아니라 중앙정부 혹은 다른 재원으로부터 더 많은 예산을 받아내기 위한 사업 제안을 준비하는 데에도 심각한 제약이다.

비하르주에서 빈자리를 채우지 못하고, 예산을 과소청구하고 과소지출하며, 전반적으로 정부 역량이 부족한 것은 조직의 와해 때문만은 아니다. 그것은 사회의 분열과 파편화를 부추기는 정치적 전략의 결과였다. 실제로 국가의 역량 부족은 비하르주만의 문제도 아니고 인도 전 지역에서 늘 발생하는 문제지만, 랄루 프라사드 야다브가 수석장관이 된 1990년 이후 확실히 더 심해졌다. 야다브족은 수드라 바르나에 속하는 자티로 비하르주에서 가장 인구가 많은 카스트다. 인도 대부분 지역처럼 비하르 역시 역사적으로 상위 카스트, 특히 브라만이 정치를 지배해왔다. 하지만 랄루 야다브의 집권으로 수드라가 브라만을 대신해 지역 정치를 장악했다. 권력을 얻기 위해 야다브족은 그들보다 아래에 있는 카스트뿐만 아니라 카스트제도 바깥에 있는 무슬림을 끌어들여 새로운 정치적 연합을 형성했다. 그들의 명시적인 목표는 힘을 가진 상위 카스트를 대체하는 것이었다. 정부 조직에 그토록 빈자리가 많은 건 바로 이 때문이다. 애초에 엔지니어가 되거나 다른 고숙련 일자리를 채울 자격을 갖춘 이들은 상위 카스트에서 나왔다. 랄루 야다브는 그들을 임명하기를 거부했다. 비록 그렇게 해서 국가 역량이 줄어들면 자신이 이용할 자원을 잃고 지지자들에게 절실하게 필요한 공공서비스를 제공할 수 없게 되지만 랄루 야다브는 '개발'의 효과를 깎아내리면서 개발은 상위 카스트 사람들에게만 혜택을 준다고 주장했다.

망가진 레드 퀸

인도는 수수께끼다. 굉장히 가난한 이 나라는 고질적인 국가의 실패와 정치적 기능 장애를 겪고 있다. 동시에 인도는 정치적으로 치열한 경쟁이 벌어지는 세계 최대 민주주의 국가이기도 하다. 이 혼란스러운 조합을 어떻게 설명할 수 있을까? 우리는 제6장에서 이야기한 게르만족의 의회 정치와 비슷하게 인도 민주주의의 뿌리를 민중이 정치에 참여한 오래전 역사로 거슬러 올라가 찾을 수 있다고 주장했다. 그러나 유럽과 인도가 걸어온 길에서 찾아볼 수 있는 유사성은 그 정도에 지나지 않는다. 유럽은 레드 퀸 효과가 작동하기 시작하며 국가의 역량을 확대하고 제도화하는 동시에 사회의 결집을 강화했고, 그 과정에서 규범의 틀을 해체했으나 그동안 인도에서는 같은 일이 일어나지 않았다. 이는 카스트제도의 특성과 유산 때문이다. 카스트는 사회에 뿌리 깊은 위계 구조와 불평등을 만들어냈을 뿐만 아니라 정치의 본질을 왜곡했다. 사회는 파편화된 채 자기들끼리 전쟁을 벌였고 국가기관을 감시하는 데 실패했으며, 국가가 역량을 더 확대하도록 추동하는 능력도 몹시 부족했다. 최상위층의 브라만 계급은 나머지 계급을 지배하느라 너무나 바빴고, 나머지 계급들은 사회의 위계 구조 속 자신의 위치에 얽매여 있었다. 모두가 규범의 틀에 너무 철저히 갇혀 있었다. 역사적으로 인도의 국가는 적어도 카스트제도를 실행하고 재확인하면서 언제나 규범의 우리를 강화하는 것을 의무로 여긴 것으로 보인다.

독립 후 인도에 민주주의가 찾아왔을 때 카스트제도가 정치적 경쟁의 전선을 규정하면서 민주적 경쟁의 활력을 약화시켰다. 인류학자 베테일은 "본질적으로 분열되고 계층적인 사회의 토대 위에 민주적인 구조를 형식적으로 올려놓았을 때 마을 판차야트의 취약성이 나타난 것으로 보인다"고 밝혔다. 주와 국가 차원의 민주정치에서도 마찬가지였다. 사회는 기존의 위계 구조를 뛰어넘어 조직화하고 정치인들이 책임을 지도록 하며 국가가 민중에 봉사하도록 유도할 수 있어야 한다. 하지만 카스트의 분열로 불가능해졌다. 레드 퀸은 망가진 채로 남았다. 카스트 정치는 비하르주의 경우에서 봤듯이 국가의 역량을 더욱 잠식했다.

망가진 레드 퀸은 빈곤이라는 뻔히 보이는 결과를 초래했다. 더 근본적인 면에서 레드 퀸이 망가지면서 달리트뿐만 아니라 모든 인도인들은 사회적 위계 구조와 카스트 규범의 우리에 계속 지배당하고 있다. 비록 인도가 민주정치의 맥락 속에 있더라도 자유는 부재한다는 의미다.

제9장

세부적인 것들 안의 악마

유럽의 다양성

제6장에서 본 것처럼 가위의 양날이 유럽 대륙 대부분을 회랑 가까이 혹은 회랑 안으로 이끌었지만, 유럽은 여전히 다음 몇 세기 동안 다양성을 유지했고 때로는 이러한 경향이 더 뚜렷해지기도 했다. 잉글랜드는 회랑 안에서 국가의 역량 강화를 감독하는, 훨씬 더 참여적인 형태의 정부를 향해 나아가고 있었다. 마찬가지로 프랑스와 이탈리아, 남부 독일, 오스트리아 사이에 낀 스위스연방도 이미 회랑 안에 있었고, 합스부르크 왕가에 대항해 자신을 방어하기 위한 '시민군'과 정치를 통제하는 강력한 의회를 창설했다. 니콜로 마키아벨리Niccolò Machiavelli는 1513년에 낸《군주론The Prince》(니콜로 마키아벨리 저, 강정인·김경희 역, 까치, 2015)에서 이렇게 썼다.

> 로마와 스파르타는 몇 세기 동안 무장한 덕분에 자유를 누렸다. 스위스는 아주 잘 무장했기에 매우 자유롭다.

실제로 역사가들의 합의가 이뤄진 부분에 대해 톰 스콧Tom Scott이 정리한 것을 보면, 스위스 농민들은 "봉건제의 예속에서 벗어나 있었고, 이 산악의 농민들은 자유의 증표로 무기를 지니며 심지어 귀족들에게도 '존중'을 요구했다. … 그들의 중세 씨족체제는 우리가 가진 민주주의 형태의 이미지와는 관련이 거의 없지만 이 농민들은 '자유로웠다.'" 하지만 대륙 북쪽의 프로이센은 아주 다른 형태의 국가를 발전시켰는데, 프로이센의 전제적 특성은 프랑스 철학자 볼테르Voltaire의 명언이 압축적으로 표현해준다.

> 다른 나라들은 국가가 군대를 보유하지만, 프로이센은 군대가 국가를 보유한다.

유럽 대륙의 남쪽에 있는 알바니아나 몬테네그로로 가면 상황이 완전히 달라진다. 이들 나라에서는 중앙에 집중된 국가 권력이 없었고 20세기 들어서도 한참이 지날 때까지 통제되지 않은 폭력이 계속됐다. 몬테네그로의 작가이자 지식인인 밀로반 드질라스Milovan Djilas는 자신의 가족사에 관해 쓰면서 1950년대에 반목이 얼마나 만연해 있었는지 묘사했다.

> 몇 세대의 남자들이 같은 믿음과 이름을 가진 몬테네그로 남자들 손에 죽었다. 내 아버지의 할아버지, 내 두 할아버지, 내 아버지, 내 삼촌이 … 마치 그들에게 대대로 무서운 저주가 내린 것처럼 죽어갔고, 피의 사슬은 끊어지지 않았다. 반목하는 가문들이 물려받은 공포와 증오는 우리의 적인 터키인들에 대한 공포와 증오보다 컸다. 나는 두 눈이 피로 덮인 채로 태어난 것 같았다. 내가 처음 본 것은 피였고, 내가 처음 말한 것도 피였다. 내 말은 피에 젖어 있었다.

이런 차이는 어떻게 설명할 수 있을까? 대체로 비슷한 상황에서 출발했던 유럽 국가들의 정치적 형태는 왜 이처럼 뚜렷하게 다른 길로 갈라졌을까?

—

본 장에서는 우리의 개념적 틀이 이런 물음에 답하는 데 얼마나 유용한지 설명한다. 흔히 '구조적 요인들'이라고 표현하는 정치적, 국제적, 경제적, 인구학적 변화가 국가와 사회에 미치는 영향을 우리의 틀이 얼마나 더 광범위하게 조명하는지 보여줄 것이다. 사회과학자들이 각기 다른 구조적 요인들의 함의를 논하는 가장 일반적인 방식은 그 요인들이 자연스럽게 특정 유형의 경제적, 정치적 발전으로 이어지는 연관성을 만들어낸다고 주장하는 것이다. 예를 들면 전쟁과 군사적 동원이 국가 역량을 강화한다거나, 설탕이나 면화 같은 특정 유형의 농작물은 전제정치를 낳지만, 예컨대 밀과 같은 유형의 작물은 민주정치의 여건을 마련해준다는 주장이 있다. 우리의 개념적 틀은 왜 이러한 주장이 반드시 들어맞는 건 아닌지 보여줄 것이다. 같은 구조적 요인일지라도 국가와 사회의 권력 균형이 어느 쪽으로 기우느냐에 따라 한 정체의 정치적 경로에 아주 다른 영향을 미칠 수 있다.

핵심 개념은 우리의 개념적 틀을 요약한 제2장의 〈도표 1〉과 같은 맥락에서 나타낼 수 있다. 제2장의 〈도표 1〉을 본뜬 〈도표 2〉는 각기 다른 두 정체가 국가와 사회의 힘이라는 면에서 대체로 비슷한 조건들을 가졌다고 해도 그 조건들이 두 정체가 매우 유사한 경로를 따라가도록 보장하지는 않는다는 것을 분명히 보여준다. 각 정체의 향방은 그들이 독재적 리바이어던과 족쇄 찬 리바이어던, 부재하는 리바이어던의 구역을 구분하는 경계선을 기준으로 어디에 위치하고 있는지에 달려 있다.

〈도표 2〉는 또한 각 국가가 처음에 어디 있었느냐에 따라 구조적 요인들이 완전히 다른 영향을 미친다는 사실을 강조한다. 국가의 역량이 증대되는 경우 (사회의 힘은 변하지 않는 가운데) 국가 권력이 확대되면 도표에서 위쪽으로 이동하게 된다. 이 이동은 도표상의 화살표 1이 표시하는 것처럼 한 정체가 회랑 안으로 들어간다는 의미일 수 있다. 그러나 화살표 2가 나타내는 것

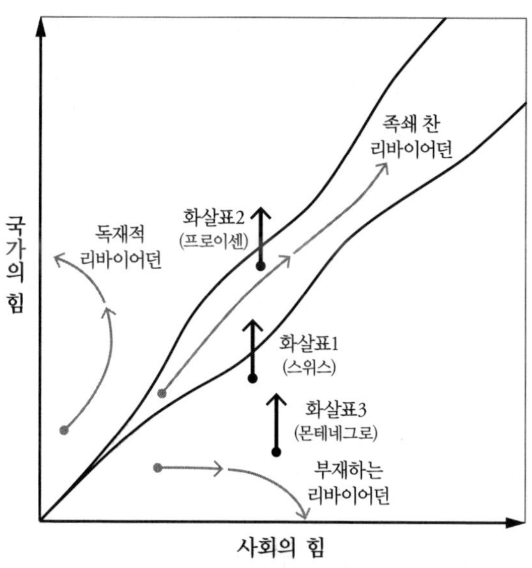

〈도표 2〉 국가 권력 강화의 다양한 효과

처럼 회랑 안에 자리 잡고 있던 사회를 독재적 리바이어던 쪽으로 밀어내는 힘이 될 수도 있다. 혹은 화살표 3이 보여주는 것처럼 부재의 리바이어던과 함께 있던 어떤 사회가 회랑 쪽으로 좀 더 이동했지만, 장기적으로 종착지는 변하지 않은 채로 남아있어서 그 이동이 별다른 영향을 미치지 않을 수도 있다. 그러므로 구조적 요인들이 끼치는 영향에 있어 악마는 세부사항 속에 숨어 있는 게 확실하다.

제9장의 나머지 부분에서 우리는 구조적 요인에 따른 정체의 변화는 세부사항에 따라 달라진다는 생각들을 발전시킨다. 먼저 유럽의 역사와 함께 스위스와 프로이센, 몬테네그로의 사례를 비교하는 데 집중하고, 군사적 동원과 전쟁이 낳는 국가 권력과 역량 확대라는 매우 특수한 유형의 구조적 요인에 초점을 맞춘다. 우리가 제시하는 개념들은 유럽의 역사에만 적용되는 것

이 아니다. 우리는 최근의 큰 역사적 충격들이 어떻게 그토록 다양한 반응을 불러왔는지 이해하는 데도 우리의 개념이 유용하다는 것을, 예를 들어 동유럽과 아시아에서 온갖 유형의 국가가 탄생할 수 있도록 길을 열어준 소련 붕괴를 설명하면서 보여준다. 마지막으로 19세기 후반에 일어났던 첫 번째 경제적 세계화의 물결이 어떻게 식민지배에서 벗어난 여러 사회에 각기 다른 영향을 미쳤는지, 특히 코스타리카와 과테말라 간의 차이에 초점을 맞춰 논의할 것이다.

전쟁은 국가를 만들고 국가는 전쟁을 일으켰다

이 소제목은 정치사회학자 찰스 틸리의 말을 직접 인용한 것이다. 그는 국가 간 전쟁의 빈도 및 위협의 증가와 같은 특정한 구조적 요인이 국가건설 과정에 미치는 영향에 관해 널리 알려진 이론 중 하나를 정립했다. 그는 이런 개념을 근대 초기의 서유럽에 적용해 17세기의 '군사혁명military revolution'으로 전쟁 위협이 증가한 것이 현대 국가의 건설이라는 결과를 낳았다고 주장했다. 당시 군사혁명으로 휴대가 쉽고 강력해진 화기와 새로운 전술, 개량된 요새가 도입됐다. 뒤이어 상비군체제가 갖춰지고 국가 간 경쟁이 격화됐다. 틸리는 각국이 규모가 커진 군대에 급여를 주고 군인들을 무장시키고 수송할 수 있도록, 세금을 걷고 기반시설을 제공하는 데 훨씬 더 효과적인 체제를 만들어낼 수밖에 없었으므로, 결국 군사혁명이 정치 또한 혁명적으로 바꿔놓았다고 주장했다. 우리 이론에 비춰보면, 이는 전쟁에 필요한 것들을 확보하기 위해 국가의 권력 확대를 촉진한 것에 해당한다. 〈도표 2〉의 화살표 1이 보여주는 것처럼 그런 변화가 정치 발전의 동학을 근본적으로 바꿔놓는다고 본 틸리의 견해는 옳다. 그러나 완전히 다른 함의를 가질 수도 있다.

비록 스위스에서는 군사혁명에 앞서 국가건설이 이뤄졌지만, 이 나라는 틸리의 주장을 완벽하게 뒷받침하는 사례다. 스위스는 역사적으로 샤를마뉴의 카롤링거제국 동쪽 지역을 계승하는 국가인 신성로마제국에 속했다. 이 제국에는 여전히 황제가 있었지만 제국은 여러 개의 작고 상대적으로 독립적인 정체들로 쪼개져 있었으며, 황제는 실제로 그들 중 일부가 선출했다. 우리는 이미 독일을 중심으로 하는 제국의 핵심부로부터 아주 멀리 떨어진 이탈리아 북부에서 그들이 어떻게 독립을 주장했는지 살펴봤다. 이탈리아와 달리, 스위스는 알프스산맥에 의해 분리되거나 외따로 떨어진 상황은 아니었지만 역시나 제국의 변방이었다. 스위스 지역에 대한 신성로마제국의 통제가 불완전했으므로 스위스 정체를 구성하는 각 칸톤canton[1]은 자체적인 의회제도를 발전시킬 수 있었다. 칸톤은 시골과 도시가 뒤섞여 있었는데 게르만족에게서 물려받은 것으로 제국이 약해지면서 다시 부상한 의회 정치의 큰 흐름을 받아들이게 됐다. 스위스연방Swiss Confederation은 1291년 우리Uri, 슈비츠, 운터발덴 칸톤이 루체른 호수 위쪽의 뤼틀리 평원에서 분데스브리프(Bundesbrief, 연방헌장)에 선서하고 서명함으로써 출범했다. 헌장은 권력을 중앙에 집중시키려는 의도가 있었고, 특히 공공질서와 무법상태에 관심을 쏟았다. 첫 번째 실체적 조항은 이렇게 규정한다.

> 그러므로 우리 계곡 지역과 슈비츠 계곡 전체, 운터발덴 계곡 하부 지역 사람들은 모두가 시대의 적의敵意를 인식하고, 스스로를 보호하고 보존하기 위해 가능한 모든 수단을 써서 서로 돕기로 약속했다. 이를 위해 모든 일을 협의하고 호의를 베풀며, 역내의 인력과 물자를 동원하고, 누구라도 역내의 어떤 이들에게든

1 스위스의 자치적인 주州

사람과 물자에 폭력을 가하거나 부당한 행동을 하지 않기로 했다.

사실상 세 칸톤이 상호지원을 위해 연합하기로 다짐하고 분쟁 해결을 위한 기본 틀을 만든 협약이다. '이 서약으로 단합한 이들 가운데 어느 쪽에서든 분쟁이 발생하면 연방에서 가장 신중한 이가 양측의 다툼을 해결할 것이다. 연방의 다른 모든 구성원은 이를 거부하는 쪽에 대항해 그 판결을 옹호할 것이다'라고 명시했다. 협약은 '가장 신중한 이'가 누구인지 특정하지 않았지만, 이 조항은 두 칸톤 혹은 칸톤 시민들 사이에 분쟁이 벌어졌을 때 나머지 칸톤 하나가 중재에 나서도록 명시한 것으로 해석된다. 그렇다면 우리는 여기서 타협의 길을 찾는 스위스인들의 전설적인 능력의 뿌리를 발견한 것일까?

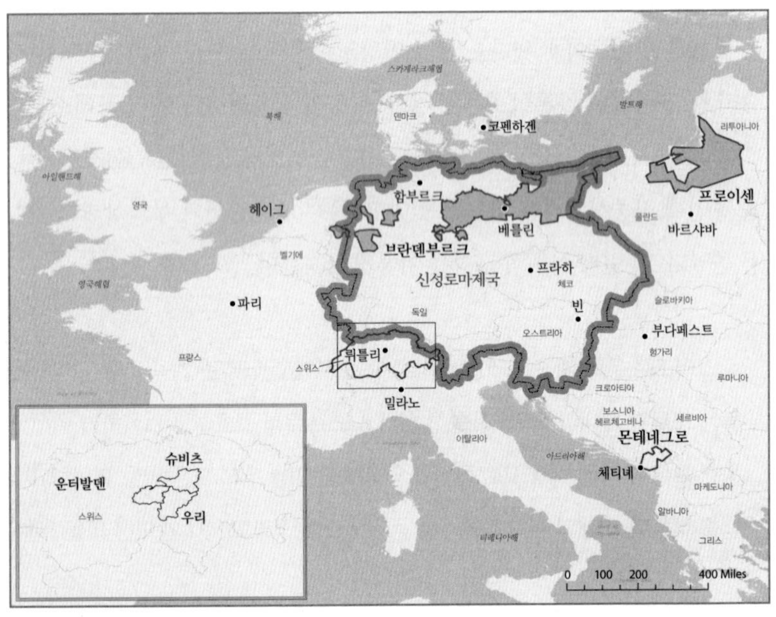

〈지도 13〉 유럽의 분기: 브란덴부르크-프로이센, 스위스, 그리고 몬테네그로

우리와 슈비츠, 운터발덴은 모두 신성로마제국에 속했다. 그들은 합스부르크 왕가의 오스트리아 공작에 복종하기로 돼 있었다. 그들과 지배자 사이에는 협정에 서명할 일이 없었다. 합스부르크 왕가는 스위스연방 같은 자율적인 조직을 승인하지 않았고, 다음과 같은 조항을 탐탁지 않아 했다.

> 우리는 더 나아가 이 지역에서는 이곳 태생이 아니거나 거주하지 않으면서 돈이나 다른 대가를 주고 직위를 얻은 자는 어떤 재판관 자리든 받아들이지 않기로 원칙을 세우고 만장일치로 서약했다.

합스부르크 왕가의 재판관은 더 이상 받아들여질 수 없었다. 1315년 모르가르텐Morgarten 전투 이후 처음으로 합스부르크 왕가의 군대가 이 지역에서 쫓겨났다. 그 후 추가적인 협약이 체결되면서 스위스연방으로 불리게 된 연합이 확대됐다. 루체른은 1332년에 합류했다. 1351년 취리히연맹League of Zurich은 협약에 서명한 모든 칸톤은 다른 칸톤이 합스부르크 왕가의 위협을 받으면 지원하러 와야 한다는 점을 구체적으로 명기했다. 글라루스는 1352년, 베른은 1353년에 가입했다. 오스트리아 공작 레오폴트 3세Leopold Ⅲ는 마침내 스위스의 저항을 멈추려고 작심했지만, 그의 군대는 1386년 젬파흐Sempach 전투에서 스위스연방의 연합군에 참패했다. 레오폴트 본인도 그의 옆에서 싸웠던 여러 지방 귀족들과 함께 전사하고 말았다. 그렇지만 엄밀히 말하면 스위스는 1499년 마지막 전쟁 후 바젤조약Treaty of Basel이 체결돼 사실상 연방의 자치권이 인정되고 나서야 합스부르크 왕가의 지배에서 벗어날 수 있었다. 스위스는 굴하지 않고 15세기 내내 상향식 국가건설을 계속했다. 그러는 동안 시골 지역 사람들은 대가를 지급하고 나머지 봉건적 의무에서 벗어났으며, 그렇게 되자 남아 있던 스위스 귀족의 세력들도 서서히 쇠퇴했다. 그 무렵에는 스위스 사람들이 불러일으킨 변화가 이미 제국 전역에 알려져 '*스위스처럼 되기schweytzer werden*'라는 표현까지 등장했다. 이는 제국의 농민들이 자율성을 가지려고 애쓰고 있었다는 뜻이었다. 1415년 이후에는 연방 내 모든 칸톤의 대의원들로 구성된 의회가 정기적으로 모였다. 프리부르와 졸로투른이 1481년 연방에 가입했고, 바젤과 샤프하우젠이 1501년, 아펜첼이 1513년에 합류했다.

이런 일들은 모두 합스부르크 왕가의 군사적 위협이 커지는 가운데 일어났다. 스위스의 모든 칸톤이 한데 뭉쳐 국가의 역량을 키워야 서로에게 이득이 됐던 당시 상황은 틸리의 이론에 부합한다. 젬파흐 전투의 승리는 갑옷입은 기사들도 물리친 스위스 보병의 위력을 보여줬다. 일찍이 1424년에 피렌체는 스위스연방 의회에 용병을 요청했고, 그 후 몇 세기 동안 스위스는 유럽 전역의 전쟁 중인 국가에 용병부대를 제공하는 데 특화했다. 처음에는 이 용병들의 채용이 민간 기업가들과 칸톤의 다양한 기관들이 조직하는 식으로 분산돼 이뤄졌다. 그러나 용병 활동은 명백히 국가의 안보와 권위에 위협을 가했다. 그래서 의회는 1503년 모든 용병 채용을 의회가 다수결로 승인해야 한다고 명시한 법을 통과시켰다. 한편으로는 스위스 군대끼리 서로 대결할 가능성을 피해야 한다는 이유도 있었다. 실제로 1500년 노바라에서는 스위스 용병들이 한쪽은 프랑스에, 다른 쪽은 밀라노에 고용돼 서로 싸웠다. 합스부르크 왕가와 최종적으로 평화를 이룬 뒤에도 프랑스와 밀라노, 뷔르템베르크의 위협은 멈추지 않아서, 스위스는 국가건설 과정에서 계속 군사적 긴급사태에 직면했다.

스위스의 사례에서는 전쟁의 위협, 특히 신성로마제국 군주의 지배권을 회복하려는 합스부르크 왕가의 지속적인 위협이 중요한 유인이 된 것으로 보인다. 그런 요인이 없었다면 개별적으로 행동했을 칸톤과 도시들이 큰 연방으로 단결하고, 권력을 중앙에 집중하고, 국가 역량을 키웠다. 중앙집권화가 이뤄지기 전에 스위스 칸톤들은 분쟁을 해결하고 법을 집행하는 데 법률이나 국가 권력보다는 씨족 중심의 사회구조에 의존하며 아마도 회랑 밖에 있었을 것이다. 그러나 이런 유산은 또한 스위스 농민들이 자유롭고 사회가 이미 결집했다는 의미였다. 1291년에 시작된 중앙집권화는 사회가 국가의 권력 증대에 저항하고 균형을 맞출 만큼 강력해진 상황에서 이뤄졌다. 그래서 국가와 사회 모두 역량을 점차 확장하도록 앞장서 이끌어가면서 회랑 안으로 이행하도록 촉진할 수 있었던 것이다.

국가와 사회가 회랑을 따라 움직이면 자유의 조건뿐만 아니라 예상대로 경제적 번영을 위한 유인과 기회도 만들어진다. 스위스 사람들은 처음에 시계로, 나중에는 기계장비 산업으로 유명해졌으며, 그다음에는 제약산업으로 세계를 제패했다. 그들은 낙농업의 비교우위를 이용해 초콜릿의 주요 생산자가 됐다. 스위스의 1인당 소득은 (룩셈부르크나 모나코처럼 다른 나라에 둘러싸인 소국을 제외하면) 다른 어느 유럽 국가보다 높다.

틸리가 주장하듯이 스위스에서 전쟁은 국가를 만들었지만, 동시에 사회도 만들었다. 스위스는 유럽에서 손에 꼽히는 활기찬 민주주의 국가 중 하나를 건설했다. 그러나 〈도표 2〉가 강조하듯 그런 과정이 결코 예정돼 있지는 않았다. 전쟁의 위협은 아주 다른 동학을 촉발할 수도 있다.

전쟁은 어떤 국가를 만드나

전쟁이 국가를 만든다면, 각기 다른 상황에서 서로 다른 유형의 국가를 만든다. 그 점을 확인하려면 유럽 안에서 멀리 둘러볼 필요도 없다. 가장 중요한 사례인 프로이센을 보면 된다. 프로이센은 신성로마제국에 속한 적이 없지만 1618년 신성로마제국에 속한 브란덴부르크와 결혼을 통해 합쳐졌다. 〈지도 13〉을 보라. 브란덴부르크를 다스리던 호엔촐레른Hohenzollern 가는 브란덴부르크-프로이센을 지배하는 가문이 됐으며, 통치자는 선제후選帝侯[2]로 불렸다. 이때는 30년 전쟁이 벌어지고 침략군들이 유럽 중부를 종횡으로 치닫는 어려운 시기였다. 선제후 게오르크 빌헬름Georg Wilhelm은 분쟁에서 벗어나 있으려고 필사적으로 애썼지만, 중립은 선택지가 아니라는 스웨덴 국왕 구스타부스 아돌푸스Gustavus Adolphus[3]의 말을 들었을 때 그에 굴복해야 했다. 게오르크 빌헬름은 "내가 무엇을 할 수 있겠는가? 그들은 모든 강력한 무기들을 갖고 있는데"라는 유명한 말로 이 사건을 전했다. 브란덴부르크는 황폐해졌고 인구의 절반이나 잃었다.

1640년 프리드리히 빌헬름 1세Frederick William I[4]는 새 선제후로 왕위에 올랐다. 그는 48년간 통치했고 브란덴부르크-프로이센이 나아갈 새 길을 제시했으며, 그 과정에서 대선제후로 불리게 됐다. 프로이센이 겪은 30년 전쟁의 경험을 통해 프리드리히 빌헬름은 '강력한 무기'가 필요하다고 확신하게 됐다. 그는 이렇게 밝혔다.

> 나는 중립이라는 것을 경험한 적이 있다. 중립을 취하면 가장 유리한 상황에서도 부당한 대우를 받는다. 나는 살아 있는 한 다시는 중립을 취하지 않겠노라고 맹세했다.

---

2 신성로마제국에서 1356년 '황금문서(금인칙서, 金印勅書)'에 따라 독일 황제의 선거권을 가졌던 일곱 제후로, 선거후라고도 한다.

3 구스타프 아돌프

4 독일어로는 Friedrich Wilhelm I

이 말은 더 큰 국가 역량이 필요하다는 뜻이었다. 강력한 무기가 있으면 국가는 더 많은 것을 통제할 수 있다. 하지만 강력한 무기를 가지려면 더 많은 세수가 필요했다. 프리드리히 빌헬름이 사회에 대한 자신의 권력을 확대할 수 있으면 세수를 늘리기 더 쉬워질 터였다. 그는 바로 그렇게 했다. 하지만 그전에 브란덴부르크의 쿠르마르크 의회Estates of Kurmark와 같은 다양한 대의기구들과 세금 문제를 놓고 협상해야 했다. 프리드리히 빌헬름은 먼저 끊임없이 의회의 승인을 받을 필요가 없게끔 영구적인 과세권을 얻으려고 노력했다. 1653년 그는 협상으로 이른바 브란덴부르크 휴회Brandenburg Recess 합의를 끌어내 6년에 걸쳐 53만 탈러thaler를 받아냈다. 무엇보다 중요한 건 쿠르마르크 의회가 아닌 그가 세금을 거두기 시작했다는 점이었다. 대신 그는 의회에서 하나의 원院을 구성하고 있던 귀족들에게 면세 지위를 주었다. '분할통치divide and rule'하는 영리한 전략이었다. 그렇게 함으로써 의회의 서로 다른 원들을 성공적으로 분리하고, 의원들이 그에게 맞설 통일된 세력을 형성하지 않도록 확실히 차단했다. 그는 나아가 프로이센 의회에서도 비슷한 양보를 이끌어냈다.

그런 다음에 프리드리히 빌헬름은 의회의 권위를 무시하고 합의도 없이 세금을 거두기 시작했다. 1653년의 결정에 따라 그가 과세 관청을 설치할 수 있었기에 가능한 일이었다. 1655년 그는 전쟁위원회Kriegskommissariat를 설치해 징세와 군사 조직을 함께 담당하게 했다. 1659년 의회는 이미 지역 현안들만 다루는 기구로 쪼그라들고 밀려났다. 프리드리히 빌헬름은 또한 몇몇 귀족들로 구성된 국정자문회의royal council를 전문 관료를 둔 행정기관으로 바꿔놓았다. 1348년부터 1498년까지 중부 유럽 내에 16개의 대학이 설립됐고 1648년까지 추가로 18개가 문을 열었다. 이로써 로마법을 익혀 훌륭한 자격을 갖춘 졸업생들을 대규모 인적자원으로 활용해 실력주의적 관료조직을 채울 수 있었다. 선제후의 통제 아래 다양한 영토를 다스릴 총독들이 임명됐다. 그는 1667년 이후 상거래에 대한 간접세를 도입했다. 왕실 재산의 관리체계도 재편해 민간의 농민들에게 돈을 받고 토지를 임대함으로써 정부 수입을 극적으로 늘렸다. 1688년에 넓은 영토를 보유한 브란덴부르크와 프로이센, 클레베-마르크는 한 해 세금으로 100만 탈러를 납부했고, 프리드리히 빌헬름의 통제하에 있는 다른 지역에서 추가로 60만 탈러가 들어왔다.

1701년부터 프리드리히 빌헬름의 아들 프리드리히 3세Frederick III는 브란덴부르크-프로이센을 프로이센왕국으로 바꾸고 스스로 프리드리히 1세로 즉위했다. 그의 아들 프리드리히 빌헬름 왕(전 세기에 같은 이름을 가졌던 대선제후와 혼동하지 말라)은 1713년부터 1740년까지 통치했고, 그의 손자 프리드리히 2세는 프리드리히 대제Frederick the Great로 불리며 1740년부터 통치했다. 이들 부자는 대선제후가 시작한 계획을 더욱 강화했다.

프리드리히 빌헬름 왕은 1723년 그전의 전쟁위원회와 왕실 재정관리 조직을 합치고 모든 것을 국방에 지원하는 전쟁·재정총괄부General Directory를 설치하면서 관료조직을 또 한 번 재구축했다. 1733년 그는 징병제의 기본 틀을 완전히 새로 짰다. 영토를 5,000가구 단위의 칸톤으로 나누고 칸톤마다 징병을 책임지는 연대를 뒀다. 사내아이들은 모두 열 살이 되면 징병 대상자 명부에 올랐다. 직업과 개인에 따라 징집 면제를 받았지만 적어도 남성 인구의 4분의 1은 징집 대상자였다. 그에 따라 군대의 잠재적인 규모가 극적으로 확대됐다. 1713년 군대는 평시에 약 3만 명의 병사를 보유했다. 1740년 프리드리히 대제가 왕위를 물려받았을 때 이 숫자는 8만 명에 이르렀다. 그동안 그의 부왕은 세수를 거의 절반이나 늘려놓았다. 프리드리히 대제는 프로이센의 세수 기반과 군사력을 더 확대하기 위한 새로운 전략을 갖고 있었고, 공격적인 영토 확장 전략을 폈다.

프로이센에서 전쟁은 국가를 만들었고 그 국가는 독재로 악명 높은 국가였다. 그 국가의 통치자들은 확실히 그렇게 생각했다. 대선제후는 "신의 가호로 내 목숨이 붙어 있는 한 나는 결단코 전제군주처럼 통치할 것"이라고 밝혔다. 프리드리히 대제는 그에 동의하면서 이렇게 말했다.

> "잘 운영되는 정부는 재정과 정책, 군사 모든 분야를 결합해 국가를 강하게 하고 그 힘을 확장한다는, 같은 목적을 추구하는 … 확립된 체계를 가져야 한다. 그런 체계는 오로지 한 사람의 머리에서 나올 수 있다."

16세기에 프로이센은 강력한 의회가 군주제를 제약하는 가운데 신성로마제국의 다른 여러 지역처럼 회랑 안에 있었다. 전쟁은 국가 권력을 확대함으로써 〈도표 2〉의 화살표 2가 보여주는 것처럼 이 나라를 회랑 밖으로 밀어냈는데, 이는 스위스에서 전쟁이 초래한 결과와는 아주 달랐다. 프로이센은 뒤도 돌아보지 않고 독재적인 길을 따라 빠르게 나아갔다.

자유에 끼친 영향은 예상할 수 있는 것이었다. 자유가 번창한 스위스와 전혀 다르게 프로이센에서는 자유가 완전히 소멸하고 말았다. 영국 대사 휴 엘리엇Hugh Elliot은 이렇게 평가했다.

> "프로이센 왕국을 보면 거대한 감옥이 연상되는데, 그 중심에는 포로들을 돌보느라 바쁜 거대한 문지기가 있다."

고지高地의 자유

전쟁의 영향은 족쇄 찬 리바이어던이나 독재적 리바이어던을 만들어내는 데 그치지 않는다. 몬테네그로는 스위스와 유사한 점이 아주 많다. 몬테네그로 역시 더 주변부이긴 했어도 로마제국에 속했었고, 산지의 생태 환경과 목축을 기반으로 한 경제라는 특성이 있었다. 저명한 역사학자 페르낭 브로델 Fernand Braudel은 유럽의 지형이 특별한 유형의 사회를 낳았다고 강조하면서 "산은 산이다. 다시 말해 산은 기본적으로 장애물이며, 그러므로 피난처이자 자유의 땅"이라고 주장했다. 이때 '자유의 땅'이란 스위스처럼 자유롭다는 말이다. 하지만 어떤 의미에서 몬테네그로와 알바니아 사람들 역시 상당히 자유로웠다. 서유럽인으로서는 처음으로 발칸지역을 연구한 이들 중 한 명인 이디스 더럼Edith Durham의 유명한 저서 《고지의 알바니아High Albania》는 테니슨 경Lord Tennyson의 '정상에 오랜 자유가 있네'라는 시구로 시작한다. 그러나 자유와 국가의 연관성은 복잡하다. 앞서 봤듯이 사람들은 국가 권력으로부터 자유를 지키고 싶어 하므로 국가의 확장은 흔히 저항에 부딪힌다. 몬테네그로에서는 계속되는 전쟁의 압박을 겪는 가운데서도 이런 저항이 일어났다.

1852년 이전에 몬테네그로는 사실상 신정국가였지만, 통치권을 가진 주교 블라디카vladika는 사회를 지배하는 씨족들에게 강제로 권력을 행사할 수 없었다. 프랑스 장군 마르몽Marmont은 1807년 몬테네그로를 다녀온 후 "55세쯤 되는 이 블라디카는 강인한 정신을 가진 훌륭한 사람이다. 그는 스스로 고귀하고 품위 있게 행동한다. 그의 권위는 확실하고 합법적인데도 그 나라에서 인정받지 못하고 있다"고 말했다.

왜 그런지, 그리고 왜 몬테네그로에서는 국가가 형성되지 못했는지 이해하려면 무엇보다 이 나라가 회랑에서 스위스보다 멀리 떨어져 있었다는 점을 알아야 한다. 이 나라는 친족집단과 씨족, 부족 들로 이뤄져 있었고 스위스가 카롤링거 왕조에서 물려받은 중앙집권적인 요소가 없었다. 몬테네그로와 예컨대 티브족 같은 다른 여러 사회 사이에는 중앙집권적인 국가 권력을 끝까지 거부한다는 면에서 유사점이 많다. 한 학자는 몬테네그로에 대해 "중앙집권적 정부를 세우려는 시도가 계속됐지만, 부족에 대한 충성심과 충돌했다"고 표현했다.

오스만제국과의 전쟁은 확실히 씨족들이 통합을 위해 더 노력하도록 이끌었다. 1796년 크루시에서 결정적인 전투가 벌어지기 직전에 몬테네그로 부족장들이 체티녜에 모여 '단단히 동여매다'는 뜻의 '스테가Stega'라는 선언을 채택했는데, 이는 몬테네그로 중심부의 통일을 선포하는 조치였다. 2년 후 그들은 다시 만나 50인이 참석하는 '평의회'를 소집하기로 합의했으며, 이로써 사실상 처음으로 이 나라에 부족 단위 이상의 제도화된 정부기구가 생겼다. 1796년 블라디카 베드로 1세Peter I가 처음으로 편찬하려 한 법전은 '피의 복수'를 하는 관습에 따라 사회 질서가 규정된다는 사실을 반영했는데, 그 안에 다음과 같은 조항이 포함됐다.

> 어떤 사람이 손이나 발 혹은 담뱃대로 다른 사람을 때리면 벌금으로 그에게 50세퀸을 줘야 한다. 맞은 사람이 공격자를 즉시 죽이면 그는 벌을 받지 않을 것이다. 도둑을 현장에서 잡아 죽인 사람도 처벌받지 않을 것이다.
>
> 몬테네그로의 어떤 사람이 자기방어 차원에서 그를 모욕한 사람을 죽이면 … 고의로 사람을 죽였다고 간주하지 않을 것이다.

이는 현대의 법체계보다는 클로비스의 살리카법이나 앨프레드 왕의 법전과 더 닮았다. 하지만 몬테네그로의 경우에는 클로비스나 앨프레드의 사례와 같은 국가건설 노력이 뒤따르지 않았다. 중앙에 집중된 국가 권력이 어디에도 보이지 않는 가운데 불화는 계속됐다.

국가 권력이 없고 불화가 만연하는 상황은 너무 오래 지속됐다. 1960년대에 인류학자 크리스토퍼 보엠Christopher Boehm이 그런 상황을 아주 상세히 재현할 수 있을 정도였다. 보엠은 몬테네그로 중앙의 권력이 지닌 본질적인 어려움을 포착해 "중앙의 지도자가 불화를 통제하는 강제적인 수단을 제도화하려고 시도만 하면 부족 사람들은 자신들의 오랜 전통을 따를 권리를 강력히 옹호했다. 이는 그들이 중앙의 개입을 자신들의 기본적인 정치적 자율성에 대한 위협으로 여겼기 때문이다"라고 썼다. 보엠이 말하는 사례는 블라디카 은제고스Njegoš가 1840년대에 몬테네그로에서 국가 권력을 확립하려고 시도했던 일에 대한 얘기다. 드질라스는 다음과 같이 분석했다.

> 그것은 두 원리, 다시 말해 국가와 씨족의 원리가 부딪친 것이었다. 전자는 질서와 국민국가를 옹호하고 혼란과 반역에 반대하지만, 후자는 씨족의 자유를 옹호하고 의회와 수비대, 지휘부 같은 비인격적인 중앙 권력의 자의적인 행동에 반대했다.

밀로반 드질라스는 '정부와 국가를 강요하는 것은 씨족의 독립성과 내부적인 자유를 끝장내는 것으로 여겨졌기 때문에' 은제고스의 개혁들이 즉각 피페리와 크름니카 씨족의 반란에 직면했다고 기록했다. 은제고스의 자리를 이어받은 조카 다닐로Danilo는 1851년 몬테네그로 최초의 세속 군주가 됐지만, 국가와 유사한 체제를 구축하기 위한 그의 계획 역시 격렬한 반대에 부딪혔다. 1853년 세금을 거두려는 시도는 여러 가문의 반란을 불러와 피페리와 쿠치, 브젤로파블리치 씨족들은 스스로 독립적인 국가임을 선포했고, 1860년 브젤로파블리치 씨족의 일원이 다닐로를 암살했다.

전쟁은 스위스와 프로이센에서 각기 다른 유형의 국가를 만든 것이 분명하다. 그러나 사회가 대단히 분열돼 있고 중앙에 집중된 권력에 회의적인 태도를 유지한 몬테네그로에서는 국가가 만들어질 수 없었다. 그 점에서는 이웃의 알바니아도 마찬가지였다. 몬테네그로 사람들은 중앙의 강력한 권력을 만들어낸 것이 아니라 그들의 부족적인 체제를 이용해 오스만제국과 싸웠다. 국가의 역량을 확대하도록 하는 어떤 압력도 〈도표 2〉의 화살표 3이 보여주는 것처럼 몬테네그로나 알바니아를 회랑 가까이 이동시키기에는 불충분했다. 그들은 부재의 리바이어던과 함께 회랑 밖에 남아 있었다.

우리의 이론은 자유를 위한 이러한 종류의 저항이 갖는 역설적인 함의를 강조한다. 몬테네그로 사람들은 계속 국가의 통제에서 벗어나 평등주의적인 씨족체제를 유지했지만, 여전히 고질적인 불화에 따른 지배와 불안정에 시달렸다. 그들에게는 그게 오스만제국이나 블라디카에 지배당하는 것보다 나았지만, 그런 체제는 여전히 자유와는 거리가 대단히 멀었다. 사회는 무장을 했고 폭력적이었다. 흥미로운 질문은 우리가 아프리카에서 본 아샨티족과 티브족, 통가족 같은 여러 무국가 사회와 대조적으로 몬테네그로나 알바니아는 왜 불화와 반복적인 폭력을 통제할 규범들을 발전시키지 못했느냐 하는 것이다. 한 가지 가능성은 실제로 끊임없는 전쟁 때문에 그렇게 됐다는 것이다. 몬테네그로와 알바니아 사회에서는 어떤 질서에도 폭력이 개입돼야 했고, 그 때문에 비폭력적인 사회 질서를 만들어내기는 어려웠다.

중요한 차이들

우리의 전작 《국가는 왜 실패하는가》를 알고 있는 독자들은 여기서 구조적 요인들의 영향이 여러 가지로 갈라진다고 이야기하는 대목과, 전작에서 결정적 시점의 작은 제도적 차이가 중요한 역할을 한다고 밝힌 부분에서 어떤 유사성을 발견할 것이다. 《국가는 왜 실패하는가》에서 우리는 어떤 사회에 큰 충격이 나타났을 때 그에 대한 대응이 그 사회를 지배하는 제도에 따라 크게 달라진다는 점을 강조했다. 이 책에서 우리의 이론은 독재적 국가의 통제를 받는 사회와 중앙집권적 국가가 아예 없는 사회를 구분하고, 또한 국가의 역량 그리고 국가와 엘리트층을 통제하는 사회의 능력 사이에 작동하는 동학에 명확히 초점을 맞추기 때문에 전작보다 논의가 더 진전되었다. 이처럼 더 풍부해진 이론체계는 각기 다른 행동이 어디서 비롯된 것인지 그 원천을 분명히 밝힘으로써 더욱 미묘한 논의가 이뤄질 수 있도록 해주며, 다양한 구조적 요인들의 변화가 사회를 〈도표 2〉의 서로 다른 부분으로 옮겨놓는다는 점을 설명해준다. 이 이론체계는 우리의 전작을 상당히 넘어서는 방식으로 그런 차이가 갖는 동태적인 함의를 강조한다. 예를 들어 프로이센은 스위스처럼 국가 간 전쟁 위협 증가에 직면해 국가 역량을 크게 확대했지만, 스위스와는 아주 다른 형태의 국가로 진화하는 결과를 낳았다.

실제로 이 책에서 주장하는 우리 이론과 맞게 프로이센은 결국 스위스보다 국가 역량이 떨어졌다. 얼핏 보면 역설적인 상황이다. 사회를 통제하고, 세수를 늘리고, 전쟁을 벌이는 데 그토록 힘쓰면 국가 역량도 엄청나게 커져야 하지 않을까? 그렇지 않다. 이미 제2장에서 강조한 것처럼, 바로 이 사실이 우리 이론의 뚜렷한 시사점 가운데 하나다. 레드 퀸 효과가 나타나지 않는 가운데 국가의 역량을 개발하면 역량은 계속 불완전한 채로 남아 있게 된다.

국가가 제공해야 하는 기본적인 공공서비스 가운데 하나인 분쟁 해결과 공정한 재판 기능을 보자. 프로이센은 독재국가를 만들었지만, 사회의 협력을 받지 않았다. 그 결과 국가기관들은 예전부터 있었던 봉건제의 체계 위에 세워졌다. 새로운 실력주의 체제는 한 역사가가 "귀족의 후원, 사회적 세습, 비전문성 그리고 독점적 재임권으로 유지된다"고 묘사한 낡은 구조와 합쳐졌다. 이 독점 재임권은 예컨대 하이니츠Heinitz 가와 폰 레덴von Reden 가, 폰 하르덴베르크von Hardenberg 가, 폰 슈타인von Stein 가, 데첸Dechen 가, 게어하르트Gerhard 가와 같은 몇몇 귀족 가문의 명성과 그들의 친척이 관직을 장악한 데서 분명히 드러났다. 그들이 가장 높은 지위를 차지하면서 농업부문 노동력의 80퍼센트에 이르는 밑바닥의 농노들을 철저히 억눌렀다. 귀족 가문들은 영지의 재판소를 통해 그 목적을 이뤘는데, 이곳에서 가벼운 범죄에 대한 소액의 벌금부터 태형과 징역을 포함한 체형에 이르기까지 여러 형벌을 집행할 수 있었다. 그러므로 공정한 재판은 거의 이뤄지지 않았고, 대신 봉건적 질서를 강요하는 재판소가 체계적으로 이용됐다. 겉으로는 인상적이었지만 이 독재국가는 정책을 집행하는 데 어려움을 겪었다. 프로이센군이 그 모든 세수와 군사비 지출에도 불구하고 1806년 예나에서 궤멸적인 패배를 당한 건 국가 역량의 부족에 따른 결과임이 자명하다. 명목상 세 명이 프로이센 군대를 지휘했고 그들이 생각한 다섯 가지 전투계획들 간에 전혀 합의가 이뤄지지 않았으니 상황이 프랑스에 크게 유리할 수밖에 없었다.

스위스의 상황은 아주 달랐다. 스위스연방은 1291년에 합스부르크 왕실이 수행하지 않는 객관적인 분쟁 해결에 대한 요구에 부응해 설립됐다. 재판관들은 지역 단위에서 선출됐고, 국가는 지역사회의 자율성과 자치를 인정하는 일련의 선서와 계약, 협정에 따라 상향식으로 건설됐다. 봉건적 부과금은 소멸하거나 협상을 통해 폐지했다. 영지의 재판소는 점차 법 앞의 평등으로 대체됐다. 스위스인들은 프로이센의 농민들이 참고 견뎌야 했던 (그리고 피할 길이 있다면 협력도 하지 않았던) 지역의 전제를 뿌리 뽑았다.

—

이와 같은 일반적인 이론체계를 갖추고, 우리는 이제 유럽 역사의 몇 가지 상징적인 전환점을 다시 살펴볼 것이다. 그중 일부는 《국가는 왜 실패하는가》에서 이미 논의했지만, 이제 그 전환점들이 유럽의 국가와 사회에 시사하는 동학에 관해 더 많은 통찰을 갖고 이야기할 수 있다.

14세기와 15세기 유럽의 중요한 전환점 중 하나는 흑사병으로 인한 급격한 인구 감소였다. 제6장에서 본 것처럼 봉건 질서는 설사 잉글랜드에서 국가와 사회의 균형을 완전히 말살할 수는 없었다고 하더라도 유럽의 여러 지역에서 엘리트층이 농민과 사회를 통제하고자 할 때 상당한 우위를 창출해줬다. 그러나 인구가 감소하고 노동력이 더욱 희소해짐에 따라 사회는 갈수록 대담해졌고, 사회를 통제하고 세금을 걷고 농노의 예속적인 노동 의무를 요구하는 봉건적 엘리트의 능력은 약해졌다. 농노는 자신들의 의무를 줄여달라고 요구했고, 봉건제하에서는 노동력의 이동이 제한됨에도 불구하고 영지를 떠나기 시작했다. 우리의 이론체계에서 이런 변화는 사회의 힘이 세지는 것에 해당하며, 그 결과 서유럽의 여러 지역에서 사회는 국가와 엘리트의 독재적 통제로부터 더 멀어졌다. 이는 회랑 안에서 앞으로 성큼 나아간 것이었지만, 이미 14세기에 지주와 엘리트가 더 큰 지배력을 가지고 있던 동유럽에서는 상황이 아주 다르게 돌아갔다. 동유럽을 회랑 가까이 이끌어가기에는 농민들의 결집이 너무 제한적이고 불충분했으며, 독재적 리바이어던의 힘에 대한 지속적인 타격은 없었다. 그 후 '제2차 농노제'와 함께 이 같은 대립의 제2막이 전개되면서 사회에 대한 엘리트의 지배가 크게 확대됐다. 유럽 전역에 걸쳐 인구가 줄어들고 서유럽에서 농산물 수요가 늘어남에 따라 동유럽의 강력한 지주들은 더욱 거세게 농민들을 다그치며 더 많은 것을 요구했고, 그들을 단단히 틀어쥠으로써 결국 목적을 이뤘다. 16세기 말에는 농노를 훨씬 더 심하게 수탈했다. 그래서 잉글랜드와 프랑스, 네덜란드가 회랑 안에서 나아가는 동안 폴란드와 헝가리를 비롯한 동유럽의 다른 지역은 독재적 리바이어던의 영역으로 더 깊숙이 들어갔다.

한 나라의 정치 발전에 다양한 영향을 미치는 요인은 군사적 위협이나 인구 충격뿐만 아니라 중요한 경제적 기회에서 생길 수도 있다. 크리스토퍼 콜럼버스Christopher Columbus가 아메리카대륙을 발견하고 바르톨로메우 디아스Bartolomeu Dias가 희망봉을 돌아가면서 유럽의 발전 경로에 엄청난 변화가 나타났다. 다시 한 번 국가와 사회의 균형 관계의 차이가 변화에 대한 다양한 대응을 낳았다. 제6장에서 언급한 것처럼 잉글랜드에서는 해외 무역 독점과 관련해 왕과 그 동맹 세력이 할 수 있는 일을 엄격하게 제한함에 따라, 경제적 기회를 잡은 신흥 상인집단이 가장 큰 혜택을 보게 됐다. 이는 잉글랜드 사회가 왕에 맞서 오랫동안 투쟁하는 과정에서 힘과 자신감을 키울 수 있게 해줬다. 신세계와의 무역에서 이미 이익을 본 상인들은 계속해서 그 혜택을 누리려고 했다. 이 상인들은 1642년부터 1651년까지 이어진 잉글랜드 내전에서 의회의 주요 지지자가 됐으며, 그 후 다시 명예혁명으로 치닫는 과정에서 찰스 2세Charles II와 제임스 2세James II에 대한 반대 진영의 주축을 이뤘다. 잉글랜드에서는 이같이 새로운 경제적 기회가 국가와 사회의 균형 관계에서 사회에 유리한 쪽으로 기울었지만, 왕가가 해외 무역의 독점체제를 만들어 낼 수 있었던 스페인과 포르투갈에서는 그런 효과가 나타나지 않았다. 이런 차이는 주로 이 나라들에서는 애초에 권력 균형이 엘리트층에 유리했다는 점에 기인했다. 로마제국에 속했던 이베리아반도 역시 게르만족의 한 분파인 비시고트Visigoth족이 정복했고, 그들이 남긴 의회의 유산은 나중에 카스티야나 레온, 아라곤의 의회Cortes로 제도화됐다(제6장의 〈지도 8〉을 보라). 하지만 8세기에 시작된 아랍의 침략으로 이베리아반도가 회랑 밖으로 밀려난 후 이런 제도는 이 나라의 북쪽에서만 존속했다. 이 반도를 아랍으로부터 되찾는 '재정복reconquest'은 이베리아 국가의 독재적 본능을 크게 강화했다. 더 독재적인 스페인 및 포르투갈 왕가와 그들의 협력자들은 그 후 더 성공적으로 경제를 통제하면서 대서양의 무역 기회를 독점할 수 있었다. 그 결과 왕가와 협력자들은 대담한 반대에 직면하기보다 스스로 더 부유하고 더 강력하며, 심지어 더 독재적으로 변화했고 사회는 더 힘을 잃었다. 이베리아반도의 독재에는 휴지기가 없었다.

그다음에 찾아온 큰 경제적 기회도 비슷하게 전개됐다. 우리는 제6장에서 산업혁명 이후 영국에서 어떻게 사회적 변화가 훨씬 더 빨라지고 레드 퀸 효과가 더 강력해졌는지 살펴봤다. 이런 변화는 여러 가지 새로운 경제적 가능성을 열어줬고, 대부분 경우에 사회의 각계각층에서 온 사람들이 그 기회를 이용했다. 하지만 유럽에서 이미 상당히 다른 길로 갈라진 지역에서는 레드 퀸 효과가 나타나지 않았다. 우리가 《국가는 왜 실패하는가》에서 자세히 이야기한 것처럼 합스부르크제국이나 러시아에서는 독재적 리바이어던이 사회를 더욱 단단히 장악했고 심지어 순종적인 사회가 다시 각성할까 봐 새로운 산업기술과 철도를 도입하는 것조차 방해했다.

이제 우리는 이 모든 사례에서 같은 패턴을 찾아볼 수 있다. 세계의 다른 지역과 마찬가지로 유럽에서도 역사의 대체적인 윤곽은 주로 큰 충격들의 영향을 받아서 형성되지만, 이는 무엇보다 국가와 사회의 권력 균형이 그려놓은 그림판 위에서 이뤄진다.

레닌조선소에서

큰 충격들이 서로 다른 영향을 미치는 분기分岐 효과는 1991년 소련 붕괴를 포함한 다른 상징적인 사건들에서도 특징적으로 나타난다. 러시아 내에서 소비에트 국가는 독재적 리바이어던의 완벽한 표본이었고, 동유럽 그리고 소련이 통제한 아시아의 여러 소비에트 공화국들에서도 독재 권력의 원천으로 작용했다. 소련은 1991년에 무너져 국가 권력의 급격한 쇠퇴를 보여줬다. 체코의 극작가이자 반체제 인사로 소련 붕괴 직후 대통령이 된 바츨라프 하벨Václav Havel은 그의 에세이 《힘없는 자들의 힘The Power of the Powerless》에서 이렇게 썼다.

> 같은 원리에 바탕을 두고 같은 방식으로 구축된 독재정권이 어디에나 있을 뿐만 아니라 … 각국은 중심부의 초강대국이 통제하는 조종기구의 망상網狀조직에 완전히 뚫렸고 그들의 이해에 종속됐다.

하지만 소비에트가 무너지면서 '조종기구'가 해체됐을 뿐만 아니라 사회를 통제하는 국가의 역량도 급격히 줄어들었다. 새롭게 독립한 나라들 역시 조세체계와 현대 정부의 다른 여러 기능이 작동하지 않는 상태였다.

물론 이 모든 일이 한꺼번에 일어나지는 않았다. 1985년 소련에서 미하일 고르바초프Mikhail Gorbachev가 권력을 잡았을 때 그의 계획은 이 나라를 파괴하는 것이 아니라 부흥시키는 것이었다. 그는 '글라스노스트(glasnost, 개방)'와 '페레스트로이카(perestroika, 구조개혁)'를 접목한 정책을 펴기 시작했다. 고르바초프가 관심을 기울인 정책은 주로 정체된 러시아 경제 제도와 유인체계를 재편하려는 페레스트로이카였다. 하지만 그는 공산당 내 강경파들이 절대 이 개혁들을 받아들이지 않을까 봐 두려워했으며, 그래서 강경파들의 힘을 빼기 위해 고안한 정치적 개방으로 개혁정책들을 보완했다. 고르바초프가 위험을 예견했는지는 불분명하지만, 그의 전략으로 인해 결국 엄청난 불만이 터져 나왔다. 특히 모스크바의 중앙집권적 통제에 분개하던 지역에서 불만이 분출했다. 다른 어느 지역보다 불만이 컸던 곳은 제2차 세계대전이 끝날 때 소련에 점령됐던 동유럽과 발트제국이었다. 일찍이 1956년 헝가리에서, 그리고 하벨이 정치적으로 첫 경험을 쌓은 1968년 '프라하의 봄'에 체코에서 반소反蘇 시위의 불길이 타올랐지만 진압되고 말았다. 1990년 1월이 되자 폴란드 공산당은 투표를 통해 스스로 해산했고, 이듬해 12월 미하일 고르바초프는 소련이 사멸했음을 선언할 수밖에 없었다. 러시아에는 곧 새 정부가 시장경제를 기반으로 한 자유민주주의 체제로 이행하는 계획을 세우게 도우려는 서방의 경제학자와 전문가들이 쏟아져 들어왔으며, 폴란드도 마찬가지였다. 하지만 두 나라는 결국 놀라울 만큼 다른 경로를 밟게 됐다.

소련 붕괴로 국가 권력이 추락하면서 각국에 끼친 영향은 어떤 국가가 회랑과 견줘 어느 지점에 위치하느냐에 따라 크게 달라졌다. 러시아와 폴란드 사이에는 유사성이 많았지만, 러시아는 독재적 리바이어던의 영역으로 더 깊숙이 들어가 있었다. 고르바초프가 권력자로 부상할 때 폴란드는 보이치에흐 야루젤스키Wojciech Jaruzelski의 철권 아래 있었으나, 소련의 힘으로 지탱되던 국가는 사회에 대한 지배력이 약했고 시민사회는 러시아 사회만큼 심하게 무력화되지 않았으므로 여전히 러시아보다 회랑과 더 가까웠다. 사실 야루젤스키가 집권한 것도 1980~1981년 폴란드 시민사회가 다시 일어난 것에 대응한 결과였다. 소련 붕괴는 야루젤스키를 권좌에서 밀어냈고, 폴란드를 회랑 안으로 밀어 넣었다.

더 심층적인 차이점들도 있었다. 우선 스탈린Iosif Stalin이 러시아와 우크라이나에서 실행한 농업의 대규모 집산화가 폴란드에서는 이뤄진 적이 없었다. 사람들은 대부분 자기 땅에 남아 있었다. 그곳에는 어느 정도 독재의 휴지기가 있었고 '망치와 낫'의 그늘에서도 시민사회가 자랄 수 있는 숨 쉴 공간이 있었다. 폴란드 사회가 실질적으로 조직화를 이룬 곳이 그단스크의 레닌조선소라는 사실은 참으로 역설적이다. 1980년 9월 레흐 바웬사Lech Wałęsa가 이끄는 독립적인 노동조합 솔리다르노시치Solidarność5가 나타났다. 이 노조는 일 년 만에 폴란드 사회 전체로 퍼져나가 조합원이 전체 노동자의 3분의 2인 1,000만 명에 이르렀다. 폴란드 정부는 그에 대응해 계엄령을 선포하고 야루젤스키를 임명했다6. 그때쯤에는 솔리다르노시치가 쉽게 억누르기에는 이미 너무 커진 상태여서 교착상태가 이어졌다. 결국 1989년 1월 야루젤스키는 권력 공유를 받아들였다. 1989년 4월 솔리다르노시치는 그해 6월 선거를 실시한다는, 원탁회의와 정부 간 합의서에 서명했다. 하지만 자리가 예약된 공산주의자들이 다수 의석을 차지하고 야루젤스키가 대통령에 당선되게끔 모든 것이 조작됐다. 야루젤스키는 이 투표로 솔리다르노시치가 진정되기를 바랐다. 이는 독일 극작가 베르톨트 브레히트Bertolt Brecht가 1950년대 동독에서 선거를 바라보는 국가의 태도를 묘사한 것과 정확히 일치했다.

그렇다면 정부가
사람들을 해산하고
다른 이를 뽑는 것이
더 쉽지 않겠는가?

하지만 그런 생각은 야루젤스키의 오산이었다. 공산당은 자유경쟁이 이

5 '연대Solidarity'를 강조하는 자유노조

6 그는 1981년 1월부터 국방장관과 총리를 겸임했고 10월에는 당 제1서기를 겸임함으로써 실력자로 부상했다.

뤄진 곳에서는 모든 의석을 잃었고, 이는 합의의 정당성을 송두리째 무너뜨렸다. 솔리다르노시치는 더욱 거센 태도로 8월에는 정부를 접수하고 타데우시 마조비에츠키Tadeusz Mazowiecki를 총리로 임명했다.

마조비에츠키는 사회주의로부터의 체제 전환을 지휘하는 골치 아픈 과업을 떠맡았다. 가장 시급한 문제는 경제 구조개혁이었는데, 그는 레쉐크 발체로비츠Leszek Balcerowicz에게 계획을 세우라고 맡겼다. 시장경제체제로 극적인 '도약'을 이루려는 그 계획은 '충격요법shock therapy'으로 알려진 유명한 사례가 됐다. 발체로비츠는 가격통제를 폐지하고, 국유기업의 파산을 허용하고, 국영기업이 새로운 민간기업들과 경쟁하기 어렵게 의도적으로 국영기업 임금에 세금을 물렸다. 그러자 국영기업들은 정말로 파산했다! 국민소득은 급격히 줄어들고, 고사枯死를 막지 않는 국영 산업부문에서 대량 해고가 발생했다.

사회는 그에 반발해 항의했다. 소득은 급감하고 실업은 급증함에 따라 노동운동을 진정시키는 민주주의 대신 끊임없는 파업의 물결이 덮쳐왔다. 파업은 1990년 250건, 1991년 305건에서 1992년 6,000건 이상, 1993년 7,000건 이상으로 늘어났다. 항의와 시위, 파업은 정책 의제에 대한 사회적 합의를 끌어내라고 정부를 압박하는 중요한 수단이 됐다. 바웬사가 대통령에 당선된 후 발체로비츠는 임금 정책, 특히 논란이 많은 국유기업의 임금 인상에 대한 과세 문제를 논의하도록 노조를 불러들이는 데 동의했다. 1991년 말 발체로비츠는 경질됐지만, 체제 전환으로 사회는 이미 결집된 상태였다. 1992년 폴란드 의회 세임sejm에는 28개 정당이 참여하고 있었고, 물론 이 나라의 진로에 관한 서로의 견해는 크게 달랐다. 이런 분열에도 불구하고 세임은 협상을 통해 1997년 마침내 새로운 헌법이 도입될 때까지 시행할, 의원내각제와 대통령 중심제를 혼합한 체제의 '소小헌법' 제정을 성사시켰다. 그러는 동안 바웬사는 세임을 약화시키고 자신의 권력을 확대하려고 시도했으나 목적을 이루지 못했다. 그에 따른 정치적 타협으로 경제적인 측면에서 체제 전환 계획이 조정됐다. 정부는 국영부문에 더 많은 자원을 배분하기 시작하며 충격요법의 고통을 완화하려 했다. 광범위한 개인소득세가 새롭게 도입됐다. 1993년 2월 노동부 장관 야체크 쿠론Jacek Kuroń은 정부와 경영계, 노조가 경제정책 결정을 논의할 수 있는 3자위원회 결성을 제안했다. 서방의 일각에서는 그렇게 하면 시장경제체제로 전환하기가 어려워질 것이라는 비판을 쏟아냈지만, 그렇게 함으로써 개혁의 정당성을 확보하고 사회의 광범위한 참여를 유도할 수 있었다. 이제 러시아의 사례에서 살펴보겠지만 그렇게 하지 않았다면 폴란드가 회랑 안으로 이행할 희망은 없었다.

폴란드가 회랑 안으로 옮겨 가면서 이 나라에 자유의 조건들이 창출됐고, 이는 고도로 결집한 시민사회가 뒷받침하는 활기찬 민주주의체제를 빠르게 구축했다. 폴란드가 실제로 민주정치와 시민의 권리 면에서 보여준 성취에 확신을 가진 유럽연합은 자신들의 클럽에 이 나라를 받아들였다. 그러나 회랑 안으로 옮겨 간다고 해서 곧바로 자유가 창출되지는 않았다. 레드 퀸 효과가 작동한 후에야 가능한 일이었다. 2015년 집권한 법과정의당Law and Justice Party은 대법원의 독립성을 훼손하려 했다는 이유로 유럽연합의 제재를 받았다. 자유를 신장하는 과정은 언제나 진행형이며, 특히 몇십 년 동안 독재 지배를 겪었던 나라에서는 더욱 그렇다.

러시아 곰을 길들이지 않은 상태로 돌려놓기

1989년 봄 야루젤스키 장군이 솔리다르노시치와 협상을 시작할 때 고르바초프는 소련에서 자신이 신중하게 수립한 민주화 계획을 제안했다. 그 과정에서 1990년 5월 보리스 옐친Boris Yeltsin이 러시아최고소비에트Russian Supreme Soviet 의장으로 당선됐다. 그해 8월 옐친은 각 지역 지도자들에게 "감당할 수 있는 만큼 주권을 취해야 한다"는 유명한 선언을 했다. 이후 소련의 강경파들은 고르바초프를 체포하고 필연적인 변화를 멈추기 위한 쿠데타를 시도했다. 옐친은 탱크의 포탑 위에 서서 쿠데타에 용감하게 저항했다. 그는 살아남았고 쿠데타는 실패했다. 크리스마스 때 소련은 무너졌고, 1991년 여름 옐친은 새롭게 생겨난 러시아 대통령에 당선됐다. 그는 폴란드와 같은 급진적인 시장개혁 프로그램을 담은 정강을 내세우고 이를 기반으로 공산주의자 네 명과 강경한 민족주의자 한 명을 물리쳤다. 그가 내세운 민주주의와 경제개혁으로 러시아의 독재국가가 길들여지는 것처럼 보였다.

옐친은 예고르 가이다르Yegor Gaidar에게 경제개혁 프로그램을 실행하도록 맡겼고, 가이다르는 다시 아나톨리 추바이스Anatoly Chubais에게 국유산업의 민영화를 이끌게 했다. 가이다르와 추바이스는 소련의 주요 자산을 민간의 손에 넘기는 전략을 구상했다. 러시아 정부는 1992년 봄부터 상점과 식당 같은 작은 기업들을 팔아치우기 시작했다. 사람들은 자신의 아파트 소유권을 공짜 혹은 거의 공짜로 얻을 수 있었다. 1992년 말 추바이스는 대기업 매각을 시작했다. 대기업과 중견기업들은 주식 29퍼센트를 '바우처voucher 경매' 방식으로 팔아야 했으며, 1992년 10월 러시아 성인은 각자 지역 스베르뱅크 지점에서 불과 25루블을 주고 액면 1만 루블의 바우처를 발급받았다. 1993년 1월까지 러시아 국민 중 약 98퍼센트가 배정된 바우처를 받아 갔다. 이 바우처는 팔 수도 있고 특정 기업들이 민영화될 때 주식을 청약하는 데 쓸 수도 있었다.

1992년 12월 첫 경매가 열렸다. 약 1만 4,000개 기업이 경매를 단행했다. 그러나 이 기업들의 자산 대부분은 종업원과 경영자들에게 돌아갔다. 한 법률은 종업원과 경영자들이 기업의 의결권 있는 주식 중 51퍼센트를 할인된 값에, 그 기업 자체의 기금을 이용해 살 수 있게 허용했다. 실제로 민영화 기업들의 자산 대부분은 엄청나게 할인된 가격에 내부자들에게 넘어갔다. 이미 광범위하게 분산된 지분도 다시 소수에 집중됐다. 1994년 종업원들은 평균적으로 러시아 기업의 지분 50퍼센트를 소유했다. 그러나 1999년 이 비율은 36퍼센트로 떨어졌다. 2005년에는 대기업과 중견기업, 통신업체를 통틀어 단 한 명이 주식의 절반을 소유한 기업이 71퍼센트에 이르렀다.

민영화 과정에서 가장 논란이 심했던 부분은 '국유주식 담보대출loans for shares' 거래였다. 이는 1995년 에너지와 자원 부문에서 가장 값나가는 국유자산이 옐친의 재선을 위해 선거자금을 대기로 약속한, 정치적 인맥으로 연결된 사람들에게 넘어간 것이었다. 그 거래가 구체적으로 작동한 방식은 이랬다. 정부는 주로 에너지부문에 몰려 있는 고수익 국유기업 열두 곳의 지분을 은행 대출용 담보로 이용한다. 만일 대출이 상환되지 않으면 은행들은 그 주식을 팔 권리를 갖게 된다. 그런데 정부는 사실 부채를 갚을 의도가 전혀 없었다. 1996년 11월부터 1997년 2월까지 정부는 에너지부문의 거인들인 유코스, 시단코, 수루구트네프테가스의 지분을 팔았는데, 경매 때마다 외부자의 입찰이 무시되거나 자격을 잃은 가운데 은행들이 주식을 샀다. 옐친은 재선된 후 이 거래에 밀접하게 관련된 블라디미르 포타닌Vladimir Potanin과 보리스 베레조프스키Boris Berezovsky를 정부에 불러들였다. 베레조프스키와 또 다른 올리가르흐oligarch[7] 블라디미르 구신스키Vladimir Gusinsky는 전국 텔레비전 방송국 두 곳을 통제하면서 미디어계를 지배했다.

그동안 옐친은 대통령에게 강력한 권한을 주는 헌법 개정을 밀어붙여 성

---

7 러시아 신흥재벌

사시켰다. 누구도 그에게 반대하지 못했고, 폴란드와 달리 러시아는 사회가 대규모로 결집하는 전통이 없었다. 아무도 '국유주식 담보대출' 거래에 반하는 대규모 반대 운동을 조직하지 못했으며, 대중은 옐친이 새로운 후원자들이 조성한 자금에 힘입어 권좌에 복귀하도록 투표해줬다. 러시아의 신흥 엘리트는 자신들의 힘을 이용해 국가로부터 온갖 양보를 끌어냈다. 1996년 경제부는 맥주가 비주류 음료라고 선언해 러시아 최대 양조업체들이 무거운 세금 부담을 피할 수 있도록 해줬다. 그러나 신흥 엘리트들은 상층부에 잠재적인 독재 권력이 숨하게 도사리고 있는 체제에서 살고 있었다. 그들은 옐친이 무대를 떠난 후 블라디미르 푸틴Vladimir Putin의 먹잇감으로 전락했다. 서방 사람들은 1990년대 러시아에 '자유민주주의적' 국가가 출현하기를 바랐지만, 2000년 이후 러시아는 되레 옛 소비에트 국가의 교본을 이용해 새로운 형태의 독재를 강화하느라 바빴다.

알렉산드르 리트비넨코Alexander Litvinenko는 내부에서 이런 일들을 목격한 사람이었다. 리트비넨코는 소련 시절 KGB(러시아어로 '국가보안위원회'의 약자)의 후신인 러시아연방보안국Federal Security Bureau, FSB 요원이었다. 이 기관은 심지어 루비얀카 광장에 있는 옛 KGB 건물을 그대로 썼는데 리트비넨코와 FSB는 1994년에 시작된 체첸 분리주의자들과의 전쟁에 깊이 개입했다. 리트비넨코는 그 분쟁에서 "비밀정보기관은 작전상 폭넓은 자유를 누렸다"며, 그들은 러시아의 "시장경제로의 체제 전환"에도 불구하고 좋았던 옛 시절과 똑같이 "법적 제약 없이 사람들을 가두고 심문하고 죽일 수 있다"고 밝혔다. 러시아 정부는 약자로 URPO라는 새로운 특급 비밀작전팀을 설치하기로 했다. URPO는 곧 온갖 '활동'에 관여했고 리트비넨코는 그들을 위해 일하는 임무를 받았다. 그는 이렇게 설명했다.

내 팀은 기업가에서 옐친 대통령과 가까운 정치인으로 변신한 베레조프스키 암살 계획을 짜라는 명령을 받았다. 아무도 그 이유를 말해주지 않았지만 그럴 필요도 없었다. 베레조프스키는 가장 눈에 띄는 올리가르흐였다.

그것은 서방 경제학자들이 기대했던 '충격요법'과는 거리가 먼, 비밀정보기관들의 새로운 활동을 보여줬다. 그들은 대통령의 친구들을 죽이려고 꾀하는 데서 멈추지 않았다. 비밀정보기관 사람들은 개인적으로 막대한 재산을 모았다. 이를 위해 마약 밀매업자와 손을 잡고, 대대적인 금품 갈취에 개입했다. 리트비넨코는 그 수법을 이렇게 밝혔다.

경찰관이라고 주장하며 보호의 대가로 금품을 요구하는 어떤 남자가 지역의 한 가게 주인을 방문했다. 그가 요구하는 금액은 월 5,000달러에서 오르고 또 올라 9,000달러가 되고 결국에는 1만 5,000달러를 넘어갔다. 다음 번에 가게 주인의 집으로 찾아갔을 때 그는 주인을 두들겨 패고 협박했다.

리트비넨코는 이런 일들을 몸서리치며 지켜보고 기록했다. 하지만 누구에게 이 이야기를 할 수 있었겠는가? 1998년 7월 그는 이 문제를 알릴 기회를 잡았다고 생각했다. 옐친은 외부자에 가까운 전 KGB 중령 블라디미르 푸틴을 FSB 수장으로 임명했다. 리트비넨코는 푸틴을 찾아가 솔직하게 털어놓고 자신이 기록한 모든 범죄와 갈취행위를 자세히 이야기했다. 그는 "푸틴을 면담하기 전에 나는 밤새 범죄자의 이름과 범행 장소, 각각의 연결고리를 포함해 모든 것을 도표로 그렸다"고 회상했다. 푸틴은 수심에 잠겨서 듣고는 바로 그날 리트비넨코에 관한 '기록'을 열어봤다. 그 후 리트비넨코는 FSB에서 해고됐다. 한 친구가 그에게 "참 안됐다, 알렉산드르. 거기에는 공유 자금이 관련돼 있어"라고 말했다. 공유 자금이라고? 그것은 푸틴이 그 갈취행위에 연루돼 있다는 뜻이었다. 한 지인은 "푸틴이 너를 박살 내버릴 거고 … 누구도 도와줄 수 없을 것"이라고 말했다. 2000년 10월 리트비넨코는 가족과 함께 러시아에서 도망쳤고 영국에서 정치적 망명을 인정받았다. 그는 러시아에서 국가의 부패와 폭력에 관해 알게 된 것들을 기록한 책 두 권을 냈다. 하지만 FSB의 힘은 멀리까지 미쳤다. 2006년 11월 1일 리트비넨코는 런던에서 KGB 요원 두 명과 만난 후 병에 걸렸다. 그들은 리트비넨코의 찻잔에 독을 넣었고, 그는 3주 후 '폴로늄 210'이라는 물질이 일으킨 극심한 방사선 증후군으로 사망했다.

푸틴의 집권은 곧 올리가르흐들이 끝장났다는 의미였다. 푸틴의 충성스러운 협력자가 아닌 한 그들은 망명하거나 투옥됐고, 재산은 몰수당했다. 그다음에는 1989년 이후 미약하게나마 나타났던 자유가 희생당했다. 오늘날 러시아에서는 독립적인 언론이 억압받고 언론인들이 살해당한다. 최근 알렉세이 나발니Alexei Navalny처럼 감히 푸틴에게 반대했던 정치인들은 감옥에 있거나 정치 활동이 금지됐다. 독재 권력은 길들여지지 않은 채로 되돌아왔다.

러시아의 '체제 전환'은 왜 그토록 극적으로 실패했을까? 가장 기본적인 이유는 러시아가 회랑 밖으로 너무 멀리 떨어져 있었다는 것이다. 소련이 붕괴한 후 국가기관들은 재건됐지만, 보안조직들을 개혁하려는 시도는 별로 없었다. 실제로 정치인들은 체첸에서처럼 보안조직들을 자신들에게 유리하게 이용할 수 있으리라고 생각했다. 이 문제의 뿌리를 들여다보면 국가가 더는 제멋대로 권력을 휘두르지 못하게 막고 옐친이 행사했던 것과 같은 고도의 재량권을 제한할 수 있는 민중의 결집이 없고, 독립적인 민간 이익집단조차 없다는 점을 발견할 수 있다. 민영화와 경제개혁 자체만으로는 족쇄 찬 리바이어던을 경제적으로 뒷받침할 광범위하고 정당한 자산 분배를 이룰 수 없었다. 그 때문에 푸틴은 러시아가 1990년대에 성취했던 것을 거꾸로 돌리면서 새로운 독재체제를 강화할 수 있었다. 실제로 민영화, 특히 '국유주식담보대출' 거래가 초래한 불평등은 러시아의 핵심 자산에 대한 소유권을 소수의 손에 집중시켰을 뿐만 아니라 개혁 과정의 정당성을 완전히 잃어버리게 했다. 그리고 푸틴의 리더십 아래 활기를 되찾은 KGB가 너무나 쉽게 경제와 사회에 대한 통제력을 확보할 수 있도록 해줬다.

러시아는 회랑에서 너무 멀리 떨어져 있었다. 독재적인 소비에트 국가의 붕괴가 러시아를 올바른 방향으로 움직이긴 했지만 러시아의 국가를 길들이기에는 충분치 않았다. 러시아는 소련이 중단됐던 지점으로 되돌아가, 사회에 대한 독재적 통제를 냉큼 복원했다.

독재에서 해체로

비록 국가와 공산당 엘리트의 권력 쇠퇴가 러시아를 독재적 리바이어던의 궤도에서 벗어나게 하는 데 불충분했다고 하더라도 아프가니스탄과 중국에 접해 있는 옛 소련의 타지키스탄공화국처럼 사회에 대한 더 불안정한 지배력을 가진 나라의 진로를 완전히 바꿔놓는 데는 충분하고도 남았다. 소련이 무너지자 타지키스탄은 자국의 미래를 결정해야 했다. 공산당 제1서기 카하르 마흐카모프Kakhar Makhkamov는 1991년 8월 잠시 고르바초프를 연금시켰던 반란세력을 지지했다. 반란이 실패하자 수도 두샨베에서 대규모 시위가 일어나 마흐카모프는 어쩔 수 없이 사임했다. 타지키스탄은 다음 달에 독립했고, 그로부터 얼마 안 돼 라흐몬 나비예프Rakhamon Nabiev가 대통령에 당선됐다.

이후 타지키스탄에서 일어난 일을 이해하려면 먼저 아블로드avlod를 알아야 한다. 타지키스탄 사회학자 사오도트 올리모바Saodot Olimova에 따르면 "아블로드는 조상과 이해관계가 같고 흔히 재산과 생산수단을 공유하며 가구의 살림을 통합하거나 조정하는 혈족들의 가부장적 공동체"다. 이 체제는 러시아와 소비에트 국가의 독재 치하에서 존속했다는 점 말고는 우리가 무국가 사회에서 본 규범의 우리와 조금 비슷해 보인다. 타지키스탄은 19세기 후반에 러시아에 정복됐고 그 후 1991년까지 소비에트의 지배를 받았지만, 그 바탕에 있는 씨족 중심의 사회구조는 그다지 변하지 않은 채로 존속했다. 1996년 전국적인 조사에서 타지키스탄 국민 중 68퍼센트가 자신이 특정 아블로드에 속해 있다고 답했다. 씨족들을 지역에 기반을 둔 이 아블로드들의 집합체로 생각하면 좋다. 정치학자 세르게이 그레츠키Sergei Gretsky는 1940년대에 후잔트의 씨족들이 어떻게 이 지역 소비에트 국가의 행정 대부분을 장악했는지 설명한다.

> 타지키스탄에서 후잔트 사람들이 당과 정부의 최고위직에 올랐을 때 … 정책의 주춧돌로서 지역주의를 인정하고, 지역 간 경쟁심이 계속해서 끓어오르게 하면서 자신들은 중재자 역할은 계속했다. … 타지키스탄에서 민중의 통념은 다음과 같이 표현된다. "레니나바트는 통치하고, 가름은 사업하고, 쿨롭은 방어하고, 파미르는 춤추며, 쿠르곤텝파는 경작한다."

레니나바트는 이 나라 북서쪽 후잔트 지역의 수도다. 소비에트 국가는 독재적인 통치를 했지만, 타지키스탄에 대해서는 지역의 씨족들을 통해 간접적으로 통제했다. 중재는 대부분 공식적인 국가기관들 바깥에서 씨족 관계와 동맹을 통해 이뤄졌다.

대통령 당선인 나비예프는 전통적으로 후잔트 지역을 다스린 가문 중 한 곳 출신이다. 그는 즉시 국내 다른 지역의 반대에 직면했는데, 특히 시위를 조직하기 시작한 가름과 파미르 지역의 반발이 컸다. 나비예프의 반대세력이 수도를 탈취하는 데 성공하자 후잔트 사람들은 후퇴해 게릴라전을 시작했고 결국 승리했다. 그 과정에서 국가는 완전히 붕괴했고, 타지키스탄은 5년 동안 씨족 기반의 지역 동맹 간에 벌어진 끔찍한 내전에 빠져들었다. 내전 중 사망자 수는 확실하지 않지만 적게는 1만 명부터 많게는 10만 명으로 추산된다. 전체 인구의 6분의 1 이상이 살던 곳에서 쫓겨났고 국민소득은 50퍼센트나 줄어들었다.

타지키스탄과 폴란드, 러시아의 차이는 분명하다. 소련이 지역의 씨족들과 동맹을 통해 통치했던 타지키스탄은 국가와 사회가 취약한 가운데 어떤 제도적인 정치 참여 수단도 없이 체제 전환 과정을 시작했다. 그리고 재앙이 뒤따랐다. 일단 1991년 소비에트 지배의 독재 권력이 무너지자 타지키스탄의 자산과 소비에트 국가의 유산을 통제할 수 있으리라는 기대를 품은 씨족들 간 분쟁이 격화됐지만, 이 나라는 그런 분쟁을 중재할 방법을 쉽게 찾을 수 없었다. 국가가 해체되는 동안 씨족들은 스스로 무장하고 싸웠다.

—

그러므로 우리는 소련 붕괴 이후 각국의 진로가 갈라지는 더욱 풍부한 사례를 볼 수 있다. 러시아는 국가 권력의 쇠퇴에도 불구하고 독재에서 벗어나지 못했고, 폴란드는 국가 권력이 약해짐에 따라 회랑으로 들어가는 문을 열 수 있었으며, 타지키스탄은 국가가 완전히 붕괴하면서 내전과 씨족 간 분쟁이 뒤따르는 상황으로 내몰렸다. 〈도표 3〉은 우리의 이론 체계에 따라, 같은 자극에 대해 어떻게 이처럼 다른 반응이 나타날 수 있는지를 개략적으로 표현한 그림이다. 소련 붕괴는 국가 권력의 쇠퇴를 초래했다. 화살표 1은 폴란드의 경우처럼 국가 권력이 줄어들면서 나라를 회랑 안으로 옮겨주는 희망적인 시나리오를 나타낸다. 화살표 2는 러시아처럼 한 나라가 회랑에서 너무 멀리 떨어진 곳에서 출발해 국가 권력이 쇠퇴한 후에도 독재적 리바이어던이 당당하게 통제력을 갖는 경우를 보여준다. 마지막으로 화살표 3은 처음부터 국가와 사회의 힘이 굉장히 약한 상태로 출발해, 국가 권력이 줄어들고 국가의 통제력이 완전히 사라지면서 사회가 부재의 리바이어던 쪽으로 옮겨 갈 가능성을 보여준다.

이처럼 다양한 결과를 보면, 수십 년 동안 국가가 사회를 희생시키면서 권력을 키운 후에도 소련 붕괴와 같은 충분히 큰 충격은 그 후 국가와 사회의 경로를 완전히 바꿔놓을 수 있다는 점을 분명히 알 수 있다. 리바이어던의 진화는 언제나 무수히 많은 요인에 영향을 받고 혼란을 겪기 쉽다.

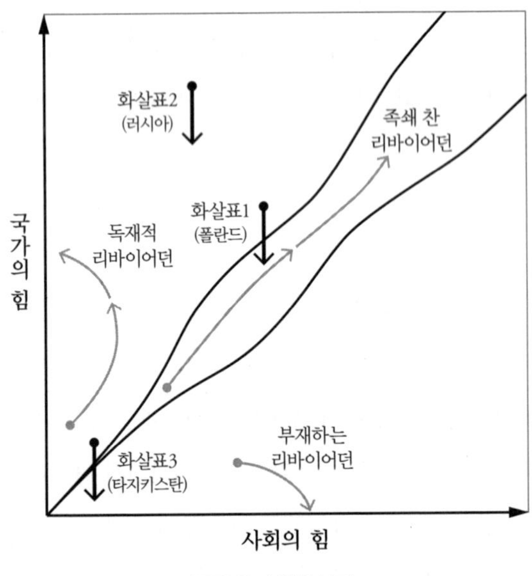

〈**도표 3**〉 소련의 분기

왜냐면 그래야 하니까

새로운 기술이 창출한 경제적 기회들은 유럽 각국의 발전 경로에만 영향을 미친 것이 아니다. 19세기에 코스타리카와 과테말라의 대조적인 발전 경로가 잘 보여주듯이, 이런 기회들이 식민지의 진로가 갈라지는 양상에도 영향을 미쳤다.

중앙아메리카의 이웃 나라인 코스타리카와 과테말라의 제도는 처음에는 비슷했다. 두 나라 모두 1821년까지 여전히 스페인 식민국가의 독재적 통제 아래 있었다. 하지만 그 후 100년 동안 두 나라는 우리가 이 장에서 논의했던 어떤 사례들보다 더 뚜렷이 갈라졌다. 19세기 말 코스타리카는 사회의 힘이 강해지면서 서서히 회랑 안으로 들어갔다. 이 나라는 1882년 이전부터 정기적이고 평화로운 선거를 치르고 있었고 군의 역할과 전반적인 억압은 줄어들기 시작했다. 이런 변화로 폭력이 줄어들어서 코스타리카 사람들은 더 안전해졌을 뿐만 아니라 그때까지와는 아주 다른 사회적, 경제적 환경에 살게 됐다. 예를 들면 1900년에는 코스타리카 성인의 36퍼센트만 문해력을 갖췄지만 1930년에는 성인의 3분의 2가 읽고 쓸 수 있었다.

과테말라는 코스타리카와 아주 많이 달라 보였다. 얼마나 다르고 왜 다른지는 노벨평화상 수상자 리고베르타 멘추Rigoberta Menchú의 삶에서 알아볼 수 있다. 멘추는 '22개 원주민 집단 … *메스티소mestizo*나 *라디노ladino*를 포함하면 23개 집단'으로 구성된 나라인 과테말라의 키체Quiché 원주민 출신이다. 라디노는 스페인 사람의 후손이거나 적어도 스페인 사람과 원주민의 피가 섞인 후손이다. 멘추의 이야기를 들어보자.

> 할머니는 읍내에서 유일하게 부유한 사람들의 하인으로 일했다. 그녀의 아들

들은 그 집 주변에서 나무와 물을 나르고 동물들을 돌보는 따위의 일을 했다. 하지만 아들들이 더 자라자 고용주는 그녀가 일해주는 대가로 다 큰 소년들을 계속 먹여줄 수는 없다고 말했다. 할머니는 맏아들인 내 아버지가 굶지 않도록 다른 남자에게 보내야 했다. 그때 아버지는 나무를 자르거나 들에서 작업하는 힘든 일을 할 수 있었지만, 거저 줘버린 사람이기에 임금을 전혀 받지 못했다. 그는 9년 동안 라디노들과 살았어도 스페인어를 전혀 배우지 못했는데, 왜냐면 집 안에서 그 말을 쓸 수 없었기 때문이었다. … 아버지는 옷이 없었고 아주 더러웠기 때문에 사람들은 그를 역겹게 생각했다.

멘추의 아버지는 결국 그곳을 떠나 과테말라의 태평양 연안을 따라 자리 잡은 *대농원finca* 인 커피 농장에서 일자리를 얻었다. 그는 이렇게 말했다. '어머니를 가능한 한 빨리 그 집에서 데려 나와 함께 살았다. 어머니의 고용주에게는 부인이 있었지만, 어머니는 말하자면 그의 첩이 됐다. 어머니는 갈 데가 아무 데도 없었기 때문에 그에 동의할 수밖에 없었다.' 대농원은 그들의 삶이 됐다. 멘추는 1959년에 태어났다. '내가 아주 어렸을 때부터 어머니는 나를 싸매 등에 업고 농장에 데려가곤 했다.' 트럭들이 그들을 고지에서 태워 갔다. 멘추는 그때 일을 상세히 이야기했다. '트럭을 타고 갔던 걸 선명히 기억한다. 나는 그게 뭔지도 몰랐다. … (트럭은) 마흔 명을 태웠다. 하지만 트럭 안에 사람과 함께 동물들(개, 고양이, 닭)도 타고 갔다. 알티플라노에서 온 사람들이 대농원에 있을 때 데리고 있는 동물들이었다.' 그 여행은 이틀 밤과 하루 낮이 걸렸으며 그동안 사람들은 트럭을 더럽히고 그곳에 토했다. '여행이 끝날 때는 이미 사람과 동물의 오물에서 나는 냄새를 견디기 어려울 지경이었고 … 우리는 요강에서 나온 병아리 같았고 … 걷기조차 힘들었다.'

리고베르타는 여덟 살 때부터 커피 농장에서 일했고, 그다음에는 면화 재배지에서 일했다. 그녀는 학교에 간 적이 없었다. 이 책에 실은 〈사진 18〉은 지금의 과테말라 커피 농장에 있는 여성들과 어린이들 모습을 보여준다. 일꾼들에게는 먹을 것으로 토르티야와 콩이 주어졌지만 농장의 술집에 가면 다른 것들, 특히 술이 있었다. '과테말라의 모든 농장에는 지주가 소유한 술집이 있어서 일꾼들이 취할 수 있었고 … 빚은 쌓여갔다. 대개 그들은 임금 대부분을 썼다. 그들은 행복해지려고 그리고 괴로움을 잊으려고 마셨다.' 그러나 리고베르타는 매우 조심해야 한다는 것을 배웠다. '어머니는 "아무것도 만지지 마라. 안 그러면 돈을 물어줘야 한다"고 말하곤 했다. … 나는 어머니에게 이렇게 묻곤 했다. "우리는 왜 농장에 가죠?" 그러면 어머니는 이렇게 대답했다. "왜냐면 그래야 하니까."'

리고베르타는 지주를 처음 봤을 때를 회상했다. '그는 아주 뚱뚱하고, 잘 차려입었으며, 시계까지 찼다. 우리는 그때까지 시계라는 것을 몰랐다.' 리고베르타에게는 시계는 고사하고 신발조차 없었다. 다음은 지주가 도착했을 때의 이야기다.

그는 약 열다섯 명의 군인들과 함께 왔다. … 감독이 말했다. "너희들 중 몇이 주인님을 위해 춤을 춰야겠어." … 지주가 말을 하자 감독이 그가 무슨 이야기를 하는지 통역하기 시작했다. 그들은 우리가 모두 어디로 가서 종잇조각에 어떤 표시를 해야 한다고 말했다. … 우리는 모두 종이에 표시를 하러 갔다. … 나는 종이에 서너 개의 그림과 함께 네모가 몇 개 있었던 걸 기억한다. … 지주는 우리에게 누구든 종이에 표시를 하지 않으면 일자리에서 쫓겨나고 (또) 임금도 못 받을 것이라고 경고했다.

지주는 돌아갔지만, 그 후 … 나는 자꾸만 그에 관한 꿈을 꿨다. … 나는 그 남자의 얼굴을 보고 공포를 느꼈던 게 틀림없다. … 아이들은 모두 도망쳤고 … 라디노를 보고 울었고, 군인들과 무기를 보고는 더 울었다. 아이들은 자기네 부모를 그들이 죽이려고 한다고 생각했다. 나도 그렇게 생각했다. 나는 그들이 모두 죽이려 한다고 생각했다.

마침내 과테말라식의 '선거'라는 것이 실시됐다. '그들이 농장에 와서 우리가 투표한 우리 대통령이 승리했다고 말했다. 우리는 그들이 가져간 종이가 표인지도 몰랐다. 내 부모님은 그들이 "우리 대통령"이라고 말하는 것을 들었을 때 웃었는데, 그는 라디노의 대통령이지 우리의 대통령은 전혀 아니었기 때문이다.'

과테말라의 국가는 멀리 있었고 이질적이었다. 그것은 라디노의 국가였을 뿐 인구 대다수에게는 국가도 아니었다. 리고베르타가 처음으로 수도 과테말라시티에 갔을 때에는 조심해야 했다. INTA(국립농업개혁원)에 불려 갔던 그녀의 아버지는 "가난한 사람들을 가두는 감옥이 하나 있는데 네가 개혁원 사무실에 가지 않으면 그들이 널 그 감옥에 보낼 것"이라고 일러줬다. '내 아버지는 그곳 사람들에게 깍듯이 하지 않으면 그들은 날 들여보내지 않을 것이라고 말했다. 그는 "거기 들어가거든 아무 말 말고 가만히 있으라"고 했다.'

시골에서 키체 사람들은 군법위원장부터 시작해 시장, 주지사에 이르기까지 하나같이 라디노인 정부 관리들을 층층이 상대해야 했다. 관리들은 공공서비스를 제공하기보다는 뇌물을 짜냈다. '군법위원장을 만나려면 먼저 그에게 모르디다mordida를 줘야 하는데, 과테말라에서는 뇌물을 그렇게 부른다.' 모르디다는 문자 그대로 '한 입'이라는 뜻이다. 리고베르타는 '과테말라에서는 정부와 관련된 일이라면 우리가 스스로 방어할 길이 없다'고 씁쓸한 표정을 지었다. 그들이 시도하기는 했다. 리고베르타의 아버지와 오빠는 그 지역 마을을 조직화하기 시작했다. 그러나 1979년 9월 9일 오빠는 군인들에게 살해당했다.

그들은 오빠를 돌과 쓰러진 나무둥치가 있는 거친 땅으로 데려갔다. 그는 발길질당하고 줄곧 얻어맞으면서 2킬로미터쯤 걸어갔다. … 오빠는 얻어맞고 돌과 나무둥치에 부딪혀 얼굴 전체가 망가졌다. 오빠는 초주검이 됐다. … 그들은 그를 꽁꽁 묶고, 고환을 묶었다. … 그들은 오빠를 발가벗겨 밤새 물이 고여 있고 진창도 조금 있는 구덩이 속에 그를 내버려뒀다. 구덩이 속에는 시체들도 많았다. … 오빠는 16일 넘게 고문을 당했다. 그들은 오빠의 손톱을 잘라내고, 손가락을 잘라내고, 살가죽을 잘라냈으며, 그의 살갗 일부를 태웠다. 상처가 난 자리는 이곳저곳 부풀어 오르고 감염됐다. 그래도 오빠는 살아 있었다. 그들은 오빠의 머리를 밀어 살가죽만 남겼고, 또 머리의 살가죽을 잘라내 양쪽으로 끌어 내리고 얼굴의 살을 잘라냈다. 오빠는 고문을 당해 온몸이 성치 않았다.

이런 만행에도 만족하지 못했는지 군인들은 주민들에게 경고하는 차원에서 포로들을 다시 마을로 끌고 왔다. '대위는 그들이 가진 권력과 힘을 모두 과시했다. 우리 주민들은 그들에게 맞설 역량이 없었다.' 그들은 리고베르타의 오빠를 포함해 포로들에게 휘발유를 뿌리고 불을 질렀다. 그것은 사회에 대한 잔인하고 폭력적인 지배였다. 이 나라는 이웃 코스타리카와는 동떨어진 세계였다.

코스타리카가 이미 폭력을 통제하고, 상당히 잘 조직화한 사회가 뒷받침하는 민주주의를 건설하고, 자유의 전제조건들을 창출하는 동안 과테말라에서는 왜 이런 만행이 자행됐을까? 두 나라의 진로는 어째서 그토록 완전히 갈라졌는가? 답은 커피와 관련이 있다.

분기의 이유

19세기 서유럽과 북아메리카의 급속한 성장은 자신들의 경제를 변화시키는 데 그치지 않았다. 설탕과 담배, 면화, 커피 같은 열대작물에 대한 엄청난 수요와 작물을 전 세계로 실어 나르기 위한 기술적 기회를 창출함으로써 식민지 이후 사회들도 바꿔놓았다. 19세기 초에는 증기선 시대가 찾아왔다. 1838년 최초의 증기선이 만들어졌다. 브리스톨과 뉴욕을 정기적으로 오가는 서비스를 위해 영국 기업가인 이삼바드 킹덤 브루넬Isambard Kingdom Brunel이 설계한 SS그레이트웨스턴SS Great Western호였다. 그레이트웨스턴호는 나무로 만들었고 증기로 돌아가는 외륜을 이용했다. 1845년 브루넬은 그레이트브리튼Great Britain호를 진수했는데, 이 배는 철로 된 선체에 증기를 동력으로 하는 스크루 프로펠러를 이용했다. 철로 만든 선체는 더 싸고 훨씬 더 큰 배를 건조하는 데 쓸 수 있으며, 프로펠러는 돛이나 외륜보다 훨씬 더 강력했다.

이런 기술적인 변화가 일어난 후 커피와 같은 작물을 멀리 떨어진 세계 각 지역에 대량으로 수출하는 사업이 수익성을 갖게 됐다. 중앙아메리카는 커피를 기르기 위한 최적의 기후 조건을 갖췄을 뿐만 아니라 활황을 보이는 미국 시장 가까이 있었기 때문에 커피 무역의 진원지가 됐다. 미국의 커피 수입은 1830년부터 1840년까지 두 배로 늘어나고 1850년까지 다시 50퍼센트 증가했다. 그 후 19세기가 끝날 때까지 커피 가격은 꾸준히 올랐다.

이처럼 늘어나는 수요를 이용하려면 기본적인 공공서비스가 필요했다. 작물을 수출하기 위한 도로와 충분한 기반시설을 건설해야 했고, 사람들이 기꺼이 커피를 심는 데 필요한 투자를 하도록 토지에 대한 재산권을 정리해야 했다(커피를 심은 후 열매를 맺기까지는 3~4년이 걸렸기 때문이다). 이 모든 것을 위해 국가 역량을 확대해야 했다. 바로 이 같은 국가의 권력과 역량 확대에 대한 요구가 그 후 코스타리카와 과테말라의 발전을 추동했다.

코스타리카는 식민지 시대 과테말라 왕국의 일부였고, 1821년 독립 후에는 잠시 멕시코와 통합했으며, 그다음에 중앙아메리카연방공화국Federal Republic of Central America에 합류했다. 그러다가 1838년 연방에서 탈퇴해 독립국이 됐다. 이 나라는 식민지 시대 내내 주변부였고, 식민국가를 강화하고 세수를 늘리려는 부르봉 개혁Bourbon reforms**8**을 피할 수 있었다. 그곳에는 16세기에 유입된 질병이 인구를 휩쓴 후 토착민은 거의 남지 않았고, 캐낼 만한 귀금속이나 다른 광물들도 없었다. 독립할 때 이 나라의 인구는 6만~7만 명이었는데 대부분 중앙 계곡의 고지대에 살았다. 식민지 경제는 17세기에 카리브해 연안의 코코아 농업이 잠시 활황을 보인 것 말고는 대체로 저개발 상태였다. 식민지의 독점산업을 통제했던 과테말라는 코스타리카에서 담배 재배가 발전하는 것을 막았다. 그러므로 독립 당시 코스타리카에는 강력한 엘리트도, 지배적인 도시나 타운도 없었다. 인구가 많은 네 곳의 중심지인 카르타고, 산호세, 알라후엘라, 에레디아는 치열한 경쟁 관계에 있었다. 이 네 지역은 식민지 수도이자 보수파들의 중심지이기도 했다. 각 타운은 독자적인 외교정책을 수행했고 콜롬비아 같은 이웃 나라들의 강력한 파벌들과 동맹을 추구했다. 아르헨티나의 정치인이자 지식인인 도밍고 사르미엔토Domingo Sarmiento가 말했듯이 "남아메리카의 공화국들은 거의 모두 파괴적이고 암울한 독립을 향한 무질서하고 분별없는 열망에 이끌려 작은 부분들로 분해되는 경향을 나타냈다. … 중앙아메리카는 모든 마을에서 주권국이 나

8 18세기 부르봉 왕가의 스페인이 라틴아메리카의 식민 통치를 강화하고 수입을 늘리려고 단행한 일련의 행정 및 경제개혁

왔다."

1823년과 1835년에 이 '분해되는 경향'은 내전을 초래했고, 산호세는 그 후 스스로 수도로 자리 잡았다. 그러나 이 타운들은 경쟁하면서도 협력할 수 있었다. 1821년 라틴아메리카에서 독립의 신호가 나타났을 때 식민지 수도인 카르타고의 *시의회*(아윤타미엔토, ayuntamiento 혹은 카빌도, cabildo)는 어떻게 독립을 선언할지 논의하려고 다른 여러 도시의 의회를 초청했다. 그해 10월 주요 도시 네 곳은 우야라스와 바르바, 바가세스와 더불어 스페인으로부터 독립을 선언하는 '시의회 공동 결의문'을 발표했다. 그해 12월 그들은 화합의 협정Pacto de la Concordia을 체결해 민중이 선출한 일곱 명의 지도자들로 구성된 위원회 형태의 통치기구를 만들었다. 이 기구는 주요 도시 네 곳을 돌아가며 소재하도록 했다. 이들 도시는 열린 시의회 형태인 *카빌도 아비에르토cabildo abierto* 회의를 통해 훨씬 더 광범위한 정치 참여를 허용했다.

코스타리카는 점차 스페인제국에서 벗어나긴 했지만 가난하고 낙후된 채로 남아 있었다. 이 나라가 가진 유일한 자산은 개발되지 않은 넓은 땅이었다. 1821년 이후 처음으로 등장한 정치인들은 이 점을 잘 파악했다. 코스타리카에서는 일찍이 1787년 미국이 연합정부의 확장을 규율하기 위해 통과시킨 북서부조례Northwest Ordinance**9**와 꼭 같은 일이 일어났다. 1821년 산호세는 땅에 울타리를 치고 작물을 길러 수출할 수 있는 이라면 누구에게든 공짜로 토지를 나눠줬다. 중앙정부는 1828년과 1832년, 1840년에 커피를 재배하는 소규모 자작농에게 토지 소유권과 보조금을 주는 법을 통과시켰다. 1856년까지 모든 공유 토지가 매각됐다. 이 법들은 그전에 국가가 소유했던

9 오하이오강 북서쪽 영토의 통치에 관한 조례로, 새로운 주 설립을 인정함으로써 미합중국이 서쪽으로 확대할 수 있게 했다.

중앙 계곡의 토지를 개방했다. 도시들은 저마다 토지를 싼 값에 팔고 커피 생산을 장려함으로써 노동력과 이주민을 끌어들이려고 했다. 1828년의 법령은 인구가 적은 지역의 토지를 110에이커까지 나눠줌으로써 주요 도시 네 곳 이외 지역의 정착과 농사용 토지 이용을 촉진했다. 코스타리카는 실제로 중앙아메리카에서 처음으로 커피를 수출한 나라다. 1840년대 독립 후 수출은 다섯 배로 늘어 3,800톤에 이르렀다. 이때 코스타리카 수출의 80퍼센트를 커피가 차지했다. 그 10년 새 중앙 계곡에서 태평양의 푼타레나스항으로 가는 도로가 처음으로 건설돼 커피를 노새의 등이 아니라 황소가 끄는 짐수레에 실어 나를 수 있게 됐다.

코스타리카에 큰 지주계급이 없었던 것은 바로 이와 같은 초기 토지 분배의 형태 때문이었다. 대신 코스타리카의 경제적 엘리트들은 대단한 금액은 아닐지라도 자금을 대고 작물을 구매하고 수출하는 데 집중했다. 과테말라에서 너무나 널리 퍼져 있던 각종 강제노동을 위한 연합이 코스타리카에서 나타난 적은 없었다. 커피 사업에 뛰어든 부유한 가문들도 일반적으로 널리 분산돼 있었다. 코스타리카 엘리트들은 소규모 자작농으로부터 커피를 살 때 확실히 가격을 낮추려 했고, 그들이 보호하려고 싸웠던 대부와 융자 사업에서 높은 가격으로 이득을 봤다. 이와 관련해 가장 유명한 사례는 1859년 몬테알레그레Montealegre가가 후안 라파엘 모라Juan Rafael Mora 대통령을 타도한 일이다. 모라가 소규모 자작농에게 직접 돈을 빌려줄 은행을 만들자고 제안해 금융가들의 시장 지배력을 깨려 했기 때문이었다. 하지만 이중 어떤 것도 소규모 자작농의 커피 경제를 궤도에서 이탈하게 할 수 없었다. 역사학자 키로 카르도소Ciro Cardoso는 코스타리카 경제의 상태를 "그 숫자와 토지 점유율 면에서 소규모 농가가 압도적으로 많았다"고 요약했다.

커피 사업은 제도적 뒷받침이 필요했다. 우선 토지를 측량하고 재산권을 정하고 집행해야 했다. 독립 후 브라울리오 카리요Braulio Carrillo 대통령은 이런 임무를 수행할 수 있는 국가를 건설했다. 그는 민법과 형법을 공포하고 처음으로 국가 관료체제를 구축했다. 그는 또한 국민군을 재편하고 국가 경찰조직을 창설했다. 그는 자신을 종신 독재자로 여겼지만, 대규모 군대를 창설하려는 노력을 거의 하지 않았고 병력이 500명 넘는 군대를 두지 않았다.

미국의 연방주의자처럼, 그도 중앙의 권력 없이는 신생국이 새로운 경제적 기회를 이용하고 주요 네 도시 사이의 경쟁이 벌어지는 가운데 질서를 유지하는 데 필요한 기본적인 공공서비스를 제공하기 어려울 것이라는 점을 인식했다고 볼 수 있다. 그렇게 보면 카리요의 정책을 가장 잘 설명할 수 있다. 그러나 연방주의자들처럼 그 역시 대단히 강력한 국가를 통제하는 방법을 놓고 길가메시 문제를 염려해 대규모 군대를 구축하기를 꺼렸을 것이다. 1842년에 카리요가 물러난 후, 각 가문과 당파가 따로 후보들을 밀고 군사 개입으로 선거를 망치면서 커피산업 엘리트 세력의 성장이 뚜렷해졌다. 모라와 같은 대통령들은 반란으로 타도됐고, 헤수스 히메네스Jesús Jiménez 같은 대통령들은 1870년 쿠데타로 제거됐다. 몬테알레그레가의 주장에 따라 히메네스는 토마스 과르디아Tomás Guardia로 교체됐는데, 그는 19세기 코스타리카에서 군 출신으로는 처음으로 대통령이 됐다. 12년 동안 권좌에 머무르면서 그는 프로이센 자문가들의 도움을 받아 군을 전문화하고 규모를 줄여서 1880년에는 직업 군인이 358명에 불과했다(비상시에 소집할 수 있는 민병대는 있었다). 이 일련의 개혁에 따라 군은 정치에서 비켜서 있었다. 1882년 과르디아가 죽은 후 코스타리카는 정기적인 선거를 치르기 시작했다. 선거부정은 1948년에 가서야 통제됐지만 말이다. 과르디아는 카리요처럼 국가의 역량을 확대해 공무원 규모를 40퍼센트 가까이 늘렸다. 그는 또한 중앙 계곡을 해안과 연결하는 최초의 철도 건설을 기획했다. 코스타리카는 군대 대신 교육에 투자했다. 1888년 중대한 교육 개혁이 이뤄지면서 문해율이 높아지기 시작했다.

이 시점에 코스타리카는 이미 회랑 안에서 그 통로를 따라 나아가고 있었다. 1948년 부정선거로 인해 호세 피게레스José Figueres가 이끄는 반군이 승리한 짧은 내전이 벌어진 후, 민주주의를 향해 느리게 진행되던 체제 전환이 마침내 공고해졌다. 피게레스는 18개월 동안 군사정권을 이끌다 1948년 선거의 합법적인 승자에게 넘겨줬다. 그 시기에 그는 극적인 변화를 주도하면서 특히 군대를 폐지했다. 코스타리카는 세계에서 군대를 보유하지 않은 국가 중 가장 큰 나라다(다른 나라로는 안도라와 리히텐슈타인, 모리셔스와 그레나다 같은 일단의 섬나라들이 있다). 군사정권은 또한 제헌의회를 만들어 실력주의를 바탕으로 한 관료체제를 발전시켰고, 의무적인 공교육을 도입했으며, 여성과 문맹자 들에게 선거권을 주는 일련의 법률을 통과시켰다. 그 후 코스타리카는 민주적이고 평화로운 길을 걸었다. 다른 나라들이 모두 1950년대 이후 어느 시점에 독재체제를 겪은 이 지역에서 놀라운 일이었다. 대부분 경우 독재는 오랫동안 지속됐다.

대농원의 억압

코스타리카에서 소규모 자작농 기반의 커피 경제와 더불어 일종의 족쇄 찬 리바이어던이 발전하는 동안 과테말라에서도 커피 경제가 확대됐지만, 이곳은 매우 다르고 억압적인 길로 나아갔다. 리고베르타 멘추가 그토록 야만적인 일을 목격하게 된 까닭을 추적하면 과테말라의 커피 재배와 관련된 강압적인 노동체계를 발견할 수 있다. 당시 과테말라에서는 이런 기제를 위협할 수 있는 것은 무엇이든 극단적인 위력으로 짓밟아버려야 한다는 논리가 지배적이었다.

과테말라는 중앙아메리카에서 식민지 권력의 중심지가 돼왔었고, 코스타리카와 달리 강력한 보수적 상인조합과 영향력 있는 대지주들이 존재했다. 이 나라는 경제도 훨씬 더 발전된 상태였다. 인디고재배자협회는 이미 1794년에 설립됐다. 과테말라는 또한 토착민 인구 밀도도 높았다. 독립 후 과테말라는 독재자 라파엘 카레라Rafael Carrera의 지배를 받았는데, 그는 1838년부터 1865년 사망하기 전까지 대부분의 기간 동안 실질적으로 혹은 법적으로 권력을 잡고 있었다. 카레라의 전기작가인 랠프 리 우드워드Ralph Lee Woodward는 이렇게 밝혔다.

> 카레라의 군대는 이 독재자의 중요한 권력 기반이기는 했지만, 이 정권의 특징적인 부분들이자 과테말라를 '보수주의의 아성'으로 만든 정책들을 수립하는 데에는 수도의 보수적 엘리트들이 굳게 뭉친 것이 주효했다. … 카레라는 언제나 최종 결정을 내릴 권리를 갖고 있으면서 … 보통 교육을 잘 받고 귀족적인 소수의 자문역이 정책을 수립하고 집행할 수 있도록 허용했다. 이런 보수적 엘리트가 굳게 뭉쳐서 수도의 사회와 경제, 정치 구조를 통제했다는 점에서 과테말라의 1850~1871년은 다른 시기와 뚜렷하게 구별된다.

이 시기에 과테말라는 다양한 형태의 독점체제를 비롯한 식민지 시대의 정책들을 유지했다. 확실히 코스타리카와 달리 농산물 수출을 발전시키기 위한 시도는 거의 없었다. 그래도 시장이 커지면서 커피 생산은 점차 확대됐다. 1860년 수출은 무시할 만한 수준이었지만 10년 새 급속히 늘어났다. 1871년 커피 수출은 과테말라 총수출의 절반을 차지했다. 그해 카레라의 보수적인 후계자들 중 한 명인 비센테 세르나 이 세르나Vicente Cerna y Cerna 정부가 혁명으로 전복되면서 '자유주의자'들이 집권했는데, 처음에는 미겔 가르시아 그라나도스Miguel García Granados가, 곧이어 더 끈질기게 1885년까지 통치한 군사 독재자 후스토 루피노 바리오스Justo Rufino Barrios가 권력을 잡았다.

새로운 정권은 농산물 수출경제 발전을 명확한 목표로 삼았다. 그리고 목표를 달성하기 위해 토지의 사유화를 추진했다. 이는 특히 토착민의 토지 수용을 수반하는 정책이었다. 1871년부터 1883년까지 100만 에이커의 토지가 사유화됐다. 가장 핵심적인 문제는 토착민은 대부분 고지대에 살고 있는데 주요 커피 재배 지역은 태평양 연안의 저지대라는 점이었다. 바리오스는 대지주들이 노동력을 이용할 수 있도록 돕기 위해 국가의 강제력을 동원했다. 과테말라에는 식민지 시대 초기부터 스페인 정복자들에게 토착민들을 나눠서 *엔코미엔다encomienda*10로 제공한, 오랜 강제노동 전통이 있었다. 대규모 커피 생산이 시작되면서 국가는 *만다미엔토mandamiento* 같은 식민지 시대의 제도를 재도입하거나 재발명함으로써, 그리고 리고베르타의 대농원 술집에 관한 묘사에서 분명히 드러나듯이 빚을 갚기 위한 노역을 이용함으로써 노동 강요를 제도화하고 강화했다. 만다미엔토(문자 그대로 '명령'이나 지시)는 고용주들이 최대 60명의 일꾼을 요청해 15일 동안 임금노동을 시킬 수 있는 제도였다. 일꾼들은 근래에 노역을 충실히 수행했다는 개인 근로기록부를 보여주지 않으면 강제로 차출될 수 있었다. 토지정책은 정치적으로 연줄이 있는 사람들에게 땅을 배분하도록 설계됐을 뿐만 아니라 고지대 토

10 문자 그대로는 '위탁'을 의미하며, 스페인 정복자들이 원주민을 맡아 보호하면서 종교적 교화를 하는 대신 노동을 요구할 수 있는 제도. 인디오 보호를 구실로 노동력을 착취하는 제도였다.

착민들의 생계를 위한 경제 기반을 잠식함으로써 강제노동을 원활하게 하려는 의도도 지니고 있었다. 그들이 생계수단에 접근할 수 없으면 저임금 노동에 끌어들이기도 쉬웠고 필요하면 강제로 일을 시킬 수 있을 터였다. 전통적인 공유 토지를 없애버리고 생계를 유지할 수 있는 수단을 빼앗아버리는 것도 그 일환이었다. 토착민들은 살고 싶으면 대농원으로 내려가야 했다.

리고베르타가 그 상황을 묘사할 때까지도 사정은 그다지 달라지지 않았다. 과테말라 정부는 '유랑流浪 금지법'을 비롯해 토착민들에게 일을 시킬 구실로 삼을 여러 법률을 만들어서 그들의 노동력을 이용하려는 전략을 보완했다. 하지만 '토지 사유화'와 그에 관련된 정책들에 노력을 집중하는 동안 공공서비스 면에서는 많은 것을 제공하지 못했다. 리고베르타가 학교에 가지 못한 데는 이유가 있었다. 그녀의 회고록에 기록했듯이 아동노동은 1960년대에 널리 퍼져 있었다. 그들의 날랜 손가락은 커피를 따는 데 너무나 유용해서 커피농장에 꼭 투입돼야만 했다. 과테말라의 교육과 문자해독률 통계를 보면 정부가 어떤 공공서비스 제공에도 관심이 없었다는 사실이 드러난다. 1900년에는 과테말라의 성인 중 고작 12퍼센트만 읽고 쓸 줄 알았다. 코스타리카에서는 거의 모든 성인이 읽고 쓸 수 있었던 1950년에도 과테말라의 문해율은 29퍼센트에 그쳤다.

19세기가 지나서도 과테말라에서는 국가가 사람들의 토지를 몰수했다. 이 국가는 리고베르타가 자라던 1960년대와 1970년대에도 여전히 수탈을 하고 있었다. 1967년 어느 날 리고베르타의 고지 마을에 어떤 사람들이 나타나 마을 주민들이 농사짓던 땅을 측량하기 시작했다. 그녀는 이렇게 회상했다. "정부는 그 땅이 나라의 것이라고 말했다. 국가가 땅을 소유하고 우리에게 경작하라고 주는 것이라고 했다. … 우리는 여기 머물면서 노동자로 일하거나 이 땅에서 떠나야 했다."

그렇다면 누구를 위해 일을 해야 하나? 정치적으로 연줄이 있는 가문을 위해서다. 그녀는 마르티네스Martínez와 가르시아García, 브롤스Brols 가문을 지목하면서 그들이 토지를 불하받으려고 정부에 '거액의 뇌물'을 건넸다고 밝혔다. 토착민들은 이의를 제기하려 했다.

> 정부 당국을 찾아가봤자 지주들을 찾아가는 것과 다를 바 없다는 것을 우리는 미처 몰랐다. … 그들은 우리를 집 밖으로 내쫓고, 마을 밖으로 내몰았다. 가르시아의 부하들은 사납게 일을 시작했다. … 그들은 먼저 허락도 받지 않고 집집이 들어가 사람들을 모두 끌어냈다. 그리고는 집 안으로 들어가서 우리 물건들을 모두 밖으로 내던졌다. 나는 어머니가 할머니의 소중한 유품인 은목걸이들을 갖고 있던 것을 기억하지만, 그날 이후 그 목걸이들을 본 적이 없다. 그들은 전부 훔쳐 갔다. 그들은 우리 요리 도구들과 오지항아리들을 내던졌고 … 그것들은 땅바닥에 떨어져 박살이 났다.

주민들은 도망쳤다.

—

코스타리카와 과테말라 사이에 지난 150년 동안 나타난 믿기 어려운 분기는 정해진 운명이 아니었다. 이 두 나라는 비슷한 역사, 비슷한 지리 조건과 문화적 유산을 갖고 있었고, 19세기에 똑같은 경제적 기회를 맞이했다. 그러나 두 나라의 분기는 다시 한 번 우리의 이론이 시사하는 바를 보여준다. 똑같이 국제 경제 환경의 변화로 초래되고 국가의 역량을 키워주는 자극이지만 두 나라에 엄청나게 다른 영향을 미친 이유는, 두 나라가 처해 있던 국가와 사회의 균형 관계가 서로 달랐기 때문이다. 코스타리카와 비교할 때 과테말라는 무력에 의한 강제노동의 역사가 더 길고 토착민 인구가 상당히 많았으며, 과테말라 왕국의 독재적 국가제도를 물려받았다. 그래서 19세기 말 커피 시장의 활황으로 생긴 국가건설의 유인은 이 나라에서 강력한 독재적 리바이어던을 만들어냈다. 스페인제국이 붕괴하면서 코스타리카에서는 강력한 중앙집권적 국가기관이 아예 없는 가운데 네 도시가 통제권을 가지려 경쟁했다. 코스타리카는 커피 덕분에 붕괴를 피하고 회랑 안으로 들어갈 수 있었다. 레드 퀸 효과는 공공서비스와 토지에 대한 재산권 강화로 뒷받침된 소규모 자작농 기반의 커피 경제가 부상하는 과정에서 가장 뚜렷이 나타났다. 이런 과정은 몇십 년 후 제대로 작동하는 민주주의의 사회적 기반을 형성했다.

왜 역사가 중요한가

우리가 몇몇 사례에서 봤듯이, 더 강한 국가를 건설하는 같은 추동력이라도 각 국가와 사회의 경로에 아주 다른 영향력을 미칠 수 있다. 국가의 독재적 통제를 약화시키는 동일한 힘이 이후 국가와 사회에 주는 시사점은 국가마다 아주 다를 수 있다. 바로 이것이 이 장의 가장 중요한 교훈이다. 대부분의 사회과학에서 일반적으로 강조하는 것과 달리 구조적 요인들은 경제적, 정치적 혹은 사회적으로 특정한 한 가지 원형原型을 만들어내는 뚜렷한 경향을 가지지 않는다. 구조적 요인들이 끼치는 영향은 국가와 사회 간의 현존하는 균형 관계에 크게 좌우된다는 뜻이다.

이는 보편적 사실이며, 우리가 세계와 유럽 역사의 결정적 전환점들을 이해할 수 있도록 도와준다. 또한 이 장에서 논의한 것 이상의 아주 새로운 시사점을 얻을 수 있다. 가장 중요한 것은 그런 구조적 요인들, 특히 경제 관계의 본질에 관련된 요인들과 국제 관계가 빚어낸 경향들은 〈도표 2〉나 〈도표 3〉에서 어떤 나라가 차지하는 위치를 이동시킬 뿐만 아니라 도표상 각 부분들의 형태도 바꿔놓는다는 점이다. 결정적으로, 이런 요인들이 변하면 독재적 리바이어던과 족쇄 찬 리바이어던, 부재의 리바이어던을 나누는 경계선들이 바뀐다. 제13장과 제14장에서 살펴보겠지만 이는 어떤 유형의 사회가 더 넓은 회랑에서 족쇄 찬 리바이어던을 만들어가고 유지할 가능성이 큰지 우리에게 많은 시사점을 던져줄 수 있다.

이 장에서 논의한 바는 우리의 이론체계에서 역사가 중요한 이유도 명확히 알려준다. 한 사회가 일단 회랑 안에 들어오면 독재적 리바이어던의 궤도에 있을 때나 부재의 리바이어던 아래 살아갈 때와는 아주 다르게 행동하며, 그래서 역사적인 차이들은 지속되는 경향이 있다. 흔히 국가와 사회 간 힘의 균형이 끈질기게 이어지는 것도 바로 이 때문이다. 물론 이 균형은 다시 특정한 경제적, 사회적, 정치적 관계에 의해 좌우되기 마련이며, 이와 관련해 한 나라의 경제나 정치 구조가 회랑의 폭을 결정할 뿐만 아니라 미래의 경로도 만드는 것이다. 예를 들면 강제노동의 역사로 쇠약해진 사회를 대하는 국가와 엘리트는 더욱 강력해지며, 이 경우 과테말라 역사에 관한 우리의 논의에서 잘 드러나듯이 강제노동이 지속되고 강화될 가능성은 더 커진다. 혹은 우리가 최근의 러시아 역사에 관한 논의에서 강조했듯이 과거 농업의 집산화는 사회를 무기력하게 하므로 독재가 더 쉽게 지속될 수 있다. 만약 실제로 모든 국가가 결국 같은 유형의 사회나 국가, 제도로 수렴하며 '역사의 종언'으로 나아가는 단순한 경향이 있다면, 그 배경에는 바로 이러한 지속성이 있을 것이다. 역사는 분명히 지속성이 있고 쉽게 없애거나 되돌릴 수 없는 분기를 만들어낸다. 더욱 흥미로운 것은 구조적 요인들의 변화나 이 장에서 논의한 것과 같은 큰 충격에 직면했을 때, 국가와 사회 간 관계의 서로 다른 역사적 발전이 중대한 영향을 미칠 수 있다는 점이다. 우리가 바로 앞에서 지적했듯이 강제노동이나 산업화, 뿌리 깊은 사회적 위계질서가 회랑의 형태에 영향을 주기 때문이기도 하고, 그뿐만 아니라 서로 다른 과거를 지닌 나라들은 국가와 사회 간 힘의 균형도 서로 달라서 같은 구조적 요인이 낳는 결과가 다른 방향으로 갈라질 여건이 마련되기 때문이기도 하다.

다음 장들에서도 다시 밝히겠지만 우리의 논의는 역사가 운명이 아니라는 점도 강조한다. 각국은 역사적인 진로를 바꾸며 회랑 안으로 들어오기도 하고 밖으로 나가기도 한다. 비록 그런 일이 일어날 가능성과 방식은 그들의 역사(그 나라의 도표상 위치), 회랑의 형태를 결정하는 경제적, 정치적, 사회적 조건들에 큰 영향을 받더라도 말이다. 이런 접근방식을 통해 사회과학자들이 행위성agency이라고 부르는 것, 다시 말해 핵심적인 행위자들이 사회의 진로에 영향을 미칠 수 있는 능력에 대한 사고의 틀을 얻을 수 있다. 그 행위자들은 예를 들어 새롭고 지속성 있는 연합을 형성하거나, 새로운 요구와 불만, 서사를 분명히 표현하거나, 아니면 (제3장에서 본 것처럼) 기술적, 조직적 혹은 이념적 혁신을 제안함으로써 사회의 진로에 영향을 미칠 수 있다. 우리의 이론체계에서 행위성이 중요한 이유는 한 국가의 경로를 마치 백지 상태에서 그림을 그리듯 마음대로 다시 바꿀 수 있어서가 아니다. 그보다는 때로 전혀 중요해 보이지 않는 우발적인 사건들처럼, 행위성이 기존의 사회와 국가 간 균형에 영향을 미치고 사회가 구조적 요인들에 반응하는 방식을 수정함으로써 지속적인 효과를 낼 수도 있다. 우리는 미국의 연방주의자들을 이야기한 제2장에서 새로운 비전을 분명히 제시하고 새로운 연합을 형성할 능력이 있는 지도자들이 국가건설에서 할 수 있는 역할을 살펴봤다. 코스타리카의 사례에서도 비슷한 것을 볼 수 있다. 코스타리카와 과테말라 사이에 눈에 띄는 구조적 차이점들이 있었지만, 코스타리카가 진로를 선택할 때는 1830년대와 1840년대의 브라울리오 카리요 같은 개인들이 큰 영향을 미쳤다. 코스타리카를 중앙아메리카연방공화국에서 분리하기로 한 그의 결정은 이 나라가 이 지협地峽 내 이웃 나라들과 다른 길로 갈라져 나갈 수 있도록 했다. 더 효과적인 국가기관들을 설립하기로 한 그의 결정은 소규모 자작농 기반의 커피 경제가 발전할 수 있도록 했다. 아마도 가장 흥미로울 대목은, 군대를 소규모로 유지하기로 한 그의 결정 덕분에 코스타리카 정치에서 군의 역할이 상대적으로 미약했고 결국 1948년에 군대가 폐지되었다는 것이다. 카리요가 다른 결정을 했다면 코스타리카는 오늘날 과테말라와 훨씬 더 비슷해졌을 것이다. 마침내 군을 없애고 현대 국가와 제대로 작동하는 민주주의의 헌법적 기초를 만들어내는 데에는 호세 피게레스라는 또 다른 인물이 필요했다. 피게레스의 통치는 최근 소모사Somoza 일가 지배하의 니카라과에 출현한 독재에 가까웠지만, 그가 한 일은 카리요의 선택과 마찬가지로 전혀 예정된 것이 아니었다. 이 모든 사례에서 행위성은 〈도표 2〉와 〈도표 3〉에 표시한 요인들이 작용하는 방식에 영향을 미쳤지만, 기존의 권력 균형에서 완전히 자유롭게 움직이지는 못했다. 실제로 코스타리카에서 과테말라처럼 노동을 억압하는 농업이 발전했다면 카리요나 피게레스가 족쇄 찬 리바이어던을 만들어가기란 불가능했을 것이다.

제10장

퍼거슨은 무엇이 잘못됐나?

정오의 살해

2014년 8월 9일 정오가 막 지났을 때 미주리주 세인트루이스 카운티의 도시 퍼거슨에서 18세의 아프리카계 미국인 마이클 브라운Michael Brown은 경찰관 대런 윌슨Darren Wilson에 의해 사살됐다. 브라운은 한 가게에서 시가릴로 시가 한 갑을 훔쳤고 친구와 함께 있었는데, 그때 무전기로 절도 사건을 전해 들은 윌슨이 그에게 멈추라고 했다. 윌슨이 여전히 순찰차 안에 있는 상태에서 실랑이가 벌어졌고 실탄이 두 발 발사됐다. 브라운이 도망치자 윌슨이 추격했고 결국 그에게 총을 여섯 발 쏴 맞혔다. 윌슨이 브라운을 만난 후 그 젊은이가 죽기까지는 불과 90초가 걸렸다.

이 비극적 사살 사건은 퍼거슨에서 압도적 다수인 아프리카계 미국인들과 거의 백인 일색인 경찰 사이에 긴장이 고조된 가운데 발생했다. 브라운 사살 사건은 며칠 동안 계속된 폭동을 불러일으켰고 이 도시는 세계의 눈길을 끌었다. 대배심이 윌슨 경관을 기소하지 않기로 하자 더 많은 폭동이 뒤따랐다. 나중에 퍼거슨 경찰국FPD에 관한 법무부 보고서는 퍼거슨 시민들, 특히 흑인들의 헌법적 권리를 엄청나게 침해한 행위를 폭로했다. 보고서에 따르면 FPD가 아프리카계 미국인들을 괴롭히는 일은 일상적이었다. 예를 들면 이렇다.

2012년 여름 32세의 아프리카계 미국인 남성이 퍼거슨의 한 공원에서 농구를 한 후 자기 차에 앉아 땀을 식히고 있었다. 한 경찰관이 그 남성의 차 뒤에 순찰차를 세우고 차 안의 그를 막고는 사회보장번호와 신분증 제시를 요구했다. 경찰관은 공원에 어린이들이 있다고 이야기하며 이 남성을 아무 근거도 없이 소아성애자라는 혐의를 씌웠고, 남성이 무기를 지녔다고 볼 근거가 없는데도 몸수색을 하겠다며 차에서 내리라고 명령했다. 경찰관은 남성의 차도 수색하겠다고 밝혔다. 이 남성은 헌법상의 권리를 들어 거부했다. 그러자 경찰관은 퍼거슨의 지방규칙 여덟 가지를 위반한 혐의로 남성을 체포했는데, 그때 총을 겨누고 있었다고 한다. 그중 한 가지는 허위신고 혐의인데, 처음에 자신의 이름을 약칭으로[예컨대 '마이클' 대신에 '마이크'라고 말하는 식] 댔고 주소도 합법적이기는 하지만 운전면허증에 기재된 주소와 다르다는 것이었다. 그가 주차된 차 안에 앉아 있었는데도 안전띠를 매지 않았다는 혐의도 포함됐다.

이 보고서는 퍼거슨의 경찰이 합리적인 의심도 없이 정지 명령을 내리고, 그럴 만한 이유도 없이 체포하는 방식과 지나친 공권력 행사는 모두 수정헌법 제4조 위반이며, 보호돼야 할 의사 표현에 대한 보복과 표현의 자유에 대한 침해는 수정헌법 제1조 위반이라고 지적했다. 게다가 퍼거슨에서 '과도한 공권력' 행사는 상시적이었다.

2013년 1월 순찰대 경사가 한 아프리카계 미국인 남성이 트럭에 탄 사람과 이야기를 하고 나서 걸어가는 것을 보고 그를 멈춰 세웠다. 경사는 범죄행위를 하고 있다는 합리적인 의심을 할 근거를 분명히 제시할 수 없는데도 그 남성을 구금했다. 그 남성이 질문에 대한 답변과 몸수색 요구를 거부했을 때[경사는 그 남성이 무기를 소지했다고 믿을 근거를 분명히 밝히지 못하면서도 몸수색을 시도했다] 경사는 그 남성의 허리띠를 잡고 ECW[보통 테이저라고 부르는 전자 제어 무기]를 꺼내 들며 지시에 따르라고 명령했다. 그 남성은 팔짱을 낀 채 아무 잘못도 저지르지 않았다며 항의했다. ECW에 내장된 카메라에 포착된 동영상은 그 남성이 경찰관에게 공격적인 행동을 하지 않았음을 보여준다. 경사는 5초간 전기 충격을 가하는 ECW를 발사해 그 남성을 땅바닥에 쓰러트렸다. 경사는 곧바로 ECW 충격을 다시 가했고, 나중에 보고서에서 그 남성이 일어서려고 했다고 주장하며 자신의 행동을 정당화했다. 하지만 동영상을 보면 분명히 그 남성은 일어서려 한 적이 없고 땅바닥에서 고통으로 몸부림치기만 했다. 또한 경사가 보고서에 쓴 것보다 긴 20초간 거의 쉴 새 없이 남성에게 ECW 충격을 가했다.

퍼거슨에서 일어난 사건은 예외적인 일이 아니다. 아프리카계 미국인에 대한 기본권 침해, 지나친 공권력 행사와 유사한 사례는 미국의 크고 작은 도시에서 만연해 있었다. 미국 도시의 빈민가에서 폭력과 함께 자행되는 이런 고질적인 학대는 효과적인 법 집행이 이뤄지지 않을 때 가장 취약한 시민들에게 생기는 고통을 잘 보여준다. 살인과 신체적 폭력에 의한 희생자 수는 제쳐놓더라도 조지아주 애틀랜타의 도심 지역에 관한 최근 연구에 따르면 46퍼센트에 이르는 사람들이 외상 후 스트레스 장애PTSD를 겪는 것으로 밝혀졌다. 이런 종류의 외상은 아프가니스탄이나 이라크에서 싸우면서 엄청난 강도의 폭력과 위험을 목격한 참전 군인들이 겪는 것이 아닌가? 그렇다. 하지만 도심 지역의 가난한 주민들이 경험하는 일상적인 위협도 그다지 다르지 않다. 실제로 PTSD를 겪는 사람들 중에서 취약 계층의 비율은 46퍼센트로, 참전 군인들의 약 11~20퍼센트를 웃돈다.

이런 상황은 자유와는 거리가 멀어 보인다. 공포와 폭력은 이런 지역 곳곳에 퍼져 있다. 지배도 마찬가지다. 퍼거슨에서는 도대체 무슨 일이 벌어지고 있는 걸까? 미국에서 무슨 일이 벌어지고 있는 걸까?

미국 예외주의의 부수적 피해

미국 역사에 관한 가장 일반적인 서사는 지속성 있는 공화주의 제도를 구축한 것과 관련해 예외주의exceptionalism**1**를 강조하며, 보통 뛰어난 헌법을 설계한 이야기부터 시작한다. 하지만 현실은 더 복잡하다. 실제로 미국 리바이어던의 진화에 대해 찬사를 보낼 만한 부분은 많지만, 리바이어던은 또한 퍼거슨에서 본 것처럼 발전 경로에서 부수적 피해collateral damage를 주기도 했다. 제2장에서 자세히 설명했듯이 미국의 리바이어던은 어떤 의미에서 연방주의자들이 창조한 것이다. 하지만 그들의 국가건설 계획에도 근심거리가 있었다. 연방주의자들은 강력한 대통령이 통제를 벗어나 권력을 남용하거나 어떤 집단 또는 '당파'에 포획될 수 있다는 점을 걱정했다. 그래서 그 모든 견제와 균형 장치를 두고, 행정부와 입법부 권력을 분립시켰다. 그들은 또한 민중의 정치 참여가 지나치게 많아질 것을 염려했다. 그래서 주 의회가 상원의원들을 선출하고, 선거인단이 대통령을 뽑는 간접선거를 도입했다. 연방주의자들은 '주의 권리' 및 연방을 구성하는 주의 자치권을 보존하려는 이들에게 양보해야 했다. 그래서 연방정부의 권한을 제한하고 헌법에 구체적으로 정하지 않은 것은 무엇이든 주 정부의 영역이라는 점을 양해했다. 연방주의자들은 또한 이 모든 것이 독재를 낳을 수 있다고 걱정하는, 결집되고 반항적이며 의심 많은 보통 사람들에게도 양보해야 했다. 그래서 권리장전을

1 국가의 기원과 발전, 그 신조와 제도를 비롯한 여러 측면에서 보편적이지 않고 다른 나라들과 다르다는 관념

제정하고 연방정부의 과세권을 제한했다.

우리가 이 장에서 이야기하고자 하는 것은 이런 제도 설계가 미국을 회랑 안으로 밀어 넣는 작용을 했지만, 일종의 '파우스트의 거래'였다는 점이다. 제도 설계를 통해 중요하게 보호한 것 중에는 남부의 노예 소유자들이 자신들의 노예를 착취할 수 있도록 허용한 것도 포함됐는데, 그것은 국가의 손을 묶었을 뿐만 아니라 그 손을 더럽혔다. 이렇게 족쇄가 훼손된 탓에 연방국가는 중요한 분야에서 제 기능을 하지 못하는 채로 남아 있었다. 우선 연방 국가는 처음에는 노예를, 나중에는 아프리카계 미국 시민들을 폭력과 차별, 빈곤, 지배로부터 보호하지 않았다. 퍼거슨에서 괴롭힘을 당하거나, 벌금을 물거나, 감옥에 가거나, 아니면 심지어 살해까지 당하는 이들이 가난한 흑인 시민들이었다는 사실은 이런 경향을 상징적으로 보여준다.

또 다른 문제는 각 주에 대한 양보와 연방정부에 대한 각종 제한 때문에 국가가 아프리카계 미국인뿐만 아니라 모든 시민을 폭력과 경제적 어려움으로부터 보호하고자 할 때 어려움을 겪는다는 점이다.

헌법 설계 중에서도 특히 연방정부의 과세권에 대한 제한이 낳은 결과 중 다른 하나는 국가가 광범위한 공공서비스를 제공하기 어렵다는 점이다. 이 점은 전시 지원부터 의료보험과 법 집행에 이르기까지 기본적인 공공서비스 제공조차 흔히 민관협력(공공·민간 파트너십, public-private partnership) 방식에 의존하는 데서 확인할 수 있다. 민관협력은 국가가 사업을 지원하고 유도하고 가끔 자금도 대지만, 한편으로는 정책을 실행하고 종종 그 방향에 영향을 미치기도 하는 민간부문과 사회 일각에 의존하는 방식이다. 이런 전략은 흔히 대중적인 토론에서 민간부문의 활력과 창의성을 활용하는 방안으로 칭찬받는다. 이 전략은 때때로 목표를 이뤘고, 더 중요하게는 국가가 맞서야 했던 심층적인 갈등과 온갖 새로운 도전에도 불구하고 미국이 계속 회랑 안에 머물도록 하는 데 도움을 줬다. 그러므로 레드 퀸은 미국이 국가 역량을 꾸준히 확대하는 데 이바지했지만, 국가는 긴급한 문제들에 맞서 싸우는 데 여전히 취약하고 무능했다. 그 결과 많은 분야에서 진전을 이루지 못했다. 조세를 통한 소득 재분배는 말할 것도 없고 보건과 기반시설 같은 일부 공공서비스는 민관협력 방식을 이용할 때 효과적으로 제공하기가 훨씬 더 어렵다. 시장은 아무리 국가의 지원을 받더라도 적정한 수준과 범위의 공공서비스를 제공하지 못하기 때문이다. 민관협력 모형은 법 집행 및 분쟁 해결과 관련해 훨씬 더 큰 문제에 부딪힌다. 우리는 이미 몇 차례에 걸쳐 사회는 단일한 실체가 아니며, 여러 무국가 사회의 연장자와 남성들(제2장)이나 인도의 브라만 계급(제8장)처럼 더 단단하게 결집해서 정치적으로 참여하는 강력한 집단이 사회적 관계와 규범을 자신들에게 유리하게 바꾸는 데 성공한다는 것을 살펴봤다. 이는 미국에서도 일반적으로 마찬가지이며, 민관협력 방식에서는 그런 경향이 훨씬 더 뚜렷하다. 지금까지 민관협력에 참여하면서 분쟁 해결과 법 집행, 공공서비스에 자신들이 바라는 바를 각인하는 데 성공한 주체가 바로 그런 사회부문들이었다. 미국에서 조직화가 약한 집단인 아프리카계 미국인들과 빈곤층은 흔히 이런 협력 과정에서 배제됐고, 배제는 그들의 자유에 악영향을 끼쳤다.

다른 족쇄 찬 리바이어던처럼 미국의 국가는 그동안 경제적 기회와 유인을 제공하는 데 상당히 성공적이었다. 헌법 제정에 이어 광활한 영토에 걸쳐 시장이 통합되고 각 주 사이에 어느 정도 정책 조화가 이뤄지면서 경제성장을 위한 환경이 무르익었다. 미국인들은 이 기회를 적극적으로 활용했다. 미국 경제는 19세기에 급속히 산업화됐고, 20세기에는 세계의 기술을 이끄는 선도자가 됐다. 그러나 이런 번영 역시 미국 예외주의의 특징을 보였다. 중앙정부에 대한 모든 제약, 각 주와 엘리트층의 지속적인 영향력, 특이한 민관협력 모형이 유지되는 가운데 미국의 경제성장은 심각한 불평등을 낳았고, 남북전쟁 전의 노예를 비롯해 전체 인구 중 일부는 성장의 혜택에서 완전히 배제됐다.

이런 관점에서 보면 미국의 살인율이 서유럽 평균의 약 다섯 배에 이른다는 사실은 전혀 놀랍지 않다. 미국에는 빈곤율이 높은 지역이 많고, 아프리카계 미국인들이 흔히 경제적 기회와 공공서비스에서 배제돼온 상황도 마찬가지다. 민관협력 모형이 가난한 미국인들에게 사회안전망을 제공하는 데 효과적이지 않았다는 것도 뜻밖의 결과가 아니다. 사회가 더욱 결집하고 적극적일 때 미국의 리바이어던은 때때로 존슨 대통령의 '빈곤과의 전쟁War on Poverty'처럼 공백을 메우기 위한 프로그램들을 가지고 개입했지만, 대부분 불완전한 노력에 그쳤다.

우리는 미국의 리바이어던이 택한 경로가 역설적으로 또 하나의 중요한 결과를 낳았음을 살펴볼 것이다. 뜻밖에도 일부 핵심적인 분야에서 국가 활동에 대한 효과적인 감시가 이뤄지지 않는다는 문제다. 미국에서 국가는 연방주의자들의 타협과 민관협력 모형에 따라 부여된 구속복에 갇혀 있다. 그래서 냉전과 최근의 국제적인 테러가 초래한, 갈수록 복잡해지는 안보상의 도전에 제대로 대응할 수 없었다. 사실상 세계의 경찰이자 최강국으로서의 역할을 효과적으로 수행할 수도 없었다. 그래서 사회의 감시를 별로 받지 않는 쪽에서 이러한 역량을 개발했다. 그에 따라 숱한 제약을 받고 여전히 설립 당시의 취약성을 지니고 있으면서도, 안보와 군사 분야에서 족쇄를 차지 않은 채 마음대로 행동할 수 있는 리바이어던이 만들어졌다. 그 결과 국가안보국NSA이 사회는 물론 정부의 다른 기관으로부터 어떤 견제도 받지 않은 채 미국 시민들을 표적으로 한 방대한 감시와 자료수집 활동을 벌였다고 에드워드 스노든Edward Snowden이 폭로했을 때 미국 리바이어던의 무서운 '얼굴'이 드러났다.

무슨 권리장전?

그럼 퍼거슨의 경찰이 이 도시의 흑인 시민들을 그토록 괴롭힌 까닭은 무엇이었을까? 간단히 답하자면 경찰이 흑인들을 괴롭힌 것은 돈 때문이었으며, 여기에는 틀림없이 인종차별도 개입돼 있었다. 퍼거슨은 수입을 늘리려고 경찰을 이용했다. 경찰관들은 도시의 수입을 늘리기 위해 딱지를 가능한 한 많이 떼라는 지시를 받았다. 누군가에게 어떤 핑계를 대서라도 벌금을, 그것도 고액을 물릴 수 있다는 뜻이었다. 법무부는 사람들에게 한 차례 보행규칙 위반에 302달러, 한 차례 소란행위에 427달러, 잡초제거 미이행에 531달러, 체포 거부에 777달러, 경찰 지시 불복종에 792달러, 경찰관들이 앞의 혐의와 구분 없이 적용한 것으로 보이는 지시 미준수에 527달러를 물린 사례를 기록했다. 일단 고지서가 발부됐는데도 법정에 나오지 않으면 추가로 고지서가 나갔다. 법무부 보고서에 단적인 사례가 나온다.

> 한 아프리카계 미국인 여성이 단 한 차례 불법주차를 한 건으로 2007년에 시작돼 아직 계류 중인 사건. 그녀는 두 차례 소환 통보와 과태료 151달러에 수수료를 더한 금액을 내라는 통보를 받았음. 재정적 곤란을 겪고 몇 년에 걸쳐 노숙자로 지냈던 이 여성은 2007년부터 2010년까지 불법 주차 고지에 따른 법정 출석 날짜와 과태료 납부 기한을 놓친 것과 관련해 법정 불출석 7회의 혐의를 받았음. 각각의 불출석에 대해 법원은 체포영장을 발부하고 새 과태료와 수수료를 부과했음. 2007년부터 2014년까지 이 여성은 두 차례 체포돼 6일 동안 구금됐으며, 불법주차 한 건에서 비롯된 사건들로 법원에 550달러를 납부했음. 법원 기록은

그녀가 두 차례에 걸쳐 25달러와 50달러를 분납하려 했지만, 법원은 전액에 못 미치는 금액은 받을 수 없다고 거부하며 그 납부금을 반환했다는 사실을 보여줌. … 사건 후 7년 이상 경과한 2014년 12월 현재 그녀는 당초 과태료 151달러에 대해 이미 550달러를 납부했지만, 여전히 541달러를 미납한 상태임.

이 모든 학대는 아프리카계 미국인들을 겨냥했고, 국가기관에 대한 아프리카계 미국인 사회의 신뢰와 협력은 심각하게 훼손됐다. 퍼거슨 경찰은 법률 집행이 아니라 딱지 발급에 힘썼다. 법을 집행하는 기본적인 기능은 망가졌고, 사람들은 경찰에 의심과 두려움의 눈길을 보냈다.

하지만 퍼거슨 경찰은 어떻게 아무런 처벌을 받지 않으면서 주민들이 지닌 헌법상 권리를 침해할 수 있었을까? 권리장전은 그들을 보호하기 위한 것이 아닌가? 글쎄, 어느 정도까지는 그렇다고 할 수 있다. 타협으로 만들어진 권리장전은 각 주가 아니라 연방정부에만 적용됐다. 각 주는 '경찰권'이라는 것을 확보할 수 있으며 엄청난 재량권을 가졌다. 권리장전의 실제 문구는 이것을 명백히 규정하지 않았지만, 당시에는 그렇게 양해됐다. 이 문제는 1833년 대법원이 권리장전은 연방 의회가 취할 수 있는 행동에만 적용된다고 판결하면서 분명히 해결됐다. 예를 들어 수정헌법 제1조는 이렇게 규정한다.

연방 의회는 국교를 수립하거나 자유로운 신앙 활동을 금지하는 법률을 제정할 수 없다. 또한 언론과 출판의 자유나 평화롭게 집회를 열 수 있는 권리 또는 불만 사항 구제를 위해 정부에 청원할 수 있는 권리를 제한하는 법률을 제정할 수 없다.

수정헌법 제4조는 이렇게 규정한다.

> 부당한 수색과 압수를 당하지 않고 신체, 가택, 서류 및 재산의 안전을 보장받는 인민의 권리를 침해해서는 안 되며, 체포와 압수 영장은 선서나 증언으로 뒷받침되는 정당한 이유를 제시하지 않고는, 특히 수색할 장소와 체포될 사람이나 압수할 물품을 특정하지 않고 발급해서는 안 된다.

그러나 1833년 판결은 권리장전이 적용되지 않는다는 점을 들어 각 주가 표현의 자유를 축소하는 법률을 제정할 수 있다는 것을 분명히 하고, 부당한 수색과 압수를 허용했다. 오로지 연방 의회만 그런 법률을 만들지 못하도록 금지됐다. 이런 식으로 권리장전을 해석한 여러 남부 주의 주된 목적은 노예들이 '자유 시민'의 어떤 권리도 갖지 못하게 하는 것이었다.

미국 남부의 연방 탈퇴 시도와 1865년 남북전쟁 패배는 권리장전에 대한 이런 관점에 종말을 고했어야 했다. 실제로 1868년에 통과된 수정헌법 제14조는 이런 조문을 담았다.

> 어떤 주도 미국 시민의 특권과 면책권을 제한하는 법률을 제정하거나 시행할 수 없고, 정당한 법적 절차에 따르지 않고는 어떤 사람에게서도 생명, 자유 또는 재산을 박탈할 수 없으며, 관할권 내에 있는 어떤 사람에게도 법률의 평등한 보호를 거부할 수 없다.

그러나 대법원은 이 조항이 각 주의 경찰권을 무시하는 것은 아니라고 거듭 판결했다. 1885년 연방 대법관 스티븐 필드Stephen Field는 "수정헌법 제14조가 광범위하고 포괄적이기는 하지만 그 조항도, 혹은 다른 어떤 수정조항도 종종 경찰권이라고 표현하는 주의 권리에 간섭하려고 제정된 것이 아니다"라고 주장했다.

이 모든 것은 1877년 이후 남부의 복원시대[2]라는 맥락에서 이해해야 한다. 수정헌법 제14조는 노예제도를 끝내고 아프리카계 미국인들의 경제적 기회와 정치적 권리를 보장하는 제도 개혁을 통해 남부의 재건을 이루려는 취지가 담긴 세 가지 수정조항 중 하나였다. 하지만 1877년 러더퍼드 헤이스Rutherford Hayes 대통령은 '파우스트의 거래'에 전념해 북군을 철수하고 재건을 끝내기로 남부의 정치인들과 타협함으로써 선거인단 다수를 확보했다. 일단 북군이 떠나자 남부는 '복원'됐고, 재건을 밀어붙이던 힘은 갑자기 거꾸로 돌아가기 시작했다. 오래된 억압적 제도가 모습을 바꿔서 다시 나타났다. 특히 악명 높았던 건 인종 분리를 강화한 '짐 크로법Jim Crow laws'들이었다. 1890년 남부의 주들은 인두세와 문해력 시험을 통해 흑인들의 선거권을 빼앗으려고 자신들의 헌법을 개정했다. 경찰권은 그 조치의 핵심에 있었다. 북부는 짐 크로법을 용인하며 남부가 알아서 하도록 내버려두기로 합의했다. 권리장전이 주 의회에 적용되지 않는다는 '해석'은 이 거래의 핵심적인 부분이었다.

사실 각 주는 자신들의 헌법에 독자적으로 '권리장전'이라는 수정조항을 포함시켰다. 미주리주 현행 헌법의 첫 35개 조항은 이러한 권리장전으로 구성돼 있다. 그러나 주의 독자적 조항들은 국가 권력에 맞서 시민들을 보호하는 문제에 관한 한 연방의 권리장전처럼 자극을 주려 하지 않았다. 실제로 연방의 경우와 같은 신랄함이 없었다. 법무부 보고서는 퍼거슨의 지방규칙

2 남북전쟁 후 남부에서 재건Reconstruction 시대를 주도했던 공화당 세력에 맞서 백인 민주당 세력이 정치적 영향력을 되찾은 시기로, 인종차별이 다시 심해졌다.

이 미주리주 권리장전을 위반했다고 분명히 밝힌다. 보고서는 지방규칙 중 29-16(1)절이 '공식 임무를 수행 중인 경찰관의 합법적인 명령이나 요청에 따르지 않아서 그 경관의 임무 수행을 방해하거나, 가로막거나, 지체시키는 것'을 불법으로 규정한다고 지적한다. 보고서는 이 조항을 근거로 한 많은 법률위반 사건들이, 잘못을 저질렀다고 볼 아무런 객관적 징후가 없는 개인에 대해 경찰관이 정지 명령을 내린 데서 비롯됐다는 사실을 밝혀냈다. 경찰관에게는 범죄행위가 진행 중이라는 합리적 의심이 없으므로 그런 상황에서 내리는 정지 명령은 '합법적인 명령'이 아니다. 하지만 사람들은 경찰의 말에 따르지 않으면 체포됐다.

'복원시대'에 새로 만들어진 남부는 1960년대까지 존속했다. 남부의 역사에서 중요한 단절은 시민권 운동이 막 탄력을 얻고 있을 때인 1953년 얼 워런Earl Warren을 대법원장에 임명했을 때 나타났다. 워런은 헌법이 변화하는 환경에 적응해야 하며 많은 대법원 판사들이 자신과 생각이 같다고 믿었다. 그들은 남부 각 주에 경찰권이 있든 없든 시민권 운동가들을 억압하고 괴롭히는 경찰의 행동들은 헌법에 반한다고 판결했다.

대법원이 이 점을 밝힐 첫 기회를 얻은 것은 1957년 5월 23일 오하이오주 클리블랜드에 있는 돌리 맵Dollree Mapp의 집에 경찰관들이 밀고 들어갔을 때였다. 맵은 '숫자 노름[3]'을 하는 불법 도박장에서 일했는데, 경찰은 그녀의 집에서 경쟁 도박장의 우두머리인 (나중에 권투선수 무하마드 알리Muhammad Ali의 매니저가 된) 돈 킹Don King에게 폭탄 공격을 한 것으로 의심받는 버질 오글레트리Virgil Ogletree라는 남자를 찾을 수 있을 것이라는 귀띔을 받았다. 경찰은 오글레트리를 찾아냈지만, 그는 결백한 것으로 밝혀졌다. 경찰은 또 얼

3 가난한 사람들이 주로 하는 복권 형태의 도박을 말한다.

마간의 베팅 용지와 포르노 잡지를 찾아냈는데, 맵은 전 세입자가 남기고 간 것들이라고 주장했다. 그녀는 포르노물을 갖고 있었다는 혐의로 기소돼 징역 7년형을 선고받았다. 맵은 이 사건을 대법원으로 끌고 가서 물품들이 자신의 소유물이라고 의심할 합리적인 근거가 없고 경찰은 수색영장을 갖고 오지도 않았다고 주장했다. *맵 대 오하이오주Mapp v. Ohio* 사건에 대한 판결에서 대법원은 수정헌법 제4조가 부당한 수색을 금지한다고 밝히고 '연방헌법을 위반한 수색과 압수를 통해 취득한 모든 증거는 주 법원의 형사소송에서 채택할 수 없다'고 결론 내렸다. 여기서 '주 법원'이라는 표현에 주목할 필요가 있다. 대법원은 이어서 개별 주의 권리장전과 경찰권에는 부합할지 몰라도 연방헌법에는 부합하지 않는, 다른 일련의 행태를 목표로 삼았다. *기디언 대 웨인라이트*(Gideon v. Wainright, 1963년) 사건에서 대법원은 중죄 혐의를 받는 이는 누구든 변호인을 선임할 권리를 갖는다고 판결했다. 1964년 *멀로이 대 호건Malloy v. Hogan* 사건에서 판사들은 스스로 증언을 해 자신을 유죄에 이르게 하지 않을 권리(그래서 '수정헌법 제5조에 따라'**4**라는 표현이 나왔다)를 주 법원에 적용하라고 판결했다. 1965년엔 유명한 *미란다 대 애리조나주Miranda v. Arizona* 사건에서 판사들은 자신의 권리에 대해 고지받지 않은 사람들에게서 받아낸 자백은 주 법원에서 인정할 수 없다고 판결했다. 그리고 *파커 대 글래든*(Parker v. Gladden, 1966년) 사건과 *덩컨 대 루이지애나주*(Duncan v. Louisiana, 1968년) 사건에서 수정헌법 제6조에 따라 사람들이 주 법원에서 공정한 배심에 의해 재판을 받을 권리를 확립했다. 이런 판례들이 쌓이면서 각 주의 형사재판체계는 연방 권리장전을 따르도록 압박을 받았

---

4 '수정헌법 제5조에 따라taking the fifth'는 자신에게 불리한 증언을 하지 않는 것, 묵비권을 행사하는 것을 의미한다.

다. 그러나 퍼거슨에서 일어난 사건들은 이 문제가 여전히 현재진행형임을 암시한다.

아프리카계 미국인들을 차별하는 경향은 뿌리가 깊다. 또 역설적으로 미국인의 자유를 창조하는 문제와 전반적으로 맞물려 있었다. 문제는 그 자유가 미국인 중 일부만을 위한 것이라는 데 있다.

미국의 노예, 미국의 자유

노예제도는 연방정부가 영향력을 미칠 수 있는 범위에 관한 논쟁에서 핵심적인 문제였다. 노예는 당초 13개 식민주의 일부 부유한 사람들이 보유한 자산에서 큰 부분을 차지할 뿐만 아니라 노예들의 지위는 새로운 연방국가에서 정치 권력을 배분하는 데도 핵심적인 요소였다. 역사학자 에드먼드 모건Edmund Morgan은 《미국의 노예, 미국의 자유American Slavery, American Freedom》에서 어떻게 조지 워싱턴과 제임스 매디슨, 토머스 제퍼슨같이 헌법을 기초한 지도층 인사 중 그토록 많은 이들이 버지니아의 노예 소유자들이 됐는지 물었다. 제퍼슨은 독립선언서의 주요 집필자였다. 선언서는 다음과 같이 장려하게 주장했다.

> 우리는 사람들[men]은 모두 평등하게 창조되고, 창조주로부터 생명과 자유, 행복 추구를 비롯한 양도할 수 없는 권리를 부여받는다는 것을 자명한 진리로 받아들인다. 또한 이러한 권리를 보장하기 위해 인간들[Men] 사이에 정부가 수립되며 정부의 정당한 권력은 통치를 받는 이들의 동의로부터 나온 것임을 믿는다.

이와 같은 주장에 대해 지적할 점은 많다. 예컨대 사람들이 아니라 '남성들men'에 초점을 맞춘 부분만 봐도 그렇다. 그러나 뻔뻔하게도 약 600명의 노예를 소유한 제퍼슨이 구상한 정부는 노예들의 동의나 그들의 '행복 추구'를 결국 제도화하지 않을 셈이었다. 정부는 도리어 노예들이 그 후로도 87년이나 더 권리를 갖지 못하도록 확실히 막았다.

모건은 단순히 의도에서 드러나는 위선을 비난하는 것이 아니라, 노예제도와 자유 사이의 관계를 이해하려 했다. 그 둘은 어떻게 공존할 수 있었을까? 백인의 자유는 어떤 식으로든 흑인들의 엄청난 부자유 위에 얹혀 있었던 것일까?

1607년 버지니아컴퍼니의 제임스타운 건설로 시작된 버지니아의 식민지화 초기 시대로 돌아가보자. 당시에는 노예 수입 계획이 없었다. 당초 계획에서 맨 먼저 실행할 최선책은 토착민들을 활용하는 것이었다. 하지만 버지니아 땅에 토착민은 별로 없었다. 차선책은 노역 계약을 맺은 영국민을 쓰는 것이었는데, 그들은 숙식을 제공하고 미국으로 자유롭게 이주할 수 있게 해주는 대신 7년 동안 일을 하기로 계약했다. 계약 노동자들을 활용하는 방안을 시도해봤지만, 일단 계약 노동자들이 미국 땅을 밟으면 통제하기 어렵고 특히 개방된 변경으로 달아날 수 있다는 문제가 드러났다. 그들을 더 가혹하게 다루면 더 많은 이들을 끌어들이기 어려울 것이므로 이 또한 대안이 아니었다. 1618년 버지니아컴퍼니는 토착민과 계약 노동자들을 이용하려던 생각에서 식민지 개척자들을 장려하는 쪽으로 전략을 바꿨다. 그들을 노동계약에서 풀어주고, 땅을 주고, 새롭게 설립한 일반의회General Assembly에서 백인 남성들이 정치적 권리를 행사할 수 있도록 했다.

그러나 이 식민지는 경제적으로 생존력이 없었다. 초기에 식민지 개척자들은 담배를 재배하려 했지만 품질이 좋지 않았다. 그 지역 인디언의 공주 포카혼타스Pocahontas와 결혼한 것으로 유명한 존 롤프John Rolfe는 서인도제도에서 들여온 다양한 품종들을 실험해 훨씬 좋은 결과를 얻었다. 1614년 제임스타운에서 담배 수출 물량이 처음으로 선적됐다. 1619년 가을 이곳을 방문한 네덜란드 선박에 버지니아 측이 조달품을 제공하는 대가로 약 스무 명의 노예를 처음으로 받아들였다. 담배 재배는 처음에 버지니아컴퍼니가 강력히 억제했지만, 결국 이 식민지에 번영을 가져왔다. 1624년 이 회사가 무너진 다음에는 사람들을 붙잡아둘 수 없었다. 계약 노동자들을 담배 재배에 활용할 수 있었지만, 곧 노예를 사는 편이 더 싸다는 것이 분명해졌다. 식민지는 지리적으로 퍼져나가고 많은 개척민이 지주와 담배 재배업자가 됐다. 일반의회의 자리가 다 차가자 그들은 이 기구의 성격에 대해 다시 생각하게 됐고, 1670년에 다음과 같은 말로 참정권을 제한하기로 했다.

> 이 나라에 이해관계가 별로 없는 많은 이들이 선거에서 신중한 투표로 국왕 폐하의 평화를 보존하기보다는, 소란을 일으켜 평화를 어지럽힌다.

반면에 지주들은 더 책임성 있게 행동하리라고 믿을 수 있었다. 의회는 불과 한 해 전에 '우발적인 노예 살해에 관한 법'을 통과시켰다. 이 법은 '어떤 노예든 주인에게 반항하고 … 극단적인 시정 조치로 인해 우연히 사망했다면 이는 중죄로 간주하지 않을 것이며 … 그 주인에게는, 어떤 사람도 계획적으로 악의를 품고(그 악의만으로 살인은 중죄가 된다) 자신의 재산을 파괴하리라고 추정할 수 없으므로 폭행죄를 적용하지 않는다'고 규정했다. 어쨌든 누가 자신의 재산에 대해 그런 악의를 품겠는가?

노예 경제가 번창하면서 어떤 이들은 대단히 부유해졌고 많은 노예를 거느린 대규모 농장으로 자본을 축적했다. 하지만 대규모 농장주들만 이득을 본 것이 아니었다. 그다지 부유하지 않은 시민들도 비록 소규모이긴 해도 땅과 노예를 얻게 됐다. 담배와 노예를 결합해서 창출한 부는 백인들 간에 더 평등하게 공유됐다. 예를 들어 담배 주산지가 된 타이드워터Tidewater 지역, 즉 배가 다닐 수 있는 대서양 연안 수로 주변 지역의 평균 토지 보유 면적은 1704년부터 1750년까지 417에이커에서 336에이커로 줄어들었다. 같은 시기에 토지 소유자 수는 66퍼센트 늘어났다. 시야를 넓혀 체서피크만 지역을 보더라도, 여러 유언장에서 나온 자료를 봤을 때 18세기에 부가 더 평등하게 분배됐음을 알 수 있다. 1720년에 사망한 사람 중 70퍼센트는 유산이 100파운드 이하였다. 1760년대에는 전체 인구의 40퍼센트 남짓이었는데, 반면 100파운드 넘는 재산을 가진 사람 수는 그만큼 증가했다. 재산이 없는 이들을 배제하려고 선거제도를 바꿨던 버지니아 일반의회는 바로 그 사람들에게 우호적인 정책들을 채택했다. 인두세를 낮추고 백인 고용인들의 근로 조건을 개선하는 입법 조치를 했다. 어찌 됐든 백인 남성 대다수는 지주가 됐다. 이로 인해 노예 경제는 백인 사이에 어떤 연대의식을 자아냈다. 실제로 버지니아에서는 모든 노예가 가난했고, 사실상 가난한 이들은 모두 노예였다. 영국 외교관 오거스터스 존 포스터Augustus John Foster가 19세기 초에 말했듯이, 버지니아 사람들은 "다른 나라에서라면 폭도가 됐을, 거의 모두가 자신들의 흑인 노예들인 대규모 인구집단이 있기에 자유와 민주주의에 대한 무한한 사랑을 주장할 수 있었다."

백인들의 연대는 미국 헌법의 다른 중요한 목적, 즉 민중과 그들의 정치 참여를 통제하는 데에도 도움이 됐다. 강력한 국가는 질서를 유지하고 시장을 통합하고 국가를 방위하는 데 유용했지만, 국가는 보통 사람들이 정치에 지나치게 관심을 쏟으며 참여하는 경우 그들에게 포획되지 않도록 면역체계를 갖춰야 했다. 그러므로 권력 분립과 간접선거로 국가의 권력을 광범위하게 분산하는 것은 단지 길가메시 문제를 풀고 연방국가가 자유의지로 독재적인 행동을 할지 모른다는 불안을 해소하기 위한 것만은 아니었다. 그것은 국가기관들이 일반 민중에 장악되지 않도록 보장하는 길이었다. 국가기관들이 민중에 포획되는 것은 연방주의자들, 그리고 자신들 소유의 노예와 농장 중심의 경제로 부를 쌓는 남부의 엘리트층 모두에게 겁나는 위험요소였다. 그래서 돌멩이 하나로 두 마리 새를 잡을 기회가 생겼다. 연방주의자들은 일반 민중이 정치적 권력을 행사할 수 있는 능력을 제한함으로써 자신들의 목표 중 한 가지를 이루면서, 동시에 자신들의 국가건설 계획에 저항할 수도 있었을 남부 엘리트층의 이해에도 맞춰줄 수 있었다. 더욱이 제퍼슨처럼 당시 대다수의 엘리트들은 엘리트층이 아닌 백인들도 자신들의 견해를 공유하고 있으므로 그들에게 '어떤 양도할 수 없는 권리'와 '자유'를 부여하더라도 그런 특권들을 노예들에게도 나눠줘야 할지도 모른다는 걸 크게 걱정할 필요가 없다고 확신했다. 그러므로 미국의 국가건설 과정에서 나온 자유의 개념은 (백인들에게는) 영광스러운 동시에 (흑인들에게는) 속박이 되었다. 결과는 예상할 수 있었다.

미국 국가건설의 순환적인 경로

미국 헌법은 단번에 연방주의자들이 맞닥뜨린 핵심적인 문제들을 해결해냈다. 헌법은 국가를 수립했다. 또 국가 권력이 당파들이나 일반 민중에 포획되지 않도록 보장했고, 그래서 특히 미국 엘리트에게 중요한 문제였던 재산권을 보호했다. 헌법은 각 주의 자율성을 보존했다. 그리고 마지못해 사람들에게 잠재적인 국가 권력 남용에 맞설 수 있는 필수적인 권리를 부여했다. 억지로 하긴 했지만, 앞서 살펴본 것처럼 가난한 백인들도 예컨대 노예 경제에 대해 엘리트층과 많은 이해를 공유하고 있다는 것을 잘 알고서 한 행동이었다.

그러나 서로 다른 기구와 집단에 권력을 분산하면 상당한 교착상태가 빚어질 위험이 있다. 이런 문제는 특히 나중에 조직화한 정당이 출현했을 때 분명히 드러났다. 어떤 정당이 하원에서 다수를 차지하더라도 다른 규칙에 따라 선출하는 상원에서는 다른 정당이 다수파가 될 수도 있다. 또 다른 방식으로 선출하는 대통령은 상하원 어느 곳에서도 다수의 지지를 얻지 못할 수도 있다. 하지만 교착상태에 빠질 가능성이 있는 덕분에 연방정부를 통제하기가 쉬워졌고, 그래서 각 주가 헌법을 더 잘 받아들일 수 있었다. 물론 명백한 단점도 있었다. 헌법의 주된 목적은 더 큰 역량을 갖춘 강력한 중앙정부를 만들려는 것이었지만, 이런 체제는 상당한 무능력도 빚어냈다. 특히 여러 사회정책과 소득 재분배를 어렵게 했는데, 누구나 언제든 정책에 반대할 수 있었기 때문이다. 연방주의자들이 자신들의 모든 목표를 이루기 위해 참고 받아들여야 했던 국가의 강점과 약점의 조합, 그리고 오랜 시간에 걸쳐 그것들을 다뤄온 방식은 국가건설 과정에서 나타난 미국 예외주의의 결과였다.

어떤 면에서는 미국의 국가건설은 상당히 훌륭하게 진행됐다. 연방국가의 약점은 곧 국가가 독재적 리바이어던으로 바뀔 수 없다는 것을 의미했고, 사회는 그 점을 알고 있었다. 예를 들어 각 주의 경찰권을 보장함으로써 주의 엘리트에게 확신을 심어줄 수 있었고 애초에 헌법을 인준하도록 만들었다. 그 후에도 헌법의 확장을 대부분 가로막지 않도록 만든 결정적인 요소였다. 그다음에는 강력한 레드 퀸 효과가 나타나 국가기관들을 강화했다. 그러나 동시에 애초의 약점이 사라지지 않고 남아 있게 되면서 19세기와 20세기에 경제적, 사회적으로 급속한 변화를 맞은 사회의 늘어나는 요구를 국가가 충족시키기 어려워진 것도 사실이다.

초창기 이 약점에 의해 발생한 한 가지 부작용은 세수 부족이었다. 새로 만든 연방 세제를 통해 정부는 조지 워싱턴의 군대가 위스키 반란Whiskey Rebellion5을 진압하러 펜실베이니아 서부로 행군해가는 데 필요한 자금을 조달할 수 있었다. 하지만 헌법은 '인구에 비례하거나 앞서 규정한 산정방식에 따르지 않는 한 어떤 인두세나 다른 직접세도 부과해서는 안 된다'고 명시했다. 그러므로 연방정부가 '직접세', 특히 소득세는 부과할 수 없었다. 헌법은 권한을 한쪽 손으로는 주고 다른 손으로는 빼앗았다. 연방정부는 수입이 없는데 어떻게 목적을 이룰 수 있었을까?

임시변통을 해야 했다. 이 임시변통은 나중에 민관협력 전략으로 바뀌었다. 정부는 토지와 유인책, 얼마간의 보조금을 제공하는 역할에 그치고 여러 중요한 기능의 방향 설정과 실행을 모두 민간부문에 의존하는 전략이었다. 예를 들어 정부는 동쪽과 서쪽 해안을 철도로 연결하고 싶었지만, 자체적으로 건설할 수 없었다. 우선 남북전쟁 전 남부의 정치인들이 북부인들이 선호하는 노선을 막았기 때문이다. 또 다른 이유는 정부가 철도를 건설할 자금을 조달할 수 없었기 때문이다. 그래서 정부는 민간부문이 철도를 건설하도록 유인을 제공하기로 했다. 1862년 에이브러햄 링컨은 퍼시픽철도법Pacific Railroad Act에 서명했다. 이 법은 철도회사들에 정부가 보증하는 대출을 해줄 뿐만 아니라 철도 노선 주변의 엄청난 면적의 땅을 줬다. 법의 제2절은 철도 양쪽으로 200피트의 땅을 철도용지로 주고 철도 건설에 필요한 어떤 물자도 자유롭게 가져다 쓸 수 있게 허용했다. 제3절은 철도회사들이 선로를 1마일 놓을 때마다 철도 노선 양쪽으로 최고 5제곱마일까지 땅을 주도록 했다(1864년에는 철도회사들이 가져가는 땅을 두 배로 늘렸다). 일단 철도가 건설되

5 1792년과 1794년 독립 직후의 미국 정부가 위스키 소비세를 부과하자 펜실베이니아 주 농민들이 일으킨 폭동

면 그 땅은 가치가 높아져 상당한 이익을 남기고 팔 수 있었으므로 이 법은 철도회사들이 일을 완수하도록 하는 데 엄청난 유인이 됐다. 우리는 제1장에서 유니언퍼시픽철도가 와이오밍주에서 선로를 건설하자마자 샤이엔이라는 도시를 만들고 땅을 팔아치우기 시작했다는 것을 이야기했다. 이런 일 중 어느 것도 새로운 예산 지출이 필요하지 않아서 연방정부는 세금을 거둘 필요가 없었다.

대륙횡단철도를 건설하기 위한 민관협력 전략은 단지 정부 자금을 가능한 적게 쓰려는 의도만 있지는 않았다. 막 자라나기 시작한 미국의 리바이어던에 족쇄를 채우기 위한 것이기도 했다. 민관협력 전략은 국가가 지나치게 커지거나 강력해지지 않도록 다른 나라에서는 정부가 했을 일을 민간부문이 하도록 유인하는 데 집중했다. 또한 리바이어던에 대한 감시를 엄격하게 유지할 수 있도록 민간부문이 계속해서 개입하도록 했다.

1862년에 국가가 기초적인 공공서비스를 제공하기 위해 민간부문과 함께 일하는 건 새로운 방식이 아니었다. 19세기 미국의 상징적인 기관 중 하나인 미국 우체국 역시 협력모형에 따라 설립됐다. 1792년에 제2대 의회는 이미 연방 우편 서비스를 개설하기 위한 우체국법을 통과시키고 지역들을 연결하는 거대한 우편 배달망을 신속하게 구축해냈다. 우체국은 곧 정부부문의 가장 중요한 고용주가 됐다. 1816년에 연방정부의 민간인 인력 중 69퍼센트는 우체국장들이었다. 1841년까지 이 숫자는 79퍼센트로 늘어 9,000명의 우체국장이 있었다. 〈뉴욕타임스〉는 1852년에 이를 '민정民政의 강력한 일익'이라고 묘사했다. 그러나 우체국은 또한 하나의 민관협력체였다. 우편물은 정부의 보조금을 받는 민간의 역마차가 실어 날랐다. 1828년에는 민간에 700명 이상의 우편 서비스 계약자들이 있었다. 이 협력체는 연방국가가 광활한 영토 전역에 널리 퍼져서 작동할 수 있게 해줬다. 당시 인구 대비 우체국 수에서 미국은 영국의 두 배, 프랑스의 다섯 배에 이르렀다. 우체국 서비스가 널리 퍼져 있다는 사실은 1831년에 유명한 미국 여행을 한 토크빌에게 명백해 보였다. 그는 이렇게 밝혔다.

> 이 황량한 숲에 편지와 신문이 깜짝 놀랄 만큼 많이 배달되고 있다. … 프랑스의 가장 계몽된 지역에서도 이 황야에서처럼 빠르고 큰 규모로 지적 활동이 이뤄진다고 생각하지 않는다.

그는 또 이 활동이 "여러 사람의 마음을 널리 연결해주고" "황야의 한가운데로 파고든다"고 밝혔다. 우체국은 단지 국가의 존재와 기능을 보여주는 데 그치지 않았다. 정보의 흐름을 원활하게 해주고 지식을 전파하고 새로운 생각을 자극하는 데 도움을 줬다. 특허를 내고 지식재산권을 보호하는 일을 포함해 여러 핵심적인 경제활동을 훨씬 더 쉽게 할 수 있게 해줬다. 경제사학자 조리나 칸Zorina Khan은 이렇게 말했다. "미국에서 시골의 발명가들은 심각한 어려움을 겪지 않고 특허를 신청할 수 있는데, 요금을 안 내고 우편으로 신청서를 제출할 수 있기 때문이다. 미국의 특허상표청은 전국에 걸쳐 진열관을 두고 발명가들이 우체국의 비용 부담으로 특허 모형을 보낼 수 있게 했다. 미국 산업화 초기에 급증한 특허 가운데 많은 부분이 시골 지역에서 나온 것은 놀랄 일이 아니다." 게다가 1830년대에 이미 우체국은 상당히 자율적으로 일하고 행동하는 현대적인 관료조직이었다.

연방 사법체계를 세우는 것 역시 일종의 민관협력 방식이었다. 미국 법체계는 법률위반을 조사하고 소송을 제기하는 일을 부분적으로 외부의 민간인에게도 맡겼다. 그래서 1964년 민권법Civil Rights Act 제7장은 민간부문에서 인종이나 성, 국적 혹은 종교를 이유로 한 고용 차별을 하지 못하도록 하고,

집행을 정부기관들이 아니라 민간의 소송에 맡겼다. 이 결정은 지난 50년에 걸쳐 민간의 소송이 폭발적으로 증가하는 데 크게 기여했다. 고용 차별 소송은 오늘날 한 해 약 2만 건에 달하며 재소자들의 석방 요청 탄원에 이어 연방법원 소송 중 두 번째로 큰 비중을 차지하는 유형이다. 잠재적인 대규모 경제적 피해 사례와 승소한 원고에 대한 변호사 비용 지급도 법정에서 민간이 맡는 소송을 부추겼다. 그와 비슷하게, 미국에서는 기업들의 법률 위반도 일반적으로 관료조직이나 미국 사법체계의 기소권이 아니라 민간의 집단소송으로 단속한다. 미국의 법체계는 법적 문제에 있어 민관협력을 극단적인 수준으로 끌고 가서 정부를 상대로 한 사기행위를 다루는 소송도 민간에 의지하게 했다. 영국에서는 오래전부터 쓰이지 않는 *퀴탐qui tam*[6]이라는 조항을 기초로 미국 법은 개인이 정부에 사기를 친 쪽을 상대로 소송을 제기할 수 있도록 되어 있다. 소송에서 이기면 원고는 연방정부가 되찾은 금액의 일정 부분(15~25퍼센트 범위)을 받는다.

미국 사법제도의 진화 과정은 이례적이다. (독립적인 사법부가 정부의 지나친 확장을 막는 장벽 역할을 하면서) 연방정부의 권력을 제한해왔고, (적어도 일부) 시민들의 요구와 염려에 바탕을 둔 법체계를 발전시켰으며, 국가의 역량 확대가 사회의 강력한 부문의 구미에 맞도록 했다. 우체국처럼 사법부도 공통적인 법규체계를 통해 미국을 결합하는 데 핵심적인 역할을 했으며, 그에 따라 서부로의 확장을 가능케 했다. 이 땅에 아직 인구가 5,000명도 안 될 때 처음으로 일어난 일은 의회가 총독 한 명과 판사 두 명을 임명한 것이었다.

민관협력은 연방과 지방 간 협력이라는 또 하나의 정치적 타협으로 보완

---

6 탈세자나 부정부패자를 신고해 보상을 받는 일 혹은 그런 사람. '국왕이나 자신을 위해 소송을 거는 사람'을 뜻하는 라틴어에서 온 말이다.

됐다. 미국 연방주의는 연방과 주, 지방정부 간 권력을 나누는 것뿐만 아니라 법 집행과 여러 공공서비스를 지방정부에 넘기는 것을 의미하게 됐다. 미국의 교육체제는 기초와 중등 교육을 공공부문이 제공하는 형식이지만, 모든 지원은 지방 수준에서 교구가 수행하고 재원은 지방자치단체가 자신들의 세수로 조달한다. 이런 체제의 뿌리는 교육을 제공하고 통제할 권한을 각 주가 보유하도록 한 수정헌법 제10조로 거슬러 올라간다. 연방정부는 세수를 확보할 수 있는 권한에 제한을 받았지만, 주와 지방정부는 그렇지 않았다. 그래서 공화국 초기에 여러 주가 지방정부에서 지역 교육 재원을 조달하기 위한 세금을 부과할 수 있는 법을 통과시켰다. 세수를 통한 재원 조달 방식은 19세기에 크고 작은 도시의 학교뿐만 아니라 시골의 '보통학교common school7'도 활용했다. 지역별 재정과 통제가 큰 특징인 보통학교는 기초 과목들을 가르쳤지만, 어떤 면에서는 그 지역사회의 선호와 가치에 부합하는 기능을 수행했다. 민관협력 방식에 맞게 연방정부는 다시 유도자와 보조금 지급자로서 역할을 했다. 토머스 제퍼슨이 기초한 1785년 공유지 조례Land Ordinance는 북서지역의 연방 소유 토지를 36제곱마일 규모의 군구郡區들로 나누고 각 군구를 32구역으로 구분해 한 구역의 수입을 학교 재원으로 떼어두도록 했다. 나중에 이 땅을 편입한 주들은 이런 방식으로 학교에 쓸 재원을 확보했다. 그 후에도 같은 방식이 계속 활용돼 캘리포니아와 남서지역에서는 학교를 위한 세수를 창출하려고 더 많은 구역을 떼어뒀다.

19세기와 20세기 초 학생들의 영양실조가 처음으로 심각하게 드러났을 때 가난한 가정 출신의 어린이들에게 무료 급식을 제공하기 시작한 것도 시 당국들이었다. 연방정부는 나중에 가서야 급식 프로그램에 참여했다. 1946

7 공립 초등학교

년 전국적인 학교급식법National School Lunch Act에 따라 보조금을 주며 널리 보급했다. 장애가 있는 학생들에 대한 심한 차별과 그들이 받는 교육의 낮은 질에 여론의 관심이 쏠리자 의회는 1975년 장애아동교육법Education for All Handicapped Children Act을 통과시켰지만, 특수교육을 위한 재원 조달은 교구와 주에 맡겨둬서 여전히 지역이 전체 비용의 90퍼센트를 부담한다.

이 모든 사례에서 우리는 족쇄 찬 미국 리바이어던을 분명하게 목격한다. 족쇄를 찬 리바이어던은 때때로 전례 없고 긴급한 도전에 직면했고, 역량을 확대할 새롭고 창의적인 방법을 개발할 수밖에 없었다. 미국판 레드 퀸 효과가 작동하는 과정에서 놀랍게도 중앙정부의 약점은 한편으로 강점의 원천이 돼왔다. 이는 국가가 사회와 함께 일할 새로운 모형을 개발하도록 그리고 지방정부가 이런 문제들을 다루도록 장려했고, 연방정부가 계속해서 통제를 받을 것으로 믿으면서 안심하고 중앙에 권력을 이양할 수 있도록 모두에게 확신을 심어줬다. 그래서 중앙정부는 여전히 애초의 약점을 지닌 채 회랑 안에 머물면서 권한과 역량을 확대할 수 있었다. 족쇄 찬 리바이어던이 계속해서 진화할 수 있도록 만드는 훌륭한 방법이었다. 하지만 우리는 이 같은 성공에는 중대한 부정적 측면이 있음을 이미 예상했다.

우리는 극복할 것이다

미국 역사에 대한 표준적인 서사에서 아쉬운 점은 헌법의 설계와 제정 과정의 타협이 낳은 해로운 결과에 눈을 감는다는 것뿐만이 아니다. 사회의 결집과 레드 퀸 효과가 고비마다 결정적인 역할을 했음을 무시한다는 것도 있다. 앞에서 보았듯 헌법과 권리장전은 호의적인 엘리트의 선물이 아니었다. 이는 엘리트와 민중 간의 투쟁이 낳은 결과였고, 여전히 진행 중인 이 투쟁

없이는 우루크의 자유를 위해 엔키두를 창조했던 이야기처럼 원하는 바를 이룰 수 없을 것이다.

이 점을 가장 잘 보여주는 것은 민권 운동의 활약과 성공이다. 잘 알려진 민권 운동의 두 가지 결실은 1964년 민권법Civil Rights Act과 1965년 투표권법Voting Rights Act일 것이다. 민권 운동은 1950년대에 조직화하고 지지자들을 늘리면서 그때까지 연방의 권리장전에서 절연된 채 안전지대에 머물렀던 남부 주의 차별적인 정책들에 대항하기 위한 일련의 전략을 개발했다. 연방정부는 처음에 중립을 유지하면서 광범위한 공공질서 붕괴로 도저히 어쩔 수 없을 때만 개입하려고 했다. 그러자 민권 운동은 연방정부가 행동하도록 압박하는 활동을 강화하기 시작했다. 남부의 인종 분리 법률을 위반하면서 주州 간 버스에 다른 인종이 섞여서 타는 '자유 승차자freedom riders' 운동도 그 일환이었다. 1961년 5월에 앨라배마 각지에서 폭도들이 자유 승차자들을 공격해 엄청난 혼란을 일으켰다. 법무부는 주도인 몽고메리의 연방 지방법원에 개입을 요청했다. 대통령의 동생인 로버트 케네디Robert Kennedy 법무부 장관은 몽고메리의 연방법원 집행관 600명에게 자유 승차자들을 보호하라고 명령했다. 하지만 케네디 정부의 첫 반응은 개입을 피하고 민권 운동가들의 연대를 약화시키려는 것이었다. 그런 태도를 보여주는 한 가지 예는 유권자 교육 계획인데, 케네디는 이 교육을 통해 운동가들이 혼란을 덜 일으키면서 행동하도록 유도하려 했던 것으로 보인다. 민권 운동가들은 그런 취지를 눈치챘다. 1963년 운동가들은 앨라배마주 버밍햄에서 인종 분리법을 분쇄할 계획에 착수했다. 강력한 반응을 유도해 연방정부가 더 체계적으로 개입하도록 하기 위해서였다. 민권 운동가 랠프 애버내시Ralph Abernathy는 이렇게 말했다.

> 오늘 밤 버밍햄은 세계의 시선을 모을 것입니다. 바비 케네디가 버밍햄을 지켜보고 있고 미국 의회가 버밍햄을 보고 있습니다. 법무부가 버밍햄을 지켜보고 있습니다. 준비됐습니까, 도전에 나설 준비가 됐습니까? … 나는 감옥에 갈 준비가 됐습니다. 여러분도 그렇습니까?

가장 큰 논란을 부른 운동은 1963년 5월 2일 '어린이 십자군Children's Crusade'이었다. 이때 어린이 600명이 체포됐는데 가장 어린 참가자는 여덟 살이었다. 존 F. 케네디John F. Kennedy 대통령은 어쩔 수 없이 "버밍햄과 다른 지역의 사태로 평등을 요구하는 목소리가 너무나 커졌다. 어떤 도시나 주나 입법부든 그들을 무시하는 처사는 신중한 선택이 아닐 것"이라고 결론 내려야 했다. 다음 달 그는 1964년 민권법이 된 법안을 제안했는데, 이는 아프리카계 미국인들의 정치 권력을 복원하기 시작하는 일이었을 뿐만 아니라 경제적, 사회적으로 그들을 차별하는 규범들과 싸우는 일이기도 했다. 그런 규범들은 특히 남부에 널리 퍼져 있었으나 남부에 국한된 문제는 아니었다.

민권 운동은 거기서 멈추지 않았다. 다음 차례는 앨라배마주 셀마였다. 1965년 1월부터 민권 운동가들은 흑인들의 기본권, 특히 선거권 위반을 부각시키는 지속적인 운동을 시작했다. 3월 7일 운동가 약 600명이 셀마에서 몽고메리로 행진하기 시작했다. 그들은 시위를 막던 경찰에 공격당했다. 행진하던 17명은 병원에 입원했고 가벼운 부상을 입은 50명이 치료를 받았다. 그때는 이미 존 F. 케네디가 암살당하고 린든 B. 존슨Lyndon B. Johnson이 대통령이 됐을 때였다. 존슨은 남부에 대한 연방정부의 개입을 강화했고, 지방의 연방 판사 프랭크 존슨Frank Johnson은 "관련 법을 보면 불만 사항을 바로잡기 위해 정부에 청원할 권리를 다수가 집단으로 행사할 수 있으며 … 공공 도로라고 하더라도 행진을 통해 이 권리를 행사할 수 있다는 점이 명백하다"고 판결했다.

버밍햄 시위가 민권법의 길을 닦았던 것과 똑같이 셀마의 행진은 1965년 선거권법의 길을 터서 아프리카계 미국인들의 선거권을 빼앗았던 여러 책략, 특히 문해력 시험과 인두세를 폐지했다. 셀마 행진 후 일주일이 지나서 존슨 대통령은 유명한 '우리는 극복할 것'이라는 연설을 했다. 그는 이렇게 연설을 시작했다.

> 나는 오늘 밤 인간의 존엄성과 민주주의의 운명을 이야기하려고 합니다. … 때로 역사와 운명은 같은 시간에 같은 장소에서 만나, 인간이 끊임없이 자유를 추구하는 과정에서 하나의 전환점을 이룹니다. 렉싱턴과 콩코드가 바로 그런 곳이었습니다. … 지난주 앨라배마주 셀마가 그런 곳이었습니다.

존슨은 민권 운동을 매사추세츠의 '애국자들'이 벌인 미국 독립전쟁과 비교했다. 맞는 말이었다. 민권 운동과 독립전쟁 둘 다 독재에 맞선 사회의 대응이었다. 미국 리바이어던이 족쇄를 차고 있는 이유는 단순히 헌법이 영리하게 설계된 덕분이 아니라 사회가 결집하고 더 적극적으로 행동한 것이 결정적이었단 점에서 존슨의 연설은 정곡을 찔렀다.

회랑 안에서 살아가는 미국

미국이 맞닥뜨리는 도전의 성격이 바뀌면서 리바이어던은 더 많은 책임을 지게 됐다. 때때로 애초부터 지니고 있던 취약성의 속박에서 잠시만이라도 벗어났다. 민권 운동 당시에 그랬던 것처럼 이는 때로 사회의 요구에 대한 반응이었다.

진보의 시대Progressive era는 레드 퀸 효과의 동학에서 상징적인 전환점이었다. 이 시기에 연방정부는 새로운 요구에 부응하려고 한층 더 적극적으로 대응했고, 그동안 사회와 제도가 변화하면서 국가에 대한 사회의 견제가 강화됐다. 19세기, 특히 남북전쟁 후에 연방국가가 창출한 경제적 기회와 통합된 전국 시장은 급속한 산업화와 성장을 일으켰다. 그 과정은 불평등했는데, 이 체제를 다룰 줄 아는 소수의 기업이 지배하고 그들에게 혜택이 돌아갔기 때문이다. 그 결과 마크 트웨인Mark Twain이 '도금시대Gilded Age'로 묘사한 1870년대부터 20세기 초에 이르는 시기에 특정 산업부문 혹은 경제 전체를 지배하는 거대 기업들이 출현했다. 코닐리어스 밴더빌트Cornelius Vanderbilt와 제이 굴드Jay Gould 같은 철도 재벌, 존 D. 록펠러John D. Rockefeller와 앤드루 카네기Andrew Carnegie를 비롯한 산업자본가, 존 피어폰트 모건John Pierpont Morgan 같은 금융가들이 주도하는 가운데 이 '강도 귀족robber baron'들은 어마어마한 투자를 통해 경제의 확장을 이끌었다. 그뿐만 아니라 전대미문의 재산을 축적했고 경제적, 정치적 권력 남용을 예삿일처럼 행했다. 그것은 분명 성장이었지만 매우 불평등한 성장이었다. 19세기 미국의 기관들이 이처럼 강력하고 부도덕한 남자들과 당시 '트러스트trust[8]'로 일컬었던 기업들을 통제할 능력이 없었다는 점 때문에 상황은 더 나빠졌다. 미국의 리바이어던은 이러한 독점기업들을 규제하는 역량을 키우며 변화하는 경제적, 정치적 환경에 대응했는데, 먼저 국가 차원의 산업 규제를 향한 첫걸음으로 1887년 주간통상법Interstate Commerce Act을 제정했다. 이어서 1890년 셔먼반독점법Sherman Antitrust Act과 1906년 헵번법Hepburn Act[9], 1914년 클레이턴반독점법

---

8 시장 지배를 위한 기업합동

9 철도요금 규제 강화를 위한 법

Clayton Antitrust Act을 만들었다. 잇따라 집권한 세 명의 행동주의 대통령 시오도어 루스벨트Theodore Roosevelt와 윌리엄 H. 태프트William H. Taft, 우드로 윌슨Woodrow Wilson은 독점을 깨기 위해 이 법률들을 활용했다. 태프트는 트러스트를 기소했을 뿐만 아니라 1913년 연방소득세를 도입한 수정헌법 제16조를 제안함으로써 미국 경제의 지형을 바꿔놓았다.

이러한 상황은 국가만 더 강력해지는 과정이 아니었다. 규제와 관련된 법률이 제정되고 행동주의 대통령들이 선출된 것은 진보주의 운동을 위한 민중의 결집이 강화된 결과인데, 진보주의 운동 덕분에 당시 불만에 찬 농민과 도시 중산층이 정치에 강력한 영향을 미치기 위해 함께 뭉칠 수 있었다. '추문 폭로자muckraker'로 알려진 기자들을 포함한 언론은 강도 귀족의 적폐가 무엇인지, 그들이 어떻게 사익을 위해 정치를 조종하고 있는지 폭로하면서 공공정책에 영향력을 미치는 훨씬 더 적극적인 역할을 하기 시작했다. 중대한 제도 개혁은 국가와 정치적 엘리트에 맞선 사회의 힘을 키워주기 시작했다. 1913년 수정헌법 제17조는 주 의회가 상원의원들을 선출하던 제도를 폐지하고 직접선거제를 도입했다. 이는 1906년 데이비드 그레이엄 필립스David Graham Phillips가 〈코스모폴리탄Cosmopolitan〉지에 '상원의 반역'이라는 제목으로 날카롭게 풍자했던, 입법부에 대한 재벌들의 과도한 영향력을 줄이기 시작했다.

중앙정부의 역량과 경제에 대한 역할은 프랭클린 델라노 루스벨트Franklin Delano Roosevelt, FDR 대통령 임기 중에 빠르게 확장됐다. 정부의 역할 확대는 역시 경제 상황 변화에 따른 새로운 긴급사태에 대응하는 차원에서 이뤄졌는데, 이번에는 현대 역사에서 가장 혹독한 경제 침체라 할 수 있는 대공황의 형태로 나타났다. 루스벨트의 뉴딜New Deal은 (1933년 긴급은행법Emergency Banking Act과 같은 해의 증권법Securities Act을 제정하고, 특히 예금 인출

사태를 막기 위해 소액 예금을 보장하는 연방예금보험공사Federal Deposit Insurance Corporation를 설립하면서) 은행에 대한 엄격한 규제를 도입하고, 공공사업국Public Works Administration과 테네시강 유역 개발공사Tennessee Valley Authority를 설립해 공공근로에 대한 정부 지출을 크게 늘리고, 새로 설립한 농업조정국Agricultural Adjustment Administration의 후원을 통해 농산물 가격과 농가 소득을 끌어올리는 새로운 계획을 실행했다. 또 미국 복지정책의 주축으로 남아 있는 1935년 현대적인 사회보장Social Security 제도와 1939년 식품 구매권 제도Food Stamp Plan를 도입했다. 루스벨트는 또 1935년 전국노동관계법National Labor Relations Act에 서명하고, 이 법을 집행할 정교한 관료조직을 만들어 기업들이 준수하는지 조사하고 위반 기업들은 제소했다(앞서 살펴본 것처럼 비록 민권법 제7장과 같이 나중에 제정된 법률은 이런 접근방식을 피하고 민관협력 방식으로 돌아갔지만 말이다).

그와 함께 경제 분야에서 연방정부의 역할을 크게 확대한 것으로는 존슨 대통령의 '위대한 사회Great Society' 계획이 대표적이다. 존슨은 1964년 국정 연설에서 "이 정부는 오늘, 여기서, 지금 미국의 빈곤에 맞서 무조건적인 전쟁을 선언합니다"라며 '빈곤과의 전쟁War on Poverty'을 위대한 사회의 핵심적인 교의로 소개했다.

이것 역시 사회적 변화에 대응하는 차원으로, 미국의 여러 지역에서 오랫동안 사라지지 않았던 높은 빈곤율 그리고 도심의 여러 지역에서 다수 집단이 된 흑인과 백인 간의 격차 확대에 대응하기 위해 이뤄졌다. 이런 경제 상황은 범죄율을 높이는 주된 원인으로 인식됐다. 이러한 염려는 1964년과 1965년 뉴욕시와 로체스터, 시카고, 필라델피아, 특히 로스앤젤레스의 대규모 폭동으로 인해 더욱 긴급한 문제로 느껴졌다. '위대한 사회' 정책은 사회보장과 식품 구매권 같은 뉴딜 프로그램을 확대하고 영구화하는 정책에 더해 장애에 대한 보험금 지급과 범위를 확대하고, 1964년 야심적인 경제적기회법Economic Opportunities Act에 따라 불우한 젊은이들에게 직업훈련 프로그램을 시작하고, 가난한 시민들을 돕는 임무를 맡는 지역사회 행동기구Community Action Agencies를 설립했다. 미국의 공적인 의료서비스 재원 조달에서 두 축이 돼온, 고령자를 위한 메디케어Medicare와 복지 수급자들을 위한 메디케이드Medicaid는 모두 1965년 사회보장법에 따라 만들어졌다. 그중에서도 교육 프로그램들이 단연 혁신적이었는데, 여기에는 가난한 어린이들에게 취학 전 교육을 제공하는 헤드 스타트Head Start와 지역 교구가 영어를 쓰지 않는 가정의 어린이들을 돕도록 하는 1968년 이중언어교육법, 대학과 빈곤층 학생의 대학 교육을 위해 연방의 지원을 대폭 늘리는 정책 등이 포함됐다.

사회의 결집은 연방국가 역량의 극적인 확대를 촉발했지만, 헌법 구조가 이 프로그램들의 결과뿐만 아니라 프로그램들이 개발되는 방식에도 지속적으로 영향을 미쳤다(로널드 레이건은 빈곤과의 전쟁에 대해 "연방정부는 빈곤과의 전쟁을 선포했고 빈곤이 승리했다"고 비꼬았다). 예를 들어 루스벨트 정책을 대표하는 사회보장법을 보자. 미국은 뉴딜 전까지 광범위한 사회보험 정책을 개발하지 못했는데, 영국은 이미 1906년에 그 방향으로 움직이기 시작했고 독일은 그보다 일찍이 1880년대에 사회보험을 도입했다. 사적연금은 분명히 미국에도 있었지만, 가입자는 전체 노동자의 10퍼센트에도 미치지 못했다. 사람들은 대부분 가족에게 의존하거나 저축한 돈으로 노년에 대비해야 했다. 정부는 퇴역 군인과 그 미망인 들에게 연금을 줬는데, 이들이 1928년 연금 보유자들의 85퍼센트를 차지했다. 사회보장법의 핵심은 의무적인 노령연금 제도였다. 이 법의 첫 장은 이렇게 규정했다.

> 해당 주의 여건상 실행 가능한 선에서, 각 주가 필요한 노령자들에게 재정적

지원을 제공할 수 있도록, 총 4,975만 달러를 1936년 6월 30일 종료되는 회계연도에 사용하도록 이에 승인하며, 이후 이 장의 목적을 수행하는 데 충분한 금액을 매 회계연도에 사용하도록 이에 승인한다.

그러므로 각 주가 행동의 중심에 있었다. 이 법은 은퇴 전에 개인이 받은 급여에 따라 은퇴 때 받을 수 있는 금액을 정했지만, 어떤 경우에도 월 85달러 넘게 받을 수 없도록 했다. 85달러는 많지 않은 돈으로, 당시 평균임금의 약 절반 수준이었다. 하지만 연금은 정부가 보편적 복지제도를 실행한다는 것을 극적으로 보여줬다. 역설적으로 사회보장 때문에 기업들은 사적연금에 더 끌리게 됐는데, 사적연금은 정부가 시행하는 연금과는 잘 맞지 않는 고임금 고숙련 노동자들을 겨냥해 맞춤형으로 제공할 수 있기 때문이었다. 사실 사회보장법이 시행되기 전에 민간기업들은 모든 노동자에게 뭔가를 제공하지 않으면서 고임금 노동자들만을 위한 연금을 도입할 수는 없었다. 노동자 모두에게 그런 혜택을 제공하려면 고용자들이 부담해야 하는 비용이 너무 컸다. 일단 이 법이 통과되자 저임금 노동자들도 연금을 가질 수 있게 됐고 기업들은 고임금 노동자들을 위한 맞춤형 사적연금 제공을 자제할 필요도 줄어들었다. 내셔널 데어리 프로듀서스National Dairy Producers사의 대변인은 이렇게 밝혔다. "첫 번째로 우리의 주의를 끈 것은 전체 종업원 중 1,200명만 급여를 3,000달러 이상 받는다는 사실이었습니다. 회사가 앞으로 나아가고 경쟁자들을 넘어 성공을 이루는 데 실질적인 영향을 미치는 종업원이 모두 그 1,200명에 포함돼 있습니다. … 그래서 우리는 결정했지요. … 3,000달러 미만의 급여에 대해서는 고용주나 종업원이 연금 계정에 돈을 더 넣지 않고 사회보장세 프로그램의 도움을 받게 하기로요."

실제로 기업들은 새로운 정책에 무임승차했다. 이때 연금 기여금은 임금처럼 비용으로 처리돼 고용주가 세금 공제를 받을 수 있다는 점에서 기업에 혜택이 됐다. 동시에 종업원들이 받는 연금 급여는, 그들 자신의 기여금 범위 내에서, 은퇴 후 찾을 때 가서야 소득으로 보아 과세하므로 세금 납부를 미래로 미루는 효과가 있다. 정부는 보편적인 공적 연금을 도입하면서도 동시에 사적연금을 보조해주고 있었다. 더욱이 고임금 노동자들은 실제로 너무 많이 벌어서 사회보장 혜택을 받을 필요가 없었다. 그러므로 모든 사람을 대상으로 한 보편적 공적연금체계보다는 이원적인 연금체계의 기초가 마련됐다. 예상대로 사회보장제도 도입 후 사적연금의 적용 범위는 전체 노동력의 10퍼센트 미만에서 1970년대 40퍼센트로 급속히 확대됐다. 사실 공적연금체계의 적용 범위는 처음부터 보편적인 수준과는 거리가 멀었는데, 이는 남부의 정치인들이 아프리카계 미국인들에게 혜택을 주지 않아도 되게끔 농업과 가사 노동자들은 제외하도록 루스벨트를 압박했기 때문이다.

미국의 연금체계가 다른 선진국들과 차별되는 방향으로 나아갔다면, 보건의료에 대한 접근방식은 존슨의 '위대한 사회' 정책에도 불구하고 더욱 노골적으로 엇나갔다. 미국의 보건의료체계에서 사회보장제도라고 할 만한 것은 전혀 없다. 실제로 유일하게 보편적인 정책은 노인들을 위한 메디케어와 빈곤층 일부를 위한 메디케이드뿐이다. 그 외의 미국인들은 대부분 정부보조금을 많이 받는 민간 의료보험을 통해 고용주에게서 의료보호를 받는다. 그러므로 공공부문과 민간부문의 협력체계는 민간 쪽으로 훨씬 더 많이 기울어 있다.

비록 국가가 갈수록 힘을 얻고 있었지만, 국가에 대한 여러 제약과 민관협력은 다른 측면의 국가 활동에도 영향을 미쳤다. 국가에 대한 제약과 민관협력체제를 이해하면 미국이 제2차 세계대전 때 필요한 것들을 어떻게 동원했는지, 냉전을 치르기 위해 어떤 방식으로 조직화했는지도 설명할 수 있다. 또 헬

리버턴과 블랙워터 같은 군수 계약업체들이 이라크전쟁에서 논란이 많은 역할을 한 이유도 설명할 수 있다. 에드워드 스노든이 국가안보국에 관한 폭로를 할 당시 중앙정보국CIA의 민간 계약자였다는 사실을 상기할 필요가 있다.

누가 66번 국도에서 즐기나?

미국에서 민간부문과 공공부문이 조합을 바꿔가면서 필요한 것들을 제공하는 방법은 장기적으로 국가가 더 큰 역량을 가질 수 있어 편리했지만, 다른 한편으로 이 방법은 특히 몇 가지 핵심적인 문제를 다루는 데 있어서 국가가 절름발이와 같다는 의미도 된다. 오늘날 미국이 맞닥뜨리는 여러 긴박한 도전들은 이처럼 불균형적 국가건설에서 비롯된 일들이다. 그런 도전들은 (다른 부유한 나라들의 기준으로 볼 때) 높은 수준의 빈곤과 보건의료에 대한 접근성 부족에서 (다른 나라들과 비교할 때 굉장히 높은) 범죄와 (미주리주의 퍼거슨이나 이 책의 저자인 우리 둘 중 한 명이 사는 시카고의 하이드파크에서 쉽게 눈에 띄는) 미흡한 시민 보호의 문제에 이르기까지 다양하다.

마이클 브라운 사살 사건은 퍼거슨의 시민과 경찰 간의 통탄할 만한 관계의 맥락에서 봐야 한다. 이는 여러 요인이 복합적으로 작용한 사건이지만 수많은 도시의 가난한 소수집단이 사는 지역에서 공통적으로 나타나는 문제다. 이런 지역들은 어딜 가나 같은 문제들을 안고 있다. 이런 지역에는 소수인종집단이 불균형적으로 많이 살고 있고, 이 나라의 다른 지역보다 일자리와 경제적 기회가 적고, 보통 수준보다 빈곤율이 훨씬 더 높으며, 공공서비스가 심각하게 부족하고, 특히 총기 관련 범죄와 살인을 비롯한 범죄 발생률이 훨씬 더 높다. 이런 지역에서는 범죄율이 높아서 주민과 경찰 간 긴장된 관계가 형성된다. 미국에서는 대략 한 사람에 하나꼴로 총을 갖고 있는데 이는 모두 3억 개 넘는 총이 있다는 뜻이다. 인구 대비 총기 보유가 그다음으로 많은 나라는 예멘이지만, 예멘 사람들이 가진 총은 두 명에 한 개꼴이다. 다른 나라들의 총기 보유는 극히 미미하다. 예컨대 영국과 중국의 총기 보유는 대략 스무 명당 한 개에 불과하다. 미국에는 총이 너무나 많아서 사회의 모세혈관까지 다 파고들며, 게토ghetto[10]에 침투해 엄청난 사회 문제를 일으킨다. 이처럼 총이 널리 보급돼 있어서 생기는 문제 중 하나는 경찰이 겁이 나 먼저 상대를 쏘고 나서 질문을 하게 된다는 것이다. 경찰이 겁을 낼 만도 하다. 2015년 미국에서 살인에 관한 한 세인트루이스가 가장 극심한 도시였고 그 뒤에 바짝 붙어 볼티모어와 디트로이트가 살인율 2위와 3위를 차지했다. 그해 세인트루이스의 살인율은 10만 명당 59명이었는데, 한 해 동안 이 도시에서 188건의 살인이 일어났다는 뜻이다. 이는 미국 평균 살인율 10만 명당 5명과 비교되는데, 이 평균 자체도 서유럽 평균보다 약 5배 높은 수준이다.

미국에서 벌어지는 전체 살인사건 중 약 3분의 2는 총기와 관련 있다. 이 나라에 총이 엄청나게 많고 흔히 살인에 쓰이는 것은 헌법과 '무기를 소장하고 휴대할 권리'를 보장하는 수정헌법 제2조[11]와 직접 관련이 있다. 무고한 사람들에게 가한 살육이 어느 정도이든 상관없이 대법원은 무기(오늘날에는 '화기')를 휴대할 권리를 끊임없이 확인해줬다. 먼 옛날도 아닌 2008년에도 *컬럼비아 특별구 대 헬러Dstrict of Columbia v. Heller* 사건에서 법원은 화기에 대한 사람들의 접근을 제한하고 합법적으로 보관하는 총이라도 집에서는 실탄을 빼놓도록 하는 워싱턴 D.C.의 법률을 폐기하라고 판결했다. 법원이 처

---

10 흑인과 소수집단이 많이 사는 도시 빈민가

11 '잘 규율된 민병대는 자유로운 주의 안보에 필요하므로 무기를 소장하고 휴대하는 인민의 권리는 침해될 수 없다.'

음으로 무기 소유가 어떤 식으로든 민병대의 구성원과 관계되어서가 아니라 자기방어를 위해서라고 확인해준 것이다. 본래 수정헌법 제2조의 문구는 연방정부를 약한 상태로 잡아두려는 것이었는데, 그 뒤에 폭력과 죽음의 긴 그림자를 드리웠다. 놀랍게도 수정헌법 제2조의 적용 범위는 시간이 지나면서 확장됐다. 이는 (중앙정부가 그렇게 해주는 것보다) 개인이 스스로를 보호하는 게 중요하다는 국민의 일반적인 정서뿐만 아니라, 미국에서 사실상 총기에 대한 어떤 형태의 통제도 반대해온 전미총기협회National Rifle Association 등의 사적 이해집단과 조직들의 역할을 모두 반영하는 변화였다.

그러나 미국 국가건설의 특이한 경로에서 비롯된 퍼거슨의 부수적 피해는 총기 폭력으로 시작되거나 끝나지 않는다. 퍼거슨이 지금까지 언제나 인종 간 긴장으로 뜨거운 분쟁지대였던 것은 아니었다. 이곳은 과거 아프리카계 미국인들이나 다른 소수집단들이 아니라 비교적 부유한 백인들이 단독주택에 거주하는 교외 중산층 지역이었다. 1970년에는 퍼거슨 인구 중 흑인은 1퍼센트에도 못 미쳤다. 사실 1960년대까지 이곳은 미국 비자유의 특징 가운데 하나로, 날이 어두워진 다음에는 아프리카계 미국인들의 통행을 금지하는 '일몰 타운sundown town'이었다. 제2장에서 언급했듯이 개인적 자유의 유명한 상징으로 시카고와 로스앤젤레스를 잇는 66번 국도가 지나가는 카운티의 절반에 일몰 타운이 있었다. 세인트루이스는 냇 킹 콜Nat King Cole과 척 베리Chuck Berry가 유행시킨 노래**12**에 언급되는 첫 정거장으로, 일몰 타운이 많이 있었다. 퍼거슨은 흑인들이 많이 사는 이웃 교외 지역인 킨로크에서 오는 주도로를 사슬과 건축 자재로 막았다. 퍼거슨은 (흑인) 가정부와 가사 노동자들이 퍼거슨의 일터로 올 수 있게 낮 동안 다른 도로를 계속 열어뒀

12 노래 '66번 국도Route 66'를 지칭

다. 그러나 1970년 이후 이 도시의 흑인 인구는 급속히 늘어나 1980년까지 14퍼센트, 2000년까지 25퍼센트, 2010년까지 52퍼센트, 오늘날 67퍼센트가 됐다. 이 급속한 변화는 미국 도시 지역의 아주 일반적인 동학을 반영하는데, 마이클 브라운이 살해될 때 퍼거슨에서 누가 어떻게 즐기고 있었는지 이해하는 데 이 사실이 결정적으로 중요하다.

퍼거슨이 1930년대에 어떻게 게토가 됐는지부터 알아보자. 지금까지 우리는 뉴딜을 (비록 남부 주들의 저항에 부딪혀 성공하지 못했더라도) 진보의 시대에 국가가 주도해 보편적 사회복지 정책들을 만들어내려고 한 시도로 봐왔다. 그러나 정책이 제 기능을 하지 못한 것은 각 주에만 해당하는 이야기가 아니다. 연방정부는 진보적인 정책들을 제안하지 못했을 뿐만 아니라 되레 역진적逆進的인 정책들을 시행하기까지 했다. 단적인 예는 1934년 국민주택법National Housing Act에 따라 설립된 연방주택청Federal Housing Authority, FHA의 경우다. 주택청의 훌륭한 목적은 은행이 주택담보대출을 해주도록 장려하기 위해 보증을 해주는 것이었다. 누군가가 은행에서 주택담보대출을 받고 상환하지 못하면 주택청이 개입해 잔액을 갚는다. 대출 위험이 확실히 더 큰 경우도 있고 작은 경우도 있어서, 주택청은 그 위험을 고려하기 위해 1936년 보증업무 지침서에 '주거안전 지도'를 수록했다. 주택소유자대출공사Home Owners' Loan Corporation가 제작한 이 지도는 도시 지역을 A, B, C, D로 이름을 붙인 네 지구로 나눴다. A는 가장 살기 좋은 동네를, D는 최악을 뜻했다. 당시 지도에서 D지구는 빨간 색연필로 구분해서 '빨간 선 긋기redlining[13]'의 관행이 시작됐다. 〈사진 17〉에서 연방주택청이 빨간색으로 구분한 세인트루이스 지도 복사본을 보라. '빨간 선 긋기'는 그 후 포괄적으로

---

13 경계지구를 지정하는 것

인종차별을 의미하는 말이 됐다. D지구가 무엇을 의미하는지는 분명했다. 보증업무 지침서에는 '부정적인 영향으로부터의 보호'라는 의미심장한 장이 있었다. 제228장은 그런 부정적인 영향으로부터 보호하기 위한 '행위 제한' 조치를 활용하는 것을 옹호한다. 그다음 장은 '자연적이거나 인공적인 장애물을 설치하는 것은 이웃이 부정적인 영향을 받지 않도록 … 보호하는 데 효과적인 것으로 나타났다'며, 특히 '어울리지 않는 인종집단의 침투'를 막는 데 효과적이라고 언급했다. 더욱이 어떤 지구를 평가할 때 '서로 안 맞는 인종집단들이 있는지 알아보기 위해 평가자는 … 그 위치를 둘러싼 지구를 조사해야 한다'며, 이는 당연히 '그런 집단들이 그 위치로 침입해올 가능성'을 평가해야 하기 때문이라고 밝혔다. 마치 이것만으로는 충분하지 않다는 듯이 지침서는 그다음에 '이웃이 안정을 유지하려면 계속해서 같은 부류의 인종이 … 부동산을 점유할 필요가 있다'고 지적했다.

물론 실제로 D지구는 대체로 흑인 동네였고, 그곳 주민들은 자기 집에 대해 주택청의 보증을 받을 수 없었다. 그러므로 아프리카계 미국인들은 주택담보대출을 받을 수 없었다. 대부분이 백인들의 교외 주거지인 A지구에서 아프리카계 미국인들이 부동산을 살 수 없도록 하기 위한 여러 가지 보완적인 전략이 이용됐다. 이 전략에는 주민들이 흑인에게 부동산을 팔 수 없도록 하는 명시적인 '행위 제한'들도 포함됐다.

이런 조치들은 결과적으로 대규모로 진행되고 있던 거주지 분리를 더욱 공고히 했다. 연방주택청은 1947년 이 지침서의 인종차별적 표현을 완화해야 했고, 1948년에는 대법원이 인종적인 표현을 명시하는 계약은 헌법을 위반하는 것이라고 판결했다. 하지만 흑인들을 차별하는 다른 관행들은 계속됐다. 최근 연방수사국FBI 보고서는 도널드 J. 트럼프Donald J. Trump의 부동산회사가 임대아파트 입주를 신청한 흑인들을 차별했다는 주장과 일치하는 증거를 제시한다. 이 보고서는 전직 경비원이 관리자의 지시를 옮기면서 한 말을 인용했다. 경비원은 관리자가 "흑인이 (브루클린에 있는) 오션 파크웨이 2650번지에 찾아와 아파트 임대에 관해 묻는데 자기가 그 자리에 없거든, 내가 대신 그 흑인에게 임대료를 실제의 두 배로 이야기해서 그가 아파트를 임차할 수 없도록 하라고 지시했다"고 전했다.

소수집단을 겨냥한 '빨간 선 긋기'와 다른 차별적인 관행들은 차별의 긴 그림자를 남겼고, 심지어 오늘날에도 1930년대에 그린 지도의 바로 그 경계에서 인종 구성의 뚜렷한 불연속성을 발견할 수 있다. 1974년 제8순회연방항소법원 판사 세 명이 참석하는 재판부는 이렇게 결론 내렸다.

> 세인트루이스 대도시 지역에서 거주지 분리는 … 상당 부분 주택시장에서 부동산업계, 연방, 주, 지방 정부기관들의 고의적인 인종차별의 결과였다.

D지구의 인구가 늘어나 그곳에서 거주할 수 있는 주택 수를 초과함에 따라 몇몇 운 좋은 아프리카계 미국인들은 그 전에 백인들만 살았던 지역, 심지어 일몰 타운에서도 집을 얻는 데 성공했다. 아프리카계 미국인들이 백인 지역에 집을 샀을 때 부동산 중개인들이 백인 거주자들에게 겁을 줘서 헐값에 집을 팔도록 하는 이른바 '블록버스팅blockbusting' 과정이 시작됐다. 중개인들은 기존의 거주자들에게 그 동네가 곧 흑인들의 거주지로 바뀌어 부동산 가치가 없어질 것이라고 경고했다. 이런 작전은 한 도시를 백인 지역에서 흑인 지역으로 급속히 '뒤집어'버릴 수 있는데, 1970년대부터 퍼거슨에서 일어난 일이 바로 그랬다. 이어서 공공서비스 제공이 급격히 줄어들면서 이 도시는 게토로 변해갔다. 애덜 앨런Adel Allen은 백인들이 사는 또 다른 세인트루이스 교외인 커크우드에 처음으로 집을 산 흑인 중 한 명이었다. 앨런은

자신이 처음 그곳으로 이사 갔을 때 사정이 어땠는지 회상했다.

> 그곳에서는 경찰이 정시에 순찰했습니다. 당국은 거리를 매달 깨끗이 청소했지요. 쓰레기는 정기적으로 수거하고 깔끔하게 처리했어요. 가로등은 언제나 기대한 만큼 밝았어요. 서비스가 다 괜찮았지요. 눈이 올 때면 거리를 말끔히 치워주고요.

그러나 동네의 주민 구성이 달라지면서 그런 서비스는 사라져버렸다.

> 이제 우리 구역 가로등은 이 도시에서 가장 미흡한 수준입니다. … 이제 이 시내의 다른 구역에서 온 사람들이 차를 버리고 싶으면 우리 거리에 세워놓고 가버립니다. … 그들은 이제 이곳을 게토로 만들어가고 있어요. 건물은 백인들이 살던 때보다 더 잘 관리하고 있지만, 시의 서비스는 훨씬 줄어들었지요. 예를 들어 이 도시의 다른 구역들에서는 반드시 인도로 다녀야 하는 것으로 알고 있어요. 하지만 우리 구역에서는 인도를 만들어 달라고 애걸해야 합니다.

이것이 바로 퍼거슨에서 벌어지는 상황이다. 마이클 브라운이 죽기 불과 8일 전에 졸업한 고등학교가 있던 노르망디 교구를 보자. 교육의 질이 너무나 형편없어서 2013년 주 당국은 이 교구의 인가를 취소했다.

한쪽 발을 저는 듯한 미국 연방정부는 정책을 추진할 때 민관협력 방식으로 내몰리고 정당한 근거도 없이 지방 당국에 의존함으로써 다른 부정적인 결과도 빚어냈다. 보건의료 분야를 보자. 미국은 국민소득 대비 의료비 수준에서 '부국 클럽'인 경제협력개발기구OECD 회원국 평균보다 약 50퍼센트를 더 쓴다. 그러나 보건의료 서비스를 받을 수 없는 인구 비율은 미국이 가장 높다. OECD는 2011년 미국인 중 약 85퍼센트가 '핵심적인 의료서비스에 적용되는 건강보험'을 갖고 있다고 추산했다. 이 중 약 32퍼센트는 공적보험, 53퍼센트는 민간보험을 보유한 것으로 추정한다. 심지어 멕시코도 인구 대비 보험 가입자 비율 면에서 미국보다 낫다. 미국의 의료비 지출 비중은 높은데도 수혜자의 범위는 더 좁은 것을 이해하려면 미국에서는 그 지출이 더 불평등하게 배분되고 OECD의 다른 회원국들보다 비용에 대한 통제가 훨씬 약하다는 점을 알아야 한다. 두 가지 특성 다 민관협력에 바탕을 둔 미국의 특이한 모형이 낳은 결과다. 오바마케어Obamacare[14] 개혁 전인 1998년 전체 노동자 중 소득 하위 20퍼센트 계층에서 24퍼센트만 의료보험을 적용받는 것으로 추산됐다. 수급 구조가 고임금 노동자들에게 기울어진 연금체계에도 같은 문제가 있다. 역시 1998년 소득 하위 20퍼센트 노동자 중 16퍼센트만 사적연금에 가입했지만, 상위 20퍼센트에서는 이 비율이 72퍼센트에 이르렀다. 오바마케어는 처음에 사람들이 저비용 보험에 가입할 수 있도록 공적보험을 도입하려 했으나 이는 공공부문에 지나치게 의존한다는 이유로 폐기됐다. 그러므로 미국이 보편적인 의료보호 체계로 가려고 시도할 때조차 민관협력 모형에서 크게 벗어날 수 없었다.

이런 식으로 민간부문과 공공부문이 결합하면서 결과적으로 정부 보조금 혜택이 가장 부유한 사람들에게도 곧바로 돌아가게 됐다. 2000년 미국 재무부는 연금과 의료보호 체계에 내재한, 세제를 통한 보조금 총액이 한 해 최대 1,000억 달러에 이르는 것으로 추산했다(다시 말해 이 보조금을 없애면 정부는 추가로 1,000억 달러의 세수를 얻는다는 뜻이다). 이 보조금 중 3분의 2는

14 저소득층을 포함한 전 국민의 건강보험 가입을 의무화한 개혁으로, 2010년 버락 오바마 대통령이 서명한 '환자 보호 및 적정 부담 보험법'으로 제도화됐다.

가장 부유한 미국인 20퍼센트에게 돌아갔다. 하위 60퍼센트 계층에는 고작 12퍼센트만 돌아갔다. 민관협력 모형은 그 뿌리에서부터 보편적인 프로그램들보다 훨씬 더 불평등하지만, 미국의 국가체계는 보편적 프로그램들이 채택되도록 허용하지 않는다.

우리가 어떤 정보든 어느 때나 수집하지 못할 까닭은 뭔가?

돌이켜보면 건국 때부터 족쇄가 채워지고 타협이 강요된 미국의 리바이어던이 계속 약한 상태로 남아 있으면서 새로운 문제를 다루고 역량을 확대하기 위해 혁신적이고 이따금 이례적인 해법을 생각해낼 수밖에 없었던 것도 이해가 된다. 하지만 그와 같은 제도 설계로 인해 다른 한편으로는 그 리바이어던이 지나치게 강력하고 통제하기 어려워졌다는 사실이 더 놀랍다. 이처럼 역설적인 결과의 근원을 찾아보면, 미국이 안보상의 새로운 도전들과 국제적인 역할 확대로 더 많은 책임을 안게 됐을 때 헌법이라는 구속복을 입은 상태로 그 역할을 쉽게 수행할 수 없다는 점을 발견할 수 있다. 국가는 대중의 눈과 제도적 통제를 피해 임시변통으로 그런 역할을 할 역량을 갖춰야 했다. 이는 리바이어던의 족쇄를 푸는 방안이었다.

FBI라는 조직과 J. 에드거 후버J. Edgar Hoover 국장에 관한 이야기는 이처럼 역설적인 국가 발전 과정을 잘 보여준다. 1870년에 설치된 법무부는 법을 옹호하고 범죄와 싸우는 책임을 맡았다. 여기에는 미국에 반역하는 범죄도 포함됐다. 하지만 이 부처에는 마음대로 운영할 수 있는 경찰력이 없었다. 시어도어 루스벨트 이전의 대통령들과 그들의 법무부는 민관협력 모형을 반영해 경찰력을 민간에 의존했으며, 때로는 첩보 임무까지 민간 회사인 핑커턴전미탐정사무소Pinkerton National Detective Agency에 의존해야 했다. 루스벨트는 광범위한 국가건설을 밀어붙이면서 연방 경찰력을 구축하고 싶어 했다. 당시 법무장관 찰스 J. 보나파르트Charles J. Bonaparte는 1908년 연방 경찰을 창설하기 위한 승인과 예산을 얻으려고 의회를 찾아갔다. 하원은 그 요청을 딱 잘라 거절했다. 뉴욕 출신의 공화당 하원의원 조지 E. 월도George E. Waldo는 "러시아에 있는 것처럼 이 나라에도 그런 거대한 중앙 첩보조직이 생긴다면 자유에, 그리고 자유로운 기관들에 큰 타격이 될 것"이라며 두려움을 표명했다.

다른 사안들에서 연방정부가 그런 제약을 다루는 전형적인 방법은 권력 확대를 염려하는 이들의 걱정을 누그러뜨릴 장치를 찾는 것이었다. 그러나 이번에는 아니었다. 보나파르트는 의회의 거부를 무시하고 휴회 중에 법무부 예산을 써서 새로운 수사 담당 부서를 설치했다. 그는 나중에야 의회에 통보하고 새로운 부서가 비밀경찰 조직이 되지는 않을 것이라고 보장했다. 하지만 이미 엎질러진 물이었다. 일단 후버가 일을 시작하면 결코 되돌릴 수 없을 터였다.

1919년 후버는 '국가의 적들'을 감시하는 책임을 맡은 법무부 급진국Radical Division 수장이 됐다. 이때는 이미 급진국이 100명이 넘는 요원과 정보원들을 두고 국가 전복 혐의를 받는 이들을 체포할 수 있었다. 후버는 법무장관 A. 미첼 파머A. Mitchell Palmer와 연합해 공산주의자들, 무정부주의자들, 사회주의자들, 특히 이민자 중에서 그가 파괴분자로 보는 이들을 포함한 긴 명단을 작성하기 시작했다. 후버가 조직한 이른바 파머 급습Palmer raids[15] 기

15 1919년 11월부터 이듬해 1월까지 파머의 법무부가 공산주의자를 비롯해 좌익분자로 의심 가는 이들을 상대로 벌인 대대적인 체포 작전

간에 수백 명이 자신의 정치적 견해 때문에 추방됐다. 후버는 1924년 수사국Bureau of Investigation의 수장으로 승진해 1972년 죽을 때까지 그 자리에 머물렀다. 그 시기에 후버는 수사국의 인원과 권력을 엄청나게 확대했고, 1935년 연방수사국Federal Bureau of Investigation, FBI으로 이름을 바꿨다. 후버는 FBI를 의회와 법원, 심지어 대통령에게도 책임을 지지 않는 거대한 감시부대로 전환했다. 후버의 지휘 아래 FBI는 마틴 루터 킹 주니어Martin Luther King Jr.와 존 레논John Lennon, 맬컴 XMalcolm X를 포함한 수만 명의 미국 시민들을 정치적 이유로 도청하고, (이 기관의 헌장이 명시적으로 금지하고 있는데도) 소련과 중국 수뇌부를 직접 염탐하고, 몇몇 미국 대통령의 힘과 권위를 훼손하기까지 했다. FBI의 비밀 활동의 정점은 1966년부터 1971년까지 가동한 코인텔프로COINTELPRO**16**라는 프로그램이었는데, 이는 베트남전 반대 운동을 조직하는 이들과 운동가, 시민권 운동 지도자, 각종 흑인 관련 단체, 다른 좌익 단체의 모임을 포함한, 대부분 비폭력적인 국내의 다양한 정치 집단과 조직을 감시하고, 평판을 떨어트리고, 그 조직에 침투하고, 무력화하기 위한 것이었다. 마틴 루터 킹을 도청하고 공개적으로 명예를 떨어트리고, 익명의 편지를 이용해 자살을 부추긴 것에도 바로 이 프로그램의 지원이 있었다.

1975년 FBI와 다른 기관들의 권력 남용을 조사하는 임무를 맡은, 상원의원 프랭크 처치Frank Church가 이끄는 처치위원회Church Committee는 이렇게 결론 내렸다.

> 정보기관들의 국내 활동은 때때로 특정한 활동을 금지하는 법률을 위반하고 미국 시민들의 헌법적 권리를 침해했다. 정보기관들은 흔히 첩보 활동 프로그램

---

16 방첩 프로그램이라는 뜻의 'Counter Intelligence Program'의 약칭

과 관련된 법적 문제들을 고려하지 않았다. 다른 경우에는 이 프로그램이 '국가안보'에 봉사하므로 법률이 적용되지 않는다고 믿고 법적 문제들을 의도적으로 무시했다. … 설사 정보기관의 표적들이 모두 폭력적인 활동에 연루된 적이 있었다 하더라도 정보기관들이 이용한 여러 수법이 민주 사회에서는 용납할 수 없는 것들이지만, 코인텔프로는 훨씬 더 심각한 문제를 낳았다. … 연방수사국은 수정헌법 제1조의 표현과 결사의 권리 행사를 정면으로 막으려는 정교한 자경단 작전 vigilante operation**17**을 수행했다. …

보안기관들의 책임지지 않는 권력이 서서히 확대되는 것은 FBI에서 그치지 않았다. 제2차 세계대전 중 첩보 활동과 정보수집, 분석, 방첩, 비밀작전 임무를 맡았던 전략정보국Office of Strategic Services과 전략정보대Strategic Services Unit 두 기관에서 유래한 CIA는 1947년에 공식적으로 설립됐다. 이 기관의 사명과 감시체계는 처음부터 허술하게 규정됐다. CIA는 보통 정부의 다른 기관들에 알리지 않고 통제도 받지 않은 채 몇몇 외국 정부를 상대로 한 쿠데타에 개입했다. 여기에는 시리아와 인도네시아, 도미니카공화국, 쿠바, 전쟁 전 베트남의 성공하지 못한 쿠데타 음모뿐만 아니라 1953년 이란 총리 모하메드 모사데그Mohammed Mosaddegh와 1954년 과테말라 대통령 야코보 아르벤스Jacobo Arbenz, 콩고의 파트리스 루뭄바Patrice Lumumba와 1973년 칠레 대통령 살바도르 아옌데Salvador Allende처럼 외국 정부의 민주적으로 선출된 지도자들을 상대로 성공한 쿠데타도 포함된다. CIA는 미국 시민들

17 미국 개척시대에서 보듯이 자경단은 공동체 보호를 위해 스스로 조직한 비공식 단체로 범죄자에게 사적 제재를 가했다. 처치위원회는 연방수사국 활동을 자경단 작전에 빗댄 것이다.

을 상대로 작전을 해서는 안 되는데도 국내에서 도청을 해왔고, 테러 용의자를 사법절차에 의하지 않고 비밀 감옥이 있는 곳이나 고문을 받을 가능성이 있는 국가에 인도하는 '특별 인도extraordinary rendition18' 에도 개입해왔다.

군은 미국인들에게 가장 신뢰받는 기관 중 하나로 남아 있지만, 미국이 외국의 사태에 관여하고 냉전에 이어 테러와의 전쟁에 더 깊숙이 개입함에 따라 군의 역할과 영향력도 확대돼왔다. 그런 일은 모두 사회와 입법부의 감시에서 거의 완전히 벗어난 가운데 이뤄졌다. 비록 드와이트 D. 아이젠하워Dwight D. Eisenhower 대통령 본인도 외국 정부들을 상대로 한 일부 CIA의 작전을 명령했지만, 1961년 1월 고별연설에서 그는 미국 군대의 견제받지 않는 힘, 특히 군이 무기와 장비를 공급하는 기업들과 연합했을 때 커지는 힘에 관한 염려를 나타냈다. 아이젠하워는 이렇게 예언했다.

> 우리는 군산복합체military-industrial complex가 추구한 것이든 추구하지 않은 것이든, 부당한 영향력을 획득하지 않도록 경계해야 합니다. 잘못 주어진 권력이 파괴적으로 발호할 가능성이 있으며 또 앞으로도 계속 그럴 것입니다. 우리는 이 결합에 따른 영향력이 우리의 자유나 민주적 절차를 위험에 빠트리게 해서는 안 됩니다. 우리는 아무것도 당연시해서는 안 됩니다. 방심하지 않고 총명한 시민들만이 거대한 산업적 · 군사적 방위 기구를, 안보와 자유를 함께 증진할 수 있도록 우리의 평화적인 방식과 목표에 적절히 조화시킬 수 있습니다.

옳은 말이다. 하지만 시민들이 FBI나 CIA 혹은 군이 무슨 일을 하고 있는

---

18 보통 테러 용의자를 고문이 허용되는 국가로 보내는 비상 인도를 의미하며 '변칙 인도'라고도 한다.

지 전혀 모른다면 어떻게 그게 가능하겠는가?

그래서 NSA의 도청 프로그램에 관한 폭로는 군과 보안기관들이 정부의 다른 기구나 사회 전체의 감독과 감시에서 벗어난 채로 그 힘을 확대하는 추세가 계속되고 있음을 보여준다. 에드워드 스노든이 폭로한 정보는 NSA가 독일과 브라질 같은 미국 동맹국의 지도자들을 포함한 외국인들 그리고 수백만 명의 미국인들에 관한 정보를 수집하기 위해 인터넷 서버와 위성부터 해저 광케이블과 전화 기록까지 몇 가지 다른 매체들을 이용했다는 사실을 알려준다. NSA의 자료수집 임무 확대는 대부분 2005년부터 2014년까지 국가안보국장을 지낸 키스 알렉산더Keith Alexander의 지원 아래 이뤄진 것으로 보인다. 이처럼 통제를 벗어난 접근방식은 그가 한 이 말에 압축돼 있다. "우리가 어떤 정보든 어느 때나 수집하지 못할 까닭이 무엇입니까?"

NSA의 대실패에서 역설적인 점은 이 기관이 경계선이라고 정해놓은 것을 명백히 그리고 과도하게 넘으면서 미국의 민간인들을 상대로 위헌적인 정보수집을 했다고 보이는데 그 방식이 왜곡된 형태의 민관협력이었다는 점이다. 이 기관은 민간 계약자들에게 의존하고, AT&T와 버라이즌 같은 통신회사와 구글, 마이크로소프트, 페이스북, 야후 같은 거대 기술 기업에 협조를 강요했다(혹은 자발적 협력을 받아냈다).

역설적인 미국 리바이어던

미국 리바이어던의 부상은 성공적인 사례로 볼 수 있다. 그렇게 보지 않을 수 없을 것이다. 자유에 대한 의지가 굳건한 사회, 권리와 보호를 중시하는 헌법, 족쇄를 차고 태어났고 족쇄의 무게 때문에 회랑 안에 머물며 진화를 계속하는 국가를 보면 그렇다. 미국은 레드 퀸 효과로 국가의 역량이 점차 강화되는 좋은 사례다. 국가가 사회와 건국 당시의 헌법이 부과한 제약을 부수고 나오지 않은 채로 활동 범위를 넓히고 능력을 키울 수 있다는 걸 보여준다. 미국의 사례는 다른 나라들이 어떻게 국가와 사회 간 힘의 균형을 맞춰야 하는지 여러 가지를 시사해준다. 하지만 우리는 이미 이처럼 미국 역사를 낙관적으로 읽는 이들이 놓친 두 가지 중요한 요소를 살펴봤다. 첫째, 미국의 리바이어던이 창조했던 자유는 헌법의 영리한 설계 못지않게 사회의 결집에 크게 기댄 결과다. 결집하고 확신에 차 있고 무엄한 사회가 없으면 헌법상의 각종 권리 보호는 공허한 약속에 지나지 않을 것이다. 둘째, 헌법의 체계는 중요성만큼 어두운 면도 지니고 있었다. 연방주의자들이 받아들인 타협은 연방정부가 지방의 독재에 맞서 시민을 보호하거나, 모두에게 평등하게 법을 집행하거나, 다른 나라들이 국민에게 일상적으로 제공하는 질 높고 광범위하게 이용할 수 있는 공공서비스를 공급할 능력과 의지를 잃게 했다. 연방정부가 이런 무기력에서 벗어나는, 눈에 띄게 예외적인 상황도 있었는데 그런 상황들은 사회의 결집, 때로는 사회의 가장 차별받고 불우한 부문의 결집으로 촉발된 것이었다. 그러나 역설적으로 헌법은 국가의 취약성과 무기력을 초래했지만, 국가의 다른 측면들은 그런 한계를 뛰어넘어 사회의 시야, 심지어 정부 내 다른 기관들의 시야를 벗어나 발전했고 점점 더 족쇄를 벗어나게 됐다. 미국은 예외적인 성공을 거뒀지만, 그 성공에는 부정적인 면도 섞여 있다.

이런 측면에서 절박한 문제는 과연 미국의 건국 과정에서 부과된 엄격한 제약과 그로 인해 발전한 민관협력 모형 때문에 행동에 지장을 받는 국가가 곧 맞닥뜨리게 될, 갈수록 복잡해지는 도전들에 적절한 대응을 할 수 있는지다. 미국의 국가는 시민을 더 잘 보호하고 전 국민을 위해 기회를 더 많이 창출할 수 있을까? 여전히 사회와 제도의 족쇄를 찬 채로 역량을 확대하면서 전에 없던 도전에 맞설 새로운 모형을 제시해야 할 국가는 그럴 만한 유연성을 확보할 수 있을까? 미국 사회는 스스로 국가에 대한 경계 수준을 높이면서 국가가 이런 도전들에 맞설 수 있도록 뒤에서 밀어주는 임무를 수행할 수 있을까? 우리는 마지막 장에서 다시 이 질문들을 다룰 것이다.

제11장

종이 리바이어던

국가의 환자들

2008년 9월 어느 봄날이었다. 아르헨티나의 수도 부에노스아이레스에는 여름이 오고 있었지만, 날은 으스스했다. 파울라Paula는 가난한 아르헨티나인들에게 주는 복지수당을 받으려고 '누에스트라스 파밀리아스(Nuestras Familias, 우리의 가족들)'라는 복지 프로그램에 등록하려고 했다. "이렇게 오래 기다린 적이 없었어요." 그녀는 사회학자 하비에르 아우예로Javier Auyero에게 말했다. "3월부터 여기 매달렸지요. 그 사람들은 여러 차례 저를 불렀어요. 언제나 (무슨 문서, 무슨 기록 같은) 뭔가가 빠졌다고 했어요. 하지만 조용히 참고 기다려야 합니다. 이런 일에는 참을성이 있어야 하지요. 이것은 정부가 주는 지원금이니까 참고 기다려야 해요."

아르헨티나의 공공서비스를 이용하고 싶은 이들에게 인내는 가장 중요한 미덕이다. 누에스트라스 파밀리아스의 또 다른 신청자인 레티시아Leticia는 "대기실 뒤쪽에 혼자 서 있었다"고 했다. 그녀는 지난 2주 동안 이 사무실에 세 번이나 왔다. "기다리는 데 이골이 났어요. 어디서나 기다려야 하거든요. 가장 나쁜 건 이리 와라, 저리 가라 하는 겁니다. … 저는 2주 전에도 왔어요. 그 사람들은 사흘 후에 다시 오라고 했어요. 다시 왔더니 사무실은 닫혀 있었어요. 그다음 날 다시 왔더니 이 프로그램에 남은 돈이 없다고 하네요." 그는 이렇게 결론 내렸다. "기다려야 해요. 여기서는 일이 그렇게 돌아가니까요. 찾아오지 않으면 아무것도 얻을 수 없으니까 여러 번 와야 하지요."

아우예로의 증언자 중 또 한 명은 아르헨티나의 국가와 시민들 간 상호작용의 특성을 예리하게 묘사했다.

마리아: 그 사람들은 일을 미루며 응대를 안 해요. 이야기를 안 들어줘요. 거기 있으면서도 이야기를 안 들어요.

면담자: 그들이 당신에게 신경을 쓰지 않나요?

마리아: 모르겠어요. 아침을 먹고 있을 수도 있겠네요. 그 사람들은 열 시까지 아침을 먹고, 마테차를 마시고, 쿠키를 먹고, 자기네끼리 수다를 떨어요.

면담자: 그럼 어떻게 그들의 주의를 끄나요?

마리아: 못 끌지요. 그들이 나를 도와줄 때까지 기다립니다.

면담자: 그들이 당신에게 신경 쓸 때까지 기다리기만 한다고요?

마리아: 그냥 기다리기만 해야지요.

면담자: 당신은 그곳에 여러 번 갔는데, 그곳에서 소동이 벌어진 적이 있었나요?

마리아: 예, 한 번 … 그들이 돌봐줘야 할 사람patient[1]이 고함을 치며 싸웠어요. …

면담자: 돌봐줘야 할 사람이라면, 몸이 아픈 환자 말인가요?

마리아: 아니요, 이곳에서 돌봐줘야 할 사람이요. 기다렸던 여성 말이에요.

아르헨티나 사람들은 권리를 가진 시민이 아니라 보살펴줄 수도 있고 그러지 않을 수도 있는 국가의 환자 같은 사람들이다. 또 다른 '환자'인 밀라그로스Milagros는 그곳에서 어떻게 '발뺌하는 말'만 듣게 되는지 이야기한다. "여기서는 (복지 담당자들이) 나중에 어느 날에 오라고 해서 낙담하게 돼요.

1 스페인어로 '참을성 있는', '환자'라는 뜻의 'paciente'

… 그 사람들은 월요일에 오라고 하고, 그다음에는 수요일, 또 금요일에 오라고 하는데 … 그날은 다 일해야 하는 날이에요." 그 전에 이 사무실에 왔을 때 그녀는 "아무것도 못 얻고 돌아가서 허탈했다"며 "하지만 아무 말도 안 했다"고 강조했다.

국가는 제멋대로 불확실성과 좌절감을 안겨주면서 기다리고 애걸할 수밖에 없는 사람들을 교묘하게 다루며 힘을 빼앗는다. 여기에는 일상적인 과정은 없고 끝없는 예외만 있다. 사무실은 언제 문을 열까? 어떤 절차를 밟아야 할까? 무슨 서류가 필요할까? 누구도 확실한 답을 알지 못한다. 아르헨티나 사람들은 흔히 "그들은 우리를 공처럼 이리저리 찬다"고 말한다. 아우예로는 현장기록에 이렇게 썼다.

> **9월 11일**: 파라과이에서 온 한 여성이 아포스티유(apostille, 공식 승인을 나타내는 증인證印)가 찍힌 출생증명서 없이도 면담 기회를 얻음. 오늘 나는 비키Vicky를 만남. 그녀는 이곳에 두 번째 왔는데, 처음 왔을 때 그들은 그녀의 출생 증명서에 아포스티유가 없다는 이유로 면담시간을 잡아주지 않았기 때문임.

아우예로는 연구를 위해 누에스트라스 파밀리아스 신청 대기실뿐만 아니라 국민 신분증인 DNIDocumento Nacional de Identidad를 신청하는 사무실도 찾아갔다. 원칙적으로 이 사무실은 오전 6시에 열고, 문을 닫는 오전 10시까지 면담시간을 잡아준다. 사무실은 오후 6시부터 오후 10시까지 다시 연다. 사람들은 전날 밤부터 줄을 서기 시작한다. 하지만 규칙과 업무를 시작하는 시간은 늘 바뀐다. '10월 26일: 아침에 살펴보니 밖으로 긴 줄을 설 것으로 예상돼 … 다시 옴. 2시 50분. 텅 비어 있음! 바깥에 아무도 없음. 신청자들도, 노점상도 아무도 없음! 경찰 한 명이 내게 "사무실 사람들이 나와서 오늘은 문을 닫을 거라고 말했다"고 전함.' 하지만 사무실은 언제든 다시 열고 사람들을 받아들일 수도 있다. 물론 그러지 않을 수도 있다. '10월 24일: 더는 바깥에서 기다리면 안 됨. … 사람들은 건물 안의 큰 대기실에서 기다림. 11월 7일: 사람들이 건물 밖에 줄을 섬. 그들은 바깥에 줄을 서서 기다리는 것은 금지됐으니 오후 6시에 다시 와야 한다는 말을 들었음. 관리들이 줄을 해산하려고 했지만 성공하지 못함. 11월 9일: 관리들은 이제 사람들이 바깥에 줄을 서도록 허용함. 또 바깥 복도에도 줄을 서도록 허용함.' 아우예로는 계속해서 이렇게 썼다.

> **2008년 10월 2일**: 한 여성이 내게 월요일은 휴일인지 물어봄. 그들은 그 여성에게 월요일에 다시 오라고 말했다고 함(아르헨티나에서 10월 12일은 휴일). 나는 그들이 월요일에 다시 오라고 알려줬다면 그날이 휴일이 아니기 때문일 것이라고 말함. 나는 그들이 당연히 업무를 볼 수 없는 날에 면담시간을 잡지는 않으리라고 생각함. 그 여성은 내가 틀렸다며 지난번에 그들은 일요일 면담 약속을 잡아줬다고 말함.

월요일은 결국 휴일로 밝혀졌다.

—

지금까지 우리는 세 유형의 리바이어던에 초점을 맞췄다. 부재의 리바이어던, 독재적 리바이어던, 족쇄 찬 리바이어던이다. 아르헨티나의 국가는 세 가지 유형 중 어디에도 해당하지 않는 것으로 보인다. 국가는 부재하지 않는다. 국가는 정교한 법령과 대규모 군대, (관료들이 자신의 업무에 관심이 없는 듯하지만) 관료조직이 실재하며, 특히 (다른 지역에서는 훨씬 못하지만) 수도 부에노스아이레스에서는 어느 정도 기능을 발휘하는 것으로 보인다. 그것은 독재적 리바이어던도 아니다. 그러나 확실히 우리가 만나본 아르헨티나의 관료들은 사회에 무책임하고 감응하지 않는 것으로 보이며(이는 독재적 국가의 특징이다), 사람들에게 아주 쉽게 무자비한 모습을 드러낼 수 있다. 아르헨티나 국민이 1976년부터 1983년까지 이어진 군사독재 시대에 3만 명이나 되는 사람들이 '사라진'(군사정권에 비밀리에 살해된) '더러운 전쟁dirty war'에서 목격했듯이 관리와 경찰들은 살인적인 폭력집단으로 돌아설 수 있다. 그러나 아르헨티나에서 국가의 독재는 비조직적이고 변덕스러웠다. 이 나라의 독재는 중국에서 국가가 인민을 통제하기 위해 이용하는 권위의 유형과는 거리가 멀다. 공무원들은 사람들이 사무실 바깥에 줄을 서는 것을 막고 싶어 했지만 무시당했다. 그들은 경제를 규제하거나 이 나라 전역에 걸쳐 법을 집행할 능력이 없었다. 아르헨티나의 국가는 족쇄 찬 리바이어던도 확실히 아니다. 우리가 족쇄 찬 리바이어던과 관련 지은 유형의 국가 역량이 없고, 국가에 영향력을 미치고 국가를 통제하는 사회의 능력도 결여됐기 때문이다. 그렇다면 아르헨티나는 어떤 국가일까?

이 장에서 우리는 아르헨티나의 국가가 남아메리카와 아프리카를 비롯한 세계의 다른 지역에서도 일반적으로 나타나는 유형임을 보게 될 것이다. 사실 이 국가는 사회의 취약성과 분열을 바탕으로 세워지고 뒷받침된다는 점에서 인도의 국가와 공통점이 많다. 이 국가는 사회에 책임을 지지 않고 견제받지 않는 독재적 리바이어던의 본질적인 특성과 부재의 리바이어던이 지닌 취약성을 함께 드러낸다. 국가는 분쟁을 해결하거나, 법을 집행하거나, 공공서비스를 제공할 수 없다. 국가는 억압적이지만 강력하지는 않다. 이 국가는 그 자체로도 약하며, 사회도 약화시킨다.

철장 안의 뇨키

아우예로의 연구는 관료제에 관한 것이었다. 관료제는 국가 역량에 필수적이다. 제1장에서 언급했듯이 관료제에 관한 탁월한 이론가는 독일 사회학자 막스 베버였다. 베버의 이론에서 현대의 세계를 과거와 구별해주는 것은 '합리화rationalization'다. 이는 비용과 수익, 이윤과 손실을 계산하는 현대 기업에서 명백히 드러난다. 합리적으로 정책을 결정하고 개인과 무관한 행정체계를 갖춘 정부에서도 마찬가지다. 베버는 이를 '합리적-법적 권위rational-legal authority'라고 부르며 관료제를 합리화의 전형으로 봤다. 그는 이렇게 썼다.

> 법적 권한을 행사하는 가장 순수한 형태는 다음과 같은 기준에 따라 임명되고 기능하는 개별적인 관리들로 구성된 … 관료제 행정의 직원들을 고용하는 것이다. ① 그들은 개인적으로 자유롭게 행동하고 오로지 특정 개인과 상관없는 공식적인 직무와 관련해서만 권위에 복종한다. ② 그들은 명료하게 정의된 직위의 위계 구조로 조직된다. ③ 각 직위는 법적인 의미에서 명료하게 정의된 영역의 권한을 갖는다. … ⑤ 후보들은 기술적인 자격을 바탕으로 선발된다. … 그들은 선출되는 것이 아니라 임명된다. … ⑦ 그 직무는 현직에 있는 사람의 유일한, 혹은 적어도 주된 직업으로 간주한다. … ⑨ 관료는 행정 수단의 소유권과 완전히 분리돼 일하며 그의 지위를 전유專有하지 않는다. ⑩ 그는 직무를 수행하면서 엄격하고 체계적인 규율 아래 통제를 받는다.

그러므로 관료제는 개인과 무관한 노선에 따라 운영된다. 관료들은 전문가들로서 공식적인 의무 외에는 누구에게도 얽매이지 않는다. 그들은 실력에 따라 선발되고 승진한다. 그리고 정해진 길을 이탈하면 징계를 받는다.

베버의 관점에서 보면 관료제의 힘은 거부할 수 없다. '관료조직의 기술적 우월성'이라는 장에서 그는 이렇게 설명했다.

> 관료제 조직이 발전한 결정적인 이유는 언제나 다른 어떤 조직 형태도 능가하는 순수한 '기술적' 우월성에 있었다. 완전히 발달한 관료제 기구와 다른 조직들의 차이는 기계적 생산과 비기계적 생산 방식의 차이와 똑같다. 정확성과 신속성, 명확성, 문서를 통한 지식, 연속성 … 알력과 물질적, 인적 비용 감소와 같은 것들은 엄격한 관료제 행정에서 최적의 수준으로 제고된다.

베버가 볼 때 합리적-법적 권위의 승리는 필연적이었다. 그러나 베버는 또한 그것이 비인간적일 수 있음을 인정했다. 베버는 과거엔 사람들이 선택에 따라 노동했을지 몰라도 지금은 "그렇게 할 수밖에 없다"고 주장했다. 현대 세계의 질서는 "기계적 생산의 기술적, 경제적 조건에 매여 있으며, 그 조건들은 경제적 획득에 직접 관련이 있는 사람들뿐만 아니라 이런 체제에서 태어난 모든 개인의 삶을 저항할 수 없는 힘으로 결정한다." 이런 힘이 얼마나 음험하게 다가올 수 있는지 묘사하려고, 베버는 우리가 이처럼 널리 퍼진 합리적-법적 권위에 갇히게 된다는 의미로 '철장iron cage'의 은유를 만들어냈다.

정확성과 신속성, 명료성, 문서를 통한 지식 … 이런 것들은 아우예로가 부에노스아이레스에서 관찰한 상황과는 거리가 멀다. 그가 목격한 관료조직은 느리고, 모호하고, 불확실하며, 문서에 관한 엄청난 무지를 드러냈다. 아르헨티나의 철장은 어디 있었을까?

아우예로가 수집한 증거는 아르헨티나의 국가가 대단히 개인화됐음을 보여준다. 개인적인 관여가 없으면 서비스를 받을 기회가 없다. 이 나라에서 돌봐야 할 '환자'가 된다는 건 바로 그런 것이다. 무엇이든 얻으려면 관료와 개인적인 관계를 맺어야 한다. 아우예로가 모은 증거는 베버가 말한 이상적인 관료제 개념의 다른 측면들에 대해서 직접적으로 말해주진 않는다. 마리아와 레티시아가 만났던 관료들은 베버가 예견했던 것처럼 실력을 바탕으로 채용됐을까? 아닐 것이다. 아르헨티나의 관료조직에서 채용은 '뇨키gnocchi'에 지배되기 때문이다.

뇨키는 이탈리아의 특산 요리로, 이민자들이 아르헨티나로 가져온 맛있는 음식이다. 아르헨티나에서는 전통적으로 뇨키 요리를 매월 29일에 내놓는다. 그런데 뇨키라는 말은 아르헨티나에서 이중적인 의미로 쓰인다. 다른 뜻은 정부에 실제로 일하러 나타나지 않고 봉급을 챙기는 사람들인 '유령 공무원'이다. 아르헨티나에는 많은 뇨키가 있다. 2015년 아르헨티나의 새 대통령이 된 마우리시오 마크리Mauricio Macri는 2만 명의 뇨키를 해고하면서 그들이 (설립자 후안 도밍고 페론Juan Domingo Perón의 이름을 딴 정당인) 페론당 출신 크리스티나 페르난데스 데 키르치네르Cristina Fernández de Kirchner 대통령이 이끄는 전 정부가 임명했다고 주장했다. 2만 명의 뇨키가 어떻게 채용됐든, '기술적 자격을 바탕으로 선발'되지 않은 건 분명하다. 또 정부를 위해 일하는 것이 '현직에서 일하는 사람의 유일하거나 적어도 주된 직업'이 아니라는 점도 확실했다. '직무를 수행하는 데 엄격하고 체계적인 규율과 통제를 받는'지도 의문이다. 그들은 보통 정치적 연줄 덕분에 '일자리'를 얻은 페론당의 당직자와 지지자들이었다. 그래서 그들은 무슨 일을 하기로 되어 있든 간에 일을 하지 않으면 가해질 수 있는 어떤 징계 조치의 위협에서도 벗어나 있었다. 아우예로가 관찰한 상황에는 뇨키라는 존재가 큰 영향을 미쳤을 것이다. 관료조직 안에 이런 사람들이 2만 명이나 돌아다닌다면 그들은 완전히 쓸모없다는 사실로만 그치지 않고 국가 역량에도 심각하게 부정적인 영향을 미친다. 그 영향은 크리스티나 페르난데스 데 키르치네르 대통령 임기

중에 너무나 쉽게 알아볼 수 있었다.

제2장에서 논의했듯 정부의 핵심 기능 중 하나는 사회의 요구를 이해하고 사회를 통제하기 위해 시민들에 관한 정보를 모으는 것이다. 일반적으로 홉스의 리바이어던과 같은 국가는 시민들에 관한 정보를 수집하는 데 주의를 많이 기울이리라고 생각할 수 있다. 하지만 우리는 또한 레바논에서는 그런 일이 일어나지 않는다는 것을 봤으며, 사정은 아르헨티나에서도 마찬가지다. 2011년 아르헨티나는 국제통화기금IMF으로부터 정확한 물가 수준과 국민소득 통계를 제공하지 못한다는 비난을 받는 첫 번째 국가가 됐다. 〈이코노미스트The Economist〉지는 아르헨티나의 통계를 전혀 믿을 수 없다며 관련 통계의 보도를 중단했다. 이는 관료제의 '철장'을 뇨키로 채운 데 따른 부정적인 결과 중 한 가지다.

하지만 우리는 여전히 어리둥절하다. 베버는 철장이 필연적이며 사회의 합리화를 멈출 수 없다고 생각했다. 그는 "대규모 행정에 대한 수요로 관료제 행정은 오늘날 완전히 필수적이 됐다. 행정 분야에서 선택은 전문 관료제냐, 딜레탕티즘dilettantism**2**이냐 하는 것뿐이다"라고 주장했다. 우리는 아르헨티나의 상황을 어떻게 설명할 수 있을까? 아르헨티나의 관료는 딜레탕티즘인걸까?

오리 검사에서 불합격하다

2000년대 아르헨티나는 관료제와 사법부, 장관들, 경제적·사회적 정책 프로그램들, 유엔을 비롯한 모든 국제기구에 파견된 대표들, 아우예로의 연

---

2 전문 직업이라기보다 취미 삼아 일하는 태도나 경향

구가 진행되던 당시 다른 국가 정상들로부터 정중한 대접을 받았던 크리스티나 페르난데스 데 키르치네르 대통령이 있는, 외관상 현대적인 국가였다. 아르헨티나에서 국가는 현대 국가의 모든 장식을 갖췄고 리바이어던처럼 보였다. 우리의 논의에 '오리 검사duck test'를 적용한다면, 어떤 나라가 국가처럼 보이고, 국가처럼 헤엄치고, 국가처럼 꽥꽥거리면 아마도 국가일 것이다[3]. 하지만 과연 그럴까?

실제로는 그렇지 않다. 아르헨티나는 지금까지 우리가 묘사했던 국가들과는 다르다. 독재적 리바이어던과 족쇄 찬 리바이어던은 모두 제 역할을 다할 역량을 상당히 많이 갖고 있다. 아르헨티나의 국가는 그렇지 않다. 중국 독재자 마오쩌둥은 미국을 '종이호랑이'로 부르며 미국의 힘이 환상일 뿐이라는 점을 암시하곤 했다. 우리는 오리 검사를 통과하지 못하고 겉모습과 달리 초보적인 수준 이상의 국가 역량을 갖추지 못한 아르헨티나와 콜롬비아, 남아메리카와 아프리카의 다른 몇몇 국가를 **종이 리바이어던**Paper Leviathans이라고 부를 것이다. 종이 리바이어던은 국가의 외양을 갖고 일부 제한적인 영역과 몇몇 주요 도시에서 어느 정도 힘을 쓸 수 있다. 하지만 그 힘은 공허하고, 대부분 영역에서 통일성이 없고 조직화하지 못하며, 이 나라가 통치해야만 하는 변방에서는 대개 완전히 부재한다.

종이 리바이어던은 왜 더 많은 힘을 축적하지 않을까? 어쨌든 국가를 통제하는 정치적 엘리트와 국가 관료들은 일을 성사시킬 수 있는 역량을 더 많이 갖고 싶어 하지 않는가? 사회를 지배하고 싶어 하지 않는가? 가능하다면 더 많이 훔쳐서라도 스스로 더 부유해지고 싶지 않은가? 강력한 국가건설

3 오리 검사는 오리처럼 보이고, 오리처럼 헤엄치고, 오리처럼 꽥꽥거리면 아마 오리일 것이라고 직관적으로 판단하는 것을 말한다.

노력을 자극하는 '권력의지'는 어떻게 된건가? 이 질문들에 대한 답은 세계 곳곳의 여러 국가의 특성에 관해 많은 것들을 일러준다. 종이 리바이어던을 받아들이게 된 사회에는 권력의지가 없는 것이 아니다. 권력의지를 추구하기 위해 정치 지도자와 엘리트층이 감수해야 할 위험이 너무나 압도적으로 크기 때문이다. 여기에는 두 가지 근본적인 이유가 있다.

첫 번째 이유는 역설적인데, 우리가 이미 살펴본 것처럼 국가와 사회가 동시에 발전하도록 힘을 키워주는 레드 퀸 효과와 관련이 있다. 레드 퀸 효과는 능력을 키운 국가와 확신에 찬 정치 엘리트에 맞서, 그들에 대한 통제력을 강화하고 자신을 더 확실히 보호하려는 사회의 바람에서 비롯된다. 국가와 엘리트의 힘을 키우려는 충동은 회랑 밖에도 있다. 국가가 더 독재적으로 바뀌면 사회는 그에 맞서 자신을 보호하는 방법을 찾는 것이 좋다. 하지만 국가건설자들이 사회의 어떤 달갑지 않은 반발도 진압할 수 있고 경쟁자들에 맞서 계속 권력을 장악할 수 있다고 확신하지 않는 한, 이런 충동은 또한 문제를 초래한다. 우리는 국가건설에 따르는 이와 같은 인지된 위험을 **'결집 효과**mobilization effect'라고 부를 것이다. 정치 지도자들이 역량을 키우려 하는 과정에서 반대자들이 결집하는 결과를 낳을 수 있다. 이는 정치적 위계 구조를 만들어내면 시작될 수 있는 미끄러운 비탈과 관련이 있다. 어떤 사회가 정치적 불평등을 크게 줄일 수 있을 만큼 힘을 갖고 있으면서도 미끄러운 비탈을 두려워하는 것과 마찬가지로, 표면적으로는 사회의 제약을 받지 않는 정치적 엘리트가 국가의 역량 강화로 초래될 반발과 경쟁을 걱정할 수 있다. 무함마드가 이끈 이슬람 국가 창건이나 중국의 건국 같은 일부 상징적인 국가건설 사례에서도 그런 결집 효과가 나타났다. 하지만 이 사례들에서는 국가건설자들이 예컨대 (제3장에서 본 것처럼) 어떤 '경쟁우위'를 갖고 있어서 결집을 그다지 걱정하지 않을 만큼 강력했거나, 아니면 그들이 휘말린 외부의 위협이나 경쟁을 고려할 때 달리 선택의 여지가 없었다(제7장에서 논의했듯이 전국시대에 진나라와 상앙에게는 더 치명적인 문제들이 있었다). 하지만 이제 다른 상황에서는 이러한 결집 효과가 국가 역량 강화를 무력화하는 힘이 될 수 있음을 살펴볼 것이다.

종이 리바이어던이 상당히 많이 있고 그들이 무기력한 상태에서 깨어나려 하지 않는 두 번째 이유는, 때로 역량이 부족한 국가가 부도덕한 지도자들의 손에 들어가면 강력한 도구가 되기 때문이다. 우선 정치적 통제력을 발휘한다는 것은 노골적으로 억압한다기보다는 다른 사람들이 명령을 따르도록 설득하는 일에 훨씬 더 가깝다는 점을 지적할 수 있다. 설득을 할 때 순종에 대해 보상해줄 수 있는 수단이 있다면 매우 유용하다. 이때 친구와 지지자들, 혹은 지지자로 돌아서게 하고 싶은 이들에게 관료조직의 직위를 나눠주는 방법은 강력한 수단이 될 수 있다. 만약 막스 베버가 구상한 방식대로 관료조직에서 실력주의를 바탕으로 한 채용과 승진 체계를 제도화하면서 국가건설을 시작한다고 상상해보라. 더 이상의 뇨키는 없고, 더는 이 직위들을 보상으로 활용할 기회가 없다는 의미다. (이 경우 페론당은 어떻게 살아남을 수 있겠는가?) 이런 이유로 실력주의와 국가 역량 구축을 포기하도록 하는 강력한 정치 논리가 작동하게 된다.

물론 이런 정치는 그다지 수준이 높지 않다. 사법부와 관료조직을 마음대로 이용할 수 있으면 더 세속적인 다른 혜택을 챙길 수 있다. 마크리 대통령은 뇨키들을 해고한 직후 정부 관리들이 자신의 가족을 채용하는 관행을 금지해야 했다. 그 조치로 노동장관의 아내와 그의 누이 중 두 명이 일자리를 잃었고 내무장관의 어머니와 아버지도 자리를 내놔야 했다.

이런 패턴은 훨씬 더 일반적으로 나타난다. 사법부와 관료조직의 개인과 무관한 지배는 국가의 역량 강화와 더불어 통치자와 정치인들이 브라질의 전 대통령 제툴리우 바르가스Getúlio Vargas와 같은 방식으로 법규를 이용할 수 없도록 제한한다. 바르가스는 이렇게 말했다고 한다. "내 친구들에게는 모든 것을, 내 적들에게는 법을." 그런 식으로 법적 재량권을 휘두르는 것은 회랑 안의 유럽에서 법이 진화한 방식과 아주 다르다. 정치 엘리트가 반대자들을 억누르는 동시에 다른 이들의 땅을 빼앗고, 친구들에게 독점권을 주고, 국가 자산을 직접 약탈함으로써 자신의 부를 쌓기 위해 그리 대단치도 않은 국가기관들을 이용할 수 있게 해줬다. 결집 효과와 마찬가지로 법규의 자의적인 이용에서 이득을 보는 능력은 아르헨티나뿐만 아니라 다른 여러 종이 리바이어던에서 국가의 무능과 분열을 부추겼다.

종이 리바이어던이 국가 역량을 쌓는 데 실패한 것은 시민들에게는 양날의 칼이다. 능력이 떨어지는 국가는 시민들을 억압하는 능력도 떨어진다. 이런 것이 얼마간 자유의 토대가 될 수 있을까? 안타깝게도 일반적으로 그렇지는 않다. 종이 리바이어던의 시민들은 자유를 누리기보다는 다른 두 세계[4]의 가장 나쁜 면을 함께 겪을 것이다. 종이 리바이어던의 국가는 여전히 상당히 독재적이어서, 사람들의 목소리를 거의 듣지 않고 계속해서 시민들에게 감응하지 않으며, 그래서 그들을 억압하거나 살해하는 데 딱히 주저하지 않는다. 동시에 시민들은 분쟁의 해결자이자 법의 집행자, 공공서비스 제공자로서 국가의 기능을 기대할 수 없다. 종이 리바이어던은 자유를 창출하거나 자유에 적대적인 규범을 완화하려 하지 않는다. 앞으로 살펴보겠지만 사실 종이 리바이어던은 흔히 규범의 우리를 완화하기보다는 되레 강화한다.

---

4 부재의 리바이어던과 독재의 리바이어던의 특성을 가진 두 세계를 뜻한다.

길을 낼 데가 없다

실제로 무엇이 결집 효과를 촉발할 수 있을까? 역사학자 유진 웨버Eugen Weber는 프랑스 국가와 사회의 형성에 관한 연구서 《농부에서 프랑스인으로Peasants into Frenchmen》에서 몇 가지 '변화의 매개', 다시 말해 그가 보기에 현대 프랑스 사회의 발전에 결정적으로 중요했던 요인들을 제시했다. 그는 '길, 길, 더욱더 많은 길'이라는 장으로 시작했다. 그가 보기에 기본적인 기반시설은 전 국민의 공동체를 만들어냄으로써 사회를 결집하고, 그들의 요구를 변화시키고, 정치적 의제를 바꿀 수 있다. 요컨대 기반시설은 우리가 결집 효과라고 한 것을 창출할 수 있다.

콜롬비아의 국가는 종이 리바이어던의 또 다른 완벽한 실례로, 도로를 건설하는 데 관심을 보인 적이 없다. 오늘날 몇몇 주의 수도는 하늘길이나 강을 통하지 않고는 이 나라의 나머지 지역과 연결되지 않는다. 메인주의 오거스타가 미국의 다른 지역과 도로로 연결되지 않는 상황을 상상할 수 있겠는가? 콜롬비아 남부의, 수도가 모코아인 푸투마요주에서 흥미로운 사례를 볼 수 있다. 〈지도 14〉를 보라. 1582년 프라이 헤로니모 데 에스코바르Fray Jerónimo de Escobar는 이렇게 밝혔다.

> 이 소읍은 산맥에 인접하고 도로에서 멀리 떨어져 있어서 진입하려면 큰 고생을 해야 한다. 앞서 말한 소읍 아그레다(모코아)는 발전하지 않고 사람들은 떠나간다. 통신할 길은 없고 … 모두가 비참하게 살고 있다.

1850년까지 사정은 그다지 나아지지 않았고, 당시 푸투마요의 바로 북쪽에 있던 테리토리오 데 카케타의 한 지사는 이렇게 말했다. "파스토(이웃 나리뇨주의 수도)에서 이 도시(모코아)로 여행하면 녹초가 되며 흔히 끔찍한 곳에 맞닥뜨리게 된다. 허약한 사람들은 인디언 등에 업혀 우스꽝스럽고 터무니없고 고통스러운 자세로, 돼지처럼 짐 묶는 끈에 묶여서 여행한다."

수도 보고타에서 온 사람들에게 푸투마요는 무서운 곳이었다. 나중에 대통령이 된 라파엘 레예스Rafael Reyes는 자서전에서 이 지역을 답사하던 시절에 관해 이렇게 썼다.

> 그 미지의 원시림, 그 광대한 공간은 나를 홀리고 끌어당겨 … 내 나라의 진보와 복리를 위해 길을 열려고 그곳을 가로질러 탐험하도록 했다. 그 숲들은 코르디예라지역 거주민에게도 절대 알려지지 않았고 대중의 상상으로는 그곳에 야생의 온갖 짐승과 괴물이 사는 데다 수많은 야만적 식인종이 발견된다고 해서 그 숲을 뚫고 갈 생각을 하니 겁에 질렸다.

레예스는 이런 고립에 대한 해결책을 갖고 있었다. 1875년 그는 이웃 나리뇨주 수도인 파스토에서 모코아(〈지도 14〉에 표시돼 있다)로 도로를 건설하자고 제안했다. 1906년 대통령이었던 레예스는 가능한 노선을 조사하라고 맡겼다. 엔지니어인 미겔 트리아나Miguel Triana가 계약을 따내 도로를 설계하기로 했다. 트리아나는 측량을 했지만 도로 공사는 시작되지 않았다. 또 다른 계약을 빅토르 트리아나Victor Triana에게 줬지만, 1908년이 되자 재원 부족으로 새로운 계획은 폐기됐다. 1909년 중앙정부는 시분도이 계곡의 카푸친 수도회 사제들에게 건설을 맡기고 나리뇨 주지사에게는 자금 조달을 맡기기로 했다. 1912년 카푸친 사제들은 강제 노동에 동원된 원주민의 도움을 받아 파스토에서 모코아까지 120킬로미터의 도로를 완성했지만, 그것도 페루 군인들이 카케타강에 접한 라페드레라의 콜롬비아군 수비대를 공격한 것

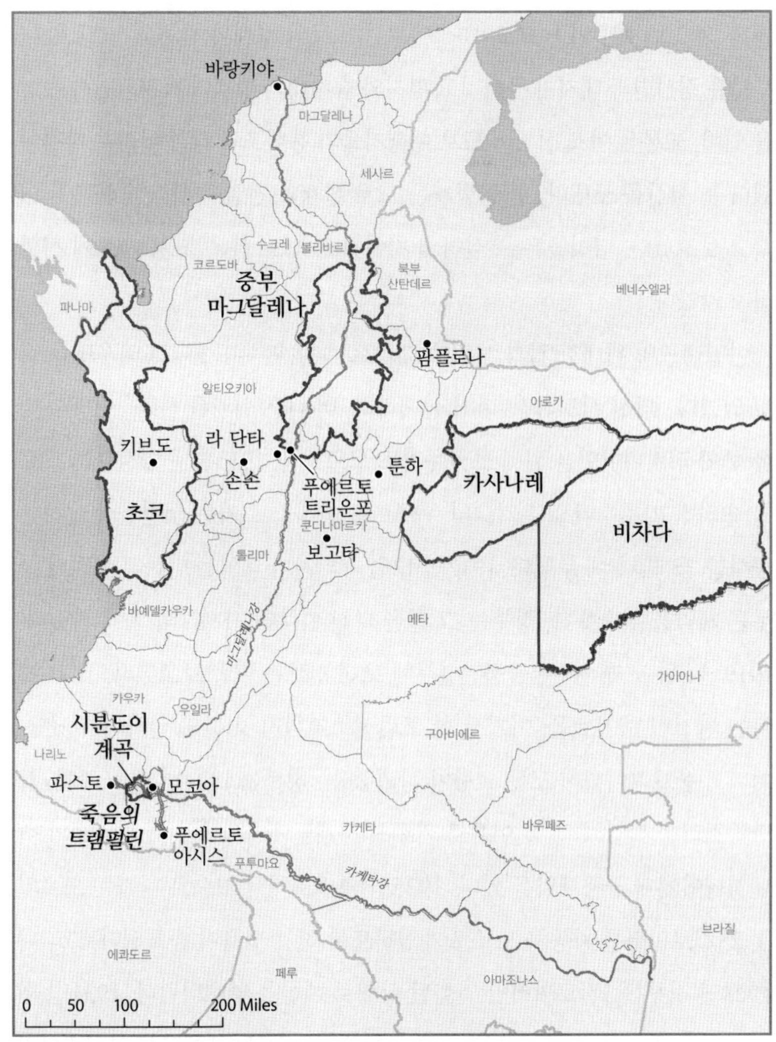

〈지도 14〉 콜롬비아: 엘리트, 준군사조직, 그리고 죽음의 트램펄린

에 자극을 받아 중앙정부가 3만 6,000페소를 제공한 다음의 일이었다. 그러나 1912년 말 도로는 상태가 나빠졌다. 한 지역 행정관은 정부의 담당 장관

에게 '파스토에서 이곳(모코아)에 이르는 도로의 상태와 관련해 … 도로 대부분은 경사면과 대지가 무너지고 평지와 습지대의 방책이 파괴되면서 손상을 입어, 교통은 이제 심지어 도보 여행자들의 통행조차 극히 어려운 지경이 됐다'는 서신을 보냈다. 한 공학자는 도로 설계와 건설에 심각한 문제가 있다고 보고했다. 다리들은 '부실하게 지어졌고' 도로 폭은 '교통 수요에 적합하지 않았다.'

아일랜드의 위대한 작가 사뮈엘 베케트Samuel Beckett는 이런 좌우명을 갖고 있었다. '다시 시도하라, 다시 실패하라, 더 나은 실패를 하라.' 이 좌우명은 종이 리바이어던을 위해 쓰였는지도 모르겠다. 1915년 중앙정부는 도로를 수리하고 푸투마요강 기슭의 푸에르토 아시스로 가는 구간을 완성하는 공사를 공개입찰에 부쳤다. 1917년 12월 계약자가 책임을 다하지 못해서 정부는 계약을 취소했다. 정부는 그 일을 다시 카푸친 사제들의 손에 맡겼다. 1919년 6월 모코아에서 공공건설부에 보낸 전보는 이런 보고였다. '국가 도로는 완전히 폐기됐음. 여기서 산 프란시스코까지 30건의 산사태가 났음. 여기서 움브리아까지 모든 교량이 파괴됐음.' 정부는 1924년 이 도로를 '불만족스러운 작업 수행'을 이유로 카푸친 사제들에게서 회수해 파스토의 한 엔지니어에게 공사계약을 줬다. 1925년 파스토에서 밖으로 나가는 도로의 첫 25킬로미터를 자동차 도로로 개량하도록 하는 법률이 공포됐다. 그러나 1928년 정부는 5킬로미터만 건설된 상태로 예산을 없애버렸다. 1931년 법률 88호는 이 도로를 국가 도로망에 통합했는데, 이는 푸에르토 아시스까지 가는 구간이 자동차 도로가 돼야 한다는 뜻이었다.

제9장에서 우리는 찰스 틸리의 '전쟁은 국가를 만들고, 국가는 전쟁을 일으켰다'는 금언에 대해 논의했다. 그렇다면 1932년 콜롬비아인들은 국가를 만들 기회를 잡았었는지도 모른다. 그해 페루와의 국경 분쟁이 시작됐고, 콜

롬비아 정부는 이 도로에 '국가 방위 도로'라는 이름을 붙이고 도로를 관리하고 확장하는 데 12만 페소를 배정했다. 한 엔지니어는 그 도로가 "흉물이나 다름없다"고 평가를 내렸다. 이 자갈 도로는 1957년 11월에야 푸에르토 아시스에 이르렀는데, 그때는 페루가 전쟁에서 이겨 콜롬비아 영토의 큰 부분을 합병하고 25년이 지난 다음이었다. 콜롬비아의 경우에는 전쟁이 있든 없든 도로는 없었고 국가도 별로 보이지 않았다.

일종의 도로라 할 법한 것이 푸에르토 아시스까지 개설됐지만, 도로는 곧 '죽음의 트램펄린Trampoline of Death'이라는 불길하면서도 그럴듯한 별명을 얻었다. 1991년 전국지인 〈엘 티엠포El Tiempo〉의 보도를 보자. '푸투마요 지방으로 가는 도로 전체가 끔찍하다. 날마다 그곳을 지나는 운전자들은 그 길을 죽음의 도로라고 부른다. … (그리고) 여행자들은 끊임없이 게릴라들의 위협을 받는다.' 2004년 알바로 우리베Álvaro Uribe 대통령은 '남아메리카 지역 기반시설 통합' 계획을 띄웠다. 2016년까지 약 15킬로미터의 도로가 건설됐지만 자금 부족 때문에 작업이 중단됐다.

콜롬비아에서 도로의 부재는 어떤 유형의 사회를 만들어냈을까? 고립된 골짜기에 흩어져 있는 사회다. 1958년 콜롬비아 대통령이 된 알베르토 예라스 카마르고Alberto Lleras Camargo는 1946년 농민협회 연설에서 이렇게 말했다.

> "우리가 *캄페시노campesino*[5]들을 구할 지역 보건이나 신용, 혹은 교육을 위한 캠페인을 말할 때 이 프로그램들 대부분이 (오로지) *촌락aldea*을 형성한 지역과 콜롬비아의 상류층에 돌아간다는 것을 알지 않습니까? … 우리의 (시골에 사는) 동료 시민들과 사회의 나머지 계층 71퍼센트에는 직접적인 통신도 없고, 접촉

5 시골 사람, 농민

도 없고, 길도 없고, 직접 소통할 수단도 없습니다. 보고타에서 15분만 나오면 우리와 몇 세기나 떨어진 다른 시대에, 다른 사회 계층과 문화에 속하는 캄페시노들이 있습니다."

하지만 종이 리바이어던은 바로 그런 방식을 좋아한다. 편협한 지역주의 문제에 집중하는 대단히 파편화된 사회 말이다. 우리는 제6장에서 사회가 국가건설에 대응해 더 결집하면서 편협한 지역주의적인 문제들이 사라진 영국의 사례를 봤다. 콜롬비아에서는 그렇지 않았다. 2013년 일련의 파업과 시위가 나라를 뒤흔들었다. 그해 7월 파업 광부들이 초코주의 수도 키브도에서 압도적인 목소리를 냈다. 이 지역은 〈지도 14〉에 표시돼 있다. 광부들은 비공식적인 광부들을 인정하라고 요구하고, '기술적 지원은 물론 광부들을 위한 보조금과 신용 특혜'를 원했다. 그들은 또 정부에 '다국적 광산업체에 땅을 파는 것을 중지하고 광업용 연료에 보조금을 달라'고 요청했다. 광부들이 직접적으로 바라는 것 외에 다른 요구사항들은 목록에 없었다. 흥미롭게도, 키브도에서 이 나라의 다른 곳으로 가는 도로는 전혀 없었다. 다른 지역에서 일어난 많은 파업에서도 마찬가지였다. 콜롬비아 커피 산지의 생산자 단체인 디그니다드 카페테라(Dignidad Cafetera, 문자 그대로 '커피의 기품')는 정부가 커피에 대한 가격 보조금을 주기를 바랐다. 그들은 전국커피재배자연맹의 민주화를 요구하고 커피 재배 지역에서 광업을 더 엄격하게 규제해야 한다고 주장했다. 디그니다드 파페라, 레체라 이 세보예라(Dignidad Papera, Lechera y Cebollera, '감자, 우유, 양파의 기품')는 감자와 우유, 양파 생산자를 대변한다고 주장하는 단체였다. 그들 역시 가격 보조금을 요청했지만, 이번에는 자신들의 생산물에 대해서만 그렇게 요청했다. 그들은 분유를 다시 물에 타는 것은 금지해야 하며, 분유와 냉동하거나 미리 조리한 감자의 수입에 대한 보상을 받아야 한다고 주장했다. 원당 생산업자들이 조직한 디그니다드 파넬레라(Dignidad Panelera, '원당의 기품')는 정부가 설탕 대체 수입품에 대한 관세를 더 높이기를 원했고, 정부가 원당 3,500톤(그들이 생산한, 사탕수수로 만든 설탕 전량)을 사달라고 요구했다. 이런 사회는 결집할 가능성이 거의 없는 사회여서 콜롬비아 엘리트층이 다루기가 매우 편리하고 이 나라 정부가 관리하기가 아주 쉬웠다. 여기서 보조금을 조금 주고, 저기서 원당을 조금 사주면 요정은 다시 병 속으로 들어가고 만다.

턱시도 입은 오랑우탄

문제는 기반시설이 없는 것뿐만이 아니다. 아르헨티나처럼 콜롬비아도 비슷한 이유로 관료제가 작동하지 않는다. 2013년 어떤 중앙부처의 경우 직원 중 60퍼센트가 실력주의 규칙을 적용하지 않고 주로 후원자의 추천에 따라 채용한 '임시 직원'들이었다. 콜롬비아 사람들은 아르헨티나인들보다 뇨키를 덜 좋아하지만, 그들 역시 공무원 조직에 뇨키를 상당히 많이 받아들이고 있다.

규칙과 관료제 절차가 갖춰지지 않아서 생기는 문제는 2008년 수도 보고타의 시장으로 선출된 사무엘 모레노Samuel Moreno의 임기에 극적으로 드러났다. 모레노는 일단 권력을 잡자 보고타의 '그림자 정부'를 만들어 동생 이반Iván에게 위임했다. 이반은 요즘 콜롬비아 사람들이 '회전목마 도급contract carousel'이라고 부르는 체제를 구축했는데, 이는 시의 모든 도급 계약을 배정하는 책임을 맡는 것이었다. 형제는 이를 계약 금액의 50퍼센트에 이르는 뇌물을 짜내는 수단으로 이용했다. 모든 불법행위를 숨기려고 그들은 자주 마이애미로 전용기를 타고 가서 만났다. 형제는 속어를 하나 만들었다. 계약 금액 중 그들의 몫은 '우나 모르디다una mordida', 즉 한 입이라고 불렀는

데, 이는 제9장에서 본 과테말라의 속어와 같은 것이다. 그런 한 입 중 가장 알짜는 하루 수백만 명을 실어 나르는 이 도시의 통합 대중교통체계를 운영하는 계약이었다. 모레노 형제의 몫은 승객 한 명당 8페소였다. 형제는 거기서 그치지 않았다. 그들은 모든 것을 약탈했다. 기존 병원들도 매우 수지가 맞았지만, 새 병원들을 짓는 것은 도둑질할 훨씬 더 큰 기회를 만들어줘서 모레노 형제에게는 지출액의 25~30퍼센트가 돌아갔다. 그들은 누가 구급차 사업계약을 딸지 결정했고, 그다음에 모레노 형제와 친구들이 배정된 금액의 절반을 가져갔다. '한 입'을 떼어주지 않으면 그들은 계약을 따지 못했고 그 형제에게 '너무 짜다'는 말을 들었다. 그래서 보고타 일부 지역의 교통 정체를 해소하기 위해 카레라 9와 카예 94[6]를 잇는 다리를 건설하는 데 450억 페소(1,500만 달러)가 배정됐다. 건설공사는 시작된 적도 없고 돈은 사라져버렸다. 그 형제가 얼마나 떼어먹었는지는 아무도 모른다. 그 규모가 5억 달러에 이를 수 있다는 추측도 있다.

사무엘 모레노는 콜롬비아 정계의 외부자가 아니었다. 그의 조부 구스타보 로하스 피니야Gustavo Rojas Pinilla는 1950년대 군부 독재자였으나 1960년대에 스스로 민주주의자로 거듭나려 했다. 모레노처럼 콜롬비아 정치 엘리트는 국가 예산을 약탈하는 습성을 가지고 있다. 그들은 기회가 오면 토지도 기꺼이 약탈했다.

콜롬비아 시골의 광활한 지역은 법적으로 황무지baldío로 분류되며 정부가 소유한다. 콜롬비아 정부는 19세기부터 이 땅의 분배와 권리증서 발급을 규정한 여러 법률을 공포했다. 1994년에 통과된 법률 160호는 황무지에 5년 이상 정착했던 사람들은 농업개혁기구인 인코라INCORA, Instituto Colombiano

6 카레라Carrera는 남북, 카예Calle는 동서로 가는 도로다.

de Reforma Agraria를 상대로 그들이 차지하고 있는 땅에 대한 소유권을 달라고 청원할 수 있도록 명시했다. 이런 형태의 특허는 땅이 없는 시민들에게만 적용됐다. 가난하거나 살던 곳에서 쫓겨났다는 이들에게 우선권을 줬고, 한 사람이 신청할 수 있는 토지 면적은 인코라가 판단할 때 한 가족이 '품위 있게 살 수 있도록' 해주는 토지 규모를 의미하는 '우니다드 아그리콜라 파밀리아르'(Unidad Agrícola Familiar, 농업 가족 단위)로 한정했다. 그러나 이 제도는 연줄이 든든한 엘리트에게 쉽게 휘둘릴 수 있었다. 특히 그들이 법을 악용하는 기술에 정통한 보고타 법률회사의 노련한 도움을 받을 때 그렇다. 바예델 카우카주의 제당업체 리오파일라-카스티야와 관련된 악명 높은 사례가 있다. 이 회사는 2010년 법률회사 브리가르드 우루티아의 도움을 받아 축소형 주식회사Sociedad Anonima Simple, S.A.S[7]를 스물일곱 개 만들어 이 제도를 악용했다. 그들은 동부의 비차다주에 있는 3만 5,000헥타르에 상당하는 황무지 42필지를 사들였는데, 이 땅은 모두 가난하고 터전을 잃은 이들을 위한 것이었지만 결국 리오파일라사로 갔다. 〈지도 14〉를 보라. 비슷한 책략을 쓴 콜롬비아의 최고 부자 루이스 카를로스 사르미엔토Luis Carlos Sarmiento는 개인적으로 황무지 1만 6,000헥타르를 취득할 수 있었다. 한 기자가 어떻게 명망 있는 법률회사가 그처럼 뻔뻔스럽게 법을 위반할 수 있느냐고 묻자 브리가르드 우루티아의 한 변호사는 이렇게 말했다.

> 법은 해석하라고 있는 것이지요. 여기서 법은 흑백으로만 나눌 수 없습니다.

---

7 회사 설립을 쉽게 할 수 있도록 요건을 완화해 구성원 최소 한 명, 출자금 한도 내 책임을 명시한 단순한 형태의 주식회사

파편화하고 무력한 종이 리바이어던의 특성은 자유에 중대한 영향을 미치며, 특히 폭력을 통제할 때 그렇다. 막스 베버는 국가를 '정해진 영토 내에서 물리적 폭력을 합법적으로 행사할 수 있는 독점권을 (효과적으로) 주장하는 인간의 공동체'로 정의했다. 종이 리바이어던은 그들이 권력을 행사하는 방식 때문에 합법적이든 아니든 물리적 폭력의 독점권을 가질 수 없다. 콜롬비아는 국가가 폭력을 독점할 수 없어서 초래되는 파괴적인 결과를 잘 보여준다.

콜롬비아에서 공저자 마리아 앙헬리아 바우티스타María Angelia Bautista, 후안 세바스티안 갈란Juan Sebastián Galan과 함께 한 연구에서 제임스 로빈슨은 1977년 전직 군인이자 농부였던 라몬 이사사Ramón Isaza가 어떻게 '엽총수들Los Escopeteros'이라고 이름 붙인 집단을 만들었는지 밝혔다. 이사사는 안티오키아주 동부 푸에르토 트리운포 자치시에 농장을 갖고 있었다. 〈지도 14〉를 보라. 법원 문서에 의하면 1970년대 중반 마르크스주의 게릴라집단인 FARC(콜롬비아 무장혁명군)가 이 지역에 새로운 전선을 만들고 지역 농민들에게 세금을 걷고 그들의 소와 가축을 수용하는 정책을 시작했다. 1977년 이사사는 엽총 열 자루를 샀는데, 그 행동으로 이 집단에 엽총수들이라는 이름이 붙었다. 그들은 FARC를 습격하고, 죽이고, 그들의 총을 훔쳤다. 2000년에 엽총수들은 자신들의 이름을 중부 마그달레나 농민자위대로 바꾸고, 지주들의 지원을 받으며 전선을 여섯 곳으로 확대했다. 전선 한 곳은 이사사의 사위 루이스 에두아르도 술루아가Luis Eduardo Zuluaga가 이끌었다(그는 미국 텔레비전 극중 인물 이름을 딴 맥가이버MacGyver라는 별명을 가졌다). 이 전선은 게릴라들에 살해당한 맥가이버의 형 이름을 따 호세 루이스 술루아가 전선José Luis Zuluaga Front, FJLZ으로 불렸다. FJLZ는 중심부가 5,000제곱킬로미터를 포괄하는 넓은 영토를 통제했다. 이 전선은 32쪽에 달하는 *에스타투토*(estatuto, 법령) 성문법 체계를 갖추고, 조직원들과 민간인들 모두에게 적용할 정도로 이 법을 평등하게 집행하려고 했다. FJLZ는 또한 관료조직을 두고 약 250명의 제복을 입은 전사들로 구성된 군대 조직과 '세금 징수원'들의 민간인 조직, 마르크스주의 게릴라들과 싸우는 정치 사업에 집중하는 '사회팀'으로 나뉘었다. 그들은 상거래와 사회생활을 규제하고, 사명 선언문과 이념, 찬가, 기도문, '인테그라시온 에스테레오Integración Estéreo'라는 라디오 방송국을 갖고 있었다. 이 전선은 심지어 프란시스코 데 파울라 산탄데르 훈장과 황금십자대훈장 같은 훈장들도 수여했다. 그럼 관료와 군인 들에게 급여는 어떻게 주었을까? 그들은 자신들이 통제하는 지역의 지주와 사업가들에게 세금을 걷고, 특히 우유와 감자 같은 생산물에도 과세하려고 했다. 이 전선은 수만 킬로미터의 도로를 건설하고, 전력망을 확장하고, 학교를 지었다. 그들이 본거지를 둔 라 단타에서는 의료원을 짓고, 노인들의 집을 재건축하고, 집을 지어 가난한 사람들에게 추첨으로 배정하고, 기술자 센터를 착공하고, 그리고 맥가이버가 바우티스타와 갈란, 로빈슨에게 "동물들에게 잔인한 것이라 나는 투우를 찬성하지 않는다"고 말하기는 했지만, 투우장도 건설했다.

이 지역은 콜롬비아의 국가가 아니라 이사사와 맥가이버가 통제했다. 2006년 이 집단이 해산된 후 판사에게 한 진술에서 라몬 이사사는 자신들이 선거에서 한 역할을 다음과 같이 설명했다.

> "우리가 실제로 한 일은 라 단타나 산 미겔, 혹은 코코르나처럼 주요 도로에서 떨어져 있는 소로小路 지역, 경찰이 없는 작은 타운에서 한 활동이었습니다. 거기서 우리는 그 지역들을 보호했지만, 누구에게도 특정인을 찍으라고 말하지 않았습니다. 우리가 무엇을 감독했느냐고요? 우리는 선거를 망치지 않도록 보살피고, 싸움이나 언쟁이 일어나지 않도록 돌봤습니다. 우리는 그 타운들이 있는 지역 전체에서 그런 일을 했습니다. 우리는 선거를 위해 치안을 제공했습니다."

콜롬비아 사람들은 흔히 그들의 종이 리바이어던에 대해 이 나라에 높은 산과 정글이 많다는 핑계를 댄다. 실제로 이사사와 그의 전선들은 규모가 큰 두 도시 보고타와 메데인 사이의 주요 도로 주변에 자리 잡아 콜롬비아의 국가를 바로 코밑에서 다 바라볼 수 있었다. 콜롬비아의 또 다른 강력한 준군사조직의 우두머리인 에르네스토 바에스Ernesto Baez는 다른 판사에게 반어적으로 이렇게 말했다. "우리나라 같은 법치국가 내에서 어떻게 작은 독립적인 국가가 작동할 수 있겠습니까?" 그에 대해 답을 하자면, 종이 리바이어던에서는 그런 작은 국가가 아주 쉽게 작동할 수 있다는 것이다.

콜롬비아의 국가는 시민들을 방치하고 무시하기만 한 것이 아니라 적극적으로 괴롭히기까지 했다. 한 가지 실례는 이른바 '거짓 양성false positive[8]' 스캔들에서 볼 수 있다. 알바로 우리베가 2002년 대통령에 선출됐을 때 그의 사명은 좌익 게릴라에 대한 토벌을 강화하는 것이었다. 우리베는 군에 일련의 강력한 유인책을 도입해서 토벌군들이 게릴라 대원의 시신을 증거로 제시하면 금전적인 수당과 휴가를 줬다. 그랬더니 군인들이 무고한 시민들을 3,000명이나 살해하고 그들에게 게릴라 옷을 입혀서 제시했다. 콜롬비아의 한 검사는 심지어 군부대 바타욘 페드로 넬 오스피나Batallón Pedro Nel Ospina를 "희생자들을 만들어내고 그들이 전투 중 죽은 것처럼 꾸미는 데 전념하는 암살자 집단"이라고 밝혔다. 게릴라와 준군사조직이 사람들을 잡으러 오지 않으면 군대가 사람들을 잡아갔다.

콜롬비아의 종이 리바이어던이 낳은 또 다른 결과를 약 200년 전 스페인 식민 통치에 대항한 혁명을 이끈 남아메리카의 '해방자' 시몬 볼리바르Simón Bolívar가 지적한 바 있다. 그는 이렇게 말했다.

---

8 본래 어떤 질환에 걸리지 않은 사람이 검사에서 양성 반응을 보이는 것을 의미한다.

이 신사들은 콜롬비아가 그들이 봤던, 보고타와 툰하, 그리고 팜플로나의 난로 주위에 모인 순박한 사람들로 가득하다고 생각했다. 그들은 한 번도 오리노코의 카리브 사람들과 아푸레의 평원 주민들, 마라카이보의 어부들, 마그달레나의 뱃사람들, 파티아의 산적들, 다스릴 수 없는 파스투소 원주민들, 카사나레의 과히보족, 콜롬비아의 황야 전역을 사슴처럼 뛰어다니는 아프리카와 남아메리카 출신의 다른 모든 야만적인 유랑민들을 만나본 적이 없다.

볼리바르는 콜롬비아의 엘리트가 자신들이 통치하고 (혹은 약탈하고) 있다고 주장하는 나라를 진정으로 알거나 이해하지 못한다고 말한 것이다. 실제로 19세기의 유명한 콜롬비아 대통령으로, 1886년 헌법 제정을 주도해 1991년까지 시행될 수 있도록 했던 미겔 안토니오 카로Miguel Antonio Caro는 평생 보고타를 떠나본 적이 없었다(그 점에서는 차차기 대통령 호세 마누엘 마로킨José Manuel Marroquín도 마찬가지였다). 카로는 누구를 위해 헌법을 만들었을까? 물론 '보고타와 툰하, 팜플로나'의 신사들을 위해서였다. 보고타의 지배를 받는 이 나라의 주변부는 자원이나 공공서비스를 거의 받지 못했다. 1945년 1만 8,500킬로미터의 도로 중 콜롬비아 영토의 4분의 3을 차지하는 주변부 도로는 613킬로미터(포장도로는 전혀 없었다)에 불과했다. 보고타의 정치 엘리트는 주변부가 확실히 주변에 머물도록 했다. 하지만 그렇다고 보고타에서는, 적어도 사무엘 모레노가 집권하기 전에는 사정이 괜찮았다고 섣불리 결론 내려서는 안 된다. 그런 결론을 내리기 전에, 혹시 그곳에 가거든 편지를 부쳐보길 바란다. 토크빌이라면 무슨 말을 했을까?[9]

---

9 토크빌은 미국의 우체국들이 광범위한 지식 전파 수단이자 효과적인 관료조직으로 작동하는 데 놀라워했다.

콜롬비아 정치인 다리오 에찬디아Dario Echandía는 콜롬비아의 민주주의는 '턱시도 입은 오랑우탄'이라고 비꼰 적이 있다. 종이 리바이어던의 특성을 포착한 말이다. 턱시도는 관료제가 작동하고 질서 있는 국가의 외양을 비유한다. 비록 그 관료제가 종종 이 나라를 약탈하는 데 이용되고 흔히 문란해지더라도 말이다. 오랑우탄은 종이 리바이어던이 통제할 수 없고 그러고 싶어 하지도 않는 모든 것들을 의미한다.

바다에서 쟁기질하기

이 모든 일이 하룻밤 새 이뤄지지는 않았다. 콜롬비아의 국가가 어떻게 변화해왔는지 알아보기 위해 이제 바랑키야의 항구도시에서 결핵을 앓으며 누워 있는 볼리바르 이야기로 돌아가보자. 1830년 11월 9일 그는 오랜 친구인 후안 호세 플로레스Juan José Flores 장군에게 편지를 썼다. 1830년 남아메리카 대륙은 스페인 식민지배에서 벗어났고, 스페인은 쿠바의 여러 섬과 히스파니올라섬 일부, 푸에르토리코만 보유했다. 하지만 볼리바르는 환멸을 느꼈다. 그는 이렇게 썼다.

> 20년간 통치한 후 나는 다음과 같은 몇 가지에 대해서만 확실한 결론을 얻었네. ① 우리에게 아메리카는 통치할 수 없는 곳이다. ② 혁명에 헌신하는 이들은 바다에서 쟁기질하는 것이나 마찬가지다**10**. ③ 아메리카에서 할 수 있는 일은 이민 가는 것밖에 없다. ④ 이 나라는 필연적으로 무절제한 대중의 수중에 떨어지

10 바다를 쟁기로 갈고 나면 금세 고랑이 사라지듯이 혁명이 소용없게 된다는 비관적인 생각을 표현한 은유다.

고, 그다음에는 너무나 하찮아 거의 알아볼 수도 없는, 온갖 피부색과 인종의 폭군들 손에 넘어갈 것이다. ⑤ 우리가 온갖 범죄에 산 채로 잡아먹히고 광포함에 제압당하면 유럽인들은 우리를 정복하려 애쓸 필요조차 없을 것이다. ⑥ 세계의 어느 지역이라도 원시적인 혼란 상태로 되돌아갈 수 있다면 그것은 마지막 시간에 이른 아메리카일 것이다.

그는 왜 그토록 비관적이었을까? 그가 말한 '아메리카'는 라틴아메리카를 의미하는데, 그는 왜 그 지역을 통치하려는 시도가 '바다에서 쟁기질하는' 것과 같이 불가능한 일이라고 생각했을까? 거기에는 몇 가지 이유가 있었다. 가장 중요한 이유는 남미 사회가 정치적 위계 구조와 불평등을 바탕으로 만들어졌다는 점일 것이다. 식민지 사회는 백인인 스페인 사람이 맨 위에 있고 토착민과 여러 지역의 흑인 노예들이 밑바닥에 있는 제도화된 계급구조였다. 시간이 흐르면서 스페인인 엘리트는 크레올레(Creole, 볼리바르도 그중 한 명이다)로 불리는 남미의 토착민이 됐고, 다른 인종 간 결혼 및 출산이 이뤄지면서 누가 누구보다 우위에 있는지 가리는 정교한 카스트(스페인어로 카스타*casta*)제도가 만들어졌다. 오늘날 카스타는 식민지 멕시코에서 그린 일련의 유명한 그림으로 기억되는데, 이 책에 그중 하나인 〈사진 19〉를 실어놓았다. 법과 조세는 사회적 지위에 따라 다르게 적용돼, 충분히 힘이 센 사람에게는 법이 전혀 적용되지 않았으므로 카스타가 중요했다. 법 앞의 평등이라고는 전혀 없어서 대다수 남미 사람들 눈으로 볼 때 법 자체가 부당하게 보였고, 그들은 식민지 시대의 *'복종하지만 준수하지 않는다obedezco pero no cumplo'*는 유명한 격언을 채택했다. 나는 법률과 명령을 발동하는 당신의 권리를 인정하지만, 그것들을 무시할 내 권리도 가지고 있다는 뜻이다. 더욱 중요한 점은 토착민들과 흑인 노예들이 체계적으로 착취당하면서 법은 강도 높은 위계질서와 지배, 불평등을 의미했다는 점이다. 그런 위계와 지배, 불평등은 오늘날에도 여전히 나타난다.

지배와 불평등의 기원은 다시 시분도이 계곡을 통과하는 파스토와 모코아 간 도로 이야기로 돌아가서 살펴볼 수 있다. 아메리카 대륙 정복 후 이 계곡의 토착민들은 문자 그대로 '위탁'을 뜻하는 엔코미엔다제도에 따라 *엔코멘데로encomendero*[11]로 부르는 스페인 사람들에게 수여됐다. 스페인 사람들이 구세계에서 가져온 감염병으로 수많은 토착민이 죽었지만, 여전히 착취 대상이 1,371명 남아 있었다. 엔코미엔다에 따르면 많은 동물과 조류, 인디언의 생산물을 수도원과 *카시케cacique*(카리브지역에서 남아메리카로 수입된 말로, 원주민 추장이나 지배자를 가리켰다)에게 줘야 했다. 또한 '인디언 145명은 8개월간 광산에서 일하고', 10명은 엔코멘데로의 땅에서 일하며, '8명은 카시케의 가사 일을 한다'는 식으로 강제 노동 관행을 명시했다.

이처럼 불평등이 심한 사회는 결국 무력으로 한데 뭉쳐야 했고, 라틴아메리카 사람들은 이런 사회가 미국에서 출현한 것과 같은 형태의 민주적 제도 아래서는 결코 살아남을 수 없다는 것을 알았다. 19세기가 되자 엔코미엔다는 더 이상 남아 있지 않았고, 인디언의 '공물'이 계속 국가의 재정적 기반을 제공하는 새로운 착취제도로 대체됐다. 이 시점에서 불평등은 그 어느 때보다 극심한 수준이었다. 볼리바르와 다른 사람들은 이 제도를 영속화하려면 어떤 미국 대통령이 가질 수 있는 것보다 훨씬 더 강력한 독재적 권력이 필요하다고 생각했다. 하지만 그렇다고 그런 사회를 유지하기가 쉽지는 않았다. 여기서 통치 불가능성을 초래하는 두 번째 주된 요인이 중요해진다.

다른 여러 식민지처럼 스페인 지배하의 아메리카에는 식민지 개척자들이

---

11 수탁자

만든 국가기관들이 있었지만(가장 주목할 만한 것은 토착민들을 억압하기에 충분한 무력이었다), 이 지역은 스페인이 '간접적으로' 지배했다. 카시케는 스페인의 간접적인 대표였으므로 시분도이 계곡의 엔코미엔다는 많은 생산물과 조류, 돼지를 그에게 줬다. 스페인 사람들은 관료조직과 국가 행정체계를 만들지 않았다. 그들은 토착민의 정치적 위계 구조가 그 일을 하도록 조종했다. 스페인인들에 대한 반란이 일어났을 때, 군대를 제쳐두면 콜롬비아 전체에서 스페인의 국가를 위해 일하는 사람은 800명에 불과했다.

이 두 요인 때문에 효과적인 국가가 없는 가운데 사회의 엄청난 불평등과 위계 구조가 유지됐다. 이는 '오리노코의 카리브 사람들과 아푸레의 평원 주민들, 마라카이보의 어부들, 마그달레나의 뱃사람들, 파티아의 산적들, 다스릴 수 없는 파스투소 원주민들, 카사나레의 과히보족'을 통제할 국가기관들이나 법적 기구가 없다는 뜻이었다. 크레올레 엘리트는 그들이 알고 있는 방식대로만 했다. 그들은 가능한 한 독재적이고 중앙집권적인 사회를 만들려고 했지만, 그 일을 확실히 하려고 스페인인들이 식민 제국을 통치하기 위해 썼던 것과 똑같은 전략들을 동원했다. 베버가 생각했던 국가가 출현할 여지는 없었다. 국가는 통제력을 갖기 위한 도구였고, 법은 이 불평등한 현재 상태를 안정시키기 위한 수단이었다.

대통령 권력의 제약에 관한 개념에서 보이는 남아메리카와 미국 간 차이는 볼리바르가 직접 스페인에서 해방된 신생국 볼리비아를 위한 헌법을 제정한 후 1826년 페루의 리마에서 했던 연설에서 가장 잘 드러난다. 볼리비아라는 국명이 볼리바르 본인에게서 따온 것이라는 점을 특기할 만하다. 국명에 이름이 쓰인 사람이 몇이나 되겠는가? 그중 한 명은 본인의 이름을 콜롬비아에 준 크리스토퍼 콜럼버스다. 사우드Saud가의 경우에는 그들의 이름을 딴 사우디아라비아가 있고, 신성로마제국에서 살아남은 가문 중 하나인 룩셈부르크Luxembourg가 역시 이름을 딴 나라가 있다. 영국 식민지 시대 아프리카의 거물 기업가 세실 로즈Cecil Rhodes에게도 그의 이름을 딴 나라 로디지아가 있었는데, 1980년에 국명이 짐바브웨로 바뀌었다. 이런 사람들을 모은다면 소수의 배타적인 클럽이 될 텐데, 일반적으로 어떤 나라를 민주적으로 운영하면 그 클럽의 회원이 될 수 없다. 볼리비아를 위한 헌법을 제정하면서 볼리바르는 대통령의 역할에 초점을 맞췄다.

> 우리 헌법 아래 공화국의 대통령은 태양과 같아서 우주의 중심에서 움직이지 않고 생명력을 발산한다. 이 최고의 권위는 영속적이어야 하며 … 판사들과 시민들, 사람들과 사건들이 그 주위를 도는 고정된 점이다. … 고대의 누군가가 '받침점을 달라, 그러면 지구를 움직여 보이겠다'고 했다. 볼리비아에 그 받침점은 종신 대통령이다.

볼리비아의 헌법은 종신 대통령을 명시하고 그를 '태양'으로 만들었다. 처음에는 '입법자들'이 그를 선택하도록 했다. 그다음 대통령들은 현직 종신 대통령이 선택할 터였다. 대통령이 그 뒤를 이을 사람을 선택한다는 관념은 남미에서 오랫동안 확고히 유지됐다. 1988년까지만 해도 멕시코의 대통령들은 *데다소dedazo*12로 정해졌다. 구글 번역기는 아직 이 말을 영어로 어떻게 옮길지 알아내지 못했지만, 이 표현의 어원은 '손가락'을 뜻하는 스페인어 *데도dedo*다. 데다소는 '이제 당신 차례야'라는 의미로 누군가의 등을 손가락으로 두드릴 때 쓰는 표현이다. 번역하기 힘든 말이지만, 볼리바르는 그 말이 무슨 뜻인지 알았다. 데다소는 대통령직이 엘리트의 손에 안전하게 머

---

12 정당한 절차를 거치지 않고 권력을 남용해 공직자를 지명하는 것

무르도록 확실하게 보장했다. 어쨌든 볼리바르가 초대 대통령에 선택될 가능성이 매우 커 보였고 실제로 그가 선택됐다. 문서상으로 볼리비아 헌법은 어느 정도 권력의 분립 및 견제와 균형을 규정하고 있지만, 동시에 종신 대통령이 개인적으로 모든 군 장교를 임명하고 군대를 지휘할 수 있도록 했다. 이런 권력 구조와 함께 이른바 '복종하되 준수하지 않는다'는 민중의 태도, 그리고 나머지 것들을 함께 버무리면 사람들이 이야기하는 역사가 된다.

영국에 대한 미국의 독립전쟁과 마찬가지로 라틴아메리카의 독립전쟁도 온갖 급진적인 에너지와 운동을 발산한 것이 사실이다. 그러나 비록 볼리바르 본인은 자신의 계획을 제대로 실행하는 데 성공한 적이 없었지만, 라틴아메리카의 엘리트는 다시 그리고 또다시 이런 에너지를 통제하는 정치제도를 확립할 수 있었다. 라틴아메리카의 헌법들이 일종의 견제와 균형 장치를 도입하고 미국 헌법에 담은 것과 같은 시민들의 권리까지 허용할 때도 그런 것들은 언제나 강력한 대통령의 공식적인 권력과 법을 무시하는 행동에 밀려났다. 페루의 권위주의적인 대통령 라몬 카스티야Ramón Castilla는 1849년 이 논리를 명확히 설명했다[13].

"헌법상 나의 첫 번째 임무는 내부 질서를 보존하는 것입니다. 하지만 같은 헌법은 나에게 시민의 권리를 존중하라는 의무를 부과했습니다. … 동시에 두 가지 의무를 다하는 것은 불가능할 것입니다. 전자는 … 질서를 무너뜨리는 적을 법에서 허용하는 것보다 더 엄격한 방식으로 견제하지 않으면 … 이룰 수 없습니다. 내가 몇몇 개인들의 헌법적 권리를 위해 이 나라의 내부적인 평화를 희생해야 하겠습니까?"

---

13 카스티야가 의회에 설명한 내용이다.

헌법상 권리들이 권력자에게 걸림돌이 된다면, 그만큼 헌법상 권리들에도 더 나쁜 결과를 초래한다는 말이다. 칠레의 국가주의자였던 디에고 포르탈레스Diego Portales는 이 관점을 훨씬 더 강하게 표현했다[14].

> "법을 고집하는 사람들 주장은 이해할 수 없네. 그런 식이라면 … 현존하는 것으로 드러난 악에 대해 헌법이 해결책을 제공할 수 없다면 그 헌법은 대체 어떤 ○○ [비속어] 목적에 봉사한다는 말인가? … 칠레에서 법은 무정부 상태와 제재의 결여, 방종, 끝없는 소송을 초래하는 것밖에는 어떤 목적도 이룰 수 없을 걸세. … 정부 권력을 시의적절하고 자유롭게 행사할 수 있도록 허용하지 않는다면 그런 건 빌어먹을 법이지."

'정부 권력'을 '시의적절하고 자유롭게 행사할 수 있도록' 해야 한다는 견해는 회랑 안의 국가가 할 것으로 기대되는 행동과는 거리가 멀다.

이런 권력 개념 역시 라틴아메리카의 역사에 뿌리를 두고 있다. 알렉시스 드 토크빌은 1835년에 출간한《미국의 민주주의》에서 그 뿌리를 밝혔는데, 이 책에서 그는 스페인 사람들이 라틴아메리카에서 "이미 그 땅을 경작하며 제 것으로 쓰고 있던 … 거주민들의 토지를 발견했다. 그들은 새 국가를 창건하기 위해 그 땅을 파괴하고 많은 사람을 노예로 삼아야 했다"고 주장했다. 그는 이어서, 그러나 "북아메리카에는 자연적인 토양의 비옥함을 이용하려는 생각을 하지 않고 유랑하는 부족들이 살고 있었다. 적절하게 표현하자면, 북아메리카는 아직 텅 빈 대륙이었고 거주민을 기다리는 황야의 땅이었다"고 썼다. 북아메리카가 "텅 빈 대륙"이었다는 토크빌의 주장은 옳지 않지

---

14 포르탈레스가 1834년 가까운 친구에게 보낸 편지 내용이다.

만, 북아메리카가 정주하는 토착민들에 대한 착취를 기반으로 발전할 수 없었다고 주장하는 요지는 정곡을 찔렀다. 이는 남아메리카에서 출현한 대단히 불평등하고 위계질서가 뚜렷한 사회 형태를 (비록 초기 영국 정착민들이 시도하기는 했지만) 북아메리카에서 재현할 수 없었다는 의미였다. 미국 남부의 노예사회는 낮은 수준의 공공서비스, 엘리트층의 번영 그리고 물론 대다수를 위한 자유의 부재를 포함해 여러 가지로 라틴아메리카와 닮았다. 하지만 미국 남부는 부분적으로 아주 다른 국가와 사회의 동학에 따라 만들어진 북부의 제도적 환경에 편입됐고, 그 동학에서 벗어나려고 남북전쟁에서 싸웠을 때 패배했다. 이는 제10장에서 본 것처럼 미국 남부의 전제적이고 착취적인 체제의 종말은 아니었지만, 분명 미국 전부를 라틴아메리카와는 다른 경로로 이끌었다.

라틴아메리카에서 사회는 쇠약한 상태로 남아 있으면서 정치에 영향을 미치지도, 국가와 엘리트층을 통제하지도 못해 종이 리바이어던에 길을 열어줬다. 이는 자유에 대해 예상할 수 있는 결과를 초래했다.

아프리카의 미시시피

종이 리바이어던은 결코 라틴아메리카에 국한되지 않는다. 사하라 남쪽 아프리카에 나타나는 특징적인 국가 형태이기도 하다. 사실 아프리카에서는 국가의 취약성과 혼란을 부추기는 두 가지 기제가 모두 맹렬히 작동한다. 그것들을 하나씩 살펴보자. 먼저 사회적 결집을 두려워하는 경향부터 생각해보자.

결집에 대한 두려움을 가장 잘 보여주는 사례는 아프리카 서부의 라이베리아다. 1961년 새롭게 설립됐던 미국국제개발처USAID는 학자들로 구성된 팀을 꾸려 라이베리아의 개발 전략을 연구하도록 파견했다. 학자들은 가난한 나라들이 왜 가난한지 설명하는 일반적인 이론에서 연구를 시작했지만, 곧 라이베리아의 상황이 아주 다르다는 사실을 깨달았다. 연구팀에 참여했던 사회인류학자 조지 돌턴George Dalton은 훗날 이렇게 밝혔다.

> 라이베리아의 경제적 퇴보는 자원 부족이나 외국 금융기관 또는 정치 집단의 지배에 기인하지 않는다. 그보다 근원적인 문제는 부족민들에 대한 정치적 통제력을 잃을까 두려워하는, 전통적인 아메리코-라이베리아인Americo-Liberian 통치자들이 이 나라의 사회와 경제를 발전시키는 데 필요한 변화를 허용하지 않았다는 데 있다.

'아메리코-라이베리아인 통치자들'은 누구인가? 그들을 이해하려면 라이베리아라는 나라가 미국에서 해방된 후 송환된 아프리카 노예들의 고향으로서 1822년 미국식민협회American Colonization Society, ACS의 식민지로 출발했다는 사실을 상기할 필요가 있다. 이 송환된 노예의 후손들이 아메리코-라이베리아인들이 됐다. 1847년 라이베리아는 스스로 ACS로부터 독립을 선언했고, 1877년 트루휘그당True Whig Party, TWP이 출현해 1980년 사무엘 도Samuel Doe가 이끄는 군부 쿠데타로 전복될 때까지 정치를 지배했다. TWP는 1960년대에 전체 인구의 5퍼센트에도 못 미친 아메리코-라이베리아인이 주도했다. 돌턴이 묘사한 것처럼 '앙골라의 포르투갈인들이나 남아프리카의 아프리카너들처럼 라이베리아의 통치자들은 해외에서 온 소수집단인 식민지 정착민의 후손들이었다. 그들은 아메리코-라이베리아인 가족들이었다.'

라이베리아 사회는 두 계급으로 나눠졌다. 아메리코-라이베리아인들과 '부족 사람들'은 서로 다른 법률의 지배를 받으며 서로 다른 공공서비스와 교육에 접근할 수 있었다. 1944년 이전에 이 나라의 배후지역은 어떤 정치적 대표성도 갖지 못했다. 돌턴에 따르면 '역설적으로 아메리코-라이베리아인의 관점을 가장 잘 나타내주는 것은 미국 미시시피 지역의 가치체계다. 인습적으로 자신들의 권력을 유지하면서 원주민들을 제자리에 잡아두는 것이다.'

이제 아메리코-라이베리아인들이 왜 사회적 결집을 두려워하는지 조금씩 이해될 것이다. 그들은 효과적인 국가를 건설하면 국민 중 나머지 95퍼센트를 차지하는 토착민 라이베리아인들이 결집할 수도 있다는 점을 두려워한 것이다.

종이 리바이어던을 뒷받침하는 다른 근본적인 기제, 즉 실력주의가 작동하지 않고 문란한 관료조직과 사법부에서 재량적인 권력이 유용하게 작동하는 것은 라이베리아와 다른 아프리카 나라들에서 명백히 눈에 띈다. 라이베리아에서 국가는 엘리트층이 추종자들에게 보상을 해주는 데 체계적으로 이용됐다. 예를 들어 돌턴은 1960년대에 '라이베리아의 정치를 이해하려면 이 나라 헌법에 관한 지식보다 친족관계를 알아보는 것이 더 유용하다'는 것을 발견했다. 그는 정치 엘리트들이 어떻게 관직을 자신들과 매우 가까운 가족들로 채우는지 보여주는 정교한 자료를 모았다. (〈지도 15〉는 터브먼Tubman 대통령이 통치하던 1960년 당시 라이베리아 정치 엘리트 가족들의 당혹스러울 만큼 치밀한 연줄의 실례를 보여준다.)

아프리카 국가들의 비실력주의적인 특성은 토니 킬릭Tony Killick의 영향력 있는 저서 《실천적 개발경제학Development Economics in Action》에서도 강조했다. 킬릭은 1960년대 초 가나의 콰메 은크루마Kwame Nkrumah 정부를 위해 일하면서 은크루마 정권의 경제정책이 재앙적인 실패에 이르는 것을 직접 목격했다. 킬릭은 무엇 때문에 실패했는지 이해하고 싶었다. 그는 과일 통조림 공장 건설 과정에 대해 기록하면서 '망고 통조림 생산 공장과 관련하여,

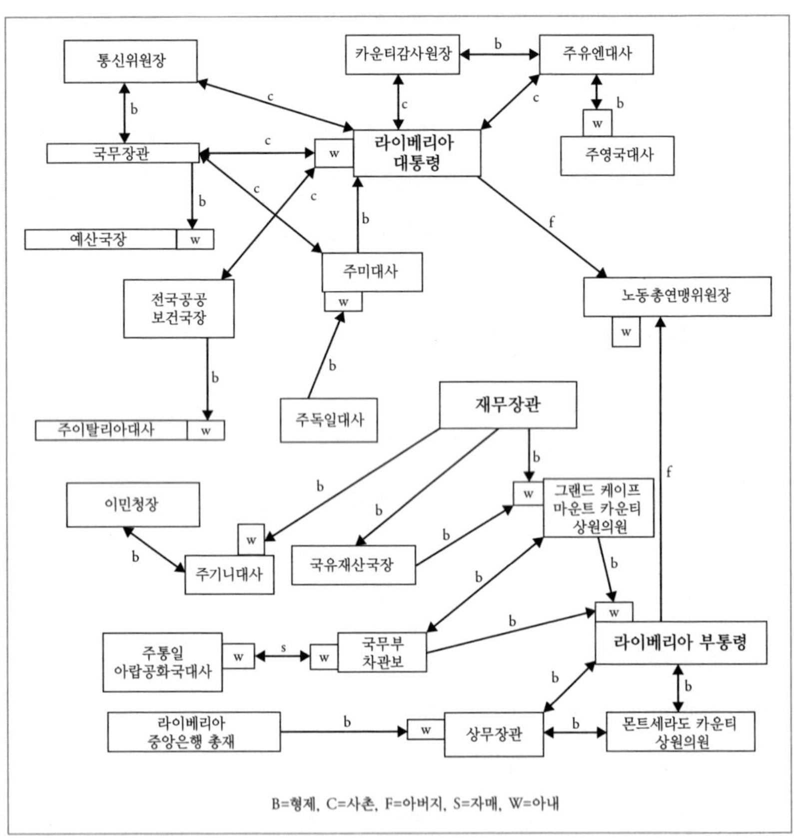

*역주: 통일아랍공화국은 이집트·시리아·예멘으로 성립된 나라였으나 나중에 이집트만이 남아 이집트아랍공화국으로 개칭했다.

〈지도 15〉 라이베리아의 친족관계: 1960년 터브먼 대통령의 정치적 임명

지역 시장이 없다는 것이 알려져 있었고 생산 용량은 해당 품목들의 전 세계 교역량을 몇 배나 초과하는 것이라고 한다'고 밝혔다. 이 공장에 관한 정부의 자체 보고서는 인용할 만하다.

사업계획: 브롱 아하포 지역 웬치에 연간 망고 제품 7,000톤과 토마토 제품 5,300톤을 생산할 공장을 세운다. 이 지역의 연평균 작물 수확량이 에이커당 망고 5톤과 에이커당 토마토 5톤이라면 이 공장에 필요한 물량을 공급하려면 망고 농장 1,400에이커와 토마토 농장 1,060에이커가 필요하다.

문제점: 현재 이 지역의 망고 공급은 수풀 속에 흩어져 있는 몇 그루에서 나오며 토마토는 상업적 규모로 키우지 않고 있다. 따라서 이 작물들의 생산은 원점에서 시작해야 한다. 망고는 심은 후 열매를 맺기 시작할 때까지 5~7년이 걸린다. 어떻게 충분한 식수 재료들을 조달하고 원재료 생산을 조직할 것인가는 곧 이 사업의 중대한 문제다.

킬릭은 '사업계획의 효율성에 관해 이보다 더 치명적인 평가는 상상조차 하기 어렵다'고 썼다. 통조림 공장 건설을 둘러싸고 도대체 무슨 일이 벌어지고 있었던 것일까? 사실 그 공장은 경제 개발을 진전시키기 위한 게 아니었다. 은크루마 대통령이 지원하고 싶어 하는 지역의 수많은 정치적 지지자들을 고용할 기회를 만들어내기 위한 사업이었다. 그곳에 공장을 짓는 건 경제적인 타당성이 전혀 없었고, 이런 사업은 행정의 통일성과 '사업계획의 효율성'을 훼손하는 것이었다. 그러나 정치적으로는 중요한 의미가 있었다. 은크루마는 노벨상을 탄 경제자문가 아서 루이스Arthur Lewis경에게 "당신이 나에게 해준 조언은 그럴듯하게 들리기는 하지만 본질적으로 경제적인 관점에 따른 것"이라며 "내가 여러 차례 당신에게 말한 것처럼 나는 정치인이고 미래를 놓고 도박을 해야 하므로 언제나 이런 조언을 따를 수는 없다"고 말했다.

킬릭은 또 은크루마 정부가 늘 사회적 결집이 촉발될까 두려워했다는 사실도 밝혔다. 당시 표준적인 개발경제학에 따르면 개발도상국은 강력한 '기업가 계층'을 만들어내서 그들이 산업화를 진전시키도록 하는 것이 무엇보다 중요했다. 하지만 킬릭은 이렇게 밝혔다.

> 설사 이 나라에서 (토착민 기업가 계층을 만들어낼) 가능성이 있었다 해도 이데올로기와 정치 권력을 고려할 때 과연 은크루마가 그런 계층을 만들고 싶어 했을지는 의문이다. 그는 "우리 가운데서 가나의 민간 자본주의가 성장하도록 장려하면 우리는 사회주의 발전을 방해하게 될 것"이라며 그 문제에 대해 대단히 분명한 견해를 밝혔다. 은크루마는 가나의 부유한 사업가 계층이 자신의 정치 권력에 가할 위협을 두려워했던 것이 분명하다.

사실 그의 주요 경제자문가인 E. 아예-쿠미E. Ayeh-Kumi는 "(은크루마는) 자신이 아프리카 기업이 성장하도록 허용하면 기업들은 그와 당의 권위에 맞서는 경쟁 세력으로 클 것이라며, 자신은 그런 일을 막기 위해서라면 어떤 일이라도 할 것이라고 말했고 실제로 그렇게 했다"고 밝혔다. 은크루마의 해법은 가나의 기업 규모를 제한하는 것이었다. 킬릭은 "가나의 민간기업들을 소규모로 제한하고 싶어 하는 은크루마의 바람을 고려할 때 '우리에게는 유산계급이 없으므로 필요한 투자를 하려면 외국 자본의 투자를 끌어들여야 한다'는 그의 주장은 표리부동했다"고 지적했다. 아예-쿠미는 이어 은크루마가 "외국 자본가들을 전혀 좋아하지 않지만, 그가 제한하고 싶어 하는 국내 기업가들보다 외국 자본가들을 장려하는 쪽을 선호했다"고 덧붙였다. 은크루마 입장에서는 사회의 결집보다는 외국 자본가들이 낫다는 말이었다.

아프리카 경제와 정치에 관한 또 하나의 영향력 있는 저서인 《열대 아프리카의 시장과 국가Markets and States in Tropical Africa》에서 로버트 베이츠Robert

Bates는 법을 재량적으로 이용하는 것이 정치적으로 얼마나 강력한 전략인지 설명한다. 베이츠는 독립 후 아프리카 국가들의 비참한 경제적 성과를 설명하려고 했으며, 특히 그동안 성장의 동력이었던 농업부문이 왜 그토록 나쁜 성과를 내는지 분석했다. 그가 제시한 간단한 답은 가나의 은크루마 정부처럼 도시에 기반을 둔 정부는 농업부문에 징벌적인 세율로 과세하기 때문이라는 것이었다. 농민들은 세율이 너무 높아서 투자와 생산을 중단했다. 그렇다면 정부는 어떻게 대응할 수 있을까? 확실한 방법은 가격을 올리고 세금을 줄이고 유인을 다시 높이는 것이었다. 하지만 베이츠는 '아프리카 각국 정부가 시골의 모든 생산자에게 가격을 높여주면 그 조치로 지지자들과 반대자들이 모두 혜택을 볼 것이므로 정치적인 이득은 미미할 것'이라고 밝혔다. 그 대신에 정부는 가격을 낮게 유지하면서 재량적인 방식으로 특정 목표를 겨냥할 수 있는 다른 정책수단을 썼다.

> 다른 한편으로 국영농장 같은 공공근로 사업 형태로 혜택을 주는 것은 그 혜택을 선택적으로 배분할 수 있도록 해 정치적으로 유리하다.

보조금 격인 비료를 지지자들에게만 배분하고 반대자들에게는 주지 않는 것도 마찬가지였다. 베이츠는 1978년 어려움을 겪던 한 코코아 농부와 이야기하는 자리에서 농부에게 왜 정부 정책에 대한 조직적인 저항에 나서려 하지 않는지 물었다.

> 그는 금고로 가서 한 다발의 문서를 꺼냈다. 그의 각종 자동차 면허증, 예비용 부품의 수입 허가서, 부동산과 건조물에 대한 권리증서, 그의 소득세 중 상당 부분을 면제해주는 농업법인 정관定款이었다. 그는 이 문서들을 보여주면서 "농산

물 가격에 대한 정부 정책을 반대하며 저항 운동을 조직하려 하면 나는 국가의 적으로 지목되고 이 모든 것을 잃을 것"이라고 말했다.

그것은 '내 친구들에게는 모든 것을, 내 적들에게는 법을'이라는 격언을 가나식으로 적용한 것이다.

독립 후 가나 정부는 사회적으로 진공상태에서 운영되지는 않았다. 우리가 제1장에서 로버트 래트레이가 가나에서 한 연구를 인용해 규범의 우리라는 개념을 소개한 것을 상기해보자. 래트레이가 책을 쓴 후 불과 30년 후 가나가 독립했을 때에도 그가 묘사했던 힘들은 여전히 강력한 상태로 남아 있었다. 철학자 콰메 앤서니 아피아Kwame Anthony Appiah는 1960년대 쿠마시에서 자라면서 아버지에게서 들었던 "공개적인 자리에서 사람들의 조상에 관해 묻지 말라"는 말을 기억한다. 아피아의 '숙모'는 노예의 자식이었다. 아샨티족의 또 다른 속담은 '태생을 너무 많이 드러내면 마을을 망친다'고 했다. 이 나라에는 여러 규범과 상호 의무 그리고 그것을 뒷받침하는 제도의 유물이 밀접하게 어우러져서 계속 유지됐다. 이 규범의 우리는 독립 후 정치체제의 형성에 커다란 영향을 미쳤으며 은크루마가 국가를 그런 식으로 조직한 이유를 설명해준다. 웬치의 공장에서 목격한 것처럼, 호혜적인 친족과 인종의 관계망은 권력을 잡은 이들이 자신들의 영향력을 추종자들에게 유리하게 이용하는, 베버가 구상한 것과는 아주 거리가 먼 국가를 낳았다. 마찬가지로 그들에게 의존하는 사람들은 예컨대 선거에서 의무적으로 자신들의 시혜자를 돕고 지지해야 했다. 규범의 우리는 종이 리바이어던을 영속화하는 사회적 환경을 창출해 사회가 집단으로 행동할 수 없도록 가로막는 동시에 국가가 역량을 키우지 못하게 방해했다. 여러 아프리카 사회에서 종이 리바이어던이 상호의존성과 인종적 유대를 더 많이 이용할수록 그런 것들이 만들어낸 규범의 우리는 더욱 강해졌다.

식민지 이후의 세계

종이 리바이어던은 남아메리카와 아프리카뿐만 아니라 세계의 다른 여러 곳에도 서식한다. 이 장에서 논의한 것과 같이 이들 중 몇몇 국가들은 한 가지 공통점을 갖고 있다. 모두 유럽 식민지의 산물이라는 점이다. 하나의 식민지라기보다는 유럽의 식민지인 미합중국에서 뒤늦게 해방된 노예들의 전초기지였던 라이베리아도 마찬가지다. 종이 리바이어던이 하나같이 유럽 식민지였던 이유는 유럽의 식민국가들이 식민지들을 통치하고 조종한 방식이 종이 리바이어던이 출현할 수 있는 조건을 만들어냈기 때문이다.

그런 국가를 불러일으킨 식민지화의 유물은 무엇일까? 남아메리카의 상황에서 이미 살펴본 것처럼 두 가지 요인이 특히 중요했다. 첫째, 식민국가들은 식민지에 국가기관들을 도입했지만, 사회가 그것들을 전혀 통제할 수 없도록 했다(특히 식민국가들은 아프리카인들이 국가나 관료조직을 통제하는 데 아무 관심이 없었기 때문이었다). 둘째, 식민국가들은 모든 일을 적은 비용으로 널리 전파할 수 있는 '간접 지배' 방식으로 하려 했다. 아프리카의 추장들 같은 지방의 유력자에게 권한을 위임하는 방식으로 인해 실력주의적 관료조직이나 사법부가 출현할 수 없었다. 제2장에서 설명한 것처럼 러거드가 나이지리아를 간접적으로 지배하고 싶어 했던 것을 상기해보자. 목적을 이루기 위해 러거드는 자신이 다룰 수 있는, 사실상 국가와 같은 구조의 정치기구를 설립했다. 하지만 누가 이 국가의 관료와 세금 징수원, 판사, 입법자가 될 것인가? 영국인들은 아니다. 1920년 나이지리아 전역에 영국 관리들은 265명밖에 없었다. 나이지리아에는 전통적인 추장들밖에 없었고, 이는 독립 때 함께 일할 국가 행정기구가 아무것도 없었다는 뜻이다.

역량 부족과 공공서비스의 결핍 문제는 식민지 시대에 늘 있었다. 하지만 1960년 독립 후 사정은 더 나빠졌는데, 영국이 갑자기 나이지리아를 떠나면서 나이지리아인들이 스스로 나라를 통치해야 했기 때문이다. 하지만 어떤 국가가 통치한다는 말인가? 나이지리아의 국가는 일종의 리바이어던이지만 분쟁을 해결하고, 세금을 걷고, 공공서비스를 제공하는 능력, 심지어 기본적인 질서를 유지하는 능력 면에서도 종이처럼 얄팍한 리바이어던이었다. 여기에는 우리가 아르헨티나와 콜롬비아, 라이베리아, 가나에서 봤던 정치적 유인이 끼어들었다.

우연히 주어진 국가기관들과 간접적인 지배 방식의 유산은 국가와 사회를 모두 더 약화시키는 세 번째 요인을 불러왔다. 바로 식민지에서 벗어난 국가들의 자의적인 특성이다. 은크루마에게 국가를 정치적 도구로 이용하는 것이 그토록 매력적이었던 이유 중 하나는 가나가 하나의 국가로서 통일성이 없다는 데 있었다. 이 나라에는 전국적으로 통용되는 언어가 없었다. 공통의 역사, 공통의 종교나 정체성, 합법적인 사회계약도 없었다. 이 나라는 19세기 말 영국인들이 중앙집권화 수준과 정치적 전통이 각기 다른 아프리카의 다양한 정체들을 하나의 집단으로 어설프게 모아놓은 형태였다. 사실 가나는 식민지 이전 아프리카에서 매우 높은 수준의 중앙집권화를 이룬 국가 중 하나인 남부지역 아샨티족의 나라부터 탈렌시Tallensi족과 같이 완전한 무국가 사회에 이르기까지 넓은 범위에 걸쳐 있었다. 이처럼 통일성이 없다는 것은 사회적 결집이 거의 이뤄지지 않는다는 의미였고, 은크루마와 같은 지도자들 입장에선 권력을 유지하기 위해 국가와 법을 멋대로 이용할 수 있다는 게 특히 매력적이었다. 요컨대 종이 리바이어던은 식민 제국들이 취약한 국가와 취약한 사회를 남겨두고 떠난 지역 그리고 그 둘이 서로를 영속화할 가능성이 큰 지역에서 형성됐다.

종이 리바이어던의 토대를 완성하는 마지막 요인은 국가들이 모여서 형성된 국제체제다. 제2차 세계대전 후 세계는 표면적으로는 국제 규범에 따르고, 국제기구에서 협력하고, 서로 국경을 존중하는 독립국가들을 바탕으로 유지되었다. 이런 체제는 (부분적으로는 서방에서 만들었기 때문에) 잘 작동했다. 자연적인 국경과 민족적인 통일성이 없는 서로 다른 유형의 사회와 수많은 정체를 짜 맞춰놓은 아프리카 국가들이 기본적으로 지난 60년 동안 서로 싸우지 않은 것은 놀랍다(비록 이 대륙에서 내전이 흔히 벌어지고, 콩고민주공화국 동부에서 벌어진 아프리카 대전처럼 국경을 넘어 내전이 번진 몇몇 주목할 만한 사례가 있기는 하지만 말이다). 이런 체제는 '오리 시험'을 통과하는 데 완전히 실패한 국가들에게도 국제적인 정당성을 부여했으므로 결과적으로 종이 리바이어던을 강화해줬다. 일단 권력자가 국제사회에서 정중한 대접을 받고 국내에서 하고 싶은 약탈을 대부분 다 할 수 있으면, 실제로 권력이 공허하다는 사실은 그다지 문제가 되지 않는다.

제2장에서 소개한 도표를 이용해 이 모든 논의를 종합할 수 있다. 〈도표 4〉에 그것을 표시했다. 우리의 논의는 종이 리바이어던을 도표의 왼쪽 아래 구석 가까운 곳 중 독재적 리바이어던 쪽에서 찾아볼 수 있다는 것을 시사하며, 이는 종이 리바이어던이 사회적 역량과 국가적 역량이 거의 없으면서도 여전히 독재적이라는 사실을 나타낸다. 이 도표는 사회의 결집 효과에 대한 엘리트의 두려움을 꿰뚫어 보는 더 깊은 통찰을 제공한다. 사회의 힘이 세지면 종이 리바이어던을 부재하는 리바이어던의 궤도로 던져 넣을 수도 있고, 혹은 결국 리바이어던을 회랑 안으로 밀어 넣어서 엘리트가 정치를 통제하는 능력을 감퇴시키는 효과를 가져올 수도 있다.

이런 맥락에서 종이 리바이어던을 인도의 국가와 비교해보는 것도 유용하다. 우리는 제8장에서 인도의 국가 역시 분열되고 취약하며, 이는 종이 리바이어던과 마찬가지로 파편화한 사회의 특성 때문에 유지된다는 것을 확인했다. 그러나 주목할 만한 차이점들도 있다. 인도에서는 식민지 지배의 역사가 아니라 카스트 관계의 역사와 그것이 낳은 규범의 우리가 이런 상황을 만들었다. 이는 국가가 계속 취약한 상태로 남아 있게 만든 것은 특수한 사회조직이었음을 암시한다. 사회조직은 인도를 손상되고 위축된 국가, 독재적인 국가보다는 취약한 국가에 가깝게 만들었다. 그래서 우리의 도표에서 보면 인도는 부재의 리바이어던과 독재적 리바이어던을 구분하는 대각선의 다른 쪽에 있다. 인도에서 국가를 취약하고 무능한 상태로 잡아두는 것은 사회의 결집 효과에 대한 엘리트의 두려움이 아니다. 그것은 카스트제도에 따른 분열이 지닌 참을 수 없는 무게 탓이다.

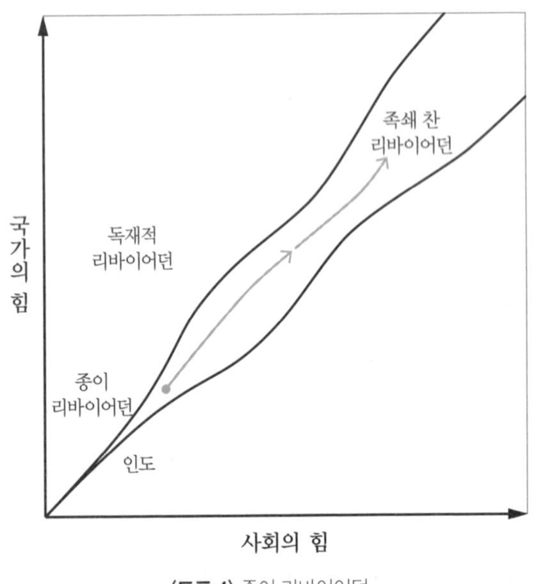

〈도표 4〉 종이 리바이어던

종이 리바이어던이 낳은 결과

이 장에서 이야기한 국가와 식민지 이후 세계 여러 나라의 유형은 지금까지 우리가 논의한 독재적 리바이어던과 부재의 리바이어던, 족쇄 찬 리바이어던과는 아주 다르다. 종이 리바이어던은 부재의 리바이어던과 독재적 리바이어던의 나쁜 특성들을 모두 갖고 있다. 종이 리바이어던이 어떤 권력이라도 가지고 있는 한 그것은 독재적이고, 억압적이며, 전횡적이다. 종이 리바이어던은 기본적으로 사회의 견제를 받지 않으면서 계속해서 사회를 취약하고, 조직화하지 않고, 지리멸렬한 상태로 잡아두려고 애쓴다. 이 리바이어던은 전쟁 상태의 시민들을 거의 보호하지 않고, 그들을 규제의 우리에서 풀어주려고 하지 않는다(그리고 실제로 그 우리를 자신들의 목적을 위해 이용하기에 이른다). 이는 모두 종이 리바이어던이 시민들의 복리에는 무관심하고 그들의 자유에 대해서는 확실히 관심을 두지 않기 때문이다. 이는 또한 종이 리바이어던에게는 권력을 쥔 정치적 엘리트가 부유해지도록 해주는 것 외에 더 많은 일을 할 역량이 부족하기 때문이기도 하다. 우리는 종이 리바이어던의 뿌리를 사회적 결집에 대한 정치 엘리트의 두려움에서 찾을 수 있다고 주장했다. 사회의 결집은, 국가를 통제하면서 이득을 취하고 사회의 자원을 약탈하는 엘리트들의 능력을 제약할 것이다. 우리는 또한 식민지배를 받던 나라가 계획이 없는 상태에서 갑작스럽게 독립국가로 전환된 사실과 각 국가를 존중하는 국제체제뿐만 아니라 극심한 불평등과 책임성이 결여된 국가체계, 식민지 시대가 남긴 간접적 지배의 역사가 종이 리바이어던의 토대를 마련했다는 점을 지적했다.

종이 리바이어던은 자유에 나쁜 영향을 미치는 데 그치지 않고 경제적 번영에도 재앙적인 영향을 미쳤다. 우리는 경제적 기회와 유인은 법치와 안보,

효과적이고 평등한 공공서비스를 바탕으로 얻을 수 있으며, 부재의 리바이어던 아래 경제성장이 이뤄지지 않은 이유는 바로 그런 것들이 결여됐기 때문이라는 점을 살펴봤다. 독재적 리바이어던은 (비록 정치적으로 힘센 이들에게 유리하게 작용하기는 하지만) 법을 집행하고 분쟁을 해결하며 약탈을 통제할 수 있고, 원하면 공공서비스도 제공할 수 있다. 최근 중국의 극적인 부상이 보여주듯이 국가는 그러한 역량을 바탕으로 독재적 성장을 촉진할 수 있다. 하지만 종이 리바이어던은 아니다. 종이 리바이어던은 앞서 말한 여러 가지 일을 할 역량을 가질 수 없으며, 어차피 약탈을 통제하고 싶어 하지 않는 경우가 많다. 그러므로 라틴아메리카와 아프리카의 종이 리바이어던 때문에 시민들이 치러야 할 대가는 지속적인 두려움과 폭력, 지배뿐만 아니라 부패에 물들고 비효율적으로 조직돼 성장을 거의 이루지 못하는 경제라는 형태로 나타난다. 이런 체제에서는 자유뿐만 아니라 번영도 나중으로 미뤄야 할 것이다.

또한 종이 리바이어던의 무능은 라이베리아가 보여주듯이 통제할 수 없는 분쟁과 내전을 초래할 수 있다. 1989년부터 2003년까지 라이베리아에서 국가는 붕괴됐고 두 차례의 내전으로 나라 전체가 황폐해졌다. 두 내전의 희생자는 무려 50만 명 이상으로 추산된다. 그 후 어느 정도 재건과 안정이 이뤄졌고 그때부터 국제사회에서 이 나라는 더 유명해졌다. 하지만 라이베리아의 국가는 오늘날까지 종이처럼 얄팍한 수준의 역량밖에 갖추지 못해서 공공서비스를 제공할 능력도 의지도 없다. 2013년 라이베리아대학의 입학시험을 본 학생 2만 5,000명이 모두 불합격했다. 단 한 명도 대학에 갈 실력을 갖추지 못할 만큼 라이베리아 고등학교의 수준이 낮다는 믿기 어려운 이야기였다. 2018년에는 이 나라 국민소득의 약 5퍼센트인 무려 1억 400만 달러 상당의 새로 발행된 돈이 몬로비아 항구의 컨테이너에서 그냥 사라져버렸다. 이 나라의 현재 생활수준은 대략 1970년대와 같다.

제12장

와하브의 자식들

전략가의 꿈

서방에서 볼 때 중동, 특히 사우디아라비아는 관습과 종교, 독재 탓에 개인의 자유가 줄어든 자유 결핍 사회의 전형이었다. 이 지역의 견제받지 않는 독재와 숨 막힐 듯한 규범의 우리가 불러일으키는 퍼펙트 스톰perfect storm[1]은 어떻게 설명할 수 있을까? 사우디아라비아의 일부 지역에서 시작된 무함마드의 성공적인 국가건설이 보여준 추진력과 그 후 몇 세기 동안 이슬람의 여러 제국이 건설한 화려한 문명을 생각해보면 이런 결과는 놀랍다. 중동에서 대체 무슨 일이 일어난 것일까? 우리는 국가건설을 추진할 때 규범의 우리를 강화하기보다는 완화한 다른 지역 사례들은 봤다. 그렇다면 중동에서는 왜 규범의 우리가 그토록 숨 막힐 만큼 강력해졌을까?

제3장에서 봤듯이 무함마드의 국가는 중동 대부분 지역과 북아프리카로 급속히 뻗어나갔다. 그러나 모든 곳으로 확장한 것은 아니었다. 제3장의 〈지도 4〉에서 볼 수 있는 것처럼 아라비아는 몇 개의 구별되는 지역들로 나뉜다. 메디나와 메카는 아라비아 반도의 서쪽 홍해에 접한 지역을 따라 뻗어 있는 사라왓산맥이 품은 히자즈 지역에 있다. 동쪽으로는 이 산맥이 끝나고 아라비아 내륙의 광활한 사막지대인 나지드 지역이 시작된다. 제2차 대전 당시 독

---

1 여러 요인이 겹쳐 엄청난 파괴력을 내는 상황

일의 아프리카군단을 이끌었던 에르빈 롬멜Erwin Rommel 장군은 이 사막을 가리켜 "전략가의 꿈이자 병참가의 악몽"이라고 했다. 나지드는 그런 곳이었다.

무함마드 이후의 이슬람제국들은 이 병참의 악몽을 떠안기보다는 다마스쿠스와 바그다드로 확장하는 쪽을 택했다. 그다음에는 서쪽의 이집트와 북아프리카로 들어가 이미 중앙집권화된 국가들을 정복할 수 있었다. 나중에 초기의 다양한 칼리프 국가가 무너지고 이슬람 세력의 중심이 콘스탄티노플과 오스만제국으로 옮겨 간 후에도 나지드 지역은 통합에 저항했다. 오스만은 티그리스강과 유프라테스강 사이의 메소포타미아뿐만 아니라 히자즈 지역과 무슬림의 성스러운 도시들을 통제했지만, 그들도 아라비아반도 내륙은 거의 홀로 남아 있도록 내버려뒀다.

나지드 지역의 베두인족은 이슬람으로 개종했지만, 정치적 중앙집권화는 피했다. 거대한 종교들은 모두 유연하며 다양한 해석과 실천에 열린 자세를 보인다(그렇지 않으면 어떻게 성공적으로 퍼져나갈 수 있겠는가?). 무함마드는 강력한 국가를 건설하고 중앙에 집중된 권위를 메디나헌장에 명시적으로 담아내려 했지만, 쿠란은 이 문제를 그다지 구체적으로 다루지 않았다. 실제로 쿠란에 헌법적인 문제를 직접 다루는 슈라(장)는 두 군데밖에 없다. 그중 한 군데에서는 권위에 대한 복종을 강조했다. 다른 하나는 사막의 베두인족 규범인 협의consultation를 주문한다. 거기에는 중앙에 집중된 권위에 대한 아랍인들의 회의를 누그러뜨릴 여지가 많았다. 가장 중요한 것은 이슬람에는 사제와 주교, 교황으로 구성되는 교회의 정교한 위계 구조가 없다는 점이다. 무슬림이 각자 중개자 없이 직접 알라에게 연결될 수 있었다(이 점은 여러 프로테스탄트 교파와 다르지 않다). 그에 따라 중앙의 권력이 그 의지를 지방의 공동체에 실현하기 어려워졌고 새로운 종교는 베두인족에게 더 잘 맞게 됐다. 이는 나지드와 같은 지역의 부족사회체제가 그대로 존속하면서 이슬람의 가르침과 융합할 가능성이 크다는 의미였다. 실제로 나지드 지역은 18세기 들어 한참 지날 때까지도 셰이크shaikh나 에미르emir로 불리는 지도자들이 지배하는, 서로 경쟁하고 자치적인 부족으로 나뉜 채로 있었다. 경쟁은 종종 폭력적으로 변했다. 현대 사우디아라비아의 수도 리야드에 인접한 알-디리야 오아시스에서 일어난 일련의 암살 사건 후 1726년 혹은 1727년에 집권한 새 에미르 무함마드 이븐 사우드Muhammad ibn Saud가 부상했다. 1932년까지는 상상할 수 없었던 사우디아라비아라는 왕국에 이름을 남긴 이들이 바로 사우드의 후손들이었다. 우리가 활용하는 사우드에 관한 현존하는 정보들 중 가장 이른 시기의 정보는 19세기 초에 나왔다. 모든 정보들이 사우드와 그 왕국의 운명을 가른 한 가지 핵심적인 사건으로 사우드가 무함마드 이븐 압드 알-와하브Muhammad ibn Abd al-Wahhab와 만난 것을 가리킨다.

알-와하브는 알-디리야 북쪽으로 약 20마일 떨어진 오아시스 도시 우야이나 출신이다. 그의 가족은 이슬람의 가르침에 깊이 빠져 있었고, 그의 아버지는 그 지역 에미르가 임명한, 이슬람의 율법 샤리아에 따라 사건을 해결하는 재판관인 카디qadi였다. 이 율법은 무함마드와 초기 이슬람제국들과 더불어 출현했다. 율법의 가장 기본적인 요소는 경전인 쿠란과 무함마드의 사도들이 그의 말과 행동을 집대성한 하디스hadith다. 중세 초기에 하나피Hanafi, 말리키Maliki, 샤피이Shafi'i, 한발리Hanbali, 자파리Jafari를 비롯한 다양한 학파들이 샤리아의 구성요소에 대해 토론하기 시작했다. 쿠란과 하디스가 중심에 있다는 데에는 모든 학파의 견해가 일치했지만, 재판관들이 판례를 만들거나 유추에 근거한 판결을 할 수 있는 범위에 대해서는 의견이 엇갈렸다. 이 학파들 중 한발리파가 가장 보수적이었다. 한발리파는 그와 같은 율법의 변화를 모두 거부했고, 그들의 해석이 나지드를 지배했다.

알-와하브는 열 살 때 쿠란을 외웠고 이라크와 시리아, 이란을 여행하기 시작했다. 1730년대 초에 설교를 하러 나지드로 돌아왔다. 이슬람에는 종교적인 위계 구조가 없었으므로 쿠란과 하디스를 아는 이는 누구든 종교적 스승인 *울라마ulama*2로 인정받을 수 있었다. 그는 일반적으로 이슬람 경전을 당시의 문제나 논의와 관련지어 특별히 해석하고 이를 상세히 설명하는 판결, 즉 파트와fatwa를 발표할 수 있었다. 알-와하브는 여행 중 언젠가 이슬람에 대한 특별한 해석을 공식화했는데, 그가 내린 결론은 아라비아의 실패에 관한 것이었다. 그는 한발리파를 따라 사람들이 우상을 숭배함으로써 진정한 종교에서 타락하고 있다고 생각했다. 메카에서 무함마드가 계시를 받기 전에는 카아바가 이슬람 이전의 다른 신들을 모신 신전이었다는 것을 기억하자. 다른 신에 대한 숭배는 계속됐고, 사람들은 여러 성인과 메디나에 있는 무함마드의 무덤을 신성시했다. 알-와하브에게 이 행동들은 모두 우상숭배로 보였다. 그는 누구든 우상숭배를 하는 이들에 대해서는 지하드jihad, 즉 성전聖戰을 벌일 수 있다고 설교했다. 이런 해석은 기민한 책략가인 사우드에게 매우 유용한 것으로 밝혀졌다.

그러나 알-와하브는 먼저 자신의 교리를 개발하고 추종자를 모아야 했다. 그의 사상 중 두 가지는 통치자들에게 특히 매력적이었다. 사람들은 권위에 복종해야 하며, 쿠란에 의무로 명시된 종교적 세금 *자카트zakat*를 내야 했다. 자카트는 나지드 지역의 베두인족에게 인기가 없었고, 이 시기에 거의 납부되지 않았던 것으로 보인다. 그 돈은 자선이나 종교 활동에 쓰여야 했지만, 아마 셰이크와 에미르도 떼어 갔을 것이다. 하지만 와하비즘Wahhabism3의 기초

---

2 문자 그대로 지식이 있는 사람들이라는 뜻으로 이슬람 사회의 법학자·신학자의 총칭
3 18세기 중엽 아라비아반도에 나타난 이슬람 복고주의 운동으로 오늘날 사우디아라비아 건국이념의 기초가 됐다.

가 된 것은 자카트를 내지 않는 이는 누구든 믿음이 없는 사람이라는 사상이었다.

알-와하브는 우야이나에서 그의 교리를 행동으로 옮기기 시작했다. 그는 신성시되던 나무 한 그루를 손수 잘라냈다. 나무에 대한 숭배는 더는 없을 것이었다. 그는 이제 순례지가 된 예언자 무함마드의 벗 자이드 이븐 알-카타브Zaid ibn al-Kattab의 무덤을 파괴했다. 무덤에 대한 숭배는 없을 것이고, 해마다 메카로 가는 하지 외에는 순례도 없을 것이었다. 우야이나에서 한 여인이 우상숭배를 한 것으로 밝혀지자 알-와하브는 샤리아의 엄격한 해석을 적용해 그녀를 돌로 때려죽이도록 명령했다. 지나친 처사라며 그의 급진적인 새 가르침을 싫어했던 그 지역 울라마의 반대에 부딪히자 알-와하브는 우야이나에서 도망쳐 알-디리야로 갈 수밖에 없었다. 그곳에서 알-와하브와 사우드는 의기투합했다. 두 사람의 운명적인 만남을 직접 보고 남긴 기록은 없지만, 알-와하브는 자신의 새로운 교리를 퍼트리기 위해 계획한 성전을 사우드가 군사적으로 지원해주기를 바랐던 것으로 보인다. 사우드는 와하비즘이 군사적 확장과 사회 통제의 강력한 도구가 될 가능성을 알아봤다. 사우드는 알-와하브에게 알-디리야에 머물면서 자신이 계획한 나지드 지역 출정을 지원해달라고 요청했다. 또한 지역의 수확물에 대한 정기적인 세금을 거둘 수 있도록 동의해달라고 요구했다. 알-와하브는 첫 번째 요청은 받아들였지만 두 번째 것은 거부했다. 그는 대신 사우드가 지하드의 모든 노획물 중 5분의 1을 가질 수 있도록 해주면서 이것이 수확물에 대한 세금보다 훨씬 더 많은 금액이라고 지적했다. 거래는 성사됐다. 사우드는 와하비즘에 의존하고 와하비즘은 사우드 측에 기댔다. 이 결합은 굉장한 성공을 거둔다. 사우드 일가는 작은 오아시스 밖으로 나와 먼저 나지드 지역을 점령하고, 1803년 오스만 국가로부터 메카와 히자즈 지역을 빼앗았다. 사우드가 나지드 지역 동쪽의 알-하사를 어떻게 점령했는지 설명하는 기록을 보자.

> 아침이 돼서 사우드가 기도한 후 진군을 계속할 때, 그들(와하브 추종자들)이 낙타와 말에 올라 한꺼번에 권총을 쏠 때, 하늘은 어두워지고 땅은 흔들렸으며 한 뭉치의 연기가 하늘로 솟고 임신한 여인들 여럿이 유산을 했다. 그러자 알-하사 사람들이 모두 사우드에게 와 그의 자비를 빌었다.
>
> 사우드는 그들 모두에게 자기 앞으로 나오라고 명했고 그들은 복종했다. 그는 알-하사에서 몇 달 동안 머무르면서 자신이 원하면 누구든 추방하고 투옥했으며, 가옥을 무너뜨리고 요새를 세웠다. 그는 그곳 사람들에게 10만 디르함을 요구해 받아냈다. … 어떤 이들은 … 시장을 돌아다니며 방종한 삶을 살았던 자들을 잡아냈다. … 어떤 사람들은 오아시스에서 죽였고, 다른 사람들은 주둔지로 끌고 와 사우드의 막사 앞에서 목을 쳤으며, 학살은 그들이 모두 죽을 때까지 계속됐다.

남쪽에 있는 현재의 예멘과 오만은 독립적으로 남아 있었지만, 아라비아반도는 처음으로 사실상 한 나라로 통일됐다. 이븐 할둔이라면 이 일련의 사건 중 무엇에도 놀라지 않았을 것이다. 아사비야를 지닌 사막 사람들은 이슬람의 깃발 아래 도시 지역을 정복했다.

1740년대 이후 나지드 지역에서 발전해 결국 사우디아라비아에서 구체화한 정치체제는 그 전에 존재했던 체제와는 아주 달랐다. 당시 부족의 족장들은 *마질리스majlis*라는 평의회에서 다른 유력자들과 협의해야 했다. 영국 작가이자 탐험가인 찰스 도허티Charles Dougherty는 1860년대와 1870년대에도 여전히 그랬다고 밝혔다. 회의 원칙은 '여기서 말하고자 하는 자는 모두 말하게 하라. 그들 중 가장 낮은 목소리도 들어줄 것이다. 그는 같은 부족민이다'라는 것이었다.

실제로 족장들은 선출됐고, 비록 유력한 가문이 독차지하기는 했지만, 잠재적으로 베두인족 누구든 그 자리에 오를 수 있었다. 스위스의 여행가 요한 루트비히 부르크하르트Johann Ludwig Burckhardt는 19세기 초에 이렇게 지적했다.

> 셰이크는 부족의 개인들에게 미칠 수 있는 실질적인 권력이 없었다.

이는 그저 흔한 부재의 리바이어던이다. 1765년에 무함마드 이븐 사우드가 죽었을 때 그의 아들 압드 알-아지즈 무함마드 이븐 사우드Abd al-Aziz Muhammad ibn Saud가 뒤를 이었는데, 그는 여전히 알-디리야 사람들에 의해 선출됨으로써 정당성을 얻어야 했다. 하지만 국가와 사회의 이 균형은 곧 무너졌다. 압드 알-아지즈는 와하비즘으로 개종한 것을 군사적 확장과 이 지역 영토를 병합할 구실로 삼아 아버지가 하던 정복을 계속했다. 곧 정복될 이들에게 읽어줬던 서신의 사본은 이런 내용을 담고 있다.

> 압드 알-아지즈가 ○○족 아랍인들에게. 환호하라! 너희는 내가 보낸 경전을 믿어야 한다. 신께 인간인 중개자를 내세우는, 우상을 숭배하는 투르크족처럼 되지 말라. 너희가 진정한 신자라면 화를 면하겠으나, 그렇지 않으면 나는 너희가 죽을 때까지 전쟁을 벌이리라.

어떤 오아시스를 정복하면 와하브파 울라마가 설교를 위해 파견됐다. 사우드는 지방 에미르와 셰이크들을 그가 손수 고른 사람들로 교체했다. 그는 엄격하게 해석한 샤리아를 집행할 와하브파 카디들을 임명했다. *무타시브*

*muhtasib*라는 관리도 임명했다. 무타시브는 상업과 도량형을 감독하고 기도와 같은 핵심적인 이슬람 관행들이 확실히 지켜지도록 하는 것을 비롯해 각종 행정적인 역할을 수행했다. 이븐 사우드는 또한 자카트를 걷기 위해 세금 징수원들로 상당히 정교한 관료조직을 구축했는데, 추정컨대 해마다 각각 징수원 일곱 명으로 구성된 70개의 팀을 내보냈다. 그는 부족의 분쟁도 해결하기 시작했다. 1788년 알-와하브는 사우드가가 세습되는 에미르이며, 모든 와하브파는 통치자 사우드에게 충성을 맹세해야 한다는 파트와를 발표했다. 사우드가의 독재는 와하브파의 규범의 우리와 융합됐다.

당초 오스만제국에 대한 사우드가와 와하브파의 승리는 오래가지 못했다. 오스만의 술탄은 스스로 사실상 독립적인 이집트 지배자가 된 알바니아 태생의 장군 무함마드 알리Muhammad Ali에게 와하브파의 위협에 맞서라는 임무를 줬다. 무함마드 알리와 그 후 그의 아들 이브라힘 파샤Ibrahim Pasha는 1818년 히자즈를 침공해 부상하던 사우드 왕국을 파괴했다. 하지만 나지드 지역을 통치하기는 어려웠다. 1824년 두 번째 사우드 왕국이 형성됐으나 오스만이 히자즈를 더 확고히 장악하고 있는 가운데 당초 이 국가의 권위와 범위를 더는 가지지 못했다. 이 나라는 1891년 경쟁자인 나지드가에 패배해 붕괴했으며, 사우드가는 쿠웨이트로 망명했다. 하지만 오래 머물지는 않았다.

울라마 길들이기

1902년 사우드가는 무함마드 이븐 사우드의 5대손인 압드 알-아지즈 빈 사우드Abd al-Aziz bin Saud의 지도 아래 돌아왔다. 알-디리야가 1818년 이브라힘 파샤가 파괴한 후 버려진 채로 남아 있는 가운데, 압드 알-아지즈는 쿠웨이트에서 사막을 건너와 리야드를 점령했다. 사우드는 선조가 이용한 종교적인 비밀병기의 새로운 형태인 이크완Ikhwan**4**을 데리고 있었다. 이크완은 문자 그대로 '형제들'을 의미하며, 알-와하브의 후손이자 알-셰이크가의 일원인 리야드의 카디가 시작한 종교 단체였다. 그들은 엄격한 형태의 이슬람에 헌신하는 정착촌을 형성해 외국인을 피하고, 경직적인 행동 규칙을 정하고, 협력과 상호부조의 강력한 규범을 지켰다. 이크완은 또한 자신들의 규칙을 준수하지 않는 이들에게 성전을 선포하는 와하브파의 관습을 물려받았다. 무함마드 이븐 사우드는 자신의 국가건설 노력에 도움이 될 와하비즘의 잠재력을 봤고 경쟁자들을 공격하는 데 이용했다. 압드 알-아지즈는 이크완을 와하비즘처럼 이용했다.

이크완이 처음으로 정착한 곳은 1913년 리야드 북서쪽의 알-아르타위야였다. 곧 압드 알-아지즈가 그들에게 돈과 씨앗을 주고 모스크와 학교를 짓도록 지원했다. 이크완은 칼과 같은 전통적인 무기를 선호했지만 총과 탄약 지원도 이뤄졌다. 그는 더 많은 정착촌을 장려하고 건설했으며, 리야드의 울라마는 정주 생활과 농업을 장려하는 파트와를 발표하기도 했다. 그는 정착촌에 카디를 임명할 권리를 확보할 수 있었는데, 카디는 보통 사우드-와하브 연합을 받쳐준 알-셰이크 가문에서 나왔다. 이크완은 그다음에 징병 대상이 되고 압드 알-아지즈의 돌격대가 됐다. 이 책 자료사진 〈사진 20〉은 이 시기에 찍은 아직 남아 있는 이크완의 사진이다. 이크완은 성전을 위해 싸웠고, 압드 알-아지즈는 왕국을 위해 싸웠다. 불안한 균형이었지만, 당분간 독재와 규범의 우리가 한 축을 이루면서 이 축을 중심으로 두 목표가 통합됐다. 그러나 1914년에도 그는 이크완을 통제하기 위해 관용을 호소하는 또 하나

---

4 형제단

의 파트와를 발표하도록 울라마를 설득해야 했다.

이 일은 여전히 히자즈와 성지들을 통제하고 있던 오스만제국이 독일 편에서 제1차 세계대전에 참전하면서 전기를 맞았다. 아라비아의 로렌스 Lawrence of Arabia5를 포함한 영국인들은 메카의 에미르인 후세인 빈 알리 Hussein bin Ali에게 오스만제국이 패배한 후 '메카의 지배자가 제안하는 범위와 경계'에 따르지만 '다마스쿠스와 홈스, 하마, 알레포'의 서쪽에 있는 '시리아 일부'를 제외한 아랍 국가의 출현을 보장한다고 약속하면서 그를 부추겨 유명한 1916년 아랍의 반란을 일으키도록 했다.

1918년 오스만군은 무너졌고, 영국인들은 후세인과 맺은 합의가 모호하다는 점을 이용해 그가 통치할 국가를 히자즈에 한정했다. 그들은 프랑스인들과 함께 오스만제국의 영토 중 터키 지역을 제외한 나머지 지역을 분할해서 차지했다. 후세인은 배신에 격노했고 1919년 베르사유조약Treaty of Versailles에 서명하기를 거부했다. 그러는 사이에 압드 알-아지즈와 이크완은 나지드 지역에 대한 지배를 강화했다. 처음에 그들은 오스만군과 싸울 생각이 없었다. 영국을 등에 업고 히자즈를 지배하는 후세인과도 맞설 뜻이 없었다. 그러나 후세인이 영국의 전후 계획, 특히 팔레스타인과 관련한 계획에 반대하자 영국은 1924년 압드 알-아지즈를 지지하는 쪽으로 돌아섰다. 용기를 얻은 압드 알-아지즈는 히자즈를 침공했다. 그해 10월에 메카가 함락되고 메디나는 1925년 12월에 점령됐다.

압드 알-아지즈는 이크완 덕분에 나지드와 히자즈의 왕이 됐다. 그는 원하는 것을 가졌지만 이크완은 아니었다. 그들은 배교자들에 맞서 성전을 벌였고, 상대는 아라비아반도에 있는 이들에게만 국한하지 않았다. 이크완은

---

5 제1차 세계대전 중 아라비아반도에 파견된 영국군 장교로 오스만제국과 맞섰다.

영국의 보호국인 트랜스요르단Transjordan6 공격에 나섰지만, 영국 공군에 격퇴당했을 뿐이다. 압드 알-아지즈는 이크완이 제 할 일을 다 했다고 판단하고 그들을 자산이라기보다는 골칫거리라고 생각했다. 그는 이크완을 공격해 사빌라 전투에서 쳐부수고 그들의 지도자들을 잡아서 죽였다. 1932년 압드 알-아지즈는 히자즈와 나지드를 사우디아라비아왕국으로 통일했다.

이크완의 패배는 사우드가와 와하비즘의 연합에서 지배하는 쪽은 사우드가라는 강력한 메시지였다. 하지만 사우디 왕들이 이를 현대적인 형태로 제도화하는 데는 다소 시간이 걸렸다. 1953년 압드 알-아지즈가 죽은 후 결정적인 순간이 찾아왔다. 아들 사우드가 그의 뒤를 이었지만 왕좌를 원하는 다른 형제들, 특히 그의 이복동생인 파이살Faisal과의 경쟁이 치열했다. 파이살은 정치적으로 훨씬 더 기민했다. 사우드가 건강 문제로 힘들어하고 있을 때 파이살은 점차 여러 분야의 정책에 대한 통제력을 확보했고 왕가 내부의 지지자들과 연합세력을 구축했다. 본인의 권력에 대한 자신감을 얻은 파이살은 마침내 사우드를 국정에서 배제하는 문제를 고려할 울라마 회의를 소집했다. 1964년 3월 29일 회의 구성원들은 순순히 중요한 두 가지 메시지를 강조하는 파트와를 발표했다. 첫째, '사우드는 이 나라의 군주이며 모든 이들의 존중과 존경을 받아야 한다'는 것과 둘째, '파이살 왕자는 수상으로서 왕국의 국내외 문제를 국왕과 협의 없이 자유롭게 관리할 수 있다'는 것이었다. 이는 종교 당국이 승인한 사실상의 쿠데타였다. 하지만 쿠란이나 이와 관련된 어떤 경전에도 이런 결정을 한 선례가 없었다. 울라마는 그저 권력을 잡은 쪽을 인정한 것이었다. 그러나 이것만으론 파이살과 그의 지지자들에게는 부족했다. 그들은 사우드를 완전히 제거할 필요가 있다고 결론지었다.

---

6 요르단의 옛 이름

1964년 10월 파이살은 다시 울라마 회의를 소집해 이번에는 사우드 국왕의 폐위를 정당화할 구실을 찾았다. 이 협상에 참여한 이들 중 한 명이 파이살의 무리가 어떻게 했는지 전해주었다.

그들은 몇 차례 셰이크 무함마드 이븐 이브라힘Shaykh Muhammad ibn Ibrahim을 접촉해 … 사우드 국왕을 폐위하는 파트와를 발표하도록 설득했다. … 공동체와 이슬람국가의 통일성을 유지하기 위해서는 행동이 필요했다. 울라마는 왕실의 결정을 지지해야 했다. 셰이크 무함마드는 그래서 울라마들을 자기 집으로 불러 모으기로 했다. … 나라 상황에 관한 짧은 토론 후 울라마들은 왕실의 선택을 승인할 필요가 있다는 결론을 내렸다.

셰이크 무함마드는 이 나라에서 가장 중요한 울라마인 대大무프티Grand Mufti였다. 위의 전언에서 쓴 표현은 놀라웠다. 역사적으로 알-와하브와 그 후손들은 아마도 사우드가에서 벗어나 광범위한 자율성을 누렸을텐데, 여기서 보면 1964년에 이르러 울라마들은 어느 쪽이든 사우드가에서 가장 힘센 파벌이 하라는 대로 한 것이 분명하다. 실제로 그들은 '짧은 토론'만 한 다음에 국왕을 폐위하기로 합의했다. 사우드를 폐위하는 파트와는 11월 1일 정식으로 발표됐다.

이제 파이살이 국왕이 됐다. 그의 재위 이전에 왕가와 울라마들의 관계는 비공식적이었다. 이런 상황에서 파이살은 자신이 더 직접적으로 통제할 수 있는 제도적인 구조를 만들었다. 그는 '법률가와 학자 중에서 뽑는 스물두 명으로 구성된 자문위원회'를 설치하는 안을 포함해 일련의 개혁조치를 발표했다. 자문위원회는 '무슬림 공동체의 구성원들이 관심을 가지는 문제에 관한 판결과 조언'을 할 책임을 맡았다.

이 최고울라마위원회Committee of the Grand Ulama는 1971년에 가서야 최종 설립됐는데, 명백히 대무프티 셰이크 무함마드의 반대 때문이었다. 1969년에 그가 죽은 후 파이살은 대무프티 직위를 폐지했다(이 자리는 나중에 다시 도입됐다). 최고울라마위원회는 여러 가지 문제를 검토하고 이슬람법의 서로 다른 각 분야와 관련된 파트와를 발표하기 위한 다양한 소위원회를 두고 있다. 그러나 그들은 의제를 마음대로 바꿀 수 있는 왕실 내각이 허가한 질문들만 들을 수 있다. 따라서 이 위원회는 울라마를 길들이기 위한 도구가 됐다.

그런 상황을 보여주는 가장 놀라운 증거는 1990년의 사건일 것이다. 사담 후세인Saddam Hussein의 군대가 쿠웨이트를 침략한 후 사우디인들은 다음 차례는 자신들이라고 생각하고 겁에 질려 미국에 자신들을 보호할 군대를 보내달라고 요청했다. 파이살의 동생으로 1982년 왕위에 오른 파드Fahd 국왕은 미군의 개입이 자칭 성지 메카와 메디나의 수호자라는 왕의 역할과 상반되게 해석될까 걱정했다. 하지만 최고울라마위원회는 재빨리 사우디인들을 안심시키는 파트와를 발표했다. 파트와는 이렇게 밝혔다.

> 최고울라마평의회Supreme Council of Ulama는 … 통치자가 가능한 모든 수단을 써서 국가를 수호하기 위해 취한 조치를 지지한다. 신께서 그의 성공을 허락할 것이다. 그 조치는 이 나라에 대한 침략을 자행하려는 자를 겁에 질려 떨게 할 수 있는 수단으로 무장한 군대를 불러오는 것이다. 이 임무는 현 상황의 필요에 따라 부여됐고, 고통스러운 현실을 고려할 때 불가피한 것이며, 그에 대한 법적 근거와 증거는 무슬림의 문제를 책임진 이가 우리의 목표를 달성할 능력이 있는 이의 도움을 구해야 한다는 것을 가리킨다. 쿠란과 예언자의 수나(Sunna, 행동과 말)는 너무 늦기 전에 준비하고 예방조치를 취하라고 가르쳤다.

수나는 이슬람 공동체가 쿠란과 하디스에서 끌어낸 일련의 관습과 규범, 믿음을 말한다. 사우디 시민들은 오사마 빈 라덴Osama bin Laden이 나중에 '십자군'이라고 한 전사들이 사우디 땅에 들어오는 상황은 수나에 완벽하게 부합한다는 사실을 알고 안도했을 게 틀림없다.

규범의 우리 강화하기

사우디아라비아 이야기는 규범의 우리가 강화되는 실례를 보여준다. 중앙에 집중된 권력이 없는 사회의 규범들은 흔히 분쟁을 규제하고 불안정한 상황을 막기 위해 여러 방식으로 행동을 제한하는 쪽으로 진화했다. 이 규범들은 사람들의 관습과 믿음, 관행에 기초하고 있으며, 종교와 종교적 관행에 뿌리를 내렸다. 메디나와 더 넓은 지역에서 중앙에 집중된 권위를 확립하려는 무함마드의 노력에도 불구하고 이슬람 사회에서도 규범이 종교에 깊이 뿌리 내렸다. 한발리 법학파의 노력, 와하비즘 그리고 전통을 강조하고 혁신에 반대하는 그들의 성향에 힘입어 이 규범들은 스스로 강력한 재생산을 거듭했다. 그다음에 와하브파의 열정을 군사적 확장에 이용한 이븐 사우드의 거래가 이뤄졌고, 그와 후계자들은 그에 대한 보상으로 주류 와하브파의 규범과 규제를 받아들였다. 왕국을 얻기 위해 치르는 작은 대가였다.

하지만 이븐 사우드와 압드 알-아지즈의 손안에 들어간 와하브파의 사상과 규제는 알-디리야의 오아시스 훨씬 넘어서까지 영향을 미치기 시작했다. 독재자가 되려는 중동의 다른 지도자들도 같은 구상과 전략을 활용하기 시작해서 이븐 사우드와 압드 알-아지즈처럼 독재 권력을 뒷받침하는 규범의 틀을 공고히 했다. 중동에서 이런 전략이 인기를 끈 것은 세 가지 연관된 요인들로 설명할 수 있다. 하나는 이슬람의 제도적 구조다. 앞서 봤듯이 이슬람,

특히 수니파 이슬람에서는 교회의 위계 구조가 없고, 개인과 신 사이에 개입하는 사제들이 없다. 이 종교에서 학식이 깊은 울라마는 사람들에게 경전의 해석에 관한 지침을 주고 파트와를 발표할 수 있다. 다른 한편으로 이는 쿠란과 하디스에 관한 충분한 지식을 쌓았다면 누구든 이슬람과 그 가르침을 해석하는 역할을 가질 수 있다는 의미였다(조금 뒤에 그에 따른 역학관계 변화가 무엇을 시사하는지 논의할 것이다). 한편 이런 조직 구조는 사우드 정권이 울라마 집단을 접수해 자신들을 지지하는 파트와를 제공할 수 있게 길을 열어줬다. 사우드가의 책략에 대항력으로 작용할 수 있는, 가톨릭교회 같은 위계 구조는 전혀 없었다. 중동의 다른 독재정권들도 이와 같은 식으로 행동했다.

두 번째 요인은 위에서 언급한 대로 쿠란은 헌법적인 문서가 아니며, 통치자에게 어느 정도 권력을 부여할지는 해석에 달려 있다는 사실이다. 예를 들어 쿠란과 메디나 헌장은 누가 평의회에 참석해 통치자와 협의해야 하느냐에 관해 침묵하고 있으므로, 사우드가가 기존의 평의회인 베두인족의 마질리스를 제쳐두고 그들이 지역 현안만을 다루도록 역할을 제한하면서 더 확대된 마질리스 아쉬-슈라Majilis Ash-Shura7, 즉 슈라평의회의 참석자들을 완전히 통제할 수 있도록 많은 여지를 남겨뒀다.

세 번째 요인은 전제적인 이슬람제국들의 통치 기간에 발전하고 정착된, 국가와 사회에 관한 홉스식의 관점이다. 예컨대 10세기의 저명한 철학자 알 가잘리al-Ghazali는 이렇게 밝혔다.

> 술탄의 전제가 100년 동안 이어지더라도 그 피해는 피지배자가 다른 이들에게 휘두른 1년간의 폭정보다 덜하다. … 신과 그의 예언자의 명령에 명백히 반하는

7 국정자문위원회

통치자에 대해서만 반란이 정당화된다.

따라서 전쟁 상태는 독재보다 훨씬 더 나쁘며, 독재자가 샤리아를 지키는 한 그를 용인할 수 있었다. 이슬람에 대한 이런 해석은 잠재적인 독재자에게 매혹적인 일단의 원칙들을 제공했다(앞으로 살펴보겠지만, 중동의 역사에는 독재자들이 수두룩하게 등장한다). 조작하기 쉬워 보이는 이 원칙들은 민주주의나 다른 어떤 유형의 정치적 책임성도 강력히 지향하지 않으며, 샤리아가 지켜지는 한 통치자에게 복종하라고 설교했다. 물론 이슬람은 이보다 훨씬 많은 뜻을 담고 있으며, 사람이 신의 율법에 따라 사는 법을 말해주는 전반적인 신념체계다. 이슬람의 원칙 중 많은 것들이 620년대 아라비아에서 쓰였고, 그 지역과 시대의 규범이 반영됐다. 한발리파나 와하브파와 같은 집단은 샤리아의 엄격한 전통적 해석을 강조했으며, 현대 세계에서는 대단히 이례적이고 매우 제한적인 규범의 우리를 구체화했다.

이 규범의 우리는 단순히 사우드가가 손에 쥔 강력한 도구라는 의미만은 아니었다. 와하브파와의 연합을 위해 그들이 치러야 할 대가이기도 했다. 예를 들어 압드 알-아지즈는 1926년 일곱 명의 재판관을 둔 상사법원을 설립했는데 그중 한 명만 종교계 인사였다. 그는 경제적 거래관계의 현대화를 최소한으로 추진하려고 했다. 하지만 1955년 울라마 집단은 사우드 국왕을 설득해 그 법원을 완전히 폐지했다. 1967년 파이살은 그 기관을 부활시켜 리야드에 한 곳, 주요 항구도시인 예다와 담만에 한 곳씩 모두 세 곳의 상사법원을 설립했다. 그러나 이제 재판관의 절반을 울라마로 채워야 했다. 1969년에는 3분의 2를 울라마가 차지했다. 샤리아는 민간의 상거래를 규율하는 어떤 현대적인 법규 도입 시도도 좌절시켰다.

혹자는 사우드 왕가가 이크완을 쳐부수고 울라마를 길들인 후 주도권을 쥐고 자신들의 정치적, 또는 경제적 이해에 맞지 않는 규범의 우리를 일부 완화하기 시작했으리라고 생각했을지 모른다. 그러나 파드 국왕의 국가 방위에 관한 파트와가 보여주듯이, 사회와 어떤 협의도 하지 않는 이 노골적인 독재체제에서는 흔히 사우드의 정책과 관행의 정당성을 재확인해줄 종교적 권위에 대한 수요가 있다. 이런 역학관계는 1978년과 1979년에 일어난 두 가지 사건 후에 훨씬 더 악화됐다. 먼저 이란에서 일어난 이슬람 혁명으로 사우드 왕가가 이 지역에서 이슬람의 표준을 제시한다는 주장이 흔들리게 됐다. 다음으로, 사우드가 입장에서 더 불길한 일로 주하이만 알-오타이비Juhayman al-Otaybi라는 남자가 이끄는 수백 명의 폭도(누구도 정확한 숫자를 모른다)가 메카의 대사원에 들이닥치는 사건이 벌어졌다. 알-오타이비는 압드 알-아지즈 국왕이 이크완을 수용하기 위해 건설한 정착촌 출신이었으며, 그의 아버지와 여러 친척이 이 형제단의 적극적인 구성원들이었고 국왕에 반대하는 봉기에 참여한 적도 있었다. 그와 반도들의 불만은 와하비즘에 뿌리를 두고 있었다. 그들은 사우드가가 서구화되면서 무함마드의 가르침에서 벗어났다고 주장하고 이슬람의 전통을 더 충실히 지키라고 요구했다. 그들은 울라마가 사우드가에 포획돼 정당성을 잃었다고 (옳게) 지적했다. 파키스탄과 프랑스 특수부대의 지원을 받아 공격을 물리치고 알-오타이비와 사로잡은 추종자들을 처형한 후 사우디 왕가는 와하비즘을 한층 강화하는 방식으로 대응했다. 특히 학교에 다니는 사우디 청소년들에게 주입하는 이슬람 종교의 해석과 가르침은 더욱 엄격해졌다. 규범의 우리는 또다시 단단해졌다.

사우디아라비아의 불가촉천민

1955년 사우드 국왕은 소녀들을 위한 공교육을 시행하겠다고 발표했다.

하지만 울라마 집단의 저항에 부딪히자 4년 후 사우디아라비아의 정책은 이 교육을 울라마의 감독 아래 하도록 바뀌었다. 대무프티와 울라마는 2002년까지 그 통제력을 유지했다. 여성의 교육뿐만이 아니다. 사우디아라비아 사회에서 여성을 대하는 모든 면이 사우드-와하브 협약으로 만들어진 규범의 우리로 인해 제약을 받았다.

사우디아라비아에서 이 우리의 핵심적인 집행자는 '미덕 증진과 악덕 방지 위원회Committee for the Promotion of Virtue and the Prevention of Vice'인데, 보통 종교경찰로 번역되는 무타윈mutaween이라는 사람들로 구성된다. 무타윈은 사람들이 여성의 엄격한 복장 규정과 같은 샤리아와 이슬람 규범을 지키도록 강제하는 임무를 맡고 있다. 그들은 이것을 대단히 진지하게 받아들인다. 너무나 진지한 나머지 2002년 3월 메카의 한 여학교에서 불이 났을 때 그들은 히잡과 아바야(abaya, 이 왕국의 전통적인 이슬람 해석에 따라 입어야 하는 검은 겉옷)를 두르지 않은 소녀들이 불타는 건물에서 나가지 못하게 막으려 했다. 결국 여학생 열다섯 명이 죽었다. 한 구조원은 이렇게 말했다고 한다.

> "여학생들이 정문으로 나올 때마다 이 사람들이 다른 문으로 강제로 돌려보냈습니다. 그들은 구조 작업을 거들어주지는 않고 되레 우리를 통제했지요."

어떤 이들은 미덕 증진과 악덕 방지 위원회가 고대 이슬람의 기관이라고 생각할지 모르지만 그렇지 않다. 앞에서 본 것처럼 사우드가의 국가가 확장할 때 여러 오아시스를 손에 넣기 위해 종교 규범과 율법을 집행하는 임무를 맡은 무타시브들을 임명했는데, 이 직위의 뿌리는 중세 초기 압바시야 왕조까지 거슬러 올라간다. 하지만 이 '위원회'는 새로운 기관이며 그 원조인 미덕 증진과 악덕 방지를 위한 '단체'는 압드 알-아지즈가 히자즈 지역 정복을 완수한 후 1926년에 창설했다. 이 단체는 1928년 위원회로 바뀌었다. 사우드가의 국가가 그 권력을 공고히 할 때 규범의 우리는 단단해졌다. 그렇게 된 것은 부분적으로 사우드가 와하브파 울라마에게 양보했기 때문이었다. 또한 규범의 우리가 독재를 뒷받침하는 데 아주 유용했기 때문에 그렇게 된 면도 있다. 우리는 심지어 경제와 생활이 현대화될 때도 사람들을 계속 통제하는 데 도움이 됐다. 그래서 이 위원회가 만들어진 것이다.

사우디아라비아에서 규범의 우리 때문에 가장 큰 타격을 받는 이들은 여성이다. 2014년 리야드의 킹사우드대학 여학생 한 명이 사망했는데, 남성 의료진에게 치료받는 것이 허락되지 않았기 때문이다. 가까운 친척이 아닌 남성은 여성에게 손을 대는 것이 허락되지 않으며, 필수적인 의료행위는 고사하고 공손히 악수하는 것조차 금지된다. 사우디아라비아에서 여성은 불가촉천민들이다.

복장 규정, 불가촉 조항, 여성들을 남성의 통제하에 두는 거미줄 같은 규제들은 쿠란의 특별한 해석에서 나왔다. 쿠란의 제4장 제34절은 '남성은 여성들의 보호자이자 부양자인데, 신께서 한쪽에 다른 쪽보다 (힘을) 더 많이 주셨기 때문이며, 그들이 자신의 재산으로 여성들을 지원하기 때문이다.' 이는 사우디아라비아에서 여성들은 어린이들처럼 남성들의 보호 아래 있다는 것을 의미한다고 해석되며, 이런 해석은 622년에 공식화한 무함마드의 메디나헌장 41번째 조항에서 여성을 언급한 것과 일치한다고 여겨졌다. 이 조항은 '여성은 오로지 그 가족의 동의가 있어야 보호받을 것'이라고 밝혔다.

따라서 여성들은 그 가족('남성들'로 해석된다)의 통제 아래 있다. 사우디아라비아에서 여성에 대한 남성의 지배는 후견인체제를 통해 제도화됐다.

모든 여성은 남성 후견인이 있어야 하며, 그녀는 여행을 비롯해 여러 가지 일에 대해 후견인의 허락을 받아야 한다. 후견인은 그녀의 아버지나 남편, 아니면 아들도 될 수 있다. 여성이 후견인 없이 여행하는 경우에는 이동 횟수와 후견인이 며칠 동안이나 여행하도록 허락했는지 기록한 노란색 카드를 지니고 다녀야 한다. 은행 계좌를 개설하거나 아파트를 임차할 때, 사업을 시작할 때, 혹은 여권을 신청할 때도 후견인의 허락이 필요하다. 정부의 전자 포털은 남성 후견인이 여성의 여권 신청서를 작성해야 한다고 명기한다. 심지어 여성은 형기가 끝나 감옥에서 나갈 때도 남성의 허락을 얻어야 한다.

최근까지 일자리를 얻을 때도 허락이 필요했다. 이 규정은 바뀌었으나 사우디아라비아 법은 일터를 남성과 여성 구역으로 분리하도록 의무화하고 있으며, 이는 여성을 고용할 유인을 크게 떨어트린다. 또 여성이 해외에서 공부하고 싶으면 남성 친척과 동반해야 한다. 여성들은 칸막이가 있는 별도의 '가족' 구역과 따로 여성 출입구를 두지 않은 식당에서 음식을 먹을 수 없다. 최고위원회에서 내놓은 한 파트와는 '여성은 남편의 허락을 받은 경우가 아니면 집을 떠나서는 안 된다'고 규정한다.

물론 법 앞의 평등 같은 것은 없다. 법적 소송에서 여성이 하는 증언의 값어치는 남성의 절반이다. 그와 비슷하게 샤리아에 따르면 여성들은 상속에서도 남성의 반밖에 물려받지 못한다. 여성은 법적 후견인이 개입하지 않으면 소송을 제기하거나 법정에서 진술하기 어렵다. 남성 판사가 주재하는 법정은 보통 형사사건의 증인인 여성의 증언을 받아들이기를 거부한다. 여성 두 명은 휴먼라이츠워치의 조사원들에게 판사들이 법정에서 그들이 발언하는 것을 허락하지 않았으며 왜냐면 여성 증인들이 목소리를 내는 것조차 '수치스러운 일'이라 여겼기 때문이라고 밝혔다. 판사들은 그들의 후견인이 대신 말하도록 허용했다. 하지만 여성들이 후견인이나 남편들에게 학대를 당하고 있을 때는 어떻게 되겠는가?

세계경제포럼World Economic Forum은 사우디아라비아의 양성평등 수준을 149개국 중 141위로 평가했다(서문에서 살펴본 아랍에미리트연방의 양성평등상 제도에도 불구하고 이 나라의 순위는 사우디아라비아보다 조금밖에 앞서지 않은 121위다). 이 순위는 여러 가지 요소를 고려해서 매긴다. 그 평가요소 중 하나는 여성의 노동시장 참여율인데, 사우디아라비아 여성의 노동 참여율은 고작 22퍼센트로 미국의 56퍼센트와 대비된다.

종교 당국들은 후견인제도와 여성에 대한 체계적인 차별을 일관되게 지지했다. 1990년대 최고울라마위원회는 여성들이 대학 교육을 마치려고 결혼을 미루는 것이 적절한지 판결해달라는 요청을 받자 파트와를 발표해 이렇게 선언했다.

> 여성이 대학 교육을 통해 진보하는 것은 우리에게 필요하지 않은 일로서, 검토가 필요한 사안이다. 내 (정확한) 견해로는 여성이 초등학교를 마치고 읽고 쓸 수 있으면, 그래서 성전과 그 주해, 예언자의 하디스를 읽어서 은혜를 입을 수 있으면 그것으로 충분하다.

여성의 취업에 관해 물었을 때 최고울라마위원회는 이렇게 판결했다.

> 전능하신 신은 … 여성들이 자기 집에 머무르도록 명하셨다. 그들이 공중public에 나타나는 것은 피트나(fitna, 분쟁)를 확산시키는 데 기여하는 주된 요인이다. 물론 샤리아는 필요할 때만 여성들이 히잡을 쓰고 모든 의심스러운 상황을 피한다는 조건으로 집을 나가도록 허용한다. 그러나 일반적인 규칙은 그들이 집에 머

물러야 한다는 것이다.

그리고 여성과의 접촉은 분명히 금지된다. 여성이 앞장서서도 안 된다. 같은 기구의 또 다른 파트와는 여성들은 '정열이 사고를 지배하는 데다 추론능력과 합리성이 부족'하므로 남성들을 이끌어가는 지위를 차지할 수 없다고 밝혔다. 이 같은 판결들에 대한 정부 관리들의 전형적인 방어 논리는 사우디아라비아는 보수적인 사회이며 이 판결들은 사람들의 사고방식을 반영한다는 것이다.

그러나 이 주장을 뒷받침하기 위해 댈 수 있는 증거는 없다. 레오나르도 버스틴Leonardo Bursztyn과 알레산드라 곤살레스Alessandra González, 데이비드 야나기자와-드롯David Yanagizawa-Drott은 최근 연구에서 리야드의 남성들에게 '여성들이 집 밖에서 일하게 허용해야 한다'는 단순한 진술에 동의하는지를 물었다. 응답자의 87퍼센트가 이 말에 동의했다. 하지만 규범의 우리를 재확인하듯이, 많은 남성이 여전히 다른 이들이 어떤 반응을 보일지 신경 쓰며 아내가 밖에 나가 일하는 것을 불편해한다. 남성들은 특히 다른 이들은 여성이 밖에서 일하는 것을 자신보다 덜 좋아할 것으로 추측했다. 이웃의 다른 남성들이 같은 진술에 동의할 것이라고 생각하는 남성은 63퍼센트에 불과했다. 그러므로 규범의 우리 안에서는 모두가 여성의 가장 기초적인 역량 강화에 대해 다른 이들은 어떻게 생각할까 신경 쓰면서 두려워한다. 그래서 여성들이 밖에서 일하면 비난을 받게 되고 규범의 틀은 강화되는 것이다.

학자들은 여성에 대한 남성의 통제를 정당화하려고 쿠란과 하디스를 인용할 수 있겠지만, 모든 것은 정치적인 필요에 따라 달라진다. 1996년까지도 최고울라마위원회는 샤리아법에 따라 여성들이 운전하는 것은 허용되지 않는다고 단언하는 파트와를 발표했다.

> 그런 것(운전)이 허용되지 않는다는 것은 의심할 나위가 없다. 여성의 운전은 여러 해악과 부정적 영향을 초래한다. 그중에는 여성이 경계하지 않고 남성과 어울린다는 문제도 포함된다. 운전은 또한 사악한 죄로 인도하는데 그 때문에 운전이 금지되는 것이다.

물론 무함마드가 살던 시대에는 분명히 자동차가 없었다. 이런 파트와는 만약 620년대에 자동차가 있었다면 이슬람의 기본적인 원칙들이 여성의 운전에 대해 무엇을 의미했을지 추측해서 해석한 것에 지나지 않는다. 그러나 사우디아라비아에서 여성의 운전이 불허된다는 사실은 국제 언론의 가차 없는 비판을 받으면서 정권에 점점 더 난처한 일이 됐다. 사우디아라비아는 2017년 왕세자 무함마드 빈 살만Mohammad bin Salman의 개혁 의제에 따라 여성운전 금지 제도는 바뀔 것이라고 발표했다. 하지만 잠깐, 1996년 최고위원회는 여성이 운전하도록 허용하는 것은 명백히 샤리아에 반한다고 발표했었다. 그러나 그것은 문제가 되지 않았다. 어쨌든 사우드 왕가는 위원회에 여성의 운전이 완전히 이슬람적인 것이라고 선언하는 새 파트와를 발표하도록 했다.

네브카드네자르가 다시 달리다

비록 사우디아라비아가 규범의 우리를 강화하는 전형적인 사례이기는 하지만 이 지역의 다른 독재정권들도 같은 각본을 따랐다. 이라크의 사담 후세인 정부를 보자. 오스만제국과 싸운 메카의 에미르 후세인은 영국이 그에 대한 진정한 보상을 해주지 않고 아랍인들을 속였다고 느꼈는데, 이라크는 바로 그 수상한 계획과 영국의 위임통치령에 따라 출현한 나라였다. 영국은 회유책으로 후세인의 아들 중 파이살을 이라크 국왕으로 올렸다. 오스만제국의 세 속주인 모술과 바그다드, 바스라를 합쳐 만든 식민지였다. 파이살에게 이 나라를 맡긴 것은 식민지 정치의 별난 장면이었다. 그가 대관식을 치를 때 악대는 영국 국가 '신이시여, 국왕 폐하를 지켜주소서God Save the King'를 연주했는데, 이라크에는 아직 국가가 없었기 때문이다. 이 왕국은 오래가지 못했다. 이라크는 1931년에 독립했고, 1936년에 첫 번째 쿠데타가 일어났으며, 그 후 20년간 극심한 정치 불안이 이어진 끝에 1958년 압드 알-카림 카심Abd al-Karim Qasim 준장이 이끄는 자유장교단Free Officers 단원들이 마침내 이 왕조를 타도했다. 쿠데타 몇 시간 만에 카심의 부하들은 왕과 그 가족을 즉결처형했다.

카심은 울라마 집단이 국가의 통제를 받도록 하면서 이 나라를 세속화하려고 했다. 그러나 그의 시도는 오래가지 못했다. 카심 자신이 1963년 바트당Baath Party에 동조하는 반란군에게 살해당했다. 1947년 시리아에서 설립된 바트당은 범아랍주의와 반식민주의, 그리고 사회주의에 뿌리를 둔 이념을 갖고 있었다. 바트당원들은 비록 세속적이기는 했지만, 사회를 복종시키고 규범의 우리를 강화하기 위해 주저 없이 이슬람 종교를 이용했다. 그 변화는 바트당원들이 또 다른 쿠데타에서 통제력을 확보한 1968년에 시작됐고 사담 후세인이 개인적인 권력을 잡은 1979년에 심화됐다. 사담은 군인이 아니었지만, 바트당을 통해 무자비하게 권력을 강화했다. 그는 기회가 왔을 때 확실히 잡았다. 사담은 권부를 확실히 장악하기 위해 혁명평의회Revolution Command Council 구성원 중 3분의 1의 가족을 인질로 잡아뒀다. 그런 다음 본격적으로 일을 벌였다. 사담은 직접 권부를 지휘해 혁명평의회 사무총장인(사담은 부의장이었다) 무휘 압델-후세인Muhyi Abdel-Hussein의 자백을 받고 이를 녹화해서 전국의 당원들에게 보여줬다. 한 역사가의 기록을 보자[8].

> 그 회의에서 비탄에 빠져 연설하는 사담의 뺨에 눈물이 흘러내렸다. 그는 (압델-후세인의) 증언 도중 틈틈이 극적으로 예전의 동료들을 손가락으로 가리켰다. 수비대가 회의 도중에 사람들을 밖으로 끌어냈고, 그러자 사담은 이 나라의 최고위 장관들과 당 지도자들이 직접 실제 총살대로 나서도록 요구했다.
>
> 1979년 8월 1일까지 약 500명의 고위 바트당원들이 처형된 것으로 보인다.

사담은 이제 완전한 통제력을 확보했다. 그는 울라마를 국가에서 급여를 받는 고용인으로 만들어 자신에게 굴종하게 했다. 그는 자신의 통치를 정당화할 정교한 이념을 구축하고, 자신이 기원전 5세기 바빌론의 위대한 왕 네브카드네자르Nebuchadnezzar의 혈통을 이어받았다고 주장했다. 물론 네브카드네자르는 무슬림이 아니었다. 하지만 사담의 통치가 점점 더 불안정해지고 갈수록 정당성을 잃어가자 그는 이슬람 종교에 호소하는 데 그치지 않았다. 여러 방면에서 생각할 수 있는 어떤 수단을 써서라도 자신의 권력을 뒷받침하려 했다. 집권 이듬해 사담은 이란을 침공해 이란·이라크 전쟁이라는 재앙을 일으켰다. 그는 1979년 국왕shah 타도 후 이란 정권이 취약하다는 점을 노려 그들의 유전油田을 빼앗고 싶어 했다. 기름 대신 유혈이 낭자한 교착상태가 8년간 이어졌다.

1982년까지 사담은 자신이 지닌 세속주의자의 뿌리를 완전히 없애버렸다.

---

8 사담 후세인이 집권 바트당 지도자들을 불러 모은 회의에서 자신에 대한 반역을 모의했다는 무위 압델-후세인의 자백을 받는 장면으로, 그 외에도 68명의 공모자들이 '국가의 적'으로 지목됐다.

그는 성전을 이야기했고 연설을 할 때면 "신께서 여러분을 지켜주고 보호하며 승리의 길로 인도하실 것"과 같은 종교적인 관용구로 끝냈다. 1984년 예언자 무함마드의 탄생일 경축식에서 사담은 "이슬람의 영원한 가르침을 따라 우리 이라크 국민의 미래를 위해 싸우시고 유일신을 믿는 우리 이슬람 종교를 드높이시는, 우리의 역사적이고 영명하시며 성전을 벌이는 지도자"라는 찬사를 받았다. 6년 후 쿠웨이트를 침공할 때 사담은 "우리에게('나'에게로 해석할 수 있다) 길을 알려주신 것은 신이셨고 … 신께서 우리를 축복하셨다"고 주장했다. 우리의 자료사진 〈사진 21〉에서 보듯이 그가 기도하려고 무릎을 꿇고 있는 사진이 공공장소를 장식하기 시작했다. 1991년 1월 (주로) 미군이 펼친 '사막의 폭풍' 작전에서 완전히 패배한 후 사담은 더욱 강하게 이슬람에 호소했다. 그는 학교에서 쿠란과 하디스를 공부하는 시간을 두 배, 심지어 세 배까지 늘리며 대대적인 이슬람 교육 프로그램을 시작했다. 성인들, 심지어 내각의 장관들까지 의무적으로 쿠란을 공부하는 수업을 들어야 했고, '사담 쿠란 읽기 센터'와 '사담 이슬람 대학'이 열렸다. 교사들은 경전에 관한 지식을 측정하는 시험을 봐야 했고, 죄수들은 종교 서적의 핵심 구절을 암송할 수 있으면 형량을 감경받았다. 1992년 사담은 '*알라후 아크바르(Allahu Akbar, 신은 위대하다)*'라는 말을 이라크 국기에 넣어야 한다고 주장하고 이렇게 발표했다.

> "이제 국기는 이교도 무리에 대한 … 성전과 신앙의 깃발이 됐다."

사담은 이제 자신을 '성도회 사령관Commander of the Congregation of the Believers'으로 칭하고, 규범의 우리를 강화함으로써 자신의 종교적 진실성을 과시했다. 1994년 포고 제59호를 통해 이라크 법적 체계를 바꿀, 샤리아에 영감을 받은 일련의 법률 가운데 첫 번째 것을 제정했다. 강도나 자동차 절도에 대한 벌은 범죄자의 손목을 자르는 것이었다. 두 번째로 범죄를 저지르면 왼쪽 발목을 자를 것이었다. 곧 무허가 환전상도 같은 벌을 받게 됐고, '부당이득을 챙긴' 은행가들도 마찬가지였다. 이런 조치들에 앞서 1990년에는 예컨대 간통한 여성을 친척들이 죽이는 행위를 합법화한 것처럼 '부족적 관습'들을 형법에 도입하는 법이 제정됐다.

사담은 사우디아라비아의 후견인제도와 비슷한 조치를 공포하며 규범의 우리를 계속 강화했다. 여성들은 남성 친척을 동반하지 않으면 해외여행을 할 수 없었다. 그는 여성들이 취업을 포기하고 집에 머물러야 한다고 발표했지만, 이 포고를 집행하지는 않았는데 그 조치가 호응을 받기 어렵다고 생각했던 게 분명하다. 2003년에 가서야 미국이 수립한 새 정부가 여성을 고용하는 것은 이슬람의 가르침에 맞지 않는다는 이유로 이라크의 모든 여성 판사들을 해고했다.

—

견제받지 않는 독재와 강력한(그리고 더 강력해지는) 규범의 우리를 결합하는 사우드가의 전략은 사담뿐만 아니라 중동의 다른 여러 정권에도 매력적이었다. 이 지역은 몇 가지 이유로 이 신성하지 않은 동맹에 비옥한 토양이었다. 첫 번째 유혹은 전제적인 통치의 역사였다. 이슬람제국들은 이븐 할둔이 밝힌 이유로 완고한 독재를 향해 나아갔다. 독재를 향한 변화는 계속됐고 오스만의 통치로 오히려 심화됐다. 반란을 일으키지 않는 한, 사회가 정치적 의사결정에 참여하거나 어떤 형태든 통치자의 책임성에 대해 발언권을 가질 방도는 별로 없었다. 제1차 세계대전 후 유럽의 식민국가들이 오스만제국을 대체했다. 그 전에 몇십 년 동안 쌓아온 자치와 독립에 대한 열망은 무너졌고, 곧 짜깁기식의 인위적인 보호국들이 세워졌다. 그 나라들은 독재로 기우는 경향을 제외하면 기존의 정치 구조나 국경과는 공통점이 거의 없었다. 그다음 유혹은 석유인데, 이는 비록 각국에 매우 불균등하게 분포되기는 했어도 이 지역의 가장 큰 수출품이 됐다. 정치 권력을 통제하는 이들에게 큰 보상을 안겨주는 각종 자연자원은 독재를 부추기는 경향이 있다. 중동의 최근 역사도 예외가 아니었다. 그다음 요인으로는 이스라엘의 건국과 그에 따른 아랍과 이스라엘의 끊임없는 분쟁을 들 수 있다. 이로써 중동 전역에 걸쳐 종교와 규범의 우리를 이용해 독재를 창출하고 재창출할 수 있는 무대가 마련됐다.

9·11의 씨앗들

우리는 중동의 독재국가들이 단지 우연히 강화된 규범의 우리와 결합한 것이 아님을 살펴봤다. 사우디아라비아는 의심할 나위 없이 가장 극단적인 사례다. 무슬림 국가 중에서도 일터에서 그토록 악착같이 남성과 여성을 떼어놓는 나라는 없다. 그러나 무슬림 국가들은 하나같이 정치 권력을 뒷받침하기 위해 이슬람의 분권적인 구조를 이용하는 똑같은 게임을 해왔다. 이집트에서는 1962년 수니파 이슬람의 가장 권위 있는 목소리를 내는 알-아자르대학이 이스라엘과 평화롭게 지내는 것은 반이슬람적이라고 선언하는 파트와를 발표했다. 그러나 1979년 안와르 사다트Anwar Sadat 대통령이 이스라엘 메나헴 베긴Menachem Begin 총리와 캠프데이비드협정에 서명했을 때 알-아자르의 셰이크shaykh[9]는 이스라엘과의 평화는 실제로 이슬람의 원칙들에 부

9 장로 혹은 집단의 장(샤이흐)

합한다는 것을 보여주기 위해 쿠란과 무함마드의 논설들을 인용한 파트와를 발표했다. 이집트 군부가 이스라엘과 평화협정을 맺고 싶어 할 때 그들은 울라마가 그들을 지지할 것으로 기대할 수 있었다.

경제학자 장-필립 플래토Jean-Philippe Platteau는 울라마, 혹은 적어도 그 집단의 일부와 중동의 독재국가들 사이에 맺어진 이 상징적인 관계가 시사하는 바를 한 가지 더 지적했다. 알-와하브가 울라마가 됐을 때 누구도 그를 임명하지 않았고, 단지 그가 가르치기 시작하고 사람들이 그를 종교적 권위자이자 학식 있는 사람으로 인정하게 됐다는 사실을 기억하자. 그는 판결을 내놓았고, 사람들은 귀를 기울이기 시작했다. 그러므로 사우디아라비아의 국가가 자신들을 지지하는 최고울라마위원회를 두고 그들에게 어떤 파트와를 발표하라고 지시할 수는 있지만, 다른 누군가가 스스로 한 사람의 울라마가 돼서 상반되는 파트와를 발표하는 것을 실제로 막을 수는 없다. 오사마 빈 라덴이 바로 그렇게 했다. 1996년 그는 중동, 특히 사우디아라비아의 끔찍한 상황을 한탄하는 자신의 첫 파트와를 발표했다.

> 이 나라 사람들은 지금의 상황이 현 정권의 억압적이고 부당한 행동과 조치들에 저항하지 않기 때문에 알라께서 그들에게 내린 저주라고 믿는다. 신성한 샤리아법을 무시하고, 사람들의 정당한 권리를 빼앗고, 미국인들이 두 성지[10]의 땅을 점령하도록 허용하고, 진실한 학자들을 부당하게 투옥하는 것이 그런 행동이다. 상인들과 경제학자들, 이 나라의 저명한 인사들뿐만 아니라 존경할 만한 울라마와 학자 들도 모두 이 재앙적인 상황을 경계하고 있다.

---

10 메카와 메디나

빈 라덴의 파트와 대부분은 반미적인 장광설이지만, 또한 사우디아라비아의 진정한 문제인 '현 정권'에 대한 자신의 견해를 분명히 밝히고 그에 대항한 성전을 촉구하는 면도 있었다.

중동 국가들의 정치적인 전략은 규범의 우리를 강화함으로써 자유의 불씨를 꺼트리는 데 그치지 않는다. 그 전략은 또한 폭력과 불안정, 테러의 씨앗을 뿌린다. 모든 사회의 우리는 행동과 담론을 규제한다. 즉 사람들이 무엇을 이야기하고 어떻게 이야기할지 규제함으로써 자유를 제한한다. 중동에서는 규범의 우리 때문에 독재자를 비판하는 담론을 발전시키기가 대단히 어려운데, 이는 독재자가 종교를 대표한다고 주장하기 때문이다. 그러므로 독재자를 비판하면 곧 이슬람을 비판하는 것이 된다. 그에 따라 독재자의 종교적 신앙심이 그다지 깊지 않고 자신이 종교적 신념에 더 헌신한다고 지적하는 방식으로 비판을 전개하는 경향이 자연스럽게 생겨난다. 플래토는 이렇게 밝혔다.

> 권력을 잡기 위한 치열한 경쟁이 벌어지는 상황에서 독재자들이 자신들을 정당화하는 데 종교를 이용하면 종교적인 반발의 형태로 나타나는 반동을 불러일으킬 수 있는데, 이때 통치자와 반항자들은 신앙에 대한 자신들의 더 깊은 진실성을 증명하기 위해 경쟁한다.

빈 라덴이 바로 그런 식으로 대항했다. 그의 파트와는 이어서 '현 정권이 이슬람의 샤리아법을 정지하고 그것을 제정법으로 대체하고, 헌신적인 학자와 올바른 젊은이들과 유혈 대결을 시작하는 것'을 지적했다. 사우드가는 울라마 대다수를 포획했을지 모르지만, 빈 라덴 같은 '헌신적인 학자들'도 남아 있었다. 실제로 사우드가는 빈 라덴을 포섭하려 했지만, 그는 넘어가지 않았다. 빈 라덴은 사회 운동과 급진적이고 폭력적인 의제를 만들어갔는데, 그곳에는 서방과 미국에 대한 그의 증오뿐만 아니라 사우드가와 '현 정권의 억압적이고 부당한 행동과 조치들'에 대한 증오와 경멸이 배어 있었다.

독재적 리바이어던의 목표를 위해 울라마를 조종하는 전략은 사우디아라비아에서 더 철저하고 성공적으로 이용돼왔으며, 이 사실은 어떻게 해서 오사마 빈 라덴이라는 인물이 사우디아라비아라는 도가니 속에서 형성됐는지, 그리고 왜 2001년 9월 11일 미국의 빌딩에 충돌한 항공기의 납치범 열아홉 명 중 열다섯 명이 사우디아라비아 시민들인지 설명하는 데 도움이 된다. 독재적 리바이어던과 이슬람의 제도적인 구조를 한데 섞은 것은 단지 규범의 우리를 강화하는 데 그치지 않고 테러와 폭력, 불안정도 낳았다.

제13장

통제할 수 없는 레드 퀸

The Narrow Corridor

파괴적인 혁명

1933년 3월 23일 베를린의 크롤오페라하우스에서 독일 의회가 열렸다. 지난달 불타버린 의사당 라이히슈타크Reichstag를 대신할 장소가 필요했다. 이 의회에서 사회민주당Social Democratic Party 지도자인 오토 벨스Otto Wels가 연설할 차례가 됐다. 얼마 전에 임명된 총리이자 나치당 지도자인 아돌프 히틀러Adolf Hitler를 제외하면 벨스는 그날 유일한 발언자였다. 벨스는 히틀러의 수권법Enabling Act[1]에 강력히 반대했다. 수권법은 독일 정치가 헤르만 라우슈닝Hermann Rauschning이 '파괴의 혁명revolution of destruction'이라고 한 과정의 다음 단계로서, 의회를 폐지하고 모든 권한을 4년 동안 히틀러에게 주려는 것이었다. 벨스는 자신의 연설이 아무것도 바꿀 수 없으리라 생각했다. 호되게 얻어맞거나 체포되거나 그보다 나쁜 일을 당할 수도 있다는 것을 다 예상하고 시안화물 캡슐을 준비해 주머니에 넣어왔다. 벨스는 그때까지 지켜본 것으로 판단할 때 나치 당원들과 돌격대('갈색 셔츠'나 SA로 부르기도 한다)나 친위대SS 같은 준군사 부대의 손에 넘어가는 것보다 자살하는 것이 낫다고 마음먹었다. 그는 이미 정치범 200명이 바로 하루 전 다하우에서 문을 연 첫 번째 수용소에 보내진 것을 알았다. 나치는 그동안 자신들의 적을 어

---

1 입법권을 행정부에 위임하는 법률

떻게 처리하는지 대놓고 알려왔으므로 벨스도 잘 알고 있었다. 히틀러는 이미 1921년에 수용소에 관해 이야기한 적이 있었고, SS의 우두머리인 하인리히 힘러Heinrich Himmler는 3월 20일 다하우 수용소 개소를 발표하는 기자회견을 열었다. 벨스는 대단히 위협적이고 언제든 폭력사태가 벌어질 것 같은 분위기에서 발언했다. 오페라하우스에는 나치 깃발과 스와스티카장이 걸려 있었고, SA와 SS 대원들이 복도와 출구에 몰려 있었다.

벨스는 그 법안이 어차피 통과되리라는 것을 알았지만 법안에 강력히 반대하며 이렇게 주장했다.

> "이 역사적인 시간에 우리 독일 사회민주당원들은 인간애와 정의, 자유와 사회주의의 기본 원칙에 충실할 것을 엄숙하게 천명합니다. 어떤 수권법도 영원하고 불멸하는 사상을 파괴할 권한을 부여할 수 없습니다. … 사회민주주의는 추가적인 박해로부터 다시 한 번 새로운 힘을 모을 수 있습니다. 우리는 박해받고 억압받는 … 이 나라 곳곳의 우리 친구들에게 경의를 표합니다. 그들의 지조와 충심 … 신념을 지키는 용기, 꺾이지 않는 신뢰는 밝은 미래를 약속합니다."

안타깝게도 수권법 통과는 이미 정해진 결론이었다. 나치는 사회민주당원들을 제외하고 출석할 수 있는 모든 의원을 상대로 수단과 방법을 가리지 않고 지지를 확보했다.

히틀러가 총리에 오르고 의회가 스스로 해산하려 하는 가운데 바이마르 공화국 시대 민주주의의 결정적인 순간에 이른 것은 전혀 예상치 못한 사태였다. 1928년 선거 때 국가사회주의독일노동자당(National Socialist German Workers' Party, 나치Nazi당)은 2.6퍼센트밖에 득표하지 못한 비주류 운동조직이었다. 독일 경제 총생산을 절반이나 떨어뜨린 대공황 그리고 효과적으로 작동하지 않은 일련의 정권 때문에 대공황이 일어난 후 처음으로 실시된 1930년 선거에서 표심이 나치당 쪽으로 대거 이동했고, 이어 1932년 선거에서는 나치당의 득표율이 더 높아졌다. 1932년 11월 독일이 실시한 마지막 자유 선거에서 나치는 전체 투표의 약 33퍼센트를 얻었다. 그다음에 히틀러가 총리로 취임하고 두 달 뒤인 1933년 3월 선거는 갈색 셔츠와 나치 통제하의 경찰이 조성한 공포와 억압이 지배하는 가운데 치러졌다. 나치는 이제 44퍼센트 가까운 표를 얻었다. 이는 바이마르공화국의 비례대표제에 따라 전체 의석 647석 중 288석을 차지한다는 의미였다. 나치가 수권법을 통과시키기 위한 정족수를 채우려면 선출된 의원 중 적어도 3분의 2가 출석하고 출석한 의원 중 3분의 2가 법안에 찬성해야 했다. 나치당 의원만으로는 법안 통과를 위한 정족수에 한참 못 미쳤고, 특히 모든 의원이 출석할 때는 의결정족수를 채우기가 더 어려웠다. 그들은 우선 공산당 소속 의원들 81명이 출석하는 것을 금지했고, 그들을 계산에서 아예 제외함으로써 의사 정족수를 432명에서 378명으로 줄였다. 사회민주당 의원들은 120명 중 94명만 출석했다. 다른 이들은 투옥돼 있거나 아프거나, 아니면 그저 너무 겁에 질려 나오지 못했다. 94명 모두 법안에 반대표를 던졌지만, 다른 당이 모두 찬성했으므로 통과를 막기에는 역부족이었다. 민주적으로 선출된 입법부가 스스로 더는 존속하지 않기로 표결한 것이었다.

그 당시 나치가 자신들의 목표에 대해 모호한 태도를 보이기는 했어도 이런 일이 벌어지리라는 것은 공공연한 비밀이었다. 그들은 1930년 선거 공약에서 이렇게 밝혔다.

> 이번 선거의 승리를 통해 국가사회주의 운동은 낡은 계급과 신분에 얽매인 사고를 극복할 것이다. 이로써 대중을 터무니없는 신분과 말도 안 되는 계급에서

> 벗어나도록 개조할 수 있을 것이다. 계급과 신분에 매인 사고를 극복함으로써 대중은 가르침을 받아 강철 같은 결단력을 갖게 될 것이다. 이는 민주주의를 극복하고 개별적인 인물의 권위를 높일 것이다.

여기서 '민주주의를 극복'한다는 것은 정확히 무슨 뜻일까? 당시 히틀러는 시간을 4년만 달라고 말했었고, 그래서 당초 수권법의 유효기간이 4년이었다(하지만 이 법은 1937년에 갱신됐고, 그 후 1939년에 다시 갱신됐으며 1943년에는 결국 영구적인 법이 됐다). 1933년 2월 10일 베를린 스포츠궁전Sportpalast 연설에서 히틀러는 이렇게 주장했다. "우리에게 4년만 주십시오. 그러면 나는 여러분에게 맹세컨대 우리가, 내가 이 자리를 맡을 때와 마찬가지로 이 자리를 떠나겠습니다. 내가 이 일을 한 것은 봉급이나 임금을 바라서가 아니었습니다. 나는 바로 여러분을 위해 이 일을 했습니다." 하지만 그의 연설 다음 날 히틀러가 나치의 선거운동 자금을 모으러 비밀리에 기업가들을 만났을 때 헤르만 괴링Hermann Göring은 "다가오는 선거는 마지막 선거이며 그 후에는 단지 4년이 아니라 100년 동안 선거가 없을 것"이라고 말했다. 한 해 전인 1932년 10월 17일 한 대중연설에서 히틀러는 이미 이렇게 선언했다. "언젠가 우리가 실제로 권력을 획득하면 그것을 반드시 지킬 것입니다. 맹세합니다. 우리는 그들이 다시는 우리의 권력을 빼앗아 가도록 허용하지 않을 것입니다." 히틀러가 총리가 된 날, 훗날 선전부 장관이 될 요제프 괴벨스Joseph Goebbels는 "선거운동을 준비합시다. 마지막 선거를"이라고 선언했다.

독일의 정치는 왜 이렇게 흘러갔을까? 독일의 바이마르공화국은 활기 있는 민주주의체제를 구축했으며, 국민은 교육수준이 높고 정치에도 적극적으로 참여했다. 그렇다면 이 공화국은 왜 일단의 폭력배가 일으킨 파괴의 혁명에 굴복했을까?

이 질문들에 답하려면 바이마르공화국이 걸어온 단계를 되짚어봐야 한다. 1918년 10월 독일이 항복할 때 해군 제독들은 영국과 네덜란드 해안에 대한 최후의 공격을 계획했다. 무모한 계획이었다. 해병들이 반란을 일으켰고 이 사태는 11월까지 전면적인 혁명으로 발전함에 따라 독일 전역에 노동자·병사평의회Workers and Soldiers Council가 번창하고 인민대표자회의Council of the People's Deputies가 창설됐다. 11월 9일 빌헬름 2세Wilhelm II 황제는 자신의 자리를 버리고 망명했고, 바이마르공화국이 창립돼 사회민주주의자 프리드리히 에베르트Friedrich Ebert가 첫 총리가 됐다. 에베르트는 무엇보다 노동자·병사평의회 집행위원회라는 병렬 조직을 만들면서 혁명을 위한 결집을 억제하려고 했다. 12월이 되자 에베르트는 믿을 만한 부대를 베를린으로 데려와 인민대표자회의를 해산시켰다. 그는 전직 군인 중에서 모집한 자유군단Free Corps이라는 국가주의적 준군사조직을 무장시켰고, 1919년 1월 베를린에서 공산주의자들의 폭동이 일어났을 때 지도자인 로자 룩셈부르크Rosa Luxemburg와 카를 리프크네히트Karl Liebknecht의 살해에 동조했다. 바이에른주와 브레멘주의 사회주의 공화국 선언은 즉각 정부에 충성하는 군과 자유군단으로 억눌렀다.

이 모든 폭력과 불안정에도 불구하고 독일은 회랑 안에서 나아가며 레드퀸 효과가 본격적으로 발휘되는 것으로 보였다. 독일은 1848년 이후 성인 남성의 선거권이 부여된 가운데 입법기관을 두고 있었다. 하지만 전반적으로 보면 독일은 여전히 프로이센의 엘리트가 지배하고 있었는데, 이는 엘리트가 통제하는 상원이 있기 때문이기도 하고 프로이센이 국가기관들과 관료조직을 통제하기 때문이기도 했다. 이런 장애물들이 있었는데도 사회민주당은 이미 전쟁 전에 주된 정치세력이 됐다. 황제의 퇴진 후 바이마르헌법은 보편적인 성인 참정권을 도입하고 정치에 대한 상원의 통제력을 제거했다. 그러나 이는 전후에 전개될 레드 퀸의 동학에서 겨우 한 걸음만 내디딘 것이었다. 독일 군대의 붕괴로 독일인들 대다수가 국가기관들에 대해 느꼈던 불만은 증폭되고 사회적 결집은 급증했다. 시민들은 더 많은 권력과 더 확대된 권리, 효과적인 정치적 대표성을 요구했다. 노동조합들이 번창하면서 전쟁 전에 오랫동안 결론 없는 협상을 벌였던 하루 여덟 시간 노동제도를 고용주들이 받아들이도록 하는 데 성공했다.

이 사회적 결집에서 주된 부분을 차지하는 것은 '*페라인스마이어라이(Vereinsmeierei, 클럽 활동에 극성스러운 모임광)*'였다. 당시 협회와 클럽, 시민사회 단체들이 기록적으로 증가했다. 독일인들은 서너 명만 모이면 어떤 클럽을 시작하거나 정관을 작성하는 것 같았다. 역사가 피터 프리체Peter Fritzsche의 설명을 들어보자.

> 더 자발적인 모임들은 더 많은 회원을 끌어들였으며 … 전에 없이 더 적극적인 방식으로 모임을 만들었다. 소매상들과 제빵업자들, 상업적인 회사 종업원들이 경제적 이익집단을 조직하는 것과 똑같이 체조 강사들과 민속 연구가들, 가수들과 교회 신도들이 모여 클럽을 만들고, 새 회원을 모으고, 모임 일정을 잡고, 온갖 회의와 시합을 계획했다.

사회적 결집만이 이 시대의 특징이었던 건 아니다. 규범의 우리가 붕괴한 것도 이 시대의 특징이었는데, 특히 1919년 바이마르체제 아래 선거권을 얻은 여성들의 경우에 그랬다. 엘자 헤르만Elsa Herrman이 1929년에 낸 《이것이 신여성이다This Is the New Woman》는 새로 얻은 여성의 자유와 정체성을 기념했다. 헤르만은 사회에서 여성이 하는 역할에 대한 전통적인 고정관념을 이렇게 비난했다. '지난날의 여성은 오로지 미래를 위해 살면서 그 방향으로 행동을 조절했다. 그녀는 반쯤 자란 아이 때부터 이미 미래의 지참금을 마련하려 애쓰면서 혼수품 함을 채웠다. 결혼 후 첫 몇 년 동안 비용을 절감하려고 스스로 가능한 한 많은 가사노동을 하면서 … 그녀는 남편의 사업이나 직업 활동을 도왔다.' 하지만 상황은 달라지고 있었다.

> 신여성은 여성이 일과 행동에 있어 의존하고 복종하기만 하며 살아가는 2류 인간이 아님을 스스로 증명하는 것을 목표로 삼았다.

독일이 제1차 세계대전에서 패배한 후 정치제도 면에서 이룬 혁신은 여성의 참정권뿐만이 아니었다. 1919년 1월 선거 후 바이마르시에서 제정된 헌법으로 독일은 세습적인 군주가 아니라 선출된 대통령을 두는 공화국이 됐다. 헌법은 법 앞의 평등과 함께 온갖 개인적인 권리도 부여했다. 사람들은 이제 자유롭게 견해를 표현하고 집회를 열면서 정치에 참여할 수 있었다. 바이마르헌법 제124조는 이렇게 규정한다.

> 모든 독일인은 형법이 금지하지 않는 목적을 위해 단체나 협회를 결성할 권리를 갖는다. 이 권리는 예방적 조치로 제한할 수 없다. 이 규정들은 종교 단체와 협회에도 적용된다.
>
> 모든 단체는 민법 규정에 따라 법인을 설립할 권리를 갖는다. 어떤 단체도 정치적, 사회적 또는 종교적 목적을 추구한다는 이유로 그 권리를 거부당해선 안 된다.

바이마르 시대에는 유례없는 사회적 결집과 더불어 대대적인 문화적 변화가 나타났고 창의성이 발현됐다. 1919년 설립된 바우하우스 조형예술학교는 통찰력 있는 교장 발터 그로피우스Walter Gropius와 루트비히 미스 반 데어 로에Ludwig Mies van der Rohe의 지도 아래 예술과 디자인의 새로운 결합을 이뤘다. 바실리 칸딘스키Wassily Kandinsky와 파울 클레Paul Klee를 포함한 청색파 4인Blue Four이 그보다 앞선 청기사파Blue Rider group에서 출현했다. 칸딘스키와 클레는 둘 다 바우하우스에서 가르쳤다. 아르놀트 쇤베르크Arnold Schönberg와 파울 힌데미트Paul Hindemith 같은 현대주의 작곡가들은 관현악의 혁명을 일으켰다. 프리츠 랑Fritz Lang과 로베르트 비네Robert Wiene는 표현주의 영화를 창시했다.

그러나 제어하기 어려운 레드 퀸의 동학에서 전형적으로 나타나는 것처럼 사회가 강력해짐에 따라 엘리트층도 그에 대응하기 시작했다. 비록 사회민주당이 이 시기의 대부분에 걸쳐 권력을 유지하기는 했지만, 엘리트는 여전히 관료조직에서 큰 비중을 차지했고 군 대다수의 충성을 확보할 수 있었다. 그럴 수 없을 때는 자유군단에 의지했다. 엘리트는 사회적 결집과 인민대표자회의를 억압했다. 엘리트의 이런 대응은 전간기戰間期 독일 정치의 양극화를 심화시켰다.

독일 시민사회가 번창함에 따라 중요한 제도적 영향을 미치는 다른 대응도 시작됐다. 에베르트 총리는 1918년 후반과 1919년 초반 더 급진적인 세력을 억누르기 위해 군대를 이용했다. 하지만 그 전략은 에베르트 자신과 바이마르공화국의 희생을 초래하는 다른 요인들을 자극했다. 이 시기의 제도적인 특수성도 그 후 몇 년 동안 중대한 영향을 미쳤다. 바이마르공화국은 애초에 출범할 때부터 선출된 대의원들의 절반이나 되는 이들이 공화국의 제도에 믿음을 갖지 못했다는 점 때문에 무력화됐다. 좌파 가운데 어림잡아 5분의 1은 러시아식 혁명을 선호하는 공산주의자들이었다. 그들이 보기에 바이마르 민주주의 국가는 '부르주아' 국가였고 심지어 이 나라를 '파시스트' 국가로 보는 이들도 있었다. 우파에서는 대의원들의 약 30퍼센트가 그들과 연합한 대다수 전통적 엘리트와 같이 1914년 이전 보수주의자들이 지배했던 기존 체제로 돌아가 왕정을 복구하기를 원했으며, 일부는 나치와 마찬가지로 공화국제도의 정당성을 전면적으로 부인했다. 이런 상황을 가장 잘 보여주는 장면은 1930년 선거 후 나치가 처음으로 상당한 의석을 차지했을 때 의회가 보여준 풍경일 것이다. 갈색 셔츠 제복을 입은 107명의 나치당원이 의사 진행을 방해하기 위해 77명의 공산당원과 결탁했다. 우파와 좌파는 모두 고함을 지르며 의회의 업무를 방해하고 규칙을 어기고 끊임없이 의사 진행 문제를 일으켰다. 우파와 좌파는 모두 자신들을 선출한 제도를 전혀 존중하지 않았다.

실제로 국가기관들에 대한 불신이 만연해 있는 상황을 반영해 준군사조직을 보유한 세력은 나치뿐만이 아니었다. 우리는 앞서 뮌헨과 다른 지역에서 공산주의자들과 싸우는 데 준군사조직인 자유군단이 결정적인 역할을 한 것을 봤다. 자유군단은 돌격대와 어느 정도의 거리만 유지했다. 돌격대는 1920년 나치의 '체조·스포츠부'로 출발했고 나중에 이 조직의 사령관이 되는 에른스트 룀Ernst Röhm을 비롯해 자유군단의 고참들을 대거 흡수했다. 사회민주주의자들 역시 국기단Reichs-banner이라는 자체 준군사조직을 뒀고, 공산주의자들도 붉은전선전사동맹Red-Front Fighters' League을 거느렸다. 역사적으로 프로이센은 강력한 국가기관들을 두었지만, 불길하게도 바이마르 시대의 국가는 폭력을 완전히 독점한 적이 없었다.

집단들의 비타협적인 자세와 비례대표제에 바탕을 둔 선거체제는 바이마르공화국의 민주주의가 제대로 작동하지 않는 원인이 됐다. 1928년에 이르자 작센농민당과 독일농민당을 포함해 열다섯 개의 서로 다른 정당들이 의회에 진출했다. 다른 스물여섯 개 당이 내세운 후보들은 선출되지 못했지만, 주요 정당들의 표를 갉아먹는 효과를 냈다. 어떤 단일 정당도 바이마르 시대 선거에서 과반수를 차지하지 못했으므로 모든 정부가 연합정부였다. 이 기간의 절반은 정부가 의회에서 과반수도 확보하지 못했는데, 이는 법안 하나하나를 처리할 때마다 새로운 연합을 구축해야 했다는 뜻이었다. 1919년부터 1933년까지 바이마르공화국에는 스무 개의 내각이 들어섰고 평균 지속기간은 239일에 불과했다. 그에 따른 좌절과 정체 때문에 정부가 일을 성사시키려면 점점 더 대통령의 특권에 의존해야 했다. 바이마르헌법 제48조에 따라 대통령에게 부여된 광범위한 긴급조치권들 덕분에 대통령이 적극적인 행동에 나서기가 쉬워졌다. 이 권한들은 원칙적으로 의회 표결로 뒤집을 수 있었지만, 대통령은 의회를 해산할 수 있었으므로 헌법 제48조를 원하는 대로 이용할 수 있었다. 헌법 제48조는 비상조치에 관한 조항으로 여겨졌지만, 초대 대통령 프리드리히 에베르트는 서로 다른 사안에 136차례나 그 권한을 발동했다.

불만스러운 자들의 무지개 연합

이처럼 정당체제가 파편화된 가운데 고도로 결집한 사회 속으로 나치가 들어왔다. 나치당은 1919년 뮌헨에서 설립된 독일노동자당German Workers' Party에서 출발했다. 당시 아직 군대의 상병이었던 아돌프 히틀러는 초기에 모집한 당원이었는데, 곧 강렬한 언변으로 두각을 나타내면서 선전 책임자가 됐다. 1920년에 당명을 바꾸면서 '사회주의'를 추가한 것은 더 광범위하게 당의 지지자들을 모으려고 계획한 일이었다. 1921년 히틀러는 무자비한 카리스마 덕분에 완전한 권위를 갖고 당의 목표와 전략을 결정할 수 있는

지도자 자리를 차지할 수 있었다. 하지만 1923년 11월 그는 실수를 저질렀다. 히틀러는 바이에른주의 뮌헨 지역 군부대를 이른바 맥주홀 반란Beer Hall Putsch2에서 나치를 지원하도록 끌어들일 수 있으리라고 판단했다. 완전한 착각이었다. 당은 활동이 금지됐고 히틀러는 체포됐다.

뮌헨에서 반란이 일어난 것은 우연이 아니었다. 나치당은 1922년 6월 발터 라테나우Walther Rathenau 외무장관이 우파 민족주의자들에게 암살된 후 거의 독일 전역에서 활동이 금지됐다. 하지만 바이에른에서는 나치당이 여전히 합법이었고 우파 구스타프 리터 폰 카르Gustav Ritter von Kahr 정부 아래 번창했는데, 그는 1918~1919년 준군사집단들을 지지했으며 주민방위대Denizens' Defence Force라는 독자적인 준군사집단도 유지했다. 보수주의자들은 흔히 나치가 범죄자이자 폭력배이지만 쓸모 있는 집단이라고 보는 편이었다. 그들이 보기에 나치의 에너지는 바이마르 이전 체제로 복원하는 데 이용할 만했다. 그러나 맥주홀 반란은 너무 멀리 나갔다. 카르는 반란을 거부했고 군대는 꿈쩍도 하지 않았다.

하지만 이후 히틀러의 재판을 보면 지역 당국들이 히틀러에게 동조했음을 알 수 있다. 당국은 히틀러의 재판을 뮌헨에서 열도록 결정하고 민족주의자임을 공언한 게오르크 니트하르트Georg Niethardt를 판사로 임명했다. 니트하르트는 히틀러에게 법정에서 몇 시간 동안 연설할 기회를 줬고 상황은 당시 한 기자가 언급한 것처럼 '정치적 축제'로 뒤바뀌었다. 히틀러가 머리말을 마친 후 판사 중 한 명은 이렇게 말했다. "이 히틀러라는 사람, 정말 굉장하구먼!"

히틀러는 징역 5년을 선고받았지만, 처음 체포된 지 불과 13개월만인

2 바이에른주 정부를 전복하기 위해 나치당의 히틀러가 일으킨 쿠데타

1924년 12월 초 풀려났다. 감옥에서 편안하게 머무르는 동안 히틀러는 유명한 책《나의 투쟁Mein Kampf》을 집필했다. 그는 또한 결정적인 교훈을 얻었다. 나치당은 반란 대신에 민주적인 방식으로 권력을 잡아야 한다는 것이었다.

그러나 1928년 선거까지도 나치당은 3퍼센트에도 못 미치는 표를 얻어 주변부 정당 수준을 벗어나지 못했다. 상황은 1929년 월가의 붕괴와 세계적인 대공황이 시작되면서 바뀌었다. 공황의 예봉은 1930년까지 독일을 완전히 무너뜨리진 않았지만, 투자는 1929년부터 이미 격감하기 시작했다. 1930년 국민소득은 8퍼센트 감소했다. 1931년에는 3분의 1이 줄어들었고 1932년이 되자 거의 40퍼센트 감소했다. 대다수 독일인의 소득이 가파르게 줄어들었고 실업률이 선진국 경제에서 사상 최고 기록인 44퍼센트로 치솟으면서 일자리를 잃은 이들이 가장 큰 고통을 겪게 됐다. 비교하자면 1932년 미국 실업률은 24퍼센트였고 영국 실업자는 전체의 22퍼센트였다.

하지만 실업자들은 나치당에 압도적인 표를 던지지 않았다. 그들은 노동조합원들처럼 좌익 정당들을 지지하는 경향이 있었다. 실업자들보다는 당시 심각한 경제적 불안정 때문에 불만이 컸던 도시의 젊은 층, 개신교를 믿는 중산층과 가게 주인들, 농부들이 나치의 막연한 국가 재생 약속에 끌렸다. 나치는 기존 정당체제와 바이마르 시대 정치에 환멸을 느낀 이들을 끌어 모은 포괄적인 정당이 됐고 역사학자 리처드 에번스Richard Evans는 그들을 '불만스러운 자들의 무지개 연합'으로 묘사했다.

1930년 3월 파울 폰 힌덴부르크Paul von Hindenburg 대통령은 중앙당Center Party의 하인리히 브뤼닝Heinrich Brüning을 총리로 임명해 새 내각을 꾸렸다. 중앙당은 전체 의석 491석 중 61석을 차지해 사회민주당과 보수적인 독일국가인민당German National People's Party에 이어 세 번째로 큰 정당일 뿐이었다. 힌덴부르크는 의회와 협의를 거치지 않고 브뤼닝을 임명했고 새 내각의 장관들 대부분은 어떤 정당에도 소속되지 않았으므로 브뤼닝의 임명은 의회 지배의 퇴조를 예고하는 것이었다. 브뤼닝의 정부는 예산을 통과시킬 수 없었다. 그렇게 되자 힌덴부르크는 의회를 해산했다. 헌법에 따르면 60일 내 선거를 치러야 했다. 나치당의 득표율은 18.25퍼센트로 치솟았고 이 당은 새 의회에서 107석을 차지했다. 힌덴부르크는 다시 브뤼닝을 총리로 지명했고, 브뤼닝은 거대한 경제위기에 직면해 허둥대다 1932년 6월 프란츠 폰 파펜Franz von Papen으로 교체됐다. 공산당은 즉각 나치와 공모해 불신임 투표를 조직하려 했지만, 그들이 성공하기 전에 힌덴부르크는 다시 의회를 해산했다. 브뤼닝 정부가 무너지고 60일 후인 1932년 7월 새 선거가 치러졌지만, 이 기간에 힌덴부르크는, 그리고 사실상 파펜 정부는, 의회의 반대에 부딪히지 않고 통치할 수 있었다. 그들은 이 기회를 이용해 7월 20일 긴급명령을 발동해 파펜을 프로이센의 국가판무관Reich Commissioner으로 임명한다고 발표하고 그에게 프로이센 주 정부를 직접 통제할 권한을 줬다. 이런 형태의 긴급명령은 나중에 나치가 민주적으로 선출된 프로이센 정부를 일축하고 거대한 경찰력을 통제하는 데 사악하게 이용된다. 파펜 자신은 프로이센에서 민주적으로 선출된 정부를 전복시키는 데 어떤 거리낌도 없는 듯했다. 회고록에서 그는 집권으로 이루고자 하는 목표는 제국체제와 군주제를 복원하는 것이었다고 밝혔으며, 1932년 후반 선거를 폐지하려던 계획을 접은 이유는 오로지 불신임 투표의 위협 때문이었던 것으로 보인다. 이 시점에서 파펜은 다른 전통적인 엘리트들의 실수를 되풀이했는데, 바이마르 이전 상태로 정치제도를 되돌리기 위해 나치의 인기를 이용하려는 전략을 세운 것이다. 터무니없는 오판이었다.

1932년 7월 31일 선거에서 나치의 득표율은 37퍼센트 이상으로 치솟았고, 그들은 라이히슈타크에서 230석을 차지했다. 새로운 정부 구성을 둘러싼 성과 없는 협상 후 힌덴부르크는 다시 의회를 해산했고 파펜을 통해 의회의 반대에 부딪히지 않고 통치했다. 11월에 치른 다음 선거에서 나치가 얻은 표는 33.1퍼센트, 의석은 196석으로 줄어들었다. 총리는 12월 3일 국방장관 쿠르트 폰 슐라이허Kurt von Schleicher로 교체됐는데, 장성 출신인 그는 보수적인 권위주의 정부를 세울 쿠데타를 실행하기를 열망했으며 이를 위해 군부의 지지를 바랐으나 결정적으로 나치의 지원은 원하지 않았다. 하지만 이 계획은 허사가 됐다. 의회는 확실히 해체되고 있었다. 1930년 의원들은 94일 동안 모여 98건의 법안을 통과시켰고 힌덴부르크 대통령이 발동한 긴급명령은 5건밖에 없었다. 1932년 그들은 고작 13일 동안 회의를 열어 겨우 5건의 법률을 제정했다. 다른 한편으로 힌덴부르크는 훨씬 더 바쁘게 움직여 66건의 긴급명령을 통과시켰다. 제대로 돌아가는 정부를 확립하려는 헛된 시도로 힌덴부르크는 파펜의 주장에 따라 1933년 1월 30일 히틀러를 총리에 임명하는 데 동의했다. 히틀러는 힌덴부르크를 설득해 의회를 해산하도록 했다. 1933년 3월 5일 새 선거가 시행될 때까지 히틀러는 국가 운영을 맡았다.

2월 27일 네덜란드의 공산주의자 마리누스 반 데어 루베Marinus van der Lubbe는 아마도 다른 이들과 공모해 라이히슈타크를 불태워버린 것으로 보인다. 이는 히틀러가 공산주의자들의 쿠데타가 시작된 것이라고 선언할 수 있도록 빌미를 줬다. 히틀러는 힌덴부르크를 설득해 헌법 제48조를 이용해 라이히슈타크 방화 관련 긴급명령을 통과시키도록 했다. 인신보호와 표현의 자유, 출판의 자유, 자유로운 결사와 집회의 권리 그리고 우편과 전화의 비밀 보호를 포함한 독일 시민의 자유 대부분을 정지시키는 조치였다. 긴급명령을 손에 넣은 히틀러는 3월 선거 전에 정부에 반대하는 이들은 누구든 위협하고 협박해 복종시키기 위해 나치당의 모든 준군사 집단과 조직의 힘을 이용할 수 있었다. 그렇게 하는 데에는 프란츠 폰 파펜이 그 전에 프로이센 정부를 접수한 것이 도움이 됐다. 왜냐면 히틀러가 괴링을 프로이센 내무장관으로 임명해 그가 사실상 독일의 절반 지역에서 경찰력을 통제할 수 있도록 했기 때문이다.

다음 단계는 크롤오페라하우스에서 통과된 수권법, 그리고 바이마르 민주주의 체제의 종언이었다.

제로섬 레드 퀸

바이마르 민주주의의 붕괴가 얼마나 충격적이었든 간에 그것이 단지 예상치 못한 사건들과 아돌프 히틀러 개인의 힘으로 인해 벌어졌다고 할 수는 없다. 바이마르공화국에는 레드 퀸 효과가 불안정해지고, 위험을 더 많이 잉태하고, 통제에서 벗어날 가능성을 커지게 하는 깊은 단층선들이 있었다. 이 장에서 우리는 왜 독일에서 이런 일들이 벌어졌는지 분석하고, 어떻게 국가와 사회의 동태적인 경쟁관계가 한 나라를 회랑 밖으로 쓰러트릴 수 있는지 명확히 보여줄 것이다.

바이마르공화국의 첫 번째 단층선은 국가와 사회의 경쟁에서 나타나는 특성과 관련이 있다. 고대 아테네의 레드 퀸 효과(제2장) 혹은 미국의 사례(제2장과 제10장)에서 국가와 사회는 각자 우위를 차지하려 역량을 키웠지만, 이는 국가가 사회를 억압하고 무력화하려 한다는 의미는 아니었다. 또한 사회적 결집이 엘리트층을 완전히 무너뜨리는 것을 목표로 삼지도 않았다(예를 들어 어떤 엘리트가 아테네에서 추방됐을 때도 그의 재산은 몰수되지 않았다). 실제로 아테네의 솔론과 클레이스테네스, 조지 워싱턴과 제임스 매디슨 같은 미국 건국의 아버지들은 엘리트층과 비엘리트층 양쪽의 중재자로 부상했다. 그들은 국가의 역량을 확대하는 데 이바지하는 동시에 사회의 힘을 제도화했다. 이는 공공서비스를 제공하고 분쟁 해결 능력을 확보할 더 나은 규제와 제도로 국가의 역량을 개발할 수 있는 정치적 환경을 만들어냈다. 국가와 사회 간 경쟁의 결과로 결국 양쪽 모두 강화되는 '포지티브 섬positive sum[3]' 레드 퀸의 사례다. 독일의 상황은 그와 다르게 더 양극화되어 있었다. 우리가 양극화라고 표현할 때는 엘리트층 그리고 가장 결집력이 있고 독일 정치에 영향을 미치려는 의지를 가진 사회부문 (특히 노동자 운동과 그를 위한 가장 중요한 조직인 사회민주당) 사이에 타협의 여지가 거의 없어 보인다는 의미다. 결과적으로 독일에서 레드 퀸의 동학은 국가와 사회의 협력과 광범위한 기반을 두고 이뤄지는 국가건설을 뒷받침하기보다는 서로 살아남기 위해 상대를 파괴하려고 하는 '제로섬zero-sum'에 훨씬 더 가까웠다.

독일의 제로섬 레드 퀸은 대부분 이 나라 엘리트의 태도에서 기인하지만 전적으로 그렇지는 않았다. 군대와 관료조직, 사법부, 학계, 기업계의 엘리트들은 바이마르 민주주의를 받아들이지 않았고, 19세기의 유명한 수상 오토 폰 비스마르크Otto von Bismarck 시대의 더 권위주의적이면서 엘리트의 통제를 받는 사회로 돌아가려고 계획했다. 프로이센의 엘리트가 지배하는 군은 새로운 민주주의를 전쟁에서 패배한 것, 그들이 받아들여야 했던 베르사유 평화조약의 부담스러운 조건과 관련지어 생각했다. 기업계 엘리트는 사회민주당과 대중 정치가 낳은 결집에 위협을 느꼈다. 이런 태도는 결정적인 시점에서 타협보다는 억압을 지지하도록 했을 뿐만 아니라 나치당과 같은 주변부의 온갖 우익 조직들이 부상하는 데 도움이 되는 환경을 조성했다.

이 점은 나치가 독일 엘리트에게서 받은 암묵적인 지지에서 가장 뚜렷이 드러난다. 히틀러와 그의 협력자들이 맥주 홀 반란 당시에만 기득권층에게

---

3 제로섬과 반대로 양쪽이 결합해 더 큰 총합을 이루는 것

서 호의적인 대우를 받은 것은 아니었다. 경찰과 사법부는 흔히 공산주의자들과 사회민주주의자들을 두들겨 패고 종종 죽이기까지 하며 더욱 대담하게 테러에 나선 갈색 셔츠 부대 편을 들었다. 통계학자인 에밀 율리우스 굼벨Emil Julius Gumbel은 1919년부터 1922년까지의 자료를 모아 다음과 같은 사실을 보여줬다. 좌익이 정치적 동기에 따라 저지른 살인 22건은 22건의 유죄 판결과 10건의 사형 집행으로 이어진 반면, 대부분 나치의 정치적 동기에 따라 우익이 저지른 살인 354건에 내려진 유죄 판결은 24건밖에 안 됐고 처형은 전혀 없었다는 것이다.

독일의 대학들도 좌파에 맞서 우파의 편을 들었다. 리처드 에번스는 이렇게 밝혔다. '극우파에 대한 젊은이들의 정치적 충성심이 가장 뚜렷이 나타나는 곳은 독일의 대학들이었는데, 그중에는 중세까지 거슬러 올라가는 오랜 전통을 지닌 유명한 배움의 전당도 많았다. … 교수들 대다수는 … 열렬한 민족주의자들이었다.' 그 결과 대학들은 1920년대에 나치 이데올로기를 처음으로 끌어안은 기관들에 속했고 엄청나게 많은 대학생이 나치당에 합류했다. 앞서 본 것처럼 이 모든 상황은 나치에 대한 지지가 늘어난 후 더 악화했다. 대다수의 관료와 군은 나치의 급부상을 저지할 조치를 전혀 취하지 않았다. 무엇보다 대통령 힌덴부르크가 아무런 조치도 취하지 않은 것이 가장 불길한 징조였다. 자신들이 통제할 수 있다고 생각하는 나치를 공산주의자들뿐만 아니라 사회민주주의자들보다도 더 선호한 것이다.

그렇다면 독일의 엘리트와 장교들, 관료들은 왜 바이마르의 실험을 그토록 반대했을까? 그 이유 중 일부는 회랑 안의 삶을 결정하는 구조적 요인들과 관련이 있다. 바이마르 민주주의 실험의 반대자들은 대부분 프로이센의 토지를 보유한 귀족에 뿌리를 두고 있다는 점에서 같은 부류였다. 토지 소유자들은 흔히 사회의 역량을 키우고 민주주의를 시작하는 것을 제로섬 관계의 관점에서 봤으며, 그럴 만한 이유가 있었다. 기업가들과 전문직들은 회랑 안에서 경제적으로, 정치적으로 번창할 수 있는데, 이는 경제가 변화할 때도 값어치를 잃지 않는 (전문성과 지식, 기술 형태의) 자산을 가졌기 때문이다. 또한 도시에 살아서 새롭게 조직화할 기회를 얻고 레드 퀸의 동학이 작동하는 가운데 계속해서 정치적으로 의미 있는 존재가 될 수 있기 때문이다. 하지만 지주들은 그렇지 않아서 자신들의 토지를 잃을까 봐 겁을 낸다. 토지는 기업가의 공장과 전문직의 기술보다 훨씬 더 쉽게 빼앗길 수 있다. 실제로 사회적 결집은 흔히 지주들의 경제적, 정치적, 사회적 특권의 상실과 더불어 이뤄지며, 바이마르공화국의 사정도 그와 다르지 않았다(비록 그런 시도들이 본인도 프로이센의 토지 귀족 출신으로서 그들의 염려에 공감했던 힌덴부르크 대통령의 방해를 받기는 했지만 말이다). 지주들은 또한 민주주의 정치의 결과로 정치적인 무게중심이 그들에게서 다른 곳으로 옮겨 감에 따라 주변부로 밀려나게 될까 봐 두려워했는데, 이 역시 그럴 만했다. 이런 이유로 그들은 급성장하던 족쇄 찬 리바이어던에 대해 회의적으로 생각하게 됐다.

전간기 독일에서 토지를 보유한 엘리트가 했던 역할은 더 넓은 논점을 보여준다. 우리는 지금까지 회랑 안과 밖의 정치에서 나타나는 서로 다른 특성들을 강조해왔으며, 이 장에서는 국가와 사회의 투쟁이 어떻게 한 나라를 좁은 회랑 밖으로 끌어낼 수 있는지 살펴볼 것이다. 그러나 확실히 회랑이 좁아질수록 사회가 더 쉽게 회랑 밖으로 미끄러져 나간다. 예를 들어 〈도표 5〉를 생각해보자. 왼쪽 그림의 회랑은 아주 좁은 반면 오른쪽 그림의 회랑은 더 넓다. 제14장에서 우리는 회랑의 모양을 결정하는 다양한 요인들은 무엇인지, 그리고 그 요인들이 어떻게 해서 회랑 안에 머무를 가능성뿐만 아니라 밖으로 밀려날 가능성도 결정하는지 논의할 것이다. 여기서는 바이마르 시대 독일에서 그랬듯이 지주들의 권력과 부가 중요한 역할을 하는 것이 회랑

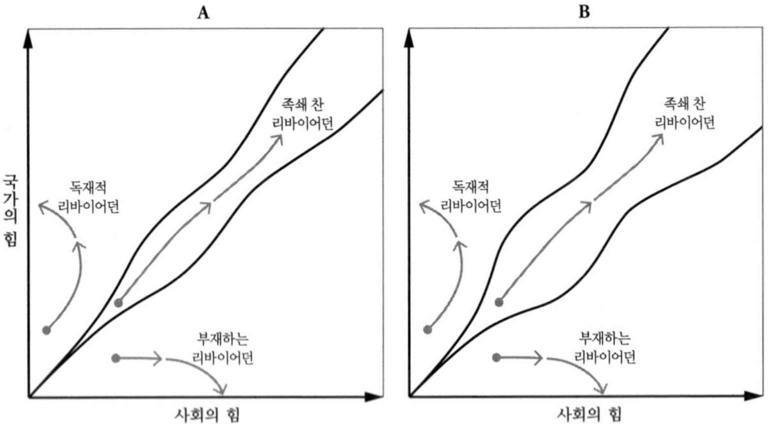

〈도표 5〉 회랑의 모양

을 더욱 좁게 만드는 요인 중 하나라는 점을 지적할 수 있다. 자신들의 땅과 정치적 영향력을 잃을까 봐 염려하는 지주들의 두려움 때문에 그들은 결집한 사회와 기꺼이 타협하고 공존하려 하지 않게 되며, 동시에 그들의 비타협적 태도는 사회의 급진화를 부추긴다. 독일의 상황은 〈도표 5〉의 왼쪽 그림과 훨씬 더 닮았었고, 그러므로 더 많은 불안정을 내포하고 있었다.

프로이센 지주들의 태도와 이로 인해 회랑 안의 삶이 겪는 구조적인 어려움이 이례적이지는 않았을지라도, 프로이센의 지주 엘리트층은 사회적 결집에 저항하는 연합을 더 잘 형성할 수 있었다는 점에서 이채롭다. 우선 최고위 장교와 판사, 관료 중 다수가 지주 엘리트층에서 나왔고 엘리트의 관점을 공유했다. 프로이센의 엘리트는 19세기 후반 사회의 변화가 진행 중일 때도 상대적으로 통일성을 보였고 정치적으로 지배력을 유지하고 있었다. 그러므로 엘리트는 자신들이 독일 정치를 통제할 수 있고 필요하다면 시간을 오토 폰 비스마르크의 시대로 되돌릴 수 있다고 확신했다.

바이마르 민주주의에 그다지 열의를 보이지 않은 것은 엘리트층뿐만이 아니었다. 독일 노동자들의 표는 여러 정당에 분산됐지만 주로 공산당과 사회민주당으로 나뉘었다는 점이 가장 중요하다. 공산주의자들은 러시아식 혁명의 실행을 꿈꾸며 바이마르 민주주의와 의회를 훼손하는 일을 벌였고, 그를 위해 심지어 치명적인 적 나치와도 때때로 연합했다. 사회민주당은 바이마르공화국과 가장 밀접하게 어울린 정당이 됐고, 실용주의적인 지도자나 에베르트처럼 기회주의적인 여러 지도자가 있었지만, 그들 역시 때때로 민주정치에 대한 박약한 의지를 드러냈다. 마르크스주의 정치에 뿌리를 둔 사회민주주의자들은 불과 얼마 전에야 공산주의자들과 갈라졌는데, 사회주의적인 세상을 만든다는 궁극적인 목표에 동의하지 않아서라기보다는 독일의 전쟁을 지지할 것이냐 말 것이냐를 놓고 의견이 갈렸기 때문이었다. 유럽의 다른 사회민주당과 비교할 때 독일의 사민당은 더 강력한 마르크스주의 혈통을 가지고 있어서 기업계 엘리트에 훨씬 더 큰 위협이 됐고 양극화의 더 큰 요인으로 작용했다.

모든 당사자 간 타협의 부재와 적대적 접근방식에 따라 나타나는 양극화는 바이마르 시대 시민사회 조직들이 지니는 특성의 원인이자 결과였다. 토크빌이 온갖 모임으로 부산한 전간기 독일의 생활을 목격했다면 19세기 중반 미국에서보다 훨씬 더 깊은 인상을 받았을 것이다. 그렇다 하더라도 시민사회조직들은 모두 분파적인 길을 따라갔다. 심지어 작은 마을에서도 모임들은 가톨릭 신자들과 민족주의자들, 공산주의자들, 사회민주주의자들로 나뉘었다. 민족주의자들에 동조하는 젊은이는 민족주의자 클럽에 가입했고, 민족주의자 교회에 나갔으며, 아마도 완전히 동일했을 민족주의자 집단 내에서 교제하고 결혼했을 것이다. 가톨릭 신자들과 사회민주주의자들, 공산주의자들도 마찬가지였다. 양극화된 사회적 결집은 제로섬 레드 퀸 효과를 더 부추겼고 국가와 사회는 서로 상대를 꺾으려고 애썼다. 바이마르 시대 독일에는 국가와 사회 양쪽을 모두를 다룰 만한 솔론이나 제임스 매디슨이 없었다.

이런 요인들은 모두 바이마르 민주주의의 두 번째 단층선으로 가는 길을 닦았다. 레드 퀸의 동학은 사회의 갈등을 키우기 마련이다. 따라서 분쟁을 해결하고 억제할 기관들의 역량이 특히 중요하다. 동학이 불안정으로 치닫지 않고 국가와 사회의 역량을 키우는 경쟁으로 이어지게 해야 하기 때문이다. 하지만 당시 법원은 독일에서 벌어지는 수많은 새로운 분쟁을 다룰 능력을 키우지도 못했고, 특히 좌파에서 이뤄지는 사회적 결집의 정당성을 받아들이지도 못했다는 사실은 이런 분쟁에서 공정한 중재자가 없었다는 의미였다. 부분적으로는 그에 따른 결과로 분쟁이 격화되고 사회가 더욱 양극화됐다. 의회는 분열되고 교착상태에 빠져 있어서 극단주의 정당들이 더 힘을 얻었고 분쟁들을 관리할 민주적 타협은 배제됐다. 어떤 의미에서 보면 기관들은 국가와 사회만큼 빠르게 달리지 못해서 레드 퀸이 통제에서 벗어날 가능성이 훨씬 더 커졌다.

국가와 사회의 투쟁이 실제로 전개되는 방식에 영향을 미치는 것은 구조적 요인들뿐만이 아니다. 제9장에서 지적했듯이 특정 집단이나 개인의 리더십은 때때로 좋은 쪽으로든 나쁜 쪽으로든 결정적인 역할을 할 수 있다. 아돌프 히틀러가 전간기 독일의 비주류 우파의 운동에 불어넣은, 비정상적이지만 카리스마 넘치는 외골수의 활력은 의심할 나위 없이 바이마르공화국의 몰락을 재촉했고 바이마르체제를 대체한 살인적인 정권의 특성을 이뤘다.

이 단층선들과 히틀러의 웅변술, 카리스마 넘치는 리더십 때문에 바이마르 민주주의의 여정은 평탄할 수가 없었다. 그러나 세 번째 구조적 요인인 대공황의 엄청난 충격이 없었다면 오늘날 이 요인들은 모두 오래전에 잊힌 일이 돼버렸을 것이다. 대공황은 사회의 갈등과 양극화를 격화시키고 당시

민주적 기관들의 정당성을 무너뜨렸는데, 특히 분열된 의회가 경제위기에 대응할 수 없을 때 문제가 심각해졌다. 바이마르는 이제 회랑의 가장자리에서 비틀거리고 있었다.

아래로부터의 독재

레드 퀸의 문제는 국가와 사회 모두의 역량을 키우는 데 쓰였던 똑같은 에너지가 통제할 수 없게 되고 회랑 안의 삶을 불안정하게 몰아갈 수 있다는 것이다. 하지만 결국 급성장하던 독일에서 족쇄 찬 리바이어던의 운명을 결정한 것은 프로이센의 엘리트나 군대가 조직한 쿠데타가 아니었다. 앞에서 본 것처럼 쿠르트 폰 슐라이허 같은 전통적인 엘리트 중 많은 이들이 쿠데타를 조직하고 싶어 했다. 당시 이런 상황을 끝낸 것은 쿠데타가 아니라 아래로부터의 사회 운동이었다. 초기부터 나치를 지지한 일부 기업가와 엘리트 관료들, 판사들, 대학교수들이 있었지만 나치당은 주로 불만에 찬 중산층과 청년들의 운동을 조직했다. 1930년대 들어서도 상당한 시간이 지날 때까지 나치의 운동은 갈색 셔츠 단원들이 거리에서 마구 때려 부수고 소란을 일으키고 공산주의자와 사회민주주의자, 유대인들을 살해하는 수준에 불과했다. 1932년 7월까지도 요제프 괴벨스는 "바로 지금, 인민들이여 일어나라, 폭풍처럼 몰아쳐라!"라고 촉구하는 연설로 운동을 부추겼다. 나치당이 사회의 밑바닥에서 일어나 독일을 회랑 밖으로 끌어내는 대리인이었다면 결과적으로 사회를 통제하는 국가의 역량이 무너져야 하지 않았을까? 예상컨대 나치 이후의 독일 사회는 소련 붕괴 후 타지키스탄 혹은 어쩌면 레바논과 어느 정도 닮았어야 하지 않았을까?

확실히 그런 일은 일어나지 않았다. 나치 운동은 아래로부터 일어났지만,

그 때문에 국가의 독재와 사회에 대한 지배력이 약화되지는 않았다. 국가의 독재와 지배는 되레 강해졌다. 자격이 부족하거나 공평하게 임무를 수행하는 데 관심이 없는, 이념에 몰두하거나 기회주의적인 나치당원들이 생기면서 특히 경찰과 사법부, 관료조직처럼 나치의 통제로 국가 역량이 줄어든 영역들도 있었다. 하지만 나치 치하의 독일에서 군대는 규모와 책임이 커지고, 관료조직은 유대인의 대규모 추방과 몰살을 조직하고, 경찰은 게슈타포가 보여주듯이 포괄적인 권한을 얻으면서 대부분 영역에서 국가는 더 독재적이고 강력해졌다. 나치는 억압을 더 확장시켜서 독립적인 사회의 결집과 단체들을 약화시키고 사회에 대한 국가의 우위를 강화할 계획이었다. 이런 면에서 나치는 그들의 역할 모델이 돼왔던 이탈리아의 파시스트와 비슷했다. 히틀러의 맥주 홀 반란은 무솔리니가 성공한 로마 진군March on Rome에 영감을 받은 것이었다. 무솔리니는 파시즘과 나치즘의 정신을 포착해 이렇게 말했다.

> 파시스트에게는 모든 것이 국가 안에 있으며, 국가 밖에서는 인간적이거나 정신적인 것은 아무것도 존재하지 않고 그 무엇이라도 가치가 떨어진다. 이런 의미에서 파시즘은 전체주의적이며, 파시스트 국가는 모든 가치의 종합과 통일로서, 민중의 삶 전체를 해석하고 발전시키며 그 삶에 힘을 불어넣는다.

파시즘을 연구한 역사학자 헤르만 파이너Herman Finer는 파시스트 국가의 철학을 "시민은 없고 신민臣民만 있다"는 말로 요약했다. 이런 철학에는 파시즘과 나치즘의 군국주의적 기원, 그리고 일단 통제력을 가지게 되면 지도자나 국가 권력에 대한 어떤 견제도 거부하는 특성이 많이 반영돼 있다. 또 파시스트 국가의 철학은 파시즘과 나치즘 운동이 사회주의자와 공산주의자들의 사회적 결집에 따른 반동이라는 사실에 바탕을 두고 있으며, 그래서 좌파에 대한 국가의 독재적 통제력을 재확립하는 것을 그들의 당연한 목표로 본다.

그러나 더 근본적으로 보면, 설사 이런 이념적 경향이 없었더라도 이 나라에 강력한 국가기관들이 존재했던 역사를 고려할 때 바이마르 시대의 독일이 오늘날의 레바논과 같은 식으로 진화할 가능성은 거의 없었다고 봐야 한다. 일단 정치적 우위를 차지한 어떤 집단이 접수할 수 있는 군대와 경찰, 사법부, 관료조직 같은 기관들이 있으면, 상향식으로 생겨난 것이든 비호받는 폭력배들이든 상관없이 그 기관들을 접수해서 이용할 것이다. 따라서 설사 독일의 레드 퀸이 통제 불가능해지고 민초의 결집으로 생겨난 집단에 지배권이 넘어갔다고 하더라도 일단 국가가 회랑 밖으로 나온 다음에는 언제나 이 국가기관들이 개조돼 새로운 지배집단에 유리하게 이용될 가능성이 커진다. 특히 국가 권력에 대한 민주적인 통제와 다른 제약들이 사라진 후에는 그럴 가능성이 더 커진다. 그래서 나치는 막 자라나는 족쇄 찬 리바이어던을 파괴하고 권력을 잡으면서 재빨리 사회에 대한 국가의 독재적 지배를 재확립하고 강화했다.

레드 퀸은 어떻게 통제 불능이 되나

회랑은 떠날 수 있다. 그게 문제다. 우리는 왜 독일에서 그런 일이 일어날 가능성이 있는지 몇 가지 이유를 살펴봤으며 실제로 바이마르공화국이 그렇게 되는 과정을 봤다.

전간기 독일을 불안정한 처지로 내몰았던 세 가지 요인들은 레드 퀸이 통제 불가능해진 다른 여러 나라의 사례에서도 이런저런 형태로 나타난다. 국가와 사회의 양극화로 타협의 여지가 없어지고 레드 퀸 효과가 제로섬 게임에 훨씬 더 가까워진 것, 국가기관들이 분쟁을 통제하고 해결할 능력을 갖추지 못한 것, 기관들을 불안정하게 하고 불만을 키우는 여러 가지 충격이 바로 그런 형태들이다. 그러나 다른 나라에서도 언제나 독일에서처럼 족쇄 찬 리바이어던을 무너뜨리는 아래로부터의 운동이 이뤄진다는 뜻은 아니다. 사회와 경쟁해서 우위를 차지한 엘리트 집단이 독재적 리바이어던을 재건할 수도 있다. 혹은 양극화로 위협을 받고서 통제력을 재확인하기 위해 자신들이 가진 권력은 무엇이든 쓸 수 있거나 써야만 한다고 느끼는 엘리트가 독재를 재건할 수도 있다. 앞으로 살펴보겠지만 1973년 아우구스토 피노체트Augusto Pinochet가 민주주의를 전복시키는 난폭한 쿠데타를 이끌던 때 칠레에서 바로 그런 일이 일어났다.

그게 아니라면 사회의 특정 부문이 회랑 안의 삶을 끝장낼 수도 있는데, 그들이 더는 그 삶을 통제할 수 없게 됐다고 믿기 때문이다. 우리가 제5장에서 살펴본 것처럼 이탈리아의 코무네들은 대부분 그렇게 무너졌고, 오늘날에도 세계 곳곳에서 그런 일이 벌어지고 있다.

소작농은 땅이 얼마나 필요한가?

우리는 족쇄 찬 리바이어던이 하루아침에 만들어지지 않는다는 것을 봤다. 족쇄 찬 리바이어던들은 국가와 사회 간 오랜 투쟁의 산물이다. 1958년 칠레는 그 투쟁의 마지막 국면을 경험하고 있었다. 그 투쟁으로 인해 이미 시골 지역 노동력의 대부분을 차지하는 *인퀼리노inquilino*라는 계층은 정치적으로 해방된 상태였다. 인퀼리노는 문자 그대로 '소작농'을 뜻하나 칠레의 시골 지역에서 그 말은 조금 더 사악한 의미를 내포했다. 인퀼리노들은 노예나 농노가 아니었지만 실제로 너무나 단단히 농장에 매여 있어서 농장이 매매될 때 인퀼리노들도 함께 매매됐다. 인퀼리노들은 농장에서 일하면서 다른 '용역'도 제공했다. 특히 지주들의 정치적 권력에 이바지하는 용역이 중요했는데, 인킬리노들은 지주들이 시키는 대로 투표를 해야 했다. 선거 때가 되면 지주들은 인킬리노들을 버스에 태워 투표장으로 데려갔고, 그들에게 투표용지를 주고 특정 후보를 찍으라는 지시를 내렸다. 인킬리노들의 투표는 비밀투표가 아니어서 지주들은 모든 과정을 지켜볼 수 있었다. 지주들의 뜻을 거스르는 이는 누구든 해고되고 재산을 빼앗길 위험에 처했다.

칠레는 1958년에 이런 일이 벌어지고 있는 가운데서도 어떻게 회랑 안에 머무를 수 있었을까? 회랑 안에 머무른다는 것은 하나의 '과정'이라는 것을 상기하자. 회랑은 국가와 사회가 모두 그다지 강하지 않아도 서로 '균형'을 이루고 있으면 시작될 수 있다. 이 점에서 칠레는 다른 나라들과 다르지 않았다. 1871년 영국 선거 때 비로소 비밀투표가 실시됐다. 1841년까지만 해도 보수주의 정치인으로 세 차례 수상을 지낸 스탠리 경Lord Stanley은 "누구든 잉글랜드에서 카운티의 선거 결과를 추정하려면 해당 카운티의 대지주 숫자를 세고 그들 밑에 있는 '소작인'들을 곱하면 확실하다"고 말했다. 실제로 잉글랜드 지방에서는 대지주들이 투표인구 중 충분히 많은 숫자를 통제했고, 그들의 통제가 선거 결과를 결정했다. 1950년대 칠레에서처럼 어떤 '소작인'이 지주의 뜻을 거스르면 문제가 생길 터였다. 이 점을 인식한 저명한 영국 경제학자 데이비드 리카도David Ricardo는 1824년 이렇게 썼다. "어떤 사람이 확실히 A 혹은 A 친구의 영향력 아래 있다는 것과 그가 B에게 투표하면 파멸에 이르리라는 것을 알면서도 그에게 A나 B 어느 후보에게든 투표할 수 있다고 말한다면 가장 잔인한 조롱이다. 진정으로 그리고 실질적으로 투표권을 가진 이는 그 사람이 아니라 그의 지주인데, 왜냐면 현행 제도에서는 지주의 이익과 이해관계를 위해 투표권이 행사되기 때문이다."

스탠리 경의 논리는 칠레에도 적용된다. 비밀투표 도입에 관해 상원이 토론할 때 사회주의자인 마르토네스Martones 상원의원은 비밀투표 도입에 찬성하면서 그 이유를 이렇게 주장했다.

> "만약 그 법[비밀투표 조항이 없는 옛 선거법]이 없다면 사회당 상원의원이 아홉 명이 아니라 열여덟 명이 될 테고, 당신들[보수당 의원들]은 두세 명으로 줄 것입니다. … [웃음] 당신들은 웃지만, 진실은 오히긴스와 콜차과에서 보수당 의원 두 명이 나오지 않으리라는 것이며, 두 명은 그 지역 보수적인 농장주의 소유지에 거주하는 인퀼리노 숫자로 계산한 것과 정확히 맞아떨어집니다. 보수당 의원은 한 명이거나 어쩌면 한 명도 없을 것입니다."

1958년에 시행된 비밀투표제도는 칠레의 선거에서 극적인 효과를 냈다. 우선 비밀투표는 살바도르 아옌데의 정치적 가능성을 바꿔놓았다. 아옌데는 1952년 사회당 대통령 후보로 출마했었는데 전체 투표의 5.4퍼센트밖에 얻지 못했다. 1958년에는 사회주의자들이 구축한 FRAP(인민행동전선)라는 정당 연합의 후보였는데, 이번에는 훨씬 더 많은 28.8퍼센트를 득표해 승자인 호르헤 알레산드리Jorge Alessandri에 불과 3퍼센트 뒤졌다.

아옌데는 '첫 시도에 성공하지 못하면 다시 하라'는 격언에 딱 맞는 사례였다. 그는 1964년에 다시 도전했고 세 번째로 패배했다. 하지만 1970년 네 번째 도전 때 행운이 찾아왔다. 아옌데는 오랜 적수인 알레산드리보다 불과 1.5퍼센트 많은 36.6퍼센트의 표를 얻는 데 그쳤지만, 의회는 3위 후보가 속한 기독민주당의 지지를 얻은 아옌데를 대통령으로 선출했다[4]. 1970년

---

4 대통령 선거에서 과반 득표자가 없는 경우 1, 2위 가운데 한 명을 국회에서 최종 선출한다.

아옌데는 이름이 어느 정도 반어적인 것으로 드러난 인민연합Popular Unity, U.P.이라는 새로운 좌파연합을 이끌었다. 그는 칠레를 사회주의 국가로 바꾸려는 의도가 있었다.

칠레 사회에는 그에 대한 합의가 없었지만, 아옌데는 비밀투표를 비롯해 레드 퀸의 길을 따라 전개되고 있던 다른 정치적, 사회적 변화가 일으킨 물결에 올라탔다. 예를 들어 1958년에는 FRAP에 이어 U.P.에 참여한 공산당이 합법화됐다. 게다가 유권자 등록이 의무화됐고, 등록하지 않은 이들은 심지어 징역형으로 처벌받을 수 있게 됐다. 그에 따라 선거인들은 1960년 125만 명에서 문맹자들이 마침내 선거권을 갖게 된 1971년 284만 명으로 크게 늘어났다. 1960년대에 부분적으로 이런 변화에 대응하면서 집권한 에두아르도 프레이Eduardo Frei의 기독민주당 정부는 토지 재분배를 포함한 일련의 개혁정책뿐만 아니라 사회 전반의 힘을 키워주는 데 앞장섰다. 마지막으로 1961년 존 F. 케네디 대통령은 진보를 위한 동맹Alliance for Progress[5]을 출범시켰다. 그해 3월 13일 케네디는 이렇게 선언했다.

> "우리는 남북 아메리카에서 누구나 적절한 생활수준을 누리기를 바랄 수 있고 모두가 끝까지 존엄하고 자유로운 삶을 살 수 있는 반구半球를 건설하기 위해 혁명을 완성할 것을 제안합니다. 이 목표에 이르려면 물질적 진보에 정치적 자유가 수반돼야 합니다. … 다시 한 번 아메리카 대륙을 혁명적인 생각과 노력의 거대한 도가니이자 자유로운 남성과 여성의 창조적 열정의 힘에 대한 선물로 바꾸고, 자유와 진보가 손잡고 나아가는 전 세계의 본보기로 만들어갑시다. 아메리카의 혁명이 모든 지역의 사람들에게 투쟁의 지침이 될 때까지 다시 한 번 각성합시다."

---

5 미국의 대규모 원조와 투자로 중남미 국가들의 경제사회 발전을 이루려는 계획

진보를 위한 동맹은 사회주의 혁명이 이 대륙 전역으로 퍼지는 것을 피하려 했다는 점에서 케네디가 연설에서 '혁명'이라는 말을 자주 쓴 점은 역설적이다. 케네디가 연설한 지 한 달 후 쿠바의 피그만Bay of Pigs에서 또 다른 대응조치가 취해졌다[6]. 진보를 위한 동맹은 토지개혁이 남아메리카를 바꿔놓을 것이라고 주장했다. 케네디가 말한 것처럼 이 동맹은 '아메리카 사람들의 집, 일과 땅, 건강과 학교techo, trabajo y tierra, salud y escuela에 대한 기본적인 요구를 충족시킬' 계획을 세웠다.

새롭게 참정권을 가진 인퀼리노 중 많은 이들의 마음속에도 역시 땅*tierra*이 있었다. 그런 데다 이제 미국도 장려하고 나서면서 토지개혁이 1964년 정책 의제에 올랐다. 1967년 프레이는 토지를 재분배하고 마이포 계곡의 땅을 기준으로 80헥타르 넘는 토지를 보유한 모든 농장에 대해 초과분을 수용하는 농업개혁 프로그램을 시작했다(토지의 질이 떨어지는 곳에서는 농장이 더 커야 수용된다는 뜻이었다). 토지개혁이 기대되는 가운데 농촌 지역에서는 당시 불법이었던 노동조합이 이미 200개쯤 조직돼 있었다. 그들은 같은 법률에 따라 합법화됐다. 1970년에는 그런 조합이 500개 가까이 있었다. 노동자들의 파업은 1960년 8만 8,000건에서 1969년 27만 5,000건으로 폭증했다.

칠레는 레드 퀸이 작동하고 있음을 다시 한 번 보여주었다. 프레이는 사회적 결집에 대응해 토지개혁만 주도한 것이 아니었다. 국가의 역량도 확대했다. 그는 특히 정치인들이 정작 자신들이 봉사해야 할 사람들을 위해서는 거의 일을 하지 않으면서 지지자를 매수하기 위한 후견주의 정책들을 이용하지 못하도록 정치인들의 이러한 능력을 줄이려고 시도했다. 프레이는 다양

6 1961년 4월 쿠바의 피델 카스트로 정권을 전복하기 위해 미군의 지원을 받은 쿠바 망명자들이 쿠바 남부의 피그만을 침공했다 실패한 사건

한 방법을 썼는데, 예를 들어 법안에 포함된 '포크 배럴pork barrel7' 지출을 없애기 위한 개별 조항 거부권을 활용하고, 의원들이 공공사업 예산과 급여에 영향력을 미칠 수 있는 능력을 제한했다. 예산과 관련된 하원과 상원의 권한 역시 줄어들었다.

아옌데의 의제에는 중대한 걸림돌들이 있었다. 예컨대 그는 하원에서 다수의 지지를 받지 못하고 있었다. 심지어 아옌데는 대통령직도 '보장규약statute of guarantees'으로 헌법 개정에 동의해 기독민주당의 지지를 얻은 후에야 가질 수 있었다. 이 규약으로 1925년 헌법이 개정돼 모든 분야에 걸쳐 개인의 새로운 권리가 도입됐다. 이 개헌은 기독민주당 사람들과 다른 이들이 무엇을 염려하는지 분명히 보여준다. 한 조항은 '정치사상을 지지하고 확산하는 것은 범죄나 권리남용으로 볼 수 없다'고 규정한다. 다른 조항은 교육체계가 선전 도구로 장악될 수 있다는 두려움을 해소하기 위한 것인데, 예를 들면 이렇다. '국가체계를 통해 전달되는 교육은 민주적이고 다원적이어야 하며, 공식적으로 정파적인 지향성을 가져서는 안 된다. 그에 대한 수정 역시 다원적으로 구성된 자격 있는 기구에서 자유로운 토론을 거친 후 민주적으로 수행돼야 한다.' 다른 조항들은 준군사집단에 관한 염려를 보여준다. 한 조항은 이렇게 단언한다. '공권력은 오로지 군대와 경찰로만 배타적으로 구성되며, 기본적으로 전문성을 갖추고, 위계질서가 있고, 기강이 서 있으며, 명령에 복종하고, 의결기관이 아니어야 한다.' 그들의 염려에는 그럴만한 이유가 있었다.

아옌데는 집권 이후 자신의 계획을 실행하기 시작했다. 토지개혁과 수용을 강화하고 노동자들의 조합을 만드는 것이었다. 대대적인 산업 국유화도

---

7 유권자의 인기를 얻기 위해 특정 지역이나 집단에 나눠주는 예산이나 이권

계획하고 있었다. 아엔데의 또 다른 경제정책은 노동자들의 임금을 대폭 올려주는 것이었다. 정부 고용인들의 급여 인상과 같은 일부 정책들은 대통령 명령으로 쉽게 실행할 수 있었지만, 다른 정책들은 의회의 동의가 필요했다. 동의를 받을 수 없을 때 아옌데는 어떻게 할 것인가? 헌법의 테두리 밖에서 움직일 것인가? 앞서 이야기한 '보장규약'이 바로 그런 일을 예방하기로 돼 있었지만, 그렇다면 그 규약은 누가 집행할 것인가?

1971년 3월 아옌데는 프랑스의 마르크스주의 철학자 레지스 드브레Régis Debray와 인터뷰했다. 인터뷰 중 드브레는 이렇게 지적했다. "당신은 … 행정권을 가지고 있습니다. 하지만 입법권과 사법권이 없고, 억압적인 기구도 없지요. 적법성, 제도, 이런 것들은 프롤레타리아트proletariat8가 만들지 않았습니다. 헌법은 부르주아지bourgeoisie9가 자신들의 목적을 위해 만들었어요." 아옌데는 이렇게 대답했다.

"분명히 당신 말이 맞지만, 내 말을 좀 들어보세요. 그 이야기를 할 겁니다. 선거운동 때 우리가 뭐라고 했습니까? 우리가 선거에서 이기는 것이 어렵기는 해도 불가능하지는 않은 일이라면, 선거에서 승리한 후 정부를 넘겨받는 단계는 대단히 어렵고 정부를 구축하는 것은 훨씬 더 힘들다고 말했지요. 왜냐면 우리는 새로운 길, 칠레를 위한 칠레인의 길, 우리의 나라를 위한 칠레 국민의 길을 만들어가고 있기 때문이라고 말이지요. 그리고 우리는 새 헌법, 민중의 헌법으로 가는 길을 닦기 위해 현행 헌법의 그런 측면들을 이용할 것이라고 말했습니다. 왜 그랬을까요? 칠레에서는 우리가 그 일을 할 수 있기 때문이지요. 우리는 계획을 제

---

8 무산계급

9 유산계급

시했지만, 의회는 거부했습니다. 우리는 국민투표를 조직할 것입니다."

그러니까 아옌데는 칠레에서 헌법적 수단을 통해 사회주의를 실행할 수 있다는 신념을 이야기하는 것이다. 비록 그에게 입법부의 다수 의석은 없었지만, 그는 국민투표를 통해 국민에게 직접 호소함으로써 계획을 진척시킬 수 있었다. 과연 일이 어떻게 흘러갈 것인지는 알 수 없었다. 어쨌든 아옌데는 대선에서 총투표의 36.6퍼센트밖에 얻지 못했다. 드브레가 그렇게 압박하자 아옌데는 이렇게 말했다.

"우리는 그들의 게임 규칙에 따르면서 이깁니다. 우리의 전술은 옳았고 그들의 전술은 틀렸습니다. 하지만 나는 사람들에게 말했습니다. 9월 3일부터 11월 4일까지 칠레는 펠레Pele가 찬 축구공보다 더 흔들릴 것입니다."

아옌데는 헌법적 수단을 통해 칠레가 사회주의로 옮겨 갈 수 있다고 믿었을지 몰라도 자신의 연합에 참여하는 많은 이들은 그렇게 믿지 않았고, 아옌데가 그들을 통제할 수는 없었다. 노동자 집단들은 법적 절차를 무시하고 농장과 공장을 점거했고, 정부는 그 점거를 승인하기 위해 개입했다. 토지개혁과 국유화는 대혼란에 빠져들었다. 〈엘 메르쿠리오El Mercurio〉지는 1972년 한 사설에서 '공화국의 대통령 살바도르 아옌데도 인민연합의 정당들도 … 법을 위반한 노동자와 농민, 학생 집단들에 대해 억압적인 조치들을 취할 수 있으리라고는 전혀 생각지 않았다'고 지적했다. 그 집단들은 이 점을 알고 이용했다. 그들의 행동은, 각종 정치제도가 인민연합의 반대 진영에서 만든 것들이며, 그러므로 인민연합이 총력을 다해 뿌리 뽑으려는 기존 질서를 방어하기 위해 설계됐다는 생각 때문에 더욱더 정당화됐다. 여기서도 우리가 고대 그리스나 미국에서 목격한 것과 아주 다른 제로섬 레드 퀸 효과를 볼 수 있다. 제로섬 효과가 나타날 때 칠레의 정치는 더욱 양극화됐다. 감사원장은 한 기자회견에서 자신의 조직과 같은 기관은 "혁명적이지도, 반동적이지도 않다"고 주장하면서 정치의 양극화를 비난했다. 정치권은 타협이 필요했지만 타협할 의지가 없었다. 카를로스 알타미라노Carlos Altamirano 상원의원은 이렇게 주장했다.

"기독민주당과 '민주적 대화'를 하자고 주장하는 체하는 이들이 있습니다. 사회주의자로서 우리는 자신들을 착취에 반대하고 제국주의에 반대한다고 분명히 규정하는 모든 세력과 대화할 수 있습니다. 우리는 대화를 촉진하며, 그들이 우리의 투사이든 아니든 상관없이 모든 노동자와 집단 차원에서 대화를 발전시키겠지만, 반동적이고 반혁명적인 지도부나 정당 들과는 대화를 거부합니다."

기독민주당 진영이 정부와 잠정적인 타협에 이르렀을 때는 그 정당 내에서 '공산주의자들의 위협'을 경고하는 보수적 당파에 의해 파기됐다. 주사위는 던져졌다. 곳곳에서 폭력이 터져 나왔다.

드브레가 아옌데에게 반대 진영의 폭력에 어떻게 맞설 것이냐고 묻자 아옌데는 이렇게 대답했다. "우리는 먼저 무력으로 폭력을 억제할 것입니다. 거기에 더해 반동적인 폭력에 대해서는 혁명적인 폭력으로 응답할 것입니다. 왜냐면 우리는 그들이 게임의 규칙을 깨트릴 것을 알기 때문이지요." 아옌데가 상대편이 게임의 규칙을 깨리라고 본 것은 옳았지만, 그에 맞서 혁명적인 폭력으로 대응할 수 있으리란 생각은 크게 빗나갔다.

그는 1973년 9월 11일 쿠데타로 실권했다. 그해 초에 실패한 쿠데타 시도가 있었고, 아옌데의 반대파는 쿠데타를 재차 시도하도록 군을 떠밀었다.

〈엘 메르쿠리오〉는 6월에 이런 기사를 실었다. '이 정치적 구원救援의 과업을 이루기 위해 우리는 모든 정당과 선거의 가면과 유해하고 기만적인 선전을 포기하고 정치적 무질서를 끝장낼 과업을 소수의 선별된 군인들에게 맡겨야 한다.'

1960년대 칠레에서 일어난 사회의 결집과 강화의 과정은 국가의 강화와 짝이 맞았지만, 그런 과정은 1970년 이후 더 급진적인 요구로 이어졌을 뿐이다. 이 급진적 요구는 토지와 사업이 대거 몰수될까 봐 걱정하는 칠레 엘리트의 두려움을 불러일으켰다. 엘리트의 반동으로 칠레는 회랑 밖으로 밀려났다.

케네디가 남아메리카의 정치적 자유를 위한 '혁명'을 널리 알리고 있었지만, 미국 정부의 정책은 사태 악화를 부추겼다. 중앙정보국은 아옌데 정부를 흔들기 위해 자금과 노력을 쏟아부었다. 당시의 정보활동에 관한 상원 특별위원회의 '1963~1973년 칠레 비밀작전' 보고서가 2010년 비밀 해제됐는데, 여기서 CIA가 칠레의 정치 상황을 바꾸기 위해 이 나라 삶의 모든 영역에 개입하려 한 사실이 밝혀졌다. CIA는 1964년 기독민주당의 선거자금 조달을 도우려고 200만 달러를 건넸다. 또 1970년 이후 반아옌데 정당들에 별도로 400만 달러를 제공했다. 그리고 가장 영향력 있는 반아옌데 신문으로 판단한 〈엘 메르쿠리오〉에 150만 달러를 쏟아부었다. CIA는 공산주의자들이 이끄는 노동조합연맹에 맞선 '민주노조'에 자금을 지원했다. 리처드 닉슨Richard Nixon 대통령은 직접 CIA에 아옌데가 선거 후 정권을 잡지 못하게 막으라고 지시했다. 상원 보고서를 보자.

> 아옌데가 선거를 1위로 끝낸 후 … 닉슨 대통령은 CIA 국장 리처드 헬름스Richard Helms와 헨리 키신저Henry Kissinger, 존 미첼John Mitchell과 만났다. 헬름

스는 아옌데가 정권을 잡지 못하게 막으라는 지시를 받았다. … 아옌데가 권좌에 오르지 못하게 막을 길은 군사 쿠데타밖에 없다는 것이 곧 명백해졌다. CIA는 군사행동을 모의하는 몇몇 집단과 접촉선을 구축하고 결국 한 집단에 무기를 건네줬다.

쿠데타는 군사령관 레네 슈나이더René Schneider 장군을 납치하면서 시작하기로 되어 있었다. 슈나이더는 총에 맞아 죽고 쿠데타는 대실패로 끝났다. 미국의 관련 문서 일부가 여전히 비밀로 분류돼 있어서 CIA가 1973년 쿠데타를 어디까지 돕고 재촉했는지 논란이 있다. 상원 보고서는 '미국이 쿠데타를 직접 지원했다는 명백한 증거는 없다'면서도 '미국은 그전의 여러 행동과 기존의 태도, 칠레군과 한 특별한 접촉을 통해 군사 쿠데타를 못마땅하게 보지 않을 것이라는 신호를 보냈다'고 결론 내렸다.

미국이 실제로 '못마땅하게 보지' 않았던 쿠데타로 칠레 사람들에게는 폭력과 살인의 폭풍이 몰아쳤다. 약 3,500명이 정치적 신념과 활동 때문에 살해당했고, 수만 명이 투옥되고 구타와 고문을 당했다. 또 수만 명이 정치적 소속 때문에 일자리에서 쫓겨났다. 노조는 금지됐고 단체 행동은 불가능해졌으며 의회는 곧바로 폐쇄됐다. 회랑 안에서 국가와 사회가 일상적인 경쟁을 계속하고 1960년대에 이뤄진 사회적 결집이 더 강화되면서 시작된 변화는 갑자기 통제 불가능해지더니 칠레는 결국 회랑 밖으로 튕겨 나와 17년간 독재로 빠져들게 됐다.

—

그러므로 칠레의 사례에서 우리는 다시 국가와 사회가 중간지대와 타협의 길을 찾기보다 서로를 꺾으려 하면서 양극화로 치닫는 제로섬 레드 퀸을 본다. 바이마르공화국에서 유난히 좁은 회랑과 위험을 내포한 레드 퀸을 만든 구조적 요인들은 칠레에서도 나타났는데, 두 사례에는 유사점이 많다. 먼저 땅을 가진 엘리트가 토지개혁과 정치적 영향력 상실을 겁내는 문제를 들 수 있다. 이는 더 넓게는 엘리트층이 사회적 결집과 재분배를 받아들이지 않고 꺼리는 태도를 부추겼다. 엘리트층의 비타협적인 태도와 아옌데 정부의 급진적인 마르크스주의 이념이 함께 낳은 엄청난 양극화 역시 결정적인 요인이었다. 의회와 법원을 포함한 칠레 국가기관들이 분쟁을 조정할 능력이 없었던 것도 마찬가지다. 그래서 두 집단은 무력으로 분쟁을 해결해야 한다는 결론에 이르렀다. 칠레에 불안정을 안겨주는 대공황 같은 외부적 충격은 없었으며, 이는 한 나라가 외부 요인에 기인한 파열 없이도 회랑을 쉽게 이탈할 수 있다는 것을 잘 보여준다. 그러나 아옌데의 여러 정책과 엘리트층의 비타협적인 반대는 가혹한 경기 침체를 자초해 혼란을 키웠다.

칠레는 독일처럼 회랑에서 이탈했다. 칠레의 경우 족쇄 찬 리바이어던에 대한 기대를 (적어도 당분간) 물거품으로 만든 것은 갈색 셔츠의 무리가 아니라 엘리트가 지지한 군사 쿠데타였다.

누구를 위해 종은 울리나

1264년 이탈리아 북부 페라라시에서 엄숙한 회의가 열렸다. 회의는 포데스타가 주재했는데, 그는 제5장에서 본 것처럼 공화적인 이탈리아 코무네 정부를 운영하기 위해 외부에서 불러온 행정관이었다. 회의록은 이렇게 기록했다.

페라라의 포데스타인 카라라의 피에르콘테Pierconte of Carrara와 관례대로 종이 울리는 것을 듣고 페라라시 광장에 모여 총회를 연 이 도시의 모든 주민은, 집회에 참석한 코무네의 전 주민의 바람과 동의와 지시에 따라 … 다음과 같이 결정한다. … 행복한 기억을 남긴 훌륭한 영주 아쪼Lord Azzo의 손자이자 후계자인 훌륭하고 탁월한 영주 오비쪼Lord Obizzo가 … 이 페라라시와 구역들을 자신의 의지대로 다스리는 총독이자 통치자, 총괄적이고 영속적인 영주가 될 것이다.

그는 이 도시와 그 바깥에서 관할권과 통치권을 가지며, 그가 바라는 대로, 그리고 그에게 유용하다고 생각되는 대로 권한을 확대하고, 행하고, 명령하고, 제공하고, 처리할 권리를 가질 것이다. 그리고 전반적으로 그는 페라라시와 그 구역의 영속적인 영주로서 자신의 바람과 명령에 따라 모든 일을 행하고 결정할 권한과 권리를 가질 것이다.

이 기록은 다시 한 번 뜯어볼 필요가 있다. '코무네의 전 주민'이 집회에 모여 '영속적인 영주'를 만들어냈다. 이 결정은 단지 오비쪼에 국한되지 않는다는 점에서 굉장히 이상해 보이는데, 왜냐면 기록은 이어서 '우리는 위의 모든 결정이 오비쪼에게만 영속적으로 적용되기를 바라는 것이 아니라 … 그의 사후에 후계자가 이 도시를 총괄하는 영주가 되기를 바란다'고 밝히기 때문이다. 즉 단지 한 개인에게 종신 영주의 지위를 주는 것을 넘어 세습적인 지위를 주었기 때문이다. 이는 '코무네의 전 주민'이 모이는 '모든 주민의 총회에서' 완성한 왕조적 지배체제를 만들어냈다. 공화적이었던 코무네가 스스로 자신의 존재를 끝장내는 표결을 한 것이다.

페라라와 자치적인 이탈리아의 다른 여러 지역에서 무슨 일이 벌어졌는지 이해하려면 시간을 조금 더 거슬러 올라갈 필요가 있다. 우리는 이미 여러 코무네가 어떻게 해서 중세 초기 롬바르드족과 카롤링거 왕조의 참여형 정치제도의 뿌리에서 나왔는지, 그들이 어떻게 족쇄 찬 리바이어던을 뒷받침하는 공화적 정부의 정교한 체제를 만들어냈는지 살펴봤다. 또 로마의 유산도 코무네의 형성에 도움을 주었는데, 로마의 엘리트는 도시에 집중돼 있어서 결과적으로 역시 도시지역에서 조직화한 사회가 더 쉽게 통제할 수 있었다. 그러나 엘리트층은 코무네가 권력을 잡은 후에도 사라지지 않았다. 그들은 흔히 토지 자산과 농촌 지역의 봉건적 기반을 유지했고, 이를 통해 부와 정치적 영향력을 보존할 수 있었다. 코무네들은 그에 맞서 싸우려고 시도했고, 예컨대 '누구든 다른 사람의 봉신이 되거나 그에게 충성을 맹세해서는 안 된다'고 선언하며 봉건적 관계를 제한하려는 법을 통과시켰다. 페루자의 코무네에서는 제한이 극단적인 형태까지 나아가 봉신 서약의 내용을 기록한 서기를 포함해 그런 서약에 관련된 이는 누구든 사형에 처할 수 있었다. 한 가지 걱정스러운 것은 봉신들이 쉽게 무장하고 코무네를 불안정에 빠트릴 위협을 가할 수 있다는 점이었다. 그리고 그들은 실제로 그랬다.

레드 퀸의 논리에 따르면, 그리고 윌리엄 세익스피어William Shakespeare의 말을 바꿔 쓰자면 '진정한 경쟁의 길은 결코 평탄하지 않다.[10]' 이는 엘리트층과 코무네의 경쟁에 관한 적확한 묘사다. 엘리트층은 코무네가 형성되는 것을 뒷짐 지고 보기만 하지 않았다. 그들은 조직화하기 시작했다. 실제로 코무네가 출현하는 동안 엘리트층은 컨소시엄(consortium, 이탈리아어로는 콘소르*체리아consorzeria*)이라는 일종의 연합을 형성하기 시작했다. 컨소시엄은 무엇보다 엘리트층이 코무네에 맞서 싸울 때 서로 도움을 주기로 합의한 일종의 동맹이었다. 1196년 한 컨소시엄 합의서는 이렇게 기록했다. '우리는

10 세익스피어의 《한여름 밤의 꿈A Midsummer Night's Dream》에는 '진정한 사랑의 길은 결코 평탄하지 않다'는 표현이 나온다.

탑과 공동주택을 가지고 … 속이지 않고 신의를 다해 서로 도울 것을 서약하며, 우리 중 누구도 직접 또는 제삼자를 통해 다른 이들에 반대하는 행동을 하지 않을 것을 서약한다.'

여기서 탑을 언급한 것은 중요한 의미가 있다. 이 시기에 엘리트층은 이탈리아 전역에 걸쳐 탑을 세우기 시작했다. 이 탑들은 오늘날에도 볼로냐와 파비아의 스카이라인을 이루고 있다. 코무네들은 곧 탑들의 높이를 제한하는 법을 공포했다. 이 책에 실은 〈사진 22〉에서 볼로냐에 남아있는 탑 일부를 볼 수 있다. 탑들은 사실상 요새였다. 여행가인 투델라의 베냐민은 1160년대 제노바에서는 "가장들은 각자 자신의 집에 탑을 세워놓고 싸움이 벌어질 때면 탑의 꼭대기에서 서로 싸웠다"고 밝혔다. 베냐민은 피사에서도 비슷한 일이 벌어진다고 밝혔다. 1194년 한 제노바 시민이 피스토이아시에서 흑군과 백군이라는 두 집단 사이에 벌어진 싸움을 기록했다.

> 흑군은 이아코포Iacopo가 아들들의 탑을 요새화하고 거기서 라니에리Ranieri가 아들들에게 큰 타격을 가했다. 그리고 백군은 데 라짜리Lazzari가의 집을 요새화했다. … 그 집은 격발식 활과 돌로 흑군에 큰 타격을 가해 흑군은 거리에서 싸울 수 없었다. 흑군이 그 집 안의 하인들이 자신들에게 대항하는 것을 보자 바네 푸치Vanne Fucci와 몇몇 동료들이 그곳으로 쳐들어가 격발식 활을 쏘면서 정면으로 공격하고, 그 집 한쪽에 불을 지르고 다른 쪽으로 쳐들어가 점령했다. 흑군은 집 안에 있던 사람들이 도망치기 시작하자 쫓아가서 공격하고 죽였으며 집을 약탈했다.

여러 코무네의 분쟁 해결 과정은 뭔가 잘못 돌아가고 있는 게 분명했다. 흑군과 백군은 경쟁하는 엘리트 컨소시엄들이었고, 그들은 끊임없이 싸웠다. 이탈리아 엘리트 가문 사이의 불화는 윌리엄 셰익스피어의 희곡《로미오와 줄리엣Romeo and Juliet》에 등장하는 카풀레티Capulet가와 몬테키Montague가의 이야기처럼 문학 작품에도 담겼다. 레조에서는 실제로 다 세소Da Sesso가와 다 폴리아노Da Fogliano가 사이의 불화가 50년 동안 이어졌는데, 목숨을 잃은 이가 어쩌면 2,000명에 이를 것이다. 언젠가 다 폴리아노가가 포위했을 때 다 세소 사람들은 항복하기보다는 서로를 잡아먹기 위해 제비뽑기를 하는 문제를 논의했다고 한다. 그게 사로잡히는 것에 비하면 최악이 아니라고 생각한 것이다!

엘리트층은 자기들끼리 싸우는 데 그치지 않고 공화주의적 지배구조 전반을 위협했다. 코무네들은 엘리트의 특권과 봉건적 관계를 모두 제거할 수는 없었다. 1300년까지도 밀라노와 제노바, 피사, 만투아, 모데나, 라벤나를 포함한 여러 지역에서 엘리트는 여전히 각종 세관과 조세, 화폐 발행권을 통제하고 도량형을 결정했다. 밀라노의 비스콘티Visconti가처럼 일부 엘리트층은 적극적으로 이 권리들을 행사했다. 몇몇 코무네에서 시민의 재산은 다양한 형태의 영지로 인해 제한됐고, 계약은 봉건적 법과 관습을 바탕으로 맺어졌다.

이런 엘리트층의 행동과 계속되는 특권에 맞서 시민들은 '민중'이라는 뜻의 포폴로Popolo라는 단체로 결집했다. 제5장에서 우리는 민중을 조직하는 책임을 맡은 '카피타노 델 포폴로'라는 행정관을 간단히 언급했다. 포폴로는 엘리트에 대항하는 단체였다. 베르가모에서는 포폴로의 모든 구성원이 다음과 같이 서약해야 했다.

> 나는 베르가모 코무네의 평의회와 … 모든 직위와 명예가 어떤 한 당파나 여러 당파의 필요가 아니라 공동체의 이익에 맞게 선출되고 부여되도록 최선을 다해

> 힘쓸 것이다. … 만약 베르가모시에서 어떤 당파나 동맹 혹은 어떤 집단이라도 무기를 들거나 싸움을 시작하고, 포데스타의 명예와 선량한 지위에 반하거나 … 코무네나 이 단체(포폴로)에 반하는 행동을 하려 한다면 … 나는 포데스타와 … 코무네를 내가 할 수 있는 모든 방법으로 방어하고 돕고 지킬 것이다.

포폴로의 존재 자체가 코무네에서 모든 일이 제대로 돌아가지 않는다는 증거다. 사회는 엘리트로부터 코무네를 방어하기 위해 조직화할 필요가 있었다. 그러나 코무네와 법적 기구들이 엘리트와 맞서 싸울 수 있지 않았을까? 왜 민중이 직접 엘리트에 대항하려 했을까? 볼로냐에서 포폴로는 "탐욕스러운 늑대와 순한 양들이 같은 보폭으로 걸을 수 있게" 하려면 이 단체가 필요하다고 주장하면서 스스로를 정당화했다. 포폴로의 뿌리는 도시마다 달랐다. 어떤 포폴로는 길드에서 유래했고, 어떤 포폴로는 지역단체에서 나왔으며, 군사적 요소를 지닌 것도 많았다. 그들은 코무네를 본떠 만들었으므로 카피타노가 핵심적인 역할을 했으며, 1244년 파르마에서 첫 카피타노가 출현한 것으로 보인다. 그들은 코무네의 여러 위원회에 고정적으로 자신들을 대표하는 자리를 두도록 규정에 명시했다. 비첸차에서는 1222년에 이미 코무네의 직위 중 절반을 포폴로에 배정했다. 동시에 그들은 엘리트층이 직위에 제한적인 대표성만 갖도록 요구했다. 포폴로는 심지어 엘리트층보다 더 많은 법적 권리를 요구했다. 파르마에서 '포폴로 구성원의 선서는 어떤 실력자나 권력을 가진 사람에게도 대항할 수 있는 완전한 증거'였지만 그 반대의 경우에는 그렇지 않았다. 1280년대 피렌체와 볼로냐에서 포폴로는 엘리트 가문의 명단을 작성해 앞으로 선량한 행동을 하겠다는 뜻으로 보증금을 내라고 요구했다.

게다가 엘리트와 포폴로 사이의 갈라진 틈 외에도 이탈리아의 분열을 부추긴 요인들이 있었다. 앞서 살펴본 내용을 상기하자면 코무네는 형식적으로 신성로마제국에 속했는데, 이 제국은 샤를마뉴가 아들들에게 나눠준 카롤링거 제국의 동쪽 지역을 물려받은 나라였다. 코무네들은 사실상 독립을 얻었지만, 여전히 제국을 지지하는 사람들과 그에 반대하는 이들로 갈라져 있었다. 전자는 기벨린Ghibelline당으로 불렸는데, 바이블링겐Waiblingen 성에서 따온 이름이라고 한다. 이 성은 12세기 대부분 기간에 제국을 지배한 왕가이자 이 제국의 가장 두드러진 지배자 프리드리히 바르바로사의 가문 호엔슈타우펜Hohenstaufen가의 재산이었다. 후자는 궬프Guelf당으로 불렸는데, 명칭은 프리드리히 바르바로사의 주된 도전자 중 한 명인 오토 4세Otto IV의 가문을 가리키는 독일어 벨프Welf에서 유래했다. 기벨린당과 궬프당 사이의 갈등은 엘리트와 포폴로 사이만큼 신랄했다. 궬프당이 1268년 피렌체 정부를 장악했을 때 그들은 바로 기벨린당 사람들의 명단을 작성해 총 1,050명 중 400명을 추방했다.

이제 우리는 페라라에서 무슨 일이 벌어지고 있는지 어느 정도 감을 잡을 수 있다. 코무네를 만드는 것은 봉건적 엘리트의 반발을 불러일으켰다. 이는 다시 포폴로 형태로 나타난 시민들의 반발로 이어졌다. 포폴로는 엘리트층 대표가 코무네에 참여하는 것을 금지하고 자신들의 대표는 비민주적인 방식으로 확보하면서 법체계를 자신들에게 유리한 쪽으로 기울이기 시작했다. 엘리트는 다시 그 체계를 뒤집어엎는 데 그치지 않고 아예 무너뜨리려 했다. 그들은 흔히 궬프당과 같은 '당黨'의 이름으로 그 일을 추진했으며, 피렌체와 루카에서 시칠리아 왕 샤를 당쥬Charles of Anjou를 6년 임기의 포데스타로 지명해 누가 이 도시들을 운영할지 선정하는 일을 사실상 그에게 위임했다. 궬프당이 피렌체와 볼로냐를 접수했을 때 그들은 군의 직위를 포함한 모든 공직을 당원들에게 떼어줬다. 흔히 '당'들은 개별적인 엘리트 가문의 이름을 땄고 코무네를 무너뜨릴 수단을 제공했다. 밀라노에는 비스콘티당과 델라 토레Della Torre당, 코모에는 루스코니Rusconi당과 비타니Vittani당, 볼로냐에는 람베르타찌Lambertazzi당과 제레메이Geremei당, 오르비에토에는 모날데스키Monaldeschi당과 필리페스키Filippeschi당이 있었다. 엘리트층은 처음에 공화정 체제에 대한 통제력을 확대하는 데 성공했다. 토리노 바깥의 이브레아에서는 시가 몽페라Montferrat 후작에게 충성을 다짐하고 심지어 '봉신' 관계까지 맺기로 했다. 그리고 이 도시의 수입 절반을 주기로 약속하고 그가 포데스타를 지명할 수 있도록 했다. 다른 사례에서는 그때까지 이탈리아에서 성공적인 도시국가 중 하나였던 베네치아처럼 엘리트층이 다른 이들을 정치 권력에서 배제하기 위해 그냥 관련 규정을 바꿔버렸다. 군사력도 1272년 만투아의 보나콜시Bonacolsi가와 1275년 이후 라벤나의 폴렌타Polenta가, 1283년 트레비소의 다 카미노Da Camino가, 1295년 리미니의 말라테스타Malatesta가의 지배를 강화하는 데 도움이 됐다. 1300년까지 코무네가 있었던 도시 가운데 적어도 절반은 독재적 지배 아래 들어갔다. 결과는 곧 명백해졌다. 우리가 서두에서 이야기한 페라라에서는 평의회에 대한 민중의 참여는 엄격히 제한되고 길드와 조합들은 활동이 정지됐다. 도시는 새로운 영주들이 지배하기 시작했다.

포폴로는 이처럼 슬며시 권력을 확대하고 있는 엘리트에 맞서 반발하고 나섰지만 단지 엘리트와 싸우기만 한 것은 아니었다. 만약 정치 권력이 완전히 엘리트층에 돌아갈 가능성이 크다면 아예 체제 전체를 뒤집어엎는 편이 더 나았다. 그런 일은 1250년 피아첸차에서 포폴로가 앞장서서 우베르토 데 이니퀴타테Uberto de Iniquitate를 포데스타 겸 1년 임기의 포폴로 관리자로 선출하면서 시작됐다. 그 임기는 곧 그가 죽으면 아들이 자리를 물려받도록 한다는 약속과 함께 5년으로 연장됐다. 그런 일은 흔했다. 부오소 다 도바라Buoso da Dovara는 처음에 1248년 크레모나에서 10년 임기의 포데스타 자리를 받았다. 1255년 그는 손치노에서 종신 포데스타직을 얻었다. 우베르토 팔라비치노Uberto Pallavicino는 베르첼리와 피아첸차, 파비아, 크레모나에서 종신 포데스타직을 가졌다. 페루자에서 포폴로는 에르만노 모날데스키Ermanno Monaldeschi를 권좌에 올리는 데 도움을 줬다. 모날데스키가 자리를 떠난 후 그의 지지자 중 한 명이 헌법을 정지시키고 이 도시의 기관들을 개조하기 위한 12인위원회를 설치하자고 제안했다. 이 위원회는 모날데스키에게 거의 절대적인 권력을 주고 평생 *곤팔로니에레*(*gonfaloniere*, *기수旗手*)라는 칭호를 쓰게 했다.

코무네는 사실상 그들이 억제할 수 없는 분쟁들 때문에 불운을 겪게 됐다. 코무네는 엘리트층의 위협을 제거할 수 없었고 그에 따라 민중의 결집이 촉발됐다. 두 집단 간 분쟁은 제도적인 기관들도 억제할 수 없었다. 실제로 두 집단은 기꺼이 제도 밖에서 활동하며 심지어 그 기관들을 무너뜨리기까지 했다. 그에 따른 불안정은 코무네의 몰락을 불러왔다. 페라라에서는 잇따른 분쟁과 폭력에 시달리거나 엘리트가 권력을 탈취하는 더 나쁜 상황에 이르는 것보다, 영주 오비쪼와 그의 가문이 더 안전한 대안으로 보였다.

독재자들에게 끌리다

이탈리아 코무네가 참여형 제도를 폐지하면서 스스로 해산하는 방식을 보면 처음에는 어리둥절해진다. 사회는 회랑 안의 자신을 스스로 방어하고 싶어 해야 하는 것 아닌가?

우리는 지금까지 사회가 그렇게 하고 싶어 한다고 주장해왔다. 하지만 민중이 엘리트층의 권력과 반대에도 불구하고 회랑 안에서 머무를 수 있다고 생각하는 경우에만 그렇다. 민중은 레드 퀸의 동학이 갈수록 엘리트층에 유리해지면서 그들의 독재를 불러오리라고 비관적으로 생각할 수도 있다. 그렇게 되면 민중은 엘리트가 지배하는 체제보다 자신들의 이익에 더 우호적일 것으로 기대하면서 책임성이 없는 독재자에게 권력을 넘겨주는 쪽을 택할 수 있다. 이는 희망적 바람에 불과하지만, 지금껏 사회는 엘리트와의 투쟁에서 우위를 차지하기 위해 그들의 족쇄 찬 리바이어던을 파괴하는 쪽을 계속 선택해왔다.

이탈리아 코무네들의 몰락, 그리고 바이마르와 칠레 민주주의의 전복에서 공통적인 요인이었던 토지 보유자들의 권력과 반대는 회랑을 더 좁게 만들고 사회를 갈수록 더 심각한 양극화로 내몰았다. 레드 퀸 효과는 결국 국가와 사회가 서로의 역량을 키워주는 경주를 하기보다는 각자 살아남기 위해 투쟁하는 제로섬 게임에 훨씬 더 가까워졌다. 이는 엘리트층이 단지 코무네에 맞서 자신들의 입지를 확대하려는 것이 아니라 그들을 파괴하기 위한 싸움을 시작하고, 코무네들은 엘리트층과의 공존은 불가능하며 엘리트의 영향력이 점차 확대되는 것보다는 차라리 독재체제가 낫다고 생각하게 됐다는 사실에서 분명히 드러난다.

마키아벨리는《군주론》에서 이 점을 잘 요약했다.

> 인민은 귀족의 지배나 억압을 받고 싶어 하지 않지만, 귀족은 인민을 지배하고 억압하려고 합니다. 이 두 상반되는 욕구로 여러 도시에서 군주정이나 공화정 혹은 무정부[11]라는 세 가지 결과 중 하나가 나타납니다. 군주정은 일반 인민이나 귀족들이 내세우는 것이며, 그것은 어느 쪽이 기회를 잡느냐에 달려 있습니다. 귀족

---

11 원문은 'principato, libertà, licenza'이다.

들이 인민들을 물리칠 수 없다고 생각하면 자신들 가운데 누군가를 지지하기 시작하고 그의 보호 아래 있으려는 자신들의 욕구를 충족시키기 위해 그를 군주로 내세웁니다. 일반 인민들 역시 귀족들에 저항할 수 없다고 생각하면 한 사람을 지지해 그의 권위에 의지해 보호받으려 합니다.

사실 마키아벨리는 종종 '포퓰리스트' 운동으로 일컬어지는 현대의 운동들을 추동하는 힘을 이야기하고 있다. 이 용어는 인민당People's Party이 실례로 보여준 19세기 말 미국의 포퓰리스트 운동에서 유래한 말인데, 최근의 실례들은 비록 다양하고 차별적이며 일반적으로 합의된 정의가 없기는 해도 공통적인 특징들이 있다. 포퓰리스트 운동들은 '민중'이 교활한 엘리트와 맞서 싸우게 하는 수사를 쓰고, 현 체제와 기관들을 (그들이 민중을 위해 작동하지 않는다는 이유로) 철저히 개조해야 한다고 강조하며, 민중의 진정한 바람과 이익을 대변하는 (대변한다는) 지도자에 대한 신뢰를 보내며, 모든 제약과 타협 시도를 운동과 지도자에 걸림돌이 된다는 이유로 거부한다는 공통점을 지닌다. 프랑스의 국민전선National Front과 네덜란드의 자유당Freedom Party, 우고 차베스Hugo Chávez가 설립한 베네수엘라 통일사회당Partido Socialista Unido de Venezuela, 도널드 J. 트럼프가 개조한 미국 공화당을 포함한 현대의 포퓰리스트 운동들은 모두 과거의 파시스트 운동처럼 이런 특징들을 가지고 있다(파시스트 운동은 더 강력한 군국주의와 광신적인 반공산주의로 영향력을 확대하기는 했지만 말이다). 이탈리아 코무네의 경우에서 보듯이 엘리트층은 실제로 교활하며 일반 민중에 반대할 수 있지만, 포퓰리스트 운동과 절대적으로 강력한 지도자가 민중을 보호한다는 주장은 단지 하나의 책략일 뿐이다.

우리의 이론 틀은 무엇이 이런 포퓰리스트 운동들을 이끌어가고 그들이 왜 회랑 안에 있는 사회의 안정을 위협하는지 명확히 밝히는 데 도움이 된다. 레드 퀸의 동학은 결코 질서 정연하지 않다. 동학이 회랑 안에서 작동하면 국가와 사회 모두의 역량을 키워줄 수 있다. 하지만 앞서 봤듯이 양극화를 초래하고 제로섬 게임으로 이어질 수도 있다. 더 나쁜 것은, 제도적인 기관들이 이런 분쟁들을 억제하고 해결할 능력이 없고 엘리트와 비엘리트층 간 경쟁이 비엘리트층의 이득과 진정한 힘을 창출하지 못하는 것으로 보이면 회랑을 형성하는 바로 그 기관들에 대한 신뢰가 허물어질 수 있다는 점이다. 바이마르공화국 시대에 일어난 일이 그랬다. 당시 민주적인 기관들은 교착상태에 빠지고 사법부와 경찰력은 사회의 분쟁을 해결하지 못했으며, 경제는 무너져 많은 독일인에게 비참한 삶을 안겼다. 이탈리아의 코무네에서도 여러 도시의 민중이 엘리트층의 확대되는 지배력을 억제할 수 있으리라는 희망을 잃었을 때 같은 일이 일어났다. 이 두 가지 사례에서는 기관들이 민중을 위해 작동하고 민중의 이익을 보호할 수 있다는 신뢰가 무너져 권위주의적인 지도자와 민중의 이익을 돌본다고 주장하는 운동에 의지하는 것이 더 매력적인 대안이 됐다. 그들에게 의지하자면 권위주의적 지도자들이 권력을 잡도록 하고, 그들의 독재 권력에 대한 모든 제약을 제거해야 하는데도 말이다.

이런 관점에서 보면 이 사례들과 오늘날 세계적으로 벌어지고 있는 일들 사이에는 유사점이 보인다. 지난 30년 이상 기술 변화와 세계화로 어떤 이들은 부유해졌지만, 선진국의 시민 대부분에게 돌아간 경제적 이득은 매우 제한적이었다는 사실은 너무나 명백하며 이들이 드러내는 불만의 주된 원인이다(이는 제15장에서 더 자세히 논의한다). 정치체제가 그들의 곤경에 감응하지 못했다는 평가 역시 대부분 정확하다. 이와 같은 타당성 있는 추론은 서방에서 대단히 소중히 여기는 기관들이 2008년 글로벌 금융위기에 제대로 대처하지 못했다는 사실과, 정치적으로 영향력이 큰 금융계의 이해관계자들이 위기 대응 과정을 좌지우지하며 이익을 챙긴 현실이 분명해지면서 더 크게 폭발했다. 이처럼 각종 기관에 대한 대중의 신뢰가 추락할 만한 상황이 되자 포퓰리스트 운동이 세를 얻을 길이 열렸다.

포퓰리즘이 부상하면서 회랑 안의 정치는 다시 부식됐다. 국가와 사회 사이의 (그리고 사회의 서로 다른 부문 사이의) 경쟁이 더 양극화되고 제로섬 게임에 가까워질 때 레드 퀸은 통제할 수 없게 될 가능성이 커진다. 운동에 참여하지 않는 모든 사람을 적으로 몰면서 민중을 억누르는 교활한 엘리트 집단의 일부로 묘사하는 포퓰리스트 운동의 수사는 양극화를 부추겼다. 신뢰를 잃어버린 제도적 기관들이 타협을 주선하기는 더욱 어려워졌다.

우리의 분석은 또한 포퓰리스트 운동이 상향식이라는 중요한 특징과 민중을 대변한다는 주장에도 불구하고 왜 포퓰리스트들이 집권하면 결국 독재로 이어지는지 밝혀준다. 그 이유는 우리가 나치 정권의 부상을 이야기할 때 강조한 것과 정확히 같다. 포퓰리스트들은 자신들의 권력을 견제하는 것은 교활한 엘리트층을 도와주는 일이라고 주장한다. 또한 그들은 국가에 대한 통제력을 장악하는 데 집중하기 때문에 그들의 집권 후에 국가 권력에 대한 족쇄가 계속 효과를 내도록 만들기 어려워진다.

그렇다면 민중을 대변하고 무소불위의 엘리트에 반대한다고 주장하는 정치적 운동은 다 포퓰리스트 운동이고 회랑 안의 삶을 불안정하게 할 가능성이 큰 운동이라는 뜻인가? 그건 분명히 아니다. 오늘날 회랑 안의 기관들은 대부분 민주적인 기관들인데 그 기관들과 함께 일하는 데 헌신적인 운동은 레드 퀸이 불안정을 초래하는 힘으로 변질되지 않고 번창하도록 도와줄 수 있다. 그들은 또한 사회에서 더 불리한 처지에 있는 구성원들을 돕는 데 큰 힘이 될 수 있다. 제10장에서 이야기한 것처럼 미국의 시민권 운동이 많은 엘리트의 적대적 태도에 직면하면서도 어떻게 법원과 연방정부를 움직여 자신들의 의제가 즉각 거부되지 않고 진전되도록 만들었는지 기억하자. 포퓰리스트 운동의 결정적인 특성은 여러 제약과 타협을 받아들이기를 거부하는 것이다. 바로 그런 특성 때문에 제로섬 레드 퀸을 부추기게 되고 사회의 불균형을 해소하지도 못하는 것이다. 그들은 지배를 끝내는 것이 아니라 새로운 지배를 창출하려 한다.

누가 견제와 균형을 좋아하나?

포퓰리즘을 형성하는 요인과 시사점들을 잘 보여주는 명백한 사례로 페루와 베네수엘라, 에콰도르를 포함한 몇몇 남아메리카 국가의 경험을 들 수 있다. 비록 대부분의 나라들이 족쇄 찬 리바이어던과는 거리가 멀지만, 정기적인 선거를 통한 몇 가지 민주적 기관들을 겉치레로 가지고 있다. 이 정체들이 독재적 리바이어던의 궤도에 머물러 있었던 것은 선거가 있든 없든 간에 시골과 대농장에 뿌리를 둔 전통적인 엘리트들이 흔히 정치를 통제할 수 있었기 때문이기도 하다. 그에 따라 양극화된 환경이 조성되면서 포퓰리스트들은 흔히 이탈리아 코무네에서 민중이 독재자들에게 지지를 보낸 것과 같은 이유로, 대통령들을 견제하고 권력 균형을 이루는 제도를 무너뜨리고 민주적 기관들을 정지시키는 쪽으로 돌아선다.

페루를 보자. 1992년 대통령에 대한 민주적 견제장치를 완화하는 데 열중한 알베르토 후지모리Alberto Fujimori 대통령은 반헌법적으로 입법부를 정지시키고 새로운 총선을 실시하는 포고령 25418호를 발표했다. 민중은 분노하며 일어났어야 했다. 그러나 후지모리는 자신의 권력 장악을 마리오 바르가스 요사Mario Vargas Llosa가 설립한 정당을 내세운 우파와 APRA(American Popular Revolutionary Alliance, 미주민중혁명동맹) 형태를 취한 좌파의 전통적인 엘리트층 모두에게 맞서는 것으로 포장했다. 물론 엘리트의 지배를 끝장내는 것이 후지모리의 주된 동기는 아니었다 해도, 페루의 엘리트 지배가 꾸며낸 이야기는 아니었다. 후지모리의 선전은 효과적이었다. 그의 지지자들은 새 의회에서 다수를 차지했다. 그들은 나아가 헌법을 개정해 의회의 양원 중 하나를 폐지하고 대통령 권력을 강화했다. 이 변화는 국민투표로 승인받았다. 페루는 후지모리의 권위주의적 독재의 손아귀에 들어갔다.

베네수엘라에서 우고 차베스가 권력자로 부상한 것도 비슷한 유래를 찾을 수 있다. 1988년 집권하자마자 차베스는 제헌의회를 조직해 단원제 의회를 도입하고 상당한 권력을 대통령에게 넘겼다. 국민투표에 참여한 이들 중 72퍼센트가 새 헌법을 지지했다. 그것으로는 충분치 않다는 듯 차베스는 2000년 의회의 동의를 받을 필요 없이 1년 동안 대통령령으로 통치할 수 있는 권한을 얻었다. 2007년 이 권한은 갱신돼서 18개월로 연장됐다가 2010년 12월 추가로 18개월 연장됐다. 차베스는 어떻게 이 일을 성사시켰을까? 후지모리와 같은 방식으로 그는 베네수엘라에서 오랫동안 정치와 경제를 통제해온 교활한 엘리트층에 맞서 베네수엘라 국민의 이익을 보살피는 혁명가로 자신을 포장했다. 후지모리처럼 엘리트층의 통제와 음모, 베네수엘라의 빈곤층과 원주민 지역사회에 대단히 불리하게 기울어진 운동장에 관한 그의 주장은 옳았지만, 민중의 권력과 복지를 확대하겠다는 그의 약속은 순전한 허구였다. 베네수엘라 경제는 차베스와 그의 후계자 니콜라스 마두로Nicolas Maduro 통치 아래 붕괴했고, 베네수엘라의 제도적인 기관들은 대거 파괴됐다. 반대자들과 평범한 베네수엘라 사람들은 억압받고 침묵을 강요당했으며, 정권에 충성하는 치안부대에 살해당하는 일이 점점 많아졌다. 우리가 이 글을 쓰는 동안 이 나라는 내전의 위기에 몰려 있다.

라파엘 코레아Rafael Correa 대통령이 집권하게 된 에콰도르의 상황도 비슷했다. 2007년 코레아는 어쩌면 후지모리와 차베스보다 훨씬 더 나을지 모를 포퓰리스트 의제를 제시했다. 그는 에콰도르에서 견제와 균형을 위한 장치와 참여형 제도를 해체하려는 명백한 목표를 갖고 있으면서도 자신이 민중의 대변자라고 주장했다.

> "우리는 시민의 혁명에서 조국을 낡은 체제에 얽매이지 않고, 전통적인 권력을 가진 자들의 손에 넘기지 않고, 조국에 특정한 주인이 있다는 것을 받아들이지 않고 민주적이고 헌법적이며 … 그러나 혁명적인 나라로 바꾸겠다고 약속했습니다. 조국은 거짓 없이 완전한 투명성을 지닌 모두를 위한 나라입니다."

마키아벨리가 예견한 것처럼 자포자기적인 상황이 되면 "일반 인민들은 … 한 사람을 지지해 그의 권위에 의지해 보호받으려 한다." 코레아가 바로 그 '한 사람'이었다. 2008년 9월 28일 에콰도르 투표자 64퍼센트가 단원제 의회와 코레아 대통령의 권한 확대를 규정한 새 헌법을 승인했다. 코레아는 더 이상 독립적인 사법부나 중앙은행과 논쟁할 필요가 없게 됐으며, 의회를 정지시킬 권한을 갖게 됐다. 또한 대통령 선거에 두 차례 더 출마할 수 있게 됐다.

다시 회랑 안으로?

1933년 나치가 권력을 잡은 후 불과 (실제로 그 시대를 살았다면 고통스러울 만큼 긴) 16년이 지난 1949년 5월 독일은 새 헌법인 독일연방공화국기본법 Basic Law of the Federal Republic of Germany을 채택했는데, 이 법은 국가 권력과 엘리트층에 대한 온갖 견제장치를 담고 개인들의 권리와 자유를 보장했다. 그해 8월 독일은 의회 구성을 위한 민주적 선거를 시행하고 한 달 후 대통령 선거를 치렀다. 독일, 더 정확히 말하자면 이 나라에서 소련의 지배 아래 들어가지 않은 지역은 다시 회랑 안으로 들어갔다. 그리고 다시는 뒤를 돌아보지 않았다.

칠레 역시 아우구스토 피노체트의 잔인한 쿠데타 후 17년이 지나 민주주의로 평화롭게 이행하면서 재빨리 회랑 안으로 돌아왔다. 칠레에서 지주와 산업계 엘리트의 권력은 완전히 사라지지 않았지만(전혀 사라지지 않았다), 이 나라는 활기찬 민주주의를 발전시켰고 되살아나는 사회의 힘을 경험했으며, 이는 엘리트의 특권을 줄이고, 군부가 만든 헌법상의 변화를 되돌리고, 부유하지 않은 이들을 위한 교육과 경제적 기회를 개선하는 광범위한 개혁으로 이어졌다.

이런 일들은 어떻게 가능했을까? 나치와 피노체트의 독재는 경찰력과 군대의 권력에 대한 제약을 제거해 반대자들을 투옥하고 추방하거나 죽였고, 모든 사회단체를 악랄하게 억압했으며, 전반적으로 엄청난 파괴를 자행했다. 그런데 어떻게 20년도 지나지 않아 그들은 국가와 사회의 균형을 회복했을까?

독일과 칠레의 독재가 얼마나 유혈 사태를 일으키고 사회를 예속시키려 했든 간에 두 나라 모두 회랑 안에서 출발했다. 그들이 회랑 밖으로 밀려 나갔을 때도 적극적이고 결집된 사회를 만들었던 여러 요인이 그대로 남아 있었다. 그 요인들 가운데는 사회적 결집의 규범들과 엘리트와 국가기관들이 책임감을 가지도록 할 수 있다는 신념도 포함된다. 일반 민중이 조직화하며 역량을 키우고, 법이 모두에게 적용되며, 사회가 리바이어던에 족쇄를 채울 수 있었던 시대의 기억도 여기에 포함된다. 사회의 요구에 감응하고 사회의 제약을 받는 관료 기구들을 구축할 청사진이 있다는 점도 한 가지 요인이었다. 독일을 보자. 1648년 이후 지나온 절대권력의 시대와 비스마르크 수상

재임 시절은 독재적인 통제가 중요한 특성이었지만, 그 시대에도 독일은 리바이어던에 족쇄를 채울 수 있는 제도적 특성들을 지녔었다. 우선 프로이센은 아니더라도 독일 대부분 지역은 카롤링거 왕조의 뿌리가 깊었다는 점을 들 수 있다. 역사에서 물려받은 국가와 대의기구들은 프로이센의 절대권력 시대에도 완전히 폐지된 적이 없었다. 이는 19세기, 특히 1848년 혁명 이후에 급속히 되살아났다. 이 유산들은 사회민주당이 제1차 세계대전 전의 의회에서 최대 정당이 되는 데 중요한 역할을 했다. 의회의 권력은 황제와 상원을 지배하던 프로이센 엘리트층의 제약을 받았지만, 그 권력은 여전히 회랑 안의 제도적 구조의 기반을 제공했다. 바이마르공화국은 이 역사적인 요인들을 다시 강화하고 더 발전시켰다. 그 결과 독일은 회랑에서 벗어나고 거의 20년이 지난 뒤에도 여전히 회랑 가까이 있었다. 너무 오랫동안 독재적 리바이어던의 궤도에 머물러 있어서 회랑은 아예 시야에서 벗어나 보이지 않고 언제쯤 회랑 안으로 들어올지 예상할 수 없는 중국과 비교해보라. 따라서 이 관점에서 보면 레드 퀸을 통제할 수 없게 되는 건 재앙이기는 해도 국가와 사회의 균형이 너무 늦지 않게 회복된다면 다시 회랑 안으로 들어갈 가능성이 있다는 점을 알 수 있다.

하지만 그렇다고 회랑 안으로 복귀하는 게 쉽거나 저절로 이뤄진다는 뜻은 아니다. 독일이 제1차 세계대전에서 완전히 패배하지 않았다면, 또 전후 미국과 (일부) 유럽 강대국들이 독일에서 민주주의를 확립하려고 애쓰지 않았다면 일이 어떻게 됐을지 알 수 없다(사실 우리는 독일이 오늘날과 같은 민주적이고 평화를 사랑하며 자유를 존중하는 나라가 되지 못했으리라고 생각한다).

칠레가 민주주의로 이행할 수 있었던 것 역시 부분적으로 국제적 요인들에 대응하는 과정의 소산이었다. 이 요인들은 칠레의 군부에 위험을 안기고 사회에 엄청난 압력을 가하기보다는 통제된 연착륙을 시도하는 것이 낫다는 확신을 심어줬다. 이 같은 외부의 영향력이 작용하지 않았다면 칠레의 군부 독재는 훨씬 더 오래 지속됐을 것이다.

이탈리아 코무네의 역사는 저절로 회랑으로 복귀할 순 없다는 점을 보여준다. 그리하여 제로섬 게임 성격의 분쟁뿐만 아니라 제도적 기관의 완전한 붕괴를 경험하고 있는 베네수엘라의 경우, 회랑 안으로 진입할 가능성은 별로 없다. 그러므로 독일과 칠레의 복귀는 예정된 민주주의나 족쇄 찬 리바이어던의 필연성을 보여주는 사례로 여겨서는 안 된다. 그보다는 설사 행운이 따랐다 하더라도, 국가와 사회 간 힘의 균형이 완전히 사라지기 전에 성공적으로 균형을 재조정한 사례로 봐야 한다.

가시화된 위험

경제적 변화에 따른 혜택을 받지 못하고 엘리트층이 우위를 차지하고 있다고 느끼며 각종 제도에 대한 신뢰를 잃어버린 사람들. 갈수록 양극화하고 제로섬 게임으로 치닫는 서로 다른 진영 간의 투쟁. 분쟁을 해결하고 중재하지 못하는 기관들. 기관들을 더욱 불안정하게 흔들고 그들에 대한 신뢰를 완전히 잃어버리게 하는 경제위기. 엘리트에 맞서 민중의 편에 선다고 주장하며 자신이 민중에 더 잘 봉사할 수 있도록 제도적인 견제장치를 완화해달라고 요구하는 독재자. 익히 들어본 이야기 아닌가?

문제는 이렇게 묘사할 수 있는 나라가 하나가 아니라 여럿이라는 사실이다. 그 나라는 레제프 타이이프 에르도안Recep Tayyip Erdoğan이 스트롱맨(strongman, 철권 통치자)으로 군림하는 터키일 수도 있다. 에르도안은 자신을 자국의 세속적 엘리트에 맞서는 사람으로 내세우고 모든 제도적 견제장치를 제거하면서 보수적인 중산층과 시골의 유권자들에게 계속 자신을 지지

해달라고 요청한다. 또 빅토르 오르반Victor Orbán이 에르도안과 같은 일을 하면서 그에 더해 반이민의 수사를 늘어놓으며 행동으로 옮기기까지 하는 헝가리일 수도 있다(이 나라는 여전히 유럽연합의 제도에 따라 제약을 받기는 하지만 말이다). 로드리고 두테르테Rodrigo Duterte가 스트롱맨으로서 반대자들을 악마처럼 몰아가고 실제 마약 거래를 하거나 그런 혐의가 있는 자들을 사살할 부대를 운영하는 필리핀이 그런 나라일 수도 있다. 그것은 2017년 프랑스 대통령 선거에서 21세기의 갈등을 좌파와 우파가 아니라 세계주의자와 애국자 사이의 갈등으로 다시 프레이밍framing[12]하는 노련한 수완을 발휘하며 판을 뒤집어엎고 승리하기 직전까지 갔던 마린 르 펜Marine Le Pen의 이야기일 수도 있다.

혹은 도널드 J. 트럼프의 이야기일 수도 있다.

그러나 미국은 이런 일들이 일어날 수 없는 나라이지 않은가? 엘리트와 비엘리트 간 권력 균형을 추구하고 지나친 열정을 보이는 정치인들에 대한 몇 겹의 견제장치를 만들어두는 놀라운 헌법을 가진 나라. 권력 분립의 본보기가 되는 정치체제. 정치적 결집과 독재자에 대한 불신을 전통으로 유지하는 사회. 이 나라 민주주의와 개인적 자유를 적극적으로 보호하는 소중히 간직된 법적 전통. 노예제의 유산부터 강도 귀족의 지배와 아프리카계 미국인들에 대한 만연한 차별에 이르기까지 그간의 도전들을 성공적으로 극복한 역사. 레드 퀸 효과로 그토록 여러 차례 역량이 강화되고 회랑 안에 확고히 자리 잡은 나라.

그렇다면 다시 묻건대 앞서 언급한 문제들은 바이마르공화국에서도 일어날 수 없었던 일이 아닌가?

---

12 어떤 사안을 특정한 관점에서 바라보도록 하는 틀 짜기

제14장

회랑 안으로

흑인의 짐

솔 플라키Sol Plaatje의 책《남아프리카 원주민의 삶Native Life in South Africa》은 이렇게 시작한다.

> 1913년 6월 20일 금요일 잠에서 깬 남아프리카 원주민은 자신이 실제로 노예는 아니어도 태어난 곳에서 천민이라는 것을 깨달았다.

플라키는 흑인 기자이자 작가이며 정치 활동가였다. 또 1912년, 10년 후 아프리카민족회의African National Congress, ANC로 바뀌게 되는 사회운동 남아프리카원주민민족회의South African Native National Congress, SANNC를 창립한 사람 중 한 명이었다. 보어전쟁의 결과로 1910년 옛 영국 식민지인 케이프와 나탈, 네덜란드어를 쓰는 보어인Boer[1]의 공화국들인 오렌지자유국Orange Free State과 트란스발이 모여 만든 남아프리카연방에 대응해 만든 것이 SANNC였다. 케이프에서는 정치적 권리가 인종이 아니라 부 혹은 재산을 바탕으로 결정됐다. 그러나 보어인들의 공화국들에서는 백인들만 참정권을 가졌다. 이 연방의 설립은 1899년부터 1902년까지 계속된 제2차 보어

1 남아프리카의 네덜란드계 백인으로 아프리카너Afrikaner라고도 한다.

전쟁에서 영국이 승리하면서 촉진됐다. 전쟁 중 영국은 아프리카의 흑인에 대한 아프리카너의 가혹한 대우를 비판해서 전후의 질서는 흑인들에게 더 많은 권리를 돌려줄 것이라는 희망을 심어줬다. 그러므로 전후 제도의 변화로 이어질 기회의 창이 있었다. 하지만 새로 형성된 남아프리카연방은 결국 가장 가혹한 공통분모를 채택했다. 보다 자유주의적인 케이프의 참정권은 다른 지역으로 확대되지 않고 점차 사라져버렸다. 결국 모든 흑인의 대표성이 부인됐다.

정치 권력의 상실은 비참한 결과를 낳았다. 흑인의 대표성이 상실된 가운데 1913년 원주민토지법Native Land Act이 통과되고, 이는 흑인들, 플라키의 표현으로는 '원주민'들이 자기 나라에서 '천민'으로 전락하는 계기가 됐다. 플라키는 '흑인의 짐'이라는 또 하나의 인상적인 표현을 써서 그 상황을 설명했다.

> '흑인의 짐'에는 남아프리카에서 가장 낮은 임금을 받는 비숙련 노동을 성실하게 수행하는 것, 다양한 지방자치단체에 직접세를 내는 것, … 도시에서 흑인 구역은 내버려둔 채로 백인 구역을 개발하고 미화하는 것, … (그리고) 원주민 아이들은 다닐 수 없는 공립학교들을 유지하기 위한 … 세금을 내는 것이 포함된다.

그러나 백인들의 시각은 달랐다. 남아프리카연방 의회에서 이 법에 관한 토론을 할 때 오렌지자유국 브레드포트 출신 의원인 판 데르 베르베van der Werwe는 법안에 찬성하면서 "원주민은 오로지 일꾼으로서만 백인들에게 인정받을 것"이라고 언급했고, 인접한 픽스버그 출신의 케이터Keyter는 자유국이 "언제나 유색인들을 깊이 헤아리고 최대한 정의롭게 대우해왔다"며 원주민토지법은 "공정한 법"으로서 "오렌지자유국은 백인의 나라였으며 계속 그렇게 지켜나가겠다는 의지를 유색인들에게 명백히 알려주는 것"이라고 주장했다. 토론에 대한 기록은 이 순간 의원들이 정의에 관한 케이터의 해석을 지지하며 "옳소, 옳소"라고 외쳤다고 전한다. 자유국이 백인의 나라로 남도록 보장하기 위해 원주민은 "그곳에서 토지를 매입하거나 임차할 수 없도록 해야 하며, 원주민이 그곳에서 살고 싶으면 노역을 해야 한다"는 것이었다. 이 법을 지지하는 또 다른 의원인 그로블러Grobler는 "원주민 문제 해결을 미룰 수는 없다"고 주장하며 맞장구를 쳤다. 플라키는 자신의 책에 실은 주석에서 "자유국 농민들이 말하는 '원주민 문제 해결'은 노예제를 다시 도입하는 것을 뜻한다"고 밝힌다.

플라키는 이 나라를 여행하면서 원주민토지법이 어떻게 실행되는지 살펴보고, 남아프리카에서 '백인의 나라'를 구성하는 87퍼센트의 지역에서 흑인 지주와 임차인들이 자신의 땅에서 쫓겨나는 것을 목격했다. 흑인 농부로 이전에는 한 해 100파운드의 소득을 올렸던 크고바디Kgobadi가 겪은 일은 전형적이다. 크고바디는 1913년 6월 30일 '아래 명기한 농장에서 같은 날 일몰 전까지 퇴거해야 하며, 위반 시 그의 가축을 잡아 가두고 그 자신을 농장에 침입한 죄로 당국에 넘길 것'이라고 명령하는 편지를 받았다. 그는 한 달에 30실링씩 받고 퇴거를 모면하는 일자리를 제안받았다. 그렇게 되면 백인 농부는 '크고바디 본인과 그의 아내, 그가 소유한 소들의 용역'을 수입의 일부만 주고 이용할 수 있을 터였다. 제안을 거부한 크고바디는 농장에서 쫓겨나 가족과 죽어가는 가축을 이끌고 길을 헤매는 처지가 됐고, 또 다른 터무니없는 제안을 받아들이거나 어떻게든 백인 정부가 아프리카인들이 제한된 지역에 살도록 지정한 흑인 '자치구homeland' 중 한 곳으로 가는 수밖에 없었다.

그렇다면 대다수의 백인들은 왜 아프리카 흑인들의 소유권을 박탈하고 싶어 했을까? 일단 흑인들의 땅과 가축을 빼앗으려는 의도를 한 가지 이유로 들 수 있다. 또 한편으로는 백인이 운영하는 농장과 광산에 강제로라도 값싼 흑인 노동력을 풍부하게 공급할 수 있기를 원했으며, 공급을 보장하기 위해서는 흑인들이 농사로 생계를 유지하지 못하게 막는 조치가 꼭 필요했다. 1932년 홀로웨이위원회Holloway Commission는 20세기 초의 그런 상황을 인정하면서 이렇게 밝혔다.

> 과거에는 이 나라의 각종 산업에 필요한 충분한 노동력을 공급받는 데 어려움을 겪었다. … (흑인 원주민은) 단순히 부족 생활에 필요한 정도 이상으로 일하는 것에 익숙하지 않았고 더 많이 일할 유인이 전혀 없었다. 유럽인들의 정부는 모두 자국 산업에 필요한 노동력을 원했으며, 원주민을 일하러 나오지 않을 수 없도록 압박하기로 하고 세금을 부과하는 방법을 썼다.

남아프리카연방이 창립하기 직전인 1909년 소집된 케이프 식민지 원주민 문제 특별위원회는 토의에서 이런 의도를 분명히 밝혔다. 의사록에는 다음과 같은 구절이 포함됐다.

> **A. H. B. 스탠퍼드**A. H. B. Stanford, 트란스케이[2] 수석행정관: (인구 압력과 토지를 차지하려는 경쟁이 치열하고) 일부 지역에서 우리의 인내는 한계에 다다랐습니다. …
>
> **W. P. 슈라이너**W. P. Schreiner, 특별위원회 위원: 물론 그에 따른 경제적 영향은 자연히 … 과잉 인구가 남아프리카 전역에서 수공 작업과 노동으로 돌아서게 될 것입니다. 그들이 외국으로 가겠습니까?

---

2 케이프주에 편입된 코사족의 영토

스탠퍼드: 그들은 농사 외에 다른 부업도 해야 할 것입니다.

슈라이너: 그리고 어디선가 정직하게 노역을 하며 먹고살아야겠지요?

스탠퍼드: 나에게는 그것이 유일한 해결책 같군요.

슈라이너: 그리고 아주 좋은 해결책이기도 하지요, 안 그렇습니까?

하지만 '아주 좋은 해결책'은 인구 대다수가 선거권을 완전히 빼앗겨서 그 정책에 반대할 수 없게 돼야만 실행할 수 있었다. 남아프리카연방은 그 일을 추진했다. 정치적으로 선거권을 박탈한 데 이어 원주민토지법 같은 다양한 입법으로 백인 소유의 사업체를 위한 저임금 노동력을 강제적으로 만들어냈다. 다른 조치 중에는 거의 모든 숙련직과 전문직에서 남아프리카 흑인 취업을 금지하는 '유색인 배제color bar'도 있었다. 교육비 지출 역시 거의 대부분 백인들에게 돌아갔지만, 플라키가 지적했듯이 흑인들은 여러 가지 세금을 내야 했다. 실제로 땅도 없이 흑인 자치구에 매여 있으면서 교육도 못 받고 농업이나 광업 외에는 어떤 일도 할 기회가 없는 흑인들의 노동력은 풍부했다. 흑인들에게 강제노동을 시키기도 쉬웠다. 백인 농장주와 광산 소유자들에게 흑인 노동력은 저렴했다. 흑인들에 대한 억압과 공공연한 차별은 아프리카너 이익집단이 지배하는 국민당National Party이 집권한 1948년 이후 '아파르트헤이트apartheid[3]'라고 불리게 되는 정책이 제도화되고 확대되면서 더욱 심해졌다.

남아프리카는 독재적 리바이어던에 흔한 착취적 제도를 가지고 회랑 밖에 있었다. 그런 사회는 어떻게 회랑 안으로 들어갈 수 있을까? 그런 국가의 진로를 바꾸려면 일반적으로 심각한 도전이나 존재론적 위기가 있어야 한다. 하지만 그것만으로는 회랑 안으로 이동하는 데 충분치 않다. 이 장에서

---

3 인종 분리

우리는 한 나라가 회랑 안으로 이행할 수 있는지, 있다면 어떻게 할 수 있는지 따져보며 그에 영향을 미칠 세 가지 결정적인 요인들을 강조한다. 회랑으로 가는 이행을 뒷받침하는 연합을 형성하는 능력, 현재 국가와 사회의 힘의 균형과 회랑 사이의 상대적 위치, 마지막으로 이 두 요인이 작용하는 데 영향을 미치는 회랑의 모양이다.

무지개 연합

1994년 아파르트헤이트체제가 무너지고 남아프리카는 평화적인 방식을 통해 민주주의로 이행하면서 회랑 안으로 들어갔다. 이 역사적인 변화는 체계적인 억압에 굴하지 않고 대규모로 결집한 남아프리카 흑인들이 선도했으며, ANC가 그들을 이끌었다. 이런 변화는 또 ANC와 흑인 중산층, 백인 산업가들의 새로운 연합을 기반으로 했다.

농업과 광업의 엘리트 집단은 흑인의 임금을 낮게 유지하는 정치·경제 제도의 주된 수혜자였다. 백인 노동자들 역시 큰 혜택을 봤는데, 흑인 차별과 피폐한 흑인 교육체계 같은 당시의 여건 덕분에 백인들은 숙련직과 반숙련직에서 자신들과의 경쟁이 사실상 금지된 흑인들에 비해 임금을 5.5배에서 11배까지 받을 수 있었기 때문이다. 그러나 산업가들에게 아파르트헤이트체제는 그다지 좋은 조건이 아니었다. 흑인 차별로 백인 농장주와 광산 소유자, 노동자들은 혜택을 봤지만, 그로 인해 가장 비천한 비숙련직 외에는 어떤 자리에도 아주 싼 흑인 노동자를 고용할 수 없었던 산업가들은 인건비 증가를 감수해야 했다. 또 현대적인 공장을 접수해서 운영하는 것은 농장이나 광산을 장악하는 것보다 훨씬 더 어려웠으므로 산업가들은 광산 소유자와 농장주들이 걱정하는 만큼 흑인 다수가 정치 권력을 획득했을 때 자산이 몰수될 것을 염려하지는 않았다. 엘리트층 중에서도 아프리카너와 영국인 후손들 사이에는 사회적으로 차이가 있었다. 사회 철학으로서 아파르트헤이트는 아프리카너들이 만들어냈으며, 산업가들은 보통 영어를 쓰고 아파르트헤이트를 그다지 고집하지 않았다. 그러므로 산업가들은 아파르트헤이트 연합에서 약한 고리였고 체제를 무너뜨리려는 새로운 연합이 겨냥하기에 좋은 목표였다.

연합들은 저절로 형성되는 경우가 드물다. 연합은 우호적인 관계와 보장, 신뢰로 다져야 한다. 남아프리카가 민주주의로 이행하는 것을 지지하는 연합도 다르지 않았다. 산업가들과 ANC 지도자들(그리고 흑인 중산층) 사이의 관계를 맺어주는 핵심 수단은 흑인경제육성Black Economic Empowerment, BEE 계획이었다. 정부가 1994년 부흥개발계획Reconstruction and Development Programme에서 구상하긴 했지만, 사실 제1차 BEE 계획은 민간부문이 시작했다. 백인 회사의 주식을 흑인이나 흑인이 경영하는 회사에 이전하는 계획이었다. 1993년에 이미 금융회사인 산람은 메트로폴리탄생명의 지분 10퍼센트를 ANC 청년동맹의 전 사무국장인 은타토 모틀라나Nthato Motlana가 이끄는 흑인 소유의 컨소시엄에 팔았다. 그는 한때 ANC의 지도자로 나중에 대통령이 되는 넬슨 만델라Nelson Mandela와 대주교 데스먼드 투투Desmond Tutu의 주치의였다. 1994년 이후 이러한 BEE 거래는 급속히 늘어나기 시작해 1998년까지 281건에 이르렀다. 추정에 따르면 그때까지 요하네스버그증권거래소JSE 상장기업 중 흑인이 소유한 지분이 10퍼센트에 달했다. 문제는 주식을 사고 싶어 하는 흑인들은 대개 경제적 여유가 없다는 것이었다. 그래서 회사들은 자사 주식을 보통 시장가격보다 15~40퍼센트 낮추고 흑인들이 대폭 할인된 가격에 주식을 살 수 있도록 돈을 빌려줬다.

1997년 ANC 정부는 시릴 라마포사Cyril Ramaphosa를 BEE 위원장으로 임명했다(그는 아파르트헤이트 이후의 남아공의 네 번째 대통령이 됐다). 2001년 BEE 위원회 보고서가 나오면서 정부는 자산 이전을 제도화했을 뿐만 아니라 BEE의 개념을 크게 확대해 '기업과 경제적 자산에 대한 투자와 소유, 통제뿐만 아니라 인적자원 개발과 고용 평등, 기업 육성, 우선적 조달'까지 포괄하도록 했다. 이 위원회는 남아프리카 경제가 10년 안에 이룰 수 있는 일련의 구체적인 목표를 계획에 담았다. 가장 중요한 목표로는 생산적인 토지 중 적어도 30퍼센트를 흑인들과 집단적인 조직들에 이전하는 것과 경제 전체에 대한 흑인들 지분 참여를 25퍼센트까지 늘리는 것, JSE 상장주식에 대한 흑인 소유권을 25퍼센트로 확대하는 것이 포함됐다. 여기에다 JSE 상장회사의 집행이사와 비집행이사 중 40퍼센트를 흑인으로 채우고, 정부 조달의 50퍼센트와 민간부문 조달의 30퍼센트를 흑인 소유 회사들에 배정하며, 민간기업 경영진의 40퍼센트를 흑인으로 채우라는 구체적인 목표가 제시됐다. 이와 함께 공공 금융기관들의 대출 기업 중 50퍼센트는 흑인 소유 회사여야 하고, 정부 계약과 면허의 30퍼센트는 흑인 회사 몫이 돼야 하며, 정부의 장려금 중 40퍼센트는 흑인 소유 회사에 돌아가야 한다는 구체적인 지침도 나왔다.

BEE 위원회의 보고서에 이어 곧 입법화될 것으로 예상되는 일련의 산업헌장이 제정됐다. 첫 번째로 2002년 초에 발표된 광업헌장은 2010년까지 액체연료부문의 25퍼센트를 흑인 소유로 한다고 분명히 밝혔다. 광업헌장 때문에 엄청난 소동이 일어났다. 10년 안에 이 산업의 51퍼센트를 흑인 소유로 돌릴 것을 명시한 헌장 초안이 언론에 유출됐을 때 JSE의 주가는 추락했다. 6개월간 15억 랜드(약 2억 5,000만 달러)의 자본이 빠져나갔다. 그 후 협상에서 이 부문의 회사들은 5년 안에 15퍼센트, 10년 안에 26퍼센트의 지분을 흑인 소유로 돌리도록 하는 헌장이 나왔다. 광업계는 또 이전에 필요한 재원을 마련하기 위해 1,000억 랜드를 조성한다는 데 합의했다. BEE 과정의 정점은 2004년 1월 타보 음베키Thabo Mbeki 대통령이 법안에 서명한 포괄적흑인경제육성법Broad-Based Black Economic Empowerment Act이었다. 이 법은 통상산업부 장관에게 BEE와 관련한 모범관행규약을 제정하고 이를 집행할 수 있는 권한을 주었다. 요컨대 어떤 회사가 정부 계약에 입찰하거나 면허를 갱신하려면 BEE 규약을 준수하고 있다는 것을 입증해야 했다. 이는 정부가 광업과 같은 몇몇 부문에 영향력을 끼칠 수 있는 엄청난 지렛대를 갖도록 해줬다.

남아프리카 음베키 대통령의 동생인 사회학자 모엘레치 음베키Moeletsi Mbeki는 BEE를 사악한 동맹으로 묘사했다.

> 국가의 정치적 지원을 받으려 하는 일단의 남아프리카 거부super rich들은 ① 자신들의 상장기업들이 주로 거래되는 시장을 요하네스버그증권거래소에서 런던증권거래소로 옮김으로써 자산을 외부에 이전하고, ② 정부 계약을 가장 먼저 챙기고, ③ 경제정책을 결정하는 고위직을 매수하기 위해 정치 엘리트가 BEE를 수행하도록 부추기고 있다.

사악하든 아니든 이 동맹은 남아프리카가 확실하게 회랑 안으로 들어가기 위해서는 불가결했다. 이 동맹은 산업가들과 그전까지 정치 권력에서 소외됐던 사회부문 간 긴밀한 관계가 형성되도록 해줬을 뿐만 아니라, ANC 지도자들과 이제 경제적 지분을 소유한 흑인 중산층이 백인 소유의 자산과 부를 몰수하는 데 관심을 훨씬 덜 기울이게 됐다는 것을 기업계에 보증하는 의미도 있었다. 1993년에 채택된 임시 헌법은 ANC가 백인 소수집단을 억압하기 더 어렵게 만든 다양한 견제장치들과 더불어 권리장전을 포함함으로써 남아프리카의 백인들을 안심시켰다. 또 1995년 설치한 진실·화해위원회Truth and Reconciliation Commission도 중요했다. 위원회는 인권침해를 포함해 각종 범죄를 저지른 이들을 진실한 증언과 정치적인 동기에 따른 소행이었다는 증거를 제공한 대가로 대거 사면했다. 이는 ANC 지도부 아래 다시 역량이 강화된 흑인 다수집단이 백인들에게 보복하려 하지 않을 것이라는 신호였다.

그러나 연합 내 협력자들 간 신뢰가 없는 한 관계와 보장 조치로는 충분치 않았으며, 그래서 상징적인 타협의 몸짓이 매우 중요했다. 바로 여기서 넬슨 만델라의 고무적인 리더십이 결정적인 역할을 했다. 남아프리카에서 처음으로 럭비월드컵 결승전이 벌어진 1995년 6월 24일, 만델라의 노력을 전형적으로 보여주는 일이 일어났다. 이 나라의 국가대표팀인 스프링복스Springboks는 아파르트헤이트체제에 반대하는 국제적인 배척 운동이 끝난 후 처음으로 경기에 나갈 수 있었으며, 가장 유력한 우승 후보인 뉴질랜드 올블랙스All Blacks팀과 마주치게 됐다. 스프링복스 럭비팀은 아파르트헤이트와 사실상 동일시되고 그들의 셔츠는 아프리카너의 상징이었으며, 흑인들의 미움을 샀다. 아파르트헤이트 이후 남아프리카의 새 대통령은 국가 원수로서 이날 어떻게 행동했을까? 실제로 그는 눈부실 만큼 훌륭하게 행동했다. 넬슨 만델라는 주장 프랑수아 피에나르François Pienaar의 등번호인 6번을 단 스프링복스 셔츠를 입고 등장함으로써 다수집단인 흑인과 소수집단인 백인 간 원한과 불신을 씻으려는 그의 오랜 노력을 다시금 보여줬다. 6만 3,000명 넘는 관중, 특히 대부분 아프리카너인 6만 2,000명의 백인들은 깜짝 놀랐다. 스프링복스팀도 만델라의 통 큰 태도에 힘이 솟아났는지 열세에도 불구하고 추가 시간에 골을 기록하며 올블랙스팀을 이겼다. 피에나르는 6만 3,000명의 힘찬 응원을 어떻게 느꼈느냐는 물음에 이렇게 대답했다. "우리는 오늘 남아프리카 국민 6만 3,000명의 응원을 받은 것이 아닙니다. 4,200만 명의 응원을 받은 것입니다." 만델라는 〈사진 23〉에서 보듯이 우승컵을 피에나르에게 건네주면서 그에게 이렇게 말했다.

> "여러분이 우리나라를 위해 한 일에 대단히 감사합니다."

피에나르는 바로 이렇게 대답했다.

> "대통령님, 당신이 우리나라를 위해 한 일에 비하면 이건 아무것도 아닙니다."

회랑으로 들어가는 길

우리는 남아프리카가 회랑 안으로 들어가는 과정에서 ANC가 뒷받침하는 연합이 한 역할을 살펴봤다. 두 번째로 결정적인 요인은 한 나라와 회랑의 상대적인 위치다.

지속적인 자유에 이르는 유일한 길은 회랑 안으로 들어가서 족쇄 찬 리바이어던을 건설하는 데 필요한 균형을 이루는 것이다. 진정한 자유는 국가 없이 번창할 수도 없고 독재적 리바이어던의 멍에를 지고 이룰 수도 없다. 하지만 족쇄 찬 리바이어던을 건설하는 보편적인 방법은 없다. 회랑 안으로 들어갈 수 있는 입구가 하나뿐인 것도 아니다. 나라마다 다른 독특한 역사, 가능한 연합의 형태와 타협, 국가와 사회 간 정확한 힘의 균형에 따라 전망이 달라진다. 예를 들어 부재의 리바이어던이나 독재적 리바이어던, 혹은 종이 리바이어던과 출발할 경우 각기 회랑 안으로 가는 데 적합한 경로는 아주 다르다. 〈도표 6〉은 이를 보여준다.

독재적 리바이어던과 함께 가는 나라는 〈도표 6〉에서 경로 1로 표시된 화살표가 가리키는 것처럼, 사회의 힘을 강화함으로써 (혹은 새로운 방식의 견제를 촉진하고 국가의 권력을 약화시킴으로써) 가장 쉽게 회랑 안으로 들어갈 수 있다. 강력한 백인 경제 엘리트와 아프리카대륙에서 가장 효율적인 것으로 꼽히는 국가기관이 지배하는 남아프리카의 상황이 그에 해당한다. 그러므로 남아프리카에서 회랑 진입의 관건은 ANC와 흑인 노동운동을 통해 이룬 사회의 결집과 권력에 대항하는 능력이었다.

부재의 리바이어던과 함께 출발한 사회가 직면하는 문제는 이와 다르다. 만약 이런 상황에서 사회를 강화하고 국가를 약화시킨다면 역효과가 발생할 것이다. 도표에서 경로 2는 부재의 리바이어던 상황에서 국가의 역량을 확대하면서 회랑 안으로 진입할 수 있는 길을 나타낸다.

마지막으로 종이 리바이어던, 그리고 국가의 역량이 매우 제한적이고 사회가 권력을 행사하는 방식을 제도화하지 않는 티브족처럼 도표에서 가장

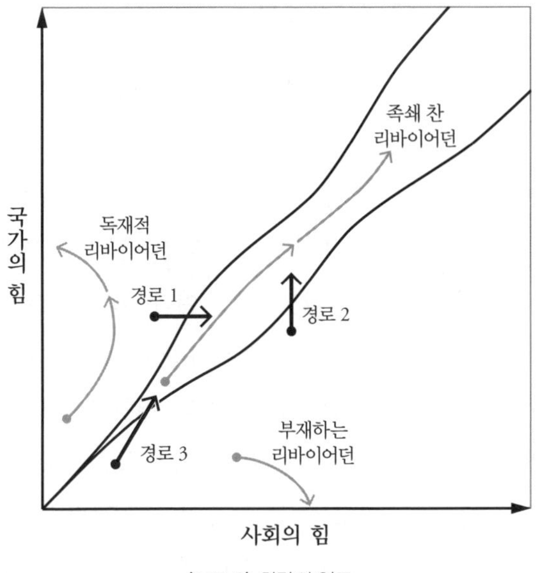

〈도표 6〉 회랑의 입구

왼쪽 아래에 있는 나라와 사람들은 훨씬 더 어려운 문제에 직면한다. 이 나라들은 회랑 가까이에 있지 않기 때문에 국가 또는 사회의 힘을 따로따로 확대함으로써 회랑 안으로 들어갈 수 없다. 그들이 회랑 안으로 들어가려면 경로 3과 같이 국가와 사회의 역량을 동시에 확대해야 한다.

아래에서 논의하겠지만, 그렇게 하는 한 가지 방법은 제11장에서 소개한 결집 효과를 활용하는 것인데, 국가의 역량 강화에 대응해 사회가 더 강력해지도록 하거나 그 반대의 경우를 허용하는 것이다.

이제 우리는 이처럼 회랑 안으로 가는 서로 다른 경로들이 어떻게 작동하는지, 회랑 안으로 들어가도록 뒷받침하려면 어떤 연합과 타협이 필요한지, 그런 연합이 형성될 수 없으면 회랑의 입구가 어떻게 닫혀버리는지 논의할 것이다.

철장 위에서 건설하기

남아프리카가 간 길은 경로 1의 한 예인데, 이 나라에서 주된 갈등은 다수 집단인 흑인들이 대표하는 사회와 국가기관들을 통제하는 경제계 엘리트 사이에 나타났다. 엘리트 집단의 구성과 그들의 권력이 지니는 성격은 독재적 리바이어던마다 아주 다를 수 있으며, 이는 경로 1을 따르기 위해 구축해야 하는 연합의 형태에 큰 영향을 미친다. 다른 여러 사회처럼 20세기 초 일본에서 가장 강력한 엘리트 집단은 고위 관료와 군대 장교 들이었다. 비록 기업계 거물들이 기꺼이 동행하기는 했어도 주역은 관료와 군인 들이었다. 이미 더욱 강력한 독재체제로 돌아선 일본은 20세기 초 군 상층부가 엘리트 지배형 정치체제에서 조금이라도 벗어나는 것을 완고히 반대하는 가운데 군의 영향력 확대를 기반으로 독자적인 형태의 '철장iron cage'을 구축했다. 군이 천황과 그를 둘러싼 주요 관료와 더불어 정치를 통제하는 것은 '일본 국가의 정수'를 의미하는 *코쿠타이kokutai*4 철학의 핵심을 이루는 것으로, 이 집단들을 사회보다 높은 지위에 올려놓았다. 이런 형태의 지배는 일본의 만주 침략 후 이어진 전쟁 중에 심화됐다. 그러나 이 체제는 제2차 세계대전에 참전한 미국이 1945년 히로시마와 나가사키에 원자탄을 투하해 일본이 결정적인 패배를 당한 후 달라질 수밖에 없었다. 그렇다면 군·관복합체military-bureaucratic complex가 지배권을 포기하면서 일본이 회랑 안으로 들어갈 입구가 생겼을까?

1945년 8월 30일 연합군 총사령관 더글러스 맥아더Douglas MacArthur 장군이 아츠기 해군 비행장에 내렸을 때만 해도 그것은 매우 불확실했다. 맥아더는 자신이 어떻게든 일본을 친미 민주주의 국가로 바꿔놓을 수 있다고 낙관했다. 아츠기에 도착했을 때 맥아더와 그의 참모들은 이미 일본의 제도와 정치를 어떻게 개혁할지 구상을 해두고 있었다. 1944년 맥아더의 오른팔로 군정 비서인 보너 F. 펠러스Bonner F. Fellers 준장은 「일본 문제의 해법Answer to Japan」이라는 제목의 문서에서 이렇게 예상했다.

> 오로지 완전한 군사적 재앙과 그에 따른 혼란을 통해서만, 일본인들은 자신들이 우월한 민족이며 아시아의 지배자가 될 것으로 예정돼 있다는 광신적인 교화에서 깨어날 수 있다. …
>
> 일반 대중은 군국주의자 패거리가 그들의 신성한 천황을 배신했다는 사실을 깨닫게 될 것이다. 군국주의자들은 하늘의 아들, 제국의 신성한 통치자를 파멸의 벼랑으로 이끌었다. 천황을 속인 자들은 일본에서 살아갈 수 없다. 이 깨달음의

---

4 국체國體, 근대 일본에서 국가 통합 수단으로 이용된 천황 중심 사상

순간이 찾아오면 어쩌면 일본의 오랫동안 숨어 있던 보수적이고 잘 참는 기질이 진가를 나타낼 수도 있다.

오로지 천황에 대해서만 책임을 지는 독립적인 일본군은 평화에 대한 영원한 위협이다.

그러므로 일본의 완전한 패배뿐만 아니라 전면적인 비무장화가 필요했다. 미국이 이어서 실행한 일이 바로 일본의 비무장화였다. 맥아더는 직접 미국인들로 구성된 팀을 소집해 일본 헌법의 초안을 만들도록 했다. 헌법 제9조는 일본군의 해산을 규정하며 이렇게 선언했다.

국권의 발동에 의한 전쟁 및 무력에 의한 위협 또는 무력의 행사는 국제분쟁을 해결하는 수단으로서는 영구히 포기한다. 육해공군 및 그 밖의 어떠한 전력도 보유하지 않는다. 국가의 교전권 역시 인정하지 않는다.

다음 목표는 일본이 행한 국제적인 침략의 근원으로 여겨지는 코쿠타이였다. 하지만 맥아더와 펠러스는 일본인들은 스스로를 통치할 수 없어서 천황이 필요하다고 판단했다. 그래서 히로히토裕仁 천황을 전범으로 기소하는 것을 삼갔다. 또한 천황의 폐위를 시도하지 않았고, 대신 천황에게 신격에 관한 주장을 포기하라고만 요구했다. 천황은 이를 받아들였고 1946년 1월 1일에 발표한 연두 조서에 다음과 같은 구절을 담았다.

짐朕과 너희 신민 사이의 유대는 시종始終 상호 신뢰와 경의에 의지하여 맺어진 것이지 단순히 신화나 전설에 의지하여 만들어진 것이 아니다. 천황을 현인신現人神으로 삼고, 또한 일본 국민이 다른 민족보다 우월한 민족이며, 나아가 세계를 지배할 운명을 가졌다는 가공架空의 관념에 기초한 것이 아니다.

그러나 미국은 다시 펠러스의 「일본 문제의 해법」에서 명확히 설명한 것처럼 일본인들에게는 강력한 지도자들이 필요하다는 믿음에 근거해, 일본 전시 내각에서 주도적인 역할을 한 이들을 포함해 군과 관료조직의 고위급 인사들과 기꺼이 협력했다.

전후 일본 정치체제의 설계자로 다른 누구보다 중요한 역할을 한 기시 노부스케岸信介의 경력은 많은 것을 말해준다. 기시는 두 번의 세계대전 사이에 확고한 정치적 견해를 가진 똑똑한 관료로 부상했다. 그는 테일러 방식[5]의 하향식 경제 운용을 찬양하고 나치 독일의 정치와 경제 정책이 일본을 위해 최선의 길이라고 주장했다. 그는 나중에 역내에서 일본의 지배를 확대하기 위한 '총력전'을 촉구하며 군 고위층 인사들과 더욱 강력한 동맹을 맺었다. 일본이 만주를 침략하고 괴뢰정권 만주국을 세우면서 기시는 두드러지게 부상했다. 만주국 정권은 이 지역의 각종 자원을 무자비하게 착취하려 했고 그곳에서 군 주도의 산업화에 시동을 걸었는데, 기시가 설계자가 됐다. 그는 당시 아시아 최대 기업이던 남만주철도 주식을 이 지역을 점령한 군에 이전시키며 민간 주주들을 착취하는 데 관여했다. 1935년 그는 만주국 산업개발 담당 차관에 임명됐고, 중국인들의 노동을 강제하고 체계적으로 착취하는 데 크게 의존하는 국가 주도 경제를 조직했다.

1940년 일본 정부의 장관으로 임명되고 나중에 총리가 되는 도조 히데키東條英機 장군과 동맹을 맺으면서 그의 위상은 더욱 높아졌다. 그는 영국과

---

5 프레드릭 윈슬로 테일러Fredrick Winslow Taylor의 과학적 경영관리법으로, 표준화한 작업과 과업 관리로 생산성을 높이는 데 초점을 맞췄다.

미국을 상대로 한 전쟁을 지지했고 전쟁 기간에 한국과 중국 노동자들이 일본 공장과 광산에서 노예처럼 노동하도록 하는 프로그램을 설계한 이들 중 한 명이었다. 일본이 패전한 후 그는 A급 전범으로 체포돼 감옥에서 3년을 보냈지만, 도조와 전쟁을 이끈 다른 동료 지도자들과 달리 전범 재판을 받지 않았다(도조와 다른 몇 사람은 유죄 판결을 받고 교수형을 당했다).

기시는 1948년 크리스마스 전야에 석방됐고 바로 정치에 다시 뛰어들었다. 그는 우파 진영에 서서, 역시 자유주의자가 아닌 전후 일본 총리 요시다 시게루吉田茂를 계속 흔들었다. 그가 1955년 이후 일본 정치를 지배한 자유민주당을 창당한 데는 요시다에 대해 우위를 차지하려는 목적도 있었다. 기시 본인은 1957년부터 1960년까지 두 차례 총리를 지냈다. 이케다 하야토池田勇人를 비롯해 그가 직접 뽑은 부하들은 일본 정치와 경제 분야에서 주도적인 역할을 했으며, 특히 통상산업성에서 수립한 일본 산업화정책을 주도했다. 예를 들어 이케다는 전후 일본 산업화의 핵심적인 설계자가 됐고, 기시 다음에 총리를 지냈다. 자민당을 계속 지배했던 기시의 정치적 영향력은 다른 곳에서도 느낄 수 있다. 기시의 외손자인 아베 신조安倍晋三는 현재[6] 일본 총리다.

종종 '미국이 가장 선호하는 전범'으로 불리는 기시는 맥아더와 펠러스가 일본 제도의 진로에 영향을 미치려고 구상한 전략을 집약적으로 보여준다. 그것은 바로 옛 엘리트 관료를 뽑아 쓰는 전략이었다. 전략은 효과적이었다. 옛 엘리트 관료들은 일본 사회에서 비교적 자유주의적인 태도를 지닌 부문, 그리고 과거 독재국가 일본에서 사회와 민주주의 정치를 위한 역할을 더 많이 (그리고 군·관복합체를 위한 역할을 더 제한적으로) 받아들였던 지도자들로 구성된 연합체제를 확고히 해줬다. 이 연합은 때때로 노동조합과 좌익 정당

---

6 2020년 9월, 그는 총리직에서 물러났다.

들의 세력을 꺾기도 했지만, 실제로 일본을 회랑으로 진입시켜 그 후 70년간 회랑 안에 머무르게 하는 일을 해냈다.

일본의 경험에서 우리는 하나의 연합으로 가는 또 다른 경로를 봤으며, 일본의 경우 과거의 독재체제를 뒷받침했던 같은 철장을 기반으로 하면서도 정치적으로 더 큰 사회적 결집이 이뤄지면서 회랑 안으로 들어갈 수 있게 됐다. 이런 과정은 도덕적으로 애매한 경우도 많지만, 국가와 사회가 균형을 이루고 그것이 통제 불능 상태로 치닫지 않도록 충분히 점진적으로 회랑으로 이행하는 데 도움이 된다. 그러나 물론 쉽사리 보장할 수 없는 일이며(일본이 완전히 패전하지 않았어도 이런 일이 일어났을까?), 다음에 논의할 것처럼 족쇄 찬 리바이어던이 반드시 나타난다고 장담할 수도 없다.

검은 터키인, 흰 터키인

2000년대 초 터키는 스스로 회랑 안으로 들어갈 수 있는 기회를 가지고 있었다. 터키 역시 군부와 관료집단이 지배하는 독재적 리바이어던에서 출발했다. 터키는 일련의 중대한 개혁조치 후 2000~2001년 금융위기에서 빠르게 회복한 데다 유럽연합EU 가입 과정에서 정치 개혁의 추진력이 생기면서 혜택을 봤다. 한동안 터키가 회랑 안으로 들어갈 것처럼 보였지만 회랑으로의 이행에 필요한 연합과 타협은 실현되지 않았다.

터키공화국은 오스만제국의 제도적 유산과 적극적으로 단절함으로써 세워진 나라지만 과거와의 연속성도 많이 남아 있다. 공화국의 뿌리는 19세기에 시작된 개혁 운동에서 찾을 수 있는데, 그 시작은 1839년 장미정원 칙령Rose Garden Edict으로 공포되고 나중에 '청년투르크당'과 (주로) 군 신진 장교들이 모인 영향력 있는 조직 연합진보위원회Committee of Union and Progress,

CUP가 추진한 대대적인 재정 및 정치 개혁이었다. 이 개혁 운동들, 특히 CUP는 오스만제국의 독재적인 리바이어던의 진로를 근본적으로 바꾸려고 하지는 않았다. 그들의 목표는 국가의 쇠퇴를 멈추기 위해 역량을 쌓는 것이었다. 그들이 추진하는 개혁과 현대화는 명백히 하향식이었다. 예를 들어 CUP 장교들은 1908년 의회 지도부에서 권력을 잡은 후에는 오스만 왕조의 술탄 압뒬하미트 2세Abdülhamit II와 권력을 공유하면서 현대화를 추진하는 한편, 시위자들, 노동조합들 그리고 1839년 이후 나타난 신생 시민사회를 강력히 억압했다. 6년 후 러시아가 독일을 상대로 전쟁을 선포한 다음 날 CUP는 오스만제국과 독일 지도자들이 협상해서 맺은 비밀조약에 따라 제국을 제1차 세계대전으로 끌고 들어갔다.

나중에 '투르크의 아버지'라는 뜻의 아타튀르크Atatürk로 명명된 무스타파 케말Mustafa Kemal 휘하의 군대가 1923년 승리를 거둔 후에 수립된 터키공화국은 여러 면에서 CUP의 각본을 따랐다(그리고 아타튀르크를 비롯한 공화국의 지도자들은 CUP 조직원 출신이었다). 터키공화국이 택한 길은 추가적인 개혁과 국가건설에 열려 있었지만, 항상 군과 관료가 이끄는 독재적인 형태였다(기업 소유주와 다른 이들은 이 연합의 주변적인 요소로 참여했을 뿐이다). 권좌에 오른 것은 이제 터키어 약자로 CHP로 알려진 아타튀르크의 공화인민당Republican People's Party이었다. CHP는 경제와 사회를 현대화했지만, 그 지도자들과 협력자들이 견제받지 않는 권력과 경제적인 부를 쌓게 해줬다. 비록 여성들을 해방하고, 역량을 강화하며 관료조직을 현대화하고 산업화를 촉진하는 등 그들이 실행한 일부 개혁은 국가의 역량을 키웠고 그 전에는 자유를 누리지 못했던 사회의 여러 부문에 얼마간의 자유를 가져다줬지만, 그렇다고 터키를 회랑 안으로 옮겨 가려는 것은 아니었다. 라틴 알파벳과 서양의 복식, 종교기관들의 개조를 포함한 여러 개혁이 어떤 협의도 없이 사회에 강요됐고, 예컨대 서양식 모자 대신 터키모帽를 쓰겠다고 고집하는 것처럼 개혁에 저항하는 이들은 기소되고 어떤 경우에는 처형됐다.

처음에 아타튀르크가 일당체제로 제도화한 CHP의 권력 독점은 그 후 몇십 년 새 무너졌지만, 불균형적으로 강력한 군부와 관료집단의 권력은 그대로 남아 있었다. 군부가 장악력이 느슨해지거나 사회가 결집하고 있다고 느낄 때는 1960년과 1971년, 1980년, 1997년 쿠데타를 통해 개입했다. 군과 민간 정부는 흔히 세속주의적이었지만 사회 통제를 위해 서슴지 않고 종교를 이용했으며 종교집단들과 연합했다 그만두기를 반복했다. 1980년 쿠데타 후 군사정권과 그 뒤를 이은 중도우파 정부들은 좌익 세력에 대항하기 위해 일상생활과 학교에서 종교의 역할을 강화했다. 자신들의 역량이 줄어들고 있다고 느끼기 시작한, 지방도시에 살거나 이스탄불 같은 대도시의 부유하지 못한 지역에 사는 더 보수적이고 종교적이며 더 가난한 사람들은 이런 사회적 변화에 용기를 얻어서, 자신들의 관심사를 대변하지 못하는 것으로 보이는 서구화된 군과 관료집단의 엘리트에게 더 많은 인정을 해달라고 요구했다. 이런 상황은 레제프 타이이프 에르도안이 이끄는, 터키어 약자로 AKP로 불리는 정의개발당Justice and Development Party이 부상한 배경이 됐다. AKP는 인기를 얻고 있는 일련의 종교적이고 보수적인 정당 다음에 나타났다. 이 당은 2002년 선거에서 (과반수에는 크게 못 미치지만) 최다 득표로 집권했다. 에르도안은 이스탄불 시장 때 종교적인 시를 낭송했기 때문에 이 당이 여론조사에서 이기고 있을 때 정치 참여가 금지돼 있었다. 에르도안은 이 당의 지지층 사이의 정서를 포착하고 어느 정도 그것을 이용해 선거 유세에서 다음과 같이 말했다.

> 이 나라는 검은 터키인들과 흰 터키인들로 분리돼 있습니다. 여러분의 형제 타

이이프는 검은 터키인들에 속합니다.

'흰 터키인들'은 사회와 맞서는 군과 관료집단의 간부들, 그들과 연합한 서구화된 대기업들을 대변하는 터키의 엘리트들이었다. 에르도안의 말은 과장되었고 자기 잇속만 차리려는 속셈이었지만 관료와 군의 엘리트와 사회에서 상당 부분을 차지하는 다른 집단이 서로 경쟁하고 있다는 인식을 잘 포착한 것이었다. 그러므로 AKP의 부상은 제2차 세계대전 후 일본에서 그랬던 것처럼 군과 관료집단에서 사회에서 대표성이 약하고 더 가난한 부문으로 권력을 옮기는 기회가 될 수 있었다. 2000년대 초 몇 년 동안 시민사회가 번창하고 일련의 정치·경제 개혁으로 터키의 민주주의가 심화하면서 회랑 안으로 들어가는 것도 가능한 일로 보였다.

그러나 모든 것이 뒤집혔다. 회랑으로 들어가기 위해 제대로 돌아가야 할 몇 가지 일이 모두 잘못됐다. 일본에서는 미국이 후견자로서 옛 군국주의체제를 반대함에 따라 정치계의 영향력 있는 엘리트 집단 구성원들이 주저 없이 새로운 연합에 참여해 회랑으로 진입하는 것을 지지하기가 더 쉬웠다. 하지만 터키는 아니었다. 자유주의적이고 좌파적인 지식인층은 처음에 AKP와 그들의 개혁을 지지했으나 군과 관료집단의 기득권층은 너무나 적대적이었다. 2007년 4월 군부는 AKP의 웹사이트에 담화문을 올려 쿠데타를 불사하겠다고 위협했으며, 강력한 권한을 지닌 헌법재판소에 그 당을 폐지하라는 소원을 제기했다(AKP의 대통령 후보 아내가 히잡을 두른 것이 그 조치를 촉발했다![7]) 이는 1997년 당시 종교적 성향의 집권당이 군부의 담화문이 발표

7 2007년 대선 당시 집권 여당 후보로 친이슬람 성향인 압둘라 귈의 아내가 공식 석상에 히잡을 쓰고 나오자 세속주의자와 자유주의자들이 반발해 대규모 시위가 일어났다.

된 후 퇴진을 강요당하고 헌법재판소 결정에 따라 폐지된 것과 똑같은 상황이었다. AKP는 살아남았으나 이 사건은 AKP와 군·관 기득권 세력 사이의 갈수록 양극화되는 제로섬 게임과 같은 관계에서 하나의 분수령이었다.

회랑 진입을 좌절시킨 또 다른 중대한 요인은 AKP가 지닌 야망이었다. 일본의 경우에 제2차 세계대전 후 사회는 한동안 어설프게 조직되었고 결집과는 거리가 멀었다. 기업계와 보수적 엘리트층은 주로 정치적 분파 중 좌파의 위협을 두려워했지만, 이는 자민당의 후원하에 우파가 뭉침으로써 쉽게 통제할 수 있었다. 터키에서는 AKP가 2002년 선거에서 승리할 만큼 이미 강력해졌고 계속해서 세력이 커졌다. 1990년대에 다른 두 중도우파 정당이 부실한 운영과 고질적 부패로 무너지면서 AKP는 갑자기 선거에서 지배적인 위치를 차지했고 정치적 영향력이 당초 창당한 이들이 꿈꿨던 것보다 훨씬 더 커졌다. 따라서 터키의 힘의 균형은 급격히 흔들렸다.

터키의 EU 가입 절차는 부분적으로 맥아더 장군과 미군이 일본에서 한 것과 같이 앞으로 나아갈 길을 제시하는 역할을 했는데, 그 과정에서 쿠르드족 Kurd[8]의 권리와 언어를 보호하는 것을 포함해 인권과 시민권을 향상하기 위한 개혁, 그리고 민간의 현안에 대한 군부의 지나친 영향력을 제한하는 헌법적인 개혁들을 촉진했다. AKP 지도부는 처음에 이를 크게 환영했다. EU의 자극은 터키의 정치에 대한 군부의 감독을 완화하도록 압박했으며, 거의 틀림없이 그로 인해 2007년 정부를 끌어내리려는 군부의 담화문 발표에도 불구하고 쿠데타가 실패하게 됐기 때문이다. 하지만 EU 가입 절차는 곧 지연되었고 그 후 완전히 중단돼 AKP가 제도적 개혁 과정을 벗어나지 못하게 묶

---

8 아리아계 유랑 민족으로 중동에 흩어져 살며 대부분 터키에 거주한다. 터키는 쿠르드 무장세력과 자주 충돌했다.

어두는 강력한 닻이 사라져버렸다.

터키는 독재적인 국가 통제의 어느 한 형태에서 다른 형태로 옮겨 갔다. 2007년 이후 AKP는 더욱 강경한 태도를 보이면서 이 나라 권력의 여러 지렛대를 완전히 통제하기 시작했다. 이 과정에서 결정적인 계기는 터키의 보안대, 관료조직, 사법부 그리고 교육체계에 뿌리를 내린 무슬림 성직자 펫훌라흐 귈렌Fethullah Gülen의 비밀조직과 AKP 지도부의 동맹이었다. 처음부터 AKP는 세속주의에 동조하는 관료들을 의심하며 자신들의 보수적 성향과 정책 우선순위에 더 잘 맞는 인사를 임명하고 싶어 했지만, 충분히 전문성을 갖춘 간부들을 확보할 수 없었다. 그래서 여러 고등학교와 대학에 뿌리내린 조직 덕분에 더 높은 자질을 갖춘 인물을 확보한 귈렌 운동에 의존했다. 그에 따라 힘이 세진 귈렌 운동은 국가기관들 내에서 더욱 적극적으로 은밀한 확장을 계속했다. 2007년 이후 AKP와 귈렌 조직은 조작된 증거를 바탕으로 엉터리 재판을 해서, 당에 적대적인 것으로 보이는 사람들을 체계적으로 숙청하기 시작했다. 이 기간에 정부는 2000년대의 자유화 덕분에 번창하기 시작했던 각종 핵심적인 언론기관들과 독립적인 사회단체들을 탄압하기 시작했다.

2011년 터키는 언론인들을 가장 많이 투옥한 나라로 꼽혔다. 2013년 5월 이스탄불 탁심광장 근처에 있는 게지 파크에서 시위가 일어났다. 시위는 처음엔 이 대도시에 얼마 남지 않은 녹지 중 한 곳에 새로운 쇼핑몰을 건설하려는 계획에 반대하기 위한 것이었다. 하지만 이 시위는 곧 신앙과 표현 및 언론의 자유, 터키 사회의 세속주의 쇠퇴, 부패 문제에 초점을 맞추게 됐다. 시위는 모든 주요 도시로 빠르게 번졌다. 정부는 시위자들을 탄압하는 방식으로 대응했다. AKP가 터키 남동쪽 쿠르드족 반군들과 시작한 평화협상은 파기됐고 자유는 더욱 제한됐다. 그러는 동안 에르도안과 귈렌이 예전에 세속주의자들과 좌파를 배제하려고 맺은 동맹은 아마도 권력투쟁 탓에 서로에게 등을 돌렸다. 이 투쟁은 2016년 7월 비밀리에 귈렌과 동맹을 맺은 군 장교들이 계획한 것으로 보이는 쿠데타 시도가 실패했을 때 최고조에 달했다. 이 실패한 쿠데타 시도 후 에르도안과 그 협력자들은 계엄을 선포하고 보안대와 사법부, 관료조직의 귈렌 조직원들을 숙청하기 시작했다. 공공부문에서 일하던 13만 명이 넘는 사람들이 해고됐고, 정황 증거만으로 5만 명 이상이 체포됐다. 쿠르드족 인권운동가들, 정부 비판자들 그리고 귈렌운동의 음모를 폭로하는 데 힘을 쏟은 이들을 포함한 좌파 인사들이 귈렌운동 가담자로 체포된 사례도 있었다. 이 기간에 언론과 표현의 자유에 대한 제한은 더 강경해졌다. 에르도안은 나아가 견제장치가 거의 없는 대통령 중심제를 도입했다. 이는 2017년 계엄령 아래 헌법 개정에 반대 운동을 할 수 있는 주류 언론이 없는 가운데 치른 국민투표에서 가까스로 통과됐다. 터키는 여전히 기자들을 가장 많이 감옥에 가둔 나라이며, 이제 의회의 쿠르드족 지지 정당의 공동대표들을 포함한 몇몇 선출된 정치인들까지 가둬놓고 있다.

터키는 회랑 안으로 들어갈 기회를 놓치고 만 것이다.

—

터키가 기회를 놓친 것을 보면 우리는 중국의 사례에서 무엇이 예상되는지 알 수 있다. 공산당의 형태를 취한 관료주의적 엘리트가 독재국가의 통제를 주도하는 또 하나의 유명한 사례이기 때문이다. 우리는 일본 사례에 관한 논의에서 회랑 안으로 확실히 들어가려면 관료주의적 엘리트라는 요소를 포함한 연합을 구성하는 것이 중요하다고 강조했다. 중국의 경우에 그 이행을 대단히 어렵게 만드는 점은 국가와 사회의 심각한 불균형뿐만이 아니다. 중국 공산당 엘리트층에서 독재적 리바이어던에서 벗어나기 위한 연합에 기꺼이 가담하려는 집단이 전혀 없다는 점에서 그 이행이 더욱 어려워진다. 실제로 통일성을 확보한 공산당 내에서 그런 연합에 가담하는 개인들이 권력을 유지할 가능성은 없는데, 1989년 공산당 총서기 자오쯔양趙紫陽이 톈안먼 광장 시위에 지지를 보냈을 때 이를 경험했다. 자오쯔양은 곧바로 권력이 박탈되고 가택연금을 당해 죽을 때까지 그곳을 벗어나지 못했으며 자신과 관련한 공식 기록이 전부 삭제되는 것을 지켜봐야 했다. 이렇듯 독재적 리바이어던의 멍에를 지고 시작했을 때 회랑 안으로 들어가기 위한 연합을 구축하는 일은 쉽지 않다.

부재의 리바이어던과 종이 리바이어던 아래의 상황은 다르다. 허약한 국가가 결집 효과를 피하려고 온 힘을 쏟는 가운데서는 사회가 새로운 조직과 역량을 개발하는 것이 간단하지 않지만, 국가가 그런 사회를 완전히 탄압할 수는 없다. 거꾸로 사회가 더욱 강해지고 더 적극성을 갖게 되더라도 결집 효과가 또한 그런 리바이어던이 역량을 키울 여지를 만들어주기도 한다. 그러므로 회랑으로 가는 길은 완전히 막혀 있지 않다.

더욱이 사회와 지방정부를 포함한 다양한 시민사회 조직들은 때때로 지역적인 차원에서 국가 역량 확대와 사회 결집을 모두 이룰 수 있다. 이는 시민들이 변화를 일으킬 잠재적인 힘이 될 수 있다. 왜냐면 부재의 리바이어던이나 종이 리바이어던 아래서 공공서비스와 법 집행은 대부분 (중앙정부에서 제공하는 것이 많지 않으므로) 지역 단위에서 어떤 일이 이뤄지느냐에 달려 있기 때문이다. 지역사회의 참여는 또한 전국적인 정치 엘리트들에게 덜 위협적일 수 있으며, 급한 대로 국가와 사회 간 힘의 균형을 이룰 기회의 창을 만들어줄 수도 있다. 게다가 지역적인 실험을 해볼 여지도 있다. 다시 말해 국가 역량을 확대하고 공공서비스의 질을 개선하는 데 각 지역이 서로 다른 접근방식을 시도해볼 가능성도 있는 것이다. 하지만 공론의 장에서 때때로 강조되는 이런 유형의 실험보다 지역 차원에서 사회를 참여시키면서 동시에 국가 역량을 확대하는 새로운 연합을 구축하기 위한 정치적 실험이 훨씬 더 중요할 수도 있다. 지역 차원의 정치적 실험에 성공하면 이어질 국가적 변화의 청사진을 제공할 수도 있다. 다음으로 우리는 지역 차원의 국가건설에 성공한 두 가지 사례에서 이런 동학을 보여줄 텐데, 하나는 〈도표 6〉의 경로 2, 다른 하나는 경로 3에 가까운 사례다.

비아그라의 봄

우리는 제1장에서 로버트 캐플런이 어떻게 법과 질서가 완전히 무너진 라고스를 전형적인 사례로 들어 세계적으로 무정부 상태가 오고 있다는 암울한 예측을 했는지 이야기했다. 1994년 월레 소잉카의 라고스 여행은 캐플런이 느낀 최악의 공포를 확인해주는 것 같았다. 하지만 불과 20년 후 라고스는 완전히 모습이 달라졌다. 비록 아직 갈 길이 멀기는 하지만 이 나라는 회랑 안으로 가는 경로 2를 택했다. 어떻게 된 것일까?

1990년대는 아프리카의 독재자들에게 힘든 시기였다. 냉전이 끝나면서 권력을 유지하려면 스스로 민주주의자로 (아니면 적어도 모조 민주주의자로) 거듭나고, 선거를 시행하고, 양복을 입고, 너무 노골적으로 반대자들을 억압하지 말아야 했다. 제1장에서 만나본 나이지리아의 독재자 사니 아바차 장군은 1998년 7월 7일 인도 매춘부 두 명과 성관계를 맺기 전에 비아그라를 과다 복용해 사망한 것으로 추정된다. 그의 아내는 국외로 도망치려 했다. 카노 국제공항에 들렀을 때 그녀의 화물이 허용량을 조금 초과한 것이 적발됐다. 그녀는 가방 서른여덟 개를 체크인했는데 모두 현금다발로 가득 채워져 있었다. 나이지리아 군부는 더는 권력을 장악할 능력이 없다고 판단했다. 1999년 그들은 권력을 내놓았고 민주적인 절차에 따라 올루세군 오바산조Olusegun Obasanjo가 대통령에 선출됐다. 비아그라가 가져다준 봄이었다.

라고스에서도 선거가 있었는데, 볼라 아흐메드 티누부Bola Ahmed Tinubu라는 사람이 라고스주 지사로 선출됐다. 그는 취임하면서 예상치 못한 일을 했다. 정치적인 협력자들을 요직에 임명하는 대신 자격을 갖춘 이들에게 자리를 내줬다. 존경받는 법학 교수가 검찰총장이 됐고 시티뱅크 경영자가 경제기획예산위원회 직책을 얻었다. 라고스는 산더미처럼 쌓인 쓰레기 말고도 여러 가지 문제에 부딪혔다. 무엇보다 재정은 파산 상태였고 중앙정부가 석유 판매로 얻은 빈약한 자원을 배분하는 것은 믿을 만하지 않았다. 티누부는 과세당국의 인력 1,400명을 물려받았지만, 그중 전문 회계사는 열세 명에 불과했고 세무사 면허가 있는 이는 여섯 명뿐이었다. 다른 이들은 대부분 정치적으로 임명된 사람들이었다. 나이지리아인들은 뇨키보다 카사바나 얌을 더 좋아하기는 하지만, 이 나라의 채용 절차는 아르헨티나 관료조직에 '뇨키'들이 떼 지어 들어간 것과 비슷했다. 나이지리아는 이전 군사정부 시절인 1976년 새로운 헌법을 기초해야 했다. 헌법을 기초하는 위원회는 '권력'을 어떻게 정의할지를 놓고 씨름해야 했다. 위원회는 마침내 권력을 이렇게 규정했다.

> 권력은 부와 명망을 얻을 기회이며, 연고자나 정치적 협력자들에게 일자리와 계약, 금전적인 선물 등의 형태로 혜택을 나눠줄 위치에 있는 것을 말한다.

다시 말해 심지어 나이지리아 헌법을 기초하는 위원회조차 권력은 모두 뇨키를 만들어내는 능력을 의미한다고 증언한 것이다!

티누부는 라고스에서 해야 할 일에 관해 다른 구상을 하고 있었다. 그는 이 도시의 쓰레기와 다른 여러 문제를 처리하고 싶어 했지만, 전형적인 캐치-22catch-22**9** 상황에 직면했다. 세금 수입 없이는 아무것도 할 수 없었고, 그가 물려받은 국가의 특성상 세금을 걷는 것은 불가능했다. 그의 해법은 전자 납세제도를 도입하는 것이었다. 사람들은 징세원들에게 현금을 내는 대신 전자적으로 세금을 납부해야 했다. 그는 이렇게 하면 부패의 소지를 줄일 수 있으리라고 생각했다. 그리고 민간기업에 징세체계를 맡겼다. 그들은 잠재적 납세자의 데이터베이스를 개발하고 세금을 걷는 대가로 세수의 일정 비율을 가져갈 수 있었다. 이 아웃소싱outsourcing**10** 전략은 다른 분야에도 활용됐다. 2001년 이 주는 민간감사인을 고용해 기업 세무감사를 하도록 하고 그 대가로 납부 세액에 대한 수수료를 줬다. 또 이 책에 실은 자료 사진(〈사진 24〉)에 묘사돼 있듯이 시민들이 세금을 내도록 장려했다.

그 결과 절실하게 필요했던 세수가 늘어나기 시작했다. 이 돈을 가지고 티누부와 그의 비서실장으로 후임 주지사가 되는 바바툰데 라지 파숄라Babatunde Raji Fashola는 관료조직을 재건하기 시작했고, 2003년에는 유능하고 잘 훈련된 인력을 고용한 반쯤 자율적인 과세기관인 라고스주 국세청LIRS을 출범시켰다. 주로 개인소득세에서 나오는 이 주의 세수는 급증해서, 1999년에는 불과 50만 명의 납세자에게서 약 1억 9,000만 달러를 거뒀으나 2011년에는 400만 명 가까운 납세자를 상대로 12억 달러를 거두게 됐다.

세수 기반이 확대되면서 온갖 일에 자금을 댈 수 있게 됐는데, 그중 하나는 모든 주민을 라고스주 주민등록국에 등록하도록 하는 일이었다. 또 하나

---

9 진퇴양난의 상황

10 외부조달

는 수천 명의 쓰레기 수거 인력을 투입해 계속해서 쓰레기를 치우는 일이었다. 쓰레기 수거 차량 대수는 2005년 63대에서 2009년 763대, 2012년 1,000대 이상으로 늘어났다. 라고스는 깨끗한 도시가 됐다. 또 특히 이곳 주민들을 협박하고 약탈해왔던 지역 깡패들이 파쇼라 재임 중 대부분 사라지면서 이 도시는 훨씬 더 안전해졌다. 이와 함께 사회의 모든 부문에서 규제가 더 잘 이뤄지게 됐다. 전체 교통사고의 절반 가까이 차지했던 오토바이 택시는 도시와 라고스주 대부분 지역에서 금지됐다. 1999년 이곳에서 일어난 오토바이 교통사고 중 치명적인 사고가 529건, 심각한 사고가 1,543건이었다. 2012년에는 도시의 차량이 상당히 늘어났는데도 사고는 각각 116건과 240건으로 줄어들었다. 출퇴근을 원활하게 하는 경전철을 비롯해 새로운 기반시설이 곳곳에 생겨났다. 1999년에는 도시에 새로 설치되는 가로등이 전혀 없었다. 어차피 가로등을 켤 전력이 없어서 설치가 무의미했을 것이다. 2012년 이 도시는 전력을 확보했고 새 가로등 1,217개가 설치됐다.

공공서비스가 개선되고 범죄율이 낮아지면서 경제적 활력을 극적으로 높여주는 효과를 냈다. 2004년부터 2010년까지 빈곤선[11] 아래 인구 비율은 57퍼센트에서 23퍼센트로 낮아졌다(같은 기간 나이지리아 36개 주 가운데 절반 가까운 지역에서 빈곤율이 높아졌다).

그러므로 티누브는 지역 차원에서 국가의 역량을 확대함으로써 라고스를 바꿔놓았다. 그러나 이는 사회의 협력 없이는 불가능했을 것이다. 티누브의 어머니는 라고스 시장상인협회의 대표였다. 2013년 그녀가 사망한 후 티누브의 딸이 그 자리를 맡았다. 라고스에는 거대한 비공식 경제부문이 있었으므로 시장상인협회는 값진 정치적 자원이었다. 협회의 반대는 개혁 전체

---

11 최저 생활수준 유지에 필요한 소득

를 좌초시킬 수 있었으므로 그것은 한편으로 정치적 제약이기도 했다. 협회와 협력하면서 다툰 대표적인 분야는 조세정책이었다. 상인들은 잠재적 세수 기반의 매우 중요한 부분 중 하나였지만, 그들을 감독하기는 대단히 어려웠다. 라고스주는 협회와 세율을 놓고 협상을 했고, 그다음에 협회는 어느 상인들이 어느 시장을 이용하는지에 관한 정보를 제공하고 누가 세금을 냈는지 기록하는 일을 맡았다. 그 대신 주 정부는 시장에 공공서비스와 치안을 약속했다. 버스운전사와 장인들, 다른 비공식 단체들도 비슷한 합의에 참여했다. 공식부문 역시 제도적 틀 내에서 요구할 것이 있으면 적극적으로 나섰다. 2000년 제조업협회와 에코호텔은 판매세 도입 문제로 티누부 정부를 제소했고, 2003년 정부는 부동산세에 대한 반대에 부딪혀 세율을 내려야 했다. 더 넓게 보자면 사회와 권력을 다툰다는 것은 곧 티누부와 파숄라가 사회계약을 다시 맺어야 한다는 것을 의미했으며, 이는 사람들이 세금을 내고 법령과 규제를 준수하면 정부는 약속을 실행할 것으로 기대해도 좋다는 생각을 바탕으로 하는 것이었다. 이 계약은 정보와 불평을 전달하고 책임성을 확보하는 여러 경로를 통해 확고해졌다. 파숄라는 심지어 자신의 개인 전화번호를 알려줘서 사람들이 소셜 미디어 서비스 메시지를 그에게 보내도록 장려했다. 라고스는 복잡한 제도적 설계가 아니라 국가를 적극적으로 감시하는 사회를 통해 길가메시 문제를 해결하고 국가 역량을 키울 수 있도록 했다.

라고스는 왜 다가오는 무정부 상태에 관한 로버트 캐플런의 예측이 어디서나 맞는 것은 아닌지 보여준다. 이곳은 확실히 디지털 독재로 나아가지 않는다. 라고스에서도 역사의 종언은 없었다. 여전히 이 도시는 절망적인 상황에서 출발하더라도 회랑을 향해 나아가는 것이 가능함을 보여준다. 로마의 군인이자 학자인 대大플리니우스Pliny the Elder는 "아프리카에서는 언제나 뭔가 새로운 것이 나온다"고 말했다. 그가 옳았다. 오늘날 아프리카에는 지역 차원의 여러 실험이 이뤄지고 있으며, 사람들은 무너지고 있는 국가 역량과 자유를 증진할 길을 찾고 있다. 라고스에는 여전히 엄청나게 많은 사람이 빈곤선 아래 살고 있고, 미국에 사는 사람과 비교할 때 그들의 수명은 짧다. 하지만 그들의 수명 격차는 1999년 당시보다 훨씬 작고 가난한 사람들도 많이 줄어들었다. 그들 대부분의 삶도 1999년보다 훨씬 덜 잔인하고 덜 끔찍해졌다. 티누부와 파숄라 지사는 지역 차원에서 라고스 방식의 족쇄 찬 리바이어던을 구축하기 시작했으며, 사람들은 그로부터 여러 가지 혜택을 기대할 수 있다.

오랑우탄의 턱시도 벗기기

라고스는 1980년대와 1990년대에 어려운 시기를 보냈는데, 콜롬비아 수도인 보고타 역시 그랬다. 우리는 이미 제11장에서 콜롬비아의 종이 리바이어던을 존속시키는 맞물린 기제들을 살펴봤다. 1960년대에 보고타 시장을 지내고 1986년에 콜롬비아 대통령이 된 비르힐리오 바르코Virgilio Barco는 "내가 이끌었던 급성장하던 도시에 오늘날 남은 것은 도시를 휩쓰는 무정부 상태와 엄청난 혼란, 거대한 무질서, 굉장한 혼잡뿐"이라며 한탄했다. 바르코는 콜롬비아의 자유당과 보수당이 16년 동안 권력을 나눠 갖는 '국민전선National Front' 협약 기간에 시장이 됐다. 이 기간에도 선거는 치렀지만, 결과는 미리 정해져 있었다. 이 정당들은 심지어 대통령직도 번갈아가며 했다. 바르코는 여러모로 '턱시도 입은 오랑우탄'의 전형이었다. 또 다른 전직 대통령 알베르토 예라스에 따르면 "보고타에서 그는 기술관료였지만, 쿠쿠타에서는 *만사니요manzanillo*였다." 만사니요는 구글 번역기로 번역할 수 없는 또 하나의 낱말이다. 적절한 번역은 '투우장에서 포도주를 나눠주는 사람' 쯤

될 것이다. 공짜 포도주는 표를 얻는 것으로, 오랑우탄이 하는 일은 그게 전부였다. 바르코는 매사추세츠공대MIT에서 공부했고 턱시도를 어떻게 입는지 알았다. 하지만 쿠쿠타와 같은 지방에서 그는 어떻게 만사니요가 될지 알았다.

1980년대에 마르크스주의 게릴라와 마약 카르텔이 번성할 때 콜롬비아는 납치와 살인의 세계적인 수도라는 불명예를 얻었다. 정치 엘리트는 조금 초조해졌으며 사회가 결집해 정치에 참여했다. 이 과정에서 얼마간의 민주화가 이뤄졌고 1988년에는 처음으로 일반 시민이 시장들을 선출했다. 보고타 시민들은 보수당 출신의 전통적인 정치인으로 나중에 콜롬비아 대통령이 되는 안드레스 파스트라나Andrés Pastrana를 선택했다. 그러나 보고타의 혼란에서 이득을 보는 모든 기득권층이 권력을 유지했으므로 선거가 이 도시의 혼란을 즉각 해결해주지는 못했다. 특히 공무원 채용과 공공 계약 관련 권한 남용은 보고타 시의회에서 흔한 일이었다. 시의회는 시장과 함께 행정권을 가지며, 따라서 의원들은 직접 자신들의 친지나 지지자들에게 계약을 나눠줄 수 있었다. 의원들은 심지어 공공 소유 기업들의 이사진으로 참여할 수 있었고, 이는 그만큼 뇌물과 부패가 많다는 뜻이었다. 관료집단의 개탄스러운 상태와 그들이 시민을 대하는 태도는 아르헨티나의 경우와 그다지 다르지 않았다. 보고타에서 주된 행정기관 건물은 일상 대화에서 '창피 주는 곳'으로 일컬어졌다.

1989년과 1990년 콜롬비아의 사정은 훨씬 더 나빠졌다. 대통령 후보 셋이 암살당했다. 대통령에 당선된 세사르 가비리아César Gaviria는 뭔가 해야 한다는 압박감을 느끼고 제헌의회를 부추겨 콜롬비아의 제도를 훨씬 더 급진적으로 개조하도록 힘을 썼다. 이 제헌의회 구성원 중 해산된 게릴라집단 M-19 조직원이 3분의 1에 가까웠다. 1991년에 채택된 새 헌법은 몇 가지 혁신을 이뤘지만, 그중 한 가지는 보고타에 특히 중요했다. 대의원 중 한 명인 하이메 카스트로Jaime Castro는 의회를 설득해 보고타의 차기 시장이 이 도시의 행정을 개혁할 법안을 마련하도록 요구하는 조항을 넣도록 했다. 그리고는 곧 카스트로 본인이 보고타 시장이 됐다. 결정적으로, 일단 법안이 마련되자 거부권을 가진 시의회를 거치지 않고도 대통령 명령으로 이행할 수 있었다. 카스트로는 1992년 선출됐고 새 법은 시장을 이 도시 행정의 최고 수장으로 바꿔놓았다. 의원들은 더는 일자리와 사업계약을 나눠줄 수 없었으며, 공기업 이사회에도 참석할 수 없었다. 이 도시 행정을 분권화해 스무 개의 '구區'로 나누고 선출된 '구청장'을 두면서 의원들의 세력은 약화됐다. 그래서 카스트로는 전통적인 정치기구들을 우회할 수 있었다. 이 법은 또 과세의 구멍들을 메웠다. 그에 따른 효과가 곧바로 나타나 보고타의 재정이 호전됐다. 1994년 세수는 한 해 전보다 77퍼센트 증가했다.

카스트로가 맨 위에서 이 일을 주도했지만, 그의 개혁들은 결집 효과를 낳았다. 사회가 개혁에 대응하고 결집하면서 〈도표 6〉의 경로 3과 같은 형태가 나타난 것이다. 완전히 정계의 외부자인 안타나스 모쿠스Antanas Mockus가 1994년 시장으로 선출됐다. 모쿠스는 콜롬비아국립대 수학·철학 교수였다. 그는 국가의 역량을 쌓으면서 동시에 사회가 정치에 참여할 수 있게 하는 것이 가능하다는 결정적인 깨달음에 이르렀다. 다시 결집 효과를 추구하는 것이다! 이는 규칙과 법, 국가에 대한 사람들의 사고방식을 바꿔서 그들이 정치에 참여해 국가 역량을 키우도록, 그리고 그 역량을 자신들에게 유용하게 쓰도록 압박하는 것을 의미했다. 그의 비서실장 릴리아나 카바예로Liliana Caballero는 자신들의 철학을 이렇게 설명했다.

시민들이 국가에 호의를 베풀어달라고, 또 그들의 권리를 존중해달라고 부탁하며 찾아다니게 하지 않고 행정부가 모든 일의 중심에 있어야 할 시민들을 찾아다니게 하는 것이다.

모쿠스가 사람들의 태도를 바꾸는 데 집중하면서 여러 가지 창의적인 조치가 나왔다. 그는 이 책의 〈사진 25〉에서 보듯이 슈퍼맨 복장을 하고 자신을 '슈퍼시민'이라고 불렀다. 그는 사람들이 *'두꺼비sapo'*가 되도록 장려하려고 옷깃에 직물로 만든 두꺼비를 붙여놓았다. 콜롬비아에서 흔히 쓰는 표현으로 *'두꺼비가 되지 말라no sea sapo'*는 말이 있다. 이 강력한 규범은 '네 일에나 신경 써라. 뭔가 잘못된 일이 일어나는 것을 보거든 피해버려라'는 뜻이다. 모쿠스는 오히려 두꺼비가 되는 것은 시민의 의무라고 말했다. 그는 무언극 배우를 처음에 20명을 뽑고 나중에 추가로 400명을 채용해 보고타 거리를 걸어 다니며 빨간 신호에 거리를 건너거나 바닥에 쓰레기를 버리거나 다른 규칙을 어기는 사람들을 놀리게 했다. 또 엄지를 치켜세운 그림과 거꾸로 내린 그림이 그려진 카드 35만 장을 나눠주고 사람들이 거리에서 다른 이들의 행동에 찬성하거나 반대하도록 했다. 그러자 한 해 교통사고 사망자는 그의 재임 중 1,300명에서 600명으로 줄었다. 그는 사람들이 공적인 공간을 되찾을 수 있도록 돕기 위해 갖은 전략을 다 썼다. 그가 주도한 '여성을 위한 밤'에는 남성들에게 네 시간 동안 집에 머무르도록 부탁해서 여성 경찰관 1,500명이 지켜보는 가운데 여성들만 거리에 나올 수 있도록 했다. 이는 여성들의 힘을 키워주는 데 있어서 대단한 성공작이 됐다.

이 모든 일에서 모쿠스의 구상은 결집 효과를 이용하는 것, 즉 사회를 결집해 국가가 더 잘 작동하고 더 많은 성과를 내고 옳은 일을 하도록 하려는 것이었다. 이제 공공요금을 내는 데 필요한 시간은 평균 한 시간 반에서 5분으로 줄었다. '창피 주는 곳'은 더는 없었다. 모쿠스는 처리해야 할 뇌키가 너무 많은 분야에 대해서는 공기업들을 민영화했다. 그러나 전력회사를 민영화할 때는 지분 49퍼센트를 시가 소유하도록 했다. 민간기업이 그 회사를 흑자로 돌려놓았을 때 시는 공공서비스에 쓸 자원을 얻기 시작했다. 세수는 그의 재임 중 세 배가 됐다. 1993년부터 2003년까지 상수도를 갖춘 가구 비율은 79퍼센트에서 100퍼센트로 증가했다. 하수도를 설치한 가구 비율은 71퍼센트에서 95퍼센트로 올라갔다. 짐작한 것처럼 보고타 시민들은 폭력을 가장 걱정했다. 폭력 역시 줄어들었다. 사람들이 거리를 재생하기 시작하면서 모쿠스의 임기가 끝날 때까지 살인율은 인구 10만명 당 80명에서 22명으로 떨어졌다.

모쿠스는 여전히 일자리와 사업계약 배분을 원하는 의원들과 싸워야 했지만, 그에게는 전략이 있었다. 모쿠스는 나중에 누군가가 특혜를 달라고 부탁하기 시작하면 그 사람을 쳐다보며 "꼭 그가 토하기라도 한 것처럼 … 나는 (마치) 카펫에서 그의 토사물을 어떻게 치울지 걱정하는 듯한 몸짓을 했다"고 회상했다. 한 상원의원이 자신의 이름과 주소가 적힌 개인 편지지에 청탁하는 내용을 써서 보냈을 때 그는 이렇게 답장을 써 보냈다. "의원님, 누군가가 당신의 개인 편지지를 도용했습니다."

그러나 보고타는 아직 갈 길이 멀다. 제11장에서 본 것과 같이 카스트로와 모쿠스가 창출한 그 모든 개혁의 혜택에도 불구하고 사무엘 모레노가 이 도시를 약탈하는 것은 막을 수 없었다(이는 보고타에서 사회의 결집은 부분적인 것에 불과했고, 모레노는 모쿠스가 건설한 이 지역 기관들에 대한 신뢰를 이용할 수 있었기 때문이기도 했다). 그러나 모쿠스는 뭔가 새로운 것을 실험했고, 시민들과 직접 연합을 이루는 데 성공해 잠재적인 결집 효과를 불러왔다. 그는 이를 '시민 문화Cultura Ciudadana'라고 불렀는데, 그것은 오랑우탄의 턱시도를 벗겨내는 전략이었다. 라고스처럼 이곳에서도 그 일은 지역 차원에서 시작됐다.

—

우리는 이제 회랑으로 들어가는 입구는 당초 국가와 사회 간 힘의 균형에 따라 달라진다는 것을 살펴봤다. 처음에 독재적 리바이어던과 함께 출발했다면 사회의 힘을 키울 필요가 있다(그리고 경제적 엘리트나 군·관복합체의 권력 장악력을 완화할 필요가 있다). 부재의 리바이어던과 함께 출발했다면 국가의 역량을 확대할 필요가 있다. 종이 리바이어던과 같이 출발했거나 회랑이 보이지 않는 상황에서 시작했다면 국가와 사회가 동시에 힘을 키우도록 할 필요가 있다.

우리는 입구가 어디에 있든 상관없이 회랑 안으로 들어가기는 쉽지 않다는 점을 강조했다. 회랑에 진입하려면 그 이행을 뒷받침할 광범위한 연합, 흔히 새로운 연합이 필요하며 한 집단이 자신들의 독재적 통제력을 확립하려고 다른 집단을 배제하지 않도록 그 연합 내부의 권력 균형이 이뤄져야 한다. 그 성패는 권력 다툼이 완전한 양극화로 치닫거나 제로섬 게임이 되지 않도록 타협을 할 수 있느냐에 달려 있다. 또 회랑의 모양, 특히 회랑이 얼마나 넓은지 혹은 좁은지에 달려 있다. 이제 우리는 회랑의 모양에 영향을 미치는 요인들은 무엇인지, 그 요인들이 족쇄 찬 리바이어던과 민주주의의 미래에 무엇을 시사하는지 논의한다.

회랑의 모양

남아프리카에서 넬슨 만델라의 카리스마적이고 선견지명이 있는 지도력

만큼이나 중요했던 것은 1990년대의 경제적 조건들과 그에 따른 회랑의 모양이 20세기 초와 매우 달랐다는 사실이었다. 앞 장에서 우리는 회랑의 폭이 한 나라가 회랑 안에 머무를 가능성에 영향을 준다는 이야기를 했다. 어떤 나라가 회랑 안으로 들어가려 할 때도 다르지 않다. 제13장에 나오는 〈도표 5〉의 두 그림을 비교해보면 (예컨대 ANC가 다수집단인 흑인의 조직을 개선했기 때문에) 사회의 힘이 똑같이 커지더라도 (그림 A처럼) 회랑이 좁을 때는 한 나라가 그 회랑으로 들어가는 데 못 미칠 수 있지만, (그림 B처럼) 회랑이 넓을 때는 바로 그 안으로 진입할 수 있다는 것을 분명히 알 수 있다. 남아프리카의 회랑은 1990년대에 더 넓어져 그 안으로 이행할 가능성도 커졌다.

여러 요인이 회랑의 모양에 영향을 미친다. 제13장에서 논의한 강력한 토지 보유 집단과 관련된 한 가지 요인은 강요된 노동이다. 노동이 강요되는 관계는 국가와 엘리트가 정치 권력을 사용하는 방식을 좌우하므로 회랑의 폭에 영향을 미치기 때문이다. 그 관계는 또한 이런 유형의 독재 권력에서 나오는 이득을 좌우하고, 사회가 조직되는 방식에 영향을 주기 때문이다. 서로 연관된 이 세 가지 효과를 하나씩 살펴보자.

첫째, 강요된 노동은 그것이 노예나 농노의 형태이든, 혹은 토지 재분배나 규제 또는 남아프리카처럼 고용주의 협박을 통한 경제적 강요의 형태를 취하든, 사회에서 더욱 강력한 위계 구조를 만들어내 노동을 강요하는 엘리트층이 강요당하는 계층을 희생시키며 더 큰 힘을 얻게 해준다. 이 위계 구조는 국가와 사회의 힘이 어떤 형태로 주어지든 간에 둘 사이에 지속적인 균형을 이루기는 더 어렵다는 것을 의미한다. 그 결과 국가와 사회의 힘이 강요된 노동이 없는 안전한 회랑 안에 머무를 때와 같은 조합을 이루더라도, 노동이 강요되고 국가의 힘이 다수를 억압하면서 저임금의 경제 활동으로 내모는 데 집중적으로 쓰일 때는 회랑 밖으로 밀려날 수 있다. 그 결과는 더 좁아진 회랑이다.

둘째, 강요된 노동에 의존하는 경제 활동은 엘리트층이 단결해 어떤 대가를 치르더라도 기존 경제체제를 방어하고 공고히 하는 데 국가 권력을 사용하도록 부추긴다. 그들이 사회에 대한 지배를 강화할 수 있으면 1910년 이후 남아프리카에서 그랬던 것처럼 노동을 강요하는 체제를 심화시킬 수 있다. 이 역시 우리의 이론 틀에서 더 좁아진 회랑에 해당한다. 국가와 사회 간 힘의 균형이 같은 형태로 출발했더라도 강요된 노동이 존재하면 그 균형은 국가와 엘리트의 독재적 지배에 유리한 쪽으로 기울고, 따라서 족쇄 찬 리바이어던을 뒷받침하기가 더 어렵게 된다.

이 두 기제가 독재의 영향력을 강화하는 가운데 세 번째 기제가 사회의 조직화와 권력을 다투는 방식을 좌우한다. 노동이 강요되면 사회가 조직화해 집단행동으로 문제를 풀어갈 능력이 떨어진다. 노동 강요는 집단행동을 가로막고, 노동자들이 정치·경제적인 요구사항들을 효과적으로 제기하도록 돕는 노동조합 같은 조직들을 억제하기 때문이다. 독재적 리바이어던과 다른 쪽에 있는 부재의 리바이어던 체제에서도 어설프게 조직된 사회에서는 독재에 저항하기가 더 어려워지고 회랑은 좁아진다. 허약하거나 부재하는 국가와 함께 출발해 회랑 안으로 들어가는 것은 결정적으로 국가건설 과정이 시작된 후 사회가 조직화하고 국가와 엘리트에 대한 통제력을 계속해서 발휘할 힘을 제도화할 수 있느냐에 달려 있음을 상기하자. 하지만 강요된 노동의 멍에를 진 상황에서는 사회의 서로 다른 부문들이 조직화하고 집단으로 행동할 수 없으므로 그런 제도화가 더 어려워진다. 그 결과 제1장에서 이야기한 티브족의 경우와 똑같이 미끄러운 비탈의 문제는 더 심각하게 느껴지고, 국가건설 과정을 시작하기가 더 어려워지며, 회랑은 양쪽에서 더 좁아져 여러 정체가 그 안으로 들어가기도 어려워지고 진입 후에 그곳에 머물기도 어려워진다.

우리는 남아프리카의 초기와 최근의 역사에서 이 요인들을 모두 봤다. 흑인들의 강제노동은 남아프리카의 농업과 광업 부문에서 특히 광범위하게 확산해 있었는데, 1886년 트란스발에서 금이 발견된 후 결정적으로 중요해졌다. 값싼 흑인 노동력에 접근해 강압적으로 고용하고 싶어 하는 백인 농장주와 광산 소유자들의 바람은 흑인들의 참정권을 완전히 박탈하고 그들의 땅을 몰수하며 억압적인 아파르트헤이트체제를 구축하는 제도적 변화를 수용하도록 부추긴 결정적인 요인이었다. 남아프리카연방의 초기 역사에서 흑인들에게 배정하는 토지를 늘리고 흑인 취업 금지를 완화하려는 어떤 시도도, 사회적 영향이나 인간적인 희생이 얼마가 됐든 값싼 흑인 노동력에서 이득을 챙기고자 하는 백인 농장주와 광산 소유자들의 강력한 저항에 부딪혔다. 비록 때때로 흑인들의 봉기가 일어나기는 했지만, 그들이 이 독재적인 제도의 변화에 저항할 수 있도록 조직화하지 못한 데는 농업과 광업 부문에서 강압적 고용관계가 구축됐기 때문이기도 하다.

그러나 1980년대와 1990년대의 상황은 상당히 달랐다. 1990년대 남아프리카는 금과 다이아몬드 생산이 여전히 중요한 비중을 차지하기는 해도 제조업 위주의 경제구조로 바뀌었다. 산업가들은 대부분 흑인 취업 금지를 끝내는 것을 선호했고, 특히 강력한 흑인 지도자들을 자기네 편으로 끌어들일 수 있다면(BEE 계획이 그 일을 해냈다) 대의제가 강화된 민주주의체제 아래 자신들의 자산을 보호할 수 있으리라고 믿었다. 1990년대 남아프리카는 연방 형성 초기에 강제노동을 통해 설립했던 나라와는 아주 달랐다. 물론 아파르트헤이트체제에 대한 국제 제재로 대가를 치르게 되면서 남아프리카 기업계가 지나치게 억압적이고 차별적인 제도를 폐지하도록 추가적인 유인을 제공했다. 산업가들은 이제 아파르트헤이트 연합에서 갈라져 나올 준비가 돼 있었으며 ANC가 바로 그것을 이뤄냈다.

남아프리카의 회랑을 넓히는 데 똑같이 중요한 요인은 이제 대부분 제조업에 고용되고 노동조합에 참여한 흑인 시민들의 더 적극적이고 조직화된 요구였다. 흑인 노조가 공식적으로 인정되기 전에도 그들은 ANC와 협력해 흑인 노동자들을 조직하고 경제적, 정치적 요구사항을 공식화하는 데 핵심적인 역할을 했다. 학교에서 아프리카너 교육을 강요하는 데 반발해 일어난 1976년 소웨토 봉기 후 흑인 노조들은 공식적으로 인정을 받고 아파르트헤이트체제에 대해 압박을 가하기 시작했다.

강제노동이 회랑의 형태에 미치는 영향을 보면 남아프리카의 경험뿐만 아니라 제9장에서 논의한 코스타리카와 과테말라의 서로 다른 궤도를 이해하기 쉽다. 과테말라에서 대규모 커피 농장들이 강제노동을 대대적으로 이용한 것과 달리 코스타리카에서 커피를 생산하는 소규모 자작농은 그런 노동 강요를 하지 않아서 이 나라의 회랑은 넓어지고 그에 따라 족쇄 찬 리바이어던의 진화도 원활해진 것으로 보인다. 반면에 과테말라는 그 후 좁은 회랑으로 들어갈 가능성이 더욱 줄어들었다.

강제노동이 회랑의 형태에 미치는 영향을 보면 또한 남아프리카와 짐바브웨, 즉 또 다른 백인 소수집단의 수탈체제인 옛 로디지아가 서로 다른 경로로 갈라졌다는 사실도 이해할 수 있다. 로디지아와 남아프리카 사이에는 여러 유사성이 있는데, 특히 백인 소수집단이 이득을 보는 잘못된 방식으로 토지를 대거 분배한 것, 그리고 흑인들이 보잘것없는 임금을 받으며 백인 소유 농장과 광산에서 비숙련 노동을 제공할 수밖에 없었다는 점이 그랬다. 두 나라 모두 억압적인 정권을 무너뜨리려는 강력한 무장단체들이 있었고, 정권 편에는 타협을 거부하는 강경파들이 있었다. 그러나 로디지아에는 대부분 지역에 광산과 농장만 있었지만, 남아프리카에는 광산 소유주들과 농장주들뿐만 아니라 산업가들이 있었다. 로디지아의 백인 소수집단에 균열은 거의 없었고 오랫동안 폭력적인 투쟁이 계속되고 나서야 정권이 종식됐다. 마침내 정권이 무너졌을 때 회랑으로 진입하는 데 필요한 힘의 균형을 유지할 여력이 거의 없었다. 독립투쟁의 지도자 중 한 명인 로버트 무가베Robert Mugabe와 짐바브웨 아프리카 민족동맹 애국전선ZANU-PF의 동료들이 이끄는 로디지아는 독재적이고 견제받지 않으며 불균형적인 정권이 됐다. 그 결과는 예상대로 신생국가 짐바브웨의 국민과 경제에 재앙적이었다.

짐바브웨에는 만델라도 없었고, 공고한 연합을 형성해 데스먼드 투투 대주교가 '무지개 국가rainbow nation'라고 일컬었던 체제를 만든 BEE도 없었다. 이는 좁은 회랑을 가진 짐바브웨가 무지개 국가의 경제적 기반을 확보하지 못했기 때문이기도 했다.

어떤 조건에서는 족쇄 찬 리바이어던을 만들어내기가 더 어렵다. 족쇄 찬 리바이어던이 출현할 여건이 성숙하면 만델라의 지도력과 BEE를 통해 형성한 것과 같은 연합이 결정적으로 중요해진다. 남아프리카의 산업가들은 이 점을 분명히 인식했다. 백인 기업계 단체인 남아프리카석유협회 회장은 이렇게 지적했다.

> 경제적 파멸의 미끄러운 비탈로 굴러떨어지는 짐바브웨의 전철을 밟지 않으려면 모든 남아프리카인, 특히 기업인들은 흑인 경제 육성을 진지하게 받아들여야 한다.

그들은 그렇게 했다.

다른 세계?

우리는 아직 역사의 종언에 이르지는 않았고 각국의 국가와 사회의 관계가 모두 같은 형태로 수렴하지도 않겠지만, 지난 40년 동안 전 세계적으로 정치제도에 주목할 만한 변화가 나타났다. 제도의 여러 측면 중 측정이 상당히 잘돼 있는 한 가지, 즉 어느 나라가 후보자들이 자유롭게 경쟁하며 선거운동을 하고 시민들이 자유롭게 투표할 수 있는 선거민주주의electoral democracy를 도입하고 있는지를 생각해보자. 어떤 자료에 따르면 19세기 말 선거민주주의를 확립한 나라는 한 손으로 꼽을 정도였지만 1970년대에는 40개국, 2010년에는 120개국으로 늘어났다(2010년대는 민주주의가 잘 작동한 시대는 아니었는데도 말이다). 비록 선거민주주의체제가 (우리가 논의한 인도와 남아메리카의 사례가 잘 보여주듯이) 반드시 회랑 안에 있지는 않으며, 역사적으로 중세 유럽의 여러 나라처럼 민주주의와 거리가 먼데도 회랑 안에 들어간 나라들도 많이 있지만, 민주주의체제와 족쇄 찬 리바이어던 사이에는 선택적 친화성elective affinity**12**이 있다. 그러므로 선거민주주의체제가 늘어나는 추세는 회랑 안으로 들어가고 있거나 들어가려고 시도하는 나라들이 더 많이 있다는 사실을 나타낸다. 왜 그럴까?

우리의 이론은 회랑의 형태가 변한 것이 중요한 요인임을 암시한다. 고대 세계를 연구한 유명한 역사학자 모지즈 핀리Moses Finley는 스탠리 엥거먼

---

12 본래 어떤 화학 물질이 다른 특정 물질과 잘 어울리는 경향을 나타내는 말이었으나 사회과학에서 비유적으로 쓰이게 됐다. 19세기 독일 사회학자 막스 베버는 프로테스탄티즘 윤리와 자본주의 사이에 선택적 친화성(친화력)이 있다고 봤다. 여기서는 민주주의체제와 족쇄 찬 리바이어던 사이에 필연적인 인과관계보다는 어느 한쪽이 나타나면 다른 쪽도 나타날 고도의 개연성이 있다는 뜻을 표현한 것으로 보인다.

Stanley Engerman과 로버트 포겔Robert Fogel의 영향력 있는 저서로 19세기 미국 역사가들이 흔히 '특별한 제도'라고 불렀던 미국 노예제에 관한 《부정직한 시간Time on the Cross》에 대해 논평하면서 이런 명구를 남겼다.

> 전 인류의 역사에서 자유 노동, 임금 노동은 특별한 제도다.

고대 이집트의 거대한 노예 경제부터 유럽의 농노, 신세계의 현대판 노예와 다른 식민지의 온갖 강제노동에 이르기까지 강요된 노동은 대부분의 문명에서 기본적인 제도로서 역할을 했다. 노동자들에 대한 강제적인 관행들은 산업화 초기 단계에 이례적인 일이 아니었고, 1889년 영국에서 온갖 주종법들Masters and Servants Acts**13**들이 폐지된 후에야 사라졌다. 그러나 북한과 최근까지도 열악했던 우즈베키스탄, 네팔 같은, 세계의 몇몇 디스토피아 지대를 제외하면 지난 반세기 동안 대부분 경제에서 대규모 강제노동은 점차 시들해졌다. 이런 추세의 주요 동인은 남아프리카에서 보듯이 강제노동이 늘 농업이나 광업부문만큼 광범위하게 퍼져 있지 않았던 산업부문이 확대된 것이었다. 우리가 앞서 강조한 것처럼 제조업에서는 대체로 강제노동의 수익성과 실행 가능성이 떨어지기 때문이다. 다시 말해, 제조업은 생산 구조가 더 복잡해서 강제노동에 의존함으로써 얻는 수익률이 떨어지는 데다 공장에서 노동자들이 집단행동을 조직할 기회가 더 많아서 강제력을 유지하는 비용이 더 크기 때문이다. (강제노동이 감소한 또 다른 원인은 사회가 일단 회랑 안에 들어가면 나타나는 레드 퀸 효과에 있다. 예를 들어 우리는 제6장에서 몇몇 유럽 국가가 회랑 안에서 움직일 때 점진적이기는 해도 봉건제의 강압적 노동관계가

---

13 18, 19세기의 고용자와 피고용자의 관계를 규율하기 위한 여러 법률

사라진 것을 봤다.) 그 결과 회랑은 더 넓어지고 회랑 안으로 이행해 민주주의와 자유를 얻을 여지가 더 많이 생긴다. 물론 강제노동이 쇠퇴하는 것이 회랑의 형태를 바꾸는 유일한 요인은 아니다. 경제에 변화를 일으키는 또 다른 추세는 세계화인데, 이는 자유에 더 복잡하고 다면적인 시사점을 가진다.

세계화가 만드는 회랑

세계화의 경제 논리는 전문화를 촉진한다. 국제적인 교역 관계가 심화되면서 어떤 나라들은 제조업 생산과 수출을 늘리는 반면 다른 나라들은 농업과 광업에 특화한다. 이러한 경향은 회랑의 형태에 어떤 영향을 미칠까?

농업에 특화한 나라들의 경우 회랑은 더 좁아질 수 있다. 비록 21세기의 지주들이 지나치게 억압적이지는 않더라도 농업은 우리가 앞서 논의한 이유로 사회를 결집하는 데 불리할 것이다. 농업 비중이 높은 경제에서는 노동자들은 잘 조직화하지 못한다. 따라서 권력을 다투는 능력도 떨어질 것이다. 농업부문에서 집단행동을 조직하기가 더 어려운 다른 이유도 있다. 예컨대 시민사회단체들과 시위, 정당까지도 도시 지역에서 조율하기가 더 쉽다.

반대로 서비스업과 첨단기술 부문뿐만 아니라 제조업에 특화하면 회랑을 넓힐 수 있고 그에 따라 족쇄 찬 리바이어던이 나타날 가능성도 커질 것이다. 한국은 그런 가능성을 잘 보여주는 사례다. 한국은 시장친화적인 체제로 출발했으나 1948년 38선으로 북한과 갈라진 후 이승만 대통령 통치 아래 점점 더 독재적인 정권으로 바뀌었다. 공산주의를 채택한 북한의 존재론적 위협과 미국의 지원은 일련의 개혁, 특히 급진적인 토지 재분배로 이어졌으며, 그 후 산업화가 강력히 추진됐다. 박정희 장군이 1961년 쿠데타로 처음 집권하고, 그 후 그가 계엄령을 선포한 1972년까지 몇 차례의 선거로 권력을 유지하면서 산업화에 집중하는 전략은 강화됐다. 국제 교역과 제조업 수출은 이 기간 한국의 경제발전에 중추적인 역할을 했다. 경제성장은 주로 삼성과 현대 같은 유명한 기업들을 비롯해 '재벌'로 불리는 대규모 기업집단과 협력하는 정부의 계획에 따라 추진됐으며, 부분적으로 한국 산업계의 수요를 충족시키기 위한 교육에 상당한 투자가 이뤄졌다. 그러나 체계적인 억압에도 불구하고 1950년대에 번창했던 시민사회가 여전히 존재하고 산업화 과정에서 이미 노동조합이 조직화된 상황에서 이런 발전이 이뤄졌다. 이런 변화들은 1970년대에 군사정권에 맞선 대규모 시위의 토대가 됐다. 저항은 1987년 군사정권이 물러나고 민주적 선거가 시행되면서 최고조에 이르렀다. 군사정부가 폭력적으로 학생 시위자와 노동조합들을 탄압하면서 국내외에서 지지를 잃은 것이 민주적 체제로의 이행에 결정적이었다. 이런 이행 과정이 전반적으로 촉진된 것은 농업이나 자연자원에 의존하는 경제보다 산업화하는 경제에서 그와 같은 억압이 훨씬 더 파괴적이고 희생이 크기 때문이었다. 그러므로 한국의 경우 경제가 세계화되면서 제조업에 대한 전문화가 촉진됐으며, 이는 회랑의 폭을 넓혀주고 이 나라를 회랑 안으로 이끌어줬다.

그러나 경제적 전문화의 효과는 결정적으로 국가와 사회 사이에 존재하는 균형에 달려 있다. 이는 세계화 덕분에 훨씬 더 빠른 산업화를 경험한 중국과 한국을 비교해보면 분명해진다. 중국의 경우 급속한 산업화에도 불구하고 사회는 훨씬 더 약하고 정부는 더 독재적이어서 이런 변화들이 회랑으로 가는 지속적인 동력을 창출하지 못했다. 설사 회랑이 더 넓어지더라도 그로부터 너무 멀리 떨어져 있는 나라들은 그 안으로 쉽게 들어갈 수 없을 것이다.

그러므로 경제적 세계화의 효과는 엇갈린다. 어떤 나라들은 자연자원이나 농산물 생산에 전문화하는 경향이 있으며, 이 경우 온갖 강압적인 관행들이 여전히 실행될 수 있고 사회적 결집은 더 어렵다. 그에 따라 회랑은 더 좁아질 것이다. 그와 반대로 세계화는 다른 나라들을 제조업과 서비스업, 어떤 경우에는 심지어 첨단기술 업종에 전문화하도록 이끌 것이며, 그에 따라 회랑으로 들어가는 과정도 촉진될 수 있다. 세계화와 그에 따른 경제적·사회적 변화는 또한 아이디어의 교환을 촉진하고 때때로 사회적 결집을 자극하며 새로운 열망을 고취했다. 경제적 세계화의 효과에 관한 한 악마는 세부적인 내용에 숨어 있다.

—

전문화의 패턴을 바꾸는 요인은 경제적 세계화뿐만이 아니다. 대부분 나라에서 어느 정도 경제성장을 이루고 나면 사람들은 농업에서 벗어나 제조업과 서비스업으로 이동한다(부분적으로는 소비자들이 더 부유해지면서 농산물에 대한 수요보다 제조업과 서비스업 수요가 더 빨리 늘어나기 때문이다). 게다가 선진국에 도입된 새롭고 더 효율적인 기술이 세계의 나머지 지역으로 퍼져나가면서 제조업을 더욱 부양시킨다. 이처럼 오랜 시간에 걸쳐 나타나는 추세는 설사 느리고 국가별로 불균등하다 하더라도 농업 생산과 자연자원에서 벗어나도록 경제의 무게중심을 이동시키는 경향이 있으며, 세계화의 영향을 받든 받지 않든 회랑을 넓히는 데 도움을 준다. 회랑의 형태는 경제적 요인들에만 좌우되지 않는다. 국제관계 역시 회랑과 자유의 가능성에 영향을 미친다. 그러나 세계화와 마찬가지로 국제관계가 미치는 영향은 엇갈리는데, 한편으로는 회랑을 넓히는 쪽으로 작용하고 다른 한편으로는 독재자를 도와주기도 한다. 우리는 이런 국제적 요인들을 논의하며 이 장을 마무리하려 한다.

우리는 이제 모두 홉스처럼 생각한다

벨기에의 레오폴트 2세Leopold II 국왕은 유럽 강대국들이 아프리카대륙을 분할한 1884년 베를린회의Berlin Conference의 진정한 승자로 부상했다. 그는 자신이 독립된 '콩고자유국Congo Free State'의 보호 아래 콩고 분지의 광활한 지역을 인도주의와 박애주의적인 목적으로 통제할 것이라며 회의 참석자들과 미국의 체스터 아서Chester Arthur 대통령을 포함한 다른 나라 정상들을 설득했다. 실제로 이 나라는 전혀 자유롭지 않았으며, 인도주의적 목적과는 아무 상관이 없었다. 레오폴트는 이 나라를 자신의 개인 재산인 양 경영하며 이곳의 자원을 무자비하게 수탈했는데, 주로 1930년대에 합성고무로 대체되기 전에 수요가 많았던 천연고무가 수탈의 대상이었다. 레오폴트의 사병인 포르스 퓌블리크Force Publique는 강제노동에 동원된 원주민들에게 고무 생산의 할당량을 벅찰 만큼 부과하고, 채찍질하고 마을을 불태우고 할당량을 채우지 못한 노동자의 팔을 자르고, 대량 학살을 자행하며 그 명령을 집행했다. 초기의 인구 2,000만 명 중 레오폴트의 통치 기간에 희생된 인구가 1,000만 명에 이르는 것으로 추산됐다.

이 엄청난 인간적 비극으로부터 국제적인 인권운동이 시작됐는데, 이는 노예 폐지론자들이 그 전에 노예제를 끝내기 위해 폈던 운동을 토대로 했다. 1890년대 초 콩고를 여행한 미국 기자 조지 워싱턴 윌리엄스George Washington Williams가 콩고 주민들에 대한 극히 부당한 대우를 처음으로 폭로했지만, 그에 대한 국제사회의 반응은 미온적이었다. 1899년 조지프 콘래드Joseph Conrad가 콩고강의 기선 선장을 지낸 경험을 바탕으로 쓴 《어둠의 심장Heart of Darkness》이 출간되면서, 이 식민지에서 벌어지는 잔학행위가 국제사회의 관심을 끌기 시작했다. 국제 인권운동의 다른 두 선구자인 에드먼드 모렐

Edmund Morel과 로저 케이스먼트Roger Casement는 콩고자유국 주민들의 곤경을 이유로 들며 레오폴트의 콩고 통제를 끝낸다는 명시적인 목표를 가지고 콩고개혁협회Congo Reform Association를 설립했다.

모렐은 리버풀에서 콩고자유국을 오가며 물건을 실어 나르는 해운업체 엘더 뎀프스터에서 사무원으로 일하는 동안 레오폴트 국왕의 정권이 초래한 인간적 비극과 착취의 깊이를 이해하게 됐다. 그가 콩고에서 자행되는 학대를 폭로하자 영국 하원은 그 주장과 관련한 조사를 하도록 결의했으며, 조사는 영국 영사인 아일랜드 사람 케이스먼트가 수행했다(그는 나중에 아일랜드 독립투쟁에 관여했기 때문에 영국 당국에 처형당했다). 케이스먼트는 이 식민지의 상황에 관해 우리가 지금 아는 것을 대부분 발견했다. 케이스먼트의 일기를 보면 그가 지켜본 잔학성을 느낄 수 있다. 6월 5일부터 9월 9일까지 일기 내용은 이렇다.

6월 5일: 사람이 살지 않는 지역, 남아 있는 원주민이 없다.

7월 25일: 여러 마을에 들어가봤다. 가장 가까운 곳을 보니 인구가 무섭게 감소해 수백 명 중 93명만 남았다.

7월 26일: 가엾고 약한 사람들 … — 먼지는 먼지로, 재는 재로 — 다정한 마음, 측은히 여기는 생각은 어디 있단 말인가 — 다 사라져버렸다.

8월 6일: 원주민들에게서 많은 것을 받아 적었다. … 그들은 바구니를 가지고 늦게 왔다는 이유로 잔혹하게 매질당한다.

8월 13일: A.가 찾아와 비코로 쪽에서 손이 잘린 다섯 명이 나에게 그것을 보여주려고 미앙가까지 왔다고 말해줬다.

8월 22일: 볼롱고는 완전히 죽었다. 1887년 11월 당시 이곳에는 사람들이 가득했던 것을 기억한다. 이제 성인 열네 명이 전부다. 사람들은 비참하게 살고, 고무

세稅에 관해 몹시 불평했다. … 6시 30분 보쿠타에서 사람이 살지 않는 지역을 지나갔다. … 모우제데는 주민들이 모두 맘포코로 강제로 끌려갔다고 말했다. 가엾고 불행한 사람들.

8월 29일: 봉간당가에서 … 고무 '시장'을 둘러봤는데, 보이는 것은 총밖에 없었다. 무장한 남자들 약 스무 명 … 포플린 옷을 입고 고무를 가진 남자 242명은 모두 죄인처럼 감시당했다. 이것을 '거래'라고 한다면 새빨간 거짓말이다.

8월 30일: 타운에 인접한 음보예 마을에서 온 남녀와 어린이 열여섯 명이 묶여 있었다. 악랄하다. 남자들은 감옥에 들어갔고 어린이들은 내가 개입해서 풀려났다. 악랄하다. 악랄하고 수치스러운 체제다.

9월 2일: 여성 열여섯 명이 피터스부대 초병들에게 붙잡혀 감옥으로 보내지는 걸 봤다.

9월 9일: 11시 10분 다시 볼롱고를 지나갔다. 가엾은 사람들이 내 도움을 간청하려고 카누에서 기다렸다.

1904년 출간된 케이스먼트 보고서는 콩고에서 벌어지는 충격적인 가혹 행위를 목격한 사실을 바탕으로 생생하게 기록했다. 이는 특히 레오폴트의 부하들이 고무 생산 할당량을 못 채웠다며 원주민들에게 가한 신체 절단 행위를 상세하게 전했다. 예를 들면 이런 것이다.

호수 지방에 있는 동안 나는 실제로 (신체 절단 사례) 두 건을 목격했다. 하나는 어떤 젊은 남성의 두 손 모두 나무에 대고 소총 개머리판으로 잘라낸 경우였고, 다른 하나는 11세 아니면 12세의 어린 소년의 오른손을 손목 부위에서 잘라버린 사건이었다. … 이 두 경우 모두 정부 군인들이 내가 이름을 파악한 백인 관리들과 동행했다. 고무 수탈체제 때 이런 식으로 신체가 절단된 원주민 여섯 명(소녀한 명, 어린 소년 세 명, 청년 한 명, 늙은 여성 한 명) 중 내가 방문한 날 사망하지 않은 이는 한 명밖에 없었다.

이 보고서의 종합적인 평결은 유죄라는 것이다.

1890년대 중반 콩고 분지와 그 생산물은 레오폴트에게 엄청난 부의 원천이었으며, 그는 아프리카에 있는 자신의 대리인들을 시켜 콩고자유국 우림지역 내부에서 고무를 뽑아내기 위해 잔혹한 수탈체제를 확립하는 동안 자신의 부를 벨기에 수도 브뤼셀을 치장하는 데 썼다.

이 보고서는 국제사회의 여론을 바꿔놓았고 덕분에 콩고개혁협회의 대의는 대서양 양쪽에서 조지프 콘래드뿐만 아니라 아서 코난 도일Arthur Conan Doyle 경, 마크 트웨인, 부커 T. 워싱턴Booker T. Washington, 버트런드 러셀Bertrand Russell을 비롯한 유명인들의 지지를 받기 시작했다. 이는 결국 이 식민지에 대한 레오폴트의 지배를 끝장내기에 이른다.

국제 인권운동은 성숙해서 제2차 세계대전 후에는 국제적으로 영향력이 더 커졌다. 제15장에서 논의할 1948년 세계인권선언Universal Declaration of Human Rights이 그 중심이 됐다. 1948년 인종 말살 범죄 예방과 처벌에 관한 유엔협약United Nations' Convention on the Prevention and Punishment of the Crime of Genocide도 똑같이 중요한 진전인데, 이 세기 초반의 악명 높은 인종청소 문제들을 다뤘기 때문만은 아니다. 1899년과 1907년 헤이그협약Hague Conventions과 1864년까지 거슬러 올라가는 제네바협약Geneva Convention 같은 그 전의 논의나 선언 들이 각국의 주권을 인정하면서 주권국 간의 관계와 전시의 교전자 및 민간인 대우를 규제하려 한 것과는 대조적으로, 이 협약은 국가가 아무리 원하더라도 시민들을 마음대로 다룰 수 없다는 생각을 담고 있었다. 협약은 이렇게 밝혔다.

> 인종 말살 또는 제3조에서 열거한 행위 중 어느 것이라도 범한 사람들은 헌법상 책임 있는 통치자, 정부 관리 또는 민간의 개인을 막론하고 처벌한다.

메시지는 명백했다. 리바이어던이든 아니든 간에 사람들에 대한 잔학행위는 허용되지 않으리라는 것이었다. 처음에 이 협약은 실질적인 제재수단이 없는 일종의 의향서에 불과했다. 그러나 국가 내의 인권과 시민권 침해 실태를 드러내고 예방하는 국제앰네스티와 휴먼라이츠워치, 2002년 설립돼 개인들과 심지어 국가 정상들까지 인종 말살과 반인류 범죄, 전쟁 범죄에 대해 기소할 수 있는 권한을 가진 국제형사재판소International Criminal Court 같은 몇몇 기구의 활동으로 주권 국가들에 대한 국제적 압력과 감시가 강화됐다.

물론 이 협약과 기구들의 실효성을 과장해서는 안 된다. 실제로 제2차 세계대전 이후에 저질러진 수십 건의 인권침해, 심지어 1970년대 캄보디아와 1994년 르완다, 2000년대 수단에서 발생한 인종청소 사례까지 있다. 그렇지만 국제 인권운동은 전 세계적으로 국가와 사회의 관계에 두 가지 근본적인 영향을 미쳤다. 이 운동은 극단적인 억압을 훨씬 더 분명히 드러냄으로써 국가와 엘리트층이 사회를 억누르는 데 더 큰 비용을 치르도록 했다. 또 사회단체들이 독재에 대항하기 위해 힘을 합치는 데 필요한 일련의 공통적인 기준과 공통의 언어를 제공했다. 이 두 가지 영향은 부분적으로 독재정권의 조직적인 인권 및 시민권 침해를 명확히 보여줌으로써 사회의 결집을 촉발한 여러 '색깔 혁명들color revolutions'에서도 확인할 수 있다. 우리의 이론 틀에서 보자면 이런 국제적 대응은 독재적 리바이어던의 입지를 좁히면서 회랑을 더 넓혀준다. 다시 말해 다른 상황에서라면 독재의 동학을 초래했을 같은 국가 권력이 이제 국제 인권단체들과 그들의 도움으로 이뤄진 사회적 결집에 따라 억제될 수 있다.

국제 인권운동은 또 특히 국가의 역량이 조직화하도록 촉진하고 그 역량이 특정 하위집단들에 대한 차별과 학대를 막는 데 쓰이도록 함으로써 다른 측면에서도 회랑을 확장해준다. 일례로 국제앰네스티가 가정 폭력과 여성 할례 반대 운동에서 한 역할을 들 수 있다. 2012년 유엔은 마침내 여성 할례를 반대하는 결의안을 통과시켰으며, 이 과정에서 국제앰네스티가 결정적인 역할을 했다. 그에 따라 불리하고 차별받는 이들을 보호하기 위해 국가 역량을 더 많이 활용하는 것은 부재의 리바이어던 쪽의 회랑을 넓히는 것에 해당한다.

이러한 힘이 작용하면 사람들은 국제관계가 회랑을 넓히고 족쇄 찬 리바이어던의 부상을 촉진하는 강력한 동인이 됐다고 생각할지 모른다. 하지만 현실은 더 미묘하다. 국제관계의 더 널리 퍼져 있는 특성은 회랑을 더 좁게 만들고 독재적 리바이어던과 부재의 리바이어던을 강화해준다.

—

2017년 10월 1일 세계보건기구WHO는 당시 짐바브웨 대통령이던 로버트 무가베를 비전염성 질병의 홍보대사로 선임하면서 그가 이 지위를 "그 지역 동료들에게 영향력을 미치는 데" 활용할 수 있을 것이라고 밝혔다. 무가베 대통령이 유엔에서 연설하는 모습을 이 책에 실은 〈사진 26〉에서 볼 수 있다. 여기서 영향력이라는 것은 대체 무엇을 말하는가? 이 홍보대사는 자국민을 억압하고, 마타벨레랜드에서 시민 수천 명을 학살하고, 토지를 몰수해 그 자신과 가족, 자신의 정당 지지자들에게 재분배하고, 그러지 않았으면 생산적이었을 경제를 대거 몰락시키고, 정기적으로 선거 부정을 저지른 바로 그 로버트 무가베다. 그런데도 보건과 의료 면에서는 짐바브웨가 잘하고 있다는 말인가? 그렇지 않다. 짐바브웨 국민의 전반적인 건강은 이 나라의 경제 상황과 더불어 줄곧 나빠졌다. 전체 인구의 8퍼센트에 이르는 사람들이 HIV[14]에 감염된 것으로 추산되며, 기대수명은 줄곧 낮아져 출생 시 남성은 59년밖에 못 살 것으로 예상된다. 이 나라 의료체계가 파괴된 탓에 2008~2009년 콜레라 대유행을 막지 못했고 그 결과 감염자 10만 명 중 최대 4,000명이 목숨을 잃은 것으로 추산된다. 짐바브웨 의료체계가 어떤 상태인지 가장 잘 보여주는 일화는 퇴임 전 무가베가 자신의 건강을 자국 의사들에게 맡기지 않고 싱가포르로 진료를 받으러 계속해서 날아간 것이다. 2016년 그의 의료 관광 비용은 이 나라 전체 의료 예산의 6분의 1인 5,300만 달러로 추산된다.

무가베의 홍보대사 선임은 국제체제를 더 광범위하게 살펴보기 전에는 이해할 수 없다. 유엔을 포함해 때때로 국제 인권운동에서 중요한 역할을 하는 국제기구들은 주권국의 정상들과 함께 일하기 위해 존재한다. 그 국제기구들의 헌장은 홉스의 사고를 반영해 어떤 국가가 존재하면 그것은 바로 그 나라를 대표하며 국제적으로 존중받을 가치가 있다고 본다. 이는 각국 대통령들과 총리들, 군사독재자들, 왕들, 심지어 자국민의 인권과 시민권을 침해하며 난폭하게 억압하는 이들까지 모두 인정한다는 뜻이다. 국제적인 존중뿐만 아니라 금융 자원 역시 누구든 일정한 영토 내에서 국가를 대표하는 이들에게 흘러간다. 소말리아 같은 일부 아프리카 국가들의 경우에 이런 금융

14 에이즈 바이러스

자원이 정부 예산의 40퍼센트에 이른다. 이런 국가 중심의 국제체제가 형성된 데는 그럴 만한 이유가 있다. 각 국가를 정당한 상대로 인정하지 않으면 국제 협력은 훨씬 더 어려워지고 정권들이 흔들릴 수도 있기 때문이다. 어떤 의미에서 국가 중심의 국제체제는 잘 작동했다. 예를 들어 이런 체제는 지금까지 아프리카와 남아메리카에서 국경 분쟁과 충돌의 여건이 조성됐을 때도 전쟁을 막을 수 있었다.

그러나 우리가 제시한 개념 틀의 관점에서 보면 홉스 이론의 가장 의심스러운 부분, 즉 주권은 언제나 정당하며 권력은 올바른 일을 한다는 생각을 반영한 이런 국제체제는 회랑의 폭을 좁게 만드는 의도하지 않은 결과를 낳았다. 국제적인 정당성은 국내의 정당성으로 변환되며, 국내의 반대를 탄압하고 억압하는 구실을 만들어준다. 그것은 국가가 여러 자원에 접근할 수 있도록 해주고 현재의 엘리트가 맨 위에 있는 위계 구조를 굳혀준다. 이처럼 힘의 균형이 국가에 유리한 쪽으로 기울면 국가와 사회의 관계에 해로운 영향을 미친다. 우선 사회가 국가의 독재적 권력에 대항하기가 훨씬 더 어려워진다. 또 사회가 그 힘을 제도화하기도 훨씬 더 힘들어진다. 우리는 이미 제11장에서 이런 효과들을 이야기하며 국가 중심의 국제체제가 종이 리바이어던을 받쳐줄 수 있음을 살펴봤다. 비록 종이 리바이어던의 뿌리는 식민 지배에서 찾아볼 수 있지만, 그들이 계속해서 존재할 수 있는 것은 국가 중심의 국제체제가 그들을 존중받을 만한 진정한 리바이어던으로 대우하기 때문이다. 그러나 종이 리바이어던은 결집 효과와 사회의 반발을 너무나 염려한 나머지 어떤 형태의 국가 역량도 구축하지 못하며, 그 과정에서 사회의 힘을 제도화할 수 있는 어떤 가능성도 허물어버린다. 그 결과 국제 인권운동에 반하는 강력한 힘이 작용하며 회랑이 더 좁아진다.

—

그렇다면 이 모든 요인과 우리가 아직 논의하지 않은 다른 요인들이 작용할 때 우리는 다가오는 몇십 년 안에 회랑이 더 넓어지고 자유의 가능성이 커질 것으로 기대할 수 있을까? 답은 명확하지 않지만, 우리는 낙관주의자이며, 여러 나라에서 독재자들에 대한 지지율이 치솟고 회랑 안에 있는 일부 국가는 어느 때보다 불안정해 보이는 현시점에서도 회랑은 대부분의 경우에 조금 더 넓어지고 있다고 생각할 근거를 찾을 수 있다. 그러나 제1장에서 얻은 주된 교훈은 그대로 유지된다. 모든 나라가 똑같은 형태의 국가기관들 그리고 국가와 사회의 똑같은 관계를 향해 나아가는 자연적인 경향은 없다. 독재적 리바이어던과 종이 리바이어던, 부재의 리바이어던이라고 해서 족쇄 찬 리바이어던보다 강건성이 떨어지지 않는다. 마찬가지로 이 장에서 얻은 또 하나의 교훈도 중요하다. 회랑이 어떤 형태이든 간에 새롭고 광범위한 연합을 형성하지 못하고 타협을 뒷받침하지 못하는 나라는 회랑 안에 발판을 마련하는 데 실패한다.

제15장

리바이어던과 살아가기

하이에크의 실수

제2차 세계대전 중 런던정경대학LSE 학장인 윌리엄 베버리지William Beveridge는 「사회보험과 관련 서비스Social Insurance and Allied Services」라는 제목의 정부 보고서를 내기 위한 공무원 팀을 이끌었다. 오늘날 '베버리지 보고서'로 알려진 이 문서는 영국에서 복지국가 확대의 기초가 됐다. 보고서의 핵심 권고 사항에는 국민보험의 대폭 확대와 실업급여와 상병수당, 연금 제공 계획, 국민건강보험National Health Service 형태의 보편적 무료 보건의료 서비스 도입, 최저임금 시행이 포함됐다. 이 보고서는 영국의 일반 국민 사이에 엄청난 인기를 끌었다. 전후 노동당 정부의 국민보험 담당 장관인 제임스 그리피스James Griffiths는 회고록에 "전쟁 중의 가장 암울한 시기에 (이 보고서는) 하늘의 감로수처럼 떨어졌다"고 썼다.

이 보고서의 권고 사항 중 유아와 아동, 산모에 대한 지원을 확대하고, 5세 이하 어린이가 있는 어머니와 가족들에게 정부 보조로 연료와 우유를 제공하며, 어린이들을 위한 무료 학교 급식을 제공하는 프로그램을 포함한 일부 정책은 전쟁 중에 시행됐다. 1945년 노동당은 베버리지 보고서를 실행하겠다는 약속을 바탕으로 압승을 거둬 집권했고, 나아가 보고서의 구상을 실현하는 상징적인 법률을 여럿 제정했다. 여기에는 1945년 가족수당법Family Allowances Act과 1946년 국민보험법National Insurance Act, 1948년 국민부조법National

Assistance Act, 1946년 국민건강보험법National Health Service Act이 포함됐다.

당시 LSE에서 학생들은 가르치고 있던 빈 출신의 한 똑똑한 이민자는 깜짝 놀랐다. 프리드리히 폰 하이에크Friedrich von Hayek의 주된 걱정은 전체주의 국가의 부상이었다. 몇 년 전 나치즘Nazism을 피해 도망쳤던 그는 나치즘을 전체주의 국가의 극단적인 형태로 봤다. 하이에크는 특히 경제에 대한 '사회주의' 국가의 계획과 정부 규제가 일종의 전체주의를 형성하게 될까 봐 염려했다. 그는 먼저 윌리엄 베버리지에게 보낸 메모에서 경제에 대한 국가의 관리 확대의 위험성에 관한 자기 생각을 표현했다. 이 메모는 잡지 기사로 발전했고 그 후 20세기 사회과학의 가장 영향력 있는 저작 중 하나가 된 《노예의 길The Road to Serfdom》(프리드리히 하이에크 저, 김이석 역, 자유기업원, 2018)이라는 책으로 출간됐다. 하이에크는 정부 개입이나 사회보험을 모두 반대하지는 않았다. 그는 "어떤 거친 경험법칙들rules of thumb, 무엇보다 자유방임laissez faire의 원칙에 관한 일부 자유주의자들의 아둔한 고집보다 자유주의의 대의에 더 해를 많이 끼치는 것은 없을 것"이라고 쓰고 "건강과 근로 능력을 유지하기에 충분한 최소한의 의식주가 모두에게 보장될 수 있다는 데에는 의심할 여지가 없다"고 덧붙였다. 그러나 하이에크는 국가가 임금과 자원 배분에 영향을 미치는 결정적 역할을 하는 것에 대해서는 걱정했다. 그는 여러 나라가 부분적으로 사회주의 이념의 영향을 받아 그런 방향으로 나아가고 있는지도 모르며 자신의 책이 그것을 바로잡아야 한다고 생각했다. 하이에크는 노동당 정부의 정책들을 지켜본 후 1956년 미국판 서문에서 이렇게 밝혔다.

> 개혁가들의 목표로서 사회주의를 복지국가라는 이름 아래 대부분 대체한, 어설프게 조합되고 흔히 일관성을 잃은 뒤죽박죽된 이상들이 전면적인 사회주의와

아주 비슷한 결과를 낳지 않도록 하려면 대단히 신중하게 정리할 필요가 있다. 그렇다고 그 목표 중 일부가 실행 가능성도 없고 칭찬할 만한 것도 아니라는 뜻은 아니다. 그러나 같은 목표를 향해 우리가 선택할 수 있는 길은 많이 있으며, 여론이 지금 같을 때는 빠른 결과를 바라는 우리의 조급함 때문에 특정 목표를 달성하는 데 더 효율적일 수도 있지만 자유로운 사회를 유지하는 데에는 적합하지 않은 수단들을 선택하게 될 위험이 있다.

그는 이어서 이렇게 밝혔다.

물론 영국의 사회주의 정부는 6년 동안 전체주의 국가와 닮은 어떤 것도 만들어내지 않았다. 그러나 이것이 《노예의 길》의 논리를 반증한다고 주장하는 이들은 실제로 중요한 논점을 놓쳤다. 광범위한 정부 통제가 빚어내는 가장 중요한 변화는 심리적 변화, 즉 사람들의 성격이 바뀌는 것이다. 이 과정은 필연적으로 느리게 진행되어, 몇 년이 아니라 어쩌면 한 세대나 두 세대에 걸쳐 나타난다. 중요한 것은 권력에 대한 사람들의 태도와 정치적 이상은 우리가 살아가는 데 영향을 미치는 정치제도의 원인일 뿐만 아니라 결과라는 점이다. 이는 무엇보다 정치적 자유의 굳건한 전통도 새로운 제도와 정책들이 점차 그 정신을 훼손하고 파괴하는 바로 그런 위험이 있다면 결코 안전장치가 될 수 없음을 의미한다.

하이에크가 여기서 말한 "심리적 변화"는 우리가 사회에 대한 국가의 지배라고 한 것과 비슷하다. 이 관점에서 보면 하이에크는 영국에서 확대된 국가 권력이 사회를 무력화하고 독재로 가는 길을 닦으리라는 점을 염려했다. 하이에크 자신이 다른 곳에서, 그리고 위의 인용문에서도 주장한 것처럼 그 목표 중 어떤 것들은 '실행할 수 있고 칭찬할 만한' 것일 수 있다. 하지만 그것만으로는 불충분한데, 왜냐면 국가 권력이 커지면 국가와 사회 간 관계의 특성이 위태로워질 수 있기 때문이다. 하이에크가 두려워 한 것은 바로 그 점이었다. 사실 이 같은 잠재적인 문제에 대해 하이에크가 구상한 방어 논리는 우리의 주장과 일치한다. 그는 이렇게 썼다. "물론 그 정신이 제때 다시 효과를 내고, 사람들이 자신들을 점점 더 위험한 방향으로 이끌어간 정당에 등을 돌릴 뿐만 아니라 그 위험의 본질을 인식하고 단호하게 그 진로를 바꾼다면 그런 결과를 피할 수 있다."

달리 말하면, 하이에크는 독재적 리바이어던이 출현하는 것을 막는 길은 사회가 국가의 권력과 지배에 맞서 효과적으로 움직이는 수밖에 없다는 것을 인정했다. 여기까지는 좋다. 그러나 하이에크의 빈틈없는 분석은 한 가지 활력, 즉 레드 퀸 효과를 빠트렸다. 사회가 국가 역량 확대에 맞서 할 수 있는 선택은 국가를 완전히 억제하는 길만 있는 게 아니다. 사회는 그 대신에 자신의 역량과 국가에 대한 자신의 견제장치를 확대할 수 있다. 제2차 세계대전 후 영국과 유럽 대부분 국가에서 바로 그런 일이 일어났다. 그리고 제10장에서 봤듯이 이 동학의 일부는 미국에서도 작동했다.

사실 인류 진보의 많은 부분은 더 강력해지고 기민한 사회와 더불어 새로운 도전에 맞서며 나아가는 국가의 역할과 역량에 달려 있다. 국가의 역량을 키우지 못하게 싹을 잘라버리는 것은 인류 진보를 가로막는 것이다. 경제적 혹은 사회적 위기의 순간에 국가가 그 영역을 확장하는 것은 특히 중요하다. 영국의 베버리지 보고서는 그런 위기에 대응하려는 것이었다.

그러므로 하이에크의 실수는 두 가지다. 첫째, 레드 퀸의 힘을 예견하지 못하고 그것이 족쇄 찬 리바이어던을 회랑 안에 머무르게 해줄 수 있다고 인식하지 못했다. 둘째, 어쩌면 예상대로 그는 이제 훨씬 더 명확해진 것, 즉 국가가 재분배에 나서고, 사회안전망을 구축하며, 이미 20세기 초반부터 갈수록 복잡해지던 경제를 규제하는 데 역할을 해야 할 필요성을 보지 못했다.

—

특히 새로운 도전을 맞았을 때 회랑 안에 머무르는 일은 자동으로 일어나지 않는다. 우리는 제13장에서 레드 퀸이 제로섬 게임으로 치달을 때 그 나라들이 어떻게 회랑 밖으로 굴러떨어지는지 봤다. 하이에크는 자유에 대한 더 기본적인 도전, 즉 새로운 유형의 '노예 상태'로 이끄는 행정국가administrative state의 힘이 확대되는 것을 염려했다. 그러나 레드 퀸 효과는 또한 제로섬 게임이 되지 않는 한 확장하는 국가에 대한 견제 기능을 유지할 수 있도록 새로운 능력과 제도적 장치를 개발하면서 사회가 회랑 안에 머물도록 도와주는 강력한 힘이 될 수 있다. 대공황 기간에 스웨덴이 복지국가를 건설한 것은 레드 퀸이 그런 역할을 할 수 있으며 사회를 결집하려면 보통 새로운 연합이 필요하다는 점을 다른 어떤 사례보다 잘 보여준다.

암소 거래

대공황은 서방세계 전역에 걸쳐 국가와 사회에 위기를 불러왔다. 경제위기는 정치적 위기를 초래했지만, 나라마다 위기가 전개되는 양상은 아주 달랐다. 독일은 나치즘에 굴복해 곧바로 회랑에서 벗어났지만, 미국은 자체의 제약들 아래서 이 문제들을 다루려고 애썼고, 스웨덴은 레드 퀸 효과에 힘을 얻어 국가와 사회의 역량을 동시에 확대하는 상징적인 본보기가 될 만한 일을 시작했다. 두 차례 세계대전 중간에 스웨덴은 남성의 보통선거권을 도입했고, 더욱 본격적인 경쟁 선거의 형태가 나타났으며, 새로운 연합들은 스웨덴을 회랑 안에 머무르게 해줬을 뿐만 아니라 노동시장을 규제하고 소득 분배에 영향을 미치는 국가의 역량을 대폭 확대해줬다. 몇 가지 요인들이 이런 변화의 기반을 마련해줬다.

20세기로 바뀔 무렵 스웨덴 경제는 대체로 농업 중심이어서 농업에 종사하는 인구가 여전히 전체 인구의 절반에 달했다. 제6장에서 본 것처럼 스웨덴은 농민들을 포함한 의회를 통해 대의제를 실현하는 오랜 역사를 지니고 있었으며, 19세기까지 토지를 보유한 귀족들은 부와 권력을 많이 잃었다. 그러나 참정권의 범위는 제한적이었고, 여전히 귀족적인 제2의회[1]가 정치에 상당한 영향력을 행사했다. 남성의 보통선거권은 1909년 제2의회 선거에, 1918년에는 모든 선거에 도입됐으며, 1918년 왕권이 축소되면서 경쟁 선거를 통한 의회민주주의의 길을 닦았다. 스웨덴 노동자당SAP은 이 제도적 변화에서 결정적인 역할을 했다.

중요한 것은 유럽의 다른 여러 사회주의 정당들과 달리 SAP는 집권을 위한 경쟁을 시작하기 전에 마르크스주의의 뿌리를 완전히 잘라내버렸다는 사실이었다. 20세기 초의 영향력 있는 지도자인 얄마르 브란팅Hjalmar Branting은 이 변화의 설계자 중 한 명이다. 유럽 대륙의 다른 사회주의 정당들이 프롤레타리아트 주도의 혁명을 위해 저항하면서 신랄한 이념 투쟁으로 선거 승리 가능성을 떨어트리는 동안 브란팅은 SAP를 진정으로 선거에 참여하는 세력으로 바꿔놓기 위해 연합 상대를 찾느라 바빴다. 그는 1886년 이렇게 주장했다. "스웨덴처럼 낙후된 땅에서 우리는 중산층이 갈수록 대단히 중요한 역할을 한다는 사실을 무시할 수 없습니다. 중산층이 그 뒤를 받쳐주는 노동자들을 필요로 하는 것과 마찬가지로 노동자 계층은 이런 변화에서 도

1 하원

움을 얻을 필요가 있습니다. …”

20세기가 시작될 때 SAP의 주요 목표가 의회의 양원에 대해 남성의 보통 선거권을 확보하는 것이었다는 사실도 이런 탐색을 하는 데 유리했다. 보통 선거권을 확보하는 것은 농장주와 소작농 들을 포함해 스웨덴에서 대표성을 갖지 못한 모든 이들에게 권리를 주는 전략에 전념하는 계획을 추진한다는 의미였다.

대공황이 왔을 때 스웨덴도 피해를 봤다. 다른 여러 나라처럼 스웨덴 정부는 자국 통화 크로나를 방어하려고 애썼고, 이를 위한 정책들이 디플레이션을 초래하고 실업률이 치솟으면서 위기는 더 깊어졌다. 스웨덴이 부분적으로 정책 노선을 바꾸고 1931년 영국이 통화가치를 평가절하한 후 금본위제를 포기했는데도 상황은 나아지지 않았다. 바로 이런 맥락에서 SAP가 연합 상대를 찾으면서 스웨덴 정치를 바꿔놓기 시작했다. 연합 상대를 찾던 SAP는 이 시기에 중산층에서 농장주와 소작농들에게 돌아섰다. 힘든 싸움이었다. SAP는 노동조합들과 연합했는데, 노동조합의 주된 목표는 실업급여를 보존하고 높은 임금을 유지하며 공공사업과 정부 지출을 활용해 산업부문에서 일자리를 창출하는 것이었다. 그들은 노동자들의 식품 가격을 올리는 어떤 정책에도 반대했다. 반면 농민들은 노동자들의 높은 임금에 반대하고, 대신 유통위원회marketing board들을 통한 가격 지지와 농산물 가격을 끌어올릴 다른 방안들을 원했다.

그래도 SAP는 탐색을 멈추지 않았다. 1932년 선거를 앞두고 당을 이끌던 페르 알빈 한손Per Albin Hansson은 SAP를 ‘민중의 가정people's home’으로 내세우며 모든 스웨덴 사람들에게 문호를 개방했다. 그는 이렇게 설명했다.

당의 가장 중요한 과업은 아무 잘못도 없이 경제위기로 고통받는 모든 집단을 돕기 위해 온 힘을 다해 일하는 것(입니다). … 당은 다른 계층의 희생을 대가로 (단일한) 노동자 계층을 지지하고 돕는 것을 목표로 삼지 않습니다. 또 미래를 위해 일하면서 산업 노동자 계층과 농업에 종사하는 계층, 혹은 손으로 일하는 노동자들과 머리로 일하는 노동자들을 차별하지 않습니다.

SAP 지도자들은 경제위기가 초래한 비참한 상황에 대응하는 차원에서 이 전략을 제시했으며, 유권자들에게 이 당이 대공황의 부정적 영향에 맞서 기꺼이 행동주의적인 실험에 나선다는 점을 주된 강점으로 내세웠다. 1932년 선거에서 이 당의 공약은 이 점을 분명히 하면서 다음과 같이 밝혔다.

사회 전 부문에 희생자를 발생시키며 확산하는 위기가 이 나라를 삼킨 가운데 … (우리 당은) 상황의 지속적인 개선을 위한 정책들을 취하려고 노력하며, (또한) 국가가 이 위기의 무고한 피해자들을 효과적으로 돕도록 유도하는 데 온 힘을 기울인다.

전략은 효과가 있었다. 이 당의 득표율은 1928년 선거와 비교하면 엄청나게 높아져, 비록 과반수에는 못 미쳤어도 전체 투표의 41.7퍼센트를 차지하며 기록적인 성공을 거뒀다. 농민들의 지지를 얻으려는 한손의 노력이 성과를 내고 SAP가 이른바 '암소 거래cow trade[2]'를 준비하며 정부를 구성하기 위해 농민당과 연합에 들어간 것은 바로 이 시점이었다. SAP는 농산물 가격을 올리기 위한 보호주의 정책들을 받아들였고, 그 대신 산업부문에서 정부 지출

---

2 영어의 '말 거래horse trade'처럼 주고받기식 정치적 타협을 의미하는 스웨덴어 '*코한델 kohandel*'의 직역

을 늘리고 임금을 올리기 위한 위기 대책을 실행할 수 있도록 위임을 받았다.

이 대책은 처음에 발렌베리Wallenberg 가문 같은 영향력 있는 은행 사업가들, 그리고 수출 시장에 내다 팔 것을 생산하면서 높은 노동비용이 경쟁력을 떨어트릴까 염려하는, 기업계에서 가장 규모가 크고 적극적인 집단의 반대에 부딪혔다. 그러나 유권자들이 대거 SAP 뒤에 줄을 선 것으로 드러난 1936년 선거 후에는 상황이 달라졌다. 이 광범위한 지지는 1938년 조그만 휴양도시 살트셰바덴에서 정부뿐만 아니라 기업계와 노동조합, 농민 대표들의 만남으로 이어졌다. 이 회의는 기업계를 포함하면서 '사회민주주의' 연합을 확장하는 결과를 낳았으며, 기업들은 협력적인 노사관계와 파업 축소를 얻는 대신 새로운 정부 프로그램과 복지국가, 그에 따른 높은 임금을 받아들였다.

이 모형은 제2차 세계대전 후 더 발전했다. 스웨덴에서 국가는 평등과 성장을 모두 뒷받침해야 한다는 사상을 중심으로 사회적 합의가 이뤄졌다. 이 합의에서 조합주의 모형corporatist model이 출현했는데, 이 모형을 채택한 국가는 노동자들에게 후한 혜택을 주면서 동시에 온건한 임금 결정을 장려하고 (예를 들어 노동자들을 재훈련시켜 일자리를 찾도록 도와주는) 적극적 노동시장 정책들을 통해 노동시장의 유연성 제고를 촉진했다. 살트셰바덴 협약에 따르는 이 전략은 기업계에도 도움을 줬다. 이 체제의 보루는 산업 단위에서 사회적 협상으로 모든 기업의 임금 수준을 정하는 중앙집중식 임금 결정 방식인 렌-마이드너 모형Rehn-Meidner model이었다. 이는 (같은 일을 하는 노동자들은 모두 같은 급여를 받는) '임금 압착wage compression[3]'을 통해 노동자들 간에 더 평등한 소득 분배를 이룰 뿐만 아니라 생산성이 더 높은 기업들이 더 높은 임금을 줄 필요가 없다는 뜻이기도 했다. 이는 생산성을 높인 기업들이 산업

3 숙련도나 생산성 등으로 발생한 노동자 간 임금 격차가 줄어드는 경향

내 나머지 기업들과 같은 임금을 주면서 엄청난 이윤을 창출할 수 있는 기회가 됐다. 같은 논리로 이 체제는 기업들이 생산성 제고를 통해 얻는 추가적인 이윤을 모두 가질 수 있으므로 기업들이 투자하고 혁신하며 생산성을 높이기 위해 조직을 재편하도록 촉진했다.

그러는 동안 스웨덴의 복지국가는 계속해서 확대되고 발전했다. 스웨덴은 더 후한 사회보장제도를 확립했을 뿐만 아니라 베버리지 보고서의 보편적 복지 모형에 따라 모든 시민에게 비슷한 수준의 혜택을 줬다. 후한 실업급여와 건강보험에 이어 선도적인 모성급여와 아동수당, 그리고 '스웨덴 학교체제를 민주화하는' 노력의 산물로 평등하고 수준 높은 교육체제가 도입됐다. 이런 계획들에 힘입어 이 나라는 빈곤을 줄이는 싸움의 최전선에 설 수 있었는데, 이는 큰 폭으로 치솟은 빈곤율이 공포와 불확실성이 지배하는 환경을 만들어낼 뿐만 아니라 독일처럼 민주적 정치체제까지 위협하던 대공황 기간에 이룬 엄청난 성과였다.

우리가 제시한 이론 틀의 관점에서 보면 스웨덴의 결정적인 성공 요인은 단지 국가의 역할과 역량을 크게 늘린 것이 아니라 민주주의와 사회적 통제를 심화시키면서 동시에 그 일을 이뤄낸 것이었다. 즉 국가의 역량과 함께 사회의 역량도 늘어난 것이다. 이 과정에는 몇 가지 따져봐야 할 면이 있었다. 첫째, 국가의 역할을 확장할 때 사람들이 주로 염려하는 것은 국가의 개입이 사회의 희생을 대가로 몇몇 기업이나 일부 소수 이해집단의 이득을 위한 수단으로 변질되는 '엘리트의 포획elite capture' 가능성이다. 국가의 역할 확장은 모두 SAP의 지도력 아래서 일어난 일이며, 그 과정에서 노동조합들이 협력자로서 체제를 감시하고 관리하는 데 중심적인 역할을 하게 됐다는 사실은 엘리트가 국가기관들을 그런 식으로 탈취하는 데 중대한 걸림돌로 작용했다. 스웨덴 복지 프로그램들은 보편적이어서 엘리트의 수중에 들어가 다른 이들을 후원하는 수단으로 쓰일 가능성은 아예 없으며, 그보다는 사회적 유대와 국민의 주인의식을 만들어내는 데 더 도움이 되고 그 제도를 뒷받침할 사회의 결집에 기여한다.

둘째, 하이에크가 걱정한 것과 같은 주된 위험은, 국가가 경제 운영에 더 큰 역할을 하게 되면 예컨대 국유화나 자본의 몰수가 이뤄지면서 전반적으로 기업이 희생될 수 있다는 점이었다. 스웨덴은 살트셰바덴 협약 이후 사회민주주의 연합에 기업계를 참여시킴으로써 그렇게 될 가능성을 억제했다. 이런 맥락에서 SAP가 공산주의자들과의 연대를 일관되게 거부하고 국유화 혹은 이윤이나 자본의 과도한 수용 정책을 멀리한 것은 인상적이다. 노동조합들은 종종 임금을 더 올리는 정책을 취하도록 압박하려 했지만 SAP는 대개 거부했다. 사회적 통제의 범위를 보여주는 한 번의 예외가 있었는데, 1970년대에 노동조합과 SAP의 운동에 대한 반발로서, 중앙집중식 임금 결정을 위한 렌-마이드너 모형의 조건을 바꿔서 생산성이 높은데도 여전히 산업 평균 임금을 주는 기업들에 발생한 '과도한 이윤'을 환수하기 위한 '임금소득자기금wage earner's fund'들을 만들자는 것이었다. 실제로 이 기금들을 운용하면 스웨덴 사회민주주의를 받쳐주는 연합 자체에 위협이 될 것이 분명해지자 그 방안에 대한 반대가 늘어났다. SAP는 물러날 수밖에 없었고 결국 1976년 처음으로 실권했다.

셋째, 국가의 확장은 민주주의의 심화와 동시에 이뤄졌다. 스웨덴의 주요 정당들이 모두 사회민주주의의 기본 교의를 받아들이게 되면서 유권자들은 사회민주주의의 서로 다른 접근 방식을 실행하고 또 필요하면 1970년대에 노동조합과 SAP가 제안했던 임금소득자기금과 같은 더 극단적인 정책에서 후퇴하는 여러 정당 중에서 선택할 수 있게 됐다.

마지막으로, 스웨덴 관료조직과 사법부는 이런 변화와 더불어, 특히 노동조합과 함께 이 프로그램들을 관리하고 감독하는 과정에서 발전했다. 그들은 이 과정에서 사회적 프로그램들을 실행하고 그 제도의 남용을 억제하는 능력을 얻게 됐다.

요컨대 스웨덴에서 국가는 그 역할과 역량을 확대함으로써 경제 침체로 발생한 위기에 대응할 필요와 조건을 충족시켰다. 하이에크가 두려워한 것과 달리 이는 전체주의로 가는 길을 닦아주지 않았다. 그 반대로 국가의 확장은 노동자와 농민, 기업가의 연합을 통해 수행되고 레드 퀸 효과가 국가에 대한 견제 기능을 유지할 사회적 결집을 촉발했기 때문에 스웨덴의 민주주의는 그 과정에서 전혀 약해지지 않고 더 강해졌다.

—

스웨덴의 경험 중 세부 사항들은 독특하지만 대체적인 개요는 다른 나라들에서 일어난 일과 비슷하다. 덴마크와 노르웨이는 비록 연합을 형성하는 방식은 서로 달라도 스웨덴과 비슷한 복지국가를 건설했다. 독일도 제2차 세계대전 후 높은 수준의 국가 역량과 사회적 통제로 뒷받침하는 복지국가를 발전시켰다.

미국의 경험도 똑같이 흥미롭다. 프랭클린 D. 루스벨트는 SAP가 직면했던 것과 같은 경제·사회적 격변과 마주했지만, 한편으로는 인종과 지역에 따라 뚜렷이 갈라지고 정부의 행동을 더 의심스럽게 보는 사회와 씨름해야 했다. 그렇지만 1933년 전국산업부흥법National Industrial Recovery Act, NIRA제정과 농업조정국 설립을 포함해 그가 초기에 발의한 정책들은 앞서 예로 든 나라들과 같은 방향으로 나아가 사회안전망을 보강하고 경제 회복을 돕는 국가 역량을 확대했다. 이런 프로그램은 노동자와 농민 모두를 함께 끌어안고 가려는 것이었다. 예를 들면 산업부흥법 제1장은 SAP가 채택한 산업정책과 아주 비슷한 영역을 다루고 있었고, 동시에 높은 가격을 유지하는 방식으로 농민들을 지원하는 것이 이 행정부의 농업정책에서 핵심을 차지했다. 산업과 농업 정책에서 루스벨트의 초기 계획은 스웨덴과 똑같이 행정적인 통제와 집행에 관련된 것이었다. 그러나 미국의 여건은 스웨덴과는 달랐다. 산업부흥법은 기업과 법원의 맹렬한 반대에 직면했고, 법 조항 중 여러 가지를 포기하거나 다른 식으로 실행해야 했다. 비록 루스벨트의 계획들이 부분적으로 희석돼 미국식 민관협력 모형을 따라가게 되긴 했어도 스웨덴의 '암소거래'와 같은 목표를 이뤘고, 그 과정에서 미국 경제의 규제와 관리를 근본적으로 바꿔놓았다.

리바이어던 대 시장

경제학과 사회과학의 핵심적인 논쟁거리는 국가와 시장 간의 균형에 관한 것이다. 국가는 경제에 얼마나 깊이 개입해야 할까? 규제의 적절한 범위와 정도는 어디까지일까? 어떤 활동을 시장에 맡겨둬야 하고 다른 어떤 것들을 국가가 개입할 수 있는 영역에 포함해야 할까? 경제학 교과서에 나올 법한 답은 국가는 분명하게 규정된 상황에서만 경제에 개입할 수 있다는 것이다. 개별적인 행위자들이 시장을 통한 조정 과정 없이 다른 이들에게 중대한 영향을 미칠 때 생기는 '외부 효과externality[4]'의 존재로 환경오염과 같은 활동들이 과도하게 이뤄질 때, 무료 기반시설이나 국방처럼 모두가 혜택을 받는 재화인 '공공재public goods'를 공급해야 할 때, 일부 시장 참가자들이

4 외부성이라고도 한다.

거래하는 상품과 서비스의 질을 정확히 판단할 수 없는 상황을 의미하는 '비대칭 정보asymmetric information'의 문제가 널리 퍼져 있을 때가 바로 그런 상황에 해당한다. 독점기업들이 과도하게 높은 가격을 요구하거나 경쟁자들을 몰아내려고 약탈적 행위를 하지 못하게 규제할 필요가 있을 때 역시 그렇다. 무엇보다 불평등을 완화하기 위한 사회보험이나 재분배를 위해서도 정부 개입이 필요하다. 교과서적 접근 방식의 중요한 교리는 국가가 경제 내의 소득 분배에 영향을 주려고 개입할 때 시장 가격에 미칠 영향을 최소화하고 대신 그 목표를 이루기 위한 조세와 이전移轉에 의존해야 한다는 것이다.

이는 하이에크가 《노예의 길》에서 시장이 자원 배분에 더 효율적이므로 경제에 대한 정부의 개입 범위를 제한하자고 한 주장과 일치한다. 그러나 결정적으로, 하이에크는 더 나아가 국가의 권력과 개입이 확대되면 정치적으로 부정적인 영향을 미칠 수 있다고 주장했다. 비록 하이에크의 결론 중 일부는 완전히 설득력이 있지도 않고 정부 개입 시대에 나타난 정치적 변화로 입증되지도 않았다 하더라도 그가 이 문제에 접근한 방식은 상당한 새로운 경지를 개척했다. 어쩌면 하이에크의 가장 번득이는 통찰은 국가와 시장의 균형이 단지 경제에 관한 문제만은 아니라는 생각일 것이다. 그것은 정치에 관한 문제이기도 하다(그리고 지금 그 점이 단지 우리의 개념적 틀이 주는 중요한 시사점 가운데 하나이기 때문에 이 이야기를 하는 것은 아니다). 결정적으로 중요한 문제는 국가가 사회의 요구를 충족하기 위한 역량을 키우면서도 여전히 족쇄를 차고 있을 수 있게 보장하느냐다. 그러자면 사회가 국가와 엘리트집단을 감시하고 통제할 수 있도록 역량을 강화하는 새로운 방식이 필요하다. 그러므로 국가 개입이 유익한 것인지 판단하려면 그 개입에 따른 경제적인 상충관계만 봐선 안 되며 그에 따른 정치적 영향도 고려해야 한다. 이는 단지 국가의 역량에 관한 문제일 뿐만 아니라 누가 그 역량을 통제하고 감시하며 그 역량이 어떻게 쓰이는가 하는 문제이다.

이런 관점에서 보면 스웨덴과 그 후 다른 스칸디나비아 국가들의 진정한 제도적 혁신은 더 개입주의적이고 재분배를 중시하는 국가를 창조한 것이 아니라 기업계와 노동자 대다수가 포함된 연합의 후원 아래 그런 일을 했고 그 연합이 국가에 단단히 족쇄를 채우도록 한 것이다. 연합에 참여한 노동자들은 정치적으로 적극적인 노동조합으로 조직화돼 있었다. 그러나 우리가 이미 지적했듯이 이 나라의 최대기업들을 포함한 기업계가 연합에 참여한 것은 스웨덴 복지국가가 결코 산업의 전면적인 국유화나 시장의 철폐를 향해 나아가지 않으리라는 의미였다. 다른 한편으로는 이 과정에서 노동조합들이 중심적인 역할을 하면서 훨씬 더 많은 사람이 정치에 참여할 수 있었고, 이제 더 강력해진 국가기관들을 엘리트집단이 가로챌 수 없는 여건이 조성됐다. 이런 연합과 레드 퀸 효과 덕분에 1970년대와 1990년대에 일부 규제가 과도해졌을 때 스웨덴 정치체제는 스스로 방향을 재설정할 수 있었다.

스웨덴의 경험은 그 밖에도 국가와 시장의 균형을 이해하는 데 극히 중요한 세 가지 교훈을 준다. 첫 번째 교훈은 우리가 이미 논의한 것에서 추론할 수 있다. 국가의 새로운 책임이 필요한 상황이 되면, 국가의 확장과 더불어 사회가 새로운 방식으로 정치에 참여하고 국가와 관료들을 감시하고 필요하면 새로운 프로그램들에 대해 제동을 걸어야 한다. 그동안 시장과 정부의 적절한 범위에 관한 숱한 논의가 이뤄졌어도 하이에크가 오래전에 결정적으로 중요하다고 밝힌 가장 핵심적인 문제를 다루지는 못했다. 리바이어던이 새로운 책임과 새롭게 획득한 권력을 가지게 됐어도 우리는 그를 계속 통제할 수 있을까? 리바이어던에 대한 새로운 견제장치를 도입하는 비용이 추가적인 국가 개입에 따른 혜택을 초과할까? 특히 그 견제장치가 레드 퀸 효과 덕분에 자동으로 나타나지 않을 때도 그럴까?

이런 관점에서 보면 정부가 대부분의 상품 가격을 규제하지 말아야 하는 이유는 그 가격이 시장에 의해 완벽하게 결정되기 때문이 아니라 (혹은 경제학 용어를 쓰자면 외부효과나 공공재, 비대칭 정보 또는 분배 문제가 없어서가 아니라) 국가가 활동 영역을 넓히는 데 따르는 정치적인 비용이 너무 클 수 있기 때문이다. 정치적 비용은 국가에 대한 추가적인 경계가 필요하거나 국가와 사회가 회랑 밖으로 밀려날 위험이 커져서 생긴다. 이런 추론은 개입의 혜택이 비용보다 클 때만 국가가 시장에 개입해야 한다는 것을 암시한다. 하지만 그보다 더 중요한 점은, 강력한 포지티브 섬의 레드 퀸 효과를 작동시킬 수 있는 국가 개입과 활동이 사회적으로 이득이 될 가능성이 훨씬 더 크다는 점이다. 그러므로 국가가 특정 분야에 대해 흔히 불투명한 정부 규제를 가하고 (제11장에서 본 것처럼 종이 리바이어던이 사회의 요구에 대응하는 방식으로) 설탕이나 철강 관세 같은 좁은 영역의 교정 활동을 하는 것보다는 사회보험과 광범위한 서비스를 제공하고 노동조합과 기업계가 모두 참여한 가운데 고용주와 고용인들 간 협상을 중재하는 것이 바람직하다(이런 방식은 스웨덴의 경우처럼 레드 퀸 효과를 강화할 가능성이 크다).

두 번째 교훈은 경제의 영역에서는 명백히 어떤 측면이 비효율적으로 보일지라도 사회적으로는 유용한 역할을 할 수도 있다는 것이다. 노동조합들 자체도 그런 측면에 속하는데, 노동조합의 주요 목표 중 하나는 설사 비조합원들이 일자리를 찾기가 더 어려워지더라도 조합원들의 임금 인상을 밀어붙이는 것이므로 사람들은 흔히 대단히 의심스러운 눈으로 그들을 바라본다. 실제로 우리는 심지어 스웨덴의 사례에서도 노동조합들이 때때로 지나친 임금 인상을 밀어붙였다는 것을 봤다. 미국의 여러 정책 결정자들은 노동조합의 이처럼 의심스러운 태도를 충분히 알고 있으며 따라서 노동조합의 힘을 약화시키려고 한다. 부분적으로는 정책 결정자들의 이런 태도 때문에 (그리고 제조업 고용이 줄어들었기 때문에) 오늘날 미국 경제, 특히 민간부문의 노동조합 가입률은 20세기 중반 노동조합의 전성기보다 훨씬 낮다. 노동조합은 1935년 전국노동관계법(와그너법Wagner Act)으로 노동자들이 노동조합을 조직하고, 단체협상에 참여하고, 필요하면 파업에 나설 수 있는 권리가 인정된 후 전성기를 누렸다.

다른 선진국에서도 비슷하게 노동조합의 힘이 쇠퇴하고 있다. 노동조합에 대한 반대가 순수한 경제 논리로서 타당한지는 논쟁거리다. 하지만 노동조합의 본질적인 역할은 정치적이다. 그들은 잘 조직된 기업가와 노동자들 간 불공평한 힘의 균형을 관리하는 데 중심적인 역할을 한다. 그러므로 지난 몇십 년 동안 노동조합의 힘이 쇠퇴한 것은 미국 사회에서 힘의 균형이 대기업들에 유리한 쪽으로 기울게 한 요인 중 하나였다. 우리의 이론 틀에서 더 중요한 점은 다양한 정책과 제도의 역할을 평가할 때는, 국가와 사회 간 힘의 균형을 만들어냄으로써 리바이어던과 엘리트집단에 계속해서 족쇄를 채워두려는 조정 노력을 고려해야 한다는 것이다.

세 번째 중요한 교훈은 정부 개입의 형태에 관한 것이다. 여기서 우리의 견해는 하이에크와 경제학의 교과서적인 답과 뚜렷이 갈라진다. 그들은 언제나 시장의 가격에 간섭하지 않는 편이 더 낫고, 정부가 더 평등한 소득 분배를 이루기를 바란다면 시장이 알아서 작동하도록 내버려두고 재분배를 위한 조세를 이용해 바람직한 분배로 나아가도록 해야 한다고 주장한다. 그러나 이런 사고방식은 경제와 정치를 따로 떼놓는 잘못을 저지른다. 리바이어던이 시장 가격과 소득 분배를 주어진 것으로 받아들이고 조세를 통한 재분배에만 의존해 목표를 이루려고 하면 대단히 높은 수준의 세금 부담과 재분배를 초래할 수 있다. 특히 리바이어던을 통제한다는 관점에서 생각해볼 때, 조세를 통한 재분배에 그토록 많이 의존하지 않고 이 목표들을 이루기 위해 시장 가격을 바꿀 수 있다면 더 낫지 않을까? 바로 이것이 스웨덴의 복지국가가 한 일이다. 사회민주주의 연합은 노동조합과 국가 관료가 직접 노동시장을 규제하는 조합주의 모형을 바탕으로 구축됐다. 이 모형은 노동자들에게 더 높은 임금이 돌아가고, 자본의 소유자와 기업들로부터 노동자들에게로 가는 재분배의 필요성이 줄어든다는 의미였다. 이 모형은 또 '임금 압착' 효과를 내 노동자들 사이의 소득 분배가 더 평등해졌다. 그 결과, 스웨덴 경제에서 후한 복지국가의 재원을 마련하기 위한 과세가 상당히 많이 이뤄지기는 하지만 재분배를 위한 과세의 필요성은 줄어들었다. 이는 대부분 미리 설계하거나 계획한 것이 아니었다. 그렇지만 우리의 이론 틀은 일이 이렇게 이뤄지게 된 한 가지 이유를 강조한다. 국가는 노동자들의 임금이 더 높고 더 압착된 분포를 보이도록 보장함으로써, 그래서 규제받지 않는 시장이 낳았을 결과를 바꿈으로써 재정을 통한 재분배와 과세를 훨씬 더 많이 해야 하는 상황을 피했다. 국가의 재정적 역할을 줄이면서 국가에 대한 견제를 유지한다는 목표는 더 실행 가능해졌다.

공유되지 않는 번영

오늘날 미국을 비롯한 여러 서방 국가들은 근본적인 경제위기에 직면했다. 지금까지 그에 대한 정치적 대응은 우리가 스웨덴의 '암소 거래'에서 본 것처럼 새로운 도전에 대응하기 위해 새로운 연합을 구축하고 제도를 설계하는 역동적인 것이라기보다는 레드 퀸의 제로섬 게임에 가까운 것이었다. 그러나 스웨덴과 같은 경로는 회랑 안에 있는 나라 대부분에 열려 있으며, 그 길로 가는 첫걸음은 이처럼 새로운 도전들이 무엇인지 이해하는 것이다. 다음 세 절節에서는 이런 도전들을 집중적으로 다룬다.

지난 몇십 년 동안 경제적 번영의 강력한 엔진 가운데 두 가지는 경제의 세계화와 급속한 자동화 기술 도입이었다. 경제의 세계화로 교역량이 늘어났고, 아웃소싱과 오프쇼어링offshoring[5]으로 일정한 과업과 제품의 생산 비용을 낮추기 위해 전 세계에 생산 공장을 분산할 수 있게 됐다. 개발도상국과 선진국 모두 이런 세계화 과정에서 혜택을 봤다. 1970년대와 1980년대 한국과 대만, 1990년대와 2000년대 중국 같은 나라의 눈부신 경제성장은 세계화 없이는 불가능했을 것이다. 우리가 지금처럼 의류부터 장난감과 가전제품, 컴퓨터에 이르기까지 수백 가지 제품을 낮은 가격에 즐길 수도 없었을 것이다. 우리는 제14장에서 세계화는 회랑의 폭과 회랑 밖 나라들 일부가 그 안으로 들어갈 가능성에 영향을 준다는 것을 봤다. 그러나 세계화의 이득이 공유되는 방식이 다르고, 더 중요하게는 그 이득이 공유되지 못했기 때문에 세계화가 선진국들의 경제와 정치에 미치는 영향은 더 복잡하게 나타난다. 경제 정책에 관해 조언하는 이들은 대부분 경제의 세계화가 어떻게 모든 사람에게 혜택을 주는지 강조하지만, 미국과 유럽 어디에서나 현실은 매우 다르다. 기업들과 이미 잘사는 계층은 소득 증가를 경험했으나 노동자들은 훨씬 더 제한적인 혜택을 봤고 어떤 경우에는 임금이 낮아지거나 일자리를 잃었다. 이는 사실 경제 이론상 예측할 수 있는 것이다. 세계화는 승자와 패자를 가른다. 선진국 경제와 저숙련, 저임금 노동력이 풍부한 개발도상국 경제가 통합되는 형태로 세계화가 진행되면 선진국의 노동자들, 특히 저숙련 노동자들은 피해를 본다.

경제적 번영의 다른 강력한 엔진인 기술 변화도 비슷한 효과를 냈다. 기술 진보는 생산성을 높여주고 소비자들이 선택할 수 있는 제품의 범위를 넓

---

5 생산기지 해외 이전

혀주며, 역사적으로 지속적인 경제성장의 원천이 돼왔다. 그것은 종종 모든 (아니면 대부분의) 배를 띄우는 물결이 되기도 했다. 예를 들어 1940년대부터 1970년대 중반까지 미국 경제에서 급속한 생산성 향상과 더불어 교육 수준별로 고등학교를 졸업하지 못한 노동자들부터 대학원 학위를 가진 이들까지 모든 집단에서 소득이 늘어난 것을 볼 수 있다. 그러나 지난 30년에 걸쳐 일터를 바꿔놓은 어리둥절할 만큼 다양한 신기술은 완전히 다른 효과를 낸 것으로 보인다. 훨씬 더 강력해진 컴퓨터와 전산화된 기계, 산업로봇, 더 최근의 인공지능을 비롯한 여러 기술은 생산 과정을 자동화하고 예전에는 노동자들이 수행하던 과업을 기계가 넘겨받을 수 있도록 해줬다. 자동화는 본래 자본에 유리한데, 이제 새로운 기계의 형태로 더 광범위하게 자동화가 활용된다. 또 기계에 일을 빼앗기는 저숙련 노동자들보다 숙련 노동자들이 자동화에 대응하는 데 유리하다. 그러므로 예상대로 새로운 자동화 기술은 분배에 광범위한 영향을 미쳤다.

세계화와 자동화가 어우러져 나타난 효과는 각 계층의 운명을 갈라놓았다. 미국에서는 1970년 말 이후 광범위한 임금 상승이 멈추고 대신 소득분포에서 바닥에 있는 노동자들과 맨 위에 있는 계층 사이의 격차가 확대됐다. 예를 들어 대학원을 나온 남성들의 (물가상승을 고려한) 소득이 1980년 이후 60퍼센트 가까이 늘어나는 동안 고등학교 졸업 이하 학력을 가진 남성들의 소득은 20퍼센트 넘게 줄어들었다. 지난 35년 동안 미숙련 노동자들이 집으로 가져가는 실질소득은 가파르게 떨어졌다.

같은 기간 미국 경제의 일자리 창출 역시 감소했다. 미국 제조업 취업자는 1990년대 중반 이후 약 25퍼센트 줄었고, 2000년 이후 전체 인구 대비 전반적인 고용률은 큰 폭으로 떨어졌다. 저학력 노동자들의 실질소득이 급격히 감소한 것은 미국 노동시장의 독특한 현상이기는 해도 다른 몇몇 선진국에서도 비슷한 추세를 볼 수 있다.

자동화와 세계화 모두 이런 추세를 촉진한 주된 요인이었다는 데 일반적인 합의가 이뤄져 있다. 고용과 소득 감소는 그동안 자동화가 진전됐거나 중국을 비롯한 개발도상국에서 수입이 급격하게 늘어난 분야에 특화했던 지역과 산업, 직업에 집중된다. 각종 연구의 추정치들은 중국 한 나라에서 들어오는 수입품이 미국 경제에서 일자리를 200만 개 넘게 감소시켰을 수 있고, 새로운 자동화 기술의 뚜렷한 예인 산업로봇을 채택하면서 잃게 된 일자리가 40만 개나 된다는 것을 시사한다. 두 경우 모두 그 타격은 대부분 숙련도가 가장 낮은 노동자들에게 돌아갔다.

고삐 풀린 월가

높은 수준에 이른 불평등을 더욱 부추기는 것은 경제의 세계화와 자동화 추세뿐만이 아니다. 미국에서 몇몇 산업의 급속한 규제 완화는 다른 선진국들의 더 온건한 규제 완화와 함께 이뤄졌으며, 이런 추세 역시 불평등을 키운 주된 요인이었다. 특히 금융부문의 규제 완화가 큰 영향을 미쳤다.

제2차 세계대전 후 몇십 년 동안 세계 대부분 지역에서 금융산업은 엄격한 규제를 받았으며, 미국에서는 규제가 너무나 강력해서 은행원의 직업은 일반적인 화이트칼라 직업으로 여겨지게 됐고 그들의 급여는 이런 사정을 반영해 보통 다른 부문의 노동자들이 받는 것과 같은 수준을 맴돌았다. 전후 미국 금융체계의 기반은 저축계좌에 대한 금리를 규제해 서로 다른 금융기관 간 경쟁을 제한하는 '레귤레이션 QRegulation Q'와 은행들이 여러 주에서 예금 유치 경쟁을 벌이지 못하게 하는 주 간 지점 규제였다. 이런 규제들은 (주로 예금을 받고 대출해주는) 소매은행과 (증권인수와 기업 매수·합병, 파생금융, 증권거래 같은 업무에 집중하는) 더 위험한 투자은행 사업을 분리하기 위해 1933년 제정된 글래스-스티걸법Glass-Steagall Act으로 보강됐다. 이와 같은 규제 환경에서 은행의 관료화되고 편안한 일자리는 '3-6-3 규칙'으로 묘사될 정도였다. 3퍼센트 금리로 예금을 받고, 그 돈을 6퍼센트 금리로 대출해주며, 오후 3시가 되면 골프장에 나간다는 뜻이다. 이는 1970년대에 바뀌기 시작했고, 특히 1986년 레귤레이션 Q가 폐지돼 은행 산업의 집중도가 크게 높아질 수 있는 길을 열어준 후에 변화가 빨라졌다. 은행업은 집중도가 높아지는 가운데 더 위험한 업무 쪽으로 대거 이동했다. 그에 따라 (기준이 되는 금리가 어떤 문턱 값 아래냐 위냐에 따라 금융계약을 맺은 한쪽이 다른 쪽에 돈을 지불하는) 금리스와프interest rate swap와 (어떤 채무자가 부도를 내느냐 안 내느냐에 따라 돈을 지불하는) 신용부도스와프credit default swap를 비롯한 금융파생상품 업무가 늘어났다. 이처럼 금융부문은 더 위험한 업무로 뻗어가고 있었지만, 은행들은 더 커진 정치적 영향력을 이용해 새로운 규제를 가로막고 사실상 규제를 완화하라고 압박했다. 금융부문은 집중도가 높아지고 규제가 줄어드는 가운데 더 공격적으로 위험을 감수하면서 더 많은 매출을 올리고 이익을 냈다. 1980년부터 2006년까지 금융부문은 미국 국내총생산의 4.9퍼센트에서 8.3퍼센트로 성장했고, 이익은 실질 기준으로 800퍼센트 증가해 비금융부문 이익 증가율의 3배를 넘었다.

정치권과 금융계 사이에 강력한 되먹임feedback이 이뤄지는 순환구조에서 금융부문의 외형이 커지고 이익이 늘어나면 정치적 영향력도 커진다. 금융부문이 정치인들의 선거운동에 낸 기부금은 1990년 약 6,100만 달러에서 2006년 2억 6,000만 달러로 늘어났다. 그 결과는 지속적이고 대담한 금융 규제 완화였다. 주 간 은행업 규제를 완화하고 일련의 합병을 통해 JP모건과 시티코프, 뱅크 오브 아메리카 같은 거대한 은행그룹이 형성될 수 있도록 길을 열어준 1994년 리글-닐 주 간 은행업 및 지점 효율화에 관한 법률Riegle-Neal Interstate Banking and Branching Efficiency Act 제정을 시작으로 대공황 이후 규제의 다른 중요한 기둥들이 무너졌다. 1999년 그램-리치-블릴리 법Gramm-Leach-Bliley Act은 상업은행과 투자은행 사이에 남아 있던 장벽 대부분을 무너뜨렸다. 그러는 동안 심지어 복잡한 금융 파생상품들이 확산하는 가운데서도 은행가들은 새로운 규제를 극력 반대했다. 그 결과 주택담보대출유동화증권(mortgage-backed security, 한데 모아놓은 주택담보대출을 가지고 위험도에 따라 달리 만들어낸 합성증권)을 기초로 발행한 부채담보부증권collateralized debt obligation과 신용부도스와프 상품이 사실상 어떤 규제의 틀에서도 완전히 벗어나 폭발적으로 성장했다. 보험회사인 아메리칸인슈런스그룹AIG이 엄청난 규모의 신용부도스와프를 팔아 거대한 위험을 안을 수 있었던 것도 바로 이 때문이다. 이 규제 완화의 물결이 일어나고 금융과 정치권의 되먹임이 계속되면서 금융부문의 이익은 늘어났다.

금융부문의 규제 완화는 불평등을 심화시켰다. 부유한 고객들의 위험 투자를 돕는 데 전문화한 헤지펀드를 비롯해 월가의 주요 금융기관들이 낸 엄청난 이익은 이 기관의 소유주들 간 소득 분배의 불평등을 키웠을 뿐만 아니라, 금융산업의 고위 관리자와 중개인들이 거액의 급여와 상여금을 받기 시작하면서 전반적인 불평등도 부추겼다. 1990년까지 다른 부문 종사들과 같이 움직였던 금융부문 근로자와 경영자들의 소득은 그 후 뚜렷한 격차를 나타내기 시작했다. 2006년 금융회사 근로자들은 다른 부문 종사자들보다 급여를 50퍼센트 더 받았고 금융산업 경영자들은 다른 산업에 고용된 비슷한 능력의 경영자들보다 놀랍게도 250퍼센트나 더 받았다.

이런 측면의 불평등을 가늠하는 한 가지 지표는 소득분포상 아주 부유한 계층인 최상위 1퍼센트와 그보다 더 부유한 0.1퍼센트에 해당하는 이들에게 돌아가는 소득이 전체 국민소득에서 차지하는 비율인데, 이 집단 중에는 금융회사 소유주와 경영자들이 지나치게 높은 비중을 차지하고 있다. 1970년대 미국인 중 최상위 1퍼센트 소득자들은 국민소득 중 약 9퍼센트를 차지했다. 2015년 이 비율은 22퍼센트로 높아졌다. 최상위 0.1퍼센트의 몫은 훨씬 더 놀라운 증가세를 보여, 1970년대 국민소득의 약 2.5퍼센트에서 2015년 11퍼센트 가까운 수준으로 늘어났다.

두 번째 문제는 자원 배분과 관련돼 있다. 저축자들의 자금을 새로운 아이디어와 투자 기회를 가진 이들에게 중개해주는 금융은 경제활동의 효율성을 향상시키는 데 결정적인 역할을 한다. 그러나 금융부문이 집중도가 높아지고, 위험을 감수하는 일에 전문화되고, 정치적 영향력으로 보호될 때는 거꾸로 광범위한 비효율의 원천이 될 수 있다. 2007~2008년 위기를 맞을 때까지 금융산업은 그런 방향으로 지나치게 내달렸다. 금융부문이 과도하게 위험을 안는 근본적인 원인은 규제받지 않는 경쟁에서 찾을 수 있는데, 이런 경쟁은 많은 금융기관이 투자자들에게 약속한 투자수익률을 높이려고 무분별하게 대출을 하고 자체 거래부서에서도 위험한 투자를 하도록 부추긴다. 또 여러 선도적인 금융기관들이 설사 자신들의 투자가 참담하게 실패하더라도 정부와 연방준비은행이 자신들을 망하도록 내버려두지 않으리라고 믿고 더욱 위험한 투자에 나섰다(그들은 결국 틀리지 않았다). 바로 그런 위험 투자가 결국 실패하면서 금융위기를 촉발했고 이는 전 세계적인 경제 침체를 불러왔다. 2010년 도드-프랭크법Dodd-Frank Act과 연방준비제도Federal Reserve System의 규제 강화는 그러한 리스크 감수와 금융권의 손실이 경제에 미치는 부정적인 영향을 제한하려는 시도였지만 기껏해야 부분적인 성공에 그쳤다. 금융산업은 강력한 로비에 의존해 이런 규제들을 완전히 이행하지 못하게 저항하고 방해했으며 흔히 규제를 과거로 되돌리려고 했다. 그러는 새 금융부문은 실제로 더 집중화됐다. 미국 금융체계에서 5대 은행의 시장 점유율은 1990년 20퍼센트에서 2000년 28퍼센트로 높아졌고 지금은 46퍼센트를 웃돈다.

초거대 기업들

집중도가 더 높아진 것은 금융부문뿐만이 아니었다. 전반적인 규제 완화와 새로운 기술이 어우러지면서 여러 산업부문, 특히 온라인 서비스와 통신, 소셜미디어 부문에서 경제력 집중이 큰 폭으로 증가했다. 경제의 나머지 부문과 비교한 최상위 기업들의 규모는 사상 최고에 이르렀다. 거대 기술 기업들인 알파벳(구글 지주사)과 아마존, 애플, 페이스북, 마이크로소프트의 (주식시장 평가액으로 가늠한) 시장가치를 합치면 미국 국내총생산의 17퍼센트를 넘는다. 정책 결정자들과 사회가 대기업의 영향력을 경계하게 된 1900년 당시 5대 기업의 가치는 전체 경제 규모의 6퍼센트에 못 미쳤다. 이처럼 경제력 집중도가 엄청나게 높아진 데는 몇 가지 원인이 있는 것으로 보인다. 가장 중요한 원인은 이 새로운 기업들의 기술이 그 특성상 경제학자들이 말하는 '승자독식'의 동학을 만들어낸다는 데 있다. 예를 들어 구글을 보자. 이미 몇몇 성공적인 인터넷 검색엔진이 있었던 1998년에 설립된 구글은 우월한 알고리듬 덕분에 곧바로 두각을 나타냈다. 야후와 알타비스타 같은 경쟁자들이 검색하려는 단어가 포함된 횟수에 따라 웹사이트 순위를 매길 때, 구글의 창업자들인 세르게이 브린Sergei Brin과 래리 페이지Larry Page는 스탠퍼드 대학원 학생 시절에 훨씬 더 나은 접근 방식을 생각해냈다. 페이지랭크 알고리듬PageRank algorithm이라는 이 접근 방식은 어떤 웹사이트에 그 검색어를 언급한 다른 페이지들이 얼마나 많이 연결돼 있는지 계산해 그 적합도에 따라 웹페이지의 순위를 매겼다. 이 알고리듬이 사용자들에게 적합한 웹사이트를 제시하는 데 훨씬 더 나았으므로 구글의 인터넷 검색 시장 점유율은 급속히 높아졌다. 일단 시장 점유율이 높아지자 구글은 사용자들의 검색에서 얻은 더 많은 데이터를 이용해 알고리듬을 개선함으로써 더욱 좋아지고 지배적인 검색 엔진을 만들 수 있었다. 일단 인터넷 검색에서 얻은 데이터가 예컨대 번역이나 패턴 인식 같은 인공지능 애플리케이션에 쓰이게 되자 이런 동학은 더 강화됐다. 초기의 성공으로 연구개발에 투자하면서 구글이 더 확장하는 데 유용한 기술을 개발하고 있는 회사들을 인수할 자원을 더 많이 확보할 수 있었다.

또 온라인 소매점과 플랫폼으로서 조기에 성장해 판매자와 이용자들에게 더욱 매력적인 기업이 된 아마존, 소셜미디어 플랫폼으로서 인기도가 자신의 친구들도 가입할 것이라는 이용자들의 기대에 따라 결정되는 페이스북의 경우에서도 승자독식 효과는 눈부신 성장의 원천이었다. 애플과 마이크로소프트의 경우 승자독식의 사정은 조금 다르지만, 여기서도 제품의 가치는 전반적으로 얼마나 인기를 끄는지, 전체 인구 중에서 얼마나 광범위하게 채택되는지에 달려 있으므로 승자독식 효과는 여전히 중요하다.

인터넷 시대 기술의 특성이 경제력 집중도를 높이는 결정적인 요인이기는 해도 규제 당국의 무대책 역시 중요한 요인이었으며 특히 미국에서 그랬다. 이는 미국 역사상 비슷한 분기점에서 우리가 봤던 상황과 대조적이다. 20세기에 접어들 때 몇몇 회사들이 지금과 비슷하게 지배적인 위치를 차지했을 때 진보적인 의제에 영향을 받은 행정부가 집권했고 제10장에서 봤듯이 그 회사들을 해체하기 위한 행동을 개시했다. 오늘날에는 그와 비슷한 제도 혹은 정책 제안들이 의제에 올라오지 않는다. 물론 이들 중 많은 기업이 새롭고 더 낫고 더 싼 제품을 제공했기 때문에 급속히 성장한 것이 사실이다. 그렇다 하더라도 갈수록 높아지는 집중도에 대한 염려는 사라지지 않으며, 특히 시장을 지배하는 기업들이 어느 시점에 독점력을 휘둘러 더 높은 가격을 매기고 혁신을 질식시키기 시작할 가능성이 있을 때는 더욱 그렇다. 경제력 집중도가 높아진 것은 또한 불평등을 심화시키는 요인이 돼왔는데, 이 기업들의 소유주들과 주요 주주들이 대단히 부유해졌을 뿐만 아니라 종업원들 역시 다른 산업에서 일하는 이들보다 상대적으로 임금이 높아졌기 때문이다.

—

우리가 간략히 설명한 경제의 세계화와 자동화, 금융의 성장, 거대 기업의 부상이라는 경제적 추세들은 적어도 세 가지 이유에서 미국을 비롯한 몇몇 선진국들이 긴급하게 대응해야 할 도전이 되고 있다. 첫째, 그 추세들은 불평등에 영향을 준다. 우리가 이미 강조한 대로다. 둘째, 경제적 효율성에 문제가 있다. 어떤 이들은 우리 시대를 기술의 황금시대라고 보지만, 적어도 지난 20년 동안은 세계화가 극적으로 진전되고 새로운 기술이 놀랄 만큼 발전해도 소득과 생산성 향상은 실망스러운 수준이었다. 이 실망스러운 생산성 향상의 원인은 제대로 이해되지 않고 있다. 그 원인은 우리가 설명한 추세들과 충분히 관련이 있을 수 있다. 세계화와 급속한 자동화는 여러 혜택을 줬지만, 이는 생산성과 경제적 번영에 훨씬 더 많이 공헌했을 다른 기술 발전을 희생시킨 대가였는지도 모른다. 금융부문의 과도한 성장과 비효율적인 위험 감수는 아마도 상당히 큰 대가를 치른 결과였을 것이다. 금융부문의 그런 문제들이 경제에 불안정을 초래하고(금융위기를 생각해보라), 다른 산업부문과 혁신에 투자됐어야 했던 자원이 금융부문으로 흘러가도록 했기 때문이다(가장 똑똑한 대학 졸업자들이 기술혁신이나 과학 혹은 공공서비스 분야로 가지 않고 헤지펀드와 투자은행으로 가는 것을 생각해보라). 경제력 집중도 증가 역시 경쟁을 무력화하고, 개발되고 채택되는 신기술을 왜곡함으로써 경제의 효율성을 떨어트렸다.

세 번째 도전은 기관들에 대한 신뢰에 관한 것이다. 족쇄 찬 리바이어던에게 필요한 것은 국가와 사회 간 힘의 균형뿐만이 아니다. 기관들에 대한 사회의 신뢰도 필요하다. 신뢰가 없으면 시민들이 국가와 엘리트집단으로부터 이 기관들을 보호하지 않을 것이고 레드 퀸은 제로섬 게임에 훨씬 더 가까워진다. 각종 기관은 신뢰가 없으면 (두 차례 세계대전 사이의 독일에서 봤듯이) 사회의 분쟁을 중재할 수 없다. 불평등 증가와 부진한 고용성장, 금융부문의 엄청난 이익, 규제받지 않은 채로 남아 있는 거대 기업들을 보면 경제는 조작되고 정치계는 이 과정의 공모자들이라고 느끼게 된다. 이런 느낌은 확실히 금융위기와 그 여파로 인해 더 강해졌는데, 그 시기에 정부가 위기에 부분적으로 책임이 있는 은행들을 구제했고 파산에 직면한 가난한 가계는 거의 도움을 받지 못했기 때문이다. 더욱이 제13장에서 두 차례 대전 사이의 독일에서 본 것처럼 사회에서 경제적으로 낙후되고 각종 기관에 대한 신뢰를 잃은 부문들은, 정치체제를 흔들려는, 그리고 회랑 안의 삶을 받쳐줄 국가와 사회 간 힘의 균형을 무너뜨리려는 운동의 주된 목표가 된다. 예상한 대로 근래 그런 운동이 세력을 얻고 있다.

불평등과 실업, 낮은 생산성, 부진한 소득 증가, 기관들에 대한 신뢰 상실은 대공황 시기에 정치적 불안이 자라게 했던 너무나 비옥한 토양이었다. 오늘날 선진국을 집어삼킨 위기는 대공황처럼 극심하지는 않지만 그 유사성을 고려할 때 안심할 수 없다.

제로섬 레드 퀸 피하기

우리는 대공황에 대응하는 정반대의 방식들을 살펴봤다. 첫째, 독일 바이마르공화국의 붕괴에서 보듯이 국가와 사회가 각자 어떤 타협도 하지 않고 상대를 무너뜨리려고 경쟁하는 제로섬 레드 퀸의 방식이 있다. 둘째, 스웨덴의 대응이 잘 보여주었듯이 국가가 개입과 역량을 확대하는 동안 사회 역시 역량을 키우고 국가를 통제하기 위해 더 잘 조직화한 방식도 있다. 사회적 결집은 새로운 제도의 구축을 지지하는 새로운 연합이 보호해주었다. 오늘날 서방 국가들의 위기 대응은 스웨덴보다는 바이마르 시대 독일의 사례에 더 가까우며, 엘리트층은 자신들의 우위를 지키기 위해 싸우고 가장 불안정한 위치에 있는 이들은 독재자들의 유혹에 굴복하고 있다. 그리고 양극화와 비타협이 이 시대의 질서가 되고 있다. 우리는 전간기 독일의 실수를 되풀이할 운명일까? 아니면 레드 퀸이 완전히 제로섬 게임으로 치닫는 것을 막을 수 있을까? 우리는 하이에크의 경고를 새기며 '노예'의 길을 피할 수 있을까?

긍정적인 이야기부터 해보자. 우리가 제13장에서 강조했듯이 레드 퀸은 회랑이 좁을수록 통제할 수 없게 될 가능성이 더 커진다. 이 문제에 관한 한 미국과 다른 여러 서방 국가들은 더 나은 처지다. 그들은 제조업과 서비스업을 바탕으로 경제를 다각화하고, 노동 강요는 아주 제한적인 역할만 하고(제14장에서 한 논의를 기억하자), 민주주의를 정면으로 반대하는 (프로이센의 토지 보유 엘리트층 같은) 지배적인 집단들이 없고, 중단 없는 민주주의 정치가 더 넓은 회랑을 만들어낸 최근 역사를 간직하고 있기 때문이다. 그러나 회랑의 폭도, 회랑 안의 안정도 당연하다고 여길 수는 없다. 회랑의 폭은 민주적이고 참여적인 기관들에 의해 확대된다. 이 기관들이 사람들의 신뢰를 잃으면 회랑은 좁아지고 사회가 분쟁을 다루는 능력은 줄어든다. 그리고 레드 퀸이 고집스럽게 제로섬 게임으로 치달으면 회랑이 넓어도 레드 퀸은 통제할 수 없게 된다.

그런 제로섬 게임 같은 대응 방식을 어떻게 피할 수 있는지 알아보기 위해 대공황 기간 스웨덴의 경험을 다시 생각해보자. 스웨덴의 대응은 결정적으로 중요한 세 가지 기둥으로 이뤄졌다. 첫 번째 기둥은 전체적인 계획을 노동자와 농민, 기업계로 구성된 광범위한 연합을 바탕으로 세운 것이었다. 노동조합과 SAP가 대표하는 노동자들의 운동은 다른 집단의 이익을 전혀 훼손하려 하지 않고 그들과 타협을 시도했다.

두 번째 기둥은 일련의 경제적 대응으로, 단기적인 것과 제도적인 것 모두를 포함했다. 이런 대응은 실업과 소득 상실, 빈곤으로 고통받는 이들을 위해 소득을 재분배하는 일련의 개혁들뿐만 아니라 경제 활력을 높이는 조치들을 취하는 것이었다. 스웨덴 사람들은 나아가 국가가 산업 평화를 확보하기 위해 고용주와 노동자들 사이에서 협상을 중재하는 조합주의와 사회민주주의 모형을 발전시킴으로써 이런 조치들을 제도화했다. 그들은 또 번영이 더 평등하게 공유될 수 있도록 후한 복지국가를 건설했다.

세 번째 기둥은 정치적인 것이었다. 스웨덴의 정치체제는 국가의 활동에 대해, 그리고 정치적 엘리트와 경제적 엘리트집단 간의 관계에 대해 강력한 사회적 통제가 이뤄지도록 함으로써 국가의 역량을 강화했다. 보편적 복지 프로그램들의 특성도 그런 사회적 통제에 유리하게 작용했다. 복지국가를 운영하는 과정에서 국가의 관리 역량이 급속히 발전하고 핵심 프로그램을 가동하는 데 노동조합들이 직접 참여함에 따라 사회민주주의 연합이 강화된 것이다. 이 모든 것은 결국 그 전에 스웨덴 정치의 민주화를 크게 진전시킨 정치 개혁들로 뒷받침되었다.

스웨덴에서 얻을 수 있는 첫 번째 교훈은 명백하다. 족쇄 찬 리바이어던과 새로운 정책들을 뒷받침하기 위해서는 타협을 끌어내고 광범위한 연합을 구축할 방법을 찾아야 한다는 것이다. 물론 독일의 사례에서 봤듯이 일단 정치가 심하게 양극화되고 나면 타협과 연합은 훨씬 더 어려워진다. 너무 늦기 전에 공통의 기반을 찾아야 희망이 있다. 이런 맥락에서 오늘날 미국과 여러 서방 국가들의 우파와 좌파 모두 우리가 여기서 강조한 추세들, 즉 심해지는 불평등과 사라지는 일자리, 월가의 지배, 경제력 집중이 문제라는 데 합의하는 것이 중요하다. 더 심각한 것은 그에 대한 합의된 해법이 별로 없다는 점이다. 그러나 이는 이례적인 일이 아니다. 새로운 연합에는 흔히 새로운 구상과 관점, 제도적 혁신이 필요하다. 우리는 이제 구체적으로 미국의 사례에 집중해 그런 구상과 혁신이 어떻게 나오는지 논의할 것이다.

연합을 구축하는 일부터 이야기해보자. 이 문제는 연방주의자들이 직면했던 것과 비슷하다. 그들이 도출한 타협은 제10장에서 강조한 것처럼 어떤 면에서는 값비싼 것이었을지라도 여전히 유용할 수 있다. 연방주의자들의 타협에서 한 축은 (문제 해결 과정에서 지역사회가 어느 정도 발언권을 갖도록) 상당한 권력을 각 주에 넘겨주는 것이었다. 주마다 경제적, 정치적 문제와 정부의 개입을 용인하는 정도가 다르다는 점을 고려할 때 오늘날에도 그와 같은 타협은 여전히 필요하다. 다른 축은 민관협력이었다. 이는 국가의 역량이 확대될 때 민간부문도 안심하고 참여할 수 있게 하는 장점이 있다. 현재 미국의 상황에서 비슷한 타협이 필요하더라도 지금 같은 형태의 민관협력 모형을 뛰어넘는 제도 구축이 필요할 수 있다. 우리는 잠시 후 이 문제를 논의할 것이다. 마지막으로, 처음부터 하이에크가 염려한 문제를 고려하면 좋을 것이다. 국가 개입을 확대하고 사회안전망을 강화하는 사회계약을 맺으려면 국가를 감시하는 사회의 능력을 대폭 강화해야 한다는 말이다. 스웨덴 사회가 국가 개입을 그다지 의심스럽게 보지 않았는데도 1930년대 스웨덴에서는 바로 그런 일이 일어났다.

경제적 영역에서는 문제의 특성상 국가의 책임과 역량을 여러 측면에서 확대해야 할 필요가 분명히 있다. 국가의 책임, 특히 미국에서 국가가 져야 할 책임 중에는 경제의 큰 변화에서 혜택을 보지 못하는 개인들을 보호할 더 관대하고 포괄적인 사회안전망을 설계하고 운영하는 것이 포함돼야 한다. 사회안전망을 개선하려는 정책들은 일자리 창출과 노동자들의 소득 분배를 개선하고 그들이 새로운 일자리를 찾아가도록 돕는 다른 정책들로 보완돼야 한다. 그 한 가지 예는 미국의 근로소득장려세earned income tax credit제도인데, 이는 저임금 노동자들에 대한 세금 부담을 덜어주면서 사실상 보조금을 주는 것이다. 미국의 교육체계는 변화하는 경제 환경을 따라가지 못할 뿐만 아니라 대다수 미국인에게 공정한 경쟁의 장을 제공하는 데 실패하면서 사회의 불평등을 반영하게 됐으므로 낡은 교육체계를 다시 생각해봐야 한다. 또 금융산업과 기술부문을 포함한 여러 분야의 기업들에 대한 더 엄격하고 대담하며 광범위한 규제를 개발할 필요도 있다. 게다가 최근 미국의 경험은 민관협력 모형에 지나치게 의존하는 것이 현대 복지국가를 건설하는 데 불리하다는 사실을 잘 보여준다. 복지제도와 사회보험 프로그램을 성공적으로 운영하려면 국가의 행정 역량을 강화할 필요가 있다. 그렇다고 민간부문이 해야 할 역할이 없다는 것이 아니라 더 자율적이고 유능하고 신뢰할 수 있는 행정이 필요하다는 뜻이다.

스웨덴의 경험에서 얻는 (그리고 덴마크와 노르웨이, 영국의 사례에서 확인된) 또 하나의 교훈은 사회 전반이 감시에 참여하도록 장려하면서 복지 프로그램들을 더 보편적인 방향으로 이끌어가야 한다는 점이다. 보통 특정 산업이나 특정한 유형의 노동자들에게 주는 보조금으로는 이 목표를 이룰 수 없다. 경제와 사회가 크게 변화하는 시대에는 광범위한 복지 프로그램들이 필요하고 그것들을 뒷받침할 시민들의 연합을 형성할 수 있으므로 보편적인 제도를 도입할 좋은 여건이 조성된다. 경제의 세계화와 자동화, 다른 경제적 변화의 부작용에 대응하기 위해 가능한 개혁들뿐만 아니라 이런 기회들을 더 효과적이고 평등하게 활용할 수 있도록 하는 교육 투자 역시 그와 비슷하고 광범위하게 이뤄져야 하며 그 자체의 강력한 연합을 형성할 수 있도록 계획돼야 한다.

스웨덴의 경험을 바탕으로 다시 한 번 강조하건대, 이런 목표들을 추구하는 데 단순히 조세와 직접적인 재분배정책에만 의존한다면 실책이 될 것이다. 그보다는 노동자들이 집단적인 합의와 최저임금 결정, 임금 인상을 위한 다른 정책 결정에 참여할 기회를 늘리는 등 성장의 과실을 더 평등하게 분배하는 방향으로 경제를 직접 이끌어가는 노동시장제도를 설계하는 편이 더 나을 것이다. 그런 정책들은 이 프로그램들을 관리해야 할 국가의 짐도 덜어주고 (그래서 국가를 통제하기가 더 쉬워지고) 프로그램들에 찬성하는 더 광범위한 연합을 이루는 데도 도움이 될 것이다.

같은 요인들 때문에 기술 변화의 경로를 바꿀 필요도 있다. 기술 발전 경로와 경제에 미치는 영향은 미리 정해져 있는 것이 아니다. 오늘날 생산성 향상 속도가 느린 것은 이 부분에서 모든 것이 잘 돌아가지 않고 있다는 신호다. 한 가지 문제는 냉전이 끝난 후 기초 연구와 기업의 연구개발에 대한 미국 정부의 지원이 줄어든 것이다. 지원이 감소하는 추세를 돌려놓는 것은 확실히 생산성이 더 빨리 향상되도록 하는 중요한 촉진제가 될 것이다. 더욱이 지난 몇십 년 동안 자동화를 확대하도록 장려하면서 비용을 더 빠르게 절감하는 데 집중한 것도 문제다. 이처럼 자동화에 집중한 전략은 충분히 생산성이 향상되는 성과를 내지 못했다고 해도 과언이 아니다. 경제성장의 과실을 더 평등하게 공유해야 한다는 데 사회적 합의가 이뤄지면 단순히 기존 과업을 자동화하는 기술이 아니라 다른 기능을 가진 노동자들이 생산에 기여할 수 있도록 새로운 기회를 창출해내는 기술에도 투자할 유인이 될 것이다. 그렇게 할 수 있다면 소득과 일자리를 더욱 평등하게 분배할 수 있을 뿐만 아니라 인간의 기능을 더 잘 활용해 생산성도 높일 수 있게 될 것이다.

정치부문에서도 도전들은 만만찮다. 경제 개혁과 제도를 둘러싼 연합을 확보하는 것을 넘어 사적 이익집단이 지난 20년 동안 천문학적으로 늘어난 선거 기부금과 로비를 통해 과도한 영향을 미치지 않도록 제한해야 한다. 그러므로 미국 정치체제에서 더 거대해진 국가가 경제적 엘리트집단이 시키는 대로 할지 모른다는 염려는 먼 훗날의 문제가 아니라 이미 현실에 나타난 문제다. 그러나 이 문제는 너무나 심각해서 미국의 좌파와 우파 모두 (비록 선호하는 해법은 다르지만) 이 같은 포획이 문제라는 데 동의한다. 이런 위협에 대응하기 위한 정치 개혁으로 몇 가지를 꼽자면 다음과 같다. 첫 번째 개혁은 선거 기부금을 줄이고 로비의 영향력을 제한하는 것이다. 정치인들이 특정 산업이나 이익집단의 충실한 하수인이 되는 이유는 무엇일까. 대중의 눈을 피한 만남 혹은 규제 당국자나 정치인들이 나중에 아주 후한 급여를 받고 민간부문에 고용되는 방식을 통해 감시가 부실한 회전문식 고용계약을 맺기 때문이다. 그러므로 기업들과 로비스트, 정치인들 간 관계의 투명성을 높이는 구체적인 조치들이 특히 중요하다.

두 번째 개혁은 행정의 자율성을 높이는 것이다. 확실히 그 첫걸음은 로비스트와 국가가 짬짜미하는 관계를 끝내는 것이다. 하지만 그보다 중요하게, 기본적으로 새 행정부가 정부 기관들의 모든 고위직을 정치적으로 임명할 수 있는 권한을 축소하는 개혁을 통해 행정의 효율성을 높이고 정치적 포획을 예방할 수 있을 것이다.

다른 필요한 개혁으로는, 2000년대 초 이후 양대 정당 후보 중 한 명이 안전하게 당선되는 선거구가 수십 곳이나 생겨났으므로 그 선거구를 다시 획정하는 것을 비롯해 미국 정치체제의 대표성을 축소했던 몇 가지 추세를 되돌리는 조치들을 들 수 있다.

구체적인 정책의 개혁보다 훨씬 더 중요한 것은 사회의 결집력을 전반적으로 제고하는 것이다. 이에 대해서도 미국에서 상당히 광범위한 공감대가 있다. 토크빌을 크게 매혹시킨 19세기 미국 사회의 특징 중 하나는 정부 바깥에서 단체를 조직하고 형성하려는 사람들의 의지였다. 미국 사회는 이를 통해 특정한 사회적 문제들을 풀 수 있었을 뿐만 아니라 정치적 의사결정에 대한 대중의 압력을 만들어낼 수도 있었다. 최근 이런 유형의 단체들이 쇠퇴하고 있다는 점이 많이 부각됐다. 쇠퇴의 범위와 정확한 원인에 관한 논쟁이 벌어지고 있고 이 조직들이 모두 중요한 역할을 하지는 않는다고 해도, 국가와 강력한 엘리트층을 계속 견제할 수 있는 유형의 연합들에 새로운 활력을 불어넣는 것은 꼭 필요하다. 이 일은 경제적 엘리트집단의 영향력에 맞서는 노동자 조직들이 지난 몇십 년 동안 훨씬 약해졌기 때문에 더욱 중요해졌다. 이런 조직이 쇠퇴함에 따라 산업 노동자들과 다른 시민들 모두를 위한 새로운 정치 참여 수단이 될 대안적인 형태의 조직들이 더욱 필요해졌다. 그런 조직들이 과거 노동조합이 했던 역할을 효과적으로 수행할 수 있는지(어떻게 할 수 있는지)는 따져봐야 한다. 이 장 마지막 부분에서 이 문제를 다시 다룰 것이다.

국가 역량 확대를 지지하고 감시하는 다채로운 연합을 구축한 스웨덴의 성공 사례에서 배워야 한다고 해서, 미국이나 다른 서방 국가들이 80여 년 전 그 나라가 도입하기 시작했던 것을 무작정 흉내 내고 베껴야 한다는 권고로 받아들여서는 안 된다. 우선 미국에서 레드 퀸의 긍정적인 동학을 뒷받침할 수 있는 연합들은 스웨덴의 '암소 거래'에서 노동자와 농민들이 연합했던 것과는 아주 달라야 한다. 서로 다른 지역과 다른 이념집단, 다른 인종집단들을 포함해야 한다. 미국은 소프트웨어와 인공지능, 생명과학, 첨단 공학 같은 일련의 선도적인 산업에서 여전히 세계에서 가장 혁신적인 나라이므로 1930년대 스웨덴과는 다른 조직을 추구해야 한다. 그러나 기업의 역동성과 혁신을 위한 기회와 유인을 확보하는 것은 더 나은 사회안전망과 복지국가를 구축하는 일과 상충되지 않는다. 그것은 국가를 계속 견제하기 위해 사회 결집을 돕는 일과 어긋나지 않는다. 또한 유능한 국가를 발전시키는 일에도 확실히 반하지 않는데, 특히 미국에서 국가는 과학과 연구 분야에서 경제의 혁신적 에너지를 창출하는 지주支柱이므로 더욱 그렇다. 그 점은 첨단기술 장비의 주요 구매자로서, 또 국립과학재단National Science Foundation 같은 조직들과 연구비 지출에 대해 후한 세액공제를 해주는 최고의 자금 지원자로서 미국 정부가 하는 활동을 보면 알 수 있다. 그렇다면 문제는 미국과 다른 서방 국가들이 어떻게 국가에 계속 족쇄를 채워두면서 자원을 더 평등하게 나누는 쪽으로 경제활동의 방향을 다시 잡을 수 있느냐다. 국가가 안보 위협들에 대응할 때 그 국가를 감시하는 문제를 생각해보면 대답의 실마리를 얻을 수 있다.

리바이어던의 대 테러 전쟁

국가가 어떻게 하면 여전히 족쇄를 찬 채로 새로운 문제들에 대응하는 역량을 확대할 수 있는지 보여주는 본보기는 비경제적인 문제들에도 적용된다. 시민들이 국가에 대해 가장 핵심적으로 요구하는 사항은 안보에 관한 것들이다. 실제로 국가건설에 참여하는 강력한 동기 중 하나는 법을 집행하고 분쟁을 해결하며 안전을 보장하는 중앙집중식 권력을 확보하려는 것이다.

그러나 세계가 변화하면서 안보상의 도전도 그 성격이 바뀌고 있다.

2001년 9월 11일 아침 테러조직 알카에다의 항공기 납치범 19명이 미국 민간 항공기 넉 대를 장악해 그중 두 대를 뉴욕의 세계무역센터에 충돌시키고, 다른 한 대는 워싱턴 D.C.의 국방부 건물로 날아가 부딪치게 했을 때, 그리고 마지막 한 대는 납치범들이 승객과 싸우는 동안 펜실베이니아에 추락했을 때 대다수 서방 사람들에게 이 점이 너무나 분명해졌다. 이 테러로 인한 사망자는 모두 2,996명이었고 다친 사람들은 6,000명을 넘었다. 물론 9.11 전에도 세계는 각자 어느 정도씩 잔인한 테러 공격들을 겪은 적이 있었고 서방 국가들은 냉전 기간 몇십 년 동안 온갖 안보상의 도전에 대응했었지만, 9.11 테러의 규모와 대담성에 사람들은 충격을 받았다. 대다수 시민과 정부 기관 들은 이를 매우 긴급히 대응해야 할 안보 위협들이 상존하는 새로운 세계가 시작된 것으로 받아들였다. 비록 그 후 18년 동안 추가적인 대규모 공격은 피할 수 있었지만, 여러 차례 소규모 공격과 이른바 이슬람국가를 비롯한 비슷한 조직들이 기획했으나 저지된 테러 시도가 계속되면서 그러한 해석이 옳았던 것으로 밝혀졌다. 따라서 우리는 사회가 새로운 도전들에 맞설 국가의 역량과 행동주의 강화를 요구하는 명백한 사례를 보고 있다.

이런 요구에 응답이 있었다. 미국 안보기관들은 엄청나게 규모가 커졌고 책임도 확대됐다. 하지만 이미 제10장에서 지적했듯이 이는 사회의 통제 아래 일어난 일이 아니며, 2013년 6월 에드워드 스노든이 연방정부의 비밀로 분류된 감시 프로그램의 존재와 기능을 폭로하면서 유출된 문서 일부를 언론이 보도하기 시작했을 때 우리는 이 점을 고통스럽게 확인했다. 처음 폭로된 프로그램은 미국의 구글과 야후, 마이크로소프트, 페이스북, 유튜브, 스카이프 계정에 직접 접속할 수 있도록 해주는 프리즘PRISM이었다. 우리는 또한 버라이즌이 미국인 수백만 명의 통화 기록을 NSA에 넘겨주라는 법원의 비밀 명령, 수십억 건의 이메일과 전화통화에 관한 메타데이터metadata[6] 정보를 수집하는 바운드리스 인포먼트Boundless Informant라는 데이터마이닝 프로그램, '인터넷상에서 이뤄진 거의 모든 활동'에 관한 정보를 모으는 엑스키스코어XKeyscore 컴퓨터 시스템에 관해 알게 됐다. 스노든은 NSA가 수백만 건의 이메일과 인스턴트 메시지 접촉 목록을 입수하고, 이메일 내용을 살피고, 휴대전화 위치를 추적해 매핑mapping하며, 암호화 시도를 방해했다고 폭로했다. 스노든은 "나는 개인 이메일 주소만 있으면 당신이나 당신의 회계사부터 연방법원 판사나 심지어 대통령까지도 누구든 내 의자에 앉아서 도청을(할 수 있었다)"고 말했다. 스노든의 폭로 후 미국 국방부 문서 유출로 유명한 대니얼 엘스버그Daniel Ellsberg는 이렇게 주장했다.

> 스노든의 폭로는 진정으로 헌법 정신에 맞습니다. … 에드워드 스노든은 수정 헌법 제4조와 제1조를 지킨다는 면에서 내가 아는 누구보다 우리 헌법을 위해 큰 일을 했습니다.

어쩌면 이 모든 것이 찻잔 속 태풍인지도 모른다. 아마도 심각한 테러 위협과 싸울 때 안보기관들은 불가피하게 비밀리에 활동하면서 엄청난 양의 데이터를 모으고, 개인 정보 침해에 관한 염려를 무시하고, 언론이 불만의 목소리를 높이도록 내버려둬야 할 수도 있다, 아마도.

이런 문제를 보는 하나의 관점을 갖기 위해 덴마크의 경험으로 눈을 돌려보자. 2006년 유럽연합은 '공중이 이용할 수 있는 전자 통신서비스나 공중 통신망 제공과 관련해 생성되거나 처리된 데이터의 보관'에 관한 데이터 보

---

6 구조화된 데이터

관 지침Data Retention Directive을 발표했다. 덴마크 정부는 이 지침을 확장해 서비스 제공자들이 사용자들의 소스와 수신자 IP 주소, 포트 번호, 세션타이프session type, 타임스탬프time stamp에 관한 정보를 보관하도록 요구하는 '세션 로깅session logging' 의무를 포함해 지침에 규정된 것을 훨씬 넘어서는 법을 제정했다. 그에 대해 전 세계적으로 개인 정보 관련 감시와 보호 활동을 하는 비영리기관인 프라이버시인터내셔널Privacy International은 이 나라의 평점을 그 전의 2.5점(안전장치 유지의 체계적 실패)에서 2.0점(광범위한 감시 사회)으로 낮췄다. 그에 따라 덴마크는 이 조사에 포함된 45개국 중 34위로 평가됐다. 그러나 덴마크 국민 대다수는 그 문제에 대해 신경 쓰지 않는 듯했다. 그들은 덴마크 정부가 자신들의 IP 주소와 포트 번호, 세션타이프, 타임스탬프를 자신들을 엿보거나 표현의 자유를 억누르거나 자신들의 정치적 견해를 이유로 투옥시키기 위해 이용하지 않으리라는 것을 믿는다. 2015년 4월 유럽사법재판소는 덴마크의 데이터 보관 관행이 '기본권에 대한 특히 심각한 방해'라고 결론 내렸지만, 덴마크 사람들은 분개하며 데이터 보관 관행의 중지를 요구하지 않았다.

덴마크와 미국의 대응 방식에서 나타난 차이는 덴마크 정부가 비슷한 안보상의 위협들에 공격적으로 대처하지 않았다는 점이 아니었다. 바로 덴마크 기관들은 사회의 신뢰를 유지하면서 그 일을 했다는 점이었다. 그 신뢰 유지는 두 가지 결정적인 요인들에 달려 있었다. 첫째, 미국 프로그램은 비밀이었고 감독을 받지 않은 채 줄곧 확대됐지만, 덴마크의 데이터 보관 정책은 일반 국민에게 명료하게 발표됐고 당초 목적과 달리 이용되지 않았다. 둘째, 덴마크 사람들은 처음부터 자국 기관들에 대한 기본적인 믿음을 갖고 있었으며, 정부가 그 정보를 자신들에게 불리하게 이용하지 않고 9.11 이후 CIA가 한 것처럼 특별 인도와 고문에 이용하지 않으리라고 믿었다. 이 요인들은 둘 다 정부가 수집한 데이터가 족쇄를 찬 국가의 특성을 훼손하지 않으리라고 덴마크 사람들이 충분한 근거를 가지고 믿는다는 것을 시사한다. 미국의 대중은 그렇지 않은데, 이는 바로 CIA와 FBI, NSA가 흔히 견제받지 않고 때때로 부도덕한 방식으로 행동해왔기 때문이다.

그러므로 족쇄 찬 리바이어던이 여전히 족쇄를 벗어던지지 않은 채로 새로운 안보 위협에 어떻게 대응해야 하는가, 그리고 새로운 경제적 도전들에 어떻게 응전해야 하는가 하는 두 가지 문제 사이에는 대단히 유사한 점이 있다. 이 유사성은 리바이어던을 회랑 안에 머물도록 하는 제도적인 제약을 비롯한 다른 제약 요인들이 극히 중요하다는 점에서 찾을 수 있다. 국가에 대한 사회의 신뢰는 이런 제약들을 반영하는 것이다. 이런 관점에서 보면 NSA와 CIA가 새로운 안보 위협들에 대응하는 데 문제가 된 것은 그들의 책임과 활동 범위를 확대하는 것 자체가 아니라 그런 활동을 조직한 비밀스럽고 감시받지 않는 방식이었다. 스노든이 폭로한 프로그램들은 해외정보감시법원 Foreign Intelligence Surveillance Court들이 감시해야 하지만, 이 법원들 역시 비밀리에 작동하며 흔히 거수기에 불과했다. 계속해서 족쇄를 채우거나 신뢰를 구축하는 데 옳은 방식이 아니었다.

—

우리는 제1장에서 어떻게 대부분 국가가 자유민주주의나 무정부 상태, 혹은 독재로 나아가는지 말해주는 잘 알려진 예측들을 소개하는 것으로 논의를 시작했다. 대부분의 인류에게 디지털 독재가 부상할 것이라는 유발 노아 하라리의 경고는 어쩌면 가장 불길한 것이며, 중국의 '사회적 신용' 체계와 NSA의 공격적인 감시 프로그램들은 하라리의 예측에 신빙성을 더해준다.

하지만 우리가 앞서 논의했듯이, 모든 나라 혹은 대부분의 나라가 거침없이 같은 유형의 정치 또는 경제 체제로 나아가리라고 예상해야 할 이유는 없다. 그들의 진로를 결정하는 것은 국가와 사회의 효과적인 균형이다. 같은 안보 위협들에 다른 방식으로 대응하는 덴마크는 이 점을 분명히 보여준다. 규모가 더 커지고 감시에서 벗어난 국가가 안보 위협에 직면하면 권력 남용 가능성이 훨씬 더 커지며 디지털 독재의 위험도 커진다. 같은 행동을 사람들이 똑똑히 지켜보는 가운데서 하고, 그 권한이 잘못 쓰이지 않는지 사회가 감시할 수 있으면 리바이어던이 회랑에 머물도록 뒷받침하는 힘의 균형은 재확인된다. 이런 재확인이 있으면 새로운 기술이 사적 자유를 침해할 수 있다고 하더라도 그 기술을 족쇄 찬 리바이어던의 원칙에 훨씬 더 잘 맞는 방식으로 사용하도록 촉진할 수 있다. 새 기술들이 채택될지, 그리고 그 기술들이 힘의 균형을 깨트릴지는 미리 정해져 있지 않다. 어디까지나 우리의 선택에 달려 있다.

행동하는 권리: 니묄러 원리

족쇄 찬 리바이어던을 만들어내는 것뿐만 아니라, 그런 리바이어던과 함께 살아가는 것 역시 어려운 일이다. 우리는 점점 커지는 리바이어던이 존재하는 가운데 사회가 힘을 강화할 수 있는 몇 가지 구체적인 방법들을 제시했다. 가장 핵심적인 구상은 사회의 결집을 지렛대로 이용하는 것이다. 그러나 실제로 어떻게 그 목표를 이룰 수 있을까? 사회가 역량을 확대하고 국가와 엘리트집단을 통제할 수 있도록 돕는 조직적인 방법이 있을까? 우리는 그렇다고 믿는다. 이는 제14장에서 밝힌 구상들과 관련이 있다. 국가와 엘리트집단, 그리고 다른 시민들로부터 가해지는 모든 위협으로부터 시민들의 권리를 보호하는 바탕 위에서 리바이어던을 만들어가는 것이다.

이 권리들은 우리가 생각하는 자유의 개념, 즉 개인들을 공포와 폭력, 지배로부터 보호하는 것과 밀접하게 연결돼 있다. 공포와 폭력은 사람들이 고향에서 도망치게 하는 주된 원인이 돼왔지만, 개인들이 스스로 선택하고 자신의 가치에 따른 삶을 추구할 수 없게 하는 지배 또한 사람들을 질식시키기는 마찬가지다. 각종 권리는 기본적으로 모든 개인이 자신의 삶에서 그런 선택을 할 수 있도록 그 역량을 사회가 법률과 규범으로 표현하는 방식이다.

권리를 강조하는 사상은 적어도 '생명의 보존과 자유, 행복 추구를 포함한 고유하고 양도할 수 없는 권리'에 관한 토머스 제퍼슨의 생각이 담긴 미국 독립선언문과 1789년 프랑스의 인간과 시민의 권리 선언Declaration of the Rights of Man and of the Citizen뿐만 아니라 존 로크의 시대까지 거슬러 올라간다. 그 현대적인 개념은 1948년 채택된 유엔의 세계인권선언으로 정리됐다. 윌리엄 베버리지는 이를 예견하고 1945년 소책자 《나는 왜 자유주의자인가Why I Am a Liberal》에서 이렇게 썼다.

> 자유는 정부의 자의적인 권력에서 벗어나는 것 이상을 의미한다. 그것은 결핍과 누추함, 다른 사회적 악에 매이는 경제적 예속에서 벗어난다는 의미다. 또한 어떤 형태의 자의적인 권력에서도 벗어난다는 의미다. 굶주리는 사람은 자유롭지 못하다.

세계인권선언도 비슷하게 주장했다.

> 인권에 대한 무시와 경멸이 인류의 양심을 격분시키는 만행을 초래했으며, 인간들이 언론과 신앙의 자유, 공포와 결핍으로부터의 자유를 누릴 수 있는 세계가

도래하는 것은 모든 사람이 가진 지고한 열망으로 선언돼왔다.

제23조는 이렇게 선언한다.

1. 모든 사람은 일할 권리를 가지며, 직업을 자유롭게 선택하고, 정당하고 유리한 조건에서 일하며, 실업으로부터 보호받을 권리를 가진다.
2. 모든 사람은 아무런 차별 없이 같은 일에 대해 같은 보수를 받을 권리를 가진다.
3. 일하는 모든 사람은 자신과 가족에게 인간의 존엄성에 합당한 생존을 보장받으며, 필요할 경우 다른 사회보장 수단으로 보충되는 정당하고 유리한 보수를 받을 권리를 가진다.
4. 모든 사람은 자신의 이익을 보호하기 위해 노동조합을 결성하고, 가입할 권리를 가진다.

루스벨트 역시 비슷한 개념들을 분명히 표현했다. 1940년과 1941년 그는 "네 가지 필수적인 자유"를 강조했다. 표현의 자유, 종교의 자유, 결핍으로부터의 자유, 공포로부터의 자유다. 더 나아가 그는 1944년 시정연설에서 이렇게 선언했다.

우리는 개인의 진정한 자유가 경제적 안전과 독립 없이는 존재할 수 없다는 사실을 분명히 깨닫게 됐습니다. '궁핍한 사람은 자유로운 사람이 아니다'라는 말이 있습니다. 일자리를 잃고 굶주리는 사람들은 독재를 만드는 원료입니다.

그런 다음에 루스벨트는 필수적인 권리로 "유용하고 보수가 괜찮은 일자리를 가질 권리", "적절한 음식과 의복, 여가를 얻는 데 충분한 소득을 올릴 권리", "크든 작든 기업인 모두가 불공정한 경쟁과 국내외 독점기업들의 지배에서 벗어나 자유로운 환경에서 거래할 권리", "모든 가족이 품위 있는 가정을 꾸릴 권리", "노령과 질병, 사고, 실업에 따른 경제적 두려움에서 벗어나 적절히 보호받을 권리", "좋은 교육을 받을 권리"를 꼽았다. 루스벨트는 과거에 이런 권리와 자유 중 어떤 것들을 기꺼이 빼앗으려 했던 적도 있었는데, 예를 들어 그는 1942년부터 1945년까지 일본인 시민들을 수용했고 남부의 짐 크로법을 그대로 둔 채 일을 했다(네 가지 자유에 대한 한 아프리카계 미국인의 반응은 설득력이 있다. "백인들은 네 가지 자유를 이야기하고 있지만 우리는 어느 것도 갖지 못했다"). 권리의 중요성에 대한 그의 이야기는 대서양 양쪽에서 기류가 얼마나 바뀌고 있었는지 말해준다.

이와 같은 여러 선언에서 놀라운 점은 권리 개념에 두 가지 신조가 있다는 것이다. 각종 권리는 보편적이고 일반적이며(이 점에서 그 권리는 노예에 대해서는 아예 다루지 않고 여성에 대해서는 불명확하게 다룬 독립선언문을 훨씬 뛰어넘는다), 개인들이 자신의 선택을 실현할 수 있는 것을 중요하게 여긴다는 뜻이다. 그러므로 어떤 집단에 대해서도 폭력으로 위협하거나 사상이나 표현의 자유를 제한하는 것은 권리를 침해하는 것이며, 종교 활동(혹은 그것의 부재)을 막거나 성적 선호를 따르지 못하게 하는 것도 마찬가지다. 품위 있는 생활을 위한 소득 수단을 빼앗는 것도 일종의 지배를 만들어내므로 권리를 침해하는 것이라는 점도 똑같이 중요하게 인식해야 한다. 이러한 지배는 절망적인 빈곤은 사람들이 의미 있는 삶을 추구할 수 없게 한다는 사실뿐만 아니라 그런 상황에서는 고용주들이 불쾌하거나 비천하거나, 아니면 역량을 크게 떨어트리는 조건에서 일하도록 요구할 수 있다는 인식에서 비롯된다(제8장에서 본 달리트 맨손 청소부를 상기하라).

권리의 개념은 남성과 다수집단의 자유를 위해서만 중요한 건 아니다. 여성과 종교적, 인종적, 성적 소수집단, 불구와 장애를 지닌 사람들에게도 결정적으로 중요하다. 이런 권리들을 명문화하는 것은 국가와 사회의 강력한 엘리트층이 할 수 있는 일과 없는 일의 한계를 분명히 해준다. 이런 권리들이 명백히 보호될 때, 누구든 사람들이 단체를 조직하고 자신의 주장을 펴고 자기 삶의 방식을 추구하는 능력을 빼앗는다면 바로 그 한계를 넘는 것이다. 사람들이 어쩔 수 없이 경제적으로 종속되고 지배당하는 조건을 만드는 것도 마찬가지다.

사회를 변화시키는 동력은 여기에서 시작된다. 국가가 할 수 없는 일에 대해 분명하게 그어놓은 경계선이 널리 인식되면 이 선들을 침범하는 것은 국가가 슬그머니 도를 넘지 못하도록 막는 광범위한 사회적 결집을 촉발할 수 있다. 소수집단의 권리를 보편적으로 인식하는 것은 결정적으로 중요한데, 왜냐면 그런 인식이 없으면 현재 권리를 침해당하고 있는 특정 소수집단들만 불만을 제기하고 항의할 것이며, 인도(제8장)와 남아메리카, 아프리카(제11장)처럼 분열되고 파편화한 사회에서 보듯이 아무런 결집이나 대응이 없을 터이기 때문이다. 보편적인 권리 인식은 광범위한 연합의 토대가 형성된다.

독일의 루터교회 목사인 마르틴 니묄러Martin Niemöller는 이런 사고의 중요성을 예견했는데, 그는 나치의 국가가 왜 그토록 쉽게 독일 사회를 급속히 지배하게 됐는지 핵심을 포착해 1950년대에 지은 시에서 함축적으로 표현했다. 여러 홀로코스트 추모관에 새겨져 있고 추도 행사에서 자주 낭송되는 이 시의 가장 잘 알려진 판본은 다음과 같다.

처음에 그들이 사회주의자들에게 왔을 때, 나는 침묵했다.

나는 사회주의자가 아니었기에.

다음에 그들이 노동조합원들에게 왔을 때, 나는 침묵했다.

나는 노동조합원이 아니었기에.

다음에 그들이 유대인들에게 왔을 때, 나는 침묵했다.

나는 유대인이 아니었기에.

다음에 그들이 내게 왔을 때,

나를 위해 말해줄 이는 아무도 남아 있지 않았다.

그러므로 니묄러의 이야기에서 알 수 있듯이 독일 사회가 나치에 저항해 일어나지 못한 무능력의 근원은 아주 기본적인 권리에 대한 보편적인 인식이 없었다는 데 있으며, 나치는 독일 사회에서 광범위한 연합이 결집해 자신들에게 맞서 일어날 것을 걱정할 필요 없이 각각의 집단을 따로 떼어 다루면서 제거할 수 있었다. 당시 독일 사회의 대응은 회랑을 방어하는 데 특히 나쁜 방식으로 드러났다.

루스벨트는 이런 문제도 어느 정도 예견했다. 그는 1944년 같은 시정연설에서 모두를 위한 다양한 일단의 권리가 중요하다고 강조하면서 덧붙여 1776년 벤저민 프랭클린Benjamin Franklin이 "우리는 모두 단결해야hang together 한다. 그러지 않으면 틀림없이 모두 따로따로 목이 매달릴 것hang separately이다"라고 한 말을 인용했다.

이 논리를 뒤집어보면 사회가 일련의 광범위한 (온당한) 권리를 더 보편적인 것으로 만들 수 있는 한 스스로 조직화하고 국가의 확대되는 권력에 대응하는 데 유리해질 것이다. 세계인권선언이 표현한 이 권리들에는 보상이 있는 고용에 접근할 권리가 포함된다는 점을 주목할 필요가 있는데, 그 권리가 사회의 서로 다른 부문이 경제적 고려와 불만에 자극받아 광범위한 연합으로 모이고 독재에 저항하기 위해 조직화하도록 그를 위한 여지와 유인을 만들어주기 때문이다. 우리가 이미 논의한 것처럼 미래에는 노동운동이 결코 지난날의 영향력을 되찾지 못할 수도 있는 만큼 이런 도전들은 특히 치명적일 수 있다. 권리를 중심으로 조직화한 (시민) 사회가 하나의 대안이다.

—

적극적인 사회와 역량이 큰 국가가 있는 민주적인 나라에 사는 우리 대다수는 독재적 리바이어던의 지배 아래 고통을 겪거나 그들을 보호해줄 어떤 국가기관도 없는 가운데 공포와 폭력, 지배 아래 생존해야 하는 이들과 비교할 때 엄청나게 운이 좋다. 그러나 (족쇄 찬) 리바이어던과 함께 살아가는 것은 여전히 진행형이다. 우리는 지금까지 그 일을 더 안정적인 것으로 만들고 회랑 밖으로 밀려 나갈 가능성을 줄이는 데 있어서 핵심은 국가와 사회 간에, 그리고 권력을 가진 이들과 그렇지 못한 이들 간에 균형을 만들어내고 또 만들어내는 것이라고 주장했다. 우리에게는 도움이 될 레드 퀸이 있지만, 궁극적으로 사회의 힘은 조직화와 결집에 있다.

—

2017년 10월 여성들은 자신들에게 영향력을 행사할 수 있는 남성들에게 당해왔던 성추행과 성폭행에 관해 분명한 목소리를 내기 시작했다. 시작은 영화계의 대단한 거물인 하비 와인스타인Harvey Weinstein에 대한 여러 건의 고발이었다. 10월 5일 배우 애슐리 주드Ashley Judd는 하비의 혐의를 추가했다. 10월 17일 배우 앨리사 밀라노Alyssa Milano는 인권운동가 타라나 버크

Tarana Burke가 2006년에 만들어낸 용어를 써서 이런 트윗을 날렸다. "당신이 성적으로 추행이나 폭행을 당한 적이 있다면 이 트윗에 '미투me too'라고 써서 답하세요." 그러자 트윗이 쇄도했고 하나의 사회운동이 탄생했다. 비록 전 세계 여성들의 완전한 평등과 보호에 이르기에는 아직 너무나 갈 길이 멀지만, 사람들이 결집해 이처럼 가장 기본적인 권리의 침해에 대해 항의한 덕분에 정부와 기업, 학교에서 힘센 자들이 여성들을 희롱하고 비하하고 공격하기가 상당히 어려워졌다. 뉴욕주의 성추행방지법처럼, 법률도 바뀌기 시작했다.

인류의 진보는 새로운 도전들에 맞서면서 낡은 것이든 새로운 것이든 모든 지배에 대항하는 국가의 역량을 얼마나 확대하느냐에 달려 있지만, 사회가 그것을 요구하고 모두의 권리를 지키기 위해 결집하지 않으면 진보는 일어나지 않을 것이다. 쉽게 또는 저절로 이뤄지는 일은 아무것도 없지만, 그런 일은 일어날 수 있고 실제로 일어난다.

우리는 이 책을 쓰면서 지적인 부채를 수없이 쌓아왔다. 가장 중요한 빚은 이 책과 관련해 우리가 축적한 연구의 여러 측면에서 우리와 함께 작업해온 공저자들에게 진 것들이다. 우리는 마리아 안젤리카 바우티스타Maria Angélica Bautista, 재닛 벤천Jeanet Bentzen, 다비데 칸토니Davide Cantoni, 이사이어스 차베스Isaías Chaves, 알리 치마Ali Cheema, 조너선 코닝Jonathan Conning, 주세페 데 페오Giuseppe De Feo, 자코모 데 루카Giacomo De Luca, 멜리사 델Melisa Dell, 게오르기 에고로프Georgy Egorov, 레오폴도 페르구손Leopoldo Fergusson, 후안 세바스티안 갈란Juan Sebastián Galan, 프란시스코 가예고Francisco Gallego, 카밀로 가르시아-히메노Camilo García-Jimeno, 제이컵 하리리Jacob Hariri, 타렉 하산Tarek Hassan, 리앤더 헬드링Leander Heldring, 매슈 잭슨Matthew Jackson, 사이먼 존슨Simon Johnson, 아심 크와자Asim Khwaja, 사라 로우즈Sara Lowes, 세바스티안 마쭈카Sebastián Mazzuca, 제이컵 모스코나Jacob Moscona, 수레시 나이두Suresh Naidu, 제프리 누전트Jeffrey Nugent, 네이선 넌Nathan Nunn, 필립 오사포-크와코Philip Osafo-Kwaako, 스티브 핀커스Steve Pincus, 트리스탄 리드Tristan Reed, 후안 디에고Juan Diego, 파스쿠알 레스트레포Pascual Restrepo, 다리오 로메로Dario Romero, 파블로 케루빈Pablo Querubín, 라파엘 산토스-비야그란Rafael Santos-Villagran, 아흐메드 타훈Ahmed Tahoun, 다비데 티치Davide Ticchi, 콘스탄틴 소닌Konstantin Sonin, 라그나르 토르비크Ragnar Torvik, 후한 F. 바르가스Juan

F. Vargas, 티에리 베르디에Thierry Verdier, 안드레아 빈디니Andrea Vindigni, 제바스티안 폴머Sebastian Vollmer, 존 와이걸Jon Weigel, 알렉스 월리츠키Alex Wolitzky, 피에르 야레드Pierre Yared의 창의성과 노고, 그리고 인내에 감사한다.

우리는 2018년 3월 노스웨스턴대학 경제사센터에서 책 출간을 앞두고 이틀 동안 컨퍼런스를 열도록 해준 조엘 모키르Joel Mokyr에게 특별히 감사의 말을 전한다. 조엘은 20년 동안 지적 영감을 주고, 학문적인 역할 모델이 돼주었으며, 직업적으로도 엄청난 지원을 해줘서 그가 없었더라면 우리가 걸어온 길이 어땠을지 상상조차 하기 어렵다. 우리는 컨퍼런스 참석자 모두에게서 통찰력 있는 견해를 들었다. 캐런 올터Karen Alter, 샌디프 발리가Sandeep Baliga, 크리스 블래트먼Chris Blattman, 피터 뵈트케Peter Boettke, 페데리카 카루가티Federica Carugati, 대니얼 디어마이어Daniel Diermeier, 게오르기 에고로프, 팀 페더슨Tim Feddersen, 개리 파인먼Gary Feinman, 질리언 해드필드Gillian Hadfield, 노엘 존슨Noel Johnson, 린 키슬링Lynne Kiesling, 마크 코야마Mark Koyama, 린다 니컬러스Linda Nicholas, 데빈 마Debin Ma, 멜라니 멍 쉐Melanie Meng Xue, 수레시 나이두, 존 나이John Nye, 파블로 케루빈, 재러드 루빈Jared Rubin, 켄 셉슬Ken Shepsle, 콘스탄틴 소닌, 데이비드 스타새비지David Stasavage, 존 월리스John Wallis, 바트 윌슨Bart Wilson이 그들이다. 또한 이 컨퍼런스 내용을 기록하며 자유분방한 토론을 쫓아갈 수 있도록 도와준 브람 판 베사우Bram van Besouw와 매티 미트루넨Matti Mitrunen에게 고마움을 전한다.

아마도 지금이 지난 20년 동안 우리의 연구가 나아가는 방향에 결정적으로 영향을 준 학자들도 언급해야 할 때인 것 같다. 특히 리 올스턴Lee Alston, 장-마리 발랑Jean-Marie Baland, 로버트 베이츠Robert Bates, 팀 베슬리Tim Besley, 재러드 다이아몬드Jared Diamond, 로버트 딕슨Robert Dixon, 리처드 이스털린Richard Easterlin, 스탠리 엥거먼Stanley Engerman, 제프리 프리든Jeffry Frieden, 스티븐 하버Steven Haber, 조 헨리히Joe Henrich, 이언 모리스Ian Morris, 더글러스 노스Douglass North, 조시 오버Josh Ober, 토르스텐 페르손Torsten Persson, 장-필립 플래토, 케네스 소콜로프Kenneth Sokoloff, 귀도 타벨리니Guido Tabellini, 얀 반시나Jan Vansina, 배리 와인개스트Barry Weingast, 파브리초 칠리보티Fabrizio Zilibotti가 그렇다.

우리는 시완 앤더슨Siwan Anderson과 데이비드 오터David Autor, 피터 다이아몬드Peter Diamond, 존 그루버Jon Gruber, 사이먼 존슨, 락시미 아이어Lakshmi Iyer, 램지 마르디니Ramzy Mardini, 마크 프리지크Mark Pryzyk, 고텀 라오Gautam Rao, 코리 스미스Cory Smith, 데이비드 양David Yang, 아난드 스와미Anand Swamy에게서 각 장에 대한 대단히 유용한 논평을 들었으며, 그들이 내준 시간과 넓은 지식에 감사한다. 크리스 애커먼Chris Ackerman과 시하트 톡괴즈Cihat Tokgöz는 원고 전체를 읽고 폭넓은 논평과 제안, 조언을 해줬다.

우리는 노스웨스턴대학의 네머스Nemmers 강좌, 뮌헨 강좌, 예일대학의 쿠즈네츠Kuznets 강좌, 케임브리지대학의 리처드 스톤Richard Stone 강좌, 타이페이의 순첸孫震 강좌, 툴루즈의 장-자크 라퐁Jean-Jacques Laffont 강좌, 일리노이주립대학(어배너-섐페인)의 리노우즈Linowes 강좌, 옥스퍼드개발연구소 연례 강좌, 세계은행의 ABCDE 기조연설, 터프츠대학의 연례 사회적 존재론Social Ontology 컨퍼런스를 포함해 지난 몇 년에 걸쳐 여러 세미나에서 이 책에 쓴 구상들을 다양한 형태로 발표해왔다. 유용한 논평과 제안 들을 많이 받았으며, 특히 토케 아이트Toke Aidt, 개브리얼 리언Gabriel Leon과 민-정 린Min-Jeng Lin에게 감사를 표하고 싶다.

톰 하오Tom Hao와 매트 로우Matt Lowe, 카를로스 몰리나Carlos Molina, 제이컵 모스코나, 프레더릭 파파지안Frederick Papazyan, 호세 이그나시오 벨라르데José-Ignacio Velarde는 훌륭하게 연구 보조를 해줬다. 토비 그린버그Toby

Greenberg는 뛰어난 사진 편집자였다. 알렉스 카Alex Carr와 로런 파헤이Lauren Fahey, 셸비 제이머슨Shelby Jamerson은 편집에 관한 귀중한 제안과 수정을 해줬다.

또 우리의 동반자인 아수 오즈다글러Asu Ozdaglar와 마리아 안젤리카 바우티스타의 지지와 격려, 인내에 무한히 감사한다.

마지막으로 마찬가지로 중요한 사람들인, 우리의 작업에 헌신하며 대단히 유용한 제안을 해준 우리의 에이전트 맥스 브록먼Max Brockman과 편집자 스콧 모이어스Scott Moyers, 대니얼 크루Daniel Crew에게 깊이 감사한다. 물론 오류가 남아 있다면 모두 우리 책임이다.

부록

이 책의 주된 주장들은 여러 분야의 연구와 관련이 있으며, 우리는 이 간략한 소고에서 그 모든 사상을 충분히 다룰 수 없다. 그래서 우리는 여기에서 가장 관련이 많은 일부 연구에 초점을 맞추며, 더 폭넓은 문헌을 찾아보며 그것들과 우리 연구의 연관성과 차이점을 논의하려면 Acemoglu and Robinson(2016, 2019) 논문을 참조하기를 바란다.

가장 기본적으로 우리는 국가와 사회 간 균형의 중요성에 관한 이전의 연구인 Acemoglu(2005)와 Acemoglu and Robinson(2016, 2017)을 바탕으로 이 책을 썼다. 우리는 또 각종 제도의 역할에 관한 방대한 문헌(Acemoglu, Johnson, and Robinson, 2001, 2002, 2005a, 2005b ; Acemoglu, Gallego, and Robinson, 2014 ; North, Wallis, and Weingast, 2011 ; Besley and Pearson, 2011 ; Acemoglu and Robinson, 2012)을 기초로 책을 썼다.

우리 책은 기본적으로 수많은 사회과학자가 연구해온 국가 역량의 발전에 관해 다룬다. 우리의 견해는 민주적인 기관들과 시민사회, 정치적 권리 발전에 선행하는 것으로서 사회와 폭력에 대한 국가의 통제력 확보의 중요성을 다루는 이 문헌들(예를 들어 Huntington, 1968 ; Tilly, 1992 ; Fukuyama, 2011, 2014 ; 그리고 또한 Besley and Persson, 2011)에서 강조하는 것들과는 뚜렷한 차이가 있다. 우리는 그보다는 민주적이고 참여적인 제도의 발전을 위해서는, 그리고 특히 유능한 국가의 발전을 위해서는 사회의 결집과 권력을 위한 경쟁이 결정적으로 중요하다고 주장하고 그 증거를 보인다. 이런 관점은 다시 말해 Therborn(1977)과 Rueschemeyer, Stephens, and Stephens(1992)뿐만 아니라 Acemoglu and Robinson(2000, 2006)을 바탕으로 하고 있다. 그러나 여기서 우리가 하는 주장은 훨씬 더 폭넓은데, 사회와 각종 단체의 조직화를 다루고(Tocqueville, 2002, Dahl, 1970에서 영감을 얻었다), 이 권력 다툼에서 각종 규범이 하는 역할을 강조하고(부분적으로 Scott, 2010뿐만 아니라 Bohannan, 1958 같은 인류학적 연구에서 차용했다), Migdal(1988,

2001)에서 영감을 얻어 이 규범들이 지나치게 강해서 정치적 위계 구조와 자율적인 국가기관들의 출현을 막을 때 그 결과로 '약체 국가weak states'를 낳는다는 점을 인식하고, 또한 어떤 의제를 둘러싸고 정치적 투쟁이 벌어질 때 그 의제가 어떻게 바뀌면서 (Tilly, 1995와 Acemoglu, Robinson, and Torvik, 2016이 제안한 것처럼) 국가기관들이 발전하는 가운데 잠재적으로 사회를 강화하는가 하는 문제를 통합적으로 다루기 때문이다.

마지막으로, 우리의 전반적인 접근방식 역시 몇몇 중요한 학문적 저작들에 영감을 얻었다. 여기에는 국가의 독재 권력에 대한 Mann(1986)의 정의(사회에 책임을 지지 않는 국가라는 우리의 정의와 비슷하다), 서로 다른 정치체제의 기원과 국가와 사회 간 관계의 유형을 강제노동의 존재 여부와 그에 따른 사회적 결집 같은 역사적인 정치·경제적 상황과 연결하는 Moore(1966)의 접근방식, '서방의 부상'에 관한 North and Thomas(1973)의 논제, 남북 아메리카 발전의 유래를 역사적으로 비교하는 Engerman and Sokoloff(2011)의 연구, 명예혁명에 관한 Pincus(2011)의 분석, 비교정치경제학으로 아프리카를 분석하는 Bates(1981)의 이론, 복잡한 사회의 출현에 대한 고고학 및 민족지학적 증거와 설명을 종합한 Flannery and Marcus(2014)의 연구, 봉건제에서 자본주의로 이행하는 과정에서 지주와 농민 간 권력 관계가 한 역할을 강조하는 Brenner(1976)의 분석이 포함된다.

머리말

존 로크의 인용은 Locke(2003, 101~102, 124쪽)에서 찾아볼 수 있다.

시리아의 증언들은 모두 Pearlman(2017, 175, 178, 213쪽)에서 볼 수 있다.

길가메시 서사시의 발췌문은 Mitchell(2004, 69~70, 72~74쪽)에서 가져왔다.

2018년 아랍에미리트연방의 양성평등상에 관한 기사. https://www.theguardian.com/sport/2019/jan/28/uae-mocked-for-gender-equality-awards-won-entirely-by-men

영국의 여성참정권 운동과 여성의 역량 강화, 그리고 우리가 인용한 사실들은 Holton(2003)을 살펴 보라.

제1장. 역사는 어떻게 끝나는가?

프랜시스 후쿠야마와 로버트 캐플런, 그리고 유발 노아 하라리의 대조적인 주장은 Fukuyama(1989)와 Kaplan(1994), Harari(2018)에 제시된다. 우리는 Fukuyama(1989, 3쪽)와 Kaplan(1994, 46쪽)에서 인용했다.

2005년 콩고민주공화국(DRC) 헌법 원문은 http://www.parliament.am/library/sahmanadrutyunner/kongo.pdf에서 찾아볼 수 있다.

BBC는 콩고민주공화국 동부 반군 집단들을 개관할 수 있는 유용한 정보를 제공한다. http://www.bbc.com/news/world-africa-20586792

세계의 강간 수도로서 콩고에 관해서는 다음을 보라. http://news.bbc.co.uk/2/hi/africa/8650112.stm

라고스에 관한 캐플런의 서술은 Kaplan(1994, 52쪽)에서 가져왔다.

월레 소잉카의 인용은 Soyinka(2006, 348, 351~354, 356~357쪽)에 나온다.

다리 밑의 시신들에 관한 묘사는 Cunliffe-Jones(2010, 23쪽)에서 가져온 것이다.

쓰레기에 덮인 라고스는 다음을 보라. http://news.bbc.co.uk/2/hi/africa/281895.stm

필립 페팃의 인용은 Pettit(1999, 4~5쪽)에 나오며, 페팃 사상의 발전은 Pettit(2014)에서도 볼 수 있다.

수렵·채집 사회의 폭력에 관한 독창적인 논문은 Ember(1978)다. 우리는 여기서 Keeley(1996)와 Pinker(2011)를 참조했다. 특히 핑커의 도표 2-3(53쪽)의 데이터를 보라. 게부시의 살인율에 관해서는 Knauft(1987)를 보라.

홉스의 인용은 모두 Hobbes(1996, 제13장, 제17~19장: '끊임없는 공포와' 89쪽; '그래서 다음과 같은 일이 일어난다' 87쪽; '전쟁 상태에서는' 89쪽; '공통의 권력이 없는 상태'와 '그들의 의지를 그의 의지에' 120쪽)에서 직접 가져온 것이다.

아이히만에 관해 우리는 Arendt(1976, 44~45쪽)를 인용한다.

하이데거는 Pattison(2000, 33~34쪽)에서 인용했다.

대약진운동에 관한 이야기들은 Jisheng(2012, 4~5, 18, 21, 24~25쪽). 뤄훙샨 이야기는 Chinese Human Rights Defenders(2009)를 보라. 우리는 5쪽에서 인용했다. Freedom House(2015)는 '흑감옥'과 '지역사회 교정 제도'를 보고했다. '4청운동'에 관한 논의는

http://cmp.hku.hk/2013/10/17/34310/를 보라.

크뤽섕크는 Cruickshank(1853, 31쪽); 보나는 Wilks(1975, 667쪽)에서 인용했다.

래트레이는 Rattray(1929, 33쪽)에서 인용했다. 고이와 브와니크와에 관한 이야기들은 Campbell(1933, 제18, 19장)에서 가져왔다. 스필즈버리는 Howard(2003, 272쪽)에서 인용했다. Miers and Kopytoff(편저, 1977)는 식민지 이전 시대 아프리카의 '자유'의 성격에 관한 중요한 자료를 모아놓은 것이다.

Ginsburg(2011)는 법의 관점에서 파슈툰왈리를 소개하고 분석한다. 우리의 인용은 http://khyber.org/의 번역된 파슈툰왈리에서 가져왔다.

와이오밍의 초기 역사에 관한 사실은 Larson(1990)에서 가져온 것이다. 우리는 42~47, 233, 275쪽에서 인용했다. 존슨 카운티 목장 전쟁은 Johnson(2008)이 잘 다뤘다.

제2장. 레드 퀸

이 장과 관련이 있는 고대 그리스 역사와 아테네의 제도 발전을 훌륭하게 다룬 저작들이 많다. 우리는 특히 Ober(2015a), Morris(2010), Hall(2013), Osborne(2009), Powell(2016), 그리고 Rhodes(2011)를 기반으로 썼다. 정치제도에 관해서는 특히 Brock and Hodkinson(편저, 2001)의 소론들과 Robinson(2011)을 보라.

그리스 암흑기 사회에 관해서는 Finley(1954)를 보라. Plutarch(1914)의 'Theseus'와 'Solon' 편은 테세우스와 솔론의 생애에 관한 이야기의 출처며, 우리의 인용은 그와 관련된 장들에서 나온 것이다. 아테네의 헌법들은 Aristotle(1996)가 정리하고 분석했는데, 이 책은 예컨대 클레이스테네스가 건설한 국가의 특성을 비롯해 이 장 전반의 귀중한 자료의 출처이다. 아리스토텔레스의 말은 모두 이 책에서 인용했다. 보존된 솔론의 법에 관해서는 Leão and Rhodes(2016)를 보라. 드라콘의 살인법은 20쪽에서 전재한 것이다. Hall(2013)은 솔론의 개혁들에서 나타나는 관료화된 성격을 탁월하게 분석한다. 솔론의 토지개혁에 관해서는 Osborne(2009)을 보라. Morris(1996)와 Ober(2005)는 아테네의 정치 발전에 관한 중요한 논문들이다. Forsdyke(2005, 2012)는 그리스의 규범들과 그 제도화를 분석한다. 클레이스테네스가 발전시킨 조세제도에 관해서는 Ober(2015b)와 Van Wees(2013), Fawcett(2016)를 보라. 아테네에서 법이 어떻게 집행됐는지 알아보려면 Lanni(2016)와 Gottesman(2014)을 보라.

Gjeçov(1989)는 카눈을 수집했다. 우리는 이 책 162쪽과 172쪽에서 인용했다.

미국 권리장전은 온라인에서 볼 수 있다. https://www.archives.gov/founding-docs/bill-of-rights/what-does-it-say

연방주의자 논집은 모두 인터넷에서 볼 수 있다. https://www.congress.gov/resources/display/content/The+Federalist+Papers

매디슨은 「연방주의자 논고」 51호에서 인용했다. 여기서 헌법에 관한 우리의 논의는 Holton(2008)과 Breen(2011), Meier(2011)를 따른다. 매디슨의 '분할 통치' 서신은 Holton(2008, 207쪽)에서 인용했다. 제퍼슨은 Jefferson(1904, 360~362쪽)에서 인용했다. 토크빌은 Tocqueville(2002, 제1권 2부 4장과 제2권 2부 5장)에서 인용했다.

미국 남북전쟁에 관해서는 McPherson(2003)을 보라. 남북전쟁 후 미국 남부의 경제와 정치 발전에 관해서는 Woodward(1955)와 Wright(1986)를 보라.

레드 퀸과 앨리스의 경주에 관해선 Carroll(1871, 28~30쪽)에서 가져온 것이다.

Bohannan and Bohannan(1953)은 티브족에 관한 권위 있는 민족지학적 조사다. 간접 통치에 관한 러거드의 철학을 밝힌 가장 유명한 말은 Lugard(1922)를 보고, 그의 상세한 전기는 Perham(1960)을 보라. 유럽의 식민지 정복 시대 서아프리카 무국가 사회의 사례에 관해서는 Curtin(1995)을 보고, 기본적인 상관관계에 관해서는 Osafo-Kwaako and Robinson(2013)을 보라. 러거드는 Afigbo(1967, 694쪽)에서 인용했으며, Afigbo(1972)는 위임 추장들에 관한 독창적인 연구다. 보해넌의 인용은 Bohannan(1958, 3, 11쪽)에서 온 것이며, 아키가의 관찰은 Akiga(1939, 264쪽)에서 온 것이다.

판독 불가능성의 개념은 Scott(2010)에서 나온 것이다. Cammett(2014)는 레바논의 분파주의communalism를 개관할 수 있는 좋은 자료다. 베이루트 축구팀과 지역사회의 연계성에 관해서는 Reiche(2011)를 보라. 레바논 의회에 관한 훌륭한 블로그로 https://www.beirut.com/l/49413를 보라.

의회 개회의 빈도에 관해서는 가싼 무케이버의 말도 인용된 https://www.yahoo.com/news/lebanons-political-system-sinks-nation-debt-070626499--finance.html을 보라. 유스팅크 운동의 페이스북 글은 https://www.facebook.com/tol3etre7etkom/

posts/1631214497140665?fref=nf&pnref=story에서 찾아볼 수 있다. 유스팅크 운동에 관해서는 https://foreignpolicy.com/2015/08/25/theres-something-rotten-in-lebanon-trash-you-stink를 보라.

66번 국도와 일몰 타운에 관해서는 2016년 Candacy Taylor가 쓴 기사 'The Roots of Route 66'을 https://www.theatlantic.com/politics/archive/2016/11/the-roots-of-route-66/506255/에서 볼 수 있다.

톈안먼광장에 관해서는 Lim(2014)을 보라. 류샤오보의 생애에 관해서는 Jie(2015)를 보라. 인권 보호 운동維權運動에 관해서는 Pils(2014)를 보라. 자오화의 이야기는 2012년 댄 레빈Dan Levin이 쓴 'A Chinese Education, for a Price' 기사를 https://www.nytimes.com/2012/11/22/world/asia/in-china-schools-a-culture-of-bribery-spreads.html에서 찾아볼 수 있다.

Pei(2016)는 매관매직에 관한 상세한 정보를 담고 있다.

중국 GDP 성장의 불확실성과 과장 가능성에 관해서는 https://www.cnbc.com/2016/01/19/what-is-chinas-actual-gdp-experts-weigh-in.html을 보라. 또 그에 관한 전반적인 것은 https://www.stlouisfed.org/publications/regional-economist/second-quarter-2017/chinas-economic-data-an-accurate-reflection-or-just-smoke-and-mirrors를 보라. 중국 GDP 통계의 정확성에 관해 기업계 이코노미스트를 대상으로 한 조사는 https://www.wsj.com/articles/wsj-survey-chinas-growth-statements-make-u-s-economists-skeptical-1441980001을 보라. 중국 GDP 통계의 신뢰 결여에 관한 리커창의 말은 https://www.reuters.com/article/us-china-economy-wikileaks/chinas-gdp-is-man-made-unreliable-top-leader-idUSTRE6B527D20101206을 보라.

제3장. 권력의지

무함마드의 생애와 이슬람에 관해서는 방대한 학술적 문헌이 있다. 우리가 그의 생애를 다룬 부분은 Watt(1953, 1956)와 축약본 Watt(1961)를 따랐다. 예를 들어 Hourani(2010)와 Lapidus(2014), Kennedy(2015)처럼 이 시기의 역사를 대단히 훌륭하게 다룬 저작이 많이 있다. 메디나헌장은 Watt(1961, 94쪽)에서 인용했다.

'경쟁우위edge' 개념에 관해서는 Flannery(1999)를 보라. 이 개념의 발전에 관해서는 Flannery and Marcus(2014)를 보라.

이산들와나 전투에 관한 우리의 묘사는 Smith-Dorrien(1925, 제1장 'The Zulu War')에서 가져온 것이다. 줄루 국가의 부상에 관해서는 Eldredge(2014)와 Wright and Hamilton(1989), Morris(1998)를 보라. 우리는 Eldredge(2014, 7, 77쪽)를 인용했다. 헨리 플린은 Flynn(1986, 71쪽)에서 인용했다. 줄루 국가의 독창적인 분석은 Gluckman(1940, 1960) 덕분에 가능하다. Ritter(1985)는 제10장에서 샤카가 주술사들과 함께 있는 장면을 기록했다.

하와이제도의 국가 형성에 관한 연구는 우리의 논의에 영향을 준 Kirch(2010, 2012)의 독창적인 작업으로 시작됐다. Kamakau(1992)는 필수적인 자료이며 특히 리호리호가 식사 금기를 폐지한 것에 관한 논의를 보라.

데이비드 말로의 인용은 그의 책(1987, 60~61쪽)에서 나온 것이다. 금기를 깨는 것은 Kamakau(1992)가 논의하는 주제다. 핸디의 인용 '근본적인 의미에서'는 Kuykendall(1965, 8쪽)에서 나온 것이며, 핸디('마나는 … 드러난다')와 케펠리노는 Kirch(2010, 38, 40~41쪽)에서 인용했다. Kuykendall(1965, 68쪽)은 리호리호가 금기를 깰 당시 묘사의 출처다.

조지아의 역사와 정치경제에 관해서는 Wheatley(2005)와 Christopher(2004)를 보라. 셰바르드나제의 부상에 대한 우리의 접근방식은 Driscoll(2015)을 따랐다.

제4장. 회랑 밖의 경제

콜슨은 Colson(1974, 제3장)에서 인용했다. 플래토 통가족의 씨족 체계에 관해서는 Colson(1962)을 보라.

Turner(2007)는 콩고의 분쟁을 개관할 수 있도록 해주며, 그의 책에서 니아비온도에 대한 공격을 묘사하는 대목은 135~138쪽에 나온다.

통가족 사이의 구걸과 빈곤에 관해서는 Colson(1967)을 보라. 우리의 인용은 53~56쪽에 나온 것이다. Bohannan and Bohannan(1968)은 티브족이 경제를 어떻게 조직하는지를 독창적으로 다뤘다. 우리는 제16장에서 인용했다. 아키가의 이야기는 Akiga(1939)로 출간됐다.

앞 장에 열거한 문헌들은 이슬람국가 부상 후 정치사의 기본적인 흐름을 잘 개관할 수 있도록 해준다. 우리는 Ibn Khaldun(2015)과 Al-Muqaddasi(1994)에서 인용했다. 농업의 혁신에 관해서는 Watson(1983)을 보라. 이슬람 제국들의 교역에 관해서는 Shatzmiller(2009)와 Michalopoulos, Naghavi, and Prarolo(2018)를 보라. 중동의 경제에 관해서는 Rodinson(2007)과 Kuran(2012), Blaydes and Chaney(2013), Pamuk(2014), Ozmucur and Pamuk(2002), 그리고 Pamuk(2005)을 보라. Pamuk(2005)은 중세 말기까지 중동의 실질적인 생활수준은 이미 서유럽보다 상당히 낮았음을 잘 보여주는 역사적인 실질임금 자료를 제시한다.

쪼개진 노를 언급하는 1978년 헌법 조항은 여기에서 볼 수 있다. http://lrbhawaii.org/con/conart9.html

하와이의 독재적 성장에 관한 우리의 논의는 앞 장과 같은 문헌을 이용하는데, 특히 역시 '뭍으로 가는 상어'의 비유를 이용하는 패트릭 커크의 저작을 다시 인용한다. 포르난더는 Kirch(2010, 41쪽)에서 인용했다. 카메하메하의 국가건설에 관해서는 Kamakau(1992)를 보라. 백단향 교역과 동시대의 방문자에 관해서는 Kirch and Sahlins(1992)를 보라. 매시슨과 엘리는 Kirch and Sahlins(1992, 제3장과 4장)를 인용했다.

'줄루랜드의 땅'은 Eldredge(2014, 233쪽)에 나온 것이다. 글러크먼은 앞 장에서 언급한 Gluckman(1960)에서 인용한 것이다.

조지아의 경제 성장에 관한 분석은 앞 장과 같은 문헌을 기초로 한 것이다.

제5장. 선정의 알레고리

시에나의 프레스코화와 그것의 정치적 의미, 그리고 더 일반적으로 이탈리아 코무네에 관한 학술 문헌은 많다. Rubinstein(1958)과 Skinner(1986, 1999)는 그 프레스코화에 관한 독창적인 분석들이다. Wickham(2015)은 코무네와 그 기원을 명쾌하게 설명해준 최근 연구다. 밀라노의 유명 정치인들에 관한 우리의 이야기는 그의 책에서 끌어온 것이다. Waley and Dean(2013)은 이탈리아 코무네에 관한 대단히 유용한 소개이며, 더 심층적인 Jones(1997)도 그렇다. Bowsky(1981)와 Waley(1991)는 시에나의 제도를 상세히 논의한다.

오토 주교는 Geary(편저, 2015, 537쪽)에서 인용했다.

9인의 서약은 Waley(1991, 제3장)에 나온 것이다.

투델라의 베냐민은 Waley and Dean(2013, 11쪽)에서 인용한 것이다.

밀라노의 이름에 관한 이야기는 Wickham(2015, 제2장)에 나온 것이다.

아시시의 성 프란체스코에 관해서는 Thompson(2012)을 보라. 샹파뉴 연시에 관해서는 Edwards and Ogilvie(2012)를 보라.

Origo(1957)는 프란체스코 디 마르코 다티니의 삶을 기록하고 있으며, 우리는 다티니가 카나리아제도에서 부자가 된 이야기를 여기에서 인용했다(3~4쪽). 상인들의 사회적인 태생을 전형적으로 보여주는 성 고드릭의 삶에 관한 관심은 Pirenne(1952)이 강조한 것이다. 여기서 우리는 동시대인이 쓴 고드릭의 전기를 Reginald of Durham(1918)에서 인용했다.

중세의 상업혁명에 관해서는 Lopez(1976)와 Epstein(2009)을 보라. Mokyr(1990)와 Gies and Gies(1994)는 중세의 기술 발전을 훌륭하게 개관한다. 30대 도시의 인구에 관한 우리의 자료는 DeLong and Shleifer(1993)에 나온 것이다. 경제 발전을 보여주는 하나의 대리 지표로서 도시화에 관한 역사적 통계 이용과 그에 관한 방어 논리는 Acemoglu, Johnson, and Robinson(2002)을 보라. 도시화에 관한 통계는 Bosker, Buringh, and van Zanden(2013)에서 가져온 것이다. 도서 생산과 문해율에 관해서는 Buringh and van Zanden(2009)을 보라. 피렌체에 관한 자료는 Goldthwaite(2009)를 보라. 더 광범위한 경제와 금융의 흐름을 알아보려면 Fratianni and Spinelli(2006)와 Pezzlo(2014)를 보라. Mueller(1997)는 환어음의 특성을 상세히 논의했다.

사포텍 국가에 관한 우리의 해석은 리처드 블랜턴Richard Blanton과 개리 파인먼Gary Feinman, 린다 니컬러스Linda Nicholas의 연구에 크게 의존했는데, 특히 Blanton, Feinman, Kowalewski, and Nicholas(1999)와 Blanton, Kowalewski, Feinman, and Finsten(1993)을 보라. Blanton and Fargher(2008)는 현대 이전 여러 정체의 상향식 건설에 관한 논의를 확장한다. 토르티아에 관한 이야기는 Flannery and Marcus(1996)에 나온 것인데, 이

들은 사포텍 국가의 형성에 관해 조금 다르고 합의가 덜 이뤄진 설명을 제시한다.

제6장. 유럽의 가위

유럽의 역사를 보는 우리의 견해는 Crone(2003)과 중세 초기의 서로 다른 요인들이 독특하게 어우러진 것을 강조하는 Hirst(2009)의 훌륭한 저서에 영향을 받았다. 우리는 또 의회 정치의 역할에 관한 Wickham(2016)의 분석에 크게 의존했다. 또한 Reuter(2001)와 Barnwell and Mostert(편저, 2003), Pantos and Semple(편저, 2004), 그리고 특히 Wickham(2009, 2017)을 보라. '자치혁명communal revolution'에 관해서는, Kümin(2013)의 개관과 Blickel(1989, 1998)의 영향력 있는 저서들을 보라.

Gregory of Tours(1974)는 초기의 프랑크족에 관한 기본적인 자료이며, 여기서 우리는 클로비스의 대관식과 머리카락을 자르겠다고 위협하는 장면에 대한 묘사를 가져왔다(123, 140, 154, 180~181쪽). Murray(1983)와 Todd(2004)는 초기 독일 사회의 조직에 관해 우리가 알고 있는 것들을 논의한다. Wood(1994)는 메로빙거 왕조의 역사를 개관할 수 있게 해준다. 랭스의 힝크마르가 쓴 관련 저작들은 Hincmar of Reims(1980)에 전재돼 있다. 우리는 의회에 관한 그의 묘사(222, 226쪽)를 인용했다. 게르만 의회에 관한 타키투스의 묘사는 Tacitus(1970, 107~112)에서 가져온 것이다.

Eich(2015)는 로마 관료조직의 발전을 개관할 수 있게 해준다. 또 Jones(1964)와 제1장에서 요안네스 리두스의 저작에 관해 이야기하는 Kelly(2005)를 보라.

살리카법은 예일대학의 애벌론 프로젝트Avalon Project, http://avalon.law.yale.edu/medieval/salic.asp에서 인용했다. 또 Drew(1991, 59, 79~80, 82~83쪽)를 보라. Costambeys, Innes, and MacLean(2011)은 카롤링거 왕조의 역사를 폭넓게 개관한 것이다. 또 Nelson(2003)을 보라. 로마와 프랑크족 국가 간 관계의 정확한 성격에 관해서는 학계에 대단히 많은 논란이 있다. Wallace-Hadrill(1971, 1982), Geary(1988), James(1988), Murray(1988), Wolfram(2005), 그리고 Wickham(2009, 2016)을 보라.

Fleming(2010)은 로마가 지배하던 요크의 몰락을 기술한다. 로마 지배 이후 요크에 관한 그녀의 기술은 28쪽에서 볼 수 있다. 앵글로-색슨족의 영국에서 의회 정치가 한 역할에 관해서는 Roach(2013, 2017)와 우리의 영국 정치사 해석에 심대한 영향을 미친

Maddicott(2012)의 책을 보라. 램지의 바이어트퍼스가 관찰한 것은 Bryhtferth of Ramsey(2009)에 실려있으며, 우리는 73, 105, 107쪽에서 인용했다. Bede(1991)는 281쪽에서 인용했다. 앵글로-색슨족의 역사를 개관하는 뛰어난 저작이 많다. 우리의 설명은 Stafford(1989)와 Williams(1999)를 기초로 한다. 엔셤의 앨프릭은 William(2003, 17쪽)에서 인용했다.

초기 잉글랜드 법전들은 번역돼서 Attenborough(편저, 1922)와 그 속편 Robertson(편저, 1925)으로 다시 발행됐다. 우리는 Attenborough(1922, 62~93쪽)에서 인용했다. Hudson(2018)은 초기 잉글랜드 법에 관한 대단히 훌륭한 저서이며, 그의 책은 우리의 해석에도 중대한 영향을 미쳤다.

1066년과 노르만족 침공에 관한 탁월한 저서들이 많은데, 예를 들어 Barlow(1999)를 보라. 잉글랜드의 봉건제에 관해서는 Crick and van Houts(편저, 2011), 특히 스티븐 박스터Stephen Baxter의 장을 보라.

우리는 Bloch(1964, 141쪽, 제9장, 제10장)에서 인용했다.

클래런던 조례를 알아보려면 http://avalon.law.yale.edu/medieval/assizecl.asp를 보라.

리처드 피츠나이절은 Hudson(2018, 202쪽)에서 인용했다.

대헌장의 원문은 예일대 애벌론 프로젝트에 전재돼 있다. http://avalon.law.yale.edu/medieval/magframe.asp 또 Holt(2015)를 보라.

근대 초기 잉글랜드의 국가 형성에 관한 우리의 해석과 증거는 Braddick(2000)과 Hindle(2000), 그리고 Pincus(2011)에 크게 의존한다. 또 Blockmans, Holenstein, and Mathieu(편저, 2009)를 보라. Davison, Hitchcock, Keirn, and Shoemaker(편저, 1992)는 투덜대는 벌집의 비유를 논의한다. 인용은 Mandeville(1989)에서 한 것이며, 그의 시는 인터넷에서 쉽게 찾아볼 수 있다. https://en.wikipedia.org/wiki/The_Fable_of_the_Bees#The_poem

스왈로필드에 관해서는 Hindle(1999)을 보라. 그는 규약 전문을 실었다. 우리가 옮긴 법률 사건들 이야기는 Herrup(1989, 75~76쪽; 제4장을 보라)에서 가져온 것이다. Goldie(2001)는 18세기 영국에서 공직을 가진 사람 수가 중요하다고 강조했다. 우리가 적은 숫자는 그의 논문에 나온 것이다.

유럽의 여러 의회의 기원에 관해서는 Bisson(2009)과 함께 랑그독에 관한 Bisson(1964), 그리고 그의 편저(1973)를 보라. 또 유럽 의회 제도의 역사를 전반적으로 살펴볼 수 있는 Marongiu(1968)와 Myers(1975), Graves(2001)와 Helle(2008)의 스칸디나비아에 관한 장들을 보라. 또 헤세를 분석한 Kümin and Würgler(1997)를 보라. Guenée(1985)와 Watts(2009)도 참조하라.

아이슬란드 역사에 관한 우리의 논의는 Karlson(2000)과 Helle(2008)의 여러 장에서 가져온 것이다. 불화의 지속성에 관해서는 Miller(1997)를 보라.

Angold(1997)와 Treadgold(1997)는 이 주제와 관련된 비잔틴의 정치사를 개관하게 해준다. 프로코피우스는 Procopius(2007)에서 인용했다. Lopez(1951)는 '중세의 달러' 라는 비유의 출처다. Laiou and Morrisson(2007)은 관련된 경제사에 대한 대단히 유용한 개략적 설명을 제공한다.

18세기 영국의 레드 퀸 효과에 관한 우리의 논의는 Tilly(1995)를 따르며, 인용은 모두 제1장에서 가져온 것이다. Brewer(1989)는 18세기 영국의 국가 체제에 관한 독창적인 연구다.

법률 결의는 Edgar(2005)에서 인용했다. 블랙스톤은 Montgomery(2006, 13쪽)에서 인용했다.

캐롤라인 노턴의 《유아보호법에 따른 어머니와 아동의 별거에 관한 소고》는 https://catalog.hathitrust.org/Record/008723154에서 찾아볼 수 있다. 그녀가 여왕에게 보낸 서신은 http://digital.library.upenn.edu/women/norton/alttq/alttq.html에서 볼 수 있다. 우리는 또 Wollstonecraft(2009, 103, 107쪽)와 Mill(1869, 제1장)에서 인용했다.

영국 산업혁명에 관한 자료는 Acemoglu, Johnson and Robinson(2005)과 Acemoglu and Robinson(2012)에서 가져온 것이다. Mokyr(1990)는 산업혁명 시대의 기술적 약진을 탁월하게 조망한다. 경도에 관한 우리의 인용은 모두 Sobel(2007, 제3장, 제5장, 제7장)에서 나온 것이다.

제7장. 천명

중국 역사를 개관하는 뛰어난 영문 저술이 많이 있는데, 그 결정판은 여러 권으로 된

《케임브리지 중국사Cambridge History of China》이며, 하버드대학 출판부가 펴낸 여섯 권(《하버드 중국사History of Imperial China》- 역주)도 대단히 유용하다. Spence(2012)는 현대 초기와 현대의 중국사를 탁월하게 기술하며, Dardess(2010)는 정치사 대부분을 간결하고 멋지게 개관하고, Mote(2000)는 제국을 철저히 연구한다. Von Glahn(2016)은 제국이 무너질 때까지 중국의 경제사를 개관하는 최근의 독특한 연구이며 의미 있는 정치·사회사도 포함하고 있다.

공자의 인용은 Confucius(2003, 8, 193쪽)에서 가져온 것이다. 맹자는 Mengzi(2008)에서 인용한 것이다. 순자는 Xunzi(2016)에서 인용했다.

계량은 Pines(2009, 191쪽)에서 인용했다. 자산은 Pines(2009, 195쪽)에서 인용했다.

중국 초기의 국가건설과 그 오랜 유산에 관한 우리의 해석은 Pines(2009, 2012)를 따른다. 그가 번역한 《상군서Book of Lord Shang》(상앙Shang Yang, 2017)도 보라. 우리는 79, 178, 218, 229~230, 233쪽에서 인용했다. 우리의 해석은 또한 Lewis의 3부작(2011, 2012a, 2012b)에 영향을 받았다. 그리스 도시국가들과 춘추시대 중국 정체들의 비교는 Lewis(2000)를 보라. 법가와 공자 사상들의 융합과 법치의 부재를 강조한 Bodde and Morris(1967)는 중국 법률에 관한 중요한 책이다. 또 청대의 법률 체계가 작동하는 방식과 오늘날 중국에 남긴 유산에 관한 중요한 저작인 Huang(1998)을 보라.

Perry(2008)는 중국의 '사회계약'과 그것이 심지어 공산주의 시대까지 오랫동안 이어진 지속성에 관한 대단히 흥미로운 해석이다. Von Glahn(2016)은 정전제를 재시행하려는 잇따른 시도를 추적한다. 명대의 탄청현에 관해서는 Spence(1978, 6~7쪽)를 보라. 명의 항해 금지에 관해서는 Dreyer(2006)를 보라. 명·청 교체기는 Farmer(1995)와 Wakeman(1986)이 분석했다. 만주의 변발을 받아들이기를 거부한 사람들에 대한 조치와 '초혼'을 행하는 자들에 대한 중국 조정의 대응에 관해서는 Kuhn(1990)을 보라.

왕슈추의 발췌문은 Struve(1998, 28~48쪽)에서 가져온 것이다. Rowe(2009)의 논의도 보라. 오경재의 소설 《유림외사》에서 발췌한 내용은 Chen, Cheng, Lestz, and Spence(2014, 54~63쪽)에 실려있으며, 책은 또한 허션(화신)의 범죄와 부에 관한 이야기도 싣고 있다. Zelin(1984)과 von Glahn(2016), 그리고 Rowe(2009)는 청 왕조의 재정 악화가 어떻게 기반시설 같은 공공재를 제공할 능력을 훼손했는지 잘 보여준다. Rowe(2009,

제6장)는 허션의 범죄를 상세히 기술한다.

한커우에 관한 우리의 논의는 Rowe(1984, 1989)에서 가져온 것이며, Wakeman(1993)의 비판에 큰 영향을 받았다. Wakeman(1998)도 보라.

중국의 혈통에 관한 독창적인 연구는 Freedman(1966, 1971)의 것인데, 우리는 1966년판(제3장과 80~82쪽을 보라)에서 인용했다. 또 중국 남부의 혈통에 관해서는 Beattie(2009)와 Faure(2007), 그리고 Watson(1982)을 보라.

중국의 상대적인 경제 성장에 관한 사실들은 경제 사가들 사이에서 논란의 대상이 아니다. '중국 경제의 부침reversal of fortune'이라는 개념은 Acemoglu, Johnson, and Robinson(2002)에서 나왔다. Wong(1997)과 Pomeranz(2001)는 사실은 중국, 혹은 적어도 양츠강 유역처럼 이 나라의 가장 발전된 지역은 18세기에 서유럽의 가장 발전된 지역과 비슷한 생활수준을 보였다고 주장했지만, 그 후의 연구는 그들의 주장을 뒷받침하지 않았다. Broadberry, Guan, and Li(2017)는 평균적인 생활수준의 역사적인 측정에 관한 연구를 종합해 송대 중국은 중세 세계에서 가장 높은 1인당 소득을 기록했으나 그 후 예컨대 명대와 청대 후기에는 소득이 하락하는 등 기복을 나타내며 정체됐음을 보여줬다. 그들의 자료에 따르면 1800년 중국의 1인당 소득은 네덜란드의 약 3분의 1이었고 영국의 30퍼센트에 불과했다. 상대적인 생활수준 비교에서 양츠강 유역에 초점을 맞추더라도 큰 그림은 변하지 않는데, Bozhong and van Zanden(2012)은 1820년대에 그 지역의 평균 생활수준이 당시 네덜란드의 약 절반 수준이었다고 밝혔다. 다른 증거도 이런 사실을 확인해주는데, 예를 들어 Allen, Bassino, Ma, Moll-Murata, and van Zanden(2011)은 중국 도시지역의 실질임금은 상당폭 더 낮았음을 보였다. 이런 사실들을 고려하면 웡과 포메란츠의 대체적인 주장들은 설득력이 떨어지는데, 왜냐면 그들은 석탄이 유럽에 유리한 위치에 분포하고 유럽은 식민지에서 토지를 확보할 수 있었다는 점 때문에 서유럽과 중국 사이의 경제적 격차가 생겨났다고 주장했기 때문이다. 하지만 중국에 맬서스의 함정Malthusian trap이 존재한다는 증거는 없다. 예를 들어 당·송 교체기에 이 나라의 인구는 큰 폭으로 늘어났다. 그들의 주장은 다른 여러 가지 면에서도 문제점을 드러낸다. 예컨대 산업화 초기에 영국은 석탄 화력이 아니라 수력을 이용했다. 또 식민지의 풍부한 토지와 경제 성장을 연결하는 기제는 명확하지 않다.

송 왕조 이후 중국의 느린 성장에 관한 우리의 해석은 널리 받아들여지는 것이기도 하며(예를 들어 명대, 혹은 청대 초기의 반反개발 정책들에 관해서는 Liu, 2015와 von Glahn, 2016을 보라), Faure(2006)와 Brandt, Ma, and Rawski(2014)와 비슷한 것이다. 공공재 제공의 취약성에 관해 우리가 언급한 사실들에 관해서는 Morse(1920)를 보라. 이런 연구들은 현대 초기의 중국에 있던 시장의 존재와 중요성을 인정하지만, 또한 정치적 동기로 경제 성장을 방해한 풍부한 증거를 제시한다. 우리는 또 Hamilton(2006)의 자료에 의존한다. Brenner and Isett(2002)를 보라. 이 연구는 Wright(1957)와 같은 예전 학자들의 전통을 따른다. 철도 건설을 꺼리는 예로 우리가 든 것은 Wang(2015)에 나온다. 중국의 장기적인 발전에 관한 학문적 저술은 유럽과의 문화적 차이에 초점을 맞춘 막스 베버와 '아시아적 생산방식'의 개념을 발전시킨 카를 마르크스의 연구와 함께 시작됐다(이 개념에 관한 관점을 가지려면 Brook(편저, 1989)를 보라). 그 후 중국은 예컨대 Wittfogel(1957)에 의해 '독재적'인 나라로 묘사됐으며, 이는 최근까지도 역사가들이 제국주의적인 나라를 묘사하는 데 전혀 거리낌 없이 썼던 용어였다(예컨대 Mote(2000), Liu(2015)).

중국의 자본주의 부재에 관한 많은 연구가 소금 상인들에게 초점을 맞춘다. 그들이 어떻게 정부 용역회사로 바뀌게 됐는지 보여주는 우리의 사례들은 Ho(1954)에서 가져온 것이다. 판 가문Pan family에 관해서는 또 Hung(2016)을 보라. 소금 상인들에 관한 다른 연구로는 Zelin(2005)이 있다.

원저우 모형은 Liu(1992)가 논의한 것이며, '집산화는 사영 농사로 바뀌고'는 698쪽에서 인용했다.

Huang(2008)은 향진기업과 베이징의 시우슈이 시장의 사례를 들어줬다. 지방의 불만과 토지세에 관한 이야기의 근거는 O'Brien and Li(2006)와 O'Brien(2008)을 보라. 공산당이 자본가들을 받아들이기 꺼리는 것에 관해서는 Nee and Opper(2012)를 보라.

현대화 이론에 관해서는 Lipset(1959)를 보라. 그에 대해 부유해지거나 '현대화된' 나라들이 자동으로 민주화되지 않는다는 사실을 보여주는 반대 증거에 관해서는 Acemoglu, Johnson, Robinson, and Yared(2008, 2009)를 보라.

'Leave no dark corner'는 Carney(2018)에서 가져온 것이다. 위구르족 억압에 관해서

는 Human Rights Watch(2018)를 보라.

제8장. 망가진 레드 퀸

마노지와 바블리 이야기는 Dogra(2013)에 나온다. 인도 카스트의 의미와 역사, 그리고 중요성을 논하는 방대한 문헌이 있다. 전반적인 연구로 중요한 것은 Hutton(1961)과 Dumont(1980), Smith(1994)가 있다. 민족지학적으로 접근하는 수많은 촌락 연구는 현실에서 카스트제도가 어떻게 작동하고 정치에 영향을 미치는지 느끼게 해주는 매우 유용한 자료다. 예를 들면 Lewis(1965)와 Srinivas(1976), Parry(1979), Béteille(2012)이 있다. 현대의 학문적 연구는 식민주의가 카스트제도에 미친 중대한 영향을 강조하는 경향이 있다(예를 들어 Bayly, 2001, Dirks, 2001, Chatterjee, 2004). 그럴듯하기는 해도 이 제도는 확실히 예로부터 내려온 것이며 바로 그런 특성이 우리의 분석에서 더 중요한 점이다. 카스트의 경제적 영향을 검토하는 소수의 경제학 문헌이 있고 이들의 주장은 두 갈래로 나뉘는데, 그 제도가 없었다면 온갖 시장 실패와 문제점을 지닌 불완전한 세계에서 카스트의 정체성은 사회적 보호와 계약 이행을 원활히 해주는 것과 같은 유용한 혜택을 제공한다고 주장하는 측(예를 들어, Munshi, 2017)과 그보다는 카스트가 잠재적으로 경제적 비효율성의 원천이라고 주장하는 측이 있다. 우리의 견해는 후자에 훨씬 더 가깝다. 예컨대 Edmonds and Sharma(2006), Anderson(2011), Hoff, Kshetramade, and Fehr(2011), Anderson, Francois, and Kotwal(2015)의 연구를 보라. 하지만 우리 견해는 카스트가 정치에 미치는 영향과 국가가 책임을 지고 응답하도록 하지 못하는 사회의 무능력을 강조한다는 점에서 단순히 경제적인 비효율성을 따지는 해석을 뛰어넘는다.

카우틸랴는 Kautilya(1987, 제1장, 제2절)에서 인용했다. 유럽 사회의 세 계급에 관해서는 Duby(1982)를 보라. 브리트넬의 분석은 Britnell(1992)에 제시돼 있다.

암베드카르의 '층층이 쌓인 탑' 인용은 Roy(2014)에서 가져온 것이다. 암베드카르의 다른 인용은 Ambedkar(2014)에서 가져왔다. 아메다바드에서 휴먼라이츠워치가 면담한 달리트 노동자의 말은 Human Rights Watch(1999, 1쪽)에서 인용했다.

Béteille(2012)의 모든 인용은 제5장에서 가져온 것이다. '지배적인 카스트' 개념에 관한 그의 소론들은 Srinivas(1994)를 보라. 틸라이 고빈단에 관해서는 Matthai(1915,

35~37쪽)와 Human Rights Watch(1999, 31~32쪽)를 보라. 다른 인용은 그의 책(88, 93, 98, 114쪽)에서 가져왔다.

Gorringe(2005, 2017)는 오늘날 타밀나두에서 정치적인 영향력을 행사하려는 달리트들의 시도를 훌륭하게 개관하고 분석한다. 블런트의 분석은 Blunt(1931)를 보라. 통계는 제12장에서 가져왔다. 특히 부록 242~252쪽을 보라. 카스트와 직업의 영속성에 관해서는 카스트가 경제에 끈질기게 영향을 미친다는 점을 강력히 주장하는 Deshpande(2011)를 보라. 불가촉천민의 영속성에 관해서는 Shah, Mander, Thorat, Deshpande, and Baviskar(2006)를 보라.

카림푸르의 자즈마니 체계에 관한 설명은 Wiser(1936)를 참조했으며, Wiser and Wiser(2000)의 두 인용은 18~19쪽과 53쪽에서 가져온 것이다. Dumont(1980, 97~102쪽)는 자즈마니 체계를 잘 정리해주며 와이저의 책을 요약한 부분도 유용하다.

고대와 중세 인도 역사를 전체적으로 개관하며 서술하는 훌륭한 저작들이 많이 있는데, 우리는 Thapar(2002)와 Singh(2009)에 의존했다. 그러나 고대의 여러 제도에 대한 해석을 두고 학자들 사이에 상당히 많은 이견이 있다. 예를 들어 비다타로 알려진 의회에서 무슨 일이 벌어졌는가를 둘러싼 논란을 보라(Singh, 2009, 188쪽). 고대의 공화국들에 관해서는 Sharma(1968)와 특히 Sharma(2005)를 보라. 아타르바 베다는 Sharma(2005, 110쪽)에서 인용했다. 몸값의 상이한 금액과 더 일반적인 법률 체계에 관해서는 Sharma(2005, 245쪽)를 보라. 리차비 나라에 관한 논의는 Sharma(1968, 85~135쪽)에서 가져온 것이다. 일부 해석을 달리하는 Jah(1970)도 보라. 예를 들어 자는 리차비가 보편적인 남성 선거권을 줬다고 주장한다. 이 문제에 관해 우리는 학자들의 합의에 더 가까운 것으로 보이는 샤르마의 견해에 따른다. 가나-상가에 관해서는 Kautilya(1987)를 보라. 디가 니카야는 Sharma(2005, 64~65쪽)에서 인용한 것이다. 왕들의 유래에 관한 카우틸랴의 말은 Kautilya(1987)에 나온 것이다. 인도 북부의 국가와 왕조의 기원에 관한 중요한 연구는 Thapar(1999)와, Sharma(2005)처럼 바르나제도와의 연관성을 특히 강조하는 Roy(1994)다.

아소카의 여섯 번째 바위칙령은 Hultzsch(1925, 34~35쪽)에서 인용했다. 차우한족에 관한 논의는 Thapar(2002, 451쪽)에서 가져왔다.

중세와 근대 초기 인도 남부의 사회와 정치체제에 관한 기본적인 연구는 Subbarayalu(1974, 2012)와 Stein(1980, 1990), Veluhat(1993), Heitzman(1997), 그리고 Shastri(1997)다. 스타인은 인도 남부의 국가와 사회의 관계를 형성하는 하나의 모형으로 '분할 국가segmentary state' 개념을 제안했으며, 그의 생각과 증거는 관련된 역사에 관한 우리의 해석에 커다란 영향을 미쳤다. 선거와 지방 정치제도에 관한 기술은 Thapar(2002, 375~377쪽)를 참조했지만 광범위하게 인용했다. 운하 건설에서 의회가 한 활동에 관한 명문은 Heitzman(1997, 52쪽)에서 인용한 것이다. Subbarayalu(1974)는 명문들을 바탕으로 나두를 철저히 분석하며 촐라 만달람의 모든 나두의 구성을 언급한다.

인도에서 역사적으로 촌락 의회가 어느 정도 지배적이었는지를 다루는 오래된 문헌들이 많이 있다. 가나-상가, 혹은 특히 촐라 시대의 타밀나두에 관한 증거에 대해서는 아무도 의심하지 않는다. 다른 곳에 대해서는 논란이 많다. 예를 들어 Mookerji(1920)와 Majumdar(1922), Malaviya(1956)처럼 어떤 학자들은 촌락 의회와 여러 기관이 인도 전역에 널리 퍼져 있었다고 주장해왔다. 다른 학자들은 그 기관들이 실제로 남부지역에 한정돼 있었다고 주장했는데, Altekar(1927)는 타밀나두뿐만 아니라 카나타카를 포함시키기는 했으나 그들과 견해를 같이 했다(카나타카의 증거에 부합하는 견해는 Dikshit, 1964를 보라). 그는 인도 서부의 다른 지역에서는 그런 의회가 그다지 제도화되지 않았고 훨씬 더 비공식적이었다고 주장한다. Wade(1988)는 인도의 지방 단위에서 나타난 정치 참여도의 엄청난 차이에 관한 유용한 분석이다. Mathur(2013)는 독립 후 역할을 강조하면서 판차야트를 이해하기 쉽게 개관한다.

Richards(1993)는 무굴제국의 조직에 관한 유용한 입문서이며 이 책 제3장과 제4장은 국가의 관료조직과 시골 사회의 상호작용에 관한 기본 지식을 훌륭하게 제공한다. Habib(1999)는 무굴제국 시대 지역 경제의 조직에 관한 권위 있는 분석이다. 마을 공동체들에 관한 제4장과 자민다르에 관한 제5장을 보라.

「동인도회사 문제에 관한 특별위원회 제5차 보고서」는 원본(1812, 85쪽)에서 인용했다. 메트카프는 Dutt(1916, 267~268쪽)에서 인용했다. Matthai(1915)의 책은 18, 20쪽에서 인용했고 「인도 기아위원회 보고서」도 이 책 77쪽에서 인용했다.

Mathew and Moore(2011)의 연구는 비하르주에서 국가 역량에 좌우하는 정치를 분석하는 데 큰 영향을 미쳤다. 비하르주의 과소 지출과 빈자리, 그리고 정치에 관해 우리가 전한 사실들은 이들의 논문에서 가져왔다. 세계은행은 World Bank(2005)에서 인용한 것이다. 비하르주 정부는 Mathew and Moore(2011, 17쪽)에서 인용한 것이다. 랄루 야다브의 매우 훌륭한 전기가 몇 가지 있는데, 특히 Thakur(2006)를 보라. Witsoe(2013)는 랄루 야다브의 개발에 반대하는 정치에 관한 최고 수준의 분석이다. 교사들의 장기 결근에 관한 자료는 Kremer, Chaudhury, Rogers, Muralidharan, and Hammer(2005)를 보라. 인도에서 국가와 사회가 실질적으로 상호작용하지 않고 공존한다는 개념은 여러 문헌에 함축돼 있으며, 예를 들어 Thapar(2002)와 Mookerji(1920)는 이 논제에 대해 분명한 견해를 밝힌다.

제9장. 세부적인 것들 안의 악마

이 장은 Acemoglu and Robinson(2017)에서 발전시킨 이론적 구상을 바탕으로 한다.

마키아벨리는 《군주론》(2005, 43쪽)에서 인용했다. 프로이센에 관한 볼테르의 말은 흔히 인용되나 최초 출처는 불명확하다. 몬테네그로의 인용은 Djilas(1958, 3~4쪽)에서 가져왔다.

전쟁과 국가의 관계에 관한 틸리의 인식을 드러내는 가장 유명한 말은 Tilly(1992)에 담겨있다. 또 Tilly(편저, 1975)의 소론들을 보라. 국가 간 전쟁이 국가 형성을 추동했다는 개념은 처음에 Hintze(1975)에서 나왔으며, Roberts(1956)는 군사혁명의 개념을 발전시켰다. 이 생각은 경제학자들인 Besley and Persson(2011)과 Gennaioli and Voth(2015)의 최근 연구에서 폭넓게 논의됐다.

영국의 사례에 관한 다른 견해는 Pincus and Robinson(2012, 2016)을 보라.

스위스의 역사에 관해서는 Church and Head(2013)와 Steinberg(2016)를 보라. Sablonier(2015) 역시 이와 관련한 훌륭한 개관이다. 스위스 정치제도의 기원에 초점을 맞춘 더 구체적인 학문적 연구로는 Blickell(1992)과 Marchal(2006), 그리고 Morerod and Favrod(2014)를 들 수 있다. 1291년 연방헌장의 영문판은 https://www.admin.ch/gov/en/start/federal-council/history-of-the-federal-council/federal-charter-of-1291.html에서 찾아볼 수 있다. 관련된 프로이센 역사를 개관하려면 Clark(2009)를 보라.

Ertman(1997)은 프로이센 국가건설에 관한 유용한 자료다. Rosenberg(1958)는 이 문제를 최고 수준으로 다루며 영문으로 쓰였다. Carsten(1959)과 Asch(1988)는 독일에서 국가의 발전이 어떻게 대의 기관들의 힘을 약화시켰는가 하는 문제에 초점을 맞춘다. 최근에 나온 프리드리히 대제의 탁월한 전기를 찾는다면 Blanning(2016)을 보라. 우리가 게오르크 빌헬름과 프리드리히 빌헬름 1세를 인용한 것은 이 책에서 나왔으며, 엘리엇의 인용도 마찬가지다.

Roberts(2007)는 몬테네그로의 관련된 역사를 조망하게 해준다. Djilas(1958, 1966)는 필독서들이며 우리의 인용은 이 책들에서 나온 것이다. 불화에 관한 보엠의 주요 연구는 그의 1986년 저서에 담겨있다. 그의 1982년 저서도 보라. 우리는 1986년 저서의 182쪽에서 인용했다. 베드로 1세의 법전은 Durham(1928, 78~88쪽)에서 인용했으며, '오랜 자유가 있네'는 Durham(1909, 1쪽)에서 가져왔다. 브로델은 Braudel(1996, 39쪽)에서 인용했다. 마르몽은 Roberts(2007, 174쪽)에서 가져왔다.

'시도가 계속됐지만'은 Simić(1967, 87쪽), '그것은 … 충돌했다'와 '정부와 국가를 강요하는 것'은 Djilas(1966, 107, 115쪽)에서 인용했다.

하벨의 인용은 Havel(1985, 11쪽)에서 가져온 것이다.

우리가 소련 붕괴 후의 분기를 다룬 부분은 Easter(2012)의 영향을 받았다. Kitschelt(2003)는 대단히 흥미로운 해석을 내놓는다. Castle and Taras(2002)와 Ost(2006)는 폴란드 체제 전환기 정치에 관한 뛰어난 연구이며, 러시아의 최근 역사를 다룬 Treisman(2011)도 그렇다. Urban, Igrunov, and Mitrokhin(1997)은 러시아에서 대중 정치가 출현하지 못한 사실을 논한다. 러시아 올리가르히의 부상을 개관하려면 Freeland(2000)와 Hoffman(2002)을 보라. Black, Kraakman, and Tarassova(2000)와 Goldman(2003)의 러시아 민영화 비판은 주목할 만하다. 베르톨트 브레히트의 인용은 그의 1953년 시 '해결 방법Die Losung'에서 가져온 것이다. https://mronline.org/2006/08/14/brecht140806-html/

우리가 인용한 알렉산더 리트비넨코의 편지는 여기서 볼 수 있다. http://www.mailonsunday.co.uk/news/article-418652/Why-I-believe-Putin-wanted-dead-html

타지키스탄의 내전에 관해서는 Driscoll(2015)을 보라. 또 중앙아시아의 정치를 이해하는 데 있어 씨족들의 중요성은 Collins(2006)를 보라. 사오도트 올리모바는 그녀의 책에서 인용했다. 우리는 또 Gretsky(1995)에서 인용했다.

우리는 멘추의 비참한 이야기를 담은 Menchú(1984)에서 많이 인용했다.

중앙아메리카의 관련된 역사에 관한 훌륭한 개관은 Dunkerly(1988)와 Woodward(1991), 그리고 Gudmundson and Lindo-Fuentes(1995)에서 볼 수 있다. Wortman(1982)은 식민지 지배에서 벗어나는 전환기를 잘 다루고 있다. Williams(1994)와 Paige(1997), Yashar(1997), Mahoney(2001), 그리고 Holden(2004)은 모두 관련된 시기의 정치경제사를 탁월하게 다루며, 우리가 인용한 코스타리카의 군대 규모와 교사 수는 마지막 책에서 가져온 것이다. Gudmundson(1986, 1997)은 처음으로 소규모 커피 자작농은 식민지 시대의 유산이라기보다 19세기 정책의 결과였음을 증명했다. Cardoso(1977)는 코스타리카 커피 경제에 관한 영향력 있는 논문이다. 사르미엔토는 중앙아메리카에서 정치적 주체들로서 타운들의 중요성을 강조한 Dym(2006)에서 인용했다. 이런 다양한 정치경제에 관해서는 Karnes(1961)를 보라. 커피 가격과 수출, 교역량에 관한 자료는 Clarence-Smith, Gervase, and Topik(편저, 2006)에서 가져온 것이다. McCreery(1994)는 커피 경제의 맥락에서 과테말라의 강제노동을 분석한 결정적인 연구다. 과테말라와 코스타리카의 분기에 관한 우리의 가설과 일치하는 계량경제학적 증거는 Pascali(2017)를 보라.

사르미엔토는 Dym(2006, xviii)에서 인용했다.

카레라에 관한 우드워드의 논평은 Woodward(2008, 254쪽)에서 인용했다.

제10장. 퍼거슨은 무엇이 잘못됐나?

퍼거슨 경찰국의 행동에 관한 상세한 내용은 법무부(2015) 보고서에서 옮긴 것이다. BBC(2017)는 애틀랜타의 외상 후 스트레스 장애 조사 결과를 보도했다. 우리가 각 주에 권리장전을 적용할 수 없는 문제를 다룬 부분은 Gerstle(2015)의 획기적인 연구를 따른 것이며, 우리가 인용한 필드 대법관의 말도 이 책에서 가져왔다. Ansolabehere and Snyder(2008)는 워런 법원의 결정이 미친 정치적 영향을 분석한 중요한 책이다. Amar(2000)는 더 일반적으로 권리장전을 훌륭하게 다뤘다. 주의 권리에 관해서는

McDonald(2000)를 보라. 미국에서 국가가 지니는 역사적 특성에 관해 역사학자들과 사회학자들, 그리고 정치학자들이 수행한 중요한 연구는 대단히 많다. 출발점으로 삼기 좋은 것은 Novak(2008)와 특히 Gerstle(2008)을 비롯한 그의 논평가들이 한 연구다. 또 King and Lieberman(2009)을 보라. 이들 문헌 대부분은 미국에서 국가는 '약한' 것이라는 이전의 개념을 논박하며, 다양한 방식으로 국가는 19세기에도 여러 면에서 권력의 기반을 크게 발전시켰음을 보여줬다. Orren and Skowronek(2004)는 정치학자들의 연구를 훌륭하게 조망하며, Skowronek(1982)와 Bensel(1991), Skocpol(1995), Carpenter(2001), 그리고 Balogh(2009)도 뛰어난 연구다. Baldwin(2005)은 국가의 강점과 약점이 동시에 존재하는 것에 대한 흥미로운 논의다. '보이지 않는 국가(state out of sight)' (Balogh, 2009) 혹은 볼 수 없는 '수면 아래의 국가submerged state' (Mettler, 2011)의 개념은 이런 문헌에서 두드러진 발상이며, 국가가 균형을 찾고 민간부문과 종합을 이뤄야 한다는 발상도 마찬가지다(Stanger, 2011도 보라).

미국 헌법에 관해서는 제1장의 문헌과 주석에 나오는 참고자료와 논의를 보라. 국가가 개인들의 권리를 침해하지 않도록 보장하는 방법으로 '무능력incapacity'의 개념을 이용했다는 생각은 Levinson(2014)이 진전시킨 것이다. 또 미국에서 나타난 강력한 국가의 기원에 관해서는 Novak and Pincus(2017)를 보라.

맵 대 오하이오주 판결에 관해선 http://caselaw.findlaw.com/us-supreme-court/367/643.html에서 볼 수 있다.

우리는 Morgan(1975)에서 '이 나라에 별로 관심이 없는'(238쪽), '어떤 노예든 주인에게 반항하고'(312쪽) 인용문을 가져왔다.

우체국의 중요성에 관해서는 John(1995, 1997), 더 광범위한 기반시설에 관해서는 Larson(2001), 대륙횡단철도의 경제적 영향에 관해서는 Duran(2012)을 보라. Acemoglu, Moscona, and Robinson(2016)은 19세기 미국에서 우체국의 설치와 우체국장 임명이 특허 출원과 그에 따른 혁신을 촉진했다는 계량경제학적인 증거를 제공한다. 조리나 칸의 인용은 그의 논문에서 가져온 것이다. Khan(2009)을 보라.

'깜짝 놀랄 만큼 많이 배달되고'는 Tocqueville(2002, 283쪽)에서 인용했다.

애버내시는 Eskew(1997, 제7장)에서 인용했다. 로버트 케네디와 주드 프랭크 존슨은 McAdam(1999, 제7장)에서 인용했다. 린든 존슨의 연설은 http://www.historyplace.com/speeches/johnson.htm에서 볼 수 있다.

Hacker(2002)는 미국에서 국가가 공공과 민간부문을 결합해 서비스를 제공하는 방식에 관한 중요한 분석이며, 그는 또한 그것이 왜 우리 표현으로 '부정적인 면'을 만들어내는지에 관한 중요한 주장을 진전시켰다. 내셔널 데어리 프로듀서스 대변인의 말은 그의 책에서 인용했다. 그러나 그는 이것을 우리와 같은 방식으로 국가의 체제와 연관시키지 않았다. Balogh(2015)의 '단체 국가associational state'의 개념은 우리의 주장과 밀접하게 관련된다. Alston and Ferrie(1993, 1999)는 남부 정치인들이 자기들의 경제적 이익과 자율성을 위협하는 뉴딜 입법을 막았는지 밝히는 중요한 분석이다. 또 뉴딜 국가에 관해서는 Novak(2017)를 보라. Friedberg(2000)는 미국의 민관협력 모형이 어떻게 냉전을 치르는 방식에 중대한 영향을 미쳤는지 분석한다. 또 Stuart(2008)를 보라. 연방정부가 정책을 실행하는 데 법률 체계를 어떻게 이용했는지 보여주는 우리의 사례는 Farhang(2010)에서 가져온 것이다. 미국이 초기에 국가 역량을 구축하는 과정에서 법률 체계가 지녔던 중요성에 관해서는 Novak(1996)를 보라.

Hinton(2016)은 존슨의 위대한 사회 프로그램의 배경을 설명한다.

Rothstein(2014)은 퍼거슨이 어떻게 지금과 같이 됐는지 예리하게 분석하며, 연방 차원의 인종차별적 정책들의 역사를 논의한다. 또 Rothstein(2017)의 더 폭넓은 주장을 보라. Gordon(2009)은 세인트루이스의 인종 분리와 도시 쇠퇴의 상세한 역사를 보여준다. Loewen(2006)은 '일몰 타운'의 역사를 밝히는 중요한 자료이며, Aaronson, Hartley, and Mazumder(2017)는 경계지구 지정의 장기적으로 부정적인 영향에 관한 계량경제학적 증거를 제공한다.

우리는 Rothstein(2014)에서 인용했다.

컬럼비아 특별구 대 헬러 판결은 https://supreme.justia.com/cases/federal/us/554/570/opinion.html을 보라. FHA의 보증업무 지침서에 나오는 명백히 인종차별적인 표현들은 https://www.huduser.gov/portal/sites/default/files/pdf/Federal-Housing-Administration-Underwriting-Manual.pdf를 보라.

빈곤율에 관한 통계는 https://data.oecd.org/inequality/poverty-rate.htm을 보

라. 의료보장 수혜 범위에 관해서는 http://www.oecd-library.org/docserver/download/8113171ec026.pdf?expires=1514934796&id=id&accname=guest&checksum=565E13BC154117F36688F63351E843F1을 보라. 국민소득 중 의료비 지출 비중에 관한 통계는 https://data.worldbank.org/indicator/SH.XPD.TOTL.ZS를 보라.

Weiner(2012)는 FBI의 역사를 훌륭하게 정리하며 우리의 논의는 여기에서 끌어왔다. CIA에 관해서는 Weiner(2008), NSA와 스노든의 폭로에 관해서는 Edgar(2017)를 보라. 1975년 처치위원회 보고서는 https://www.senate.gov/artandhistory/history/common/investigations/ChurchCommittee.htm에서 볼 수 있다.

키스 알렉산더가 "우리가 어떤 정보든 어느 때나 수집하지 못할 까닭은 뭔가?"라고 한 말은 https://www.theguardian.com/uk/2013/jun/21/gchq-cables-secret-world-communications-nsa에 나온다.

아이젠하워 대통령의 고별 연설은 http://avalon.law.yale.edu/20th_century/eisenhower001.asp에서 볼 수 있다.

제11장. 종이 리바이어던

'국가의 환자들'이라는 개념은 Auyero(2001)에서 인용한 것이며, 이 장 첫 번째 절의 증거는 모두 그의 중요한 저서에서 가져온 것이다. 우리는 10, 20, 71~72, 83, 85, 99, 109, 120쪽에서 인용했다. 베버의 '철장' 개념은 Weber(2001)를 보라. 관료조직에 관한 그의 관찰은 모두 Weber(1978)에서 가져온 것이다. 우리는 220~221쪽과 214쪽에서 인용했다. 이 주제에 관한 그의 저술을 훌륭하게 소개하는 자료로는 Camic, Gorski, and Trubek(편저, 2005)와 Kim(2017)이 있다. 아르헨티나의 뇨키 개념은 BBC(2018a), 연고주의에 대한 마크리 대통령의 조치는 BBC(2018b)를 보라. IMF의 비난과 그에 대한 철회는 International Monetary Fund(2016)에서 논의됐다. 〈이코노미스트〉의 아르헨티나 통계 보도 중단 결정에 관해서는 The Economist(2012)를 보라. Auyero(2001)는 '후견주의 정치clientelistic politics'에 관한 획기적인 연구이며, 이는 우리가 여기서 논의하는 문제와 밀접한 관련이 있다.

종이 리바이어던에 관한 논의는 콜롬비아 정치경제를 종합한 Robinson(2007, 2013,

2016)에서 끌어왔다. 이는 다시 Acemoglu, Bautista, Querubín, and Robinson(2008)과 Mazzuca and Robinson(2009), Acemoglu, Robinson, and Santos(2013), Acemoglu, García-Jimeno, and Robinson(2012, 2015), Chaves, Fergusson, and Robinson(2015), 그리고 Fergusson, Torvik, Robinson, and Vargas (2016)의 연구를 바탕으로 한 것이다. '가짜 증거'에 관해서는 Acemoglu, Fergusson, Robinson, Romero, and Vargas(2016)를 보라. 국가에 대한 베버의 정의는 Weber(1946)에 전재된 그의 논문 '직업으로서의 정치 Politics as a Vocation'에 나온다.

모코아로 가는 길의 역사는 Uribe(2017)에서 가져온 것이며, 우리는 29, 33, 45, 124~125, 128~130, 163쪽에서 인용했다.

모레노에 관해서는 Robinson(2016)을 보라. 마그달레나 중부의 준군사조직에 관해서는 Robinson(2013, 2016)을 보라. 나중 논문은 이사사를 인용한다(18~19쪽). 광부들의 폭동(30쪽)과 브리가르드·우루티아(29쪽), 바타욘 페드로 넬 오스피나(21쪽) 이야기도 나온다. 또 Bautista, Galan, and Robinson(2019)을 보라.

볼리바르가 '이 신사들은…'이라고 한 말은 Simon(2017, 108쪽)에서 인용했다.

플로레스 장군에게 보내는 볼리바르의 서신은 Bolívar(2003)에 실려있으며, 이 책은 그가 볼리비아의 헌법을 제안하던 시기에 의원들에게 한 연설 원고와 헌법 그 자체도 담고 있다. Gargarella(2013, 2014)는 19세기 남아메리카의 입헌주의와 그것이 어떻게 (그리고 왜) 미국의 경우와 다르게 발전했는지에 관한 근본적인 해석을 보여준다. Simon(2017)은 대단히 고무적인 비교분석이다. 그는 특히 미국보다 더 중앙집권적이고 대통령에게 더 큰 권한을 주는 헌법을 만들어낸, 자신이 보수-진보 연합conservative-liberal fusion이라고 부르는 것을 강조한다. 이 헌법적인 차이점들은 남아메리카 식민지의 과거에 뿌리를 둔 경로의존적 균형path-dependent equilibrium의 일부였다. 카스티야의 인용은 Werlich(1978, 80쪽)에서 가져왔고, 포르탈레스는 Safford(1985)에서 인용했다. 남북 아메리카 발전 경로의 분기에 관한 획기적인 주장에 관해서는 Engerman and Sokoloff(2011)를 보라. 이 분기에 관해서는 또 Acemoglu, Johnson, and Robinson(2001, 2002)과 Acemoglu and Robinson(2012)을 보라.

Dalton(1965)은 라이베리아의 정치경제에 관한 독창적인 연구다. 우리는 그의 논문

581, 584, 589쪽에서 인용했다. 가나에 관해서는 Killick(1976, 37, 40, 60, 231, 233쪽)를 보라. Bates(1981)는 정치가 어떻게 공공서비스 제공을 방해하는지 보여주는 독창적인 연구다. 그는 우리가 여기서 발전시킨 기제의 일부를 처음으로 제시했다. 우리는 그의 책 114쪽과 117쪽에서 인용했다. 아피아는 Appiah(2007)에서 인용했다.

아프리카의 간접 통치에 관해서는 Mamdani(1996)를 보라. 간접 통치가 지역 발전에 미치는 효과에 관한 경험적 증거는 Acemoglu, Reed, and Robinson(2014)을 보라. 더 폭넓게는 Acemoglu, Chaves, Osafo-Kwaako, and Robinson(2015)을 참조하고, 아프리카에서 지속되는 간접 통치의 강도에 관한 주장으로는 Heldring and Robinson(2015), 아프리카의 저개발에 관한 광범위한 설명에 간접 통치가 어떻게 부합하는지는 Acemoglu and Robinson(2010)을 보라.

BBC(2013)는 라이베리아 대학 입학시험에서 학생들이 완전히 실패한 사실을 보도했다.

제12장. 와하브의 자식들

중동의 역사와 이 지역 국가와 사회의 관계에 대한 우리의 해석은 Jean-Philippe Platteau(2017)의 독창적인 저서에 커다란 영향을 받았다. 우리가 논의하는 역사를 조망할 수 있도록 해주는 훌륭한 책들이 많이 있다. 사우디아라비아, 그리고 사우드와 알-와하브의 관계에 대한 우리의 분석은 Corancez(1995)와 Commins(2009), 그리고 Vassiliev(2013)에 바탕을 두고 있지만, 예컨대 Steinberg(2005)와 Zyoob and Kosebalaban(편저, 2009), 그리고 권위 있는 Philby(1928)를 포함해 다른 훌륭한 분석들이 많이 있다. Mouline(2014)은 현재 상황에 관한 특히 훌륭한 분석이다.

롬멜은 Liddell Hart(1995, 328쪽)에서 인용했다. '아침이 돼서'는 Vassiliev(2013)를 인용한 것이다. '여기서 말하고자 하는 자는 모두 말하게 하라'는 Doughty(1888), 부크하르트는 Buckhardt(1930, 116~117쪽)에서 인용했다. '압드 알-아지즈가 ㅇㅇ족 아랍인들에게'라고 한 부분은 Corancez(1995, 9쪽)에서 인용했다.

사우드 국왕을 축출하는 결정은 Mouline(2014, 123쪽)에서 인용한 것이다.

알-가잘리는 Kepel(2005, 238쪽)에서 인용했다. 친미 파트와들에 관해서는

Kurzman(2003)을 보라. 우리는 1990년 쿠웨이트 침공 후 발표된 사우디 파트와를 여기에서 인용했다.

메카 여학교의 화재에 관해서는 http://news.bbc.co.uk/2/hi/middle_east/1874471.stm을 보라. 남성 의료보조원에 관해서는 http://english.alarabiya.net/en/News/middle-east/2014/02/06/Death-of-Saudi-female-student-raises-uproar.html을 보라. 사우디아라비아의 여성에 대한 제약은 CNN에 잘 정리돼 있다. https://www.cnn.com/2017/09/27/middleeast/saudi-women-still-cant-do-this/index.html '여성이 대학 교육을', '전능하신 신은', '추론능력과 합리성 부족'에 대한 언급은 Human Rights Watch(2016)에서 가져온 것이다. 또 Human Rights Watch(2008)를 보라. 사우디아라비아에서 여성의 노동시장 참여를 보는 남성들의 태도에 관해서는 Bursztyn, González, and Yanagizawa-Drott(2018)를 보라. 여성들의 운전 문제에 관해서는 https://www.nytimes.com/2017/09/26/world/middleeast/saudi-arabia-women-drive.html을 보라.

'비탄에 빠진 사담'은 Mortimer(1990)에서 인용했다. 사담이 '성전과 신앙의 깃발'이라고 한 말은 Baram(2014, 207~208쪽)에서 인용했다. Platteau(2017)는 사담과 종교의 관계에 관한 날카로운 분석을 보여준다. 또 Baram(2014)과 Helfont(2014), 그리고 Dawisha(2009)를 보라. 오사마 빈 라덴이 1996년에 발표한 파트와의 영문 번역은 https://is.muni.cz/el/1423/jaro2010/MVZ203/OBL__AQ__Fatwa_1996.pdf에서 읽을 수 있다. Platteau(2011, 245쪽)를 보라.

제13장. 통제할 수 없는 레드 퀸

바이마르 공화국의 붕괴에 관한 방대한 학술적 연구가 있다. 우리의 설명은 Kershaw(2000)와 Evans(2005)를 바탕으로 한 것이지만, 우리는 또한 Shirer(1960)와 Bracher(1970), Lepsius(1978), 그리고 Winkler(2006)를 활용했다. Myerson(2004)은 바이마르의 정치제도의 결점들을 분석해준다. 누가 나치당에 표를 던졌는지 밝히는 투표 자료 분석은 Mühlberger(2003)와 King, Rosen, Tanner, and Wagner(2008)를 보라. 당시 히틀러를 지지했던 독일인들의 증언을 모은 Abel(1938) 역시 강력한 실증자료다. Tooze(2015)는 제1차 세계대전의 정치적 파급효과를 탁월하게 조망한다.

Berman(2001)은 바이마르 이전 독일 제국의 정치체제에 관한 유용한 개관과 해석이다. 벨스는 Edinger(1953, 347~348쪽)에서 인용했다. 나치의 1930년 선거 공약은 Moeller(2010, 44쪽)를 인용했다. 엘자 헤르만은 Moeller(2010, 33~34쪽)에서 인용했다. 바이마르 헌법의 영문 번역본은 http://www.zum.de/psm/weimar/weimar_vve.php에서 볼 수 있다. Berman(1997)은 나치는 바이마르 시대 독일의 촘촘한 시민사회를 이용해 부상했다고 지적했으며, Satyanath, Voigtländer, and Voth(2017)는 이 상관관계가 상당히 일반적인 것이었음을 보였다.

히틀러의 베를린 스포츠궁전에 관해서는 Evans(2005, 324쪽)를 보라. 1932년 10월 17일 히틀러의 대중 연설은 Evans(2005, 323쪽)에서 인용했다. 괴벨스의 발표는 Evans(2005, 312쪽)에서 인용한 것이다. 페르디난트 헤르만스는 Lepsius(1978, 44쪽)에서 인용했다. 맥주홀 반란 이후 히틀러의 발자취와 관련된 인용은 Kershaw(2000, 216쪽)를 보라. 에번스의 '불만스러운 자들의 무지개 연합'은 Evans(2005, 294쪽)에서 인용했다.

프리체는 Fritzsche(1990, 76쪽)에서 인용했다.

무솔리니는 그의 '파시즘 독트린Doctrine of Fascism' 연설에서 인용한 것이며, 연설은 http://www.historyguide.org/europe/duce.html에서 볼 수 있다. 헤르만 파이너의 인용은 그의 '무솔리니의 이탈리아Mussolini's Italy'에서 가져온 것이며, 그 원문은 https://archive.org/stream/mussolinisitaly005773mbp/mussolinisitaly005773mbp_djvu.txt에서 볼 수 있다.

칠레 민주주의 체제의 전복에 관한 우리의 분석은 Valenzuela(1978)의 독창적인 연구에 따른다. 그의 책은 린츠Linz와 스테판Stepan이 편집한, 민주주의의 붕괴에 관한 정치학계의 비교연구 프로젝트의 일환으로 쓰였다. 그 결론들은 Linz(1978)에 정리돼 있다.

Angell(1991)은 우리가 초점을 맞춘 시대의 역사에 관한 훌륭한 개관이며, Constable and Valenzuela(1993)는 1973년 쿠데타 이후 군사독재를 탁월하게 다루고 있다. Baland and Robinson(2008)은 1958년 비밀투표 도입의 정치적 영향을 실증적으로 분석해준다. 마르토네스 상원의원은 Baland and Robinson(2008, 1738~1739쪽)에서 인용했다. 브라이언 러브먼은 Loveman(1976, 219쪽)에서 인용했다. 프레이 행정부 아래 국가건설에 관한 분석은 Valenzuela and Wilde(1979)를 보라. 그들과 Valenzuela(1978)는 후견주의에 대한 공격이 아옌데가 집권했을 때 거래를 성사시킬 수 있는 능력을 약화시켰으므로 프레이의 계획은 참담한 실패였다고 해석하는 편이다. 우리는 이를 레드 퀸 효과의 자연스러운 부분이라고 본다.

스탠리경은 Kitson-Clark(1951, 112쪽)에서 인용했고, 데이비드 리카도는 Ricardo([1824], 1951~1973, 506쪽)에서 인용했다.

진보를 위한 동맹을 출범시키는 케네디의 연설은 https://sourcebooks.fordham.edu/mod/1961kennedy-afp1.asp에서 볼 수 있다.

아옌데의 보장규약 원문은 http://www.papelesdesociedad.info/IMG/pdf/estatuto_de_garantias_democraticas.pdf에서 볼 수 있다.

레지스 드브레가 한 살바도르 아옌데의 인터뷰는 https://www.marxists.org/espanol/allende/1971/marzo16.htm에서 볼 수 있다. 1972년 공산당 서기장의 연설은 Valenzuela(1978, 68쪽)에서 인용한 것이다. 〈엘 메르쿠리오〉의 사설은 Valenzuela(1978, 69쪽)에서 인용한 것이다. 〈엘 메르쿠리오〉의 두 번째 인용은 Valenzuela(1978, 93쪽)에서 가져온 것이다.

카를로스 알타미라노는 Valenzuela(1978, 94쪽)에서 인용했다. 칠레에서 행한 비밀작전에 관한 미국 상원 특별위원회 보고서는 https://www.archives.gov/files/declassification/iscap/pdf/2010-009-doc17.pdf에서 내려받을 수 있다. 인용은 II. 10~11쪽과 IV. 31쪽에서 가져왔다.

Dean(1999)과 Waley and Dean(2013), 그리고 Jones(1997)는 이탈리아 공화국들의 붕괴에 관한 훌륭한 분석이다. 1264년 페라라에서 열린 회의 진행 과정은 Waley and Dean(2013, 180~181쪽)에서 가져왔다. 또 페라라 정치에 관한 더 심층적인 분석은 Dean(1987)을 보라. 그것이 진정으로 자유로운 선거였는지를 놓고 학자들 사이에 이견이 있다. Jones(1997, 624쪽)는 한 기록자가 '이 모든 과정이 한 무리의 에스테당Este party 유력자들이 꾀한 속임수이며 … 그들은 무장한 추종자와 외부인들로 도시와 광장을 꽉 채웠다'라고 썼다고 전했다.

페루자의 컨소시엄들의 선언은 Waley and Dean(2013, 132~133쪽)에서 인용했다. 투델라의 베냐민이 관찰한 제노바와 피사, 루카에 관해서는 Benjamin of Tudela(1907,

17쪽)를 보라. 피스토이아의 흑군과 백군에 관해서는 Waley and Dean(2013, 137~138쪽)을 보라. 코무네가 부상한 후에도 계속된 봉건적 엘리트의 권력과 특권에 관해서는 Jones(1997, 제4장)를 보라. 베르가모의 카피타노 델 포폴로의 서약에 관해서는 Waley and Dean(2013, 142~143쪽)을 보라. 파르마에서 포폴로의 법적 권한에 관해서는 Waley and Dean(2013, 152쪽)을 보라. 부오스카 다 도바라와 우베르토 팔라비치노에 관해서는 Jones(1997, 622쪽)를 보라.

마키아벨리는 《군주론》(2005, 35쪽)에서 인용했다.

민중이 어떻게 견제와 균형 장치를 무너뜨리는 것을 지지했는지에 관한 논의는 Acemoglu, Robinson, and Torvik(2013)에서 가져왔다. 라파엘 코레아는 이 논문 868쪽에서 인용했다.

제14장. 회랑 안으로

Plaatje(1916)는 제1장과 2장에서 인용했다.

남아프리카의 전반적인 역사에 관해서는 Thompson(2014)을 보라. 원주민토지법에 관해서는 Bundy(1979), 흑인 차별과 임금에 관해서는 Feinstein(2000)을 보라.

홀로웨이위원회에 관해서는 Feinstein(2000, 55쪽)을 보라. 식민지 원주민 문제 특별위원회는 Bundy(1979, 109쪽)에서 인용했다.

모엘레치 음베키는 https://dawodu.com/mbeki.pdf에서 인용했다. 흑인 경제 육성에 관해서는 Southall(2005)과 Cargill(2010), 그리고 Santos-Villagran(2016)을 보라. 1995년 럭비월드컵 결승전과 만델라와 피에나르의 대화에 관해서는 https://www.theguardian.com/sport/2007/jan/07/rugbyunion.features1을 보라.

일본 군국주의의 부상과 전후 정치체제에 관한 우리의 논의는 Dower(1999)와 Buruma(2003), 그리고 Samuels(2003)에서 끌어왔다. 전쟁 전과 후 기시의 역할에 관한 상세한 내용은 Kurzman(1960)과 Schaller(1995), 그리고 Driscoll(2010)에서 가져온 것이다.

보너 펠러스는 Dower(1999, 282쪽)에서 인용했다. 일본 헌법 제9조와 히로히토의 연두 조서에 관해서는 같은 책 394쪽과 314쪽에서 인용했다.

Zürcher(1984)와 Zürcher(2004)는 오스만제국에서 터키공화국으로 넘어가는 전환기

에 관한 최고의 문헌이다. 최근 터키 역사를 개관하려면 Pope and Pope(2011)와 Çağaptay(2017)를 보라. 최근의 경제적, 정치적 변화와 그것이 경제에 미치는 영향에 관한 논의는 Acemoglu and Üçer(2015)를 보라. '검은 터키인, 흰 터키인'이라는 말은 에르도안을 인용한 것이다. https://www.thecairoreview.com/essays/erdo%C4%9Fans-decade를 보라.

터키에서 투옥된 언론인에 관해서는 https://cpj.org/reports/2017/12/journalists-prison-jail-record-number-turkey-china-egypt.php를 보라.

실패한 쿠데타 시도 후 숙청된 이들의 수에 관해서는 https://www.nytimes.com/2017/04/12/world/europe/turkey-erdogan-purge.html과 https://www.politico.eu/article/long-arm-of-turkeys-anti-gulenist-purge/를 보라.

에르도안의 연설에 관해서는 http://www.diken.com.tr/bir-alman-kac-turke-bedel/을 보라.

1999년 이후 라고스의 발전에 관한 최고의 분석은 Gramont(2014)이다. 1976년 나이지리아 헌법기초위원회에 관해서는 Williams and Turner(1978, 133쪽)를 보라.

보고타에 관해서는 Tognato(2018)의 소론들을 보라. Devlin(2009)과 Devlin and Chaskel(2009)은 보고타의 개선되는 상황을 잘 보여준다. 카발레로는 Devlin(2009)에서 인용했다. 모쿠스가 '마치 그가 토하기라도 한 것처럼'이라고 한 말은 Devlin and Chaskel(2009)에서 인용했다.

로디지아와 짐바브웨의 역사에 관해서는 Simpson and Hawkins(2018)를 보라. '짐바브웨의 전철을 밟지 않으려면'은 http://www.researchchannel.co.za/print-version/oil-industry-empowerment-crucial-sapia-2002-10-21에서 인용한 것이다.

모지즈 핀리의 말은 Finley(1976)에서 인용한 것이다.

한국의 산업화와 민주주의로의 이행은 Cummings(2005)에서 개관할 수 있다.

콩고자유국의 역사와 그 반동을 탁월하게 정리한 연구는 Hochschild(1999)이며, 우리는 여기서 케이스먼트의 일기를 인용했다. 케이스먼트의 보고서 전문은 https://ia801006.us.archive.org/14/items/CasementReport/CasementReportSmall.pdf에서 볼 수 있다. 국제 인권운동에 관해서는 Neier(2012)를 보라.

로버트 무가베를 WHO '홍보대사'에 임명한 것에 관해서는 https://www.theguardian.com/world/2017/oct/22/robert-mugabe-removed-as-who-goodwill-ambassador-after-outcry와 http://theconversation.com/robert-mugabe-as-who-goodwill-ambassador-what-went-wrong-86244를 보라.

여성 할례에 반대하는 유엔 결의에서 국제앰네스티가 한 역할에 관해서는 https://www.amnesty.org/en/latest/news/2012/11/fight-against-female-genital-mutilation-wins-un-backing/을 보라.

제15장. 리바이어던과 살아가기

Hayek(2007)는 미국판에 대한 하이에크의 서문과 그 안에서 가져온 인용문, 그리고 브루스 콜드웰Bruce Caldwell의 훌륭한 논고를 담고 있다. 인용은 44, 48, 71, 148쪽에서 가져온 것이다. 베버리지보고서에 관해서는 Beveridge(1944)와 우리가 제임스 그리피스를 인용한 Baldwin(1990, 116쪽)을 보라.

'암소 거래'와 스웨덴 사회민주주의의 부상에 관해서는 Baldwin(1990)과 Berman(2006), Esping-Andersen(1985), 그리고 Gourevitch(1986)를 보라. 인용은 Berman(2006)과 Esping-Andersen(1985)에서 가져온 것이다. 또 Misgeld, Molin, and Amark(1988)에서 교육과 주택 정책에 관한 장들을 보라. 우리는 이 책 325쪽에서 인용했다. Moene and Wallerstein(1997)은 임금 압착과 혁신의 관계에 관한 모형을 개발했다. 복지국가와 관련한 자본가들의 선호를 분석하려면 Swenson(2002)을 보라.

연합의 역할에 관한 우리의 논의는 O'Donnell and Schmitter(1986)의 획기적인 연구와 관련이 있다.

자동화가 임금과 불평등에 미치는 영향에 관해서는 Acemoglu and Restrepo(2018)를 보라. 세계화의 영향에 관해서는 Autor, Dorn, and Hanson(2013)을 보라. 학력 집단별 임금 상승률과 미국 노동시장의 불평등에 관한 수치는 Acemoglu and Autor(2011)와 Autor(2014)에서 가져왔다. 미국 국민소득에서 상위 1퍼센트와 0.1퍼센트 집단의 몫에 관한 수치는 Piketty and Saez(2003)를 바탕으로 한 것이며, 최신 수치는 https://eml.berkeley.edu/~saez/에서 얻을 수 있다(그리고 자본소득을 포함한 수치도 참조하라). Acemoglu, Autor, Dorn, Hanson, and Price(2015)와 Acemoglu and Restrepo(2017)는 대 중국 교역과 로봇이 미국 고용에 미치는 효과의 추정치를 논의한다.

미국 금융 체계의 개혁에 관한 우리의 논의는 Johnson and Kwak(2010)을 참조한 것이다. 금융산업 근로자와 경영자의 상대적인 소득에 관해서는 Phillippon and Reshef(2012)를 보라. 이 부문에서 6대 은행의 점유율은 글로벌 파이낸셜Global Financial 웹사이트에서 계산된다.

Autor, Dorn, Katz, Patterson, and Van Reenen(2017)은 GDP에서 자본소득이 차지하는 비중이 큰 폭으로 증가하는 데 대기업들이 기여했다는 증거를 제공하며, Song, Price, Güvenen, Bloom, and von Wachter(2015)는 생산성이 높고 종업원들에게 높은 임금을 주는 기업들이 불평등에 기여하는 정도가 시간이 지나면서 특히 소득분포상 최상위 계층에서 높아져 왔음을 보여준다. 1990년과 현재 GDP에 대비한 5대 기업 시장가치는 글로벌 파이낸셜에서 계산한 것이다.

한 나라의 제도적인 체계가 다른 나라에 곧바로 복제될 수 없는 까닭에 관해서는 Acemoglu, Robinson, and Verdier(2017)를 보라.

스노든의 폭로에 관해서는 Edgar(2017)를 보라. 그리고 덴마크 정부의 '세션 로깅'에 대해서는 https://privacyinternational.org/location/denmark를 보라.

베버리지의 인용은 Beveridge(1994, 9쪽)에서 가져온 것이다.

루스벨트의 1944년 시정연설에 관해서는 http://www.fdrlibrary.marist.edu/archives/address_text.html을 보라. 루스벨트의 '네 가지 자유'에 관한 논평은 https://books.openedition.org/pufr/4204?lang=en을 보라. 루스벨트의 연설과 관련해 아프리카계 미국인들의 자유 결여를 말한 것은 Litwack(2009, 50쪽)에서 인용했다. 유엔 세계인권선언은 http://www.ohchr.org/EN/UDHR/Documents/UDHR_Translations/eng.pdf를 보라.

| 지도 출처 |

Location of cities from Geonames, https://www.geonames.org/

Recent administrative divisions from GADM (Database of Global Administrative Areas), https://gadm.org/data.html

Rivers from Natural Earth, http://www.naturalearthdata.downloads/10m-physical-vectors/10m-rivers-lake-centerlines

〈지도 1〉 Asante Kingdom from Wilks (1975). Yorubaland Tivland from Murdock (1959).

〈지도 2〉 Athenian demes from Osborne (2009). the Trittyes from Christopoulos (1970).

〈지도 3〉 Bureau Topographique des Troupes Francaises du Levant (1935) and Central Intelligence Agency (2017).

〈지도 4〉 Sarawat Mountains from Radar Topographic Mission / Consortium for Spatial Information (CGIAR-CSI), http://cgiar.org.

〈지도 5〉 Tongaland and Zululand Murdock (1959). Provinces of South Africa in 1910 from Beinart (2001).

〈지도 6〉 Puna Coast Evergreen Data Library, https://evergreen.data.socrata.com/Maps-Statistics/Coastlines-split-rcht-xhew.

〈지도 7〉 GADM, gadm.org/data.html.

〈지도 8〉 Shepard (1911).

〈지도 9〉 Falkus and Gillingham (1987).

〈지도 10〉 Feng (2013).

〈지도11〉Ho (1954).

〈지도 12〉 Mauryan Empire from Keay (2000). Ashoka Pillar and Rock Edicts from Geonames, https://www.geonames.org/.

〈지도 13〉Holy Roman Empire from Shepard (1911). Brandenburg and Prussia from EarthWorks, Stanford Libraries, https://earthworks.stanford.edu/catalog/harvard-gh-gis1834core.

〈지도 14〉Trampoline of Death from Humanitarian OpenStreetMap Team, https://www.hotosm.org.Middle Magdalena and Sibundoy Valley from Instituto Geografico Agustin Codazzi, https://www.igac.gov.co.

〈지도15〉Clower, Dalton, Harwitz, and Walters (1966).

| 사진 출처 |

〈사진 1〉AGIP-Rue des Archives / Granger, NYC—ll Rights Reserved.

〈사진 2〉 Holmes Collection, Rare Book and Special Collection Division, Library of Congress

〈사진 3〉Album / Art Resource, NY

〈사진 4〉Paul Bohannan, from The Tiv: An African People 1949 – 1953 by Paul Bohannan and Gary Seaman (Ethnographics Press, 2000)

〈사진 5〉AP Photo / Hassan Ammar

〈사진 6〉Dixson Galleries, State Library of New South Wales / Bridgeman Images

〈사진 7〉Palazzo Pubblico, Siena, Italy / De Agostini Picture Library / A. De Gregorio / Bridgeman Images

〈사진 8〉Palazzo Pubblico, Siena, Italy / De Agostini Picture Library / G. Dagli Orti / Bridgeman Images

〈사진 9〉Photo courtesy Linda Nicholas

〈사진 10〉Historic Images / Alamy Stock Photo

〈사진 11〉Detail of the Bayeux Tapestry—11th Century, with special permission from the City of Bayeux

〈사진 12〉Bettmann / Getty Images

〈사진 13〉David Bliss Photography;

〈사진 14〉Xunzi jian shi 荀子柬釋 [Xunzi, with selected notes], edited by Qixiong Liang 梁啓雄 (Shanghai: The Commercial Press 商務印書館, 1936), page 100

〈사진 15〉Ed Jones / AFP / Getty Images

〈사진 16〉RAJAT GUPTA/EPA-EFE/Shutterstock

〈사진 17〉Courtesy Mapping Inequality

〈사진 18〉ⓒ James Rodriguez/Panos Pictures

〈사진 19〉Schalkwijk / Art Resource, NY

〈사진 20〉CPA Media—ictures from History / GRANGER—All rights reserved.

〈사진 21〉AP Photo/Ali Haider

〈사진 22〉robertharding / Alamy Stock Photo

〈사진 23〉David Rogers / Getty Images Sport Classic / Getty Images

〈사진 24〉Akintunde Akinleye / REUTERS

〈사진 25〉All rights reserved. Copyright CASA EDITORIAL EL TIEMPO S.A

〈사진 26〉UN Photo / Cia Pak

| 참고 문헌 |

Aaronson, Daniel, Daniel Hartley, and Bhash Mazumder (2017). "The Effects of the 1930s HOLC 'Redlining' Maps." Federal Reserve Bank Working Paper No. 2017-12. https://www.chicagofed.org/publications/working-wp2017-12.

Abel, Theodore (1938). *Why Hitler Came An Answer Based on the Original Life Stories of 600 of His Followers.* New York: Prentice-Hall.

Acemoglu, Daron (2005). "Politics Economics in Weak and Strong States." *Journal of Monetary Economics* 52: 1199–1226.

Acemoglu, Daron, and David Autor (2011). "Skills, Tasks and Technologies: Implications for Employment and Earnings." In *Handbook of Labor Economics*, vol. 4: 1043–1171. Amsterdam: Elsevier-North.

Acemoglu, Daron, Autor, David Dorn, Gordon H. Hanson, and Brendan Price (2015). "Import Competition in the Great U.S. Employment Sag of the 2000s." *Journal of Labor Economics* 34: S141–98.

Acemoglu, Daron, María Angelíca Bautista, Pablo Querubín, and James A. Robinson (2008). "Economic and Political Inequality in Development: The Case of Cundinamarca, Colombia." In *Institutions and Economic Performance*, edited by Elhanan Helpman. Cambridge, MA: Harvard University Press.

Acemoglu, Daron, Isaías N. Chaves, Philip Osafo-Kwaako, and James A. Robinson (2015). "Indirect Rule and State Weakness in Africa: Sierra Leone in Comparative Perspective." In *African Successes: Sustainable Growth*, edited by Sebastian Edwards, Simon Johnson, and David Weil. Chicago: University
of Chicago Press.

Acemoglu, Daron, Leopoldo Fergusson, James A. Robinson, Dario Romero, and Juan F. Vargas (2016). "The Perils of High-Powered Incentives: Evidence from Colombia's False Positives." NBER Working Paper No. 22617. http://www.nber.org/ papers/w22617.

Acemoglu, Daron, Francisco A. Gallego, and James A. Robinson (2014). "Institutions, Human Capital and Development." *Annual Review of Economics* 6: 875–912.

Acemoglu, Daron, Camilo García-Jimeno, and James A. Robinson (2012). "Finding El Dorado: The Long-Run Consequences of Slavery in Colombia." *Journal of Comparative Economics* 40, no. 4: 534–64.

——— (2015). "State Capacity and Development: A Network Approach." *American Economic Review* 105, no. 8: 2364–2409.

Acemoglu, Daron, Simon Johnson, and James A. Robinson (2001). "The Colonial Origins of Comparative Development: An Empirical Investigation." *American Economic Review* 91: 1369–1401.

———(2002). "Reversal of Fortune: Geography and Institutions in the Making of the Modern World Income Distribution." *Quarterly Journal of Economics* 118: 1231–1294.

———(2005a). "The Rise of Europe: Atlantic Trade, Institutional Change and Economic Growth." *American Economic Review* 95: 546–79.

———(2005b). "Institutions as Fundamental Determinants of Long-Run Growth." In *Handbook of Economic Growth*, edited by Philippe Aghion and Steven Durlauf, vol. 1A, 385–472. Amsterdam: North- Holland.

Acemoglu, Daron, Simon Johnson, James A. Robinson, and Pierre Yared (2008). "Income and Democracy." *American Economic Review* 98, no. 3: 808–42.

———(2009). "Reevaluating the Modernization Hypothesis." *Journal of Monetary Economics* 56: 1043–58.

Acemoglu, Daron, Jacob Moscona, and James A. Robinson (2016). "State Capacity and American Technology: Evidence from the 19th Century." *American Economic Review* 106, no. 5: 61–67.

Acemoglu, Daron, Tristan Reed, and James A. Robinson (2014). "Chiefs: Elite Control of Civil Society and Development in Sierra Leone." *Journal of Political Economy* 122, no. 2: 319–68.

Acemoglu, Daron, and Pascual Restrepo (2017). "Robots and Jobs: Evidence from U.S. Labor Markets." NBER Working Paper No. 23285. https:// www.nber.org/papers/w23285.

———(2018). "The Race Between Machine and Man: Implications of Technology for Growth, Factor Shares and Employment." *American Economic Review* 108, no. 6: 1488–1542.

Acemoglu, Daron, and James A. Robinson (2000). "Why Did the West Extend the Franchise? Growth, Inequality and Democracy in Historical Perspective." *Quarterly Journal of Economics* 115: 1167–99.

———(2006). *Economic Origins of Dictatorship and Democracy.* New York: Cambridge University Press.

———(2010). "Why Is Africa Poor?" *Economic Historyof Developing Regions* 25, no. 1: 21–50.

———(2012). *Why Nations Fail.* New York: Crown.

———(2016). "Paths to Inclusive Political Institutions." In *Economic History of Warfare and State Formation*, edited by Jari Eloranta, Eric Golson, Andrei Markevich, and Nikolaus Wolf. Berlin: Springer.

———(2017). "The Emergence of Weak, Despotic and Inclusive States." NBER Working Paper No. 23657. http://www.nber.org/papers/w23657.

———(2019). "The Narrow Corridor: The Academic Debate." https://voices.uchicago.edu/jamesrobinson and https:// economics.mit.edu/ faculty/ acemoglu.

Acemoglu, Daron, James A. Robinson, and Rafael Santos-Villagran (2013). "The Monopoly of Violence: Theory and Evidence from Colombia." *Journal of the European Economics Association* 11, no. 1: 5–44.

Acemoglu, Daron, James A. Robinson, and Ragnar Torvik (2013). "Why Vote to Dismantle Checks and Balances?" *Review of Economic Studies* 80, no. 3: 845–75.

———(2016). "The Political Agenda Effect and State Centralization." NBER Working Paper No. 22250. https://www.nber.org/ papers/w22250.

Acemoglu, Daron, James A. Robinson, and Thierry Verdier (2017). "Asymmetric Growth and Institutions in an Interdependent World." *Journal of Political Economy* 125: 1245–1303.

Acemoglu, Daron, and Murat Üçer (2015). "The Ups and Downs of Turkish Growth: Political Dynamics, the European Union and the Institutional Slide." NBER Working Paper No. 21608. https://www.nber.org/papers/w21608.

Afigbo, A. E. (1967). "The Warrant Chief System in Eastern Nigeria: Direct or Indirect Rule?" *Journal of the Historical Society of Nigeria* 3, no. 4: 683–700.

———(1972). *Warrant Chiefs Indirect Rule in Southeastern Nigeria, 1891–1929.* London: Longman.

Akiga Sai (1939). *Akiga's Story: The Tiv Tribe as Seen by One of Its Members.* Translated by Rupert East. Oxford: Oxford University Press.

Allen, Robert C., Jean-Pascal Bassino, Debin Ma, Christine Moll-Murata, and Jan Luiten van Zanden (2011). "Wages, Prices, and Living Standards in China, 1738–1925: In Comparison with Europe, Japan, and India." *Economic History Review* 64: 8–38.

Al-Muqaddasi (1994). *The Best Divisions for Knowledge of the Regions.* Translation of *Ahsan al-Taqasim fi ma'rifat al-Aqalim*, by B. A. Collins. Reading: Garnet.

Alston, Lee J., and Joseph P. Ferrie (1993). "Paternalism in Agricultural Labor Contracts in the U.S. South: Implications for the Growth of the Welfare State." *American Economic Review* 83, no. 4: 852–76.

———(1999). *Southern Paternalism and the American Welfare State: Economics, Politics, and Institutions in the South, 1865–1965.* New York: Cambridge University Press.

Altekar, A. S. (1927). *A History of Village Communities in Western India.* Bombay: Oxford University Press.

Amar, Akhil Reed (2000). *The Bill of Rights: Creation and Reconstruction.* New Haven: Yale University Press.

Ambedkar, B. R. (2014). *Annihilation of Caste: The Annotated Critical Edition.* London: Verso.

Anderson, Siwan (2011). "Caste as an Impediment to Trade." *American Economic Journal: Applied Economics* 3, no. 1: 239–63.

Anderson, Siwan, Patrick Francois, and Ashok Kotwal (2015). "Clientelism in Indian Villages." *American Economic Review* 105, no. 6: 1780–1816.

Angell, Alan (1991). "Chile Since 1958." In *The Cambridge History of Latin America*, edited by Leslie Bethell, vol. 8, *Latin America Since 1930: Spanish South America*, 311–82. New York: Cambridge University Press.

Angold, Michael (1997). *The Byzantine Empire 1025–1204: A Political History.* 2nd edition. New York: Longman.

Ansolabehere, Stephen, and James M. Snyder Jr. (2008). *The End of Inequality: One Person, One Vote and the Transformation of American Politics.* New York: W. W. Norton.

Appiah, Anthony (2007) "A Slow Emancipation." *New York Times Magazine*. https://www.nytimes.com/2007/03/18/magazine/18WWLNlede.t.html.

Arendt, Hannah (1976). *Eichmann in Jerusalem: A Report on the Banality of Evil.* New York: Viking Press.

Aristotle (1996). *The Politics and the Constitution of Athens.* New York: Cambridge University Press.

Asch, Ronald G. (1988). "Estates and Princes After 1648: The Consequences of the Thirty Years

War." *German History* 6, no. 2: 113–32.

Attenborough, F. L., ed. (1922). *The Laws of the Earliest English Kings.* Cambridge: Cambridge University Press.

Autor, David (2014). "Skills, Education, and the Rise of Earnings Inequality Among the Other 99 Percent." *Science* 344: 843–51.

Autor, David H., David Dorn, and Gordon H. Hanson (2013). "The China Syndrome: Local Labor Market Effects of Import Competition in the United States." *American Economic Review* 103: 2121–68.

Autor, David H., David Dorn, Lawrence F. Katz, Christina Patterson, and John Van Reenen (2017). "The Fall of the Labor Share in the Rise of Superstar Firms." NBER Working Paper No. 23396. https://www.nber.org/papers/w23396.

Auyero, Javier (2001). *Poor People's Politics.* Durham, NC: Duke University Press.

———(2012). *Patients of the State: The Politics of Waiting in Argentina.* Durham, NC: Duke University Press.

Baland, Jean-Marie, and James A. Robinson (2008). "Land and Power." *American Economic Review* 98: 1737–1765.

Baldwin, Peter (1990). *The Politics of Social Solidarity: Class Basis of the European Welfare State 1875–1975.* New York: Cambridge University Press.

———(2005). "Beyond Weak and Strong: Rethinking the State in Comparative Policy History." *Journal of Policy History* 17, no. 1: 12–33.

Balogh, Brian (2009). *A Government out of Sight: The Mystery of National Authority in Nineteenth-Century America.* New York: Cambridge University Press.

———(2015). *The Associational State: American Governance in the Twentieth Century.* Philadelphia: University of Pennsylvania Press.

Baram, Amatzia (2014). *Saddam Hussein and Islam, 1968–2003.* Baltimore: Johns Hopkins University Press.

Barlow, Frank (1999). *The Feudal Kingdom of England, 1042–1216.* 5th edition. London and New York: Routledge.

Barnwell, P. S., and Marco Mostert, eds. (2003). *Political Assemblies in the Earlier Middle Ages.* Turnhout, Belgium: Brepols.

Bautista, Maria Angelica, Juan Sebastian Galan, Juan Diego Restrepo, and James A. Robinson (2019) "Acting like a State: The Peasant Self-Defense Forces of the Middle Magdalena in Colombia." Unpublished.

Bates, Robert H. (1981). *Markets and States in Tropical Africa.* Berkeley: University of California Press.

Bayly, Susan (2001). *Caste, Society and Politics in India from the Eighteenth Century to the Modern Age.* Revised edition. New York: Cambridge University Press.

BBC (2002). "Saudi Police 'Stopped' Fire Rescue." http://news.bbc.co.uk/2/hi/middle_east/1874471.stm.

BBC (2013). "Liberia Students All Fail University Admission Exam." http://www.bbc.com/news/world-africa-23843578.

BBC (2017). "US Inner-City Children Suffer 'War Zone' Trauma." http://www.bbc.com/news/av/world-us-canada-42229205/us-inner-city-children-suffer-war-zone-trauma.

BBC (2018a). "Argentina's Parliament Sacks 'Gnocchi' Phantom Workers." http://www.bbc.com/news/blogs-news-from-elsewhere-42551997.

BBC (2018b). "Argentine President Bans Family Members in Government." http://www.bbc.com/news/world-latin-america-42868439.

Beattie, Hilary J. (2009). *Land and Lineage in China: A Study of T'ung-Ch'eng County, Anhwei, in the Ming and Ch'ing Dynasties.* New York: Cambridge University Press.

Bede (1991). *Ecclesiastical History of the English People.* New York: Penguin.

Beinart, William (2001). *Twentieth-Century South Africa.* Oxford: Oxford University Press.

Benjamin of Tudela (1907). *The Itinerary of Benjamin of Tudela.* Edited by Marcus N. Adler. New York: Philipp Feldheim.

Bensel, Richard F. (1991). *Yankee Leviathan: The Origins of Central State Authority in America, 1859–1877.* New York: Cambridge University Press.

Berman, Sheri (1997). "Civil Society and the Collapse of the Weimar Republic." *World Politics* 49, no. 3.

———(2001). "Modernization in Historical Perspective: The Case of Imperial Germany." *World Politics* 53, no. 3.

———(2006). *The Primacy of Politics: Social Democracy in the Making of Europe's 20th Century.* New York: Cambridge University Press.

Besley, Timothy, and Torsten Persson (2011). *The Pillars of Prosperity.* Princeton, NJ: Princeton University Press.

Béteille, André(2012). *Caste, Class and Power: Changing Patterns of Stratification in a Tanjore Village.* 3rd edition. New York: Oxford University Press.

Beveridge, William H. (1944). *Full Employment in a Free Society: A Report.* London: Routledge.

Bisson, Thomas N. (1964). *Assemblies and Representation in Languedoc in the Thirteenth Century.* Princeton, NJ: Princeton University Press.

Bisson, Thomas N., ed. (1973). *Medieval Representative Institutions: Their Origins and Nature.* Hinsdale: The Dryden Press.

Bisson, Thomas N. (2009). *The Crisis of the Twelfth Century: Power, Lordship and the Origins of European Government.* Princeton, NJ: Princeton University Press.

Black, Bernard, Reinier Kraakman, and Anna Tarassova (2000). "Russian Privatization and Corporate Governance: What Went Wrong?" *Stanford Law Review* 52, 1731–1808.

Blanning, Tim (2016). *Frederick the Great: King of Prussia.* New York: Random House.

Blanton, Richard E., and Lane Fargher (2008). *Collective Action in the Formation of Pre- Modern States.* New York: Springer.

Blanton, Richard E., Gary M. Feinman, Stephen A. Kowalewski, and Linda M. Nicholas (1999). *Ancient Oaxaca.* New York: Cambridge University Press.

Blanton, Richard E., Stephen A. Kowalewski, Gary M. Feinman, and Laura M. Finsten (1993). *Ancient Mesoamerica: A Comparison of Change in Three Regions.* New York: Cambridge University Press.

Blaydes, Lisa, and Eric Chaney (2013). "The Feudal Revolution and Europe's Rise: Political Divergence of the Christian West and the Muslim World Before 1500 ce." *American Political Science Review* 107, no. 1: 16–34.

Blickel, Peter, ed. (1989). *Resistance, Representation and Community.* Oxford: Clarendon Press.

Blickel, Peter (1992). "Das Gesetz der Eidgenossen: Uberlegungen zur Entstehung der Schweiz, 1200–1400." *Historische Zeitschrift* 255, no. 13: 561–86.

———(1998). *From the Communal Reformation to the Revolution of the Common Man.* Leiden: Brill.

Bloch, Marc (1964). *Feudal Society.* 2 vols. Chicago: University of Chicago Press.

Blockmans, Wim, Andre Holenstein, and Jon Mathieu, eds. (2009). *Empowering Interactions: Political Cultures and the Emergence of the State in Europe 1300–1900.* Burlington, VT: Ashgate.

Blunt, E. A. H. (1931). *Caste System of Northern India.* Oxford: Oxford University Press.

Bodde, Derk, and Clarence Morris (1967). *Law in Imperial China.* Cambridge, MA: Harvard University Press.

Boehm, Christopher (1982). *Montenegrin Social Organization and Values: Political Ethnography of a Refuge Area Tribal Adaptation.* New York: AMS Press.

———(1986). *Blood Revenge: The Enactment and Management of Conf lict in Montenegro and Other Tribal Societies.* Philadelphia: University of Pennsylvania Press.

Bohannan, Paul (1958). " Extra- Processual Events in Tiv Political Institutions." *American Anthropologist* 60: 1–12.

Bohannan, Paul, and Laura Bohannan (1953). *The Tiv of Central Nigeria.* London: International African Institute.

———(1968). *Tiv Economy.* Evanston, IL: Northwestern University Press.

Bolívar, Simón (2003). *El Libertador: The Writings of Simon Bolivar.* Edited by David Bushnell. New York: Oxford University Press.

Bosker, Maarten, Eltjo Buringh, and Jan Luiten van Zanden (2013). "From Baghdad to London: Unraveling Urban Development in Europe, the Middle East, and North Africa, 8 00–1 800." *Review of Economics and Statistics* 95, no. 4: 1418–37.

Bowsky, William M. (1981). *A Medieval Italian Commune: Siena Under the Nine, 1287–1355.* Berkeley: University of California Press.

Bozhong, Li, and Jan Luiten van Zanden (2012). "Before the Great Divergence? Comparing the Yangzi Delta and the Netherlands at the Beginning of the Nineteenth Century." *Journal of Economic History* 72, no. 4: 956–89.

Bracher, Karl Dietrich (1970). *German Dictatorship: The Origins, Structure, and Effects of National Socialism.* New York: Praeger.

Braddick, Michael J. (2000). *State Formation in Early Modern England, c. 1550–1700.* New York: Cambridge University Press.

Brandt, Loren, Debin Ma, and Thomas G. Rawski (2014). "From Divergence to Convergence: Reevaluating the History Behind China's Economic Boom." *Journal of Economic Literature* 52, no. 1: 45–123.

Braudel, Fernand (1996). *The Mediterranean and the Mediterranean World in the Age of Philip II.* Vol. 1. Berkeley: University of California Press.

Breen, T. H. (2011). *American Insurgents, American Patriots: The Revolution of the People.* New York: Hill and Wang.

Brenner, Robert (1976). "Agrarian Class Structure and Economic Development in Pre- Industrial Europe." *Past and Present* no. 70 (February 1976): 30–75.

Brenner, Robert, and Christopher Isett (2002). "England's Divergence from China's Yangzi Delta: Property Relations, Microeconomics, and Patterns of Development." *Journal of Asian Studies* 61, no. 2: 609–62.

Brewer, John (1989). *The Sinews of Power.* Cambridge, MA: Harvard University Press.

Britnell, Richard H. (1992). *The Commercialisation of English Society 1000–1500.* New York: Cambridge University Press.

Broadberry, Stephen, Hanhui Guan, and David Daokui Li (2017). "China, Europe and the Great Divergence: A Study in Historical National Accounting, 980–1850." https:// www.economics.ox.ac.uk/materials/working_papers/2839/155aprilbroadberry.pdf.

Brock, Roger, and Stephen Hodkinson, eds. (2001). *Alternatives to Athens: Varieties of Political Organization and Community in Ancient Greece.* New York: Oxford University Press.

Brook, Timothy, ed. (1989). *The Asiatic Mode of Production in China.* New York: Routledge.

Bundy, Colin (1979). *The Rise and Fall of South African Peasantry.* Berkeley: University of California Press.

Burckhardt, John Lewis [Johann Ludwig] (1830). *Notes on the Bedouins and Wahabys, Collected During His Travels in the East.* London: Henry Colburn and Richard Bentley.

Bureau Topographique des Troupes Francaises du Levant (1935). Carte des Communautes Religieuses et Ethniques en Syrie et au Liban (Map of Religious Communities and Ethnic Groups). Institut Francais du Proche-Orient. https://ifpo.hypotheses.org/2753.

Buringh, Eltjo, and Jan Luiten van Zanden (2009). "Charting the 'Rise of the West': Manuscripts and Printed Books in Europe, A Long-Term Perspective from the Sixth Through Eighteenth Centuries." *Journal of Economic History* 69, no. 2: 409–45.

Buruma, Ian (2003). *Inventing Japan: 1853–1964.* New York: Modern Library.

Bursztyn, Leonardo, Alessandra Gonzalez, and David Yanagizawa-Drott (2018). "Misperceived Social Norms: Female Labor Force Participation in Saudi Arabia." http://home.uchicago.edu/bursztyn/Misperceived_Norms_2018_06_20.pdf.

Byrhtferth of Ramsey (2009). "Vita S. Oswaldi." In *Byrhtferth of Ramsey: The Lives of St. Oswald and St. Ecgwine*, edited by Michael Lapidge. New York: Oxford University Press.

Çağaptay, Soner (2017). *The New Sultan: Erdoğan and the Crisis of Modern Turkey.* New York: I.B. Tauris.

Camic, Charles, Philip S. Gorski, and David M. Trubek, eds. (2005). *Max Weber's Economy and Society: A Critical Companion.* Stanford, CA: Standford University Press.

Cammett, Melani (2014). *Compassionate Communalism: Welfare and Sectarianism in Lebanon.* Ithaca, NY: Cornell University Press.

Campbell, Dugald (1933). *Blazing Trails in Bantuland.* London: Pickering & Inglis.

Cardoso, Ciro F. S. (1977). "The Formation the Coffee Estate in Nineteenth Century Costa Rica." In *Land and Labour in Latin America*, edited by K. Duncan and I. Rutledge. Cambridge: Cambridge University Press.

Cargill, Jenny (2010). *Trick or Treat: Rethinking Black Economic Empowerment.* Johannesburg: Jacana Media.

Carney, Matthew (2018). "Leave No Dark Corner." ABC (Australian Broadcasting Corporation) News. https://www.abc.net.au/news/2018-09-18/china-social-credit-a-model-citizen-in-a-digital-dictatorship/10200278?section=world.

Carpenter, Daniel (2001). *The Forging of Bureaucratic Autonomy: Reputations, Networks, and Policy Innovation in Executive Agencies, 1862–1928*. Princeton, NJ: Princeton University Press.

Carroll, Lewis (1871). *Through the Looking-Glass, and What Alice Found There*. London: Macmillan.

Carsten, F. L. (1959). *Princes and Parliaments in Germany: From the Fifteenth to the Eighteenth Century*. Oxford: Clarendon Press.

Castle, Marjorie, and Raymond Taras (2002). *Democracy in Poland*. 2nd edition. New York: Routledge.

Central Intelligence Agency (2017). *The CIA World Factbook*. New York: Skyhorse Publishing.

Chatterjee, Partha (2004). *The Politics of the Governed: Ref lections on Popular Politics in Most of the World*. New York: Columbia University Press.

Chaves, Isaias N., Leopoldo Fergusson, and James A. Robinson (2015). "He Who Counts Wins: Determinants of Fraud in the 1922 Colombian Presidential Elections." *Economics and Politics* 27, no. 1: 124–59.

Chen, Janet, Pei- Kai Cheng, Michael Lestz, and Jonathan D. Spence (2014). *The Search for Modern China: A Documentary Collection*. New York: W. W. Norton.

Chinese Human Rights Defenders (2009). "Re-education Through Labor Abuses Continue Unabated: Overhaul Long Overdue." https://www.nchrd.org/2009/02/research-reports-article-2/.

Christopher, Barbara (2004). "Understanding Georgian Politics." DEMSTAR Research Report No. 22.

Christopoulos, Georgios, ed. (1970). *Istoria tou Ellinikou Ethnous: Archaikos Ellinismos 1100–79*. Athens: Ekdotike Athinon.

Church, Clive H., and Randolph C. Head (2013). *A Concise History of Switzerland*. New York: Cambridge University Press.

Clarence-Smith, William Gervase, and Steven C. Topik, eds. (2006). *The Global Coffee Economy in Africa, Asia, and Latin America, 1500–1989*. New York: Cambridge University Press.

Clark, Christopher (2009). *Iron Kingdom: The Rise and Downfall of Prussia, 1600–1947*. Cambridge, MA: Belknap Press.

Clower, Robert W., George Dalton, Mitchell Harwitz, and A. A. Walters (1966). *Growth Without Development: An Economic Survey of Liberia*. Evanston, IL: Northwestern University Press.

Collins, Kathleen (2006). *Clan Politics and Regime Transition in Central Asia*. New York: Cambridge University Press.

Colson, Elizabeth (1962). *The Plateau Tonga of Northern Rhodesia*. Manchester: University of Manchester Press.

———(1967). *Social Organization of the Gwembe Tonga*. Manchester: University of Manchester Press.

———(1974). *Tradition and Contract: The Problem of Social Order*. Piscataway, NJ: Transactions.

Commins, David (2009). *The Wahhabi Mission and Saudi Arabia*. London: I.B. Tauris.

Confucius (2003). *Analects: With Selections from Traditional Commentaries*. Indianapolis: Hackett.

Constable, Pamela, and Arturo Valenzuela (1993). *A Nation of Enemies: Chile Under Pinochet*. New York: W. W. Norton.

Corancez, Louis A. O. de (1995). *The History of the Wahhabis*. Reading, UK: Garnet.

Costambeys, Marios, Matthew Innes, and Simon MacLean (2011). *The Carolingian World*. New

York: Cambridge University Press.
Crick, Julia, and Elisabeth van Houts, eds. (2011). *A Social History of England, 900–1200.* New York: Cambridge University Press.
Crone, Patricia (2003). *Pre-Industrial Societies: Anatomy of the Pre-Modern World.* London: Oneworld.
Cruickshank, Brodie (1853). *Eighteen Years on the Gold Coast.* Vol. 2. London: Hurst and Blackett.
Cummings, Bruce (2005). *Korea's Place in the Sun: A Modern History.* Updated edition. New York: W. W. Norton.
Cunliffe-Jones, Peter (2010). *My Nigeria: Five Decades of Independence.* New York: St. Martin's Press.
Curtin, Philip (1995). "The European Conquest." In Philip Curtin, Steven Feierman, Leonard Thompson, and Jan Vansina, *African History: From Earliest Times to Independence.* New York: Pearson.
Dahl, Robert A. (1970). *Polyarchy.* New Haven: Yale University Press.
Dalton, George H. (1965). "History, Politics and Economic Development in Liberia," *Journal of Economic History* 25, no. 4: 569–91.
Dardess, John W. (2010). *Governing China, 150–1850.* Indianapolis: Hackett.
Davison, Lee, Tim Hitchcock, Tim Keirn, and Robert B. Shoemaker, eds. (1992). *Stilling the Grumbling Hive: Response to Social and Economic Problems in England, 1689–1750.* New York: Palgrave Macmillan.
Dawisha, Adeed (2009). *Iraq: A Political History.* Princeton, NJ: Princeton University Press.
de Gramont, Diane (2014). "Constructing the Megacity—The Dynamics of State- Building in Lagos, Nigeria, 1999–2013." Unpublished MPhil dissertation in government, University of Oxford.
Dean, Trevor (1987). *Land and Power: Ferrara Under the Este, 1350–1450.* New York: Cambridge University Press.
———(1999). "The Rise of the Signori." In *The New Cambridge Medieval History,* edited by David Abulafia, vol. 5, *1198–1300.* New York: Cambridge University Press.
DeLong, J. Bradford, and Andrei Shleifer (1993). "Princes and Merchants: European City Growth Before the Industrial Revolution." *Journal of Law and Economics* 36, no. 2: 671–702.
Department of Justice (2015). "Investigation of the Ferguson Police Department." https://www.justice.gov/sites/default/files/opa/press-releases/attachments/2015/03/04/ferguson_police_department_report.pdf.
Deshpande, Ashwini (2011). *The Grammar of Caste: Economic Discrimination in Contemporary India.* Oxford: Oxford University Press.
Devlin, Matthew (2009). "Interview with Liliana Caballero." https://successfulsocieties.princeton.edu/interviews/liliana-caballero.
Devlin, Matthew, and Sebastian Chaskel (2009). "Conjuring and Consolidating a Turnaround: Governance in Bogota, 1992–2003." https://successfulsocieties.princeton.edu/publications/conjuring-and-consolidating-turnaround-governance-bogot%C3%A1-1992-2003-disponible-en.
Dikshit, G. S. (1964). *Local Self- Government in Mediaeval Karnataka.* Dharwar: Karnatak University.

Dirks, Nicholas B. (2001). *Castes of Mind: Colonialism and the Making of Modern India.* Princeton, NJ: Princeton University Press.

Djilas, Milovan (1958). *Land Without Justice.* New York: Harcourt Brace Jovanovich.

———(1966). *Njegoš*New York: Harcourt, Brace and World.

Dogra, Chander Suta (2013). *Manoj and Babli: A Hate Story.* New York: Penguin.

Doughty, Charles M. (1888). *Travels in Arabia Deserta.* Cambridge: Cambridge University Press.

Dower, John W. (1999). *Embracing Defeat: Japan in the Wake of World War II.* New York: W. W. Norton.

Drew, Katherine Fischer (1991). *The Laws of the Salian Franks.* Philadelphia: University of Pennsylvania Press.

Dreyer, Edward L. (2006). *Zheng He: China and the Oceans in the Early Ming Dynasty, 1405–1433.* New York: Pearson.

Driscoll, Jesse (2015). *Warlords and Coalition Politics in Post-Soviet States.* New York: Cambridge University Press.

Driscoll, Mark (2010). *Absolute Erotic, Absolute Grotesque: The Living, Dead, and Undead in Japan's Imperialism, 1895–1945.* Durham, NC, and London: Duke University Press.

Duby, Georges (1982). *The Three Orders: Feudal Society Imagined.* Chicago: University of Chicago Press.

Dumont, Louis (1980). *Homo Hierarchicus: The Caste System and Its Implications.* 2nd revised edition. Chicago: University of Chicago Press.

Dunkerly, James (1988). *Power in the Isthmus: A Political History of Modern Central America.* London: Verso.

Duran, Xavier (2012). "The First US Transcontinental Railroad: Expected Profits and Government Intervention." *Journal of Economic History* 73, no. 1: 177–200.

Durham, M. Edith (1909). *High Albania.* London: Edward Arnold.

———(1928). *Some Tribal Origins, Laws and Customs of the Balkans.* London: George Allen and Unwin.

Dutt, Romesh C. (1916). *The Economic History of India Under Early British Rule, from the Rise of the British Power in 1757 to the Accession of Queen Victoria in 1837.* London: K. Paul, Trench, Trübner.

Dym, Jordana (2006). *From Sovereign Villages to National States: City, State, and Federation in Central America, 1759–1839.* Albuquerque: University of New Mexico Press.

Easter, Gerald M. (2012). *Capital, Coercion and Postcommunist States.* Ithaca, NY: Cornell University Press.

The *Economist (2012). "Don't Lie to Me, Argentina." http://www.economist.com/node/21548242.*

Edgar, H. Timothy (2017). *Beyond Snowden: Privacy, Mass Surveillance, and the Struggle to Reform the NSA.* Washington, DC: Brookings Institution Press.

Edgar, Thomas (2005). *The Lawes Resolutions of Womens Rights: Or The Lawes Provision for Woemen.* London: Lawbook Exchange.

Edinger, Lewis J. (1953). "German Social Democracy and Hitler's 'National Revolution' of 1933: A Study in Democratic Leadership." *World Politics* 5, no. 3: 330–67.

Edmonds, Eric V., and Salil Sharma (2006). "Institutional Influences on Human Capital Accumulation: Micro Evidence from Children Vulnerable to Bondage." https:// www.

dartmouth.edu/~eedmonds/kamaiya.pdf.

Edwards, Jeremy, and Sheilagh Ogilvie (2012). "What Lessons for Economic Development Can We Draw from the Champagne Fairs?" *Explorations in Economic History* 49: 131–48.

Eich, Peter (2015). "The Common Denominator: Late Roman Bureaucracy from a Comparative Perspective." In *State Power in Ancient China and Rome*, edited by Walter Scheidel. New York: Oxford niversity Press.

Eldredge, Elizabeth A. (2014). *The Creation of the Zulu Kingdom, 1815–1828: War, Shaka, and the Consolidation of Power.* New York: Cambridge University Press.

Elton, Geoffrey R. (1952). *The Tudor Revolution in Government: Administrative Changes in the Reign of Henry VIII.* New York: Cambridge University Press.

Elvin, Mark (1973). *The Pattern of the Chinese Past.* Stanford, CA: Stanford University Press.

Ember, Carol (1978). "Myths About Hunter-Gatherers." *Ethnology* 17: 439–48.

Engerman, Stanley L., and Kenneth L. Sokoloff (2011). *Economic Development in the Americas Since 1500: Endowments and Institutions.* New York: Cambridge University Press.

Epstein, Stephen A. (2009). *An Economic and Social History of Later Medieval Europe, 1000–1500.* New York: Cambridge University Press.

Ertman, Thomas (1997). *Birth of the Leviathan: Building States and Regimes in Medieval and Early Modern Europe.* New York: Cambridge University Press.

Eskew, Glenn T. (1997). *But for Birmingham: The Local and National Movements in the Civil Rights Struggle.* Chapel Hill: University of North Carolina Press.

Esping-Andersen, Gosta (1985). *Politics Against Markets: The Social Democratic Road to Power.* Princeton, NJ: Princeton University Press

Evans, Richard J. (2005). *The Coming of the Third Reich.* New York: Penguin.

Evans-Pritchard, E. E., and Meyer Fortes, eds. (1940). *African Political Systems.* New York: Oxford University Press.

Falkus, Malcolm E., and John B. Gillingham (1987). *Historical Atlas of Britain*. London: Kingfisher.

Farhang, Sean (2010). *The Litigation State: Public Regulation and Private Lawsuits in the U.S.* Princeton, NJ: Princeton University Press.

Farmer, Edward (1995). *Zhu Yuanzhang and Early Ming Legislation: The Reordering of Chinese Society Following the Era of Mongol Rule.* Leiden: Brill.

Faure, David (2006). *China and Capitalism: A History of Business Enterprise in Modern China.* Hong Kong: Hong Kong University Press.

———(2007). *Emperor and Ancestor: State and Lineage in South China.* Stanford, CA: Stanford University Press.

Fawcett, Peter (2016). " 'When I Squeeze You with Eisphorai': Taxes and Tax Policy in Classical Athens." *Hesperia: The Journal of the American School of Classical Studies at Athens* 85, no. 1: 153–99.

Feinstein, Charles H. (2005). An Economic History of South Africa: Conquest, Discrimination and Development. New York: Cambridge University Press.

Feng, Li (2013). *Early China: A Social and Cultural History.* New York: Cambridge University Press.

Fergusson, Leopoldo, Ragnar Torvik, James A. Robinson, and Juan F. Vargas (2016). "The Need for Enemies." *Economic Journal* 126, no. 593: 1018–54.

The Fifth Report from the Select Committee on the Affairs of the East India Company (1812). New York: A. M. Kelley.

Finley, Moses I. (1954). *The World of Odysseus.* New York: Chatto & Windus.———(1976). "A Peculiar Institution." *Times Literary Supplement* 3887.

Flannery, Kent V. (1999). "Process and Agency in Early State Formation." *Cambridge Archaeological Journal* 9, no. 1: 3–21.

Flannery, Kent V., and Joyce Marcus (1996). *Zapotec Civilization: How Urban Society Evolved in Mexico's Oaxaca Valley.* London: Thames and Hudson.

———(2014). *The Creation of Inequality: How Our Prehistoric Ancestors Set the Stage for Monarchy, Slavery, and Empire.* Cambridge, MA: Harvard University Press.

Fleming, Robin (2010). *Britain After Rome: The Fall and Rise, 400 to 1070.* London: Penguin.

Flynn, Henry F. (1986). *The Diary of Henry Francis Flynn*, edited by James Stuart and D. McK. Malcolm. Pietermaritzburg: Shuter and Shooter.

Fornander, Abraham (2005). *Fornander's Ancient History of the Hawaiian People to the Times of Kamehameha I.* Honolulu: Mutual Publishing.

Forsdyke, Sara (2005). *Exile, Ostracism and Democracy: The Politics of Expulsion in Ancient Greece.* Princeton, NJ: Princeton University Press.

———(2012). *Slaves Tell Tales: And Other Episodes in the Politics of Popular Culture in Ancient Greece.* Princeton, NJ: Princeton University Press.

Fratianni, Michele, and Franco Spinelli (2006). "Italian City- States and Financial Evolution." *European Review of Economic History* 10, no. 3: 257–78.

Freedman, Maurice (1966). *Lineage Organization in Southeastern China.* London: Athlone.

———(1971). *Chinese Lineage and Society: Fukien and Kwantung.* London: Berg.

Freedom House (2015). "The Politburo's Predicament." https://freedomhouse.org/china-2015-politiburo-predicament#.V2gYbpMrIU0.

Freeland, Chrystia (2000). *Sale of the Century: Russia's Wild Rise from Communism to Capitalism.* New York: Crown Business.

Friedberg, Aaron L. (2000). *In the Shadow of the Garrison State.* Princeton, NJ: Princeton University Press.

Fritzsche, Peter (1990). *Rehearsals for Faseism: Populism and Mobilization in Weimar Germany.* New York: Oxford University Press.

Fukuyama, Francis (1989). "The End of History?" *The National Interest* 16: 3–18.

———(2011). *The Origins of Political Order: From Prehuman Times to the French Revolution.* New York: Farrar, Straus and Giroux.

———(2014). *Political Order and Political Decay: From the Industrial Revolution to the Globalization of Democracy.* New York: Farrar, Straus and Giroux.

Gargarella, Roberto (2013). *Latin American Constitutionalism, 1810–2010: The Engine Room of the Constitution.* New York: Oxford University Press.

———(2014). *The Legal Foundations of Inequality: Constitutionalism in the Americas, 1776–1860.* New York: Cambridge University Press.

Geary, Patrick J. (1988). *Before France and Germany: The Creation and Transformation of the Merovingian World.* New York: Oxford University Press.

Geary, Patrick, ed. (2015). *Readings in Medieval History*. 5th edition. Toronto: University of Toronto Press. Excerpt from Otto of Freising, *The Deeds of Frederick Barbarossa*.

Gennaioli, Nicola, and Hans-Joachim Voth (2015). "State Capacity and Military Conf lict." *Review of Economic Studies* 82: 1409–48.

Gerstle, Gary (2008). "A State Both Strong and Weak." *American Historical Review* 113, no. 3: 779–85.

———(2015). *Liberty and Coercion: The Paradox of American Government from the Founding to the Present.* Princeton, NJ: Princeton University Press.

Gies, Joseph, and Frances Gies (1994). *Cathedral, Forge and Waterwheel: Technology and Invention in the Middle Ages.* New York: HarperCollins.

Ginsburg, Tom (2011). "An Economic Analysis of the Pashtunwali." University of Chicago Legal Forum 89. https:// chicagounbound.uchicago.edu/ cgi/ viewcontent.cgi? referer= https://www.google.com/&httpsredir=1&article=2432&context=journal_articles.

Gjeçov, Shtjefën (1989). *The Code of LekëDukagjini.* Translated by Leonard Fox. New York: Gjonlekaj.

Gluckman, Max (1940). "The Kingdom of the Zulu of South Africa." In *African Political Systems*, edited by Meyer Fortes and Edward E. Evans-Pritchard. London: Oxford University Press.

———(1960). "The Rise of a Zulu Empire." *Scientific American* 202: 157–68.

Goldie, Mark (2001). "The Unacknowledged Republic: Officeholding in Early Modern England." In *The Politics of the Excluded, c. 1500–1850*, edited by Tim Harris. Basingstoke, UK: Palgrave.

Goldman, Marshall I. (2003). *The Privatization of Russia: Russian Reform Goes Awry.* New York: Routledge.

Goldthwaite, Richard A. (2009). *The Economy of Renaissance Florence.* Baltimore: Johns Hopkins University Press.

Gordon, Colin (2009). *Mapping Decline: St. Louis and the Fate of the American City.* Philadelphia: University of Pennsylvania Press.

Gorringe, Hugo (2005). *Untouchable Citizens: Dalit Movements and Democratization in Tamil Nadu.* London: Sage.

———(2017). *Panthers in Parliament: Dalits, Caste, and Political Power in South India.* Delhi: Oxford University Press.

Gottesman, Alex (2014). *Politics and the Street in Democratic Athens.* New York: Cambridge University Press.

Gourevitch, Peter (1986). *Politics in Hard Times: Comparative Responses to International Economic Crises.* Ithaca, NY: Cornell University Press.

Graves, M. A. R. (2001). *Parliaments of Early Modern Europe: 1400–1700.* New York: Routledge.

Gregory of Tours (1974). *A History of the Franks.* New York: Penguin.

Gretsky, Sergei (1995). "Civil War in Tajikistan: Causes, Development, and Prospects for Peace." In *Central Asia: Conf lict, Resolution and Change*, edited by Roald Sagdeev and Susan Eisenhower. Washington, DC: Eisenhower Institute.

Gudmundson, Lowell (1986). *Costa Rica Before Coffee: Society and Economy on the Eve of the Export Boom.* Baton Rouge: Louisiana State University Press.

———(1997). "Lord and Peasant in the Making of Modern Central America." In *Agrarian Structures and Political Power in Latin America*, edited by A. E. Huber and F. Safford.

Pittsburgh: University of Pittsburgh Press.
Gudmundson, Lowell, and Hector Lindo- Fuentes (1995). *Central America, 1821–1871: Liberalism Before Liberal Reform.* Tuscaloosa: University of Alabama Press.
Guenée, Bernard (1985). *States and Rulers in Later Medieval Europe.* Oxford: Basil Blackwell.
Habib, Irfan (1999). *The Agrarian System of Mughal India, 1556–1707.* 2nd revised edition. Delhi: Oxford University Press.
Hacker, Jacob S. (2002). *The Divided Welfare State: The Battle over Public and Private Social Benefits in the United States.* New York: Cambridge University Press.
Hall, Jonathan M. (2013). *A History of the Archaic Greek World ca. 1200–479* bce. 2nd edition. Malden, MA, and Oxford: Wiley Blackwell.
Hamilton, Gary G. (2006). "Why No Capitalism in China?" In *Commerce and Capitalism in Chinese Societies.* New York: Routledge.
Harari, Yuval Noah (2018). "Why Technology Favors Tyranny." *The Atlantic.* https:// www.theatlantic.com/magazine/archive/2018/10/yuval-noah-harari-technology-tyranny/568330/.
Havel, Vaclav (1985). "The Power of the Powerless." In Vaclav Havel et al., *The Power of the Powerless: Citizens Against the State in Central-Eastern Europe.* London: Routledge.
Hayek, Friedrich A. (2007) *The Road to Serfdom, Text and Documents, the Definitive Edition*, edited by Bruce Caldwell. Chicago: University of Chicago Press.
Heitzman, James (1997). *Gifts of Power: Lordship in an Early Indian State.* Delhi: Oxford University Press.
Heldring, Leander, and James A. Robinson (2018). "Colonialism and Economic Development in Africa." In *The Oxford Handbook on the Politics of Development*, edited by Carol Lancaster and Nicolas van de Walle. New York: Oxford University Press.
Helfont, Samuel (2014). "Saddam and the Islamists: The Ba'thist Regime's Instrumentalization of Religion in Foreign Affairs." *Middle East Journal* 68, no. 3: 352–66.
Helle, Kurt, ed. (2008). *The Cambridge History of Scandinavia.* Vol. 1, *Prehistory to 1520.* New York: Cambridge University Press.
Herrup, Cynthia B. (1989). *The Common Peace: Participation and the Criminal Law in Seventeenth-Century England.* New York: Cambridge University Press.
Hincmar of Reims (1980). "On the Governance of the Palace." In *The History of Feudalism*, edited by David Herlihy. London: Macmillan. All quotations from 222–27.
Hindle, Steve (1999). "Hierarchy and Community in the Elizabethan Parish: The Swallowfield Articles of 1596." *The Historical Journal* 42, no. 3: 835–51.
———(2000). *The State and Social Change in Early Modern England, 1550–1640.* New York: Palgrave Macmillan.
Hinton, Elizabeth (2016). *From the War on Poverty to the War on Crime: The Making of Mass Incarceration in America.* Cambridge, MA: Harvard University Press.
Hintze, Otto (1975). *Historical Essays of Otto Hintze.* Edited by F. Gilbert. New York: Oxford University Press.
Hirst, John B. (2009). *The Shortest History of Europe.* Melbourne: Black, Inc.
Ho, Ping- ti (1954). "The Salt Merchants of Yang- Chou: A Study of Commercial Capitalism in Eighteenth-Century China." *Harvard Journal of Asiatic Studies* 17, no. 1–2: 130–68.
Hobbes, Thomas (1996). *Leviathan: The Matter, Form, and Power of a Commonwealth, Ecclesiastical*

or Civil. New York: Cambridge University Press.
Hochschild, Adam (1999). *King Leopold's Ghost: A History of Greed, Terror, and Heroism in Colonial Africa.* Boston and New York: Mariner.
Hoff, Karla (2016). "Caste System." http://documents.worldbank.org/curated/en/452461482847661084/Caste-system.
Hoff, Karla, Mayuresh Kshetramade, and Ernst Fehr (2011). "Caste and Punishment: the Legacy of Caste Culture in Norm Enforcement." *Economic Journal* 121, no. 556: F449–F475.
Hoffman, David (2002). *The Oligarchs.* New York: Public Affairs.
Holden, Robert H. (2004). *Armies Without Nations: Public Violence and State Formation in Central America, 1821–1960.* New York: Oxford University Press.
Holt, J. C. (2015). *Magna Carta.* 3rd edition. New York: Cambridge University Press.
Holton, Sandra S. (2003). *Feminism and Democracy: Women's Suffrage and Reform Politics in Britain, 1900–1918.* New York: Cambridge University Press.
Holton, Woody (2008). *Unruly Americans and the Origins of the Constitution.* New York: Hill and Wang.
Hourani, Albert (2010). *A History of the Arab Peoples.* Cambridge, MA: Belknap Press.
Howard, Allen M. (2003). "Pawning in Coastal Northwest Sierra Leone, 1870–1910." In *Pawnship, Slavery, and Colonialism in Africa*, edited by Paul E. Lovejoy and Toyin Falola. Trenton, NJ: Africa World Press.
Huang, Philip C. C. (1998). *Civil Justice in China: Representation and Practice in the Qing.* Stanford, CA: Stanford University Press.
Huang, Yasheng (2008). *Capitalism with Chinese Characteristics.* New York: Cambridge University Press.
Hudson, John (2018). *The Formation of the English Common Law: Law and Society in England from King Alfred to the Magna Carta.* 2nd edition. New York: Routledge.
Hultzsch, Eugen (1925). *Inscriptions of Asoka.* Oxford: Clarendon Press.
Human Rights Watch (1999). "Broken People: Caste Violence Against India's Untouchables." https://www.hrw.org/report/1999/03/01/broken-people/caste-violence-against-indias-untouchables.
———(2008). "Perpetual Minors: Human Rights Abuses Stemming from Male Guardianship and Sex Segregation in Saudi Arabia." https://www.hrw.org/report/2008/04/19/perpetual-minors/human-rights-abuses-stemming-male-guardianship-and-sex.
———(2016). "Boxed In: Women and Saudi Arabia's Male Guardianship System." https://www.hrw.org/report/2016/07/16/boxed/women-and-saudi-arabias-male-guardianship-system.
———(2018). "Eradicating Ideological Viruses: China's Campaign of Repression Against Xinjiang's Muslims." https://www.hrw.org/report/2018/09/09/eradicating-ideological-viruses/chinas-campaign-repression-against-xinjiangs.
Hung, Ho- fung (2016). *The China Boom: Why China Will Not Rule the World.* New York: Columbia University Press.
Huntington, Samuel (1968). *Political Order in Changing Societies.* New Haven: Yale University Press.
Hutton, J. H. (1961). *Caste in India.* 3rd edition. New York: Oxford University Press.
Ibn Khaldun (2015). *The Muqaddimah: An Introduction to History.* Translated by Franz Rosenthal.

The Olive Press.
International Monetary Fund (2016). "IMF Executive Board Removes Declaration of Censure on Argentina." https://www.imf.org/en/News/Articles/2016/11/09/PR16497-Argentina-IMF-Executive-Board-Removes-Declaration-of-Censure.
James, Edward (1988). *The Franks.* Oxford: Basil Blackwell.
Jefferson, Thomas (1904). *The Works of Thomas Jefferson.* Vol. 5. London: G. P. Putnam's Sons.
Jha, Hit Narayan (1970). *The Licchavis of Vaisali.* Varanasi: Chowkhamba Sanskrit Series Office.
Jie, Yu (2015). *Steel Gate to Freedom: The Life of Liu Xiabo.* Translated by H. C. Hsu. Lanham, MD: Rowman and Littlefield.
Jisheng, Yang (2012). *Tombstone: The Great Chinese Famine, 1958–1962.* New York: Farrar, Straus and Giroux.
John, Richard R. (1995). *Spreading the News: The American Postal System from Franklin to Morse.* Cambridge: Harvard University Press.
———(1997). "Governmental Institutions as Agents of Change: Rethinking American Political Development in the Early Republic, 1787–1835." *Studies in American Political Development* 11, no. 2: 347–80.
Johnson, Marilynn S. (2008). *Violence in the West: The Johnson County Range War and Ludlow Massacre: A Brief History with Documents.* New York: Bedford/St. Martin's.
Johnson, Simon, and James Kwak (2010). *13 Bankers: The Wall Street Takeover and the Next Financial Meltdown.* New York: Pantheon.
Jones, A. H. M. (1964). *The Later Roman Empire, 284–602: A Social, Economic and Administrative Survey.* Oxford: Basil Blackwell.
Jones, Philip (1997). *The Italian City State.* Oxford: Clarendon Press.
Kamakau, Samuel M. (1992). *Ruling Chiefs of Hawaii.* Revised edition. Honolulu: Kamehameha Schools Press.
Kaplan, Robert D. (1994). *The Coming Anarchy: Shattering the Dreams of the Post Cold War.* New York: Vintage.
Karlson, Gunnar (2000). *The History of Iceland.* Minneapolis: University of Minnesota Press.
Karnes, Thomas L. (1961). *Failure of Union.* Chapel Hill: University of North Carolina Press.
Kautilya (1987). *The Arthashastra.* Translated by L. N. Rangarajan. New York: Penguin Books.
Keay, John (2000). *India: A History.* New York: HarperCollins.
Keeley, Lawrence H. (1996). *War Before Civilization: The Myth of the Peaceful Savage.* New York: Oxford University Press.
Kelly, Christopher (2005). *Ruling the Later Roman Empire.* Cambridge, MA: Belknap Press.
Kennedy, Hugh (2015). *The Prophet and the Age of the Caliphates: The Islamic Near East from the Sixth to the Eleventh Century.* 3rd edition. New York: Cambridge University Press.
Kepel, Gilles (2005). *The Roots of Radical Islam.* London: Saqi Books.
Kershaw, Ian (2000). *Hitler: 1889–1936: Hubris.* New York: W. W. Norton.
al-Khalil, Samir (1989). *Republic of Fear: The Politics of Modern Iraq.* Berkeley: University of California Press.
Khan, B. Zorina (2009). *The Democratization of Invention: Patents and Copyrights in American Economic Development, 1790–1920.* Chicago: University of Chicago Press.
Killick, Tony (1976). *Development Economics in Action.* London: Heinemann.

Kim, Sung Ho (2017). "Max Weber." *The Stanford Encyclopedia of Philosophy* (Winter 2017 edition), edited by Edward N. Zalta. https://plato.stanford.edu/archives/win2017/entries/weber/.

King, Desmond, and Robert C. Lieberman (2009). "Ironies of State Building: A Comparative Perspective on the American State." *World Politics* 61, no. 3: 547–88.

King, Gary, Ori Rosen, Martin Tanner, and Alexander Wagner (2008). "Ordinary Economic Voting Behavior in the Extraordinary Election of Adolf Hitler." *Journal of Economic History* 68, no. 4: 951–96.

Kirch, Patrick V. (2010). *How Chiefs Became Kings: Divine Kingship and the Rise of Archaic States in Ancient Hawai'i.* Berkeley: University of California Press.

———(2012). *A Shark Going Inland Is My Chief: The Island Civilization of Ancient Hawai'i.* Berkeley: University of California Press.

Kirch, Patrick V., and Marshall D. Sahlins (1992). *Anahulu: The Anthropology of History in the Kingdom of Hawaii.* Vol. 1, *Historical Ethnography.* Chicago: University of Chicago Press.

Kitschelt, Herbert P. (2003). "Accounting for Postcommunist Regime Diversity: What Counts as a Good Cause?" In *Capitalism and Democracy in Central and East Europe: Assessing the Legacy of Communist Rule*, edited by Grzegorz Ekiert and Stephen E. Hanson. Cambridge: Cambridge University Press.

Kitson- Clark, G. S. R. (1951). "The Electorate and the Repeal of the Corn Laws." *Transactions of the Royal Historical Society* 1: 109–26.

Knauft, Bruce (1987). "Reconsidering Violence in Simple Human Societies." *Current Anthropology* 28, no. 4: 457–500.

Kremer, Michael, Nazmul Chaudhury, F. Halsey Rogers, Karthik Muralidharan, and Jeffrey Hammer(2005). "Teacher Absence in India: A Snapshot." *Journal of the European Economic Association* 3, no. 2–3: 658–67.

Kuhn, Philip A. (1990). *Soulstealers: The Chinese Sorcery Scare of 1768.* Cambridge, MA: Harvard University Press.

Kümin, Beat (2013). *The Communal Age in Western Europe, 1100–1800.* New York: Palgrave Macmillan.

Kümin, Beat, and Andreas Wurgler (1997). "Petitions, *Gravamina* and the Early Modern State: Local Inf luence on Central Legislation in England and Germany (Hesse)." *Parliaments, Estates and Representation* 17: 39–60.

Kuran, Timur (2012). *The Long Divergence: How Islamic Law Held Back the Middle East.* Princeton, NJ: Princeton University Press.

Kurzman, Charles (2003). "Pro-U.S. Fatwas." *Middle East Policy* 10, no. 3: 155–66. https://www.mepc.org/pro-us-fatwas.

Kurzman, Dan. (1960) *Kishi and Japan: The Search for the Sun.* New York: Ivan Obolensky.

Kuykendall, Ralph S. (1965). *The Hawaiian Kingdom, 1778–1854, Foundation and Transformation.* Honolulu, University of Hawai'i Press.

Laiou, Angeliki E., and Cécile Morrisson (2007). *The Byzantine Economy.* New York: Cambridge University Press.

Lanni, Adriaan (2016). *Law and Order in Ancient Athens.* New York: Cambridge University Press.

Lapidus, Ira M. (2014). *A History of Islamic Societies.* 3rd edition. New York: Cambridge University

Press.

Larson, John Lauritz (2001). *Internal Improvement: National Public Works and the Promise of Popular Government in the Early United States.* Chapel Hill: University of North Carolina Press.

Larson, T. A. (1990). *History of Wyoming.* 2nd edition. Lincoln: University of Nebraska Press.

Leão, Delfim F., and Peter J. Rhodes (2016). *The Laws of Solon.* New York: I.B. Tauris.

Lepsius, M. Rainer (1978). "From Fragmented Party Democracy to Government by Emergency Decree and National Socialist Takeover: Germany." In *The Breakdown of Democratic Regimes: Europe*, edited by Juan J. Linz and Alfred Stepan. Baltimore: Johns Hopkins University Press.

Levinson, Daryl J. (2014). "Incapacitating the State." *William and Mary Law Review* 56, no. 1: 181–226.

Lewis, Mark Edward (2000). "The City-State in Spring-and-Autumn China." In *A Comparative Study of Thirty City-State Cultures*, edited by Mogens Herman Hansen. Historisk-filosofiske Skrifter 21. Copenhagen: Royal Danish Academy of Sciences and Letters.

———(2011). *The Early Chinese Empires: Qin and Han.* Cambridge, MA: Harvard University Press.

———(2012a). *China between Empires: The Northern and Southern Dynasties.* Cambridge, MA: Harvard University Press.

———(2012b). *China's Cosmopolitan Empire: The Tang Dynasty.* Cambridge, MA: Harvard University Press.

Lewis, Oscar (1965). *Village Life in Northern India.* New York: Vintage Books.

Liddell Hart, Basil, ed. (1953). *The Rommel Papers.* New York: Harcourt, Brace.

Lim, Luisa (2014). *The People's Republic of Amnesia: Tiananmen Revisited.* New York: Oxford University Press.

Linz, Juan J. (1978). *The Breakdown of Democratic Regimes: Crisis, Breakdown and Reequilibration.* Baltimore: Johns Hopkins University Press.

Lipset, Seymour Martin (1959). "Some Social Requisites of Democracy: Economic Development and Political Legitimacy." *American Political Science Review* 53, no. 1: 69–105.

Litwack, Leon F. (2009). *How Free Is Free? The Long Death of Jim Crow.* Cambridge, MA: Harvard University Press.

Liu, Alan P. L. (1992). "The 'Wenzhou Model' of Development and China's Modernization." *Asian Survey* 32, no. 8: 696–711.

Liu, William Guanglin (2015). *The Chinese Market Economy, 1000–1500.* Albany: State University of New York Press.

Locke, John (2003). *Two Treatises of Government.* Edited by Ian Shapiro. New Haven: Yale University Press.

Loewen, James W. (2006). *Sundown Towns: A Hidden Dimension of American Racism.* New York: Touchstone.

Lopez, Robert S. (1951). "The Dollar of the Middle Ages." *Journal of Economic History* 11, no. 3: 209–34.

———(1976). *The Commercial Revolution of the Middle Ages, 950–1350.* New York: Cambridge University Press.

Lovejoy, Paul E., and Toyin Falola, eds. (2003). *Pawnship, Slavery, and Colonialism in Africa.*

Trenton, NJ: Africa World Press.
Loveman, Brian (1976). *Struggle in the Countryside: Politics and Rural Labor in Chile, 1919–1973.* Bloomington: University of Indiana Press.
Lugard, Frederick (1922). *The Dual Mandate in Tropical Africa.* London: Frank Cass.
Machiavelli, Niccolò(2005). *The Prince*. New York: Oxford University Press.
Maddicott, J. R. (2012). *The Origins of the English Parliament, 924–1327.* New York: Oxford University Press.
Mahoney, James L. (2001). *The Legacies of Liberalism: Path Dependence and Political Regimes in Central America.* Baltimore: Johns Hopkins University Press.
Majumdar, Ramesh C. (1922). *Corporate Life in Ancient India.* Poona: Oriental Book Agency.
Malaviya, H. D. (1956). *Village Panchayats in India.* New Delhi: All India Congress Committee.
Malo, David (1987). *Hawaiian Antiquities.* Honolulu: Bishop Museum Press.
Mamdani, Mahmood (1996). *Citizen and Subject: Contemporary Africa and the Legacy of Late Colonialism.* Princeton, NJ: Princeton University Press.
Mandeville, Bernard (1989). *The Fable of the Bees: Or Private Vices, Publick Benefits.* New York: Penguin.
Mann, Michael (1986). *The Sources of Social Power.* Vol. 1, *A History of Power from the Beginning to* ad *1760.* New York: Cambridge University Press.
Marchal, Guy (2006). "Die 'alpine Gesellschaft.' " In *Geschichte der Schweiz und der Schweizer.* Zurich: Schwabe.
Marongiu, Antonio (1968). *Mediaeval Parliaments: Comparative Study.* London: Eyre & Spottiswoode.
Mathew, Santhosh, and Mick Moore (2011). "State Incapacity by Design: Understanding the Bihar Story." http://www.ids.ac.uk/files/dmfile/Wp366.pdf.
Mathur, Kuldeep (2013). *Panchayati Raj: Oxford India Short Introductions.* Delhi: Oxford University Press.
Matthai, John (1915). *Village Government in British India.* London: T. Fisher Unwin.
Mazzuca, Sebastian L., and James A. Robinson (2009). "Political Conf lict and Power-Sharing in the Origins of Modern Colombia." *Hispanic American Historical Review* 89: 285–321.
McAdam, Doug (1999). *Political Process and the Development of Black Insurgency, 1930–1970.* 2nd edition. Chicago: University of Chicago Press.
McCreery, David J. (1994). *Rural Guatemala, 1760–1940.* Stanford, CA: Stanford University Press.
McDonald, Forrest (2000). *States' Rights and the Union: Imperium in Imperio, 1776–1876.* Lawrence: University Press of Kansas.
McPherson, James M. (2003). *Battle Cry of Freedom: The Civil War Era.* New York: Oxford University Press.
Meier, Pauline (2011). *Ratification: The People Debate the Constitution, 1787–1788.* New York: Simon & Schuster.
Menchú, Rigoberta (1984). *I, Rigoberta Menchú.* London: Verso.
Mengzi (2008). *Mengzi: With Selections from Traditional Commentaries.* Indianapolis: Hackett.
Mettler, Suzanne (2011). *The Submerged State: How Invisible Government Policies Undermine American Democracy.* Chicago: University of Chicago Press.

Michalopoulos, Stelios, Alireza Naghavi, and Giovanni Prarolo (2018). "Trade and Geography in the Spread of Islam." *Economic Journal* 128, no. 616: 3210–41.

Miers, Suzanne, and Igor Kopytoff, eds. (1977). *Slavery in Africa: Historical and Anthropological Perspectives.* Madison: University of Wisconsin Press.

Migdal, Joel (1988). *Strong Societies and Weak States: State- Society Relations and State Capabilities in the Third World.* Princeton, NJ: Princeton University Press.

———(2001). *State- in- Society: Studying How States and Societies Transform and Constitute One Another.* New York: Cambridge University Press.

Mill, John Stuart (1869). *The Subjection of Women.* London: Longmans, Green, Reader and Dyer.

Miller, William Ian (1997). *Bloodtaking and Peacemaking: Feud, Law, and Society in Saga Iceland.* Chicago: University of Chicago Press.

Misgeld, Klaus, Karl Molin, and Klas Amark (1988). *Creating Social Democracy: A Century of the Social Democratic Labor Party in Sweden.* University Park: Pennsylvania State University Press.

Mitchell, Stephen (2004). *Gilgamesh: A New English Version.* New York: Free Press.

Moeller, Robert G. (2010). *The Nazi State and German Society: A Brief History with Documents.* New York: Bedford/St. Martin's.

Moene, Karl-Ove, and Michael Wallerstein (1997). "Pay Inequality." *Journal of Labor Economics* 15, no. 3: 403–30.

Mokyr, Joel (1990). *The Lever of Riches.* New York: Oxford University Press.

———(2009). *The Enlightened Economy.* New Haven: Yale University Press.

Montgomery, Fiona A. (2006). *Women's Rights: Struggles and Feminism in Britain c. 1770–1970.* Manchester: University of Manchester Press.

Mookerji, Radhakumud (1920). *Local Government in Ancient India.* Oxford: Clarendon Press.

Moore, Barrington (1966). *The Social Origins of Dictatorship and Democracy.* Boston: Beacon Press.

Morerod, Jean- Daniel, and Justin Favrod (2014). "Entstehung eines sozialen Raumes (5.–13. Jahrhundert)." In *Die Geschichte der Schweiz*, edited by Georg Kreis. Basel: Schwabe.

Morgan, Edmund S. (1975). *American Slavery, American Freedom.* New York: W. W. Norton.

Morris, Donald R. (1998). *The Washing of the Spears: The Rise and Fall of the Zulu Nation.* Boston: Da Capo Press.

Morris, Ian (1996). "The Strong Principle of Equality and the Archaic Origins of Greek Democracy." In *Demokratia: A Conversation on Democracies, Ancient and Modern*, edited by Joshua Ober and Charles Hedrick. Princeton, NJ: Princeton University Press.

———(2010). "The Greater Athenian State." In *The Dynamics of Ancient Empires: State Power from Assyria to Byzantium*, edited by Ian Morris and Walter Scheidel. New York: Oxford University Press.

Morse, H. B. (1920). *The Trade and Administration of China.* 3rd edition. London: Longmans, Green.

Mortimer, Edward (1990). "The Thief of Baghdad." *The New York Review of Books* 37, no. 14. https://web.archive.org/web/20031014004305/http://www.nybooks.com/articles/3519.

Mote, Frederick W. (2000). *Imperial China 900–1800.* Cambridge, MA: Harvard University Press.

Mouline, Nabil (2014). *The Clerics of Islam: Religious Authority and Political Power in Saudi Arabia.* New Haven: Yale University Press.

Mueller, Reinhold C. (1997) *The Venetian Money Market: Banks, Panics, and the Public Debt,*

1200–1500. Baltimore: Johns Hopkins University Press.
Mühlberger, Detlef (2003). *The Social Bases of Nazism, 1919–1933*. New York: Cambridge University Press.
Munshi, Kaivan (2017). "Caste and the Indian Economy." http://www.histecon.magd.cam.ac.uk/km/Munshi_JEL2.pdf.
Murdock, George P. (1959). *Africa: Its Peoples and Their Culture History*. New York: McGraw-Hill.
Murray, Alexander C. (1983). *Germanic Kinship Structure*. Toronto: Pontifical Institute of Mediaeval Studies.
———(1988). "From Roman to Frankish Gaul." *Traditio* 44: 59–100.
Myers, A. R. (1975). *Parliaments and Estates in Europe to 1789*. San Diego: Harcourt Brace Jovanovich.
Myerson, Roger B. (2004). "Political Economics and the Weimar Disaster." http://home.uchicago.edu/rmyerson/research/weimar.pdf.
Nee, Victor, and Sonja Opper (2012). *Capitalism from Below: Markets and Institutional Change in China*. New York: Cambridge University Press.
Neier, Aryeh (2012). *International Human Rights Movement: A History*. Princeton, NJ: Princeton University Press.
Nelson, Janet L. (2003). *The Frankish World, 750–900*. London: Bloomsbury Academic.
North, Douglass C., and Robert Paul Thomas (1973). *The Rise of the Western World: A New Economic History*. New York: Cambridge University Press.
North, Douglass C., John Wallis, and Barry R. Weingast (2009). *Violence and Social Orders: A Conceptual Framework for Interpreting Recorded Human History*. New York: Cambridge University Press.
Novak, William J. (1996). *The People's Welfare: Law and Regulation in Nineteenth- Century America*. Chapel Hill: University of North Carolina Press.
———(2008). "The Myth of the 'Weak' American State." *American Historical Review* 113, no. 3: 752–72.
———(2017). "The Myth of the New Deal State." In *Liberal Orders: The Political Economy of the New Deal and Its Opponents*, edited by N. Lichtenstein, J.-C. Vinel, and R. Huret. Forthcoming.
Novak, William J., and Steven C. A. Pincus (2017). "Revolutionary State Foundation: The Origins of the Strong American State." In *State Formations: Histories and Cultures of Statehood*, edited by J. L. Brooke, J. C. Strauss, and G. Anderson. Cambridge: Cambridge University Press.
Ober, Josiah (2005). *Athenian Legacies: Essays in the Politics of Going On Together*. Princeton, NJ: Princeton University Press.
———(2015a). *The Rise and Fall of Classical Greece*. New York: Penguin.
———(2015b). "Classical Athens [fiscal policy]." In *Fiscal Regimes and Political Economy of Early States*, edited by Walter Scheidel and Andrew Monson. New York: Cambridge University Press.
O'Brien, Kevin J., ed. (2008). *Popular Protest in China*. Cambridge, MA: Harvard University Press.
O'Brien, Kevin J., and Lianjiang Li (2006). *Rightful Resistance in Rural China*. New York: Cambridge University Press.
O'Donnell, Guillermo, and Philippe C. Schmitter (1986). *Transitions from Authoritarian Rule*.

Baltimore: Johns Hopkins University Press.
Origo, Iris (1957). *The Merchant of Prato.* New York: Alfred A. Knopf.
Orren, Karen, and Stephen Skowronek (2004). *The Search for American Political Development.* New York: Cambridge University Press.
Osafo-Kwaako, Philip, and James A Robinson (2013). "Political Centralization in Pre- Colonial Africa." *Journal of Comparative Economics* 41, no. 1: 534–64.
Osborne, Robin (2009). *Greece in the Making 1200–479 bc.* New York: Routledge.
Ost, David (2006). *Defeat of Solidarity: Anger and Politics Postcommunist Europe.* Ithaca, NY: Cornell University Press.
Ŏzmucur, Süleyman, and Şevket Pamuk. (2002) "Real Wages and Standards of Living in the Ottoman Empire, 1489–1914. "*Journal of Economic History* 62, no. 2: 293–321.
Paige, Jeffrey M. (1997). *Coffee and Power: Revolution and the Rise of Democracy in Central America.* Cambridge, MA: Harvard University Press.
Pamuk, Şevket(2006). "Urban Real Wages around the Eastern Mediterranean in Comparative Perspective, 1100–2000." In *Research in Economic History*, vol. 23, edited by Alexander Field, Gregory Clark, and William A. Sundstrom, 209–28. Bingley, UK: Emerald House.
———(2014). "Institutional Change and Economic Development in the Middle East, 700–1800." In *The Cambridge History of Capitalism*, edited by Larry Neal and Jeffrey G. Williamson, vol. 1, *The Rise of Capitalism: From Ancient Origins to 1848.* New York: Cambridge University Press.
Pantos, Aliki, and Sarah Semple, eds. (2004). *Assembly Places and Practices in Medieval Europe.* Dublin: Four Courts Press.
Parry, Jonathan P. (1979). *Caste and Kinship in Kangra.* New York: Routledge.
Pascali, Luigi (2017). "The Wind of Change: Maritime Technology, Trade, and Economic Development." *American Economic Review* 107, no. 9: 2821–4.
Pattison, George. (2000). *Routledge Philosophy Guidebook to the Later Heidegger.* London: Routledge.
Pearlman, Wendy (2017). *We Crossed a Bridge and It Trembled: Voices from Syria.* New York: Custom House.
Pei, Minxin (2016). *China's Crony Capitalism: The Dynamics of Regime Decay.* Cambridge, MA: Harvard University Press.
Perham, Margery (1960). *Lugard: The Years of Adventure, 1858–1945* and *Lugard: The Years of Authority, 1898–1945.* 2 vols. London: Collins.
Perry, Elizabeth J. (2008). "Chinese Conceptions of 'Rights': from Mencius to Mao—and Now." *Perspectives on Politics* 6, no. 1: 37–50.
Pettit, Philip (1999). *Republicanism: A Theory of Freedom and Government.* New York: Oxford University Press.
———(2014). *Just Freedom: A Moral Compass for a Complex World.* New York: W. W. Norton.
Pezzolo, Luciano (2014). "The Via Italiana to Capitalism." In *The Cambridge History of Capitalism*, edited by Larry Neal and Jeffrey G. Williamson, vol. 1, *The Rise of Capitalism: From Ancient Origins to 1848.* New York: Cambridge University Press.
Philby, Harry St. John B. (1928). *Arabia of the Wahhabis.* London: Constable.
Phillippon, Thomas, and Ariell Reshef (2012). "Wages in Human Capital in the U.S. Finance

Industry: 1909–2006." *Quarterly Journal of Economics* 127: 1551–1609.
Piketty, Thomas, and Emmanuel Saez (2003). "Income Inequality in the United States, 1913–1998." *Quarterly Journal of Economics* 118, no. 1: 1–41.
Pils, Eva (2014). *China's Human Right Lawyers: Advocacy and Resistance.* London: Routledge.
Pincus, Steven C. A. (2011). *1688: The First Modern Revolution.* New Haven: Yale University Press.
Pincus, Steven C. A., and James A. Robinson (2012). "What Really Happened During the Glorious Revolution?" In *Institutions, Property Rights and Economic Growth: The Legacy of Douglass North*, edited by Sebastian Galiani and Itai Sened. New York: Cambridge University Press.
———(2016). "Wars and State- Making Reconsidered: The Rise of the Developmental State." *Annales, Histoire et Sciences Sociales* 71, no. 1: 7–35.
Pines, Yuri (2009). *Envisioning Eternal Empire: Chinese Political Thought of the Warring States Era.* Honolulu: University of Hawai'i Press.
———(2012). *The Everlasting Empire: The Political Culture of Ancient China and Its Imperial Legacy.* Princeton, NJ: Princeton University Press.
Pinker, Steven (2011). *The Better Angels of Our Nature: Why Violence Has Declined.* New York: Penguin Books.
Pirenne, Henri (1952). *Medieval Cities: Their Origins and the Revival of Trade.* Princeton, NJ: Princeton University Press.
Plaatje, Sol (1916). *Native Life in South Africa.* London: P. S. King and Son.
Platteau, Jean-Philippe (2011). "Political Instrumentalization of Islam and the Risk of Obscurantist Deadlock." *World Development* 39, no. 2: 243–0.
———(2017). *Islam Instrumentalized: Religion and Politics in Historical Perspective.* New York: Cambridge University Press.
Plutarch (1914). *Lives.* Vol. 1, *Theseus and Romulus. Lycurgus and Numa. Solon and Publicola.* Translated by Bernadotte Perrin. Cambridge, MA: Harvard University Press.
Pomeranz, Kenneth (2001). *China, Europe, and the Making of the Modern World Economy.* Princeton, NJ: Princeton University Press.
Pope, Nicole, and Hugh Pope (2011). *Turkey Unveiled: A History of Modern Turkey.* New York: Overlook Press.
Powell, Anton (2016). *Athens and Sparta: Constructing Greek Political and Social History from 478* bc. 3rd edition. New York: Routledge.
Procopius (2007). *The Secret History.* New York: Penguin.
Putnam, Robert D., Robert Leonardi, and Raffaella Y. Nanetti (1994). *Making Democracy Work: Civic Traditions in Modern Italy.* Princeton, NJ: Princeton University Press.
Rattray, Robert S. (1929). *Ashanti Law and Constitution.* Oxford: Clarendon Press.
Reginald of Durham (1918). "Life of St. Godric." In *Social Life in Britain from the Conquest to the Reformation*, edited by G. G. Coulton, 415–20. Cambridge: Cambridge University Press.
Reiche, Danyel (2011). "War Minus the Shooting." *Third World Quarterly* 32, no. 2: 261–77.
Reuter, Timothy (2001). "Assembly Politics in Western Europe from the Eighth Century to the Twelfth." In *The Medieval World*, edited by Peter Linehan and Janet L. Nelson. London and New York: Routledge.
Rhodes, Peter J. (2011). *A History of the Classical Greek World: 478–323* bc. Oxford: Wiley-

Blackwell.

Ricardo, David ([1824] 1951–1973). "Defense of the Plan of Voting by Ballot." In *The Works and Correspondence of David Ricardo*, edited by Maurice H. Dobb and Piero Sraffa, vol. 5. Cambridge: Cambridge University Press.

Richards, John F. (1993). *The Mughal Empire.* New York: Cambridge University Press.

Ritter, E. A. (1985). *Shaka Zulu: The Biography of the Founder of the Zulu Nation.* London: Penguin.

Roach, Levi (2013). *Kingship and Consent in Anglo- Saxon England, 871–978: Assemblies and the State in the Early Middle Ages.* New York: Cambridge University Press.

———(2017). *Æthelred: The Unready.* New Haven: Yale University Press.

Roberts, Elizabeth (2007). *Realm of the Black Mountain: A History of Montenegro.* Ithaca, NY: Cornell University Press.

Roberts, Michael (1956). "The Military Revolution, 1560–1660." Reprinted with some amendments in Roberts, *Essays in Swedish History.* London: Weidenfeld and Nicholson.

Robertson, A. J., ed. (1925). *The Laws of the Kings of England from Edmund to Henry I.* Cambridge: Cambridge University Press.

Robinson, Eric W. (2011). *Democracy Beyond Athens.* New York: Cambridge University Press.

Robinson, James A. (2007). "Un Tipico Pais Latinoamericano? Una Perspectiva sobre el Desarrollo." In *Economia Colombiana del Siglo XX: Un Analisis Cuantitativo*, edited by James A. Robinson and Miguel Urrutia Montoya. Bogota: Fondo de Cultura Economica.

———(2013). "Colombia: Another 100 Years of Solitude?" *Current History* 112 (751), 43–48.

———(2016). "La Miseria en Colombia." *Desarollo y Sociedad* 76, no. 1: 1–70.

Rodinson, Maxime (2007). *Islam and Capitalism.* London: Saqi Books.

Rosenberg, Hans (1958). *Bureaucracy, Aristocracy and Autocracy: The Prussian Experience.* Cambridge, MA: Beacon Press.

Rothstein, Richard (2014). "The Making of Ferguson." http://www.epi.org/files/2014/making-of-ferguson-final.pdf.

———(2017). *The Color of Law: A Forgotten History of How Our Government Segregated America.* New York: Liveright.

Rowe, William T. (1984). *Hankow: Commerce and Society in a Chinese City, 1796–1889.* Stanford, CA: Stanford University Press.

———(1989). *Hankow: Conf lict and Community in a Chinese City, 1796–1895.* Stanford, CA: Stanford University Press.

———(2009). *China's Last Empire: The Great Qing.* Cambridge, MA: Harvard University Press.

Roy, Arundhati (2014). "The Doctor and the Saint." In B. R. Ambedkar, *Annihilation of Caste: The Annotated Critical Edition.* London: Verso.

Roy, Kumkum (1994). *The Emergence of Monarchy in North India, Eighth to Fourth Centuries* b.c. Delhi: Oxford University Press.

Rubinstein, Nicolai (1958). "Political in Sienese Art: The Frescoes by Ambrogio Lorenzetti and Taddeo di Bartolo in the Palazzo Pubblico." *Journal of the Warburg and Courtauld Institutes* 21, no. 3–4: 179–207.

Rueschemeyer, Dietrich, Evelyn H. Stephens, and John D. Stephens (1992). *Capitalist Development and Democracy.* Chicago: University of Chicago Press.

Sablonier, Roger (2015). "The Swiss Confederation." In *The New Cambridge Medieval History*, edited by Christopher Allmand, vol. 7. New York: Cambridge University Press.

Safford, Frank (1985). "Politics, Ideology and Society in Post- Independence Spanish America." In *The Cambridge History of Latin America*, edited by Leslie Bethell, vol. 3, *From Independence to c. 1870*, 347–421. New York: Cambridge University Press.

Samuels, Richard (2003). *Machiavelli's Children: Leaders and Their Legacies in Italy and Japan.* Ithaca, NY: Cornell University Press.

Santos-Villagran, Rafael (2016). "Share Is to Keep: Ownership Transfer to Politicians and Property Rights in Post- Apartheid South Africa." https://sites.google.com/site/rjsantosvillagran/research.

Satyanath, Shanker, Nico Voigtlander, and Hans-Joachim Voth (2017). "Bowling for Fascism: Social Capital and the Rise of the Nazi Party." *Journal of Political Economy* 125, no. 2: 478–526.

Schaller, Michael (1995). "America's Favorite War Criminal: Kishi Nobusuke And the Transformation of US Japan Relations." Japan Policy Research Institute, http://www.jpri.org/publications/workingpapers/wp11.html.

Scott, James C. (2010). *The Art of Not Being Governed.* New Haven: Yale University Press.

Shah, Ghanshyam, Harsh Mander, Sukhadeo Thorat, Satish Deshpande, and Amita Baviskar (2006). *Untouchability in Rural India.* Delhi: Sage.

Shang Yang (2017). *The Book of Lord Shang.* Translated and edited by Yuri Pines. New York: Columbia University Press.

Sharma, J. P. (1968). *Republics in Ancient India: c. 1500* b.c.*–500* b.c. Leiden: Brill.

Sharma, Ram Sharan (2005). *Aspects of Political Ideas and Institutions in Ancient India.* 5th edition. Delhi: Motilal Banarasidass.

Shastri, K. A. Nilakanta (1997). *A History of South India: From Prehistoric Times to the Fall of Vijayanagar.* 4th edition. Delhi: Oxford University Press.

Shatzmiller, Maya (2009). "Transcontinental Trade and Economic Growth in the Early Islamic Empire: The Red Sea Corridor in the 8th–10th centuries." In *Connected Hinterlands*, edited by Lucy Blue, Ross Thomas, John Cooper, and Julian Whitewright. Oxford: Society for Arabian Studies.

Shepard, William R. (1911). *Historical Atlas*. New York: Henry Holt. (Viewed at https://archive.org/details/bub_gb_6Zc9AAAAYAAJ.)

Shirer, William L. (1960). *The Rise and Fall of the Third Reich: A History of Nazi Germany.* New York: Simon & Schuster.

SimićAndrei (1967). "The Blood Feud in Montenegro." University of California at Berkeley, Kroeber Anthropological Society Special Publications 1.

Simon, Joshua (2017). *The Ideology of Creole Revolution.* New York: Cambridge University Press.

Simpson, Mark, and Tony Hawkins (2018). *The Primacy of Regime Survival: State Fragility and Economic Destruction in Zimbabwe.* London: Palgrave Macmillan.

Singh, Upinder (2009). *History of Ancient and Early Medieval India: From the Stone Age to the 12th Century.* Upper Saddle River, NJ: Pearson Education.

Skinner, Quentin (1986). "Ambrogio Lorenzetti: The Artist as Political Philosopher." *Proceedings of the British Academy* 72: 1–56.

———(1999). "Ambrogio Lorenzetti's Buon Governo Frescoes: Two Old Questions, Two New Answers." *Journal of the Warburg and Courtauld Institutes* 62: 1–28.

Skocpol, Theda (1995). *Protecting Mothers and Soldiers: The Political Origins of Social Policy in the United States.* Cambridge, MA: Belknap Press.

Skowronek, Stephen (1982). *Building a New American State: The Expansion of National Administrative Capacities, 1877–1920.* New York: Cambridge University Press.

Smith, Brian K. (1994). *Classifying the Universe: The Ancient Indian Varna System and the Origins of Caste.* New York: Oxford University Press.

Smith-Dorrien, Horace (1925). *Memories of Forty- Eight Years' Service.* London: John Murray.

Sobel, Dava (2007). *Longitude.* New York: Bloomsbury.

Song, Jae, David J. Price, Fatih Güvenen, Nicholas Bloom, and Till von Wachter (2015). "Firming Up Inequality." NBER Working Paper No. 21199.

Southall, Roger (2005). "Black Empowerment and Corporate Capital." In *The State of the Nation: South Africa 2004–2005*, edited by John Daniel, Roger Southall, and Jessica Lutchman. Johannesburg. HSRC Press.

Soyinka, Wole (2006). *You Must Set Forth at Dawn.* New York: Random House.

Spence, Jonathan D. (1978). *The Death of Woman Wang.* New York: Viking Press.

———(2012). *The Search for Modern China.* 3rd edition. New York: W. W. Norton.

———(2014). *The Search for Modern China: A Documentary Collection.* New York: W. W. Norton.

Srinivas, M. N. (1976). *The Village Remembered.* Berkeley: University of California Press.

———(1994). *The Dominant Caste and Other Essays.* Revised and expanded edition. Delhi: Oxford University Press.

Stafford, Pauline (1989). *Unification and Conquest: A Political and Social History of England in the Tenth and Eleventh Centuries.* New York: Hodder Arnold.

Stanger, Allison (2011). *One Nation Under Contract: The Outsourcing of American Power and the Future of Foreign Policy.* New Haven: Yale University Press.

Stein, Burton (1980). *Peasant State and Society in Medieval South India.* Delhi: Oxford University Press.

———(1990). *Vijayanagara.* New York: Cambridge University Press.

Steinberg, Jonathan (2016). *Why Switzerland?* New York: Cambridge University Press.

Steinberg, Guido (2005). "The Wahhabi Ulama and the Saudi State: 1745 to the Present." In *Saudi Arabia in the Balance: Political Economy, Society, Foreign Affairs*, edited by Paul Aarts and Gerd Nonneman. London: Hurst.

Struve, Lynn A., ed. (1998). *Voices from the Ming- Qing Cataclysm: China in Tigers' Jaws.* New Haven: Yale University Press.

Stuart, Douglas T. (2008). *Creating the National Security State.* Princeton, NJ: Princeton University Press.

Subbarayalu, Y. (1974). *Political Geography of Chola Country.* Madras: Government of Tamil Nadu.

———(2012). *South India Under the Cholas.* Delhi: Oxford University Press.

Swenson, Peter A. (2002). *Capitalists Against Markets: The Making of Labor Markets and Welfare States in the United States and Sweden.* New York: Oxford University Press.

Tacitus (1970). *The Agricola and the Germania.* Translated by Harold Mattingly. London: Penguin Books. All quotations from pp. 107–12.

Thakur, Sankharshan (2006). *Subaltern Saheb: Bihar and the Making of Laloo Yadav.* New Delhi: Picador India.

Thapar, Romila (1999). *From Lineage to State: Social Formations in the Mid- First Millennium* b.c. *in the Ganga Valley.* New York: Oxford University Press.

———(2002). *Early India: From the Origins to* ad *1300.* Berkeley: University of California Press.

Therborn, Goran (1977). "The Rule of Capital and the Rise of Democracy." *New Left Review* 103: 3–41.

Thompson, Augustine (2012). *Francis of Assisi: A New Biography.* Ithaca, NY: Cornell University Press.

Thompson, Leonard (2014). *A History of South Africa.* 4th edition. New Haven: Yale University Press.

Tilly, Charles, ed. (1975). *The Formation of National States in Western Europe.* Princeton, NJ: Princeton University Press.

Tilly, Charles (1992). *Coercion, Capital and European States.* Oxford: Basil Blackwell.

———(1995). *Popular Contention in Great Britain, 1758 to 1834.* London: Paradigm.

Tocqueville, Alexis de (2002). *Democracy in America.* Translated and edited by Harvey C. Mansfield and Delba Winthrop. Chicago: University of Chicago Press.

Todd, Malcolm (2004). *The Early Germans.* 2nd edition. Oxford: Wiley-Blackwell.

Tognato, Carlos, ed. (2018). *Cultural Agents RELOADED: The Legacy of Antanans Mockus.* Cambridge, MA: Harvard University Press.

Tooze, Adam (2015). *The Deluge: The Great War, America and the Remaking of the Global Order, 1916–1931.* New York: Penguin.

Treadgold, Warren (1997). *A History of the Byzantine State and Society.* Stanford, CA: Stanford University Press.

Treisman, Daniel (2011). *The Return: Russia's Journey from Gorbachev to Medvedev.* New York: Free Press.

Turner, Frederick Jackson (1921). *The Frontier in American History.* New York: Holt.

Turner, Thomas (2007). *The Congo Wars: Conf lict, Myth and Reality.* London: Zed Books.

Uberoi, J. P. Singh (1962). *Politics of the Kula Ring: An Analysis of the Findings of Bronislaw Malinowski.* Manchester: University of Manchester Press.

Urban, Michael, Vyacheslav Igrunov, and Sergei Mitrokhin (1997). *The Rebirth of Politics in Russia.* New York: Cambridge University Press.

Uribe, Símon (2017). *Frontier Road: Power, History, and the Everyday State in the Colombian Amazon.* New York: Wiley.

Valenzuela, Arturo (1978). *The Breakdown of Democratic Regimes: Chile.* Baltimore: Johns Hopkins University Press.

Valenzuela, Arturo, and Alexander Wilde (1979). "Presidential Politics and the Decline of the Chilean Congress." In *Legislatures in Development: Dynamics of Change in New and Old States,* edited by Joel Smith and Lloyd D. Musolf. Durham, NC: Duke University Press.

van Wees, Hans (2013). *Ships and Silver, Taxes and Tribute: A Fiscal History of Archaic Athens.* New York: I.B. Tauris.

Vassiliev, Alexei (2013). *The History of Saudi Arabia.* London: Saqi Books.

Veluhat, Kesavan (1993). *The Political Structure of Early Medieval South India.* Delhi: Orient

Blackswan.

von Glahn, Richard (2016). *The Economic History of China: From Antiquity to the Nineteenth Century.* New York: Cambridge University Press.

Wade, Robert H. (1988). *Village Republics: Economic Conditions for Collective Action in South India.* New York: Cambridge University Press.

Wakeman, Frederic, Jr. (1986). *The Great Enterprise: The Manchu Reconstruction of Imperial Order in Seventeenth- Century China.* 2 vols. Berkeley: University of California Press.

———(1993). "The Civil Society and Public Sphere Debate: Western Ref lections on Chinese Political Culture." *Modern China* 19, no. 2: 108–38.

———(1998). "Boundaries of the Public Sphere in Ming and Qing China." *Daedalus* 127, no. 3: 167–89. Waley, Daniel (1991). *Siena and the Sienese in the Thirteenth Century.* New York: Cambridge University Press.

Waley, Daniel, and Trevor Dean (2013). *The Italian City- Republics.* 4th edition. New York: Routledge.

Wallace-Hadrill, J. M. (1971). *Early Germanic Kingship in England and on the Continent.* New York: Oxford University Press.

———(1982). *The Long- haired Kings and Other Studies in Frankish History.* Toronto: University of Toronto Press.

Wang, Hsien-Chun (2015). "Mandarins, Merchants, and the Railway: Institutional Failure and the Wusong Railway, 1874–1877." *International Journal of Asian Studies* 12, no. 1: 31–53.

Watson, Andrew M. (1983). *Agricultural Innovation in the Early Islamic World.* New York: Cambridge University Press.

Watson, James L. (1982). "Chinese Kinship Reconsidered: Anthropological Perspectives on Historical Research." *The China Quarterly* 92 (December 1982): 589–622.

Watt, W. Montgomery (1953). *Muhammad at Mecca.* Oxford: Clarendon Press.

———(1956). *Muhammad at Medina.* Oxford: Clarendon Press.

———(1961). *Muhammad: Prophet and Statesman.* New York: Oxford University Press.

Watts, John (2009). *The Making of Polities: Europe, 1300–1500.* New York: Cambridge University Press.

Weber, Eugen (1976). *Peasants into Frenchmen.* Stanford, CA: Stanford University Press.

Weber, Max (1946). *From Max Weber: Essays in Sociology.* Edited by Hans H. Gerth and C. Wright Mills. New York: Oxford University Press.

———(1978). *Economy and Society: An Outline of Interpretive Sociology.* 2 vols. Edited by Guenther Roth and Claus Wittich. Berkeley: University of California Press.

———(2001). *The Protestant Ethic and the Spirit of Capitalism.* Translated by Talcott Parsons. New York: Routledge.

Weiner, Tim (2008). *Legacy of Ashes: The History of the CIA.* New York: Random House.

———(2012). *Enemies: A History of the FBI.* New York: Random House.

Werlich, David P. (1978). *Peru: A Short History.* Carbondale: Southern Illinois University Press.

Wheatley, Jonathan (2005). *Georgia from National Awakening to Rose Revolution: Delayed Transition in the Former Soviet Union.* New York: Routledge.

Wickham, Christopher (2009). *The Inheritance of Rome.* New York: Penguin.

———(2015). *Sleepwalking into a New World: The Emergence of Italian City Communes in the*

Twelfth Century. Princeton, NJ: Princeton University Press.
———(2016). *Medieval Europe*. New Haven: Yale University Press.
———(2017). "Consensus and Assemblies in the Romano- Germanic Kingdoms." *Vorträge und Forschungen* 82: 389–426.
Wilks, Ivor (1975). *Asante in the Nineteenth Century: The Structure and Evolution of a Political Order*. New York: Cambridge University Press.
Williams, Ann (1999). *Kingship and Government in Pre-Conquest England c. 500–1066*. London: Palgrave.
———(2003). *Athelred the Unready: The Ill-Counselled King*. New York: St. Martin's Press.
Williams, Gavin, and Terisa Turner (1978). "Nigeria." In *West Africa States: Failure and Promise*, edited by John Dunn. New York: Cambridge University Press.
Williams, Robert G. (1994). *States and Social Evolution: Coffee and the Rise of National Governments in Central America*. Chapel Hill: University of North Carolina Press.
Winkler, H. A. (2006). *Germany: The Long Road West*. Vol. 1, *1789–1933*. New York: Oxford University Press.
Wiser, William H. (1936). *The Hindu Jajmani System*. Delhi: Munshiram Manoharlal.
Wiser, William H., and Charlotte Wiser (2000). *Behind Mud Walls: Seventy- five Years in a North Indian Village*. Berkeley: University of California Press.
Witsoe, Jeffrey (2013). *Democracy Against Development*. Chicago: University of Chicago Press.
Wittfogel, Karl (1957). *Oriental Despotism: A Comparative Study of Total Power*. New Haven: Yale University Press.
Wolfram, Herwig (2005). *The Roman Empire and Its Germanic Peoples*. Berkeley: University of California Press.
Wollstonecraft, Mary (2009). *A Vindication of the Rights of Woman and A Vindication of the Rights of Men*. New York: Oxford University Press.
Wong, R. Bin (1997). *China Transformed: Historical Change and the Limits of European Experience*. Ithaca, NY: Cornell University Press.
Wood, Ian (1990). "Administration, Law and Culture in Merovingian Gaul." In *The Uses of Literacy in Early Mediaeval Europe*, edited by Rosamond McKitterick. Cambridge: Cambridge University Press.
———(1994). *The Merovingian Kingdoms, 450–751*. Harlow, UK: Pearson Education.
Woodward, C. Vann (1955). *The Strange Career of Jim Crow*. New York: Oxford University Press.
Woodward, Ralph L., Jr. (1965). "Economic and Social Origins of Guatemalan Political Parties (1773–1823)." *Hispanic American Historical Review* 45, no. 4: 544–66.
———(1991). "The Aftermath of Independence, 1821–1870." In *Central America Since Independence*, edited by Leslie Bethell, 1–36. New York: Cambridge University Press.
———(2008). *Rafael Carrera and the Emergence of the Republic of Guatemala, 1821–1871*. Athens: University of Georgia Press.
World Bank (2005). *Bihar: Towards a Development Strategy*. New Delhi: World Bank.
Wortman, Miles L. (1982). *Government and Society in Central America, 1680–1840*. New York: Columbia University Press.
Wright, Gavin (1986). *Old South, New South: Revolutions in the Southern Economy Since the Civil War*. New York: Basic Books.

Wright, John, and Carolyn Hamilton (1989). "Traditions and Transformations: The Phongolo-Mzimkhulu Region in the late Eighteenth and Early Nineteenth Centuries." In *Natal and Zululand: From Earliest Times to 1910: A New History*, edited by Andrew Duminy and Bill Guest. Durban: University of Natal Press.

Wright, Mary C. (1957). *The Last Stand of Chinese Conservatism.* Stanford, CA: Stanford University Press.

Xiao, Jianhua (2007). "Review on the Inefficiency and Disorganization of Judicial Power: Consideration on the Development of Civil Proceedings." *Frontiers of Law in China* 2, no. 4: 538–62.

Xunzi (2016). Xunzi: The Complete Text. Princeton, NJ: Princeton University Press.

Yashar, Deborah J. (1997). *Demanding Democracy: Reform and Reaction in Costa Rica and Guatemala, 1870s–1950s.* Stanford, CA: Stanford University Press.

Zelin, Madeleine (1984). *The Magistrate's Tael: Rationalizing Fiscal Reform in Eighteen Century Ch'ing China.* Berkeley: University of California Press.

———(2005). *The Merchants of Zigong: Industrial Entrepreneurship in Early Modern China.* New York: Columbia University Press.

Zürcher, Erik Jan (1984). *The Unionist Factor. The Role of the Community of Union and Progress in the Turkish National Movement, 1905–1926.* Leiden: Brill.

———(2004). *Modern Turkey: A History*. London: I.B. Tauris.

Zyoob, Mohammed, and Hasan Kosebalaban, eds. (2009). *Religion and Politics in Saudi Arabia: Wahhabism and the State*. Boulder, CO: Lynne Rienner.

* 기울임꼴로 표시된 페이지 번호는 도표 및 지도를 나타낸다.

ㄱ

ㄴ

ㄷ

ㅁ

ㅇ

ㅈ

ㅊ

ㅋ

A-Z

문헌 등

좁은 회랑

초판 1쇄 발행일 2020년 9월 15일
초판 4쇄 발행일 2024년 10월 25일

지은이 대런 애쓰모글루 · 제임스 A. 로빈슨
옮긴이 장경덕

발행인 조윤성

편집 신수엽 **디자인** 박지은
발행처 ㈜SIGONGSA **주소** 서울시 성동구 광나루로 172 린하우스 4층(우편번호 04791)
대표전화 02-3486-6877 **팩스(주문)** 02-585-1755
홈페이지 www.sigongsa.com / www.sigongjunior.com

ISBN 979-11-6579-194-0 03300